栄冠 2025 年度受検用

公立中高一貫校 適性検査問題集

全国版

みくに出版

栄冠獲得を目指す皆さんへ

来春の栄冠獲得を目指して、日々努力をしている皆さん。

100％の学習効果を上げるには、他力本願ではなく自力で解決しようとする勇気を持つことが大切です。そして、自分自身を信じることです。多くの先輩がファイトを燃やして突破した入試の壁。皆さんも必ず乗り越えられるに違いありません。

本書は、本年度の公立中高一貫校入学者選抜や私立中高一貫校の入学試験で実際に出題された問題を集めたものです。したがって、実践問題集としてこれほど確かなものはありません。また、これらの問題には受験生の思考力や応用力を引き出す良問が数多くあるので、勉強を進める上での確かな指針にもなります。

ただ、やみくもに問題を解くだけでなく、志望校の出題傾向を知る、出題傾向の似ている学校の問題を数多くやってみる、一度だけでなく、二度、三度と問題に向かい、より正確に、速く解答できるようにするという気持ちで本書を手にとることこそが、合格の第一歩になるのです。

以上のことをふまえて、本書を効果的に利用して下さい。努力が実を結び、皆さん全員が志望校に合格されることをかたく信じています。

なお、編集にあたり多くの公立中高一貫校及び教育委員会、私立中学校から多大なるご援助をいただきましたことを厚くお礼申し上げます。

みくに出版編集部

本書の特色

最多、充実の収録校数

全国の主要公立中高一貫校の適性検査問題と私立中学校の
適性検査型入試問題の一部を１冊にまとめました。

すべての設問を掲載

（一部の放送問題・グループ活動等を除きます。また著作権上の都合
により文章等を一部省略している場合があります。）

実際の試験時間を明記

学校ごとの実際の試験時間を掲載してあるので、
問題を解いていくときのめやすとなります。
模擬テストや実力テストとしても最適です。

もくじ

（◆印学校広告掲載校）

私立 適性検査型入試問題

公立 適性検査問題

※　著作権上の都合により、次の問題の一部に省略があります。

青森県共通	適性検査Ⅱ
川崎市立川崎高等学校附属中学校	適性検査Ⅰ
福井県立高志中学校	適性検査Ⅰ
静岡県・沼津市共通	総合適性検査問題Ⅱ
兵庫県立大学附属中学校	適性検査Ⅱ
奈良市立一条高等学校附属中学校	適性検査Ⅱ
岡山県共通	適性検査Ⅱ
岡山市立岡山後楽館中学校	課題作文
広島県立三次中学校	適性検査2
広島市立広島中等教育学校	適性検査1
山口県共通	記述式の課題1
高知県共通	適性検査A・B
宮崎県共通	作文

私立 適性検査型
入試問題

西武台新座中学校

(編集部注：掲載にあたりレイアウトなどの一部改変を行っています。)

〈適性検査Ⅱ　※適性検査Ⅰは19ページから掲載しています。〉　—45分—

1　花子さん、太郎(たろう)さん、先生は踏切(ふみきり)について話をしています。

花子：踏切の遮断機(しゃだんき)を下ろすタイミングはどのようにして決めているのでしょうか。

先生：踏切周辺の線路には列車を検知する装置があり、これを列車検知装置と言います。列車検知装置が列車の通過を検知すると、警報機が鳴り、遮断機が下りるという仕組みになります。

太郎：警報機は赤いランプが点滅(てんめつ)して「カン、カン、カン」と鳴る設備のことですね。列車検知装置のおかげで、列車の通過に合わせて踏切の遮断機が下りるのですね。

先生：はい、そうです。また、安全のため警報機が鳴り始めてから列車が通るまでの時間について次のような規定が設けられています。

> ○踏切の警報機と遮断機に関する規定(以下、「規定」という)
> ・警報の開始から遮断動作終了(しゅうりょう)までの時間は、15秒を標準とすること。
> ・遮断動作の終了から列車等の到達(とうたつ)までの時間は、20秒を標準とすること。
> (「鉄道の技術上の基準に関する省令等の解釈(かいしゃく)基準」による)

先生：実際には各線路の実態に応じて時間が決められています。ここまでの話を図に表したのが**図1**です。

図1　踏切周辺の様子

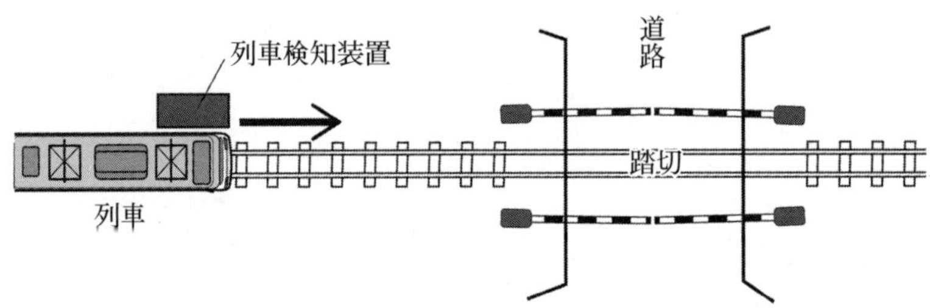

花子：列車が通過した後に遮断機が上がりますが、それも検知装置によって制御(せいぎょ)されているのですか。

先生：そうです。ここでは、列車が検知装置を通過し終えたら遮断機が上がり始めるものとして考えてみましょう。

〔問題１〕　時速108kmの一定の速さで走る列車がある。この列車が「規定」で定められた標準時間にあわせて**図１**の踏切に到達するとき、列車検知装置は踏切から何ｍ離(はな)れた場所に設置すればよいか、答えなさい。

〔問題２〕　次の**図２**は列車の通過後、遮断機を上げるタイミングを制御する検知装置について表した図である。時速108kmの一定の速さで走る列車が踏切を通過し始めてから遮断機が上がり始めるまでの時間は何秒か、答えなさい。ただし、列車の長さは240ｍで、踏切や検知装置の幅は考えないものとする。

図2　列車通過後に遮断機を上げる検査装置

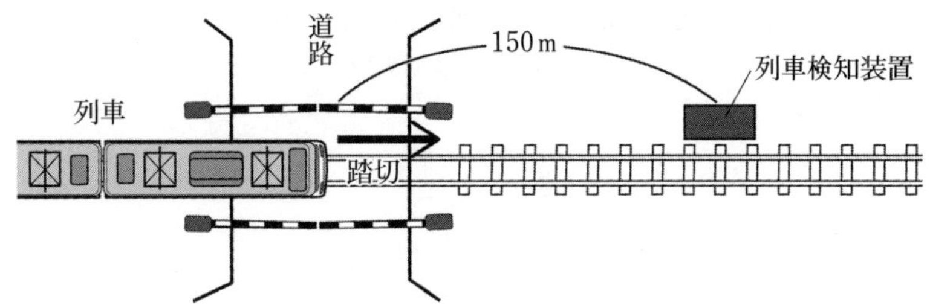

太郎：私たちの周りでも踏切を多く見かけます。日本には全部でいくつの踏切があるのでしょうか。

先生：令和３年度時点でおよそ33,000か所あります。また、そのうち東京都には620か所ありますが、これは世界の他の国の首都にある踏切の数と比べても多く、日本に踏切が多いことがわかります。

花子：そうなると、様々な場所に踏切があるということになるのでしょうか。

先生：そうですね。例えば**図３**のような、踏切の近くに駅がある場合を考えてみましょう。**図１**のように周りに駅がない場合には、踏切周辺での列車の速さは一定として考えることができましたが、近くの駅で一度停車をする場合、列車の速さは変化します。例えば、駅を出発してから列車の速さが**図４**のように変化する場合について考えてみましょう。

図３　駅に停車中の踏切周辺の様子

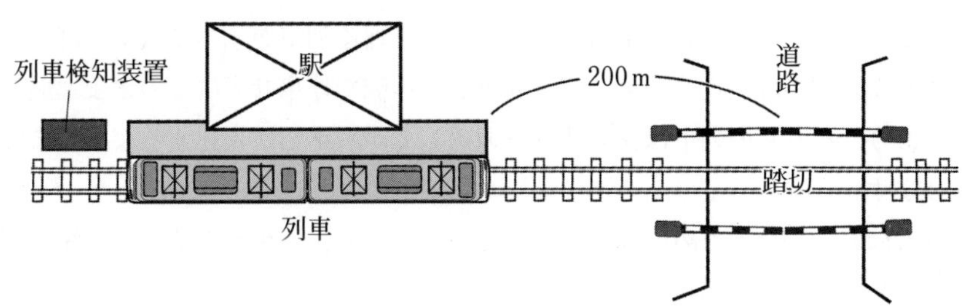

図４　列車が駅を出発した後の速さの変化

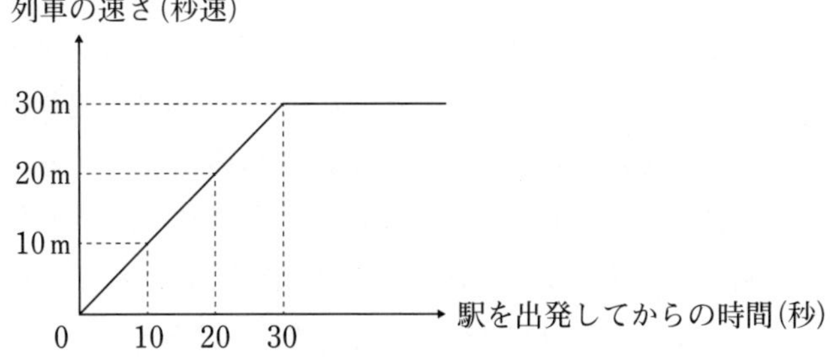

太郎：列車が駅を出発してから30秒間は速さが一定の割合で変化していますね。しかし、具体的に何秒後にどのくらいの道のりを進んでいるのかがわかりません。

先生：列車の速さが一定の場合について考えてみましょう。例えば、秒速25ｍの一定の速さで走る列車が10秒間で走る道のりは何ｍになりますか。

花子：25×10＝250ｍとなります。

先生：そうですね。これをグラフで表すと**図５**のようになります。**図５**の色のついている部分が列車が進んだ道のりを表します。

図5　秒速25mの列車が10秒間で走る道のり

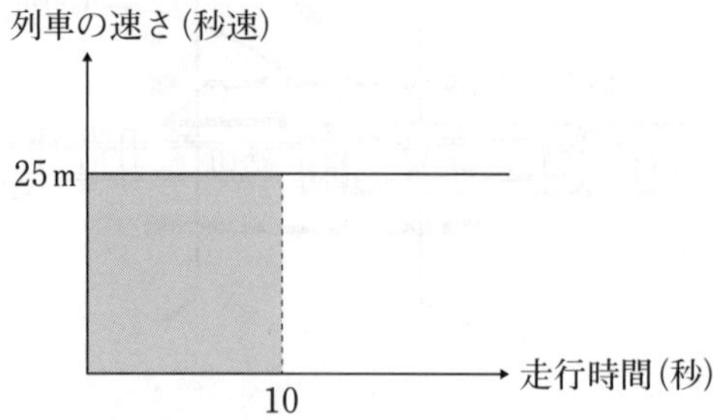

太郎：なるほど、わかりました。すると、列車が**図4**のような速さで変化する場合、例えば列車が駅を出発してから30秒間で移動する道のりは［　ア　］mと求められるのですね。

〔問題3〕　会話文中の［　ア　］に当てはまる数字を答えなさい。また、**図3**について列車が駅で一度停車してから踏切を通過するとき、警報が鳴り始めてから列車が踏切に到達するまでの時間は何秒か、求めなさい。ただし、列車は**図4**のように速さが変化することとし、検知装置が列車の通過を感知してから、列車が駅に停止するまでの時間は20秒、列車が駅に停止している時間は15秒とする。

花子：**図3**について考えてみると、警報が鳴り始めてから列車が到着するまでの時間はかなり長いですね。もう少し警報が鳴り始めるタイミングを遅（おそ）くしても良いのではないのでしょうか。

先生：実はそういうわけにもいかないのです。駅を通る列車がすべて駅で一度停車するとは限りません。例えば、貨物列車や特急列車など、駅で停車せずにそのまま通過してしまう列車もあり、それらの列車は検知装置を通過してから踏切に到達するまでの時間は当然短くなります。

太郎：なるほど。安全のためには列車が駅で停車しても、停車しなくても検知装置が通過したタイミングで警報を鳴らす必要があるのですね。

先生：その通りです。しかしながら、近年では改良された踏切の導入が進んでいます。通称（つうしょう）「賢（かしこ）い踏切」と呼ばれるもので、これは従来の踏切とは異なり、列車が検知装置を通過した際、検知装置はその列車が駅で停車するかどうかを判別することができるようになっています。この改良によって、駅に停車する列車も警報が鳴り始めるタイミングを制御して、警報が鳴り始めてから列車が到着するまでの時間を短くすることができるようになりました。一部の踏切では、通過する列車が多く、踏切の遮断機が長時間上がらない「開かずの踏切」と呼ばれる場所があります。「賢い踏切」によって、遮断機が下がっている時間を短くすることができ、自動車や歩行者の通行がスムーズになった踏切もあるのです。

花子：私もテレビで「開かずの踏切」の問題について見たことがあります。「賢い踏切」によってこの問題が解決されるのはとても良いことですね。

〔問題4〕　次の**図6**は線路の両側に駅のホームがある場合について表した図である。また、**表1**は**図6**のホーム①及（およ）び②における、午前10時～午前10時30分までの時刻表を表している。**図6**にある踏切が従来の踏切から「賢い踏切」に変わったとする。これによって、警報が鳴り始めてから遮断機が上がり始めるまでの時間（踏切の作動時間）が短くなったとすると、この30分間で遮断機が上がっている時間は何秒増えるか、答えなさい。なお、従来の踏切及び「賢い踏切」の踏切の作動時間は**表２**の通りであるとし、踏切が作動している間に別の列車が検知装置を通過することはないものとする。

図６　線路の両側に駅がある場合

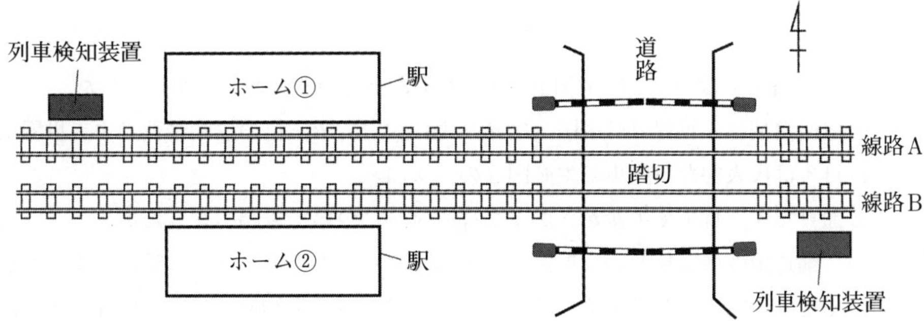

表１　ホーム①及び②の時刻表

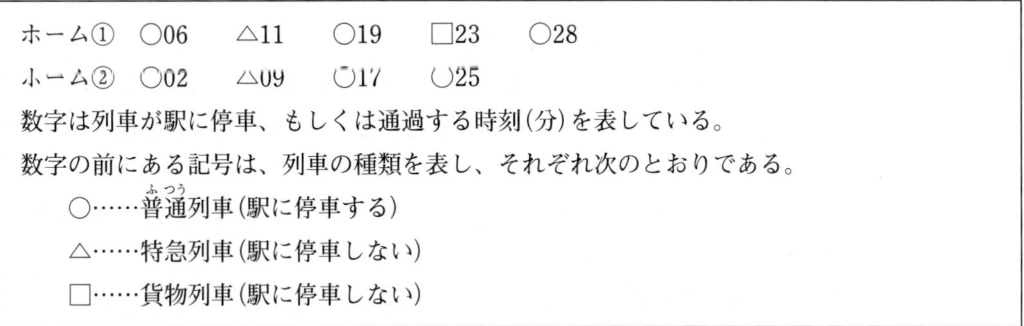

ホーム①　○06　△11　○19　□23　○28

ホーム②　○02　△09　○17　○25

数字は列車が駅に停車、もしくは通過する時刻(分)を表している。

数字の前にある記号は、列車の種類を表し、それぞれ次のとおりである。

○……普通列車(駅に停車する)

△……特急列車(駅に停車しない)

□……貨物列車(駅に停車しない)

表２　従来の踏切における踏切の作動時間

		警報が鳴り始めてから遮断機が上がり始めるまでの時間(作動時間)	
	列車の進行方向	普通列車	特急列車及び貨物列車
線路A	西から東	65秒	40秒
線路B	東から西	50秒	40秒

※踏切を「賢い踏切」にすると、すべての場合の踏切の作動時間は40秒となる。

2　花子さんと太郎さんは、調べ学習のテーマについて先生と話をしています。

花子：五年生のとき、日本の主な産業について学習しましたが、それらの中から一つについて取り上げ、調べてみたいと思っています。

太郎：五年生のときに学習した主な産業といえば、農業、漁業、工業ですね。あと、情報産業や林業も学びました。

先生：太郎さんが話す産業は大きなくくりなので、もう少し細かい区分の産業に焦点を当てると良いと思いますよ。

花子：私もそう思います。農業では稲作や畑作、果樹栽培などがありますし、工業では自動車工業、鉄鋼業などがあります。細分化された産業を深ぼりしたいです。

太郎：貿易の様子からその国の主な産業がつかめると学びました。日本の貿易の輸出額の第一位は機械類ですが、より細かい品目で見ると第一位は自動車ですよね。だから、日本の代表的な産業として自動車を調べるのはどうでしょうか。

先生：それは良いと思います。

花子：私も興味があります。太郎さん、いっしょに調べてみましょう。

花子さんと太郎さんは、まず日本の自動車製造の基本的な内容を調べた後、先生と話をしています。

花子：2022年、日本では約784万台の自動車が生産されていることが分かりました。

太郎：この生産台数は、世界では中国、アメリカに次いで第三位の生産台数です。世界的に見ても、日本は代表的な自動車の生産国なのですね。

先生：その通りです。日本で生産がさかんな都道府県についても調べましたか。

花子：はい。輸送用機械器具という項目(こうもく)から調べました。五年生のときに学習しましたが、工業地帯や地域に属する県が上位にあり、2019年は一位は愛知県、二位から五位までは静岡県、神奈川県、福岡県、群馬県という順になっていました。

太郎：また、2021年の貿易では、輸出額の約13％をしめていました。

先生：現在の日本の自動車生産と貿易における地位がよくわかりますね。

花子：自動車生産について調べていると、これまでにいろいろな変化があったことがわかりました。ですから、現在の自動車生産だけでなく、これまでの生産の様子の変化についても調べてみようと思っています。

先生：それは良いことですね。日本の自動車生産の変化と合わせて、世界における日本の自動車生産の地位について調べてみても良いでしょう。

太郎：「世界における日本の自動車生産の地位」とは、具体的にどのようなことを調べたら良いのでしょうか。

先生：例えば、世界で生産される自動車について、国別の割合の変化を調べてみることなどが挙げられますね。

花子：では、それについても調べてみます。

花子さんと太郎さんは、日本国内の自動車生産台数、日本の自動車メーカーの海外生産台数、世界の自動車生産台数にしめる国の割合の変化について、グラフ(**図１～図３**)を作成しました。

図１　日本国内の自動車生産台数の変化

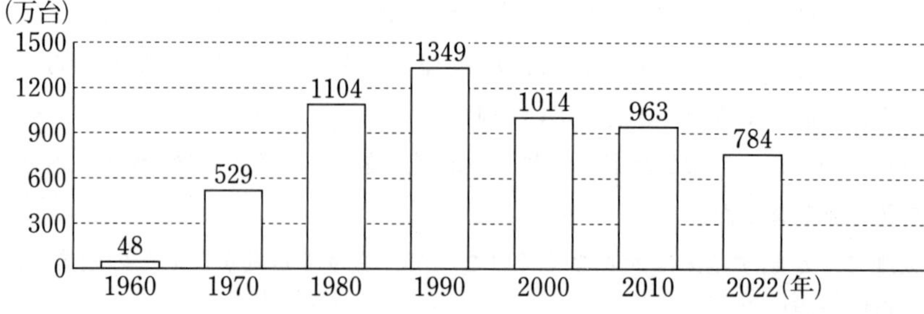

(2023/24年版「日本国勢図会」、「数字でみる日本の100年」改訂第７版より作成)

図２　日本の自動車メーカーの海外生産台数の変化

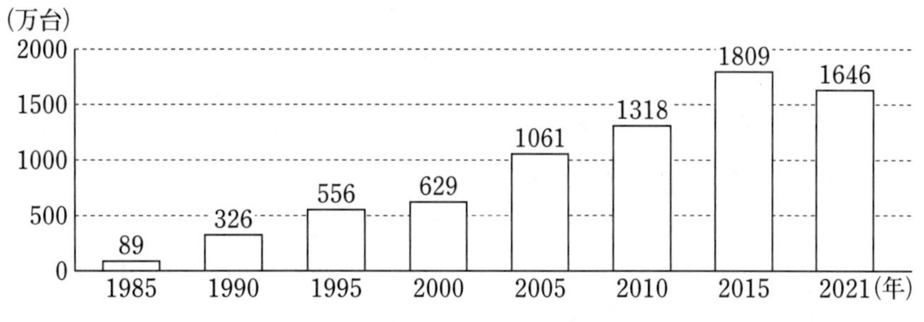

(日本自動車工業会ホームページ資料より作成)

図３　世界の自動車生産台数にしめる国の割合の変化

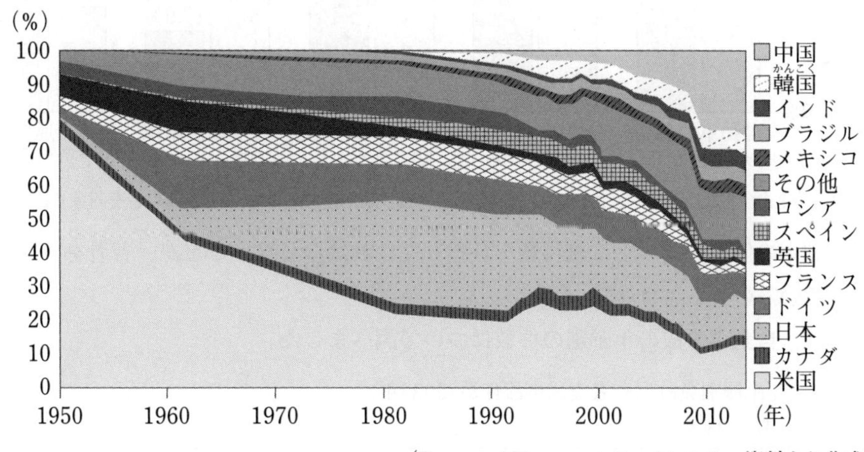

(Bureau of Transportation Statistics 資料より作成)

先生：これらのグラフから、日本の自動車生産がどのように変化しているか、また、世界の自動車生産における日本の割合がどのように変化してきたか、考えてみましょう。

〔問題１〕　先生は「日本の自動車生産がどのように変化しているか、また、世界の自動車生産における日本の割合がどのように変化してきたか、考えてみましょう。」と言っています。**図１**～**図３**からわかる日本の自動車生産の変化について、読み取って説明しなさい。

太郎：先生、これまでの日本の自動車生産について見てきたので、これからの自動車についても調べてみたいと考えています。

先生：それは良いと思います。どのようなことについて調べようと考えていますか。

花子：現在、自動車に関していろいろな課題があるようなので、それらについて調べてみたいと思っています。

先生：具体的にどのような課題があるのですか。

太郎：先日父が、「若者の車ばなれ」について話していました。父が若いころは、自動車免許(めんきょ)が取れる年齢(れい)になるとすぐに免許を取る人が多く、免許を取った人は自分の自動車を持ちたいと思っていたそうです。しかし、近年は昔ほど若い人が自動車を持ちたがらないということでした。

先生：なぜ車を持ちたがらなくなっているのか、について調べるのですね。

太郎：はい。

花子：私は、お年寄りの自動車事故のニュースをよく見るのが気になっています。

先生：では、二人とも調べてみてください。

花子さんと太郎さんは、それぞれ考えた課題について調べました。

太郎：私は、東京と地方の若者に聞いたアンケートを調べてみました。

図４　若者の自動車に関するアンケート結果

自分で契約した車を所有していない理由(複数回答、2023年実施)

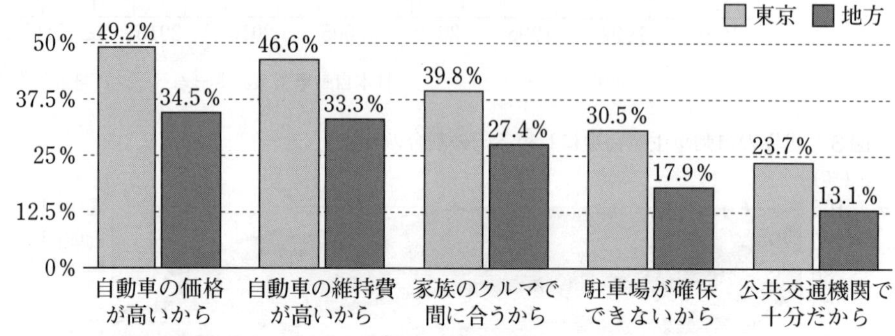

(株式会社KINTOアンケート(18〜25歳で、都内在住330名と地方在住330名を対象)より作成)

先生：自動車の価格が高い上に維持費を負担しなければならないことが、若者を自動車から遠ざけているのでしょう。

花子：私は、自動車事故の年齢別の件数について調べました。

図５　年齢層別免許保有者交通事故件数(2022年)

16〜24才	25〜34才	35〜44才	45〜54才	55〜64才	65才以上
6.7％	13.5	17.2	21.6	17.2	23.8

(警察庁交通局「令和４年中の交通事故の発生状況」より作成)

太郎：お年寄りの割合は多いですが、若い人の割合も多いですね。

先生：そうですね。しかし、今後高齢社会が進展していくと予測されていますので、自動車事故対策は急務となっています。

花子：これらの課題について、私たちはどのような取り組みが行われているのかについても調べました。

図６　カーシェアリング

カーシェア会社に会員登録するだけで、無人のカーステーションにあるカーシェア会社の車を、24時間いつでも必要なときに必要な時間だけ利用できるシステム。

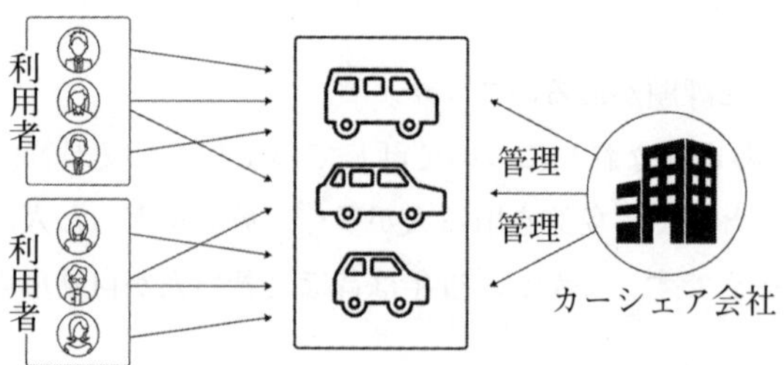

図7　自動車の自動運転技術の開発

人がハンドル操作などを行わなくても、自動車自体が周囲を確認するなどして、自動で走行できるような仕組みを確立する。

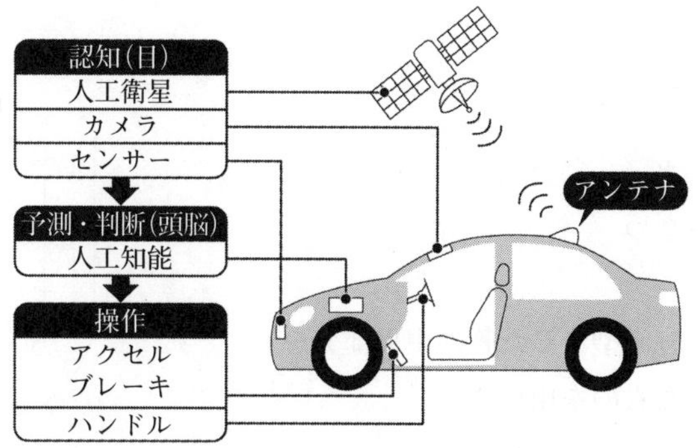

先生：これらの取り組みは、それぞれの課題を解決する一つの手立てとなりますね。

太郎：自動車を取りまく環境は変化しているので、今後もさまざまな取り組みについて注目していきたいです。

〔問題2〕　先生は「これらの取り組みは、それぞれの課題を解決する一つの手立てとなりますね。」と言っています。**図6**、**図7**の取り組みは、花子さんと太郎さんが挙げた課題に対して、どのような効果があると考えられますか。それぞれ説明しなさい。

3　花子さんと太郎さんは先生といっしょに話しています。

花子：**図1**のようにきゅうりを切ったものに食塩をふっておくと水が出てくるのを知っているかな。

太郎：見たことがあるよ。きゅうりの方は少ししぼんで見えるよね。

先生：水はきゅうりの中から外に移動してきています。これには、きゅうりにある細胞膜というものが関係しています。

花子：細胞というのは生物のからだを作っている小さな部屋のようなものだよね。聞いたことがあるわ。

先生：はい。細胞膜は細胞をつつみこんでいるものです。細胞膜は、半透膜というものの1つです。今回考えていく半透膜には**資料1**のような性質があります。

図1

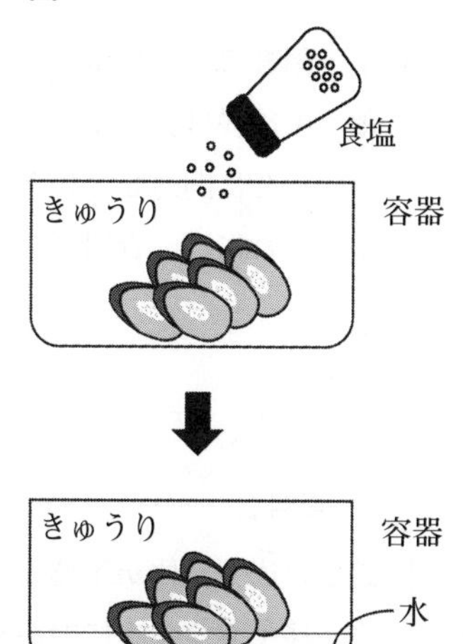

資料1

細胞膜と同じ種類の半透膜は、**図2**のように水のつぶは通りぬけられますが、水に溶けているものである溶質のつぶは通りぬけられないという性質があります。

図2

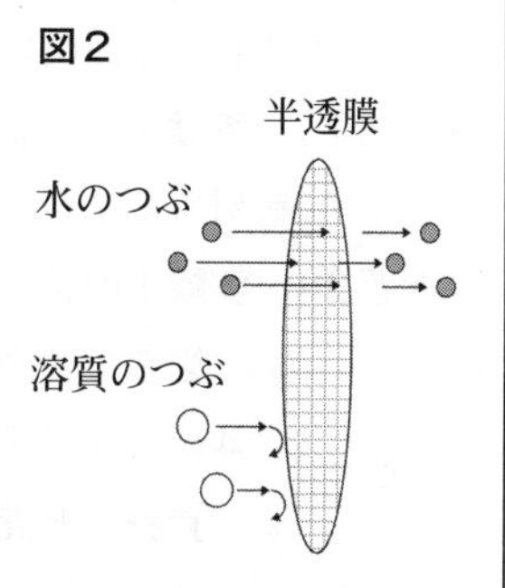

花子：半透膜の性質はわかったけれど、**図１**のようになる理由がまだわからないね。

先生：それでは、**実験１**をして確かめてみましょう。ただし、水に食塩を加えても液体の体積は変わらないものとして考えます。

実験１

用意するもの

○U字型をした管　○水　○食塩

○半透膜　○ビーカー２つ

操作

手順１　**図３**のように、U字型をした管の中央部分を半透膜で仕切ったものを用意する。

手順２　水500ｇをビーカーPに入れる。

手順３　水500ｇと食塩50ｇをビーカーQに入れてよくかき混ぜる。

手順４　**図４**のようにU字型をした管の片方にビーカーPの液体を、もう片方にビーカーQの液体を入れる。

手順５　しばらく放置する。

結果

図５のように左側と右側の液面に10㎝の差ができた。

図３

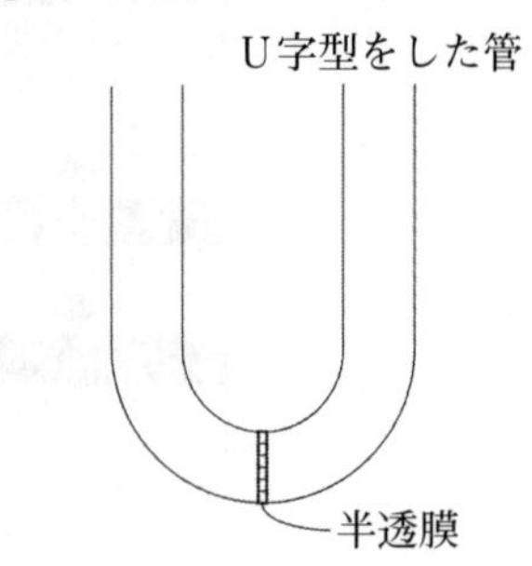

図４

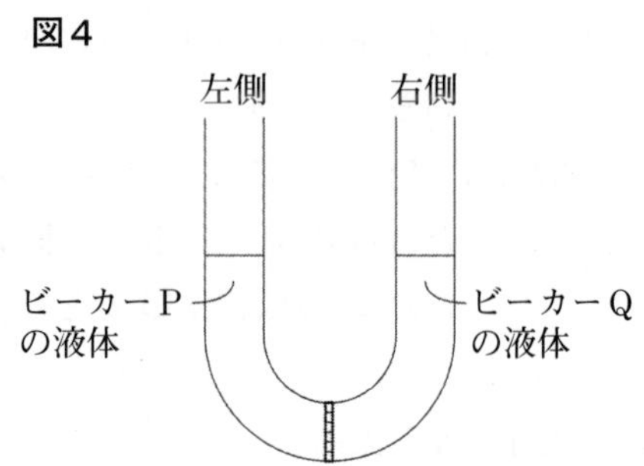

図５

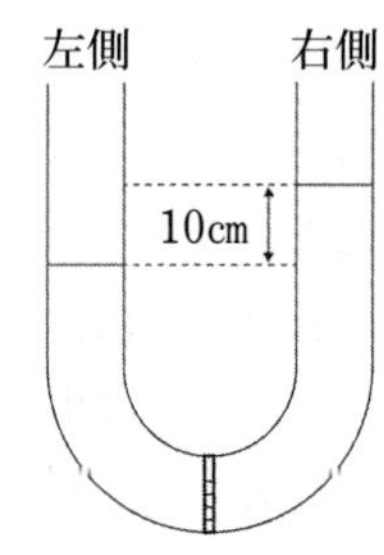

花子：**図５**のように水面に差ができたね。なぜだろう。

太郎：半透膜は**資料１**のような性質があるから、そのことに関連していそうだね。

先生：これには、**資料２**の性質が関係しています。

資料２

濃(こ)さの違(ちが)う液体が半透膜で仕切られているとき、濃さがなるべく等しくなるような方向につぶが移動するように力が働く。

花子：**資料１**と**資料２**を組み合わせると、なぜ、**図５**のような結果になったか説明できるね。

太郎：半透膜には面白い性質があるね。この結果から、**図１**のようになった理由もわかったよ。

〔問題１〕　**実験１**の下線部――について、水500ｇと食塩50ｇを溶かしてできる食塩水の濃さは約何％ですか。小数第２位を四捨五入して、小数第１位まで求め、数を書きなさい。

〔問題２〕　**実験１**の結果について、次の⑴、⑵の問題に答えなさい。

⑴　**図５**で左側と右側の液面の差は10㎝になっています。このとき、左側の液面は**図４**のときに比べて何㎝下がりましたか。

⑵　**資料１**と**資料２**の結果から、**図５**のように液面の差ができたのはなぜですか。その

理由を**＜条件＞**にしたがって言葉で説明しなさい。

＜条件＞

○「左側」「右側」の２つの言葉を必ず使いなさい。
○**資料１**や**資料２**を参考にして説明しなさい。
○つぶの移動に注目して説明しなさい。

図６

花子：半透膜に関する他の実験はありませんか。

太郎：そうだね。今度は実験結果を予想してみたいな。

先生：それでは、馬の血液に含（ふく）まれている「赤血球」を使った実験をしてみましょう。

花子：「赤血球」とは何ですか。

先生：**図６**のような形をした、ヒトなどの血液に含まれる細胞膜に囲まれた赤いものです。細胞膜につつまれているのは、0.9％くらいの食塩水と濃さの同じ水溶液（すいようえき）です。これについて**実験２**をしてみましょう。

実験２

用意するもの

○馬の血液　○水　○スポイト　○顕微鏡（けんびきょう）

操作

手順１　馬の血液をスポイトで吸い取る。

手順２　水の中に入れる。

手順３　手順２でできた液体を顕微鏡で観察する。

結果

？

〔問題３〕　**実験２**について、結果はどのようになると考えられますか。**＜条件＞**にしたがって言葉で簡単に説明しなさい。

＜条件＞

○「赤血球」「水」の２つの言葉を必ず使いなさい。
○赤血球の細胞膜には、**資料１**や**資料２**のような性質があるとします。
○理由を含めて説明しなさい。

恋人の自己中心的な態度のせいで周囲の人たちが嫌な思いをしており、その恋人が周囲から白い目で見られている可能性を感じるとしたなら、そこを注意してあげるのがやさしさなのではないか。

大事なポイントは、相手に対するやさしい気持ちの深さだ。

相手のことを思い、気まずくなっても注意するのがほんとうのやさしさであって、傷つけて気まずくなりたくないからと黙っているのは表面上の浅いやさしさ、やさしさというより保身と言うべきだろう。

（榎本　博明『優しさ過剰社会』〈ＰＨＰ研究所〉による）

〔問題１〕　直接的にずばりという際には、何が重要であると**文章２**の筆者は述べていますか。十六字で抜き出して書きなさい。

〔問題２〕　そんな時代とは、どのような時代のことを指していますか。六十字以内で書きなさい。（、や。などもそれぞれ字数に数えます。）

〔問題３〕　あなたは、独立的な生き方と協調的な生き方、どちらで過ごしていきたいと思いますか。**文章１**だけではなく**文章２**の内容もふまえ、なぜそのように考えるのかの理由もまじえて自分の考えを書きなさい。なお、内容のまとまりやつながりを考えて段落を分け、四百字以上四百四十字以内で述べなさい。ただし、次の**〔きまり〕**にしたがうこと。

〔きまり〕

○題名は書きません。
○最初の行から書き始めます。
○各段落の最初の字は一字下げて書きます。
○行をかえるのは、段落をかえるときだけとします。
○、や。や」などもそれぞれ字数に数えます。これらの記号が行の先頭に来るときには、前の行の最後の字と同じますめに書きます。（ますめの下に書いてもかまいません。）
○。と」が続く場合には、同じますめに書いてもかまいません。この場合、。」で一字と数えます。
○段落をかえたときの残りのますめは、字数として数えます。
○最後の段落の残りのますめは、字数として数えません。

表立ってやさしいことを言ったりしないものの、いつも相手のことを思いやっており、押しつけがましくならないように、陰で相手のために人間関係を調整するなどサポートをしてあげるタイプもいる。

これらのタイプは、やさしさがあからさまに見えにくいため、今どきの若者の間ではどうも評判がよくない。いわば、無骨だけど思いやりがあるというタイプや、やさしさをアピールするのは見苦しいと感じるタイプは、そのやさしさが相手に伝わりにくいため、どうしても正当に評価されにくい。

その一方で、いかにもやさしげな言葉をかけたり、わざとらしいやさしさを演じる人がいる。

客観的に眺める第三者には、どうみても戦略的にやさしさを演じているようにしか見えない。こんな言葉をかければ気持ちをくすぐれるはず、こんな行動を取れば気に入られるはずといった戦略に則っているだけで、心が伴っていないのが透けて見える。にもかかわらず、それをやさしさと勘違いする人も少なくない。

第三者にはわざとらしさがあからさまに感じられても、くすぐられた当人は良い気分に舞い上がってしまうようだ。人はだれでも自己愛が強いから、それも仕方がない。

今はやさしい振る舞いが大流行で、「演じる」とか「戦略」ということに抵抗のない人が多いため、少し前の価値観をもつ人物にとってはわざとらしさが鼻につくようなケースでも、何の疑問ももたれず、やさしいとみなされたりする。

そんな時代だからこそ、「見せかけのやさしさ」を見抜くようにしないといけない。

そうでないと、見せかけのやさしさに踊らされて利用されるばかりだったり、やさしいと信じていた人が、こちらの利用価値がなくなったとたんに態度を豹変させて裏切られたりということにもなりかねない。

自分の思うことをハッキリ言う。その考え方はおかしいと思えば、そのことをきちんと指摘する。これは相手のためにならないと思えば、意見することによってたとえ気まずくなろうとも、ハッキリ言っておかなければと思う。そのようなタイプの人は、今風のやさしさの基準からすれば、「きつい人」「やさしくない人」ということになるのだろう。

だが、気まずくなりたくないというやさしさだけでいいのだろうか。心の中で思っていることがあり、相手に気づかせたいと思っても、それを言ってあげた方が相手のためになるようなことであっても、気まずくなりたくないために隠して表面だけ合わせる。そんな関係はなんだか淋しい。

やさしさというのは、自分のためだけを考えるのではなく、相手のためを思うことでなければならない。

そう考えると、気まずくなりたくないからといって言うべきことも言わず、調子のよい言葉をかけるだけの恋人よりも、自分の価値観からしてこれは相手のために言うべきだと思うことを率直にぶつけてくる恋人の方がやさしいのではないだろうか。

その場が気まずくなり、相手が少なくとも一時的には傷つくということを考えると、今風のやさしさを発揮する人の気持ちもわからないわけではない。

でも、たとえば恋人が意識せずにだれかに失礼な態度を取っているとき、それを注意しないのはやさしさだろうか。恋人の態度がどうみても自分勝手で、職場の同僚なり友だちなりを傷つけていると思うとき、それを指摘しないのがやさしさだろうか。

えて、「理想の自分」の生き方を答えてもらったんです。もし日本人が協調的な生き方を好ましい生き方だと思っていて、そうした生き方を理想にしているという常識が正しいとしたら、「理想の自分」も同じように答えるはずですね。

ところが実際に、理想の自分であればどう答えるかをたずねてみると、現実の自分とは正反対になってしまうんですね。理想の自分は協調的な生き方ではなくて、独立的な生き方をすると答えているんです。つまり、自分は本当は自分で望んでいない生き方をしていると、この調査に答えてくれた人たちは思っているということです。

それじゃあ、理想と現実の食い違いはどうして生まれてしまうんだろう?

この疑問に対するヒントを得るために、ほかの人たちはこうした質問にどう答えると思うかをたずねてみました。その結果分かったのは、ほかの人たちは自分よりももっと協調的だと思っているということです。

こうした結果をすべて総合すると、この調査に協力してくれた人たちは、次のように考えていたんですね。

ほんとはまわりの人からどう思われるかを気にしないで、自分の意見をちゃんと主張し自分の思う通りに生きたいんだけど、ほかの人たちはその逆の生き方をしている。自分が理想としている生き方を、ほかの人たちは好んでいないみたいだ。だから、あまり素直に自分の理想通りにしたらみんなに嫌われてしまうだろう、と。

実際、独立的な生き方をしている人について書いた文章と、協調的な生き方をしている人について書いた文章を読んでもらって、「あなた自身はどちらの生き方をしている人をより高く評価しますか」とたずねてみると、多くの人は独立的な生き方をしている人のほうを高く評価するんですね。

そこで次に、ほかの人たちはどちらの生き方をより高く評価すると思いますかとたずねると、ほかの人たちは協調的な生き方をしている人の方を高く評価するだろうと答えるんです。つまり、実際にはみんな独立的な生き方をしている人の方を高く評価しているんだけど、ほかの人たちは別だと思ってるってこと。

こうした調査の結果からは、自分の理想である独立的な生き方をするとまわりの人たちから嫌われてしまうので、まわりの人たちから嫌われないように協調的に生きているという日本人の姿が見えてきます。

その結果、人々は自分の好みではなく、ほかの人が好むと思っている協調的な生き方をすることになる。そうすると、みんなほかの人たちが実際に協調的な生き方をしているのを見て、「やっぱりみんな協調的な生き方を好んでるんだな」という思いを、ますます強く感じるようになる。

(山岸俊男『「しがらみ」を科学する』〈筑摩書房〉による)

〔注〕

予言の自己実現——予言を信じてそれに沿った行動をすることで実現してしまうこと。

KY——「空気が読めない」の略語。

文章2

やさしい人が大人気ということになると、やさしさをうまく表現できない素っ気ない人物は、なかなか正当に評価してもらいにくい。

ぶっきらぼうな言い方しかできないが、ほんとうは相手のことを気にしており、温かいまなざしを向けているというタイプもいる。

やさしい言葉をかけたりするのは性に合わないということで、バカにするような、からかうようなきつい言い方でさりげなく相手を励ますタイプもいる。

〈適性検査Ⅰ〉　—45分—

1　次の**文章1**と**文章2**とを読み、あとの問題に答えなさい。

（＊印のついている言葉には本文のあとに［注］があります。）

文章1

世間の常識では、日本人は協調性を大切にし、和を尊ぶ集団主義的な文化で育っているから、いつもまわりの人たちの気持ちに気を使って暮らしている、ということになってるよね。それに比べてアメリカ人は個人主義的で、自分の利益ばかりを考えていると思われている。

こうした常識は本当なんだろうか？

この常識には、実は二つの理解のしかたがあるんだよ。

一つの理解は、日本人とアメリカ人が違うのは、日本人が好む生き方とアメリカ人が好む生き方が違っているんだという考え方。日本人は協調性を大事にして、まわりの人たちと和気あいあいと暮らすのが好きなんだ。それに比べると、アメリカ人はまわりの人たちのことはあまり気にかけないで、自分の個人的な目標や欲望に忠実に生きる生き方が好きなんだ、という理解のしかただよね。

こうした理解が、文化の違いについて世の中で広く受け入れられている考え方だと思う。

それに対して、こうした文化の違いは、基本的には＊予言の自己実現として生まれているという考え方もあるんだよ。

この考え方だと、日本人だって、まわりの人たちに受け入れられるかどうかをいつも気にしながら生きていくのはもうたくさんだと思っているかもしれないということになる。

みんな、まわりの人たちが自分を受け入れてくれているかどうかを気にしながら生きていくよりは、ほんとうは自分の理想や目標に忠実に生きたい、自分の考えをほかの人たちに対してちゃんと主張したいと思ってるんだけど、ほかの人たちはそうした生き方をする＊KYな人を毛嫌いするから、そんな人間だと思われないようにしないといけない。みんながそう思ってる。だから、ほかの人たちがそうした「個人主義者」を非難するようなことを言うと、自分もその仲間だと思われないように、自分も同じように「個人主義者」を非難する仲間に加わらないといけない。

方向は違うけど、「いじめ」の螺旋の話と似てるよね。

ここで、日本人の「協調性」について調べた、面白い調査の結果を紹介しておきましょう。ぼくたちの研究グループが、札幌の市民を対象として実施した調査の結果です。

まず、調査に答えてくれた人たちに、自分自身がどれくらい協調的な生き方をしているか、どれくらい独立的な生き方をしているかをたずねました。

具体的には、協調的な生き方をしているかどうかを調べるためには、「私は、まわりの人たちが自分をどう思っているか、つい気になる」とか、「自分と仲間との間では、意見の不一致が生じないようにしている」といった質問が自分にどの程度あてはまるかを答えてもらいました。また、独立的な生き方をしているかどうかを調べるためには、「人と話をするときには、直接的にずばりというほうが好きだ」とか、「自分の考えや行動が他人と違っても気にならない」といった質問が自分にどの程度あてはまるかを答えてもらいました。

その結果、この調査に答えてくれた人たちは、どちらかというと独立的な生き方よりも協調的な生き方をしていることが分かりました。常識通りの結果ですね。

次に、同じ質問に対して、理想の自分だったらどう答えると思うかを考

公立　適性検査問題

札幌市立札幌開成中等教育学校

（編集部注：掲載にあたりレイアウトなどの一部改変を行っています。）

〈適性検査Ⅰ〉　　—45分—

1　やまさん、そらさん、だいちさんの３人は児童会書記局の一員として、今年度の開成っ子フェスティバル（※）の企画・運営を担当することになりました。３人は開成っ子フェスティバルに向けて児童会室で相談をしています。次の会話文を読んで、⑴から⑸の問いに答えましょう。

や　ま：今年はステージ発表を希望するチームが昨年より増えて10チームあったよ。参加するチームが増えた分、今年は発表順を考えるのに苦労しそうだ。

そ　ら：発表順は、ステージ発表をスムーズに行うための【ステージ発表進行に関わるルール】と【チームごとの条件や要望】を考えて決めないといけないね。

だいち：10チームとなるとけっこう複雑だね。10チームの発表順をいきなり考えるのは難しいから、まずは昨年発表した５チームの情報をもとに、順番決めの練習をしてみようよ。

※　開成っ子フェスティバル…３人が通う小学校で行われるイベント。体育館のステージで、希望する児童が発表を行う。

【ステージ発表進行に関わるルール】

1　発表時間は○分という、１分単位の時間とする。
2　発表時間はどのチームも同じとし、発表と発表の間には準備時間として５分もうける。
3　複数のチームに参加する児童は連続発表とならないよう、発表と発表の間には他の２チーム以上の発表を入れる。
4　器楽合奏のチームは、楽器を準備する関係上、発表を連続で行う。
5　低学年（１・２年生）がいるチームは、11時30分前に発表を終えるようにする。
6　発表順番は、各チームの条件や要望をかなえるように決める。

昨年の【チームごとの条件や要望】を表にまとめたもの

チーム名	メンバー構成	内容	条件や要望
A	５年生－５人	器楽合奏	
B	３年生－６人	ダンス	「E」にも出演する児童がいる
C	１年生－１人 ４年生－１人	歌	
D	６年生－８人	大縄とび	
E	２年生－３人 ３年生－３人	器楽合奏	「B」にも出演する児童がいる

昨年の発表順のメモ　昨年の発表時間：11時から12時の１時間

発表順	発表が始まる時間	発表チーム
1	11：00～	
2		
3		
4		
5		

や　ま：【ステージ発表進行に関わるルール】と発表チーム数、昨年の発表に与えられている時間の11時から12時をもとに考えると１チームあたりの発表時間は最大で［ア］分になるね。

そ　ら：［ア］分なら、５番目に発表するチームがちょうど12時に発表を終えるからばっちりだ。１チームあたりの発表時間が分かったから、昨年の発表順のメモを使って整理できそうだね。

だいち：表を使って情報を整理してみると…。あっ、①全てのチームの条件や要望がかなう並び方が一つに決まったよ！

や　ま：だいちさんありがとう。条件を整理して考えることで、どのような発表順にすればよいのかが分かるね。それでは並べる練習はこれくらいにして、今年の発表順を整理しようか。

だいち：今年のチームごとの条件や要望を整理して表にするね。

そ　ら：今年のステージ発表に使える時間は、10時から12時の２時間だから、発表と発表の間の準備時間を５分とり、１チームの発表に使える時間を最大限とると［イ］分になる。［イ］分なら、［ウ］時［エ］分に全ての発表を終えられるわ。

今年の【チームごとの条件や要望】を表にまとめたもの

チーム名	メンバー構成	内容	条件や要望
A	５年生－４人	ダンス	「ＣとＦ」にも出演する児童がいる
B	３年生－２人 ４年生－２人	マジック (手品)	準備・片付けに時間がかかるため、 最後の発表を希望
C	５年生－４人 ２年生－２人	ダンス	「ＡとＦとＨ」にも出演する児童がいる
D	６年生－８人	ダブルダッチ (縄とび)	児童会の仕事があるため、 発表を11時までに終えたい
E	６年生－５人	とび箱	児童会の仕事があるため、 発表を10時15分までに終えたい
F	２年生－２人 ５年生－１人	ダンス	「ＡとＣ」にも出演する児童がいる
G	２年生－２人 ４年生－２人	器楽合奏	１番目の発表はさけたい
H	５年生－９人	器楽合奏	「Ｃ」にも出演する児童がいる ８番から10番のどこかを希望
I	６年生－８人	コント (お笑い)	１番から３番のどこかを希望
J	１年生－15人	歌	器楽合奏の直前か直後の順番を希望

や　ま：整理してくれてありがとう。これなら、チームごとの条件や要望をふまえて順番を決めることができそうだよ。表をもとに考えてみると、この順番でどうかな？

今年の発表順メモ　今年の発表時間：10時から12時の２時間

発表順	発表が始まる時間	発表チーム
1	10：00～	
2		
3		
4		
5		
6		
7		
8		
9		
10		

そ　ら：②他の順番も考えられるけど、その発表順なら全てのチームの条件や要望をかなえることができるね。

だいち：やったー！整理するのは大変だったけど、みんなの力で何とか決めることができてよかった。これにて一件落着！

(1)　[ア]に当てはまる数字を書きましょう。

(2)　下線部①の発表順を、チーム名「A」から「E」を使って書きましょう。

(3)　[イ]に当てはまる数字を書きましょう。

(4)　[ウ]と[エ]に当てはまる数字を書きましょう。

(5)　下線部②で考えられる発表順を一つ、チーム名「A」から「J」を使って書きましょう。

2　あすかさんとますみさんとみらいさんは学校で学習したプログラミングを使って、「島わたりミッションゲーム」を一緒に考えています。次の会話文を読んで、(1)から(5)の問いに答えましょう。

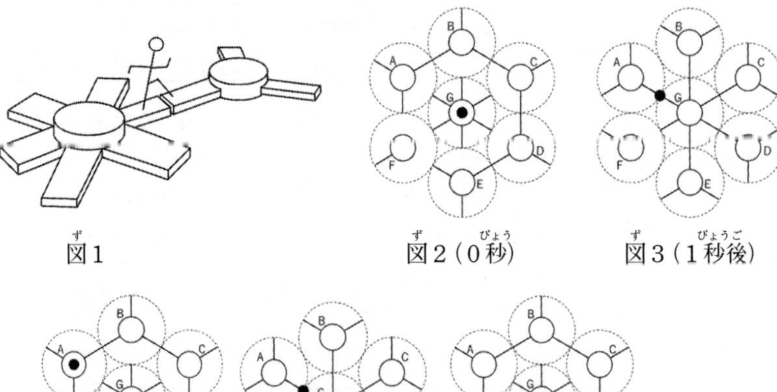

図1　図2（0秒）　図3（1秒後）

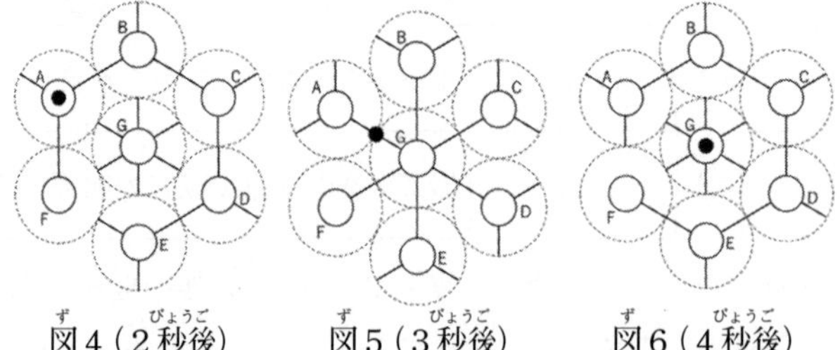

図4（2秒後）　図5（3秒後）　図6（4秒後）

【ミッション】

・Gをスタートして、AからEまでの全ての島を回って、できるだけ早くFの島にゴールせよ。

【ルール】

- ・図１のように一つ一つの島には橋がついている。
- ・図２のように中心の島Ｇとその周りにＡからＦまでの島がある。
- ・ＡからＦまでの島の橋は、それぞれが60度ずつ時計回りに回転している。
- ・１秒後に自分のいる島の橋ととなりの島の橋がつながるとき、島から１秒かけて橋を移動し、つながった瞬間にとなりの島の橋の先に移動できる。橋の先で待つことはできないため、さらに１秒かけてその島に移動しないといけない。
- ・１秒後に自分のいる島の橋ととなりの島の橋がつながらないときは、島で待たないといけない。

あすか：たくさんの島を移動するミッションゲームを考えたよ。

ますみ：Ｇには６個の橋が、ＡからＥには３個の橋が、Ｆには１個の橋があるってことだね。

あすか：そう。最初の状態として図２を０秒、そして図３から図６は１秒後ごとの様子を表している図だよ。

みらい：ＡからＦの島の橋は、それぞれ60度ずつ時計回りに回転しているから、これだと橋が一回転するのに［ア］秒かかるね。

ますみ：黒い点(●)が移動しているよ。これは何？

あすか：これは人だよ。

みらい：じゃあ、この人は図３ではＧからＡの橋の先に移動したところだね。

ますみ：図４は２秒後にＡの島まで移動して、図５は３秒後にＡからＧに戻るためにＧの橋の先に移動したところ、図６は４秒後にＧの島に戻って来たところだね。

あすか：続けて、ＧからＢに行って、またＧに戻って来ると、最初の状態(図２)から［イ］秒後になるよ。このようにして、Ｇから出発して一つの島へ行き、またＧに戻って来るを繰り返して

GAGBGCGDGEGF(※)と移動していくとゴールであるＦの島に着くのは［ウ］秒後だね。

みらい：でも、毎回Ｇに戻ってこなくても、となりの島に橋を使ってGABCDEFの順番でいけば、［エ］秒でＦの島に着けそうだね。

ますみ：その時は橋がつながるまで島で待っている時間もありそうだね。

みらい：<u>わたしは、［エ］秒かからずに全ての島を回るルートをいくつか見つけたよ。</u>

※　人が、Ｇ→Ａ→Ｇ→Ｂ→Ｇ→Ｃ→Ｇ→Ｄ→Ｇ→Ｅ→Ｇ→Ｆの順番に移動したことを表すものとする。

(1)　［ア］に入る数字を書きましょう。

(2)　［イ］に入る数字を書きましょう。

(3)　［ウ］に入る数字を書きましょう。

(4)　［エ］に入る数字を書きましょう。

(5)　下線部のルートはどの島を通りますか。見付けたルートのうち、２つのルートについて、ＧからＦまでのアルファベットを全て書きましょう。

〈適性検査Ⅱ〉　—45分—

① 読書の日が10月27日であることから、まほさんの小学校では、読書月間が10月に設定されています。まほさんの所属する図書委員会では「読書の楽しさを知ってもらう」を今年度の目標

としています。この目標を達成するために、10月の読書月間に二つの活動を行いました。
次のまほさんとこうたさんとあきさんの会話文を読んで、(1)と(2)の問いに答えましょう。

ま　ほ：図書委員会で読書月間に行った二つの活動を振り返ってみよう。

こうた：一つ目の活動は「学校図書館に来てくれた人に、人気キャラクターのステッカーをプレゼントする。」という**プレゼント企画**だね。ただし、一人が何回もプレゼントをもらえたら不公平だから、一人につき１枚までしかもらえないことにしたよ。

あ　き：二つ目の活動は、「人気のあるジャンルの本を紹介するポスターを作って学校中に掲示する。」という**本紹介ポスター作成**を行ったよ。一番人気のある文学ジャンルのうち、今話題の人気小説を紹介するポスターを何種類か作ったよ。その小説の面白いポイントを紹介することに一番力を入れたんだ。

ま　ほ：うん。「読書の楽しさを知ってもらう」ために、一人一人が読書をしたいと思える活動にしたんだよね。じゃあ、全児童のアンケート結果を見てみよう。

こうた：そうだね。じゃあ、データを紹介するね。表１は、この学校の全児童420人に対して、９月から11月までの学校図書館に来た人数と、読まれた学校図書館の本の冊数の合計を月ごとに集計したものだよ。この冊数の合計の中には、同じ本も含まれているよ。

表１

アンケート調査結果		
	図書館に来た人数	読まれた図書館の本の冊数の合計
９月(活動実施前)	290人	980冊
10月(読書月間)	400人	1280冊
11月(活動実施後)	300人	1240冊

あ　き：でも、表１のデータだけだと目標を達成できたのか判断できないよ。

こうた：そう言われると思って、別のデータもまとめてみたよ。表２は１か月に読まれた学校図書館の本の冊数ごとの全児童の内訳だよ。表３は１か月ごとのジャンル別の読まれた学校図書館の本の冊数の合計のうち、上位二つと下位二つを抜き出してみたよ。

表２

１か月に読まれた図書館の本の冊数別の人数				
	０冊	１～２冊	３～６冊	７～10冊
９月	130人	170人	80人	40人
10月	100人	110人	150人	60人
11月	120人	90人	150人	60人

表３

読まれた図書館の本のジャンル別冊数(上位・下位各二つ)				
	文学	芸術	技術	産業
９月	520冊	260冊	40冊	10冊
10月	800冊	270冊	40冊	10冊
11月	790冊	260冊	40冊	10冊

ま　ほ：表１に加えて、表２と表３があれば、今年度行ったプレゼント企画と本紹介ポスター作成の活動によって、目標を達成できたかどうか判断できそうだね。みんなで考えて

みよう。

あ　き：そうだね。そうしよう。

問い

(1)　下線部について、図書委員会の行った二つの活動（プレゼント企画・本紹介ポスター作成）それぞれについて、目標を達成できたかどうか、次の＜採点の基準＞をふまえて、まとめましょう。

＜採点の基準＞※項目ごとに次の表に示された得点が与えられます。

	10点	5点	0点
活動のまとめ	表1～3のそれぞれの結果を二つ以上組み合わせて、根拠となる人数や冊数を具体的に示しながらまとめている。	表1～3のそれぞれの結果の一つから、根拠となる人数や冊数を具体的に示しながらまとめている。	表1～3のそれぞれの結果から、根拠となる人数や冊数を具体的に示していない。

(2)　あなたは、表1～3から読み取れる課題をもとに、次年度の図書委員会の目標と読書月間の活動内容を提案することになりました。まほさんたちのように、一人一人が読書をしたいと思える活動の提案を、次の＜採点の基準＞をふまえ、150字以上200字以内で書きましょう。

書き出しは、次の例を参考にしましょう。（この例と全く同じ書き出しでなくてもかまいません。）

> 今年度の課題は［　　　　］だったため、次年度の目標を［　　　　］とし、［　　　　］を次年度の活動内容として提案します。

＜採点の基準＞※項目ごとに次の表に示された得点が与えられます。

<table>
<tr><td rowspan="2">字　数</td><td colspan="2">10点</td><td>0点</td></tr>
<tr><td colspan="2">条件どおりである。</td><td>条件どおりでない。</td></tr>
<tr><td rowspan="2">今年度の課題とそれを解決するための目標</td><td>10点</td><td>5点</td><td>0点</td></tr>
<tr><td>表1～3から読み取れる今年度の課題が書かれ、それに対応した次年度の目標が書かれている。</td><td>表1～3から読み取れる今年度の課題は書かれているが、それに対応した次年度の目標が書かれていない。</td><td>表1～3から読み取れる今年度の課題が書かれていない。</td></tr>
<tr><td rowspan="2">目標達成のための活動理由</td><td>10点</td><td>5点</td><td>0点</td></tr>
<tr><td>具体的な活動内容が、なぜ目標達成につながるかをふまえた理由とともに書かれている。</td><td>具体的な活動内容は書かれているが、なぜ目標達成につながるかをふまえた理由は書かれていない。</td><td>具体的な活動内容が書かれていない。</td></tr>
</table>

2　あなたは、開成市に一泊二日の修学旅行に行き、大変充実した時間を過ごしました。

以下の3人は、この修学旅行中に関わった人たちで、名前とともに、それぞれの役割や、行動を箇条書きにして示しています。以下の内容を読んで、問いに答えましょう。

【バスガイドの白井さん】
・明るく大きな声で、見学場所のガイドをしていた。
・自分の小学生時代の失敗談を面白く話していた。
・流行りの曲をカラオケで熱唱していた。
・集合写真の撮影のときには、カメラの後ろから、ひょうきんなポーズをしていた。

【訪問した博物館の黒田さん】
・誰もが引きこまれる、分かりやすいプレゼンテーションをしていた。
・どんな質問にも、すべて的確に答えていた。
・興味のある子には、個別に専門的な内容まで説明をしていた。
・修学旅行後のまとめで使える本を紹介していた。

【宿泊先のホテルの赤川さん】
・部屋の清掃をしっかり行い、今回の滞在を歓迎するメッセージを書いたカードを置いていた。
・水筒をなくして困っている子と一緒に、ホテルの中だけではなく外までも探して、見付けていた。
・顔色が悪い子に気が付き、優しく声をかけていた。
・雨の中にも関わらず、笑顔でバスの出発を見送っていた。

問い　修学旅行中に関わった３人の中から一人を選び、次の＜採点の基準＞をふまえ、300字以上350字以内でお礼の手紙を書きましょう。

＜採点の基準＞※項目ごとに次の表に示された得点が与えられます。

<table>
<tr><td rowspan="2">字数</td><td colspan="6">10点</td><td colspan="6">0点</td></tr>
<tr><td colspan="6">条件どおりである。</td><td colspan="6">条件どおりでない。</td></tr>
<tr><td rowspan="2">お礼の言葉</td><td colspan="4">10点</td><td colspan="4">5点</td><td colspan="4">0点</td></tr>
<tr><td colspan="4">お礼の言葉とともに、そのときの自分が感じたことや思ったことも書かれている。</td><td colspan="4">お礼の言葉が書かれている。</td><td colspan="4">お礼の言葉が書かれていない。</td></tr>
<tr><td rowspan="2">行動に込められた思いの想像</td><td colspan="4">10点</td><td colspan="4">5点</td><td colspan="4">0点</td></tr>
<tr><td colspan="4">相手の行動について、どのような思いが込められているかを想像した内容が書かれている。
※全ての行動について取り上げる必要はない。</td><td colspan="4">相手の行動について書かれている。
※全ての行動について取り上げる必要はない。</td><td colspan="4">相手の行動について書かれていない。</td></tr>
<tr><td rowspan="2">これからの生活</td><td colspan="3">20点</td><td colspan="3">10点</td><td colspan="3">5点</td><td colspan="3">0点</td></tr>
<tr><td colspan="3">相手の思いと関連させ、現在の自分の課題にもふれながら、これからの生活にどう生かしていくか書かれている。</td><td colspan="3">相手の思いと関連させ、これからの生活にどう生かしていくか書かれている。</td><td colspan="3">自分のこれからの生活にどう生かしていくか書かれている。</td><td colspan="3">自分のこれからの生活にどう生かしていくか書かれていない。</td></tr>
</table>

青森県立三本木高等学校附属中学校

（編集部注：掲載にあたりレイアウトなどの一部改変を行っています。）

〈適性検査Ⅰ〉　　—55分—

1　放送を聞いて答える問題（省略）

2　たろうさんは、ごみを出す手伝いをした後、家族と話し合っています。

たろう：今朝、ごみ集積所にたくさんのごみが出されていたよ。青森県のごみの量はどれくらいなのかな。

お母さん：ごみの量に関する **資料１** と **資料２** を見つけたわよ。

資料１　１人１日あたりのごみのはい出量

1040（g）
1020
1000
980
960
940
920
900
880
860
0

青森県
全国

平成27年度　28年度　29年度　30年度　令和元年度　2年度　3年度

【一般廃棄物処理実態調査結果（環境省）より作成】

資料２　１年間のごみの総はい出量（青森県）

平成27年度	50.3万 t
平成28年度	48.6万 t
平成29年度	48.0万 t
平成30年度	47.4万 t
令和元年度	46.9万 t
令和２年度	45.8万 t
令和３年度	45.6万 t

【一般廃棄物処理実態調査結果（環境省）より作成】

お父さん：**資料１** では、平成27年度と令和３年度を比べると、青森県の量も全国の量も（ A ）いるけど、青森県の量は、全国の量と比べて多いということが分かるね。

お母さん：**資料１** で、青森県の量と全国の量の差は、令和２年度には約（ B ）gあったけれど、令和３年度には約（ C ）gになっているわ。

たろう：でも、**資料２** を見ると、令和３年度の青森県のごみの総はい出量は、令和２年度と比べると、（ D ）万t減ったんだね。

(1)　たろうさんたちが話すAにはあてはまる言葉を、B、C、Dにはあてはまる数字を、それぞれ書きましょう。

お母さん：ごみを減らすために、わたしは、使わなくなった物をフリーマーケットに出しているわよ。

たろう：お母さんが話していることは、**資料３** の３Rの１つだね。ぼくは、ボールペンのしんを替えるようにして、ごみを減らしていくよ。

お父さん：ごみを分別して出すと、原料にもどし再び使えるようにできるよ。このこともごみを減らすことになるね。

資料３　３Rの内容

【リデュース】　はいき物の発生抑制
【リユース】　再使用
【リサイクル】　再資源化

抑制…おさえること

【経済産業省ホームページより作成】

⑵　たろうさんたちが話す＿＿線部は、資料３のリデュース、リユース、リサイクルの、どれにあてはまるか、それぞれ一度だけ使って書きましょう。

お母さん：レジ袋やストローなどの使い捨てプラスチックのことも話題になっているわね。使い捨てプラスチックの年間総はいき量は、世界全体で１億3000万ｔもあるそうよ。

たろう：使い捨てプラスチックの年間総はいき量が多い国について、資料４を見つけたよ。

お父さん：資料４をもとに１人あたりの年間はいき量を計算すると、資料５になるよ。資料４と資料５を合わせて考えると、日本の使い捨てプラスチックのはいき量についての特ちょうが見えてくるね。

資料４　使い捨てプラスチックの年間総はいき量（2019年）

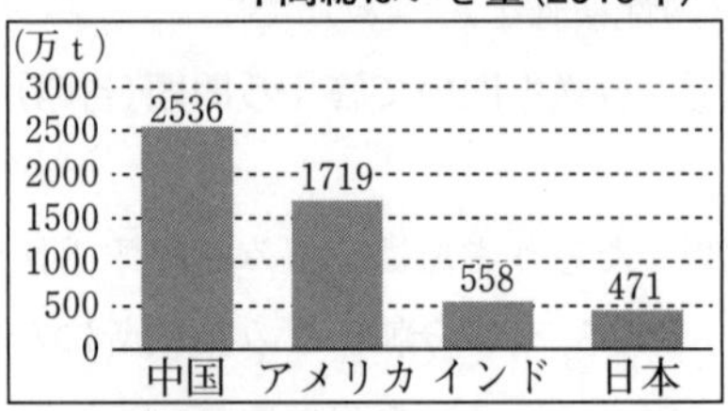

【日本エシカル推進協議会ホームページより作成】

資料５　１人あたりの使い捨てプラスチックの年間はいき量（2019年）

アメリカ	約53kg
日本	約37kg
中国	約18kg
インド	約４kg

【日本エシカル推進協議会ホームページより作成】

⑶　お父さんが話す＿＿線部について、資料４と資料５をもとに考えて、書きましょう。

～たろうさんたちは、ショッピングセンターに行きました。～

たろう：牛乳のちん列だなを見たら、資料６のように商品が並んでいて、そばには資料７のようなポップがはってあるよ。

お母さん：食品ロスを減らす取り組みね。食べられるのに捨てられる食品の量は、令和３年度は約523万ｔになったそうよ。日本人１人あたり、年間約41kgの食品を捨てていることになるわね。わたしは、手前にある商品を買うことで、お店から出る食品ロスを減らすことに協力しているわ。

資料６　牛乳のちん列だな

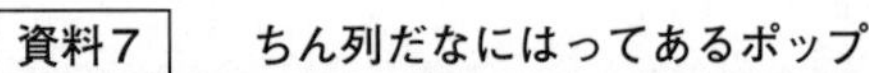

資料７　ちん列だなにはってあるポップ

【環境省ホームページより作成】

⑷　お母さんが話す＿＿線部とはどういうことか、資料６と資料７をもとに考え、書きましょう。

3　たろうさんは、家族と旅行の計画を立てています。

たろう：歴史学習で学んだ遺跡(いせき)や文化財を見学したいと思って、資料１にまとめたよ。

お母さん：資料１の①～④は、それぞれの時代を代表するものだね。それらを時代の古い順に見ていくと、日本人の生活や文化の変化が分かるでしょうね。時代の古い順にならべかえられるかな。

お父さん：資料１の①～④の中には、お父さんも行ったことがないところがあるよ。それぞれがどの都道府県にあるか分かっているかな。資料２の地図を使って確認(かくにん)してみよう。

資料１　見学希望リスト

① 金閣(きんかく)
② 仁徳天皇陵古墳(にんとくてんのうりょうこふん)(大仙古墳(だいせん))
③ 吉野ヶ里遺跡(よしのがり)
④ 東大寺(とうだいじ)の大仏

資料２　地図

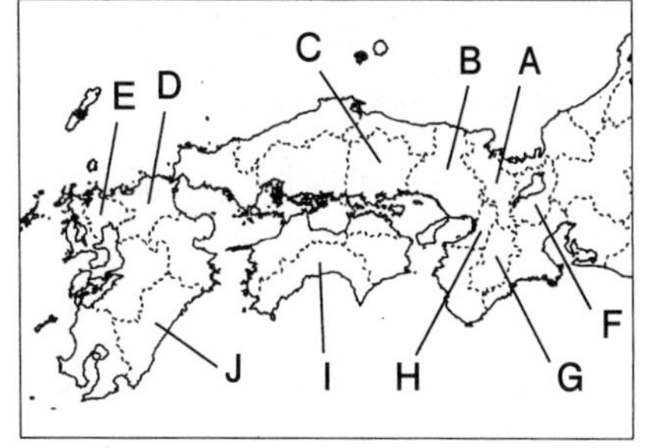

(1)　資料１の①～④を関係する時代の古い順にならべかえ、書きましょう。また、①～④がある都道府県の位置を、資料２にあるＡ～Ｊから選び、それぞれ記号を書きましょう。

お母さん：吉野ヶ里遺跡は、当時の建物やくらしの風景が再現されていて、人々が住んでいた（ ⑤ ）住居や、食べ物などを保管した高床(たかゆか)倉庫が復元されているみたいだよ。私も見てみたいわ。

たろう：資料３を見つけたよ。この時代には、むらのまわりが深いほりやさくで囲まれたり、高い物見やぐらがつくられたりしたようだよ。どうしてこのようなものが必要だったのかな。

資料３　吉野ヶ里遺跡の様子

【画像提供：国営吉野ヶ里歴史公園】

(2)　お母さんが話す⑤にあてはまる言葉を書きましょう。また、たろうさんが話す＿＿線部について、この時代にそれらが必要だった理由を、「米」「むら」の２つの言葉を使って書きましょう。

たろう：旅行に行く前に行き先の観光情報を調べてみたいけれど、観光情報は、どのように発信されているのかな。

お母さん：観光情報は、多くの地域(ちいき)で、いろいろな方法で発信されているのよ。資料４や資料５は、どちらも私たちが住む十和田市の冬の観光情報よ。同じような情報が、パンフレットと、インターネットサイトの両方で発信されているわ。どちらにもよさはあるけれど、資料５のインターネットサイトの観光情報のよさについて分かるかしら。

資料４　パンフレットの観光情報

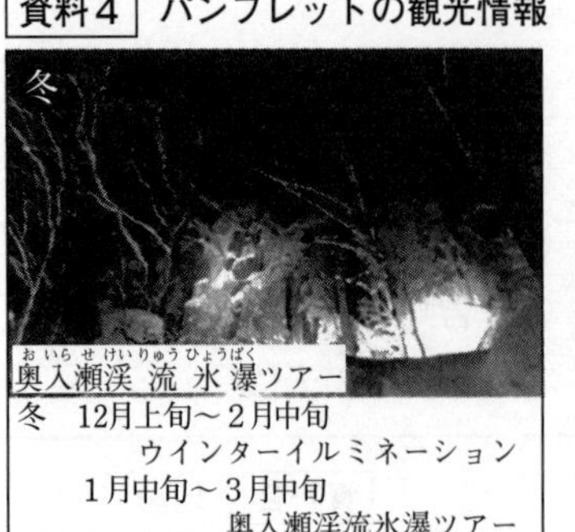

冬　12月上旬～２月中旬
ウインターイルミネーション
１月中旬～３月中旬
奥入瀬渓流氷瀑ツアー
２月上旬～下旬　十和田湖冬物語

【十和田市観光パンフレット「とわだ旅」より作成】
画像提供：十和田奥入瀬観光機構

資料５　インターネットサイトの観光情報

TOWADA TRAVEL
ニュース｜おすすめ一覧｜アクセス｜ストア｜検さく
体験する｜宿泊する｜食べる｜十和田奥入瀬観光機構とは

イベント
奥入瀬・焼山 冬
奥入瀬渓流氷瀑ツアー
2022-12-16 ～ 2023-03-12

ニュース
NEW !! 新着 !!
「第25回十和田湖冬物語2023」
１月27日から開さいのお知らせ
2023-01-03　十和田湖

奥入瀬冬のかまくらごはん&スイーツ
『奥入瀬かまくらドームレストラン』
12月23日(金)オープン！
2022-12-12　十和田湖

「十和田湖冬キャンプ」利用受け入れ開始
2022-12-12　十和田湖

【十和田奥入瀬観光機構ホームページより作成】
画像提供：十和田奥入瀬観光機構

(3)　お母さんが話す＿＿線部について、資料４と資料５を比べて２つ考え、それぞれ書きましょう。

たろう：インターネットの情報は、旅行の計画などに、とても役立つね。
お母さん：インターネットの情報は、旅行者だけでなく、観光に関わる人たちにも役立っているそうよ。
お父さん：資料６のように、私たちがインターネットサイトを利用した情報を、観光に関わる人たちは分せきし、活用しているんだよ。

資料６　情報の活用

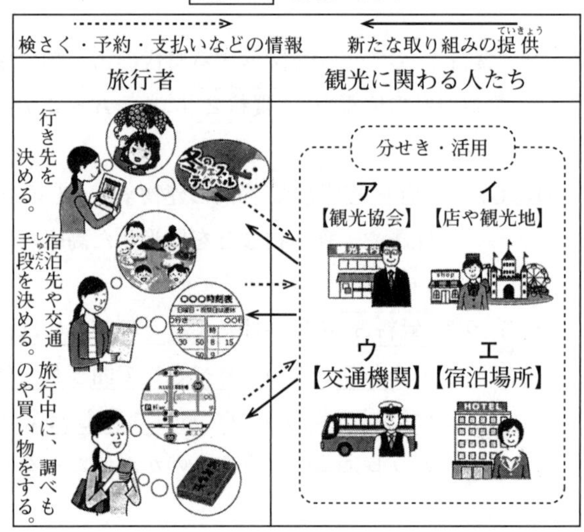

(4)　資料６のア～エの立場から１つ選び、その立場の人は、どのような情報を分せきし、どのように活用しているか、資料６をもとに考え、書きましょう。

4　たろうさんたちは、放送委員会の今年度の活動をふり返っています。
たろう：みんなの意見をもとに、児童会総会で示す**活動報告書**をまとめてみたよ。

活動報告書

放送　委員会

1　活動のめあて

・正確に、分かりやすく、聞き取りやすい声で放送しよう。
・給食時間を楽しむことができる放送にしよう。

2　新しく取り組んだ活動内容

・放送委員が選んだなぞなぞを放送する【なぞなぞの日】を週一日設定。
・聞きたい曲をぼ集し、それを放送する【リクエストの日】を週二日設定。

3　活動のふり返り

今年度は、新しく次の二つの活動に取り組みました。

一つ目は、【なぞなぞの日】です。図書室にあるなぞなぞの本から、放送委員が10個選んで出題しました。おそらく、なぞなぞが得意な人ばかりではないと考え、答えがすぐに分かりそうな易しい問題を中心に出題しました。［ア］なぞなぞが得意でない人にも楽しんでもらえたと思います。

二つ目は、【リクエストの日】です。好きな曲の入ったＣＤを各自が順備してくれたことで、放送室にないさまざまな種類の曲を放送することができてよかったです。［イ］集まったすべての曲を放送できるように、時間を測りながら放送することは大変でした。

それでも、これらの活動を通してみんなの給食時間が楽しいものになったと思うのでよかったです。

ともこ：**活動のふり返り**には、二つの漢字がまちがって使われているよ。

⑴　**活動のふり返り**に書かれてあるまちがって使われている漢字を二つさがし、正しく直した漢字一字をそれぞれ書きましょう。

ひとみ：［ア］と［イ］のところにはつなぎ言葉を入れると、意味が分かりやすい文章になるよ。つなぎ言葉の後に、読点も付けてね。

⑵　**活動のふり返り**のアとイにあてはまる三文字のつなぎ言葉を、読点を付けてそれぞれ書きましょう。

たけし：「おそらく、なぞなぞが得意な人ばかりではない」の部分には、「おそらく」と組みになって使われる言葉を書きたすことで、意味が分かりやすくなると思うよ。

⑶　たけしさんが話したことをもとに、**活動のふり返り**にある「おそらく、なぞなぞが得意な人ばかりではない」の部分に、「おそらく」と組みになって使われる三文字の言葉を書きましょう。

～放送委員会から全校児童へのお知らせを放送することになりました。～

たろう：放送の**原こう**を作ってみたよ。

原こう

私たちは放送室で給食を食べるみなさんの顔を思いうかべながら放送しています。みなさんに楽しんでもらいたいと考え、委員会の時間にたくさん練習をしていらっしゃいます。楽しんでもらえると思いますので、期待して聞いてね。

ともこ：**原こう**にある「私たちは放送室で給食を食べるみなさんの顔を思いうかべながら放送し

ています。」の一文は、みんなが放送室で給食を食べているとまちがって伝わりそうだね。適切な位置に読点を打ったらよいと思うな。

(4)　ともこさんが話したことをもとに、みんなが放送室で給食を食べているとまちがって伝わることを防ぐために、**打ち方の例**にならって、次の[　　　]の中の適切な位置一つに読点を打ちましょう。

打ち方の例

今年は、活動の重点として次の二つを行った。

私たちは放送室で給食を食べるみなさんの顔を思いうかべながら放送しています。

ひとみ：**原こう**の____線部は、ていねい語が使われていないところと、敬語（けいご）がまちがって使われているところがあるよ。正しく放送ができるように、____線部の全文を書き直しておいた方がよいと思うよ。

(5)　ひとみさんが話したことをもとに、**原こう**の____線部のていねい語が使われていないところと敬語がまちがって使われているところを適切なていねい語にし、____線部全文を70字以内で書きましょう。

～児童会総会後に来年度の活動について話し合うことにしました。～

たろう：各学級の代表24人全員に、新しく取り組んだ活動についてアンケートをとってみたよ。その結果をもとに、いっしょに考えてくれないかな。

アンケート結果

1　次の活動は楽しかったですか。

	は　い	いいえ
・なぞなぞの日	24	0
・リクエストの日	24	0

2　次の活動は来年度も続けた方がよいですか。

	よ　い	よいが課題もある	よくない
・なぞなぞの日	20	4	0
・リクエストの日	19	5	0

3　2で「よいが課題もある」「よくない」と答えた人に聞きます。その課題とは何ですか。

【なぞなぞの日について】
・問題が難（むずか）しかったこと。（2年生）
・簡単（かんたん）な問題が多かったこと。（6年生）
・同じ問題が出たこと。（3年生）
・早口で放送の声が聞き取りにくいことがあったこと。（4年生）

【リクエストの日について】
・一週間で二日とも同じ曲が放送されたことがあったこと。（6年生、5年生）

・リクエストが多い日は、一曲あたりの放送時間が短かったこと。（６年生、５年生）
・ふだん聞かない外国の曲が多かったこと。（６年生）

ともこ：まずは、なぞなぞの日について考えましょう。**アンケート結果**の**1**と**2**のそれぞれから［　ウ　］と分かるので、来年度も続けてよいと思うな。

たけし：改善も必要だね。**アンケート結果**の**3**には、［　エ　］とあるので、放送する前には練習を重ねてはっきりと伝わる声でゆっくり話すようにしよう。今年度よりもっと楽しんでもらうために、問題の難しさについては、［　オ　］といった工夫をして出題することも必要だね。

(6)　ともこさんやたけしさんが話す**ウ**～**オ**にあてはまる内容を、それぞれ書きましょう。ただし、**アンケート結果**の内容をもとにすること。

たろう：次は、リクエストの日について考えようよ。

さちこ：リクエストの日も続けた方がよいと思うな。でも、**アンケート結果**を見ると課題もあったので、それを改善することで、今年度以上に楽しんでもらえそうだね。

(7)　来年度のリクエストの日を今年度以上に楽しんでもらえる活動にするために、あなたなら、放送委員会にどのような提案をしますか。**アンケート結果**をもとにして、**<条件>**にあわせて提案する文章を書きましょう。

<条件>①　三段落で構成し、１行20字の原こう用紙に10行以上、12行以内で書くこと。

②　第一段落は、改善が必要と思う課題を**アンケート結果**の**3**から一つ選んで書いたうえで、改善しないことで予想される問題点を書くこと。

③　第二段落は、提案する内容を具体的に書くこと。

④　第三段落は、その提案が実現することで、どのような効果が予想されるかを書くこと。

〈適性検査Ⅱ〉　—45分—

1　たろうさんたちは、家の畑でとれたじゃがいもの量について話しています。

た ろ う：ぼくの家では、64㎡の畑から、じゃがいもが80kgとれたよ。

と も こ：わたしの家では、70㎡の畑から、じゃがいもが98kgとれたよ。

た け し：１㎡あたりにとれたじゃがいもの量は、どちらの家の畑がどれだけ多いのかな。

(1)　１㎡あたりにとれたじゃがいもの量は、どちらの家の畑がどれだけ多いのかを求めます。求め方を書き、名前と量をそれぞれ書きましょう。

たろうさんたちは、近所の家（25けん）の畑でとれたじゃがいもの量を、ドットプロットに表しました。

近所の家の畑でとれたじゃがいもの量

						●														
●		●				●		●				●			●					●
●	●	●	●	●		●	●	●	●	●	●	●	●		●		●	●		●
78	79	80	81	82	83	84	85	86	87	88	89	90	91	92	93	94	95	96	97	98 (kg)

たけし：ぼくの家の畑では、じゃがいもが87kgとれたよ。近所の家の畑でとれたじゃがいもの量の中では、とれた量が多いほう、少ないほうどちらといえるのかな。中央値(ちゅうおうち)を求めて考えてみるよ。

(2)　たけしさんの家の畑でとれたじゃがいもの量は、近所の家の畑でとれたじゃがいもの量の中では、とれた量が多いほう、少ないほうどちらといえるのでしょうか。中央値を求めたうえで、書きましょう。

たろうさんと妹のさゆりさんは、とれたじゃがいもをおじさんの家へ届(とど)けに行きます。

お父さん：おじさんの家への行き方は、次のメモのとおりだよ。

おじさんの家への行き方

- ・家を出て、近所のバス停まで歩く（３分間）。
- ・近所のバス停からバスに乗り、図書館のバス停で降(お)りる。
- ・図書館のバス停から、A駅まで歩く（７分間）。
- ・A駅から電車に乗り、B駅で降りる。
- ・B駅からおじさんの家まで歩く（５分間）。

さゆり：バスと電車には、どのくらい乗るのかな。

お父さん：バスに乗っている時間は全体の$\frac{1}{4}$で、電車に乗っている時間は全体の$\frac{1}{2}$だよ。**図**に表すと、次のようになるよ。

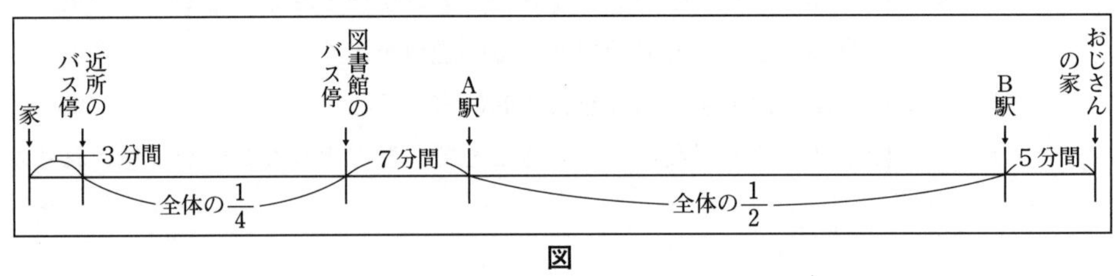

図

たろう：家を出てからおじさんの家に着くまでにかかる最短の時間は、何分間かな。

(3)　家を出てからおじさんの家に着くまでにかかる最短の時間を求めます。求め方と時間を書きましょう。ただし、バスや電車がバス停や駅に来るまでの待ち時間や、バスや電車に乗り降りするためにかかる時間は、考えないこと。

2　たろうさんたちは、美術館に来ました。

たろう：工作コーナーでは、紙からいろいろな形を切りぬく体験ができるよ。

たけし：ぼくは、**図**のように正六角形の形を切りぬいたよ。正六角形は、線対称(たいしょう)にも点対称にもなっているよ。正六角形の対称の軸(じく)は何本あるのかな。

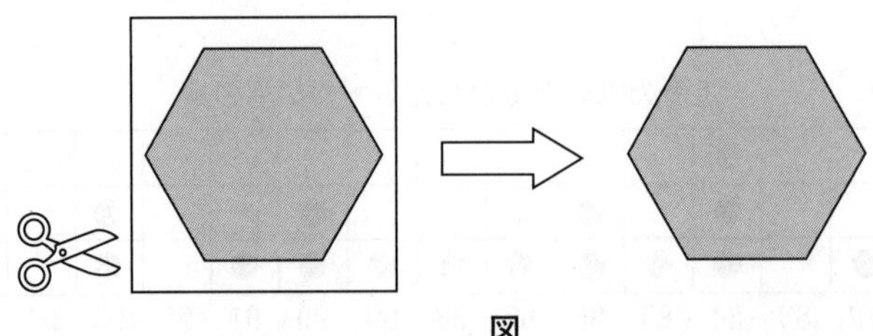

図

ともこ：正六角形の対称の軸は［　ア　］本あるよ。わたしは、点対称になっているけれど線対称にはなっていない六角形を切りぬくよ。どんな六角形か分かるかな。

(1)　ともこさんが話す**ア**にあてはまる数を書きましょう。また、点対称になっているけれど線対称にはなっていない六角形を、方眼にかきましょう。ただし、点Oが対称の中心になるようにかくこと。

[点対称になっているけれど線対称にはなっていない六角形]

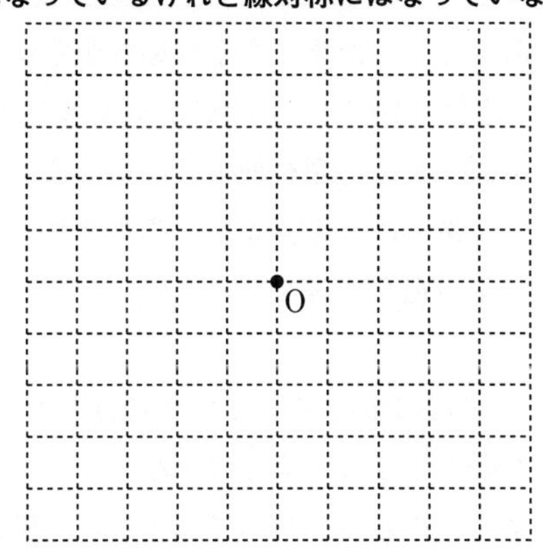

たろうさんたちは、２つの形を見ながら話しています。

たろう：**図１**と**図２**には、どちらも円と正方形があるね。

たけし：**図１**には直径10㎝の円の中にぴったり入る正方形があり、**図２**には直径10㎝の円がぴったり入る正方形があるよ。

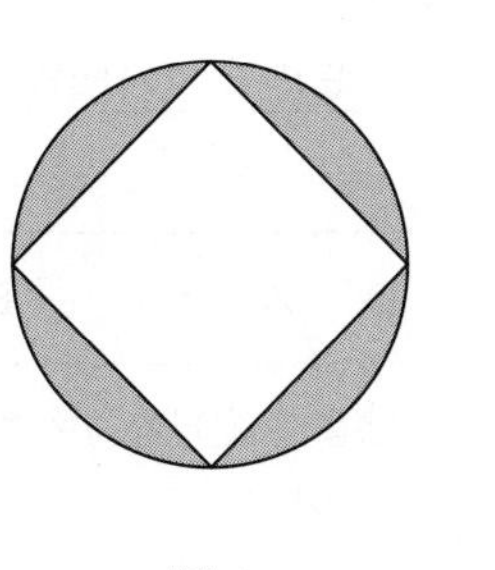

図１

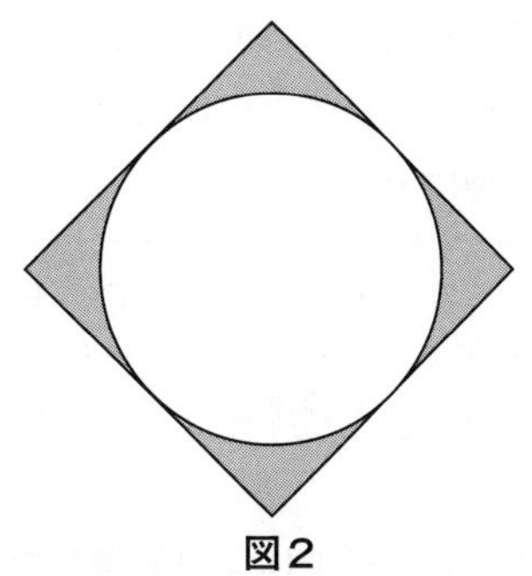

図２

ともこ：**図１**と**図２**の、色がついた部分の面積の差はどれくらいなのかな。

(2)　色がついた部分の面積の差を求めます。求め方と面積の差を書きましょう。

③　たろうさんたちは、今年１年間に見つけた生き物の様子について話し合っています。

たろう：オオカマキリのたまごが入っているらんのうが、植物のくきや枝についていたよ。春になると、たまごからかえるんだよね。

オオカマキリのたまごが入っているらんのう

ともこ：モンシロチョウ、アキアカネ、トノサマバッタも、オオカマキリのように植物のくきや枝にたまごを産むのかな。

ひとみ：こん虫がたまごを産む場所を調べたら、**表１**のようになったよ。

表１　こん虫がたまごを産む場所

こん虫	オオカマキリ	モンシロチョウ	アキアカネ	トノサマバッタ
場所	くきや枝	葉	水の中	土の中

たけし：**表１**から、こん虫によって、たまごを産む場所がちがうことが分かるね。また、エンマコオロギは（ ① ）と同じ場所に、ゲンジボタルは（ ② ）と同じ場所にたまごを産むよ。アキアカネが水の中にたまごを産む理由は、（ ③ ）と考えられるね。

(1)　たけしさんが話す①～③にあてはまる言葉を、それぞれ書きましょう。ただし、①と②には、**表１のこん虫**の中から１つずつ選んで書くこと。

ともこ：オオカマキリは、たまごの姿（すがた）で冬ごしをするけれど、ナナホシテントウ、カブトムシ、アゲハはどのような姿で冬ごしをするのかな。

ようこ：こん虫が冬ごしをするときの姿について調べたら、**表２**のようになったよ。

表２　こん虫が冬ごしをするときの姿

こん虫	オオカマキリ	ナナホシテントウ	カブトムシ	アゲハ
姿	たまご	（④）	（⑤）	（⑥）

(2)　**表２**の④～⑥にあてはまる言葉を、それぞれ書きましょう。

たろう：ところで、植物は、冬の間はどうしているのかな。

ようこ：かれる植物と、かれない植物があるね。<u>次の**Ａ～Ｅ**の５つの植物を、かれる植物と、かれない植物に分けてみよう。</u>

Ａ　タンポポ	**Ｂ**　アサガオ	**Ｃ**　ヒマワリ	**Ｄ**　アジサイ	**Ｅ**　ホウセンカ

(3)　ようこさんが話す＿＿線部について、それぞれあてはまる記号をすべて書きましょう。

ひとみ：植物の冬ごしの様子について調べたら、**表３**のようになったよ。

表３　植物の冬ごしの様子

植　物	ヘチマ	ススキ	サクラ	アカマツ
様　子	（⑦）を残している	くき、根、（⑦）を残している	枝に（⑧）がついている	枝に葉がついている

(4)　**表３**の⑦と⑧にあてはまる言葉を、それぞれ書きましょう。

ともこ：冬のナズナを観察して、カードに記録したよ。
たけし：冬をこすときに、地面にはりつくようにして葉を広げる理由は、風、日光に関係があると思うよ。

ナズナの観察カード
2月6日(月)

時刻13時
天気 晴れ
気温 5.4℃
地面にはりつくようにして、葉を広げていた。

(5) ナズナが冬をこすときに、地面にはりつくようにして葉を広げる理由について、たけしさんが話す＿＿線部をもとにして2つ考え、それぞれ書きましょう。

4 たろうさんたちは、科学実験クラブで砂糖を水にとかそうとしています。
たろう：砂糖は水にどれくらいとけるんだろう。食塩は、水の温度が20℃で50mLのとき、さじですりきり9はい目までとけたね。
ひとみ：水を50mL準備して、砂糖をとかしてみましょう。
たけし：水の量を正確に量るためには、メスシリンダーとスポイトを使うよ。次の4つの手順に気を付けて水の量を量ってみよう。
①メスシリンダーは（ A ）なところに置く。
②量り取ろうとする体積よりも（ B ）入れる。
③水の量を調整するときは、（　　C　　）。
④目もりは、液面の（ D ）部分を真横から読む。

編集部注：著作権の都合により、写真を省略しています。

スポイト

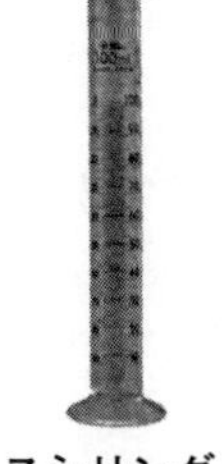

大日本図書「たのしい理科5年（令和2年版）」より

メスシリンダー

(1) A～Dにあてはまる言葉を、それぞれ書きましょう。

すりきり1ぱいをとる様子
学校図書「みんなと学ぶ小学理科5年（令和2年版）」より

ともこ：水の温度が20℃で50mLの水に、砂糖はさじですりきり何はいとけるか調べたよ。すりきり1ぱいの砂糖を水に入れたら、すべてとけ切るまでかき混ぜて、とけ切ったら次の1ぱいを水に入れたよ。砂糖を水にとかした結果は、表のようになったよ。

表

砂糖の量(はい)	1	2	3	4	5	6	7	8	9	10	…	100	101	102	103
砂糖がとけ切ったかどうか	○	○	○	○	○	○	○	○	○	○	…	○	○	○	×

ひとみ：この結果から、砂糖は食塩と比べて（　　E　　）ことが分かったね。また、砂糖も食塩もとけ残りが出たということから、どちらも（　　F　　）ということが分かったね。

(2) ひとみさんが話すEとFにあてはまる言葉を、それぞれ書きましょう。

ともこ：水の温度が40℃、60℃のとき、砂糖はさじですりきり何はいとけるか調べてみたいな。
たろう：ぼくは、砂糖をとかすビーカーをアルコールランプで温める方法が

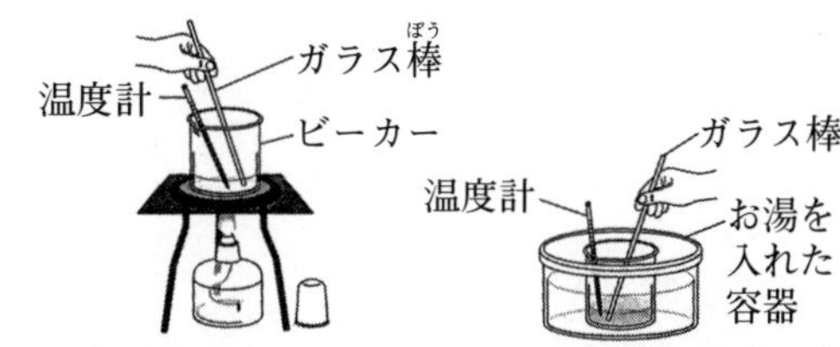

たろうさんが考えた方法　　たけしさんが考えた方法

よいと思うよ。

たけし：**たろうさんが考えた方法**は、正確な結果を得られないと思うから、ぼくは、砂糖をとかすビーカーを、お湯を入れた容器に入れて温める方法を考えたよ。

⑶　たけしさんが話す＿＿線部について、正確な結果を得られない理由を書きましょう。

ともこ：50mLの水の温度を変えたときと、20℃の水の体積を変えたとき、砂糖と食塩がすりきり何はいとけるか調べたら、**グラフ1**と**グラフ2**のような結果になったよ。

グラフ1　水の温度ととける量

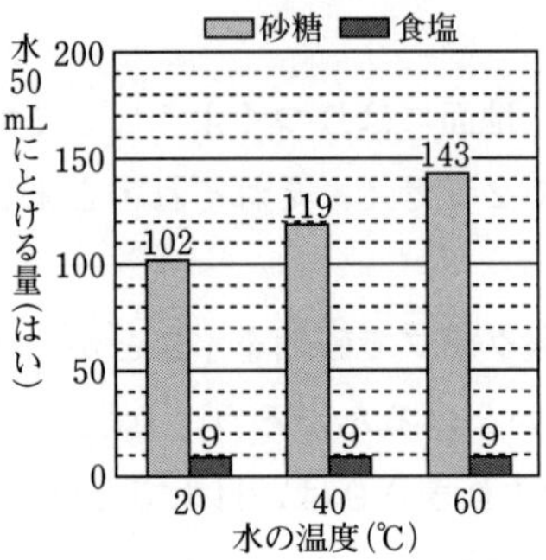

砂糖　食塩

水50mLにとける量（はい）

水の温度（℃）	砂糖	食塩
20	102	9
40	119	9
60	143	9

グラフ2　水の体積ととける量

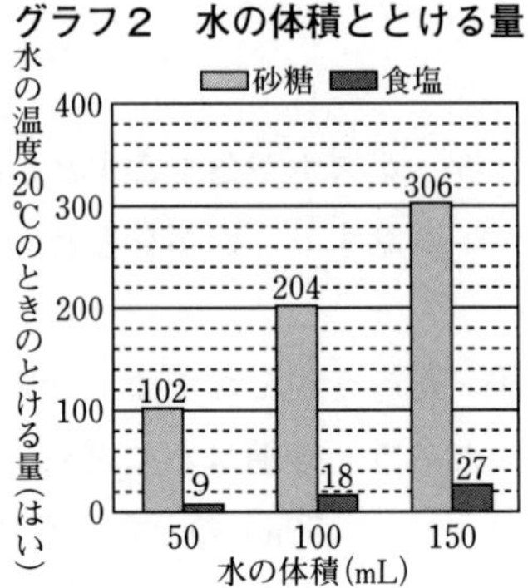

⑷　砂糖や食塩のとけ方を比べて、**グラフ1**と**グラフ2**から分かることを、それぞれ書きましょう。

たろう：２つのビーカーに20℃の水150mLを入れ、砂糖と食塩をそれぞれさじですりきり27はいとかしたあと、そのままの温度で少し休んでいたら、どちらが何をとかした水なのか分からなくなってしまったよ。味を確かめないで、どのようにしたら確かめることができるかな。

⑸　砂糖をとかした水か、食塩をとかした水かを確かめるには、どのようにするとよいでしょうか。**２とおりの方法**とその**結果**を考え、それぞれ書きましょう。

岩手県立一関第一高等学校附属中学校

（編集部注：掲載にあたりレイアウトなどの一部改変を行っています。）

〈適性検査Ⅰ〉　—35分—

1　大阪・関西万博の開催

かすみさんとゆたかさんは、2025年に開催が予定されている大阪・関西万博（※）について紹介する新聞記事を見て、次のような会話をしました。

かすみ：日本で万博が開催されるんだね。ぜひ行ってみたいな。

ゆたか：開催場所は、大阪湾につくられた「夢洲（ゆめしま）」という人工島なんだね。

かすみ：**図１**の会場全体図で、大きな円がみえるのは何だろう。

ゆたか：「大屋根」とよばれる会場のシンボルで、世界最大級の木造建築物となるそうだよ。

かすみ：屋根の一部が海に出ているのもすごいね。

ゆたか：**図２**の会場配置図で、この屋根に囲まれた敷地を円としてみたとき、円の中心はどこだろう。

かすみ：どうして中心を知りたいのかな。

ゆたか：中心がわかれば、**図２**を使って、海の部分（**A**）と陸の部分（**B**）の面積を調べられると思うからさ。

かすみ：なるほど、円の中心を簡単にみつける方法があるよ。まず、**図２**を厚紙にコピーして、この円をはさみで切り出してみよう。

※「万博」は「万国博覧会」の略で、人間の活動に必要なものの実現に向け、進歩してきたことや、将来の見通しを示すためのイベントのこと。

図１【万博の会場全体図】

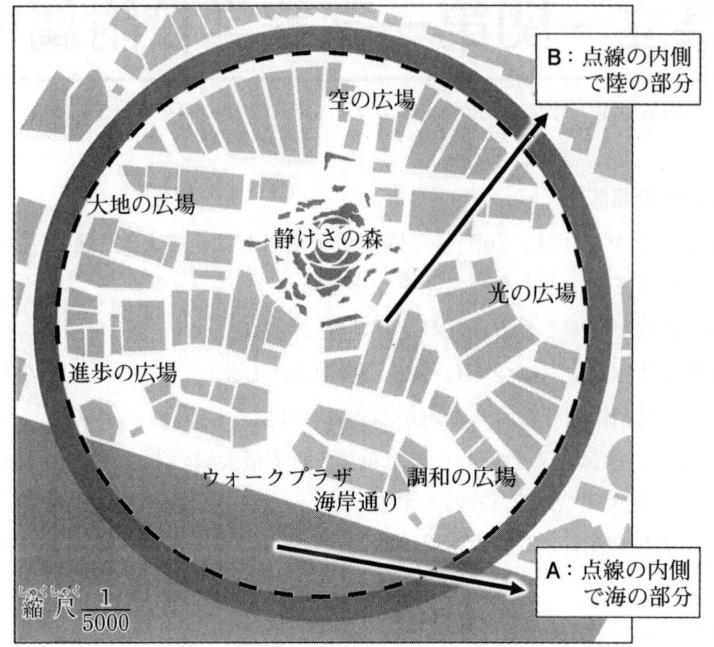

（編集部注：図は60％に縮小しています。）

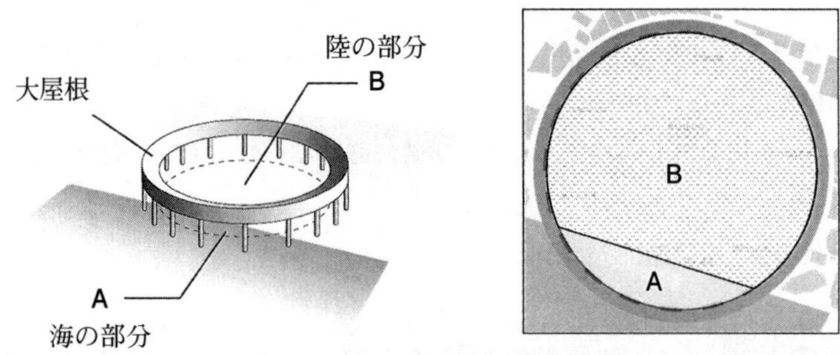

問題１　かすみさんは、**図２**を厚紙にコピーし、点線にそってはさみで切り出した円を、**図３**のようにきちんと重なるように２つに折り、広げた後、向きを変えてもう一度同じように折りました。

このとき、円の中心はどこにあるといえますか。また、そのようにいえる理由を説明しなさい。

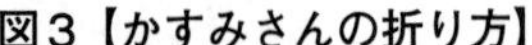
図３【かすみさんの折り方】

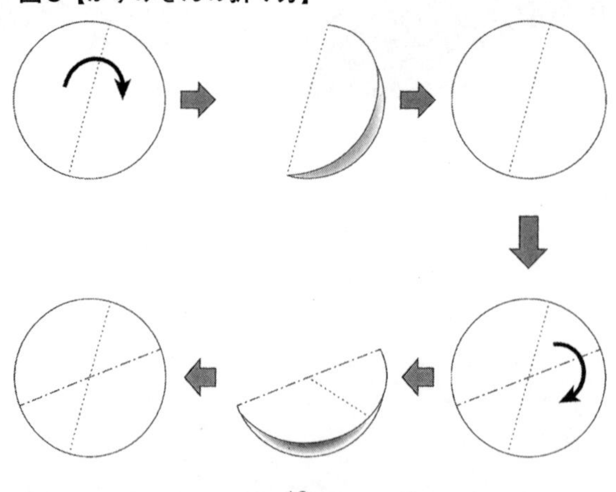

かすみさんとゆたかさんは、次のような会話をしました。

ゆたか：円の中心をみつけることができたね。

かすみ：厚紙の円の半径を計ってみると、６㎝だね。**図２**の縮尺は5000分の１であることがわかっているから、大屋根に囲まれた敷地の円の半径と面積を計算で求めることができるね。

ゆたか：では、海の部分（**A**）の面積はどうなるかな。

かすみ：海の部分（**A**）は円の一部だけど、こんな図形の面積の求め方は学習していないよ。

ゆたか：重さで考えたらどうかな。**図４**のように考えると、重さは面積に比例することがわかるよね。このことを使って調べてみようよ。

かすみ：なるほどね。同じ厚紙なら、面積が２倍、３倍、…になると、重さも２倍、３倍、…になるから、重さは面積に比例するといえるね。

ゆたか：では、厚紙の円を、海の部分（**A**）と陸の部分（**B**）に切り分けて、それぞれの重さを量ってみよう。

図４【面積と重さの関係】

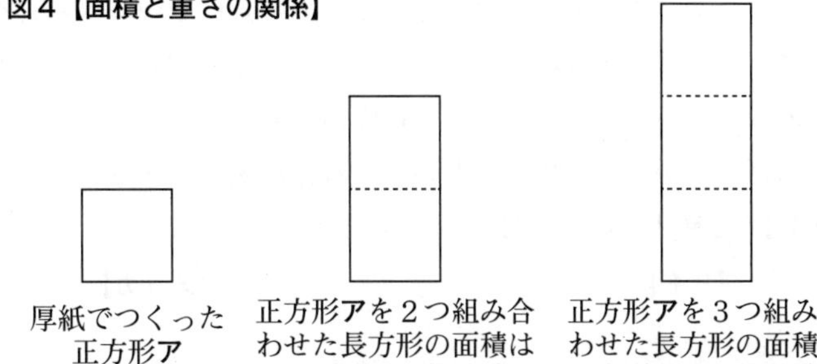

厚紙でつくった正方形**ア**

正方形**ア**を２つ組み合わせた長方形の面積は正方形**ア**の２倍、重さも２倍になる。

正方形**ア**を３つ組み合わせた長方形の面積は正方形**ア**の３倍、重さも３倍になる。

厚紙の円を、海の部分（**A**）と陸の部分（**B**）に切り分けて、それぞれの重さを電子ばかりで量ってみたところ、**図５**のように、海の部分（**A**）の重さは0.75ｇ、陸の部分（**B**）の重さは5.25ｇでした。

図５【重さを量っている様子】

①厚紙の円を、海の部分（**A**）と陸の部分（**B**）に切り分ける。

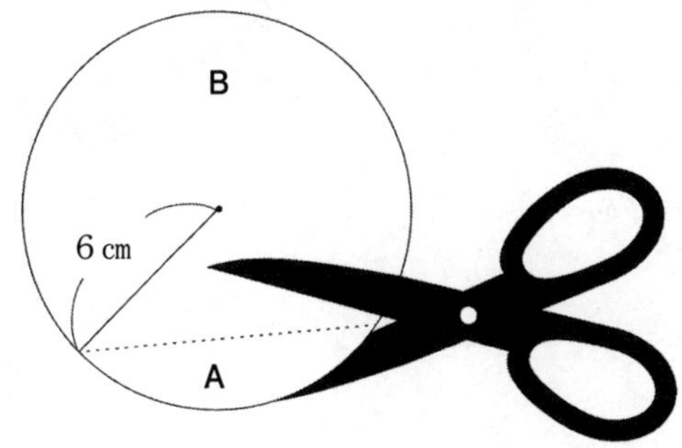

②電子ばかりで、海の部分（**A**）と陸の部分（**B**）のそれぞれの重さを量る。

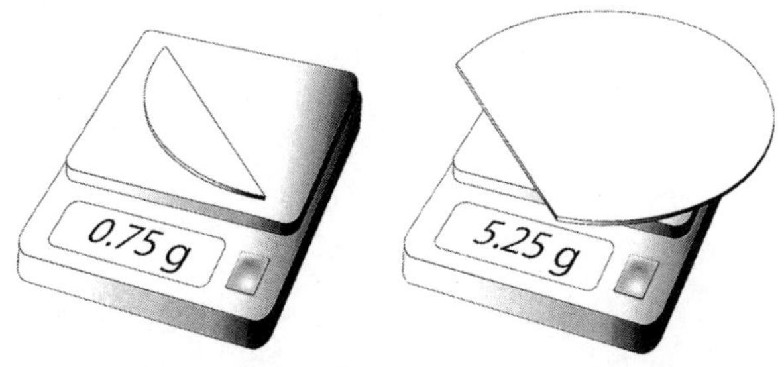

問題２　次の⑴、⑵、⑶の問いに答えなさい。

⑴　厚紙の円を切り分けたとき、海の部分（**A**）と陸の部分（**B**）の重さの比は0.75：5.25と表せます。

この比を最も簡単な整数で表しなさい。

⑵　厚紙の円の半径は６㎝で、縮尺は5000分の１です。

大屋根に囲まれた敷地の円の半径は何ｍであると考えられますか。計算して求めなさい。

⑶　海の部分（**A**）の面積は何㎡であると考えられますか。計算して求めなさい。

ただし、円周率は3.14とします。

かすみさんとゆたかさんは、万博のテーマについて、次のような会話をしました。

かすみ：万博のテーマは、「いのち輝（かがや）く未来社会のデザイン」なんだね。

ゆたか：「いのち」といえば、５年生の理科で、受けつがれる命について学んだね。

かすみ：この万博をきっかけにして、私たちも生命の大切さについて改めて考えてみたいね。

問題３　次の**図６**は、ヒトとメダカの命を受けつぐしくみを図で表したものです。

図から読み取れる**【ヒト】**と**【メダカ】**の命を受けつぐしくみの共通点は何ですか。また、ちがいは何ですか。共通点とちがいをそれぞれ説明しなさい。

図６【命を受けつぐしくみ】

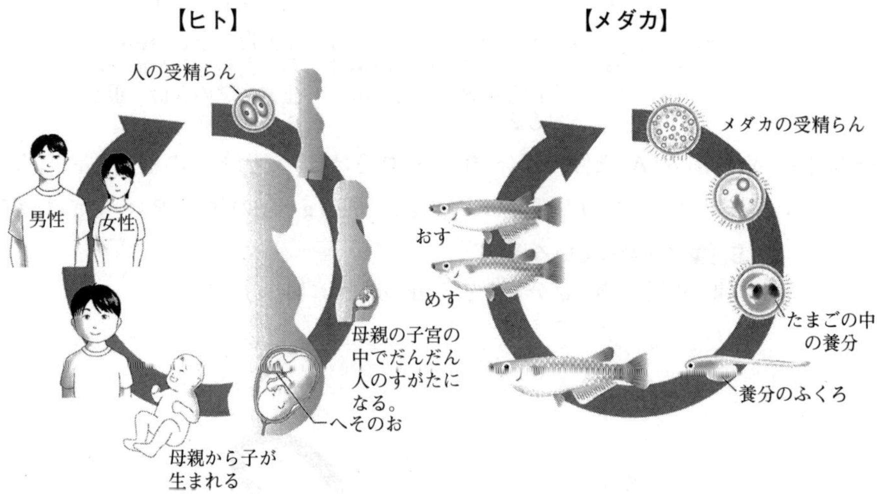

【ヒト】　　**【メダカ】**

かすみさんとゆたかさんは、次のような会話をしました。

ゆたか：大阪で万博が開催されるのは、これが2回目なんだね。

かすみ：1970年に開催された1回目の大阪万博では、「人類の進歩と調和」をテーマに、ワイヤレステレホン(携帯電話)や電波時計、リニアモーターカーなど、たくさんの最新技術が展示されたそうだよ。

ゆたか：リニアモーターカーといえば、2027年にリニア中央新幹線が開業予定だと聞いたよ。

かすみ：時速500㎞で走行し、東京～名古屋間を約40分で結ぶそうだよ。

ゆたか：それはすごいね。リニアモーターカーはうき上がって走行するそうだけど、どういうしくみなんだろうね。

かすみ：電磁石を使っていると聞いたことがあるよ。

ゆたか：電磁石というのは、コイルの中に鉄心を入れて、電流を流すと磁石になるものだよね。

かすみ：リニアモーターカーの側面のかべには、うき上がるためのコイルと、前に進むためのコイルがうめこまれているそうだよ。

ゆたか：なるほど、ぼくもくわしく調べてみることにするよ。

ゆたかさんは、リニアモーターカーがうき上がるしくみを調べました。すると、**図7**のようにリニアモーターカーの内部にうめこまれた磁石と、側面のかべにうめこまれた電磁石が、車両におし上げる力と引き上げる力を加え、車両がうき上がることがわかりました。

図7【リニアモーターカー内部にある磁石と側面のかべの電磁石】

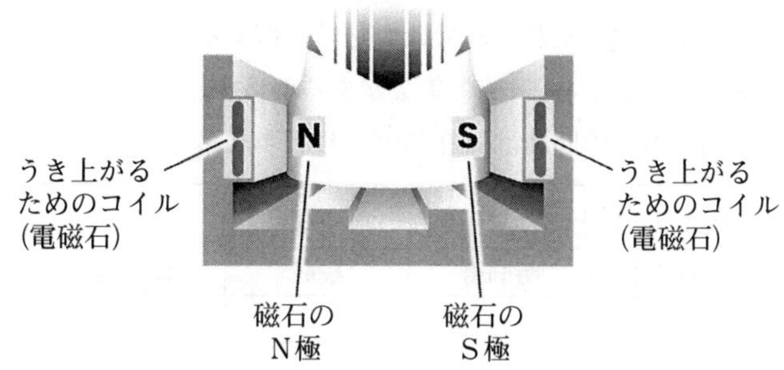

問題4　リニアモーターカーがうき上がるしくみとして、磁石の極の組み合わせが正しいものを、次の**ア**～**エ**から1つ選び、その記号を書きなさい。

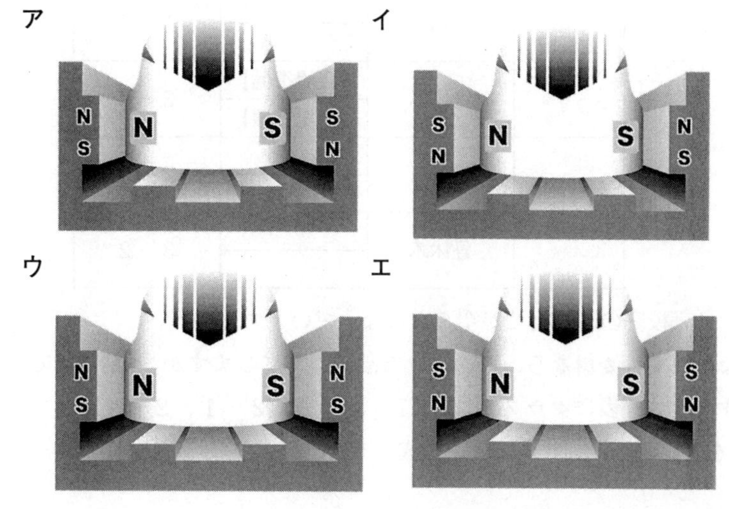

2　銀河中学校の体育祭

銀河中学校では、今週の土曜日に体育祭が行われます。６クラスが赤組団（１－１、２－１、３－１）と白組団（１－２、２－２、３－２）の２つに分かれ、総合優勝（ゆうしょう）を目指して競います。（※）

※「１－１」は１年１組を表す。

実行委員のふみやさんとなつきさんは、次のような会話をしました。

ふみや：体育祭に向けて、クラス対こうの長縄とびの練習がもり上がっているようだね。

なつき：本番まであと少しだから、みんな真けんだよ。

ふみや：直前の水、木、金曜日の３日間の練習場所を、クラスごとに割（わ）り当てたらどうかな。

なつき：それはいい考えだね。すぐに、各クラスの代表に集まってもらおう。

各クラスの代表が話し合った結果、次の条件にしたがって、割り当てを決めることになりました。

【割り当ての条件】

- 朝と昼休みに、校庭と体育館の練習場所を割り当てる。
- 体育館の割り当ては、事前に行われた代表によるくじ引きにより**表１**のように決まっている。
- ２日前の昼休みは、会場準備があるため校庭の割り当てをしない。
- 同時に練習できるクラス数は、校庭は２クラス、体育館は１クラスとする。ただし、校庭の２クラスは同じ学年にならないようにする。
- どのクラスも校庭と体育館でそれぞれ最低１回は練習する。
- ３年生は、朝に割り当てをしない。（係集会があるため。）
- １年生と２年生の割り当ての回数は、３年生よりも１回多くする。

表１【長縄とびの練習場所の割り当て表】

日にち	時間帯	校庭	体育館
３日前（水）	朝		１－１
	昼休み		３－１
２日前（木）	朝		１－２
	昼休み	【会場準備】	２－２
		【会場準備】	
１日前（金）	朝		２－１
	昼休み		３－２

問題１　**表１**は、校庭の割り当てが空らんになっています。

あなたが実行委員なら、どのような割り当てにしますか。**【割り当ての条件】**をすべて満たすように、表にクラス名（１－１、１－２、２－１、２－２、３－１、３－２のいずれか）を書き入れ、割り当て表を完成させなさい。

体育祭当日になりました。どの種目も大きなもり上がりを見せています。長縄とびを見ていた４人の観客に競技の結果をたずねると、次のように話していました。

Aさん

２－１のとんだ回数は、１－１のちょうど1.2倍でした。

Bさん

どのクラスも20回以上とんでいました。

１～２年生の中で１番多くとんだクラスの回数は、52回でした。

Cさん

１－２のとんだ回数は、１－１よりも７回多かったです。

Dさん

２－１のとんだ回数は、１－２よりも多かったです。

問題２　次の(1)、(2)の問題に答えなさい。

(1)　**Aさん**と**Bさん**の２人の話をもとにすると、２－１のとんだ回数として考えられる数は５つあります。その５つの数をすべて書きなさい。

(2)　４人の話をもとに、１－１のとんだ回数を書きなさい。

用具係のやまとさんとみなみさんは、競技で使う風船とボールに空気を入れながら、次のような会話をしました。

やまと：空気をよく入れると風船やボールはよくはずむようになるね。

みなみ：ところで、水風船みたいにボールの中に水を満たしてもはずむのかな。

やまと：そういえば、この前の理科の授業で、風船を使ったこんな実験をしたよ。

【実験１】

<table>
<tr><td>目的　空気をとじこめた風船を、空気の入ったつつの中に入れ、つつの空気をおしたとき、空気の入った風船はどうなるか調べる。</td></tr>
<tr><td>方法　①とう明なつつ、空気、ぼう、風船を用意する。
②空気でふくらませた風船の口をしっかり結び、つつの中に入れる。
③ぼうを使って、空気をおしていく。
④おしていったときの手ごたえと、風船の大きさの変化を調べる。
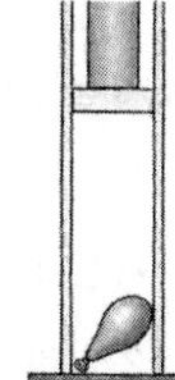</td></tr>
<tr><td>結果　空気をおしていくほど手ごたえが大きくなり、風船が小さくなった。
手をはなすと、おしたぼうはもとの位置にもどった。</td></tr>
</table>

【実験２】

目的	水をとじこめた風船を、水の入ったつつの中に入れ、つつの水をおしたとき、水の入った風船はどうなるか調べる。
方法	①とう明なつつ、水、ぼう、風船を用意する。 ②水で満たした風船を口をしっかり結び、つつの中に入れる。つつの底に風船の口をしっかりと固定する。 ③つつの中を水で満たしていく。 ④ぼうを使って、水をおしていく。 ⑤おしていったときの手ごたえと、風船の大きさの変化を調べる。
結果	水をおしてもぼうは動かず、風船の大きさは変わらなかった。

問題３　ゴム製のボールの中を水で満たしたとすると、空気で満たしたボールと比べて、はずみ方はどうなりますか。次の**ア**～**ウ**から１つ選び、その記号を書きなさい。

また、そのように考えた理由を、**【実験１】**と**【実験２】**からわかることをもとに説明しなさい。

ア　よくはずむ　　**イ**　ほとんど変わらない　　**ウ**　あまりはずまない

〈適性検査Ⅱ〉　　―35分―

1　酪農（らくのう）と乳業（にゅうぎょう）

保健委員のひろしさんとみゆきさんは、３月の保健委員会に参加し、次のような会話をしました。

ひろし：もうすぐ春休みだね。

みゆき：テレビで、学校の給食がない期間に、牛乳の消費量が減って生産者がこまっているというニュースを見たことがあるよ。

ひろし：牛乳は健康によいと言われているのにね。

みゆき：「保健委員会だより」に、「春休み中、家で牛乳を飲もう」というよびかけの記事をのせてはどうかな。

ひろし：それはいいね。記事を書くために、もう少し調べてみることにしよう。

２人はインターネットで牛乳について調べ、次の**ア**～**エ**のグラフを見つけました。

ア　都道府県別生乳(※)生産量(2021年度)

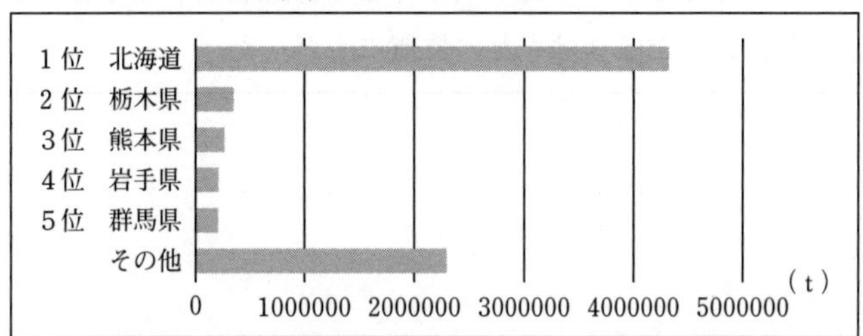

(農林水産省　「牛乳乳製品統計調査(2021年、2022年)」より作成)

※生乳とは、牛からしぼったまま加工していない乳のことで、牛乳はそれに加熱して殺きんするなどの処理を加えたもの。

イ　月別の１日当たりの生乳生産量（2021年度）

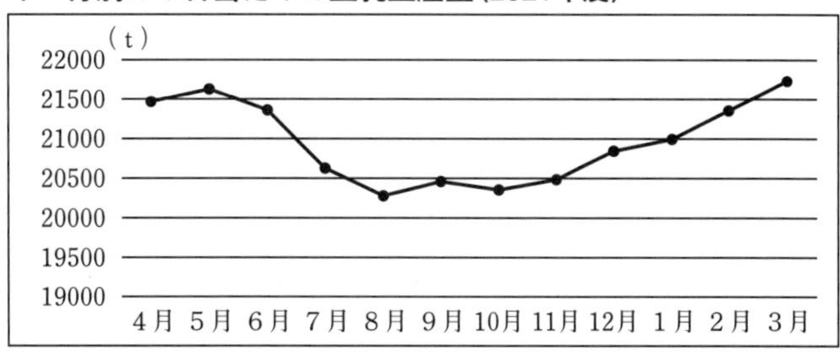

（農林水産省　「牛乳乳製品統計調査（2021年、2022年）」より作成）

ウ　生乳成分量(※)（2021年度）

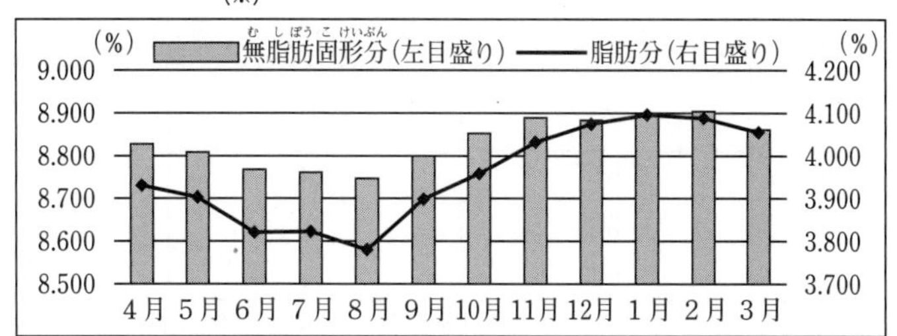

（公益財団法人日本乳業技術協会「全国集乳路線別生乳成分調査（2021年、2022年）」より作成）

※生乳から水分を除いた栄養成分を「乳固形分」と言い、乳固形分は「脂肪分」と「無脂肪固形分（タンパク質、炭水化物、カルシウム、ビタミン類など）」に分けられる。

エ　生乳の用途別消費量（2021年度）

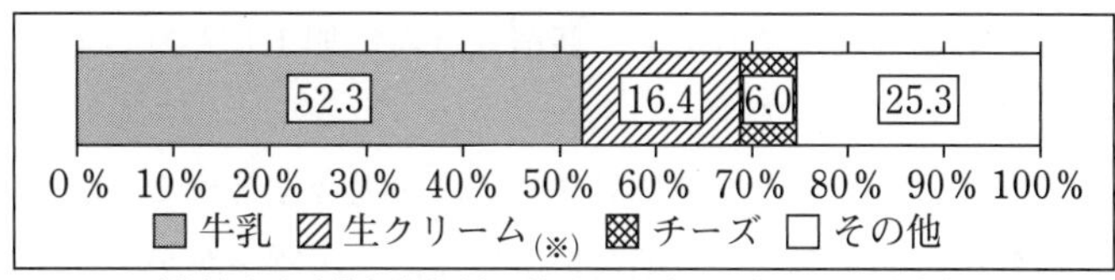

（農林水産省「牛乳乳製品統計調査（2021年、2022年）」より作成）

※生クリームにはアイスクリームやバターなどの原料となる濃縮乳（生乳から水分をある程度のぞいたもの）等を含む。

２人は調べたことをもとに、次のような会話をしました。

みゆき：乳牛は乳をしぼらないと病気になってしまうから、消費量が少なくなるとわかっていても、生産量を調整することはむずかしいそうだよ。

ひろし：ぼくは、乳牛が暑さに弱く、時期によってしぼれる生乳の量や、生乳にふくまれる成分が変わるということにおどろいたな。

みゆき：「保健委員会だより」の記事を書くとき、これらのグラフを使うと、わたしたちの考えが読んだ人に伝わりやすいんじゃないかな。

ひろし：スペースが限られているから、使うグラフは２つにしよう。

みゆき：みんなに$_{\text{A}}$春休み中に牛乳を飲もうと思ってもらえる記事にしたいね。

問題１　下線部Ａ「春休み中に牛乳を飲もうと思ってもらえる記事にしたい」について、あなたならどのグラフを使って記事を書きますか。**ア**～**エ**の中から２つ選び、その記号を書きなさい。

また、それらのグラフをもとに伝えたいことを説明しなさい。

なお、記事の内容をすべて書く必要はありません。

ひろしさんとみゆきさんは、生乳がいろいろな食品に加工されていることに興味をもち、春休みを利用してさらに調べてみることにしました。

２人は、次のような会話をしました。

みゆき：わたしは、東日本にある牛乳、バター、アイスクリームを製造する工場の数を調べてみたよ。その結果は、**資料１**の表のようになったよ。

ひろし：ぼくは、牛乳を製造する工場を訪問して、工場長さんにインタビューをしてきたよ。**資料２**はその一部だよ。

みゆき：インタビューの内容と、**資料３**、**資料４**の地図をみると、どんなところに工場をつくるかということがよく考えられているね。

資料１【東日本における牛乳、バター、アイスクリームの工場数】

地域名＼食品名	ア	イ	ウ
北海道	51	29	4
東　北	50	6	17
関　東	60	11	26

（農林水産省「牛乳乳製品統計調査（2018年）」より作成）

資料２【牛乳の製造工場の工場長へのインタビューの一部】

ひろし：牛乳を製造する工場は、どんな所に立地するんですか？

工場長：牛乳の場合、牧場から工場まで運ぶ時に冷蔵を必要とします。そして、工場から消費地まで運ぶ時も冷蔵を必要とします。だから、輸送にかかる費用は加工前後であまり変わりません。それでも、新鮮なうちに加工した方がよいため、牧場の近くに立地することが多いです。

ひろし：なるほど。では、バターやアイスクリームの場合はどうですか？

工場長：バターは製品に加工してから消費地に運ぶほうが費用がかかりません。

ひろし：ということは、アイスクリームも同じですか？

工場長：いや、アイスクリームは冷凍する必要があります。アイスクリームをとかさずに運ぶためには冷蔵より費用がかかるのです。

資料３【生乳生産量の上位５都道府県】　**資料４【人口の上位５都道府県】**

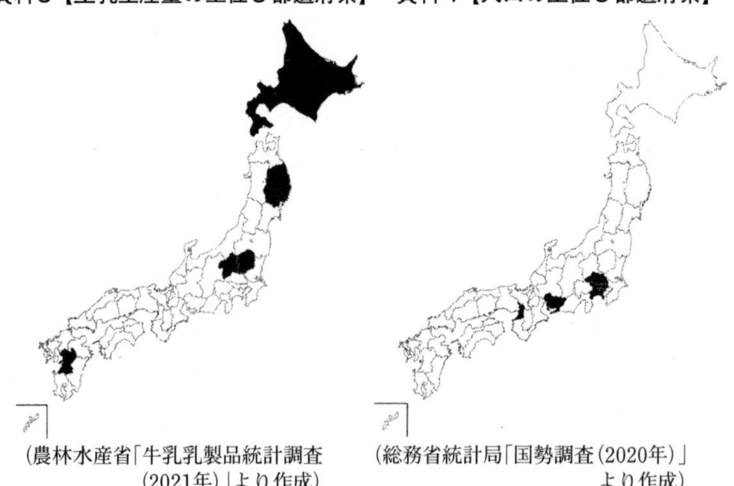

（農林水産省「牛乳乳製品統計調査（2021年）」より作成）　（総務省統計局「国勢調査（2020年）」より作成）

問題２　**資料１**の表の食品名の**ア〜ウ**には、牛乳、バター、アイスクリームのいずれかが当てはまります。

資料２、**資料３**、**資料４**をもとに、牛乳、バター、アイスクリームに当てはまるものを**ア〜ウ**から１つずつ選び、その記号を書きなさい。

ひろしさんとみゆきさんは、次のような会話をしました。

ひろし：生乳について調べてみて、乳製品がますます好きになったよ。

みゆき：酪農家や、乳業にたずさわるみなさんに感謝しないとね。

ひろし：最近、農家の数が減っているという話を聞いたことがあるけど、酪農家はどうなんだろう。

みゆき：わたしが調べた資料の中に、**資料５**、**資料６**があるよ。

ひろし：そういえば、ぼくが訪問した工場で、「６次産業化」ということばを教えてもらったよ。農家のみなさん自身が様々な産業に関わることで、収入を増やしていく取組だそうだよ。

資料５【日本全体の乳用牛頭数と酪農家数の推移（すいい）】

（日本乳業協会ホームページより）

資料６【岩手県における乳用牛の飼育頭数別酪農家の戸数】

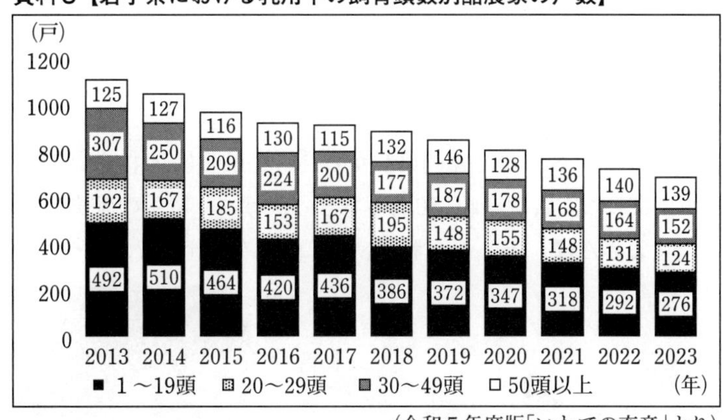

（令和５年度版「いわての畜産」より）

問題３　次の(1)〜(3)の問いに答えなさい。

(1)　次の**ア〜エ**について、**資料５**、**資料６**から読み取れることや考えられることとして正しいものには○を、誤っているものには×を書きなさい。

ア　日本全体では、酪農家の戸数は50年あまりの間で10分の１以下に減少している。

イ　日本全体では、酪農家の一戸当たりで飼育する乳用牛の数は、2020年よりも1965年の方が多い。

ウ　岩手県では、酪農家の戸数は、ここ10年あまりの間で２分の１以下に減少している。

エ　岩手県では、10年前と比べて、県全体の酪農家のうち、50頭以上を飼育する大規模な酪農家がしめる割合が低下している。

(2)　岩手県をふくめ、日本全国では酪農をふくむ様々な分野で「６次産業化」の取組が広がっています。**資料７**はその例をまとめたものです。

この例を参考にして、**資料８**のイメージ図の空らん［　①　］と［　②　］に当てはまることばを、それぞれ漢字２字で書きなさい。

資料７【６次産業化の取組の例】

・酪農家が、自らの農場でとった生乳からチーズをつくり、道の駅で販売(はんばい)する。
・野菜農家が、自らの農場の野菜を使うレストランを開業し、営業する。
・カキを養しょくしている漁業者が、カキのエキスを使ったしょう油をつくり、直売所で販売する。

資料８【６次産業化のイメージ図】

（いばらき食と農のポータルサイトより）

(3)　６次産業化について、「林業」の分野では、どのような取組が考えられますか。**資料７**と**資料８**をもとに、木を育てた人がどのようなことをするのか、その具体例を考えて書きなさい。

２　岩手県政150周年

岩手県は、明治５年１月８日に「盛岡県」から「岩手県」に改称(かいしょう)されてから、令和４年１月で150周年をむかえました。岩手県政150周年をきっかけに、岩手の歴史について調べようと思ったはるさんとたけおさんは、インターネットで写真をみつけ、次のような会話をしました。

（水沢県庁記念館ホームページより）

は　る：㋐の部分をみて。

たけお：表札の文字に昔の漢字が使われているね。何て書いてあるんだろう。

は　る：今の漢字に直すと「水沢県庁(けんちょう)記念館」と書いてあるのかな。でも、ここは現在の宮城県登米(とめ)市にあるみたいだよ。

たけお：「水沢」といえば岩手県の地名だよね。どうして宮城県にあるのだろう。

水沢県庁に興味をもったはるさんとたけおさんは、さらにくわしく調べ、登米市の歴史について書かれた**資料１**、岩手の成り立ちについて示した**資料２**、現在の岩手県と登米市の様子を示した**資料３**をみつけました。

資料１【現在の宮城県登米市の歴史】

	できごと	その時、登米市は何県か
明治元年		涌谷(わくや)県
明治２年８月	「涌谷県」を「登米県(とよまけん)」へ改称	登米県
明治３年９月		登米県
明治４年11月	「登米県」を「一関県」へ改称	一関県
明治４年12月	「一関県」を「水沢県」へ改称	水沢県
明治５年２月	旧仙台藩(はん)を中心とした「仙台県」から「宮城県」へ改称	水沢県
明治５年７月	水沢県庁舎完成	水沢県
明治８年11月	「水沢県」を「磐井県」へ改称	磐井県
明治９年４月	現在の県境が定まる	宮城県

（宮城県登米市ホームページより作成）

資料２【現在の岩手県ができるまでのあゆみ】

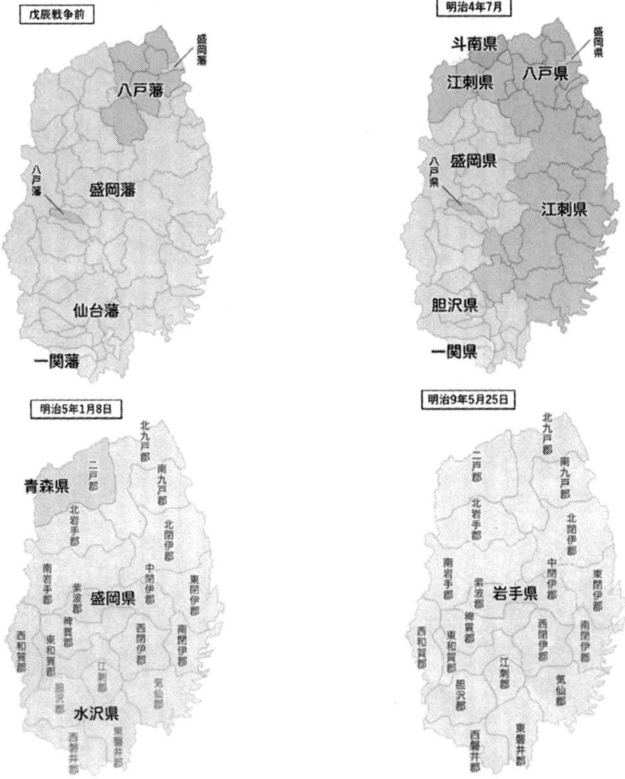

戊辰戦争前

明治4年7月

明治5年1月8日

明治9年5月25日

（岩手県政150周年記念ウェブサイトより）

資料３【現在の岩手県と宮城県登米市】

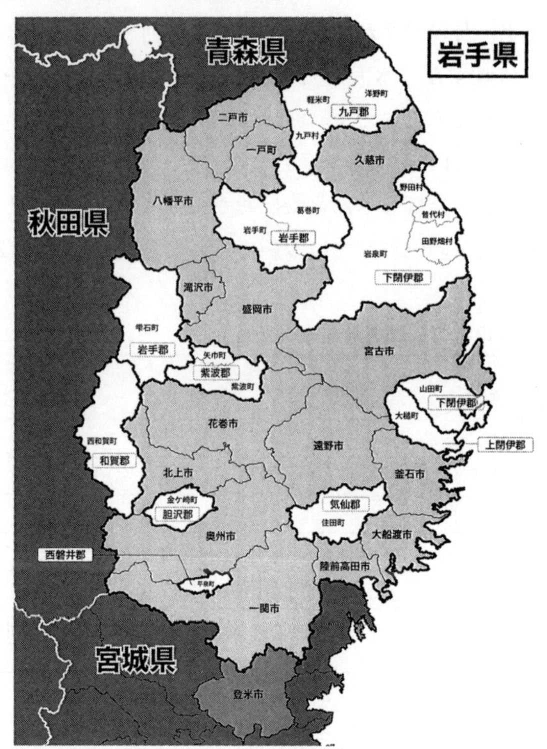

問題１　次の**ア**～**オ**について、**資料１～３**からわかることとして、適切なものには○、適切でないものには×を書きなさい。

ア　現在の岩手県には、仙台藩や一関藩、八戸藩の領いきであった地いきがふくまれている。

イ　現在の九戸郡にあたる地いきは、青森県であったことがある。

ウ　かつての一関県には、現在の宮城県の地いきはふくまれていない。

エ　岩手県の県庁は、宮城県登米市にあったことがある。

オ　一関藩があったころ、盛岡藩や八戸藩の領いきは、それぞれ一つにつながっていなかった。

はるさんとたけおさんは、岩手県の交通の発達の歴史について興味をもち、調べたことを**資料４**の年表にまとめました。

資料４【岩手県の交通の発達の歴史】

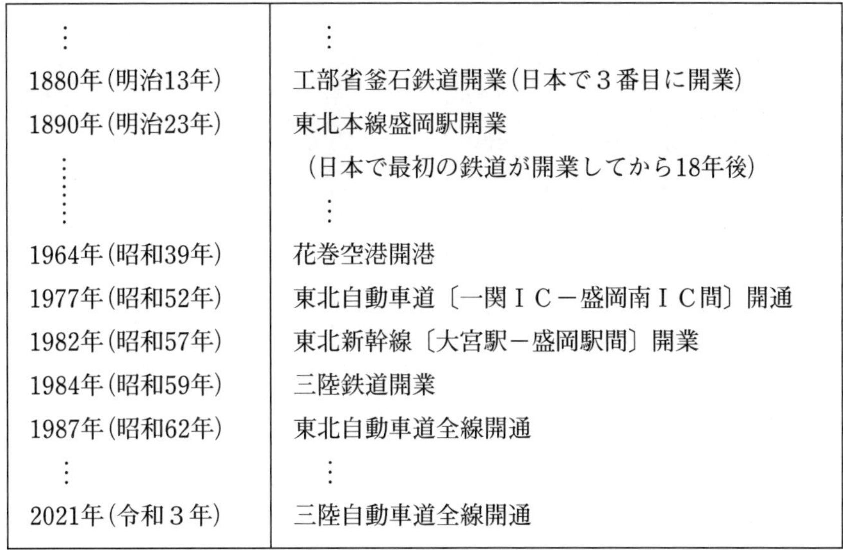

⋮	⋮
1880年(明治13年)	工部省釜石鉄道開業(日本で３番目に開業)
1890年(明治23年)	東北本線盛岡駅開業 (日本で最初の鉄道が開業してから18年後)
⋮	⋮
1964年(昭和39年)	花巻空港開港
1977年(昭和52年)	東北自動車道〔一関ＩＣ－盛岡南ＩＣ間〕開通
1982年(昭和57年)	東北新幹線〔大宮駅－盛岡駅間〕開業
1984年(昭和59年)	三陸鉄道開業
1987年(昭和62年)	東北自動車道全線開通
⋮	⋮
2021年(令和３年)	三陸自動車道全線開通

この年表を見ながら、２人は次のような会話をしました。

は　る：交通の発達によって、わたしたちのくらしは便利になったね。

たけお：家族で、花巻空港から飛行機で旅行に行ったことがあるよ。どれくらいの人が花巻空港を利用しているのかな。

は　る：**資料５**を見つけたよ。平成22年度は、定期便の数や路線の変更(へんこう)にともなって、利用者数が減少したようだね。

たけお：でも、25万人程度まで減少した利用者数が、平成23年度からは増加しているね。

は　る：そうだね。平成29年度には、ピーク時の平成９年度の［　①　］％以上に回復しているね。

たけお：鉄道についていえば、一昨年は日本で最初の鉄道が開業してからちょうど150年だったね。岩手県政と同じくらい、長い歴史があるんだね。

は　る：近年、A<u>鉄道による貨物の輸送が見直されてきているん</u>だよ。**資料６**、**資料７**を見てごらん。

資料５【花巻空港の定期便利用者数】

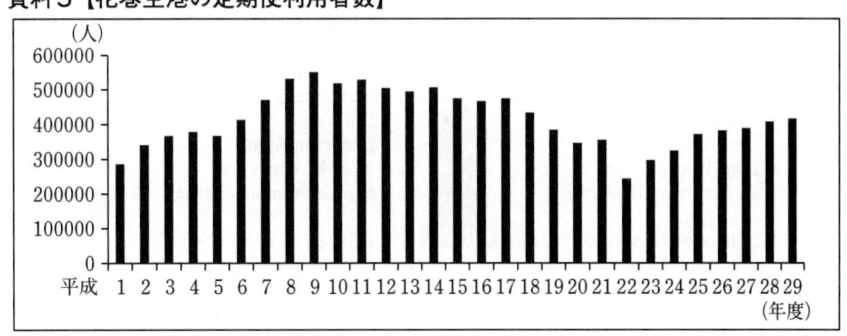

(岩手県ホームページ　統計資料より作成)

資料６【貨物を輸送したときにはい出される二酸化炭素量】

	１トンの貨物を１㎞輸送したときにはい出される二酸化炭素の量
営業用貨物車(トラック等)	約216ｇ
貨物鉄道	約20ｇ

(国土交通省ホームページより作成)

資料７【貨物の鉄道輸送とトラックによる輸送の様子】

（ＪＲ貨物ＣＳＲ報告書より）

（写真提供：PIXTA）

問題２　次の⑴、⑵の問いに答えなさい。

⑴　会話文の空らん［　①　］に当てはまる最も適切な数字を、次の**ア**～**エ**の中から１つ選び、その記号を書きなさい。

ア　60　　**イ**　70　　**ウ**　90　　**エ**　120

⑵　下線部**Ａ**について、**資料６**、**資料７**をもとに、貨物鉄道の輸送がトラックの輸送に比べてよいと思われることを２つ書きなさい。

３　国際交流の取組

そうたさんとももこさんは、国際交流協会のイベントに参加するため、国際交流センターを訪（おとず）れました。

会場には、この日のイベントに参加している６人の外国の人たちの自己（じこ）しょうかいカードがけい示されていました。

資料１【けい示されている参加者の自己しょうかいカード】

Welcome to Iwate !

I'm Tom.
I'm from the U.S.A.
I am 20 years old.
My birthday is March 22.

I play basketball.
I like Japan National Team.

I enjoyed the World Cup Basketball!

I'm Emma.
I'm from France.
I am 21 years old.
My birthday is February 26.

Emma

I am good at playing the piano
I have many music CDs.

Please come to my concert!

I'm Pedro.
I'm from Brazil.
I am 19 years old.
My birthday is March 5.

I am good at singing songs.
I like Karaoke!

Let's go to Karaoke!

I'm Ana.
I'm from Spain.
I am 17 years old.
My birthday is February 24.

Ana

I listen to many songs.
I can play the guitar.

Do you play the guitar?

I'm Maria.
I'm from Sweden.
I am 16 years old.
My birthday is February 18.

I run every day.
I can run fast.

Can you run fast?

I'm Park.
I'm from South Korea.
I am 18 years old.
My birthday is March 19.

I like K-pop music.
I can sing songs and dance well.

I want to be a singer!

資料２【星座(せいざ)とたんじょう月日】

星座	たんじょう月日
やぎ座　Capricorn	December 22 ～ January 19
みずがめ座　Aquarius	January 20 ～ February 18
うお座　Pisces	February 19 ～ March 20
おひつじ座　Aries	March 21 ～ April 19
おうし座　Taurus	April 20 ～ May 20
ふたご座　Gemini	May 21 ～ June 21
かに座　Cancer	June 22 ～ July 22
しし座　Leo	July 23 ～ August 22
おとめ座　Virgo	August 23 ～ September 22
てんびん座　Libra	September 23 ～ October 23
さそり座　Scorpio	October 24 ～ November 22
いて座　Sagittarius	November 23 ～ December 21

そうたさんとももこさんは、**資料１**、**資料２**を見ながら次のような会話をしました。

ももこ：いろいろな国の人たちが参加しているようだね。

そうた：ぜひ話しかけてみようよ。友だちになれるといいな。

ももこ：わたしの星座はうお座なんだけど、この６人の中に、うお座の人が４人もいるみたい。

そうた：すごい偶然(ぐうぜん)だね。

ももこ：自己しょうかいカードを見ると、A<u>うお座の４人には共通点がある</u>ようだよ。

そうた：じゃあ、そのことを話題にして話しかけてみようか。

問題１　次の⑴、⑵の問いに答えなさい。

⑴　下線部Aについて、**資料１**と**資料２**をもとに、うお座の参加者にはどのような共通点があるか説明しなさい。

⑵　あなた自身のたんじょう日はいつですか。資料や次の例を参考に、英語で書きなさい。

(例)　**My birthday is October 8.**

そうたさんとももこさんは、国際交流協会の職員の方と、次のような会話をしました。

ももこ：今日はイベントに参加させていただきありがとうございました。

そうた：国際交流協会は、どんな活動をしているのですか。

職　員：活動の様子の写真がありますよ。

資料３【日本語教室の様子】

(出典：小学校社会科副読本 あたらしいきょうど岩手)

資料４【医療(いりょう) 通訳(つうやく)の様子】

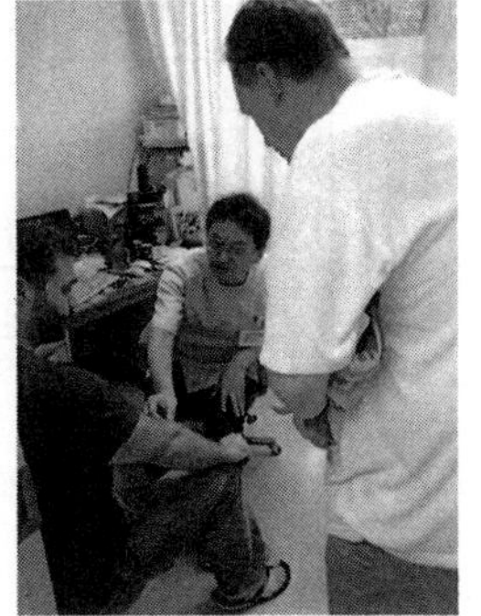

ももこ：外国人のみなさんのために、いろいろな活動を行っているのですね。
職　員：情報誌の作成などもしていますよ。

資料５【外国人向け情報誌(一部抜粋)】

○日曜・祝日の病院(１月)

いつ？	病院	電話番号(✆)	住所
日曜日・祝日 午前８：30〜午後４：00 (夜は毎日 午後６：30〜９：00)	○○病院	○○○−○○○○	○○市○○−○○

職　員：漢字にふりがなをつけたり、やさしい日本語で書いたりするようにしています。
そうた：日本でくらす外国人のみなさんが、どんなことにこまっているのか、いろいろな気配りをされているのですね。

国際交流協会の活動に興味をもったそうたさんとももこさんは、さらにくわしく調べ、**資料６**、**資料７**、**資料８**を見つけました。

資料６【在住外国人がこまっていること、手伝ってほしいこと】

１位(39票)	日本語の勉強
２位(26票)	戸籍・福祉・税金など、市や国の制度
３位(25票)	仕事や雇用
４位(19票)	病気やけがなどの医療
４位(19票)	お金のこと
４位(19票)	日本の文化・風習
７位(16票)	災害のこと
⋮	

資料７【在住外国人ができることの割合】

①レストランで日本語のメニューから注文する

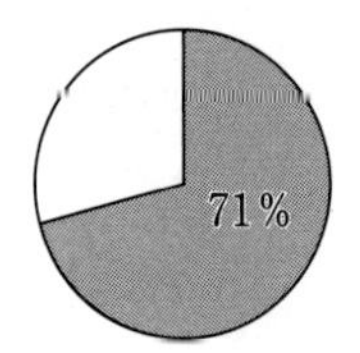

②市役所で書類に日本語で書く

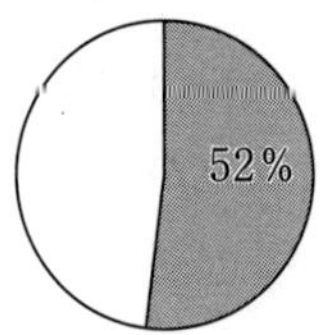

③病院で症状を日本語で説明する

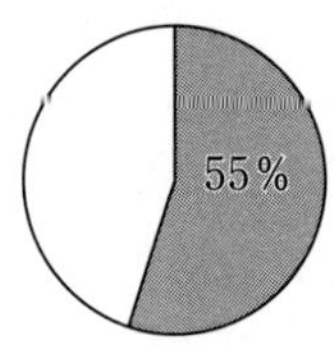

④日本のテレビのニュースがだいたいわかる

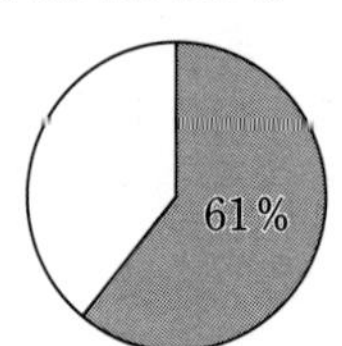

資料８【在住外国人の情報発信に関する希望・期待】

１位(35票)	言語の数が増える
２位(34票)	やさしい日本語の発信が増える
３位(30票)	今のままでよい
４位(27票)	情報発信の方法が増える
５位(18票)	発信の頻度が増える
⋮	

(**資料６〜８**は、盛岡市在住外国人の生活と意識に関する実態調査報告書
−多文化共生社会の推進に向けて−より作成)

問題２　次の⑴、⑵の問いに答えなさい。

⑴　そうたさんは、国際交流協会が**資料３**の日本語教室の活動を行っている理由を、**資料６**からわかることをもとに、次のように説明しました。

【そうたさんの説明】

> **資料６**から、「在住外国人がこまっていること、手伝ってほしいこと」の１位は「日本語の勉強」だということがわかります。だから、国際交流協会では、日本語の勉強をしたい在住外国人のために日本語教室を行っています。

【そうたさんの説明】を参考にして、国際交流協会が**資料４**の活動を行っている理由を、**資料６**と**資料７**からわかることを書きなさい。

なお、「そこで、国際交流協会では、通院するときに在住外国人がこまらないように、医療通訳ボランティアの活動を行っています。」に続くように書くこと。

⑵　**資料５**の**【外国人向け情報紙(一部抜粋)】**を、在住外国人の希望・期待に応じてさらに改ぜんするとしたら、どのように改ぜんしますか。**資料８**をもとにして、あなたの考えを書きなさい。

は何を大切にしてどのように活動していきたいですか。考えの理由にもふれながら書きなさい。

② 段落のまとまりに気を付けて書き、文章全体を二段落以上で構成すること。
③ 原こう用紙の正しい使い方にしたがって書くこと。
④ 一行が二十字の原こう用紙に十八行以上二十行以内で書くこと。

〈適性検査Ⅲ（作文）〉 —30分—

1　**次の資料を読み、あとの問題に答えなさい。**

中学生の不読率について、データをもとに銀河中学校の図書委員が話し合いをしています。

過去10年分の不読率(※)の変化

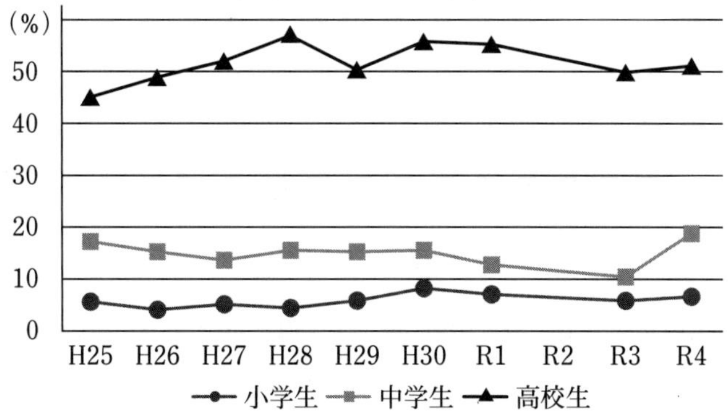

(%)
50
40
30
20
10
0
H25　H26　H27　H28　H29　H30　R1　R2　R3　R4
小学生　中学生　高校生

出典：全国学校図書館協議会「学校読書調査」
（R2の調査は実施しなかったもの）
※不読率…１か月に読んだ本が０冊の児童生徒の割合

〈図書委員会の話し合いの様子〉

A：小学生から中学生、中学生から高校生と学年が上がると、本を読まなくなるね。

B：小学生の時は、読書をする時間が決められていたし、休み時間にもよく図書館に行っていたなぁ。

C：高校生が本を読まない理由には「他の活動等で時間がなかったから」「他にしたいことがあったから」「普段から本を読まないから」「読むのが面倒だから」ということがあるようだよ。

D：中学生のうちに、読書のおもしろさを感じたり、読書の習慣を身に付けたりできるといいね。そのための活動を考えてみよう。

この話し合いを受けて、EさんとFさんが考えたアイディアです。

【Eさん】「お気に入りの本　紹介リレー」

学級の中で自分がお気に入りの本を友達に紹介する。紹介してもらった本を読み、また次の友達に紹介して読んでもらう。

【Fさん】「読書時間　貯金」

一人一人が、休み時間や家庭での一週間分の読書時間を合計する。次の週も読書時間を合計し、前の週を五分以上、上回ったら表彰する。四週間続ける。

問題　**〈記述の条件〉**に合わせて、あなたの考えを書きなさい。

〈記述の条件〉

①　次の二点について、あなたの考えを書くこと。

・あなたが図書委員の立場だったら、EさんとFさんが考えたアイディアに対して、どのような意見を述べますか。話し合いの様子をふまえて書きなさい。

・これから、さまざまな考えをもつ人と一緒に活動する時、あなた

宮城県仙台二華中学校
宮城県古川黎明中学校

（編集部注：掲載にあたりレイアウトなどの一部改変を行っています。）

※総合問題（筆記及び外国語（英語）のリスニング）の1、2は県共通です。3と作文は学校独自の内容となっています。

〈宮城県仙台二華中学校　総合問題（筆記及び外国語（英語）のリスニング）〉　—60分—

1　外国語（英語）のリスニング（省略）

2　友也（ともや）さんは、休日に家族と一緒（いっしょ）に山の中のキャンプ場に行きました。次の**1**、**2**の問題に答えなさい。

1　友也さんは、キャンプ場へ向かう途中（とちゅう）に立ち寄ったダムの事務所で、家族と話をしています。あとの(1)～(4)の問題に答えなさい。

友也さん　山の中にダムがあるんだね。ダムにたくさんの水が貯（た）まっていたら、㋐ダムの水がなくなることはないね。

お母さん　それはどうかな。もし雨が降（ふ）らなかったら、ダムの水はどうなるか考えてごらん。

友也さん　水がどんどん少なくなって、そのうちなくなってしまうかもしれない。㋑水は大切にしないといけないね。

お父さん　そうだね。ダムにはいろいろな役割（やくわり）があるんだよ。ダムの事務所ではダムについてまとめられた㋒パンフレットがもらえるよ。

(1)　「㋐ダムの水」とありますが、友也さんは、ダムの水について興味をもち、ダムの事務所にはってあった**資料1**を見ながら考えたことを**メモ**にまとめました。**資料1**を参考にして、**メモ**の［　あ　］に入る**もっとも適切な言葉**を、あとの**ア**～**エ**から**1つ選び**、**記号**で答えなさい。

資料1　ダムの事務所にはってあった資料の一部

《ダムのはたらき》
ダムの膨大（ぼうだい）な貯水のおかげで、水の使用量が多い時期であっても、下流域（かりゅういき）に安定して水を行き渡（わた）らせることができます。

メモ

・下流域に安定して水を行き渡らせるために、［　あ　］にダムを造り、そのダムに水を貯める。
・川の水が少なくなったら、ダムの水を川に流す。

ア　山頂（さんちょう）　**イ**　海岸　**ウ**　川の上流　**エ**　川の下流

(2)　「㋑水は大切にしないといけない」とありますが、キャンプ場でバーベキューを終えた友也さんが炊事棟（すいじとう）の洗（あら）い場に行くと、**ポスター**がはってありました。食器や調理器具についた油汚（よご）れを、**新聞紙でふき取ってから洗うことが、どうして自然を守ることにつながる**のだと考えますか。**水という言葉を用いて**書きなさい。

ポスター

洗い場で何気(なにげ)なく流している油や洗剤(せんざい)が、魚を苦しめています。

(3)「㋒パンフレット」とありますが、友也さんは帰宅(きたく)後、パンフレットを見て、**ダムの水をせき止める部分のおよその面積**がどのくらいになるかを考え、ノート１にまとめました。図を参考にして、［ い ］に**あてはまる数字**を答えなさい。

図　パンフレットの一部

堤高(ていこう)とは、ダムの高さのことをいいます。また、堤頂長(ていちょうちょう)とは、ダムの上部の右端(みぎはし)から左端までの長さのことをいいます。

このダムの堤高は120ｍ、堤頂長は360ｍです。

ダムの水をせき止める部分

ノート１

ダムの水をせき止める部分を、向かい合った１組の辺が平行で、その１組の辺の長さの比が４：３の四角形とみる。

すると、この四角形の面積は［ い ］㎡と計算できる。

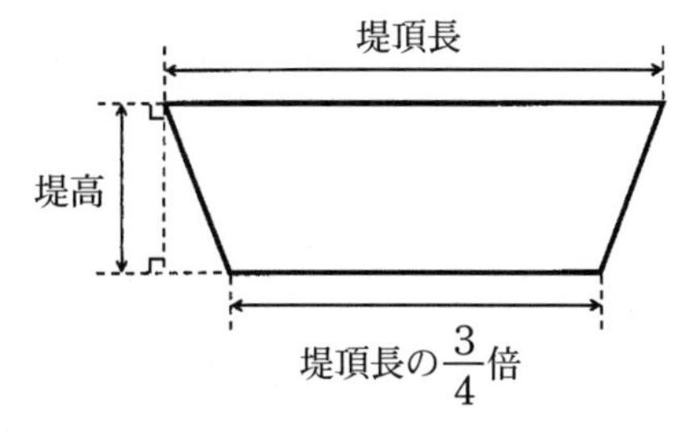

(4) 友也さんは、パンフレットを見て、このダムでは、水力発電を行っていることを知り、発電について調べを進めていくうちに、**資料２**と**資料３**を見つけました。**資料２**と**資料３**を見た友也さんは、再生可能エネルギーを使って発電した方が、地球温暖化(おんだんか)の進行を防ぐことができると考えました。**資料２**と**資料３**を参考にして、**友也さんがそのように考えた理由**を、**化石燃料、再生可能エネルギーという２つの言葉を用いて**書きなさい。

資料２　発電方法別の二酸化炭素排出量

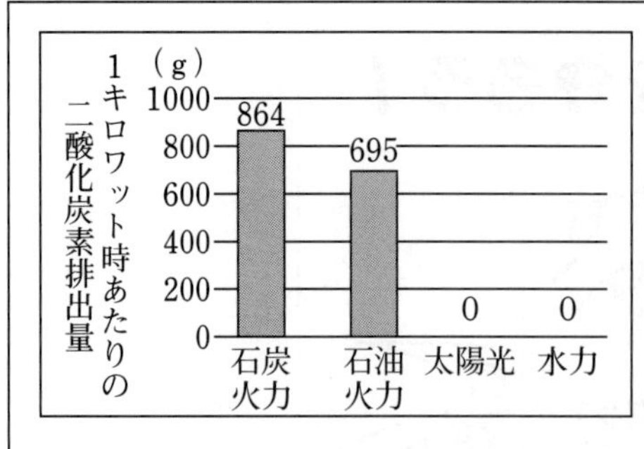

・グラフは、石炭火力、石油火力、太陽光、水力の、それぞれで発電したときに大気中に排出される、１キロワット時あたりの二酸化炭素排出量を示している。
・石炭や石油は、化石燃料である。
・太陽光や水力は、再生可能エネルギーである。

(電力中央研究所「日本における発電技術のライフサイクルCO_2排出量総合評価」より作成)

資料３　地球温暖化と二酸化炭素の関係

・二酸化炭素は、地球温暖化の原因の１つとされている。
・18世紀後半から化石燃料の使用が増え、その結果、大気中の二酸化炭素が増加している。

(全国地球温暖化防止活動推進センター「地球温暖化の原因と予測」より作成)

2　キャンプの翌日、友也さんは、学校の先生と話をしています。あとの(1)、(2)の問題に答えなさい。

友也さん　昨日、キャンプからの帰り道に、川を見て気づいたのですが、きつい坂道が多い山の中の川岸は、家の近くの平地の川原の様子とはだいぶちがっていて、けずられて谷のようになっていました。
先　　生　よく気づきましたね。ほかにちがいはありましたか。
友也さん　山の中の川は、平地の川よりも水の流れが速かったです。
先　　生　そうですね。土地のかたむきが大きいと、川の流れも速くなりますね。
友也さん　水の流れの速さと土地の様子には関係があるかもしれません。変える条件と変えない条件を考えて、㋓実験を計画してみます。

(1)「㋓実験」とありますが、友也さんが行った**実験１を参考に**、あとの**ア**、**イ**の問題に答えなさい。

実験１

[予想]　川を流れる水の速さは、土地のかたむきが大きい方が速いので、流れる水の量が同じ場合、土地のかたむきが大きい方が土地は大きくけずられると思う。

[装置]
1　水をかけてしめらせた土砂を準備する。
2　同じ大きさ、材質の容器を２つ準備する。
3　**装置１、２の図**のように、**装置１**は容器の下に台を２つ重ねて置き、**装置２**は容器の下に台を１つ置く。

[装置１、２の図]

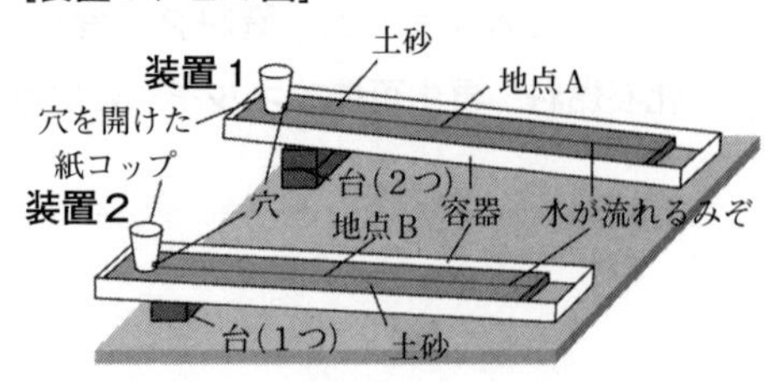

4　容器内に土砂を入れ、水を流す斜面を作る。
5　斜面に水を流すため、幅、深さが2.5㎜になるように、みぞを作る。

[みぞの幅と深さの図]
幅2.5㎜
深さ2.5㎜

6　**装置１、２の図**のように、みぞの位置に合わせて、直径２㎜の穴を１つ開けておいた紙コップを置く。
7　**装置１、２**で、紙コップの穴から15㎝の場所をそれぞれ地点Ａ、地点Ｂとする。

[手順]　次の手順を３回行う。２回目、３回目は、土砂を新しいものに入れかえ、**装置１、２**を整えてから行う。
1　紙コップに100mLの水を入れ、開けた穴から全ての水を流す。
2　地点Ａ、地点Ｂの水の速さを観察し、水が全て流れたあとのみぞの幅と深さを計測する。

ア　友也さんは、**実験１**の結果を**表１**に記録しました。**地点Ａ**において、水が流れたあとのみぞの幅を記録した**３回の平均は何㎜**ですか。**四捨五入して上から２けたのがい数**で答えなさい。

表１

・流れる水の速さの比較

地点Ａ	地点Ｂ
速い	おそい

・水が流れたあとのみぞの幅

	地点Ａ	地点Ｂ
１回目	８㎜	４㎜
２回目	11㎜	3.5㎜
３回目	９㎜	4.5㎜

・水が流れたあとのみぞの深さ

	地点Ａ	地点Ｂ
１回目	５㎜	3.5㎜
２回目	６㎜	３㎜
３回目	５㎜	３㎜

イ　友也さんは、**実験１**の結果について**考察**したことを**ノート２**にまとめました。**ノート２**の[　う　]に入る言葉をあとの**Ａ**、**Ｂ**から、[　え　]に入る言葉をあとの**Ｃ**、**Ｄ**からそれぞれ**１つずつ選び**、**記号**で答えなさい。

ノート２

容器のかたむきが地点Ｂよりも大きい地点Ａは、流れる水の速さが速い。また、流れる水の速さが速い地点Ａは、水が流れたあとの、みぞの幅の平均と深さの平均が地点Ｂよりもそれぞれ[　う　]。つまり、予想は[　え　]といえる。

う　**Ａ**　大きい　　**Ｂ**　小さい　　**え**　**Ｃ**　正しい　　**Ｄ**　まちがっている

⑵　友也さんは、考察したことをもとに、新たに**実験２**を行いました。あとの**ア**、**イ**の問題に答えなさい。

実験２

［予想］　川を流れる水の速さは、流れる水の量が増えた方が速くなり、土地のかたむきの大きさが同じ場合、流れる水の量が増えた方が土地は大きくけずられると思う。

［装置］　**実験１**で用いた**装置２**の土砂を新しいものに入れかえ、**実験の条件を１つだけ変えて**、**装置３**とする。また、紙コップの穴から15㎝の場所を地点Ｃとする。

［手順］　**実験１**の**手順**と同じ手順で行う。ただし、観察・計測場所は、**装置３**の地点Ｃとする。

ア　友也さんは、**実験２**の結果を**表２**に記録しました。**実験２**の**予想**と**表２**をもとに、**実験２の装置**で、**変えた実験の条件として適切なもの**を、あとの①～③から**１つ選び**、**番号**で答えなさい。

表２

・流れる水の速さ

地点Ｃ
速い

※速さは**実験１**の地点Ｂと比較したもの

・水が流れたあとのみぞの幅

	地点Ｃ
１回目	7㎜
２回目	8㎜
３回目	8.5㎜

・水が流れたあとのみぞの深さ

	地点Ｃ
１回目	4.5㎜
２回目	6㎜
３回目	5㎜

①　容器の下に置いた台を外す。

②　容器の下に台を３つ重ねて置く。

③　紙コップに開けた穴のすぐ上に直径２㎜の穴をもう１つ開ける。

イ　友也さんは、これまでの結果をもとに、大雨が降ると、川を流れる水の量が増え、川の災害が発生すると考えました。そこで、川の災害を防ぐ方法を調べ、**ノート３**にまとめました。**表１**、**表２**をもとにして、［ お ］に入る**適切な説明**を、**川の水の流れ、しん食、運ぱんという３つの言葉を用いて**書きなさい。

ノート３

《川の災害を防ぐ方法の一つ》
　川にコンクリート製のブロックを設置する。
《ブロックを設置する理由》
　ブロックを設置することで、［ お ］ことができ、川岸がけずられることを防いでいる。

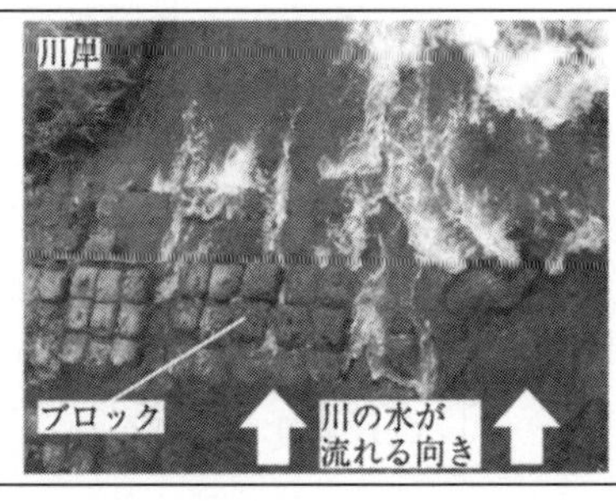

[3]　華子（はなこ）さんと弘二（こうじ）さんは、校外学習の準備を進めています。次の**１**～**３**の問題に答えなさい。

１　校外学習において夜に行う予定の、月や星の観測について、弘二さんと華子さんが先生と話をしています。あとの(1)～(5)の問題に答えなさい。

先　　生　夜は夏の大三角と満月の観察をします。弘二さんは、月や星の観測について、どんなことに興味をもっていますか。

弘二さん　満月の観察です。㋐<u>しゃ光板</u>を使って太陽を観察したときに、㋑<u>太陽と満月は同じ</u>

　　　　くらいの大きさに見えると学びました。満月を観察して、太陽と同じくらいの大きさに見えるのか確かめたいです。

先　生　月の形は日によって変わって見えますから、㋒満月はいつも観察できるわけではないので、満月の大きさを確かめる貴重(きちょう)な機会ですね。華子さんはどうですか。

華子さん　わたしは星の明るさに興味があります。㋓夏の大三角をつくるデネブ、アルタイル、ベガはどれも一等星ですが、同じ明るさなのでしょうか。

先　生　同じ一等星でも明るさにちがいがあります。例えば、㋔ベガはアルタイルよりも地球から遠くにありますが、アルタイルよりも明るく見えるんですよ。

(1) 「㋐しゃ光板」とありますが、太陽を安全に観察するためにしゃ光板を用いるのは、太陽の光の一部に対してしゃ光板がどのようなはたらきをするからですか。**もっとも適切なもの**を、次の**ア**～**エ**から**1つ選び**、**記号**で答えなさい。

ア　はね返す　　**イ**　集める　　**ウ**　さえぎる　　**エ**　重ねる

(2) 「㋑太陽と満月は同じくらいの大きさに見える」とありますが、弘二さんは月と太陽の大きさについて**ノート1**にまとめました。**ノート1**の［　あ　］に**あてはまる数**を答えなさい。

ノート1

実際の月の直径は3500km、太陽の直径は140万kmである。まず、模造紙(もぞうし)に油性のペンで直径1mmの点をかいて、これを月と見立てた。次に、実際の月と太陽の直径の比と同じになるように太陽の大きさを計算したら、直径［　あ　］cmであることが分かった。実際に模造紙で太陽を作ってみたら、太陽は月よりもとても大きいということが分かった。このことから、太陽が月と同じくらいの大きさに見えているということは、太陽はとても遠くにあるのだと思った。

(3) 「㋒満月はいつも観察できるわけではない」とありますが、校外学習で観測した場所と同じところで**1週間後**に観察を行うと、月はどのような形に見えますか。**もっとも適切なもの**を次の**ア**～**エ**から**1つ選び**、**記号**で答えなさい。ただし、**図**のように、月は約1か月間で地球の周りを1回転するものとします。

図　約1か月間の月の動き

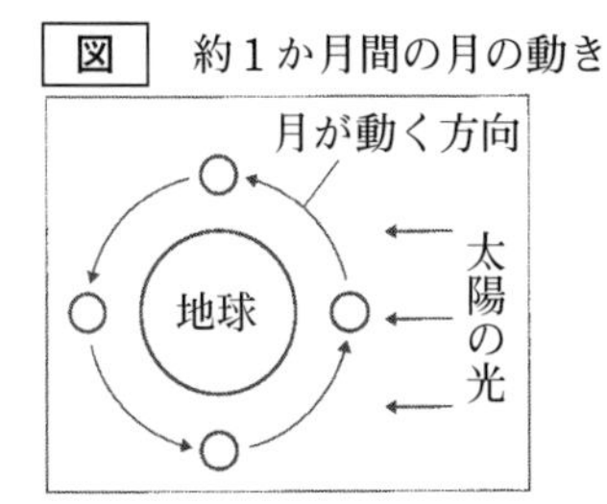

ア　満月　　**イ**　半月　　**ウ**　三日月　　**エ**　新月

(4) 「㋓夏の大三角」とありますが、華子さんは、校外学習から帰ってきたあと、家族と一緒(いっしょ)に夏の大三角を観察して、**ノート2**にまとめました。**ノート2**の［　い　］、［　う　］に入る言葉の組み合わせとして**もっとも適切なもの**を、あとの**ア**～**エ**から**1つ選び**、**記号**で答えなさい。

ノート2

［観察日］　9月1日

［観察結果］

2時間経過すると、星の見える位置が［　い　］へ変わった。

星の並び方は［　う　］。

午後7時　午後9時
←東　南→

ア　い：東の方から南の方　　う：変わった
イ　い：東の方から南の方　　う：変わらなかった
ウ　い：南の方から東の方　　う：変わった
エ　い：南の方から東の方　　う：変わらなかった

(5)「㋔ベガはアルタイルよりも地球から遠くにありますが、アルタイルよりも明るく見える」とありますが、華子さんはベガとアルタイルの明るさについて疑問(ぎもん)に思ったことを調べて、自分の考えを**ノート3**にまとめました。**ノート3**の［ え ］、［ お ］**にあてはまる数を分数**で答えなさい。

ノート3

［疑　問］ ベガとアルタイルを地球から同じ距離(きょり)にしたとすると、地球から見えるベガとアルタイルの明るさはどのようになるだろうか。

［調べたこと］

・地球とベガの距離を3とすると、地球とアルタイルの距離は2となる。
・地球から見えるベガは、地球から見えるアルタイルよりも2倍明るく見える。
・星を地球から遠ざけると、明るさが減って暗く見える。距離の変わり方と明るさの変わり方の関係は、下の表のようになる。

距離	2倍	3倍	4倍	…
明るさ	1÷(2×2)倍	1÷(3×3)倍	1÷(4×4)倍	…

［私の考え］

・次の図のように、アルタイルをベガと同じ距離にしたと考える。

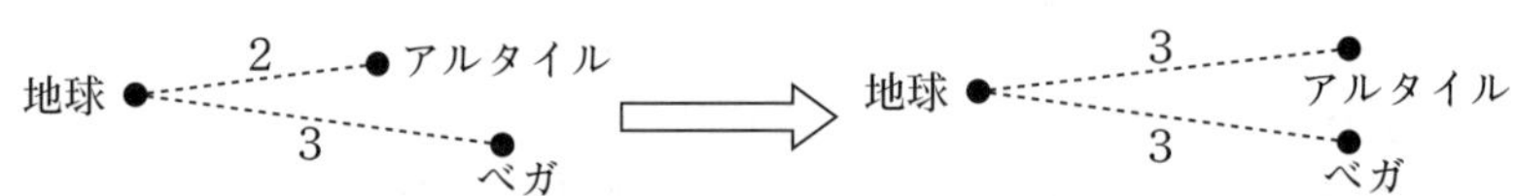

・アルタイルを地球から遠ざけるので、地球から見えるアルタイルの明るさは、表から考えると、遠ざける前と比べて［ え ］倍になる。
・ベガと地球の距離は変えていないので、地球から見えるベガの明るさは変わらない。
・ベガの明るさは、アルタイルの明るさと比べて［ お ］倍になる。

2　校外学習で訪(おとず)れることになっている歴史博物館について、華子さんと弘二さんが先生と話をしています。あとの(1)、(2)の問題に答えなさい。

華子さん　歴史博物館には、授業で学習した江戸(えど)時代に関する展示(てんじ)がありますか。
先　　生　江戸時代の百姓(ひゃくしょう)のくらしが分かる建物として、古民家が見学できます。江戸時代の人々は㋕身分に応じたくらしをしていたんですよ。
弘二さん　身分に応じたくらしがどんなものだったのか、興味があります。
先　　生　百姓は、年貢(ねんぐ)を納(おさ)めることを求められていました。㋖江戸時代の百姓のくらしは、幕府(ばくふ)の取り組みによっていろいろな制限を受けていたので、幕府の取り組みも調べてみるといいですよ。

(1)「㋕身分に応じたくらし」とありますが、弘二さんは、江戸時代の身分制度について、社会科の授業で配布された**資料１**を見直しました。**資料１**から読み取ることができる人々のくらしと身分について、**正しいものをあとのア～エから１つ選び、記号**で答えなさい。

資料１　社会科の授業で配布されたプリントの一部

《人々のくらしと身分》
・百姓の大部分は農民だが、漁業に従事(じゅうじ)する人々なども百姓と呼(よ)ばれた。
・商人や職人は、町人と呼ばれた。
・武士や町人は、政治や経済(けいざい)の中心である城下町に集められた。
・厳(きび)しく差別されてきた人々は、祭りへの参加をことわられたり、住む場所を制限されたりした。

江戸時代の身分ごとの人口割合(わりあい)(江戸時代後期)

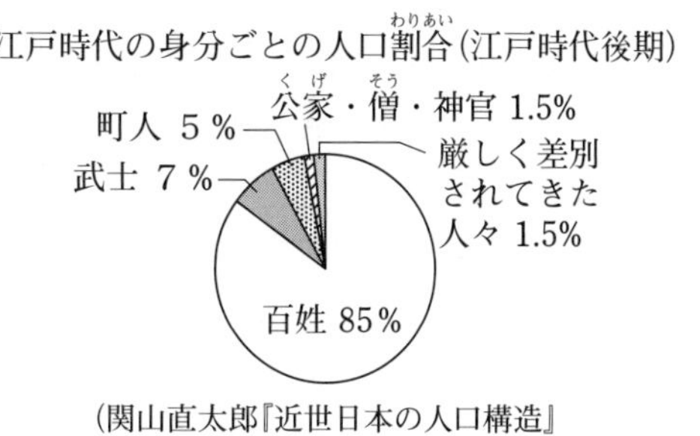

(関山直太郎『近世日本の人口構造』〈吉川弘文館〉などより作成)

ア　人口の割合が最も大きい身分の人たちが城下町に集められた。
イ　農民が含(ふく)まれる身分の人たちの割合は、人口の半分ほどだった。
ウ　人口の割合が２番目に大きい身分の人たちは、祭りへの参加をことわられるなどの厳しい差別を受けた。
エ　商人や職人は、人口の１割に満たなかった。

(2)「㋖江戸時代の百姓のくらしは、幕府の取り組みによっていろいろな制限を受けていた」とありますが、江戸時代に興味をもった弘二さんは、**資料２**を見つけ、社会科の授業で配布された**資料３**も用いて、江戸幕府の百姓のくらしに対する取り組みについて考えることにしました。**資料２**と**資料３**をふまえて、**江戸幕府が行った百姓のくらしに対する取り組みについて、取り組みの目的にふれながら**説明しなさい。

資料２　江戸時代中期の幕府の収入内訳(しゅうにゅううちわけ)

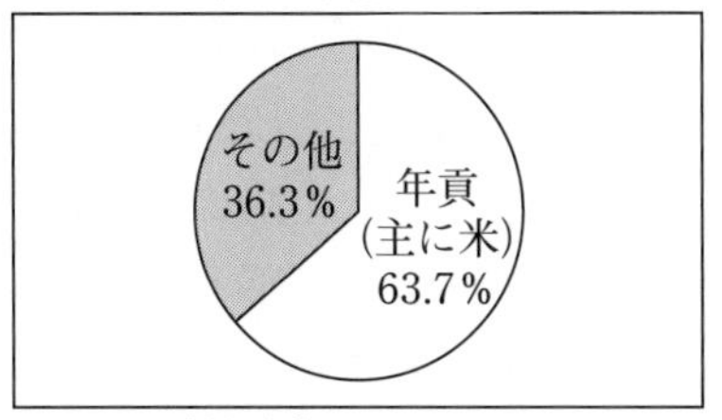

(『岩波講座(いわなみこうざ)日本歴史12』〈岩波書店〉より作成)

資料３　社会科の授業で配布されたプリントの一部

《江戸幕府の百姓のくらしに対する取り組み》
・江戸幕府は、百姓の五人組を決めておき、共同責任を負わせた。また、きまりを守らなかった者や、悪事を働いた者がいたら、自分たちの組からすぐに報告させていた。
・江戸幕府は、百姓がたばこ・木綿(もめん)・菜種などの＊商品作物を栽培(さいばい)することを制限していた。
＊商品作物：食べるためでなく売ることを目的として栽培する作物

3　校外学習で泊(と)まる宿の部屋番号について、華子さんと弘二さんが先生と話をしています。あとの(1)～(3)の問題に答えなさい。

先　　生　この宿の部屋番号は３けたの数字で表され、101から始まっています。
　　　　　ただし、部屋番号に「４」と「９」の数字が使われていないそうです。
華子さん　㋗わたしの部屋番号は185です。先生の部屋番号はいくつですか。

先　　生　先生の部屋番号は、予約した部屋の番号の中で㋘一番大きい数です。

弘二さん　先生、この宿の部屋番号を利用して、㋙宝探し(たからさが)ゲームをしたいです。

先　　生　おもしろそうですね。どんなことをやるのか、ノートに書いて持ってきてください。

(1)「㋗わたしの部屋番号は185です」とありますが、華子さんは自分の部屋番号が、**101から数えて何番目**になるか考え、**ノート４**にまとめました。**ノート４**の［か］、［き］、［く］に**あてはまる数**を答えなさい。

ノート４

101、102、103、105、…　10で始まる部屋は、［か］部屋ある。
110、111、112、113、…　11で始まる部屋は、［き］部屋ある。
⋮
180、181、182、183の次にわたしの部屋番号の『185』がくるから、
わたしの部屋番号は、101から順番に数えて［く］番目である。

(2)「㋘一番大きい数」とありますが、先生は、**ある部屋番号から順番に32部屋**を予約していました。華子さんの部屋番号は、予約した部屋の番号の中で**もっとも小さい部屋番号から数えて20番目**でした。**先生の部屋番号**を答えなさい。

(3)「㋙宝探しゲーム」とありますが、弘二さんは、宝探しゲームの手順を**ノート５**にまとめました。**ノート６**は、宝探しゲームの手順を華子さんの部屋番号を使って確認(かくにん)したものです。弘二さんが**宝をかくした部屋番号を３つすべて**答えなさい。

ノート５

〔宝探しゲーム〕
予約した部屋の中の３つの部屋にそれぞれ異(こと)なる宝をかくした。次の手順にしたがって宝を見つけだせ！君の班(はん)はすべて見つけられるかな。

［手順１］　部屋番号の数と部屋番号の数をかけ算せよ。
［手順２］　計算結果のうち下から２けたの数字を抜(ぬ)き出せ。
［手順３］　部屋番号の下から２けたの数字を抜き出せ。
［手順４］　手順２と手順３の数字が同じか確認せよ。数字が同じになる部屋に宝をかくした。

ノート６

華子さんの部屋番号
185の場合

［手順１］　185×185＝34225
［手順２］　34225⇒「25」
［手順３］　185⇒「85」
［手順４］　「25」と「85」は同じではない。
だから、華子さんの部屋に宝はない。

〈宮城県古川黎明中学校　総合問題（筆記及び外国語（英語）のリスニング）〉　―60分―

[1]、[2]　仙台二華中学校　[1]、[2]参照（→Ｐ.62）

[3]　小学生の黎(れい)さんと中学生の明(あきら)さんはいとこ同士です。夏休みを利用して、東京に住んでいる明さんが黎さんを訪(たず)ねてきました。次の**１**、**２**の問題に答えなさい。

1　黎さんと明さんは、近くに住んでいるおばあさんの家を歩いて訪ねようと話をしています。あとの(1)～(5)の問題に答えなさい。

明さん　おばあさんと会うのは久しぶりだな。

黎さん　そういえば、おばあさんの家の近くに㋐漫画（まんが）の主人公の銅像が３体できたよ。

明さん　せっかくだから、おばあさんの家だけでなく、銅像も見に行きたいな。

黎さん　おばあさんの家に行く途中（とちゅう）に㋑公園もあるから、そこにも寄っていこうよ。

明さん　それはいいね。どの道を通って行くか、地図アプリで調べてみよう。

黎さん　うん、そうしよう。じゃあ、午前10時に出発しよう。

明さん　外は暑いから、氷を入れた冷たい飲み物を持っていこう。

黎さん　そうだね。そういえば、㋒水は何℃でこおり始めるのかな。

明さん　帰ってきたら、実験して調べてみよう。

(1)　明さんが、黎さんの家からおばあさんの家までと、おばあさんの家から銅像A、B、Cまでの道のりを地図アプリで調べたところ、**図１**の太線のように表示されました。おばあさんの家からそれぞれの銅像までの道のりについて、**長い方から順番に、銅像の記号A、B、C**で答えなさい。

図１

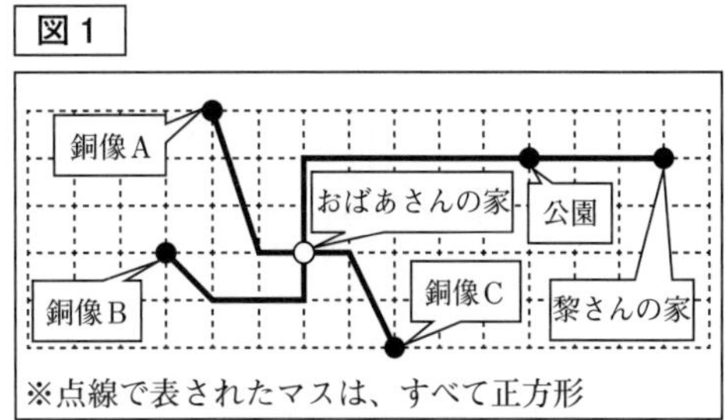

※点線で表されたマスは、すべて正方形

(2)　「㋐漫画の主人公の銅像」とありますが、黎さんと明さんが銅像Aのキャラクターについて調べたところ、漫画の設定の身長は250cmであり、銅像Aの身長は160cmであることが分かりました。**銅像Aの身長は、漫画の設定の身長の何%**にあたるか答えなさい。

(3)　「㋑公園」とありますが、黎さんと明さんは、午前10時に黎さんの家を出発し、途中に立ち寄った公園で20分間休みました。その後、おばあさんの家に向かったところ、午前10時44分に到着（とうちゃく）しました。黎さんの家からおばあさんの家までの道のりが1.2kmであるとき、**1分間あたりに歩いた平均の距離（きょり）は何メートル**か答えなさい。ただし、公園で休んだ時間は歩いていないものとします。

(4)　黎さんと明さんは、おばあさんの家を出発して帰宅（きたく）するまでの計画を立て、**メモ**にまとめました。計画どおりに実行したところ、午後２時40分に帰宅しました。同じ計画のまま午後２時30分に帰宅するためには、**計画どおりに歩いた速さの何倍の速さ**で歩けばよかったのか答えなさい。

メモ　帰宅するまでの計画

- 午後２時に出発する。
- 銅像A、Bの順に見に行く。
- 各銅像を５分間鑑賞（かんしょう）する。
- 途中で休憩（きゅうけい）はしない。

(5)　「㋒水は何℃でこおり始めるのかな」とありますが、黎さんと明さんは、水がこおり始める様子について調べるために、次のように**実験**を行いました。あとの**ア～ウ**の問題に答えなさい。

実験

[手順]

1　試験管を１本準備し、試験管に水を６mL入れる。

2　ビーカーの中に、食塩がとけ残るまでとかした食塩の水溶液（すいようえき）と氷を入れる。

3　**図２**のように、手順１で準備した試験管を手順２で用意したビーカーの中に入れて固定し、試験管の中に、ぼう温度計を入れ、ぼう温度計が示す温度と試験管に入れた水の様子を記録する。

4　1分ごとに、ぼう温度計が示す温度と試験管に入れた水の様子を確認して、記録する。
5　ビーカーの中に試験管を入れてから15分後の、ぼう温度計が示す温度と試験管に入れた水の様子を確認して、記録する。
6　手順3～5の結果をもとに、ビーカーの中に試験管を入れてからの時間と、ぼう温度計が示す温度の関係を**グラフ**にする。また、試験管に入れた水の様子を**図3**にまとめる。

図2

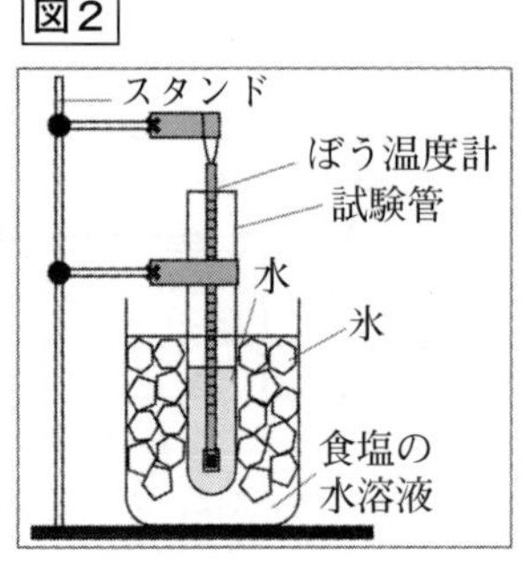

グラフ　ビーカーの中に試験管を入れてからの時間とぼう温度計が示す温度の関係

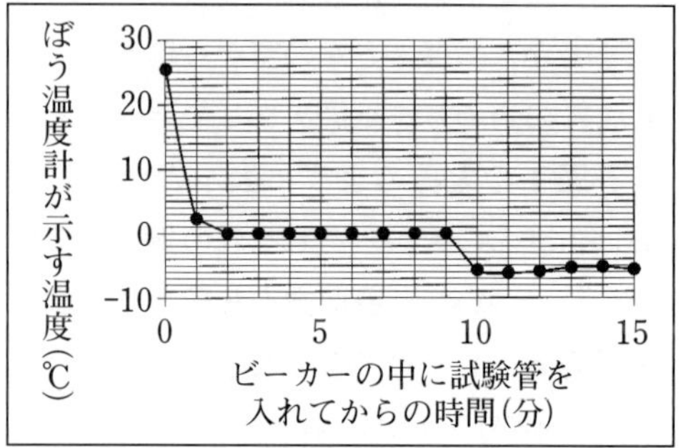

ア　**試験管に入れた水**がこおり始めたとき、**試験管に入れた水**の温度は**何℃**か答えなさい。

イ　ビーカーの中に試験管を入れてから5分後の**試験管に入れた水**のすがたを表すものを、次の**あ**～**え**から**1つ**選び、**記号**で答えなさい。

あ　固体のみ
い　液体のみ
う　気体のみ
え　固体と液体がまざっている

図3　試験管に入れた水の様子

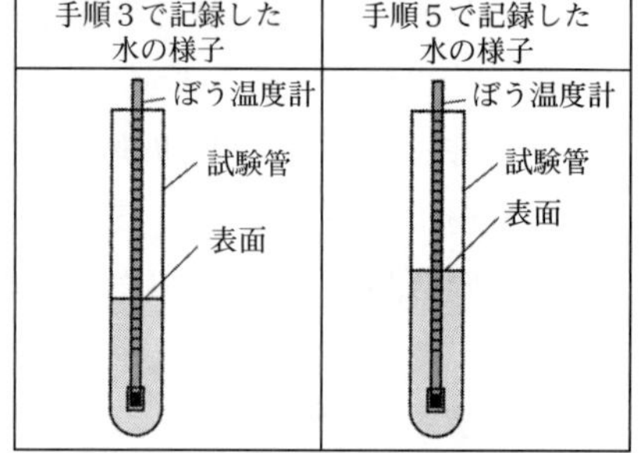

ウ　黎さんは、この実験で分かった現象に関わりがあることがらとして、寒い地域で行われている「水抜き」を知りました。「水抜き」とは、冬場の夜に家の水道管の中の水を抜く作業のことをいいます。**何のために「水抜き」を行うのか、図3を参考に、水の性質にふれて説明**しなさい。

2　おばあさんの家から帰ってきた黎さんは、明さんに夏休みの自由研究について相談することにしました。あとの(1)～(3)の問題に答えなさい。

黎さん　夏休みの自由研究について、テーマが決まらなくて悩んでいるんだ。
明さん　学校での勉強で、興味をもったことはあるかな。
黎さん　うん。社会科の授業で知った世界遺産の㋓平泉が興味深かったかな。
明さん　そうなんだね。平泉といえば、江戸時代に㋔松尾芭蕉が訪れていることが『おくのほそ道』を読むと分かるよ。
黎さん　知っているよ。俳句で有名な人だよね。平泉までどこを通って行ったのかな。
明さん　現在の宮城県の仙台市や多賀城市、松島町などを通って平泉に行ったみたいだね。そういえば、新聞記事にあったけれど、㋕多賀城がつくられてから1300年になることを記念して、南門を復元しているみたい。完成したら行きたいな。

(1) 「㊀平泉」とありますが、黎さんは平泉について調べを進めていくうちに、平泉が栄えた平安時代のできごとに興味をもちました。社会科の授業で配布された**資料1**から読み取れる平安時代のできごとについて、あとの**ア**～**エ**から**1つ選び、記号**で答えなさい。

資料1　社会科の授業で配布されたプリントの一部

《平安時代のできごと》

年	○全国のできごと　　●東北地方のできごと
794	○平安京に都が移る。
802	●蝦夷のリーダーであるアテルイが、征夷大将軍の坂上田村麻呂に降伏する。※1
894	○中国への使節である遣唐使の派遣が中止される。※2
1016	○藤原道長が摂政に就任する。※3
1087	●前九年合戦に続いて起きた後三年合戦という大きな戦乱が終わる。源義家の助けを借りて勝利した藤原清衡は平泉を中心に東北地方に勢力を築く。※4
1189	●藤原泰衡が源義経を倒す。その後、奥州藤原氏は源頼朝により滅ぼされる。

《解説》

※1　朝廷は、主に東北地方に住む朝廷に従わない人々を「蝦夷」と呼び、従わせるためにたびたび軍を派遣していた。坂上田村麻呂は軍を率いた「征夷大将軍」であった。

※2　遣唐使の派遣が中止された後、中国から取り入れた文化も参考にして、かな文字や大和絵など朝廷を中心とした華やかな日本風の文化が発展した。

※3　摂政とは、天皇が幼い時などに天皇を補佐する役職である。藤原道長は娘を天皇の妃にして、天皇との間に生まれた子を天皇に即位させ、摂政に就任し、政治を行った。

※4　勢力を広げた藤原清衡は中尊寺金色堂を建て、その子孫である基衡、秀衡は毛越寺を再建した。平泉には、奥州藤原氏(藤原清衡、基衡、秀衡、泰衡)によって築かれた文化遺産が現在も残っている。

ア　アテルイは東北地方で朝廷の軍と戦ったが、源頼朝に降伏した。

イ　朝廷は894年以降も遣唐使を派遣し、遣唐使は日本にかな文字を伝えた。

ウ　藤原道長は蝦夷を攻める軍を率いた摂政として、平泉で天皇とともに政治を行った。

エ　11世紀の大きな戦乱の後、藤原清衡は平泉に中尊寺金色堂を建てた。

(2) 「㊁松尾芭蕉」とありますが、黎さんは、社会科の授業で配布された、松尾芭蕉と平泉についての**資料2**をふまえて、**ノート**を作成しました。**資料2**を参考にして、**ノート**の[あ]に入る**適切な説明**を書きなさい。

資料2　社会科の授業で配布されたプリントの一部

《松尾芭蕉と平泉》

・松尾芭蕉は江戸時代に俳句の作者として活躍した。

・1689年に東北、北陸地方などをめぐる旅に出た。その旅の様子や旅先などで作った俳句を1694年頃に『おくのほそ道』としてまとめた。

・旧暦5月(現在の6月頃)に平泉を訪れ、次の俳句を作った。
「五月雨の　降り残してや　光堂」
[現代語訳]　五月雨はすべてのものを腐らすのだが、ここだけは降らなかったのであろうか。五百年の風雪に耐えた光堂のなんと美しく輝いていることよ。
・光堂とは、中尊寺にある金色堂のことである。
・光堂のまわりや屋根におおいかぶせるように、「おおい堂」がつくられている。

(松尾芭蕉／萩原恭男 校注『芭蕉　おくのほそ道』〈岩波書店〉より作成)

ノート

松尾芭蕉は、「五月雨の　降り残してや　光堂」という俳句を作ったが、500年もの間、雨が降らないことはないはずだ。500年たっても光堂が朽ち果てなかったのは、[　あ　]からだと考えた。

(3)　「㋕多賀城」とありますが、黎さんは多賀城が最初につくられた頃の東北地方の様子について興味をもち、調べを進めていくうちに、**資料3**と**資料4**を見つけました。**資料3と資料4**をふまえ、**朝廷は8～9世紀の東北地方をどのように支配していったのか、胆沢城や志波城の役割にふれながら説明**しなさい。

資料3　朝廷の支配領域の変化

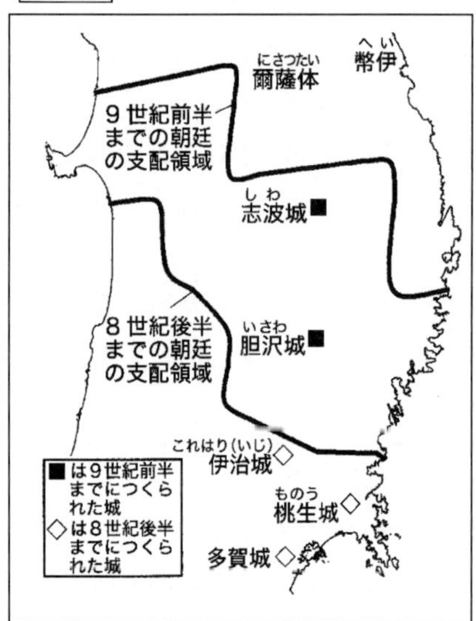

(熊谷公男『東北の古代史3　蝦夷と城柵の時代』〈吉川弘文館〉より作成)

資料4　8～9世紀の東北地方(太平洋側)の様子

・東北地方には、朝廷に従わない人や、朝廷に対して反乱を起こす人もいたため、朝廷はたびたび軍を派遣した。
・724年に、東北地方(太平洋側)の政治の拠点として多賀城がつくられた。
・坂上田村麻呂は、801年に胆沢地方の蝦夷との戦いに勝利し、802年に胆沢城をつくった。
・坂上田村麻呂はさらに軍を進めて、803年に志波城をつくった。
・志波城は811年に爾薩体や幣伊の地方を攻撃するときの拠点になった。
・この頃の城には、戦いのための拠点としての役割と、支配するための行政的な役割があった。

〈宮城県仙台二華中学校　作文〉（編集部注：たて書きで出題されています。）　—40分—

◆　検査問題

　あなたは、校外学習で自然観察に行くことになりました。観察したことについて、あとでクラスで発表する予定です。分かりやすい発表にするために、あなたなら、校外学習に何を持っていけばよいと考えますか。持っていくとよいと考えた理由を含(ふく)めて四百字以上五百字以内で書きなさい。

〔注意〕①　題名、氏名は書かずに、一行目から書き始めること。
②　原稿(げんこう)用紙の正しい使い方にしたがい、文字やかなづかいも正確に書くこと。

〈宮城県古川黎明中学校　作文〉（編集部注：たて書きで出題されています。）　—40分—

◆　検査問題

　あなたは、学級での話し合いで司会の役割(やくわり)をすることになりました。いろいろな意見が出てきたとき、意見をまとめていくために、あなたなら、どのようなことに気をつけて話し合いを進めればよいと考えますか。理由を含(ふく)めて四百字以上五百字以内で書きなさい。

〔注意〕①　題名、氏名は書かずに、一行目から書き始めること。
②　原稿(げんこう)用紙の正しい使い方にしたがい、文字やかなづかいも正確に書くこと。

仙台市立仙台青陵中等教育学校

（編集部注：掲載にあたりレイアウトなどの一部改変を行っています。）

〈総合問題Ⅰ〉　—45分—

1　放送による問題（省略）

2　たろうさんは職場体験学習でスーパーマーケットの仕事をすることになりました。
次の**１**、**２**の問題に答えなさい。

店　　長　これからフルーツコーナーに商品を並(なら)べる仕事をするよ。
たろうさん　並べる商品の数はどのように決めているのですか。
店　　長　毎日どのくらいの商品が売れているのかを、お店で管理して決めているよ。
たろうさん　**ア**情報通信技術を利用しているのですね。
店　　長　よく勉強しているね。他にも情報通信技術を利用しているものがあるよ。
たろうさん　向こうで動いているロボットですか。
店　　長　そうだよ。あれは**イ**案内ロボットだよ。ディスプレイに商品名を入力すると、商品がある場所まで案内してくれたり、品切れの場合はその場で教えてくれたりするよ。
たろうさん　すごく便利なロボットですね。

１　下線部**ア**「情報通信技術」とあります。お店のフルーツコーナーでは、**表１**のように商品を商品データに記録していて、**表２**のように商品の売り上げを売り上げデータへ記録しています。あとの⑴、⑵の問題に答えなさい。

表１　**商品データ**

商品番号	商品名	値段(ねだん)(円)
1100	いちご	390
1200	りんご	300
1300	もも	150
1400	みかん	40

表２　**９時から10時までの売り上げデータ**

売れた時間	商品番号	個数
9：03	1100	2
9：10	1400	15
9：27	1300	2
9：27	1200	3
9：45	1300	3
9：58	（ a ）	（ b ）

⑴　**表２**の「9：03」から「9：45」までに売れた商品で売上金額が１番多い商品を、次の**あ**～**え**から１つ選び、記号で答えなさい。

あ　いちご　　**い**　りんご　　**う**　もも　　**え**　みかん

⑵　**表２**のデータの中で、売上金額の合計が２番目に多い商品と、売上金額が１番少ない商品との合計金額の差は30円でした。このことから、（ a ）と（ b ）にあてはまる数字を答えなさい。

2　下線部**イ**「案内ロボット」とあります。

図1は店内の様子を簡単（かんたん）に示したものです。**図1**の☆にいる案内ロボットは店内を回りながら、お客さんが探（さが）したい商品の場所まで案内しています。あとの(1)～(3)の問題に答えなさい。

図1　店内の地図

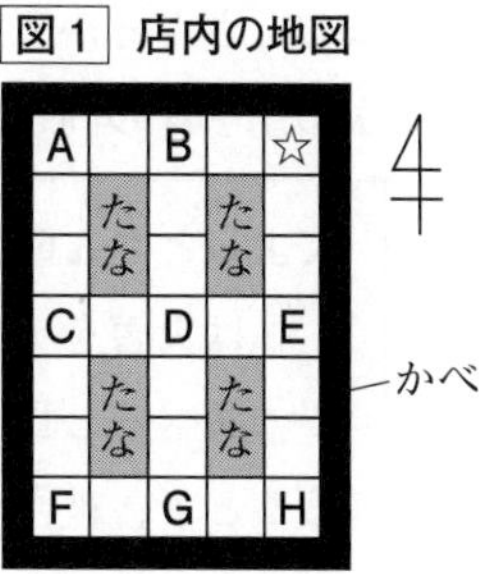

(1)　案内ロボットが、**条件1**にしたがって99回動いたとき、ロボットのいる位置を**図1**の**A～H**から1つ選び、記号で答えなさい。ただし、スタート位置の☆では、ロボットは南を向いており、**条件1**の①と②で1回分の実行とします。

条件1

① かべまでまっすぐ進む
② 右を向く

(2)　たろうさんは、**図1**の通路に**条件2**のプログラムを覚えさせた2台のロボットを置き、同時にスタートすることを考えました。1台目は☆にいます。2台のロボットがすべての通路をたなやかべにぶつからずに通過するためには、2台目はどの位置に、どの方位に向けて配置すればよいでしょうか。配置する位置を**A～H**から1つ選び、またロボットが向いている方位とあわせて答えなさい。

ただし、**条件2**のプログラムをすべて実行し、通路でロボット同士はすれちがうことはできません。

条件2

【プログラムの条件】
ア　3マス進む　　イ　2マス進む　　ウ　右を向く　　エ　左を向く
【2台のロボットのプログラム】
ア→ウ→イ→イ→ウ→ア→ウ→イ→ウ→ア→エ→イ→エ→ア→エ→イ

(3)　たろうさんは、**図2**のように、案内ロボットがお客さんを商品のある場所まで案内する流れを考えました。**図2**の**ア～エ**に入るロボットの動きを**条件3**から、それぞれ1つ選び、①～⑥の番号で答えなさい。ただし、番号は1度しか使えません。

図2　お客さんを案内するまでの流れ図

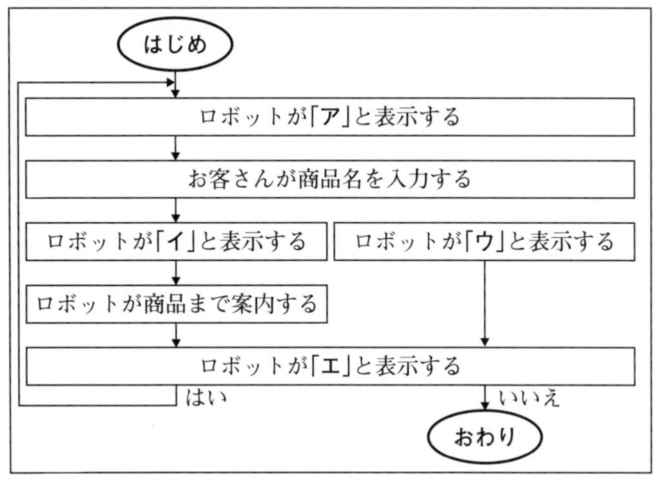

条件3

①売り切れです
②商品の個数を入力してください
③案内します
④レジに進みますか
⑤商品名を入力してください
⑥別の商品を探（さが）しますか

3　よしとさんとかえでさんは社会科の授業で研究発表を行いました。
次の**1**～**4**の問題に答えなさい。

＜よしとさんの発表＞
私は災害をテーマに調査し、その中で**ア**自然災害と日本の地形との関わりに注目しました。調べると日本は国土にしめる平野部の割合が少なく、その平野部に人口が集中していることで、被害が大きくなるという関係が分かりました。日本の災害の歴史をふり返ると、**イ**奈良時代にも多くの災害があったことが分かります。自然災害はいつ発生するか分かりません。私たちは自然災害から命を守るために、一人ひとりが正しい知識と防災意識を持って、常に**ウ**災害に備えることが大切です。

1　下線部**ア**「自然災害と日本の地形との関わり」とあります。**図1**、**写真1**をもとに、あとの(1)、(2)の問題に答えなさい。

(1)　**図1**は、ある川の流れを表したものです。川の流れの特ちょうから、平地の部分が広がる場所を**あ**～**か**からすべて選び、記号で答えなさい。ただし、川は西から東に流れています。

図1　川の流れの様子

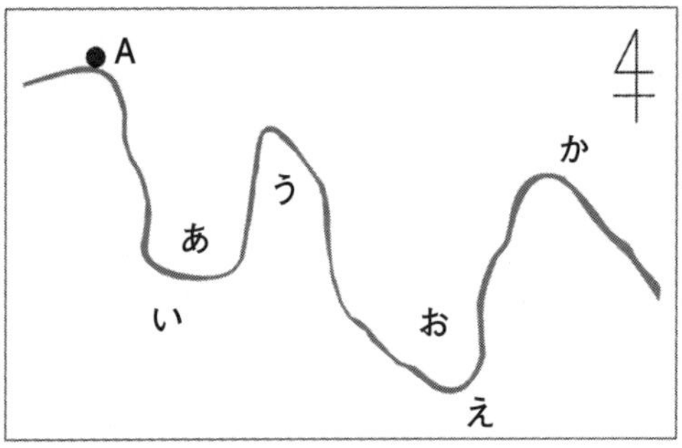

A
あ
い
う
え
お
か

写真1　A地点の様子

(2)　**写真1**は、**図1**の**A地点**での様子です。川による災害を防ぐために左岸のみ護岸工事をしています。なぜ左岸のみ工事をしたのか、その理由として正しいものを**あ**～**か**から1つ選び、記号で答えなさい。

あ　左岸は、右岸よりも川の流れが速く、土や石をたい積させるため。
い　左岸は、右岸よりも川の流れがおそく、土や石をたい積させるため。
う　左岸は、右岸よりも川の流れが速く、岸がけずられやすいため。
え　左岸は、右岸よりも川の流れがおそく、岸がけずられやすいため。
お　左岸は、右岸よりも水深が浅く、水があふれやすいため。
か　左岸は、右岸よりも水深が深く、水があふれやすいため。

2　下線部**イ**「奈良時代」とあります。奈良時代には聖武天皇が東大寺に大仏をつくる詔を出しました。**資料1**は奈良時代の主なできごと、**資料2**は聖武天皇が出した詔の一部を示したものです。

資料1、**資料2**をもとに、当時の社会情勢をふまえて聖武天皇が大仏をつくる詔を出した理由を説明しなさい。

資料１ 奈良時代の主なできごと

年	できごと
710	都が平城京に移る
720	九州で反乱が起きる
724	聖武天皇が天皇の位につく
734	大きな地しんが起こる
737	都で病気が流行する
740	貴族の反乱が起きる
741	国分寺を建てる詔を出す
743	大仏をつくる詔を出す
747	奈良で大仏づくりが始まる
752	大仏の開眼式が行われる

資料２ 奈良時代に聖武天皇が出した詔の一部

本日、天平十五年十月十五日をもって、ひろく人びとを救済しようと思い、大仏の金銅像一体をおつくりすることを決めた。国中の銅をつくして像をつくり、大きな山をけずって仏殿を構え、広く世の中に伝えて、ともに仏恩を受け、ともに救われたいと思う。

天下の富をもつ者は私であり、天下の勢いをもつ者も私である。

3　下線部ウ「災害に備えること」とあります。学校や公園などに非常用飲料水貯水そうがあり、１万人が３日間必要とする水が貯水されています。**写真２**のように四つのじゃ口からそれぞれ毎分20Lの水を放出すると、何時間何分で貯水そうの水がなくなるか、答えなさい。

ただし、一人あたり１日３Lの水を必要とすることとします。

写真２ 貯水そうにつながるじゃ口

（出典　仙台市水道局ＨＰ）

＜かえでさんの発表＞

私は持続可能な社会をテーマに調査しました。まず注目したのが環境問題です。様々な課題がある中で、これまで**エ**環境に配りょした取り組みが行われていることが分かりました。資源が少ない日本だからこそ、再生可能エネルギーの利用にも積極的に取り組んでいます。私たち自身も意識を高く持ち、環境を守るために行動を起こすことがとても大切です。

4　下線部エ「環境に配りょした取り組み」とあります。次の**図２**、**図３**は、国内で過去に発電に使用したエネルギーの割合と、将来に使用するエネルギーの割合を予想したものです。2030年までにはその割合はどのように変化するか。また、変化は環境を守るためにどのような効果があると考えられるか、それぞれ答えなさい。

図２ 2019年の使用エネルギーの割合　**図３** 2030年の使用エネルギーの割合予想

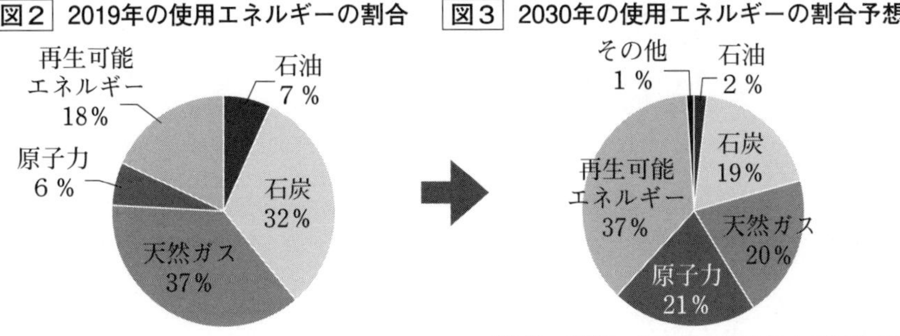

（出典　資源エネルギー庁ＨＰを元に作成）

〈総合問題Ⅱ〉　—40分—

1　りかさんとさとしさんは野外活動で宿泊施設の自然の家に行きました。始めに自然の家周辺のボーリング試料を使って地層の学習を行います。

次の**1**～**3**の問題に答えなさい。

りかさん　ボーリング試料を見ると、自然の家の地下10ｍまでは、砂岩の層が続いています。

さとしさん　さっき通ってきた駅の周辺は、もう少し深い位置に砂岩の層があります。駅の地下10ｍまでは、れき岩の層が続いています。

先生　それぞれの場所で出てきたぎょう灰岩は、どれも同じ時期にできたものです。そこから考えると、自然の家の下にある砂岩の層と駅周辺の下にある砂岩の層は、ちがう時代に作られたものだということが分かりますね。

りかさん　駅の砂岩の方が古い層ですね。あと、四つのボーリング試料を比べると、北から南に向かって層がかたむいていることが分かります。

1　自然の家と駅は**図1**の**A**～**D**のそれぞれどこですか。会話と**図1**、**図2**をもとに、記号で答えなさい。

図1　自然の家周辺の地図

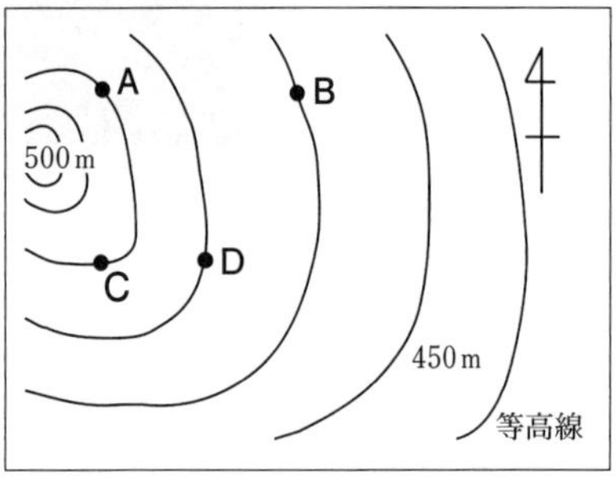

A
B
500ｍ
C
D
450ｍ
等高線

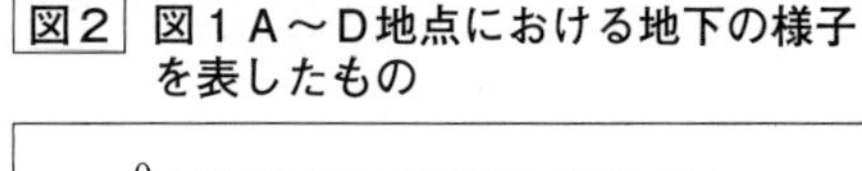
図2　図1 A～D地点における地下の様子を表したもの

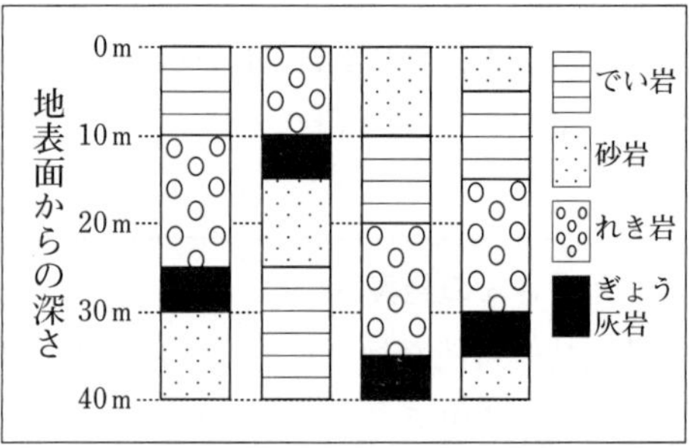

2　さとしさんと先生が自然の家の中にある花びんを見て会話をしています。あとの(1)、(2)の問題に答えなさい。

さとしさん　植物を入れている花びんの水の量が減っていました。減った水は、植物が吸い上げ、**ア**その水は、葉からだけ出ていくんですよね。

先生　植物には、気孔という穴があって、そこから水が出ていくんだよ。**イ**水が出ていく穴は葉だけでなく、くきにもあるんです。

さとしさん　え、そうなんですか。本当かどうか実験をして確かめてみたいです。

先生　では、次はそのことを調べてみましょう。

⑴　下線部**ア**「その水は、葉からだけ出て行く」とあります。**実験１**を行ったとき、さとしさんの考えが正しかった場合どのような結果になると考えられるか、答えなさい。

実験１

①　右のように植物を試験管の中に入れる。
②　蒸発(じょうはつ)を防ぐために水面を食用油でおおう。
③　始めの水面の位置に印をつける。
④　葉全体にワセリンをぬり、水が出ていく穴をふさぐ。
⑤　日光があたるベンチに１時間置く。
⑥　水面の位置の様子を確かめる。

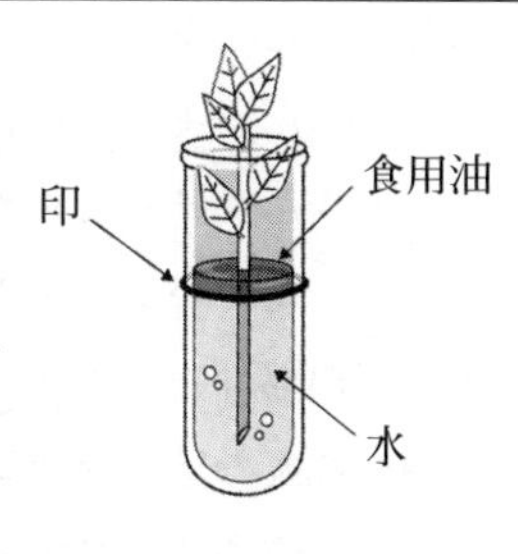

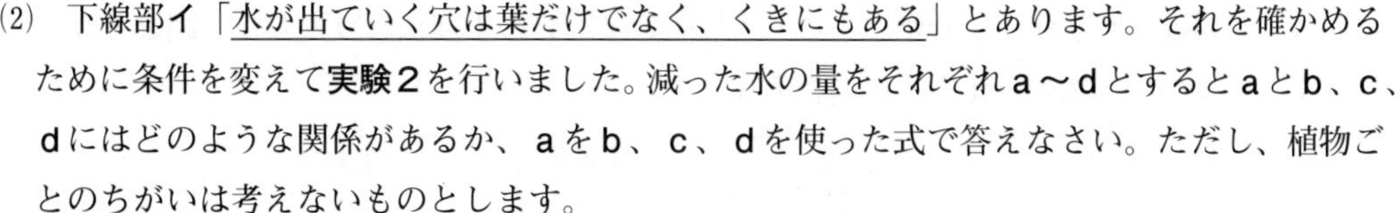
⑵　下線部**イ**「水が出ていく穴は葉だけでなく、くきにもある」とあります。それを確かめるために条件を変えて**実験２**を行いました。減った水の量をそれぞれ**a**～**d**とすると**a**と**b**、**c**、**d**にはどのような関係があるか、**a**を**b**、**c**、**d**を使った式で答えなさい。ただし、植物ごとのちがいは考えないものとします。

実験２

①　水を入れた試験管の中に植物を入れ、水面を食用油でおおう。これを４組用意し、次の表のようにそれぞれワセリンのぬり方を変える。
②　日光があたるベンチに１時間置く。
③　**a**～**d**の量をそれぞれ調べる。

ワセリンのぬり方	ワセリンをぬらない	ワセリンを葉の表と裏にぬる	ワセリンを葉の表にだけぬる	ワセリンを葉の裏にだけぬる
減った水の量	**a**	**b**	**c**	**d**

印
食用油
水

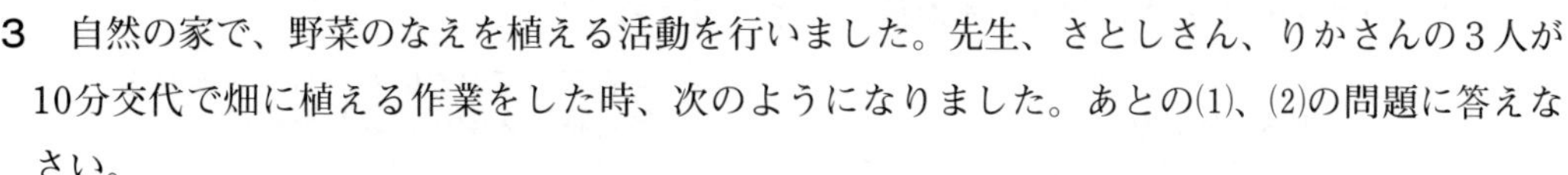
３　自然の家で、野菜のなえを植える活動を行いました。先生、さとしさん、りかさんの３人が10分交代で畑に植える作業をした時、次のようになりました。あとの⑴、⑵の問題に答えなさい。

ただし、３人が１分間に植える本数はそれぞれ一定であるものとします。

・先生→さとしさん→りかさん→先生の順に植えると、90本植え終わりました。
・さとしさん→りかさん→先生→さとしさんの順に植えると、70本植え終わりました。
・りかさん→先生→さとしさん→りかさんの順に植えると、80本植え終わりました。
※りかさんが一人で90本植える時、45分かかりました。

⑴　先生、さとしさん、りかさんが１分間で植えるなえの本数の比を求め、答えなさい。ただし、答えはできるだけ小さい整数の比で答えることとします。

⑵　152本のなえを３人が順番に10分ずつ交代しながら植えるとき、最も早く植え終えるにはどの順番で植えるとよいか、また何分で植え終わるか答えなさい。

2　じろうさんはお母さんと洗たくをしています。

次の**1**～**3**の問題に答えなさい。

お 母 さ ん　洗たく機は、洗たく物を回転させて洗っているのよ。

じろうさん　モーターを利用して回転させているんだね。

お 母 さ ん　<u>モーターには電磁石が使われている</u>のよ。

じろうさん　そうなんだね。洗たくが終わったらぼくがハンガーに干すよ。

お 母 さ ん　ハンガーがかたむかないように干してね。終わったら少し休みましょう。

1　下線部「<u>モーターには電磁石が使われている</u>」とあります。じろうさんは、電磁石について調べる次のような実験をしました。じろうさんは、かん電池、スイッチ、コイルを直列につなぎ、電流を流して電磁石を作ると、方位磁針は**図1**のようになりました。その後じろうさんが、コイルの巻き数を変化させたところ、方位磁針は**図2**のようになりました。**図2**となった理由をコイルの巻き数の変化をもとに答えなさい。

図1

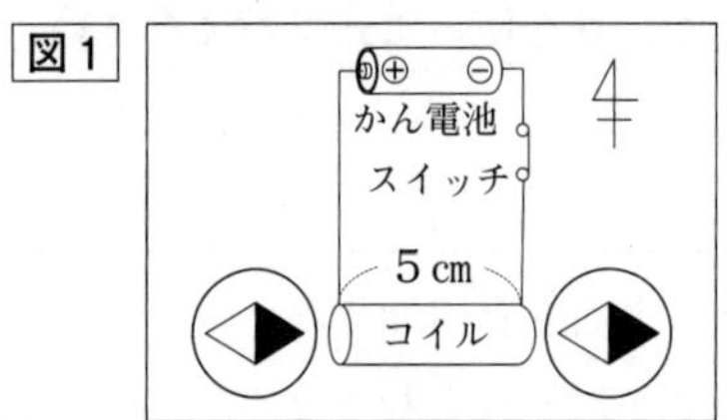

図2

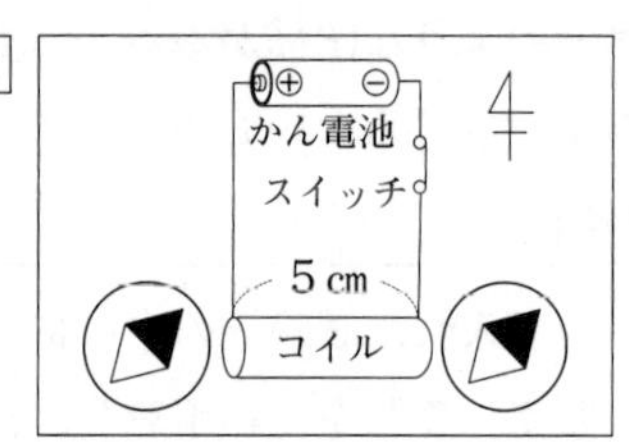

2　じろうさんは、**図3**のようなハンガーに洗たく物を干しました。**図4**は何も干していないハンガーを横から見た様子を簡単に表したものです。中心を0として、同じ間かくで1～8まで左右に番号をつけています。**図5**のように左側の6の位置にぬれたシャツを干し、右側の8の位置に重さが300 gのぬれたタオルを干すと、ハンガーは水平になりました。しばらくすると洗たく物がかわき、ハンガーがかたむいていたので、**図6**のようにシャツを左側の5の位置に移動させると、ハンガーは水平になりました。このときのかわいたタオルの重さは200 gでした。シャツがかわいたときに何 gの水が蒸発したか答えなさい。

図3　**ハンガー**

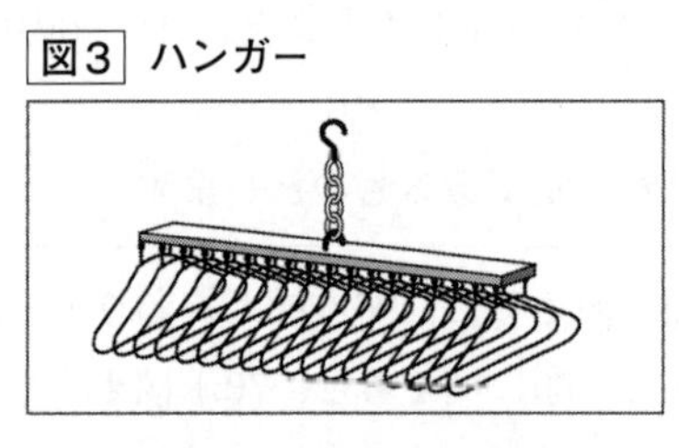

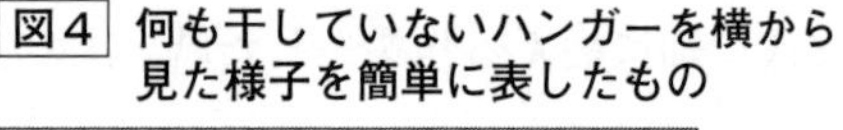

図4　**何も干していないハンガーを横から見た様子を簡単に表したもの**

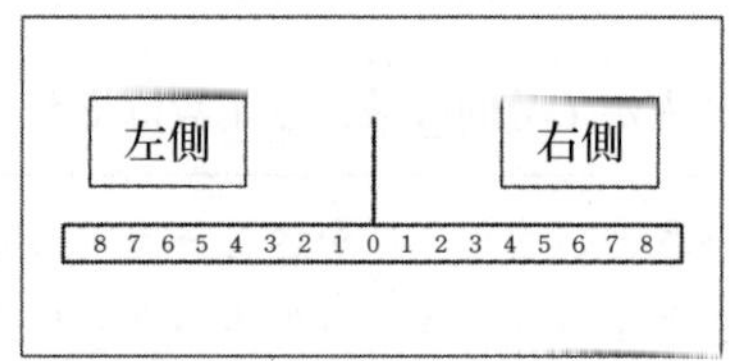

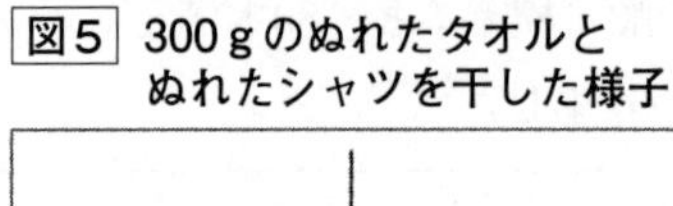

図5　**300 gのぬれたタオルとぬれたシャツを干した様子**

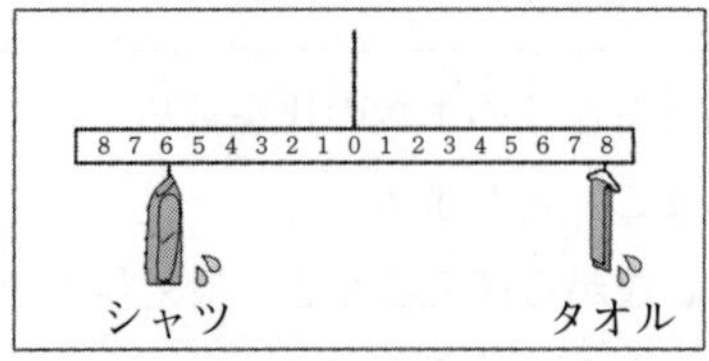

図6　**200 gのかわいたタオルとかわいたシャツを干した様子**

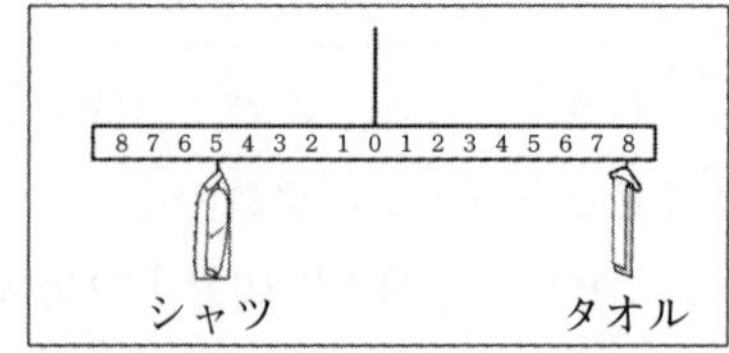

3　洗たく物を干し終えたじろうさんはお母さんと飲み物を飲みながら、休むことにしました。あとの(1)、(2)の問題に答えなさい。

じろうさん　お母さんは、コーヒーに砂糖を入れるの。

お 母 さ ん　私は、入れるよ。昔は温かいコーヒーには[注]角砂糖をよく使ったわ。今は、**ア**<u>ス</u>

ティックシュガーを使うことが多いわね。

じろうさん　冷たいコーヒーにはシロップを使うことが多いね。シロップには、砂糖と比べて、よりあま味を感じる種類の糖分（とうぶん）が入っているらしいよ。

お母さん　そうね。そしてシロップにはイ糖分がたくさん入っているから入れすぎには注意が必要よ。

［注］角砂糖とは、砂糖を立方体状に固めた物

(1)　下線部ア「スティックシュガーを使うことが多い」とあります。じろうさんは、その理由を「角砂糖よりスティックシュガーの方が速くとけるから」と予想して、それを確かめるための実験を考えました。実験として、ふさわしいと考えられるものを次の**あ**～**か**から**2つ**選び、記号で答えなさい。

ただし、実験で使用する角砂糖とスティックシュガーの成分は同一のものとします。

あ　20℃の水500mLに３ｇの角砂糖を２個加え、放置する。

い　20℃の水250mLに３ｇのスティックシュガーを２本加え、スプーンで混ぜる。

う　70℃の水250mLに３ｇの角砂糖を１個加え、放置する。

え　20℃の水250mLに３ｇのスティックシュガーを１本加え、スプーンで混ぜる。

お　70℃の水250mLに３ｇのスティックシュガーを１本加え、放置する。

か　70℃の水250mLに３ｇの角砂糖を１個加え、スプーンで混ぜる。

(2)　下線部イ「糖分がたくさん入っている」とあります。お母さんは温かいコーヒーに１本３ｇのスティックシュガーを、じろうさんは冷たいコーヒーに１個11ｇのシロップを入れて飲みました。なお、**図７**は、じろうさんが使ったシロップ１個あたりの成分量の割合（わりあい）を示したグラフです。

じろうさんが使ったシロップ１個には、お母さんが使ったスティックシュガー１本の何倍の量の糖分が入っているか答えなさい。

ただし、お母さんが使ったスティックシュガーには、糖分である砂糖以外の成分は入っていないものとし、答えは小数第二位を四捨五入（ししゃごにゅう）して、小数第一位まで表すこととします。

図７　**じろうさんが使ったシロップ１個あたりの成分量の割合**

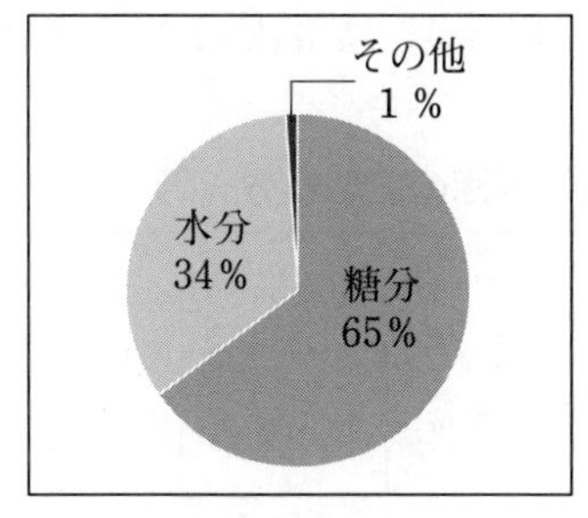

③　すすむさんとお父さんは来週行くキャンプについて話をしています。

次の**１**～**３**の問題に答えなさい。

すすむさん　来週のキャンプ楽しみだね。

お父さん　ア午後１時丁度にキャンプ場に着きたいな。

すすむさん　うん。そのキャンプ場では何ができるの。

お父さん　このキャンプ場ではイドラムかんのふろに入る体験ができるんだ。そのドラムかんに人が入ってもあふれない量の水を入れるよ。

すすむさん　大変そうだけどがんばってみるよ。
お 父 さ ん　たのんだよ。それとウキャンプ場にテントを張るよ。

1　下線部ア「午後１時丁度にキャンプ場に着きたい」とあります。家からキャンプ場までは車と徒歩で移動します。キャンプ場までは52㎞の道のりがあり、最後の２㎞は徒歩です。車は時速40㎞、徒歩は時速４㎞で移動すると考えると、午後１時丁度に着くには家を何時何分に出発するとよいか答えなさい。

2　下線部イ「ドラムかんのふろ」とあります。あとの⑴、⑵の問題に答えなさい。

⑴　お父さんが、かたまでふろに入ったとき、あふれないように水を入れます。**図１**のようにドラムかんは直径60㎝で高さが90㎝の円柱です。また、ふろの底に設置しているやけど防止の板は、縦（たて）40㎝、横40㎝、高さ２㎝の直方体です。お父さんのかたまでの体積が70Lとすると、水は最大何L入れることができるか答えなさい。

ただし、水面は円柱の高さをこえないものとし、円周率は3.14とします。

⑵　⑴で求めた水の体積とやけど防止の板の体積の合計は、ドラムかんの容積の何％になるか答えなさい。答えは小数第二位を四捨五入（ししゃごにゅう）して、小数第一位まで表すこととします。

図１　**ドラムかんのふろ**

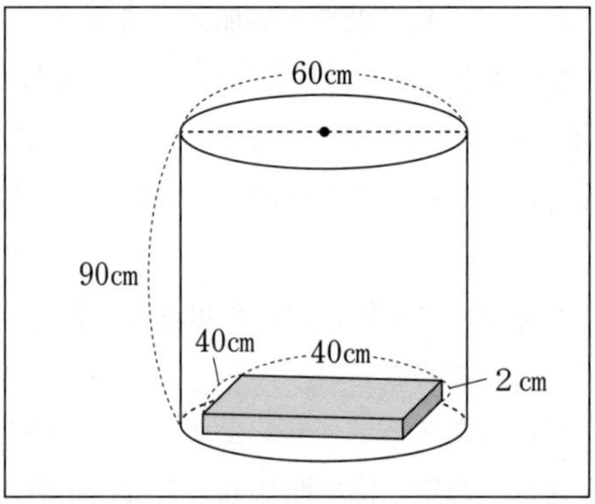

3　下線部ウ「キャンプ場にテントを張る」とあります。キャンプ場は**図２**のようにＡ区画（縦２ｍ、横３ｍ）、Ｂ区画（縦４ｍ、横５ｍ）、通路（はば１ｍ）で区切られています。あとの⑴、⑵の問題に答えなさい。

図２　**キャンプ場の区画と区画の区切り方**

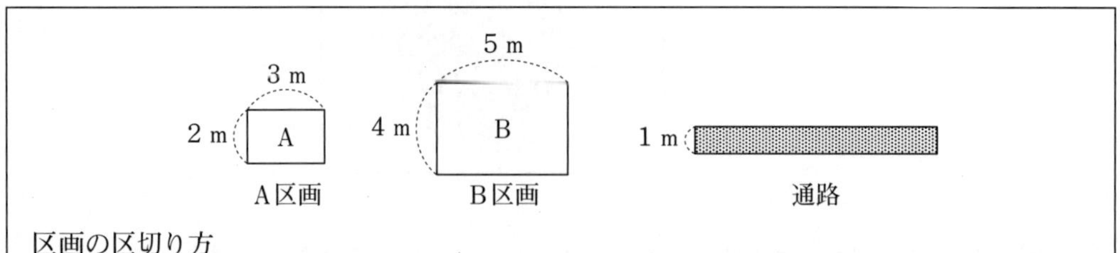

区画の区切り方

(Ⅰ)　南北方向はＡ区画、通路、Ｂ区画、通路、Ａ区画、…の順をくり返して区切る。

(Ⅱ)　東西方向はＡ区画、Ｂ区画をそれぞれ横につなげていき、縦の区切りがそろったところを通路で区切る。

⑴　一辺が15ｍの正方形の区画を**図２**の区切り方で切ると**図３**のようになります。このとき、**図３**全体のＡ区画の面積、Ｂ区画の面積、通路の面積の比を求め、答えなさい。

ただし、答えはできるだけ小さい整数の比で答えることとします。

(2)　キャンプ場は**図４**のように一辺が255ｍの正方形です。この区画を**図２**の区切り方で区切ったとき、縦(南北)と横(東西)の通路はそれぞれ何本か答えなさい。

図３　一辺が15ｍの正方形の区画

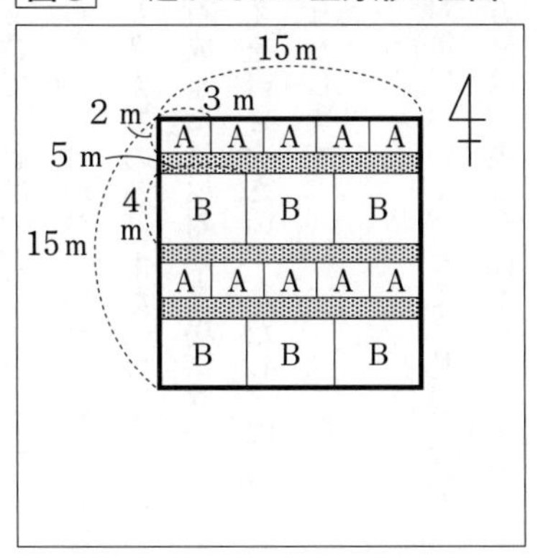

図４　一辺が255ｍの正方形の区画

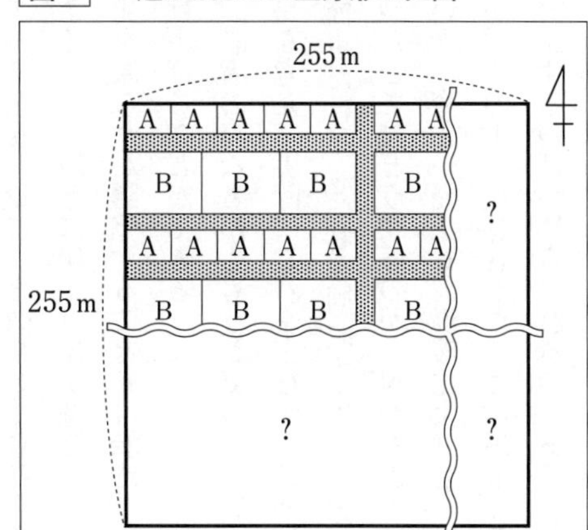

〈作文〉　―40分―

検査問題

次の文章は、伊勢武史さんの「２０５０年の地球を予測する」の一節です。この文章で筆者は、「ジオエンジニアリングの実施には慎重にならなければならない」と述べていますが、なぜ筆者は「慎重にならなければならない」と考えるのか。また、「ジオエンジニアリング」という考え方に対して、賛成または反対の立場に立ったうえで、その理由をあげながらあなたの考えを書きなさい。ただし、四百字以上五百字以内で、三段落構成で書くこととします。

温暖化対策について、とても乱暴な話をしてみよう。地球温暖化を止める簡単な方法は、実は存在する。ロケットを飛ばして、地球を取り巻く宇宙空間にアルミ箔を大量にまき散らしたらどうなるか。アルミ箔は太陽光線を反射するので、地球に届く日光が減る。アルミ箔の量によって、どのくらい日光を減らすか調整することも可能だ。この手法を使えば、気温を好きなだけ下げることができる。

しかし、読者のみなさんももうお気づきと思う。これは〈注〉荒唐無稽な話であり、安易な考えで実際にこれを実行することはないはず。アルミ箔をまくことは簡単だけど、それを回収することはできるのか。想定以上に気温が下がったときにどうするのか。狙ったように気温が下がったとしても、予期していない変化が発生し、温暖化よりももっと深刻な問題が発生しないだろうか。このような懸念がたくさん出てくるから、おもしろい発想でもそれを実施するのはためらわれるのである。ただ、このような考え方を学ぶのは有意義だと思う。地球温暖化を止める方法として提唱されているものには複数あり、それぞれのメリット・デメリットを理解することで対策が立てやすくなる。

ちなみに、科学技術を使って地球を「改造」してしまおうという考え方を**ジオエンジニアリング**という。宇宙空間にアルミ箔をまくのもそのひとつ。それ以外にも、工場の煙突の排気ガスから二酸化炭素を効率的に取り出し、それを地中深くに埋めてしまおう、という考え方もある。これを炭素回収・貯留(carbon capture and storage, ＣＣＳと略す)という。もしもＣＣＳが実現すれば、地球温暖化を気にせずにガンガン化石燃料を燃やすことが可能になる(化石燃料の〈注〉枯渇は、また別の大事な問題だけど)。さらにいえば、大気中から二酸化炭素を効率的に吸収できるようになれば、人間活動で排出する以上の二酸化炭素を吸収することまで可能かもしれない。これが実現したら、大気中の二酸化炭素濃度を人間がコントロールできるようになる。ただし、地中に二酸化炭素を埋めることについての不安はつきまとう。もしも、地震などの影響で二酸化炭素が漏れ出したらどうなる？　回収しきれない大量の二酸化炭素が一気に排出され、地球や人類は壊滅的な打撃を受けるかもしれない。あるいは、地中に何かを埋めるという行為自体が、地盤を不安定化させ地震を誘発するかもしれない。このようなわけで、期待の持てる考え方ではあるけれど、ジオエンジニアリングの実施には慎重にならなければならない。

(伊勢武史『２０５０年の地球を予測する　科学でわかる環境の未来』〈ちくまプリマー新書〉より)

〈注〉荒唐無稽…根拠がなく、現実味が感じられないこと。

〈注〉枯渇…物がかれて、つきてなくなること。

秋田県立秋田南高等学校中等部
秋田県立大館国際情報学院中学校
秋田県立横手清陵学院中学校

（編集部注：掲載にあたりレイアウトなどの一部改変を行っています。）

※適性検査は県共通、作文は学校独自の問題となっています。

〈適性検査〉　—50分—

1、2　放送による問題（省略）

3　次の文章を読んで、あとの(1)～(5)の問いに答えなさい。

農家の子である「ぼく」は、父を手伝うため、谷間にある田んぼへ出かけた。
作業が終わり、片付けを始めた時、「ぼく」は、農道の草むらで、脱皮（だっぴ）の途中で動かなくなっているセミの幼（よう）虫を見つけた。

ブルドーザーでおしだされた土砂（どしゃ）は、林の斜面（しゃめん）をすべり落ち、下の農道にもはみだしていた。

「かわいそうになあ。上に土をかぶせられて、穴（あな）から出ようとしたら、予想以上に時間がかかったんだ。やっとぬけだしたときは、脱皮が始まり、木にのぼるよゆうもなかったんだろう。ぐずぐずして、アリにみつかると、寄（よ）ってたかって食われちゃうからな」

「さっきから、ずっと動かないよ。死んじゃったのかな」

「そうじゃない。脱皮してすぐは、足がやわらかくて、つかまる力がないんだよ。体液（たいえき）が足にまわって、固くなるのを、ああやってじっと待ってるんだ」

とうさんは、いっしょに観察するつもりなのか、ぼくの横にすわった。

やがて、セミは動きだし、あおむけになっていた体をおこした。

固くなった足で、カラにつかまると、こんどはゆっくり、胴体（どうたい）をぬきだしにかかる。

「昔にくらべりゃ、セミも少なくなったなあ。カエルやアメンボも、さがして、やっとみつかるぐらいだしな。この田んぼにも、ホタルが飛んでたことがあるんだぞ」

「ほんと？　それは見たかったな」

「冬のあいだに固まった土を、春先に、トラクターで耕（たがや）すと、地面の中にいる虫が外へ出てくるだろ。ムクドリやスズメは大さわぎして、耕すそばから、うしろへくっついてきたもんだ。いまじゃ、それも数えるほどになっちまった」

めずらしく、たくさんしゃべったとうさんは、シロツメクサの上にねころんだ。

だれに教わるわけでもなく、セミは自力で、成虫に変身していく。

そのようすを見まもるうちに、ぼくは、不思議な感覚にとらわれた。

いままでは、考えたこともなかったが、毎年、何百何千というセミが、こんなふうに、家の近くで脱皮していたにちがいない。

そのセミが、次つぎに飛び立っていくようすを思いうかべると、勇気があり、なにも人間だけがえらいわけではないような気がしてくる。

この世界には、まだまだたくさん、ぼくの知らないことがかくされていて、見ようとすれば、とびらを開けてくれる――そう思うとうれしくなり、周りの景色が、急に広がったような気がした。

（浅野竜『シャンシャン、夏だより』講談社による）

⑴　おこした　を漢字で書きなさい。

⑵　ああやってじっと待ってるんだ　とあるが、これはセミのどのような様子を指しているか。「～様子」につながるように、本文中から**7字**でぬき出しなさい。

⑶　いまじゃ、それも数えるほどになっちまった　という「とうさん」の話しぶりから、どのような気持ちが読み取れるか、書きなさい。

⑷　不思議な感覚にとらわれた　のはなぜか。最もふさわしいものを、次の**ア**～**エ**から１つ選んで記号を書きなさい。

ア　ムクドリやスズメが人間に負けないようおたがいに協力し合っているのを、自分が今まで知らなかったことに気づいたから。

イ　林や農道などのふるさとの自然が人間によってこわされているのを、自分が今まで知らなかったことに気づいたから。

ウ　これまで自分を育ててくれた父に対して尊敬の念をもっているのを、自分が今まで知らなかったことに気づいたから。

エ　家の近くで毎年たくさんのセミが自力で成虫に変身し飛び立っているのを、自分が今まで知らなかったことに気づいたから。

⑸　見ようとすれば、とびらを開けてくれる　とはどういうことか、書きなさい。

4　ゆいさんとだいちさんは、社会科の授業に関係する資料を集めました。次の⑴、⑵の問いに答えなさい。

⑴　次は、ゆいさんが「国民主権と天皇」について集めた資料です。

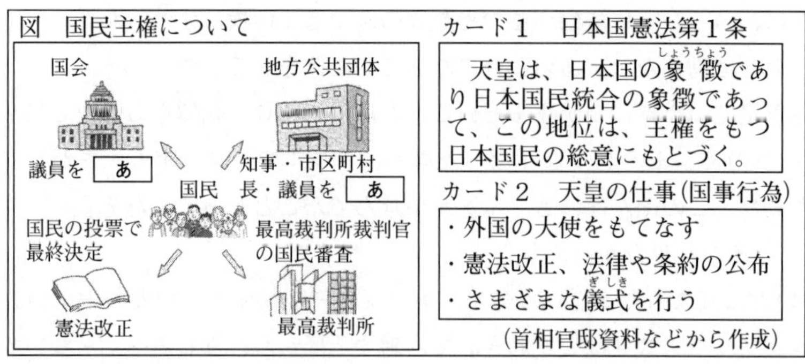

（首相官邸資料などから作成）

①　ゆいさんがまとめた文章中の［　あ　］にはあてはまる言葉を、［　い　］にはあてはまる**数字**をそれぞれ書きなさい。ただし、図の［　あ　］には同じ言葉が入ります。

> **まとめ**
> 憲法では、政治を進める主権は国民にあるとされ、代表者は［　あ　］で選ばれます。国会議員は、［　い　］歳以上の国民によって選ばれます。天皇は「日本国の象徴」として、憲法で定められた仕事のみを行うとされています。

②　ゆいさんは、昔の天皇も調べようと思い、新たにカード３を資料としました。カード３に

示したことを行った天皇の名前を書きなさい。

カード３　奈良時代のある天皇が行ったこと

・人々の不安をしずめるために全国に国分寺を建てることを命令した
・東大寺に大仏を作るよう全国に命令し、行基（ぎょうき）の協力を得た
・正しい仏教を日本に広めるために中国に使いを送り鑑真（がんじん）を招いた

③　ゆいさんが、カード２、３から新たに気づいたことをまとめた文章中の［　う　］に入る適切な内容を、次の言葉を使って書きなさい。〔**政治**　　**権限**〕

まとめ
　現在の天皇は、奈良時代の天皇とはちがい、憲法に定められた仕事を行うのみで［　う　］ことがわかります。

(2)　次は、だいちさんが「日本の工業と貿易・運輸」について集めた資料です。

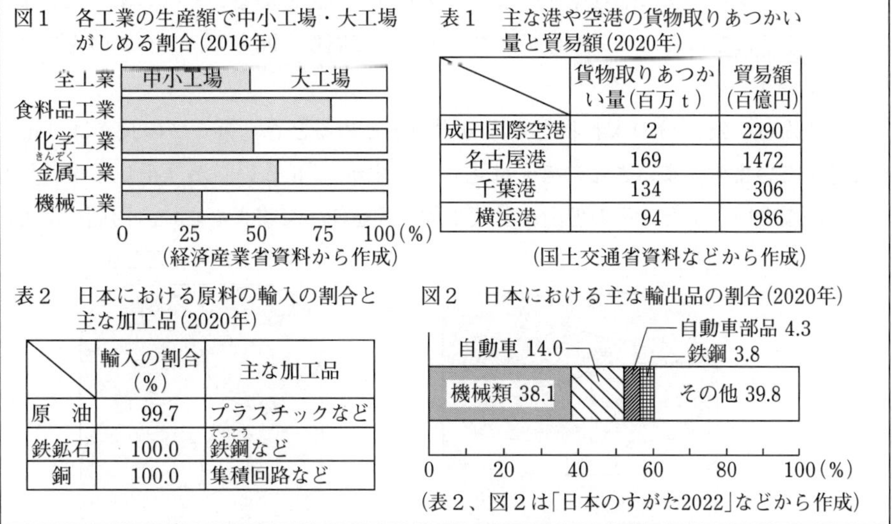

表１　主な港や空港の貨物取りあつかい量と貿易額（2020年）

	貨物取りあつかい量（百万ｔ）	貿易額（百億円）
成田国際空港	2	2290
名古屋港	169	1472
千葉港	134	306
横浜港	94	986

（国土交通省資料などから作成）

表２　日本における原料の輸入の割合と主な加工品（2020年）

	輸入の割合（%）	主な加工品
原　油	99.7	プラスチックなど
鉄鉱石	100.0	鉄鋼（てっこう）など
銅	100.0	集積回路など

①　だいちさんは、図１を読みとり、次のようにまとめました。［　え　］にあてはまる工業名を、図１から１つ選んで書きなさい。

　全工業で見ると中小工場と大工場の生産額の割合はあまり変わりませんが、［　え　］と金属工業では中小工場の生産額の割合が大きいことがわかります。

②　だいちさんは、表１から読みとれることに興味をもち、輸入品について調べました。成田国際空港の主な輸入品として最もふさわしいものを、次の**ア**～**エ**から１つ選んで記号を書きなさい。

ア　原油　　**イ**　自動車　　**ウ**　鉄鋼　　**エ**　医薬品

③　だいちさんは、日本の工業にとって貿易が大切な理由を、表２と図２をもとに、次のようにまとめました。［　お　］に入る適切な内容を書きなさい。

　日本は、輸出品の中心である工業製品を生産するために必要な［　お　］ことがわかりました。貿易は、日本の工業にとって大切なものだと思いました。

5　まいさんたち6年生28人は、卒業記念パーティーの準備をしています。次の(1)〜(3)の問いに答えなさい。

(1)　まいさんは、胸(むね)につける花かざりを作る担当になりました。花かざりを1個作るのに1.3mのリボンを使います。学校にあるリボンを40m使って、花かざりを28個作ると、リボンは何mあまりますか。求める式と答えを書きなさい。

(2)　卒業記念パーティー用のクッキーを作ります。準備した材料は、小麦粉が2100g、砂糖(さとう)が700g、バターが1200g、たまごが20個です。クッキー20個を作るのに必要な材料を調べると右のとおりでした。準備した材料を使って、できるだけたくさんクッキーを作るとすると、クッキーは何個作ることができますか。求め方を言葉や数、式を使って書きなさい。また、答えも書きなさい。

クッキー20個分の材料
小麦粉…140g
砂糖　…50g
バター…80g
たまご…1個

(3)　直径6cmの円柱の入れ物にクッキー1人分を入れ、その入れ物を28人分用意します。まいさんたちは、グループに配りやすいように4人分ずつまとめることにしました。まとめるときは、図のようにぴったりくっつけて並(なら)べ、テープで周りを囲んで、テープの先の3cmを重ねてとめます。

まいさんは、28人分の入れ物を4人分ずつまとめるとき、テープの長さは3mあれば足りると考えています。まいさんの考えは正しいですか。「正しい」か「正しくない」かのどちらかを選びなさい。また、その理由を言葉や数、式を使って書きなさい。円周率は3.14とします。

図

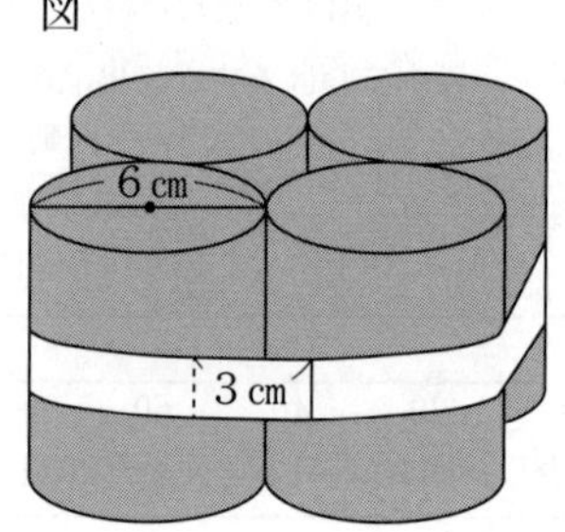

図を上から見たとき

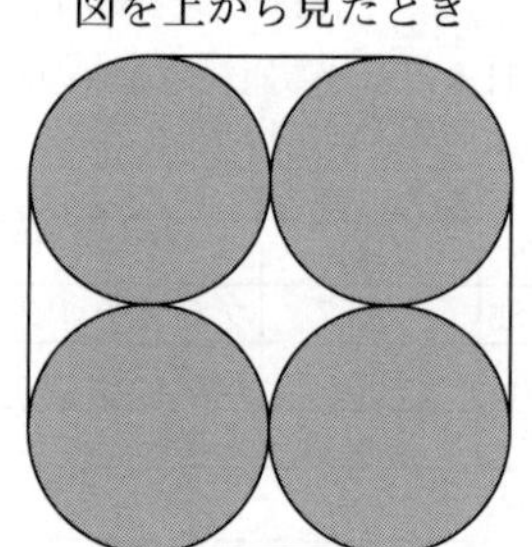

6　あいさんとけんさんは、秋田県内で行われた、学校の自然体験学習に参加しています。次の文は、夕食の準備をしているときの会話です。あとの(1)〜(4)の問いに答えなさい。

あい：今日は、一日中天気がよかったから、夕食後の星空観察が楽しみだね。

けん：うん。後で観察カードを準備しよう。

あい：あっ、そこに$_A$ショウリョウバッタがいるよ。

けん：今日は、トンボ、カブトムシ、チョウ、クモとか、たくさん見たよね。

あい：そうだね。ところで、さっきから火のついたまきをうちわであおいでいるけど、どうしてなの。学校で$_B$ろうそくが燃える前と後の空気を調べたことと関係があるの。

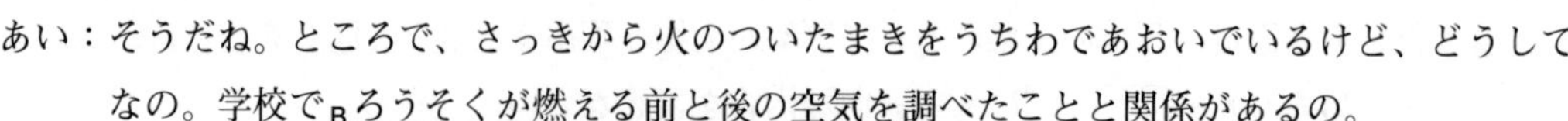

けん：そうだよ。あのときはろうそくの火が消えたよね。まきもそのままだと燃えにくくなってくるから、$_C$よく燃えるようにまきをあおぐんだよ。

⑴　下線部**A**のショウリョウバッタのあしを、あしがある部分と本数に気をつけてかき入れなさい。

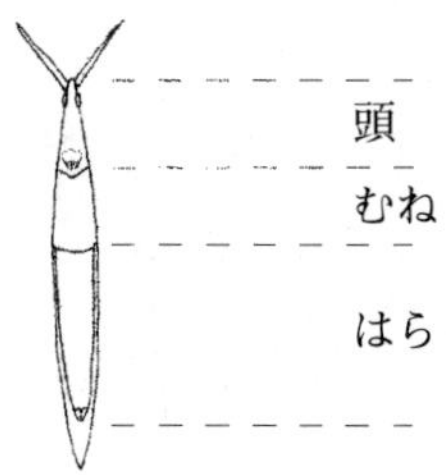

⑵　昆虫の中で、たまご→幼虫→さなぎ→成虫と成長するものは、次の**ア**～**エ**のうちどれですか。**すべて**選んで記号を書きなさい。

ア　トンボ　　**イ**　カブトムシ　　**ウ**　チョウ　　**エ**　クモ

⑶　あいさんは、下線部**B**と下線部**C**について考えています。

①　次の表は、下線部**B**の実験の結果です。

集気びんにふたをし、中の酸素と二酸化炭素の体積の割合を気体検知管で調べた。
次に火のついたろうそくを集気びんの中に入れてふたをし、火が消えたところで、再び集気びんの中のそれぞれの体積の割合を調べた。そして、結果を表にまとめた。

表

	酸素	二酸化炭素
ろうそくが燃える前の空気	21%	0.06%
ろうそくが燃えた後の空気	16%	4%

実験の結果から、ろうそくが燃える前と後で空気の成分はどのように変化したと言えますか。次の文が正しくなるように、[　X　]と[　Z　]には気体名を、[　Y　]には［一部、全部］のどちらかを書きなさい。

ろうそくが燃えると、空気中の[　X　]が[　Y　]使われて、[　Z　]ができる。

②　下線部**C**の理由を次の言葉を使って書きなさい。〔**空気**〕

⑷　星空観察では、星座の形と位置を観察カードに記録します。

①　星座の位置がどのように変わるか調べるためには、カードに何を記録する必要がありますか。次の**ア**～**エ**から**すべて**選んで記号を書きなさい。

ア　方位　　**イ**　月日・時刻　　**ウ**　気温　　**エ**　目印にする建物

②　次の図は午後８時のさそり座を表しています。この後、さそり座はどの向きに動きますか。図の**ア**～**エ**から１つ選んで記号を書きなさい。

図　午後８時のさそり座

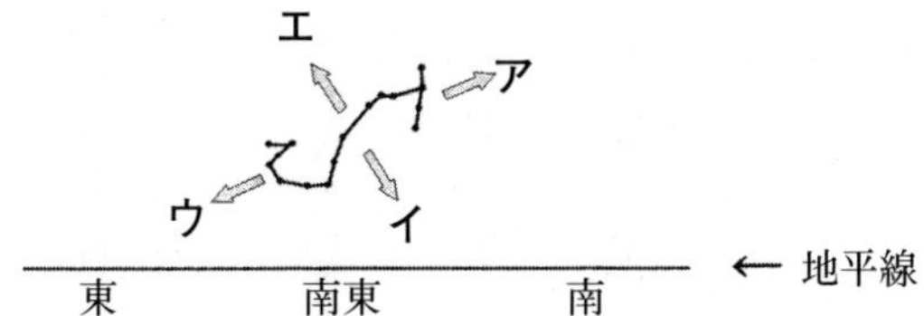

〈秋田県立秋田南高等学校中等部　作文〉　―45分―

◆　情報を得る時にインターネットを利用する長所と短所は何ですか。また それを踏まえ、あなたは今後どのようにインターネットを使っていきたいですか。次の条件①～⑤にしたがって書きなさい。

〈条件〉

① 情報を得る時にインターネットを利用する長所と短所については、あなたが経験したことを挙げながら具体的に書くこと。
② 今後どのように使っていきたいかについては、あなたが挙げた長所や短所と関連させて書くこと。
③ 内容のまとまりごとに段落を分けること。
④ 文章は、一行二十字の原稿用紙に二十行以上、二十五行以内で書くこと。
⑤ 原稿用紙には題名を書かないで本文から書き始めること。

〈秋田県立大館国際情報学院中学校　作文〉　―45分―

◆　小学校六年生の時の総合的な学習の時間で、あなたはどのような体験や学習をしましたか。また、その中であなたが新たに身に付けたこと、または考えたことは何ですか。次の条件①～⑤にしたがって書きなさい。

※　総合的な学習の時間は、学校によっては〈○○タイム〉〈○○学習〉〈総合〉のように名前を付けていることがあります。

〈条件〉

① 自分の体験や学習を通して具体的に書くこと。
② 新たに身に付けたこと、または考えたことを書くこと。
③ 内容のまとまりごとに段落を分けること。
④ 文章は、一行二十字の原稿用紙に二十行以上、二十五行以内で書くこと。
⑤ 原稿用紙には題名を書かないで本文から書き始めること。

〈秋田県立横手清陵学院中学校　作文〉　―45分―

◆　あなたは、中学校生活で友達とおたがいに成長していくために、どのようなことを大切にしていきたいですか。次の条件①～⑤にしたがって書きなさい。

〈条件〉

① 学習活動、係活動、委員会活動、学校行事、放課後の活動（習い事やスポーツ少年団の活動など）を通して、これまで自分が努力した経験を書くこと。
② ①をもとにして、これから大切にしていきたいことを書くこと。
③ 内容のまとまりごとに段落を分けること。
④ 文章は、一行二十字の原稿用紙に二十行以上、二十五行以内で書くこと。
⑤ 原稿用紙には題名を書かないで本文から書き始めること。

山形県立致道館中学校
山形県立東桜学館中学校

（編集部注：掲載にあたりレイアウトなどの一部改変を行っています。）

〈適性検査〉　　—55分—

1　千広さんのクラスでは、外国の小学生との交流をきっかけとして、自分の学校のみりょくを発信することにしました。あとの**1**～**5**の問いに答えましょう

1　放送による問題（省略）

2　ジェシカさんの学校の様子を知った千広さんは、自分の学校のみりょくを学校のホームページでしょうかいするため、総合的な学習の時間に動画を作成することにしました。

千広さんは、しょうかいしたい場所を一つと、その理由について全校生480人にアンケートをとりました。次の**グラフ**は、しょうかいしたい場所の結果をまとめたものです。

グラフ

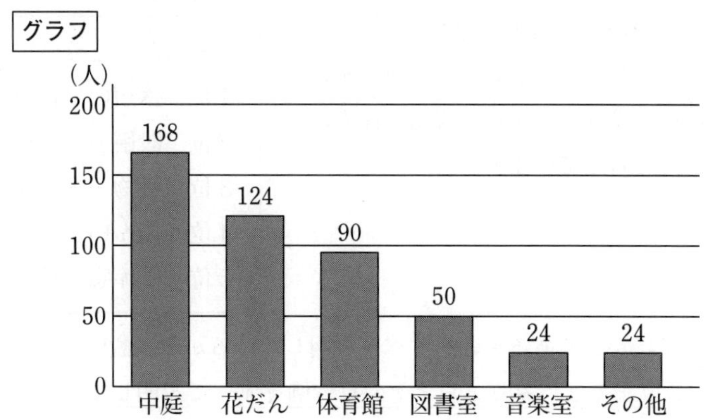

「中庭」と答えた児童数の割合は、全校生の何％ですか、書きましょう。

3　中庭でさつえいの準備をしている千広さんは、池の中の様子を見て、同じクラスの友希さんと会話をしています。

千広さん：メダカが気持ちよさそうに泳いでいるね。

友希さん：確かもっといたはずだったのに。見つけられないなあ。

千広さん：もしかすると水草の下にいるかもしれないね。水草を取りのぞくといい映像（えいぞう）になりそうだから、取ってみよう。

友希さん：まって。水草には役割（わり）があるって聞いたことがあるよ。水草について調べてみようよ。

千広さんは、タブレットを使って、メダカの飼育における水草の役割を調べました。次は、そのときの**タブレット画面の一部**です。

タブレット画面の一部

> 1　メダカがたまごを産みつける場所になる。
>
> 2　①メダカが呼吸したときに出す(　**A**　)を取りこんで、(　**B**　)を出す働きがある。

⑴　(　**A**　)、(　**B**　)にあてはまる気体の名前を漢字で書きましょう。

⑵　下線部①について、人とメダカの呼吸の仕方には、それぞれどんな特ちょうがありますか。次の**＜言葉＞**から最も適切な言葉を**二つ**選び、それらを使って説明しましょう。

> **＜言葉＞**
> あたま　肺　せびれ　えら　かん臓

4　千広さんは、アンケートの結果をもとに、中庭のみりょくについて説明する動画を作っています。1回目にさつえいした動画と **説明用のメモ** を見直しながら、説明の仕方について友希さんと考えています。

説明用のメモ

> 中庭のみりょく
> 1位　水辺の生物…(例)メダカ、カメ
> 2位　設備…(例)ベンチ、ふん水
> 3位　植物…(例)サクラ、フジ
> 4位　ふんいき…(例)静か、水の音
> 5位　季節感…(例)四季の変化

千広さん：メモにかいてあるものをすべて説明しているから、説明が長く感じるね。

友希さん：②3位までは、みりょくとその具体例をすべて説明して、4位からは、具体例を入れないで説明するのはどうだろう。上位三つが強調されると思うよ。

千広さん：そうだね。こう直せばいいのかな。

下線部②をもとに、千広さんは、2回目のさつえいに向けて **説明用のメモ** に手直しを加えました。手直しが加えられたメモとして、最も適切なものを、次の**ア〜エ**の中から一つ選び、記号で書きましょう。ただし、メモにある――の部分は、説明しないことを表します。

ア

> 中庭のみりょく
> 1位　水辺の生物…(例)メダカ、カメ
> 2位　設備…(例)ベンチ、ふん水
> 3位　植物…(例)サクラ、フジ
> ~~4位　ふんいき…(例)静か、水の音~~
> ~~5位　季節感…(例)四季の変化~~

イ

> 中庭のみりょく
> 1位　~~水辺の生物~~…(例)メダカ、カメ
> 2位　~~設備~~…(例)ベンチ、ふん水
> 3位　~~植物~~…(例)サクラ、フジ
> 4位　~~ふんいき~~…(例)静か、水の音
> 5位　~~季節感~~…(例)四季の変化

ウ

中庭のみりょく
1位　水辺の生物…(例)メダカ、カメ
2位　設備…(例)ベンチ、ふん水
3位　植物…(例)サクラ、フジ
4位　ふんいき…~~(例)静か、水の音~~
5位　季節感…~~(例)四季の変化~~

エ

中庭のみりょく
1位　水辺の生物…(例)メダカ、~~カメ~~
2位　設備…(例)ベンチ、~~ふん水~~
3位　植物…(例)サクラ、~~フジ~~
4位　ふんいき…~~(例)静か、水の音~~
5位　季節感…~~(例)四季の変化~~

5　千広さんと友希さんは、中庭のほか、四つの場所の動画もさつえいし、編集しています。

(1)　千広さんは、五つの場所の動画を並(なら)べる順番について、友希さんと話をしています。次は、その内容の一部です。

友希さん：最初は、アンケートで一番多かった中庭にしよう。
千広さん：そうだね。
友希さん：２番目以降(こう)の順番はどうしようかな。
千広さん：花だん、体育館、図書室、音楽室の四つの場所があるから、並べる順番は全部で（ **A** ）通りあるね。
友希さん：最初は中庭で外の動画だったから、２番目は花だん以外の場所にしたいな。
千広さん：そうすると、並べる順番は全部で（ **B** ）通りになるね。

（ **A** ）、（ **B** ）にあてはまる数字をそれぞれ書きましょう。

(2)　千広さんと友希さんは、作成した動画のホームページけいさいにあたり、気をつけなければならないことについて話をしました。動画のけいさいにあたり**適切でない**ものを、次の**ア**～**ウ**の中から一つ選び、記号で書きましょう。

ア　正確な情報をけいさいする。
イ　他人の個人情報について、許可をとらずにけいさいする。
ウ　他人がつくったものを勝手にけいさいしない。

2　菜月さんは、江戸(えど)時代に松尾芭蕉(まつおばしょう)が、俳句(はいく)をよみながら旅をし、「おくのほそ道」という紀行文(文章)をまとめたことを授業で学びました。そこで、菜月さんは、芭蕉が旅した場所などを調べることにしました。あとの**1**～**5**の問いに答えましょう。

1　菜月さんは、松尾芭蕉が訪(おとず)れた場所について、新太さんと話をしました。次は、その内容の一部です。

新太さん：松尾芭蕉は、どこから山形県内に入ったのかな。
菜月さん：調べてみると、今の宮城県の方から尾花沢(おばなざわ)市に来たみたいだよ。
新太さん：そのあとどこに行ったのかな。
菜月さん：尾花沢市のあと、山形市にある①立石寺(りっしゃくじ)(山寺)に向かったようだよ。

(1)　下線部①について、立石寺(山寺)は、歴史上価値(ち)のあるものとして、国の史せき・名勝に指定されています。史せき・名勝の地図記号として正しいものを、次の**ア**～**エ**の中から一つ選び、記号で書きましょう。

(2)　菜月さんの家族は、尾花沢市にある自宅から立石寺(山寺)に車で向かいました。と中で高速道路を23.1km走り、高速道路での平均の速さは時速66kmでした。そして、立石寺(山寺)に着いたときに車のメーターをみると、自宅から立石寺(山寺)までは40.1kmあり、51分間で走行してきたことがわかりました。菜月さんが乗った車は、高速道路以外の道路では、平均すると時速何kmで走りましたか、書きましょう。

2　立石寺(山寺)に着いた菜月さんは、ちゅう車場から根本中堂(本堂)に歩いています。

(1)　菜月さんは、お父さんと山寺のことについて話をしながら歩いています。次は、その内容の一部です。

菜月さん：ずいぶん古いお寺だね。山寺はだれがつくったのかな。

お父さん：慈覚大師という人が、西暦860年につくったみたいだよ。

菜月さん：西暦860年というと、②平安時代だね。

下線部②について、次の **説明** は、平安時代の文化の特ちょうを表したものです。

説明

> 貴族たちが(**A**)と呼ばれる屋しきで生活したり、(**B**)がつくられたりするなど、日本風の文化が生まれた。

(**A**)、(**B**)にあてはまる適切な言葉を、次の**ア**～**カ**の中から選び、それぞれ記号で書きましょう。

ア　金閣　　**イ**　かな文字　　**ウ**　書院造

エ　寝殿造　　**オ**　浮世絵　　**カ**　すみ絵(水ぼく画)

(2)　菜月さんは、歩いていると中で、さまざまなこん虫を見つけました。

お父さん：山寺にも、いろいろなこん虫がいるね。

菜月さん：そうだね。トンボやチョウがいるよ。

お父さん：③トンボとチョウは、成虫になるまでの育ち方がちがうようだね。

下線部③について、次の文は、チョウの育ち方の順序を説明したものです。[　　　]にあてはまる言葉を入れて、文を完成させましょう。

たまごから[　　　　　　　　　　]成虫になる。

3　根本中堂(本堂)にたどり着いた菜月さんは、近くにあった「山寺の大イチョウ」という木を見つけました。

菜月さんは、授業で分度器を使った高さの求め方について学んだことを思い出し、「山寺の大イチョウ」の高さを求めることにしました。

まず、**図1** のように「山寺の大イチョウ」から20mはなれたところに立ち、「山寺の大イチョウ」のてっぺんを見上げ、分度器を使って角度を調べると、55°であることがわかりました。

次に、この結果をもとに、菜月さんは **図2** のような三角形ＡＢＣをノートに作図してみたところ、辺ＢＣの長さは5.7㎝とわかりました。

「山寺の大イチョウ」の実際の高さは何ｍですか、書きましょう。

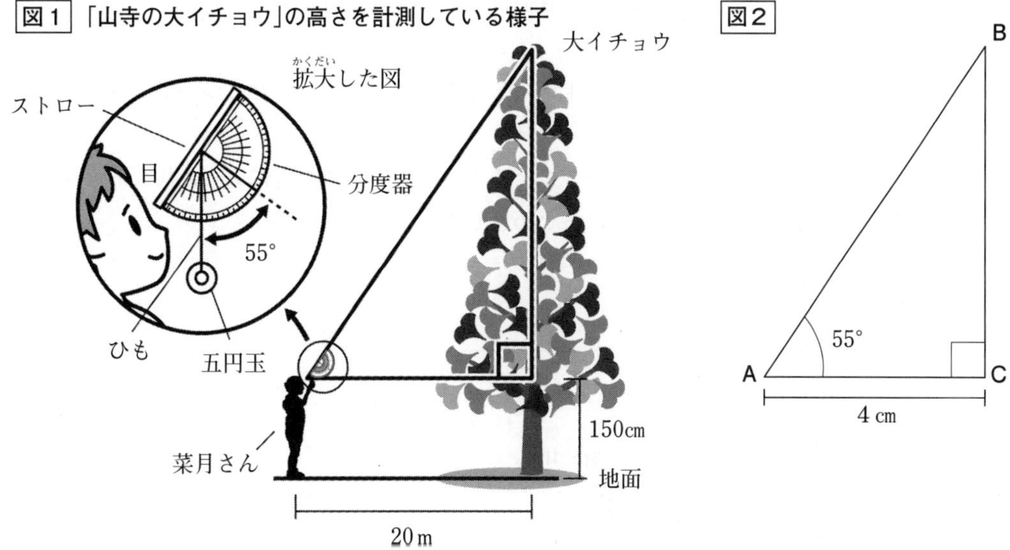

4　菜月さんは、松尾芭蕉も訪れた大石田町に行き、最上川の流れを観察しました。

最上川の川岸の一部には、図３のように、川の片側にコンクリートブロックが置かれています。

これを見ていた菜月さんは、曲がって流れている川の内側と外側では、流れの速さや水の深さ、石の大きさにちがいがあると授業で学んだことを思い出しました。

図３

次の図４は、曲がって流れている川の中の様子を表したものです。Ａ側とＢ側について説明していることについて最も適切なものを、あとのア～エの中から一つ選び、記号で書きましょう。なお、曲がっている川における川の内側と外側とは、それぞれ図５にある側を表します。

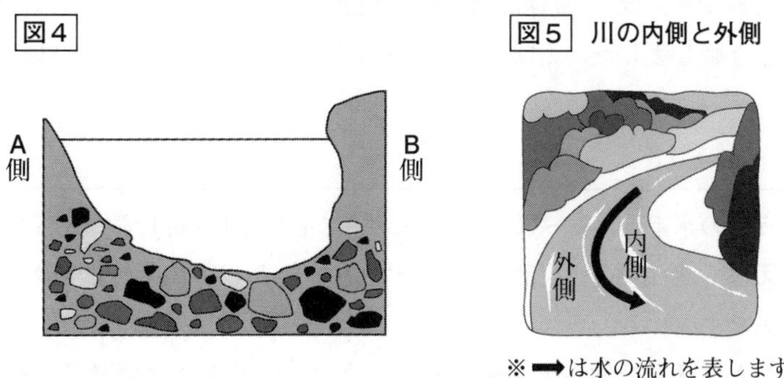

※➡は水の流れを表します。

ア　Ａ側は川の内側で流れがはやく、Ｂ側は川の外側で流れがおそい。

イ　A側は川の内側で流れがおそく、B側は川の外側で流れがはやい。
ウ　A側は川の外側で流れがおそく、B側は川の内側で流れがはやい。
エ　A側は川の外側で流れがはやく、B側は川の内側で流れがおそい。

5　自宅に帰ってきた菜月さんは、最上川のことや、江戸時代のことについて、さらに調べることにしました。

(1)　菜月さんは、最上川の特ちょうをまとめようと思い、教科書にあった代表的な川に最上川を追加し、次の グラフ のようにまとめました。

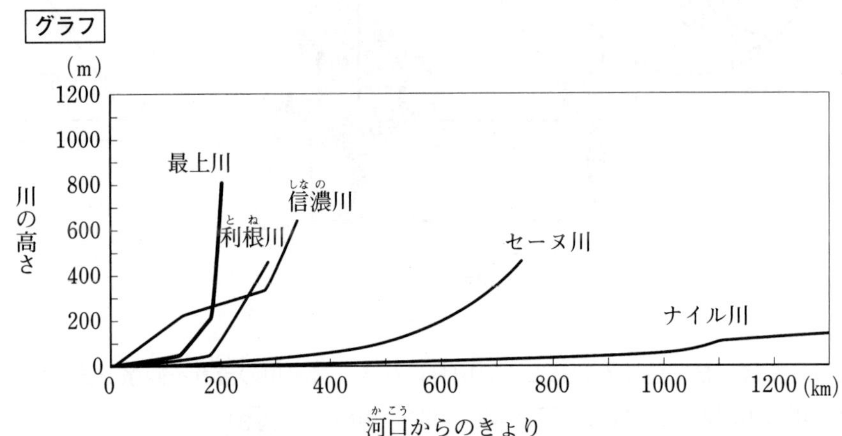

最上川の特ちょうを、 グラフ にある世界や日本の川と比かくしたことをもとにして説明しましょう。

(2)　菜月さんは、松尾芭蕉が「おくのほそ道」に記した場所以外にも、日本各地を旅していることを知り、江戸時代の街道について調べました。当時の街道に関わる説明として最も適切なものを、次のア～エの中から一つ選び、記号で書きましょう。

ア　幕府は街道の重要な場所には関所をおき、人やものの出入りを取りしまった。
イ　各藩の米や特産物は、街道を利用して全て江戸に集められ、そのあと全国に運ばれた。
ウ　参勤交代の制度が定められ、大名は街道を利用して自分の領地と京都を移動した。
エ　五街道の一つである東海道が、江戸から日光までの間に整備された。

3　太郎さんの家族は、ショッピングモールに来ています。あとの1～5の問いに答えましょう。

1　太郎さんとお父さんは、「夏休み自由研究相談会」に行き、水よう液の性質について、次の 問題 にちょう戦しました。太郎さんは、リトマス紙を使った実験の結果を、あとの 表 にまとめました。

問題

無色とう明の水よう液㋐～㋓が、ビーカーにそれぞれ50mLずつ入っています。水よう液㋐～㋓は、「食塩水」「炭酸水」「うすい水酸化ナトリウム水よう液」「うすい塩酸」のいずれかです。

まず、リトマス紙を使って実験をおこなうと、どのような結果になりますか。また、①水よう液をすべて見分けるためには、ほかにどのような実験をおこなえばよいですか。

表

水よう液	㋐	㋑	㋒	㋓
リトマス紙を使った実験の結果	（ A ）	（ B ）	（ C ）	（ D ）
水よう液の正体	炭酸水またはうすい塩酸	食塩水	炭酸水またはうすい塩酸	うすい水酸化ナトリウム水よう液

(1) （ A ）～（ D ）にあてはまるものを、次の**ア**～**ウ**の中からそれぞれ選び、記号で書きましょう。

ア　青色リトマス紙が赤色になった

イ　赤色リトマス紙が青色になった

ウ　変わらない

(2) 下線部①について、リトマス紙を使った実験だけでは、炭酸水なのか、うすい塩酸なのかを見分けることができませんでした。見分けるためには、どのような実験をおこなえばよいですか。見分けるための実験方法を二つ書きましょう。また、実験をおこなったときの、炭酸水とうすい塩酸それぞれの結果を書きましょう。

2　太郎さんの家族は、ショッピングモール内の回転ずし店で食事をしました。

お父さん：そろそろ会計にしようね。

太郎さん：みんなで何皿食べたかなあ。45皿だ。

お母さん：代金は5830円になったよ。

花子さん：１皿100円と、１皿200円のおすしを食べたはずなのに、計算があわないよ。

お父さん：消費税10％分が入っているからだよ。

太郎さんの家族は、１皿100円のすしと、１皿200円のすしを、それぞれ何皿食べましたか、書きましょう。

3　花子さんとお母さんは、ショッピングモール内で開さいされていた「身の回りの生物を知る」イベントに参加し、ドジョウを飼育するときの水そうの水の深さについて、会話をしています。

花子さん：わたしの水そうは、水の深さが少し足りないかな。

お母さん：お母さんの水そうは、水を多く入れすぎたから、分けてあげるよ。

次の**水そうA**と**水そうB**は、花子さんとお母さんが最初に水を入れたときの様子を表しています。

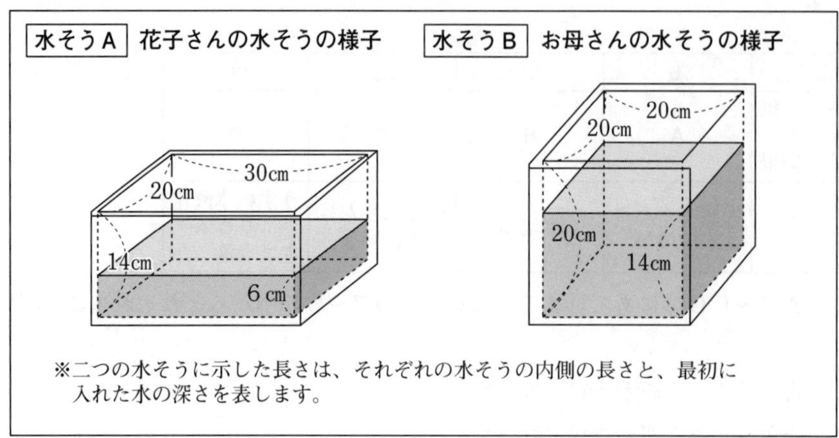

水そうB から 水そうA に水を少しずつ移し、二つの水そうに入っている水の深さが同じになったとき、水の深さは何cmですか、書きましょう。

4　太郎さんとお父さんは、家電製品売り場で、照明について会話をしています。

太郎さん：広い部屋や、１階と２階をつないでいる階段には、②スイッチが二つあって、どちらのスイッチからでも照明をつけたり消したりできて便利だよね。

お父さん：そうだね。他にも、③近くに動くものがあるかないかによって、照明がついたり消えたりするものもあるよ。

太郎さん：どんな仕組みになっているのか店員さんに聞いてみよう。

⑴　太郎さんは、図１の仕組みをもったスイッチのことを、店員さんから教えてもらいました。そして、このスイッチを二つと、豆電球・かん電池を一つずつ使って、下線部②のようになるつなぎ方を考えました。

次の 図２ において、表 の条件をみたすように、かん電池をつなぐ場所として最も適切な場所を、ア～ウの中から一つ選び、記号で書きましょう。

図１

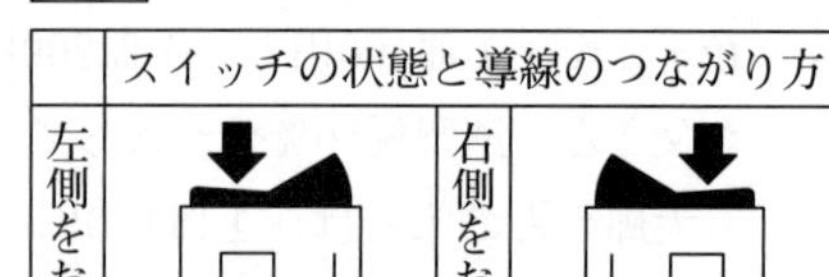

図２

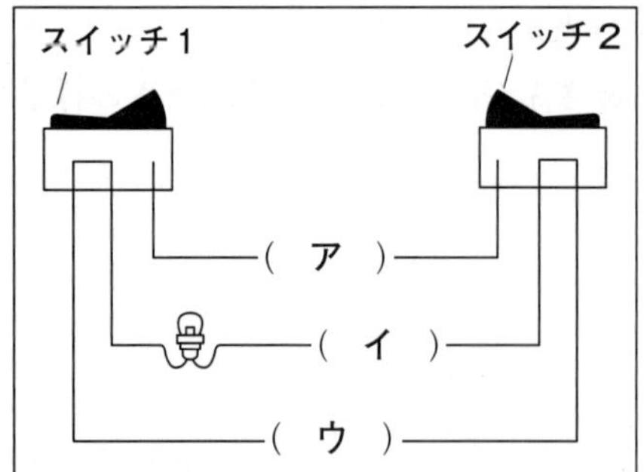

※ (豆電球の図) は豆電球を表します。
※ア～ウでかん電池をつながないところは、導線でつなぐものとします。

表　スイッチの状態と豆電球のつき方

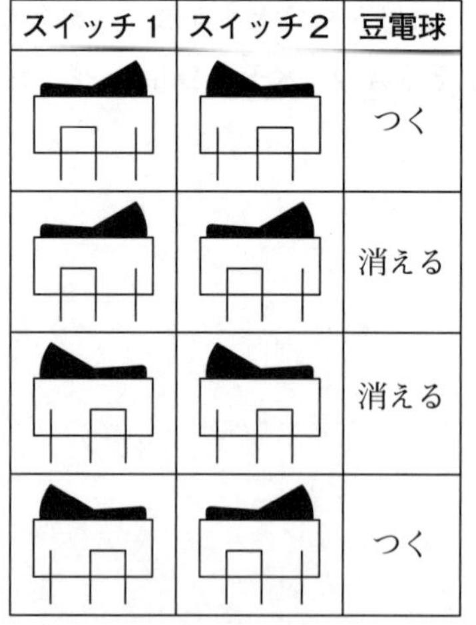

スイッチ１	スイッチ２	豆電球
		つく
		消える
		消える
		つく

⑵　下線部③について、太郎さんは、照明がついたり消えたりするのは、センサーを用いたプログラムが組みこまれているからだと、店員さんから教えてもらいました。

次の**条件**に合うプログラムの流れについて、最も適切なものを、あとの**ア**～**エ**の中から一つ選び、記号で書きましょう。

条件

・３ｍ以内に動くものがある場合は、10秒間照明をつける。
・照明がついてから10秒間待ち、３ｍ以内に動くものがない場合は照明を消す。

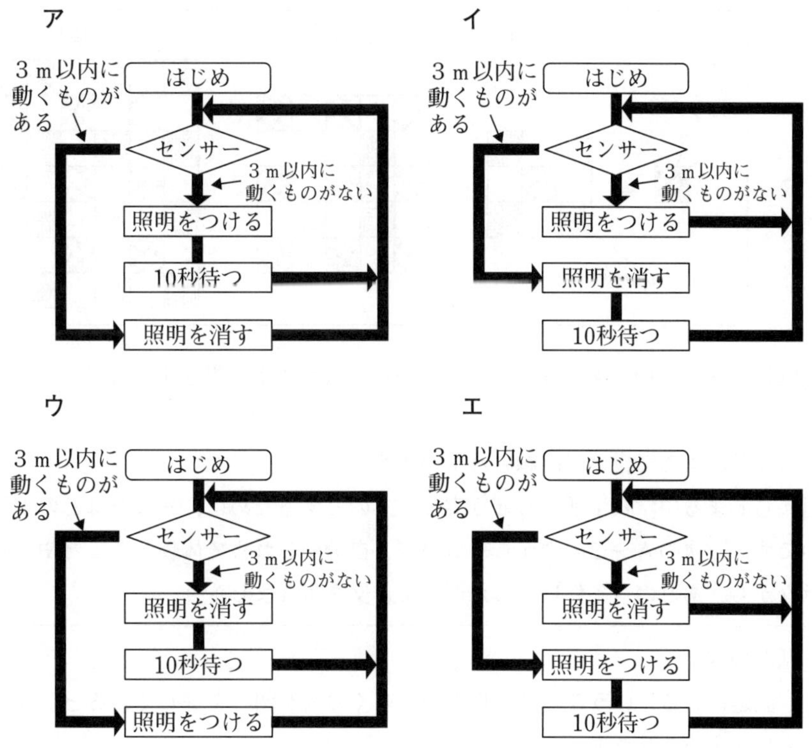

5　太郎さんの家族は、雑貨屋でコップを置くためのコースターを買い、ショッピングモールから外に出ようとしています。

⑴　太郎さんが買ったコースターを真上から見ると、次の**図３**のように、直径12㎝の円の中に、半径が３㎝の半円が四つと、一辺が３㎝の正方形が一つあり、半円と正方形以外の部分が黒くぬられていました。

黒くぬられている部分の面積は何㎠ですか、書きましょう。ただし、円周率は3.14とします。

図３

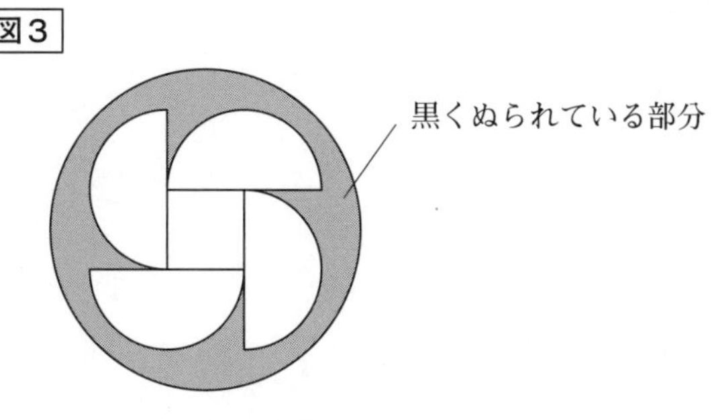

(2)　太郎さんは、帰ると中に、きれいな模様のゆかを見つけ、タイルがあとの 図4 のように並んでいることに気づきました。

お父さん：ゆかがとてもきれいな模様になっているね。赤、青、白の３色のタイルが規則正しく並んでいるよ。

太郎さん：１枚の青のタイルを中心にして、周りを囲むすべてのタイルをみていくと、その中で赤のタイルの枚数は、１周目は４枚、２周目までも４枚、３周目までだと16枚あるね。

図4

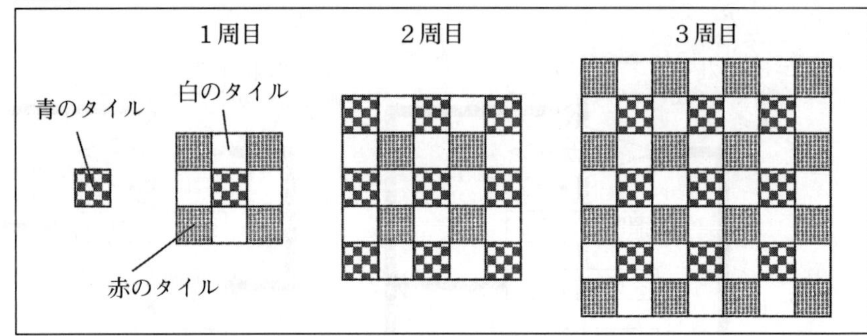

24周目までの中にある赤のタイルは何枚ありますか、書きましょう。

〈作文〉（編集部注：たて書きで出題されています。）　―40分―

◇　四月から始まる中学校生活をじゅう実したものとするために、あなたはどのような本を読んでみたいですか。次のＡ～Ｃの中から一つ選び、自分がこれまで体験したことや見聞きしたこととつなげながら、あとの【条件】にしたがって作文を書きましょう。

Ａ　話題の本
　話題になるということは、世の中の多くの人が関心を寄せているということです。

Ｂ　人にすすめられた本
　だれかがあなたに本をすすめるとき、そこにはあなたへの思いがあります。

Ｃ　ぐう然見つけた本
　ぐう然の出会いが、あなたを新しい世界へと導いてくれます。

【条件】
・選んだ本の記号Ａ～Ｃを書くこと。
・四百字以上、五百字以内で書くこと。
・文章全体を三段落または、四段落で書くこと。

福島県立会津学鳳中学校
福島県立ふたば未来学園中学校

（編集部注：掲載にあたりレイアウトなどの一部改変を行っています。）

〈適性検査１〉　　—60分—

1　総合的な学習の時間の授業をきっかけに、伝統文化について興味をもったまさひろさんは、昔の街なみや建物が多く保存されている会津若松市に、お父さんと行きました。

次の(1)～(3)の問いに答えなさい。

(1)　まさひろさんとお父さんは、会津若松市に着きました。次は、そのときの会話の一部です。

まさひろ：ようやく着いたね。人がたくさんいるけれど、㋐観光客なのかな。

お父さん：そうだね。この辺りには、江戸時代に整備された道が残っていて、㋑参勤交代にも使われていたんだよ。

まさひろ：建物だけではなく、道にも歴史があるんだね。

①、②の問いに答えなさい。

①　まさひろさんは、下線部㋐の数を調べ、**＜資料１＞**を見付けました。**＜資料１＞**について正しく説明している文はどれですか。次の**ア**～**エ**の中から１つ選び、記号でかきなさい。

＜資料１＞福島県の観光客数の推移

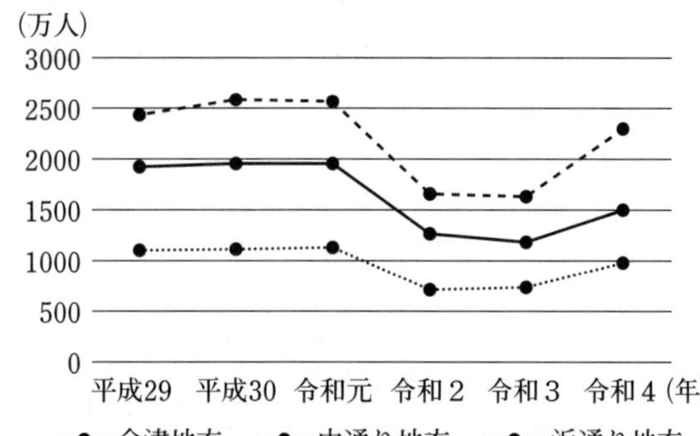

（福島県商工労働部「福島県観光客入込状況令和４年分」により作成）

ア　浜通り地方では、観光客数の最も多い年と少ない年の差が1000万人以上になっている。

イ　３地方合わせた観光客数が最も少ないのは、令和４年である。

ウ　３地方すべてにおいて、令和２年の観光客数よりも令和４年の観光客数の方が多い。

エ　中通り地方では、令和４年の観光客数が令和３年の観光客数の２倍以上になっている。

②　まさひろさんは、下線部㋑について調べ、**＜資料２＞**と**＜資料３＞**を見付けました。下線部㋑は、各藩にとって、どのような制度でしたか。**＜資料２＞**と**＜資料３＞**から分かることにふれ、負担という言葉を使ってかきなさい。

<資料2>参勤交代で江戸に着くまでにかかった日数

…… 参勤交代の道すじ
0 200km
加賀藩 約13日
会津藩 約7日
仙台藩 約10日
佐賀藩 約30日
薩摩藩 約40日
高田
白河
高崎
京都
大阪
名古屋
江戸
川内

(東京書籍「新しい社会6歴史編(令和2年版)」により作成)

<資料3>加賀藩の支出(1840年)

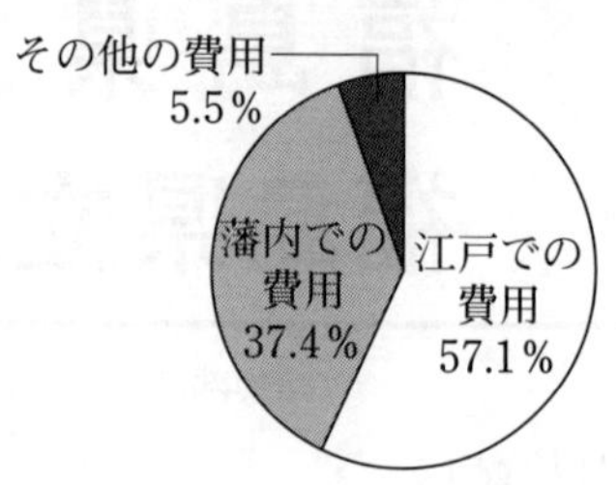

(日本文教出版「小学社会6年(令和2年版)」により作成)

(2) まさひろさんとお父さんは、伝統工芸品のお店に行きました。次は、そのときの会話の一部です。

まさひろ：この㋒会津漆器は木で作られているのだよね。

お父さん：そうだよ。会津漆器だけでなく、福島県の伝統工芸品は、木を使って作られているものが多いんだよ。

まさひろ：そうなんだ。そういえば、ここに来るまでに、㋓森林がたくさんあったね。

お父さん：福島県は、森林の面積が全国で4番目に広いそうだから、林業が盛んなのかもしれないね。

まさひろ：㋔日本の林業について、調べてみようかな。

①〜③の問いに答えなさい。

① まさひろさんは、下線部㋒の歴史について調べ、分かったことを日本の主な出来事と合わせて、**<表>**にまとめています。**ア〜エ**の出来事は、どの順番で起こりましたか。年代の古い順に並べかえて、記号でかきなさい。

<表>

時代	会津漆器の歴史	日本の主な出来事
安土桃山時代	・豊臣秀吉の命を受けた大名が、会津漆器づくりを産業としてすすめる。	**ア** 鎖国が完成する。 **イ** 徳川慶喜が政権を朝廷に返す。 **ウ** 富岡製糸場がつくられる。 **エ** 刀狩令が出される。
江戸時代	・会津藩主が漆の木の保護育成に努める。 ・会津で明治新政府軍と旧江戸幕府軍との戦いがあり、会津漆器は打撃を受ける。	
明治時代	・会津は、日本有数の漆器産地となる。	

② まさひろさんは、下線部㋓について、森林の分布の様子を地図で調べました。樹林を表す地図記号は、次の**ア〜オ**のうちのどれですか。**すべて選び**、記号でかきなさい。

ア 🔆 イ X ウ Y エ Λ オ Q

③ まさひろさんは、下線部㋔に関する**<資料4>**と**<資料5>**を見付け、日本の林業には課題があることに気付きました。その課題とは何ですか。**<資料4>**と**<資料5>**から分かることにふれてかきなさい。

＜資料４＞林業で働く人の数の推移

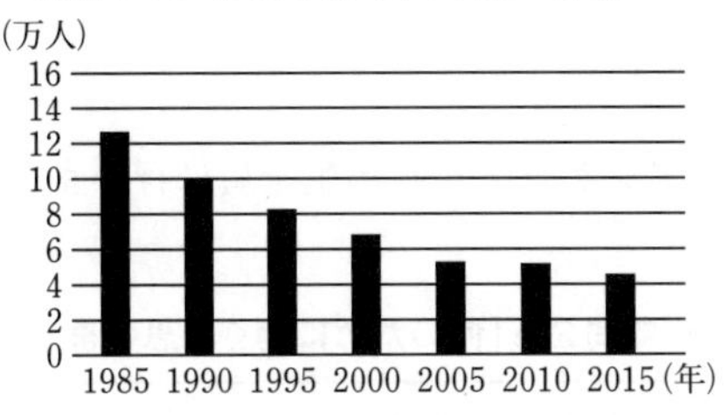

(林野庁「森林・林業白書」により作成)

＜資料５＞森林面積と＊森林蓄積の推移

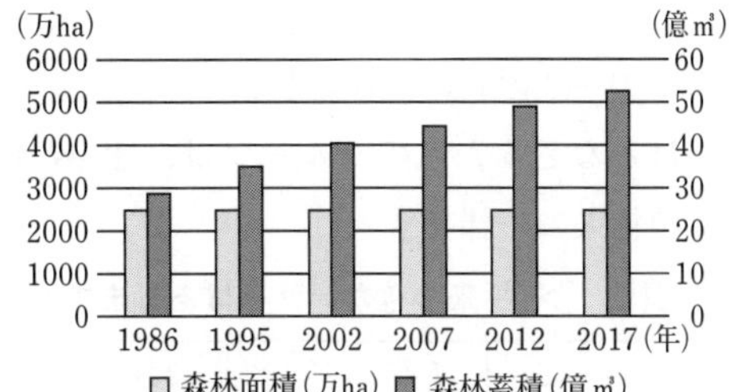

＊森林蓄積：伐採できる森林資源量の目安
(林野庁「森林面積の推移」「森林蓄積の状況」により作成)

(3)　さらに伝統工芸品について調べるために、まさひろさんとお父さんは、只見線で金山町に向かいました。次は、そのときの会話の一部です。

まさひろ：只見線は、令和４年10月に㋕全線運転再開されたみたいだね。

お父さん：そうなんだよ。平成23年の水害のために不通になっていた区間は、バスが代わりに運行していたと聞いたよ。再開するためには、多くの費用がかかり、㋖鉄道会社にとっての負担が大きいと言われていたけれど、地元住民と県や地元自治体、鉄道会社がくり返し話し合い、実現したみたいだよ。

まさひろ：運転再開のために、どのような取り組みが行われたのか調べてみたいな。

①、②の問いに答えなさい。

①　まさひろさんは、下線部㋕の実現には、地元住民の強い思いがあったことを知りました。そして、地域の願いが実現する政治の働きについて、**＜資料６＞**をまとめました。(　**A**　)～(　**D**　)には、それぞれどのような言葉が入りますか。次の**ア**～**エ**の中から１つずつ選び、記号でかきなさい。

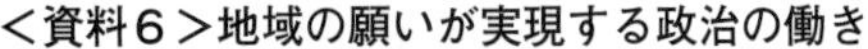

＜資料６＞地域の願いが実現する政治の働き

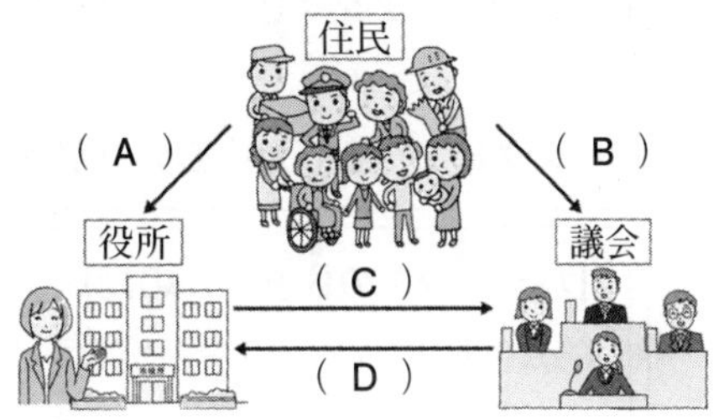

ア　案の提出　　**イ**　傍聴　　**ウ**　願い　　**エ**　賛成の議決

②　まさひろさんは、下線部㋖について調べ、**＜資料７＞**と**＜資料８＞**を見付けました。只見線の全線運転再開が実現できた理由として、どのようなことが考えられますか。**＜資料７＞**と**＜資料８＞**から分かることにふれてかきなさい。

＜資料７＞全線運転再開のための費用分担の推移

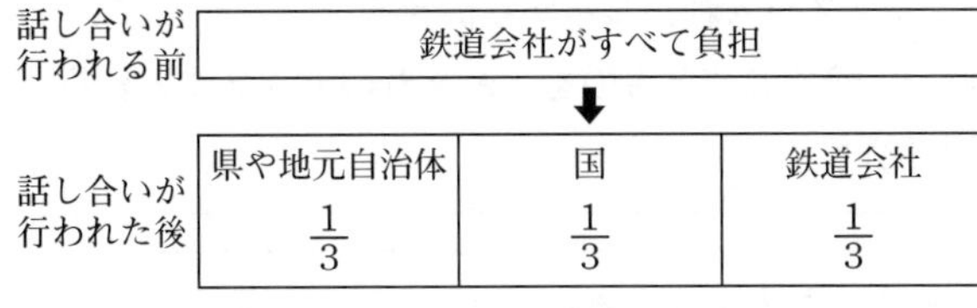

話し合いが行われる前	鉄道会社がすべて負担		
話し合いが行われた後	県や地元自治体 $\frac{1}{3}$	国 $\frac{1}{3}$	鉄道会社 $\frac{1}{3}$

(只見線復興推進会議検討会「只見線沿線市町村住民懇談会資料」により作成)

＜資料８＞全線運転再開前後における運転停止区間の運営体制のちがい

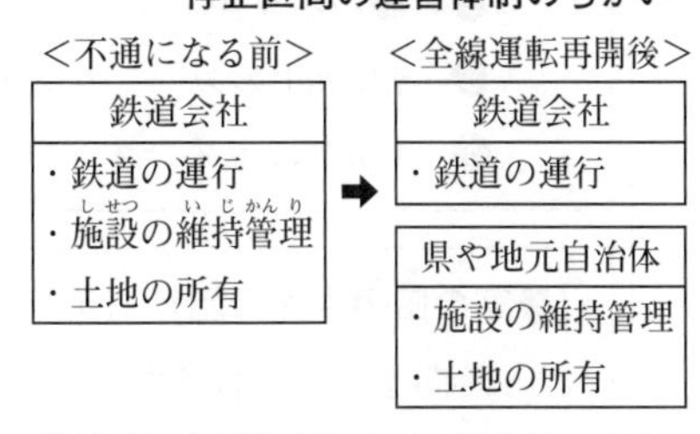

(福島県生活環境部生活交通課「基本合意書等の内容について」により作成)

2 6年生のはるなさんたちは、総合的な学習の時間の授業で将来つきたい仕事について調べました。

次の(1)～(3)の問いに答えなさい。

(1) はるなさんたちのグループは、仕事に関するアンケートを6年生全員に行いました。次は、その結果の一部です。

＜質問1＞「将来つきたい仕事はありますか」

	ある	ない	合計
6年1組	17人	9人	26人
6年2組	18人	6人	24人
合計	35人	15人	50人

＜質問2＞「何のために働くと思いますか」

お金を得るため…………………………23人
人や社会の役に立つため………………15人
好きなことや得意なことをするため… 8人
分からない……………………………… 4人

①、②の問いに答えなさい。

① はるなさんたちのグループは、**＜質問1＞**に対する回答結果を表にまとめました。6年生全体の人数のうち、将来つきたい仕事があると答えた人数と、ないと答えた人数の比を簡単に表すとどのようになりますか。次の**ア**～**エ**の中から1つ選び、記号でかきなさい。

ア 2：1　**イ** 3：1　**ウ** 7：3　**エ** 7：5

② はるなさんたちのグループは、**＜質問2＞**に対する回答結果について考えています。「お金を得るため」と答えた人数は、6年生全体の人数の何％ですか、求めなさい。

(2) はるなさんたちは、いろいろな仕事について調べたいと考え、学校の近くで働く人たちの様子を見学し、インタビューをすることにしました。次は、**＜インタビューをした内容の一部＞**です。

＜インタビューをした内容の一部＞

【パティシエの佐藤さんの話】（インタビューをした人：はるな）

○ おいしいケーキやおかしを作ったり、新しい商品を考えたりすることは楽しいよ。

○ 簡単にできるプリンケーキの作り方を教えるから、作ってごらん。

〔プリンケーキ2個分の材料〕

プリン(70g)が1個

ホットケーキミックスを大さじで3ばい(大さじ1ぱいは7.5g)

〔プリンケーキ2個分の作り方〕

❶ ボウルにプリンを入れ、軽く混ぜる。

❷ ❶のボウルにホットケーキミックスを入れ、しっかり混ぜる。

❸ 約70mLのカップを2個準備し、❷で混ぜたものをそれぞれのカップに入れる。

❹ 180度に温めたオーブンで約13分焼く。

【農家の田中さんの話】（インタビューをした人：まさる）

○ 時間をかけて育てた作物を、多くの人たちに食べてもらいたいな。

○ 若い人たちに、農業についてもっと知ってほしいな。

○ **＜資料1＞**のような形の水田をもっていて、今年は100㎡あたり50kg、水田全体で1200kgのお米を収穫することができたよ。

＜資料1＞

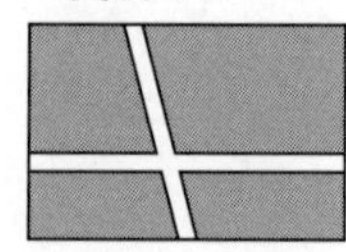

【スーパーマーケットで働く鈴木さんの話】（インタビューをした人：えみ）

○　お買い得な商品や季節に合った商品を、お店の入口近くに並べて、お客様の目に入るようにしているよ。

○　１ケースに12箱入っているお正月の商品を10ケース仕入れたよ。その商品の箱を＜資料２＞のように重ねて並べる予定だよ。

＜資料２＞

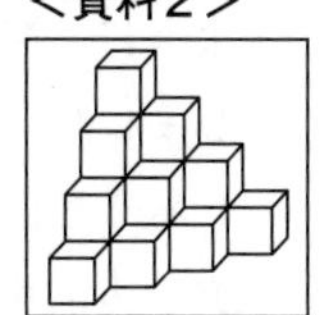

①～③の問いに答えなさい。

①　はるなさんは、**【パティシエの佐藤さんの話】**をもとに、自分の家でプリンケーキを作ろうと考えました。**＜はるなさんの家にある物＞**は、右のようになっています。はるなさんは４人家族で、１人３個ずつ食べられるようにプリンケーキを作ります。はるなさんが一度にまとめて作るには、同じカップとプリンをそれぞれ何個増やせばよいですか、求めなさい。

＜はるなさんの家にある物＞

約70mLのカップが３個 プリン（70ｇ）が２個 ホットケーキミックス200ｇが２ふくろ

②　まさるさんは、**【農家の田中さんの話】**をもとに、水田の広さについて考えています。右の**＜図１＞**の色がついた部分が水田、その間の白い部分が道を表しています。**＜図１＞**の□にあてはまる数は何ですか、求めなさい。ただし、それぞれの道のはばは、常に変わらないこととします。

＜図１＞

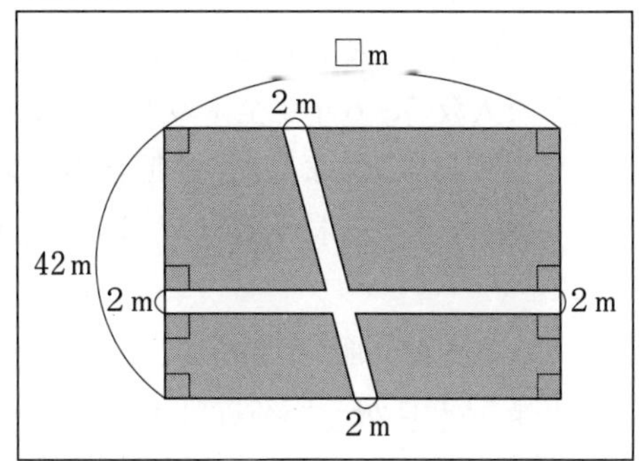

③　えみさんは、**【スーパーマーケットで働く鈴木さんの話】**をもとに、商品の並べ方について考えています。右の**＜図２＞**のように、上から１段目に１箱、２段目に３箱、３段目に６箱…となるように並べていくと、ある段になったときに鈴木さんが仕入れたお正月の商品をすべて並べられることが分かりました。このとき、最も下の段に並べる商品は、何箱になりますか、求めなさい。

＜図２＞

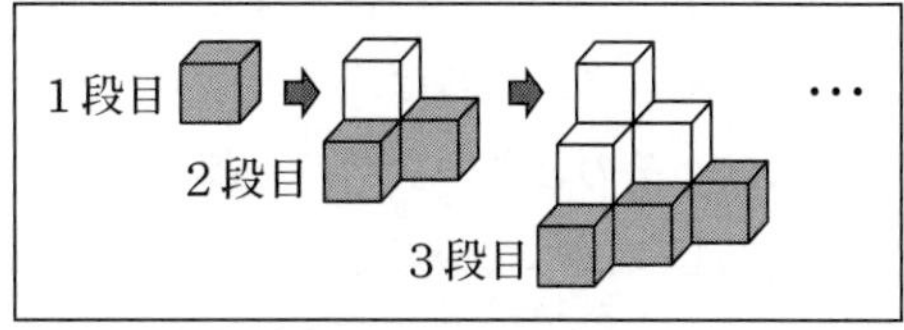

(3)　はるなさんたちは、将来つきたい仕事について調べたり、話し合ったりした内容を発表することにしました。次は、はるなさんたちの会話の一部です。

え　み：お世話になっている校長先生や英語を教わっているメアリー先生にも発表を聞いてほしいね。

まさる：それはいいね。６つのグループが発表するけれど、㋐1グループあたりの発表の時間はどのくらいになるのかな。

はるな：よい発表にするために、発表の内容を考えたいな。そうだ。もう一度㋑仕事に関するアンケートを行って、みんなの考えがどのように変化したのかを発表したらどうかな。

①～③の問いに答えなさい。

①　えみさんは、将来つきたい仕事とその理由などについて、メアリー先生にもよく分かるように、発表資料の一部を英語で表すことにしました。右は、その**<発表資料の一部>**です。(**あ**)と(**い**)に入る単語はどれですか。次の**ア～カ**の中から１つずつ選び、記号でかきなさい。

ア　swim　　**イ**　like　　**ウ**　have

エ　school　　**オ**　music　　**カ**　science

<発表資料の一部>

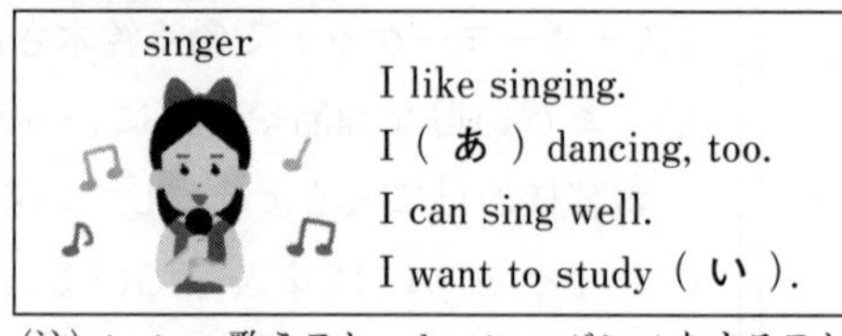

(注)singing：歌うこと　dancing：ダンスをすること

②　まさるさんは、下線部㋐について考えています。右は、**<先生から出された条件>**です。どのグループも同じ時間で発表する場合、１グループあたりの発表の時間は何分何秒になりますか、求めなさい。

<先生から出された条件>

○　45分の授業で、はじめと終わりに先生が３分ずつ話す。それ以外は発表や準備の時間にする。

○　発表と発表の間や、先生の話と発表の間は、準備のため30秒あける。

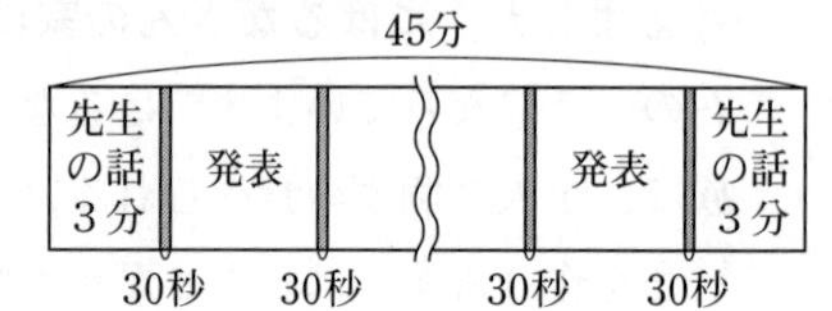

③　はるなさんが下線部㋑を行ったところ、**<質問２>**に「人や社会の役に立つため」と答えた人数の、６年生全体の人数に対する割合(わりあい)が、１回目のアンケート結果より２回目の方が14％高くなりました。２回目のアンケートで「人や社会の役に立つため」と答えた人数は何人ですか、求めなさい。また、求め方を**言葉**や**式**を使ってかきなさい。

③　しんじさんが通う小学校は、福島県が進めている地球温暖化対策(おんだんかたいさく)の取り組みの１つである「ふくしま*1ゼロカーボン宣言(せんげん)」に参加することにしました。

*1ゼロカーボン：企業(きぎょう)や家庭が排出(はいしゅつ)する二酸化炭素の排出量から、植林や森林管理などによる吸収(きゅうしゅう)量を引いて、ゼロにすること

次の(1)～(3)の問いに答えなさい。

(1)　しんじさんたちは、身の回りで行われているゼロカーボンの取り組みについて話しています。次は、そのときの会話の一部です。

しんじ：調べてみると、コンビニエンスストアでは、電気をあまり使わない電球にかえたり、蛍光灯(けいこうとう)を外して数を少なくしたりしているということが分かったよ。

あ　い：㋐ところどころ外しても、他の蛍光灯は消えないのかな。

しんじ：そうだね。わたしたちも乾電池(かんでんち)や豆電球を使って、電気のはたらきや㋑モーターの回り方を調べたことがあったね。

①、②の問いに答えなさい。

①　あいさんは、下線部㋐について調べるために、豆電球２個と乾電池１個を使って**<図１>**の実験を行いました。Ⓑの実験で、片方(かたほう)の豆電球を外しても、もう１つの豆電球が消えなかったのはなぜですか。その理由を直列と並列(へいれつ)のつなぎ方のちがいにふれてかきなさい。

<図１>

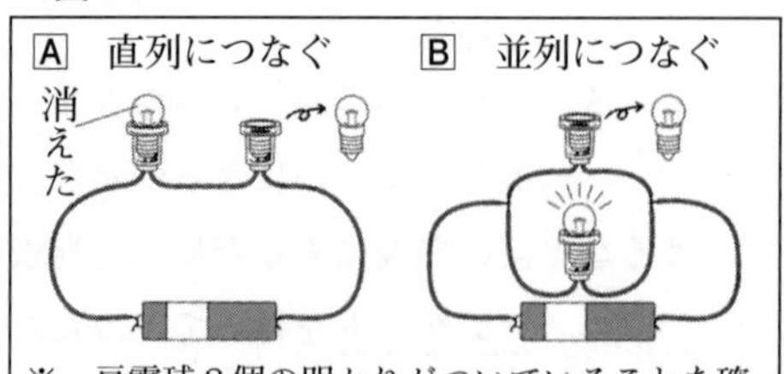

※　豆電球２個の明かりがついていることを確かめてから、片方の豆電球を外す。

② 下線部㋑について、**<図２>**の電気自動車を同じ向きでより速く動くように、乾電池を１個増やしました。乾電池とモーターをどのようにつなぐとよいですか。次の**<電気自動車を上から見た図>**の導線を線でつなぎなさい。ただし、乾電池は同じ種類の新しいものを使うこととします。

<図２>

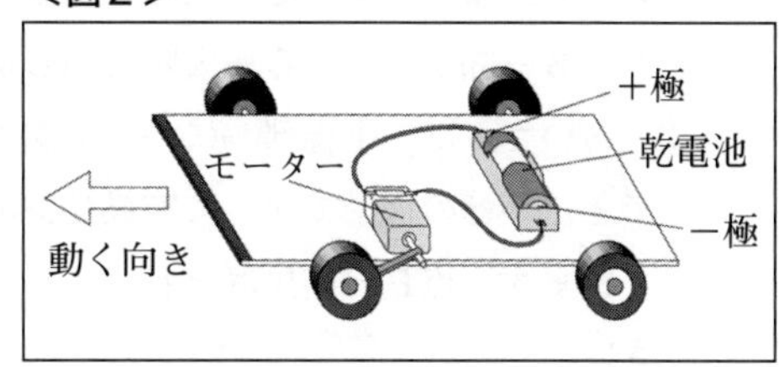

<電気自動車を上から見た図>

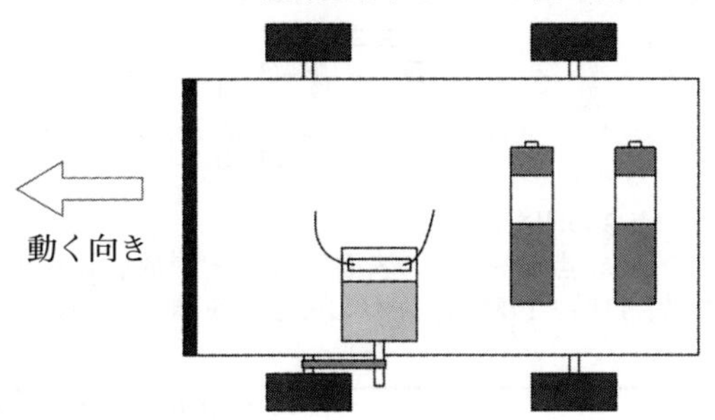

(2) たけしさんのお姉さんが通う中学校でも「ふくしまゼロカーボン宣言」に取り組んでいることをたけしさんたちは知りました。次は、そのときの会話の一部です。

たけし：ゼロカーボンに向けた取り組みの１つに＊[2]グリーンカーテンがあって、㋒ヘチマやアサガオなどでつくれるそうだよ。どのようなはたらきがあるのかな。

あ　い：グリーンカーテンを設置すると室内がすずしくなって、エアコンで使う電気を節約することができると聞いたよ。

しんじ：そうなんだ。わたしたちの学校なら、グリーンカーテンをどこに設置すると効果があるのかな。

たけし：㋓南向きの窓(まど)やかべのところに設置するといいと思うんだ。

あ　い：なるほど。㋔グリーンカーテンが完成すると、どれくらいすずしくなるのかな。

＊[2]グリーンカーテン：植物でつくる緑の日よけ

①～③の問いに答えなさい。

① 図は、下線部㋒の花のつくりを表したものです。**<ヘチマ>**の花の**A**の部分は、**<アサガオ>**ではどの部分にあたりますか。次の**ア**～**エ**の中から１つ選び、記号でかきなさい。

<ヘチマ>　　**<アサガオ>**

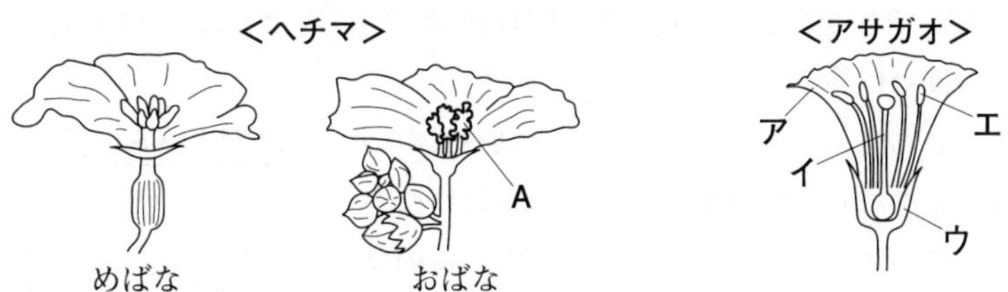

② たけしさんは、下線部㋓のように考えた理由について、次のように話しています。（ **B** ）と（ **C** ）にはどのような言葉が入りますか。次の**ア**～**エ**の中から正しい組み合わせを１つ選び、記号でかきなさい。

たけし：日光は（ **B** ）進んで、さえぎる物があると（ **C** ）にかげができるから、グリーンカーテンは南向きの窓やかべに設置するといいと思うんだ。

ア　B－まっすぐ　C－太陽と同じ側　　イ　B－まっすぐ　C－太陽の反対側

ウ　B－曲がって　C－太陽と同じ側　　エ　B－曲がって　C－太陽の反対側

③　あいさんは、下線部㋔について調べるために**＜実験＞**を行いました。**＜結果１＞**は背板(せいた)にできたかげの様子です。**＜結果２＞**のア～エは、点D～点Gのいずれかの実験の結果を表しています。点Fの結果はどれですか。**＜結果２＞**のア～エの中から１つ選び、記号でかきなさい。

＜実験＞

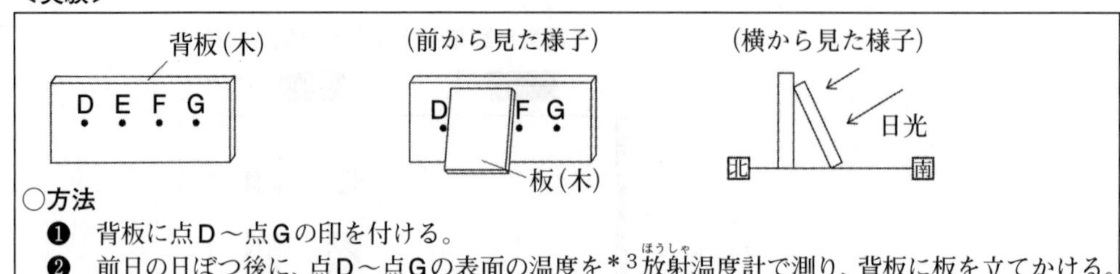

○方法

❶　背板に点D～点Gの印を付ける。

❷　前日の日ぼつ後に、点D～点Gの表面の温度を＊[3]放射(ほうしゃ)温度計で測り、背板に板を立てかける。

❸　次の日の８時、11時、14時に、かげのでき方を調べ、点D～点Gの表面の温度を放射温度計で測る。

＊[3]放射温度計：物の表面の温度を測定できる温度計

＜結果１＞背板にできたかげの様子

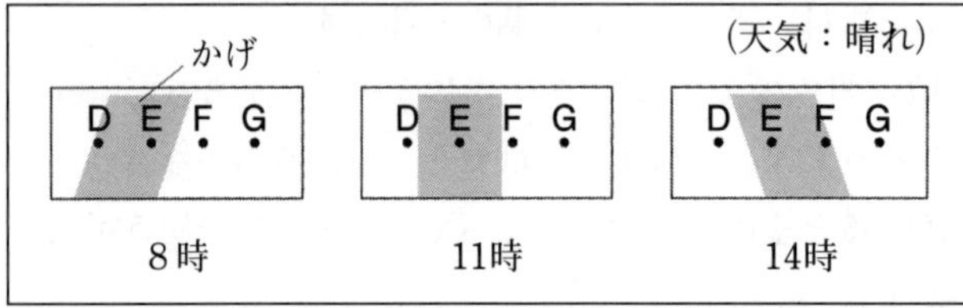

＜結果２＞表面の温度

	前日	８時	11時	14時
ア	20℃	22℃	30℃	30℃
イ	20℃	22℃	40℃	40℃
ウ	20℃	30℃	41℃	30℃
エ	20℃	30℃	41℃	36℃

(3)　あいさんたちは、ゼロカーボンに取り組む必要性について、全校生に呼(よ)びかけることにしました。次は、そのときの会話の一部です。

あ　い：わたしたちの生活によって、たくさんの二酸化炭素が出されていることを伝えたいよね。

しんじ：なるほど。それでは、㋕福島県全体で出されているごみの量が多いという問題を取り上げてはどうかな。

たけし：それがいいね。㋖植物のからだのはたらきについてしょうかいすれば、植物を大切にすることがゼロカーボンにつながると気付いてもらえるよね。

あ　い：そうだね。どのようなことがゼロカーボンにつながるのかをしょうかいして、自分たちができることから少しずつ取り組んでいけるようにしたいね。

①、②の問いに答えなさい。

①　しんじさんは、下線部㋕について、燃やしているごみの量を減らすことがゼロカーボンにつながると考えています。ゼロカーボンにつながるのはなぜですか。その理由をかきなさい。

②　下線部㋖について、ゼロカーボンの実現に役立っているといえる植物のからだのはたらきは何ですか。**＜たけしさんのメモ＞**をもとに、**二酸化炭素**という言葉を使ってかきなさい。

＜たけしさんのメモ＞

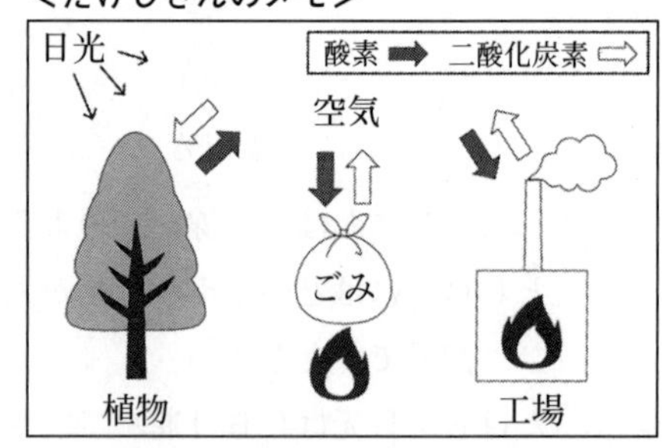

条件

① **二百字以上、二百四十字以内**で書くこと。ただし、句読点も一字として数えること。

② **二段落構成**とし、**前段**では、グラフを見てあなたが感じたことを書き、**後段**は、その感じたことをふまえ、これからあなたが放課後や週末の過ごし方を充実させるために心がけたいことを書くこと。

③ 原稿(げんこう)用紙の使い方にしたがって、文字やかなづかいを正しく書き、漢字を適切に使うこと。

④ 題名や氏名は書かないで、本文から書き始めること。

するること。そのようなくり返しが自然な眠気をうながし、睡眠の質を高めることになるのだ。

【資料B】年齢別必要とされる睡眠時間(1日あたり)

・3～5才:10～13時間
・6～13才:9～11時間
・14～17才:8～10時間
・18～25才:7～9時間

(駒田陽子・井上雄一『子どもの睡眠ガイドブック』〈朝倉書店〉により作成)

【資料C】たいきさんの睡眠時間の記録

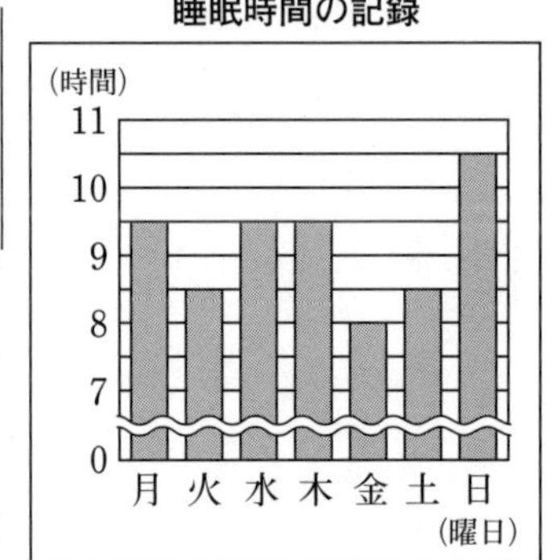

(1) たいきさんは、**【先生の話】**のあ「寝る子は育つ」ということわざについて、そのように言える理由を**【本の一部】**から見付けました。なぜ「寝る子は育つ」と言えるのか、その理由を**三十字以上、三十五字以内**で書きなさい。

(2) たいきさんは、**【本の一部】**のい一日の行動には、睡眠をさまたげるものがあることを知りました。それはどのような行動ですか。**【本の一部】**から、**十四字**で書きぬきなさい。また、その行動をとることにより、体内ではどのような変化が起こりますか。**【本の一部】**の言葉を用いて、**二十字以上、三十字以内**で書きなさい。

(3) たいきさんは、**【本の一部】**から、睡眠の質を高めるためには、う寝室の環境も関係していることに気付きました。それはどのような環境ですか。う寝室の環境にあてはまることす**べて**を**【本の一部】**の言葉を用い、文末を「**～こと**」の形にしてそれぞれ書きなさい。

(4) たいきさんは、**【資料A】**に書かれている内容が、**【本の一部】**のある段落の内容と似ていることに気付きました。それはどの段落ですか。**【本の一部】**から一つ選び、その番号を書きなさい。また、選んだ理由を**【本の一部】**と**【資料A】**にある言葉を用いて、具体的に書きなさい。

(5) たいきさんは、**【資料B】**と**【資料C】**から、睡眠時間が不足していることに気付きました。たいきさんがそのように気付いたのはなぜですか。**【資料B】**と**【資料C】**にある数値を用いて、**六十字以上、八十字以内**で書きなさい。

3 次のグラフは、令和四年度全国学力・学習状況調査質問紙調査(小学六年生の回答)の結果の一部です。グラフを見てあなたが感じたことと、放課後や週末の過ごし方を充実させるために心がけたいことについて、あなたの考えを後の**条件**にしたがって書きなさい。

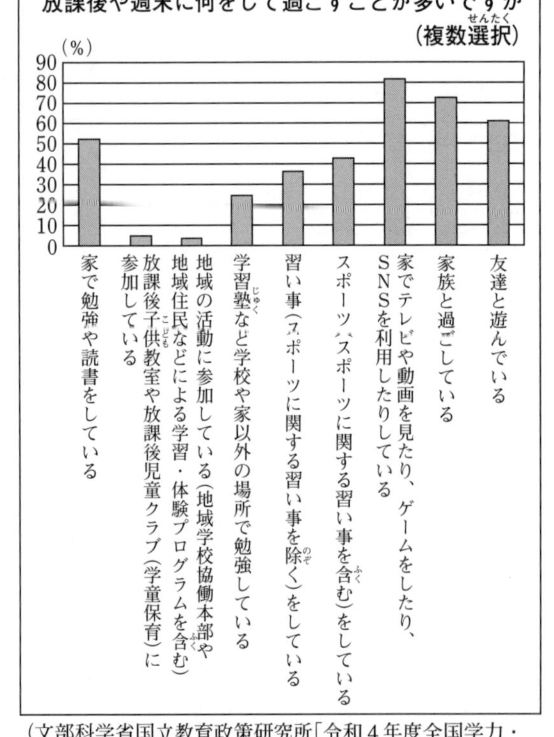

(文部科学省国立教育政策研究所「令和4年度全国学力・学習状況調査報告書」により作成)

〈適性検査２〉　―60分―

次の1～3の問いに答えなさい。

1　放送による問題（省略）

2　六年生のたいきさんは、体育科の時間に聞いた【先生の話】から「睡眠」に興味をもち、調べることにしました。次は、【先生の話】とたいきさんが調べた【本の一部】および【資料A】～【資料C】です。これらを読んで、後の(1)～(5)の問いに答えなさい。ただし、字数に限りのある問題では、句読点も一字として数えることとします。

【先生の話】

みなさんは㋐「寝る子は育つ」ということわざを聞いたことがありますか。このことわざが表すように、睡眠と体の成長は大きくかかわっていますが、みなさんの睡眠時間は足りているでしょうか。

【本の一部】

1なぜ、わたしたち人間にとって睡眠は必要なのか。それは、睡眠がわたしたちの脳や体に重要な役割を担っているからである。

2まず、睡眠には、見たり聞いたりした記憶を整理するという役割がある。睡眠中の脳内では、不要な記憶は消し、必要な記憶は固定させるという、記憶の整理がなされている。「徹夜で勉強しても頭に残らない」ということを聞いたことがあるかもしれないが、このことは睡眠と脳の関係によるものである。

3また、睡眠には、体の成長をうながすという役割もある。眠っているときの体内では、成長ホルモンという体の発育に影響を与える物質が出される。睡眠時間を十分にとり、安定した量の成長ホルモンが出されることで骨や筋肉が発達するのである。

4このように、睡眠にはいくつかの役割がある。その役割を十分に果たすために、適切な睡眠時間を確保することが大切だ。また、それとともに睡眠の質を高めることも重要だ。そのためには、㋑一日の行動や㋒寝室の環境に気を付ける必要がある。

5一日の行動として大切なのは、まず、日中に適度な運動をすることである。日中に体を動かすことが、夜の自然な眠気につながり、睡眠の質を高めることになる。また、決まった時間に決まった行動をとることも、ぐっすり眠るためには大切である。

6一方で、よりよい睡眠をさまたげてしまう行動もある。たとえば、寝る直前に強い光を浴びることだ。パソコン、スマートフォンやゲーム機などの画面からは、ブルーライトという青くて強い光が発生する場合がある。そのような光を浴びると、脳の中で睡眠をうながすメラトニンという物質が出にくくなってしまうのである。そのため、寝る一時間前にはスマートフォンなどの使用をひかえることが望ましい。

7寝室の環境という点では、できるだけ暗くすることを心がけてほしい。光以外にも、寝室の中を快適な温度と湿度に保つよう、気を付けていく必要がある。

【資料A】

毎日六時に夕食をとり、八時に入浴するというような、同じサイクルでリラックスしながら過ごすこと。そして、寝る時間も一定に

茨城県立勝田中等教育学校
茨城県立古河中等教育学校
茨城県立並木中等教育学校
茨城県立太田第一高等学校附属中学校
茨城県立鹿島高等学校附属中学校
茨城県立下館第一高等学校附属中学校
茨城県立下妻第一高等学校附属中学校
茨城県立土浦第一高等学校附属中学校
茨城県立日立第一高等学校附属中学校
茨城県立鉾田第一高等学校附属中学校
茨城県立水海道第一高等学校附属中学校
茨城県立水戸第一高等学校附属中学校
茨城県立竜ヶ崎第一高等学校附属中学校

(編集部注：掲載にあたりレイアウトなどの一部改変を行っています。)

〈適性検査Ⅰ〉　—45分—

1　あおいさんは、おじいさんの家に遊びに行きました。おじいさんが飼っているメダカを見ながら２人で話をしています。

あおい：おじいさん、わたしも家でメダカを飼うことにしたんだ。インターネットで調べてみたら、こんなページ(**資料**)があったよ。

おじいさん：よく見つけたね。分からないことについて、何でも自分で調べるのはいいことだね。

資料　メダカの飼い方のページ

☆メダカの飼い方☆
おすすめの水そうと水の量について

メダカを飼うときの水そうは、置く場所やメダカの数などを考えて選びましょう。

【おすすめの水そう】

いろいろな大きさや形の水そうがありますが、その中でもおすすめの直方体の形をした水そうをしょうかいします。

商品名	縦(たて)(cm)	横(cm)	高さ(cm)	容積(L)
A	20	30	24	14.4
B	24	45	30	32.4
C	30	60	36	64.8
D	45	90	42	170.1

※縦、横、高さは水そうの内側の長さを表します。

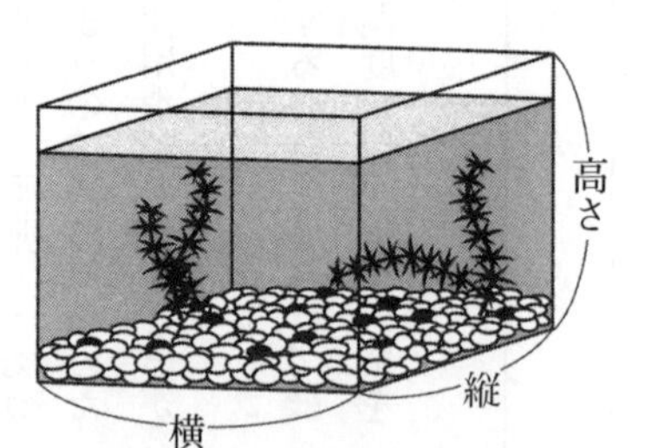

【メダカの数と水の量の関係】

メダカ１ぴきあたりの水の量は１Lくらい必要と言われています。しかし、水のよごれ方や水の温度の変化のことを考えると、メダカ１ぴきあたりの水の量はさらに多いほうが育てやすいです。

おじいさん：いろいろなことが書いてあるね。うちの水そうの大きさは、縦(たて)30cm、横60cm、高さ36cmだから、**メダカの飼い方のページ（資料）**のCの水そうと同じだよ。

あ　お　い：おじいさんの家の水そうは大きいね。わたしは、置く場所のことを考えて一番小さいAの水そうにするよ。

おじいさん：値段(ねだん)はいくらなの。

あ　お　い：Aの水そうは、定価3200円って書いてあったよ。今なら１割引(わりび)きの値段で売ってるよ。

問題１　定価3200円の１割引きの値段を求めるための式を書きなさい。また、その値段は何円かを求めなさい。ただし、消費税は考えないものとする。

おじいさん：ところで、メダカは何びき飼うの。

あ　お　い：できるだけたくさん飼いたいとは思っているんだ。**メダカの飼い方のページ（資料）**の**【メダカの数と水の量の関係】**を読むと、１ぴきあたりの水の量を考えてメダカの数を決めたほうがいいようだね。

おじいさん：そうだよ。それは、おじいさんも気をつけているんだ。でも、きちんと計算したことはないな。

あ　お　い：それじゃ、計算してみようよ。おじいさんの家ではメダカを何びき飼っているの。

おじいさん：30ぴきだよ。水そうに水だけを入れたとき、水そうの底から水面までの高さは、水そうの高さの$\frac{5}{6}$倍にしているよ。

問題２　おじいさんの家の水そうのメダカ１ぴきあたりの水の量は何Lかを求めなさい。ただし、水そうの底と水面はつねに平行になっているものとする。

あ　お　い：**メダカの飼い方のページ（資料）**を読むと、「水の量はさらに多いほうが育てやすい」と書いてあるから、わたしはメダカ１ぴきあたりの水の量を２L以上にしようかな。

おじいさん：それがいいね。そうすると、何びき飼うことができるかな。水そうをそうじするときに水がこぼれちゃうから、水そうの底から水面までの高さは、水そうの高さより３cm以上低くしたほうがいいよ。

あ　お　い：うん、気をつけるよ。それに、メダカを飼うときには水そうに小石と水草も入れないとね。

おじいさん：うちの水そうに小石と水草を入れたら、水そうの底から水面までの高さが水そうに水だけを入れたときより１cm高くなったよ。

あ　お　い：Aの水そうはおじいさんの家の水そうより小さいから、おじいさんの家の水そうに入れた小石と水草のちょうど半分にするよ。計算すると水そうに入れられる水の量は最大でこうなるね。

> **あおいさんの考え**
> Aの水そうの容積から、条件に合うように水の量を減らせばよいので、
> 14400－(1800＋900)＝11700

おじいさん：そうだね。

あ　お　い：だから、メダカは**最大**［　　　］飼うことができるよ。

問題３　あおいさんとおじいさんの会話文中の［　　　］にあてはまる最も適切なものを、次の**ア**～**エ**から１つ選んで、その記号を書きなさい。

また、**あおいさんの考え**の中の下線部「900」はどのように求めたのか、言葉や数、式などを使って説明しなさい。ただし、文字に誤りがないようにしなさい。

ア　４ひき　　**イ**　５ひき　　**ウ**　６ぴき　　**エ**　７ひき

2　けんたさんとゆうかさんは、きれいな模様に興味をもったので、正方形を組み合わせてできる簡単なデザインを考えています。

けんた：こんなデザイン(**図１**)を考えたけど、どうかな。

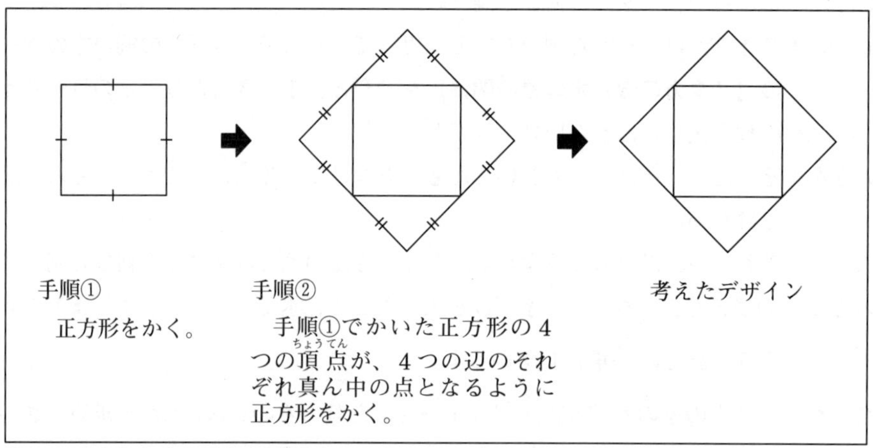

図１　けんたさんの考えたデザイン

ゆうか：いいデザインだね。あとは、内側の正方形とまわりの４つの三角形を合わせた５つの部分に、色をどうぬるかだね。

けんた：赤、青、黄の３色全部使ってぬり分けようと思うんだ。

ゆうか：内側の正方形とまわりの三角形が同じ色にならないようにしようよ。

けんた：そうだね。

ゆうか：そうすると、まわりの４つの三角形のうちどれかは同じ色になるから、ぬり分け方は、この３つの場合(**図２**)があるね。

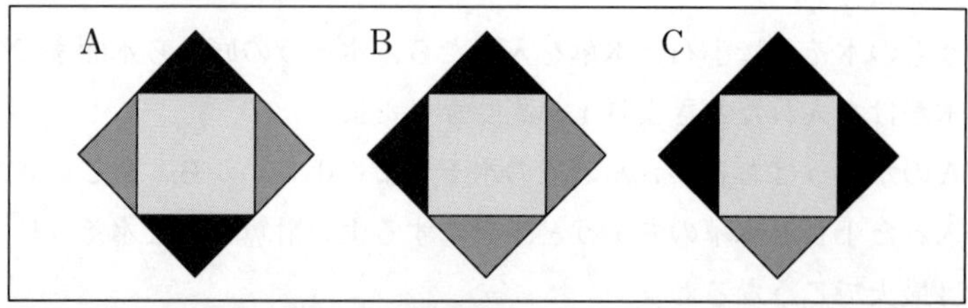

図２　色のぬり分け方の３つの場合

けんた：そうだね。Aのようなぬり分け方は、どこに何色をぬるかを考えると、全部で何通りあるのかな。

ゆうか：回転して同じになるものがあるから、３通りだね。

けんた：なるほど。同じように考えると、Bの場合は全部で［　①　］だね。

ゆうか：そうだね。それから、Cの場合は全部で［　②　］だね。

けんた：そうすると、３色での色のぬり分け方は、この３つの場合を合わせて、全部で［　③　］だね。どのぬり分け方にしようかな。

問題１　けんたさんとゆうかさんの会話文中の［　①　］～［　③　］にあてはまる最も適切なものを、次の**ア**～**オ**からそれぞれ１つ選んで、その記号を書きなさい。ただし、同じ記号は何度使ってもよいものとする。また、回転して同じになるものは同じぬり分け方とする。

ア　３通り　　**イ**　６通り　　**ウ**　９通り　　**エ**　12通り　　**オ**　15通り

ゆうか：わたしは**けんたさんの考えたデザイン（図１）**の外側に、同じ手順で、あと３つ正方形を増やして、こんなデザイン（**図３**）にしようかな。

けんた：それなら、シンプルに白、黒の２色でぬり分けるといいんじゃない。

ゆうか：すごくいいね。

けんた：そうすると、この**白、黒２色でぬり分けたデザイン（図４）**で、白の部分の面積は一番内側の黒の正方形の面積の［　④　］倍だね。

ゆうか：そうだね。それから、黒の部分の面積は、白の部分の面積の［　⑤　］倍だね。

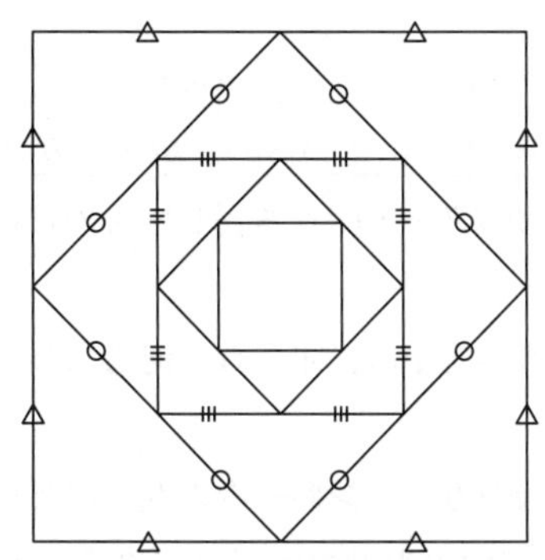
図３　ゆうかさんの考えたデザイン

図４　白、黒２色でぬり分けたデザイン

問題２　けんたさんとゆうかさんの会話文中の［　④　］、［　⑤　］にあてはまる数を求めなさい。

３　４月のある日、緑化委員のけんたさんとゆうかさんは、理科の授業で育てたツルレイシが、窓(まど)から入る日差しを防ぎ、室内の温度が上がるのをおさえる**緑のカーテン（図１）**になることを学習しました。そこで、学校の窓辺(まどべ)でツルレイシをさいばいしようと相談しています。

図１　緑のカーテン

けんた：最近、電気代が高くなっているって、ニュースで見たよ。

ゆうか：そうだね。電気を節約しないといけないね。わたしたちにできることはないかな。

けんた：エアコンの設定温度を上げる方法があるね。

図２　すだれ

ゆうか：でも、設定温度を上げたら室内が暑くなってしまうじゃない。

けんた：理科の授業で学習したツルレイシの**緑のカーテン**なら、窓から入る日差しを防ぐものがない（**何もなし**）ときと比べて、室内の温度が上がるのをおさえられるんじゃないかな。

ゆうか：なるほどね。でも、前にツルレイシを育てたとき、世話をするのが大変だったな。日差しを防ぐなら**すだれ（図２）**でもいいんじゃないかな。

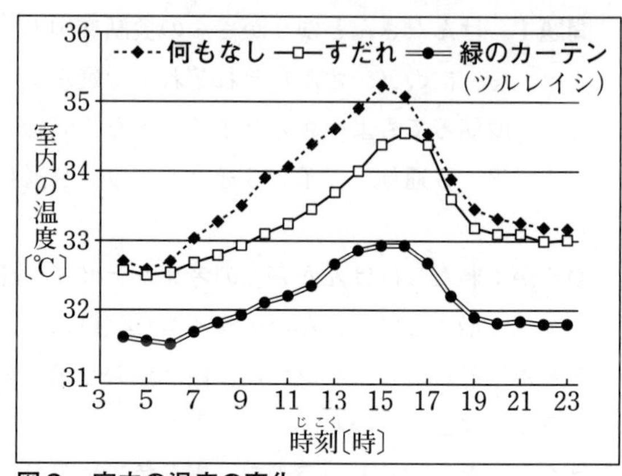

図３　室内の温度の変化
（国立研究開発法人建築研究所の資料より作成）

けんた：たしかに、ツルレイシを育てるのは大変なこともあるけれど、このグラフ（**図３**）を見てごらんよ。**すだれ**よりもツルレイシの**緑のカーテン**のほうが室内の温度が上がらないんだよ。

ゆうか：本当だね。でも、**すだれ**も同じように日差しを防いでいるのに、どうして**緑のカーテン**のほうが室内の温度が上がらないんだろう。

けんた：それは、ツルレイシが日差しを防ぐだけじゃなくて、葉から水を出しているからじゃないかな。

ゆうか：それはどういうことかな。

けんた：ａ葉の気孔（きこう）から水が水蒸気（すいじょうき）として出ていくときに、［　　　］からだよ。

ゆうか：なるほど。それじゃあ、ｂ葉からどのくらいの水が出ているのか調べてみよう。

問題１　図３のグラフから読み取れる内容として、次の**ア**～**エ**のうち正しいものには○を、誤（あやま）っているものには×を書きなさい。

ア　どの時刻（じこく）でも、**緑のカーテン**と**何もなし**の温度差は、**すだれ**と**何もなし**の温度差と比べて大きい。

イ　15時のときの**何もなし**の室内の温度は、**緑のカーテン**の室内の温度の２倍以上である。

ウ　**何もなし**、**すだれ**、**緑のカーテン**のどの室内の温度でも最高温度を記録した時刻は15時である。

エ　７時から14時の間で、室内の温度変化が最も大きいものは**何もなし**である。

問題２　下線部ａ「葉の気孔（きこう）から水が水蒸気（すいじょうき）として出ていく」のことを何というか、最も適切なものを、次の**ア**～**オ**から１つ選んで、その記号を書きなさい。また、**緑のカーテン**のほうが、**すだれ**よりも室内の温度が上がらない理由を、会話文中の［　　　］に入るように、**15字以内**で書きなさい。ただし、「、」も１字として数え、文字に誤りがないようにしなさい。

ア　蒸散（じょうさん）　**イ**　放出　**ウ**　光合成　**エ**　吸収（きゅうしゅう）　**オ**　呼吸（こきゅう）

問題３　下線部ｂ「葉からどのくらいの水が出ているのか調べてみよう」について、けんたさんとゆうかさんは、**緑のカーテン**全体から出るおおよその水の量を調べるために方法を考えた。次の**ア**～**オ**のうちどれを組み合わせるとよいか、**３つ**選んで、その記号を書きなさい。ただし、すべての葉は同じものとし、**緑のカーテン**の葉にはすき間や重なりがないものとする。

ア　1枚(まい)の葉の面積を調べる。　　イ　1枚の葉の気孔の数を調べる。

ウ　1枚の葉から出る水の量を調べる。　　エ　**緑のカーテン**全体の面積を調べる。

オ　**緑のカーテン**の温度を調べる。

その後、ツルレイシが育ち、**緑のカーテン**が完成しました。けんたさんとゆうかさんが話をしています。

ゆうか：授業で学習したとおり、**緑のカーテン**があるとすずしく感じるね。

けんた：そうだね。これで電気を節約できると思うけど、どのくらいの効果があるのかな。

ゆうか：インターネットで調べてみると、月別の電気使用量は、消費電力量で表されるんだって。だから、消費電力量を比べれば、どのくらい節約できたかわかるんじゃないかな。

けんた：なるほど。消費電力量の単位はkWh(キロワット時)が使われているね。

ゆうか：確か理科室に消費電力量を調べることができる測定器があったよ。

けんた：それなら、この部屋(**緑のカーテン**がある)と、となりの部屋(**緑のカーテン**がない)を比べて、どのくらい電気を節約できるか確かめてみようよ。

ゆうか：となりの部屋なら、大きさや日当たりも同じだし、エアコンも同じものが使われているから比べられるね。さっそくエアコンの設定温度を28℃にして、8時から11時の間の消費電力量を調べてみよう。

けんたさんとゆうかさんは、6日間の消費電力量を測定しました。次の**表**は、その記録をまとめたものです。

表　設定温度28℃のときの6日間の消費電力量(kWh)

緑のカーテン	1日目	2日目	3日目	4日目	5日目	6日目
あり	1.08	0.97	0.39	0.60	0.74	0.90
なし	1.55	1.40	0.67	0.90	0.94	1.25

ゆうか：**緑のカーテン**がある部屋のほうが**緑のカーテン**がない部屋より、電気を節約できていることがわかるね。

けんた：これなら、エアコンの設定温度をもう少し上げても過ごせるかもしれないね。設定温度を上げて、**緑のカーテン**と組み合わせれば、もっと電気を節約できるんじゃないかな。

ゆうか：それはいいアイデアだね。**緑のカーテン**があって、エアコンの設定温度を上げたときにどのくらい電気を節約できるか考えてみよう。

問題4　**緑のカーテン**がある部屋でエアコンの設定温度を1℃上げた場合、設定温度28℃で**緑のカーテン**がない部屋と比べて、6日間の消費電力量の合計は何%減少することになるか、小数第1位を四捨五入(ししゃごにゅう)して**整数で書きなさい**。ただし、エアコンの消費電力量は設定温度を1℃上げると、温度を上げる前に対して13%節約できるものとする。

4　けんたさんとゆうかさんは、授業で作った電磁石(でんじしゃく)に興味をもち、その性質をくわしく調べようとしています。

けんた：鉄くぎにビニル導線を200回巻(ま)いて、コイルを作り、電磁石を作ったよ。

ゆうか：実験台に電磁石の性質を調べる回路(**図1**)を用意したよ。電磁石に電流を流して、鉄のクリップがいくつ引きつけられるか調べてみよう。

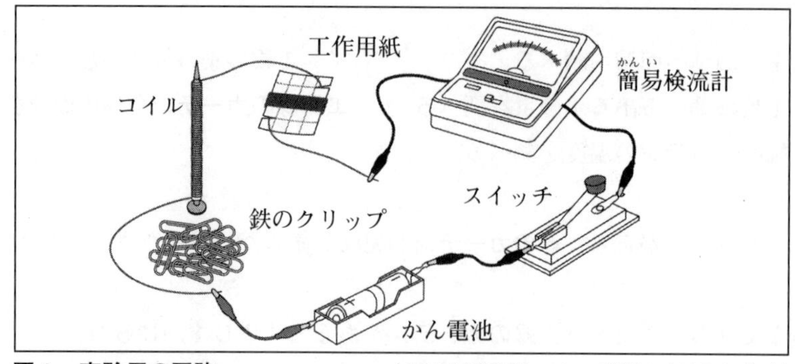

図１　実験用の回路　　(大日本図書「たのしい理科５年」より作成)

けんた：クリップがたくさん引きつけられたね。200回も巻いたから、たくさん引きつけられたのかな。巻き数を半分にしたら、引きつけられるクリップの数はどう変わるのだろう。

ゆうか：巻き数が半分なら、クリップの数も半分になると思う。コイルのビニル導線を巻き直して、100回巻きのコイルでもう一度実験してみようよ。

けんた：100回巻きのコイルを作ってみたけど、200回巻きのときに比べて、ビニル導線がかなり余ったよ。

ゆうか：ペンチを使って、ビニル導線を切って短くしよう。

けんた：あっ、今はコイルの巻き数と電磁石の強さの関係を調べたいから、ビニル導線は切らないほうがいいと思うよ。

ゆうか：確かにそうだね。切らずに工作用紙に巻きつけておくよ。

問題１　けんたさんが下線部「コイルの巻き数と電磁石の強さの関係を調べたいから、ビニル導線は切らないほうがいい」のように考えたのはなぜか、その理由を「コイルの巻き数」の後に続けて、**15字以内**で書きなさい。ただし、「、」や「。」も１字に数え、文字に誤り(あやま)がないようにしなさい。

電磁石(でんじしゃく)に興味をもったけんたさんとゆうかさんは、小学校に設置されている火災報知器に電磁石の性質が利用されていると知り、火災報知器の模型(もけい)を作ることにしました。

けんた：先生、火災報知器の模型(**図２**)を作ってみました。

先　生：スイッチを入れると、コイルに電流が流れるようになっているのですね。

ゆうか：電流が流れると、鉄の棒(ぼう)が動いてかねをたたき、音が鳴ります。

先　生：よくできていますが、この模型はくり返し音が鳴らないと思います。くり返し音が鳴ったら、さらに実際の火災報知器に近づきますね。

ゆうか：音を鳴らした後に、鉄の棒がもとの位置にもどればいいですよね。先生、この絵(**図３**)を見てください。こんなふうに、よくしなるうすい鉄の板に、鉄の棒をしばりつけるのはどうでしょうか。

先　生：それなら鉄の棒は音を鳴らした後、自然にもとの位置にもどりそうですね。

ゆうか：スイッチを入れたままにしておけば、鉄の棒はまたすぐに動いて、もう一度音が鳴ると思います。

けんた：その方法なら、くり返し音が鳴る火災報知器の模型になりそうですね。

先　生：実際に模型を作る前に、１つ１つの動きを書き出して図にまとめてみると、全体のしくみがより理解しやすくなりますよ。やってみてください。

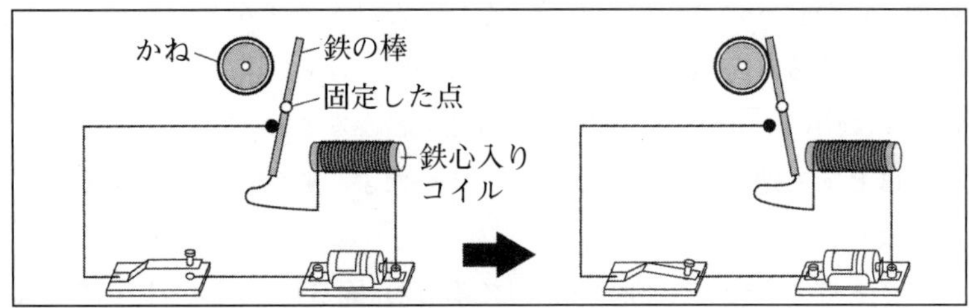

図２　はじめに作った火災報知器の模型

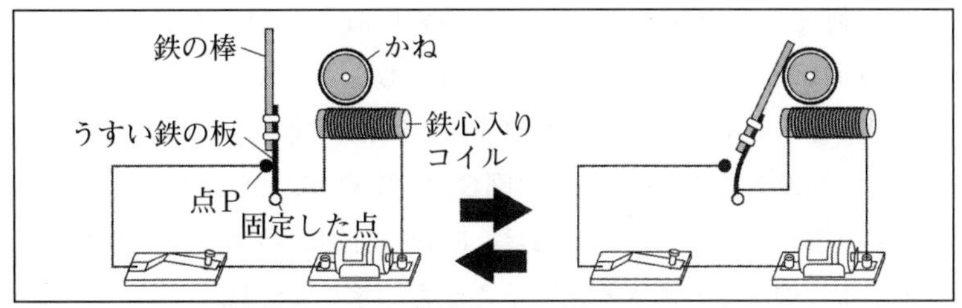

図３　くり返し音が鳴るように工夫（くふう）した火災報知器の模型図

問題２　次の**ア**～**オ**に示された電磁石（でんじしゃく）の性質のうち、**図３**の火災報知器の模型（もけい）に利用されているものには○を、利用されていないものには×を書きなさい。

ア　コイルの巻（ま）き数が変わると、鉄を引きつける力の大きさが変わる。

イ　かん電池の数を増やすと、鉄を引きつける力の大きさが変わる。

ウ　電流が流れるときだけ、鉄心入りコイルが磁石のようなはたらきをする。

エ　電流が流れる向きを反対にすると、Ｎ極とＳ極が反対になる。

オ　はなれていても鉄を引きつけることができる。

問題３　けんたさんとゆうかさんは、**図３**の火災報知器の模型について、**図４**のように短い文をつなげてくり返し音が鳴るしくみをまとめることにしました。**図４**の①～③にあてはまる文として最も適切なものを、次の**ア**～**オ**からそれぞれ１つずつ選んで、その記号を書きなさい。

ア　「うすい鉄の板」と「点Ｐ」がつながる。

イ　電磁石のＮ極とＳ極の向きが反対になる。

ウ　「鉄の棒（ぼう）」が「かね」からはなれる。

エ　電磁石が「鉄の棒」を引きつける。

オ　「鉄の棒」が電磁石にしりぞけられる。

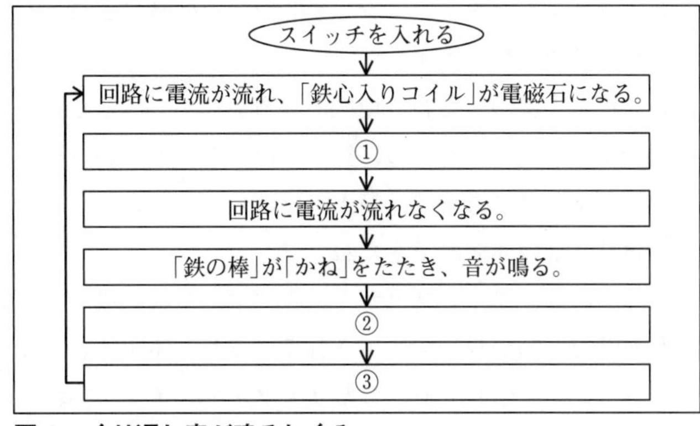

図４　くり返し音が鳴るしくみ

問題４　くり返し音が鳴る火災報知器の模型を作ったけんたさんとゆうかさんは、かねをたたく鉄の棒がどのくらいの速さで動いているのか気になり、調べてみることにしました。次の２人の会話文中の［　　　］にあてはまる数を書きなさい。

けんた：鉄の棒はとても速く動いているように見えたよ。鉄の棒の動きを動画にとって速さを調べてみよう。

ゆうか：タブレット端末を使って動画をとってみるね(**図５**)。よし、上手にとれたと思う。

けんた：ありがとう。スロー再生して、鉄の棒の動きを観察してみよう。

ゆうか：鉄の棒が何度も往復してかねをたたいていることがよくわかるね。かねをたたいた瞬間を０回目とすると、そこから５回かねをたたくのに1.25秒かかっているみたい。あとは鉄の棒の先端が動いた道のりを調べれば、速さがわかるね。

けんた：鉄の棒の先端が１往復する道のり(**図６**)を測ってみたら、８㎜だったよ。計算して速さを求めてみよう。速さの表し方には、時速、分速、秒速の３つがあるけれど、時速なら自動車や新幹線などの速さと比べることもできそうだね。

ゆうか：時速ではよくキロメートルを使うから、長さの単位はキロメートルにしてみよう。計算すると、鉄の棒の速さは時速［　　　］㎞だね。

けんた：もっと速く動いているように見えたけれど、計算してみると思っていたよりもおそいことがわかったよ。身近なことに疑問をもったら、そのままにせず実験や観察をして確かめてみることが大切だね。

図５　タブレット端末を使うようす

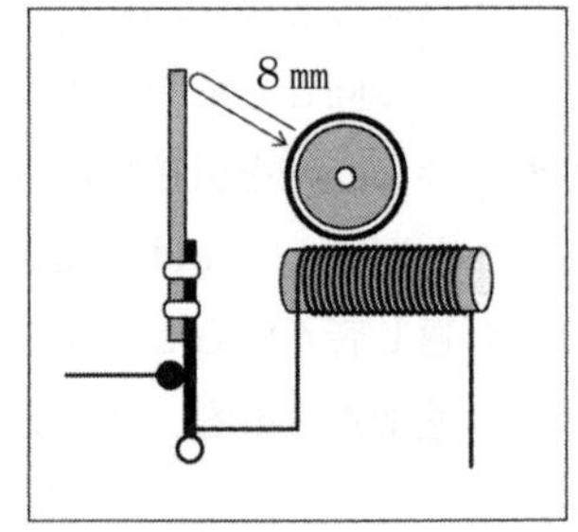

図６　鉄の棒の先端が１往復する道のり

〈適性検査Ⅱ〉　—45分—

1　東京都に住むけいこさんは、駅で「茨城デスティネーションキャンペーン」のポスターを見て、10月の週末にお父さんと茨城県の霞ヶ浦周辺でサイクリングとキャンプをしました。その時にもらったチラシを見ながら話をしています。

「茨城デスティネーションキャンペーン」のロゴマーク

お父さん：茨城県に行ってよかったね。地域と鉄道会社が一体となった観光キャンペーンだから、鉄道を使った人も多かったね。ロゴマークにある「体験王国いばらき」という言葉のとおり、よい体験ができたね。

け い こ：ロゴマークには、キャンプとサイクリング、それに豊かな自然もえがかれているよ。

お父さん：茨城県の魅力がわかりやすく示されているね。体験できることもわかるね。

け い こ：キャンペーンを記念して運行したサイクルトレインに乗れたのもよかったね。電車に自転車をそのままのせることができて、とても便利だったよ。

お父さん：ａ道の駅までサイクリングしたときの景色は、すばらしかったね。

問題１　下線部ａ「道の駅までサイクリング」について、けいこさんは、サイクリング地図（**資料１**）とサイクリングの記録をかきました。**資料１**をもとに、**【サイクリングの記録】**の［　Ａ　］、［　Ｂ　］にあてはまるおおよその方位とおおよそのきょりの組み合わせとして最も適切なものを、あとの**ア**～**エ**から１つ選んで、その記号を書きなさい。

資料１　けいこさんがつくったサイクリング地図（略図）

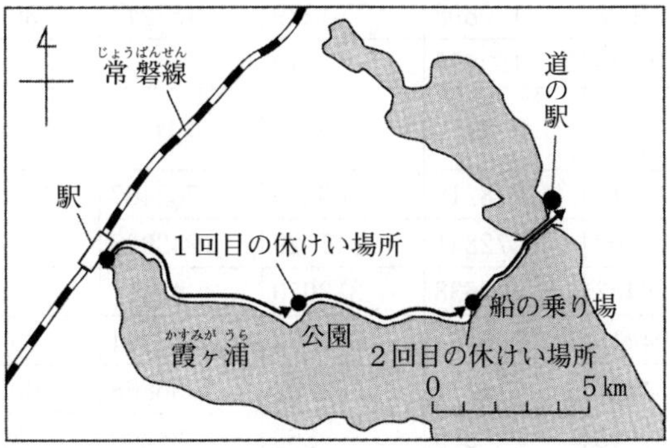

> **【サイクリングの記録】**
>
> 駅の東口から湖に沿って進んでいくと、小さな公園があり、ここで１回目の休けいをした。さらに湖に沿って進んでいくと、船の乗り場が見えてきた。次の日にここから観光帆引き船の見学船に乗るので、下見のためこの近くで２回目の休けいをした。２回目の休けい場所からおおよそ［　Ａ　］方向に［　Ｂ　］進むと道の駅に着いた。

ア　**Ａ**　北東　**Ｂ**　約４km　　**イ**　**Ａ**　南東　**Ｂ**　約４km

ウ　**Ａ**　北東　**Ｂ**　約８km　　**エ**　**Ａ**　南東　**Ｂ**　約８km

け い こ：道の駅では、地元の野菜を売っていたね。そこで、ｂキャンプで使った野菜をたくさん買ったんだよね。

お父さん：そうだね。どの野菜も新鮮でとてもおいしかったなあ。他のお客さんも茨城県のおみやげを買っていたね。

け い こ：国道沿いにあるから、便利なんだよね。

問題２　下線部ｂ「キャンプで使った野菜」について、けいこさんは、茨城県産の「ある野菜」に着目し、インターネットから**資料２**～**資料４**を見つけました。さらにインターネットで調べたことを付け加え、それらを**【メモ】**にまとめました。「ある野菜」にあてはまるものを**資料２**から１つ選んで、その野菜の名前を書きなさい。また、**資料４**の**あ**～**う**にあてはまる県の組み合わせとして最も適切なものを、あとの**ア**～**カ**から１つ選んで、その記号を書きなさい。

資料２　東京都中央卸売市場における茨城県産の野菜の月別出荷量（2022年６月～2023年６月）(kg)

	2022年6月	7月	8月	9月	10月	11月	12月
ねぎ	2254761	1926921	1080419	461294	523040	806694	1506006
ピーマン	1849328	1031701	472652	973866	1255762	953367	573940
にんじん	506480	28841	2539	136	1299	68832	286733
れんこん	76022	187708	576086	974223	1043620	1029634	1371725
ほうれん草	407628	130698	81279	153214	305039	502268	524089
たまねぎ	219345	153220	7610	0	145	425	384

	2023年1月	2月	3月	4月	5月	6月
ねぎ	1515719	978218	869298	762467	1964510	2453424
ピーマン	151600	272841	811929	1243998	1865475	1890827
にんじん	275487	408638	313070	48417	332141	634933
れんこん	894418	900784	875992	538824	404306	131087
ほうれん草	534160	574271	773302	556868	608075	354353
たまねぎ	45	215	860	24800	79564	197940

（東京都中央卸売市場ウェブページより作成）

資料３　「ある野菜」が生産される県の県庁所在地の月別平均気温の変化（1991年～2020年）

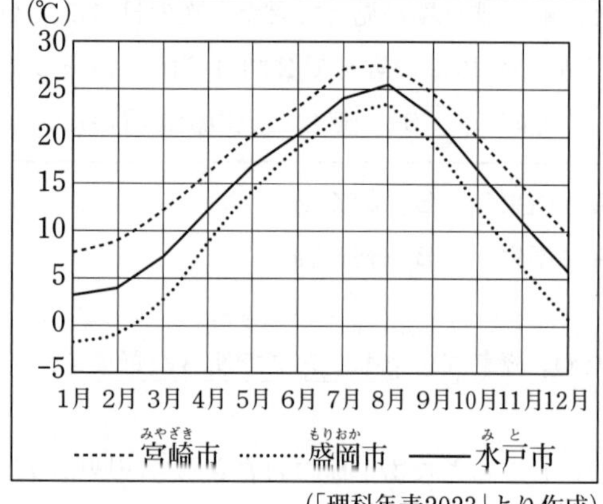

（「理科年表2023」より作成）

資料４　東京都中央卸売市場における「ある野菜」の月ごとの産地別出荷量（2022年６月～2023年６月）

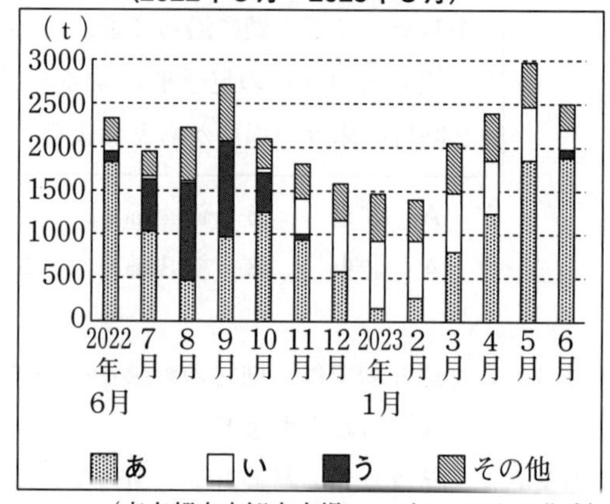

（東京都中央卸売市場ウェブページより作成）

【メモ】＜「ある野菜」の説明＞
- 茨城県からは１年を通して東京都中央卸売市場に出荷される。
- 茨城県では、2022年９月から10月にかけてと2023年２月から６月にかけての東京都中央卸売市場への出荷量が前の月より増えている。
- ビニールハウスを使うことで、冬でも生産ができる。あたたかい気候の土地では、燃料にかかる費用を少なくすることができる。
- あたたかい地方からの出荷には運送費が多くかかるが、東京に近い県の出荷量が減少する冬は、あたたかい地方からの出荷量が多くなる。

ア　あ　茨城県　　い　岩手県　　う　宮崎県
イ　あ　茨城県　　い　宮崎県　　う　岩手県
ウ　あ　岩手県　　い　茨城県　　う　宮崎県
エ　あ　岩手県　　い　宮崎県　　う　茨城県
オ　あ　宮崎県　　い　茨城県　　う　岩手県
カ　あ　宮崎県　　い　岩手県　　う　茨城県

けいこ：道の駅では、地域で作られたものが売られていたね。c奈良時代も今と同じように人やものの流れがあったということを学校で学習したよ。

お父さん：最近、さかんな農業を生かして、茨城県で生産される野菜を外国にd貿易品として輸出しているんだよ。

けいこ：茨城県には、まだわたしたちの知らない魅力がたくさんあるんだね。また、茨城県に行ってみたいな。

問題３　けいこさんは、下線部c「奈良時代」について興味をもちました。そこで、そのころの様子を表した**資料５**、**資料６**を参考にし、調べてわかったことを**【カード】**にまとめました。**【カード】**の［　　　］にあてはまる最も適切なものを、あとの**ア**～**エ**から１つ選んで、その記号を書きなさい。

資料５　奈良時代の都へ運ばれてきた各地の主な産物の例

産地	産物
茨城県	あわび、わかめ、くろだい
静岡県	かつお、みかん、海そう
岐阜県	あゆ、大豆
岡山県	塩、くり、豆でつくった調味料
徳島県	わかめ、うに、しか肉

＊産地は、現在の県名で示している。
（東京書籍「新しい社会６歴史編（令和２年版）」より作成）

資料６　奈良時代の都に住む貴族の食事の例

（教育出版「小学社会６」より作成）
奈良文化財研究所所蔵

> **【カード】**
> 　**資料５**と**資料６**から、奈良時代は各地から産物が都に集められ、貴族の食事を支えていたことがわかりました。これは、国を治める法律である「律令」によって、［　　　］という農民の負担があったからです。

ア　役所や寺の土木工事を行う
イ　地方の特産物を納める
ウ　都で働くか、布を納める
エ　都や九州などの警備をする

問題４　下線部d「貿易品」について、けいこさんは**資料７**を見つけました。**資料７**をもとに、同じ学級のひろしさんと気づいたことをまとめました。あとの(1)、(2)の問題に答えなさい。

資料7　日本の主要な貿易品目の変化

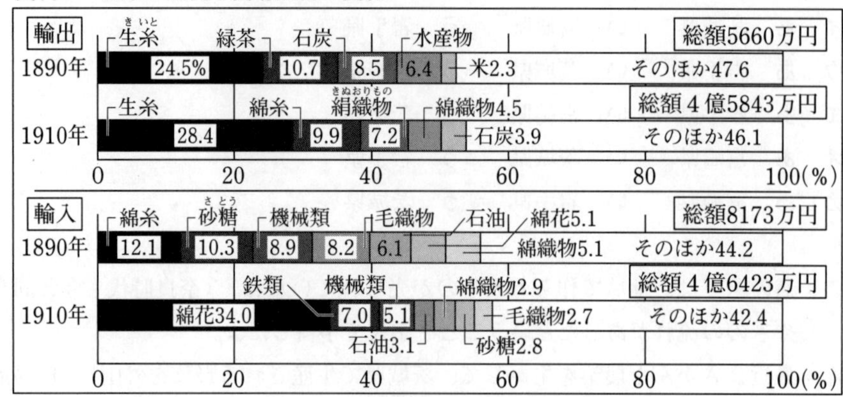

（東京書籍「新しい社会６歴史編（令和２年版）」より作成）

【けいこさんとひろしさんのまとめ】

名前	気づいたこと
けいこ	1890年の輸入品目では［A］の割合が最も大きかったが、1910年には［B］を大量に輸入して、それを［C］にして輸出するようになった。日本でも十分な生産ができるようになってきたと考えられる。
ひろし	1890年から1910年にかけて、生糸の輸出額が約［X］倍になっていることから、日本では製糸業が重要な産業となったことがわかった。

(1)　**【けいこさんとひろしさんのまとめ】**の［A］、［B］、［C］にあてはまる主要な貿易品目の組み合わせとして最も適切なものを、次の**ア**～**カ**から１つ選んで、その記号を書きなさい。

ア　A　綿糸　　B　綿織物　　C　綿糸
イ　A　砂糖　　B　鉄類　　C　石炭
ウ　A　緑茶　　B　鉄類　　C　石炭
エ　A　綿糸　　B　綿花　　C　綿糸
オ　A　砂糖　　B　綿花　　C　綿糸
カ　A　生糸　　B　絹織物　　C　生糸

(2)　［X］にあてはまる数字として最も適切なものを、次の**ア**～**オ**から１つ選んで、その記号を書きなさい。

ア　2　　**イ**　5　　**ウ**　9　　**エ**　13　　**オ**　20

2　けいこさんとひろしさんは、日本の交通に興味をもち、調べてみることにしました。

けいこ：社会の授業で江戸時代に五街道が整備されたことを学習したね。五街道は江戸と各地を結んでいた道だったね。

ひろし：江戸と京都を結んでいた「東海道」は、今でも a 鉄道の路線名に使われているよ。この「東海道」が通っていた地域は、現在の b 工業のさかんな地域とも重なるね。交通網との関わりがあるのかもしれないね。

けいこ：そうだね。工業製品は、トラックや船などいろいろな方法を上手に組み合わせて運ばれているんだよ。

ひろし：その他にもc<u>飛行機を利用した航空輸送</u>もあるよね。ものだけでなく、人の輸送にも飛行機が使われているね。

問題１　下線部a「<u>鉄道の路線名</u>」について、けいこさんは、**資料１**を見つけました。**資料１**を参考にして、東海道・山陽新幹線が通る都府県にある世界遺産に関係のあるものをA～Fの写真の中から**３つ**選んで、東京駅から博多駅の間に通過する都府県の順にならべ、その記号を書きなさい。

資料１　東海道・山陽新幹線の路線図

A　**厳島神社**

B　**中尊寺金色堂**

中尊寺所蔵

C　**金閣**

鹿苑寺　蔵

D　**富岡製糸場**

画像提供　富岡市

E　**日光東照宮**

F　**姫路城**

（A、B、E　東京書籍「新しい社会６歴史編」より作成）
（C　教育出版「小学社会６」より作成）
（D、F　帝国書院「小学生の地図帳」より作成）

問題２　下線部b「<u>工業のさかんな地域</u>」について、ひろしさんは**資料２**と**資料３**を見つけました。あとの**ア～エ**のうち、**資料２**、**資料３**からわかることとして、正しいものには○を、誤っているものには×を書きなさい。

資料２　日本の工業のさかんな地域

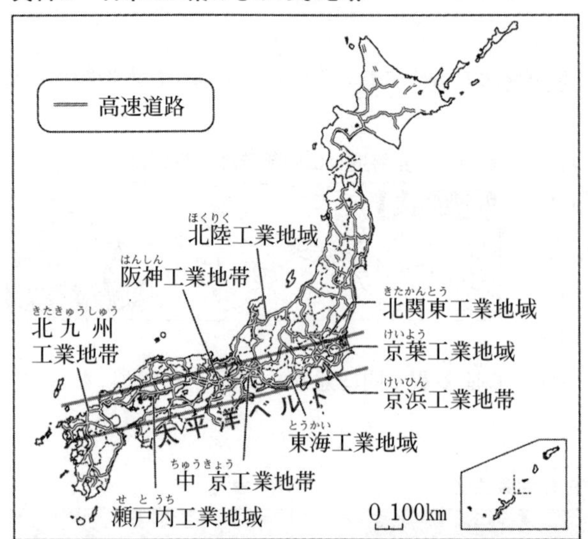

＊高速道路は、主な自動車専用道路をふくむ。
＊北九州工業地帯は、北九州工業地域とよばれることもある。
（帝国書院「小学生の地図帳（令和２年版）」より作成）

資料３　工業地帯・工業地域別の工業生産額（2016年）

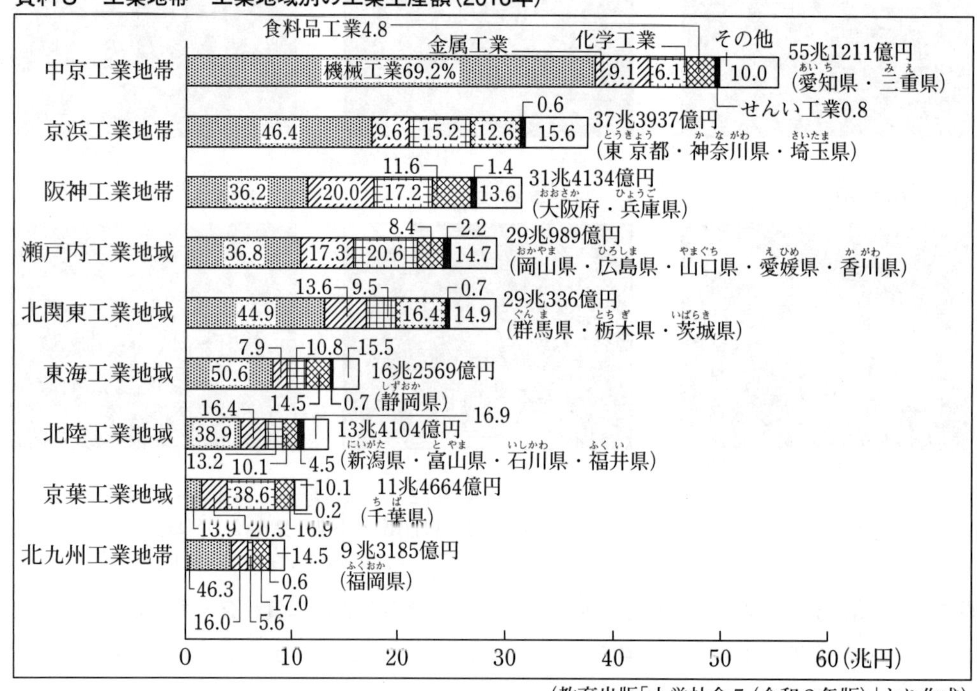

（教育出版「小学社会５（令和２年版）」より作成）

ア　関東地方の南部から九州地方の北部にかけて、工業地帯や工業地域が海沿いに広がっている。

イ　高速道路があっても、内陸部には工業のさかんな地域はない。

ウ　すべての工業地帯・工業地域において、工業生産額の割合が最も大きいのは、機械工業である。

エ　工業生産額における化学工業のしめる割合が最も大きくなっているのは、瀬戸内工業地域である。

問題３　下線部ｃ「飛行機を利用した航空輸送」について、**資料４**を参考に**資料５**の**Ａ～Ｃ**にあてはまる都府県の組み合わせとして最も適切なものを、あとの**ア～カ**から１つ選んで、その記号を書きなさい。

また、北海道の年間旅客数に着目し、**資料4**、**資料5**から読み取ったことを、①「新千歳空港の年間旅客数は、」に続けて、**10字以上**、**15字以内**で書きなさい。さらに、①のようになる理由を、**資料6**をもとに、②「北海道の年間旅客数には、」に続けて、**15字以上**、**20字以内**で説明しなさい。ただし、「、」や「。」も1字に数え、文字に誤りのないようにしなさい。

資料4　日本の航空輸送における主な空港の年間旅客数（国内線と国際線の合計　2018年度）

空港名〔都道府県〕	年間旅客数（万人）
東京国際空港〔東京都〕	8605.1
成田国際空港〔千葉県〕	4123.8
関西国際空港〔大阪府〕	2930.8
福岡空港〔福岡県〕	2484.5
新千歳空港〔北海道〕	2363.4
那覇空港〔沖縄県〕	2154.7
大阪国際空港〔大阪府〕	1629.9
中部国際空港〔愛知県〕	1234.5

資料5　資料4の空港がある都道府県の航空輸送における年間旅客数（2018年度）

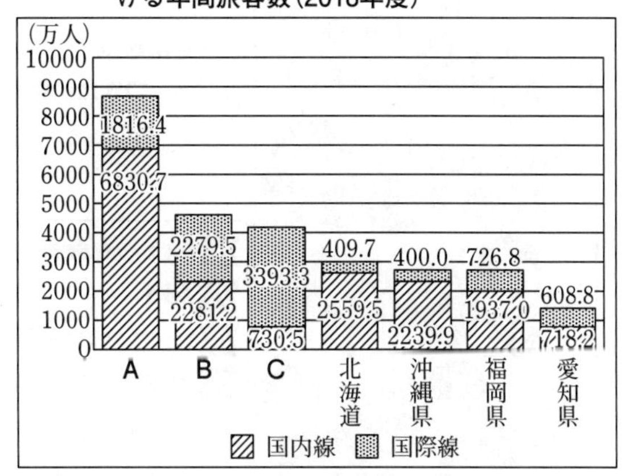

＊大阪国際空港の所在地は大阪府と兵庫県にまたがるが、ターミナルがある大阪府としている。

（**資料4**、**資料5**は、国土交通省「平成30年度　空港管理状況調書」より作成）

資料6　日本の空港

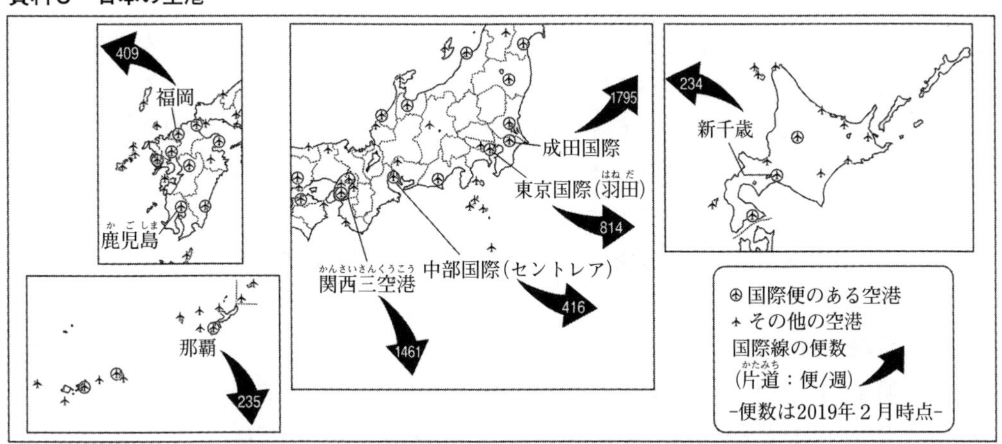

＊地図の縮尺は、どの地域も同じである。　（帝国書院「小学生の地図帳（令和2年版）」より作成）
＊関西三空港とは、大阪国際空港、関西国際空港、神戸空港を合わせたものである。

ア　A　東京都　B　大阪府　C　千葉県
イ　A　東京都　B　千葉県　C　大阪府
ウ　A　大阪府　B　千葉県　C　東京都
エ　A　大阪府　B　東京都　C　千葉県
オ　A　千葉県　B　東京都　C　大阪府
カ　A　千葉県　B　大阪府　C　東京都

3　ひろしさんの学年では、総合的な学習の時間に「未来のわたし」をテーマに学習をしています。

資料１のスライドを用いて学級で中間発表会を行い、みんなから質問や意見をもらいました。今日は、最終発表会に向けてグループで話し合いをしています。

資料１　ひろしさんたちが中間発表会で提示したスライド

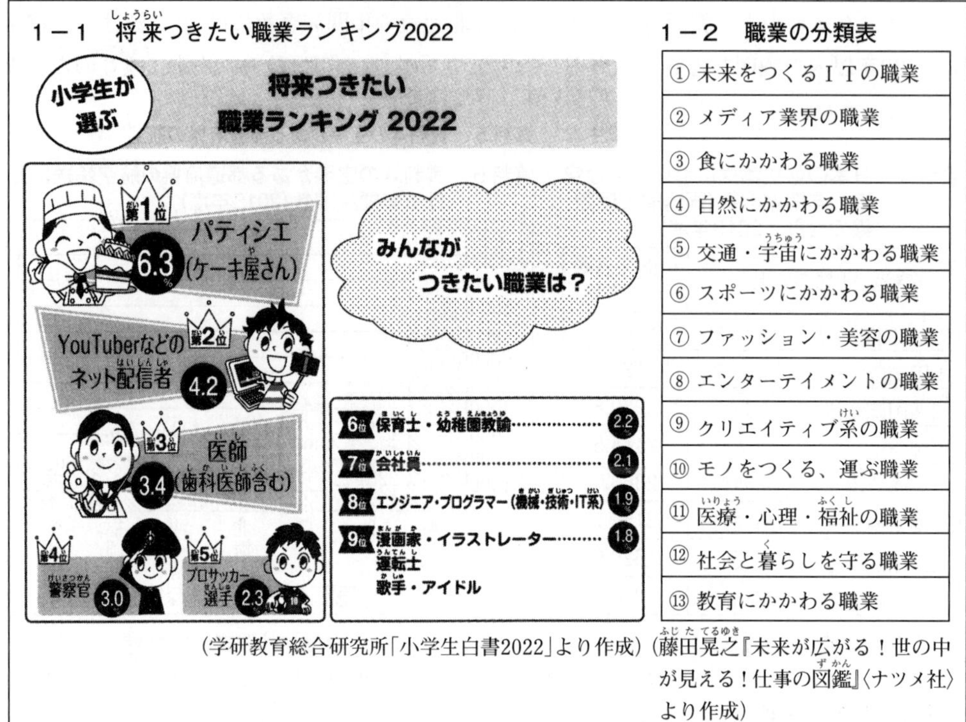

職業の分類表
① 未来をつくるＩＴの職業
② メディア業界の職業
③ 食にかかわる職業
④ 自然にかかわる職業
⑤ 交通・宇宙にかかわる職業
⑥ スポーツにかかわる職業
⑦ ファッション・美容の職業
⑧ エンターテイメントの職業
⑨ クリエイティブ系の職業
⑩ モノをつくる、運ぶ職業
⑪ 医療・心理・福祉の職業
⑫ 社会と暮らしを守る職業
⑬ 教育にかかわる職業

（藤田晃之『未来が広がる！世の中が見える！仕事の図鑑』〈ナツメ社〉より作成）

ひろし：今日は、先週の中間発表会をふり返ろう。ぼくたちは、小学生がどんな職業につきたいと思っているのかを調べて、**資料１（１－１）**を提示したんだよね。さらに、世の中にはどんな職業があるのかをもっと知りたくて、いろいろさがして見つけた本の中に、**資料１（１－２）**の分類表を見つけたので、それを提示したんだよね。

けいこ：**資料１（１－１）**の「将来つきたい職業ランキング2022」で、ユーチューバーが第２位だったことに、みんなは驚いていたね。最初の資料として、とても効果的だったと思うよ。

なおき：**資料１（１－２）**については、特に「③『食にかかわる職業』や⑥『スポーツにかかわる職業』について、具体的にどんな職業があるのか」という質問が出たよね。

ひろし：２つの資料とも準備してよかったね。ただ**資料１（１－１）**では、パティシエや警察官などに比べて、「会社員って、具体的に何をしているのかな。」という質問がたくさん出たね。だから、ぼくは、会社員をしている近所のおねえさんに、授業で学んだ**資料２**を生かして、インタビューをしてみたんだ。

資料２　インタビューで気をつけること

① インタビューの目的や意図を明確にし、はじめに相手に伝えること。
② 相手の話の中心を考えながら聞くこと。
③ 相手の話を聞き、興味や疑問をもったことについて、さらに、くわしくたずねること。
④ メモを取りながら、相手の話を聞くこと。
⑤ ていねいな言葉を使うこと。

資料3　ひろしさんが行ったインタビュー

ひ　ろ　し：こんにちは。ゆうこおねえさんは、どんな仕事をしているのですか。
おねえさん：わたしはゲームを作る会社で企画(きかく)を任されています。新しいゲームのアイデアを練るために会議や打ち合わせをしたり、決定したことを報告するための書類を作ったりしています。
ひ　ろ　し：そうなんですね。会社員って、みんなおねえさんと同じような仕事をしているのですか。
おねえさん：ひろしさんは、会社員について知りたいのかな。会社員はみんなが同じ仕事をしているわけではないのです。たとえば、わたしの会社には、企画の他にも、ゲームのキャラクターがアイデアどおりに動くように※プログラミングをする人、みんなに新しいゲームを知らせるための宣伝(せんでん)を考える人、店に商品を売りこむ人など、いろいろな役割(やくわり)の人がいて、チームで仕事を進めています。
ひ　ろ　し：そうなんだ。ということは、会社がひとつのチームで、会社員はチームのメンバーであるといえますね。
おねえさん：そのとおりです。わたしの会社は、チーム全体でゲームをつくり、提供(ていきょう)し、遊ぶ人たちを楽しませているのです。
ひ　ろ　し：すごいね。会社のみんなが力を合わせることで、多くの人たちを楽しませて、幸せにしているんだね。
おねえさん：そうですね。みんなが楽しんでくれるゲームを提供することで、社会の役に立てているのかなと思います。わたしたちの仕事はそれぞれですが、社会の役に立つために、メンバーひとりひとりが欠かすことのできない役割を果たしているのです。
ひ　ろ　し：きっと、他の会社も同じように、チーム全体で社会の役に立とうとしているのですね。よくわかりました。今回のインタビューのメモをもとに、職業について、もう一度考えてみたいと思います。ありがとうございました。

※プログラミング　コンピューターのプログラムを作成すること。

けいこ：わたしは、最終発表会に向けて、ひろしさんのインタビューの内容をスライドにまとめようと思うんだ。**資料4**は、作りかけなんだけど、どうかな。

資料4　けいこさんがまとめようとしているスライド

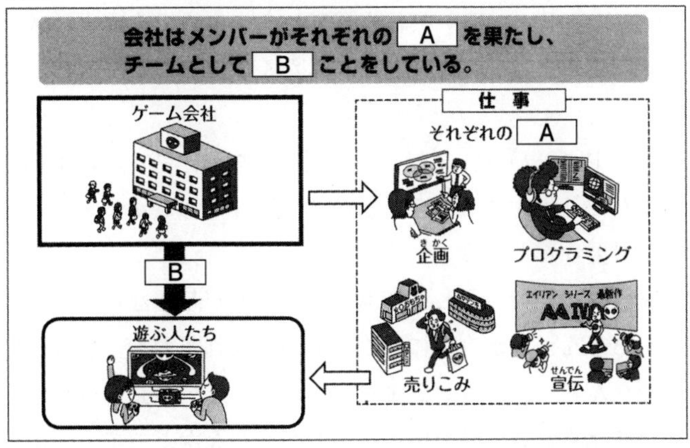

(池上彰『なぜ僕らは働くのか』Gakken より作成)
(C)モドロカ

問題1　ひろしさんたちの会話と、**資料2**～**資料4**をもとに、次の(1)、(2)の問題に答えなさい。

(1)　**資料2**のうち、ひろしさんが、**資料3**のインタビューで取り入れることができたものはどれですか。①～⑤のうち、あてはまるものには○を、あてはまらないものには×を書きなさい。

(2)　**資料4**の［A］、［B］にあてはまる最も適切な言葉を、それぞれ**資料3**からぬき出して書きなさい。ただし、［A］は**2字**で、［B］は**7字**で、文字に誤（あやま）りがないようにしなさい。

ひろし：新しい資料が増えて、最終発表会に参加するみんなも、会社員という職業について理解が深まると思うよ。ところで、**資料1（1－2）**についてだけど、調べてみると世の中には約3万種類もの職業があるそうだよ。なおきさんとさやかさんが、中間発表会でみんなの関心が高かった③「食にかかわる職業」と⑥「スポーツにかかわる職業」についてくわしく調べてくれたんだよね。**資料5**を見てくれるかな。

資料5　なおきさんとさやかさんが、職業についてまとめた資料

③食にかかわる職業		⑥スポーツにかかわる職業		
《料理や飲み物を提供（ていきょう）する》 ・ソムリエ／ソムリエール ・バリスタ ・給仕（きゅうじ） ・カフェスタッフ など	《メニューや商品を考える》 ・食品・飲料メーカー企画開発（きかくかいはつ） ・フードコーディネーター ・栄養士 ・給食調理員　など	《選手として活躍（かつやく）》 ・プロアスリート ・パラアスリート ・eスポーツ選手 など	《試合にかかわる》 ・審判員（しんぱんいん） ・グラウンドキーパー ・スポーツ観戦記者 など	《人に教える》 ・インストラクター ・トレーナー など
《料理・お菓子（かし）をつくる》 ・料理人(シェフ) ・パティシエ ・板前 ・パン職人 など	《食材をつくる、育てる》 ・農業経営者／農家 ・酪農家（らくのうか） ・畜産農家（ちくさんのうか） ・漁師 など	《選手をサポート》 ・監督（かんとく）／コーチ ・スポーツドクター ・チームフロント など	《道具や場所でサポート》 ・施設（しせつ）運営スタッフ ・スポーツ用品開発者 ・スポーツ用品販売員（はんばいいん） など	

（藤田晃之（ふじたてるゆき）『未来が広がる！世の中が見える！仕事の図鑑（ずかん）』〈ナツメ社〉より作成）

さやか：わたしはお菓子づくりが好きだから、「食にかかわる職業」を調べてみたよ。料理人やパティシエだけではなく、レストランなどで、料理や飲み物を出す人、メニューや商品を考える人、食材をつくったり、育てたりする人もいることがわかったよ。

なおき：ぼくはサッカーが好きだから、「スポーツにかかわる職業」をまとめてみたよ。スポーツにかかわる職業には、プロの選手だけではなく、他にもたくさんの職業があるということがわかったよ。

ひろし：**資料5**から、審判員やグラウンドキーパー、スポーツ観戦記者など、プロの選手以外にも、スポーツにかかわる職業がたくさんあるってことが、みんなにもわかるよね。それぞれの職業につくには、何が必要なんだろう。

なおき：たとえば、スポーツでは、競技についてくわしい知識をもつことが基本なんだよ。その他に、それぞれ必要な能力があるんだ。審判員には冷静で公平な判断力や、試合中にフィールドを走る持久力が必要なんだ。グラウンドキーパーには、芝生（しばふ）の長さや状態を一定に保てるように、わずかな変化も敏感（びんかん）に感じ取る観察力が必要なんだって。スポーツ

観戦記者には、情報収集能力やコミュニケーション能力、取材力が必要なんだ。

けいこ：みんなの話を聞いていると、[　C　]という気持ちを生かせる職業は、たくさんあることがわかるね。特に、スポーツにかかわる職業の例からも、職業には[　D　]と[　E　]が必要なことがわかったよ。

ひろし：どんな職業も同じだろうね。ところで、そう考えたら、将来つきたい職業を考えて、関係する教科や自分の好きな教科だけを勉強すればいいと思うんだけど、学校ではいろいろな教科の勉強をするよね。なぜだろう。

先　生：とてもいい話し合いになっていますね。最終発表会に向けて新しい資料も見つけたようですね。今、ひろしさんが学校の勉強について疑問を投げかけていましたが、みなさんにしょうかいしたい本があるので、その中の一部を読んでみてください。

資料6　先生がしょうかいしてくれた本の一部

5教科も勉強しなくてもいいと思う人もいるかもしれません。将来、英語を使う仕事につきたいわけでもないし、石油から発電する仕組みを知らなくても、スイッチを入れればちゃんと電気は使えます。読み書きと足し算引き算ができれば生きていけるから、それで十分だと思う人もいるかもしれません。それでもかまわないと思います。

ただ、前にも書いたように、学ぶということは自分の選択肢を広げることです。

いま、みなさんがスキー場にいるとします。雪質もコンディションも最高のゲレンデです。そしてみなさんはスキー1級の免許を持っています。楽しみ方は2つあります。思いきりスキーを楽しんでもいいし、そのへんに寝転がって、スキーをする人たちをぼーっと見ていてもいい。みなさんは、どちらが楽しいと思うでしょうか。

学生にこう聞くと、ほとんどの人が「思いきりスキーを楽しみたい」と言います。中には、ぼーっと眺めていたいという人ももちろんいます。

どちらでもかまわないのです。ただスキーの技術を身につけていれば、スキー場に行ったとき、どちらの楽しみ方がいいか、自分で選ぶことができます。今日は元気だからガンガンすべろうとか、昨日すべりすぎて疲れちゃったから、今日はのんびり眺めていようかなというふうにです。別にスキーを学んだからといって、やらなくてもいいのです。でも、もしスキーができなかったら、そもそも選ぶことさえできず、すべる人をボーッと見ていることしかできません。

これはスキーに限ったことではありません。

何かを勉強するということは、自分の人生の選択肢を増やすということです。何かひとつでも学べば選択肢が増えます。選択肢の多い人生の方が楽しいと僕は思うのです。

（出口治明『なぜ学ぶのか』〈小学館〉による）

問題2　さやかさんたちの会話と、**資料6**をもとに、次の(1)、(2)の問題に答えなさい。

(1)　けいこさんの発言の[　C　]、[　D　]、[　E　]にあてはまる最も適切な言葉を、会話文からぬき出して、それぞれ**2字以内**で書きなさい。ただし、文字に誤りがないようにしなさい。

(2)　**資料6**の下線部「いま、みなさんがスキー場にいるとします。」で始まる事例を示した筆者の意図を説明しているものはどれですか。次の**ア**～**オ**から**2つ**選んで、その記号を書きなさい。

ア　選択肢の多い人生は楽しいという主張を、読み手に納得させるため。

イ　人生を楽しむには、スキー１級の免許が必要であることを主張するため。

ウ　何事にも全力で取り組むべきだという主張を、読み手に理解させるため。

エ　スキーをすることの楽しさを、だれにでも伝わるように主張するため。

オ　学ぶことで人生の選択肢が増えるという主張に、説得力をもたせるため。

4　なおきさんのクラスでは、国語の授業で「季節の思い出」を題材に作文を書き、読んだ感想を伝え合っています。なおきさんは、友達からの感想や意見をもとに、自分の作文をよりよいものにしようと考えました。なお、作文中の［　　］には、なおきさんが作った短歌を書く予定です。

【なおきさんの作文】（編集部注：たて書きで出題されています。）

ａぼくは、母と桜を見に行った。いっしょに桜をながめている時に母に言われた言葉が、しばらく会っていない祖父のことを強く思い出させた。

祖父は桜の季節になると、ぼくを近くの川に連れて行ってくれた。場所は決まっていた。

「桜の名所はたくさんあるが、ここの桜並木がおれには一番だ。」

そう言って、祖父はいつもやさしくほほえんだ。祖父からは桜の話をいろいろと教えてもらった。川沿いに桜を植える理由。※1ソメイヨシノの起源。お花見の歴史など…。ｂそのため、桜をテーマにした短歌についても教えてくれた。

筆ペンと紙を持って、二人で短歌作りに挑戦したこともある。

いざなおき　山べにゆかむ　桜見に　明日ともいはば　散りもこそせめ

「※2良寛さんのまねだ、まね。」

祖父はにっこり笑っていた。

今年は、母と二人で桜を見に行った。桜はいつものように、きれいにさいていた。

ｃつまり、何かがちがう。祖父がいない花見は、少しだけ、もの足りなかった。

［※　なおきさんが作った短歌］

気づいたら、ぼくは短歌をよんでいた。祖父から受けついだのは、どうやら桜好きだけではなかったようだ。

※1　ソメイヨシノ　桜の一種。現代の代表的な品種。

※2　良寛　江戸時代後期の僧侶、歌人、漢詩人、書家。

「いざ子ども　山べにゆかむ　桜見に　明日ともいはば　散りもこそせめ」

（さあ子供たちよ、山のあたりに行こう、桜の花を見に。明日見に行くと言ったならば、花が散ってしまうであろうに。）

けいこ：おじいさんとの思い出の場所について書いたんだね。なおきさんとおじいさんとの仲のよさが伝わってきたよ。ただ、書き出しの部分については、［　A　］、という点で書き直してみると、さらによくなると思うよ。

なおき：なるほどね。自分でも少し気になっていたんだ。ありがとう。こんなふうに書き直したらどうかな。

［「おじいちゃんの桜好きは、あなたが受けついだのね。」］

けいこ：うん。とてもよくなったと思うよ。

なおき：ぼくの作文について、他に気づいたことはあるかな。

ひろし：少し気になったことを質問してもいいかな。――線部b「そのため」、――線部c「つまり」のつなぎ言葉(つなぐ言葉)は、意味が伝わりにくいけれど、どうかな。

なおき：そうだね…ありがとう。おかげで、文と文のつながりが自然になったよ。

さやか：ここに、「川沿(ぞ)いに桜を植える理由」と書かれているよね。どうしてもその理由が気になったから教えてほしいな。

なおき：いいよ。おじいちゃんから聞いて、ノートにまとめたんだ。これを見て。

けいこ：たしかに花見の季節には美しい桜を見ようと、多くの人が集まるよね。

なおき：そうなんだよ。集まった人たちは、足もとの土手を何度もふむよね。そうするとどうなると思う。おじいちゃんの話では、そこがねらいらしいよ。

さやか：たくさんの人が土手をふむと、固くなるよね。つまり、わたしたちも自分で気づかないうちに、洪水被害(こうずいひがい)を防ぐことに協力しているということだね。

けいこ：さすが、もの知りのおじいさんだね。

資料1　なおきさんのノートの一部

> 川沿いに桜を植える理由のひとつは江戸(えど)時代にあるらしい。江戸時代は大雨が降(ふ)ると、川の増水によって土手の※決壊(けっかい)が起こり、洪水被害になやまされていた。多くのお金をかけずに洪水を防ぐ方法はないかと考えていたところ、桜の木を植えることを思いついた。集まった花見客が、［　B　］ことで、決壊を防ぐというアイデアが生まれたらしい。

※決壊　切れてくずれること。

問題1　なおきさんは、けいこさんからのどのような意見を生かして――線部a「ぼくは、母と桜を見に行った。いっしょに桜をながめている時に母に言われた言葉が、しばらく会っていない祖父のことを強く思い出させた。」を書きかえたのでしょうか。けいこさんの意見［　A　］にあてはまる内容を、次の**ア**～**カ**から**2つ**選んで、その記号を書きなさい。

ア　時と場所に関する情報がはっきりわかるように書く

イ　書き出しに祖父が好きだった短歌を入れるようにする

ウ　母の発言を具体的に書いて興味を引くようにする

エ　文末の言い切りの言葉をもっとていねいな表現にする

オ　作文の始めと終わりの内容がつながるようにする

カ　自分の考えていることをはっきりと伝えるようにする

問題2　なおきさんは、ひろしさんの意見をもとにb「そのため」、c「つまり」のつなぎ言葉(つなぐ言葉)を直しました。次の**ア**～**カ**から最も適切な組み合わせを1つ選んで、その記号を書きなさい。

ア　b　だから　　c　なお　　　　**イ**　b　なぜなら　c　あるいは

ウ　b　たとえば　c　したがって　**エ**　b　そして　　c　でも

オ　b　なぜなら　c　しかし　　　**カ**　b　さらに　　c　だから

問題3　資料1の［　B　］にあてはまる内容を、会話文をよく読んで、**5字以上、10字以内**で書きなさい。ただし、花見客の行動とその効果にふれて、文字に誤(あやま)りがないようにしなさい。

問題４　なおきさんは、作文に書く短歌について、**資料２**をもとに、**資料３**の**Ｃ・Ｄ**の案を考えました。そして、**資料４**を参考に表現を見直し、**Ｃ**の案を選ぶことにしました。なおきさんが**Ｃ**の案を選んだ理由を、**《条件》**に従って書きなさい。

資料２　なおきさんのアイデアメモ

短歌によむ題材の決定

祖父の思い出
（笑顔、歌作り、桜について教わったこと）

⇦

祖父のやさしさを伝えたい

資料３　なおきさんがよんだ短歌

Ｃ

目の前に　桜満開　母と見る
まぶたにうかぶ　祖父のほほえみ

Ｄ

目の前に　桜満開　母と見る
まぶたにうかぶ　祖父の笑顔が

資料４　なおきさんが参考にした資料

短歌では、読みやすさやわかりやすさを優先するわけではありません。短歌での漢字とひらがなのいちばんの違いは、見た目から受ける印象でしょう。直線が多い漢字はかたい印象に、曲線が多いひらがなはやわらかい印象になります。

（横山未来子『のんびり読んで、すんなり身につくいちばんやさしい短歌』〈日本文芸社〉による）

《条件》

①　**Ｃ**の案の中の言葉を取り上げ、その言葉を使うことによる効果となおきさんの伝えたいことを関連させながら書くこと。言葉を取り上げる際には、「　」（かぎ）を付けること。

②　「**Ｃ**の案を選んだ理由は、」に続けて、「からだ。」につながるようにすること。

③　**30字以上、40字以内**で書くこと。ただし、「、」や「。」および「　」（かぎ）も１字として数えること。

④　文字に誤りがないようにすること。

栃木県立宇都宮東高等学校附属中学校
栃木県立佐野高等学校附属中学校
栃木県立矢板東高等学校附属中学校

（編集部注：掲載にあたりレイアウトなどの一部改変を行っています。）

〈適性検査〉　　—50分—

1　図書委員のしおりさんたちは、10月の読書週間に、学校図書館でたくさん本を借りてもらえるような企画(きかく)を考えています。

しおり：　読書週間では、みんなに今よりもっとたくさんの本を読んでもらいたいね。
ふみか：　私(わたし)たちの学校図書館の本の貸出冊数(かしだしさっすう)は、どれくらいなのかな。

しおりさんたちは、先生に次のような資料(**図1**)を見せてもらいました。

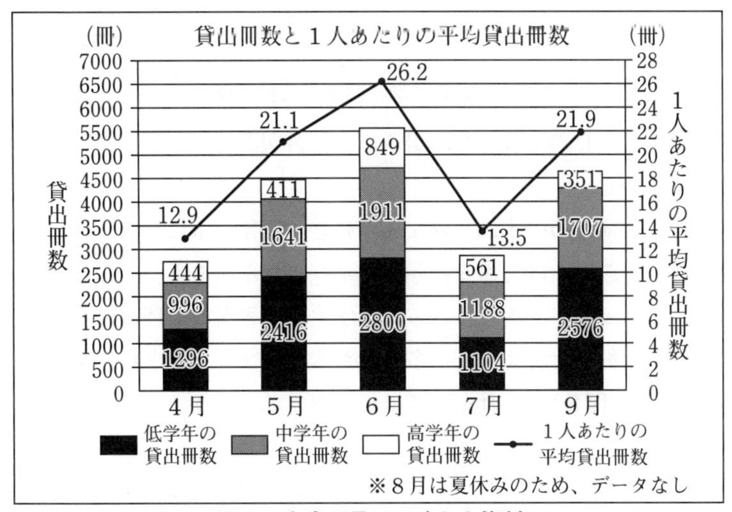

図１　先生が見せてくれた資料

ふみか：　貸出冊数が5000冊以上ある月があるよ。
しおり：　その月は、図書集会があって、みんなに図書館で本を借りてくださいと呼(よ)びかけをしたからかな。
まなぶ：　月ごとの貸出冊数には、ばらつきがあるね。
しおり：　そうだね。ほかには、どんなことが分かるかな。

[問１]　**図１**の資料から分かることとして適切なものを、次の**ア**から**エ**の中から一つ選び、記号で答えなさい。

ア　１人あたりの平均貸出冊数と、低学年、中学年、高学年それぞれの本の貸出冊数が、４月から６月にかけて増え続けている。

イ　１人あたりの平均貸出冊数が最も少ない月は、低学年、中学年、高学年ともに貸出冊数も最も少ない。

ウ　６月の１人あたりの平均貸出冊数は、４月の１人あたりの平均貸出冊数の２倍以上になっている。

エ　どの月も、本の貸出冊数が最も多いのは低学年であり、最も少ないのは高学年である。

しおりさんたちは、読書週間の企画で、学校図書館の配置図（**図2**）を見ながら、**A**、**B**、**C**、**D**のそれぞれの場所にどのようなものを置くか、話し合っています。

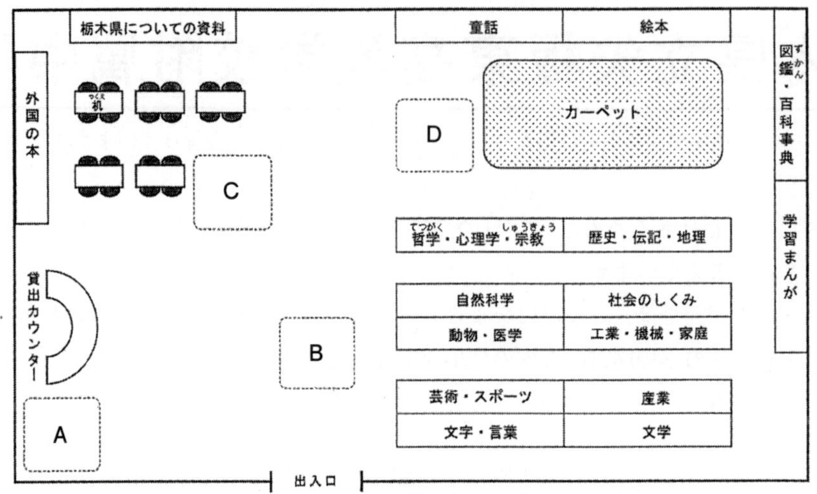

図2　学校図書館の配置図

しおり：　**A**、**B**、**C**、**D**のそれぞれの場所に、読書週間のポスターをはる掲示板やおすすめの本を置きたいな。

ふみか：　いいね。おすすめの本は、みんなが好きな種類の本にしよう。

しおり：　そうだね。みんなはどんな種類の本が好きなんだろう。

まなぶ：　インターネットで調べてみたら、小学生が好きな本の種類に関する資料を見つけたよ。その中から、好きと答えた人が多かった本の種類を、低学年、中学年、高学年ごとにまとめてみたよ（**図3**）。これを参考にして考えてみよう。

小学生が好きな本の種類

好きな本の種類	低学年	中学年	高学年
まんが・コミックス	72人	133人	152人
アニメ	94人	102人	96人
絵本	106人	38人	10人
図鑑	71人	54人	21人
探偵もの・推理もの	29人	59人	52人
ファッション・おしゃれ	45人	39人	50人
学習まんが	41人	51人	37人
歴史まんが	23人	45人	52人
ファンタジー	27人	41人	50人

図3　まなぶさんがまとめた表

（学研教育総合研究所「小学生白書2016『小学生の生活・学習・グローバル意識に関する調査』（好きな本・雑誌のジャンル）」をもとに作成）

ふみか：　低学年は、昼休みに学校図書館の奥のカーペットでよく読書をしているから、その近くの場所に低学年が一番好きな種類のおすすめの本を置いたらどうかな。

しおり：　近くには、その種類の本だなもあるし、そう決めよう。ほかの学年はどうかな。

まなぶ：　ぼくがまとめた表では、中学年と高学年が一番好きな種類の本は、「まんが・コミックス」だけど、ぼくたちの学校図書館には置いてないから、おすすめの本にできないね。

ふみか：　そうだね。ほかにも、学校図書館に置いてない種類の本があるのかな。

まなぶ：　表の中の「まんが・コミックス」以外の種類の本は、学校図書館にあるよ。

ふみか：　じゃあ、中学年と高学年で、好きと答えた人数が２番目に多い「アニメ」の本を置くのはどうかな。

まなぶ：　でも、学校図書館にある「アニメ」の本は数が少ないから、「アニメ」以外の本を置こうよ。

ふみか：　そうしよう。それなら、中学年と高学年ともに、好きと答えた人数が３番目に多い種類の本を置くのはどうかな。

まなぶ：　いい考えだね。中学年や高学年は、机でよく本を読んでいるよね。だから、机に最も近い場所に、その種類の本を置こう。

しおり：　残り二つの場所のうち、読書週間のポスターをはる掲示板を置く場所を一つ作りたいから、おすすめの本を置く場所はあと一つだよ。その場所には、低学年から高学年までの多くの学年の人たちにおすすめする本を置きたいね。

ふみか：　それなら、本を借りるときは、必ず貸出カウンターを利用するから、その近くの場所に、おすすめの本を置いたらいいかな。

まなぶ：　じゃあ、まだおすすめの本に選んでいない種類の本のうち、「まんが・コミックス」と「アニメ」を除いて、低学年、中学年、高学年で好きと答えた人数の合計が、一番多い種類の本を置くのはどうかな。

ふみか：　そうだね。その種類の本は、学校図書館の奥の本だなにあって、なかなか気づかない人も多いだろうから、ぜひ、おすすめしたいね。

しおり：　賛成。おすすめの本の種類と置く場所は決まったね。そうすると、残り一つの場所は、読書週間のポスターをはる掲示板を置く場所になるね。

[問２]　会話から、しおりさんたちは、**図２**の**Ａ**、**Ｂ**、**Ｃ**、**Ｄ**の場所には、それぞれ何を置くことにしたか、次の**ア**から**ク**の中から最も適切なものを一つずつ選び、記号で答えなさい。

ア　おすすめの絵本
イ　おすすめの図鑑
ウ　おすすめの探偵もの・推理ものの本
エ　おすすめのファッション・おしゃれの本
オ　おすすめの学習まんがの本
カ　おすすめの歴史まんがの本
キ　おすすめのファンタジーの本
ク　読書週間のポスターをはる掲示板

2　たろうさんは、国語の授業で、短歌や俳句、物語などに多くの鳥が出てくることを知りました。そこで、自主学習で鳥が出てくる俳句(**図１**)を調べることにしました。

鳥が出てくる俳句調べ

※季語は**太字**で表している。

【春】

鶯(うぐいす)や　文字も知らずに　歌心　　高浜虚子(たかはまきょし)

大和路(やまとじ)の　宮もわら屋も　**つばめ**かな　　与謝蕪村(よさぶそん)

【夏】

飛び習ふ(う)　青田の上や　**燕の子**(つばめのこ)　　堀麦水(ほりばくすい)

木隠れ(こがく)て　茶摘み(ちゃつ)も聞くや　**ほととぎす**　　松尾芭蕉(まつおばしょう)

【冬】

ふり仰(あお)ぐ　空の青さや　**鶴**渡る(つるわた)　　杉田久女(すぎたひさじょ)

図１　たろうさんが自主学習で調べた鳥が出てくる俳句

たろう：　お父さん、鳥が出てくる俳句をノートにまとめたら、こんなにあったよ。

父　　：　よくまとめたね。たろうが気に入った俳句はどれだい。

たろう：　そうだな。ぼくは最後の俳句が好きだな。冬の青空に白い鶴が飛んでいる景色がうかんで、きれいだなって思ったよ。

父　　：　なるほど。ほかの俳句も鳥の様子が目にうかぶね。

たろう：　うん。ぼくの知っている鳥がいろいろ出てきてびっくりしたよ。

父　　：　昔から人々(ひとびと)にとって、鳥は身近な存在(そんざい)だったのだろうね。

たろう：　そうだね。調べていく中で鳥が季語になっていることが分かったけれど、どうしてだろう。

父　　：　季節ごとの鳥の様子にちがいがあるから、俳句の季語として用いていたんだろうね。

たろう：　それはおもしろいね。鳥が季語になる理由を調べてみたいな。

父　　：　いい考えだね。俳句における季節の区切りを考えるときには、この表(**図２**)を参考にするといいよ。

春	2月	夏	5月	秋	8月	冬	11月
	3月		6月		9月		12月
	4月		7月		10月		1月

図２　俳句における季節の区切りを示した表

たろう：　ありがとう。これで鳥が季語になる理由について、くわしく調べられそうだな。俳句に出てきた鳥の特ちょうを調べて、まとめてみよう(**図３**)。

〈うぐいすについて〉
- 産卵、子育ては2月から3月ごろに始まる。
- 産卵や子育てをする時期に、オスだけが「ホーホケキョ」と鳴く。
- 体の大きさは約15cm、やぶの中にひっそりと生息している。

〈ほととぎすについて〉
- 5月ごろにインドや中国から日本にやって来て卵を産む。
- 都市部や住宅地では、5月から6月中じゅんごろまで鳴き声が聞こえる。
- 体の大きさは約28cm、林ややぶの中に生息している。

〈つばめについて〉
- 東南アジアから日本にやって来て、人通りの多い場所に巣を作る。
- 1年に2回子育てをする。
- 体の大きさは約17cm。

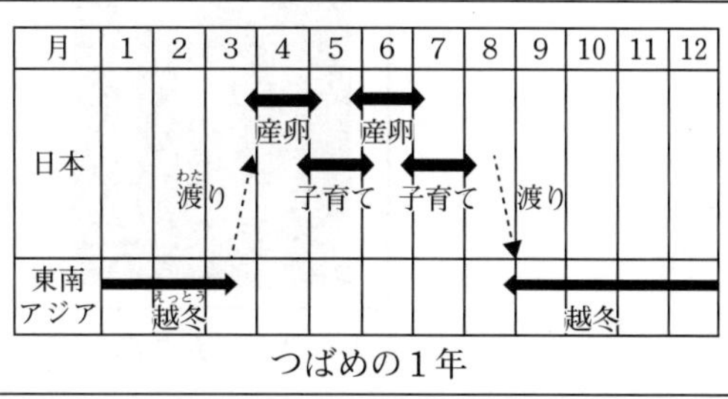

つばめの1年

図3　たろうさんがまとめた鳥の特ちょう
（「日本自然保護協会ウェブサイト」、「鳥ペディアウェブサイト」をもとに作成）

たろう：　俳句における季節の区切りと調べた鳥の特ちょうを考えながら、改めて俳句をよみ返すともっと情景をイメージしやすくなったな。うぐいすやほととぎすに対しては、姿よりも［　①　］に季節を感じていたのだろうね。

父　　：　そうだね。つばめと季語の関係は、何か分かったかな。

たろう：　うん。「つばめ」が春の季語なのは、3月ごろに日本にやって来て、その姿が見られるようになるからなんだね。同じつばめでも、「燕の子」だと夏の季語になるのは、［　②　］という理由だからだね。じゃあ、つばめを使った秋の季語もあるのかな。

父　　：　いいところに気づいたね。「きえん」という言葉があって、つばめの様子を表す秋の季語だよ。「えん」はつばめの漢字の音読みなんだ。

たろう：　調べたことから考えると、つばめは3月ごろに日本にやって来て、8月ごろに東南アジアへもどっていくから、「きえん」は漢字で「［　③　］燕」と書くんだね。

父　　：　その通り。よく分かったね。

［問1］　［　①　］、［　②　］にあてはまる言葉や文をそれぞれ書きなさい。また、［　③　］にあてはまる漢字1字を書きなさい。

たろうさんと父の様子を見ていた母が、声をかけました。

母　　：　あら、鳥についていろいろ調べたのね。日本には昔から、「つばめが巣を作る家は縁起がいい」という言い伝えがあるのよ。

たろう：　そういえば鶴も縁起のいい鳥とされているよね。お祝いのときによく見るよ。

母　　：　そうね。鶴は長寿の鳥として親しまれているわね。つばめや鶴のほかにも、縁起がいい鳥はいろいろいて、好んでお店や家にかざっている人も多いのよ。

たろう：　なるほどね。ぼくの家にも鳥のかざりがあるといいな。

母　　：　そういえば前に参加した工作教室で鳥と鳥かごのかざりを作ったことがあったわ。1枚の紙を折って、切って、はり合わせるだけで簡単に鳥かごができたの。その鳥かごの中に、好きな鳥を作ってつり下げれば、すてきな鳥のかざりになるわ。たしか、そのときに使った鳥かごの型紙が、家にあったと思うけど。

たろう：　その型紙、見せてちょうだい。ぼくも作ってみたいな。

母は、工作教室で作った鳥と鳥かごのかざり（**図4**）と、鳥かごの型紙（**図5**）をたろうさんに見せました。

図4　鳥と鳥かごのかざり

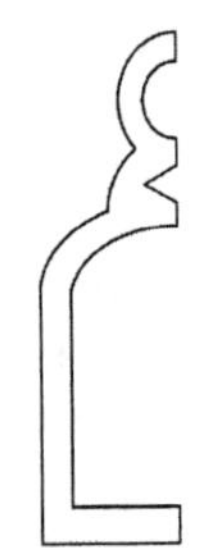

図5　鳥かごの型紙

たろう：　わあ、かわいいかざりだな。上から見ても下から見ても十字に見えるんだね。1枚の紙から、この鳥かごができるなんて不思議だな。お母さん、作り方を教えて。

母　　：　もちろんよ。まずは、じゃばら状に八つに折った色紙に、型紙を置いて（**図6**）、形を写し取り、はさみで切り取るのよ。

たろう：　よし。ずれないようにていねいに切ろう。

たろうさんは、じゃばら状に八つに折った色紙を型紙の線に沿（そ）って切り取り、広げました（**図7**）。

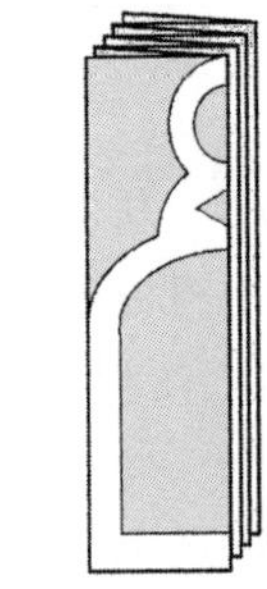

図6　折った色紙に、型紙を置いたもの

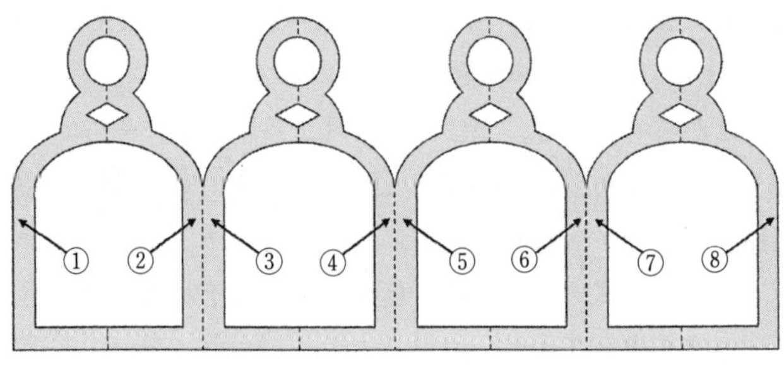

図7　型紙の線に沿って切り取って広げた形

たろう：　同じ形が八つ、つながって切り取れたぞ。この後、のりではり合わせていけば鳥かごができるってことだよね。どのようにはり合わせればいいの。

母　　：　型紙の形を一つの面と考えると、全部で①から⑧の八つの面があるでしょう。この面全体にのりをつけて、面どうしをはり合わせるのよ。どの面とどの面をはり合わせればいいか考えてごらん。

［問2］　**図7**の①から⑧の面をどのようにはり合わせると、**図4**の鳥かごができますか。最も適切なものを、次の**ア**から**エ**の中から一つ選び、記号で答えなさい。

ア　①と②、③と④、⑤と⑥、⑦と⑧をはり合わせる。

イ　②と③、④と⑤、⑥と⑦、①と⑧をはり合わせる。

ウ　④と⑤、③と⑥、②と⑦、①と⑧をはり合わせる。

エ　②と③、①と④、⑥と⑦、⑤と⑧をはり合わせる。

3　栃木県に住むあきこさんの学校の児童会代表委員は、９月下じゅんに行う異(い)学年の交流活動について話し合っています。

あきこ：　前回の話し合いで、来週月曜日の午前10時から行う交流活動では、１年生と６年生はシャボン玉遊び、２年生と４年生はドッジボール、３年生と５年生はかげふみをすることになったね。今日は、活動場所を決めよう。

な　ほ：　そうしよう。ドッジボールは体育館、かげふみとシャボン玉遊びは、それぞれ校庭の４分の１ずつの場所を使おう。

さとし：　そうだね。学校の見取り図(**図**)で校庭を４つに分けて、**ア**から**エ**のどこを使えばいいか相談しよう。まずは、かげふみをする場所を考えよう。

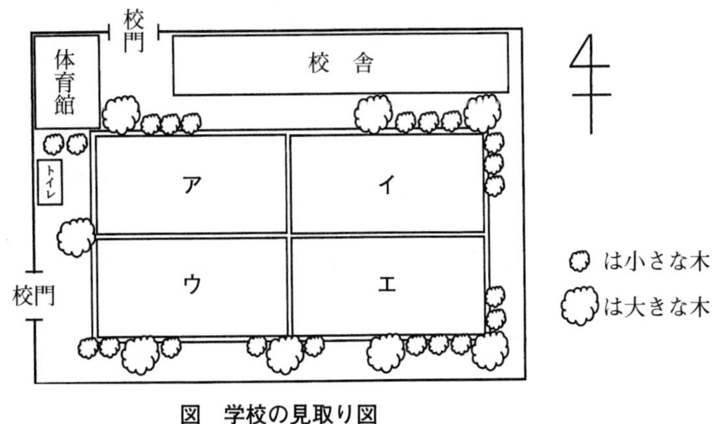

図　学校の見取り図

かずき：　昨日の午前10時くらいには、校庭にかげはいくつもできていたよね。大きな木のかげには７、８人、小さな木のかげには２、３人はかくれることができるよ。

な　ほ：　それじゃあ、かくれる場所が多くなるように、大きな木のかげができる場所でかげふみをしよう。

あきこ：　いいね。天気予報を見たとき、交流活動の前日の日曜日は雨が降(ふ)るらしいけれど、次の日の月曜日は晴れるという予報だったよ。もし前の日に雨が降った場合、交流活動をする月曜日には校庭の土はかわくかな。

な　ほ：　校庭には、水たまりができやすくて土がかわきにくい場所があるよね。校庭の南東は、他の場所と比べると地面が低くなっていて、水たまりができやすい場所だから、そこで交流活動をするのはやめよう。

さとし：　そうすると、かげふみで遊ぶ場所は［　　　］になるね。

[問１]　会話の中の［　　　］にあてはまる最も適切な場所を、**図**の**ア**から**エ**の中から一つ選び、記号で答えなさい。なお、学校の周りに高い建物はないものとします。

次に、教室にもどった６年生のあきこさんは、１年生とシャボン玉で遊ぶときに使うシャボン液についてクラスで話し合っています。

あきこ：　６年生がシャボン液を準備することになったんだよね。

はると：　シャボン液の作り方を調べてきたよ。材料は、洗たくのりと台所用洗ざいと水を用意するよ。洗たくのりと台所用洗ざいの量は５：１の割合だよ。水は、台所用洗ざいの10倍必要で、これら三つの材料を混ぜると完成だよ。

さとし：　１人分のシャボン液は160mLとして作っていこう。１年生18人分と６年生23人分のシャボン液のそれぞれの分量を計算しておくね。

あきこさんたちは、洗たくのりや台所用洗ざい、計量カップなどを用意して水道へ行き、まずは１年生18人分のシャボン液を作り始めました。

はると：　まずは、水の分量を量って入れるね。

あきこ：　次は、私が洗たくのりの分量を量って入れるね。

さとし：　最後に、ぼくが台所用洗ざいの分量を量って入れるよ。

あきこ：　三つの材料を入れたから混ぜてみよう。あれ、なんだかねばりが少ないね。

さとし：　全体の量が多い気がするよ。

はると：　どうしよう。水の分量をまちがえて、２L入れちゃったよ。

あきこ：　そうだったんだ。でも、だいじょうぶ。まだ６年生のシャボン液を作っていないから、これを６年生の分にしよう。

さとし：　そうすると、今まちがえて作った１年生のシャボン液に、水を［　①　］mL、洗たくのりを［　②　］mL、台所用洗ざいを［　③　］mL加えれば、６年生のシャボン液の分量になるね。

はると：　その後、１年生のシャボン液を別の容器に作ればいいんだね。むだにならなくてよかったよ。ありがとう。

［問２］　会話の中の［　①　］、［　②　］、［　③　］にあてはまる数をそれぞれ答えなさい。

４　ひろとさんの住む地域でマラソン大会が開催されます。小学生のひろとさんたちと、中学生のみさきさんが所属している地域ボランティアサークルで、完走記念スタンプと、参加賞のオリジナルステッカーを作成することになりました。マラソン大会のパンフレット（**図１**）を見ながらスタンプのデザインについて話し合っています。

しもつかれマラソン 2024 大会要項

1　開催日　2024年10月〇日（〇）雨天決行

2　会　場　しもつかれ運動公園

3　種　目

種目	内　容	定員
1)フルマラソン	42.195km を走ります。	400 人
2)ハーフマラソン	21.1km を走ります。	300 人
3)リレーマラソン	5人組を作って 42.195km をリレー形式で走ります。	50 組
4)ペアラン	2人で一緒に 10km を走ります。	100 組

※　参加できる種目は，1人1種目です。

4　参加費
1)　フルマラソン　7,000 円
2)　ハーフマラソン　5,000 円
3)　リレーマラソン　1人3,500 円
4)　ペアラン　1人3,500 円

5　開会式　8 時より，しもつかれ運動公園陸上競技場にて行います。

6　参加賞　Tシャツ，オリジナルステッカー(ボランティアサークルより)

7　その他　完走した方には，市の特産物（くり，キウイ）をプレゼントします。

図１　マラソン大会のパンフレット

みさき：　完走記念スタンプのデザイン(**図2**)を考えてきたよ。デザインには特産品のくりを入れたよ。

ひろと：　いいデザインだね。このデザインで消しゴムスタンプを作ろう。

そうた：　スタンプをおしたときに、このデザインになるように四角い消しゴムにほろう。

ゆ　い：　じゃあ、スタンプに使う消しゴムに、ほる部分を黒でかいてみるね。

図2　完走記念スタンプのデザイン

[問1]　ゆいさんが四角い消しゴムにかいたデザインを、次の**ア**から**エ**の中から一つ選び、記号で答えなさい。

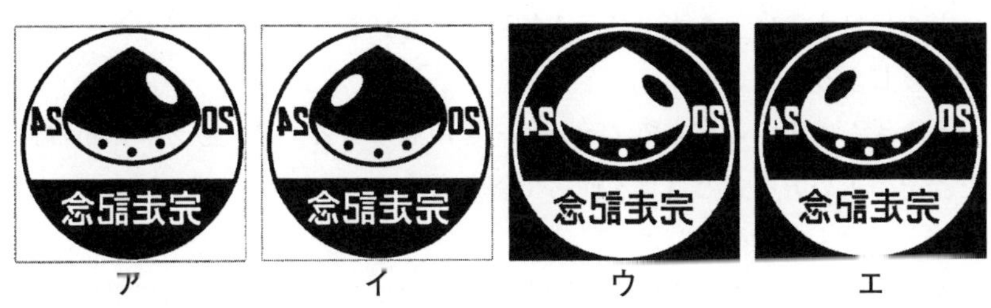

ア　**イ**　**ウ**　**エ**

次に、ひろとさんたちはパソコンを使って作った、参加賞のオリジナルステッカーのデザイン(**図3**)を、ステッカー用紙にどのように印刷するか話し合っています。

ひろと：　ステッカーの円の直径は、６cmにしたよ。

ゆ　い：　ステッカー用紙の大きさは、どのくらいなのかな。

みさき：　このステッカー用紙の袋には(210×297mm)と書いてあるよ。これは、短い方の辺の長さが210mmで、長い方の辺の長さが297mmということだね。

そうた：　１枚のステッカー用紙からできるだけ多くステッカーを作りたいね。用紙の長い方の辺が横になるようにして、すき間をあけずに、縦に３段並べた円を用紙の左はしと下の辺に付けて、２列目からはその前の列に並べた円の右はしと用紙の下の辺に付けて並べていったらたくさん作れそうだよ(**図4**)。

図3　ステッカーのデザイン

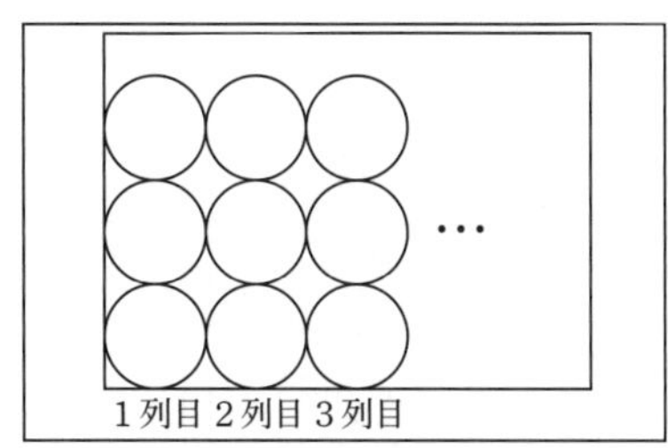

図4　そうたさんの円の並べ方

みさき：　いいね。でも、そうたさんの円の並べ方だと用紙の右側が余ってしまってもったいないね。１列目は用紙の下の辺に、２列目は上の辺に付けて、円の間をつめて交互にくり返して並べていくと、そうたさんの円の並べ方よりももう１列だけ横に多く並べることができるよ(**図5**)。

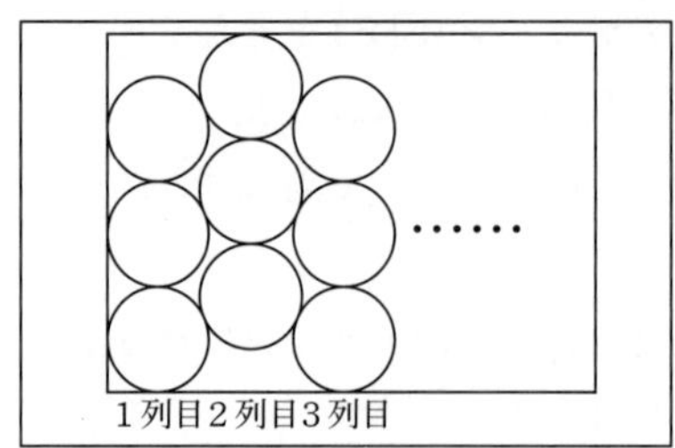

図5　みさきさんの円の並べ方

そうた：　なるほど。じゃあ、みさきさんの円の並べ方で作ることにしよう。

ゆ　い：　そうだね。ところで、パンフレットを見るといろいろな種目があるけれど、どの種目に参加したとしても、１人に１枚ステッカーをプレゼントするんだよね。

ひろと：　どの種目もよゆうをもって、１種目につき10枚ずつ多く作ろう。

みさき：　そうしよう。

［問２］　みさきさんの円の並べ方でステッカーを用意すると、ステッカー用紙は何枚必要ですか。また、その求め方を式と言葉を使って答えなさい。

5　すぐるさんは、中学生の姉が出場する陸上競技大会に、家族で応えんに来ています。姉は、リレーと走り高とびに出場します。

すぐる：　リレーの予選の１組目が始まるね。何チームが決勝に進めるのかな。

父　　：　合計８チームだよ。予選は４組あって、まず、それぞれの組で１位になったチームは決勝に進めるよ。残りはそれぞれの組の２位以下のチームで、記録が上位のチームから順に決勝に進めるんだ。

すぐる：　なるほど。お姉ちゃんたちのチームは４組目だから、３組目までの結果を見れば、決勝に進むための目安が分かるね。

母　　：　そうね。それぞれの組の結果が電光けい示板に出たら、メモをしておくわ。

３組目までの競技が終わり、すぐるさんは、母が１組目から３組目までの結果を書いたメモ(**図１**)を見ながら母と話をしています。

１組目

順位	記録
1	50.69秒
2	51.32秒
3	51.39秒
4	52.83秒
5	53.69秒
6	54.34秒
7	55.01秒

２組目

順位	記録
1	50.74秒
2	51.53秒
3	52.48秒
4	53.03秒
5	54.29秒
6	55.46秒

３組目

順位	記録
1	51.49秒
2	51.67秒
3	52.31秒
4	52.95秒
5	54.00秒
6	54.77秒

図１　母が１組目から３組目までの結果を書いたメモ

母　　：　お姉ちゃんたちのチームのベスト記録は、51.45秒だったわ。もし、この記録で走ったとしたら、４組目で何位までに入れば決勝に進めるのかしら。

すぐる：　51.45秒で走って同着がいなかった場合、４組目で最低でも［　　　］位に入れば、決勝に進めるね。

［問１］　会話の中の□にあてはまる数を答えなさい。

リレーの予選の結果、姉たちのチームは決勝に進むことが決まり、その後しばらくして走り高とびの決勝が始まりました。すぐるさんは、父がプログラムに何かを記入しながら競技を見ていることに気づき、父と話をしています。

すぐる：　お父さん、さっきからプログラムに何を書いているの。

父　　：　プログラムには、結果を書きこめる表があるから、それぞれの選手がとんだ結果を書いているんだ。「試技順（しぎじゅん）」はとぶ順番のことで、その高さを成功した場合は「○」、失敗した場合は「×」を書くんだよ。

すぐる：　ちょっと見せて。同じ高さには３回まで挑戦（ちょうせん）できるんだね。１回目か２回目に成功した場合、その後は同じ高さをとばないから空らんなのかな。

父　　：　その通りだよ。お姉ちゃんは１ｍ35cmを２回目で成功したから、３回目は空らんなんだ。

すぐる：　３回続けて失敗した選手の競技は終わりになるんでしょ。

父　　：　そうだね。そして、最後に成功した高さがその選手の記録になるよ。

走り高とびの競技が終わり、正式な記録と順位が発表になりました。

すぐる：　お姉ちゃん、順位は５位なんだ。お姉ちゃんがとべなかった１ｍ45cmを成功した選手は３人だから、４位なのかと思ったらちがうんだね。

父　　：　そうなんだよ。発表された記録と順位を書いたから、プログラムの表（**図２**）を見てごらん。同じ記録でも、順位が同じ選手もいれば、ちがう選手もいるね。

試技順（しぎじゅん）	氏名	高さ						記録	順位
		１ｍ30cm	１ｍ35cm	１ｍ40cm	１ｍ45cm	１ｍ50cm	１ｍ55cm		
1	A	○	○	× ①	× ○	× × ×		１ｍ45cm	2位
2	B	○	○	○	○	× ○	× × ×	１ｍ50cm	1位
3	C	○	× ○	○	× × ×			１ｍ40cm	5位
4	D	○	○	②	× ○	× × ×		１ｍ45cm	3位
5	E	× ○	× × ×					１ｍ30cm	12位
6	F	× × ○	○	③	× × ×			１ｍ40cm	7位
7	G	○	× × ×					１ｍ30cm	10位
8	H	× ○	× ○	④				１ｍ35cm	9位
9	I	○	× ○	⑤	× × ×			１ｍ40cm	8位
10	J	○	× × ×					１ｍ30cm	10位
11	K	○	× ○	⑥	× × ×			１ｍ40cm	6位
12	L	○	○	⑦	× × ×			１ｍ40cm	4位

図２　父が結果を書いたプログラムの表

すぐる：　本当だ。記録がよい選手が上位になるのは分かるけど、記録が同じ選手は、どんなルールで順位が決まるの。

父　　：　記録が同じだった場合は、最後に成功した高さで「×」の数が少ない選手が上位になるんだよ。その数も同じだった場合は、すべての高さの「×」の合計数が少ない選手が上位になるんだ。それでも差が出ない場合は、同じ順位ということだよ。

すぐる：　そういうことなんだ。じゃあ、１ｍ40cmの高さは、「○」や「×」が書かれていない所があるけど、全部書けていれば発表よりも前に順位が出せたんだね。

父　　：　そうなんだよ。お姉ちゃんが成功した後、次の高さに挑戦するまで時間があると思ってトイレに行ったから、結果を書けていない部分があるんだ。その間の記入をすぐるにたのんでおけばよかったな。でも、記録や順位をもとに考えれば、もしかしたら「○」や「×」を記入して、正しい表を完成させることができるんじゃないかな。

すぐる：　そうか。おもしろそうだね。考えてみるよ。

［問２］　会話や**図２**をもとに、**図２**の表の①から⑦の□にあてはまる結果を、それぞれ○や×や空らんで答えなさい。

ただし、途中で競技をやめた選手はいなかったものとします。

〈作文〉（編集部注：たて書きで出題されています。）　—45分—

◆　中学生になり、学級の係活動について話し合うことになりました。新しい友達とよりよい学級にするために、あなたなら、どのような係を提案しますか。

次の条件に従って書きなさい。

（条件）

ア　あなたの提案する係の内容と、その係を提案する理由を書きなさい。ただし、提案する係は、小学校で経験した係でも、新たに自分で考えた係でもよい。

イ　あなたの考えるよりよい学級とは、どのような学級かにもふれなさい。

ウ　あなたが経験したこと、または、見聞きしたことにもふれなさい。

エ　字数は六百字程度で書きなさい。

群馬県立中央中等教育学校
伊勢崎市立四ツ葉学園中等教育学校
太田市立太田中学校

（編集部注：掲載にあたりレイアウトなどの一部改変を行っています。）

※適性検査Ⅰは共通、適性検査Ⅱは群馬県立中央中等教育学校のみ、作文は太田市立太田中学校のみとなっています。

〈適性検査Ⅰ〉　—45分—

【問題１】　次の文章を読んで、⑴から⑷の問いに答えましょう。

あやかさんたち図書委員会のメンバーは、11月の読書月間に、全校児童に読書に親しんでもらうためにできることを、委員会の時間に考えることにしました。

⑴　次の**会話文**は、あやかさんたちが、読書月間にどのような活動をするか話し合いをしている様子です。

会話文

あやか：今年の読書月間は何をしようか。

さくら：去年はどんなことをしたのかな。

たくま：去年は図書室に行くたびに、ポイントカードにスタンプを押(お)してもらえたよ。

ゆうた：それによって図書室に行く回数に変化はあったのかな。先生に資料をもらったよ。

（ —　**資料１**を見ています　— ）

たくま：この資料を見ると、図書室に行く回数が増えたっていえると思うよ。１か月間一度も図書室に行かなかった人や、１～２回、３～４回しか行っていない人の割合(わりあい)が減っているからね。

なぎさ：それに、［　　　　　　　　］は増えているね。

あやか：ところで、今年はどんなテーマで活動をすればよいかな。

さくら：貸し出しのときに、いつも同じジャンルの本ばかり借りる人が多い気がするよね。今年の読書月間のテーマは、「いろいろなジャンルの本に親しもう」っていうのはどうかな。

資料１　１か月の間に図書室を訪(おとず)れた回数別児童数の割合（令和４年９月・11月）

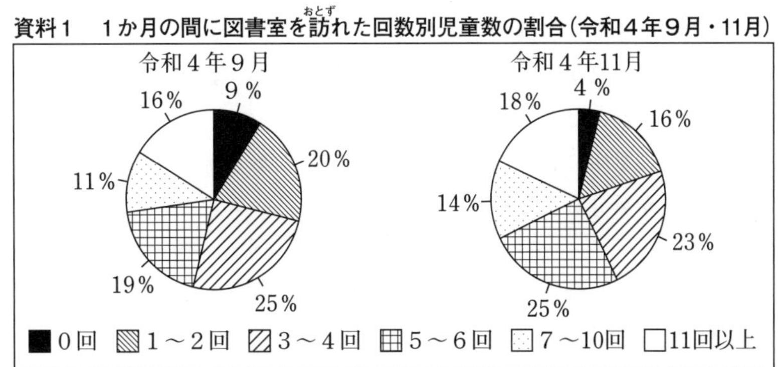

会話文では、なぎささんも、図書室に行く回数が増えたと考えています。**会話文**の［　　　］

に当てはまるように書きましょう。

(2)　全校児童にいろいろなジャンルの本に親しんでもらうために、図書委員会では**資料２**のような８つのジャンルに分け、図書室の紹介(しょうかい)コーナーで各ジャンルの本を展示(てんじ)することにしました。

資料２　８つのジャンル

・歴史や地域(ちいき)の本
・社会のしくみや文化の本
・算数や理科など自然にかかわる本
・暮(く)らしや技術、機械の本
・芸術、工作やスポーツの本
・言葉にかかわる本
・詩や物語の本、絵本
・その他（調べるための本、考え方や心についての本など）

次の**【条件】**で本を展示するとき、それぞれの本は何日間展示することができるか、書きましょう。また、そのように考えた理由を、言葉と数字を使って書きましょう。

【条件】

・紹介する本は、１ジャンルあたり９冊(さつ)、合計72冊とする。
・紹介コーナーには、一度に18冊の本を展示する。
・展示する期間は20日間とする。
・展示する日数がどの本も同じになるように、展示する本を入れ替(か)える。
・本を入れ替える場合は、朝、図書室が開く前に行う。
・一度にすべてのジャンルの本を展示する必要はない。

(3)　ゆうたさんたちは、いろいろなジャンルの本に親しんでもらうために、ほかに何ができるかを考えることにしました。次の**会話文**は、ゆうたさんたちが話し合いをしている様子です。

会話文

ゆうた：できれば図書委員会から本の紹介をするだけではなくて、みんなに参加してもらえる活動も用意したいね。

なぎさ：そうだね。自分で参加すると、もっと本に興味をもってもらえそうだね。

あやか：それぞれのジャンルの本で、今まで読んでよかった本の紹介をしてもらうのはどうかな。

たくま：いいね。１年生には難(むずか)しそうだけど、参加できるかな。

さくら：それじゃあ、２年生から６年生に、自分が読んでよかった本の紹介を、１つ下の学年にしてもらうのはどうかな。

なぎさ：それぞれの学年に合った本の紹介をしてもらえそうだね。１年生も、自分たちに向けて２年生が紹介してくれると、うれしいと思うな。

（ー　話し合いは続きます　ー）

ゆうたさんたちは話し合った結果、次の**計画メモ**を準備しました。

計画メモ

(活動名)
　おすすめの本の木
(内容)
・図書室の壁(かべ)に木の絵を貼(は)り、その枝の周りに本の紹介カード(花型カード)を貼っていく。
(準備)
・木の絵を、１～５年生用に各学年１つずつ、合計５つ作成する。
・花型カードを作成する(花型カードの色は本のジャンルごとに変える)。
(進め方)
・２～６年生は、１つ下の学年に向けて、自分が読んでよかった本の紹介を花型カードに書く。
・花型カードは、木の絵の近くに置いてあるものを使う。カードが書けたら、昼休みに図書委員に渡(わた)す。
・集まったカードは、図書委員が木の絵に貼る。
・たくさんカードを貼り、花がいっぱい咲(さ)いた木を作る。

①　ゆうたさんたちは、次の手順で、折り紙を折って、はさみで切り、花型カードを作っています。ゆうたさんたちが作る花型カードはどのような形になりますか。できあがる花型カードの形を枠(わく)の中にかきましょう。枠は折り紙を、点線は折り目を表しているものとします。ただし、問題を解くときに、問題用紙などを実際に折ったり切ったりしてはいけません。

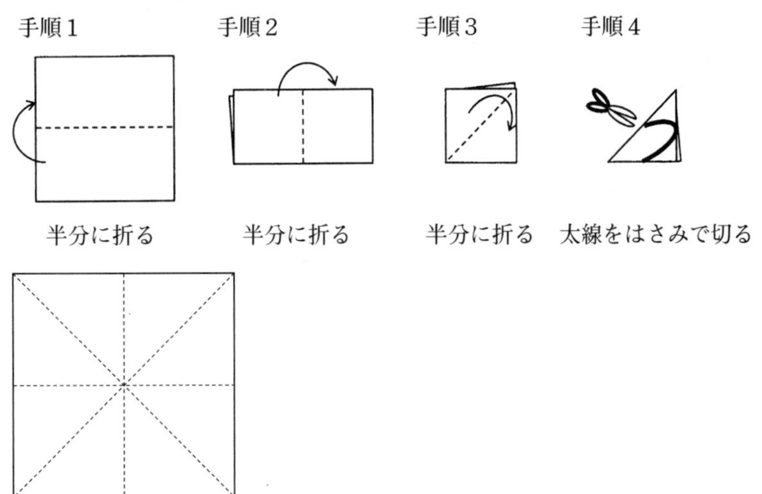

②　あやかさんたちは、「おすすめの本の木」の活動の進め方を２～６年生に説明するために、朝の集会で、**図**のように、図書室から各教室へオンラインで配信を行うことになりました。あやかさんは、この場面で、どのようなことを話せばよいでしょうか。**計画メモ**を参考にして、次の**原こう**の□に当てはまるように、100字以上120字以内で書きましょう。

図　配信のイメージ

原こう

これから「おすすめの本の木」の進め方を説明します。ここにある５つの木に、みなさんが１つ下の学年の人たちに向けて書いた本の紹介カードを貼っていきます。

［　　　　　　　　　　］

⑷　あなたが図書委員なら、全校児童にいろいろなジャンルの本に親しんでもらうために、どのような活動を考えますか。⑴～⑶にある活動とは別の活動を１つ考え、80字以上100字以内で書きましょう。

【問題２】　次の文章を読んで、⑴から⑸の問いに答えましょう。

ゆうきさんの学校では、授業で学んだことを家族に発表する学習発表会を、３学期に、６年生全体で行います。学習発表会では、全員が３つの班（はん）（国語班、体育班、音楽班）に分かれて、発表をすることになりました。

⑴　次の**会話文**は、学習発表会で発表する内容について、国語班25人で集まって話し合いをしている様子です。

会話文

ゆうき：国語班では何を発表しますか。先生は、班全員で協力して取り組めるような内容にしようと言っていましたね。
ひろと：国語の授業で学習した物語を劇（げき）にして発表したいです。
ゆうき：劇だと、出演する人だけではなく、大道具を担当（たんとう）する人や、ナレーターも必要ですね。
いつき：大変そうだなあ。ことわざカルタ大会を見てもらうのはどうですか。
ゆ　み：わたしはカルタが得意なので賛成です。
あおい：わたしも、劇より練習や準備が簡単（かんたん）な、カルタ大会がよいと思います。
ひ　な：わたしは、カルタ大会よりも劇の方がよいと思います。
なぜなら、劇の方が［　　　　　　］と思うからです。

（－　話し合いは続きます　－）

ひなさんが、「わたしは、カルタ大会よりも劇の方がよいと思います。」と発言した理由を、**会話文**の［　　　］に当てはまるように書きましょう。

⑵　話し合いの結果、国語班では、劇をすることになりました。また、音楽班では合奏（がっそう）を、体育班ではリズムなわとび（音楽に合わせたなわとび）をすることになりました。その後、各班で相談し、練習の計画表を作成しました。**資料１**は体育班が作成した計画表です。

資料１　体育班の計画表

	体育班 (リズムなわとび)
１回目	曲選び
２回目	技(わざ)や振(ふ)り付(つ)け決め
３回目	グループ練習
４回目	
５回目	全体練習

次の**会話文**は、３回目のグループ練習の後に、体育班の各グループのリーダーが集まって、４回目の練習の進め方について話し合いをしている様子です。

会話文

たけし：今日のグループ練習では、技はみんな上手になったけれど、音楽に合わせてとぶのに苦労している人もいたね。

あいり：次のグループ練習では、みんなが音楽に合わせてとべるようになりたいね。

れ　ん：それじゃあ、グループごとにみんなの前でとんでみようよ。

み　き：それだと、音楽に合わせてとべていないことに、自分では気が付きにくいのではないかな。

（－　話し合いは続きます　－）

４回目の練習で、音楽に合わせてとべているかを自分で確認(かくにん)するために、あなたならどのような工夫(くふう)を提案しますか。具体的な工夫を20字以上40字以内で書きましょう。

(3)　学習発表会では各班の発表のほかに、学年全員で合唱したり、家族へプレゼントを渡したりすることになりました。

ゆうきさんたちは、当日のプログラムや会場について考えています。**資料２**はゆうきさんたちが作成しているプログラムの一部です。次の**【条件】**でプログラムを考えるとき、**資料２**のプログラムの４番目は、国語班、体育班、音楽班のうち、どの班の発表になるか、書きましょう。また、そのように考えた理由を、言葉と数字を使って書きましょう。

資料２　作成中のプログラムの一部

プログラム

５・６時間目

1　開会式
2　□班の発表
3　□班の発表
4　□班の発表
5　□
6　□
7　閉会式(へいかいしき)

【条件】

・学習発表会は５時間目と６時間目を使って行う。５時間目、６時間目はそれぞれ45分間で、間に10分間の休み時間をとる。
・会場は体育館とする。国語班と音楽班はステージ上、体育班はステージ下のフロアで発表する。
・ステージ上で行う２つの班の発表は、休み時間に片付けや準備ができるように５時間目、６時間目に分ける。
・全員での合唱と家族へのプレゼントは６時間目に行う。
・休み時間はプログラムの番号には入れない。
・班の入れ替えにかかる時間は発表時間にふくまれているので、考えなくてよい。
・各プログラムの時間は次のとおりである。

開会式	５分
閉会式	５分
全員での合唱	10分
家族へのプレゼント	８分
国語班の発表	22分
体育班の発表	22分
音楽班の発表	18分

(4)　家族へのプレゼントは、家庭科の時間に製作するトートバッグになりました。次の**メモ**をもとに、トートバッグを製作するとき、何m何cmの長さの生地を購入すればよいですか。答えを書きましょう。

メモ

・生地は、**図１**のように、幅が110cmで、長さが10cm単位で販売されているものを購入する。
・生地は、なるべく短い長さで購入する。
・トートバッグを１つ製作するには、**図２**のように、型紙の周りにぬいしろをつけた大きさの布が必要である。
・トートバッグのできあがりの大きさは、たて24cm、横32cmである(**図３**)。
・作る個数は75個である。
・生地から75枚の布を切り出すとき、型紙を置く向きはすべて同じとする。
・持ち手は別の素材で製作するので、考えなくてよい。
・製作過程での失敗は考えなくてよい。

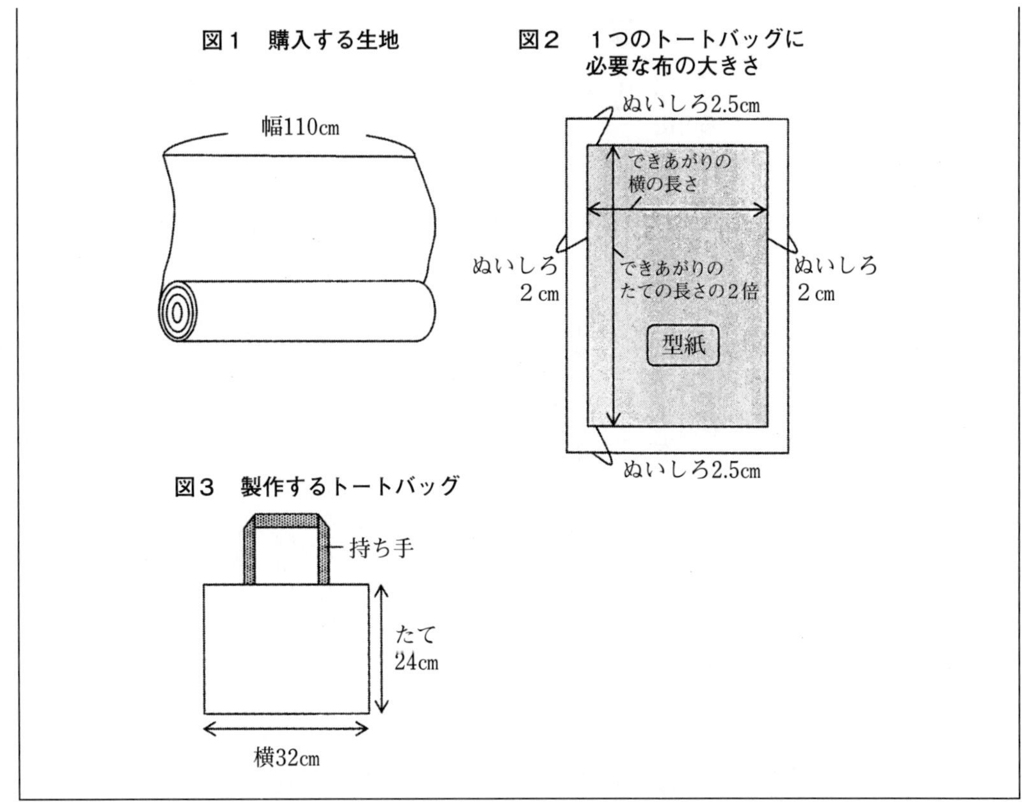

(5)　ゆうきさんは、学習発表会の当日の開会式で、見に来てくれた家族に向けて、学年を代表してあいさつをすることになりました。ゆうきさんになったつもりで、次の**あいさつ文**の［　　　］に当てはまるように、80字以上100字以内で書きましょう。

あいさつ文

今日は学習発表会に来てくれてありがとうございます。

［　　　　　　　　　　　　　　　　　　　　］

らっては、こまるのだ。平和な宇宙に、戦争やにくしみをもちこまれてはたまらない。だから、いまのうち、地球をほろぼしてしまおうか、と思っている。――どうだね？」

「ちょっとまって！」ヨシコはさけんだ。

「どうかそんなことしないで！　地球の人たちは、ほんとうはみんないい人たちよ。いまは、にくみあったり、戦争しあったりしてるけど、そのうちきっと、心をあわせて、地球を、りっぱなすみよい星にすると思うわ。――わたしたちが、おとなになったら、きっと戦争のない星にして、地球をもっともっと、たいせつにするわ。――だから、おねがい！　ほろぼしたりしないで……。」

「そうか――。」宇宙人は、うなずいた。

「きみがそういうなら、とにかく、きみがおとなになるまで、まってみよう。」

そういうと、あたりは、またスウッとくらくなった。

（後　略）

出典　小松左京『宇宙人のしゅくだい』（講談社）

【課題１】　今から十年後（二〇三四年）、あなたたちが大人になったとき、この宇宙人たちが再び地球にやって来たとしたら、宇宙人たちは地球をどうすると思いますか。次の〈条件〉にしたがって、書きましょう。

〈条件〉

・あとのA、Bのどちらかの立場に立ち、理由を明らかにして書きましょう。
（どちらを選んでも採点にはえいきょうしません。）

・はじめに自分の立場を書き、改行せずに続けて書きましょう。

・二百字以内で書きましょう。

A　宇宙人たちは地球をほろぼす。
B　宇宙人たちは地球をほろぼさない。

【課題２】　地球がほろぼされないために、あなたが大人になるまでにできることは何ですか。これまでの自分の経験をふまえて四百字以内で書きましょう。

＊禁欲…本能的な欲望をおさえること。
＊潮汐…海の満ち引き。
＊併存…二つ以上のものが同時に存在すること。
＊リスクヘッジ…危険を予測して、それを避けるための対策を行うこと。

問三　傍線部②「僕ら人間の行動にもトレードオフは存在している」と筆者は述べていますが、環境問題におけるトレードオフについて、身近な具体例をあげて、説明してください。

問四　傍線部③「もしあなたの前に「〇〇をやれば環境問題はすべて解決！」みたいなことを言う人が現れたら、その人は十中八九、あるいはそれ以上の確率で詐欺師であることを見破れるのだ。」について、筆者がこのように述べている理由を説明してください。

問五　本校では入学後、一人一人が課題研究を行います。**文章A**と**文章B**を書いた二人の研究者の姿勢をふまえて、あなたは、どのような姿勢で研究をしていきたいと思いますか。百二十字以上百四十字以内で説明してください。

〈太田市立太田中学校　作文〉　—45分—

【問題】　次の文章を読んで、**【課題1】**、**【課題2】**について答えましょう。

《注意》題名を書かずに文章から書き始めること。

学校のかえり道、とつぜん、頭がいたくなって、めまいがしたかと思うと、目の前がまっくらになった。——気がつくと、ヨシコは、まっくらなところにいた。

あたりを見まわすと、横にキラキラかがやくものがあった。——星みたいだな、とヨシコは思った。——わたし、いったいどこへきちゃったのかしら？

あたりにスウッと青い光がさすと、ひろい、部屋がうかびあがった。まがりくねったパイプや、へんな機械がいっぱいあって、ヨシコと同じぐらいの高さの、赤い、大きな目をした人間が三人いた。——三人とも青い、ピカピカ光る服を着ていた。

「こわがらなくてもいい。」と、そのうちの一人がいった。「きみは地球人だね。」

「ええ、そうよ。」とヨシコはいった。

「あなたたち、宇宙人でしょう。」

三人のへんな男は、びっくりしたように顔を見あわせた。

「とてもかしこい。」と宇宙人の一人はいった。「それに、こわがらない。勇気がある。」

「動物や植物はすきかい？」とべつの宇宙人がきいた。

「だいすき！」とヨシコはいった。「お花も、小鳥も、イヌも、ネコもみんな！」

「これも報告とだいぶちがう。」宇宙人たちはいいあった。

「地球人は、ざんこくで、地球の植物や動物を、ねだやしにしようとしているときいていたが……。」

「地球を、いい星だと思うかい？」と三番めの宇宙人がいった。

「すてきな星よ！　美しくって、ゆたかで……。」

「だが、地球人は、その星を、放射能でめちゃめちゃにしようとしている。」宇宙人は、するどくいった。

「地球人は、しょっちゅうおたがいにくみあい、戦争したり、他人のものをだましとったり、ころしあったりしている。——わたしたち、宇宙人としては、こんなれんちゅうが、科学の進歩によって、宇宙にでてきても

次の文章は、生態学者である伊勢先生が環境問題について述べたものの一部です。筆者は、金魚と同じ水槽で二匹のドジョウを飼っています。通常、ドジョウは水底でエサをとりますが、一匹のドジョウは大胆な性格のため、水面の金魚のエサを上手に食べられるようになりました。結果として、二匹のドジョウには体格差が生まれたそうです。

ここまでだと、「大胆にチャレンジするのはすばらしい」みたいな教訓の話のように聞こえてしまったかもしれない。しかし僕は生態学者であり、大胆に水面までのぼってくるドジョウの個性は、果たしていつでもプラスに働くのかどうか？　と考えてしまう。安全な我が家の水槽とは違い、自然界には危険がいっぱいだ。小魚を食べようと、水鳥などの肉食動物が待ちかまえていたりする。そんなとき、水面のエサを食べるという行動はむしろマイナスになり、おとなしく砂にもぐっているほうがプラスになるかもしれない。

僕は釣り人でもある。おなじ種類の魚でも、個体によって個性があることを経験上知っている。ためらいなくルアーに食いつく大胆な個体もいれば、臆病で用心深い個体もいる。なんでも口に入れてみる個体は、場合によってはたくさんエサを食べて大きく成長するかもしれない。しかし、ルアーにだまされて釣り上げられそこで一生を終える、なんて確率も高くなるのである。

そこで考えたのは、魚の生き方のトレードオフである。トレードオフとは、何かを得るために何かを失うという関係性のこと。ドジョウの場合、「エサをたっぷり食べる」というプラスには、「我が身を危険にさらす」というマイナスがつきものなのだ。自然界で生きている生物はみな、このようなトレードオフにさらされている。たとえば、恐竜は大きな体を持つことで繁栄したが、その巨体を維持するためにはたくさんのエサが必要になる。だから白亜紀末期に地球環境が激変したときに絶滅してしまい、代わりに体の小さな哺乳類が栄えることになったのである。

環境問題を考えるときも、このトレードオフが重要になってくる。ドジョウとおなじように、②僕ら人間の行動にもトレードオフは存在している。たとえば、環境問題を気にせず好き勝手に生きるという選択。そうすると、いまは楽しいけど将来たいへんなことが生じる。逆に、環境問題を防止するため禁欲的な生活を送る。そうすると未来の環境は守られるけど、僕らは強いストレスにさらされることになってしまう。

トレードオフが存在するとき、答えはひとつに決まらない。もしも、長所しかない選択肢があるなら、僕らは迷わずそれを選択することだろう。ところが、僕らの前に存在する選択肢は、それぞれ長所と短所を持つことが多い。どちらを選んでも弱点はある。そして、環境問題に関する選択は、このようなトレードオフが存在することが多々あるのだ。たとえば、僕らが文明生活を営むのに必要なエネルギーのつくり方。再生可能エネルギーにも太陽光・風力・潮汐などいろんなタイプがあり、それぞれに一長一短がある。僕らは冷静に、客観的な判断が求められる。ときには、複数の選択肢を併存させるリスクヘッジという考え方が必要になったりする。

このように、環境問題の解決はむずかしいことを理解しておくことはなにかの役に立つと思う。③もしあなたの前に「○○をやれば環境問題はすべて解決！」みたいなことを言う人が現れたら、その人は十中八九、あるいはそれ以上の確率で詐欺師であることを見破れるのだ。

（伊勢武史『2050年の地球を予測する　科学でわかる環境の未来』〈筑摩書房〉より）

【注】＊生態学…生物と環境の関係を解明する生物学の一分野。

＊ルアー…おとり。

ライマンの法則

ひと＋かげ→ひとかげ　ひやし＋そば→ひやしそば
あか＋かぶ→あかかぶ　よこ＋はば→よこはば

さて、ここで「にせたぬきじる」と「にせだぬきじる」の例に戻りましょう。

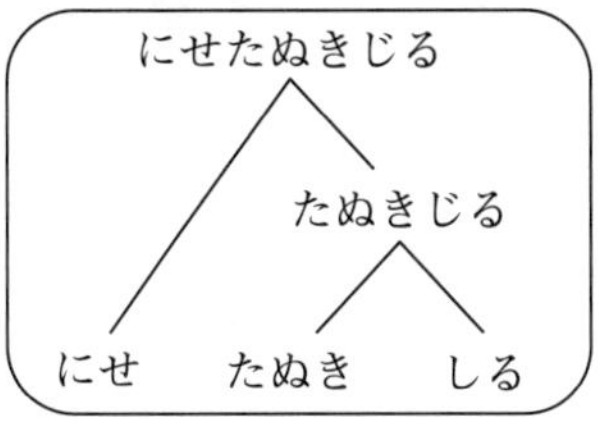

まず、後者の「にせだぬきじる」は「にせ」の「たぬき」が入っている「しる」でした。「にせ」なのは「たぬき」だから、「にせ」と「たぬき」をくっつけると、連濁が起こって「にせだぬき」になります。これに「しる」をくっつけると、また連濁が起こって「にせだぬきじる」となるわけです（上図）。

「にせだぬきじる」の樹形図
- にせだぬきじる
  - にせだぬき
    - にせ
    - たぬき
  - しる

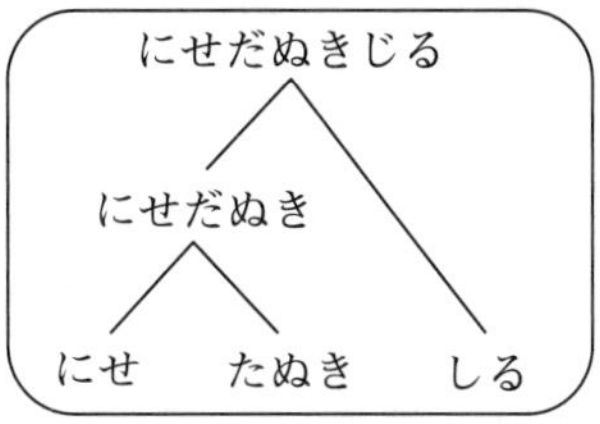

では「にせたぬきじる」はどうでしょうか。

こちらは「にせ」の「たぬきのしる」でした。ですから今度は、「たぬき」と「しる」をくっつけると、連濁が起こって「たぬきじる」ができあがります。次に、「にせ」に「たぬきじる」をくっつけると、「たぬきじる」にはすでに濁音が含まれていますから、ライマンの法則により連濁が阻止されます。よって「にせたぬきじる」が生まれます（上図）。

「にせたぬきじる」の樹形図
- にせたぬきじる
  - にせ
  - たぬきじる
    - たぬき
    - しる

まとめると、二つの表現の意味の違いは、「にせ」「たぬき」「しる」という三つの要素がどのような順番でくっついているのか（つまり、どのような構造を持っているのか）に還元できます。

それぞれの順番通りに連濁を適用すれば、ライマンの法則により、「にせ＋たぬきじる」の時のみ連濁が阻止されます。よって、聞き手が「にせたぬきじる」や「にせだぬきじる」という表現を聞いた時に、適切な解釈が自然と導かれるわけです。

これらのことを考えると、日本語母語話者は「連濁」や「ライマンの法則」を無意識的にではあるけれども、抽象的なルールとして知っている、という結論が得られます。

（川原繁人『なぜ、おかしの名前はパピプペポが多いのか？言語学者、小学生の質問に本気で答える』〈ディスカヴァー・トゥエンティワン〉より本文および図を一部修正）

【注】
＊阻止…ふせぐこと。
＊還元…もとに戻すこと。
＊母語…ある人が、子どものときに周りの人が話すのを聞いて自然に習い覚えた最初の言語。

問一　「ぬりはしばこ」と「ぬりばしばこ」という表現について、「連濁」に注目して意味を考えましょう。「はし」ではなくて「はこ」が塗られているのはどちらだと考えられますか。また、選んだ表現について、「ぬり」「はし」「はこ」の三つの要素の構造を、樹形図で表してください。

問二　傍線部①「ことばの研究って何がおもしろいの？」について、筆者はどのように述べていますか。本文の内容に具体的に触れながら説明してください。

文章B

〈群馬県立中央中等教育学校　適性検査Ⅱ〉　―45分―

【問題】　次の**文章A**、**文章B**を読み、**問一**～**五**に答えなさい。

〔**次の文章は言語学者である川原先生が、小学生のらんさんやみあさんたちに特別授業をしたときの様子と、それに関する解説です。**〕

文章A

川原　じゃあさっそく授業を始めましょう！
　らんが大胆(だいたん)に直球で聞いてくれた質問があるので、この質問から取りあげたいと思います。①「ことばの研究って何がおもしろいの？」。
　これいい質問だよね。

《中略》

　ウォームアップとして、ことばの研究の魅力(みりょく)を伝えるために、こんな例を持ってきました。
　「にせたぬきじる」という表現と「にせだぬきじる」という表現をゆっくり考えてみて。この二つの意味の違(ちが)いは感じられる？

みあ　「にせたぬきじる」というのは、「たぬきじる」に「にせ」を付けたもので、「にせだぬきじる」っていうのは「だぬき」に「にせ」を付けたもの。

川原　そうだね、「だぬき」まぁ「たぬき」だね。つまり、「にせたぬきじる」で、にせものなのは何？
　――　たぬきじる！

川原　そう！　「にせたぬきじる」は「たぬきじる」のにせものです。「にせだぬきじる」は、「たぬき」の「にせもの」が入ったおしるです。この違いわかった？

《中略》

　ここで不思議なのは、「た」に「゛」が一つ付くか付かないかだけで意味が違ってしまうってこと。「た」と「だ」が違うだけで、意味が大きく違っちゃう。
　でも、この意味の違いってみんな誰(だれ)にも教わってないよね？　絵本には出てこないし、お父さんもお母さんも教えてくれなかったと思う。「いい？　みあちゃん、『にせたぬきじる』の意味はこれで、『にせだぬきじる』の意味はこれよ」なんて教える親はいないからね。
　だけど、みんなには意味の違いがわかったよね。自分ですぐにぱっとわからなくても、みんなで一緒(いっしょ)に考えたら「ああ、なるほど」ってなったでしょう？
　「『゛』だけで、なんで意味の違いが出てくるんだろう？」
　「なんでこの違いがわかるんだろう？」って不思議に思わない？
　この不思議を発見できるのが、言語学の魅力の一つです。

《中略》

　さて、次の疑問(ぎもん)は、なぜ濁点(だくてん)の有無(うむ)から、先の意味の違いが生まれてくるのかということです。これを理解するために、「連濁(れんだく)」という現象と「ライマンの法則」を説明しましょう。
　まず、日本語では二つの単語をくっつけて新しい単語をつくる時に、二番目の先頭の音に濁点が付く場合があります。これを「連濁」と呼(よ)びます。

連濁

こ＋たから→こだから　　**あお＋そら→あおぞら**
ひよこ＋くみ→ひよこぐみ　　**すずめ＋はち→すずめばち**

　連濁が起こるかどうかはいろいろな要因に左右されるのですが、二番目の単語がすでに濁音(だくおん)を含む場合は連濁が起きません。これを「ライマンの法則」といいます。

埼玉県立伊奈学園中学校

（編集部注：掲載にあたりレイアウトなどの一部改変を行っています。）

〈作文Ⅰ　※3、4は173ページから掲載しています。〉　―3、4と合わせて50分―

1　放送による問題（省略）

2　ゆうきさんとひかるさんの会話文を読んで、あとの問いに答えましょう。

ひかるさん　今年は、日本がトルコと外交関係を結んでからちょうど100年の年だね。

ゆうきさん　そうなんだ。トルコって、どこにある国なのかな。

ひかるさん　**資料1**の地図を用意したよ。トルコは、６つの大陸のうち［　①　］大陸にある国なんだね。

ゆうきさん　なるほど。さらに気付いたんだけど、日本とトルコは、同じ緯度（いど）の地域（ちいき）があるね。ということは、その地域の気候は似ているのかな。

ひかるさん　トルコの首都のアンカラと、ほぼ同じ緯度にある秋田市の気温と降水量（こうすいりょう）のグラフを用意したよ。気温と降水量に着目して比べると、どのようなことが分かるかな。

ゆうきさん　例えば、６月から８月に注目すると、［　②　］

ひかるさん　そうだね。他にも、日本とトルコのことについて調べてみよう。

問１　会話文中の［　①　］にあてはまる大陸名を書き、文章を完成させましょう。

資料１

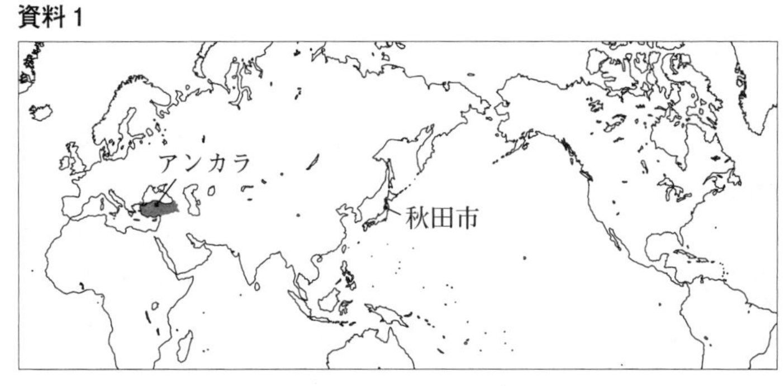

問２　**資料２**と**資料３**の気温と降水量のグラフを見て、会話文中の［　②　］にあてはまる言葉を書き、文章を完成させましょう。

資料２　アンカラのグラフ

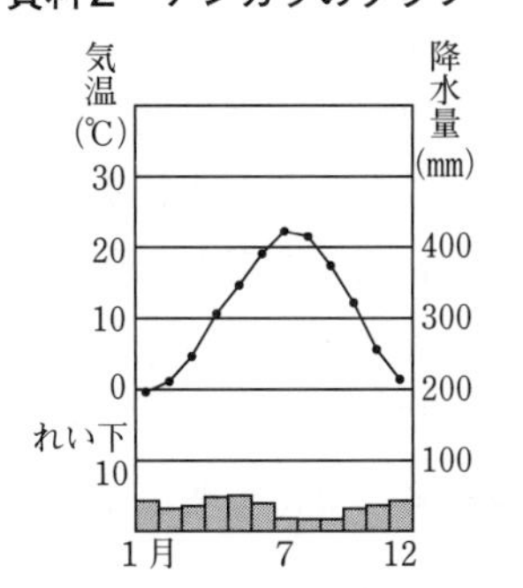

資料３　秋田市のグラフ

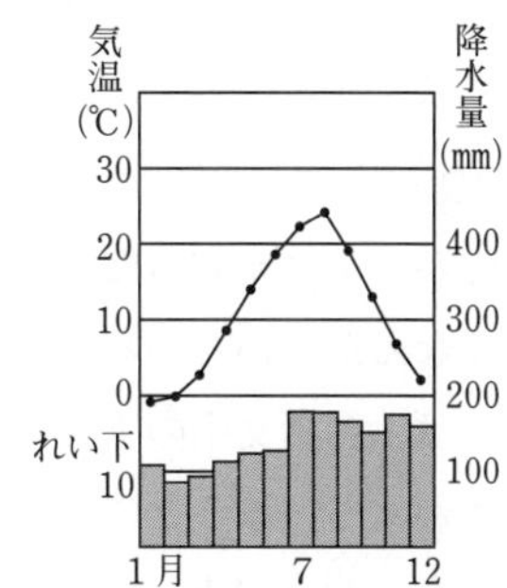

ゆうきさん　日本とトルコは、何がきっかけでつながりをもつようになったのかな。

ひかるさん　きっかけの一つと言われているのは、現在のトルコが建国される前のオスマン帝国（ていこく）の時代に起こったエルトゥールル号に関する出来事だね。

ゆうきさん　どんな出来事なのかな。

ひかるさん　1890年に日本を訪（おとず）れていたエルトゥールル号が和歌山県沖（おき）でちんぼつしてしまったんだ。そのときに、和歌山県の人々が救助にあたって、日本全国からも多くの支えんが寄せられたんだよ。

ゆうきさん　大変な出来事だったんだね。なぜエルトゥールル号は日本に来たのかな。

ひかるさん　実は当時のオスマン帝国は、日本と同じようにイギリスやフランスと③不平等条約を結んでいたんだ。それが関係しているんじゃないかな。

問３　ゆうきさんとひかるさんは、会話文中の下線部③について、調べ学習を行い、発表することになりました。その様子を示した、あとの［　④　］にあてはまる言葉を15字以上25字以内で書き、文章を完成させましょう。

日本が結んでいた不平等条約の内容の一つに、領事裁判権（りょうじさいばんけん）を認（みと）めている点があります。これでは、外国人が日本で罪をおかしても日本の法律（ほうりつ）でさばくことができません。

そのため、日本で起こった外国人の犯罪に対して、外国人に有利な判決がくだされやすくなってしまいます。

他にも、関税自主権（かんぜいじしゅけん）がないという不平等な内容があります。これにより、日本は外国からの輸入品にかける税金を自由に決めることができません。

そのため、日本国内の製品よりも［　④　］国内の産業がおとろえてしまいます。

ゆうきさん　日本とトルコの歴史には、他にどんな関係があるのかな。

ひかるさん　明治時代に、トルコで男の子に「トーゴー」っていう名前を付けることがはやった時期があったんだ。なぜだか分かるかな。

ゆうきさん　よく分からないな。「トーゴー」って何のことだろう。

ひかるさん　⑤日露戦争（にちろせんそう）で活躍（かつやく）した東郷平八郎（とうごうへいはちろう）のことだよ。日本海海戦で東郷平八郎の指揮（しき）する艦隊（かんたい）がロシアを破ったことで、一気に人気が高まったんだよ。

ゆうきさん　そうなんだ。いろいろな関係があるんだね。

問４　ひかるさんは、会話文中の下線部⑤について調べ学習を行いました。そして、この戦争が日清戦争（にっしんせんそう）と関わっていることに気付き、**資料４**の表に整理しました。**資料４**の［　⑥　］にあてはまる文章を、30字以上40字以内で書きましょう。

資料4　ひかるさんが作成した表

名称	日清戦争	日露戦争
戦争前の様子を描いた絵		
絵に描かれた国際関係の説明	⑥	朝鮮半島に勢力をのばしているロシアに、イギリスに背中をおされた日本が立ち向かっています。その様子をアメリカが見ています。
結果	下関で条約が結ばれ、清は朝鮮半島の独立を認めました。 しかし、ロシアが日本に対して、新たに手に入れた領土の一部を清に返すようにせまったため、日本はこの要求を受け入れました。その後ロシアは朝鮮半島に勢力をのばしました。	アメリカの仲立ちによって条約が結ばれ、ロシアは、朝鮮半島を日本の勢力のもとに置くことを認めました。この日本の勝利は、ロシアや欧米の圧力や支配に苦しむトルコなどの国々を勇気づけました。

ひかるさん　昨年は、トルコで大統領選挙が行われていたね。

ゆうきさん　私もニュースで見たよ。ところで日本には、大統領はいるのかな。

ひかるさん　日本には、大統領はいないけど、内閣総理大臣はいるよ。

ゆうきさん　そうなんだ。トルコの大統領の決め方と、日本の内閣総理大臣の決め方には、どのようなちがいがあるのかな。

ひかるさん　トルコの大統領は、選挙権をもつ人々によって直接選ばれるけど、日本の内閣総理大臣は［　⑦　］

問5　**資料5**を見て、会話文中の［　⑦　］にあてはまる言葉を書き、文章を完成させましょう。

資料5　ひかるさんのノート

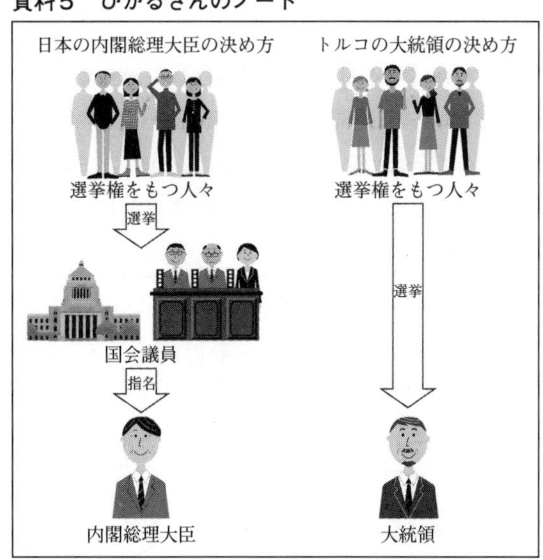

〈作文Ⅱ〉　—50分—

1　ゆうきさんとひかるさんの会話文を読んで、あとの問いに答えましょう。

ゆうきさん　去年まで運動会で使っていた**図1**のような表しょう台を、同じ大きさでつくりたいと思うんだ。何か去年のようすがわかるものはないかな。

ひかるさん　去年、私(わたし)が2位で表しょう台に上ったときの**図2**の写真が残っているよ。

ゆうきさん　これは参考になりそうだね。でもこの写真の縮尺(しゅくしゃく)がわからないから、これだけでは表しょう台の大きさは求められないね。どうしたらいいかな。

ひかるさん　①<u>確かこのときの私の身長は、140cmだよ。</u>このことをうまく使えないかな。

図1　表しょう台のイメージ

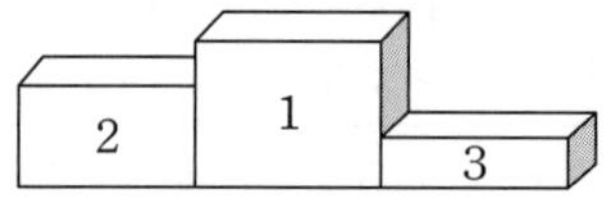

図2　表しょう台の正面からとった写真

問1　**図3**のように、表しょう台の底面部分がものさしのはしにあたるように、写真にものさしをあてました。このとき、2位の表しょう台の上部分はものさしの3cm、ひかるさんの頭の上はものさしの10cmをさしていました。**図3**と下線部①を使って、実際の表しょう台における2位の台の高さを求めましょう。

また、その求め方を説明しましょう。

図3　図2の写真にものさしをあてた図

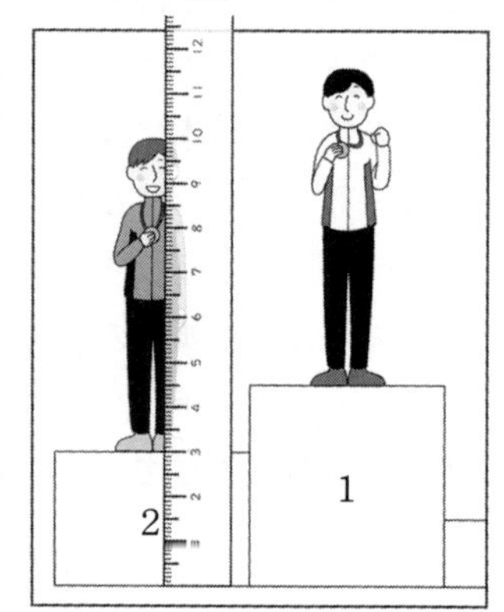

問2　**図1**を参考にして、次の**【つくり方】**や**【条件】**を満たすように表しょう台をつくります。(**図3**は考えません。)このとき、必要な材料の板は最少で何枚ですか。

また、使い切ることができない板がある場合は、残った板について、縦(たて)何cm、横何cmのものが残るか、すべて答えましょう。残りがなければ「なし」と書きましょう。

【つくり方】

手順1　材料となる板を切断し、表しょう台の面をつくります。

手順2　手順1で切断した板を使い、3つの直方体をつくります。
(直方体の面1つあたりに使う板は1枚です。2枚以上の板をつないで1つの面をつくることはしません。)

表しょう台の1位から3位の高さにあったものをそれぞれ1つずつつくります。

手順３　手順２でつくった３つの直方体をつなぎ合わせます。

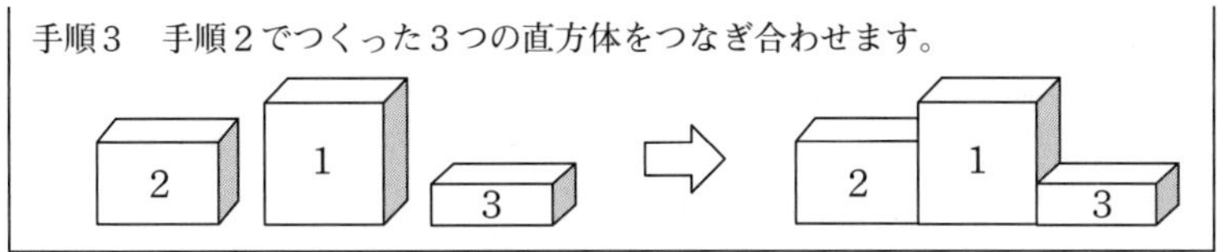

【条件】

条件１　縦90cm、横180cmの長方形の板を材料にしてつくります。
条件２　表しょう台の上の面は、１位〜３位のいずれも１辺が90cmの正方形です。
条件３　表しょう台の高さは、１位、２位、３位の比が３：２：１です。
条件４　つなぎ合わせる３つの直方体のうち、１位のものは立方体です。
条件５　板の厚みはないものとして考えます。

ゆうきさん　運動会で使う万国旗を準備していて思ったけど、世界にはいろいろなデザインの国旗があるね。

ひかるさん　そうだね。でも、色がちがうだけで形が似ている国旗もたくさんあるよ。**図４**のような３色を並べた国旗はたくさんあるね。例えば、アフリカのギニアとマリでは、赤、黄、緑のような３色を横に並(なら)べているね。

ゆうきさん　赤、黄、緑の３色を１回ずつ使って横に並べて新しい旗をつくるとしたら、全部で何種類つくることができるかな。

ひかるさん　27種類じゃないかな。**図５**のように考えてみたよ。

ゆうきさん　本当にこの考え方であっているのかな。

図４　３色を横に並べた旗

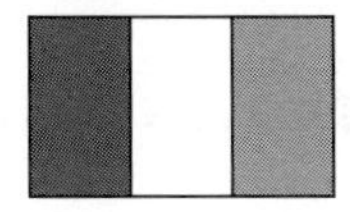

図５　ひかるさんが考えた図

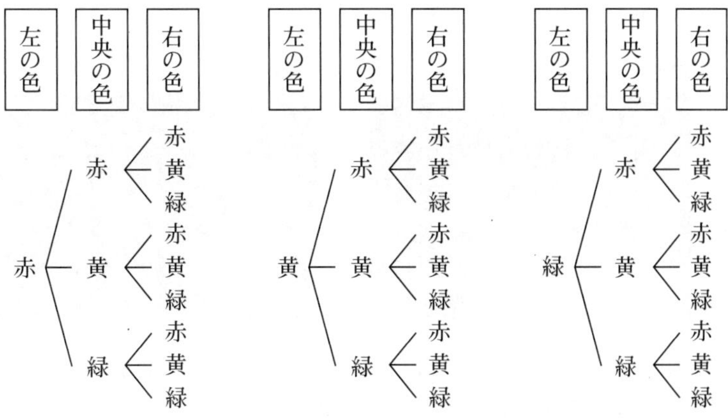

問３　赤、黄、緑の３色を１回ずつ使って横に並べて**図４**のような旗をつくります。このとき、次の**【注意】**を読み、次の(1)、(2)の問いに答えましょう。

【注意】

次の旗Bは、回転すると旗Aと同じものに見えてしまいますが、旗Aと旗Bは別のものとして考えます。

旗A　　旗B

旗Aと同じに見える

(1)　ひかるさんは、**図５**をもとに全部で27種類の旗をつくることができると考えました。しかし、ひかるさんの考えは誤っています。

次の文章の空らんに当てはまる言葉を書き、ひかるさんの考えがどのように誤っているか説明する文章を完成させましょう。

例えば、**図５**の中には、左の色が＿＿＿、中央の色が＿＿＿、右の色が＿＿＿となっているものがあります。
これは、＿＿＿＿＿＿＿＿＿＿＿＿＿＿＿＿＿＿＿＿＿＿＿＿＿＿＿＿＿＿＿＿ので、誤っています。

(2)　全部で何種類の旗をつくることができるか求めましょう。
また、**図５**のように、求めるときの考えを図に表しましょう。

2　ゆうきさんとひかるさんの会話文を読んで、あとの問いに答えましょう。

ひかるさん　この前、家族と川原でバーベキューをしたときに、**写真１**と**写真２**のようなものを見たよ。

ゆうきさん　**写真１**と**写真２**のしま模様は地層だね。特に**写真２**に写っている大地のずれのことは［　①　］というね。

ひかるさん　②<u>地層は、おもに川を流れる水のはたらきによって運ばれた、れき、砂、どろが海や湖の底にたい積してできた</u>ものだね。

写真１

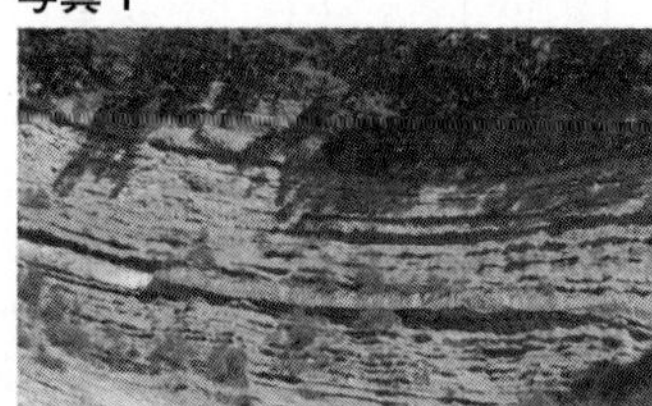

写真２

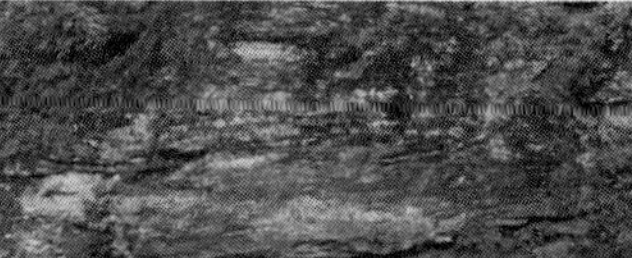

問１　会話文中の［　①　］にあてはまる言葉を書き、文を完成させましょう。

問２　下線部②以外の地層のでき方を１つ書きましょう。

ひかるさん　バーベキューをした場所は、川が曲がっているところの内側だったよ。その外側の川岸はがけのようになっていたよ。

ゆうきさん　川の曲がっているところの内側と外側では何かちがいがあるのかな。

ひかるさん　じゃあ、実験をして調べてみよう。

実験

【課題】　川の曲がっているところの内側と外側で、流れる水のはたらきには、どのようなちがいがあるのだろうか。

【計画】　(1)　**図**のように、土のしゃ面をつくり、みぞをつけ、川のように曲がったところの3か所を、それぞれ、地点A、地点B、地点Cとする。

(2)　地点A、地点B、地点Cの内側と外側に棒(ぼう)を6本ずつ立てる。

(3)　上から水を流し、たおれた棒の数を調べる。

図

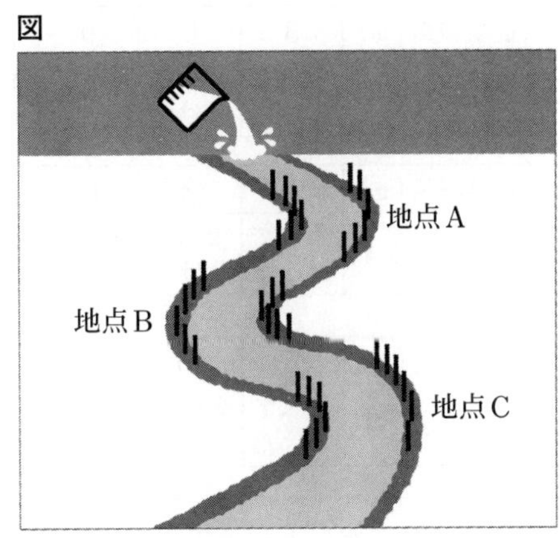

【結果】

	地点A		地点B		地点C	
	内側	外側	内側	外側	内側	外側
たおれた棒の数(本)	2	6	1	5	0	4

問3　実験の【結果】から、川の曲がっているところの内側と外側では、流れる水のはたらきがどのようにちがうか書きましょう。

3　ゆうきさんとひかるさんの会話文を読んで、あとの問いに答えましょう。

ゆうきさん　この前、テレビで海の水から塩をとり出しているのを見たよ。

ひかるさん　とり出せるということは、もともと海の水にふくまれてるということだね。

ゆうきさん　そのように、ものが水にとけた液のことを［　①　］というと学んだね。

ひかるさん　海の水はとても塩からいよね。とても塩からい食塩水をつくるには、たくさんの食塩を水にとかさないといけないね。

ゆうきさん　食塩は水にいくらでもとけるのかな。それとも限りがあるのかな。

ひかるさん　実験して調べてみよう。

実験

【課題】　食塩が水にとける量には、限りがあるのだろうか。

【計画】　(1)　３つのビーカーに、20℃の水を50mLずつはかり取って入れる。

(2)　食塩をＡ班(はん)は３ｇ、Ｂ班は４ｇ、Ｃ班は５ｇはかり取って、それぞれ水に入れて静かにかき混ぜる。

(3)　全部とけたら、同じ量の食塩をはかり取って、食塩をとかし、何ｇまでとけるか調べて、記録する。

【結果】

Ａ班

加えた食塩の量(ｇ)	3	6	9	12	15	18
加えた食塩のようす	すべてとけた	すべてとけた	すべてとけた	すべてとけた	すべてとけた	とけ残った

Ｂ班

加えた食塩の量(ｇ)	4	8	12	16	20
加えた食塩のようす	すべてとけた	すべてとけた	すべてとけた	すべてとけた	とけ残った

Ｃ班

加えた食塩の量(ｇ)	5	10	15	20
加えた食塩のようす	すべてとけた	すべてとけた	すべてとけた	とけ残った

ゆうきさん　実験の結果から食塩が水にとける量には、限りがあることがわかるね。また、その限りの量が考えられそうかな。

ひかるさん　そうだね。３つの班の結果を合わせて考えると、20℃で50mLの水にとける食塩の最大の量は［　②　］ｇ以上、［　③　］ｇ未満にしぼりこめるね。

問１　会話文中の［　①　］にあてはまる言葉を書き、文を完成させましょう。

問２　会話文中の［　②　］、［　③　］にあてはまる数字を書き、文を完成させましょう。

ひかるさん　実験のあと調べてみたら、次のような２つのグラフを見つけたよ。

ゆうきさん　グラフ１を見ると、水100mLにものがどれくらいとけるかは、水の温度によって変わることがわかるね。

ひかるさん　うん。それに加えて、④とけるものによってもちがうみたいだね。

ゆうきさん　グラフ２を見ると、水の温度が同じときには、ものがとける量は水の量に比例しているね。

グラフ１　水の温度と水100mLにとけるものの量

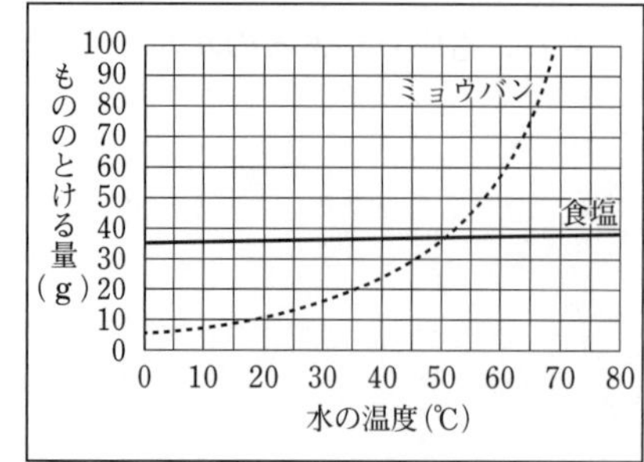

グラフ２　水の量と20℃の水にとけるものの量

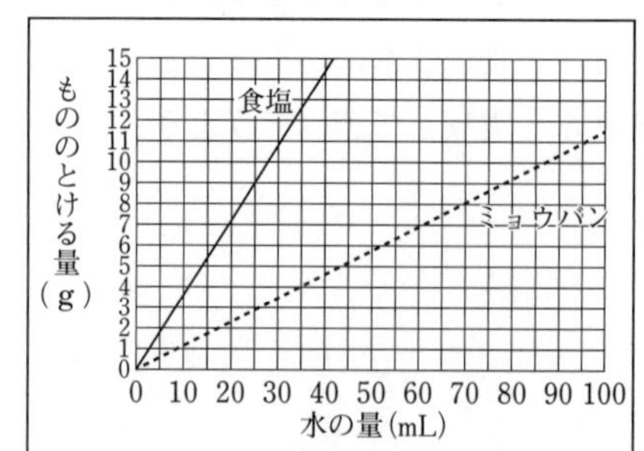

問３　下線部④について、食塩とミョウバンでは、水の温度が上がったときのとける量の変化のしかたにはどのようなちがいがあるか、**グラフ１**をもとに書きましょう。

問４　次の**グラフ３**は水の温度を60℃にしたときの水の量とものののとける量を表したものです。ミョウバンのようすを正しく表していると考えられるのは**ア～エ**のどれか、記号で書きましょう。

また、そのように考えられる理由を書きましょう。

グラフ３　水の量と60℃の水にとけるものの量

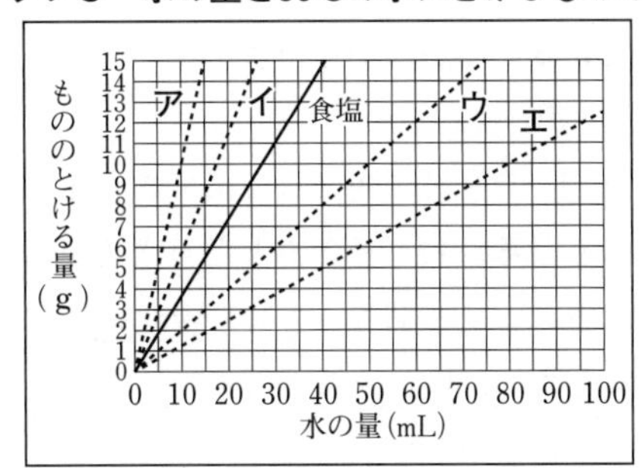

4　ゆうきさんとひかるさんの会話文を読んで、あとの問いに答えましょう。

ゆうきさん　先生が「わり算は、習いたてのころはかけ算の式を使って商を求めていたね」と言っていたんだけど、どういうことなんだろう。

ひかるさん　例えば、「①12÷４の商を求めるときに、12÷４＝xとすると、このxを求めるために、頭の中では別のかけ算の式を思いうかべている」ということだよ。

ゆうきさん　たしかにそうだね。習いたてのころ、頭の中では４の段（だん）の九九を思いうかべて求めていたなあ。

ひかるさん　②あまりのあるわり算の式も、かけ算を含（ふく）んだ式で表すことができるね。

問１　下線部①について、12÷４＝xのxを求めるときに考えるかけ算を、xを使った式で表しましょう。

問２　下線部②について、「ＰをＡでわったときの商がＱであまりがＲである」という関係をたし算とかけ算の式で表すとき、次のような式で表すことができます。このとき、空らんにＡ、Ｐ、Ｑ、Ｒのいずれかを入れ、式を完成させましょう。

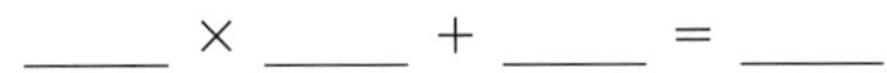

ひかるさん　倍数や約数も、かけ算とわり算の関係に注目すれば、ひとつの式で表すことができるよ。

ゆうきさん　どういうこと？　教科書にはこう書いてあったよ。

> ３に整数をかけてできる数を、３の倍数といいます。
> 12をわり切ることができる整数を、12の約数といいます。

これを読むかぎり、倍数はかけ算、約数はわり算の話なんじゃないの？

ひかるさん　実は、③Ａ×Ｂ＝Ｃという１つの式で、倍数も約数も説明ができるよ。

問３　下線部③の式を使って、倍数、約数を次の文のように説明しました。説明中の空らんそれぞれにＡ、Ｂ、Ｃのいずれか１つを当てはめて説明しましょう。ただし、Ａ、Ｂ、Ｃは０以外の整数とします。

＿＿＿は＿＿＿の倍数です。また、＿＿＿は＿＿＿の約数です。

ひかるさん　A×B＝Cの式をもとに、12の約数の個数を考えてみたよ。まず、12を整数の積の形に表すために、［メモ１］のように、12を１以外のできるだけ小さい整数で、商が１になるまでわりきれる計算をしつづけてみたんだ。その結果、12は次の式で表せることがわかったよ。

④<u>1×2×2×3＝12</u>

［メモ１］

12÷2＝6

6÷2＝3

3÷3＝1

ゆうきさん　確かに、［メモ１］の最後に商として出てきた１に、これまでに出てきたわる数をかけると、12にもどるよね。そのあとどう考えるの？

ひかるさん　［メモ２］のように、④の式を⑤<u>A×B＝Cの形にして、ひとまとまりの数とみる部分をかっこを使ってつくれば、約数がみつかるよ。そして、ひとまとまりの数とみる部分を変えることで、すべての約数をみつけられる</u>はずだよ。

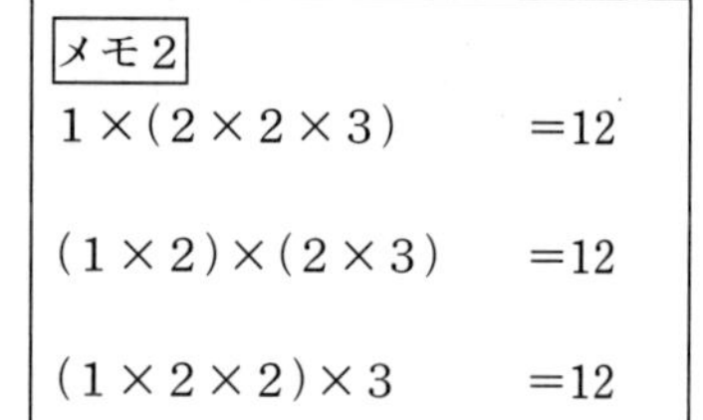

ゆうきさん　なるほど。そうすればすべての約数を求められそうだね。

問４　下線部⑤、［メモ２］について、次の問いに答えましょう。

(1)　下線部⑤の考えを使って12の約数をすべて求めましょう。

(2)　［メモ２］のように、ひとまとまりの数とみる部分を、かっこを使ってつくる考えをもとに、48の約数をすべて求めましょう。

また、その求め方を説明しましょう。

送りました。

（三野誠子『箱の中のホワイトデイズ』〈国土社〉より　一部省略がある。）

問一　――線①「正和は苦笑いして、しばらく考えこみました。」とありますが、なぜ正和はこのようにふるまったのですか。次の文の空らんア、空らんイに当てはまるように、それぞれ五字以上七字以内で書きましょう。

> 葉子の頼みが［　ア　］ことには苦笑いしたけれど、その一方で、たしかに何か［　イ　］しかないとも思ったからです。

問二　――線②「葉子は、待っててと言うなり、走って家に帰りました。」とありますが、このときの葉子はどのようなことを考えていましたか。次の文の空らんに当てはまるように、「思いついた」という言葉を使って、一〇字以上一五字以内で書きましょう。

> 正和の［　　　　］と考えていました。

問三　――線③「たちまちほおを真っ赤にそめ、タカちゃんは花を集め始めました。」とありますが、このときのタカちゃんのようすをくわしく説明しましょう。次の文の空らんに当てはまるように、四〇字以上五〇字以内で書きましょう。

> よつばは見つけられなくても、［　　　　］ようす。

問四　――線④「タカちゃんと正和はつかれた顔にほっとした笑みをうかべて、うなずき合いました。」とありますが、このときタカちゃんはどんな気持ちでしたか。次の文の空らんに当てはまるように、「よつばの代わりに」「安心」という言葉を両方使って、二五字以上三五字以内で書きましょう。

> 暗くなるまでよつばを探して体はつかれたが、［　　　　］し、正和の言葉に納得した気持ちを表しています。

4　あなたが好きな場所はどこですか。場所を一か所取り上げて、自分の気持ちや考えにふれながらその場所での体験をふまえて、なぜ好きかを書きましょう。書くときは、次の（注意）にしたがいましょう。

（注意）

○　作文は一行一五字の原稿用紙に一〇行以上一二行以内で書きましょう。

○　原稿用紙の正しい使い方にしたがって、文字、仮名づかいも正確に書きましょう。

○　氏名は書かないで、一行目から本文を書きましょう。

「なあタカ、この花、クローバーの他にも名前があるのを知ってるか」

タカちゃんはすぐに、知らないと首をふり、葉子を見あげました。

「シロツメクサ……？」

答える葉子に正和はうなずきました。

「昔、シロツメクサは、外国から送ってくる荷物の詰めものとして使われていたんだ。詰める草だからツメクサ」

「詰めもの……」

葉子は、首をひねりました。

「パッキングってこと？」

「そう、パッキング。こわれやすいガラス製品なんかを送るとき、箱のすきまに詰めたんだ」

「ぱっきんぐ」

タカちゃんは、こまった顔をしています。

「わかんない」

「ぷちぷちつぶすやつって言ったら、わかるかなあ。大事なものを送るとき、傷つかないように入れるの。クッションみたいに」

葉子は言いました。

「知ってる！」

タカちゃんは目を輝かせました。

「クッキーの缶に入ってる」

「そうそれ。大事なクッキーが割れないように入ってるんだよ」

うなずいて聞いているタカちゃんに、正和は言いました。

「シロツメクサの花を持てるだけ摘んできてくれないか。いいか。ママのことを思いながら、摘んできてくれ」

③たちまちほおを真っ赤にそめ、タカちゃんは花を集め始めました。

数分後、タカちゃんは「とったよー」と、にぎりしめたシロツメクサの花の束を差し出しました。

「いっぱいとれたね」

葉子がほめると、へへっと笑いました。

「そのシロツメクサ、よーこが持ってきてくれた箱に詰めてごらん」

タカちゃんは、ふしぎそうな顔をしながら、シロツメクサの花を箱に詰め始めました。最初はふんわり、やがてぎゅうぎゅうに。

「さっきも話したけど、シロツメクサは、こわれやすくて大切なものを傷つけないで相手に送るために使われたんだ。なあ、一番こわれやすくて、一番大切なものって何だろうな」

うーん。タカちゃんは首をかしげました。なんだろう。

「おれは、タカがさっき花を摘んでいたときの気持ちが、それだと思うんだよ」

んんん？　タカちゃんはきょとんとして正和を見ています。

「だから、あとは箱のふたを閉めて、そのままママにわたせばいい。それでいい」

「よつば、入ってない」

こまっているタカちゃんに、正和はきっぱり言いました。

「大丈夫。こんなにいいお守りはないぞ」

葉子は大きくうなずいて、言いました。

「ふた、しっかり閉めてね」

タカちゃんの大切な気持ちが、少しもこぼれないように。

ふたをきちんと閉め、④タカちゃんと正和はつかれた顔にほっとした笑みをうかべて、うなずき合いました。

そして、ならんで帰っていくふたりの後ろ姿を、葉子は祈りをこめて見

〈作文Ⅰ〉　—1、2と合わせて50分—

3　次の文章を読み、あとの**問一**～**問四**に答えましょう。

葉子と正和(ハカセ)は、公園で正和の弟のタカちゃんの姿を目にする。タカちゃんは、手術を受ける母親のために、よつばのクローバーを探しているが見つからない。正和は、よつばをわたせてもわたせなくても手術がうまくいかなかったときに、タカちゃんが自分のせいだと思ってしまうのではないかと葉子に話す。

想像もしなかった言葉に、葉子は息を飲みました。

タカちゃんがママを思う気持ち、正和がタカちゃんを思う気持ち。もしかしたら正和が言う通りなのかもしれない、けど。

葉子はぐいっと目のあたりをぬぐい、強い口調で言いました。

「それでも何か方法を考えてよ。ハカセはハカセで、おにいちゃんなんだから」

え？　正和は目を見開きました。

「何かって？」

「そんなのわからないけど。何かないの？　あるでしょ？」

「なんだよ、その無茶ぶり」

①正和は苦笑いして、しばらく考えこみました。それからゆっくり、タカちゃんに向かっていきました。

「見つからないのか」

やさしいおにいちゃんの声でした。

「ぼく、どうしても見つけたいんだ」

「じゃあ、三人でさがそうよ」

葉子が口をはさみました。

「祈りは通じるんだよ。だって、わたし去年、運動会で一等賞になれますようにってお月様にお祈りしたら、本当に一等賞になったもん」

「それは、よーこがいっぱい練習したから……」

正和は言いかけて、言葉を止めました。

「そうだな」

それから三人は暗くなってくるまで、よつばをさがしましたが、見つかりませんでした。

「ねえ、物知りハカセでしょ。何かいい方法知らないの？」

葉子は、もう一度くり返しました。正和はむっとしたように、

「知らねえって」

と応じましたが、ふと何かを思いついたように言いました。

「なあ、なんか箱ない？」

正和は指で空中に小さな四角を描きました。

「そうだな、これくらいの箱」

「それがあれば、なんとかなるの？」

「うーん。わかんないけど」

自信はなさそうですが、正和は真剣な顔つきをしています。②葉子は、待っててと言うなり、走って家に帰りました。

数分後、息をきらしてもどってきた葉子は、黄色い小箱を差し出しました。

「これで、いいかな」

それは、いつも食べているキャラメルの空き箱でした。

「ありがとう」

うなずいた正和は、まっすぐに葉子を見てから、クローバーの花を指差しました。

さいたま市立浦和中学校

（編集部注：掲載にあたりレイアウトなどの一部改変を行っています。）

〈適性検査Ⅰ〉　　—45分—

1　花子さんは、図書館でおもしろそうなタイトルの小説を見つけたので、読んでみることにしました。

次の文章は、朝比奈あすか著「君たちは今が世界」(KADOKAWA)の一部です。これを読んで、**問１〜問４**に答えなさい。

> ほのか(宝田さん)と武市は、大学の折り紙の集まりに行く途中で会い、一緒に向かっていた。ほのかは、武市が歩きながら見せてくれた武市のすばらしい作品(折り紙で作ったボール)に心から感動したが、うまくいかないことの多い自分にはとても作れないと笑ってごまかそうとした。しかし、武市は笑うことなく、ほのかにもできると言ってくれた。

「宝田さんは、なんでもできる」

ほのかに言い聞かせるように、彼はゆっくりと繰り返した。

それを言われた時、①なぜだかほのかは、泣きたくなった。

どうして泣きたくなるのか分からなくて混乱した。

本当は、自分にできることなど、何もないような気がしていた。周りの人たちからもそう思われていることを、彼女は知っていた。そしてそのことを、心のどこかで受け入れてきた。

代表委員に立候補した時も、皆に笑われているのを知っていた。前田さんは、ほのかが代表委員になることを「やだ」と言った。それを聞いて笑った人たちも、みんな「やだ」と思っていたのかもしれない。

だけどほのかは、ずっと、なりたかったのだ。なりたかった。なりたかった。六年生の最後の委員決めだった。最後まで手を挙げ続けた。

それなのに、いざ代表委員になって、教壇に立ったら、［　②　］。

何か喋ってしまったら、その言葉はぽとんと落ちて、教室の真ん中で、皆に踏みつけにされると思った。そうなるのはいつものことで、これまではそんなことはちっとも怖くなかったのに、代表委員になってしまったから、怖くなったのだ。クラスの代表である自分が、そんな恥ずかしいことはできないと思ったから。うまくやろうと思ったとたん、ほのかの舌は※1こわばった。代表委員として初めて芽生えたプライドが、かえって心を縮こまらせた。あの時の自分は、みっともなかった。

だけど、

——宝田さんは、なんでもできる。

武市は言ってくれた。

こみ上げてきた涙を目の奥に押しこむように、ほのかは細かくまばたきをする。言われたばかりの言葉を、心の奥で※2反芻する。こんなに信じてもらえたこと、自分をまるごと認めてもらえたこと。目の前の少年のまなざしは澄んでいる。彼の言葉に嘘はない。それが分かるから、ほのかは泣きたくなるのだ。

折り紙探検隊は最高に楽しい時間だった。

ゾウを作るコースと、ネズミを作るコースがあって、ほのかはネズミのコースを選んだが、かわいらしい小さなネズミは、簡単に作れそうに見えて、折り始めたら意外に複雑だった。

ほのかは何度も分からなくなって※3パニックを起こしかけたが、途中でつまずくたび、武市が手伝いに来てくれた。

どの部分のつまずきからでも、武市はすぐに状況を※4把握し、的確に解決してくれた。そして、※5工程表と同じ形、同じ向きにして、「ここから」とほのかに差し出した。それはもう、魔法のようにらくらくと、武市はほのかの混乱を次々に※6修復してくれた。

ほのかは武市に言われたとおりにそこからもう一度やり直すのだが、すぐにおかしくしてしまう。武市は、何度ほのかがつまずいても、飽きることなく淡々と正しい形に戻してくれるのだった。

ようやくネズミができあがった時、ほのかはもちろんとても嬉しかったのだが、それよりも、何よりも、武市があの綿菓子頭の大学生をはじめとする数人のメンバーから口々に褒められて、

「君、折り紙探検隊の正式メンバーな」

と言われた時が、一番嬉しかった。

折り紙探検隊の大学生たちは武市を、遊びに来た小学生ではなく、折り紙の仲間として認めたのだ。

そのことが、ほのかは嬉しかった。

だから、帰り際、ほのかは持ってきた折り紙の残りを全部武市にあげることにした。

すると武市は、

「なんで」

と訊いた。

なんで？

笑顔を滅多に見せない、人によって態度を変えることのない武市の、大学生と話している時の頬が薔薇色に染まっているのを見た時、ほのかは、自分が持ってきた折り紙を、全部武市にあげたいと思った。でも、その気持ちを説明することは難しくて、ほのかはただひと言、

「いらないから」

とだけ、言った。

「いらない？」

確認するように、武市は言った。

「うん。いらない」

ほのかは答えた。

遠慮なく受け取ってもらいたいからそう言ったのに、③目の前の顔は暗く沈んだ。ほのかは、武市が喜んでくれないことを不思議に思った。

しかし次の言葉で、その理由が分かった。

「宝田さんは、折り紙、もうやらないのか」

と、武市は言った。

自分が好きなことを、ほのかにも好きになってもらいたいと、武市は思ってくれている。そう気づいた時、ほのかの心の中に温かいものが流れこんだ。

「じゃあ、半分こしよ。そいで武市、うちに時々、教えてくれる？」

ほのかが言うと、武市は、

「わかった」

と、答えた。

ほのかは折り紙を、半分ずつに分けた。武市は、ほのかからもらった折り紙を、礼も言わずに受け取ると、宝物のボールや、今日綿菓子頭の大学生からもらっていた折り紙の説明書のようなプリントの入っている手提げ袋に、そっと仕舞った。そして、真面目そうな顔つきで、

「ゾウは少しむずかしい。最初は、カモノハシがいいかもしれない」

と、言った。

押し入れの中でただ眠っていただけの折り紙が、武市の手で、きっとこれから、ネズミやゾウやカモノハシや他の色々なものに生まれ変わっていくのだ。

「武市。絶対だよ。折り紙、するよ。一緒に」

友達との約束が、世界を明るくしてくれる。

④<u>武市と別れて、ほのかは走った。</u>

急に、走りたい気分になったのだ。暮れてゆく道を、ほのかは走り続けた。そして、あの※7石畳の道で立ち止まり、いつもの決まりが頭を過ったにもかかわらず、まるで何らかの確信があるかのように、ほのかは一歩を踏み出していた。

自分でも驚くことに、一歩、また一歩と、ほのかの足は軽やかに前を目指した。

何かが自分を見ているのかもしれない。でも、その何かは、見守ってくれているのかもしれない。

気づいた時、ほのかはもう足元を見ていなかった。石の色など関係なく、ただまっすぐ道の先の遠くに目をやっていた。

――宝田さんは、なんでもできる。

歩くごとに、むくむくと、勇ましい気持ちが生まれてゆく。※8仄かな光のように、自信の芽が上を向く。悪いことが起こる決まりなんか、どこにもない。好きなところを好きなように歩いていいのだ。そのことを、早く※9みちるに教えたいと思いながら、ほのかは前進し続けた。

（一部に表記、ふりがなをつけるなどの変更があります。）

※1　こわばる……かたくなる。　※2　反芻する……くりかえし考える。

※3　パニック……混乱した状態。　※4　把握する……理解する。

※5　工程表……作業を進めていく順序を書いたもの。ここでは、折り紙の折り方が書かれたもの。

※6　修復する……直して元にもどすこと。　※7　石畳……平らな石をしきつめてある場所。

※8　仄か……かすか。ほんの少し。

※9　みちる……ほのかの妹。みちるは、石畳を通るときは白い石だけを踏むというほのかが決めたルールを一緒に実行していた。

問1　下線部①「なぜだかほのかは、泣きたくなった」とありますが、ほのかが泣きたくなったのは、どんな気持ちになったからですか。次の空らん［　A　］にあてはまる言葉を、本文中から４字で書きぬき、空らん［　B　］にあてはまる内容を、20字以上30字以内で書きなさい。

> 自分にできることは［　A　］ような気がしていたが、武市の嘘のない言葉にふれて、［　　B　　］から。

問２　本文中の空らん［　②　］にあてはまる言葉として最も適切なものを、次のア～エの中から１つ選び、記号で答えなさい。

ア　目を疑(うたが)った　　イ　手をこまねいた　　ウ　足がすくんだ　　エ　かたの荷が下りた

問３　下線部③「目の前の顔は暗く沈んだ」とありますが、武市の顔が暗く沈んだ理由を、ほのかはどのように考えましたか。次の空らん［　C　］にあてはまる内容を、本文中から26字で書きぬきなさい。（句読点や記号は１字と数えます。）

> 武市は［　　C　　］という気持ちから、ほのかに折り紙を続けてほしかったのに、ほのかがもうこの先折り紙をやらないと受け取ってしまったと考えたから。

問４　花子さんは、学級の朝読書の時間にこの作品を友達と読み合い、下線部④「武市と別れて、ほのかは走った。」について、なぜほのかが走ったのかを話し合っています。次の**【先生と花子さんたちの会話文】**の空らん［　D　］、［　E　］にあてはまる内容として最も適切なものを、それぞれ、あとのア～エの中から１つ選び、記号で答えなさい。

【先生と花子さんたちの会話文】

先　　生：最後の場面の下線部④に「武市と別れて、ほのかは走った。」とありますね。ほのかはなぜ走ったのでしょうか。

太郎さん：下線部④の前にえがかれているほのかの様子や発言、「友達との約束が、世界を明るくしてくれる。」などの記述から、［　D　］のだと考えられます。

先　　生：太郎さん、記述をもとに、ほのかの心情をきちんと読み取ることができましたね。そのような気持ちが表れた結果として、ほのかは走っていますね。

花子さん：わたしは「何かが自分を見ているのかもしれない。でも、その何かは、見守ってくれているのかもしれない。」の部分にほのかの心情の変化が表れていると思います。一つ目の「何か」は、ほのかが代表委員になって教壇に立ったときに周りから感じた視(し)線のことを表しているのだと思います。二つ目の「何か」は、「自分を見ている」視線とは対照的に、「見守って」くれています。ほのかは、武市との交流を通して［　E　］ので、明るい気持ちになって、走り出したのだと思います。

先　　生：花子さんもすばらしいです。この物語の大事な部分を読み取れていますね。

［　D　］の選択肢(たくし)

ア　武市と約束したことで自分が折り紙の世界に入っていくことを実感し、いつか折り紙で武市を追いぬいてみせるという決意を体で表した

イ　武市のおかげでみんなと仲良くなれたことに気がつき、武市への感謝がどこからともなくあふれてきて走らずにはいられなかった

ウ　武市との交流が次も約束されていると思うと明るい気持ちになり、わくわくしてじっとしていられなくなって思わず走った

エ　武市のやさしさにふれたことで異(い)性としてひかれ始め、照れくささやはずかしさでむずむずして勝手に体が動いてしまった

［　E　］の選択肢

ア　自分が実は能力が高く、みんなの自分に対する評価はまちがっていると知った

イ　自分は武市だけでなく、みんなから好かれているということに気づいた

ウ　自分が決めていたやり方以外にも、石畳の歩き方にはいろいろあると感じた

エ　自分を見る視線には、厳しいものだけでなく温かいものもあるとわかった

2　太郎さんは、「言葉」に興味があり、先生にたずねたところ、次の本を紹介してもらいました。

次の文章は、矢萩邦彦著「自分で考える力を鍛える　正解のない教室」(朝日新聞出版)の一部です。これを読んで、**問１～問４**に答えなさい。

ここまで、言語と思考や思想は密接に関係しているという話をしてきましたが、そもそも、言語や言葉ってなんでしょうか？　言語というのは意思伝達の手段として音声や文字を使う記号の※1システムです。

言葉が分からない外国で買い物をするとき、欲しいものが※2ショーケースのなかにあったら、あなたならどうしますか？

たぶんケース越しに、欲しいものを指さしますよね。もし言葉が分かれば指をささずに買うことができます。つまり、「指をさす」ということと言葉は「相手に伝えるための[　A　]」ということでは同じ機能があります。

「①月を指せば指を※3認む」ということわざがあります。夜空にかがやく月を指さしているところを想像してください。この場合、相手に見てもらいたい対象は月で、指は単に指し示すものです。それなのに、相手は指を見ている状態です。つまり、伝わっていない。

それに対して「②月を見て指を※4忘る」ということわざがあります。月を指さされたら、月を見て、指し示した指のことは忘れる。ものごとの※5本旨を理解することが重要で、手段にこだわってもしかたないということです。

これを言語にいいかえると、[　B　]が「名前(言葉)」を、[　C　]が「そのもの(伝えたいこと)」を表します。つまり、言葉というのは何かを指し示しているだけで、それ自体ではないということですね。

もちろん、月を指し示すとき、月と指のあいだには、物体としての月だけでなく、空気感や感情、時間の経過などの「見えないもの」も存在しますが、いずれにしても指さす人がそれを意図していなければ意味はないでしょう。

近代言語学の父と呼ばれる※6ソシュールは、言葉や記号というのは、「指し示すもの(表現)」と「指し示されるもの(意味)」のイメージがセットになってはじめて機能するとしました。片方では成り立たない。言葉だけ知っていても、それが意味するものをイメージできなければその言葉を知っていることにはならない、というわけです。

生後19か月で視力と聴力を失った作家ヘレン・ケラーは、家庭教師サリヴァンが水を触らせることで※7waterという言葉を理解しました。このとき起きていたのは、waterという文字列と視覚と聴覚以外の感覚でとらえた水そのもののイメージが結びついたということです。

ぼくたちは生まれてから③身体的な感覚に言葉を結びつけるという方法で、言語を※8獲得してきました。しかし、ぼくたちは大人になるにつれ、体感して獲得したわけではない言葉を大量にあつかうようになります。

イメージと結びついていない言葉は、④暗号(コード)と同じです。情報化が進む社会では、ぼくたちは日々、大量の知らない言葉にさらされます。それは知らないことを知り、世界を広げるチャンスでもありますが、同時にイメージが※9ひもづいていない〈暗号〉を集めてしまう※10リスクもあります。

ではどうしたらよいか。知らない言葉に出会ったら、ヘレン・ケラーのように言葉とイメージとがセットになるような体験をすることが一番ですが、すべての言葉を体感することは不可能です。であれば、意味を調べたり、それを想像したりすることでイメージを獲得していく必要があります。

学習においても、意味が分からないまま漢字や単語を丸暗記したり、イメージできないまま教科書や参考書を読み進めても、記憶することも難しいですし、使える知識になりません。大切なのは言葉が指し示す対象を想像できるかどうかです。

物語や誰かの話だって、想像できなければ面白くないですし、ついていけなくなります。

では、⑤知識や記憶のなかにイメージがなく、辞書やインターネットもない場合はどうしたらよいでしょうか？

相手が見たことのない場所や、食べたことのないものの話をすることはありますよね。そういうとき、ぼくたちは、相手の知っていることを推測し、自分の知っている言葉や経験を活用します。

たとえば、「バナナ」という言葉を知らず、食べたこともない人にバナナを説明してみてください。どうなりましたか？　それは説明であると同時に※11メタファーだといえます。いくら言葉を連ねたところで、実体のない言葉の※12羅列です。具体的にはなっても、そのものにはなりえません。相手が経験してきたことを推測し、イメージできる言葉を重ねていく方法が近道です。

そのときに、自分の体験量や、想像してきた量がものをいいます。そのようにして実体がない〈言葉〉を組み合わせて、ぼくたちは考え、コミュニケーションをとっているんですね。

（一部に省略、表記、ふりがなをつけるなどの変更があります。）

※1　システム……しくみ。　　※2　ショーケース……商品などを見せるためのたな。

※3　認む……「認める」の古い言い方。　　※4　忘る……「忘れる」の古い言い方。

※5　本旨……もともと伝えようとしていた内容。

※6　ソシュール……言語学者。「近代言語学」は、ソシュールの研究から始まったと言われている。

※7　water……「水」を表す英語。　　※8　獲得……手に入れること。

※9　ひもづく……あることが別のことと結び付けられている。

※10　リスク……危険。

※11　メタファー……「～のような」など、直接たとえる表現を使わないたとえのこと。

※12　羅列……ずらりと並んでいること。

問１　本文中の空らん［　A　］、［　B　］、［　C　］にあてはまる、本文の内容をふまえた適切な言葉を、本文中から、［　A　］は２字で、［　B　］、［　C　］はそれぞれ１字で書きぬきなさい。

問２　下線部①「月を指せば指を認む」、下線部②「月を見て指を忘る」とありますが、これらのことわざの意味に合う最も適切な例を、次のア～エの中からそれぞれ１つずつ選び、記号で答えなさい。

ア　たわむれる犬たちを見ながら、「あの黒い犬の名前は」と聞かれたが、聞きまちがえてしまい、白い犬の名前を答えた。

イ　遠足で移動するバスの中で、バスガイドさんから「窓をごらんください」と言われて横を見ると、富士山が見えた。

ウ　数か月前に買ったチケットをなくしてしまい、問い合わせ窓口の人に「再発行はできますか」と電話で問い合わせた。

エ　「お会計はこれではらっておいて」と母から財布を手わたされて、「財布じゃ支はらえないよ」と言った。

問３　下線部③「身体的な感覚に言葉を結びつける」、下線部④「暗号（コード）」について、太郎さんは理解した内容を次のように図にまとめました。**【太郎さんのまとめ】**について、あとの問いに答えなさい。

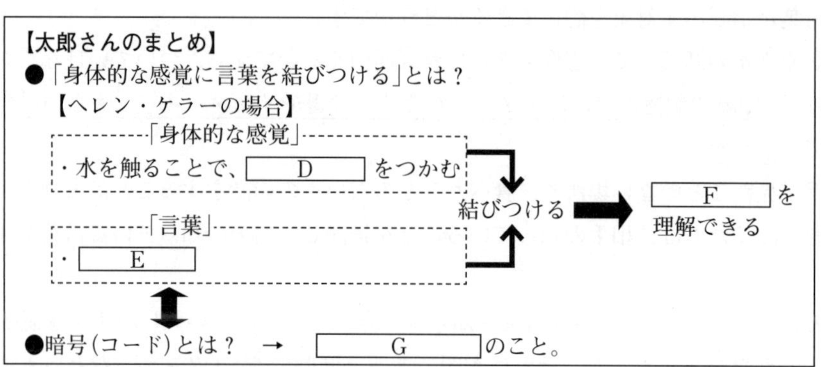

(1)　**【太郎さんのまとめ】**の空らん［D］、［E］、［F］にあてはまる言葉を、それぞれ10字程度で本文中から書きぬきなさい。英単語を書きぬく場合は、アルファベット１字を１字と考えなさい。たとえば、「pen」は３字とみなします。

(2)　**【太郎さんのまとめ】**の空らん［G］には、「暗号（コード）」とはどのようなもののことなのか、その説明があてはまります。あてはまる内容を、「意味」「機能」という言葉を使って、35字以上45字以内で書きなさい。

問４　下線部⑤「知識や記憶のなかにイメージがなく、辞書やインターネットもない場合はどうしたらよいでしょうか」について、太郎さんと留学生のジムさんは、うまく説明ができるかどうかを、会話をしながら確かめています。**【太郎さんとジムさんの会話】**を読んだうえで、下線部⑤のような場合に、どのようなことが必要だと筆者が述べているか、より適切なものをあとのア～オの中から**２つ**選び、記号で答えなさい。

【太郎さんとジムさんの会話】

ジムさん：Do you ※1know tangerines?
太郎さん：No, I don't.
ジムさん：It's a fruit. The color is orange.
太郎さん：I see.
ジムさん：It's ※2round. It is ※3sour.
太郎さん：Is it ※4like an orange?
ジムさん：Yes, it is.

※１　know……～を知っている
※２　round……丸い
※３　sour……すっぱい
※４　like……～に似ている

ア　自分の言葉での説明を、相手の経験をふまえながら実体に近づけられるように重ねる。

イ　相手の経験を推測し、言いかえた表現を使いながら実体を的確に言い当てる言葉を探（さが）す。

ウ　相手の知識を自分の知識より尊（そん）重しながら、自分にとってできるだけわかりやすい言葉を使う。

エ　自分のもっている経験を活用し、相手にとって実体のある言葉だけを使うようにして話す。

オ　相手の知識を想像し、相手がイメージできそうな言葉を自分の知識と経験の中からさがして使う。

3　環境問題に興味をもった花子さんは、燃料として活用される木材について書かれた本を見つけたので、読んでみることにしました。

次の文章は、吉川賢著「森林に何が起きているのか」(中央公論新社)の一部です。これを読んで、**問１～問４**に答えなさい。

燃材は、調理、暖房、発電のために燃やされる木材である。薪や木炭、※1ペレットなどがそうであり、原木丸太がすべて炭や薪、チップにされる場合と、樹木を伐採して※2用材にする際に伐り落とす枝や幹の一部が薪などとして使われるものとがある。両者はあくまでも森林から収穫されて、直接エネルギーとして使われるものである。一方、※3林地残材や※4廃材がエネルギーとして使われても、統計上は燃材には含まない。しかし近年、①日本の燃材の中に占める廃材の割合が増えてきているため、2014年から日本の木材※5需給の資料には、廃材からの燃材も計上されるようになっている。

世界全体での燃材の生産量は19.4億立方メートルで、木材生産量の半分を占め、この用材と燃材の割合は10年以上変わりがない。しかし、2019年に世界中で使われた燃料の89パーセントは※6化石燃料と原子力であり、燃材を含む※7再生可能エネルギーは世界のエネルギー消費量の５パーセントを占めるに過ぎない。

しかし、※8途上国では事情はまったく違う。燃材の70パーセント以上がアジアとアフリカで生産されており、途上国では燃材というよりも※9薪炭材というほうが実態をよく表している。

途上国では、燃材は伝統的な生活を支えるために唯一利用できる大切なエネルギー源である。ケニアでもマダガスカルでも、民家に入れてもらうと、いくつかの石を丸く並べた三石かまどで小枝がいつも燃えていて、温かい。セネガルの村では直径５センチメートルほどの薪を３本くべれば昼食の準備が整った。

最近５年間で、燃材の生産量は4300万立方メートル増加した。地域別に見ると、アジアは減少したが、その他の地域はみんな増加した。アフリカの場合は、ほとんどすべての国で数パーセント増加し、中南米も全体の46パーセントを占めるブラジルで10パーセントの増加を示した。つまり、途上国はおおむねどこも徐々に生産量を増やしている。※10先進国でもアメリカが61パーセント増加し、英国も29パーセント増加した。しかし、その他の先進国には目立った変化はなく、それぞれの国の事情に応じて増減している。先進国で近い将来、木質資源が経済的発展を保証する安定したエネルギー源になるとは考えられない。しかし、※11燃材は二酸化炭素を増加させないクリーンなエネルギーとして、気候変動対策に有効であると認識されてきてもいる。再生可能な※12バイオマスエネルギーとして、需要は拡大傾向にある。その典型例が2014年以降の日本の生産量の増加で、５年間で実に2.5倍増という突出した値を示している。

②開発途上国では、燃材は気候変動対策のための流行りの燃料などではない。世界統計は途上国のこうした炭や薪の現状と先進国の次世代エネルギーを同じテーブルの上で扱うので、途上国にとっての燃材の重要性が分かりにくく、エネルギー事情の現在の窮状も見えてこない。

途上国の薪炭材と先進国のバイオマスエネルギーは、どちらも地域環境の保全と密接に関係しているが、人々の生活との関係や地域社会への影響の仕方がまったく違っている。しかし、両者は同じ資源を取り合うので、今後は先進国による次世代エネルギーの需要増加が、途上国が伝統的に利用してきた燃材を搾取し、地域の生活を圧迫することになりかねない。

途上国でも、③太陽光や風力、地熱、バイオマスなどの再生可能エネルギーの利用拡大が進められている。住環境や生産基盤が劣化するのを防ぐために、身近な森林を薪炭材として過度に利用しないようにして、これまで使われてこなかったエネルギー源の利用を考えるという方針は間違っていない。そのためのさまざまな試みが続けられている。しかし、近代的な再生可能エネルギーを利用するための※13インフラ投資が、途上国で先進国と同じように進むとは考えにくい。新しい技術や資材を導入するにあたって、現地での利用が続くかどうかの十分な検討が欠かせない。たとえば、※14ソーラークッカーで調理ができたとしても、集光パネルは壊れるとすぐに代わりは手に入らないので、援助で手に入れた道具は壊れてしまうまでの１回限りのものになってしまう。また調理のための火は暖をとるためのものでもあり、太陽光で調理はできても相変わらず薪は使われ続けるだろう。地域住民が積極的に受け入れ、独自に技術を発展させて生活を変えるには、地域社会の※15ニーズとその置かれている状況を考慮して住民の活動を支援する視点が欠かせない。彼らがそれを作るか、購入し、利用し、修理できるものでなければならず、そのためには住民の能力を信頼することが最も重要になる。しかし、この点が疎かになっているケースも多い。支援事業が思うような成果をあげられない原因として、この視点を忘れてはならない。過保護も甘やかしも自立につながらない。先進国からの援助を前提とした実施計画ではなく、※16受益者に※17応分の負担をしてもらい、住民が自力で前進していくことに期待したい。それでこその支援である。

（一部に省略、表記、ふりがなをつけるなどの変更があります。）

※１　ペレット……木くずなどの廃材を、小さい筒型に圧縮した固形の燃料。

※２　用材……建築や工事、家具などに使用する木材。

※３　林地残材……樹木を伐採した後に伐り落とされる枝など、森林に放置される木材。

※４　廃材……いらなくなった木材。

※５　需給……市場において、求めることとあたえること。

※６　化石燃料……石油や石炭、天然ガスなど、地中にうまっている燃料。

※７　再生可能エネルギー……太陽光、風力、地熱など、永続的に供給され、継続的に利用できるエネルギー。

※８　途上国……経済や産業が十分に発展していない国。開発途上国。

※９　薪炭材……薪や炭として使用する木材。

※10　先進国……産業などが発達しており、経済的に豊かな国。

※11　燃材は二酸化炭素を増加させないクリーンなエネルギー
……燃材は燃やすと二酸化炭素を発生させるが、燃材のもととなる樹木は成長する過程で二酸化炭素を吸収するため、化石燃料より環境によいとされている。

※12　バイオマスエネルギー……動植物に由来する資源であるバイオマスを原料として得られるエネルギー。

※13　インフラ投資……電気、ガス、道路、通信など、経済や産業、国民生活を営むために必要な設備やサービスを整備するため、資金を出すこと。

※14　ソーラークッカー……太陽光のみをエネルギー源とする調理器具。

※15　ニーズ……要求。求めているもの。

※16　受益者……何かから利益を受ける人。

※17　応分……身分・能力にふさわしい程度。

問１　下線部①「日本の燃材」について、日本の燃材に興味をもった花子さんが調べたところ、**資料１**と**資料２**を見つけ、これらの資料からわかることを次のようにまとめました。**【花子さんのまとめ】**の空らん［　A　］、［　B　］、［　C　］にあてはまる内容を、［　A　］と［　B　］は小数第１位を四捨（しゃ）五入した整数の値を書き、［　C　］は**資料２**から書きぬきなさい。

> **【花子さんのまとめ】**
>
> 日本の燃材の自給率は、2014年から2020年までの間に約［　A　］％から約［　B　］％に増加しました。また、今後利用できる燃材の量を増加させるためには、［　C　］をより効率よく使うことが求められています。

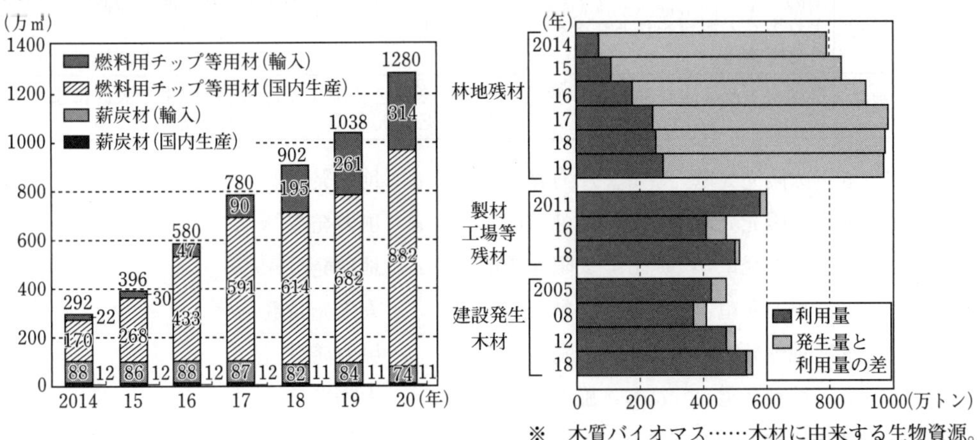

※　木質バイオマス……木材に由来する生物資源。

(**資料１**、**資料２**は林野庁（ちょう）「令和３年度森林・林業白書」をもとに作成)

問２　下線部②「開発途上国では、燃材は気候変動対策のための流行りの燃料などではない」とありますが、筆者はこの部分でどのようなことを述べようとしていますか。最も適切なものを、次のア～エの中から１つ選び、記号で答えなさい。

ア　先進国では経済的発展のための安定したエネルギー源として燃材の使用量を増加させようとしているが、途上国ではすでに燃材は安定したエネルギー源として利用されているということ。

イ　先進国には高い技術力があり燃材を多く生産できるが、途上国は燃材を大量に生産することが困難（こんなん）なため、先進国における燃材の価値（ち）は、途上国での価値よりも高いということ。

ウ　先進国にとっての燃材は化石燃料の代わりに用いるものという位置づけだが、途上国にとっての燃材は、経済的発展を成し遂（と）げるための大切な輸出品であるということ。

エ　先進国にとっての燃材は、地球環境保全の面で代替（たい）使用の需要が高いエネルギーだが、途上国にとっての燃材は、生活を営むうえで欠かせないものであるということ。

問３　下線部③「太陽光や風力、地熱、バイオマスなどの再生可能エネルギーの利用拡大が進められている」とありますが、花子さんは再生可能エネルギーについて調べて発表することになり、太陽光発電、風力発電、地熱発電のそれぞれの発電の仕組みや違い(長所、短所)を次の**【花子さんのメモ】**と**【表】**にまとめました。**【表】**の空らん[a]、[b]、[c]にあてはまる発電の組み合わせとして最も適切なものを、あとのア～カの中から１つ選び、記号で答えなさい。

【花子さんのメモ】

・太陽光発電……太陽の光エネルギーを太陽電池で直接電気に変換する発電方法。

・風力発電………風の力を利用して風車を回し、回転運動を発電機で電気に変換する発電方法。

・地熱発電………地中深くから取り出した蒸気で直接※タービンを回し、回転運動を発電機で電気に変換する発電方法。

※　タービン……蒸気などを羽根車に当て、エネルギーを回転する力に変える装置。

【表】

	a	b	c
長所	山の上や海洋上に設置すれば、より多くの電気を作ることが可能である。	季節、天候、昼夜を問わず安定して発電できる。	基本的に設置する地域に制限がなく、さまざまな未利用スペースを活用できる。
短所	季節や天候により発電量が変化する。	エネルギー源を利用するための開発が必要となる。	時間帯や天候により発電量が変化する。

ア　a　太陽光発電　b　風力発電　c　地熱発電

イ　a　太陽光発電　b　地熱発電　c　風力発電

ウ　a　風力発電　b　太陽光発電　c　地熱発電

エ　a　風力発電　b　地熱発電　c　太陽光発電

オ　a　地熱発電　b　太陽光発電　c　風力発電

カ　a　地熱発電　b　風力発電　c　太陽光発電

問４　先進国と途上国のあり方について、筆者の考えとして最も適切なものを、次のア～エの中から１つ選び、記号で答えなさい。

ア　先進国から途上国へのエネルギー利用支援は、途上国における地域社会の状況などに合っているかということと、途上国の人々の能力を使って自力で活用できるかということの２点を考慮して行われたときに、はじめて実現できる。

イ　先進国が途上国へエネルギー利用に必要な資材や道具を援助したとしても、途上国の人々がそれらを活用し続けられるとは限らないため、先進国は途上国へ援助を行う前にインフラ投資を行い、環境を整えるところから準備する慎重さと計画性が大切である。

ウ　先進国が途上国への援助を成功させるには、今まで見落としがちであった、途上国の人々が作ったり修理したりできるかという視点で新たな道具を作ることが必要だが、途上国の人々がその道具を完全に使いこなせるまでは、先進国の継続的な支援が求められる。

エ　途上国での新たなエネルギー源の利用は、途上国の人々が先進国からの援助や支援を受け入れつつ、今までの伝統的な生活を見直し、先進国の人々のような生活に変えていくなど、途上国の住民自らが行動することで実現が可能となる。

4　太郎さんは、お母さんと、日本の城について話をしています。
次の**問１**～**問３**に答えなさい。

【太郎さんとお母さんの会話】

太郎さん：この前、香川県の丸亀市に行ったとき、丸亀城の石垣が高いことと、天守からのながめがよいことにおどろきました。天守から丸亀市をながめていて、昔はどんな光景が広がっていたのか気になりました。丸亀城周辺の現在のようすは、**資料１**からわかるのですが……。

お母さん：この**資料２**は、江戸時代にかかれた丸亀城の城下町の絵図だよ。**資料２**からわかることがあるのではないかな。

太郎さん：ありがとうございます。さっそく見てみます。**資料１**と**資料２**を比べてみれば、この地域がどのように変化したかがわかりますね。

資料１　丸亀市中心部の現在の地図

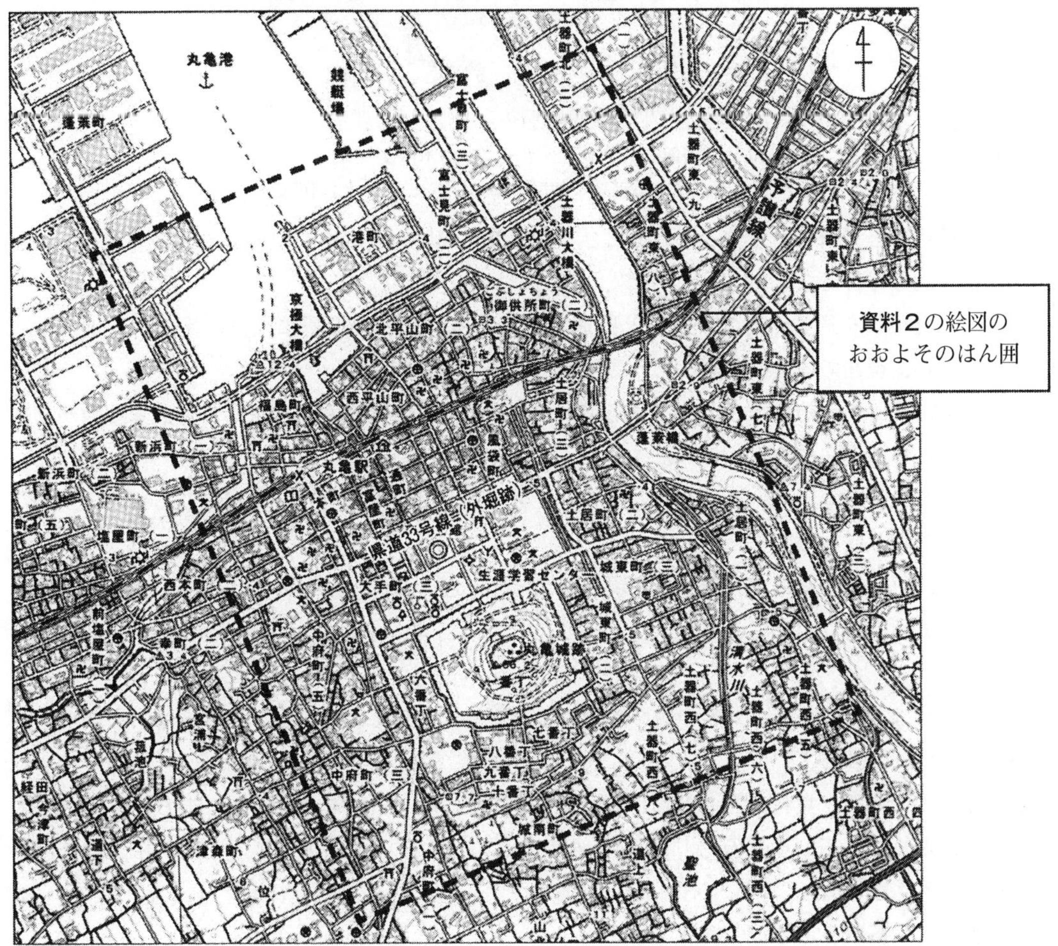

（国土地理院２万５千分の１地形図「丸亀」平成30年発行を一部改変）

資料２　丸亀城の城下町の絵図（1644年ごろ）

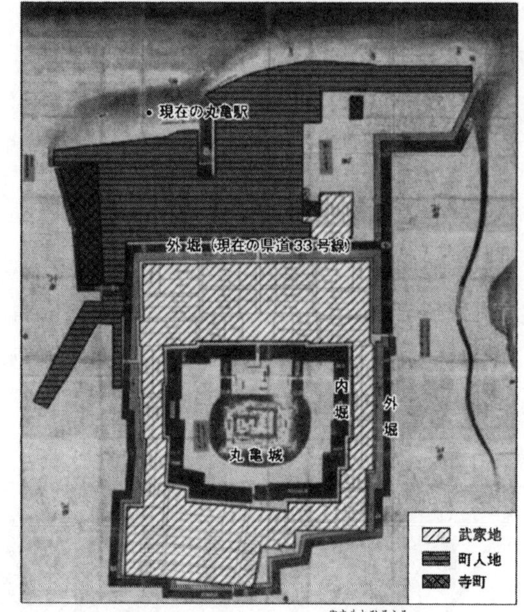

（国立公文書館デジタルアーカイブ、山本博文『古地図から読み解く城下町の不思議と謎』〈実業之日本社〉をもとに作成）

問１　**資料１**と**資料２**から読み取れることとして最も適切なものを、次のア～エの中から１つ選び、記号で答えなさい。

ア　丸亀駅を通る鉄道の予讃線と県道33号線にはさまれた場所に江戸時代の町人地があったが、現在では主に水田などの農地として利用されている。

イ　市役所や消防署などがある丸亀市大手町は、江戸時代は武家地であり、武家屋敷が立ち並んで城の守りを固めていた。

ウ　丸亀駅の南側は、江戸時代には寺町であったが、そのほとんどが移転してしまい、現在は寺院が残っていない。

エ　江戸時代の丸亀城の内堀は、現在ではほとんどがうめ立てられているが、外堀は水路として利用され続けている。

太郎さんは、江戸幕府が大名の城を制限するきまりを定めていたことに興味をもって調べ、**資料３**を見つけました。

問２　太郎さんは、**資料３**をもとに、**【太郎さんのまとめ】**を作成しました。**まちがっている内容がふくまれているもの**を、**【太郎さんのまとめ】**中の下線部ア～エの中から１つ選び、記号で答えなさい。

資料３　幕府が定めたきまり

ⓐ　諸国の大名は、領地内の住んでいる城以外のすべての城を取りこわすこと。
（徳川家康の命令で作成された「一国一城令」の一部）

ⓑ　諸国の城は、たとえ修理であっても必ず幕府へ報告せよ。まして、新しく築城することは、厳重に禁止する。　（徳川家康の命令で作成された「武家諸法度」の一部）

ⓒ　天皇が身に付ける芸能は、第一に学問である。天皇が僧侶に※紫衣を着る許可を出

すことは、以前は少なかったが、近ごろはやたらに行われている。これはよくないことである。　　(徳川家康の命令で出された「禁中並公家諸法度」の一部)

ⓓ　大名が領地と江戸とを参勤交代するように定める。毎年４月に江戸へ参勤せよ。
(徳川家光のころに出された「武家諸法度」の一部)

ⓔ　日本人が海外に行くことと、海外に行って住宅を持った日本人が帰国することを禁止する。　　(徳川家光のころに出された「鎖国令」の一部)

※　紫衣を着る許可を出すこと……高い地位をあたえること。

【太郎さんのまとめ】

資料３のアⓐ～ⓔは、江戸幕府が幕府に力が集中するように定めたきまりです。ⓐで大名の城を減らすことは、大名の軍事力を弱めることになります。また、イⓑで、幕府は大名に城を修理したり、新しい城をつくったりすることをいっさい禁止し、城の守りを固めて幕府と戦う準備をできないようにしました。ウⓒによって、幕府は天皇の活動に意見し、朝廷を管理しました。エⓓの制度によって、大名は領地と江戸を往復しなければならず、結果として大きな負担になりました。また、ⓔによって、ほとんどの大名が外国と交流できなくなり、幕府は外国の情報や貿易の利益を独占することができました。このようなきまりによって大名などの力を制限したことは、長く続いた江戸幕府の特ちょうの１つです。

藩校に興味をもった太郎さんは、次の**資料４**と**資料５**を見つけました。

資料４　年表

年	できごと
1670年	岡山藩主池田光政が閑谷学校(庶民も学ぶことができる学校)をつくる。
1690年	湯島聖堂がつくられる。
1720年	キリスト教以外の※1漢訳洋書の輸入が許可される。
	８代将軍徳川吉宗の時代は※2実学が奨励され、蘭学がさかんになる。
1754年	熊本藩で藩校の時習館がつくられる。
1790年	老中の松平定信が幕府の学校の１つで※3朱子学以外の儒学を禁止する。
1797年	後に藩校の模範ともいうべき地位をしめる教育施設の昌平坂学問所が開かれる。
1841年	水戸藩で、藩政改革のうちの１つとして、藩校の弘道館が開館する。

※１　漢訳洋書……ヨーロッパの書物が、中国で漢文に翻訳されたもの。
※２　実学……実用的な学問のこと。
※３　朱子学……儒学の中でも、主従関係や父子の上下関係を重視する学問。

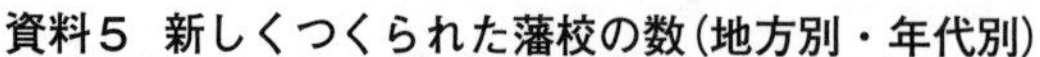

資料５　新しくつくられた藩校の数（地方別・年代別）

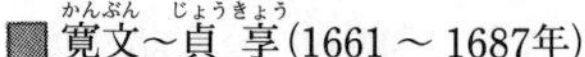

- 寛文～貞享（1661～1687年）
- 元禄～正徳（1688～1715年）
- 享保～寛延（1716～1750年）
- 宝暦～天明（1751～1788年）
- 寛政～文政（1789～1829年）
- 天保～慶応（1830～1867年）
- 明治１～４（1868～1871年）

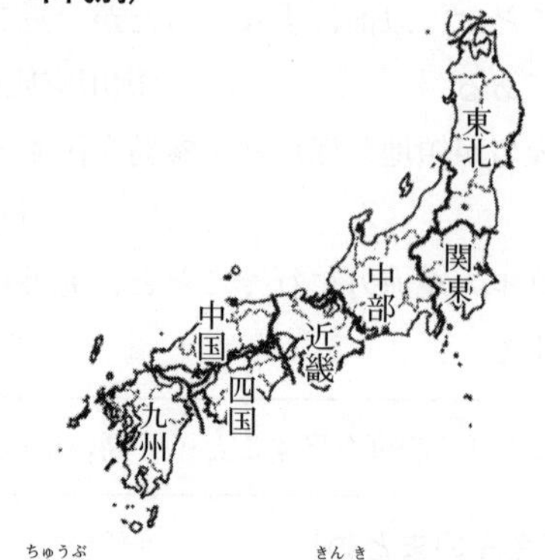

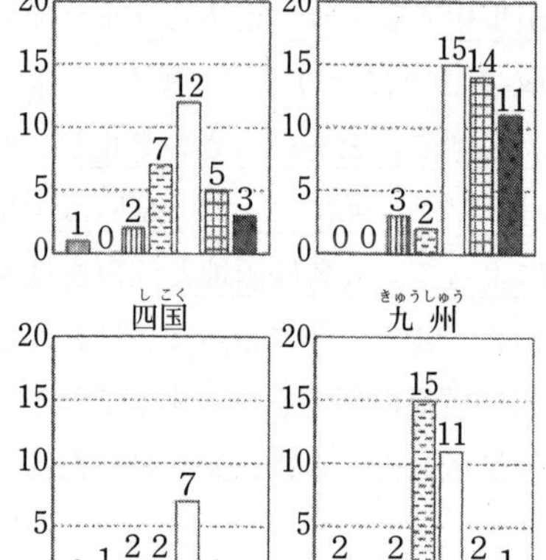

※　藩校の存在不明の21藩と年代不明の４藩を除く。
（大石学『近世藩制・藩校大事典』〈吉川弘文館〉をもとに作成）

問３　**資料４**と**資料５**から読み取れることとして最も適切なものを、次のア～エの中から１つ選び、記号で答えなさい。

ア　寛文～貞享年間には、全国でも４校しか藩校がつくられていないが、湯島聖堂がつくられた元禄～正徳年間には、寛文～貞享年間に比べ、藩校が２倍以上つくられた。

イ　享保～寛延年間には、全国でも18校しか藩校がつくられていないが、実学が奨励され始めた宝暦～天明年間には、東日本を中心に藩校数が増えている。

ウ　寛政～文政年間には、幕府が昌平坂学問所をつくり、この時期に全国で最も多く藩校がつくられている。

エ　天保～慶応年間から明治４年にかけては、中国、四国、九州地方を除く各地で多くの藩校がつくられており、特に弘道館がある関東地方で他の地方と比べて多くの藩校がつくられている。

5　太郎さんと花子さんは、食料問題に関心をもち、総合的な学習の時間に、米や小麦などの農産物の生産について調べることになりました。

次の**問１**～**問３**に答えなさい。

【太郎さんと花子さんの会話①】

太郎さん：まずは、世界の米と小麦の生産と貿易について調べてみるのはどうでしょう。

花子さん：よいと思います。資料を見つけたら持ちよって、その資料からどのようなことがわかるか、それぞれ考えてみましょう。そのあと、それぞれ考えたことを共有しましょう。

太郎さん：そうしましょうか。それではさっそく調べてみましょう。

太郎さんと花子さんは、次の**資料１**と**資料２**を見つけました。

資料１　米と小麦の生産量が多い国(2019年)

米

世界合計：755,474千トン

１haあたりの収穫量：4,662kg

順位	国名	生産量(千トン)	１haあたりの収穫量(kg)
1	中国	209,614	7,060
2	インド	177,645	4,058
3	インドネシア	54,604	5,114
4	バングラデシュ	54,586	4,740
5	ベトナム	43,449	5,817
6	タイ	28,357	2,919
7	ミャンマー	26,270	3,796
8	フィリピン	18,815	4,045
9	パキスタン	11,115	3,664
10	カンボジア	10,886	3,627

小麦

世界合計：765,770千トン

１haあたりの収穫量：3,547kg

順位	国名	生産量(千トン)	１haあたりの収穫量(kg)
1	中国	133,596	5,630
2	インド	103,596	3,533
3	ロシア	74,453	2,702
4	アメリカ合衆国	52,258	3,475
5	フランス	40,605	7,743
6	カナダ	32,348	3,350
7	ウクライナ	28,370	4,157
8	パキスタン	24,349	2,806
9	ドイツ	23,063	7,396
10	アルゼンチン	19,460	3,216

資料２　米と小麦の輸出量・輸入量が多い国(2019年)

米

世界合計：42,356千トン

順位	国名	輸出量(千トン)
1	インド	9,732
2	タイ	6,848
3	ベトナム	5,454
4	パキスタン	4,556
5	アメリカ合衆国	3,054

世界合計：45,130千トン

順位	国名	輸入量(千トン)
1	フィリピン	3,030
2	中国	2,496
3	ベナン	1,529
4	イラン	1,422
5	サウジアラビア	1,393

小麦

世界合計：179,523千トン

順位	国名	輸出量(千トン)
1	ロシア	31,873
2	アメリカ合衆国	27,069
3	カナダ	22,805
4	フランス	19,957
5	ウクライナ	13,290

世界合計：179,120千トン

順位	国名	輸入量(千トン)
1	インドネシア	10,962
2	エジプト	10,424
3	トルコ	10,005
4	イタリア	7,474
5	フィリピン	7,154

(**資料１**、**資料２**は「世界国勢図会　2021/22年版」をもとに作成)

問１　世界の米と小麦の生産と輸出・輸入について、**資料１**、**資料２**から読み取れることとして最も適切なものを、次のア～エの中から１つ選び、記号で答えなさい。

ア　米と小麦の世界全体の生産量はほぼ同じだが、１haあたりの収穫量は、世界全体では米より小麦のほうが約1,000kg多い。

イ　米の生産量上位２か国の生産量の合計は、世界全体の生産量の半分以上であり、２か国とも米の輸出量で世界の上位５か国に位置している。

ウ　小麦の生産量上位５か国の生産量の合計は、世界全体の生産量の半分以上であり、このうちの３か国は小麦の輸出量でも世界の上位５か国に位置している。

エ　米の生産量上位８か国の中には、米の輸入量で上位５か国に入っている国が２か国あり、小麦の輸入量で上位５か国に入っている国が１か国ある。

問２　花子さんは、**資料１**と**資料２**をもとに、次の**【花子さんのまとめ】**を作成しました。**【花子さんのまとめ】**の空らん[A]にあてはまる言葉をあとのア～エの中から、空らん[B]にあてはまる資料をオ～クの中からそれぞれ１つずつ選び、記号で答えなさい。

【花子さんのまとめ】

●世界における米と小麦の生産・貿易の特ちょう

資料2から、米と小麦を比べると、［　A　］作物であるといえる。このことは、右の資料からも読み取ることができる。

［　B　］

［　A　］の選択肢

ア　小麦は米よりも輸出量・輸入量が多く、国外に輸出されやすい傾向がある

イ　小麦は米よりも輸出量・輸入量が少なく、国内での地産地消の傾向がある

ウ　米は小麦よりも輸出量・輸入量が多く、国内での地産地消の傾向がある

エ　米は小麦よりも輸出量・輸入量が少なく、国外に輸出されやすい傾向がある

［　B　］の選択肢

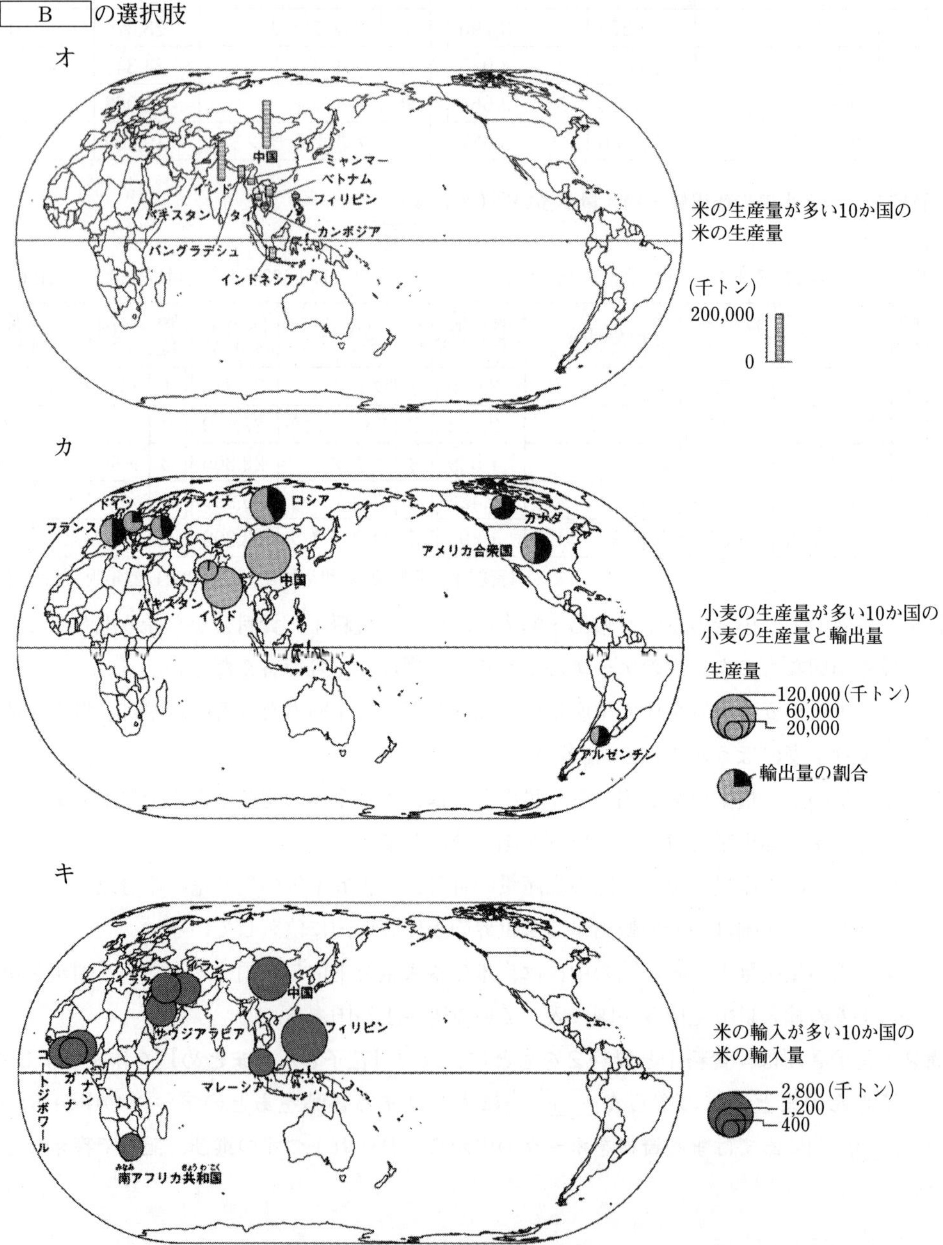

ク

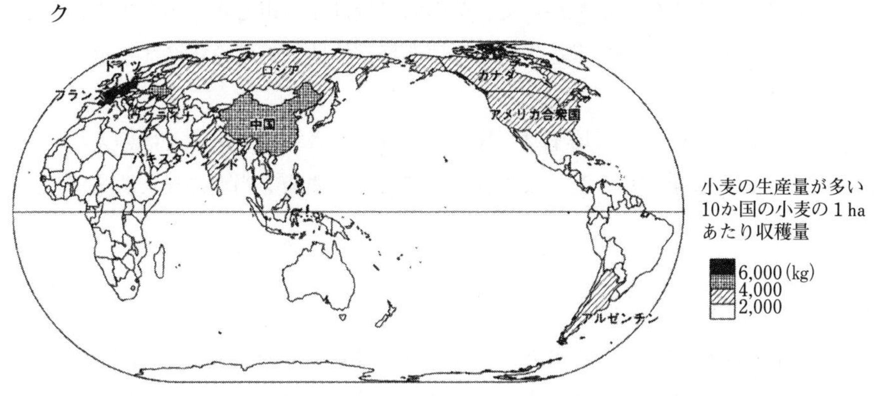

【太郎さんと花子さんの会話②】

太郎さん：さいたま市の食料生産についても調べてみました。2020年のさいたま市の※農業産出額が、埼玉県内の市町村の中で４位だと知っておどろきました。さいたま市と県内１位から３位の市、埼玉県全体の農業について、**資料３**を用意しました。また、さいたま市の農家などの農業経営体がどれくらいあって、何を生産しているかがわかる**資料４**も見つけました。農業経営体とは、耕地面積が30a以上など、一定の基準以上の規模(ぼ)で農産物を生産している農家や会社のことだそうです。

花子さん：では、**資料３**と**資料４**をもとに、さいたま市の農業の特ちょうを考えてみましょう。

※　農業産出額……農業により生産された農産物を金額として表したもの。

資料３　深谷(ふかや)市・羽生(はにゅう)市・本庄(ほんじょう)市・さいたま市・埼玉県の農業産出額と米の収穫量(2020年)

	農業産出額(千万円)	農業産出額にしめる割合(%)					米の収穫量(トン)
		米	野菜	果実	ちく産	その他	
深谷市	3,090	2.9	64.3	0.3	25.7	6.8	4,300
羽生市	1,110	15.3	1.5	0.1	6.8	76.3	8,250
本庄市	1,097	4.7	53.6	0.2	39.8	1.7	2,530
さいたま市	1,048	13.5	72.3	1.3	1.7	11.2	6,830
埼玉県	16,780	19.5	49.5	3.2	14.6	13.2	158,200

(農林水産省「令和２年生産農業所得統計」、「令和２年市町村別農業産出額(推計(すい))」、「令和２年作物統計」をもとに作成)

資料４　さいたま市の農業部門別の農業経営体数(2020年)

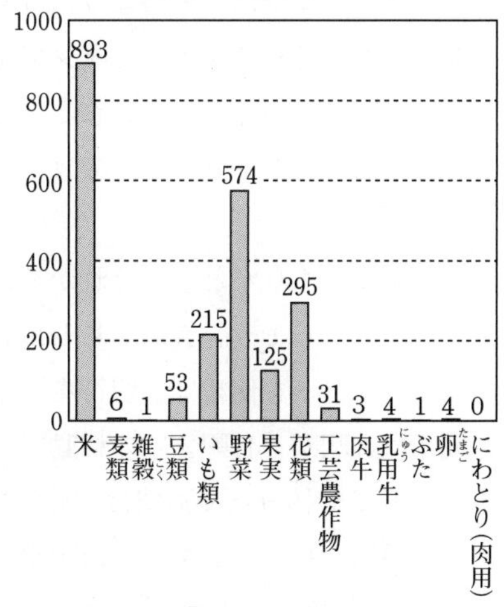

(農林水産省「2020年農林業センサス」をもとに作成)

問３　さいたま市の農業の特ちょうについて、**資料３**、**資料４**から読み取れることとして最も適切なものを、次のア～エの中から１つ選び、記号で答えなさい。

ア　さいたま市は野菜の生産が特にさかんである一方、ちく産にかかわる農業経営体はごくわずかで、埼玉県全体にしめる農業産出額の割(わり)合は約10％にすぎない。

イ　さいたま市は野菜の生産がさかんであるとともに、花類やいも類、果実を生産している農業経営体が多く、それら３部門の数を合計すると野菜を生産する農業経営体よりも多い。

ウ　さいたま市は米の生産がさかんで、その収穫量は深谷市と本庄市の生産量の合計を上まわっており、さいたま市の米を生産する農業経営体数は野菜を生産する農業経営体数の2倍以上である。

エ　さいたま市の米の生産は埼玉県全体と比べると、さかんであるとはいえないが、市内では、さまざまな農業がバランスよく行われており、農業部門別に見た農業経営体数にかたよりがない。

〈適性検査Ⅱ〉　—45分—

1　太郎(たろう)さん(中学生)の家族は、父(56才)・母(48才)・祖父(88才)・祖母(84才)・姉(大学生)・兄(高校生)・弟(小学生)の8人家族です。今日は日曜日で、父も母も仕事が休みのため、家族全員で映(えい)画館に出かける予定です。

次の**問1**～**問4**に答えなさい。

【太郎さんとお父さんの会話】

太郎さん：どこの映画館に行きましょうか。

お父さん：B駅のショッピングモール内にある映画館に行こうと思います。上映開始時刻(こく)を調べてください。

太郎さん：わかりました。その映画館では、上映開始時刻が午前11時30分の映画があります。この映画をみんなで見ませんか。

お父さん：そうしましょう。その映画の上映に間に合うように家を出たいですね。

太郎さん：そうですね。映画館に到(とう)着したら、食べ物やドリンクを買いたいので、売店でそれらを買う時間を考えると、上映開始時刻の35分前までには到着したいですね。映画館までは、どのように行きますか。

お父さん：そうですね。A駅まで歩き、そこからB駅まで電車に乗り、B駅から映画館まで歩いていくことにしましょう。

太郎さん：わかりました。では、その行き方で何時何分に家を出発すればよいか、調べておきます。

お父さん：ありがとう。それから、交通系(けい)ICカードを持っている人は、忘(わす)れずに持っていきましょう。A駅からB駅までの切符(ぷ)は、中学生以上は1人210円です。交通系ICカードを使えば、切符を買うときの1割(わり)引きになりますよ。

問1　A駅からB駅までの移動で、中学生以上の家族にかかった交通費のうち、交通系ICカードで支払(はら)った交通費は、合計で756円でした。**【太郎さんとお父さんの会話】**をもとに、交通系ICカードを使った中学生以上の人数を答えなさい。

次の**表1**は、太郎さんの家から映画館までの道のりやかかる時間の情報をまとめたもの、**表2**はA駅の日曜日の電車の出発時刻を表したものです。

表1　太郎さんの家から映画館までの道のりやかかる時間の情報

	家からA駅(徒歩)	A駅からB駅(電車)	B駅から映画館(徒歩)
道のり	300m	—	400m
時間	—	40分	—

表2 A駅の日曜日の出発時刻

	B駅方面
9時	09、14、19、24、33、40、49、57
10時	04、11、18、25、30、39、46、53
11時	03、12、20、29、37、48、58

問2 **【太郎さんとお父さんの会話】**をもとに、売店で買い物をする時間をふまえて、上映開始時刻に間に合うように映画館に到着するには、おそくとも家を午前何時何分に出発すればよいですか。家を出発する最もおそい時刻を答えなさい。ただし、家族全員の歩く速さは、分速50mとします。また、A駅に到着してから電車に乗るまでの時間、B駅に到着してから駅を出るまでの時間などはふくまないものとします。

【太郎さんとお姉さんの会話】

太郎さん：年齢によって、映画館の入場料金がちがっていますね。

お姉さん：そうですね。さらに、サービスプライスを利用すると、安く入場できそうですね。ただし、割引が使えるのは1人につき1つのようです。

太郎さん：どういうことでしょうか。

お姉さん：たとえば、59才の夫、61才の妻が入場するとき、61才の妻がシニア割引を使うと、この夫婦でペア割引を使うことはできません。ただし、水曜日であれば、59才の夫はウェンズデイ割引を使うことはできますね。

太郎さん：よくわかりました。入場料金の合計がいくらになるか、考えてみましょう。

表3 映画館の入場料金

基本料金	
一般 Adult	1900円
大学生 Student (College)	1500円
高校生 Student (High School)	1300円
中学生・小学生・幼児(3才以上) Student (Junior High School and Elementary School), Child (3 & over)	1000円
サービスプライス	
シニア割引(60才以上) ※1 Senior (60 & over)	1200円
ペア割引(2人組でどちらかが50才以上) ※2 Pair	お二人で2800円
ウェンズデイ割引 ※3 every Wednesday	1500円
＊同一上映回に限ります。また、使える割引は1人につき1つです。 ＊料金はすべて税込です。	

※1 Senior：高齢者 ※2 Pair：2人組 ※3 every Wednesday：毎週水曜日

問3 **表3**をもとに、太郎さんの家族の入場料金の合計が最も安くなるときの税込の合計金額を答えなさい。

太郎さんの家族は、誰がどの座席に座るかについて希望を出し合い、全員の希望どおりに座ることにしました。

問4　座席は、Ｂ５～Ｂ７とＣ５～Ｃ９の２列に分かれることになりました。家族の希望をまとめた次の条件を全て満たすには、誰がどの座席に座ればよいですか、アルファベットと数字を用いて答えなさい。

太郎	父	母	祖父
祖母	姉	兄	弟

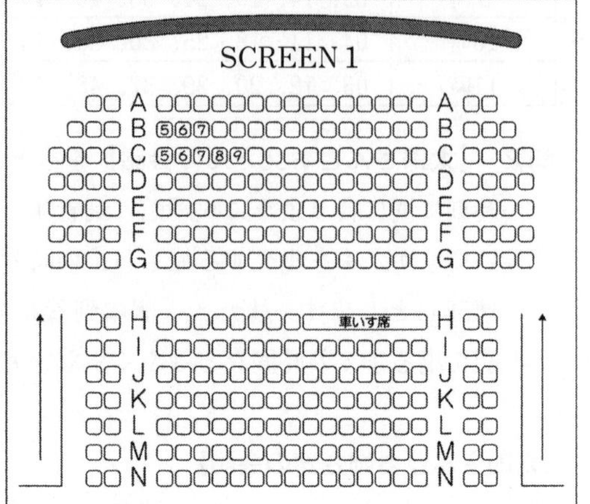

座り方の条件

・条件１：太郎さんは父または母のとなりに座ることを希望している。
・条件２：姉は兄と、となり合わないで座ることを希望している。
・条件３：父は座席の左はし（Ｂ５またはＣ５）、母は右はし（Ｂ７またはＣ９）に座ることを希望している。
・条件４：兄は太郎さんのとなりに座ることを希望している。
・条件５：弟は太郎さんと同じ列（ＢまたはＣ）に座ることを希望している。
・条件６：祖父は祖母の右どなりに座ることを希望している。
・条件７：父は祖父と同じ列（ＢまたはＣ）に座ることを希望している。

2　太郎さんと花子さんは、図形を使って数を表せないか話し合っています。**図１**は、太郎さんが正方形を使い０～15までの数をある規則にそって、表したものです。

次の**問１**～**問４**に答えなさい。

図１

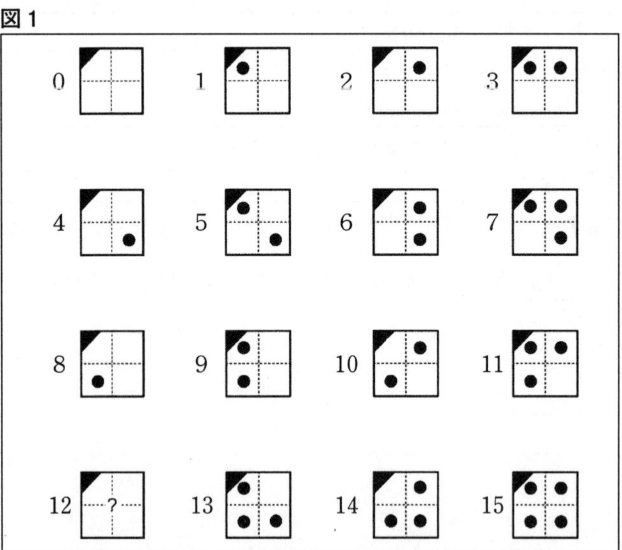

問１　**図１**の？について、12を表す場合はどのように表せますか。次の正方形の中に●をかいて表しなさい。

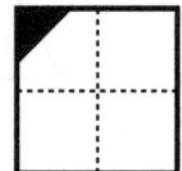

【太郎さんと花子さんの会話①】

太郎さん：16以上の数は、**図１**の規則に正方形を右側に増やして**図２**のように表しましょう。

花子さん：そうですね。この規則で100を表す場合、どのように表せるか考えてみましょう。

太郎さん：正方形２つで、左の正方形に●が４つ、右の正方形に●がない図は16を表します。正方形３つで、左と真ん中の正方形に●が４つずつ、右はしの正方形に●がない図は、32を表します。この規則にしたがうと100がどのように表せるかわかりそうですね。

図２

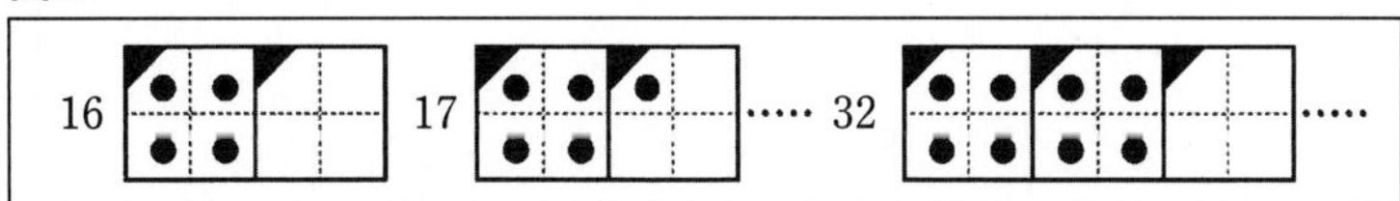

問２　**【太郎さんと花子さんの会話①】**と**図１**、**図２**の数を表すときの考え方をもとに、100を表しなさい。答えは、次の例のように、使う正方形の点線をなぞり、●をかきなさい。

（例）　17を表す場合

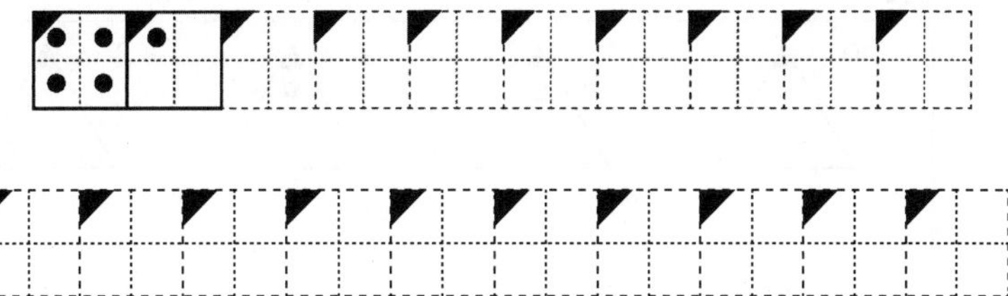

【太郎さんと花子さんの会話②】

花子さん：正方形を正三角形に変えて**図３**のように表してみました。

太郎さん：０から７までの数が表せていますね。８以上の数はどのように表しますか。

花子さん：８以上の数は、**図４**のように表してみました。

図３

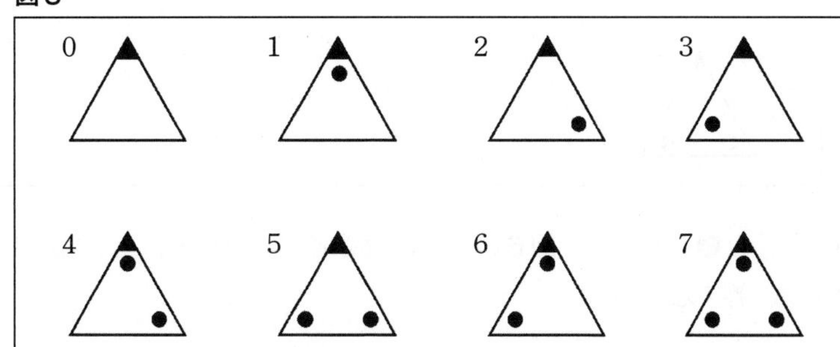

図４

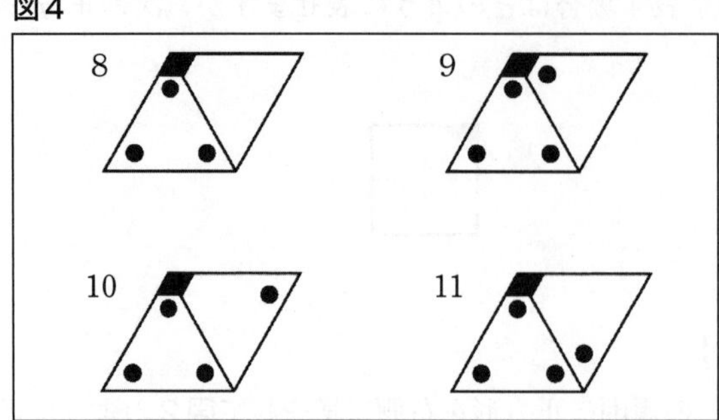

問３　**【太郎さんと花子さんの会話②】**と**図３**、**図４**の数を表すときの考え方をもとに⑴、⑵の問いに答えなさい。

図５

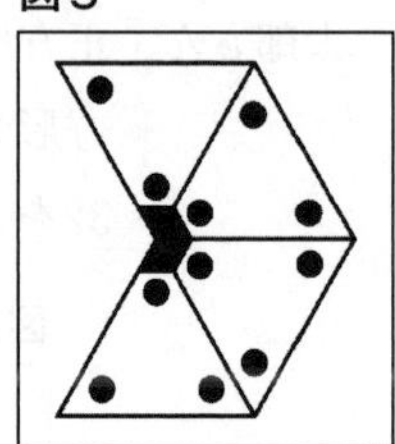

⑴　**図５**で表された数はいくつですか、答えなさい。

⑵　正三角形を６つ並(なら)べて正六角形を作ると、いくつまで数を表せるか、答えなさい。

【太郎さんと花子さんの会話③】

太郎さん：今度は、記号の種類を増やしてみませんか。

花子さん：面白そうですね。正三角形と○と●を使って数を表してみましょう。

図６

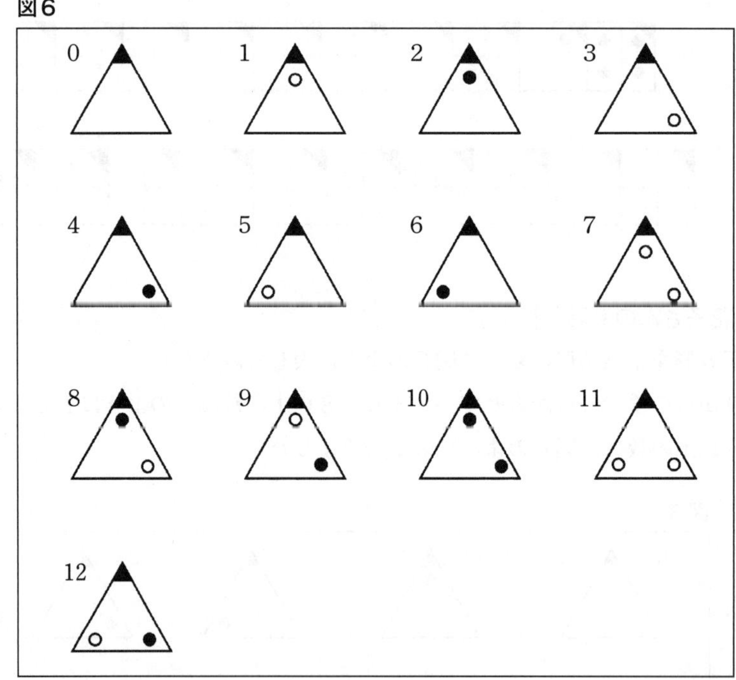

問４　正三角形と○と●を使って、**図６**のように数を表していくと、正三角形１つでいくつまで数を表せるか、答えなさい。

③　夏休みの自由研究で、太郎(たろう)さんは信号機とロボットを製作し、花子さんは電気について調べています。

次の**問１**～**問３**に答えなさい。

【太郎さんとお母さんの会話①】

お母さん：自由研究は順調に進んでいますか。

太郎さん：はい。先ほど、２台の信号機ができました。これらは**資料１**のように、赤色の※灯火(とうか)、青色の灯火、青色の灯火の点滅(めつ)を一定の時間でくり返します。それぞれの時間は、プログラムで設定されていて、自由に変えることができます。

※　灯火……明かりがつくこと。

資料１　太郎さんが製作した信号機

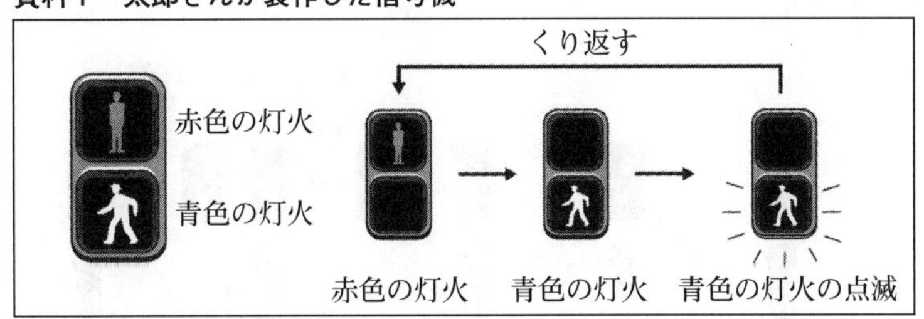

太郎さんは、２台の信号機をそれぞれA、Bとして、赤色が灯火する時間、青色が灯火する時間、青色の灯火が点滅する時間を、それぞれ次の**表**のように設定しました。

表　設定した信号機の灯火時間

	赤色の灯火	青色の灯火	青色の灯火の点滅
信号機A	30秒	20秒	10秒
信号機B	35秒	25秒	５秒

問１　太郎さんは、ある日の午前10時00分00秒に、信号機A、Bの赤色の灯火を同時に開始しました。この後、信号機A、Bの青色の灯火が初めて同時に点滅し始めるのは、午前10時何分何秒か、答えなさい。

【太郎さんとお母さんの会話②】

太郎さん：ロボットも完成したので、見てもらえますか。

お母さん：このロボットには、どのような特ちょうがあるのですか。

太郎さん：移動するときは、一定の速さでまっすぐ進みます。移動する速さはプログラムで設定されていて、自由に変えることができます。また、ロボットにはセンサーがついていて、すでに製作した信号機をロボットの進路上に設置すると、**資料２**の決まりにしたがいます。

資料２　信号機の位置でのロボットの動きに関する決まり

① ロボットが信号機に到達したとき、赤色が灯火している、または青色の灯火が点滅している場合、ロボットは信号機の位置で停止する。信号機の位置で停止しているロボットは、赤色の灯火から青色の灯火に変わった瞬間に、停止する前の速さで再び移動する。

② ロボットが信号機に到達したとき、青色が灯火している場合、ロボットは信号機を通過する。

③ ロボットが信号機に到達した瞬間に赤色の灯火から青色の灯火に変わった場合、ロボットは信号機の位置で停止せず、移動を続けて通過する。

④ ロボットが信号機に到達した瞬間に青色の灯火が点滅を始めた場合、ロボットは信号機の位置で停止する。

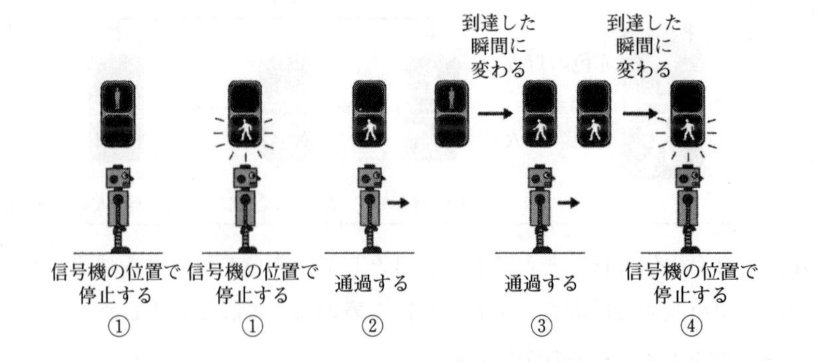

太郎さんは、ロボットが移動する直線のコースをつくり、途中に信号機Ａ、Ｂを設置しました。**図１**は、そのコースを表したもので、スタート地点からゴール地点までの全長は９ｍです。なお、信号機Ａ、Ｂの灯火時間の設定は、前の**表**で示したものと同じです。

図１　ロボットが移動するコース

信号機Ａ　信号機Ｂ

スタート　ゴール

３ｍ　4.5ｍ　1.5ｍ

【太郎さんとお母さんの会話③】

太郎さん：**図１**のコース上で、ロボットが移動する速さを秒速5.0㎝にして、ロボットがスタート地点から移動を始めると同時に、信号機Ａ、Ｂの両方が赤色の灯火を開始するようにしたら、スタート地点を出発してからゴール地点に到着するまでに、210秒かかりました。

お母さん：ロボットが信号機Ａに到達した瞬間に青色の灯火の点滅から赤色の灯火に変わり、ロボットは信号機Ａで30秒間停止しました。それから、信号機Ｂに到達したときは青色の灯火だったのでそのまま通過できましたね。ロボットがスタート地点を出発してからの時間と、移動した道のりの関係はどうなるでしょうか。

太郎さん：グラフに表してみますね。

太郎さんは、ロボットの移動の速さを秒速5.0㎝にしたときに、ロボットがスタート地点を出発してからの時間と、移動した道のりの関係を**図２**のグラフに表しました。

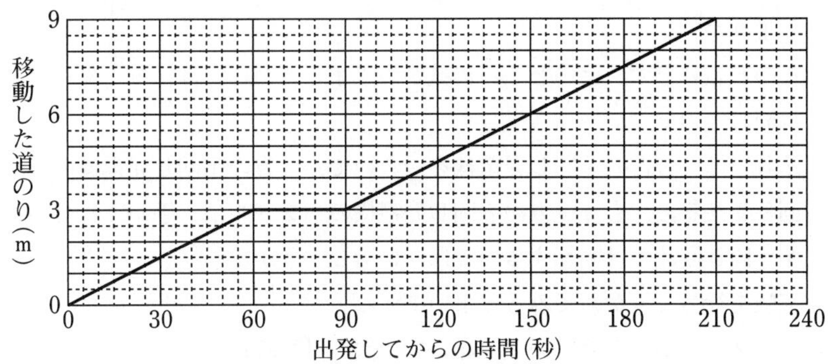

図２　スタート地点を出発してからの時間と、移動した道のりの関係のグラフ

問２　太郎さんは、ロボットの移動の速さを秒速5.0㎝より速くして、**図１**のコースをスタート地点からゴール地点まで移動させます。信号機Ａ、Ｂの位置で一度も停止することなくゴール地点に到着できるのは、ロボットの移動の速さを秒速何㎝にしたときですか。あてはまるものを次のア～コから**すべて**選び、記号で答えなさい。ただし、ロボットがスタート地点から移動を始めると同時に、信号機Ａ、Ｂの両方が赤色の灯火を開始するようにします。

ア　秒速5.5㎝　　イ　秒速6.0㎝　　ウ　秒速6.5㎝　　エ　秒速7.0㎝　　オ　秒速7.5㎝
カ　秒速8.0㎝　　キ　秒速8.5㎝　　ク　秒速9.0㎝　　ケ　秒速9.5㎝　　コ　秒速10.0㎝

花子さんは、手回し発電機のしくみや電気のはたらきについて調べています。

【花子さんが手回し発電機について調べたこと】

・手回し発電機の中には、歯車や小型のモーターが入っている。
・豆電球がつながれた回路に手回し発電機をつないでハンドルを回すと、歯車やモーターのじくが回転して、豆電球の明かりがつく。このとき、ハンドルや歯車などの回転による音が出て、回転を続けていくうちに歯車やモーターがあたたかくなる。
・手回し発電機を豆電球などがつながれた回路につなぎ、ハンドルを回すことで、わたしたちの運動のはたらき（ハンドルを回すこと）が電気のはたらきに変えられる。手回し発電機を、豆電球以外のいろいろな器具につなぐことで、電気のはたらきは次のような、いろいろなはたらきに変えられる。

熱のはたらき……電熱線など
音のはたらき……電子オルゴールなど
光のはたらき……発光ダイオード（ＬＥＤ）など
運動のはたらき……モーターなど

モーター
歯車
ハンドル

【花子さんと先生の会話①】

花子さん：手回し発電機の中にモーターが入っていました。電流が流れるとモーターが回転することは学習しましたが、モーターを手で回転させると電流が流れるということなのでしょうか。

先　　生：そのとおりです。よいところに気がつきましたね。実は、モーターと発電機のしくみは同じなのです。

花子さん：それでは、２台の手回し発電機をつないで、一方の手回し発電機のハンドルを何回か回転させると、もう一方の手回し発電機のハンドルは、手がふれていなくてもハンドルが同じ回数だけ回転するのではないでしょうか。

先　　生：実験を行って確かめてみるとよいですね。

花子さんは、２台の手回し発電機をつないで、次の**【実験】**を行いました。

【実験】

〈用意したもの〉

手回し発電機(同じ種類のものを２台用意し、それぞれＣ、Ｄとする)

〈方法〉

1　手回し発電機Ｃ、Ｄをつないで、花子さんが手回し発電機Ｃを持ち、先生が手回し発電機Ｄを持つ。

2　次の**図３**のように、花子さんが手回し発電機Ｃのハンドルを一定の速さで15回、回転させる。先生は、手回し発電機Ｄのハンドルには手をふれずに、ハンドルが回転した回数を数える。

図３

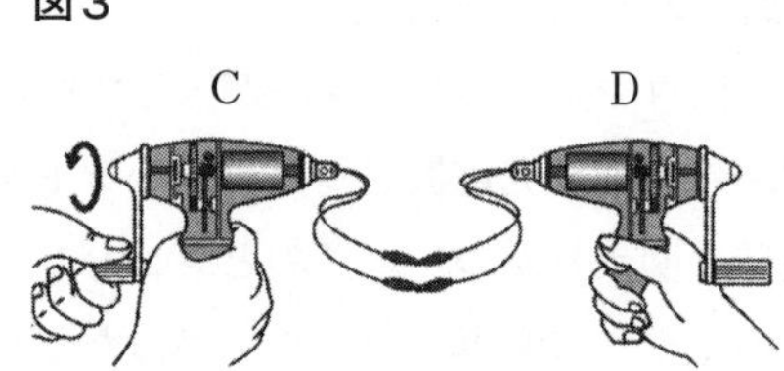

〈結果〉

・手回し発電機Ｃのハンドルを手で回転させると、ハンドルは手ごたえがあり、手回し発電機Ｄのハンドルは手をふれていなくても回転した。

・手回し発電機Ｃのハンドルを15回、回転させたとき、その回転の速さにかかわらず、手回し発電機Ｄのハンドルの回転数は15回未満だった。

【花子さんと先生の会話②】

花子さん：**【実験】**の結果は、わたしの予想と少し異（こと）なっていました。

先　　生：なぜ、予想と異なっていたのか、**【花子さんが手回し発電機について調べたこと】**をもとに考察してみましょう。

花子さん：手回し発電機Ｃのハンドルを15回、回転させたときの運動のはたらきの一部が、［　a　］からだと考えられます。

先　　生：そのとおりです。

問３　空らん［　a　］にあてはまる内容を、「はたらき」という言葉を使って15字以内で答えなさい。

4　太郎さんの家族は、秋に赤城山へ観光旅行に行きました。旅館にとまった次の日の早朝、屋外は霧におおわれていました。

次の**問１**～**問３**に答えなさい。

【太郎さんとお母さんの会話①】

太郎さん：霧は小さな水てきが空気中にういたものだそうですが、その水はどこにあったものなのでしょうか。

お母さん：空気中です。霧は空気中にふくまれている水じょう気が小さな水てきとなったものです。一定の体積にふくむことができる水じょう気の量には限度があり、その量は気温によって変化します。

お母さんは、スマートフォンで**資料１**を表示しました。

資料１　気温と１㎥の空気中にふくむことができる水じょう気の限度量の関係

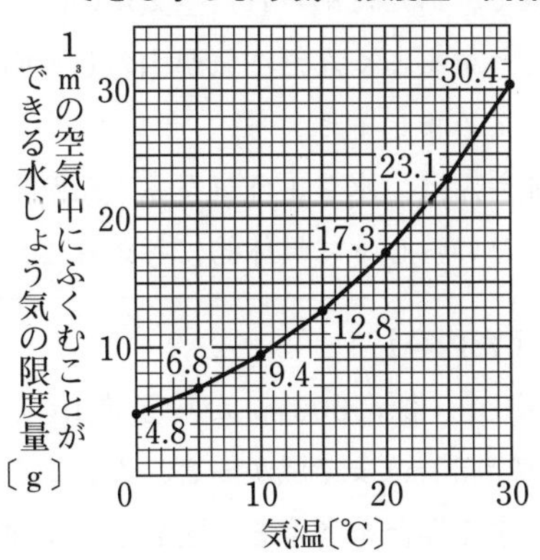

【太郎さんとお母さんの会話②】

太郎さん：こんなに霧が濃いと、外出したときに歩きにくそうですね。

お母さん：天気予報では晴れるそうだから、この後しばらくすると霧はなくなるでしょう。

太郎さん：風がふいて、霧が飛ばされるからでしょうか。

お母さん：今日、この地域は風がほとんどふかないそうですよ。

太郎さん：風がふかないのに、しばらくすると霧が消えるのは不思議です。

お母さん：そうですね。晴れの日の気温はどのように変化していましたか。

太郎さん：晴れの日は昼過ぎまで気温がだんだん高くなっていきますね。そうか、気温が高くなるにつれて空気中にふくむことができる水じょう気の限度量が増えることで、［　A　］から、霧が消えてしまうのですね。

お母さん：そのとおりです。

問１　**【太郎さんとお母さんの会話②】**について、空らん［　A　］にあてはまる内容を、**資料１**を参考にして、「水じょう気」という言葉を使って10字以上15字以内で答えなさい。

【太郎さんとお父さんの会話①】

太郎さん：雲も霧と同じように小さな水てきからできているそうですが、雲はどのようにしてできるのですか。

お父さん：上空の温度は一定の割合で低くなっていくため、水じょう気をふくんだ空気が上空に上がっていくと、ある高さに達したときに空気中に水じょう気をふくみきれなくなり、ふくみきれなくなった分の水じょう気が水てきとなってあらわれて、雲になります。さらに高いところまで上がっていった場合、気温が０℃より低くなって、雲の中の水てきが氷のつぶになることもあります。

太郎さん：上空で温度が低くなっていく割合というのは、具体的にはどのくらいなのですか。

お父さん：雲ができていないときは、地表から100ｍ高くなるごとに1.0℃の割合、雲ができているときは、地表から100ｍ高くなるごとに0.5℃の割合で低くなります。上空にのぼっていくと気温が下がるのは、上空ほど空気によっておされる力が弱くなり、空気のかたまりの体積が増えることが関係しているそうです。

太郎さん：水じょう気をふくんだ空気が上空に上がっていくのは、どのようなときなのでしょうか。

お父さん：水じょう気をふくんだ空気が山のしゃ面に沿(そ)って上がっていくときや、地表が太陽の強い光に熱せられて、あたためられた空気がのぼっていくときなどがあります。家に帰ったら、水じょう気をふくんだ空気が山のしゃ面に沿って上がっていくときについて、具体的に考えてみましょう。

観光旅行からもどった太郎さんは、水じょう気をふくんだ空気が山のしゃ面に沿って上がっていく場合について、お父さんといっしょに具体的に考えることにしました。

【太郎さんとお父さんが考えた内容】

・**図１**のＸ地点(群馬県沼田(ぬまた)市、標高600ｍ)から赤城山の山頂(ちょう)付近(標高1800ｍ)をこえて、Ｙ地点(埼玉県熊谷(くまがや)市、標高30ｍ)まで風がふき、水じょう気をふくんだ空気がＸ、Ｙの２地点を結ぶ直線上を移動する場合を考える。**図２**は、Ｘ地点とＹ地点の間の断面をかんたんに表したものである。

・Ｘ地点の気温は19℃、１㎥の空気中にふくまれている水じょう気量は12.8ｇで、水じょう気は空気中に均一にふくまれているものとする。

図１

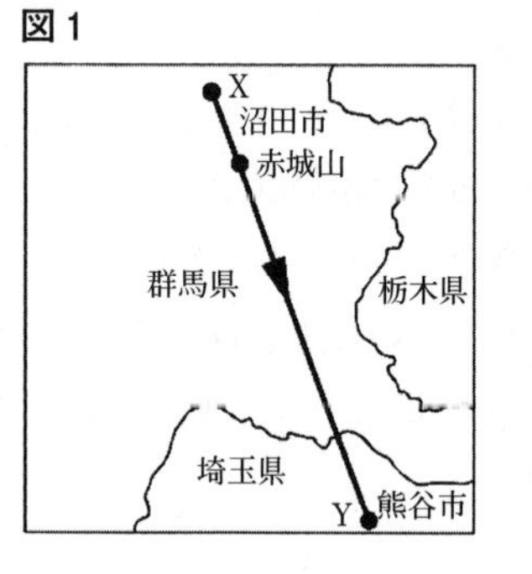

図２

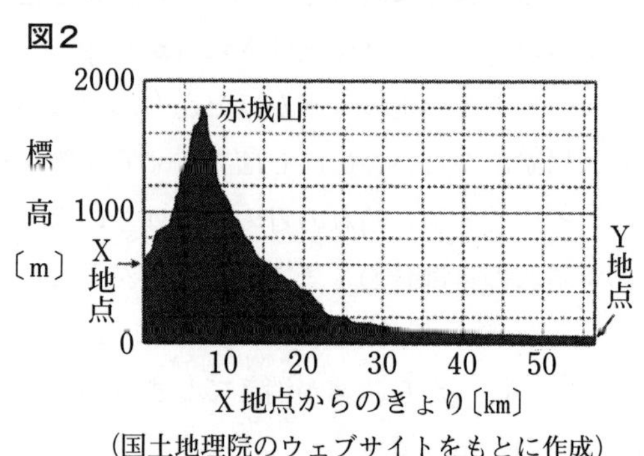

(国土地理院のウェブサイトをもとに作成)

太郎さんは、水じょう気をふくんだ空気が赤城山のしゃ面に沿って、標高600ｍのＸ地点から標高1800ｍの山頂付近まで上がっていったときの気温の変化をグラフに表すことにしました。

問２　**【太郎さんとお父さんが考えた内容】**について、**資料１**と**【太郎さんとお父さんの会話①】**を参考にして、Ｘ地点から山頂付近まで水じょう気をふくんだ空気が上がっていくときの気温の変化を表した正しいグラフを、次のア～エの中から１つ選び、記号で答えなさい。

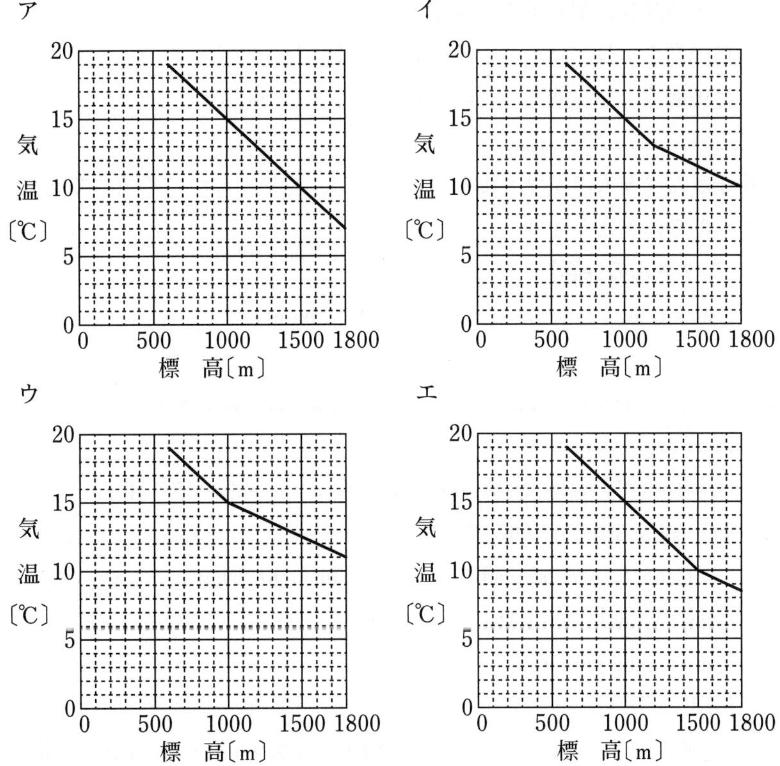

【太郎さんとお父さんの会話②】

お父さん：水じょう気をふくんだ空気が山のしゃ面に沿って上がっていくと雲ができ、雨や雪を降(ふ)らせることがあります。さらに、雨や雪を降らせた空気のかたまりが、今度は山のしゃ面に沿って下りていくと、かんそうした温度の高い空気になります。

太郎さん：そのため、風下となる山のふもとの地域では、気温が高くなるのですね。

お父さん：そのとおりです。それでは、水じょう気をふくんだ空気が赤城山のしゃ面に沿って上がり、雲ができた後に雨が降ったと考えます。そして、雲となった水てきはすべて雨になって降ったものとして、山頂付近に達した時点で雲はすべて消えるものとしましょう。

太郎さん：山に沿って空気が下がっていくときの温度変化はどうなるのですか。

お父さん：雲ができていないときは、100ｍ下がるごとに気温が1.0℃の割合で上がります。

太郎さん：それでは、空気のかたまりが、標高1800ｍの赤城山の山頂付近から、標高30ｍのＹ地点まで下りていくと、Ｙ地点に達したときの空気のかたまりは、山頂より［　Ｂ　］℃も高くなっているのですね。

お父さん：そうですね。したがって、標高600ｍのＸ地点の気温が一定であっても、空気中にふくまれている水じょう気の量が多いほど、雲ができるときの標高がより［　Ｃ　］なるので、標高1800ｍの山頂付近で雲が消えて、標高30ｍのＹ地点に達したときの空気のかたまりの温度はより［　Ｄ　］なります。

問３　【太郎さんとお父さんの会話②】を参考にして、次の(1)、(2)の問いに答えなさい。

(1)　空らん［　Ｂ　］にあてはまる数を答えなさい。

(2)　空らん［　Ｃ　］、［　Ｄ　］にあてはまる語の組み合わせとして正しいものを、次のア～

エから１つ選び、記号で答えなさい。

ア　C…高く　D…高く　　イ　C…高く　D…低く

ウ　C…低く　D…低く　　エ　C…低く　D…高く

5　先日、花子さんは友人のエマさんといっしょに、色や光について英語で話をしました。

次の**問１**～**問３**に答えなさい。

【花子さんとエマさんの会話】

エマさん：Hanako, let's talk about the color of ※1paints.

花子さん：OK.

エマさん：※2I'll ※3mix blue and yellow. What color can you see?

花子さん：I can see green.

エマさん：Great, that's right. Next, let's talk about the color of ※4light.

花子さん：The color of light? OK.

エマさん：※5If you ※6overlap red light and green light, what color can you see?

花子さん：I don't know. What's the answer?

エマさん：You can see yellow.

花子さん：Really?

※１　paint……絵の具　※２　I'll ～……これから～します　※３　mix……混ぜる

※４　light……光　※５　if……もし　※６　overlap……重ねる

花子さんは、太郎さんと先生に、先日のエマさんとの会話の内容について話をしました。

【花子さんと太郎さんと先生の会話①】

花子さん：先日、友人のエマさんは、赤色の光と緑色の光を重ねると黄色の光になると言っていましたが、本当でしょうか。

先　　生：本当ですよ。赤色の絵の具と緑色の絵の具を混ぜたときとは異なり、光は黄色になります。

太郎さん：おもしろいですね。ほかの色の光を重ねたときはどうなるのでしょうか。

先　　生：**資料１**を見てみましょう。ヒトの目は赤色、緑色、青色の光を重ね合わせてできる、いろいろな色の光を感じとることができます。これら３色を「光の三原色」といいます。例えば、赤色と緑色を重ねると黄色、赤色と青色を重ねると赤紫色、緑色と青色を重ねると空色に見え、赤色と緑色と青色をすべて重ねると白色に見えます。

資料１　光の三原色

赤色 red
黄色 yellow
赤紫色 magenta
白色 white
緑色 green
空色 cyan
青色 blue

花子さんと太郎さんと先生は、光とかげの色について調べるため、理科室で次の実験を行いました。

【実験】

〈用意するもの〉

□赤色の照明　□緑色の照明　□青色の照明
□暗幕（まく）　□白色のマット　□黒色の画用紙を巻（ま）いた空き缶（かん）

〈方法〉

1　机（つくえ）に白色のマットをしき、マットの上に黒色の画用紙を巻いた空き缶(以下、空き缶)を立てて置いた後、暗幕で理科室を暗くする。

2　赤色、緑色、青色の照明をつけたり消したりして、白色のマットと空き缶に光を当て、マットに当たった光の色や、空き缶のかげの色を調べる。

〈結果〉

・赤色の照明だけをつけたとき、マットは赤色になり、空き缶のかげはどの部分も黒色であった。

・緑色の照明だけをつけたとき、マットは緑色になり、空き缶のかげはどの部分も黒色であった。

・青色の照明だけをつけたとき、マットは青色になり、空き缶のかげはどの部分も黒色であった。

・赤色、緑色、青色の照明のうち、２つを選んでつけたとき、マットの色と空き缶のかげの色は、次の**図１**～**図３**のようになった。

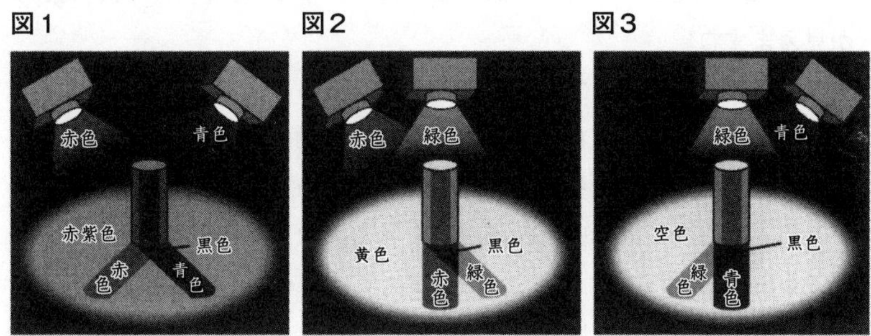

【花子さんと太郎さんと先生の会話②】

太郎さん：光を当てたマットの部分だけでなく、空き缶のかげの色も変わるのにはおどろきました。

花子さん：赤色、緑色、青色の照明をすべてつけた場合はどうなるのでしょうか。

太郎さん：すべての色の照明をつけるときは、赤色、緑色、青色の照明の並（なら）び方を変えてみたいです。

先　　生：わかりました。どのような色の光やかげが見えるか、調べてみましょう。

花子さんと太郎さんは、赤色、緑色、青色の照明をすべてつけたときの結果について、次のようにまとめました。

【花子さんと太郎さんのまとめ】

・照明の色の配置を**【実験】**のときとは変えて、青色、赤色、緑色の照明をすべてつけて白色のマットと空き缶に当てたところ、**図４**のように、マットにはＡ～Ｇの７種類の色が見えました。

・**図４**のＡ～Ｇについて、
Ａは空き缶のかげができていない部分
Ｅはかげ
ＢとかげＣが重なっている部分
ＦはかげＣとかげＤが重なっている部分
ＧはかげＢ、かげＣ、かげＤが重なっている部分です。

図４

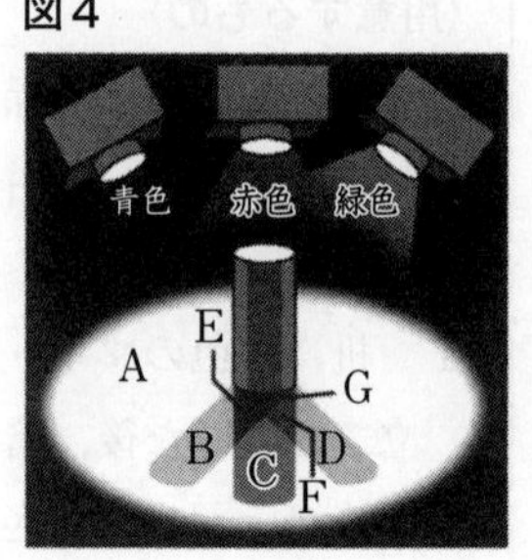

問１　**【花子さんと太郎さんのまとめ】**の**図４**で、次の①～③にあてはまるものはどれですか。Ａ～Ｇのうちから１つ選び、それぞれ記号で答えなさい。なお、Ａ～Ｇのどれにもあてはまらない場合は、×と答えなさい。

①　白色に見える部分　　②　空色に見える部分　　③　赤色に見える部分

【花子さんと太郎さんと先生の会話③】

先　　生：太郎さん、プリズムというガラスでできた三角柱を知っていますか。

太郎さん：はい。太陽の光をプリズムに通すと、にじのような赤、黄、緑、青、紫などの色の帯が見えますね。

先　　生：そうです。太陽の光をプリズムに通すと、さまざまな色の光に分かれます。花子さん、プリズムによって分けられる前の太陽の光の色は何色でしょうか。

花子さん：さまざまな色の光があるので、白色でしょうか。

先　　生：そうです。それでは、白色の光が当たったトマトが白色ではなく、赤く見えるのはなぜでしょうか。

太郎さん：赤色の光をはね返しているからです。

先　　生：そうです。では、緑色や青色などの光はどこへ行ってしまったのでしょうか。

花子さん：はね返していないのであれば、吸収（きゅうしゅう）したのだと思います。

先　　生：そのとおりです。トマト、リンゴ、郵（ゆう）便ポストなど、赤色に見えるものは赤色以外の光を吸収し、赤色の光だけをはね返しているので赤く見えます。

太郎さん：それでは、バナナは黄色の光だけをはね返しているのでしょうか。

先　　生：**資料１**で、赤色と緑色の光を重ねると黄色の光ができましたね。したがって、バナナやトウモロコシなどの黄色い物は、黄色の光だけでなく、赤色や緑色の光もはね返していますよ。

花子さん：すると、すべての色の光をはね返す物は白く見え、すべての色の光を吸収するものは黒く見える、ということでしょうか。

先　　生：そうです。この性質を利用することで、例えば、白色の服を着ると、太陽の光をはね返すことから暑さをやわらげることができます。また、黒色の服はより多く光を吸収するので、寒さ対策（さく）に効果的です。

問2　太陽の光の下では、アサガオの葉は緑色に見えます。アサガオの鉢（はち）植えを真っ暗な部屋の中に置いて次の①、②のようにしたとき、アサガオの葉は何色に見えますか。次のア～クの中から１つずつ選び、それぞれ記号で答えなさい。ただし、同じ記号を２回使ってもかまいません。

①　アサガオの鉢植えに赤色の光だけを当てたとき

②　アサガオの鉢植えに青色の光だけを当てたとき

ア　赤色　　イ　緑色　　ウ　青色　　エ　空色

オ　黄色　　カ　赤紫色　　キ　白色　　ク　黒色

別の日に、花子さんと太郎さんは、理科の授業で池の中にすむミジンコを観察しました。

【花子さんと太郎さんの会話】

太郎さん：**図５**のプレパラートにミジンコが見えますよ。

花子さん：ミジンコは目で直接見てどこにいるかがわかりますね。

太郎さん：けんび鏡で観察すると、ミジンコが右上の方にきてしまいました。

花子さん：その場合、ミジンコを中央にうつすためには、プレパラートを右上に動かせばよいのですよね。

太郎さん：そうですね。プレパラートをわずかに右上に動かしたら、ミジンコが中央にうつりました。

図５

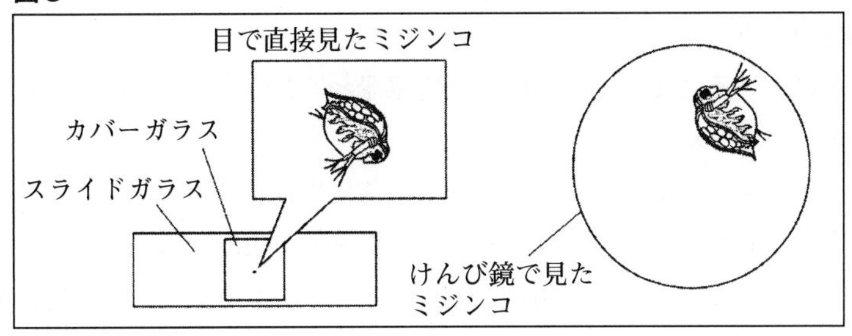

問３　花子さんと太郎さんが使ったけんび鏡を用いて、**図６**のように小さな文字で「浦和中」と書かれた紙をスライドガラスにのせて観察したとき、接眼レンズを通して見える形として正しいものはどれですか。次のア～エの中から１つ選び、記号で答えなさい。

図６

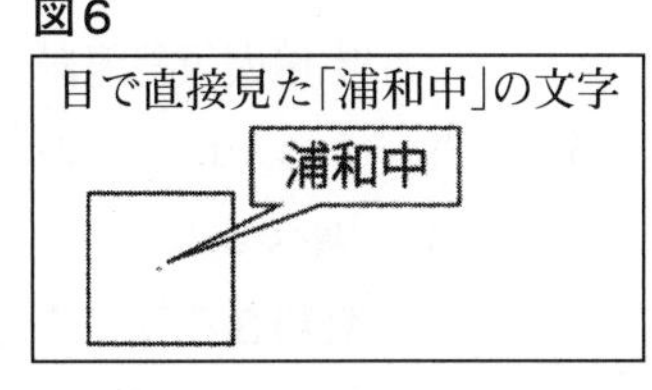

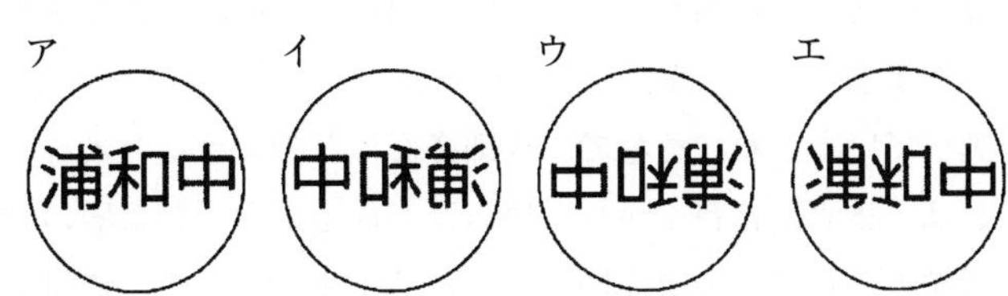

〈適性検査Ⅲ〉　—45分—

1　太郎(たろう)さんのクラスでは、総合的な学習の時間に、火災について調べ、発表に向けた準備をしています。準備中に、太郎さんは友人のリサさんと、話をしています。

以下の会話文を読んで、あとの問いに答えなさい。

【太郎さんとリサさんの会話】

リサさん：Taro, what do you do ※1 to prevent fire accident?

太郎さん：I ※2 clean my room every day.

リサさん：And?

太郎さん：I went to a ※3 fire drill.

リサさん：That's nice.

※1　to prevent fire accident ……火災事故予防のために

※2　clean my room ……部屋をきれいにする

※3　fire drill……防火訓練

リサさんと話した次の日、太郎さんは、発表原稿(こう)の内容について先生と話しています。

【太郎さんと先生の会話】

先　　生：太郎さん、発表原稿の準備はできていますか。

太郎さん：はい。わたしは火災の被(ひ)害を減らすための取り組みについて、発表しようと考えています。わたしは日ごろから、火災の被害を減らせるように生活していますが、今回は日曜日に防火訓練に参加しました。そこで消防士の方に住宅(たく)用火災警(けい)報器の重要性についてうかがいました。**資料1**を見てください。これは、住宅用火災警報器の都道府県別設置率をまとめたものです。この資料から埼玉県の住宅における防火についての問題点を考えることができると思います。

先　　生：なるほど。それでは、住宅用火災警報器とはどのようなもので、どのような効果があるのでしょうか。

太郎さん：住宅用火災警報器とは、火災の発生を警報や音声でいち早く知らせるもので、住宅の寝(しん)室に設置する必要があります。住宅用火災警報器には、けむりを自動的に感知して知らせるものと、熱を感知して知らせるものがあるそうです。**資料2**を見てください。これは住宅用火災警報器の設置効果をまとめた資料です。この2つのグラフから、住宅用火災警報器の設置効果について説明できると考えています。

先　　生：たしかに、この資料で、住宅用火災警報器の設置目的を伝えることができそうですね。

太郎さん：調べてみると、ほかにも、防火のためにいろいろな対策(さく)があることがわかりました。**資料3**を見てください。これは、消防庁(ちょう)のウェブサイトにある「住宅防火　いのちを守る6つの対策」の内容です。この資料の中には、わたしがすでに取り組んでいることもあります。

先　　生：よく調べていますね。それで、太郎さんはどのような発表をするつもりですか。

太郎さん：わたしは、まず、**資料1**から、埼玉県が住宅用火災警報器の設置率についてかかえている問題点として、全国平均との差を述べます。次に、**資料2**の①、②から、住宅用火災警報器の設置効果を具体的に伝えます。最後に、**資料3**から、火災の被害を減らすためにわたしが取り組んでいることを2点、理由を明らかにして述べようと考えています。

先　　生：すばらしい発表になりそうですね。

資料１　住宅用火災警報器の都道府県別設置率（上位５都県と埼玉県）（2022年）

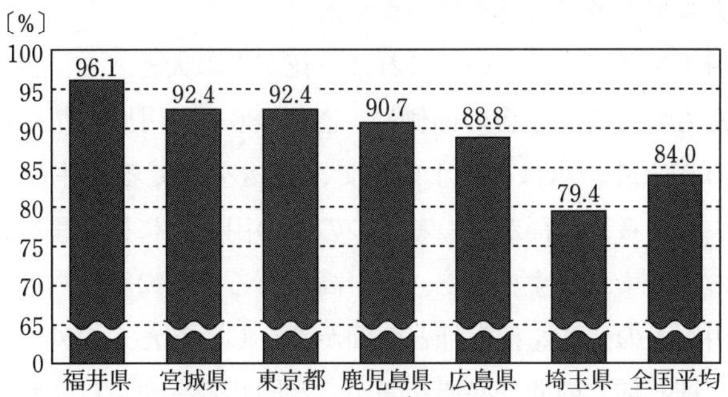

（総務省消防庁「住宅用火災警報器設置推進会議　会議資料」をもとに作成）

資料２　住宅用火災警報器の設置効果

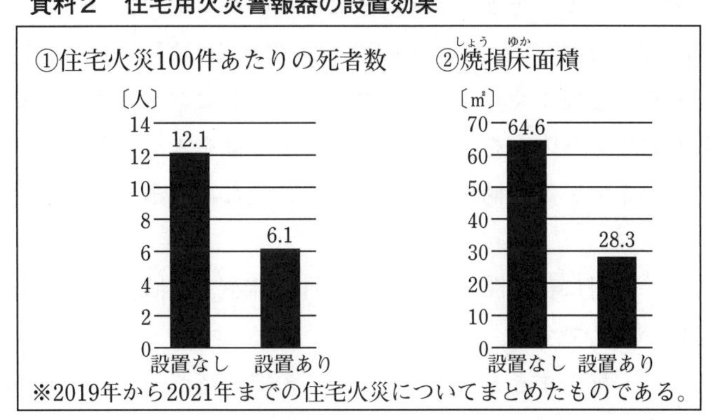

（総務省消防庁ウェブサイトの資料をもとに作成）

資料３　住宅防火　いのちを守る６つの対策

1	ストーブやこんろは、安全装置の付いた機器を使用する。	2	住宅用火災警報器を定期的に点検し、10年を目安にこうかんする。
3	部屋を整理整とんして、寝具やカーテンは燃えにくいものを使用する。	4	火災を小さいうちに消すために、消火器を設置し、使い方を確認しておく。
5	ひなん経路とひなん方法をつねに確認し、備えておく。	6	防火防災訓練への参加、戸別訪問などにより、地域ぐるみの防火対策を行う。

（総務省消防庁ウェブサイトの資料をもとに作成）

問　あなたが太郎さんなら、どのような発表原稿を作成しますか。次の条件に従って書きなさい。

条件１：解答は横書きで１マス目から書くこと。

条件２：文章の分量は、300字以内とすること。

条件３：数字や小数点、記号についても１字と数えること。

条件４：「取り組んでいること」については、**【太郎さんとリサさんの会話】**をもとにして書くこと。

2　花子さんの学校では、校舎の南側にある、今は活用されていない花だんの活用の仕方について、全クラスから「花だんプロジェクト」の企画を募集することになりました。花子さんが企画を発表する担当になり、発表原稿の内容について、太郎さんと相談しています。

以下の会話文を読んで、あとの問いに答えなさい。

太郎さん：わたしたちのクラスでは、話し合いの結果、学校目標の「輪」にちなんで、花だんに

３種類の植物の種をまくことを企画として提案することに決まりましたね。花子さん、企画の発表原稿の準備は進んでいますか。

花子さん：はい。**資料１**を見てください。これは、花だんの大きさと、提案する種のまき方を図にまとめたものです。校舎の南側に、直径180㎝の円形の花だんがあります。花だんは日当たりがよく、水はけのよい土で、植物を育てる条件として問題はありません。花だんの中心から、直径が異(こと)なる３つの円の円周上に種をまきます。同じ円周上には同じ種類の種をまきます。また、背(せ)が高くなる植物の種は内側になるように、種をまきます。円周上の長さを種と種との間かくとし、花だんの外わくから種をまく場所の間かくは、種と種との間に必要な間かくと同じ長さをあけます。また、２つの異なる種の間かくは、必要な間かくが大きい方の種の間かくに合わせてあけます。例えばキンセンカとコスモスをまくときは、必要な間かくが大きいキンセンカの間かくに合わせて25㎝あけます。日照については、他の植物の影響(えいきょう)を考えなくてもよいそうです。次に、**資料２**を見てください。これは、ホームセンターで売っていた植物の種のふくろに書かれている内容をまとめたものです。種をまく時期や開花の時期について、説明されています。この植物の種の中から、花だんにまく植物の種を選ぼうと考えています。

太郎さん：それなら、４月に花が開くように、９月に種をまく植物を選ぶのはどうでしょうか。

花子さん：それはいい考えですね。

太郎さん：ふくろには、種のまき方も書かれているので、花だんにまく種の数を計算して求めることができますね。「１つの場所から複数の芽が出た場合には、育つ植物が１つになるように、間引く」ということは、１つの場所からは１つの植物しか育たないということですね。

花子さん：はい、そのとおりです。それでは、**資料３**を見てください。これは２つのホームセンターで売られていた植物の種の価格を調べたものです。この資料をもとに、1000円の予算内におさまるように、育った植物が最も多くなる組み合わせを計算して、種を買うためにいくら必要かを述べようと思います。

太郎さん：なるほど。では、どのような発表をするか、整理してみましょう。

花子さん：まず、**資料２**から、３種類の植物の種を選び、それらの種を選んだ理由を述べます。次に、**資料１**、**資料２**の種のまき方を参考にして、最も多くの植物を育てるために、内側からどんな順で種をまき、それぞれ何つぶの種が必要かを述べます。最後に、**資料３**をもとに、予算内でおさめるためには、どの植物の種をどちらのホームセンターでそれぞれ何ふくろ買い、費用がいくら必要になるかを述べようと思います。

太郎さん：とてもいい発表原稿になりそうですね。がんばってください。

資料１　花だんの大きさと種のまき方

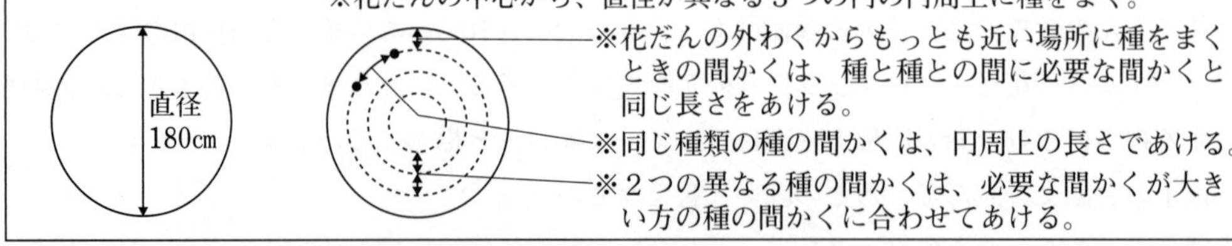

資料２　種をまく時期や開花の時期

キンセンカ
日照　日あたりのよい場所　発芽温度　20℃前後
高さ　50cm以下
種のまき方　25cmずつあけて、２つぶずつまく。

月	1	2	3	4	5	6	7	8	9	10	11	12
開花時期			■	■	■	■						
種まき									■	■		

※１つの場所から複数の芽が出た場合には、育つ植物が１つになるように、間引くことにする。

ジニア
日照　日あたりのよい場所　発芽温度　20～25℃
高さ　１ｍ以下
種のまき方　10cmずつあけて、２つぶずつまく。

月	1	2	3	4	5	6	7	8	9	10	11	12
開花時期						■	■	■	■	■	■	
種まき				■	■	■	■					

コスモス
日照　日なた～半日かげ　発芽温度　15～20℃
高さ　50cm以下
種のまき方　20cmずつあけて、３つぶずつまく。

月	1	2	3	4	5	6	7	8	9	10	11	12
開花時期							■	■	■	■		
種まき			■	■	■	■	■					

ハボタン
日照　日なた～半日かげ　発芽温度　20℃前後
高さ　50cm以下
種のまき方　５cmずつあけて、２つぶずつまく。

月	1	2	3	4	5	6	7	8	9	10	11	12
開花時期	■	■									■	■
種まき							■	■				

デージー
日照　日あたりのよい場所　発芽温度　20℃前後
高さ　30cm以下
種のまき方　20cmずつあけて、３つぶずつまく。

月	1	2	3	4	5	6	7	8	9	10	11	12
開花時期			■	■	■							
種まき								■	■	■		

マリーゴールド
日照　日あたりのよい場所　発芽温度　15～20℃
高さ　50cm以下
種のまき方　20cmずつあけて、２つぶずつまく。

月	1	2	3	4	5	6	7	8	9	10	11	12
開花時期						■	■	■	■	■	■	
種まき				■								

パンジー
日照　日あたりのよい場所　発芽温度　15～20℃
高さ　30cm以下
種のまき方　15cmずつあけて、２つぶずつまく。

月	1	2	3	4	5	6	7	8	9	10	11	12
開花時期	■	■	■	■	■	■					■	■
種まき								■	■			

（ブティック社編集部『園芸大百科 新装版』〈ブティック社〉などをもとに作成）

資料３　ホームセンターＡ店とＢ店で調べた、植物の種１ふくろあたりの種の数と価格

	Ａ店	Ｂ店
キンセンカ	約50つぶ　220円	約60つぶ　330円
ジニア	約20つぶ　220円	約30つぶ　330円
コスモス	約85つぶ　165円	約100つぶ　165円
ハボタン	約40つぶ　330円	約30つぶ　330円
デージー	約45つぶ　330円	約60つぶ　330円
マリーゴールド	約20つぶ　220円	約30つぶ　330円
パンジー	約35つぶ　220円	約45つぶ　330円

※消費税は価格にふくまれている。

問　あなたが花子さんなら、どのような発表原稿を作成しますか。次の条件に従(したが)って書きなさい。

条件１：解答は横書きで１マス目から書くこと。

条件２：文章の分量は、250字以内とすること。

条件３：数字や小数点、記号についても１字と数えること。

条件４：円周率は、3.14として計算すること。

条件５：１つの場所からは、１つの植物しか育たないものとする。

3　太郎さんと花子さんは、総合的な学習の時間に、食料に関するさまざまな問題について調べ、発表に向けた準備をしています。

以下の会話文を読んで、あとの問いに答えなさい。

先　　生：太郎さん、発表原稿の準備はできていますか。

太郎さん：はい。わたしは以前、フード・マイレージに関する特集番組を見て、食料問題に興味をもつようになりました。そこで、わたしたちが毎日利用している給食に着目して、どのような問題があり、わたしたちにできることは何かを発表しようと考えました。**資料1**を見てください。これはある日の給食の献立の例と、品目ごとの食料自給率をまとめたものです。この資料から、例えば肉類は、約47％を輸入にたよっていることがわかります。

先　　生：なるほど。よいところに気がつきましたね。でも、食料品を輸入にたよっていると、どのような問題点があるのでしょうか。

太郎さん：調べていたところ、**資料2**が見つかりました。これは、日本・アメリカ・イギリス・ドイツ・フランスの５か国のフード・マイレージという数値をまとめた資料です。この資料は、先日見たテレビ番組の中でも、紹介されていたものです。フード・マイレージとは、「食料品の輸送量×輸送距離」を計算して求めた数値で、単位は「トン・キロメートル」で表します。この数値を使って食料品の輸入が地球環境にあたえる負担を考えることができます。

先　　生：なるほど。日本と他国のフード・マイレージを比べてみると、日本の問題点がわかりやすいと思いますよ。花子さんはどう思いますか。

花子さん：わたしも食料と地球環境の関係について調べていたところ、**資料3**を見つけました。これは埼玉県小川町で豆腐を作るとき、地元の小川町産大豆１トンを使って作った場合と輸入大豆１トンを使って作った場合の、大豆の輸送距離とCO_2(二酸化炭素)排出量を比較したものです。

太郎さん：この**資料3**からは、大豆を輸送するときのフード・マイレージがわかりますね。花子さん、ありがとうございます。この資料も発表に使いますね。

先　　生：それで、太郎さんはどのような発表をするつもりですか。

太郎さん：まず、**資料1**から、半分以上を輸入にたよっている食料品の品目として、輸入が多いものから２つの品目を挙げて、それらの何％を輸入にたよっているかを述べます。次に、**資料2**から、日本のフード・マイレージが、イギリスの何倍になっているか、小数第２位を四捨五入して述べます。そして、**資料3**から、埼玉県小川町で豆腐を作るとき、地元の小川町産大豆１トンを使った場合と輸入大豆１トンを使った場合の、それぞれのフード・マイレージと、CO_2排出量を述べた上で、地元産大豆を使うことの効果を述べます。最後に、地球環境を守るという視点に立ったとき、フード・マイレージのような考え方が必要な理由を述べて発表原稿のまとめにするつもりです。

先　　生：すばらしい発表になりそうですね。

資料１　給食の献立の例と品目ごとの食料自給率(2021年)

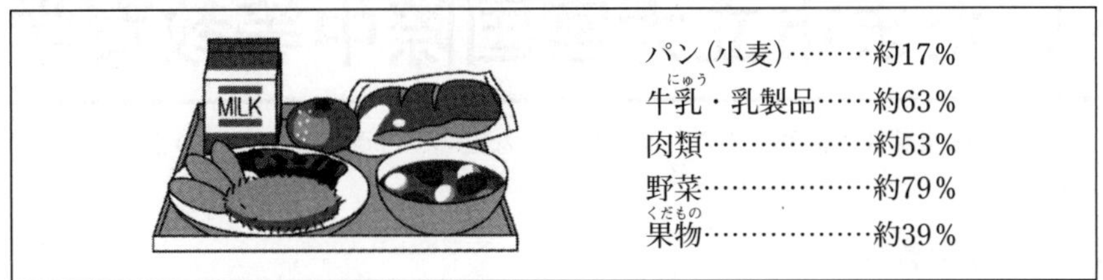

(農林水産省「令和３年度総合食料自給率(カロリー・生産額)、品目別自給率等(重量ベース)」をもとに作成)

資料２　日本・アメリカ・イギリス・ドイツ・フランスのフード・マイレージ(2001年)

	日本	アメリカ	イギリス	ドイツ	フランス
食料品の輸送量(千トン)	58,469	45,979	42,734	45,289	29,004
平均輸送距離(キロメートル)	15,396	6,434	4,399	3,792	3,600
フード・マイレージ(億トン・キロメートル)	9,002	2,958	1,880	1,718	1,044

(農林水産政策研究所の資料をもとに作成)

資料３　埼玉県小川町で豆腐を作るとき、小川町産大豆を使って作った場合と、アメリカ産の輸入大豆を使って作った場合の輸送距離とCO_2(二酸化炭素)排出量の比較

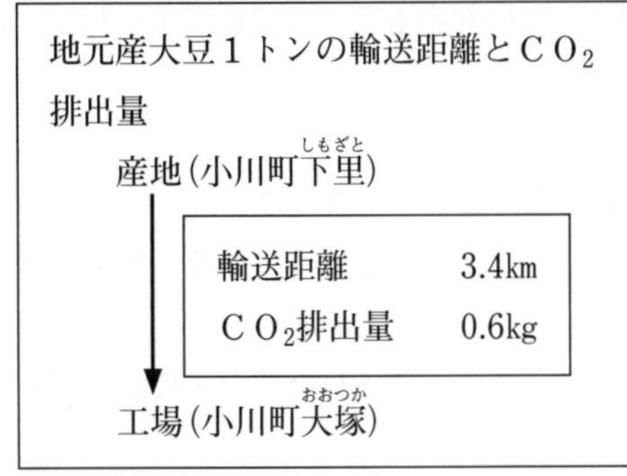

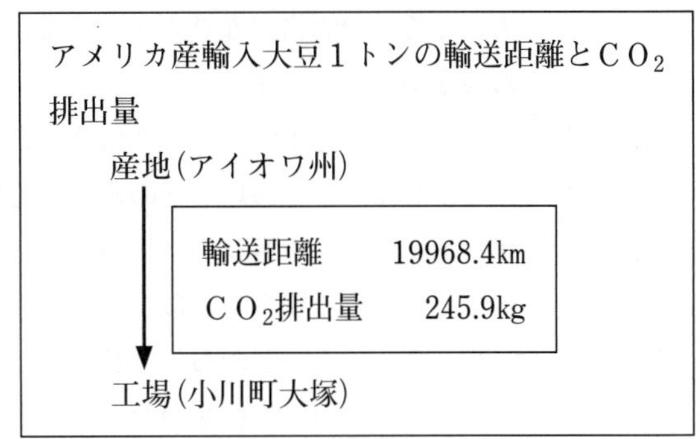

(農林水産省『「フード・マイレージ」について(平成20年９月)』をもとに作成)

問　あなたが太郎さんなら、どのような発表原稿を作成しますか。次の条件に従って書きなさい。

条件１：解答は横書きで１マス目から書くこと。

条件２：文章の分量は、300字以内とすること。

条件３：数字や小数点、記号についても１字と数えること。

さいたま市立大宮国際中等教育学校

（編集部注：掲載にあたりレイアウトなどの一部改変を行っています。）

〈適性検査Ａ〉　―50分―

1　放送による問題（省略）

2　地域（いき）のイベントでハロウィンパーティを行うため、太郎（たろう）さんと花子さんは、パーティの準備を進めています。

次の**問１～問５**に答えなさい。

【太郎さんと花子さんの会話①】

太郎さん：ハロウィンパーティ用のお菓子（か）を買おうと思います。お菓子は、どのお店から買いますか。

花子さん：今回は、インターネットで買うことにしました。調べたところ、お菓子を仕入れるお店の候補（ほ）はお店Ａからお店Ｄの４店でした。どのお店もお菓子は同じものです。例えば、販売（はん）しているチョコレートは同じ商品です。内容と送料を**表**にまとめてみました。すべて税込（ぜいこみ）の価格になります。また、送料は、どのお店も買った個数にかかわらず**表**の料金がかかります。

太郎さん：チョコレートを１個だけ買うようなことはできますか。

花子さん：できません。どのお店もどのお菓子も袋（ふくろ）単位で買う必要があります。

太郎さん：送料をふくめて１番安いところで買いたいですね。お店を１つだけ選び、お菓子はすべてそのお店で買うことにしましょう。

花子さん：そうしましょう。どのお店で買えば１番安く買えるか、**表**を見ながら比較（かく）して考えましょう。いろいろな種類のお菓子を食べられるようにしたいですね。

表

お店	商品	内容	価格	送料
お店Ａ	チョコレート	１袋100個入り	1500円	送料800円
	キャンディ	１袋250個入り	2000円	
	グミ	１袋100個入り	1000円	
	マシュマロ	１袋100個入り	2500円	
お店Ｂ	チョコレート	１袋100個入り	1700円	送料800円
	キャンディ	１袋100個入り	900円	
	グミ	１袋100個入り	1200円	
	マシュマロ	１袋100個入り	2800円	
	※２種類以上を選ぶと25％値引（ね）き（送料はふくめない）。			
お店Ｃ	チョコレート	１袋100個入り	1400円	送料1000円 お菓子の代金の合計金額が20000円以上になると送料無料。
	キャンディ	１袋250個入り	1500円	
	グミ	１袋100個入り	1000円	
	マシュマロ	１袋100個入り	2500円	
	ガム	１袋100個入り	800円	
	ドーナツ	１袋12個入り	1000円	

お店D	チョコレート　１袋500個入り　5000円 キャンディ　１袋500個入り　5000円 グミ　１袋500個入り　5000円 マシュマロ　１袋500個入り　5000円	送料600円

問１　グミのみを1500個買うとき、送料をふくめて最も安く買うには、どのお店で買えばよいですか。Ａ～Ｄの記号で答えなさい。

問２　お店Ｃの６種類のお菓子の中から、３種類を選んで買います。選び方は何通りあるか答えなさい。ただし、グミとガムを同時には選ばないこととします。

問３　チョコレートと他のお菓子をもう１種類選んで、1000個ずつ買います。送料をふくめて最も安く買うには、どのお店を選び、もう１種類のお菓子は何を選べばよいですか。また、その合計金額を答えなさい。

【太郎さんと花子さんの会話②】

太郎さん：子ども432人分のお菓子を準備していたのですが、１つ気になることがあります。

花子さん：何かありましたか。

太郎さん：はい。地域の方から話を聞いたのですが、新しいマンションが建設されて、参加人数が増えるそうです。

花子さん：それは驚き(おどろ)ですね。新しいマンションにはどれくらいの人が住んでいるのでしょうか。

太郎さん：マンションの管理人に聞いたのですが、60戸(こ)あるそうです。ただし、その中の$\frac{1}{5}$はオフィスなので人が住んでいません。また、人が住む戸数(こすう)のうち$\frac{1}{4}$は、子どものいない人たちが住んでいます。そのため、残りの戸数が子どもがいる家族が住む戸数です。

花子さん：そうなのですね。準備するお菓子をどれだけ増やす必要があるのか、考えてみましょう。

問４　花子さんは、新しいマンションの子どもたちが全員参加したときに、パーティに参加する子どもの人数がどれくらい増えるか、次のように考えました。花子さんの考えの［　　　］にあてはまる数を答えなさい。

花子さんの考え

> 新しいマンションに住む子どもがいる家族には、１家族あたり多くても３人の子どもがいるとします。このとき、もし、新しいマンションのすべての子どもたちが、パーティに参加した場合、もともと予定していた人数よりも［　　　］％参加人数が増えると考えられます。

【太郎さんと花子さんの会話③】

太郎さん：ハロウィンパーティでは、魔(ま)法の森のクイズを出して、楽しんでもらおうと思っています。

花子さん：よいと思います。ハロウィンの雰(ふん)囲気を感じながら、クイズを解くのは楽しいと思います。

太郎さんと花子さんが作ったクイズ

ハロウィンクイズ

アリスは魔法の森で迷子になってしまいました。森の中には４つの門があり、それぞれの門の前には門番(ドラゴン、ゴブリン、オオカミ男、バンパイア)が立っています。４つの門のうち、いずれか１つを通れば、魔法の森から脱出することができます。アリスは魔法の森の住人から、門番について次の情報を得ていました。

- ４人の門番のうち、１人は正しいことしかいわない正直者です。
- ４人の門番のうち、１人はまちがったことしかいわない嘘つき者です。
- ４人の門番のうち、２人は正しいこともまちがったこともいいます。

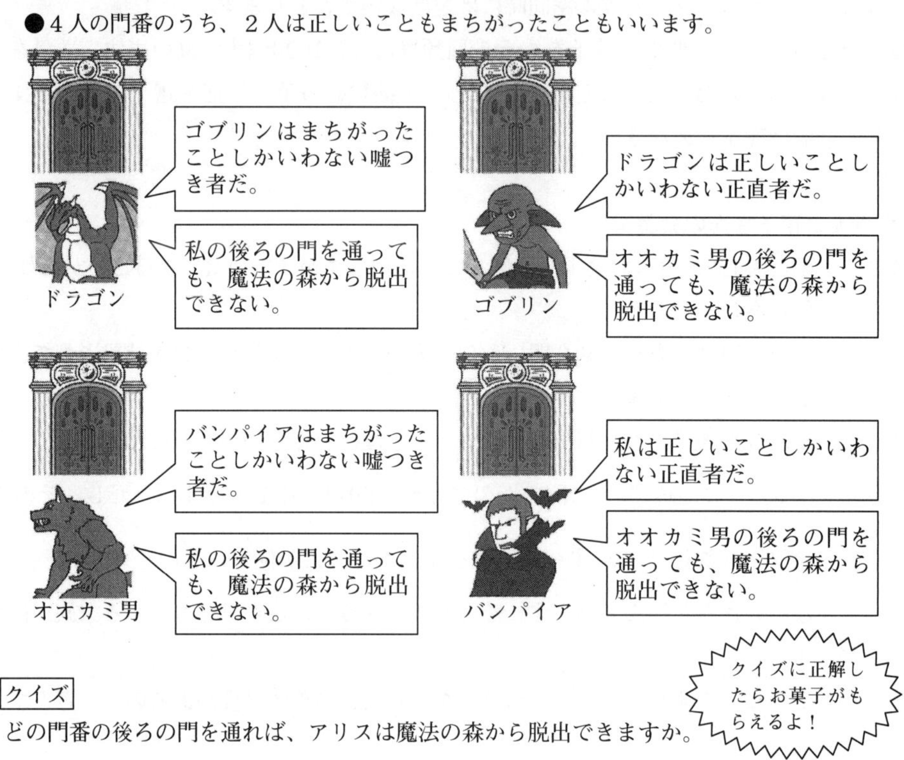

クイズ

どの門番の後ろの門を通れば、アリスは魔法の森から脱出できますか。

問５　太郎さんと花子さんが作ったクイズについて、４人の門番のうち、正しいことしかいわない正直者は誰ですか。また、どの門番の後ろの門を通れば、必ず魔法の森を脱出できますか。それぞれドラゴン、ゴブリン、オオカミ男、バンパイアのいずれかで答えなさい。

③　太郎さんは、科学クラブで水溶液について調べる実験をしました。

次の**問１**～**問３**に答えなさい。

【太郎さんと先生の会話①】

先　　生：ここに、しょう酸カリウムという白色の粉末状の薬品があります。この薬品が水にとける量について調べてみましょう。前回の授業で考えた実験の計画はできていますか。

太郎さん：はい。２つの実験を行いたいと考えています。**【実験①】**では、水の量と、水にとけるしょう酸カリウムの量の関係について調べ、**【実験②】**では、水の温度と、水にとけるしょう酸カリウムの量の関係について調べます。

先　　生：**【実験①】**、**【実験②】**ではどちらもろ過を行うのですね。それでは、ろ過の手順について、**資料１**で確認しておきましょう。

資料１　ろ過の手順

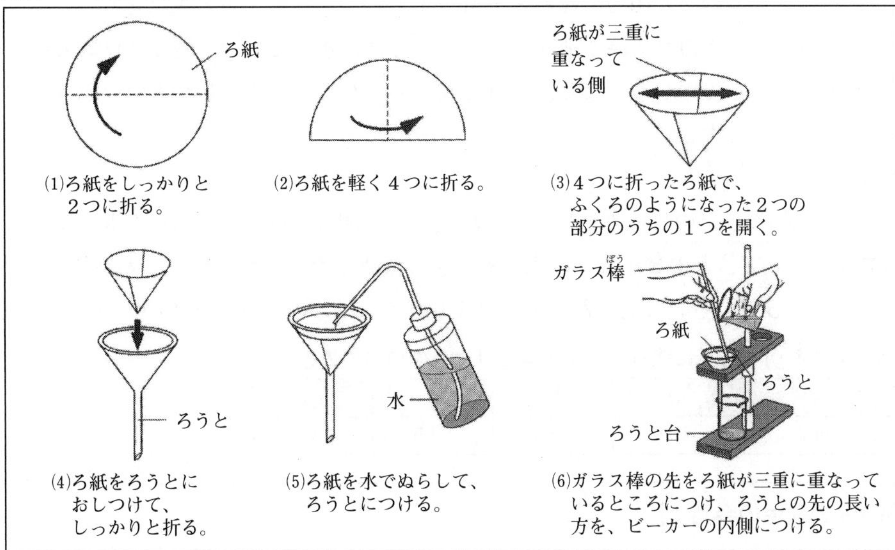

問１　**資料１**に示された方法で、少量の砂を混ぜた水のろ過を行いました。ろうとから取り出したろ紙を広げると、ろ紙に残った砂はどの部分に見られると考えられますか。次のア〜オから最も適切なものを１つ選び、記号で答えなさい。なお、点線はろ紙の折り目を表し、ア〜オのかげをつけた部分は、残った砂が見られる部分を表しています。

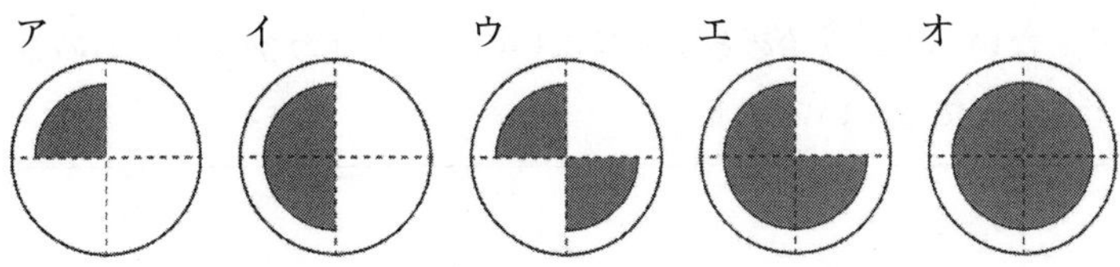

【実験①】

〈用意したもの〉

□しょう酸カリウム　□水　□温度計　□実験用ガスこんろ
□大きなビーカー　□ガラス棒　□ろうと　□ろ紙
□ろうと台　□電子てんびん　□ビーカー㋐〜㋓

〈方法〉

１　大きなビーカーに水を入れ、実験用ガスこんろで水を80℃にあたためる。

２　同じ種類の４つのビーカー㋐、㋑、㋒、㋓を用意し、電子てんびんではかったしょう酸カリウムを、ビーカー㋐〜㋓にそれぞれ40ｇずつ入れる。

３　80℃の水を、ビーカー㋐には25mL、ビーカー㋑には50mL、ビーカー㋒には75mL、ビーカー㋓には100mL加え、ガラス棒でよくかき混ぜる。

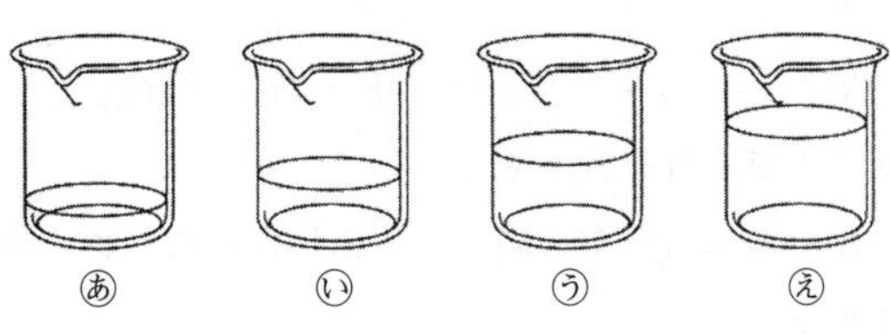

4　ビーカーⓐ～ⓔを、10℃になるまで冷やす。

5　ビーカーⓐ～ⓔの水溶液を別々にろ過し、ろ紙に残ったしょう酸カリウムのつぶの重さを電子てんびんではかる。なお、ろ紙に残っていたしょう酸カリウムのつぶは、すべてとり出したものとする。

〈結果〉

・〈方法〉の3で、どのビーカーに入っていたしょう酸カリウムも、80℃の水にすべてとけた。

・〈方法〉の4で、どのビーカーの底にもしょう酸カリウムのつぶがあらわれた。

・〈方法〉の5で、ろ紙に残ったしょう酸カリウムのつぶの重さは**表1**のようになった。

表1　【実験①】でろ紙に残ったしょう酸カリウムのつぶの重さ

ビーカー	ⓐ	ⓘ	ⓤ	ⓔ
つぶの重さ(g)	34.5	29.0	23.5	18.0

【太郎さんと先生の会話②】

先　　生：**【実験①】**は、うまくいきましたね。それでは、次に**【実験②】**を行いましょう。

太郎さん：**【実験②】**では、しょう酸カリウムをとかした水を0℃まで冷やす計画を立てているのですが、しょう酸カリウムの水溶液がこおることはないでしょうか。

先　　生：混じりけのない水は0℃でこおり始めますが、食塩やしょう酸カリウムなどをとかした水は、混じりけのない水と比べてこおりにくくなります。したがって、0℃より低くしないとこおり始めることはないので、しょう酸カリウムの水溶液がこおることは考えなくてもよいですよ。

【実験②】

〈用意したもの〉

□しょう酸カリウム　□水　□温度計　□実験用ガスこんろ
□大きなビーカー　□ガラス棒　□ろうと　□ろ紙
□ろうと台　□電子てんびん　□ビーカーⓞ～ⓚ

〈方法〉

1　大きなビーカーに水を入れ、実験用ガスこんろで水を80℃にあたためる。

2　同じ種類の5つのビーカーⓞ、ⓚ、ⓚ、ⓚ、ⓚを用意し、電子てんびんではかったしょう酸カリウムを、ビーカーⓞ～ⓚにそれぞれ160gずつ入れる。

3　ビーカーⓞ～ⓚに、80℃の水をそれぞれ100mLずつ加え、ガラス棒でよくかき混ぜる。

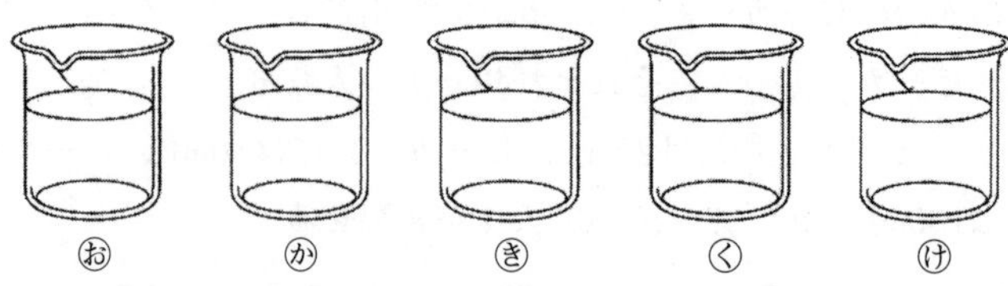

4　ビーカーⓞは0℃、ビーカーⓚは10℃、ビーカーⓚは20℃、ビーカーⓚは40℃、ビーカーⓚは60℃になるまでそれぞれ冷やす。

5　それぞれのビーカーの水溶液をろ過し、ろ紙に残ったしょう酸カリウムのつぶの重さを電子てんびんではかる。

〈結果〉

・〈方法〉の３で、どのビーカーに入っていたしょう酸カリウムも、80℃の水にすべてとけた。

・〈方法〉の４で、どのビーカーの底にもしょう酸カリウムのつぶがあらわれた。

・〈方法〉の５で、ろ紙に残ったしょう酸カリウムのつぶの重さは**表２**のようになった。

表２　【実験②】でろ紙に残ったしょう酸カリウムのつぶの重さ

ビーカー	お	か	き	く	け
つぶの重さ（g）	146.7	X	128.4	96.1	50.8

問２　次の(1)、(2)の問いに答えなさい。ただし、**【実験①】**、**【実験②】**を行っている間の水の蒸(じょう)発は考えないものとします。また、水１mLの重さは、水の温度にかかわらず１ｇとします。

(1)　**【実験①】**の結果から、**表２**の空らん［ X ］にあてはまる数を答えなさい。なお、求め方を言葉と式で説明しなさい。

(2)　**【実験①】**、**【実験②】**の結果から、水の温度と、150mLの水にとけるしょう酸カリウムの限度量の関係について正しく表しているグラフを、次のア～エの中から１つ選び、記号で答えなさい。ただし、水の温度が10℃のとき、150mLの水にとけるしょう酸カリウムの重さは省略しています。

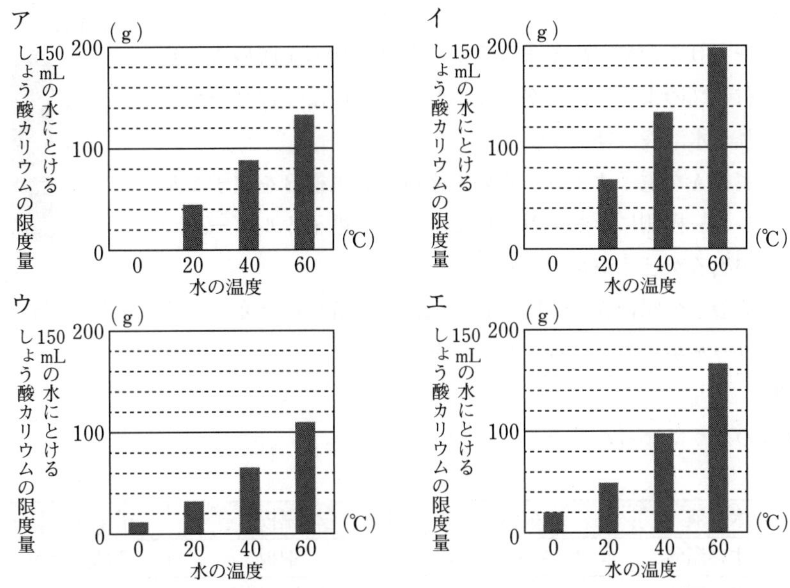

太郎さんは、水溶液と２種類の金属の組み合わせによって、電池ができることを知り、電子オルゴールを用いて**【実験③】**を行いました。**資料２**は、太郎さんが電子オルゴールと電池について調べ、ノートにまとめたものです。

資料２　電子オルゴールと電池について

・電子オルゴールは、右の図に示したような器具で、＋(プラス)極側の導線と、－(マイナス)極側の導線がある。
・電子オルゴールは、＋極側の導線を電池の＋極につなぎ、－極側の導線を電池の－極につなぐと音が出る。逆に、電子オルゴールの＋極側の導線を電池の－極につなぎ、－極側の導線を電池の＋極につなぐと音が出ないという特ちょうがある。

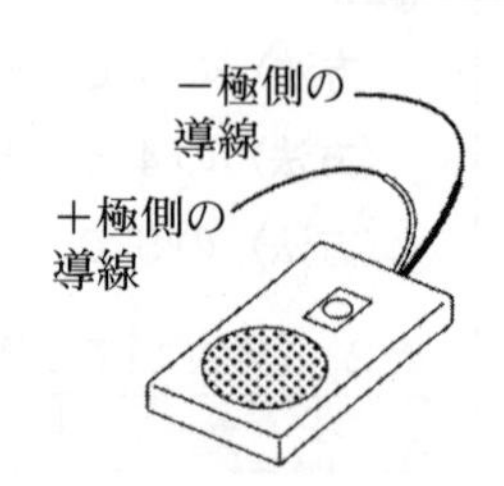

・電池は、２種類の金属の組み合わせで、どちらの金属が＋極、－極になるかが決まる。それは、＋極になりやすい金属、－極になりやすい金属の順序が決まっているためで、＋極になりやすい金属の順序と－極になりやすい金属の順序は、たがいに逆の関係になっている。

【実験③】

〈用意したもの〉

□電子オルゴール　□ビーカー　□導線　□うすい塩酸
□エタノール水溶液　□スチール板(鉄板)　□銅板　□アルミニウム板
□紙やすり

〈方法〉

1　紙やすりでつやが出るまでみがいた２種類の金属板Ａ、Ｂを、右の図のように、たがいにふれ合わないようにビーカーに入れた水溶液にひたす。

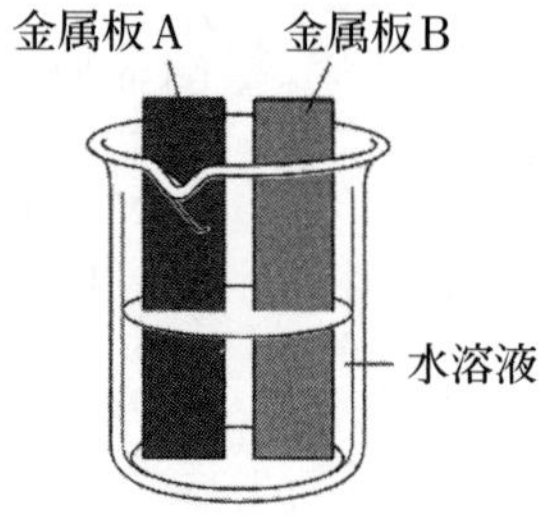

2　金属板Ａを電子オルゴールの＋極側、金属板Ｂを電子オルゴールの－極側にそれぞれ導線でつなぎ、電子オルゴールから音が出るかどうかを調べる。

3　水溶液と金属板Ａ、金属板Ｂの種類をいろいろと変え、それぞれの場合について、電子オルゴールから音が出るかどうかを調べる。

〈結果〉

・**表３**のようになった。

表３

水溶液	金属板Ａ	金属板Ｂ	電子オルゴール
うすい塩酸	スチール板	銅板	音は出なかった
うすい塩酸	銅板	スチール板	音が出た
うすい塩酸	スチール板	アルミニウム板	音が出た
うすい塩酸	アルミニウム板	スチール板	音は出なかった
エタノール水溶液	スチール板	銅板	音は出なかった
エタノール水溶液	銅板	スチール板	音は出なかった
エタノール水溶液	スチール板	アルミニウム板	音は出なかった
エタノール水溶液	アルミニウム板	スチール板	音は出なかった
うすい塩酸	銅板	アルミニウム板	ア
うすい塩酸	アルミニウム板	銅板	イ
エタノール水溶液	銅板	アルミニウム板	ウ
エタノール水溶液	アルミニウム板	銅板	エ

問３　**【実験③】**で、「音が出た」という結果があてはまると考えられるものを、**表３**のア～エの中から１つ選び、記号で答えなさい。

④　太郎さんと花子さんは、選挙について話をしています。
次の**問１**～**問４**に答えなさい。

【太郎さんと花子さんの会話①】

太郎さん：先日読んだ新聞記事に、選挙への関心や選挙での投票率が、年代によってちがうということが書いてありました。

花子さん：そうなのですね。どのようにちがうのでしょうか。

太郎さん：**資料１**から**資料３**は、2021年に行われた衆議院議員総選挙後に、選挙権がある人に対して行われた調査の結果です。

花子さん：なるほど。こんなにちがうのですね。

資料１　年代別の選挙関心度

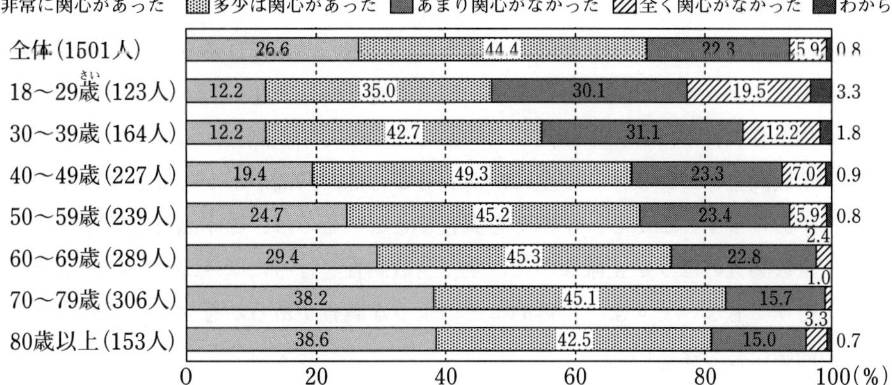

資料２　年代別投票参加率

	投票参加率(%)
18～29歳	62.8
30～39歳	66.0
40～49歳	70.9
50～59歳	77.3
60～69歳	83.9
70～79歳	88.3
80歳以上	81.8

資料３　年代別投票率

	投票率(%)
18～29歳	37.6
30～39歳	47.1
40～49歳	55.6
50～59歳	63.0
60～69歳	71.4
70～79歳	72.3
80歳以上	48.6

※投票参加率は、「今回(2021年)の衆議院議員総選挙で、投票に行きましたか」という質問に対して、「投票に行った」と回答した割合で、年代別投票率は、2021年の選挙における投票率を示している。
(**資料１**、**資料２**、**資料３**は、公益財団法人明るい選挙推進協会「第49回衆議院議員総選挙全国意識調査－調査結果の概要－(令和４年３月)」をもとに作成)

問１　**資料１**、**資料２**から読み取れることとして最も適切なものを、次のア～エの中から１つ選び、記号で答えなさい。

ア　選挙に「非常に関心があった」、「多少は関心があった」と答えた人の割合の合計は、20代までが最も低く、30代でもこの年代の50％以下で、その割合の合計の差を20代までと30代で比べると、投票参加率の差と同じくらいである。

イ　選挙に「非常に関心があった」、「多少は関心があった」と答えた人の割合の合計は、40

代から60％をこえ、年代が上がるほど高くなっており、80歳以上でいちばん高くなっている。投票参加率も、同じように年代が上がるほど高くなっている。

ウ　年代別の投票参加率は、他の年代と比べて20代までが最も低いが、選挙に「非常に関心があった」、「多少は関心があった」と答えた20代までの人の割合の合計は、投票参加率を上まわっている。

エ　年代別の投票参加率を見ると、70代が最も高く、60代、80歳以上の順になっているが、選挙に「非常に関心があった」、「多少は関心があった」と答えた人の割合の合計は、60代より80歳以上のほうが高くなっている。

【太郎さんと花子さんと先生の会話①】

太郎さん：**資料３**の投票率は、**資料２**の投票参加率と同じようなことなのだと思いますが、数がちがいますね。グラフにしたときに、形は似ていると思いますが……。

花子さん：**資料１**と**資料２**は、選挙権がある人全員ではなくて、一部にアンケートをして得られた結果のようですね。このことが関係していそうです。

先　　生：そのとおりです。アンケートのように、調査の対象になる一部の人に調査をして全体の状きょうをすい測することを、標本調査といいます。標本というのは、調査対象全体から調査のために取り出した一部分のことです。調査の対象すべてを調べる方法は、全数調査といいます。安全にかかわることは、時間がかかっても全数調査を行う必要があります。しかし、すべてを調査できないものは、標本調査のほうが適しています。

太郎さん：全数調査のほうが正確なので、全て全数調査を行ったほうがよいのではないですか。

先　　生：そうでもないですよ。具体的にどのような調査があるかを見て、考えてみましょう。

問２　次の問題に答えなさい。

⑴　全数調査ではなく、標本調査が適しているものを、次のア～エの中から１つ選び、記号で答えなさい。

ア　危(き)険物の持ちこみを防ぐために行われている空港での手荷物検査

イ　工場で生産したぬいぐるみに針(はり)が残っていないかを確かめるための製品検査

ウ　身長や体重などを測って児童の成長の記録をとっている学校での健康しん断

エ　果物の収穫(しゅうかく)時期を決めるための甘(あま)さの調査

⑵　全体が80000人いる中、3000人を対象にアンケート調査を行います。調査対象全体からかたよりなく標本を取り出すために、調査対象全体を次の**資料４**のように重ならないグループに分け、それぞれのグループから同じ割合で調査対象者を選ぶことにしました。グループＦからは、何人を調査すればよいか、その数を答えなさい。

資料４

グループA	9000人	グループD	16000人
グループB	14000人	グループE	6000人
グループC	23000人	グループF	12000人

【太郎さんと花子さんの会話②】

花子さん：選挙といえば、まもなく学校で、児童会役員を決める投票を行うそうですね。

太郎さん：その投票で使う投票箱は、わたしが作ることになっています。

花子さん：きっと図画工作が得意だから任されたのですね。どのような投票箱を作るのですか。

太郎さん：今、アイデアを練っているところです。それが終わったら、先生に材料を用意してもらうことになっています。

花子さん：太郎さんが作る投票箱、完成を楽しみにしています。

問３　太郎さんは、次の**【アイデアスケッチ】**を作成しました。**【アイデアスケッチ】**のような投票箱を作るためにそろえるべき木材の条件を、あとのア～エの中から１つ選び、記号で答えなさい。

【アイデアスケッチ】

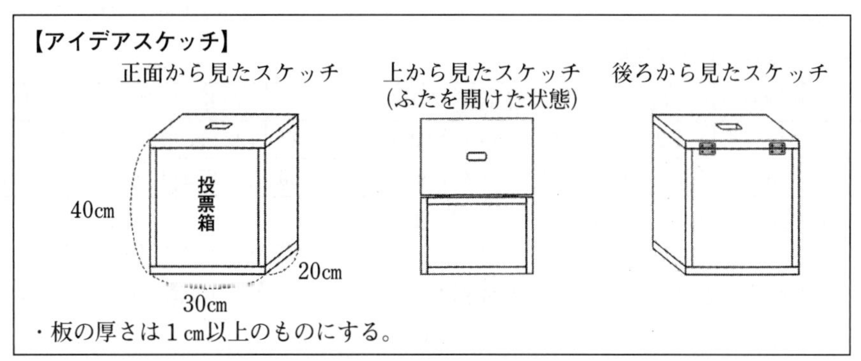

・板の厚さは１cm以上のものにする。

ア　板の厚さ１cmの木材（縦(たて)38cm×横18cmを２枚(まい)、縦38cm×横28cmを２枚、縦30cm×横20cmを２枚）

イ　板の厚さ１cmの木材（縦38cm×横20cmを２枚、縦38cm×横26cmを２枚、縦30cm×横20cmを２枚）

ウ　板の厚さ２cmの木材（縦36cm×横20cmを２枚、縦36cm×横26cmを２枚、縦30cm×横20cmを２枚）

エ　板の厚さ２cmの木材（縦36cm×横16cmを２枚、縦36cm×横26cmを２枚、縦30cm×横20cmを２枚）

【太郎さんと花子さんと先生の会話②】

太郎さん：2023年に、さいたま市の市議会議員選挙が行われましたね。

花子さん：さいたま市の市議会議員選挙の選挙区は、さいたま市の区のはん囲と同じだそうです。2023年の選挙では、各区で当選する議員の数、つまり定数が、前回の選挙から変わったそうですね。**資料５**は、各選挙区の定数の変化を示したものです。

太郎さん：どうして変わったのでしょうか。

先　　生：**資料６**が示している各区の有権者の数を**資料５**の議員定数で割(わ)ると、議員１人あたりの有権者数が求められます。その数の差、すなわち格差を小さくするためですよ。

花子さん：2019年の選挙のときの定数と2023年のときの定数を比べると、１つの区では５人から４人に減って、１つの区では５人から６人に増えていますね。

先　　生：2019年の選挙で定数が５議席だった５つの区の有権者数を比べると、最も多い区と最も少ない区の差が20000人以上開いていて、2023年の選挙のときも、差はさらに広がっていたのですよ。その２つの区の2019年と2023年の格差の状きょうが、どうなっているかを考えてみましょう。

太郎さん：2019年の議員１人あたりの有権者数を比べると、２つの区の格差は約1.3倍になっていました。

花子さん：2023年の議員１人あたりの有権者数を比べると、［　あ　］になり、2019年より小さくなっていることがわかります。

資料５　さいたま市議会議員選挙における選挙区ごとの定数の変化

	西区	北区	大宮区	見沼区	中央区	桜区	浦和区	南区	緑区	岩槻区	合計
2019年市議会選挙時	4	7	5	8	5	5	7	9	5	5	60
2023年市議会選挙時	4	7	5	8	5	4	7	9	6	5	60

（さいたま市ウェブサイトをもとに作成）

資料６　各区の有権者数の変化

	西区	北区	大宮区	見沼区	中央区	桜区	浦和区	南区	緑区	岩槻区
2019年	74,974	121,233	97,528	135,198	83,671	79,441	132,958	153,949	101,418	94,342
2023年	78,550	125,016	103,243	137,833	86,314	80,530	137,872	158,216	106,886	94,658

※2019年、2023年ともに３月１日時点のデータである。

（さいたま市ウェブサイトをもとに作成）

問４　**【太郎さんと花子さんと先生の会話②】**の空らん［　あ　］にあてはまる内容を、次のア～エの中から１つ選び、記号で答えなさい。

ア　緑区のほうが桜区より多くなりましたが、２つの区の格差は約1.1倍

イ　桜区のほうが緑区より多くなりましたが、２つの区の格差は約1.1倍

ウ　緑区のほうが桜区より多くなりましたが、２つの区の格差は約1.2倍

エ　桜区のほうが緑区より多くなりましたが、２つの区の格差は約1.2倍

5　太郎さんは、お母さんとイギリスについて話し始めました。

次の**問１**～**問４**に答えなさい。

【太郎さんとお母さんの会話①】

太郎さん：１月にイギリスのロンドンに行く予定だから、イギリスについて調べてみようと思っています。

お母さん：どんなことを調べるのかな。

太郎さん：イギリスの人口や、貿易のことを調べてみたいです。他にも、日本とドイツ、中国についても調べてみます。

太郎さんは、次の**資料１**を見つけ、**【貿易黒字と貿易赤字】**という観点でそれぞれの国の貿易について考えてみることにしました。

資料１　日本・イギリス・中国・ドイツの人口・人口密度・貿易額（2020年）

	人口（千人）	人口密度（人/km²）	輸出額（百万ドル）	輸入額（百万ドル）	日本からその国への輸出額（億円）	その国から日本への輸入額（億円）
日本	124,271	329	641,341	634,431		
イギリス	67,886	280	379,866	542,464	11,453	6,849
中国	1,439,324	150	2,590,646	2,055,612	150,819	174,931
ドイツ	83,784	234	1,380,379	1,170,726	18,752	22,660

（「データブック　オブ・ザ・ワールド　2022年版」をもとに作成）

【貿易黒字と貿易赤字】
輸出額が輸入額を上回る状きょうのことを貿易黒字といい、逆に輸入額が輸出額を上回る状きょうのことを貿易赤字といいます。なお、輸出額と輸入額を合計した額が貿易額です。

問１　**資料１**から読み取れることとして最も適切なものを、次のア～エの中から１つ選び、記号で答えなさい。

ア　日本とイギリスのそれぞれの国の輸出額、輸入額を見ると、日本は貿易黒字の国であり、イギリスは貿易赤字の国である。ただし、日本とイギリスの貿易で見ると、日本は貿易赤字である。

イ　中国とドイツのそれぞれの国の輸出額、輸入額を見ると、中国もドイツも貿易黒字の国である。また、日本とドイツの貿易で見ると、ドイツは貿易赤字である。

ウ　日本・イギリス・ドイツの人口１人あたりの貿易額は、イギリスが日本よりも多く、さらに貿易黒字であるドイツがイギリスよりも多くなっている。

エ　イギリス・中国・ドイツの人口１人あたりの貿易額は、イギリスよりもドイツが多く、さらに貿易黒字である中国がドイツよりも多くなっている。

【太郎さんとお母さんの会話②】

太郎さん：イギリスといえば、紅茶文化が有名ですね。今度イギリスに行ったとき、イギリスに住んでいるオリビアと会って、イギリスの紅茶文化を楽しんでこようと思います。そういえば、緑茶や紅茶、ウーロン茶などのお茶の原料は、全部同じ茶葉だと聞いたのですが、本当でしょうか。

お母さん：そうだね。例えば、茶の生産量が最も多い中国で生産された茶は、緑茶や紅茶、プーアル茶、ウーロン茶などに加工されて、中国の国内で消費されたり、他国に輸出されたりしているよ。

太郎さん：そうなのですね。茶の生産や貿易、消費の状きょうが気になってきたので、調べてみようと思います。

太郎さんは、茶の生産国と生産量、輸出と輸入、消費量について調べ、次の**資料２**、**資料３**、**資料４**を見つけました。

資料２　茶の生産量上位10か国（2020年）

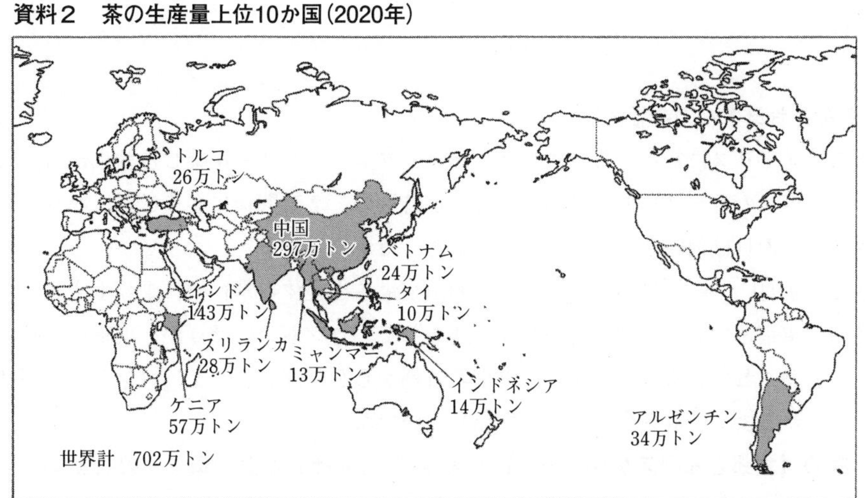

資料３　世界の茶の輸出量にしめる輸出上位５か国の割合・輸入量にしめる輸入上位５か国の割合（2020年）

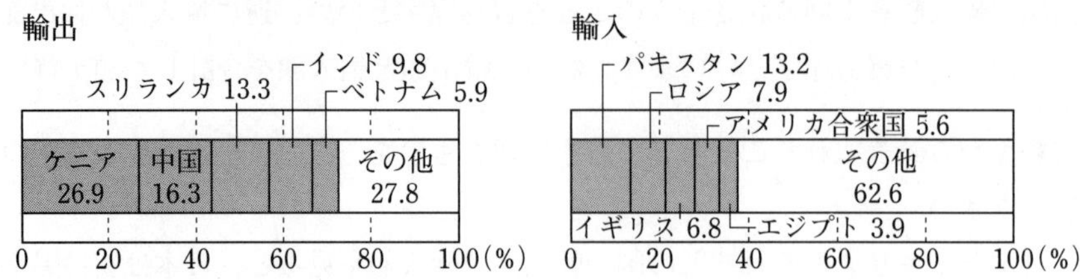

（資料２、資料３は「データブック　オブ・ザ・ワールド　2023年版」をもとに作成）

資料４　主な国の茶の消費量（2018年～2020年の３年間の平均）

	１人あたり（kg）	消費量（万トン）
イギリス	1.61	10.76
中国	1.66	232.23
インド	0.81	108.81
日本	0.79	10.01
スリランカ	1.35	2.94
ケニア	0.82	4.01

※茶は、緑茶、ウーロン茶、紅茶などすべての茶。
（日本紅茶協会「紅茶統計（令和４年11月）」をもとに作成）

問２　資料２、資料３、資料４から読み取れることとして最も適切なものを、次のア～エの中から１つ選び、記号で答えなさい。

ア　茶は中国やインド、スリランカなどを中心に生産されており、これらの国は茶の主な輸出国でもある。輸入量が世界第３位のイギリスの茶の消費量は、日本やスリランカとほぼ同じである。

イ　中国の茶の生産量は、世界全体の約30％である。中国の１人あたりの茶の消費量はイギリスと同じくらいであるが、中国の茶の消費量はイギリスの20倍以上である。

ウ　インドは中国に次ぐ茶の生産国で、世界全体の茶の約２割を生産している。インドの茶の消費量はイギリスの約10倍であるが、１人あたりの茶の消費量はイギリスや中国の約半分である。

エ　ケニアの茶の生産量は世界でも上位に位置しており、輸出量は世界で最も多い。ケニアの茶の消費量は日本の半分以下で、１人あたりの茶の消費量でもケニアは日本よりも少ない。

【太郎さんとお母さんの会話③】

太郎さん：イギリスに行ったら、オリビアとアフタヌーンティーを楽しむ約束があります。ロンドンのヒースロー空港のとう着予定時刻の、２時間後に会うことになりました。

お母さん：その日は何時の飛行機に乗る予定だったかな。

太郎さん：１月［　A　］日の、［　B　］に羽田空港を出発する飛行機に乗ります。

お母さん：東京とロンドンは、時差が９時間あって、ロンドンのほうが、東京より時刻が９時間おくれているよ。だから、東京の時刻から９時間を引くと、ロンドンの現地時刻が分かるよ。時計を合わせるのを忘れないでね。

問３　次の**【太郎さんのスケジュール】**を参考に、**【太郎さんとお母さんの会話③】**にある空らん［　A　］、［　B　］にあてはまる日付、時刻の組み合わせとして正しいものを、あとのア～エの中から１つ選び、記号で答えなさい。

【太郎さんのスケジュール】
○東京・羽田空港発のロンドン直行便に乗る。
↓(12時間)
○ロンドン・ヒースロー空港　着
↓(２時間)
○１月11日午後３時30分(ロンドンの現地時刻)　オリビアと会う。

ア　A　10　B　午後４時30分　　イ　A　10　B　午後10時30分
ウ　A　11　B　午前１時30分　　エ　A　11　B　午前10時30分

【太郎さんとお母さんの会話④】

太郎さん：オリビアと会うまでに、英語をもっと話せるようになりたいです。英語の勉強を楽しくする方法はないでしょうか。
お母さん：好きな外国の映画を、字幕がなくても英語で聞き取れるか試してみるのはどうかな。
太郎さん：ＤＶＤを借りてくるのですか。
お母さん：インターネットで配信されている映画があるから、その中から探してみようか。
太郎さん：インターネットで見られるのは便利ですね。インターネットで配信されているものがどれくらい増えているのか、気になってきたので、調べてみようと思います。

インターネット上のコンテンツ配信に興味をもった太郎さんは、次の**資料５**を見つけました。

資料５　世界のコンテンツ市場の変化

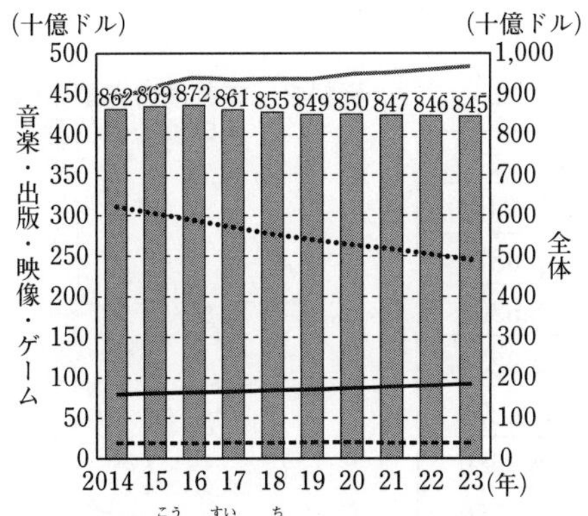

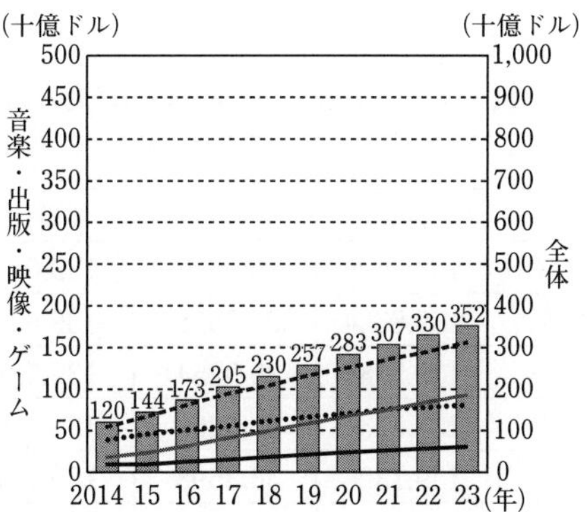

※2019年以降は推計値。フィジカルとは、ＤＶＤやＣＤのように実物があるもの、デジタルとは、インターネットでデータ配信されるもののこと。
(経済産業省「コンテンツの世界市場・日本市場の概観」をもとに作成)

問４　**資料５**から読み取れることとして最も適切なものを、あとのア～エの中から１つ選び、記号で答えなさい。

ア　世界のコンテンツ市場は、フィジカルコンテンツ市場が中心で、2017年にはデジタルコンテンツ市場の４倍以上の規模であったが、デジタルコンテンツ市場はその後も拡大を続けており、2023年にはフィジカルコンテンツ市場の半分を上回っていると考えられる。

イ　世界のフィジカルコンテンツ市場は、デジタルコンテンツ市場の成長にともなって、わずかずつだが市場が縮（しゅく）小しており、映像と音楽の分野はデジタルコンテンツ中心に置きかえられようとしている。

ウ　世界のデジタルコンテンツ市場は、2014年からの５年間で約２倍に拡大しているが、特にゲームの市場がのびており、ゲームの市場は2018年にはフィジカルコンテンツ市場の音楽の分野を上回る市場になっている。

エ　世界のデジタルコンテンツ市場における出版の分野の成長は、フィジカルコンテンツ市場の出版の分野の縮小金額を上回る規模で進んでおり、フィジカルコンテンツがデジタルコンテンツに置きかわっていく代表的な分野であると考えられる。

〈適性検査Ｂ〉　—40分—

1　太郎（たろう）さんと花子さんは、先生と人口と労働について話をしています。
次の**問１～問４**に答えなさい。

【太郎さんと花子さんと先生の会話①】

太郎さん：先日、2020年の埼玉県の人口重心は、さいたま市の西（にし）区にあるという記事を読みました。人口重心とは何ですか。

先　　生：人口重心とは、人口の一人一人が同じ重さをもつとして、その地域（いき）の人口が、全体としてバランスを保つことのできる点をいいます。

花子さん：さいたま市や川口（かわぐち）市など、埼玉県内で人口が多い市は県の南側に多いため、埼玉県の人口重心はさいたま市にあるのですね。他の県ではどうなっているのか気になります。

先　　生：ここに、首都圏（けん）の各都県の人口重心の変化の様子を示した**資料１**と、2020年の人口重心を示した**資料２**がありますよ。社会の授業で、経度と緯（い）度について学習しましたね。その数値（ち）から人口重心の位置がわかります。

花子さん：2015年と2020年のデータがあるので、人口重心がどのように移動したかがわかりますね。

資料１　首都圏の各都県の人口重心の経度と緯度

	2015年		2020年	
	東経(度)	北緯(度)	東経(度)	北緯(度)
東京都	139.6396	35.6872	139.6419	35.6874
Ａ 県	139.8324	36.5318	139.8326	36.5302
Ｂ 県	139.5786	35.9254	139.5816	35.9234
Ｃ 県	138.6186	35.6269	138.6165	35.6275
群馬県	139.1396	36.3598	139.1416	36.3580
千葉県	140.0831	35.6744	140.0784	35.6780
茨城県	140.2759	36.2142	140.2728	36.2104
Ｄ 県	139.5116	35.4530	139.5132	35.4548

資料２　首都圏の各都県の人口重心の位置（2020年）

※　経度と緯度は、通常は度・分・秒という単位で表すが、ここでは単位を度に変えて示している。
（**資料１**、**資料２**は、総務省統計局「統計トピックス No.135 我（わ）が国の人口重心－令和２年国勢調査結果から－」をもとに作成）

【緯度と経度】

緯度とは、赤道を基準として南北へそれぞれ90度まで表したもので、赤道の北側を北緯といいます。赤道は０度、北極は北緯90度です。

経度とは、イギリスのロンドンを通る０度の経線（赤道と直角に交わる地球上の南北の線）を基準に、東西へそれぞれ180度まで表したもので、東まわりを東経といいます。

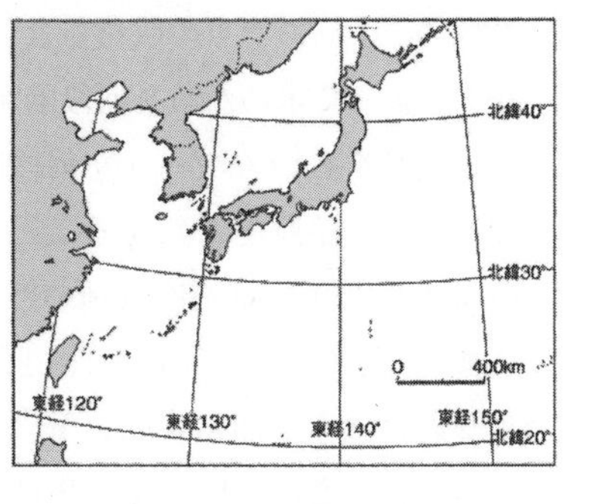

問１　**【緯度と経度】**の説明を参考にして、2015年から2020年にかけてのＣ県の人口重心の移動の様子を示しているものを、次のア～クの中から１つ選び、記号で答えなさい。なお、ア～クの図中の矢印は、人口重心の移動の方向を示しています。

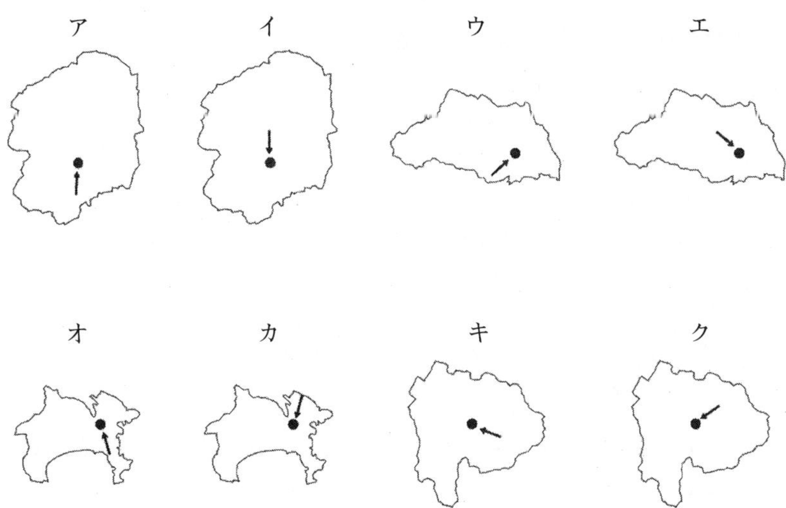

【太郎さんと先生の会話】

太郎さん：各都道府県の、人口の増減についても興味があり、資料をまとめて発表しようと思っています。資料には、地図を使おうと思っているのですが、地図を作るときに、気を付けたほうがよいことはありますか。

先　　生：そうですね。何を表したいかによって、地図の作り方は変わってきますよ。資料は、作り方をまちがえると、誤（あやま）った印象をあたえてしまう可能性があるからです。地図を作るときに気を付けることについては、**資料３**のような考え方がありますよ。今回は、この**資料３**の考え方をもとに地図を作ってみてはどうですか。

太郎さん：ありがとうございます。**資料３**と人口の増減についての資料をもとに、地図を作成してみます。

資料３　地図を作るときに気をつけること

数値で分類できるようなデータを地図で示したものを、定量的地図といいます。

定量的地図は、絶対図と相対図に分けることができます。

絶対図は、収穫（しゅうかく）量や人口などを円の大きさや棒（ぼう）の長さなどによって示したものです。相対図は、１haあたりの収穫量などの「単位面積あたり」の量や「人口１人あたり」の量など、計算によって求めた値を何段階かに分けて色や模様で示したものです。

収穫量や人口のデータを何段階かに分けて、色や模様で示すと、誤解をあたえることがあります。例えば、右の図は2020年の都道府県別のだいこんの収穫量を示しています。色や模様で示すと、１位の千葉県よりも２位の北海道のほうが面積が広い分、色や模様が強調されてしまい、北海道のだいこんの生産量が千葉県より多い印象をあたえてしまいます。そのため、収穫量や人口は色や模様で示さないようにしましょう。

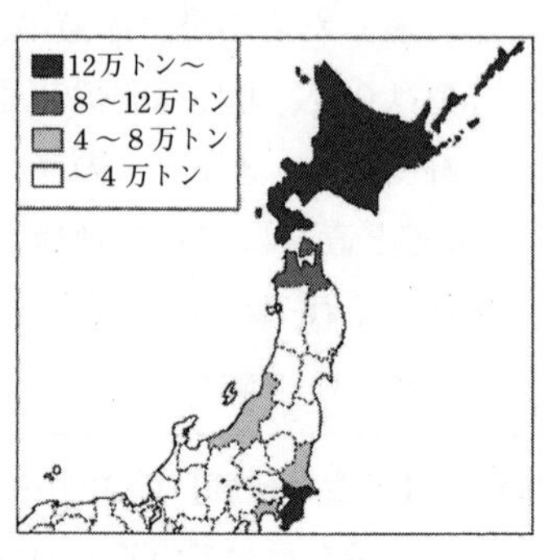

（農林水産省「令和２年産野菜生産出荷統計」をもとに作成）
（外務省ウェブサイトをもとに作成）

資料４　関東地方の７つの都県の人口と人口増減率

	人口（人）	人口増減率（％）
茨 城 県	2,867,009	−1.71297
栃 木 県	1,933,146	−2.08225
群 馬 県	1,939,110	−1.72342
埼 玉 県	7,344,765	1.07659
千 葉 県	6,284,480	0.99337
東 京 都	14,047,594	3.93867
神奈川県	9,237,337	1.21764

（総務省統計局「令和２年国勢調査結果」をもとに作成）

※　−（マイナス）がついている数は、０より小さい。
　　−２％の場合は、２％減っていることを示している。

問２　太郎さんは、**資料３**と**資料４**をもとに、地図を作成しました。太郎さんが作成した地図を、次のア～エの中から１つ選び、記号で答えなさい。

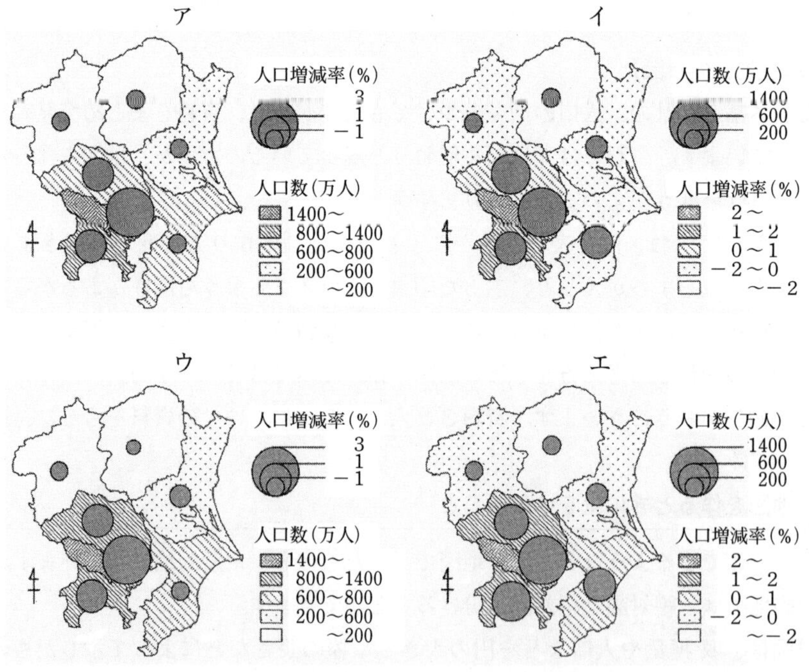

【花子さんと先生の会話】

花子さん：人口の移動には、社会の変化も関係しているのですね。例えば、進学や仕事のために引っこすことがありますが、進学者数や労働者数は、そのときの社会の状きょうによって変わると思います。

先　　生：そうですね。労働者数といえば、以前より働く女性が増えていて、女性の労働力率も変化していますね。労働力率とは、働いている人と仕事を探している人を合わせた数が、15歳以上の人口全体の中でどのくらいになるかの割合のことをいいます。**資料6**での出生率とは、1人の女性が各年齢において産む子どもの数のことです。

花子さん：働く女性が増えているという話や、女性が結婚して子どもを産む年齢も高くなっているという話を聞いたことがあります。どんなふうに変化しているか、調べてみようと思います。

花子さんは、次の**資料5**と**資料6**を見つけ、さらに調べたことをもとにして**【花子さんのまとめ】**を作成しました。

資料5　女性の年齢別の労働力率の変化と男性の労働力率

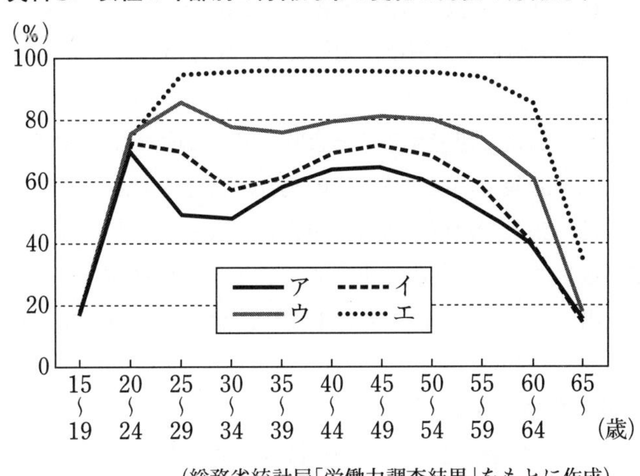

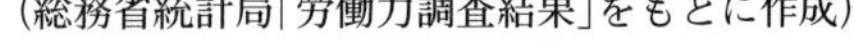
（総務省統計局「労働力調査結果」をもとに作成）

資料6　年齢別の出生率の変化

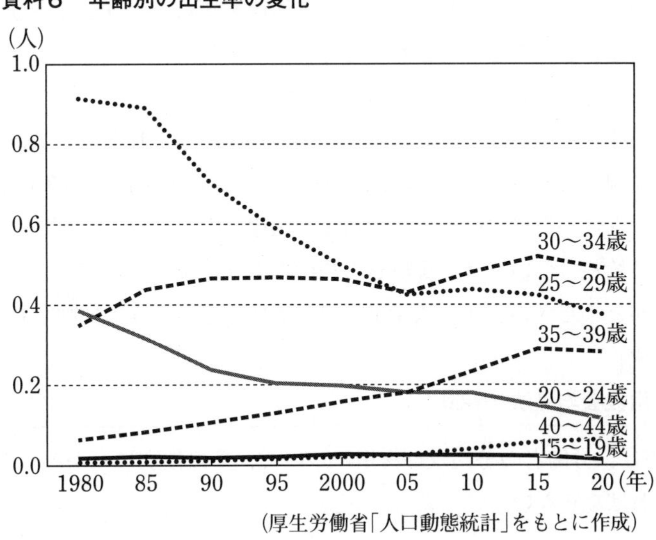

（厚生労働省「人口動態統計」をもとに作成）

【花子さんのまとめ】

女性の労働力率は、年齢別で示したとき、アルファベットのM字に似た形をえがき、30代あたりで低下(M字の底)します。それは、男性と比べて女性は結婚や妊娠、出産で仕事をはなれ、子どもが成長したら再就職する人が多いからです。

結婚している人の労働者数の増加や結婚しない人の増加、子育て支援策の充実などで、日本における女性の年齢別の労働力率のグラフのM字の底は1980年以降、変化しています。

資料５は、1980年、2000年、2020年の女性の労働力率と2020年の男性の労働力率を年齢別に示したものです。1980年の女性の労働力率を示したグラフは［ A ］、2020年の女性の労働力率を示したグラフは［ B ］です。

1980年と2020年の女性の労働力率が［ A ］から［ B ］のように変化した理由を考える上で、**資料６**からいえることは、［ C ］ということです。

問３　**【花子さんのまとめ】**の空らん［ A ］、［ B ］にあてはまるグラフを、**資料５**中のア～エからそれぞれ１つずつ選び、記号で答えなさい。また、空らん［ C ］にあてはまる内容を、次のア～オの中から２つ選び、記号で答えなさい。

［ C ］の選択肢

ア　40年間で、20～24歳で出産することよりも25～29歳で出産することが増えた

イ　40年間で、35～39歳で出産する女性の割合が大きく増えた

ウ　40年間で、25～29歳で出産することが大きく減った

エ　40年間変わらずに、30～39歳で出産することが比較的多い

オ　40年間で、出産することが最も多い年代が、30～34歳から25～29歳に変わった

【太郎さんと花子さんと先生の会話②】

太郎さん：わたしたちも、将来はきっと働くと思います。将来のために、労働についてもさらに知りたくなってきました。

先　　生：社会が変化したり、それにともなって法律も変わったりして、今とはまたちがう働き方をすることになるかもしれませんね。

花子さん：過去に法律が変わったことがあったのですか。

先　　生：そうです。法律が改正されたり、新しい法律が作られたりしているのですよ。この**資料７**を見てください。この法律が作られたことで、採用の条件も変化していますよ。また、女性の労働に関しては**資料８**の法律の中にも規定がありますよ。働くことで得られる給料については、**資料９**の法律もあります。

太郎さん：ありがとうございます。法律が採用の条件にどのように反映されているのか、調べてみます。

資料７　男女雇用機会均等法(一部)

①　※1事業主は、労働者の募集及び採用について、その性別にかかわりなく※2均等な機会を与えなければならない。

事業主は、次に※3掲げる事項について、労働者の性別を理由として、差別的取り扱いをし

てはならない。
② 労働者の配置、※4昇進、※5降格及び教育訓練
③ 住宅資金の※6貸付けその他これに※7準ずる※8福利厚生の※9措置であって※10厚生労働省令で定めるもの
④ 労働者の※11職種及び※12雇用形態の変更
⑤ ※13退職の勧奨、定年及び※14解雇並びに労働契約の更新

資料8　労働基準法(一部)

⑥ ※15使用者は、労働者に、休憩時間を除き一週間について四十時間を超えて、労働させてはならない。
⑦ 使用者は、一週間の各日については、労働者に、休憩時間を除き一日について八時間を超えて、労働させてはならない。

資料9　最低賃金法(一部)

⑧ 使用者は、※16最低賃金の適用を受ける労働者に対し、その最低賃金額以上の賃金を支払わなければならない。
⑨ 賃金の※17低廉な労働者について、賃金の最低額を保障するため、※18地域別最低賃金(一定の地域ごとの最低賃金をいう。)は、※19あまねく全国各地域について決定されなければならない。

※1　事業主……利益を得ることを目的に仕事をする人や会社のこと。
※2　均等……平等で差がないこと。
※3　掲げる……人に知られるよう示すこと。
※4　昇進……地位などが上がっていくこと。
※5　降格……地位などが下がっていくこと。
※6　貸付け……貸すこと。
※7　準ずる……同じような。
※8　福利厚生……お金ではないほうしゅう。
※9　措置……対応すること。
※10　厚生労働省令……厚生労働省が定めたきまり。
※11　職種……仕事の種類のこと。
※12　雇用形態……社員、アルバイトなど、働き方の種類のこと。
※13　退職の勧奨……事業主が労働者に退職するようにすすめること。
※14　解雇……事業主が労働者を一方的にやめさせること。
※15　使用者……労働者を雇い、賃金を支払う者。
※16　最低賃金……最低でも支払われる給料の額。
※17　低廉……金額が安いこと。
※18　地域別最低賃金……2023年の地域別最低賃金は、東京都で時間額1,113円、大阪府で1,064円。
※19　あまねく……すべて。

問4　次の**【採用の条件】**には、日本の法律に違反すると考えられる内容がふくまれています。太郎さんは、**資料7**、**資料8**、**資料9**をもとにして、違反している法律とそう考えられる理由を考え、**【太郎さんのまとめ】**を作成しました。**【太郎さんのまとめ】**の空らん［　D　］、［　F　］にあてはまるものを、**資料7**、**資料8**、**資料9**中の①～⑨の中からそれぞれ1つ選び、番号で答えなさい。また、［　E　］と［　G　］にあてはまる内容をそれぞれ10字以上20字以内で答えなさい。なお、数字や記号についても、1字とする。

【採用の条件】
○募集職種：事務職
　賃金　月給22万円～
　勤務地　東京本社または大阪支社
　勤務時間　　9：00～17：00
　(休憩時間　12：00～13：00)
　休日　日曜・祝日
　応募条件
　・男性：大学卒業以上
　・女性：高校卒業以上

【太郎さんのまとめ】
この**【採用の条件】**には、法律に違反していると考えられる内容が２つある。
・［　D　］に違反している。←　一週間の［　E　］ため。
・［　F　］に違反している。←　［　G　］ため。

2　シルベスターという19世紀イギリスの数学者の言葉に「音楽は、感覚の数学であり、数学は理性の音楽である。」というものがあります。太郎さんと花子さんはインターネットで見つけたこの言葉が心に残っていました。

ある日、音楽の授業で箏の演奏を聴いた２人は、箏で音を出すときの仕組みは、算数と関係があるのではないかと思い、そのことについて調べました。**資料１～資料４**は２人が調べた結果をまとめたものです。

次の**問１～問５**に答えなさい。

資料１　音について

音は、ものが振動する(ふるえる)ことで生じ、空気中を波として伝わります。

音の高さは、１秒間に空気が振動する回数(振動数)で表します。単位は「ヘルツ(Hz)」です。

例えば、振動数が440Hzの音は、１秒間に440回振動している音です。

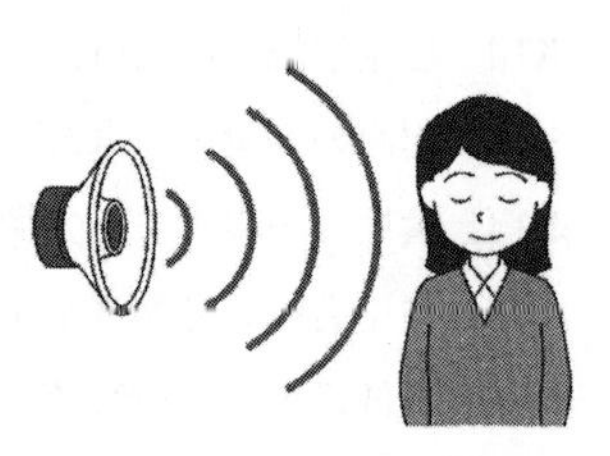

資料２　音名と振動数(Hz)の関係

音名	振動数(Hz)	振動数の比 (ドの音を基準にした比)
ド	262	1
レ	294	1.122
ミ	330	1.259
ファ	350	1.334
ソ	392	1.498
ラ	440	1.681
シ	494	1.887
ド(１オクターブ上)	524	2
レ(１オクターブ上)	588	2.244

(京都府立大学学術報告「理学・家政学３巻(かん)１号(1960年)」をもとに作成)

資料３　ピアノの鍵(けん)と音名の対応

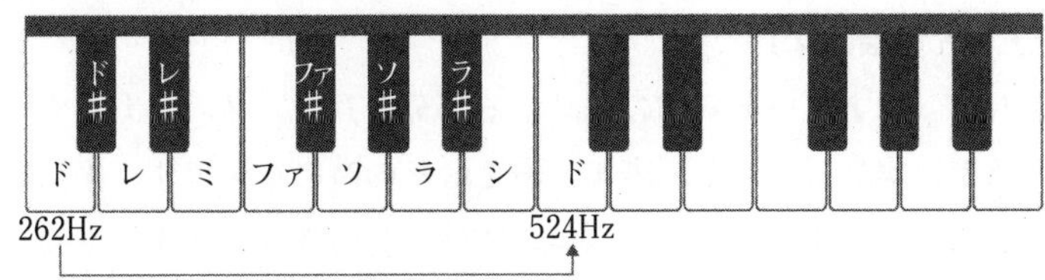

【太郎さんと花子さんの会話①】

花子さん：**資料２**をみると、ドより高い音のレは振動数が多くなっています。振動数が多くなるにつれて、音が高くなるということですね。

太郎さん：そうですね。よくみると、振動数が262Hzのドの１オクターブ上のドは、524Hzなのでちょうど２倍になっていますね。

問１　振動数が660Hzの音をピアノで弾(ひ)く場合、どの鍵を弾けばよいですか。**資料２**を参考にして、次の**図１**の①～㉔のいずれかの記号で答えなさい。

図１

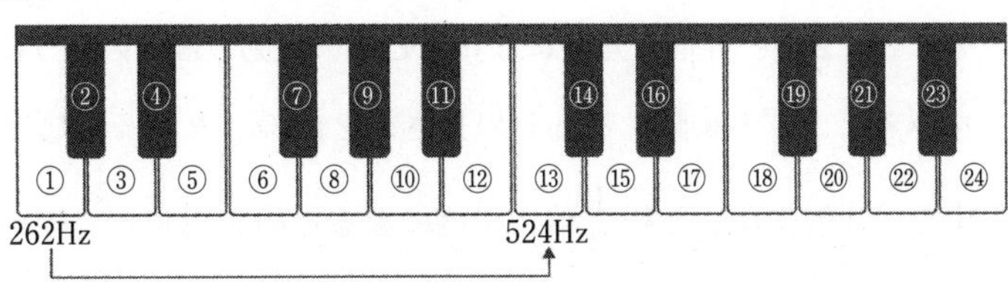

問２　白い鍵とそのとなりの黒い鍵の振動数の比について、花子さんは次のように考えました。［　X　］にあてはまる数として最も適切なものを、あとのア～エの中から１つ選び、記号で答えなさい。

> **【花子さんの考え】**
>
> ピアノの音階は平均律(りつ)という方法で整えられています。平均律では、となり合う音(例えばドとド♯、ファとファ♯、シとドなど)の振動数の比は、常に一定です。
>
> そのため、黒い鍵の振動数は、その左どなりの白い鍵の振動数よりも約［　X　］倍振動数が多いことがわかります。

ア　1.03　　イ　1.06　　ウ　1.12　　エ　1.26

資料4

弦の振動する部分の長さ・振動数・音の高さの関係

弦は、振動する部分の長さが短いほど、振動数が多くなり、音の高さは高くなります。

逆に、弦は、振動する部分の長さが長いほど振動数が少なくなり、音の高さは低くなります。

弦の振動する部分の長さ	長い ←→ 短い
振動数	少ない ←→ 多い
音の高さ	低い ←→ 高い

弦の張力・振動数・音の高さの関係

張力とは、弦を引っ張る力のことです。張力が強いほど、振動数が多くなり、音の高さは高くなります。

逆に、張力が弱いほど、振動数が少なくなり、音の高さは低くなります。

弦の張力	弱い ←→ 強い
振動数	少ない ←→ 多い
音の高さ	低い ←→ 高い

【太郎さんと花子さんの会話②】

太郎さん：わたしは、モノコードの弦の振動する部分の長さ、弦の張力を変えて、振動数がどう変わるか、実験しました。**表1**、**表2**はその時の結果です。振動数は、小数第2位で四捨五入しています。ただし、実験では、弦の弾き方はすべて同じでした。

花子さん：モノコードとは何でしょうか。

太郎さん：モノコードとは、**図2**のような、1本の弦が張られた楽器です。ことじの位置を調節することで、弦の振動する部分の長さを変えたり、おもりを変えることで弦の張力を調節したりできます。これにより、音の高さを変えることができます。

花子さん：わかりました。**表1**、**表2**には、おもりの重さが書かれていますが、これは、弦の張力を表しているということですね。つまり、おもりをつけるとその重さの分だけ弦に張力がはたらくわけですね。

太郎さん：そのとおりです。さて、**表1**、**表2**をもとに、弦の振動する部分の長さ、おもりの重さ、振動数の関係をみていきたいと思います。弦の振動する部分の長さ、おもりの重さがそれぞれ2倍、3倍、4倍になったとき、振動数はどのように変わるでしょうか。

花子さん：**表1**をみると、弦の振動する部分の長さが2倍のときは、振動数は約$\frac{1}{2}$倍になっていますね。3倍になると約$\frac{1}{3}$倍、4倍になると約$\frac{1}{4}$倍になっています。つまり、弦の振動する部分の長さと振動数には反比例の関係がありますね。

太郎さん：では、張力が2倍、3倍、4倍になったとき、振動数はどうなっているでしょうか。

花子さん：**表2**をみると、張力が2倍、3倍、4倍になっても、振動数は、2倍、3倍、4倍にはなっていません。

太郎さん：確かにそうですね。ただし、弦の張力と(振動数)×(振動数)の値は比例しているといえますね。

図2　モノコードの説明

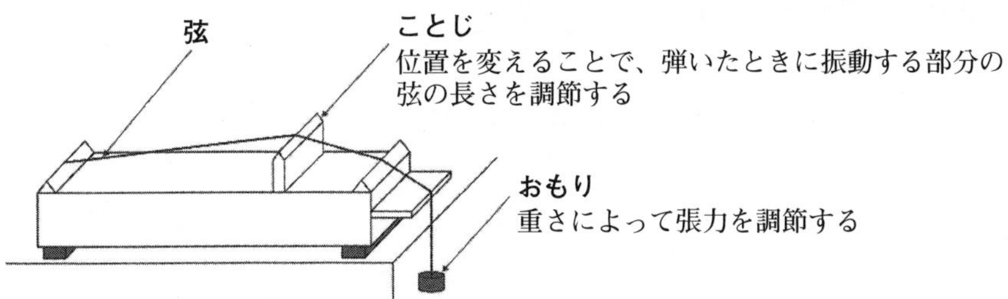

表1　張力を固定したときの表

弦の振動する部分の長さ(cm)	おもりの重さ(g)	振動数(Hz)
20	500	247.5
40	500	123.7
60	500	82.5
80	500	61.9

表2　弦の振動する部分の長さを固定したときの表

弦の振動する部分の長さ(cm)	おもりの重さ(g)	振動数(Hz)	(振動数)×(振動数)
40	200	78.3	6130.9
40	400	110.7	12254.5
40	600	135.6	18387.4
40	800	156.5	24492.2

問3　次の**図3**のモノコードにおいて「ことじ」をQ(↑)におき調節した弦の×の部分を弾くと振動数は242Hzでした。もし、「ことじ」をP(↑)の部分に移動して、×の部分を弾くと振動数は何Hzになるか、整数で答えなさい。ただし、弦の弾き方は、変えないものとします。

図3

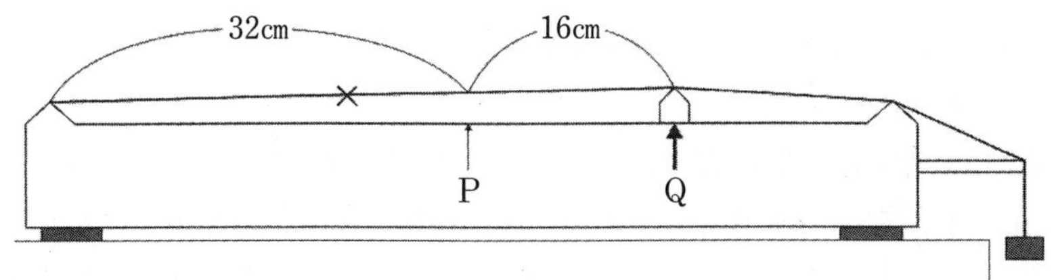

問4　あるモノコードを弾いたときの振動数は320Hzでした。ミの音にするために、おもりの重さを重くしました。重さを約何倍にしましたか。小数第3位を四捨五入して、小数第2位まで答えなさい。ただし、おもりの重さは、1倍から2倍の間で重くすることとします。

問5　あるモノコードで、弦の振動する部分の長さとおもりの重さを次の**表3**におけるA、Bの2つの設定にして、弦を弾きました。すると、どちらも同じ高さの音が出ました。このとき、次の表のYにあてはまる数を答えなさい。ただし、弦の弾き方は、変えなかったものとします。

表3

	弦の振動する部分の長さ(cm)	おもりの重さ(g)
A	30	400
B	45	Y

3　花子さんは、科学について興味があり、図書館でおもしろそうな本を見つけたので、読んでみることにしました。

次の文章は、仲野徹著「科学者の考え方――生命科学からの私見」(晶文社・内田樹編)の一部です。これを読んで、**問1～問5**に答えなさい。

①コンセンサスという言葉があります。日本語では、意見の一致、とか、合意、と訳されます。政治では、よく「国民の合意をとりつけた」とかいう言い方がされますが、いろいろな考えの人がいて、たくさんの政党があることからもわかるように、政治的なことについて完全に国民の合意を得られることなどほとんどありえません。

政治的なことについて、完全な合意がなされる、あるいは、なされたと政府によって解釈される、というのは、むしろ恐ろしい状況です。第二次世界大戦前の日本や、※1ナチスが※2台頭した時代のドイツのことを考えてみればわかるように、※3言論弾圧や戦争などといった恐ろしいことの引き金になる可能性が十分にあるのです。

それに対して、科学というのは、コンセンサスを得やすい分野です。それは、科学は、※4政治信条のような「好き嫌い」ではなくて、「真実」をあつかうからです。②「　」付きの真実という、少しあいまいな書き方をしたのには理由があります。※5トンデモ説ほどひどくはなくとも、いま正しいとされていることであっても、ひょっとしたら、研究が進むにつれて、将来、正しくないと判定されることは十分にありえるのです。すなわち、本当の真実かどうかを完全に断定することは難しいということなのです。

こういったことまで考えて、物事を完全に断定的に言い切らないことが多いのは、科学者のひとつの特徴です。科学者が真実を尊いと思うが故の行動パターンですから、科学者の良心という言い方もできます。けれども、こういう言葉遣いは、慎重すぎてちょっとうっとうしいと思われるかもしれません。

一つの例として地動説を考えてみましょう。現在では、地動説というのはコンセンサスになっています。しかし、※6ガリレオやコペルニクスの時代以前は、地動説ではなくて天動説がコンセンサスだったのです。科学におけるコンセンサス――あるいは、この場合は常識と言ってもいいかもしれません――は、必ずしも正しいとは限らないということが、この例だけからもわかるでしょう。

このように多くの人が共有している科学的な知的枠組を、難しいけれどちょっとかっこいい言葉で「パラダイム」と言います。太陽が昇る、という観測事実は、はるか昔から皆が知っていたわけです。その事実は、昔は天動説のパラダイムで説明されていたのが、次に述べるように、科学的な観測が※7蓄積した結果として※8破綻し、地動説のパラダイムへと転換したという訳です。

天動説を信じていたなんて、昔の人は頭が悪かったんだなぁと思うかもしれませんが、それは違います。その時代の最高に知性的な人だって天動説を信じていたのです。パラダイムというのは、それほど強力に時代を覆い尽くしているものなのです。

では、③どのようにして天動説から地動説へとパラダイムが転換していったのでしょう。まったく知識がなかったら、天動説と地動説だと、天動説の方が信じやすいと思いませんか？　だって、地面がすごいスピードで動いているなんて、普段生活していてもまったく感じないのですから。だから、昔は、なんとなく天動説が圧倒的に優勢だったのです。

しかし、技術が進み、いろいろなことが観測されるようになって、おかしいぞということが少しずつでてきました。たとえば、地球がじっとしていると考えると、惑星の動きを説明するのに、相当に複雑な考えを持ち出さないといけないことがわかってきました。16世紀になって、コペルニクスは、『天球の回転について』という本に、太陽が中心にあって、地球も惑星もその周りを回っていると考えた方が合理的だと書きました。

この考えは、地球が宇宙の中心であるという聖書の考えにあわないために、反発をくらい、なかなか受け入れられませんでした。ちなみに、コペルニクスは、この本を死ぬ前年に発表しています。教会からクレームがつくのがわかっていたので、出版をそこまで遅らせたのではないかとも言われています。

しかし、その考えの方が正しいのではないかという研究成果――すなわち天動説に対する反証ですね――が徐々に蓄積していきます。そんな時代の中に登場したのがガリレオです。ガリレオは、望遠鏡による観測で、木星の周りに四つの衛星があること、すなわち、木星もその周囲を回る星を持っている、ということを発見しました。これによって、地球が宇宙の中心であるという天動説に決定的なダメージを与えたのです。

最終的にはもちろん地動説が認められたわけですが、一発ですんなりいったわけではないのです。コペルニクスとガリレオでは90歳くらい歳が違いますから、コペルニクスの考えが出されてからパラダイムが入れ替わるまで、かなりの年数がかかったことがわかります。パラダイムというのは、非常に強固なものなので、少々の反論があっても、都合のいい言い訳を編み出してパラダイムを守るため、その反論を跳ね返してしまいます。しかし、さらに反論がどんどん積み重なっていくと、いよいよもたなくなって、最終的にその説が破綻し、初めてみんなの考えが変わるのです。

(中略)

みんなが信じ込んでいるパラダイムであっても、間違えている可能性があるということはわかってもらえたでしょうか。ある意味では、科学は、みんなが当たり前に思っていることに対して疑いを持つということによって進歩してきた、という言い方もできるのです。

(一部、省略やふりがなをつけるなどの変更があります。)

※1　ナチス……ヒトラーが率いた政党。

※2　台頭……勢いを増すこと。

※3　言論弾圧……国などが、力によって人々の発言をおさえつけること。

※4　政治信条……どのような社会にしていきたいのかについて、自分が信じる考え方。

※5　トンデモ説……現実にはありえないような説。

※6　ガリレオやコペルニクス……どちらも宇宙を研究した科学者で、コペルニクスは地動説を発表し、ガリレオは地動説を証明しようとした。

※7　蓄積……たまること。

※8　破綻……物事が、修復できないくらいにうまくいかなくなること。

問１　花子さんは、①コンセンサスについて、本文を読んで**【花子さんのまとめ】**のようにまとめました。空らん［　A　］、［　B　］、［　C　］、［　D　］にあてはまる言葉を、本文中からそれぞれ５字以内でさがして書きぬきなさい。

> **【花子さんのまとめ】**
> 　コンセンサスとは、［　A　］の一致、または［　B　］という意味の言葉である。政治では、好き嫌いなどが判断基準になるため、完全なコンセンサスを得られることはほとんどありえないのに対して、［　C　］では、「真実」が基準となるため、コンセンサスを［　D　］。

問２　②「　」付きの真実とありますが、筆者が真実に「　」をつけることで説明しようとしている科学者の特徴や考え方として最も適切なものを、次のア～エの中から１つ選び、記号で答えなさい。

ア　真実を尊(そん)重しているため言葉遣いに慎重で、言い切らないことで、将来正しくないと判定されたときに責任からのがれられるように気をつけるという特徴。

イ　良心を大切にしているため言葉遣いに慎重で、多くの研究者に気をつかってそれぞれの立場を尊重し、できるかぎり遠回しに表現するという特徴。

ウ　真実を大事にしているため判断に慎重で、将来的に正確でないと判断される可能性までをも考えて、はっきりと言い切ることをしないという特徴。

エ　良心を重視(し)しているため判断に慎重で、断定することが難しい物事は将来判定される可能性があるととらえ、今考えずに判断を先送りにするという特徴。

問３　③どのようにして天動説から地動説へとパラダイムが転換していったのでしょうとありますが、花子さんは、この文章で説明されていたパラダイムの転換について友だちに教えようと、図にまとめました。**【花子さんがまとめた図】**について、あとの(1)、(2)の問いに答えなさい。

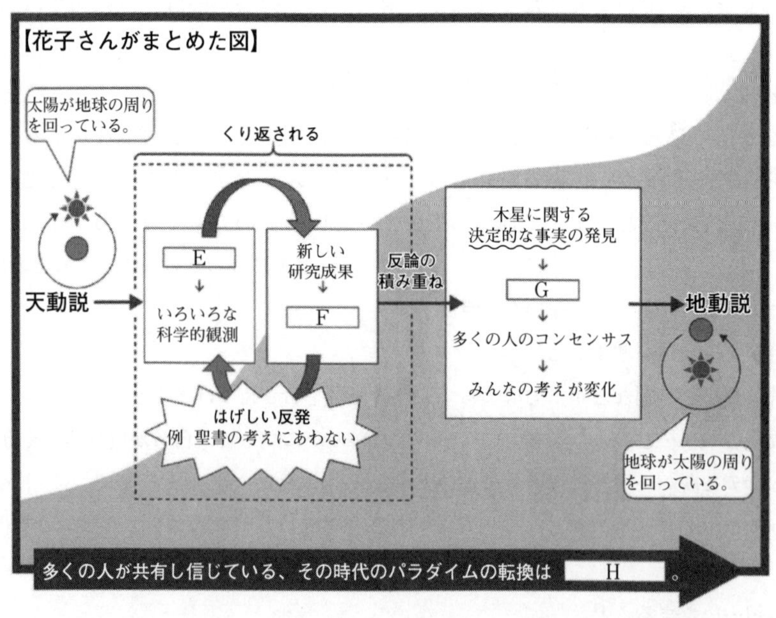

(1)　**【花子さんがまとめた図】**の中の空らん［　E　］、［　F　］、［　G　］にあてはまる言

葉として最も適切なものを、本文の内容をふまえ、次のア～カの中からそれぞれ１つずつ選び、記号で答えなさい。

ア　天動説の破綻　　　イ　知性の発展　　　ウ　技術の進歩

エ　教会からのクレーム　　　オ　地動説への疑い　　　カ　天動説に対する反証

(2)　**【花子さんがまとめた図】**の中の空らん［　H　］にあてはまる内容として最も適切なものを、本文の内容をふまえ、次のア～エの中から１つ選び、記号で答えなさい。

ア　政治よりも大変である　　　イ　さけられないものだ

ウ　とても長い時間がかかる　　　エ　個人の努力のおかげである

問４　本文から読み取れる筆者の説明の仕方や工夫として、**適切でないもの**を、次のア～エの中から１つ選び、記号で答えなさい。

ア　本文の内容を理解するうえで重要な言葉の意味を説明してから、過去の出来事を例に挙げて具体的な説明をしている。

イ　書き言葉の中に話し言葉も加えることで、科学の話でも読み手が親しみやすさや読みやすさを感じられるようにしている。

ウ　パラダイムの説明の部分で、問いかけるような言い方をして、読み手からの共感を引き出そうとしている。

エ　読み手の印象に残りやすいたとえの表現を効果的に使い、天動説や地動説などの科学的な内容を感覚的に説明している。

問５　筆者はこの文章で、科学はどのようにして進歩してきたと主張していますか。「パラダイム」という言葉を使って、40字以上50字以内で書きなさい。（句読点や記号は１字と数えます。）

〈適性検査Ｃ〉　　　　―45分―

１　花子さんは、総合的な学習の時間に、日本の若者と外国の若者の意識のちがいについて調べ、発表に向けた準備をしています。

以下の会話文を読んで、あとの問いに答えなさい。

先　　生：花子さん、発表原稿の準備はできていますか。

花子さん：はい。わたしは、アメリカから日本に留学しているリサさんと友だちになり、自分とは意識がちがうと感じることがありました。そこで、わたしは、日本と外国の若者の意識のちがいについて、調べて発表しようと考えました。

先　　生：花子さんは、日本の若者と外国の若者とで、どのような意識のちがいがあると思いますか。

花子さん：**資料１**を見てください。これは、日本・韓国・アメリカ・イギリス・ドイツ・フランス・スウェーデンの７か国の13歳から29歳に行ったアンケート調査のうち、「自分自身に満足している」という質問の回答の結果をまとめたものです。この結果から、日本の若者と外国の若者の意識のちがいがわかるように思います。

先　　生：なるほど。たしかにちがいがあるといえそうですね。

花子さん：わたしは、このような意識のちがいと関係のある資料が、他にもあるのではないかと思い、同じアンケート調査から別の資料をさがしました。**資料２**から**資料４**を見てください。これは、先ほどのアンケート調査から、別の質問の回答の結果をまとめたものです。わたしは、**資料１**の意識のちがいは、この資料のどれかと関係があるのではないかと考えました。**資料２**から**資料４**で、日本の調査結果が**資料１**と同じようなものを選びたいと思います。また、わたしは自分自身に満足していないところがあり、このままではいけないと考えて、外国の若者の意識のもち方から、学べるところがあるのではないかと考えました。

先　　生：なるほど、花子さんの考えはよくわかりました。それで、花子さんは、どのような発表をするつもりですか。

花子さん：まず、**資料１**をもとに、日本と外国の若者の意識について、どのようなちがいがあるのかを述べます。次に、**資料２**から**資料４**より、**資料１**の意識のちがいに関係があると考えた資料を１つ選び、そう考えた理由を説明します。最後に、外国の若者のような意識のもち方から学べることとして、自分自身に満足する気持ちを高めるために、これから具体的にどのようなことをしようと思うかを、自分の意見として述べます。

先　　生：楽しみにしていますね。

資料１　自分自身に満足している

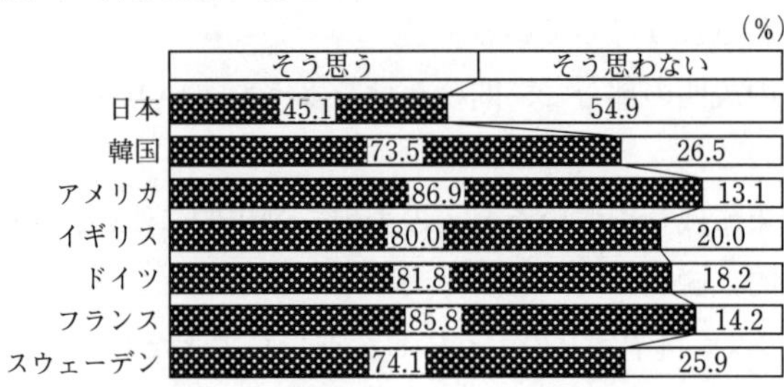

資料２　よくうそをつく

(%)

	そう思う	そう思わない
日本	30.2	69.8
韓国	24.7	75.3
アメリカ	28.2	71.8
イギリス	32.0	68.0
ドイツ	20.4	79.6
フランス	26.1	73.9
スウェーデン	20.2	79.8

資料３　人は信用できないと思う

(%)

	そう思う	そう思わない
日本	56.0	44.0
韓国	46.8	53.2
アメリカ	57.3	42.7
イギリス	57.2	42.8
ドイツ	44.6	55.4
フランス	51.0	49.0
スウェーデン	43.8	56.2

資料４　うまくいくかわからないことにも意欲的に取り組む

（%）

	そう思う	そう思わない
日本	51.5	48.5
韓国	71.6	28.4
アメリカ	78.1	21.9
イギリス	76.1	23.9
ドイツ	80.3	19.7
フランス	87.4	12.6
スウェーデン	62.9	37.1

（**資料１**～**資料４**は内閣府「我が国と諸外国の若者の意識に関する調査（平成30年度）」をもとに作成）

問　あなたが花子さんと同じ立場なら、どのような発表原稿を作成しますか。次の条件に従って書きなさい。

条件１：解答は横書きで１マス目から書くこと。

条件２：文章の分量は、300字以内とすること。

条件３：数字や小数点、記号についても１字と数えること。

2　太郎さんは、総合的な学習の時間に、空き家の現状について調べ、発表に向けた準備をしています。

以下の会話文を読んで、あとの問いに答えなさい。

先　　生：太郎さん、発表原稿の準備はできていますか。

太郎さん：はい。わたしは、最近空き家が増えているというニュースを見ました。そこで、空き家の状きょうと活用の方法について発表しようと考え、その原稿を書いているところです。**資料１**を見てください。これは、2008年と2018年の全国とさいたま市の空き家の変化をまとめたものです。空き家率とは、すべての住宅数をもとにしたときの空き家の割合を表した数値です。わたしは、この資料から、さいたま市の空き家率の変化が、全国の変化とちがう動きをしていることに注目し、それはさいたま市の人口が増えていることと関係があるのではないかと考えました。

先　　生：なるほど。さいたま市の空き家率の変化の特ちょうと、そのようになった理由を考えてみるとおもしろそうですね。でも、人口が増えていること以外にも理由がありそうですね。ところで、空き家にはどのような問題点があるのですか。

太郎さん：**資料２**を見てください。これは、空き家についての心配事を調査した結果をまとめたものです。わたしは、この資料から空き家の問題点について、さまざまな点から説明できると考えました。

先　　生：なるほど。その問題を解消するために、空き家をどのように活用すればいいと思いますか。

太郎さん：**資料３**を見てください。この資料は、空き家の活用事例を調べてまとめたものです。どの活用事例も、空き家の問題点への対策になりそうだと思います。

先　　生：よく調べていますね。それで、太郎さんはどのような発表をするつもりですか。

太郎さん：まず、**資料１**をもとに、さいたま市の空き家の戸数と空き家率の変化の特ちょうと、そのような変化になった理由を考えて述べます。次に、**資料２**をもとに、空き家の問題点について、２点述べます。最後に、**資料３**の空き家の活用事例を１つ取り上げます。そのような活用が、なぜ**資料２**から述べた空き家の問題点を解決することにつながるか理由を述べます。

先　　生：すばらしい発表になりそうですね。

資料１　全国とさいたま市の空き家の戸数と空き家率の変化

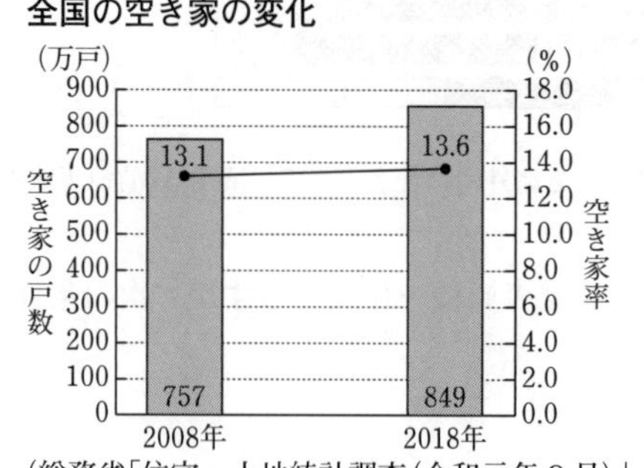

(総務省「住宅・土地統計調査(令和元年９月)」をもとに作成)

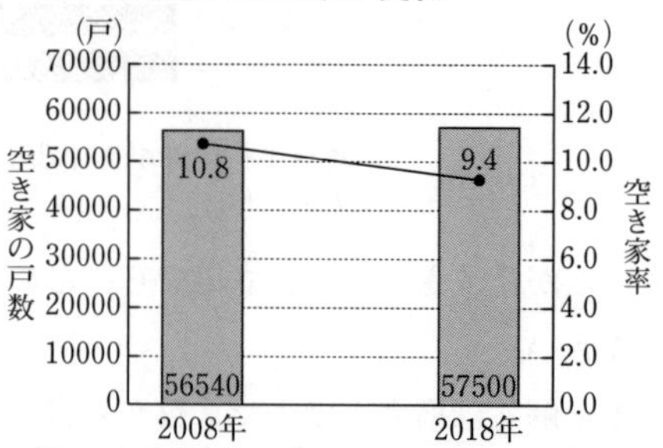

(さいたま市「第２次さいたま市空き家等対策計画(令和４年３月)」をもとに作成)

資料２　空き家についての心配事(複数回答可)

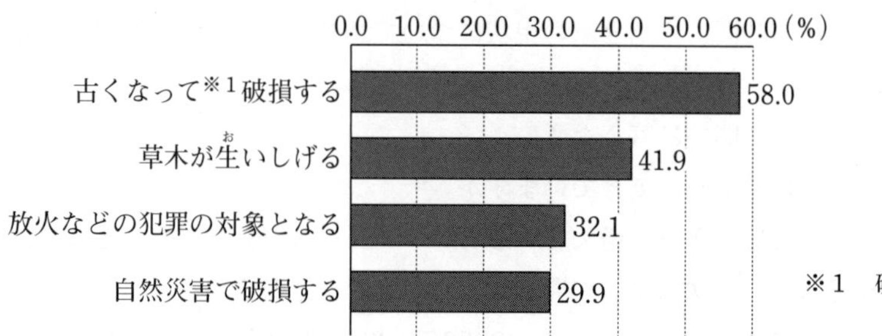

※１　破損……こわれたりいたんだりすること

回答の合計が100%にならないのは、あてはまるものを２つ以上選んでいる場合があるため。
(国土交通省「令和元年空き家所有者実態調査報告書(令和２年12月)」をもとに作成)

資料３　空き家の活用事例

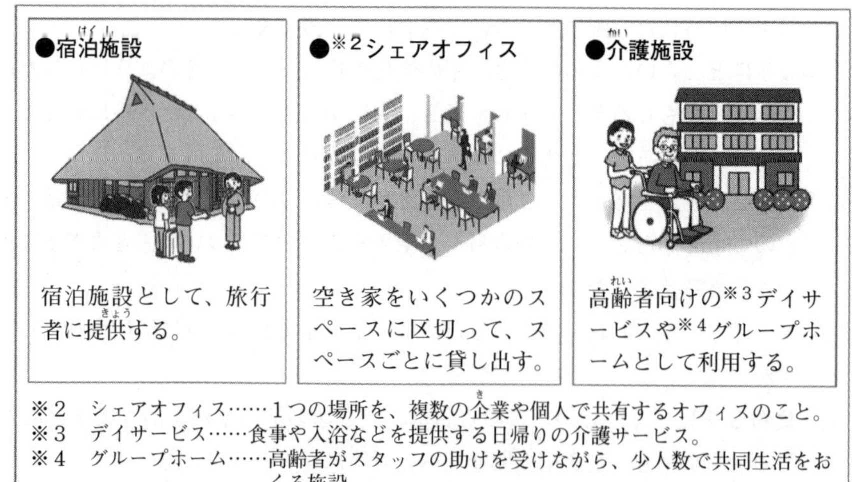

※２　シェアオフィス……１つの場所を、複数の企業や個人で共有するオフィスのこと。
※３　デイサービス……食事や入浴などを提供する日帰りの介護サービス。
※４　グループホーム……高齢者がスタッフの助けを受けながら、少人数で共同生活をおくる施設。

(国土交通省「『二地域居住』促進等のための『空き家』の活用に関する調査結果について(平成18年７月)」をもとに作成)

問　あなたが太郎さんなら、どのような発表原稿を作成しますか。次の条件に従って書きなさい。

条件１：解答は横書きで１マス目から書くこと。

条件２：文章の分量は、300字以内とすること。

条件３：数字や小数点、記号についても１字と数えること。

3　太郎(たろう)さんのクラスでは、総合的な学習の時間に、プラスチックごみの問題点について調べて発表することになりました。太郎さんは、「日本のペットボトルの使用を減らそう」というテーマで発表しようと考えて、準備をしています。

以下の会話文を読んで、あとの問いに答えなさい。

先　　生：太郎さん、プラスチックごみの問題点について、発表原稿(こう)の準備は進んでいますか。

太郎さん：はい。わたしは、プラスチックごみのうち、とくにペットボトルに注目して、「日本のペットボトルの使用を減らそう」という立場で発表しようと考え、発表原稿を用意しています。わたしは、**資料１**から**資料４**の４つの資料をもとに、ペットボトルの問題点を説明して、ペットボトルの使用を減らしたほうがいいという意見を述べようと考えました。まず、**資料１**を見てください。これは、政府が発表した記事の一部です。この記事には、プラスチックごみによる海の生き物の被(ひ)害が書かれています。この資料を使って、ペットボトルが環(かん)境にあたえる被害について説明します。次に、**資料２**を見てください。これは、日本のペットボトルの出荷量と、ペットボトルを作るときに出る二酸化炭素の量をまとめたものです。資料から、2021年のペットボトルの出荷本数は、2004年と比べて約1.6倍になっているので、二酸化炭素による被害も同じくらい大きくなっていると考えられます。次に、**資料３**を見てください。これは、自然環境で海洋ごみが分解されるのに必要な年数をまとめたものです。この資料から、ペットボトルが分解されるまでに、約400年もの長い時間が必要だということを説明します。そして、**資料４**を見てください。これは、日本のペットボトルの回収(しゅう)率の変化をまとめたものです。この資料から、回収されなかったペットボトルが海洋ごみとなったり、ごみとして処(しょ)理されたりするときに、環境に悪い影響(えいきょう)をあたえていることを説明します。

先　　生：なるほど、太郎さんがどのような資料を用意して、どのように発表しようと考えているかよくわかりました。では、太郎さんが考えた発表原稿の内容について、花子さんはどう思いますか。

花子さん：はい。太郎さんが、プラスチックごみのうち、ペットボトルの問題点を説明して、ペットボトルの使用を減らそうという意見を述べることはわかりました。しかし、そのような意見を述べるために、ふさわしくない資料があるように思います。例えば、**資料１**はビニール袋(ぶくろ)のことは書かれていますが、ペットボトルのことが書かれていません。ペットボトルのかけらを食べてしまった生物の例などが書かれている資料に変えたほうがいいと思います。

先　　生：なるほど。では、太郎さんが用意した**資料２**から**資料４**のそれぞれについて、資料から読みとれることをふまえて、太郎さんの考えている発表に使う資料としてふさわしいかどうかと、花子さんがそのように考えた理由を、わかりやすくまとめて、太郎さんに伝えてみてください。

花子さん：わかりました。

資料１　政府が発表した記事の一部

> 2018年の夏、神奈川県鎌倉(かまくら)市の浜(はま)辺に打ち上げられたクジラの赤ちゃんの胃(い)の中からプラスチックごみが出てきました。このように死んだクジラの胃からビニール袋などのプラスチックごみが発見される例が世界各地でいくつも報告されています。

（政府広報オンライン「海のプラスチックごみを減らしきれいな海と生きものを守る！（令和元年５月14日）」より）

資料２　ペットボトル出荷本数とペットボトルを作るときに出る二酸化炭素の量

	2004年度	2021年度
ペットボトル出荷本数（億本）	148	234
ペットボトルを作るときに出る二酸化炭素の量（万トン）	208.9	209.6

（ＰＥＴボトルリサイクル推(すい)進協議会「ＰＥＴボトルリサイクル年次報告書2022」をもとに作成）

資料３　自然環境で海洋ごみが分解されるのに必要な年数

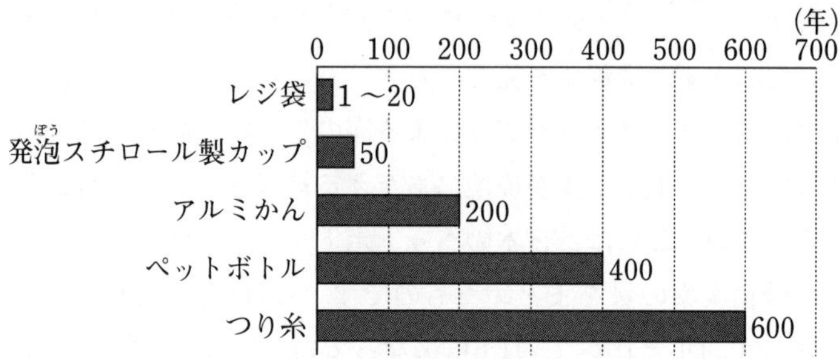

（WWFジャパン「海洋プラスチック問題について（平成30年10月）」をもとに作成）

資料４　日本のペットボトルの回収率の変化

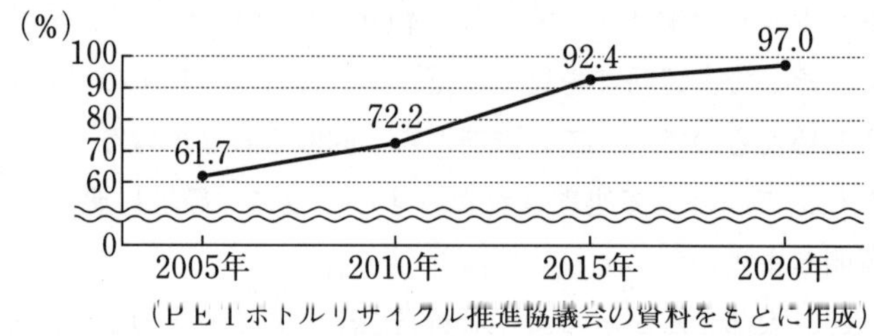

（ＰＥＴボトルリサイクル推進協議会の資料をもとに作成）

問　あなたが花子さんなら、どのようなことを太郎さんに伝えますか。次の条件に従(したが)って書きなさい。

条件１：解答は横書きで１マス目から書くこと。

条件２：文章の分量は、300字以内とすること。

条件３：数字や小数点、記号についても１字と数えること。

千葉県立千葉中学校
千葉県立東葛飾中学校

（編集部注：掲載にあたりレイアウトなどの一部改変を行っています。）

〈適性検査１－１〉　　—45分—

1　まささんは、持続可能な社会の学習をきっかけに「環境（かんきょう）にやさしい生活」について興味を持ちました。会話文をふまえながら、あとの⑴～⑽の問いに答えなさい。

まさ：昨日、ほしかった長そでシャツが安く売られていたので、同じようなものを３枚（まい）も買ってしまい、家の人にしかられました。

先生：それは大変でしたね。みなさんにも、買い物をするときに考えてほしいことがありますので、「１人あたり（年間平均）の衣服消費・利用状きょう」を示した**資料１**を見てください。

資料１　１人あたり（年間平均）の衣服消費・利用状きょう

買った服	手放す服	着用されない服
約18枚	約12枚	約25枚

＊手放す服や着用されない服には、以前から持っている服も含（ふく）まれるため、それらの合計は買った服の枚数と一致（いっち）しない場合がある。

（**資料１**　環境省ホームページより作成）

まさ：**資料１**の状きょうがくり返されると、買った服の枚数が手放す服の枚数より多くなるね。すると、家にある服が増えて、着用されない服も増えてしまうよ。

けい：そうですね。つまり、買い物をするときには、［　あ　］を考えることが大切だということですね。

先生：そのとおりです。

ゆう：しかも、手放す服が増えることで、ごみの量が増える可能性もありそうですね。

先生：そうですね。それでは、国内で新たに供給（きょうきゅう）※1 された衣服が処理（しょり）されるまでの流れを示した**資料２**を見てみましょう。

※１　供給：売るために商品を提供（ていきょう）すること。

資料２　衣服が供給されてから処理されるまでの流れ

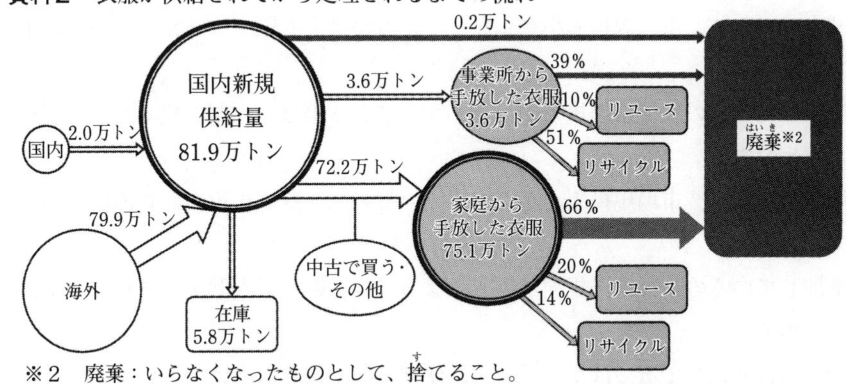

※２　廃棄：いらなくなったものとして、捨（す）てること。

（**資料２**　株式会社（かぶしき）日本総合研究所「環境省 令和２年度 ファッションと環境に関する調査業務」より作成）

けい：**資料２**から、廃棄（はいき）された衣服の量が［　い　］万トンもあるのに、家庭から手放した衣服のうち、廃棄されずに活用されている衣服の量が［　う　］万トンしかないことがわかります。

先生：よいところに気がつきましたね。

ゆう：どうして、こんなに多くの衣服が廃棄されてしまうのでしょうか。

先生：衣服の供給量や価格から考えてみましょう。**資料３**と**資料４**を見てください。

資料３　国内での衣服の供給量と市場規模※３の変化　　**資料４**　衣服１枚あたりの価格

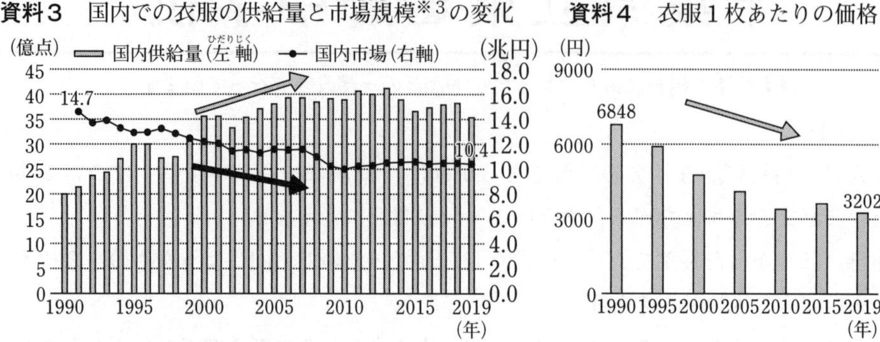

※３　市場規模：商品を売買したり、取引したりした金額等のこと。

（**資料３**、**資料４**　環境省ホームページより作成）

けい：**資料３**と**資料４**から、全体的に国内での衣服の供給量が［　え　］ということがわかります。つまり、**資料２**～**資料４**を見ると、［　お　］生産・［　お　］消費が拡大していることで、［　お　］廃棄につながっていると考えられますね。

先生：そのとおりです。衣服の供給や廃棄などにおける問題に気づくことができましたね。

まさ：廃棄される衣服が増えると、廃棄される際に二酸化炭素が出てしまい、環境にもよくないですね。

先生：よいところに気がつきました。では、二酸化炭素に着目して、さらに環境について考えてみましょう。

⑴　［　あ　］にあてはまる言葉として最も適当なものを、次の**ア**～**エ**のうちから１つ選び、その記号を書きなさい。

ア　安全性　　**イ**　通気性　　**ウ**　必要性　　**エ**　意外性

⑵　［　い　］、［　う　］にあてはまる数を書きなさい。ただし、それぞれ四捨五入して、小数第１位まで書くこと。

⑶　［　え　］にあてはまる言葉として最も適当なものを、次の**ア**～**エ**のうちから１つ選び、その記号を書きなさい。

ア　減少しており、市場規模も小さくなっているのは、衣服１枚あたりの価格が下がっているためである

イ　減少しているのに、市場規模が大きくなっているのは、衣服１枚あたりの価格が上がっているためである

ウ　増加しており、市場規模も大きくなっているのは、衣服１枚あたりの価格が上がっているためである

エ　増加しているのに、市場規模が小さくなっているのは、衣服１枚あたりの価格が下がっているためである

⑷　［　お　］に共通してあてはまる言葉を、**漢字２字**で書きなさい。

まさ：衣服以外にも、私たちが買っているものはたくさんあるよ。ごみとして廃棄されるときに、二酸化炭素が出るのはわかるけれど、ものを生産するときはどうなのかな。

先生：よいところに気がつきましたね。ものを生産したり消費したりする過程でも、二酸化炭素が排出(はいしゅつ)※1されます。

ゆう：そうなのですね。でも、生産などの過程で二酸化炭素がどのくらい排出されているかは、私たちがものを買うときにはわからないですよね。

先生：それを示す方法として、「カーボンフットプリント」というものがあります。**資料5**のピーマンの例を見てください。

※1　排出：外に出すこと。

資料5　カーボンフットプリント(例：ピーマン)

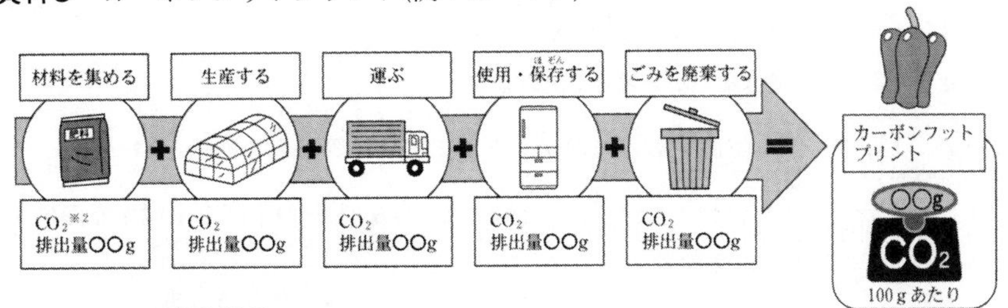

※2　CO_2：二酸化炭素。

(**資料5**　宮崎県・宮崎県経済(けいざい)農業協同組合連合会　みやざきブランド推進(すいしん)本部「環境にやさしいみやざきブランド」より作成)

けい：**資料5**を見ると、「材料を集める」から「ごみを廃棄する」までの過程で［　か　］したものが、カーボンフットプリントだということがわかりますね。

先生：そのとおりです。

まさ：［　き　］からも、環境へのえいきょうを「見える化」して意識できることが利点ですね。

先生：よく考えられましたね。そうすることで、どちらの立場からでも環境への負担(ふたん)を減らす方法を考えることができるようになりますね。ものの生産の過程で、環境に負担をあたえてしまうことが他にもあるか考えてみましょう。

けい：水の使いすぎも環境に負担をあたえているのではないかな。

ゆう：生活科の授業でピーマンなどの野菜を育てたとき、毎日欠かさず水をあげたよね。クラスの全員が野菜を1つずつ育てていたから、かなりたくさんの水を使った気がするよ。

まさ：それなら、食品の生産に水がどれだけ使われるかを調べてみよう。

(5)　［　か　］にあてはまる言葉を、**10字以上15字以内**で書きなさい。

(6)　［　き　］にあてはまる言葉を書きなさい。ただし、次の［　　　］に合うように、それぞれ**ひらがな3字**で書くこと。

［　　　］立場だけでなく［　　　］立場

まさ：昨日の夕食で肉じゃがを食べたよ。その1人分の食品に、どのくらいの水が関係しているか「バーチャルウォーター」量を調べてみたよ。**資料6**を見てください。

資料6　肉じゃが1人分の食品のバーチャルウォーター量

食品名	1人分の量(g)	バーチャルウォーター量(L)
ジャガイモ(アメリカ産)	100	19
インゲン(メキシコ産)	11	3
牛肉(オーストラリア産)	50	1030

(**資料6**　環境省ホームページより作成)

ゆう：バーチャルウォーターとは、何でしょうか。

先生：輸入した食品を自分の国で生産するとしたら、どのくらいの水が必要か推定(すいてい)※したものをバーチャルウォーターといいます。

けい：どうして、ジャガイモやインゲンに比べて、牛肉のバーチャルウォーター量が多いのかな。

ゆう：牛は、水をたくさん飲むからじゃないかな。

けい：それだけで、そんなにバーチャルウォーター量が変わるのかな。

先生：では、**資料6**のようにジャガイモやインゲンに比べて、牛肉のバーチャルウォーター量が多い理由を、**資料7**から考えてみましょう。ただし、トウモロコシはジャガイモよりも、さらにバーチャルウォーター量が多いです。

※推定：たぶんこうではないかと考えて決めること。

資料7　1kgの牛肉を生産するのにかかるトウモロコシ等のえさの量とバーチャルウォーター量

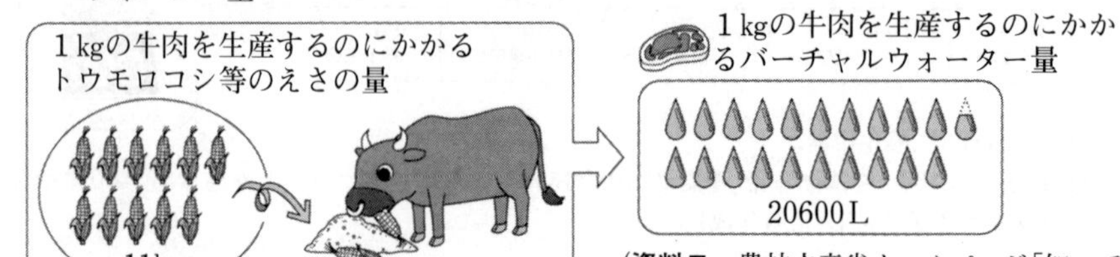

(**資料7**　農林水産省ホームページ「知ってる？日本の食料事情」より作成)

まさ：**資料7**から、牛肉のバーチャルウォーター量が多いのは、牛が飲む水の量だけではなく、牛が［　く　］に必要な水もふくまれているからということですね。

先生：そのとおりです。

けい：そうすると、**資料6**に示された牛肉やジャガイモ、インゲン等の食品を輸入している日本は、それらを生産している遠くはなれた［　け　］も輸入しているのと同じことになりそうですね。

先生：よいところに気がつきました。食品の輸入について考えていくことも環境への配りょにつながっていきそうですね。

(7)　［　く　］にあてはまる言葉を、**10字以上15字以内**で書きなさい。

(8)　［　け　］にあてはまる言葉を、**5字以内**で書きなさい。

けい：私は日ごろ買い物をするときに、安さや便利さばかりを優先(ゆうせん)していたけれど、最近は、「エシカル消費」という取り組みが大切だと新聞で読みました。

ゆう：エシカル消費とは、具体的にどのような取り組みですか。

先生：エシカル消費とは、社会問題や地球環境に配りょした商品を選んだり、持続可能な社会を実現するための行動をとったりすることです。

けい：エシカル消費の具体的な取り組みについて調べてみたので、**資料8**を見てください。

資料８ けいさんが調べたエシカル消費の具体的な取り組み例

A 水産資源の保護に配りょして行われる漁業の水産物を選ぶ。	B 売上金の一部が被災地への寄付につながる商品を買う。	C 動物のことを考えた取り組みを行っている生産者から商品を買う。
D リサイクル素材を使って生産された商品を買う。	E 障がいがある人の支えんにつながる商品を買う。	F 伝統的な料理を食べたり、伝統工芸品を買ったりする。
G フェアトレード※1で生産された商品を選ぶ。	H ペットボトル入りの飲み物を買わず、水とうを持っていく。	I 地産地消を意識して、野菜や肉などの商品を買う。

※１ フェアトレード：発展途上の国でつくられた製品・農作物を買う場合に、公正な価格で取り引きするしくみのこと。

まさ：**資料８**のような取り組みは、それぞれどのようなことに配りょしているのかな。

けい：さらに、エシカル消費について調べて、**資料８**の**Ａ**～**Ｉ**の取り組みを配りょの対象ごとに**資料９**のようにまとめてみました。

資料９ けいさんがまとめたエシカル消費の取り組み

配りょの対象	具体的な取り組み	関係する課題
人・社会	さ	貧困、児童労働、差別など
こ	B・F・I	過そ化※2、経済の活性化、復興支援など
環境	し	地球温暖化、生物多様性※3の減少など

※２ 過そ化：農村などの人口が少なくなっていくこと。
※３ 生物多様性：たくさんの種類の生きものが、さまざまな環境にいること。

先生：よくまとめられていますね。千葉県でも「千産千消デー」という私たちが住んでいる［ こ ］でとれたものを、給食に活用する取り組みが行われています。

まさ：千産千消メニューの日は、近くでとれたおいしい野菜や肉が給食に使われるから楽しみです。こういうことも、エシカル消費につながっているのですね。

(9) 次の①、②の問いに答えなさい。

① **資料９**と会話文をふまえて、［ こ ］にあてはまる言葉を、**３字以内**で書きなさい。

② **資料９**の［ さ ］、［ し ］にあてはまる取り組みとして最も適当なものを、**資料８**の**Ａ**、**Ｃ**、**Ｄ**、**Ｅ**、**Ｇ**、**Ｈ**のうちから**すべて**選び、その記号をそれぞれ書きなさい。ただし、同じ記号を２回以上使わないこと。

先生：千葉県の「ちばエコスタイル※1」という取り組みの中で、マイバッグ※2を使うことをすすめる「ちばレジ袋削減※3エコスタイル」というものがあります。

ゆう：私も知っています。二酸化炭素を減らすためにマイバッグの使用が大切だと聞いたから、マイバッグを３つも持っています。

まさ：ゆうさんは、これまで買い物で何回くらいマイバッグを使ったのですか。

ゆう：３つとも夏休みに買ってから、それぞれ10回くらいは使ったよ。でも、少しよごれてきたものもあるから、二酸化炭素の削減のためにも、また新しいマイバッグを買おうと思っているよ。

けい：ゆうさんのマイバッグの使い方だと、二酸化炭素の削減につながっているとは言えないかもしれないよ。**資料10**を見てください。

※１ ちばエコスタイル：ごみを減らすために、身の回りでできることを行う千葉県の取り組み。

※２　マイバッグ：自分で用意する、買った品物を入れるための買い物袋。エコバッグとも言う。

※３　削減：数や量を減らすこと。

資料10　マイバッグやレジ袋を買い物に使用した回数と二酸化炭素排出量の関係

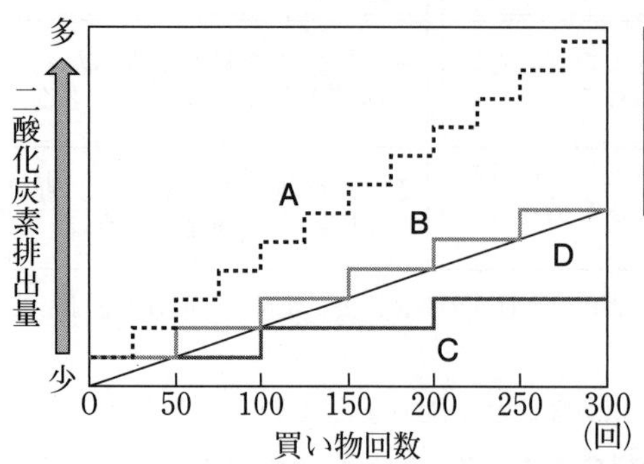

A ······ マイバッグを25回で買い替える
B ―― マイバッグを50回で買い替える
C ―― マイバッグを100回で買い替える
D ―― 常にレジ袋を使用する

＊Ａ～Ｃは、同じマイバッグを使用するものとする。
＊マイバッグを買い替えるごとに二酸化炭素排出量が増える。
＊レジ袋は、買い物をするたびに新しいものを使用し、くり返し使用しないこととする。

(**資料10**　一般社団法人プラスチック循環利用協会パンフレット他より作成)

まさ：**資料10**から、ₛゆうさんのマイバッグの使い方が、常にレジ袋を使用した場合と比べて、二酸化炭素の削減につながっていないということがわかりますね。

先生：そのとおりです。

ゆう：マイバッグをたくさん持っているだけでは、二酸化炭素の削減につながらないのですね。

先生：みなさん、とても大切なことに気がつきましたね。これからも、「ちばエコスタイル」にある「誰でも、すぐに、簡単に」取り組めることを心がけていきましょう。

⑽　下線部**す**について、ゆうさんのマイバッグの使い方が、二酸化炭素の削減につながっていない理由を、**資料10**からわかる二酸化炭素を削減するためのマイバッグの使い方を示して書きなさい。ただし、**資料10**の**Ａ**～**Ｄ**のすべてのグラフにふれながら書くこと。

2　けんさんと弟のこうさんは、「公共交通」について家族で話をしています。会話文をふまえながら、あとの⑴～⑻の問いに答えなさい。

けん：今度、地域のバドミントンクラブの仲間と「中央駅」に９時に集合して、そこから公共交通を利用して「さくら動物園」へ遠足に行くことになったよ。そこで、「中央駅」から、電車と徒歩で行く方法と路線バスで行く方法のどちらにするかを、**資料１**を見て話し合ったよ。

資料１　「中央駅」から「さくら動物園」へ行く方法の時間と運賃のちがい

	電車と徒歩	路線バス
出発時間	中央駅発　９時10分	中央駅発　９時５分
移動時間	<電車>15分　<徒歩>５分	<路線バス>20分
運賃(大人運賃)	<電車>200円	<路線バス>230円

母　：最終的には、どちらの行き方に決まったの。

けん：**資料１**で、「中央駅」から「さくら動物園」に行くための、時間と運賃を比べると、電車と徒歩で行く方法には、［　あ　］という利点があったけれど、路線バスで行く方法の［　い　］という利点を優先して、みんなで路線バスで行くことにしたよ。

母　：なるほど、路線バスで行く方が［　い　］から、「さくら動物園」に着いてから９時30分の開園までに少し余ゆうがあるということだね。いっしょに行くのは、どのようなメンバーなのかな。

こう：**資料２**を見て。遠足のしおりにいっしょに行く９人のメンバーがのっているよ。

資料２　遠足に行くバドミントンクラブのメンバー

名前	学年と年れい	名前	学年と年れい	名前	学年と年れい
まさとし	大学生(コーチ)22歳(さい)	けん	小学６年生12歳	たくや	幼稚園(ようちえん)年長６歳
かほ	中学１年生13歳	こう	小学４年生10歳	りな	幼稚園年長５歳
ももね	中学１年生12歳	はるふみ	小学２年生７歳	ゆい	幼稚園年長５歳

けん：ぼくは、路線バスの運賃をそれぞれ計算して合計金額を出す係になったよ。

こう：路線バスの運賃は、区分によってちがうから計算が大変だよね。

母　：そうだね。**資料３**を見て考えてごらん。

資料３　路線バスの運賃について

区分	適用される運賃
大人：12歳以上(中学生以上)	大人運賃
小児：６歳以上12歳未満 ＊12歳であっても、小学生は小児料金です。	小児運賃(大人運賃の半額) ＊10円未満の数は、切り上げます。
幼児：６歳未満 ＊６歳であっても、幼稚園児・保育園児は、幼児料金です。	１人で乗車する場合：小児運賃 区分にある大人１人が同伴(どうはん)※する幼児２人まで：無料 ＊大人１人につき幼児３人以上の場合、３人目から小児運賃が必要です。

※同伴：いっしょに行くこと。

けん：**資料１**～**資料３**を見ると「中央駅」から「さくら動物園」に行くまでにかかる、９人の路線バスの運賃の合計は、［　う　］円になることがわかるね。

母　：よく計算できたね。みんなで楽しく遠足に行ってらっしゃい。

(1)　［　あ　］、［　い　］にあてはまる言葉を、それぞれ**５字以上10字以内**で書きなさい。

(2)　［　う　］にあてはまる数として最も適当なものを、次の**ア**～**エ**のうちから１つ選び、その記号を書きなさい。

ア　1050　　**イ**　1160　　**ウ**　1170　　**エ**　1280

母　：遠足の日の「さくら動物園」への路線バスには、多くの人が乗っていたかな。

けん：思っていたより、路線バスの乗客は少なくて、「さくら動物園」へは、自動車で来ている人が、たくさんいたみたいだよ。

父　：なるほど。**資料４**を見てごらん。「三大都市圏(さんだいとしけん)」とよばれる東京、大阪、名古屋といった大きな都市周辺の地域と、「地方都市圏」とよばれる三大都市圏以外の地域で主に利用されている交通手段(こうつうしゅだん)の割合(わりあい)を、平日と休日に分けて示したものだよ。

資料4　三大都市圏・地方都市圏の主な交通手段の利用率

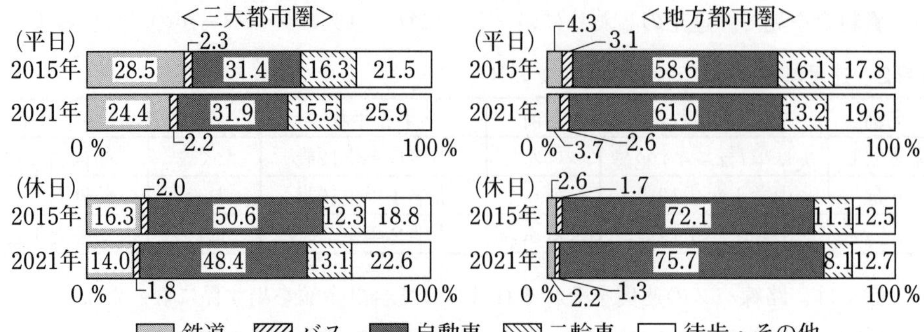

(**資料4**　国土交通省「令和３年度全国都市交通特性調査結果」より作成。ただし、四捨五入の関係で合計が100％にならない場合がある。)

けん：**資料4**を見ると、ぇ交通手段の利用についてのちがいや変化がわかるね。

父　：そうだね。公共交通の利用率も全体的に低くなっていて、路線バスについても、利用者の減少にともなって縮小したり、廃止したりしているところもあるよ。

こう：でも、身近な路線バスがなくなっていくと、子どもや一部のお年寄りのように［ お ］しない人にとっては、１人で遠くへ移動するときにとても不便だよね。

けん：路線バスなど、これまでの公共交通に代わる取り組みがないか調べてみよう。

(3)　下線部**え**について、次の**ア**～**エ**のようにまとめた内容として、適切なものには○を、適切でないものには×を、**資料4**からだけでは読み取れないものには△を、それぞれ書きなさい。

ア　平日・休日とも、どちらの年においても、三大都市圏よりも地方都市圏の方が自動車を利用する割合が高い。

イ　地方都市圏では、平日・休日とも、2015年から2021年までの毎年、バスを利用する割合が前年を下回っている。

ウ　三大都市圏・地方都市圏とも、どちらの年においても、休日より平日の方が自動車を利用する割合が高い。

エ　三大都市圏では、平日・休日とも、2015年に比べて2021年のバスの利用者数が減少している。

(4)　［ お ］にあてはまる言葉を、**5字以上10字以内**で書きなさい。

けん：身近な公共交通の新しい取り組みについて調べてみたら、となりのＡ市で、新たに小型のコミュニティバス※1などを活用した「デマンド交通」というしくみが導入されていることがわかったよ。

こう：現在の路線バスのしくみとは、何がちがうのかな。

けん：デマンド交通についてまとめた**資料5**と**資料6**を見て。

※1　コミュニティバス：住民の交通の便利さを高めるために、一定の地域内で運行するバス。

資料５　けんさんがまとめたＡ市の路線バスとデマンド交通のしくみのちがい

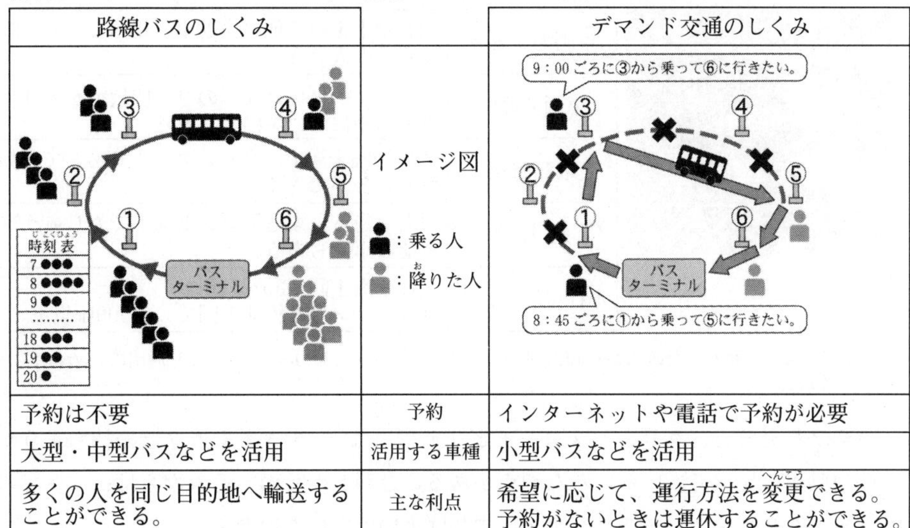

路線バスのしくみ		デマンド交通のしくみ
	イメージ図	
予約は不要	予約	インターネットや電話で予約が必要
大型・中型バスなどを活用	活用する車種	小型バスなどを活用
多くの人を同じ目的地へ輸送することができる。	主な利点	希望に応じて、運行方法を変更できる。予約がないときは運休することができる。

資料６　Ａ市のデマンド交通の利用者への案内

- 予約の内容や数に応じて、乗り降りの時間や場所、目的地までの最短ルート※2を決めます。
- 希望するバス停での乗り降りだけでなく、自宅の前でも乗り降りができるので、とても便利です。
- 他の利用者といっしょに乗車することもあり、予約が多くなった場合は、目的地に着くまでにかかる時間が長くなることがあります。

※2　ルート：バスなどが通る経路。

こう：**資料５**と**資料６**から、路線バスは、それぞれの路線に道順があって、それぞれのバス停の時刻表に合わせて「バスが、［　か　］場所を［　か　］時間に走るもの」で、デマンド交通は、利用者の行きたい場所へ行くために「バスが、［　き　］場所を［　き　］時間に走るもの」ということがわかるね。

父　：そうだね。デマンド交通のしくみは、利用者にとって予約の手間がかかったり、予約が多くなると時間がかかったりすることもあるけれど、それぞれの利用者のニーズ※3に合わせた運行ができるのだよ。

※3　ニーズ：求めていること。要求。

(5)　［　か　］、［　き　］にあてはまる言葉を、それぞれ**３字以上５字以内**で書きなさい。

けん：公共交通が十分に行きわたっていない地域では、新たなしくみだけではなく、新しい車両を導入する動きもあるみたいだよ。最近、「グリーンスローモビリティ」という車両についてのニュースを見たよ。

こう：グリーンスローモビリティとは、どのような車両なの。

父　：グリーンスローモビリティというのは、「時速20㎞未満で公道※1を走ることができる電動車※2」のことだよ。

けん：グリーンスローモビリティの特ちょうを**資料７**にまとめてみたよ。

※1　公道：国や都道府県などがつくった、誰でも通れる道。

※2　電動車：電気自動車など、車両の動力に電気を使う車。

資料7　けんさんがまとめたグリーンスローモビリティの特ちょう

車両の大きさ	同じ乗車定員の他の自動車に比べて、約８割くらいの大きさ。
車両の側面	窓(まど)ガラスやドアはないので、開放感があり、外の風やにおいを感じられる。
最高時速	時速20km未満で、高れい者でも安心して運転することができる。
動力源(どうりょくげん)	電力で走る。家庭用コンセントでもじゅう電可能な車両もある。
走行可能きょり	じゅう電１回：30〜100km ＊ガソリン車は給油１回で、約500km以上。

(**資料7**　国土交通省総合政策(せいさく)局環境政策課「グリーンスローモビリティの導入と活用のための手引き」他より作成)

こう：**資料7**を見ると、グリーンスローモビリティには、ｸ<u>大きさや形などの特ちょうから、他の自動車に比べて、いろいろな利点</u>があることがわかるね。それならば、すべての公共交通を、グリーンスローモビリティにすればよいのではないかな。

父　：そうだね。ただ、利点だけではなく、利用や運行において注意すべき点もあわせて考えることが大切だよ。例として、速度で考えてごらん。

けん：ゆっくりとした速度で走行することは、安全面からみた利点だけど、５km進むのに最も速い速度で15分くらいかかるから、目的地へ［　け　］したい場合の利用には向いていないよね。また、他の自動車との速さのちがいによって、渋滞(じゅうたい)などを引き起こす可能性があるから、ルートを決める時には［　こ　］が多い道路をあまり通らないようにすることも注意すべき点ではないかな。

父　：よく考えられたね。それぞれの地域にあった方法で、よりよい公共交通を整えていくことが大切だね。

けん：ぼくたちがくらす地域の公共交通の様子について調べてみよう。

(6)　下線部**ク**について、**資料7**から読み取れることとして適当なものを、次の**ア**〜**オ**のうちから**2つ**選び、その記号を書きなさい。

ア　電動車なので、排気(はいき)ガスの量が増える。
イ　１回のじゅう電で、長いきょりの走行が可能なので、長いきょりの輸送に適している。
ウ　車両の大きさが小さいので、せまい道でも通行しやすい。
エ　走行する速度がおそいので、高れい者だけが運転することができる。
オ　側面に窓(まど)ガラスやドアがないので、外の景色を楽しみながら走行することができる。

(7)　［　け　］、［　こ　］にあてはまる言葉を、それぞれ**5字以内**で書きなさい。

けん：ぼくたちがくらす地域の３つの地区の公共交通についてまとめた**資料8**を見て、それぞれの地区の人々にとっての「よりよい公共交通」について考えてみよう。

資料８　けんさんが地域の公共交通についてまとめたノート

地区	それぞれの地区の特ちょう
Ａ地区	博物館や歴史あるお寺、桜並木などの観光名所が多い地域。他の地域から電車で中央駅に来て、周辺の観光のために公共交通を利用したい観光客が多い。しかし、道のはばがせまく、バスやふつうの自動車は通れないので、徒歩での観光が中心となり、駅前の観光名所ばかりに観光客が集まっている。
Ｂ地区	かつて多くの人が働く工業地帯だった場所に、新しい集合住宅が多く立ちならぶ地域。通勤や通学のために、行きも帰りも毎日同じ時間帯に、中央駅との間で公共交通を利用したい会社員や学生が多い。現在、路線バスはあるが、やや不便なので、中央駅との間を自家用車を利用して移動する人が多く、朝や夕方は道路が混雑する。
Ｃ地区	住民が少なく、田んぼや畑が広がる中に住宅が散らばっている地域。病院や商店街など、遠い場所へ出かけるため、公共交通を都合のよい時間に利用したい高れい者が多い。しかし、自宅から路線バスのバス停までが遠く、高れい者にとって１人で出かけることは、大きな負担となっており、高れい者の外出する機会が少なくなっている。

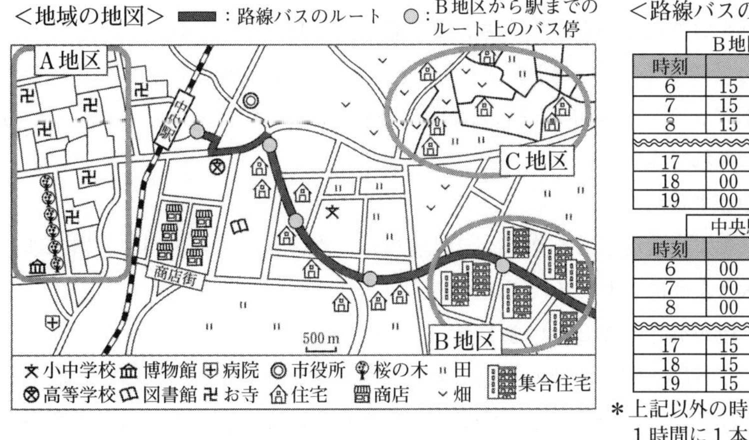

<路線バスの時刻表>

Ｂ地区バス停

時刻	中央駅行き
6	15　45
7	15　45
8	15　45
〜	〜
17	00　15　30　45
18	00　15　30　45
19	00　15　30　45

中央駅バス停

時刻	Ｂ地区行き
6	00　15　30　45
7	00　15　30　45
8	00　15　30　45
〜	〜
17	15　45
18	15　45
19	15　45

＊上記以外の時間帯は、すべて１時間に１本ずつ運行している。

こう：たとえば、Ｂ地区から中央駅に向かう路線バスの１日の総本数をもっと増やしたり、Ｃ地区を通るようにルートを増やしたりすることはできないのかな。

父　：この地域の現在の道路状きょうや人口の減少が進む状きょうを考えると、路線バスの１日の総本数やルートを増やすこと以外の方法で、「よりよい公共交通」に向けた取り組みが求められているのだよ。

こう：これまでに見た公共交通の特性をふまえて改善したり、活用したりすることで、それぞれの地区の利用者にとって「よりよい公共交通」にできるのではないかな。

けん：**資料８**から、こんな案を考えてみたよ。［　さ　］

母　：それはよい案だね。これからは、さまざまな視点で公共交通を考えていこう。

(8)　［　さ　］にあてはまる内容を、**資料８**と会話文をふまえて書きなさい。ただし、①～③の指示にしたがって書くこと。

①　「よりよい公共交通」に向けた取り組みを行いたい地区をＡ地区～Ｃ地区のうちから１つ選ぶこと。なお、いずれを選んでも得点にえいきょうはありません。

②　①で選んだ地区の「よりよい公共交通」に向けた取り組みを会話文や資料からわかる、公共交通の特性にふれながら、次の文の［　　］に合うように書くこと。

［　　　　　　］ことで、［　　　　　　］ことができる。

③　②に加えて地区の課題がどのように改善できるかを次の文の［　　］に合うように書くこと。

それにより［　　　　　　　］という改善にもつながる。

〈適性検査１－２〉　　　　　　　　　　　　　　　　　　　　　　　　　—45分—

1　みおさんとれいさんは、日常生活の中で疑問に思っていることについて、先生と話をしています。会話文をふまえながら、あとの(1)～(3)の問いに答えなさい。

みお：先日、インターネットで５色の層に分かれた液体の画像を見つけました。イメージとしては**図１**のようなものです。

図１

れい：私も見たことがあります。液体の中身は、絵の具で色をつけた食塩水のようですが、なぜこのような層ができるのですか。

先生：良い質問ですね。それは、同じ体積の水にとけている食塩の量がそれぞれちがうからです。そのちがいによって層ができるのです。以前、他の実験で使用した食塩水が５つ残っているので、これらにそれぞれ色をつけたものを食塩水**A**、**B**、**C**、**D**、**E**として、５つの層を作ってみましょう。**図２**のように、まずは食塩水**A**を空のガラス容器に、次に食塩水**B**を同じ容器にゆっくりとガラス棒を伝うように入れてみてください。どうなりますか。

図２

食塩水B
ガラス棒
食塩水A

みお：２つの層ができました。

先生：今度は逆に、まずは食塩水**B**を空のガラス容器に、次に食塩水**A**を同じ容器にゆっくりとガラス棒を伝うように入れてみてください。

れい：層ができず、色が混ざってしまいました。

先生：そうですね。これは、同じ体積の食塩水を比べたとき、食塩水**A**のほうが食塩水**B**よりも、食塩が多くとけているためです。ですから、層を作るには、食塩水を入れる順番が重要なのです。では、**表１**を見てください。これは、**図２**のような手順で、食塩水を２つずつ入れ、層ができたかどうかについての結果をまとめたものです。この結果をもとに５つの層を作ってみてください。

表１

初めに入れた食塩水	後に入れた食塩水	層の有無
C	D	層ができない
A	E	層ができる
D	A	層ができる
B	E	層ができない
A	C	層ができない

みお：空のガラス容器に食塩水［　ア　］を最初に入れ、次に［　イ　］、［　ウ　］、［　エ　］、［　オ　］の順に入れると、食塩水の５つの層を作ることができました。

先生：よくできました。今回使った５つの食塩水の体積と重さは、**表２**のとおりです。５つの層を作ったとき、上から一番目の層の食塩水と二番目の層の食塩水をそれぞれ同じ体積にして重さをはかると、どういうことがわかりますか。

表2

食塩水の体積〔mL〕	67	85	72	120	94
食塩水の重さ〔g〕	73	91	80	126	106

れい：カ上から一番目の層の食塩水より、二番目の層の食塩水のほうが重いです。

先生：そうです。このように２つ以上の液体で層を作る場合、同じ体積では重いほうが下の層になるのです。これで、液体にできる層のことがわかりましたね。それでは、かたづけをしましょう。

みお：では、食塩水を排水口に流します。

先生：そのまま食塩水を流してしまうと、排水管がさびやすくなったり、下水処理に負担がかかったりするので、水でうすめてから流しましょう。

れい：どのくらいうすめればよいのですか。

先生：キ食塩水の体積100mLあたりの重さが101ｇになるようにうすめれば、流してもよいです。

みお：たくさんの水が必要なのですね。

先生：そうです。たくさんの水を使ってしまい、もったいないと思うかもしれませんが、下水処理設備を守ることを考えて、こうした配りょが必要です。

(1)　次の①～③の問いに答えなさい。

①　［　ア　］～［　オ　］にあてはまる記号を、**A**～**E**のうちからそれぞれ１つ書きなさい。

②　下線部**カ**について、**表２**の食塩水をそれぞれ10mLずつはかり取り、重さをはかったとき、上から一番目の層の食塩水と二番目の層の食塩水の重さはそれぞれ何ｇか、四捨五入して小数第１位まで書きなさい。

③　下線部**キ**について、**表２**の食塩水をすべてまとめて排水口に流すとき、最低何mLの水でうすめる必要があるか書きなさい。

ただし、水１mLあたりの重さは１ｇとすること。

図3

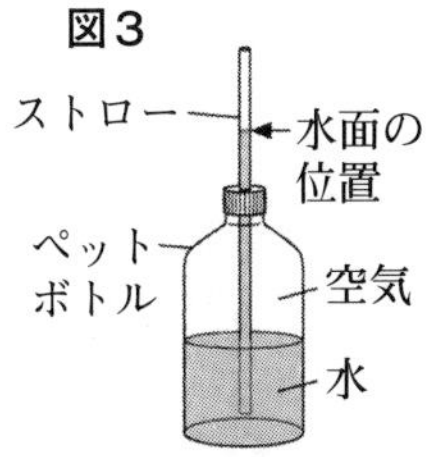

ストロー
水面の位置
ペットボトル
空気
水

れい：私は、理科の授業で使った棒温度計の中には、灯油が入っていることを知り、他のものでも温度計を作ることができないか考えました。そこで、**図３**のように空気と水を使った温度計を作りました。

みお：なるほど。れいさんが作った温度計の材料は何ですか。

れい：材料は、ペットボトル、直径６㎜のストロー、色のついた水、プラスチック用接着剤です。ペットボトルに空気が出入りしないようにすることと、ストローを水面に対して垂直にすることに気をつけて作りました。

みお：温度が高くなると、ペットボトルの中の空気と水の体積が大きくなって、ストローの中の水面の位置が［　ク　］なるのですね。

先生：そうですね。みおさん、しくみがよくわかっていますね。

れい：私は、**表３**のように、午前８時のときのストローの中の水面の位置を０㎝とし、２時間ごとに気温と水面の位置を記録して、ストローに目盛りをつけてみました。

表3

時刻	8時	10時	12時
気温	25℃	27℃	31℃
位置	0㎝	4.8㎝	14.3㎝

みお：**表３**をみると、気温が25℃から27℃に上がったとき、水面が4.8㎝上がっています。ペットボトルの形が変わらないものとすれば、ペットボトルの中の空気と水を合わせた体積が、

　　[　ケ　]㎠大きくなったということがわかりますね。

先生：そのとおりです。午後は記録しなかったのですか。

れい：午後はさらに気温が上がり、ストローから水が外にこぼれてしまったので、高い温度になったときの記録をつけることができませんでした。さまざまな温度がわかる温度計にしたいのですが、どうすればよいですか。

みお：水は、空気よりも温度による体積の変化が小さいので、ペットボトルの中をすべて水で満たしてみてはどうですか。

先生：そうですね。それと、**図４**のように、おけの中に温度を調整した水を入れて、そこにペットボトルを入れてみましょう。しばらくしたら、ストローの水面の位置に目盛りをつけてみてください。この方法であれば、おけの中の水の温度を調整できるので、気温のえいきょうを受けずに、効率的に記録をとることができますよ。

図４

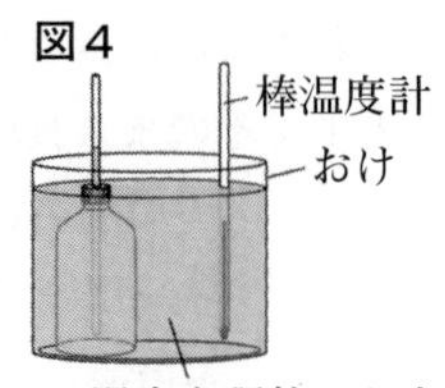

れい：その方法でやってみます。おけの中の水を今の気温と同じ28℃に調整したときのストローの水面の位置を０cmとして、おけの中の水の温度を上げて記録をとると、**表４**のようになりました。

表４

温度	28℃	29℃	30℃
位置	0 cm	0.3cm	0.6cm

みお：温度の変化に対して、水面の位置の変化が小さいですね。

れい：そうなのです。そこで、コ条件を１つ変えたところ、温度の変化に対して、水面の位置の変化が大きくなったので、そのまま40℃までの記録をとり、**表５**のようにまとめました。

表５

温度	28℃	29℃	30℃	・・・	39℃	40℃
位置	0 cm	0.7cm	1.4cm	・・・	9.2cm	10.1cm

先生：目盛りのはばが広くなり、変化が分かりやすくなりましたね。

れい：しかし、**表５**をみると、目盛りのはばが一定ではありません。くり返し実験しても同じ結果でした。どこかで失敗してしまったのでしょうか。

先生：いいえ、それはサ水の性質によるものです。れいさんが作った温度計はよくできています。

(2)　次の①～④の問いに答えなさい。

①　[　ク　]にあてはまる言葉を書きなさい。

②　[　ケ　]にあてはまる数を四捨五入して、小数第１位まで書きなさい。
ただし、円周率は３とすること。

③　下線部**コ**について、条件を変えた内容として適切なものを、次の**あ**～**え**のうちから１つ選び、その記号を書きなさい。

あ　ペットボトルの中の水を温めておく。

い　ストローを、今使っているものより、直径の小さいものに変える。

う　ペットボトルをよくふっておく。

え　ペットボトルの中の水に氷を入れる。

④　下線部**サ**について、**表５**から考えられる水の性質を、次の文の[　　　]に合うように書きなさい。

水は、温度の変化が一定であっても、[　　　　　　]と考えられる。

みお：私が作ってみたい温度計は、**図５**のように、水が入った大ビンの中にある小ビンが、温度によって浮きしずみするようすで、間接的に気温がわかるしくみです。例えば、18℃に対応する小ビンが大ビンの真ん中あたりに浮かんでいたら、そのときの温度は18℃だということがわかります。

図５

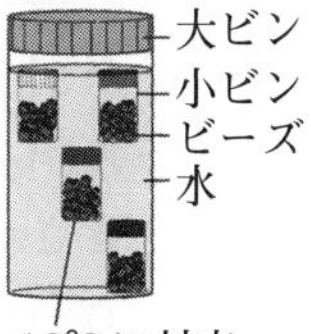

大ビン
小ビン
ビーズ
水
18℃に対応する小ビン

れい：私が作った温度計とはしくみがちがいますね。どのように作るのですか。

みお：作り方はインターネットや科学の本で調べました。**メモ**をとったので、みてください。

メ　モ

【用意するもの】

・ふた付きのガラスの大ビン１個・ふたの色がそれぞれちがうガラスの小ビン４個

・ビーズ・棒温度計・水・お湯・氷

【作り方】

1　大ビンに水を入れ、さらに氷水やお湯を入れて、水の温度を18℃にする。

2　１つ目の小ビンにビーズを半分くらいになるように入れ、しっかりとふたを閉め、水が入った大ビンに入れる。

3　小ビンが大ビンの真ん中あたりに浮かぶように、何回か取り出して、小ビンの中のビーズの量を調整する。

4　3ができたら、大ビンにお湯を入れて、シ大ビンの中の水の温度を３℃高くする。

5　２つ目の小ビンも2と同じようにして、3のように調整する。

6　4のように大ビンの中の水の温度を変え、2、3と同じように３つ目と４つ目の小ビンも調整し、最後に大ビンのふたを閉める。

れい：ビーズの量の調整が難しそうですね。

みお：はい、何回かくり返して調整しないといけないから大変です。しかし、**図６**を利用すれば、必要なビーズの量を計算で出すことができます。

図６

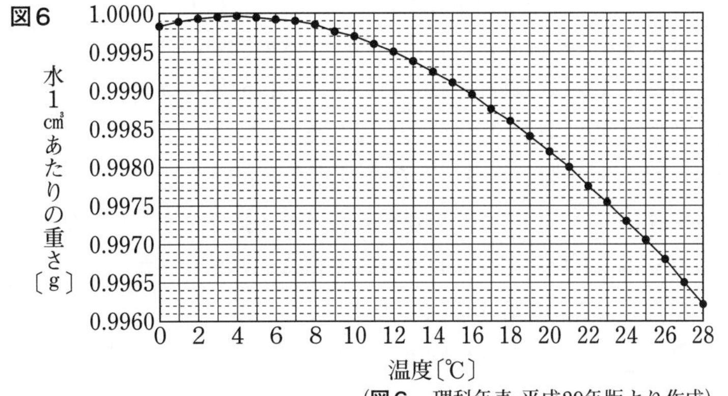

（**図６**　理科年表 平成29年版より作成）

れい：**図６**は何を表しているのですか。

みお：温度ごとの水１㎤あたりの重さの変化を表しています。小ビン１㎤あたりの重さと大ビンの中の水１㎤あたりの重さが同じになれば、その小ビンが大ビンの真ん中あたりに浮かぶようになります。

先生：そうですね。それならば、小ビンの体積もわかっていなければなりませんね。

みお：小ビンの体積は、ス電子てんびん、温度計、水、コップ、それに**図６**を利用すればわかりそうです。

先生：良い発想ですね。では、用意した小ビンの体積と重さをはかってみてください。

みお：体積が16㎤で重さが12ｇでした。それから、ビーズは重さを細かく調整できるように大きさが異（こと）なるものを３種類用意し、大きい順にＦ、Ｇ、Ｈとしました。それぞれ１個あたりの重さを電子てんびんではかると、**表６**のとおりでした。これで、材料がそろったので、まずは18℃に対応する小ビンを作ります。小ビンに入れるビーズの重さは、**図６**をもとに計算し、四捨五入して小数第２位までにすると［　セ　］ｇ必要だということがわかりました。

表６

	F	G	H
重さ〔ｇ〕	0.52	0.32	0.18

先生：そうですね。他の温度ではどうですか。

みお：同じようにして、ソ24℃や27℃に対応する小ビンは作ることができたのですが、21℃はできませんでした。

先生：なぜできなかったのかを考えることも大切なことです。さらなる工夫（くふう）をして完成できるようがんばってください。

(3)　次の①～④の問いに答えなさい。

①　下線部**シ**について、１つ目の小ビンが大ビンの中に入ったままで、大ビンの中の水の温度を３℃高くしたとき、１つ目の小ビンはどうなるか書きなさい。
　ただし、小ビンの体積は温度によって変化しないものとすること。

②　下線部**ス**について、小ビンの体積がわかる方法を書きなさい。

③　［　セ　］にあてはまる数を書きなさい。また、このときのビーズの個数が合計で最も少ない個数になるのは、Ｆ、Ｇ、Ｈがそれぞれ何個のときか書きなさい。

④　下線部**ソ**について、できなかった理由として考えられることを、ビーズの重さに着目して書きなさい。

2　ひろさんとゆきさんは、算数の授業をきっかけにして、自分で学習したことについて先生と話をしています。会話文をふまえながら、あとの(1)～(3)の問いに答えなさい。

ひろ：私（わたし）は、プログラミングに興味を持ったので、公民館のプログラミング講座（こうざ）に参加して、図形をえがくプログラムについて学習しました。

ゆき：「プログラミング」とは、どういう意味の言葉ですか。

先生：コンピュータは、いろいろな命令を組み合わせて動きます。この命令の組み合わせのことを「プログラム」といって、プログラムを作ることを「プログラミング」といいます。ひろさん、学習したことを紹介（しょうかい）してください。

ひろ：私は、矢印「⟩⟩」が、矢印の向きに直線を引いて図形をえがくプログラムを作りました。スタート位置を決めて地点「•」とし、そこから、矢印「⟩⟩」が直線を引いたり、回転して向きを変えたりしながら、再び地点「•」にもどるまで、いくつかの命令を順番に実行するプログラムです。

ゆき：どのような図形をえがくことができるのですか。

ひろ：例えば、**図１**のプログラムを実行すると、**図２**のような手順で図形をえがくことが

図１

命令Ⅰ「５㎝の直線を引く」
命令Ⅱ「左に120度回転する」
命令Ⅲ「命令Ⅰ、Ⅱをこの順にくり返す」

できます。

図2　(実行前)

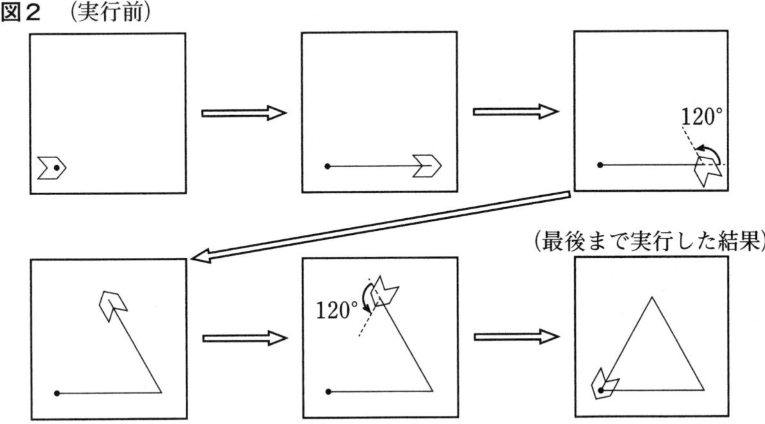

ゆき：正三角形の１つの角の大きさは60度なのに、**図１**の命令Ⅱで、左に回転する角度は120度なのですね。

先生：面白いところに気がつきましたね。もし、**図１**の命令Ⅱを「左に60度回転する」としたら［　ア　］をえがくことができます。

ひろ：同じように考えれば、**図１**の命令Ⅱを「左に［　イ　］度回転する」としたら、正十角形をえがくことができます。

先生：そのとおりです。**図１**の命令Ⅱを「右に［　ウ　］度回転する」としても、**図２**の正三角形と合同な正三角形をえがくことができます。これも面白いですね。

ゆき：正多角形をえがくときに回転する角度は、どのように考えて求めるのですか。

先生：いろいろな考え方があります。ひろさんは、正十角形をえがくときに回転する角度をどのように考えたのですか。

ひろ：正十角形は、合同な二等辺三角形10個をすきまなくしきつめた図形であることを使って考えました。

ゆき：それは、どのような二等辺三角形ですか。

ひろ：等しい２つの角のそれぞれの大きさが［　エ　］度である二等辺三角形です。

先生：そうですね。図形の性質をよく理解できています。

ゆき：正多角形ばかりではなく、例えば、**図３**のような星形をえがくことはできないでしょうか。

ひろ：**図４**のプログラムで、**図３**のような星形をえがくことができます。また、このプログラムの実行前と、最後まで実行した結果を表したのが**図５**です。

図３

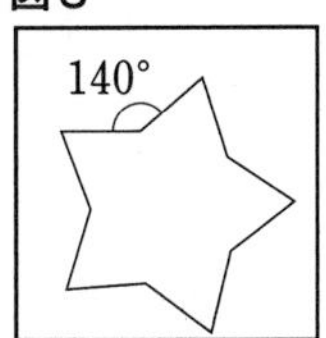

図４

命令Ⅰ「２㎝の直線を引く」
命令Ⅱ「左に［　オ　］度回転する」
命令Ⅲ「２㎝の直線を引く」
命令Ⅳ「右に［　カ　］度回転する」
命令Ⅴ「命令Ⅰ～Ⅳをこの順にくり返す」

図５(実行前)　(最後まで実行した結果)

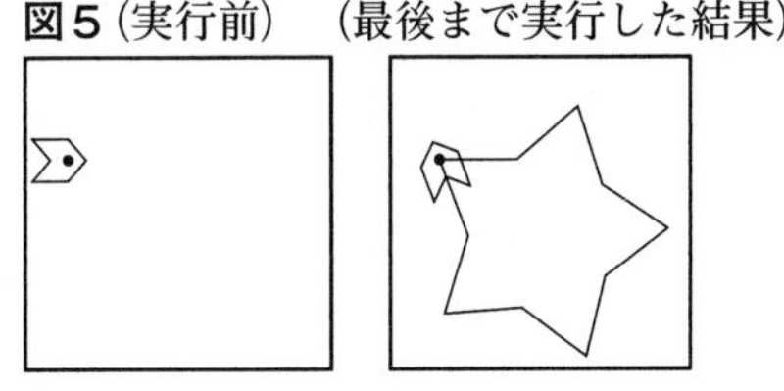

先生：そのとおりです。よくできましたね。

(1)　次の①、②の問いに答えなさい。

①　[ア]にあてはまる正多角形を、次の**あ**～**え**のうちから１つ選び、その記号を書きなさい。

あ　正三角形　　**い**　正五角形　　**う**　正六角形　　**え**　正八角形

②　[イ]～[カ]にあてはまる数をそれぞれ書きなさい。

ただし、０以上180以下の整数でそれぞれ書くこと。

ゆき：私は、分数の学習で苦労したので、昔の人は分数についてどのように考えていたのだろうと疑問(ぎもん)に思っていました。そこで、図書館で調べたところ、古代エジプトでは、私とは異(こと)なる見方で分数をとらえていたことがわかりました。

ひろ：異なる見方というのはどういう意味ですか。

ゆき：例えば$\frac{3}{5}$について、私は「１を５等分した$\frac{1}{5}$を３つ合わせた数」と考えるけれど、古代エジプトでは「３を５等分した数」と考えたのです。

先生：ゆきさんは、古代エジプトの考え方をふまえて、単位分数を使った表し方について学習したのですね。

ひろ：単位分数とは何ですか。

ゆき：$\frac{1}{2}$、$\frac{1}{3}$、$\frac{1}{4}$など、分子が１である分数のことを単位分数といいます。

先生：それでは、単位分数を使うと、$\frac{3}{5}$はどのように表すことができますか。

ゆき：「３枚(まい)の紙を５等分する」と考えて、**図６**のような手順でやってみようと思います。

まず、３枚の紙をそれぞれ２等分すると、$\frac{1}{2}$の紙が６枚できます。

次に、それを１枚ずつに分けます。

そして、このうちの１枚をさらに５等分すると、$\frac{1}{10}$の紙が５枚できます。

図６

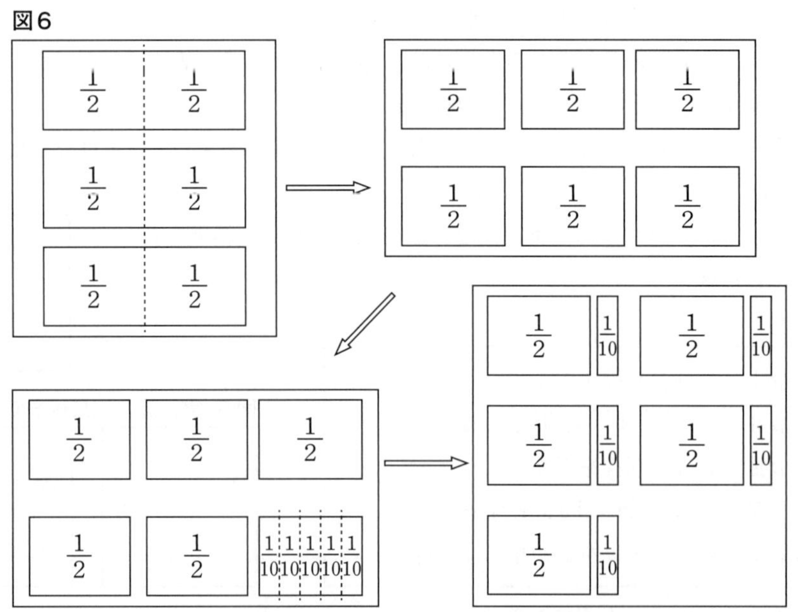

ひろ：なるほど、ゆきさんの考えによれば、$\frac{3}{5}$＝［キ］＋［ク］のように２つの異なる単位分数の和で表すことができますね。

先生：そのとおりです。もし、はじめに３枚の紙をそれぞれ３等分して分けるとしたら、$\frac{3}{5}$＝$\frac{1}{3}$＋$\frac{1}{6}$＋［ケ］＋［コ］のように、４つの異なる単位分数の和で表すこともできます。

ゆき：本当ですね。分けていく手順を変えると、和の表し方も変わるのですね。

先生：今度は$\frac{2}{9}$を異なる単位分数の和で表してみましょう。そのときに、どのように考えたのか、「３枚の紙を５等分する」ことの説明を参考にして、説明をしてください。

ひろ：はい。私は、次のように考えました。

【ひろさんの考え】

まず、２枚の紙をそれぞれ［サ］等分すると、［シ］の紙が［ス］枚できます。
次に、それを１枚ずつに分けます。
そして、このうちの１枚をさらに［セ］等分すると、［ソ］の紙が［タ］枚できます。
このことから、私は、$\frac{2}{9}$＝$\frac{1}{5}$＋$\frac{1}{45}$と単位分数の和で表しました。

ゆき：チ私は、$\frac{1}{5}$と$\frac{1}{45}$以外の、２つの異なる単位分数の和で$\frac{2}{9}$を表しました。

先生：２人ともよくできましたね。どちらも正しい考え方です。

(2)　次の①、②の問いに答えなさい。

①　［キ］～［タ］にあてはまる数をそれぞれ書きなさい。
ただし、［キ］、［ク］、［ケ］、［コ］、［シ］、［ソ］はそれぞれ単位分数で書くこと。

②　下線部**チ**について、【ひろさんの考え】の書き方を参考に、ゆきさんの考えを順序立てて書きなさい。

先生：学習を深めるのはすばらしいことです。ところで、ひろさんが行った公民館では、予約をすれば図書館の本を借りることができるのを知っていますか。

ひろ：知りませんでした。そういえば、公民館で本を借りている人を見かけました。実際にどのくらいの冊数（さっすう）を貸し出しているのでしょうか。

先生：次の**表**は、４月23日から５月12日までの20日間に、その公民館で貸し出した本の冊数をまとめたものです。このうち５日間の冊数を**A**、**B**、**C**、**D**、**E**の文字で、かくしますから、いくつかのヒントを手がかりに当ててみましょう。

表

日にち	4/23	4/24	4/25	4/26	4/27	4/28	4/29	4/30	5/1	5/2
冊数	A	4	19	9	6	20	11	B	10	15
日にち	5/3	5/4	5/5	5/6	5/7	5/8	5/9	5/10	5/11	5/12
冊数	21	26	C	D	23	24	E	8	22	11

ヒント1　A、B、C、D、Eの順に冊数が多かったです。
ヒント2　A、B、C、D、Eもふくめて、20日間に貸し出した冊数の分布をグラフで表したものが**図7**です。
ヒント3　貸し出した冊数が最も多かった日と最も少なかった日とでは、25冊の差がありました。
ヒント4　1日当たりの平均貸し出し冊数は、16冊でした。
ヒント5　1日当たりの平均貸し出し冊数を下回った日は、10日間でした。
ヒント6　冊数が多かった10日分の冊数の合計と、それ以外の10日分の冊数の合計の差は、130冊でした。

ゆき：筋道(すじみち)立てて考えるとわかりますね。私は、
A＝［ツ］、
D＝［テ］、
E＝［ト］の順に求めてから、最後に
B＝［ナ］と
C＝［ニ］を求めました。

先生：よくわかりましたね。正解です。

図7

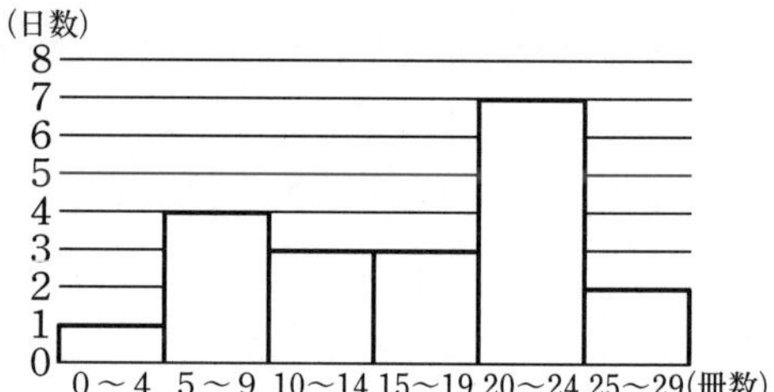

(3)　［ツ］～［ニ］にあてはまる数をそれぞれ書きなさい。

〈適性検査2－1〉　—45分—

1　たつさんとあきさんは、先日訪(おとず)れた科学館でのできごとについて先生と話をしています。会話文をふまえながら、あとの(1)～(4)の問いに答えなさい。

先生：科学館で印象に残った展示(てんじ)は何ですか。
たつ：鏡の部屋です。
あき：私(わたし)が見た部屋では、鏡が回転していました。
先生：どのような部屋でしたか。
あき：**図1**のように、**鏡を見る人**が**かくれた人**を見ることができるように、床(ゆか)に垂直(すいちょく)な2つの長方形の鏡(**鏡あ**と**鏡い**)が回転するしくみになっていました。**図2**は、**図1**を上から見た図で、これを**はじめの状態**とし、**鏡あ**と**鏡い**の鏡の面は直線**AB**と平行になっています。**図2**のように、**鏡あ**と**鏡い**には片面(かためん)にのみ鏡が付いていて、軸(じく)を中心に反時計回りに回転します。**図3**のときに、**鏡を見る人**は、**鏡あ**に映(うつ)る**かくれた人**を見ることができました。そのときに**鏡を見る人**の目に届(とど)く光の道すじを「⟶」でかきました。
先生：ここでは、**鏡を見る人**と**かくれた人**の体の大きさや形は考えずに「●」とし、鏡の厚みは考えないものとしているのですね。光はとても速く伝わるので、目に届くまでの時間は考えなくてよいものとしましょう。

図1

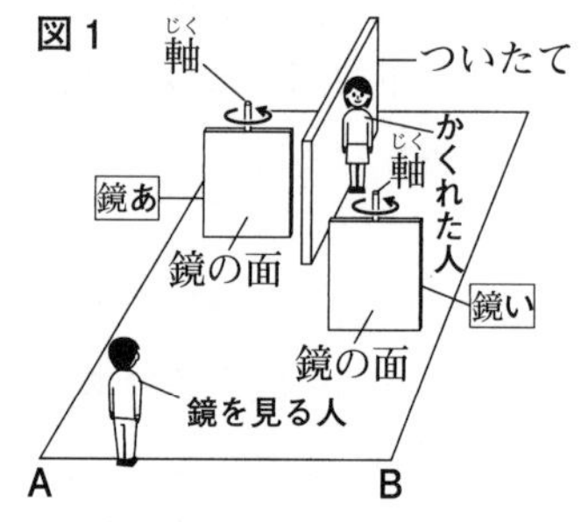

図2　はじめの状態

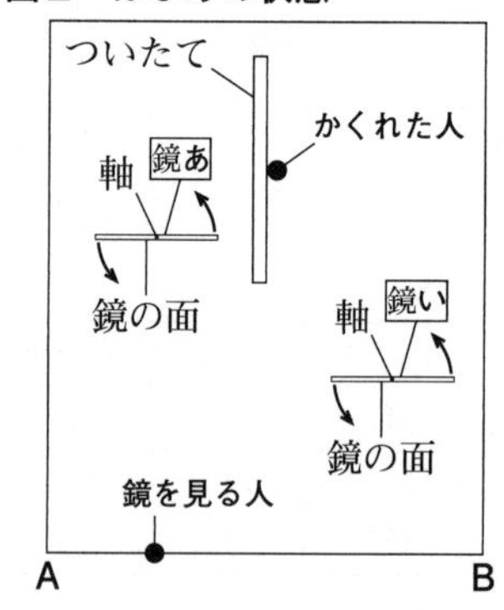

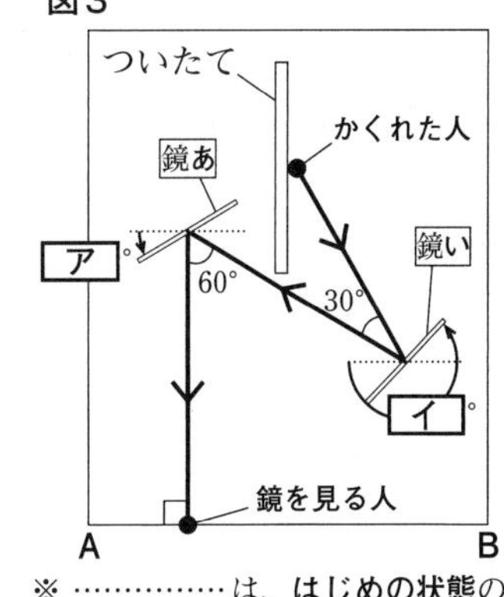

※ ……………は、**はじめの状態**の鏡の位置を表している。

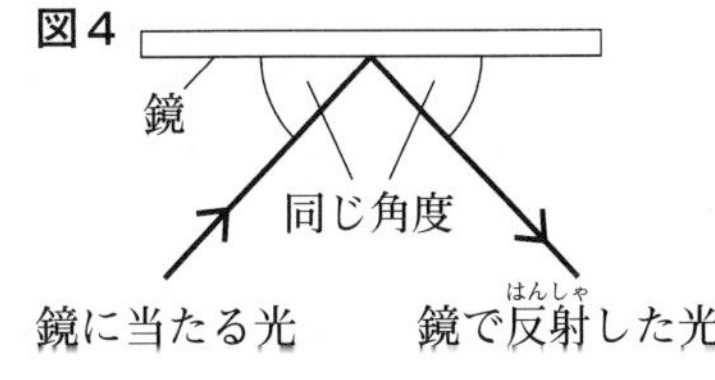

あき：**図４**のように、光は鏡に当たると、当たる角度と同じ角度で反射(はんしゃ)する性質があります。その光の道すじを「――>――」でかいています。

たつ：この性質を使うと、鏡の角度を求めることができます。**図３**の状態になるのは、**はじめの状態**から**鏡あ**が［ア］度回転したときであり、**鏡い**が［イ］度回転したときです。

先生：そのとおりです。

あき：実際に科学館で見た鏡は、自動で回転していました。２つの鏡は**はじめの状態**から同時に回転し始め、**鏡あ**は１秒間に10度、**鏡い**は１秒間に15度回転していました。

先生：２つの鏡がちょうど**図３**の状態になるのは、**はじめの状態**から何秒後になるかを求めてみましょう。そのために、まず、**鏡あ**についてのみ考えましょう。「**鏡あ**が**はじめの状態**から［ア］度回転した状態」を**状態**Ⅰとします。

たつ：**鏡あ**が回転し始めて、最初に**状態**Ⅰになるのは、**はじめの状態**から［ウ］秒後であり、２回目に**状態**Ⅰになるのは、**はじめの状態**から［エ］秒後です。

先生：そのとおりです。このように、**鏡あ**は、１回目、２回目、３回目と何度も**状態**Ⅰになりますね。**鏡あ**が**状態**Ⅰになる回数をxとして、**鏡あ**がx回目に**状態**Ⅰになるのは、**はじめの状態**から何秒後ですか。

あき：xには１以上の整数が入るものとして、xを用いた式で書くと［オ］秒後です。

先生：次に**鏡あ**と同じように**鏡い**についてのみ考えましょう。「**鏡い**が**はじめの状態**から［イ］度回転した状態」を**状態**Ⅱとします。**鏡い**が**状態**Ⅱになる回数をyとして、**鏡い**がy回目に**状態**Ⅱになるのは、**はじめの状態**から何秒後ですか。

たつ：yには１以上の整数が入るものとして、yを用いた式で書くと［カ］秒後です。

先生：正解です。［オ］と［カ］が等しくなるような、xとyにあてはまる数を見つけることで、**図３**の状態になるのが何秒後かを求めることができますね。

あき：最初に**図３**の状態になるのは、**はじめの状態**から［キ］秒後です。

たつ：次に**図３**の状態になるのは、**はじめの状態**から［ク］秒後です。

先生：正解です。２人ともすごいですね。

(1)　次の①～③の問いに答えなさい。

①　［ア］～［エ］にあてはまる数をそれぞれ書きなさい。ただし、［ア］、［イ］には、０以上360以下の数を入れること。

②　［オ］にあてはまる式をxを用いて、［カ］にあてはまる式をyを用いてそれぞれ書きなさい。

③　［キ］、［ク］にあてはまる数をそれぞれ書きなさい。

たつ：鏡に物体が映るしくみをもう少し学びたいです。

先生：まずは、光があるところで物体が見えるというのは、どのようなことなのかを考えてみましょう。そもそも光がないところで、物体は見えるのでしょうか。

あき：光があるところで物体が見える理由は、光が物体に当たっているからであると私は考えました。だから、光がないところでは物体は見えないと思います。

先生：そのとおりです。物体に当たって反射した光が目に届くことで物体を見ることができます。

たつ：そうなのですね。

図5

図6

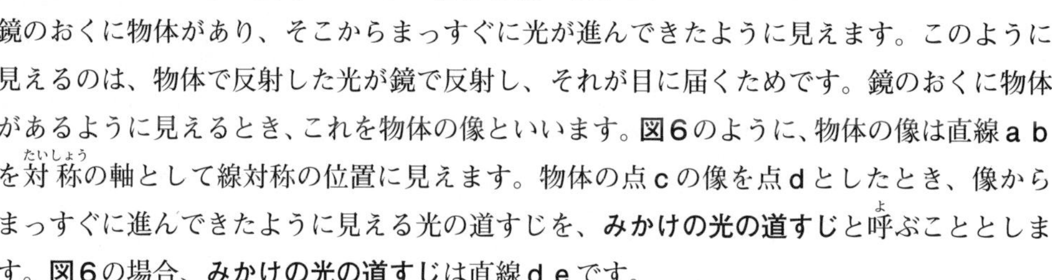

先生：鏡の話に戻(もど)りましょう。**図5**のように物体を鏡に映すと、鏡のおくに物体があり、そこからまっすぐに光が進んできたように見えます。このように見えるのは、物体で反射した光が鏡で反射し、それが目に届くためです。鏡のおくに物体があるように見えるとき、これを物体の像といいます。**図6**のように、物体の像は直線**ａｂ**を対称(たいしょう)の軸として線対称の位置に見えます。物体の点**ｃ**の像を点**ｄ**としたとき、像からまっすぐに進んできたように見える光の道すじを、**みかけの光の道すじ**と呼(よ)ぶこととします。**図6**の場合、**みかけの光の道すじ**は直線**ｄｅ**です。

あき：よくわかりました。

図7

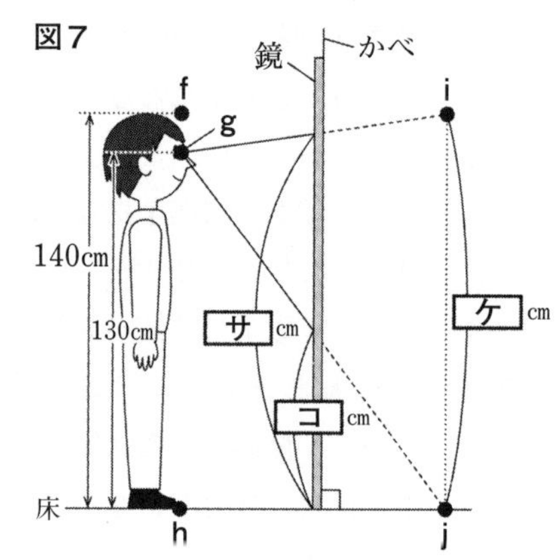

先生：鏡についてもう少し考えましょう。真正面から鏡を見たとき、自分の全身を見ることができる鏡を、床に垂直に取り付けます。**図7**のように、頭の点**ｆ**と目の位置の点**ｇ**とつま先の点**ｈ**は、一直線上にあるものとし、この３つの点を結ぶ直線**ｆｈ**は床と垂直になっていて、この直線**ｆｈ**を全身とみなします。この人は、全身の像を、鏡のどの範囲(はんい)に見ることができるでしょうか。

たつ：直線**ｆｈ**の長さ（身長）は140cmで、直線**ｇｈ**の長さ（目の位置から床まで）は130cmですね。点**ｆ**の像を点**ｉ**、点**ｈ**の像を点**ｊ**とします。像は鏡を対称の軸として線対称の位置に見え、直線**ｉｊ**の長さは［　ケ　］cmです。

先生：すばらしい。それでは、点**ｉ**と点**ｊ**のそれぞれから、点**ｇ**に**みかけの光の道すじ**の直線をかいてみましょう。

あき：この人は、全身の像を、鏡の、床から高さ［　コ　］cm以上、［　サ　］cm以下の範囲に見ることができますね。

図8

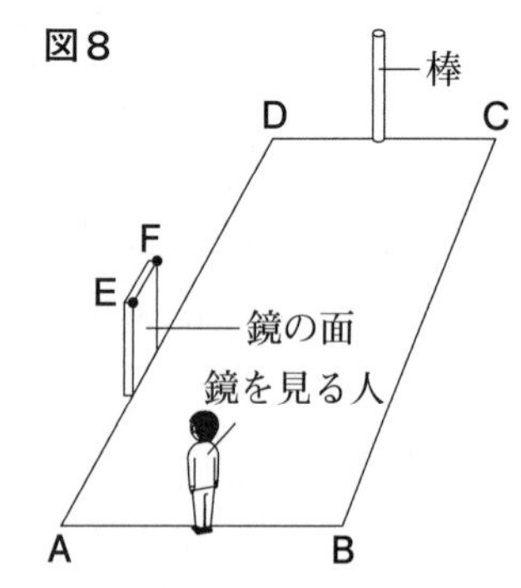

先生：よくできました。それでは、**図8**のような部屋で、長方形の鏡に映る棒(ぼう)の像を見ることを考えます。鏡の面と棒は、床に垂直になっているものとします。四角形**ＡＢＣＤ**は床を表し、長方形です。辺**ＡＢ**上のどの範囲で棒の像を見ることができますか。**図9**は、**図8**を上から見た図です。ここでは、棒を「•」（点P_0）とし、直線P_0C、直線P_0Dの長さは等しいものとします。

たつ：直線ＡＤを対称の軸として、点P_0、点Ｂ、点Ｃの線対称の位置に、それぞれ点P_1(棒の像)、点Ｇ、点Ｈがあります。それらを線「------」で結んでいるのですね。

先生：そのとおりです。像(点P_1)から２つの**みかけの光の道すじ**の直線をかくことで、シ辺ＡＢ上で棒の像(点P_1)を見ることができる範囲を、図にかくことができます。

あき：やってみます。

図９

H P₁ D P₀ C / F / E / G A B

(2) 次の①、②の問いに答えなさい。

① [ケ]～[サ]にあてはまる数をそれぞれ書きなさい。

② 下線部シについて、辺ＡＢ上で棒の像(点P_1)が見える範囲を、**例**にならって**図９**に▬▬のように、太い線でかきなさい。なお、作図に使う直線は三角定規を使ってかき、消さずに残したままにすること。(**例** A▬B)

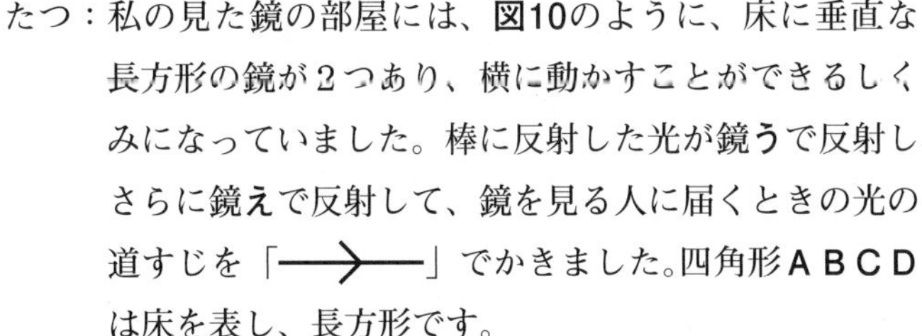

たつ：私の見た鏡の部屋には、**図10**のように、床に垂直な長方形の鏡が２つあり、横に動かすことができるしくみになっていました。棒に反射した光が鏡**う**で反射し、さらに鏡**え**で反射して、鏡を見る人に届くときの光の道すじを「⟶」でかきました。四角形ＡＢＣＤは床を表し、長方形です。

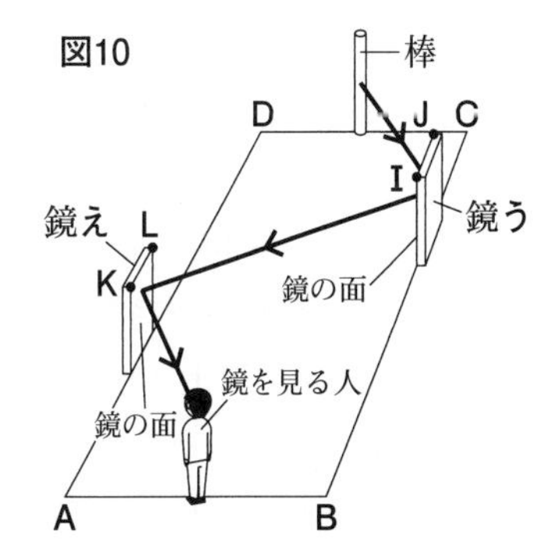

先生：まず、鏡を静止させて考えましょう。辺ＡＢ上のどの範囲で棒の像を見ることができますか。**図11**は**図10**を上から見た図です。棒を「•」(点Q_0)とし、直線Q_0C、直線Q_0Dの長さは等しいものとします。

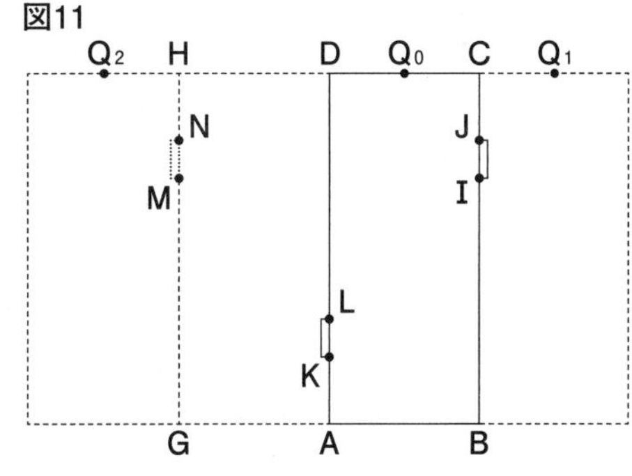

あき：この場合の像の考え方を説明します。まず、点Q_0の鏡**う**による像は、直線ＢＣを対称の軸として線対称の位置(点Q_1)となります。そして、点Q_1の鏡**え**による像は、直線ＡＤを対称の軸として線対称の位置(点Q_2)となり、この点Q_2が**図10**の場合の棒の像となります。

先生：そのとおりです。鏡**う**の上部のかどの点Ｉ、点Ｊの鏡**え**による像を、それぞれ点Ｍ、点Ｎとしましょう。

あき：ス図11の状態で、鏡**え**に棒の像(点Q_2)を見ることができる辺ＡＢ上の範囲は、点Q_2から鏡**う**の像を通り、鏡**え**を通る２つの**みかけの光の道すじ**の直線をかくことで、図にかくことができます。

(3) 下線部スについて、辺ＡＢ上で棒の像(点Q_2)が見える範囲を、**例**にならって**図11**に▬▬のように、太い線でかきなさい。なお、作図に使う直線は三角定規を使ってかき、消さずに残したままにすること。(**例** A▬B)

先生：そのとおりです。では、今度は鏡を動かしてみましょう。

たつ：**図10**の部屋について、説明します。**図12**のように、鏡が動き出す前には、点**J**と点**C**を結ぶ直線と、点**K**と点**A**を結ぶ直線は、それぞれ床と垂直になっています。鏡**う**は点**B**に向けて、鏡**え**は点**D**に向けて、それぞれ秒速10㎝で同時に動き出し、80秒後に止まります。鏡**う**の直線**J I**の長さ、鏡**え**の直線**K L**の長さはそれぞれ１ｍです。鏡が動き出す前には、辺**A B**上のどの位置からも、鏡**え**に棒の像（点Q_2）を見ることができませんでした。その後、辺**A B**上のある位置（点**R**とする）から鏡**え**に棒の像（点Q_2）が見え始めました。

図12

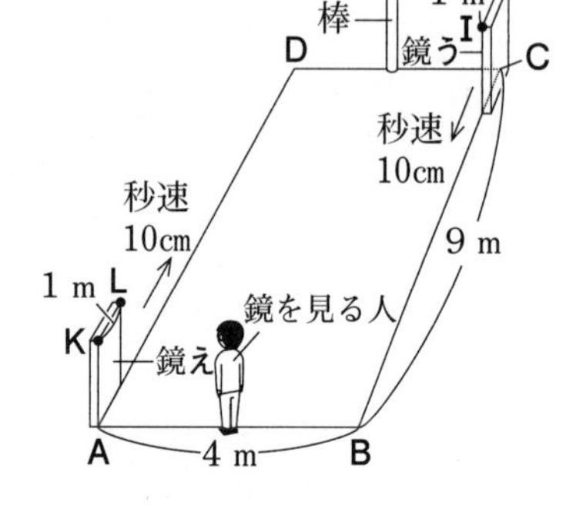

先生：棒の像（点Q_2）が見え始めるとき、点Q_2、鏡**う**の像、鏡**え**、点**R**はどのような位置関係にありますか。

あき：**図13**のように、点Q_2からかいた直線（**みかけの光の道すじ**）が、点**M**、点**L**を通るときで、その直線と辺**A B**が交わる点が点**R**になると思います。

先生：そのとおりです。直線**A R**の長さは何ｍですか。

たつ：ななめの線で示した２つの三角形が合同になるので、直線**A R**の長さは［　セ　］ｍです。

図13

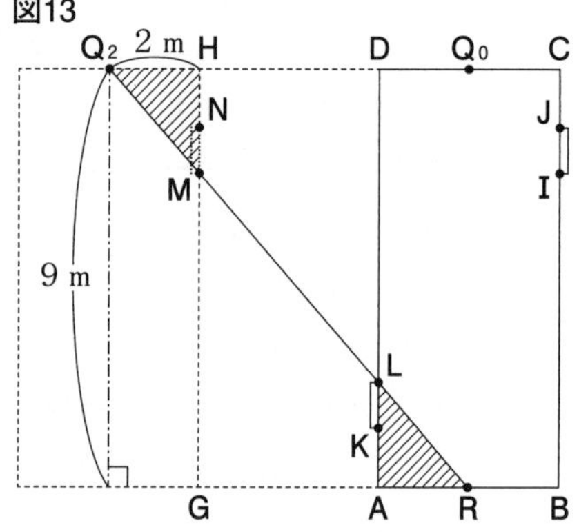

先生：では、**図13**のようになるのは、鏡が動き出してから何秒後ですか。

あき：拡大図と縮図の関係が見られるので、直線**A L**の長さを求めることができ、鏡**え**が移動した長さは［　ソ　］ｍとなり、鏡が動き出してから［　タ　］秒後とわかります。

先生：正解です。２人ともすごいですね。

(4)　次の①、②の問いに答えなさい。

①　［　セ　］～［　タ　］にあてはまる数をそれぞれ書きなさい。

②　辺**A B**上で棒の像（点Q_2）を見ることができる位置のうち、点**A**から最もはなれた位置を点**S**とします。**図13**の状態から時間が経過し（鏡**う**と鏡**え**がさらに移動し）、点Q_2からかいた直線（**みかけの光の道すじ**）が、点**N**、点**L**を通るとき、その直線と辺**A B**が交わる点が点**S**となります。そのときの、鏡**え**が移動した長さと、直線**A S**の長さをそれぞれ書きなさい。

［2］　てつさんとみちさんは、車や電車での移動について先生と話をしています。会話文をふまえながら、あとの(1)～(3)の問いに答えなさい。

てつ：この前の休みの日に、車を利用して、家族で博物館に出かけましたが、渋滞で予定時刻よりも到着が遅くなってしまい、大変でした。

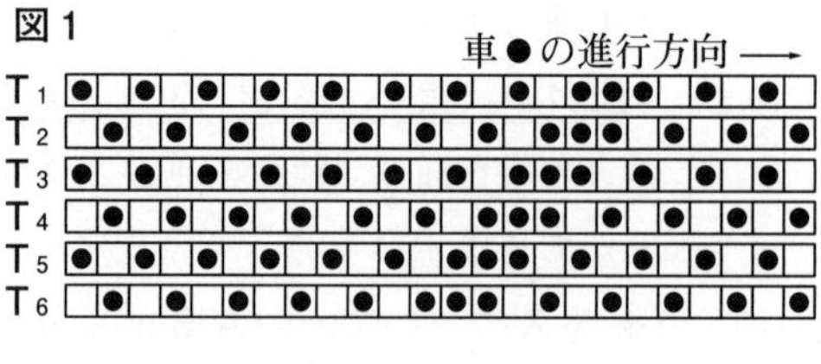

みち：渋滞はどうして発生してしまうのかな。

図１

車●の進行方向 →

T_1
T_2
T_3
T_4
T_5
T_6

先生：渋滞について考えることができるモデルがあります。**図１**を見てください。**渋滞モデルのルール**も示しました。

渋滞モデルのルール

ⓐ　車は１台を１つの●で表し、道路は□をならべて表す。

ⓑ　T_1、T_2、T_3、T_4、T_5、T_6の順に、時間が経過している。

ⓒ　T_1、T_2、T_3、T_4、T_5、T_6それぞれの間は、同じ時間が経過している。

ⓓ　車の進行方向は**図１**の右側とする。

ⓔ　１つの□には最大で１台の●しか入らない。

ⓕ　１つ右(前)の□が空いていれば、時間が経過するごとに●は１つ右(前)に進む。ただし、１つ右(前)の□に●が入っていると進めない。

ⓖ　●●のように●が続く状態が渋滞を表す。

ⓗ　●は左のはしから１つおきに入り、右のはしから出ていく。

ⓘ　ⓐからⓗにしたがって、T_1からT_3までの、車●が動いていくようすを下図に示した。

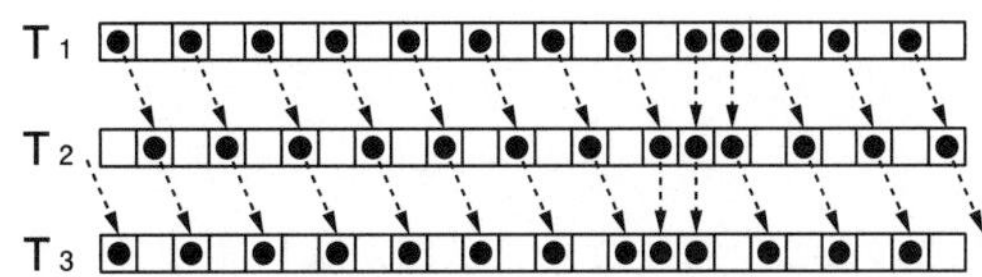

てつ：**図１**にあるように、T_1からT_6へと時間が経過しても渋滞は解消されていませんね。

先生：面白(おもしろ)いですよね。**図１**では渋滞を解消することができていませんが、ア<u>**図１**のT_1から車●を１台減らすと、T_3で渋滞を解消することができますよ。ただし、車●は、渋滞していないところから１台減らしてください</u>。

みち：**図１**のT_1で車●を１台減らして、T_3で渋滞を解消することができました。

先生：すばらしい。では次に、**図２**のように、**図１**の道路の右はしと左はしをつなげ、車●が循環(じゅんかん)※する**循環渋滞モデル**を考えてみましょう。

※循環：ひとまわりして元にかえり、それをくり返すこと。

図２

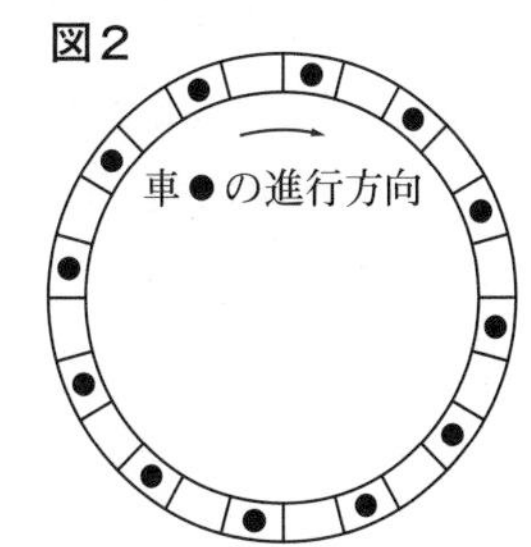

てつ：**図２**の道路全体における□１つあたりの車の台数は、［　イ　］台なので、この場合、□１つあたりの車の台数が、［　イ　］台よりも多くなれば、渋滞が発生してしまいますね。

先生：よく理解できていますね。では、**図２**の状態をT_1とした場合について考えましょう。T_1からT_2までの時間に動かすことのできる車の台数を、**車が流れる量**と呼(よ)ぶこととします。

てつ：この場合、**車が流れる量**は12台ということですね。

先生：そのとおりです。では、ウ<u>□の数は変えずに、**図２**の状態から車●の台数を減らしたり、**図２**の状態から車●の台数を増やしたりした、様々(さまざま)な状態のT_1を考えます。**渋滞モデルのルール**のⓓ、ⓗ、ⓘ以外にしたがいながらT_1からT_2までの**循環渋滞モデル**について、縦軸(たてじく)を**車が流れる量**、横軸(よこじく)を□１つあたりの車の台数として、図に表してみましょう。すると、図の縦と横の目盛(めも)り線が交わる場所に、５つの点をとることができますよ</u>。

みち：５つの点を直線で結んでみたところ、渋滞のようすがわかりやすくなりました。

てつ：このようなモデルを使うことで、実際の渋滞のような現象を理解することができるのですね。

先生：２人ともすばらしい。

⑴　次の①～③の問いに答えなさい。

①　下線部**ア**について、**図１**の**T**$_1$から車●を１台減らし、**T**$_3$までに渋滞が解消していくようすを図に●でかきなさい。また、**図１**の**T**$_1$で車●を１台減らした□を図に☒でかきなさい。

T$_1$ □□□□□□□□□□□□□□□□□●●●□□□□□
T$_2$ □□□□□□□□□□□□□□□□□□□□□□□□
T$_3$ □□□□□□□□□□□□□□□□□□□□□□□□

②　[イ]にあてはまる数を書きなさい。

③　下線部**ウ**について、右の図に５つの点を×でかきなさい。また、５つの点×を三角定規を使って直線で結び、折れ線グラフをかきなさい。ただし、縦軸の**車が流れる量**は、**T**$_1$から**T**$_2$までの時間に動かすことのできる車の台数とすること。

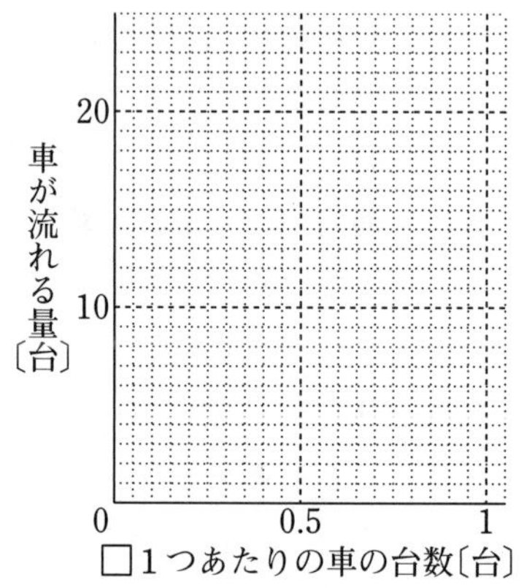

みち：渋滞のことを考えたら、渋滞がない電車での移動の方が良いかもしれないね。

てつ：日本の電車の運行は、時刻表どおりで、とても正確だと聞いたことがあります。どのように電車の運行を管理しているのですか。

先生：**図３**は、運行ダイヤと呼ばれ、横軸に時刻、縦軸に駅の間の距離（きょり）を表しています。例えば、電車**あ**は**A**駅を10時00分に発車して、**B**駅に10時08分に到着し、６分間停車して、10時14分に**B**駅を発車して、**C**駅に10時30分に到着します。このような運行ダイヤをもとに電車の運行は管理されています。

図３

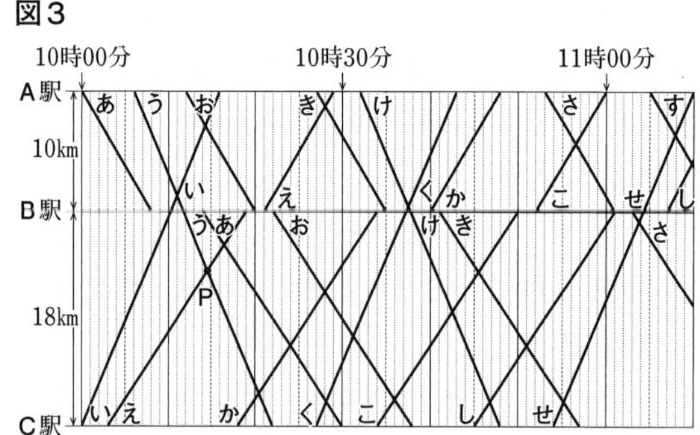

みち：電車**あ**は各駅に停車しますが、電車**う**はどうなっているのですか。

てつ：まず、電車**あ**は各駅に停車するので、各駅停車であり、電車**う**は**B**駅を通過するので、快速電車です。電車**う**は10時06分に**A**駅を発車して、**B**駅で先に発車した電車**あ**を追いこして、**C**駅に10時22分に到着することになります。

先生：よくわかりましたね。

みち：電車は速さが変わるはずなのに、**図３**では直線で表されています。

てつ：一定の速さで走っていることにして、直線で表しているのですね。

先生：そのとおりです。では、例えば、**図４**のように、Ａ駅を出発して、Ｃ駅に到着する電車が、Ａ駅とＣ駅の間を一定の速さで走っていることにした場合、その速さはいくつになるでしょうか。

図４

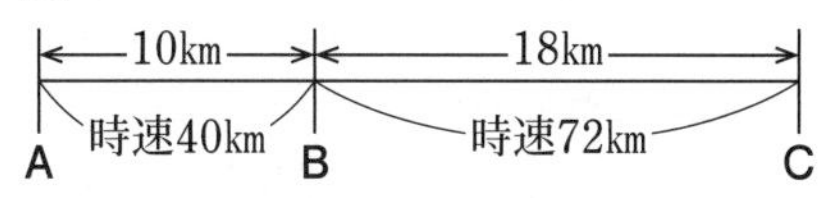

てつ：時速［　エ　］kmになります。

先生：よく理解できていますね。

みち：**図３**の直線の交わりは何を示しているのですか。

てつ：直線の交わりは、ある電車が逆向きに進む電車とすれ違(ちが)う時刻と、その場所を示しています。

先生：そのとおりです。

みち：電車に乗っていて逆向きに進む電車とすれ違ったとき、すれ違った電車の速さがものすごく速く感じるよね。

先生：そうですね。電車に乗っている人から見える、逆向きに進む電車の速さは、自分の乗っている電車の速さと、逆向きに進む電車の速さとの和になります。この考え方を使うと、**図３**の電車**う**と電車**え**がすれ違う点Ｐの時刻と場所を求めることができます。

てつ：なるほど。計算してみます。電車**う**の速さと、逆向きに進む電車**え**の速さとの和は分速［　オ　］ｍとなるので、電車**う**と電車**え**がすれ違う時間は、電車**う**が出発してから［　カ　］分［　キ　］秒後になります。

先生：てつさん、すばらしい。

みち：点Ｐの時刻は、10時06分から［　カ　］分［　キ　］秒経過した時刻、点Ｐの場所は、Ａ駅から［　ク　］ｍの場所になりました。

先生：みちさんもすばらしい。

みち：では、電車が運行ダイヤから遅(おく)れてしまった場合はどうしているのですか。

先生：少しの遅れが発生しても、遅れを回復できるような余裕(よゆう)をもって運行ダイヤは設定されています。

みち：そうなのですね。

⑵　次の①～③の問いに答えなさい。

①　［　エ　］にあてはまる数を書きなさい。

②　［　オ　］、［　カ　］、［　キ　］にあてはまる数を書きなさい。ただし、時間の求め方については、「分」の小数第２位まで計算し、**例**にならって「分」の小数第２位を四捨五入(ししゃごにゅう)して「秒」を求めること。

　例　7.48分は７分30秒となります。

③　［　ク　］にあてはまる数を書きなさい。

てつ：他の電車の運行ダイヤを変えなければならない遅れが発生した場合は、どうするのですか。

先生：他の電車の運行ダイヤを変えなければならない遅れが発生すると、回復運転と呼ばれる、いくつかの電車の運行ダイヤの調整を行います。

みち：難(むずか)しそうですね。先生、回復運転の計算をしてみたいです。

先生：では、Ａ駅を10時00分出発予定の電車**あ**が、混雑の影響(えいきょう)で５分遅れている状況(じょうきょう)を考えてみましょう。この場合の回復運転のようすを運行ダイヤ上にかきましょう。ただし、次の**回復運転のルール**にしたがうこととします。

回復運転のルール

ⓐ　できるだけ早く遅れを解消させる。

ⓑ　**A**駅に到着する電車、**C**駅に到着する電車の、到着する順番は、**図３**で示されている順番から変えない。

ⓒ　各駅停車の電車**あ**は、**C**駅に到着後、次に**C**駅を発車する各駅停車の電車**こ**として、再び**A**駅へ向かう。

　快速電車の電車**う**は、**C**駅に到着後、次に**C**駅を発車する快速電車の電車**く**として、再び**A**駅へ向かう。

ⓓ　すべての電車は**B**駅で折り返しをせず、**A**駅から**C**駅、または**C**駅から**A**駅まで向かう。

ⓔ　電車の安全な運行のため、同じ方面行きの電車(快速電車をふくむ)の発車や到着、通過、および**C**駅での折り返しの間かくは２分以上とする。

ⓕ　電車の速さは、**図３**で示されているそれぞれの電車の速さから変えない。

　各駅停車の電車の、**A**駅と**B**駅の間の所要時間は８分間である。

　各駅停車の電車の、**B**駅と**C**駅の間の所要時間は16分間である。

　快速電車の、**A**駅と**C**駅の間の所要時間は16分間である。

ⓖ　予定時刻より早く出発することはできない。

ⓗ　各駅停車の電車のうち、快速電車にぬかれない電車の**B**駅での停車時間は２分以上とする。

ⓘ　各駅停車の電車のうち、快速電車にぬかれる電車の**B**駅での停車時間は６分以上とする。

てつ：電車**あ**の**A**駅出発が５分遅れている場合の回復運転の運行ダイヤを考えました。電車**う**、**お**、**か**(**B**駅から**A**駅まで)、**く**、この５本の電車を動かして、［　ケ　］のようにします。

先生：すばらしいですね。よくできました。

みち：算数で学んだことが様々なところで活用されているのですね。

(3)　てつさんが［　ケ　］で示した回復運転のようすを、図にかきなさい。ただし、次の**かき方の条件**にしたがうこと。

かき方の条件

・電車の運行のようすは、次の図に、三角定規を使って、ていねいに直線でかくこと。

・**例**にしたがって、電車の運行のようすを表す直線の横に、電車の記号をかくこと。

・どの駅に、何時何分ちょうど(何時何分00秒)に出発、または到着したかがわかるように、直線を端(はし)までていねいにかくこと。

例　お　か

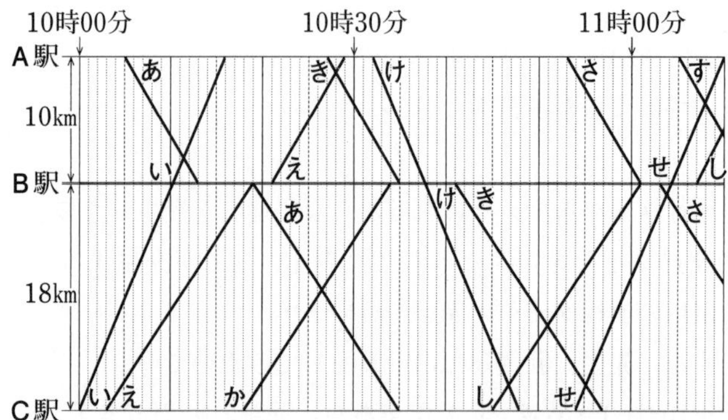

はその「学校の歌」の「歌詞作成チーム」の一員として活動します。その活動について、問題㊂【1】【2】、問題㊂【2】の文章をふまえて、次の**ア**、**イ**の〔**条件**〕にしたがって、あなたの考えを書きなさい。

〔**条件**〕

ア　以下の指示にしたがい、二つの段落に分けて書くこと。

一段落目…「歌詞作成チーム」として活動を進めていくときに、あなたがチームのメンバーに提案しようと考える取り組みを、問題㊂【1】【2】の考え方を取り入れて、具体的に書くこと。また、その取り組みを行う理由についても説明すること。

二段落目…問題㊂【2】をふまえて、「歌詞作成」を進めるときに課題になると考えられることを具体的に挙げること。また、その課題を解決するために、どのような対策をしたらよいと考えるのか、具体的に説明すること。

イ　**縦書き**で**十五行以上**、**二十行以内**で書くこと。ただし、一行に書く字数は特に指定しない。各段落の先頭は一文字分あけ、正しい文字や言葉づかいで、ていねいに書くこと。

〔①～④に使う言葉〕

ア　修正
イ　創造
ウ　練習
エ　発達
オ　発見
カ　会話

(2) 次は、なつさんとふみさんが、【1】【2】の文章について話し合っている場面です。①にあてはまる言葉を、【2】より**六字**で**ぬき出して書き**、②――線部にあたる、ふみさんがとった行動を、【1】をふまえて、自分で考えて具体的に**十字以上、十五字以内**で書きなさい。また、③にあてはまる言葉を、【2】より**十六字**で**ぬき出し**、その**最初の五字**を書きなさい。

なつ　【1】の「ことば」と【2】の「言葉」は共通点もあるけれど、性質がちがうような気がするよ。

ふみ　うん。【1】の「ことば」は「飛行機」など、自分の外部にある物が例に挙がっているね。でも、【2】では（①）「言葉」にも注目しているね。

なつ　そうか。だから【2】は「他人には絶対に伝わらない言葉」について述べているのだね。具体的にはどんな「言葉」だろう。

ふみ　この間、帰り道に見た夕焼けがあまりにきれいだったから、次の日、なつさんに興奮して語ったことを思い出したよ。「すごくきれいだった！」と言ってから、この言い方だとあの感動した「きれい」が伝わっていないと思って、わたしは②【1】に書かれているようなことをしたよね。でも、完全には伝わったと思えなくて、もやもやした気分になったよ。いま思うと、夕焼けに感じた「きれい」は【1】の「ことば」ではなく、【2】の「他人には絶対に伝わらない言葉」だったと思う。

なつ　確かに、わたしは、実際にその夕焼けを見ていないから、ふみさんの感動した内容を全てわかったのか自信がないよ。でも、ふみさんがどんなことに心を動かされる人なのかを、知ることができた。ふみさんの新たな一面がわかって、うれしかったよ。

ふみ　ありがとう。いま、なつさんが話してくれたことは、まさに【2】でいう（③）ことを指しているね。

(3) (2)の会話文をふまえて、問題㈡【2】と問題㈢【2】の共通点を次のように整理するとき、**A**にあてはまる言葉を、問題㈢【2】より、**三字**で**ぬき出して書き**なさい。

問題㈡【2】…自分からその土地に
鎌倉の土地について　［A］　をもとうとする。

問題㈢【2】…伝わらなくても人と
伝える人について　⇦　［理解］　が深まる。
を深めてもらえる。

(4) あなたの小学校では、他県の小学校との交流会に向けて、学校の魅力を紹介するための「学校の歌」を作ることになりました。あなた

から、自分で新しいことばを創ることはそれほど頻繁にはありません。大人が「今日何時の飛行機で札幌に行くの？」とだれかに聞くような会話の中で、「何時の空の車で札幌に行くの？」と言ったら明らかにヘンですよね。つまり、子どもは、結局は『大人の言い方』を学ばなければならないわけで、実際、「シラサギ」のことを「白いカラス」と言っていた子どもも、じきに「シラサギ」と言うようになり、「イチゴのしょうゆ」と言っていた子どもも、遠からず「コンデンスミルク」と言うようになるわけです。

　自分で考えて学習したことばを絶え間なく修正し続けることによって、子どもはただ「なんとなく知っている」単語の数を増やすだけではなく、「知っている」単語の意味を深めていきます。子どものことばの意味は絶えず深化と進化を続けていくのです。「発見」や「創造」にくらべ、「修正」はなんとなく地味でたいしたことのないことのように思えてしまうかもしれません。でも、「修正」ができるからこそ、「発見」と「創造」がことばの発達を前進させる原動力となり得るのです。

（今井むつみ『ことばの発達の謎を解く』〈筑摩書房〉より）

【2】

　私は、人は生まれて、言葉を獲得し、そうして少しずつ覚えながら、慣れながら、言葉というものを、肉体と同じように育てていくのだと思っています。だから、言葉というのは他人と似ているところもあるはずだけれど、実はみんな形が違っているのが当然で、なにもかもが伝わることはないし、なにもかも、わかりあうことなんて、絶対にありえない。誰にでも、「他人には絶対に伝わらない言葉」というものが心の中にあるのだと信じています。そしてそんな言葉を、伝わらなくても、届いてくれたらと思いながら発することで、その人は他者の中に自分の存在を残していくのかもしれない。

（最果タヒ「巻末エッセイ」（谷川俊太郎『星空の谷川俊太郎質問箱』ほぼ日所収）より）

(1)　ふみさんは、【1】の「深化と進化」についてまとめる中で、【2】の内容と共通する考え方があることに気づき、次のようにノートに整理しました。①〜⑤にあてはまる言葉を、①〜④は、〔①〜④に使う言葉〕のア〜カの中からそれぞれ一つずつ選び、記号で答えなさい。また、⑤は、【2】より**五字**で**ぬき出して**書きなさい。なお、同じ番号には同じ言葉が入ります。

〔ふみさんのノート〕

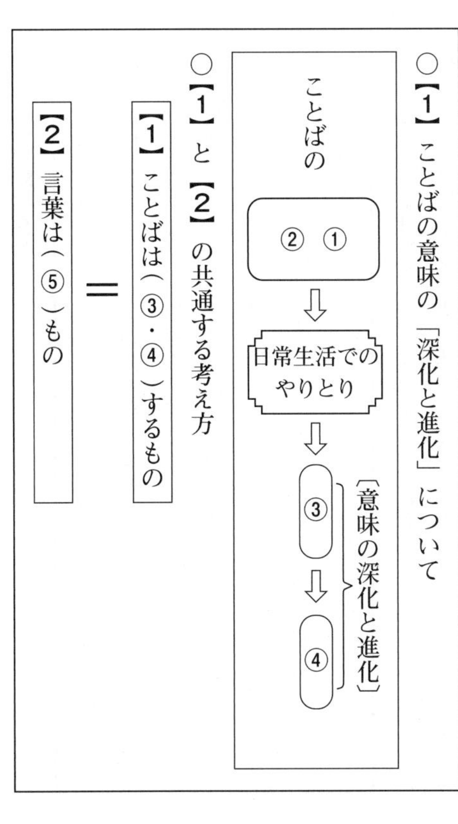

り付けて、自動車の今いる位置と、目的地までの道順を、動きにつれて画面で示すそう置。

※2　ランドマーク……その土地の目印や象ちょうとなる建造物。

※3　ひとかたならぬ……ふつうの程度ではない。大変な。

※4　開闢……物事のはじまり。

(1)　なつさんの学級は、【1】でいう、『なんにもわからない』のままでいる」とはどういう状態なのかを、授業で次のようにまとめました。①～④にあてはまる言葉を、①は、【1】より**九字**で**ぬき出して**書き、②は、【1】をもとに自分で考えて、**十字以上、二十字以内**で書きなさい。また、③は、**二字**で、④は、**十字以内**で、それぞれ自分で考えて書きなさい。

〔**授業のまとめ**〕

（　①　）ことさえできればよいと思い、（　②　）状態のこと。つまり、言いかえると、ぎ問に思ったことの（　③　）がわかれば満足なので、そのぎ問の（　④　）わけではなく、結果的に理解が不十分な状態のこと。

(2)　(1)をふまえて、なつさんは、【1】でいう、「わかる」状態について、授業でわかりやすい説明を行うために、【2】の文章を資料として使うことにしました。次は、なつさんが作成した、説明文の一部です。①、②にあてはまる言葉を、①は、【2】をもとに自分で考えて書き、②は、【2】より**五字**で**ぬき出して**書きなさい。

〔**なつさんの説明文の一部**〕

【1】でいう、「わかる」状態とは、【2】でいう、地図を使って鎌倉の自たくから大船市内のホームセンターまで行く場合におこると考えました。地図を使うことで（　①　）ので、ホームセンターの場所だけでなく、（　②　）にもくわしくなると思います。つまり、結果としてその土地についての理解が深まっていくことになります。これが、【1】でいう、「わかる」ということに結びついていくと思います。

(3)　なつさんは、【1】でいう、「わかる」状態について、今度は、自分の体験をもとにノートにまとめることにしました。なつさんになったつもりで、【2】をふまえて、具体例を挙げながら、【1】の「わかる」状態をくわしく説明しなさい。ただし、次の〔テーマ〕のア～ウの中から一つ選び、記号を書いてから説明すること。

〔**テーマ**〕

ア　食べ物について　　**イ**　スポーツについて

ウ　身近な生き物について

三　次の【1】は、学者の今井むつみさんが書いた文章、【2】は、詩人の最果タヒさんが書いた文章です。これらを読んで、あとの(1)～(4)の問いに答えなさい。

【1】

私たち大人は日常的な事柄について言いたい時、ほとんどの場合、すでにその状況にぴったりと合ったことばを知っています。です

〈適性検査二―二〉

―45分―

一　放送による問題（省略）

二　次の【1】は、小学六年生のなつさんが授業で読んだ文章です。【2】は、なつさんが、授業のあとに、図書館で見つけた、【1】に関連する文章です。これらを読んで、あとの(1)～(3)の問いに答えなさい。

【1】授業で読んだ文章

「わからない」をスタート地点とすれば、「わかった」はゴールである。スタート地点とゴール地点を結ぶと、「道筋（みちすじ）」が見える。「わかる」とは、実のところ、「わからない」と「わかった」の間を結ぶ道筋を、地図に書くことなのである。「わかる」ばかりを性急に求める人は、地図を見ない人である。常にガイドを求めて、「ゴールまで連れて行け」と命令する人である。その人の目的は、ただゴールにたどり着くことだけだから、いくらゴールにたどり着いても、途中（とちゅう）の道筋がまったくわからない――だから、人に地図を書いて、自分の通った道筋を教えることができない。「わかった」の数ばかり集めて、しかしその実「なんにもわからない」のままでいるのは、このような人である。

（橋本治（はしもとおさむ）『「わからない」という方法』〈集英社〉より）

【2】図書館で見つけた文章

カーナビ[※1]を使うと道順をおぼえることができない。誰（だれ）にでも経験のあることだと思うが、なぜカーナビを使うと道順をおぼえられなくなるのだろうか。

カーナビを使うようになる前、私（わたし）たちは地図を見て、目的地までのルートを決め、その道順をおぼえて、その通りにたどるように集中して運転していた。設定した道順通りにたどるには、途中で目印となるランドマーク[※2]を見つけなければならない。代表的なランドマークとして交差点や道路の名前、目立つ建物、スーパーマーケット、コンビニ、川にかかる橋等々が考えられる。

たとえば私は今も自家用車にカーナビをつけていないのだが、そのカーナビ無しの私が鎌倉（かまくら）の自宅（じたく）から大船（おおふな）市内のホームセンターに出かけるときは、まず自宅前の坂道をくだって江ノ電極楽寺駅（えのでんごくらくじえき）までたどり、長谷寺（はせでら）前の道を大仏方面にのぼり、〈手広（てびろ）〉という交差点を右折して……という道順をたどる。その際、とても当たり前の話なのだが、私は今あげたようなランドマークを確認（かくにん）しながら現在位置を把握（はあく）している。鎌倉に引っ越して一年、今でこそ道を記憶（きおく）しているが、越したばかりで周辺の地理に不案内なときは、外出のたびに道路地図を見て道順を暗記し、自信がないときは車を停（と）めてまた地図を確認していた。地図を見てランドマークになりそうな交差点の名前やコンビニの位置を頭にたたきこみ、それが出てくると、嗚呼（ああ）おれは今、正しい道にいるようだ、とひとかたならぬ[※3]心の平安をえて、さらに目的地にむかって前進する、とこのようなことをひたすら大船までくりかえすわけである。

この一連の作業の過程で私と外界とのあいだで生じているのが、まさに関わりであり、そこから開闢（かいびゃく）[※4]する世界そのものだ。

（角幡唯介（かくはたゆうすけ）『そこにある山』〈中央公論新社〉より）

※1　カーナビ……「カーナビゲーションシステム」の略。自動車に取

千葉市立稲毛国際中等教育学校

（編集部注：掲載にあたりレイアウトなどの一部改変を行っています。）

〈適性検査Ⅰ　※[1]は300ページから掲載しています。〉　—[1]と合わせて45分—

[2]　千花さんと良夫さんが千葉市の各家庭に配布されている「ちば市政だより」を読み、先生と話をしています。次の**3人の会話**を読んであとの**問1**～**問6**に答えなさい。

3人の会話

先生：「ちば市政だより」の2023年２月号に、千葉市役所の新庁舎に関する記事がありました。

千花：新庁舎はなぜ造られたのですか。それまでの庁舎ではいけなかったのですか。

先生：旧庁舎は①約50年前に建てられたので、老朽化が進んでいました。他にも耐震性の問題などがあったため、新庁舎を造ることに決まりました。

千花：新庁舎にはどのような特徴があるのですか。

先生：新庁舎には３つの特徴があります。１つめの特徴は新庁舎が自然災害などに備えた②総合防災拠点になっていることです。自然災害などから千葉市民の身体・生命・財産を守るために、新庁舎内に危機管理センターが整備されました。

良夫：災害などが起きたとき、ぼくたち市民の安全を守るために情報を収集し、すばやく的確な対応をしてくれるのですよね。

先生：２つめの特徴は③環境性能です。新庁舎は省エネルギー化や太陽光発電により、二酸化炭素の排出量が抑制されています。３つめの特徴は④バリアフリーが採用されていることです。

千花：バリアフリーとは何ですか。

先生：障害のある人や高齢者だけでなく、あらゆる人の社会参加を困難にしている様々なバリア（障壁）を取り除こうとする考えです。新庁舎では全フロアに多機能トイレが設置され、段差のない通路などが整備されました。

良夫：ぼくも家族で新庁舎に行きましたが、車いすに乗っている祖母でも、不自由なく見学することができました。

千花：それはとても良かったね。

良夫：祖母は新庁舎の１階に飾ってあった⑤千葉氏の兜に興味を持っていました。千葉氏については学校で勉強したので、祖母にも教えてあげました。

先生：学校で学んだことを生かすことができて素晴らしいですね。

千花：先生、わたしは新庁舎についてもっと知りたくなりました。

先生：それでは次の⑥社会科見学は千葉市役所に行きましょう。まずは千葉市について調べ学習を進めていきましょう。

問１　**3人の会話の下線部**①に関して、**資料１**は千葉市の各施設と日本の主な出来事について、市役所の旧庁舎が造られた1970年から新庁舎に移転した2023年までをまとめたもの、**資料２**は千葉市立図書館と千葉市美術館の概要についてまとめたものです。**資料１**と**資料２**に関する**千花さんと良夫さんの会話**文中の**ア**～**カ**から正しくないものを１つ選び、記号で書きなさい。

資料１　千葉市の各施設と日本の主な出来事

	千葉市の施設について	日本の主な出来事
1970年	市役所旧庁舎が造られる	日本万国博覧会が大阪で開催される
1972年	北部図書館（現千葉市稲毛図書館）がオープンする	アメリカから沖縄が返還される
1986年	千葉ポートタワーがオープンする	Ｇ７東京サミットが開催される
1992年	千葉市が全国で12番目の政令指定都市になり、各区役所が業務を開始する	ＰＫＯ協力法が成立する
1995年	千葉市美術館がオープンする	阪神・淡路大震災が起こる
2005年	アクアリンクちばがオープンする	京都議定書が発効する
2011年	千葉マリンスタジアムの名称が「ＱＶＣマリンフィールド」に変更される	東日本大震災が起こる
2023年	市役所が新庁舎に移転する	Ｇ７広島サミットが開催される

（千葉市ホームページより作成）

資料２　千葉市立図書館と千葉市美術館の概要

	千葉市立図書館（全体）			千葉市美術館	
	貸出冊数（冊）	貸出登録者（人）	新規購入冊数（冊）	一般成人入館者（人）	その他入館者（人）
2012年	4,030,340	282,811	36,624	122,053	10,507
2013年	3,888,841	271,227	35,643	175,482	9,752
2014年	3,905,237	266,276	34,637	137,398	8,574
2015年	3,851,308	261,336	35,641	156,042	6,700
2016年	3,719,115	254,596	51,766	106,334	6,163
2017年	3,813,996	249,853	31,794	121,820	6,276
2018年	3,682,908	245,275	28,654	111,039	5,579
2019年	3,547,609	237,527	26,938	127,857	8,740

（「千葉市統計書令和４年度版」「千葉市統計書平成29年度版」より作成）

千花さんと良夫さんの会話

良夫：ア旧庁舎が造られたとき、沖縄はまだアメリカの統治下にあったよ。太平洋戦争が終わって25年以上が経っても、その影響が残っていたことがわかるね。

千花：私は震災が気になったな。日本は世界的に見ても地震が多いと聞いたことがあるよ。**資料１**を見ると、イ1970年から2023年の間に少なくとも日本が２回大きな震災にみまわれたということがわかるね。

良夫：それでは詳しく調べるために図書館に行って、本を借りよう。

千花：図書館に行くのは久しぶりだな。2019年の校外学習では、千葉市立中央図書館へ行ったよね。

良夫：**資料２**を見ると、千葉市立図書館全体のウ貸出冊数は2019年が最も少ないね。

千花：そうだね。**資料２**を見ると、千葉市立図書館全体のエ貸出冊数は2015年から毎年減り続けているみたい。

良夫：なぜ本を借りる人が少なくなったのかな。新規購入冊数も2016年を境に減り続けているね。学校の友達に図書館で本を借りることをすすめてみよう。

千花：千葉市は、図書館のほかに美術館も運営していて、**資料２**では千葉市美術館の**オ**一般成人入館者は2013年が最も多く、2016年が最も少ないことがわかるね。

良夫：**資料２**の**カ**「その他入館者」が１万人以上だったのは2012年しかないね。

千花：今度は図書館や美術館を利用する人が増えるような取り組みについて考えてみたいな。

問２　３人の会話の下線部②に関して、⑴、⑵の問いに答えなさい。

⑴　良夫さんは、防災について調べている中で、千葉市の火災に関する**資料３**、**資料４**を見つけました。**資料３**、**資料４**を見て、次の**文章**中の（ａ）（ｂ）にあてはまるものとして最もふさわしいものを（ａ）については選択肢**ア**～**ウ**、（ｂ）については選択肢**エ**～**キ**から１つずつ選び、記号で書きなさい。

文章

> 千葉市の月別の火災の出火件数について、2014年と2021年のそれぞれ最も多い月同士の件数を比較すると、その差は（ａ）です。また、**資料３**、**資料４**から（ｂ）。

（ａ）の選択肢

ア　３件　　**イ**　７件　　**ウ**　19件

（ｂ）の選択肢

エ　2014年と2021年ともに、火災の出火件数が最も多い月は、湿度が１年で最も低い月であることがわかります

オ　2014年と2021年ともに、気温が最も低い月は火災の出火件数が最も多く、ストーブなどの取り扱いに注意する必要があると考えられます

カ　2014年と2021年ともに、千葉市の火災の出火原因で最も多いのは放火（疑い含む）ですが、2021年は2014年と比較すると減少していることがわかります

キ　2014年と比較すると、2021年の千葉市の火災の出火原因のうち、こんろの出火件数は半分以下に減少したことがわかります

資料３　千葉市の火災の出火件数と気温・湿度

出火件数（件）　気温（℃）　湿度（%）

凡例：出火件数　気温　湿度

(2014年)	1月	2月	3月	4月	5月	6月	7月	8月	9月	10月	11月	12月
出火件数（件）	24	22	29	28	34	21	18	27	27	21	21	28
気温（℃）	6.2	5.7	10.0	14.3	19.6	22.7	26.1	27.1	22.6	18.8	14.1	7.8
湿度（%）	48.0	55.0	56.0	59.0	65.0	76.0	75.0	75.0	69.0	68.0	63.0	52.0

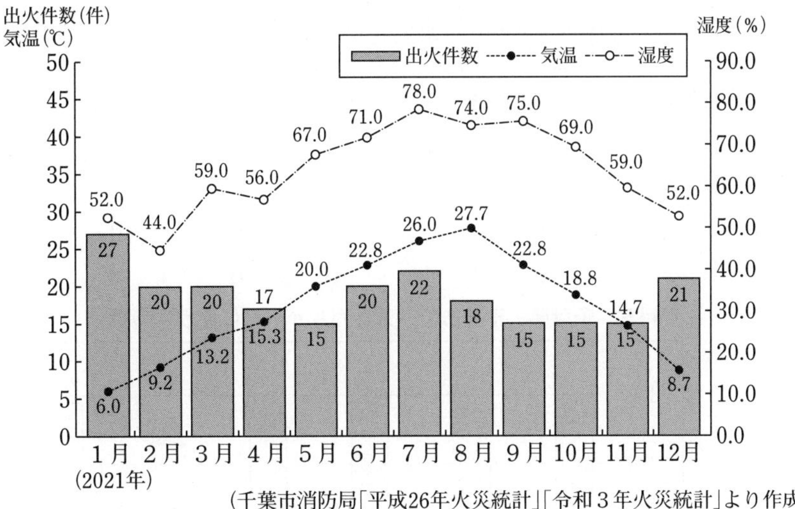

（千葉市消防局「平成26年火災統計」「令和３年火災統計」より作成）

資料４　千葉市の火災の出火原因

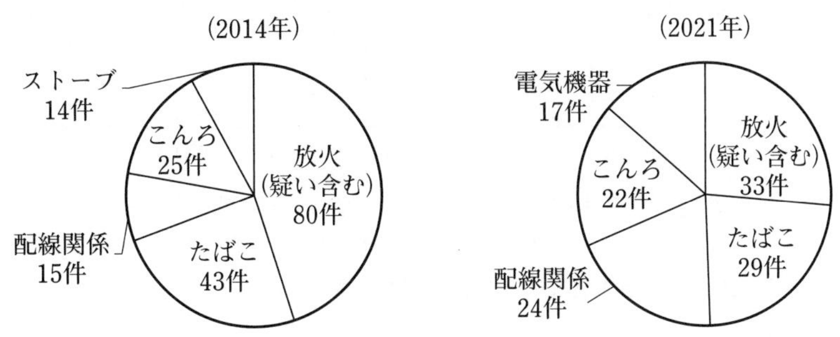

（千葉市消防局「平成26年火災統計」「令和３年火災統計」より作成）

(2)　良夫さんは、災害時に重要となるライフラインである水道に興味を持ち、千葉県全体と千葉市の水道使用量について調べている中で、**資料５**、**資料６**を見つけ、考えたことを**メモ**にまとめました。良夫さんの**メモ**の中の（ ① ）～（ ③ ）にあてはまる内容として最もふさわしいものを**a**～**f**から選んだとき、その組み合わせとして正しいものはどれか、あとの**ア**～**ク**から１つ選び、記号で書きなさい。

メモ

資料５から千葉県全体で一人あたりが一日に使う水の量と、千葉市で一人あたりが一日に使う水の量を比べると、どの年も（ ① ）の方が多くの水を使っていることがわかりました。また、2015年から2020年の６年間で、一人が一日に使う水の量がどれだけ変わったかということに注目すると、千葉県全体はわずかな増減を繰り返し、大きくは変わっていませんが、千葉市は徐々に増えていることがわかります。2015年と2020年を比べると千葉市では（ ② ）Lもの違いがありました。ぼくも今日から、限りある水資源を守るために節水を心がけていきたいと思います。

大切な水を守るためにできることは、節水だけではありません。川や沼の水をできるだけ汚さないようにすることも大切です。例えば**資料６**から、しょう油15mLをそのまま流してしまうと、そのしょう油が流れてきた川を、魚たちが住めるきれいな水に戻すためには浴槽1.5杯分、つまり（ ③ ）Lの水が必要になります。ですからしょう油などを捨てる時は、紙などに吸わせて可燃ごみで捨てるなどの工夫が必要です。

a　千葉県全体　b　千葉市　c　9　d　19　e　150　f　450

	①	②	③		①	②	③
ア	a	c	e	オ	b	c	e
イ	a	c	f	カ	b	c	f
ウ	a	d	e	キ	b	d	e
エ	a	d	f	ク	b	d	f

資料５　千葉県・千葉市で一人あたりが一日に使う水の量

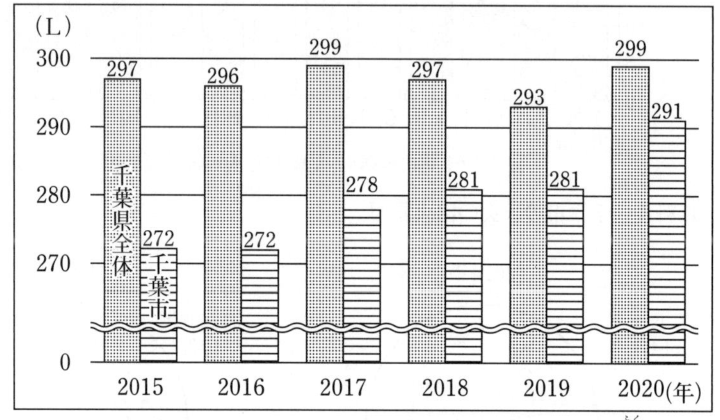

※「千葉県全体」には千葉市で一人あたりが一日に使う水の量も含まれる。
（千葉市営水道「令和３年度水道事業年報」などより作成）

資料６　魚が住める水質にするのに必要な水の量

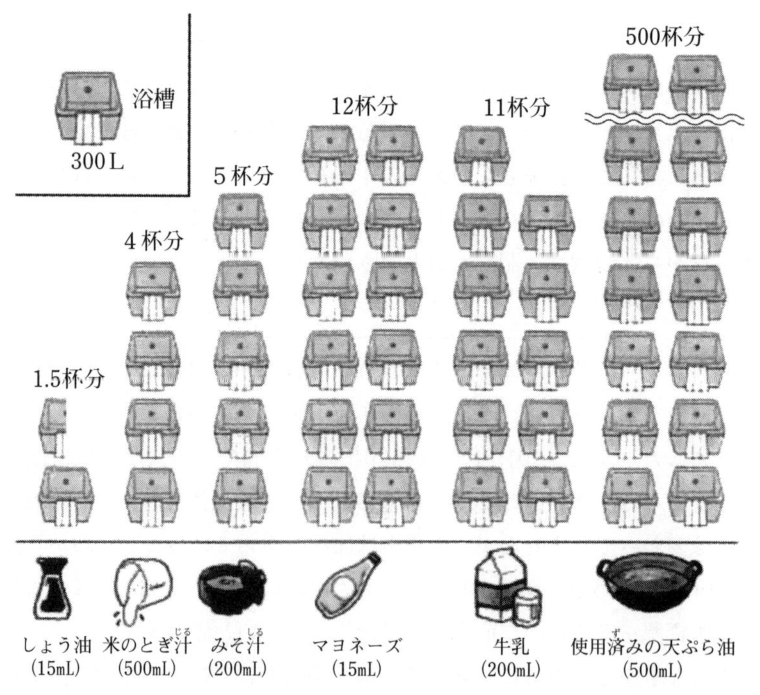

（千葉県「水のはなし 2023　千葉県下水道公社調べ」より作成）

問３　３人の会話の下線部③に関して、千花さんは、環境問題を通じて千葉市のごみ問題に関心を持ち、千葉市のごみ処理に関することを調べました。**資料７～資料９**を見て、その説明として最もふさわしいものを、次のア～エから１つ選び、記号で書きなさい。

ア　千葉市では2007年から焼却ごみ３分の１削減に向けて取り組み、目標を達成して以降、焼却ごみは毎年減少を続けている。

イ　可燃ごみの収集日を週３日から週２日に減らした年は、前年と比べて４万トン以上焼却ごみを減らすことができた。

ウ　数年間ごみの減少が停滞していたが、家庭向けのごみ袋をごみ処理費用の一部を含む価格で販売するようになった年に、焼却ごみ１/３削減の目標を達成することができた。

エ　千葉市では市内に３つあった清掃工場のうち老朽化が進んでいた新港クリーン・エネルギーセンターを廃止し、2023年現在、市内の清掃工場は２つになった。

資料７　千葉市の焼却ごみ削減に向けての取り組み

「焼却ごみ３分の１削減～リサイクルＮＯ．１大都市・ちば」主な内容
・千葉市は2007年から2016年までに焼却ごみを３分の１（25.4万トンまで）削減することを目指した。
・2009年から週３日だった可燃ごみの収集日を週２日に減らした。
・2014年から家庭向けの可燃ごみ・不燃ごみの袋をごみ処理費用の一部を含む価格で販売するようになった。
・2017年に、市内に３つあった清掃工場のうち、老朽化が進んでいた１つを廃止した。

（「焼却ごみ１/３削減」目標達成と今後の取組みについてなどより作成）

資料８　千葉市の焼却ごみ量の推移

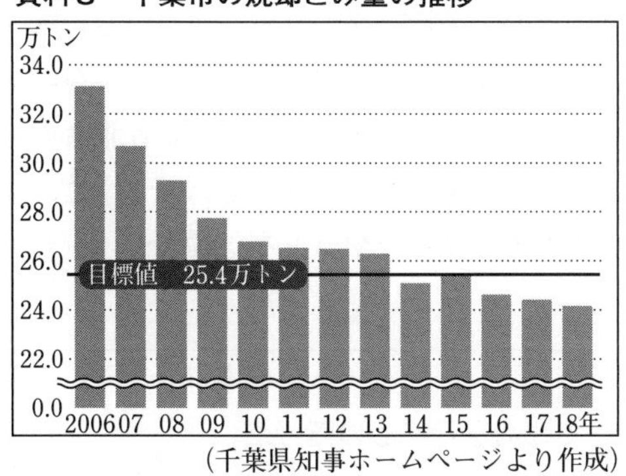

（千葉県知事ホームページより作成）

資料９　千葉市のごみ処理施設　（2023年）

（「かがやく千葉県」より作成）

問４　**３人の会話の下線部④**に関して、千花さんと良夫さんは、千葉市役所の新庁舎で**資料10**の多機能トイレを見つけました。多機能トイレについて先生と話した**市役所での会話**の中の［　　　　　］にあてはまる理由を20字以上30字以内で書きなさい。

資料10　千葉市役所の多機能トイレ

市役所での会話

先生：千葉市役所新庁舎の多機能トイレには、バリアフリーのための工夫がたくさんありますね。なにか気づいた点はありますか。

千花：はい。**資料10**のように多機能トイレがこのように広々とした設計になっているのは、車いすに乗った方でも身動きがとりやすいためですね。

良夫：便器の横に手すりがあるのも、車いすの方が便器に体を移す時の支えとしてとても大切ですよね。

先生：もうひとつ、車いすの人に向けての工夫として、洗面台の下（⬭の部分）に隙間が空いています。なぜ隙間が空いているのだと思いますか。

良夫：それは［　　　　］ためだと思います。

先生：その通りです。

千花：多機能トイレから、自分たちが普段気にせずに使っている場所やものでも、誰かにとっては大きな障壁になっているかもしれないということを考えるきっかけになりました。これからさらに、バリアフリーが取り入れられていくといいですね。

問５　３人の会話の下線部⑤に関して、千花さんは以前の地域学習で学んだ千葉氏のことを思い出し、千葉氏について調べていると次の資料を見つけました。「千葉市のホームページをまとめたもの」、資料11～資料13を見て、その説明として最も ふさわしいものを、あとのア～エから１つ選び、記号で書きなさい。

「千葉市のホームページをまとめたもの」

千葉氏は、千葉に本拠地をおいた有力な武士団でした。
千葉常胤は源氏軍が平氏軍に敗れたとき、直ちに源　頼朝の味方に付き、生涯にわたり頼朝を支えました。
常胤は鎌倉が源氏ゆかりの地であること、敵に攻められにくい立地であることから頼朝に鎌倉を拠点にするように勧めました。そして平氏打倒のため、いくつもの戦いに参加し、その褒美として千葉氏一族は数々の所領をもらい、常胤は下総国（現在の千葉市北部等）の守護に任命されました。千葉氏が当時獲得した所領はいまでも北は東北から南は九州まで全国各地に「千葉氏の主なゆかりの地」として残っています。このように鎌倉幕府の成立に大きく貢献した常胤のことを、頼朝は父のように慕っていたと言われています。

（千葉市ホームページより作成）

ア　常胤が任命された役職は将軍に代わって政治を行うものだった。

イ　常胤が鎌倉は敵に攻められにくい立地であると考えたのは、東西南北を山に囲まれている盆地だったからである。

ウ　千葉氏の主なゆかりの地は東日本と西日本では、東日本の方が多い。

エ　六波羅探題がおかれた場所にも「千葉氏の主なゆかりの地」がある。

資料11　鎌倉幕府のしくみ

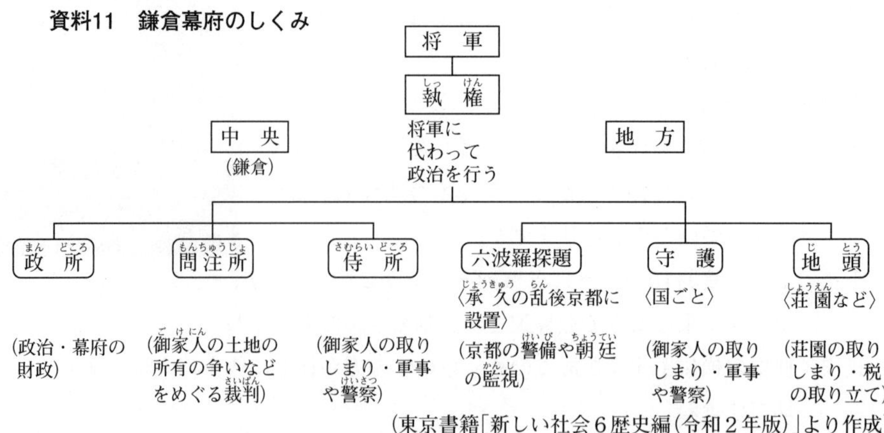

（東京書籍「新しい社会６歴史編（令和２年版）」より作成）

資料12　鎌倉と幕府の位置

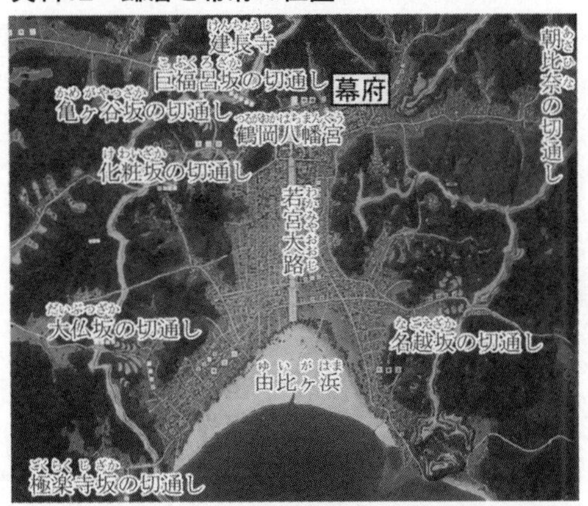

（東京書籍「新しい社会」より作成）

資料13　千葉氏の主なゆかりの地

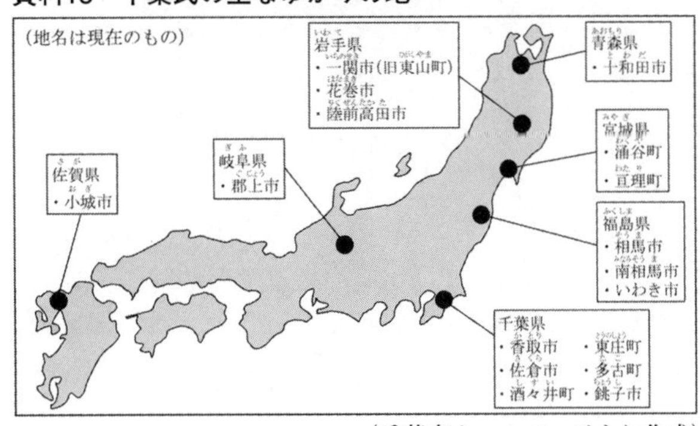

（千葉市ホームページより作成）

問６　**３人の会話の下線部⑥**に関して、千花さんや良夫さんのクラスは、次に千葉市役所から移動して、ある場所へ向かいました。先生はそこで責任者から名刺（めいし）をもらいました。**ある場所での先生と千花さんの会話、資料14、資料15**を見て、先生が責任者からもらった名刺として最もふさわしいものを、あとの**ア～カ**から１つ選び、記号で書きなさい。

ある場所での先生と千花さんの会話

千花：先生、これを見てください。２枚（まい）の地図が壁（かべ）にかかっています。

先生：そうですね。どちらも千葉市の地図みたいですね。

千花：2019年（平成31年）と1970年（昭和45年）の千葉市の地図と書いてあります。

先生：わたしたちがいるこの場所は1970年の地図だとどのあたりかわかりますか。

千花：（指をさして）ここです。1970年の地図では、まだこの場所も、千葉市役所の旧庁舎もありませんね。

先生：そうですね。この場所の近くには神社がありますが、1970年の地図にも、2019年の地図にもこの神社があります。市役所からは南東に向かって歩いてこの場所につきました。帰りは京成線に乗りますが、ここから一番近い京成線の駅はどこだかわかりますか。

千花：千葉中央駅が一番近いと思います。

先生：その通りです。ここからまた北東に向かって、千葉中央駅に歩いていきましょう。遅（おそ）くなっては大変ですね。そろそろ出発しましょう。

千花：はい、わかりました。みんなに伝えてきます。

資料14　2019年の千葉市の地図

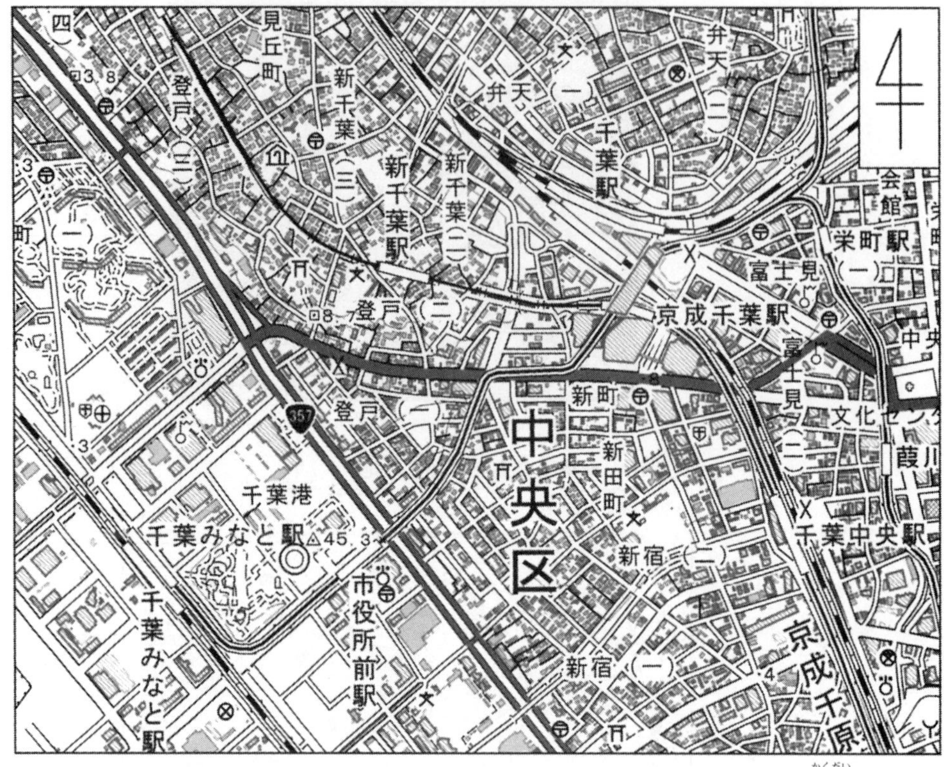

(国土地理院発行　２万５千分の１地形図「千葉西部」　平成31年発行より160％に拡大して作成)

資料15　1970年の千葉市の地図

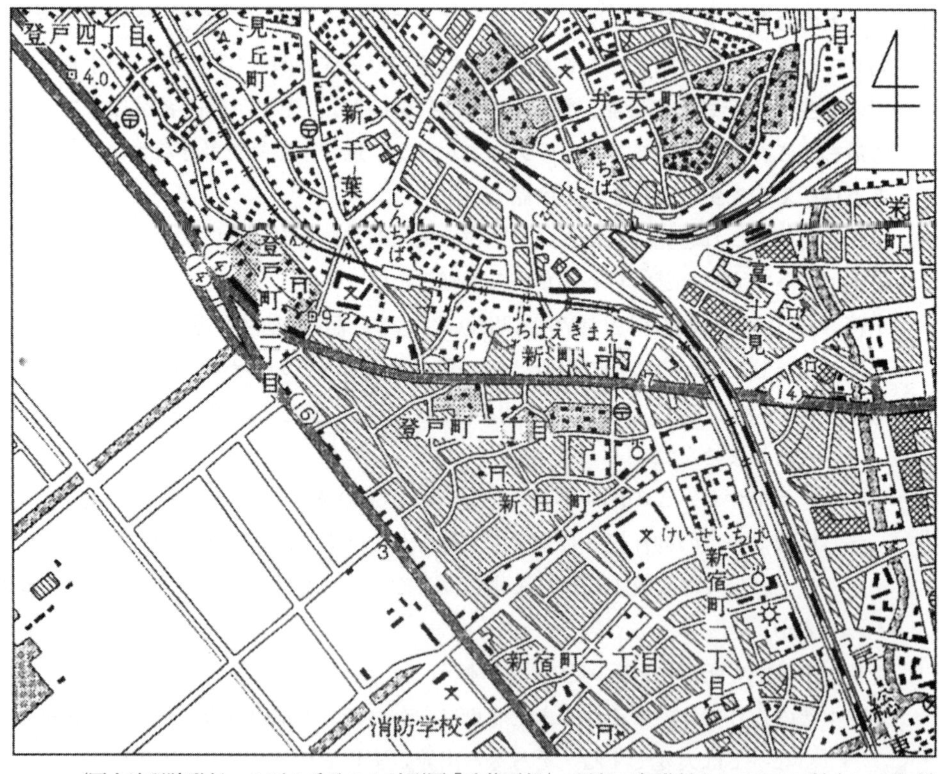

(国土地理院発行　２万５千分の１地形図「千葉西部」　昭和45年発行より160％に拡大して作成)

主な地図記号

⊖ 郵便局（ゆうびんきょく）	⊕ 病院	Y 消防署（しょうぼうしょ）	⊗ 警察署	X 交番
◎ 市役所	ö 官公署	⛩ 神社		
介 老人ホーム	文 小中学校	鉄道		

「責任者からもらった名刺」

ア
千葉市中央区登戸（ちゅうおうくのぶと）
１丁目○○交番
千葉　太郎

イ
千葉市中央区登戸
１丁目○○病院
千葉　太郎

ウ
千葉市中央区新千葉
３丁目○○老人ホーム
千葉　太郎

エ
千葉市中央区新千葉
３丁目○○警察署
千葉　太郎

オ
千葉市中央区新宿（しんじゅく）
１丁目○○郵便局
千葉　太郎

カ
千葉市中央区新宿
１丁目○○消防署
千葉　太郎

〈適性検査Ⅱ〉 —45分—

1　花子さん、太郎（たろう）さん、次郎さんの３人は千葉（ちば）市科学館に行きました。次の問いに答えなさい。

問１　３人は、稲毛（いなげ）国際中等教育学校に集合し、千葉市科学館に自転車で向かいました。**図１**は３人の行きの様子をグラフに表したもので、**表１**は集合場所からそれぞれの場所への道のりをまとめたものです。行きは、黒砂（くろすな）橋で少し休み、コンビニエンスストアで昼食を買い、みなと公園で休んでから、千葉市科学館に向かいました。帰りは、15時に千葉市科学館を出て、行きと同じコースを自転車で走って稲毛国際中等教育学校に向かいました。行きに昼食を買ったコンビニエンスストアで10分間買い物をした以外、休むことなく自転車で走って、15時50分に稲毛国際中等教育学校に着きました。その結果、千葉市科学館を出てからコンビニエンスストアに着くまでにかかった時間と、コンビニエンスストアを出てから稲毛国際中等教育学校に着くまでにかかった時間が同じでした。あとの(1)、(2)の問いに答えなさい。ただし、行きの行程のそれぞれの区間と、帰りの行程のそれぞれの区間の中において、自転車の速さは一定であったものとします。

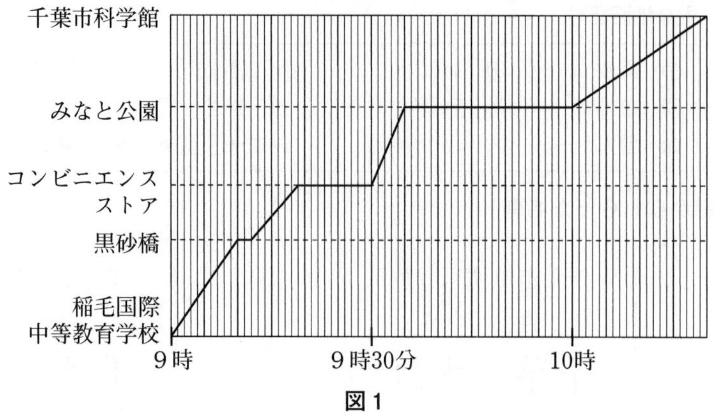

図1

	集合場所からの道のり（m）
稲毛国際中等教育学校	0
黒砂橋	2100
コンビニエンスストア	3300
みなと公園	5000
千葉市科学館	7000

表1

(1)　行きの行程について、次の①、②の問いに答えなさい。

①　みなと公園で休んだ時間は何分間ですか。

②　最も速く走っていたのはどこからどこまでの区間ですか。次の**ア**～**エ**から１つ選び、記号で書きなさい。

ア　稲毛国際中等教育学校の入り口～黒砂橋

イ　黒砂橋～コンビニエンスストア

ウ　コンビニエンスストア～みなと公園

エ　みなと公園～千葉市科学館

(2)　帰りの行程について、次の①、②の問いに答えなさい。

①　帰りの様子を表すグラフを、**図１**にならってかきなさい。

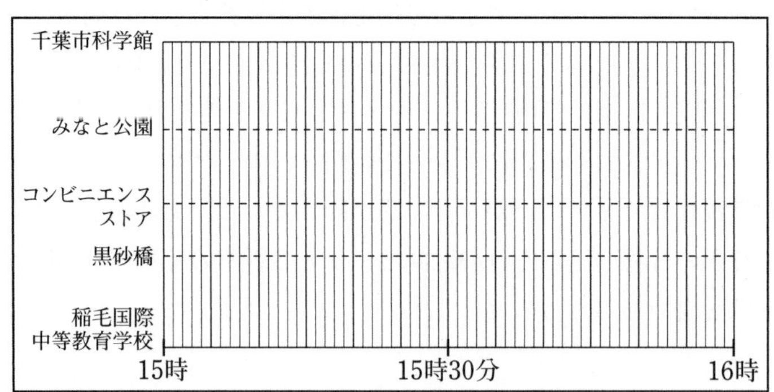

②　千葉市科学館からコンビニエンスストアまでの区間の速さは、時速何kmですか。

問２　３人は、自転車がどのように動いているかについて調べました。３人の会話について、あとの(1)、(2)の問いに答えなさい。ただし、円周率は３とします。

太郎：自転車は、ペダルを足でこぐと、前輪と後輪が回って進むよね。前輪と後輪が１回転するとどれくらい進むのかな。

花子：私(わたし)の自転車だと、前輪と後輪は両方とも直径24インチだね。１インチが2.5㎝だとすると、前輪と後輪が１回転したら(　　)㎝進むよ。

次郎：そもそも、ペダルをこぐとなぜ前輪と後輪が回るんだろう。

太郎：自転車には、ペダルの中心に前歯車と、後輪の中心に後ろ歯車があって、ペダルが１回転すると前歯車も１回転、後ろ歯車が１回転すると後輪も１回転するよ。前歯車と後ろ歯車はチェーンでつながっていて、前歯車が動いた歯数の分だけ、後ろ歯車も動いて後輪が回るようになっているんだ。前輪には歯車もチェーンもないけど、後輪が回って自転車が前に進むから、前輪もいっしょに回るんだよ。

次郎：そうなんだ。そういえば、花子さんの自転車には歯車がたくさんあったね。

花子：私の自転車には、前歯車に歯数が40個と48個の２種類の歯車、後ろ歯車に歯数が10個、12個、16個、18個、20個、24個の６種類の歯車があるんだよ。変速機という装置(そうち)を操作(そうさ)して、チェーンにつながる歯車の組み合わせを変えているんだ。

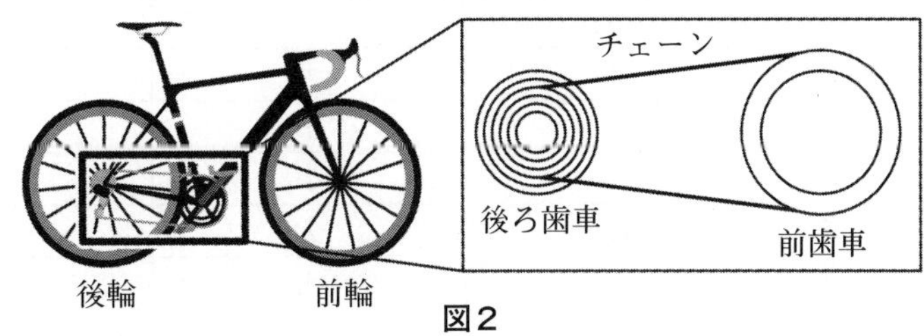

図２

太郎：歯車の組み合わせを変えると何が変わるの。

次郎：歯車の組み合わせで、後輪が回る力が変わるって聞いたことがあるよ。坂を上るときや、速く進みたいときで、歯車の組み合わせを変えるんだよね。

花子：そうだね、進む道によって歯車の組み合わせを変えているよ。でも、後輪が回る力については考えたことがなかったから、私の自転車を使って調べてみようよ。

太郎：いい考えだね。歯車の組み合わせを変えながら、水平にしたペダルの上におもりを乗せたときに後輪が回る力を、はかりではかってみよう。

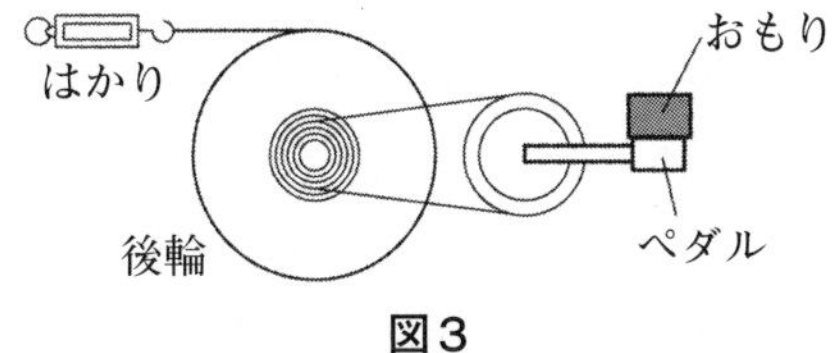

図３

⑴　次の①、②の問いに答えなさい。

①　会話文中の(　　)にあてはまる数を書きなさい。

②　花子さんの自転車の前歯車の歯数が48個、後ろ歯車の歯数が12個のとき、花子さんがペダルを20回転させると、後ろ歯車は何回転しますか。

⑵　ペダルの上に乗せるおもりの重さ、前歯車の歯数、後ろ歯車の歯数の条件をいろいろ変えて、後輪が回る力を、花子さんの自転車を使って調べました。**表２**は、その結果をまとめたものです。

おもりの重さ（g）	450	450	450	450	600	600	600	600
前歯車の歯数（個）	40	40	48	48	40	40	48	48
後ろ歯車の歯数（個）	10	16	18	24	12	20	12	18
後輪が回る力（g）	61	97	91	121	97	161	81	121

表２

後輪が回る力が最も大きくなる組み合わせとして正しいものを、次の**ア**～**ク**から１つ選び、記号で書きなさい。

	おもりの重さ	前歯車の歯数	後ろ歯車の歯数
ア	小	小	小
イ	小	小	大
ウ	小	大	小
エ	小	大	大
オ	大	小	小
カ	大	小	大
キ	大	大	小
ク	大	大	大

問３　千葉市科学館が入っている建物「Ｑｉｂａｌｌ（きぼーる）」には、館外から見える大きな球があります。この球の中はプラネタリウムになっており、直径は26ｍとのことです。ギリシャの科学者であるアルキメデスは、球の体積について次のような法則を発見しました。

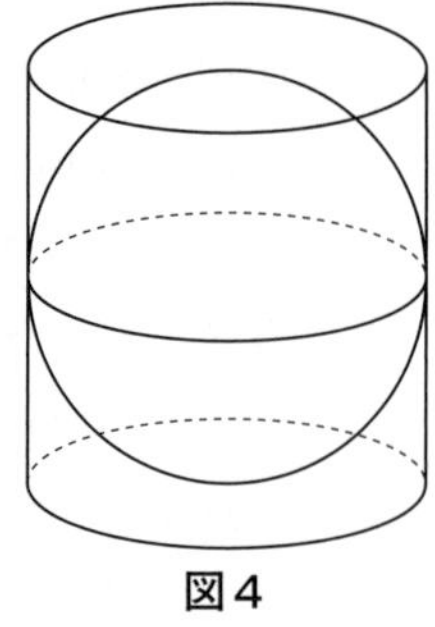

図４

図４のように、球がちょうど入る（高さと底面の直径が球の直径と等しい）円柱を考えると、
球の体積：円柱の体積＝２：３　となる。

この法則を利用して、次の⑴、⑵の問いに答えなさい。ただし、円周率は３とします。

⑴　次の①、②の問いに答えなさい。

①　「きぼーる」の球がちょうど入る円柱の表面積を求めなさい。
表面積とは、円柱の展開図の面積のことです。

②　「きぼーる」の球の体積を求めなさい。

⑵　太郎さんと花子さんは学校で「きぼーる」の球の模型（もけい）をそれぞれ作りました。２人が作った「きぼーる」の球の模型は体積が同じ球です。**図５**のように、太郎さんの模型は立方体のいれものに、花子さんの模型は円柱のいれものに入っていて、それぞれのいれものは、球の模型がちょうど入るようになっています。（球が立方体にちょうど入るとは、球の直径と立方体の１辺の長さが等しいことを表す。）次郎さんは、２つのいれものの容積の違い（ちがい）が気になり調べたところ、容積の違いは400㎤でした。球の模型の半径の長さとして、最も近いものを、次の**ア**～**エ**から１つ選び、記号で答えなさい。

太郎さんの模型といれもの　　花子さんの模型といれもの

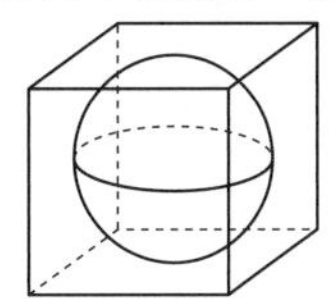

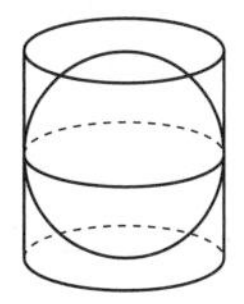

図5

ア　4㎝　　**イ**　5㎝　　**ウ**　6㎝　　**エ**　7㎝

2　6年生のクラスで、各グループでテーマを決めて調べることにしました。各グループの発表をまとめたものを読んで、次の問いに答えなさい。

問1　たくろうさんのグループは、熱の伝わり方と水の動きについて調べました。これについて、あとの(1)～(3)の問いに答えなさい。

図1のように学校の屋上に自然循環(じゅんかん)式太陽熱温水器がありました。この温水器は、貯湯部と集熱部の2つの部分からできていて、貯湯部位置が高く、集熱部位置が低くなるように置かれていました。この温水器の仕組みについて調べると、この温水器の内部は**図2**のようになっていて、斜線(しゃせん)部分は水を表しています。集熱部では太陽の熱によって水を温めていて、温められた水は管【　　】を通って、貯湯部にたくわえられます。貯湯部にたくわえられた温水は、管Aを通って外にある蛇口(じゃぐち)から使われ、貯湯部の温水が少なくなると管Bから新しい水が貯湯部に入ります。

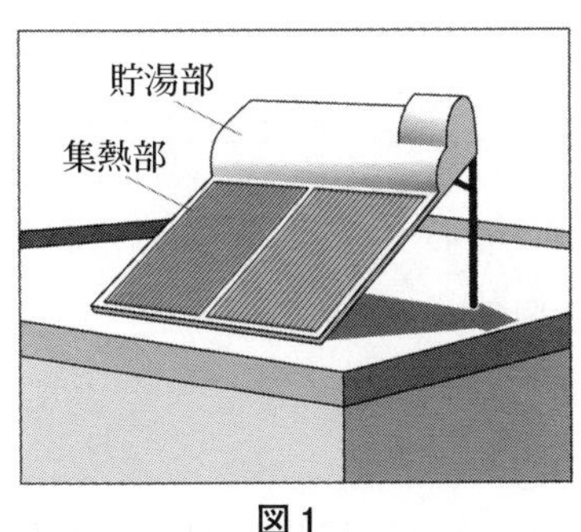

図1

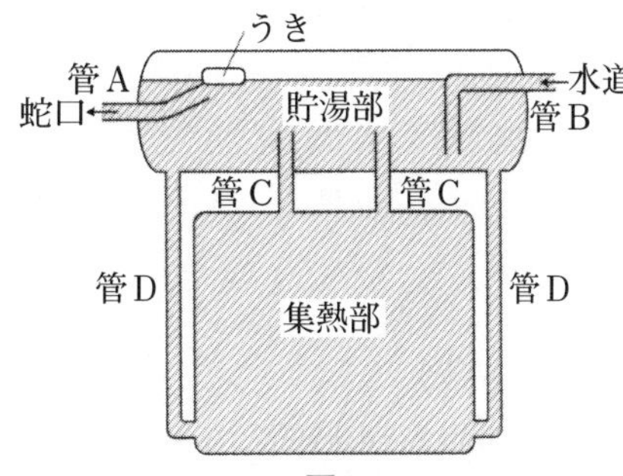

図2

また、貯湯部の温水の量が変化して、貯湯部の水位が上下すると、うきと、うきとつながった管Aの右側の口も上下します。これによって、貯湯部の水位が変化しても、管Aの右側の口が水面のすぐ下にくるようになり、貯湯部にたくわえられた水の中で(　　)を蛇口から使うことができます。

(1)　文章中の【　　】にあてはまる記号として最もふさわしいものを、**図2**中の管A～Dから1つ選び、記号で書きなさい。

(2)　自然循環式太陽熱温水器の集熱部での水の動きと同じ原理による現象を、次の**ア**～**エ**から1つ選び、記号で書きなさい。

ア　水を温めると、水にとかすことのできる砂糖(さとう)の量が増えた。

イ　こんろで湯をわかしていたアルミニウムのやかんをさわると熱かった。

ウ　燃えている炭に空気を送りこむと、激(はげ)しく燃えるようになった。

エ　線香(せんこう)に火をつけると、煙(けむり)が上に上がっていった。

(3)　文章中の(　　)にあてはまる言葉として最もふさわしいものを、次の**ア**～**ウ**から１つ選び、記号で書きなさい。

ア　一番温かい部分の水

イ　水道から入ってきたばかりの水

ウ　一番冷たい部分の水

問２　まりさんのグループは、春分の日における千葉市での太陽の見え方について調べました。あとの(1)、(2)の問いに答えなさい。ただし、太陽の動く速さは一定とします。

春分の日における千葉市での太陽の見え方について予想してから、実際に調べました。

〔予想した内容〕

・昼の時間と夜の時間はそれぞれ12時間ずつだと予想しました。

・日の出は、太陽の上半分が地平線の上に出た瞬間(しゅんかん)で、日の入りは、太陽の下半分が地平線の下に入った瞬間だと予想し、真南を向いた時の太陽の通り道を**図３**のように表しました。

・太陽の中心は地平線の真東と真西を通過すると予想しました。

・日の出の方位は太陽の中心がある真東で、日の入りの方位は太陽の中心がある真西だと予想しました。

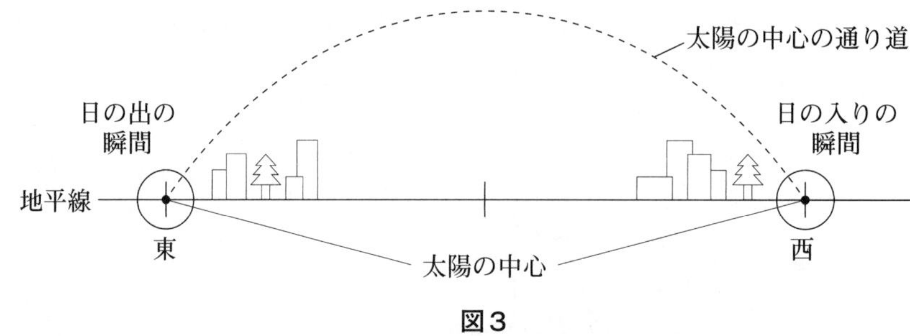

図３

〔調べた結果〕

・昼の時間は夜の時間よりも長くなっていました。

・日の出は、地平線から太陽の一部が見えるようになる瞬間、日の入りは地平線から太陽が全て見えなくなる瞬間です。(**図４**)

・太陽の中心は地平線の真東と真西を通過していました。

・日の出の方位は太陽の上側が見え始める場所なので、【 a 】寄り、日の入りの方位は太陽の上側が見えなくなる場所なので、【 b 】寄りでした。

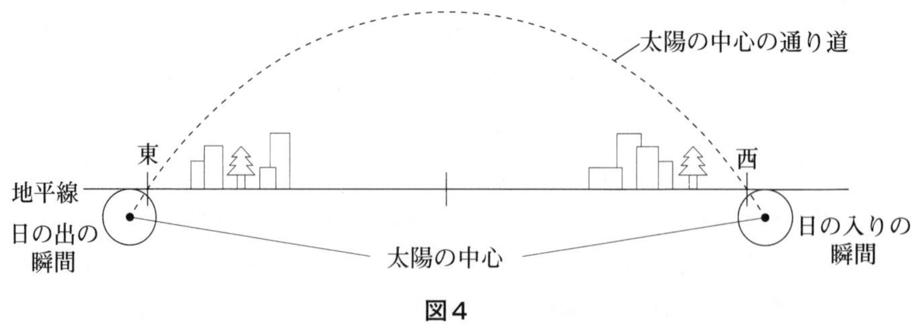

図４

・**図５**のＡは、日の出のときの太陽の中心、Ｂは太陽の上半分が地平線の上に出たときの太陽の中心の場所です。点線のＡからＢまでの長さは、太陽の半径の1.2倍で、太陽の中心がＡからＢまで動くのにかかる時間をはかったところ、１分12秒かかりました。

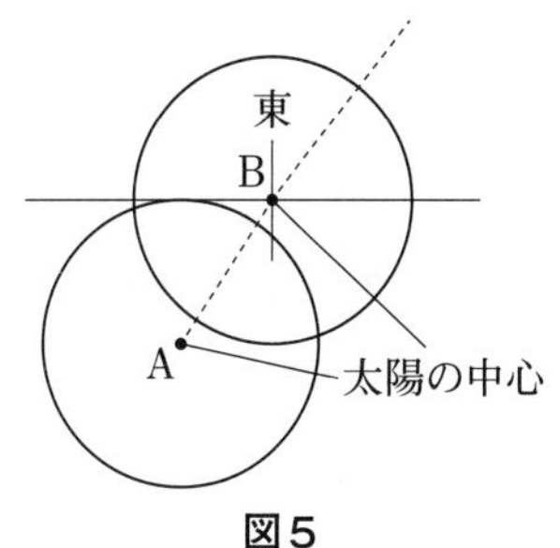

図５

〔調べた結果〕を使って、私たちから見た太陽の大きさについて考えました。

・太陽の中心が半径の長さの分だけ動くのに【 ｃ 】分かかります。

・日の出→昼→日の入り→夜→日の出と、太陽が１日で１周しているように見えます。つまり、太陽は24時間で360度動いているように見えるので、太陽は１度動くのに【 ｄ 】分かかります。

・**図６**のように私たちから見た太陽の大きさを角度で考えると、太陽の大きさは【 ｅ 】度になります。

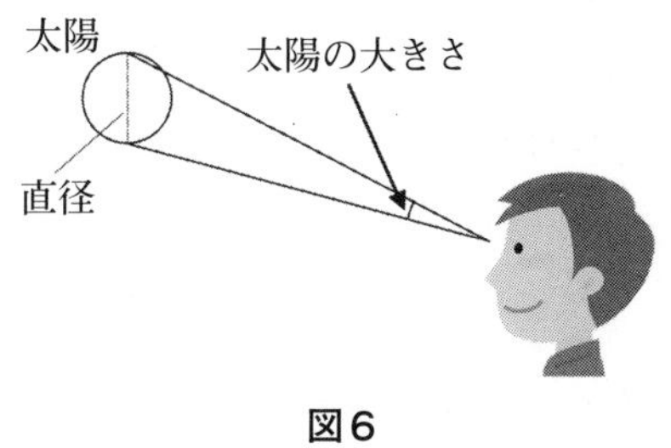

図６

(1)　文章中の【 ａ 】、【 ｂ 】にあてはまる方位として最もふさわしいものを、次の**ア**～**エ**から１つずつ選び、記号で書きなさい。

ア　真東よりも北　　**イ**　真東よりも南　　**ウ**　真西よりも北　　**エ**　真西よりも南

(2)　文章中の【 ｃ 】～【 ｅ 】にあてはまる数を書きなさい。

問３　まいさんのグループは、ヒトの体について調べました。あとの(1)～(3)の問いに答えなさい。

睡眠(すいみん)時の成人の心臓(しんぞう)は、１分間に60回のはく動で１分間に約4.2Lの血液を全身に送り出します。はく動によって心臓から勢いよく送り出された血液が通る血管を動脈といい、心臓から送り出された血液が肺(はい)や全身を通ったあとゆっくりと心臓にもどってくるときに通る血管を静脈(じょうみゃく)といいます。心臓から送り出された血液は、小腸やかん臓、じん臓などに流れていきます（**図７**）。また、全身から心臓にもどってきた血液は肺に送られ、血液中にある二酸化炭素をはく空気の中に出して、体の活動に必要な酸素を血液中に取りこみます。

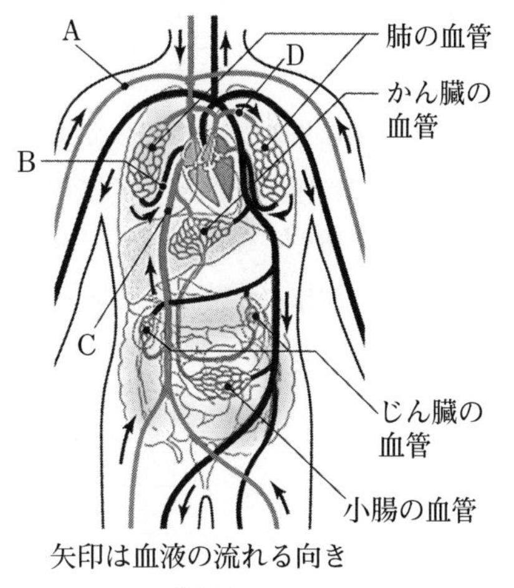

矢印は血液の流れる向き

図７

小腸では、食物の養分を血液中に吸収(きゅうしゅう)しています。かん臓では、血液中の養分をたくわえたり、たくわえた養分を血液中に放出したりしています。
　じん臓では、血液中にある体に不要なものを集めて体の外に出すために、じん臓に入ってくる血液から原尿(げんにょう)という液体をつくっています。ただ、原尿には体に必要なものが多くふくまれているので、体に必要なものを原尿から血液にもどして、体に不要なものが原尿よりも濃(こ)くなった尿という液体をつくり、尿を体の外に出しています。

(1)　血液の流れについて、次の①、②の問いに答えなさい。

①　心臓や動脈、静脈について述べたものとして正しいものを、次の**ア**～**エ**からすべて選び、記号で書きなさい。

ア　手首では動脈で脈はくを感じることができる。

イ　運動をしているときも運動をしていないときも、1分間に心臓が全身に送り出す血液の量は同じである。

ウ　睡眠時の成人の心臓の1回のはく動で全身に送り出される血液量は約70mLである。

エ　脳(のう)やじん臓に送られた血液は心臓にもどらないで肺にいくことがある。

②　酸素を多くふくむ血液が流れる静脈としてふさわしいものを、**図7**中のA～Dから1つ選び記号で書きなさい。

(2)　かん臓では、血液中の養分が一定になるように、血液中の養分の量を調整しています。血液中の養分の量について説明した次の文章中の【 a 】～【 d 】にあてはまることばの組み合わせとして正しいものを、次の**ア**～**エ**から1つ選び、記号で書きなさい。

　満腹(まんぷく)時は、小腸からかん臓に流れる血液中の養分の量が【 a 】ため、かん臓は養分を【 b 】。
　空腹時は、小腸からかん臓に流れる血液中の養分の量が【 c 】ため、かん臓は養分を【 d 】。

	a	b	c	d
ア	多くなる	放出する	少なくなる	たくわえる
イ	多くなる	たくわえる	少なくなる	放出する
ウ	少なくなる	放出する	多くなる	たくわえる
エ	少なくなる	たくわえる	多くなる	放出する

(3)　体に不要なものとして尿素という物質があります。血液中にある尿素はじん臓で集められて、尿の一部として体の外に出されます。**表1**は成人のじん臓で作られる原尿や成人の尿の重さ、ふくまれる尿素の重さについてまとめたものです。尿にふくまれる尿素の濃さは、原尿にふくまれる尿素の濃さの何倍になりますか。小数第一位を四捨五入(ししゃごにゅう)して整数で求めなさい。

	原尿	尿
1日に作られる重さ(g)	150000	1500
ふくまれる尿素の重さ(g)	45	30

表1

②弱点も、短所も、あなたの味方に、生きる力になってくれるよ。
無理して、乗り越えようとしなくていい。
いっしょに歩いていけばいいよ。

あした旅立つすべての小鳥たちへ、陽菜より

（小手鞠るい『旅立つ小鳥たちへ』〈光村図書出版〉による。一部中略した箇所がある。）

※1　コンプレックス…自分が他人に比べておとっていると思う気持ち。

問一　**波線部①**「じゅうぶんな食べ物もなく、清潔な飲み水もなく、毎日のように、飢えて亡くなっている人たちが大勢いる」とあります。次の国連が示した「持続可能な開発目標（SDGs）」の中にもある「飢餓をゼロに」を達成するために、あなたに今できることと、将来できることは何だと考えられますか。それぞれ三十字程度で考えて書きなさい。句点（。）読点（、）も含む。

SUSTAINABLE DEVELOPMENT GOALS
1 貧困をなくそう
2 飢餓をゼロに
3 すべての人に健康と福祉を
4 質の高い教育をみんなに
5 ジェンダー平等を実現しよう
6 安全な水とトイレを世界中に
7 エネルギーをみんなにそしてクリーンに
8 働きがいも経済成長も
9 産業と技術革新の基盤をつくろう
10 人や国の不平等をなくそう
11 住み続けられるまちづくりを
12 つくる責任つかう責任
13 気候変動に具体的な対策を
14 海の豊かさを守ろう
15 陸の豊かさも守ろう
16 平和と公正をすべての人に
17 パートナーシップで目標を達成しよう

問二　**波線部②**「弱点も、短所も、あなたの味方に、生きる力になってくれるよ」とあります。あなたの「長所」や「短所」はどのようなものですか。また、それが「生きる力になってくれる」とはどのようなことだと思いますか。あなたの経験を交えて具体的に書きなさい。ただし、次の【書くことのきまり】にしたがって書くこととする。

【書くことのきまり】

1　一行二十字の原こう用紙に九行以上十行以内で書くこと。
2　二段落構成とし、一段落目にはあなたの経験を交えて「長所」または「短所」を書くこと。二段落目にはその「長所」や「短所」が「生きる力になる」とはどのようなことかを書くこと。
3　句点や読点もすべて一字として数えること。ただし、句点や読点が行のはじめ（一マス目）に来る場合には、前の行の最後のマスに文字と一緒に入れること。
4　文字やかなづかいを正しく書き、漢字を適切に使うこと。

〈適性検査Ⅲ〉　—45分—

1　放送による外国語の問題（省略）

2　次の文章を読んで、あとの問いに答えなさい。

> 三十四歳（さい）の「わたし」（陽菜（ひな））は、新生活に向けて引（ひ）っ越（こ）しの準備をしている。荷物の整理をしながら過去を振（ふ）り返った「わたし」は、二十年前の自分を思いながら、手紙を書くことにした。

わがままで、がんこな、この性格。
思いこんだら、ほかのことは何も見えなくなる。昔からそうだった。この性格そのものがコンプレックス[※1]だったのだ。
三十四年、生きてきて、わたしにはわかったことがひとつだけある。
性格は、変えられない。コンプレックスは、消えない。
けれどもそれは決して、悪いことじゃない。
変えられない性格と、消えないコンプレックスこそが、強く生きてゆくための力になるのだ。
引っ越しの荷造りをすべて終えてから、わたしは手紙を書いた。
わたしによく似た、十四歳のひな鳥たちに宛（あ）てて。

旅立つ小鳥たちへ
あなたは今、何歳ですか？
もしも十四歳であるならば、この手紙を読んでください。これは、わたしが二十年前のわたしに宛てて書いた手紙です。同時に、わたしと同じ十四歳のあなたたちに宛てて書いた手紙です。
わたしはきょう、十年間、住み慣れた巣から、旅立っていきます。
遠い世界で、わたしを待ってくれている子どもたちが大勢います。①じゅうぶんな食べ物もなく、清潔な飲み水もなく、毎日のように、飢（う）えて亡（な）くなっている人たちが大勢いる世界です。
なぜ、こんな世界があるのでしょうか。
それは人間が起こした戦争や紛争（ふんそう）のせいです。
戦いが終わらないから、子どもたちの苦しみも終わらないのです。
わたしはひとりの日本人女性です。
三十四年、日本で幸せに暮（く）らしてきました。
でも、この地球上には、苦しんでいる子どもたちがいる、ということを知ってから、どんな小さなことでもいいから、子どもたちの力になりたい、そういう仕事をしたいと思うようになりました。
調べてみると、わたしにもできることが色々ありました。それをやるために、日本での生活にひと区切りをつけて、わたしは旅立つ決心をしたのです。
ひな鳥たちは、自分の翼（つばさ）を広げて飛べるようになったとき、安心して暮らせるあたたかな巣を離（はな）れて、ひとりで旅立ってゆきます。わたしもそんなひな鳥のひとりとして、きょう、未知の世界へ出発します。
いつか、どこかで、あなたに会えたとき「あの日、旅立って、よかった」と、胸（むね）を張って言えるようなわたしでありたいと思います。
あなたは今、どんなコンプレックスを抱（かか）えていますか。
ときにはコンプレックスに押（お）しつぶされそうになることも、あるかもしれません。かつてのわたしのように。
わたしは、あなたに、こう言いましょう。
そのコンプレックスがあなたそのものだよ。
コンプレックスは宝物（たからもの）みたいなもの。

問二　②に入る言葉を本文中から漢字二字でさがし、ぬき出して書きなさい。

問三　次の文は、**波線部③**「まったく違う感情を抱く」とはどのようなことかを説明しています。空らんに入る言葉を、それぞれ指定の字数で本文中からさがし、ぬき出して書きなさい。句点（。）読点（、）も含む。

メスライオンに対しては、**A（十一字）**と祈り、インパラに対しては、**B（八字）**と思うということ。

問四　**波線部④**「どこから見るかで景色はまったく変わる」とはどういうことか、「情報」という言葉を使って二十字以上三十字以内で説明しなさい。句点（。）読点（、）も含む。

問五　**波線部⑤**「真実は人の数だけある」について、このことに関係の深い四字熟語を、次の**ア**～**エ**の中から一つ選び、記号で答えなさい。

ア　異口同音　　**イ**　十人十色
ウ　付和雷同　　**エ**　正真正銘

問六　この文章の構成の特徴として、最もふさわしいものを次の**ア**～**エ**の中から一つ選び、記号で答えなさい。

ア　専門的な言葉を数多く使うことで、筆者が主張することに説得力をもたせている。
イ　具体例を示しながら、誰でも理解しやすいように筆者の考えを伝えている。
ウ　読者にわかりやすく伝えるために、筆者の主張を何度もくり返し説明をしている。
エ　読者の感情に訴えかけることで、筆者自身の考えに共感が得られるようにしている。

問七　千花さんと良夫さんが、この文章について話をしています。空らんに入る言葉の組み合わせとして、最もふさわしいものをあとの**ア**～**エ**の中から一つ選び、記号で答えなさい。

千花　今回の文章を読んで、関係のありそうな言葉を調べてみたよ。
良夫　どんなものが見つかったの。
千花　「鳥の目」「虫の目」「魚の目」というものがあるそうだよ。
良夫　はじめて聞いたよ。「鳥」や「虫」や「魚」にはどんな意味があるのかな。
千花　「鳥の目」の「鳥」は、鳥が空の高いところから離れた地面を見るように、「情報に対して距離を取って見直す」ということを意味しているんだって。
良夫　なるほどね。それに対して「虫の目」というのは、「情報に対して**A**理解する必要がある」という意味になるのかな。
千花　そうそう。さすが良夫さんだね。その通りだよ。
良夫　じゃあ、「魚の目」というのは何だろう。距離の話ではなさそうだけど…。
千花　「魚の目」というのは「情報を理解するためには時代や社会の**B**の中で考える必要がある」ということだそうだよ。
良夫　たしかに、それなら水にすむ「魚」という言葉が使われるのも納得できるね。

ア　**A**　近づいて　　**B**　流れ
イ　**A**　同時に　　**B**　動向
ウ　**A**　くわしく　　**B**　安定
エ　**A**　すばやく　　**B**　流行

〈適性検査Ⅰ〉　―2と合わせて45分―

1　次の文章を読んで、あとの問いに答えなさい。

あなたはテレビを観ている。アフリカのサバンナのドキュメンタリーだ。※1 NHKの「ダーウィンが来た！」をイメージしてほしい。主人公は一匹のメスライオン。最近三匹の子どもが産まれたばかりだ。

でもこの年のアフリカは、※2乾季が終わったのに雨がほとんど降らない。草食のインパラやトムソンガゼルたちは、ばたばたと飢えて死んでいる。だから母親になったばかりのライオンも獲物を見つけられず、母乳も出ない。

その日もメスライオンは、衰弱してほとんど動けない子どもたちを残して狩りに出る。二匹のインパラを見つけた。大きなインパラを追いかけるほどの体力は残っていないが、小さなほうなら何とかしとめることができるかもしれない。

メスライオンは風下からゆっくりとインパラに近づいてゆく。このときテレビを観ながらあなたは、狩りが成功しますように、と祈るはずだ。成功すればメスライオンの体力は回復し、お乳も出るようになるはずだ。ならば死にかけた三匹の子ライオンたちも生き延びることができる。がんばれ。あなたは思う。狩りが成功しますように。

翌週の同じ時間帯、あなたはテレビのスイッチを入れる。今回の主役は、子供を産んだばかりのメスのインパラだ。その年のアフリカは※3干ばつで草が生えない。インパラの母と子は飢えている。すっかり痩せ細っている。足は弱ってほとんど走れない。しかも群れから離れてしまった。

母と子はわずかな草地を見つける。これで数日は生き延びることができる。インパラの母と子は夢中で草を食べる。そのとき、遠くからそっと近づいてくる痩せ細った狂暴そうな一匹のメスライオンの姿をカメラは捉えた。母と子のインパラは気づかない。メスライオンはゆっくりと近づいてくる。

このときあなたは何を思うだろう。早く気づいてくれ、と思うはずだ。狂暴そうなライオンが近づいている。このままでは食べられてしまう。早く逃げろ。気づけ。そう思いながら、あなたは手を合わせるかもしれない。

この二つの作品は、①まったく同じ状況を撮影している。違いは何か。カメラの位置だ。つまり［②］。どこにカメラを置くかで、映し出された世界はこんなに違う。そしてその映像を観たあなたは、③まったく違う感情を抱く。これが情報の本質だ。

世界はとても多面的だ。多重的で多層的。④どこから見るかで景色はまったく変わる。あなたがスマホでチェックするニュース、あるいはツイッターやラインで誰かが書いた情報、テレビニュースや新聞記事も、すべて構造は同じだと知ってほしい。難しい話ではない。人は同時に多数の視点に立てない。選ぶしかない。あなたがもしも記者やカメラマンなら、ひとつの視点を決めなくてはならない。それはあなたにとっては真実だ。でも⑤真実は人の数だけある。※4解釈は人によって違う。それが世界だ。

（森　達也『集団に流されず個人として生きるには』〈筑摩書房〉による。）

※1　NHKの「ダーウィンが来た！」…動物をテーマにした番組の名前。
※2　乾季…一年のうち、雨の少ない季節・時期のこと。
※3　干ばつ…長いあいだ雨が降らず、土地がかれてしまうこと。
※4　解釈…自分なりに意味を考えて理解すること。

問一　**波線部①**「まったく同じ状況」とはどのような状況かを説明した次の文の空らんに入る言葉を、十五字以上二十字以内で書きなさい。句点（。）読点（、）も含む。

［　　　　　　　　］状況。

東京都立中高一貫校共同作成問題

（編集部注：掲載にあたりレイアウトなどの一部改変を行っています。）

※東京都では各学校が共同作成問題と学校独自の問題を使用しています。各学校の問題の内容は、以下のようになっています。

学校名	適性検査Ⅰ	適性検査Ⅱ1	適性検査Ⅱ2	適性検査Ⅱ3	適性検査Ⅲ
東京都立桜修館中等教育学校	**独自**	**独自**	共同	共同	なし
東京都立大泉高等学校附属中学校	共同	共同	共同	共同	**独自**
東京都立小石川中等教育学校	共同	共同	**独自**	共同	**独自**
東京都立立川国際中等教育学校	**独自**	共同	共同	共同	なし
東京都立白鷗高等学校附属中学校	共同	共同	共同	共同	**独自**
東京都立富士高等学校附属中学校	共同	共同	共同	共同	**独自**
東京都立三鷹中等教育学校	**独自**	**独自**	共同	共同	なし
東京都立南多摩中等教育学校	**独自**	共同	共同	共同	なし
東京都立武蔵高等学校附属中学校	共同	共同	**独自**	共同	**独自**
東京都立両国高等学校附属中学校	共同	共同	共同	共同	**独自**

〈共同作成問題　適性検査Ⅱ　※適性検査Ⅰは313ページから掲載しています。〉　—45分—

1　運動会の得点係の花子さんと太郎さんは、係活動の時間に得点板の準備をしています。

花子：今年は新しい得点板を作ろうよ。

太郎：私もそう思っていたので用意してきたよ。ボード（**図１**）に棒状のマグネットテ（**図２**）をつけて、数字を表すんだ。

花子：ボードが３枚あれば、３けたまでの得点を表すことができるんだね。赤組と白組があるから、６枚のボードが必要だね。

図１　ボード　　**図２**　棒状のマグネット

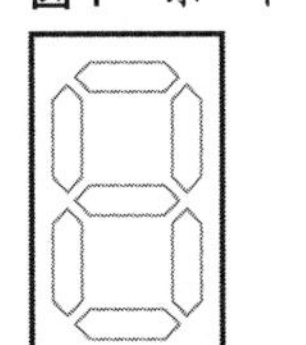

太郎：６枚のとう明でないボードは用意してあるから、ボードにつける棒状のマグネットを作ろうよ。

花子：どのような作業が必要かな。

太郎：マグネットシートに棒状のマグネットの型を「かく」作業と、かいたものを型どおりに「切る」作業の、２種類の作業が必要だよ。

花子：先に「かく」作業から始めないといけないね。マグネットシート１枚から、棒状のマグネットは何個作れるのかな。

太郎：１枚のマグネットシートからは、６個の棒状のマグネットが作れるんだよ。だから、マグネットシートを７枚用意したよ。

花子：作業には、それぞれどのくらいの時間がかかるのかな。

太郎：以前に試(ため)してみたことがあるけれど、私はマグネットシート１枚当たり「かく」作業に10分、「切る」作業に５分かかったよ。

花子：私は「かく」作業と「切る」作業に、それぞれどのくらいの時間がかかるかな。

太郎：試してみようよ。どのくらいの時間がかかるのか、計ってあげるよ。

花子さんは１枚のマグネットシートから、６個の棒状のマグネットを作りました。

太郎：花子さんは、「かく」作業も「切る」作業も、マグネットシート１枚当たりそれぞれ７分かかったよ。これで、二人の作業にかかる時間が分かったね。

花子：二人で力を合わせて、棒状のマグネットを作ろうよ。作業をするときに注意することはあるかな。

太郎：作業中のシートが混ざらないようにしたいね。

花子：では、「かく」作業をするときも、「切る」作業をするときも、マグネットシート１枚分の作業を終わらせてから、次の作業をするようにしよう。

太郎：それがいいね。でも、どちらかの人が「かく」作業を終えた１枚分のマグネットシートを、もう一方の人が「切る」作業をすることはいいことにしよう。

花子：マグネットシートが残っている間は、休まずにやろう。

太郎：マグネットシートは、あと６枚残っているよ。

花子：６枚のマグネットシートを全て切り終えると、私の試した分と合わせて棒状のマグネットが42個になるね。

太郎：それだけあれば、十分だよね。次の係活動の時間に、６枚のマグネットシートを全て切り終えよう。

花子：それまでに、作業の順番を考えておこうか。

太郎：分担(ぶんたん)の仕方を工夫(くふう)して、できるだけ早く作業を終わらせたいよね。

花子：係活動の時間が45分間なので、時間内に終わるようにしたいね。

〔問題１〕　二人で６枚のマグネットシートを切り終えるのが45分未満になるような作業の分担(ぶんたん)の仕方を考え、答え方の例のように、「かく」、「切る」、「→」を使って、太郎(たろう)さんと花子さんの作業の順番をそれぞれ書きなさい。また、６枚のマグネットシートを切り終えるのにかかる時間を答えなさい。

ただし、最初の作業は同時に始め、二人が行う「かく」または「切る」作業は連続して行うものとし、間は空けないものとします。二人が同時に作業を終えなくてもよく、それぞれが作業にかかる時間は常に一定であるものとします。

行った作業	答え方の例
１枚のマグネットシートに「かく」作業をした後に、型がかかれているマグネットシートを「切る」作業をする場合。	かく → 切る
１枚のマグネットシートに「かく」作業をした後に、他の１枚のマグネットシートを「かく」作業をする場合。	かく → かく

太郎さんと花子さんは、次の係活動の時間で棒状のマグネットを作りました。そして、運動会の前日に、得点係の打ち合わせをしています。

太郎：このマグネットで、０から９の数字を表すことができるよ。（図３）

図３　マグネットをつけて表す数字

0 1 2 3 4 5 6 7 8 9

花子：マグネットは、つけたり取ったりすることができるから便利だね。１枚のボードを180度回して、別の数字を表すこともできそうだね。

太郎：そうだよ。6のボードを180度回すと9になるんだ。ただし、マグネットをつけるボードはとう明ではないから、ボードを裏返すと数字は見えなくなるよ。

花子：そうなんだ。

太郎：２枚のボードを入れかえて、違う数字を表すこともできるよ。例えば、123の1と3のボードを入れかえて、321にすることだよ。（図４）

図４　ボードを入れかえる前と後

123

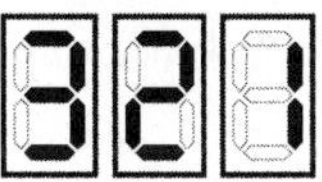

花子：工夫をすると、短い時間で変えられそうだね。

太郎：操作にかかる時間を計ってみようか。全部で操作は４種類あるから、操作に番号をつけるよ。

> 得点板の操作を一人で行ったときにかかる時間
>
> 操作１：１個のマグネットをつける　　２秒
>
> 操作２：１個のマグネットを取る　　２秒
>
> 操作３：１枚のボードを180度回す　　３秒
>
> 操作４：２枚のボードを入れかえる　　３秒

花子：得点は、３けたまで必要だよね。短い時間で変えられるような、工夫の仕方を考えよう。

太郎：では、私一人で得点板の数字を456から987にしてみるよ。何秒で、できるかな。

〔問題２〕　得点板の数字を456から987にする場合、最短で何秒かかるのか答えなさい。また、答え方の例を参考にして、元の数字と変えた数字をそれぞれ一つずつ書き、文章で説明しなさい。ただし、全ての段を使用しなくても構いません。

操作 （かかる時間）	答え方の例
001を008にする場合 （10秒）	〔 1 〕→〔 8 〕 1にマグネットを５個つける。
008を009にする場合 （２秒）	〔 8 〕→〔 9 〕 8からマグネットを１個取る。
004を005にする場合 （６秒）	〔 4 〕→〔 5 〕 4にマグネットを２個つけて１個取る。
016を019にする場合 （３秒）	〔 6 〕→〔 9 〕 6のボードを180度回す。
123を321にする場合 （３秒）	〔 1 〕→〔 3 〕 一の位と百の位のボードを入れかえる。 〔 3 〕→〔 1 〕 ※どちらの書き方でもよい。

〔得点板の数字を456から987にするのにかかる最短の時間〕(　　)秒
〔　　〕→〔　　〕
〔　　〕→〔　　〕
〔　　〕→〔　　〕
〔　　〕→〔　　〕
〔　　〕→〔　　〕

2　花子さんと太郎さんは、休み時間に先生と交通手段の選び方について話をしています。

花子：家族と祖父母の家に行く計画を立てているときに、いくつか交通手段があることに気がつきました。

太郎：主な交通手段といえば、鉄道やバス、航空機などがありますね。私たちは、目的地までのきょりに応じて交通手段を選んでいると思います。

花子：交通手段を選ぶ判断材料は、目的地までのきょりだけなのでしょうか。ほかにも、交通手段には、さまざまな選び方があるかもしれません。

先生：よいところに気がつきましたね。実は、太郎さんが言ってくれた目的地までのきょりに加えて、乗りかえのしやすさなども、交通手段を選ぶときに参考にされています。

太郎：人々は、さまざまな要素から判断して交通手段を選んでいるのですね。

花子：実際に移動するときに、人々がどのような交通手段を選んでいるのか気になります。同じ地域へ行くときに、異なる交通手段が選ばれている例はあるのでしょうか。

先生：それでは例として、都道府県庁のあるA、B、C、Dという地域について取り上げてみましょう。**図1**を見てください。これは、AからB、C、Dへの公共交通機関の利用割合を示したものです。

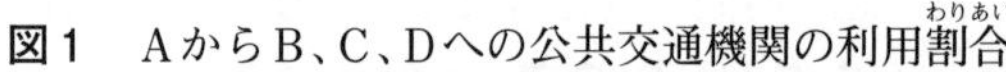

図1　AからB、C、Dへの公共交通機関の利用割合

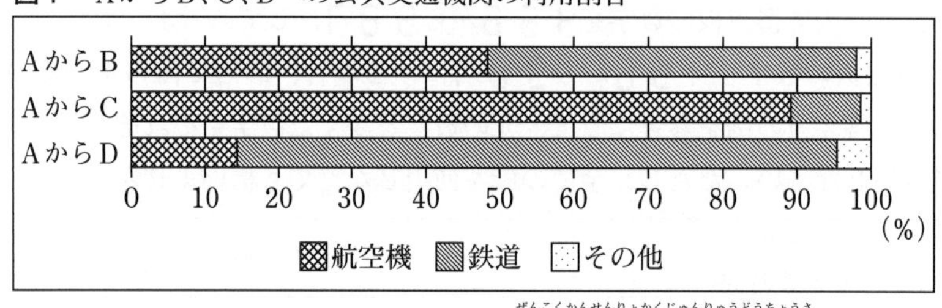

(国土交通省「第6回(2015年度)全国幹線旅客純流動調査」より作成)

太郎：**図1**を見ると、AからB、AからC、AからDのいずれも、公共交通機関の利用割合は、ほとんどが航空機と鉄道で占められていますね。目的地によって、航空機と鉄道の利用割合が異なることは分かりますが、なぜこれほどはっきりとしたちがいが出るのでしょうか。

先生：それには、交通手段ごとの所要時間が関係するかもしれませんね。航空機は、出発前に荷物の検査など、さまざまな手続きが必要なため、待ち時間が必要です。鉄道は、主に新幹線を使うと考えられます。新幹線は、荷物の検査など、さまざまな手続きが必要ないため、出発前の待ち時間がほとんど必要ありません。

花子：そうなのですね。ほかにも、移動のために支はらう料金も交通手段を選ぶ際の判断材料になると思います。

太郎：**図1**のAからB、C、Dへの移動について、具体的に調べてみたいですね。

花子：それでは、出発地と到着地をそれぞれの都道府県庁に設定して、Aにある都道府県庁からB、C、Dにある都道府県庁まで、主に航空機と鉄道をそれぞれ使って移動した場合の所要時間と料金を調べてみましょう。

先生：空港や鉄道の駅は、都道府県庁から最も近い空港や鉄道の駅を調べるとよいですよ。

花子さんと太郎さんは、インターネットを用いて、Aにある都道府県庁からB、C、Dにある都道府県庁まで、主に航空機と鉄道をそれぞれ使って移動した場合の所要時間と料金を調べ、**表1**にまとめました。

表1　Aにある都道府県庁からB、C、Dにある都道府県庁まで、主に航空機と鉄道をそれぞれ使って移動した場合の所要時間と料金

	主な交通手段	*所要時間	料金
Aにある都道府県庁から Bにある都道府県庁	航空機	2時間58分 （1時間15分）	28600円
	鉄道	4時間26分 （3時間12分）	18740円
Aにある都道府県庁から Cにある都道府県庁	航空機	3時間7分 （1時間35分）	24070円
	鉄道	6時間1分 （4時間28分）	22900円
Aにある都道府県庁から Dにある都道府県庁	航空機	3時間1分 （1時間5分）	24460円
	鉄道	3時間44分 （2時間21分）	15700円

*待ち時間をふくめたそれぞれの都道府県庁間の移動にかかる所要時間。かっこ内は、「主な交通手段」を利用している時間。

（国土交通省「第6回（2015年度）全国幹線旅客純流動調査」などより作成）

花子：私たちは、交通手段の所要時間や料金といった判断材料を用いて、利用する交通手段を選んでいるのですね。

〔問題1〕　花子さんは「私たちは、交通手段の所要時間や料金といった判断材料を用いて、利用する交通手段を選んでいるのですね。」と言っています。**図1**中のAからC、またはAからDのどちらかを選び、その選んだ公共交通機関の利用割合とAからBの公共交通機関の利用割合を比べ、選んだ公共交通機関の利用割合がなぜ**図1**のようになると考えられるかを**表1**と会話文を参考にして答えなさい。

太郎：目的地までの所要時間や料金などから交通手段を選んでいることが分かりました。

花子：そうですね。しかし、地域によっては、自由に交通手段を選ぶことが難しい場合もあるのではないでしょうか。

先生：どうしてそのように考えたのですか。

花子：私の祖父母が暮らしているE町では、路線バスの運行本数が減少しているという話を聞きました。

太郎：なぜ生活に必要な路線バスの運行本数が減少してしまうのでしょうか。E町に関係がありそうな資料について調べてみましょう。

太郎さんと花子さんは、先生といっしょにインターネットを用いて、E町の路線バスの運行本

数や人口推移について調べ、**表２**、**図２**にまとめました。

表２　Ｅ町における路線バスの平日一日あたりの運行本数の推移

年度	2011	2012	2013	2014	2015	2016	2017	2018	2019	2020	2021
運行本数	48	48	48	48	48	48	34	34	32	32	32

（令和２年地域公共交通網形成計画などより作成）

図２　Ｅ町の人口推移

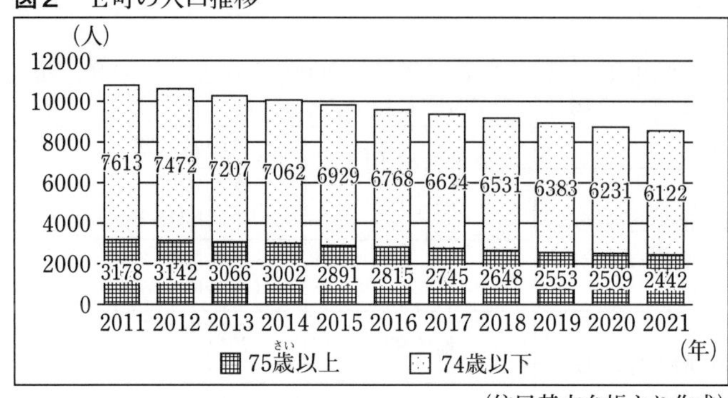

（住民基本台帳より作成）

花子：**表２**、**図２**を読み取ると、Ｅ町の路線バスの運行本数や人口に変化があることが分かりますね。調べる中で、Ｅ町は「ふれあいタクシー」の取り組みを行っていることが分かりました。この取り組みについて、さらにくわしく調べてみましょう。

花子さんと太郎さんは、インターネットを用いて、Ｅ町の「ふれあいタクシー」の取り組みについて調べ、**図３**、**表３**にまとめました。

図３　Ｅ町の「ふれあいタクシー」の取り組みについてまとめた情報

補助対象者・利用者	① 75歳以上の人 ② 75歳未満で運転免許証を自主的に返納した人 ③ 妊婦などの特別に町長が認めた人　　　　など
「ふれあいタクシー」の説明	自宅から町内の目的地まで運んでくれる交通手段であり、Ｅ町では2017年から導入された。利用するためには、利用者証の申請が必要である。2023年現在、町民一人あたり１か月に20回以内の利用が可能で、一定額をこえたタクシー運賃を町が負担する。

（令和２年地域公共交通網形成計画などより作成）

表３　Ｅ町の「ふれあいタクシー」利用者証新規交付数・＊累計交付数の推移

年度	2017	2018	2019	2020	2021
利用者証新規交付数	872	863	210	285	95
利用者証累計交付数	872	1735	1945	2230	2325

＊累計：一つ一つ積み重ねた数の合計。

（令和２年地域公共交通網形成計画などより作成）

先生：興味深いですね。調べてみて、ほかに分かったことはありますか。

太郎：はい。2021年においては、「ふれあいタクシー」の利用者証を持っている人のうち、90％近くが75歳以上の人で、全体の利用者も、90％近くが75歳以上です。利用者の主な目的は、病院や買い物に行くことです。また、利用者の90％近くが「ふれあいタクシー」に満足していているという調査結果が公表されています。

花子：「ふれあいタクシー」は、Ｅ町にとって重要な交通手段の一つになったのですね。

太郎：そうですね。Ｅ町の「ふれあいタクシー」導入の効果について考えてみたいですね。

〔問題２〕　太郎さんは「Ｅ町の「ふれあいタクシー」導入の効果について考えてみたいですね。」と言っています。Ｅ町で「ふれあいタクシー」の取り組みが必要になった理由と、「ふれあいタクシー」導入の効果について、**表２**、**図２**、**図３**、**表３**、会話文から考えられることを説明しなさい。

３　花子さんと太郎さんがまさつについて話をしています。

花子：生活のなかで、すべりにくくする工夫がされているものがあるね。

太郎：**図１**のように、ペットボトルのキャップの表面に縦にみぞがついているものがあるよ。手でキャップを回すときにすべりにくくするためなのかな。

図１　ペットボトル

花子：プラスチックの板を使って調べてみよう。

二人は、次のような**実験１**を行いました。

実験１

手順１　１辺が７cmの正方形の平らなプラスチックの板を何枚か用意し、**図２**のようにそれぞれ糸をつける。

図２　手順１の板

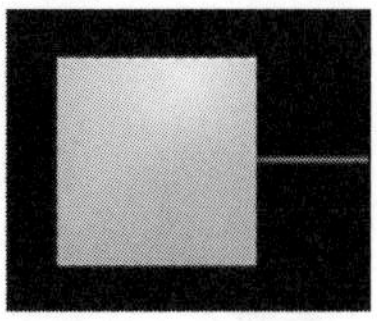

手順２　机の上にフェルトの布を固定し、その上に正方形のプラスチックの板を置く。

手順３　プラスチックの板の上に750ｇの金属をのせる。

手順４　同じ重さのおもりをいくつか用意する。**図３**のように、糸の引く方向を変えるために机に表面がなめらかな金属の丸い棒を固定し、プラスチックの板につけた糸を棒の上に通して、糸のはしにおもりをぶら下げる。おもりの数を増やしていき、初めてプラスチックの板が動いたときのおもりの数を記録する。

図３　手順４の様子

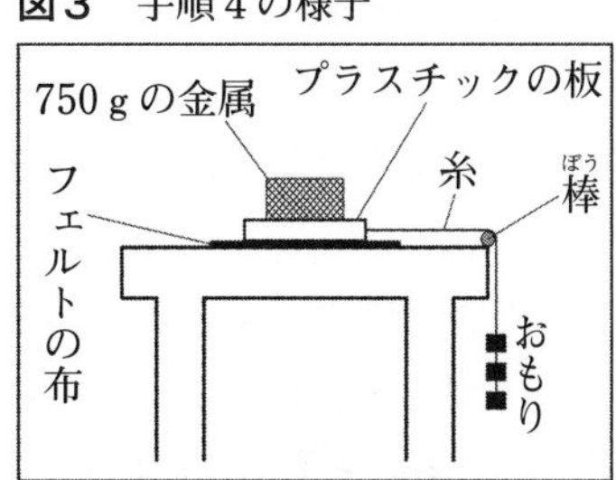

手順５　手順３の金属を1000ｇの金属にかえて、手順４を行う。

手順６　**図４**のように、手順１で用意したプラスチックの板に、みぞをつける。みぞは、糸に対して垂直な方向に0.5cmごとにつけることとする。

図４　手順６の板

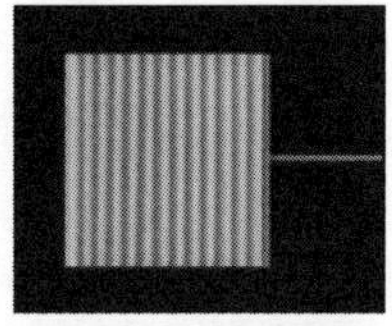

手順７　手順６で作ったプラスチックの板を、みぞをつけた面を下にして手順２～手順５を行い、記録する。

手順８　**図５**のように、手順１で用意したプラスチックの板に、みぞをつける。みぞは、糸に対して平行な方向に0.5cmごとにつけることとする。

図５　手順８の板

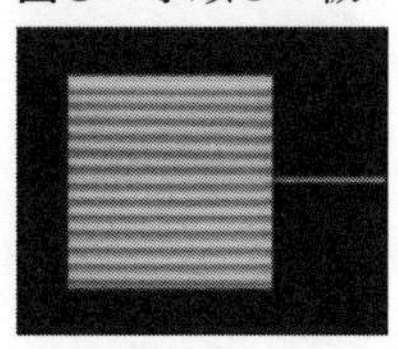

手順９　手順８で作ったプラスチックの板を、みぞをつけた面を下にして手順２～手順５を行い、記録する。

実験１の結果は、**表１**のようになりました。

表１　実験１の結果

	手順１の板	手順６の板	手順８の板
750ｇの金属をのせて調べたときのおもりの数(個)	14	19	13
1000ｇの金属をのせて調べたときのおもりの数(個)	18	25	17

太郎：手でペットボトルのキャップを回すときの様子を調べるために、机の上にフェルトの布を固定して実験したのだね。

花子：ペットボトルのキャップを回すとき、手はキャップをつかみながら回しているよ。

〔問題１〕　手でつかむ力が大きいときでも小さいときでも、**図１**のように、表面のみぞの方向が回す方向に対して垂直であるペットボトルのキャップは、すべりにくくなると考えられます。そう考えられる理由を、**実験１**の結果を使って説明しなさい。

太郎：そりで同じ角度のしゃ面をすべり下りるとき、どのようなそりだと速くすべり下りることができるのかな。

花子：しゃ面に接する面積が広いそりの方が速くすべり下りると思うよ。

太郎：そうなのかな。重いそりの方が速くすべり下りると思うよ。

花子：しゃ面に接する素材によっても速さがちがうと思うよ。

太郎：ここにプラスチックの板と金属の板と工作用紙の板があるから、まず面積を同じにして調べてみよう。

二人は、次のような**実験２**を行いました。

実験２

手順１　**図６**のような長さが約100㎝で上側が平らなアルミニウムでできたしゃ面を用意し、水平な机の上でしゃ面の最も高いところが机から約40㎝の高さとなるように置く。

図６　しゃ面

手順２　**図７**のような１辺が10㎝の正方形のア～ウを用意し、重さをはかる。そして、それぞれしゃ面の最も高いところに置いてから静かに手をはなし、しゃ面の最も低いところまですべり下りる時間をはかる。ただし、工作用紙の板は、ますがかかれている面を上にする。

図７　ア～ウ

ア プラスチックの板	イ 金属の板	ウ 工作用紙の板

実験２の結果は、**表２**のようになりました。

表２　実験２の結果

	ア　プラスチックの板	イ　金属の板	ウ　工作用紙の板
面積(㎠)	100	100	100
重さ(g)	5.2	26.7	3.7
すべり下りる時間(秒)	1.4	0.9	1.8

太郎：速くすべり下りるには、重ければ重いほどよいね。

花子：本当にそうなのかな。プラスチックの板と金属の板と工作用紙の板をそれぞれ１枚(まい)ずつ積み重ねて調べてみよう。

二人は、次のような**実験３**を行いました。

実験３

手順１　**実験２**の手順１と同じしゃ面を用意する。

手順２　**実験２**の手順２で用いたプラスチックの板と金属の板と工作用紙の板を、それぞれ６枚ずつ用意する。それらの中からちがう種類の板、合計３枚を**図８**のように積み重ねて、板の間を接着ざいで接着したものを作り、１号と名前をつける。さらに、３種類の板を１枚ずつ順番をかえて積み重ねて、１号を作ったときに使用した接着ざいと同じ重さの接着ざいで接着したものを五つ作り、それぞれ２号～６号と名前をつける。ただし、積み重ねるとき、工作用紙の板は、ますがかかれている面が上になるようにする。

手順３　１号～６号を、積み重ねた順番のまま、それぞれしゃ面の最も高いところに置いてから静かに手をはなし、しゃ面の最も低いところまですべり下りる時間をはかる。

図８　板を積み重ねた様子

ア　プラスチックの板
イ　　金属の板
ウ　　工作用紙の板

実験３の結果は、**表３**のようになりました。ただし、アはプラスチックの板、イは金属の板、ウは工作用紙の板を表します。また、A、B、Cには、すべり下りる時間(秒)の値(あたい)が入ります。

表３　実験３の結果

	１号	２号	３号	４号	５号	６号
積み重ねたときの一番上の板	ア	ア	イ	イ	ウ	ウ
積み重ねたときのまん中の板	イ	ウ	ア	ウ	ア	イ
積み重ねたときの一番下の板	ウ	イ	ウ	ア	イ	ア
すべり下りる時間(秒)	1.8	A	1.8	B	C	1.4

〔問題２〕　**実験３**において、１号～６号の中で、すべり下りる時間が同じになると考えられる組み合わせがいくつかあります。１号と３号の組み合わせ以外に、すべり下りる時間が同じになると考えられる組み合わせを一つ書きなさい。また、すべり下りる時間が同じになると考えた理由を、**実験２**では同じでなかった条件のうち**実験３**では同じにした条件は何であるかを示して、説明しなさい。

②　適切に段落分けをして書くこと。

〔きまり〕
○題名は書きません。
○最初の行から書き始めます。
○各段落の最初の字は一字下げて書きます。
○行をかえるのは、段落をかえるときだけとします。
○、や。や」などもそれぞれ字数に数えます。これらの記号が行の先頭に来るときには、前の行の最後の字と同じますに書きます（ますの下に書いてもかまいません）。
○。と」が続く場合は、同じますに書いてもかまいません。この場合、。」で一字と数えます。
○段落をかえたときの残りのますは、字数として数えます。
○最後の段落の残りのますは、字数として数えません。

『三冊子』でも、「不易流行」に言及しています。そこでは、*「師の風雅に、万代不易あり、一時の変化あり。この二つに究り、その本一なり」と、根本は同一だと説いています。そこで、つぎに土芳の『三冊子』をみてみましょう。

土芳は、*伊賀上野*藩士、一六五七年生まれ、一七三〇年没。姓は服部氏。若いころから芭蕉を慕い、伊賀の俳諧を盛り上げた人物です。『三冊子』は、芭蕉晩年の教えを書きとどめた書で、出版はずっと遅れるものの、多くのひとに筆写されて早くから広まりました。「白双紙」「赤双紙」「わすれ水」の三部をまとめて、『三冊子』として知られています。

高く心を悟りて、俗に帰るべし。

俳句をよむ精神は目標を高くもって、同時に日々の生活にいつも目を向けるように心がけなさい、という教えです。むかしのひとの作品や精神をしっかり学ぶとともに、生活する人びとの気持ちになってこそ、すばらしい俳句が生まれるのだというのです。困難な事柄にひるまず勉強するうちに、いつか高尚なこころを得ることができる。かといって、学問をひけらかしては嫌みなだけ。何気ない、ふつうに送る日常生活のなかから、俳句のおもしろさを発見することがだいじなのです。芭蕉俳諧の*真髄は、この境地にこそあります。

（藤田真一『俳句のきた道　芭蕉・蕪村・一茶』〈岩波書店〉（一部改変）による）

〔注〕其角――芭蕉の弟子。
巴風――其角の弟子。
去来――芭蕉の弟子。
「有明の花に乗り込む」――夜明けに花の下で乗り込む。
「月毛馬」「葦毛馬」――どちらも白みがかった毛色の馬。
「卯の花に月毛の馬のよ明かな」
――白く咲き乱れる卯の花の中、月毛の馬に乗って旅立つ、さわやかな初夏の明け方だなあ。
諸説紛々――いろいろな意見やうわさが入り乱れているさま。
「師の風雅に、……この二つに究り、その本一なり」
――芭蕉先生の風流についての教えには、ずっと変わらないことと常に変化することの二つがある。この二つをつきつめると、その根本は一つである。
伊賀上野――いまの三重県伊賀市。
藩士――大名に仕える武士。
真髄――ものごとの本質。

〔問題1〕短歌や俳句をくり返し唱えたり、思いうかべたりすることには、どのような効果があると述べられているでしょうか。**文章1**・**文章2**で挙げられている例を一つずつ探し、それぞれ「～という効果。」に続くように書きなさい。

〔問題2〕(ア)「余韻」とか「想像力」といった考えとありますが、**文章1**の筆者は、短歌を読んでどのような情景を想像しているでしょうか。連続する二文を探しなさい。ただし、一文めの最初の四字と、二文めの終わりの四字をそれぞれ書くこと。

〔問題3〕あなたは、これからの学校生活で仲間と過ごしていく上で、言葉をどのように使っていきたいですか。今のあなたの考えを四百字以上四百四十字以内で書きなさい。ただし、次の条件と〔**きまり**〕にしたがうこと。

条件　①　**文章1**・**文章2**の筆者の、短歌・俳句に対する考え方のいずれかにふれること。

わが眺めたり――私は（その桜の花を）ながめるのだ。
岡本かの子――大正、昭和時代の小説家、歌人。
清水――京都の清水寺。
祇園――京都の祇園神社。
こよひ――今夜。
与謝野晶子――明治、大正時代の歌人。
花灯り――桜の花が満開で、その辺りのやみがほのかに明るく感じられること。
ほろ酔いのような表情を浮かべて――うっとりした顔つきで。
愛でている――味わい楽しんでいる。
大西民子――昭和時代の歌人。

文章2

次の文章は、江戸時代に俳諧と呼ばれていた俳句について、当時活やくしていた松尾芭蕉が述べた言葉を説明したものです。

謂応せて何か有。

江戸の*其角が、「下臥につかみ分ばやいとざくら」という*巴風（其角の門人）の句を知らせてきたが、「どうおもうかね」と芭蕉がたずねられた。*去来は、「枝垂桜（糸桜）のようすをうまく言い表しているではありませんか」と応じました。一句は、みごとに咲いた糸桜の下に臥せって、花の枝をつかんでたぐってみたい、といった意味です。そこで言った芭蕉の返答がこれです。物のすがたを表現し尽くしたからといって（「いいおおせて」）、それがどうしたのだという批判です。ことばの裏側に、(ア)「余韻」とか「想像力」といった考えを置いてはどうでしょう。俳句にかぎらず、詩という文芸は、表面的な理解だけでわかった気になってはつまりません。

舌頭に千転せよ。

これは去来の苦い経験に発することばのようです。「*有明の花に乗り込む」とはじめの五・七をよんで、最後をどうするか悩んだことがありました。馬をよみ込みたかったものの、「*月毛馬」「葦毛馬」と置いたり、あいだに「の」を入れたりしてみても、どうもうまくいかない。ところが友人許六（前に登場した、芭蕉の画の師になった弟子）の、「*卯の花に月毛の馬のよ明かな」を目にして、なるほどとうなった、この手があったのか、と。許六は中の七文字に馬を置いて、すらりとよんだところ、去来はこだわって五・七を動かそうとせず、どうしてもうまくいかなかったのです。常々芭蕉が、「口のなかで千回でも唱えてみよ」とおっしゃっていたのはこのことだったのだ。ほんのわずかの工夫でうまくいく。そこに気づくまで、「千転せよ」というわけです。去来の句は結局完成しなかったのでしょう。

不易流行。

たいへん有名なことばですが、はたして芭蕉がそのまま口にしたかどうか、よくわかりません。でも、一門のあいだではいろいろと議論があったと、去来は言っています。「不易」とは永久に変わらないこと、「流行」とはつねに変化すること、「不易流行」というのは、まったく正反対のことを一語にまとめたことになります。*諸説紛々だといいつつ、去来は、「不易流行の教えは、俳諧不変の本質と、状況ごとの変化という二面性を有するものだ」というのです。一貫性と流動性の同居、これが俳諧というものだということでしょうか。

〈共同作成問題　適性検査Ⅰ〉　—45分—

1　次の文章1と文章2を読んで、あとの問題に答えなさい。
（*印の付いている言葉には、本文のあとに〔注〕があります。）

文章1

桜の咲く時期になると、必ず思い出す歌*がいくつかある。ソメイヨシノの並木の花がいっせいに満開になって、咲いてるなあ、と首を空に向けながら思い出すのは、次の歌である。

桜ばないのち一ぱいに咲くから*に生命をかけてわが眺め*たり
岡本かの子*

そして桜満開の夜となれば、この歌。

清水*へ祇園*をよぎる桜月夜*こよひ逢ふ人みなうつくしき
与謝野晶子*

桜の咲くころの祇園を訪ねたことはないのだが、脳内には花灯り*の下を、浮かれたような、ほろ酔い*のような表情を浮かべて道を歩く人々の、うつくしい顔がくっきりと浮かぶ。夜桜見物を一度だけしたことがあるが、結構寒くて、じっと座ってるとガタガタ震えてくるし鼻水は出るし、思うほどロマンチックではない。けれども人をうつくしいと思う気持ちは、この歌を胸に抱いていたため失わずにすんだ。

先ほどのかの子の歌が桜の花と自分を同一化させて自分を主人公として短歌の額縁の真中におさめたのに対し、この晶子の歌は、あくまでも自分はレンズとしての存在で、きれいな夜桜のある風景をまるごと愛*でている。きれいな花が咲いたらそれだけを見るのではなく、そこにある気配までも感知する晶子の懐の深さに感じいる。

「こよひ逢ふ人みなうつくしき」は、桜の咲いている時期以外でも、いろいろな場所にあてはめることができる。気後れしがちなパーティーなどでも「こよひ逢ふ人みなうつくしき」の言葉を唱えながら現地に向かえば、自ずと前向きになり、好意的に人と会える気持ちになれて勇気がわくのである。

自分の気に入った詩の言葉を心の中でつぶやく行為は、願いをかなえるために呪文を唱えることにとても似ている。短歌を知る、覚えていくということは、自分の気持ちを保つための言葉を確保していくことでもあるのだと思う。

てのひらをくぼめて待てば青空の見えぬ傷より花こぼれ来る
大西民子*

この短歌を胸に抱いてつくづく思うのは、さびしいのは自分だけではない、ということ。桜のはなびらがはらはらと散っていく様子を見ると、なんともいえず切ない気持ちになる。この歌ではそれが「青空の見えぬ傷」よりこぼれてきたものだというのである。自分の中の見えない場所にあるもののように。そんなことを考えている孤独な一人の女性を思うと、桜も青空もそれを受け止めようとしている人も、それを遠くで思う人（読者）も、すべてが無限の切なさに覆われているように感じられてくる。こんなにおおらかに「傷」を言葉にできるとは。ほんとうにさびしいときに、この歌を唱えつづけると、いつの間にかうれしい気持ちに変わっていくような気がする。

（東　直子「生きていくための呪文」『レモン石鹸泡立てる』〈共和国〉所収による）

〔注〕歌——短歌。
咲くからに——咲いているから。

東京都立桜修館中等教育学校

（編集部注：掲載にあたりレイアウトなどの一部改変を行っています。）

〈適性検査Ⅱ　※適性検査Ⅰは320ページから掲載しています。〉　—45分—

1　日本文化クラブでは、次回の活動で百人一首を使った競技かるたの総当たり戦を行います。先生は、おさむさん、さくらさん、みやこさん、ひとしさんと、その計画を立てています。

先　生：競技かるたの総当たり戦はこの教室で行います。６枚（まい）のたたみを借りてきます。

おさむ：この教室には、机（つくえ）やいすが置かれているけれど、たたみ６枚分の広さがあるのかな。

さくら：この教室のゆかの形は長方形なので、長い辺の長さと短い辺の長さを測れば、教室の広さを求められるね。長い辺の長さは９ｍ、短い辺の長さは７ｍだったよ。

先　生：ただし、机やいすがあるので、実際にたたみを敷（し）けるスペースは教室の広さよりもせまくなります。机やいすを１か所にまとめておくと、たたみを敷けるスペースは、教室の広さの３分の１になります。

みやこ：たたみ１枚の大きさはどれくらいですか。

先　生：敷いたたたみを上から見ると長方形です。辺の長さは地域（ちいき）によって少しずつちがいますが、短い辺の長さと長い辺の長さの比はどの地域でも１：２です。今回借りるたたみの短い辺の長さは92.5㎝です。

ひとし：これで、たたみ６枚分の面積と、たたみを敷けるスペースの面積を求められるね。

おさむ：たたみ６枚分の面積と、たたみを敷けるスペースの面積を比べると、この教室にたたみ６枚（まい）分の広さがあることが分かるね。

〔問題１〕　おさむさんが「この教室にたたみ６枚（まい）分の広さがあることが分かるね。」と言っています。このとき、この教室のたたみを敷（し）けるスペースに、たたみ６枚分の広さがあると判断できる理由を、面積を比べて、言葉と式を使って説明しましょう。

さくら：この教室にたたみ６枚（まい）分の広さがあることは分かったけれど、本当にこの教室にたたみが敷（し）けるのかな。

おさむ：では、次にたたみの敷き方を考えてみよう。

先　生：敷いたたたみは上から見るとそれぞれが長方形に見えるので、厚みを無視（むし）して考えましょう。

ひとし：６枚のたたみを重ねずにすき間なく敷いて、四角形を作ろうよ。

みやこ：このとき作られる四角形の長い辺の長さと短い辺の長さの差が最も小さくなるように敷きたいな。

さくら：そういえば、たたみの合わせ目が「十」の字の形にならないような敷き方を「祝儀敷き（しゅうぎじき）」といって、縁起（えんぎ）のよい敷き方だと聞いたことがあるよ。この敷き方にしたいな。

ひとし：「祝儀敷き」の敷き方を言いかえると、４枚のたたみの角が１か所に集まるような敷き方はできない、ということだね。

おさむ：みんなが挙げた条件をまとめたよ。この〔**条件**〕を全て満たすたたみの敷（し）き方を考えよう。

〔条件〕

① 6枚のたたみを重ねずにすき間なく敷いて四角形を作る。

② ①の四角形の長い辺の長さと短い辺の長さの差が最も小さくなるようにする。

③ 4枚のたたみの角が1か所に集まるような敷き方はできない。例えば、右の図は、たたみ㋐、たたみ㋑、たたみ㋒、たたみ㋓の角が1か所に集まっている。このため、この敷き方はできない。

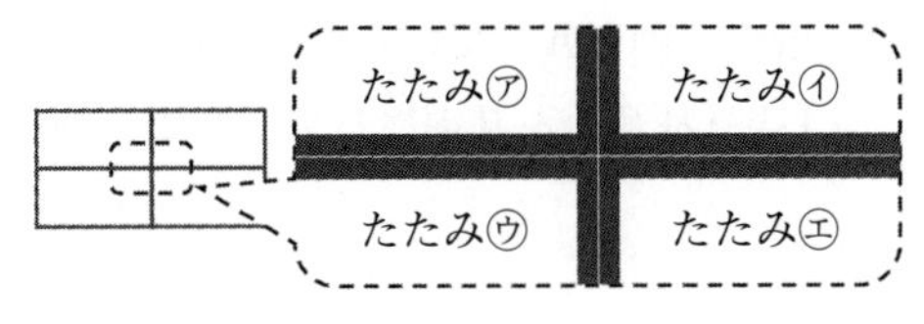

さくら：このたたみの敷き方で敷けるように、教室の準備をしよう。

〔問題2〕　おさむさんが「この〔**条件**〕を全て満たすたたみの敷き方を考えよう。」と言っています。この〔**条件**〕を全て満たす6枚のたたみの敷き方を、**図1**にしたがって、右の〔**図**〕にかきこみましょう。ただし、答えは1通りではありません。考えられるもののうちの一つを答えましょう。

図1　たたみの書き方

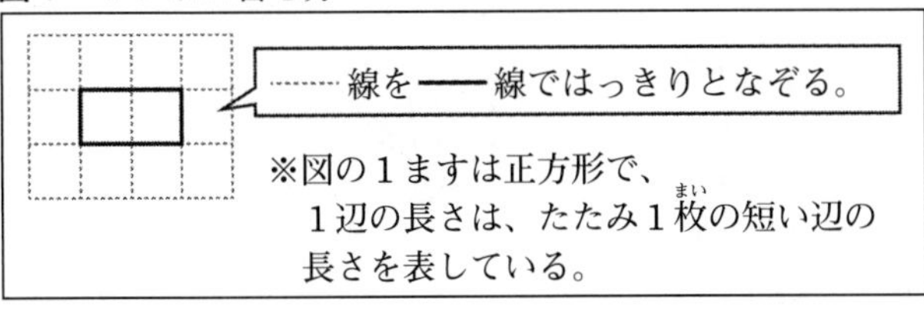

〔**図**〕

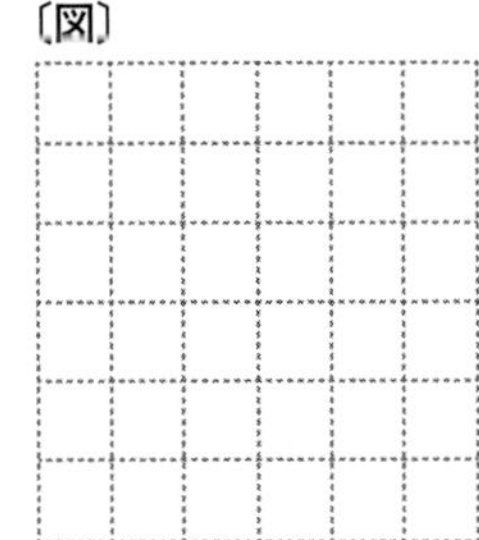

競技かるたの総当たり戦が行われる日になりました。参加者は、おさむさん、さくらさん、みやこさん、ひとしさんの4人です。

先　生：対戦は、次の〔**対戦ルール**〕のように行います。

〔対戦ルール〕

・右の図のように、1対1で行う。
・それぞれに25枚ずつ札を配り、自分の陣の決められたはん囲の中に並べる。
・読み手が読んだものに対応する札を、相手より先に取る。
・自分の陣の札を取ったときには、その札を自分の札置き場に置く。
・相手の陣の札を取ったときには、その札を自分の札置き場に置き、自分の陣の札を1枚相手の陣に移動させる。
・先に自分の陣の25枚の札がなくなった人を勝者、もう一人を敗者とする。

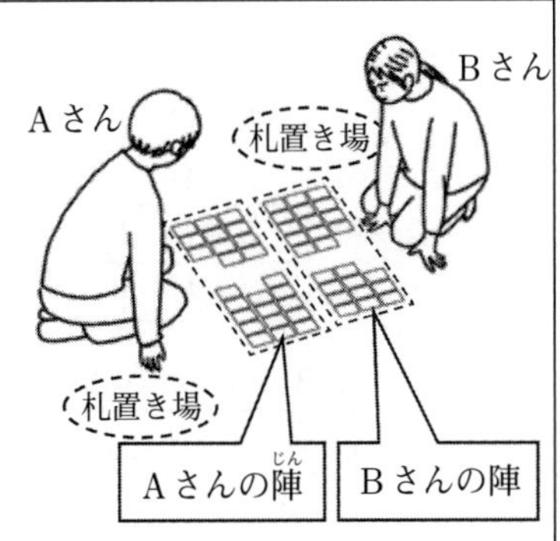

みやこ：順位はどのように決めますか。

先　生：今回は、次の**〔順位の決め方〕**にしたがって順位を決めましょう。

〔順位の決め方〕

・敗者の陣に残っている札の数を「残り札数」とよぶ。

・「残り札数」を基準にして、勝者に以下の表のようにポイントをあたえる。

残り札数	ポイント
1～5	1ポイント
6～16	2ポイント
17～25	4ポイント

・全ての対戦が終わった時点での合計ポイントが多い順に、1位、2位、3位、4位とする。

・合計ポイントが同じ人がいた場合は、合計の「残り札数」が多い人を上位とする。

みやこ：例えば**図2**のようになった場合は、だれに何ポイントがあたえられるのですか。

図2

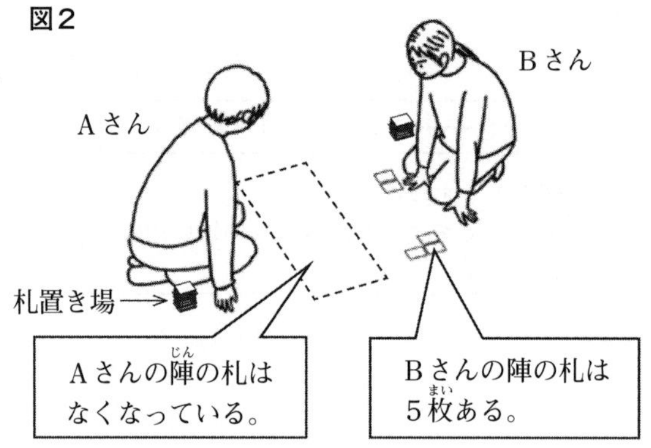

おさむ：この場合は、Aさんに1ポイントがあたえられます。

ひとし：それぞれの対戦結果のポイントを、**表1**の対戦表に記録しておこう。**図3**のように記入すると分かりやすいね。

表1　対戦表

	おさむ	さくら	みやこ	ひとし	合計ポイント
おさむ					
さくら					
みやこ					
ひとし					

図3　対戦表の記入方法

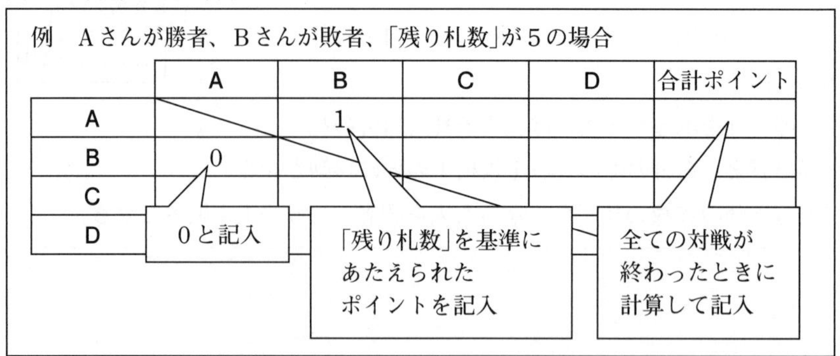

先　生：さて、全ての対戦が終わりましたね。

さくら：私は全勝したよ。そのうち、１回だけ「残り札数」が８だったよ。これが、私が行った対戦の中では最も「残り札数」が多かった対戦だったな。

みやこ：私はひとしさんに勝って、４ポイントをあたえられたよ。

ひとし：**表１**の対戦表への記入ができたよ。合計ポイントを見比べてみると、最も多い合計ポイントと、次に多い合計ポイントの差は１ポイントだよ。

みやこ：おさむさんとさくらさんは合計ポイントが同じだね。

さくら：合計ポイントが同じだった場合は、「残り札数」で順位を決めるルールだったよね。例えば、Ａさんが２勝１敗で「残り札数」は３と５、Ｂさんが１勝２敗で「残り札数」は16だったとき、ともに合計ポイントは２ポイントだけど、合計の「残り札数」が多いＢさんが上位となるよ。

ひとし：それなら、**図４**のように、**表２**の集計表を作ると分かりやすいと思うよ。

表２　「残り札数」の集計表

おさむさんの集計表

	さくら	みやこ	ひとし	合計
残り札数				

さくらさんの集計表

	おさむ	みやこ	ひとし	合計
残り札数				

図４　「残り札数」の集計表の記入方法

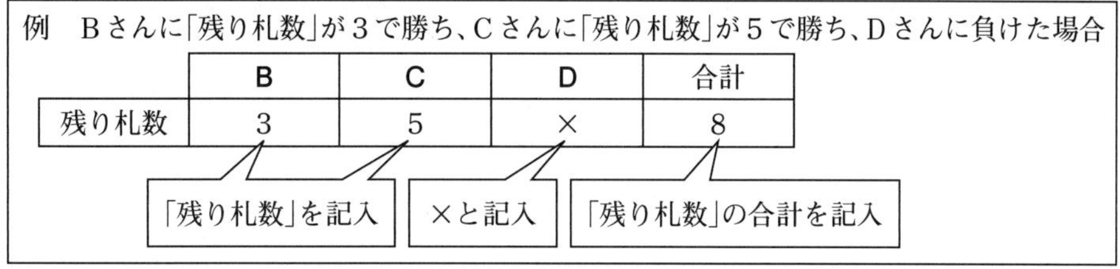

例　Ｂさんに「残り札数」が３で勝ち、Ｃさんに「残り札数」が５で勝ち、Ｄさんに負けた場合

	B	C	D	合計
残り札数	3	5	×	8

おさむ：**表２**の集計表への記入ができたよ。今日の総当たり戦では、さくらさんが２位になるね。

〔問題３〕　おさむさんが「さくらさんが２位になるね。」と言っています。会話文をもとに、**図３**にしたがって**表１**の対戦表を完成させましょう。

また、このときおさむさんとさくらさんの「残り札数」の集計表を完成させましょう。ただし、**図４**にしたがって、**表２**の集計表に記入しましょう。

答えは１通りではありません。考えられるもののうちの一つを答えましょう。

② 共同作成問題　適性検査Ⅱ　②参照(→Ｐ.304)

③ 共同作成問題　適性検査Ⅱ　③参照(→Ｐ.307)

考えをまとめましょう。第一段落には、「言葉」を学ぶことについて書き、第二段落より後には、どのように「言葉」に向き合い、他者と関わりたいかを書きましょう。

（書き方のきまり）

○　題名は書きません。
○　最初の行から書き始めます。
○　各段落の最初の字は一字下げて書きます。
○　行をかえるのは、段落をかえるときだけとします。会話などを入れる場合は、行をかえません。
○　、や。や」などはそれぞれ一ますに書きます。これらの記号が行の先頭に来るときには、前の行の最後の字と同じますめに書きます（ますめの下に書いてもかまいません）。
○　。と」が続く場合には、同じますめに書いてもかまいません。この場合、。」で一字と数えます。
○　段落をかえたときの残りのますめは、字数として数えます。
○　最後の段落の残りのますめは、字数として数えません。
○　文章を直すときは、消しゴムでていねいに消してから書き直します。

ある人が任意の言語で話している時、その人は自分の体験を通じて感じたことを、相手の知っている言葉に「翻訳」して話している。同時に、その翻訳行為から常にこぼれ落ちる意味や＊情緒もある。その隙間をなんとか埋めようとする仕草に、翻訳する人に固有の面白さが現れる。

わたしが学んできた数多の言語は、自分や他者の感覚を表現し、相互に伝えようとする「翻訳」の技法だった。今日わたしたちが紐解くことのできる歴史には、過去の無数の人々が発見し、＊試行錯誤してきた翻訳の表現が織り込まれている。今、わたしたちがその知識と経験を何のために受け継ぐのかといえば、わたしは互いの「わかりあえなさをつなぐために」と答えたいと思う。異質な個人同士は、この情報社会でますますつながっていくだろう。そんな時代に生きる人間として抱く、ある種の危機感から生まれる考えかもしれない。

今日、インターネットを介して、わたしたちが見知らぬ他者と接触する機会はますます増えているが、そこでは新たな関係性が紡がれる可能性と、異なる価値観を持つ人間同士が分断される危険性の両方が見られる。しかし、この二つの動向は一見＊矛盾するようでいて、人間の社会が新しい言語を獲得するために通過する必要なステップを共に指し示している。

（ドミニク・チェン『未来をつくる言葉　わかりあえなさをつなぐために』〈新潮社〉による）

〈言葉の説明〉

身悶えする――思いどおりにならなくて体をよじるように動かす。

些細な――問題にするほどでもないちょっとした。

当人――本人。その人。

情緒――そのときそのときに起こるいろいろな感情。

試行錯誤――いろいろな方法をくり返し試みて解決に近づいていくこと。

矛盾――つじつまが合わないこと。

〔問題１〕　**文章A**に人は言葉でできているとありますが、どのようなことですか。**文章A**の内容をふまえて、解答らんに当てはまるように四十五字以上六十字以内で答えましょう。

人は言葉でできているとは、［　　］ということ。

（書き方のきまり）

○　、や。や」などはそれぞれ一ますに書きます。

○　一ますめから書き始めます。

○　文章を直すときは、消しゴムでていねいに消してから書き直します。

〔問題２〕　**文章B**では、翻訳とはどのようなことだと言っていますか。解答らんに当てはまるように六十字以上七十字以内で答えましょう。

翻訳とはある国の言葉や文を、ほかの国の言葉や文に単純にかえることではなく、［　　］

（書き方のきまり）

○　、や。や」などはそれぞれ一ますに書きます。

○　一ますめから書き始めます。

○　文章を直すときは、消しゴムでていねいに消してから書き直します。

〔問題３〕　**文章A**・**文章B**を読み、あなたは「言葉」を学ぶこととはどのようなものだと考えましたか。また、今後の学校生活において、どのように「言葉」に向き合い、他者と関わりたいですか。それぞれの文章の内容をふまえて四百字以上五百字以内で自分の

〈適性検査Ⅰ〉

—45分—

◆次の 文章A ・ 文章B を読んで、あとの問題に答えなさい。

（＊印の付いている言葉には、文章の後に〈言葉の説明〉があります。）

文章A

まず人がいて、自分があって、そして言葉がある。言葉と人の係わりを言うとき、そうした順序で考えられるのが、まず普通です。ただ、言葉と人の関係について考えるなら、その順序を逆にして考えるほうがいい、とわたしは思っています。まず言葉があって、自分があって、そして人がいるというように。

この世にあって、人にとってなくてはならないと思えるもの、毎日の生活をささえてきたもののほとんどすべてというのは、人がつくりだしてきたものです。人はさまざまなものを、つくろうとしてつくってきたし、けっしてつくれないと思われるようなものすら、しばしばつくりだします。けれども、人にとって絶対になくてはならないものというのは、必ずしも人のつくったものでなく、言葉もそうです。

自分が生まれる前からずっとあって、言葉は、わたしたち自身より古くて長い時間をもっています。ですから、わたしたちは言葉のなかに生まれてくる。そして、自分たちがそのなかに生まれてきたもっとも古い言葉を覚える。成長するとは、言葉を覚えるということです。つくるものでなく、＊あつらえるものでない。覚えるものが言葉です。

毎日の経験を通して、人は言葉を覚えます。覚えるのは、目の前にある言葉です。自分の毎日をつつんでいる言葉です。自分がそのなかに生まれてきた言葉というものを、あるいは言葉の＊体系というものを、自分から覚えることによって、人は大人になってゆく、あるいは、人間になってゆく。そういうものが、言葉です。

にもかかわらず、覚えて終わりでなく、覚えた言葉を自分のものにしてゆくということができないと、自分の言葉にならない本質を、言葉はそなえています。

言葉を覚えるというのは、この世で自分は一人ではないと知るということです。言葉というのはつながりだからです。

言葉をつかうというのは、他者とのつながりをみずからすすんで認めるということであり、言葉を自分のものにしてゆくというのは、言葉のつくりだす他者とのつながりのなかに、自分の位置を確かめてゆくということです。

人は何でできているか。<u>人は言葉でできている</u>、そういう存在なのだと思うのです。言葉は、人の道具ではなく、人の素材なのだということです。

（長田弘『読書からはじまる』〈筑摩書房〉による）

〈言葉の説明〉

あつらえる——たのんで自分の思うようにつくらせる。

体系——いろいろなものを、ある決まりで順序よくまとめたもの。

文章B

幼い頃から、日常生活を「翻訳」が満たしていた。家庭や学校で飛び交う複数の言語間で、時には言葉で表現する喜びに打ち震え、時には口から言葉が出てこないもどかしさに＊身悶えすることもあった。

ある時から、言葉を吐くという何気ない＊些細なコミュニケーションのひとつひとつが翻訳行為なのだと思えるようになった。そこから、人の話を聞いたり、本を読んだりすることがさらに好きになった。誰が何語で話していようと、内容そのものへの興味に加えて、＊当人が「何を翻訳しようとしているのか」というプロセスにも関心を持つようになったのだ。

東京都立大泉高等学校附属中学校

（編集部注：掲載にあたりレイアウトなどの一部改変を行っています。）

〈適性検査Ⅰ〉　共同作成問題　適性検査Ⅰ参照（→P.313）　—45分—

〈適性検査Ⅱ〉　—45分—

1　共同作成問題　適性検査Ⅱ　1参照（→P.301）

2　共同作成問題　適性検査Ⅱ　2参照（→P.304）

3　共同作成問題　適性検査Ⅱ　3参照（→P.307）

〈適性検査Ⅲ〉　—45分—

1　はなさんとそらさんと先生が実験室で話をしています。

はな：せん風機はプロペラの羽根がぐるぐる回ることによって風を作り出しているね。夏はすずしくて便利だね。

そら：プロペラの羽根はどのくらいの回数、回転しているのかな。実験室には光電池の実験で使うプロペラモーター（**図1**）があるね。プロペラモーターは、モーターにプロペラがすでに接続されている実験装置のことだよ。電池を使ってプロペラモーターを回して、その様子を動画で撮影してみよう。

先生：動画を撮影するのはよいアイデアですね。通常のカメラは、1秒間に30枚の静止画を撮影してつなぎ合わせることで動画にしています。静止画1枚のことを「1コマ」といいます。プロペラの回転はとても速いので、ハイスピードカメラを使ってはどうですか。1秒間に960コマの静止画を撮影できますよ。プロペラの回転数を調べる**実験1**をやってみましょう。

実験1

手順1　ハイスピードカメラを使いプロペラモーターの羽根が回転する様子を撮影する。

手順2　撮影した動画をある時刻から1コマずつ進めて観察する。

手順3　プロペラの特定の羽根が何度回転するか4コマ分観察する。

図1　プロペラモーター

表1　**実験1**の結果

進んだコマ数	回転した角度
0コマ	0度
1コマ	8度
2コマ	16度
3コマ	24度
4コマ	32度

はな：撮影がうまくいったね。

そら：自分で決めた時間でプロペラの回転数を計算してみよう。

〔問題１〕　次の□の中の三つから自分で決めた時間を一つ選びなさい。また、その選んだ時間のなかで、プロペラが何回転しているか答えなさい。割り切れない場合は小数第一位を四捨五入して、整数で答えなさい。

１秒間　１分間　１時間

はな：今日は晴れているから、校庭でプロペラモーターを光電池に接続して、回してみよう。

そら：光電池の表面はどこか一部でもよごれてしまうと、うまく発電できなくなるのかな。そもそも、光電池の仕組みってどうなっているのだろう。

先生：よいところに疑問をもちましたね。光電池に太陽光が当たる面を、正面として観察すると、発電する板が３枚あり、中心にある電気を通す太い金属の線でつながっています(**図２**)。太い金属の線を側面から観察すると**図３**のようになっています。また、太陽光が当たる面を注意深く観察すると、それぞれの発電する板には、太い金属の線と垂直に交わる細い金属の線が10本以上あります(**図４**)。この細い金属の線は、発電した電気を太い金属の線に集めるはたらきがありますよ。

図２　光電池　　　**図３**　光電池の太い金属の線と発電する板

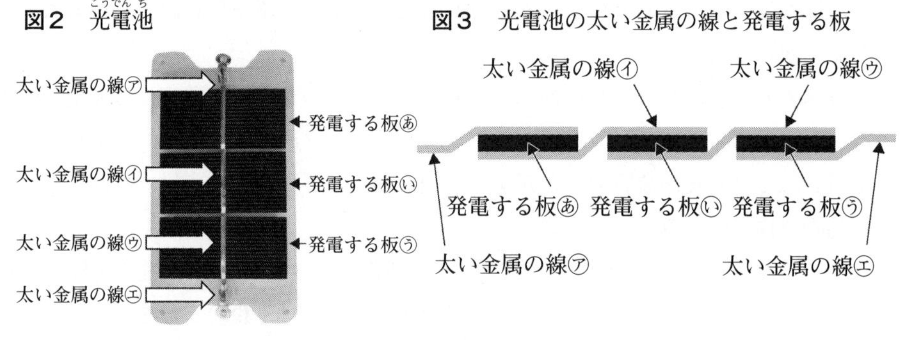

図４　光電池の細い金属の線

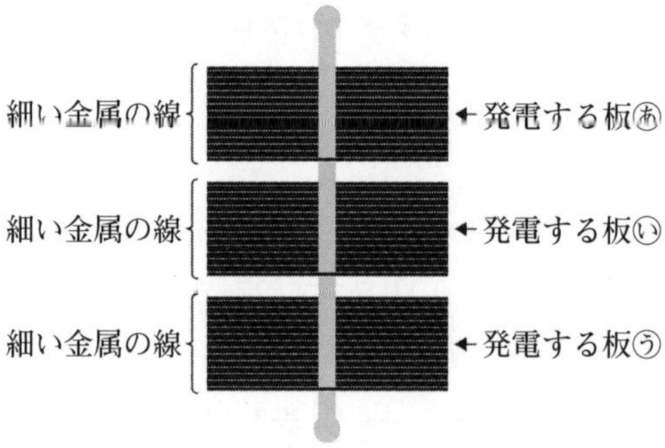

細い金属の線　発電する板㋐
細い金属の線　発電する板㋑
細い金属の線　発電する板㋒

はな：光電池に太陽光があたる場所とプロペラの回転の関係を調べる**実験２**をやってみよう。

実験２

手順１　光電池全体に太陽光を当てて、接続点Ａと接続点Ｂをそれぞれプロペラモーターに接続し回転させる。また、発電する板の部分を①～⑥の６区画で分けて考える(**図５**)。

手順２　１区画分の大きさの紙を６枚準備する。紙は光を通さないこととする。

手順３　紙の枚数や置く場所をいろいろ変化させて実験する。

図5　光電池の6区画

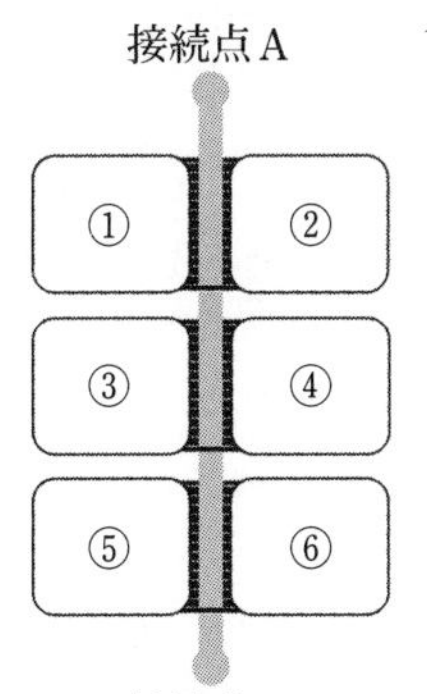

表2　実験2の結果

	紙の枚数	紙を置く場所	プロペラの様子
条件A	0枚	なし	回転する
条件B	6枚	①、②、③ ④、⑤、⑥	回転しない
条件C	5枚	①、③ ④、⑤、⑥	回転しない
条件D	3枚	①、③、⑤	回転する
条件E	2枚	⑤、⑥	回転しない

図6　穴をあける場所

そら：どうしてこのような結果になるのだろうか。

はな：分かったかもしれない。光電池でプロペラを回すために必要なことについてもう少し調べたいな。条件Cのとき、光電池の☆のところを接続点Bの代わりとして接続したときに、プロペラが回転するか気になるね(**図6**)。光電池の表面はとう明なフィルムでおおわれているので、小さな穴をあけてもいいですか。

先生：もちろんです。探究心を大事にしてくださいね。

はな：ありがとう、先生。小さい穴をあけて☆のところにつなげてみたよ。プロペラが回転したね(**実験3**)。

〔問題2〕　新しい光電池を用意し、①、④、⑤に紙を置いた。プロペラは回転するかしないか、どちらかを選びなさい。また、その理由を**実験2**や**実験3**の結果を使って説明しなさい。

はな：光電池の電気だけでドローンを飛ばす実験をしている研究があると聞いたことがあるよ。

そら：太陽が出ている間はずっと飛べるってことなのかな。それは、環境にも優しいし、すごいことだね。

はな：ところで、プロペラの風でどれくらいの重さの物体をうかせることができるのかな。何か調べるためのよい方法はないかな。

そら：プロペラの羽根は、モーターに電流を流して回転させているね。光電池の代わりに電流の大きさを変化させることができる電源装置を使ってみよう。モーターに流れる電流の大きさを変化させたとき、プロペラの風でどれくらいの重さの紙をうかせることができるか**実験4**で調べてみよう。

実験4

手順1　プロペラの直径と同じ大きさの円形に紙を切り、その紙を5枚用意する。紙1枚の重さを電子てんびんで測定したら0.54gであった。

手順2　モーターに電流を流し、プロペラで風を発生させ紙をうかせる(**図7**)。紙はプロペラを囲うように設置した4本の棒によって安定してプロペラと平行にうく。その状態から電流の大きさを小さくしていき、プロペラに紙がふれたとき、うかなくなったと判断する。その時点での、電流の大きさを記録する。

図7　紙をうかせる様子

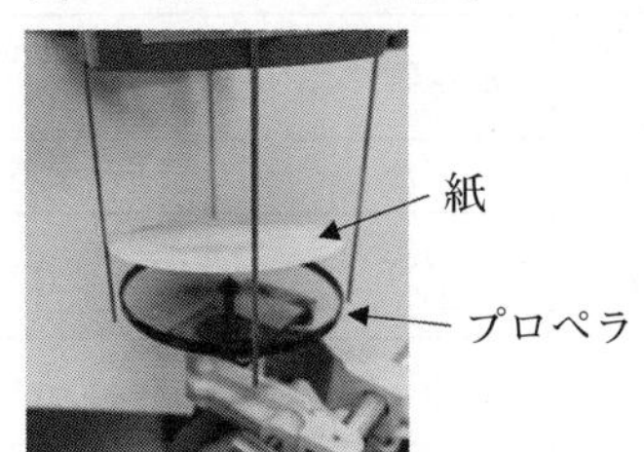

表3　**実験4**の結果

紙の枚数	1枚	2枚	3枚	4枚	5枚
電流の大きさ	23 *mA	31 mA	39 mA	47 mA	55 mA

*mA（ミリアンペア）：電流の大きさを表す単位。
1 A＝1000mA

はな：電流の大きさとうかなくなるときの紙の枚数は関連がありそうだね。どうすれば分かるかな。

そら：グラフにしてみると関係が分かりそうだね。パソコンを使ってグラフを作ってみたよ（**図8**）。

はな：紙の枚数と電流の大きさの関係が分かるね。この関係性を使えば、紙の重さを変化させたときに紙がうかなくなる電流の大きさを、予想できそうだね。

図8　紙の枚数（まいすう）と電流の大きさの関係

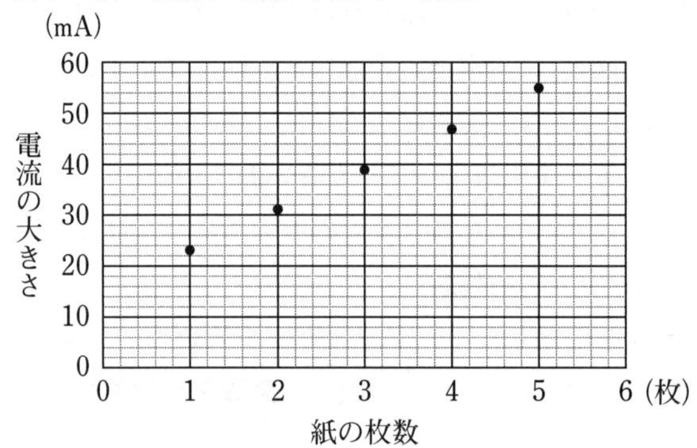

〔問題3〕　0.54 gの紙2枚（まい）の上に、新しく切った0.34 gの円形の紙を中心に乗せて実験をした。電源装置（でんげんそうち）で電流の大きさを小さくしていったときにうかなくなる電流の大きさは何mAとなるか答えなさい。割り切れない場合は小数第一位を四捨五入して、整数で答えること。また、どのように考えたか答えなさい。

2　いずみさんとまさとさんが家で話をしています。

いずみ：トイレットペーパーが残りわずかだよ（**図1**）。

図1

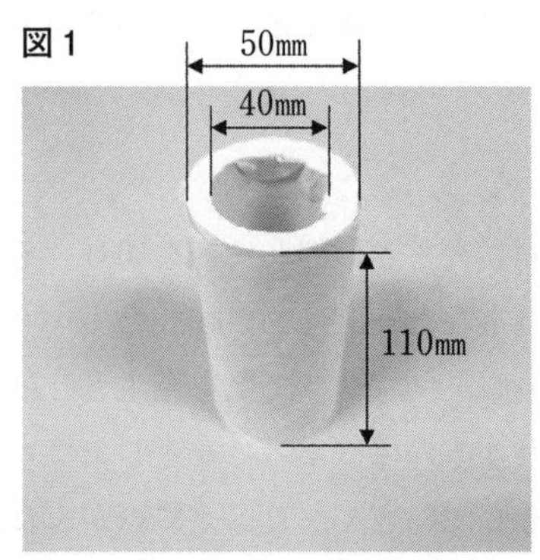

まさと：本当だね。

いずみ：残りはあとどれくらい使えるのかな。

まさと：まずはこのトイレットペーパーの、残りの巻(ま)き数を調べてみよう。

いずみ：パッケージには、トイレットペーパーの厚さは0.1㎜と記されているよ。

まさと：残りのトイレットペーパーの直径の長さは、どこで測ってもちょうど50㎜だったよ。

いずみ：トイレットペーパーのしんの直径は40㎜のようだね。

まさと：ということは、［　ア　］と計算すれば、トイレットペーパーの残りの巻き数を求められるよ。

いずみ：やってみよう。

〔問題１〕　会話文中の［　ア　］に当てはまる、残りの巻(ま)き数を求める計算式を答えなさい。また、トイレットペーパーの残りの巻き数も答えなさい。ただし、トイレットペーパーのしんの厚さは考えないものとする。

いずみ：このトイレットペーパーの残りの巻き数は分かったけれど、そこから残りの長さを求めるのは大変そうだね。

まさと：ではトイレットペーパーの紙を立体として考えるのはどうだろう。

いずみ：どういうことかな。

まさと：例えば、このトイレットペーパーの残りを全て出した様子を図にして考えてみよう（**図２**）。

図２

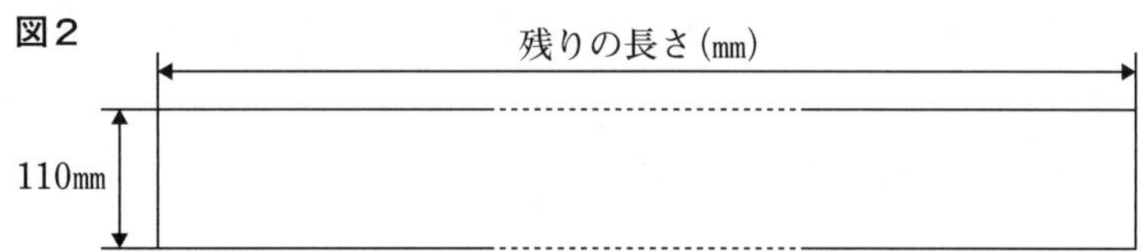

まさと：これは、平面の紙のようだけれど、見方によっては厚さ0.1㎜の立体と考えることもできるね。

いずみ：なるほど。

まさと：ということは、**図１**のトイレットペーパーを立体として見たとき、その立体の［　イ　］は、**図２**の残りの長さ×0.1の値(あたい)と等しいと考えられるね。

いずみ：これならトイレットペーパーの残りの長さも求められるね。

〔問題２〕　会話文中の［　イ　］に当てはまる言葉、または計算式を答えなさい。また、トイレットペーパーの残りの長さも求めなさい。その際、単位は㎜で答えなさい。ただし、円周率は3.14とし、トイレットペーパーのしんの厚さは考えないものとする。また、トイレットペーパーは、すき間なくぴったりと巻かれているものとする。

まさと：これで長さを求めることができたね。

いずみ：でも、残りわずかだから、新しいトイレットペーパーを準備しておこう。

いずみ：新しいトイレットペーパーを持ってきたよ（**図３**）。

図３

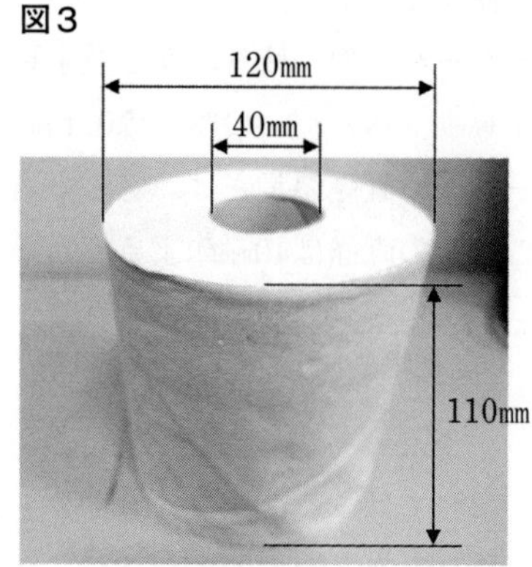

まさと：そういえば、お店にはたくさんのトイレットペーパーが並んでいるね。

いずみ：この前、入荷している様子を見たけれど、とても大きいダンボール箱に、ぴったりと並んで入っていたよ。

まさと：ためしに、36個のトイレットペーパーを入れるとすると、どれくらいの大きさのダンボール箱が必要なのかな。

〔問題３〕　ダンボール箱の表面（下の面も含む）の面積の合計をできる限り小さくして、**図３**のようなトイレットペーパー36個を入れる。このとき、どれくらいの大きさのダンボール箱が必要になるか。ダンボール箱の縦、横、高さの長さをそれぞれ求めなさい。その際、単位はcmで答えなさい。ただし、ダンボールの厚さは考えないものとする。また、トイレットペーパーの形を変えることはできないものとする。

まさと：このトイレットペーパーやトイレットペーパーのしん、ダンボールは古紙を使っているよ。

いずみ：そうだね。私たちが買い物をしたりするときは、環境に配りょして作られた物を選ぶとよいね。

東京都立小石川中等教育学校

(編集部注：掲載にあたりレイアウトなどの一部改変を行っています。)

〈適性検査Ⅰ〉 共同作成問題 適性検査Ⅰ参照(→P.313) —45分—

〈適性検査Ⅱ〉 —45分—

1 共同作成問題 適性検査Ⅱ 1参照(→P.301)

2 学校の社会科クラブで地球の環境問題について学んだあさこさんとけんじさんは、世界のいろいろな地域の森林面積について、より深く調べたいと思い、たくさんの資料を持っているおじいさんの家を訪ねました。

あさこ：世界全体では森林面積が減少していることを学んだけれど、世界のどの地域でも同じなのかな。地域によるちがいはないのかな。

けんじ：地域によっては、増加しているところもあるかもしれないね。

おじいさん：**資料1**に示した6つの地域について、いくつかの資料があるよ。まず、世界全体と地域ごとの森林面積についての**資料2**を見てごらん。変化の様子を知るために、2000年の森林面積に対する2010年と2020年の森林面積の割合を計算してみるとよいね。

あさこ：2000年の森林面積の何％なのかだけでなく、それぞれの年の森林面積が、2000年の森林面積から、何％増加しているか、何％減少しているかを計算して、表やグラフにしてみると、増加や減少の変化が分かりやすくなりそうだね。

けんじ：では、**資料2**をもとに**資料3**を作ってみよう。まずは、世界全体と北アメリカについて計算して、表とグラフにしてみたよ。地域によってずいぶんとちがいがありそうだね。

おじいさん：それぞれの地域の一人当たりの国民総所得についての**資料4**、人口についての**資料5**も見てごらん。国民総所得とは、国民が1年間に生産した物の価値や、物としては表せない情報産業や運輸業のような仕事の価値をお金に置きかえて合計したものだよ。人々の経済的な豊かさの目安になる数値だよ。

〔問題1〕 (1) **資料2**の数値を用いて、表を完成させなさい。答えは、表に書かれている数値と同じように、小数第二位を四捨五入した小数第一位までの数値で書きなさい。

森林面積の2000年に対する割合と、増加と減少の割合(数値は%)

	2010年		2020年	
世界全体	98.8	1.2減少	97.6	2.4減少
アジア				
アフリカ				
ヨーロッパ				
北アメリカ	100.3	0.3増加	100.1	0.1増加
南アメリカ				
オセアニア				

⑵　⑴で計算した数値を用いて、グラフを完成させなさい。

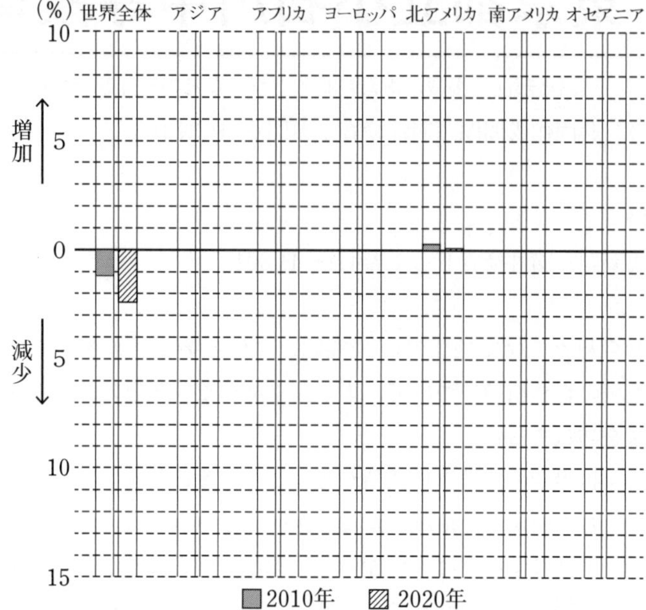

⑶　６つの地域の中から一つの地域を選び、**資料４**や**資料５**をふまえて、森林面積の増加や減少の理由について、あなたの考えを書きなさい。

資料１　世界の地域

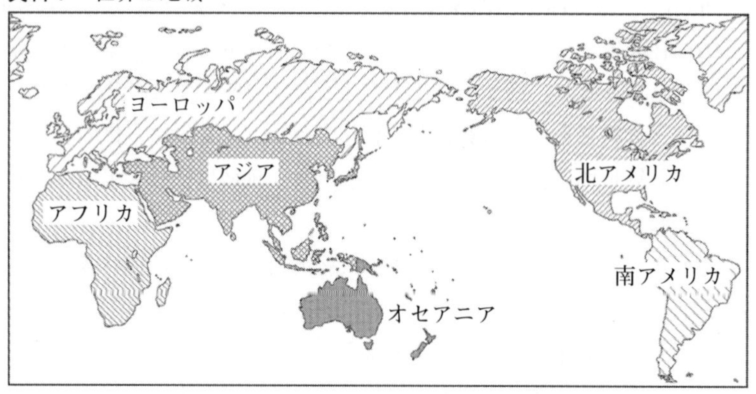

資料２　世界全体と地域ごとの森林面積(単位：万㎢)

	2000年	2010年	2020年
世界全体	4158.1	4106.3	4058.9
アジア	587.4	611.0	622.7
アフリカ	710.0	676.0	636.6
ヨーロッパ	1002.3	1014.0	1017.5
北アメリカ	752.3	754.2	752.7
南アメリカ	922.6	870.2	844.2
オセアニア	183.3	181.0	185.2

(国際連合食糧農業機関「世界森林資源評価2020」より作成)

資料３　森林面積の2000年に対する割合（わりあい）と、増加と減少の割合（数値は％）

	2010年		2020年	
世界全体	98.8	1.2減少	97.6	2.4減少
アジア				
アフリカ				
ヨーロッパ				
北アメリカ	100.3	0.3増加	100.1	0.1増加
南アメリカ				
オセアニア				

資料４　世界全体と地域ごとの一人当たりの国民総所得（単位：ドル）

	2000年	2010年	2020年
世界全体	5135.3	9001.2	10872.8
アジア	2293.9	4565.4	7003.5
アフリカ	695.1	1527.4	1774.2
ヨーロッパ	13243.1	27043.4	27973.1
北アメリカ	22568.4	32197.3	41624.0
南アメリカ	3622.2	8165.5	6532.8
オセアニア	14950.2	33473.5	36908.8
参考：日本	35606.8	42004.8	42028.3

（二宮書店「データブック オブ・ザ・ワールド」より作成）

資料５　世界全体と地域ごとの人口（単位：万人）

	2000年	2010年	2020年
世界全体	608738	692542	778212
アジア	371062	419205	463375
アフリカ	79264	103144	133883
ヨーロッパ	72701	73247	74961
北アメリカ	48180	54152	58767
南アメリカ	34557	39298	43046
オセアニア	2974	3495	4182

（二宮書店「データブック オブ・ザ・ワールド」より作成）

けんじ：世界の中でも地域によって増加と減少の様子にちがいがあることが分かったね。でも、なぜちがいがあるのだろう。

あさこ：森林の木を切るということは、何かに使うということだよね。切った木の使い道に、地域によるちがいがあるということなのかな。

けんじ：一人当たりの国民総所得も、地域によってちがいがあるね。何か関係があるのかな。

おじいさん：世界のそれぞれの地域についての資料は、ここには無いよ。そのかわりに、日本についての二つの資料があるので、それをもとに考えてみると、世界のそれぞれの地域について分かるかもしれないよ。**資料６**は、日本での木材の使い道の移り変わりを示したものだよ。**資料７**は、日本の一人当たりの国民総所得の移り変わりを示したものだよ。

けんじ：**資料6**にある「薪炭材（しんたんざい）」とは、何のことかな。

おじいさん：「薪」は習っていない字だね。訓読みは「まき」だよ。だから薪炭材とは、「まき」と「炭」のことだね。昔は、「まき」や「炭」を燃料として使っていた家庭も多かったよ。

あさこ：昔と最近とでは、木材の使い道にちがいがあるし、一人当たりの国民総所得にもちがいがあるね。木材の使い道と一人当たりの国民総所得との間には、何か関係がありそうだね。

けんじ：日本の一人当たりの国民総所得の昔と最近とのちがいは、最近の世界の地域の間のちがいを考える参考になりそうだね。

あさこ：なぜ木を切ってしまうのだろう、とばかり考えていたけれど、切らなければいけない理由もあるかもしれないね。

けんじ：林業は、木を切ることが大切な仕事の一つだよね。

あさこ：林業以外でも、人々が生活していくために木を切らなければいけない理由もあるだろうね。

けんじ：けれども、森林面積が減ることは、地球の環境にとって良いことではないよね。

あさこ：人々の生活を守りながら、森林を守らないといけないね。

けんじ：森林を守るには、森林面積を増加させないといけないね。何をしたらよいのだろう。

おじいさん：増加させるために何をしたらよいかを考えることも大切だけれど、減少させないために何をしたらよいかを考えることも大切なのではないかな。

けんじ：なるほど、さっき作ったグラフを上にのばしていくためにやるべきことと、下にのばさないようにするためにやるべきことは、同じではないかもしれないね。

あさこ：森林面積を増加させるために、それから、減少させないために、私（わたし）たちにできることはたくさんあるよね。よく考えて行動しなくてはいけないね。

けんじ：一人一人の行動も大切だけれど、国同士で協力することも大切だよね。

〔問題２〕　今までの会話文、問題、解答、**資料6**、**資料7**を参考にして、「世界の森林面積を増加させるためにはどうしたらよいか」「世界の森林面積を減少させないためにはどうしたらよいか」について、世界の国々（くにぐに）はどのような協力をすればよいと考えますか。あなたの考える国同士の協力を、それぞれの目的ごとに分けて、151字以上210字以内で書きなさい。

なお、段落（だんらく）をかえずに書きなさい。「、」や「。」もそれぞれ字数に数えます。

資料6　日本での木材の使い道の移り変わり

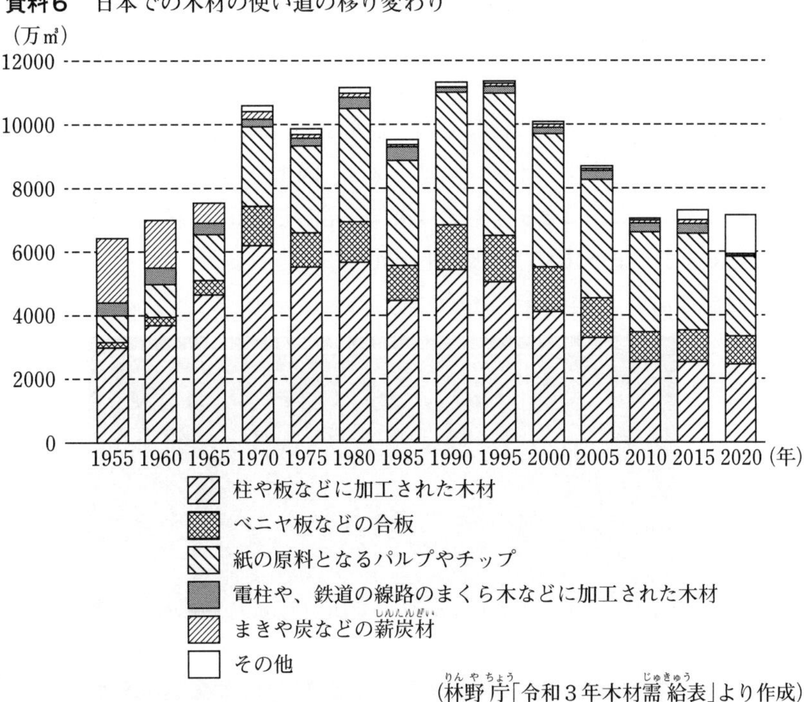

（林野庁「令和3年木材需給表」より作成）

資料7　日本の一人当たりの国民総所得の移り変わり（単位：万円）

1955年	1960年	1965年	1970年	1975年	1980年	1985年
9.7	17.8	34.3	72.5	136.0	212.0	274.0
1990年	1995年	2000年	2005年	2010年	2015年	2020年
367.5	415.0	422.6	421.1	400.4	435.4	439.7

（矢野恒太記念会「数字でみる日本の100年」、矢野恒太記念会「日本国勢図会2022/23」より作成）

[3]　共同作成問題　適性検査Ⅱ　[3]参照（→P.307）

〈適性検査Ⅲ〉　―45分―

[1]　理科クラブの活動中に、みずほさんとのぞみさんと先生が話をしています。

みずほ：先週、友だちに電話をしたのだけれど、話している相手が友だちだと思って話を続けようとしたら、実は友だちのお姉さんと話していたんだ。

のぞみ：電話で人の声を聞くと、直接聞くのとちがって聞こえるね。

みずほ：友だちの家に遊びに行ったときは、友だちとお姉さんの声は聞き分けられたよ。実際にその人を前にして発せられた声を聞くと、ちゃんとだれか分かるのに、不思議だね。

のぞみ：ひょっとしたら、人の声は電話を通すと、元の音から変化するのかもしれないね。直接聞く声と、電話から聞こえる声を見える形にして、比べることはできないかな。

みずほ：先生、声を見える形にして分せきする良い方法はありますか。

先　生：オシロスコープという機械を通してみると、音が波のような形で見えます。声も音の一種なのでオシロスコープで見ることができますね。

のぞみ：ありがとうございます。このオシロスコープを使って、直接聞く声と、電話から聞こえる声を録音して、分せきしてみよう。

先　生：では、みずほさん、「あー」と声を出してください。この音をオシロスコープで見てみると**図1**のようになります。次に、のぞみさん、お願いします。**図2**は同じようにしてのぞみさんの声をオシロスコープで見たものです。音が出る時にはものがふるえていることを学びましたね。図の縦(たて)じくの「**しんぷく**」は、ものがどれくらい大きくふるえているかを表しています。オシロスコープは、**図1**のように、ものがふるえている様子を図にして表すことができます。では次に、電話を通したのぞみさんの声をオシロスコープで見てみましょう(**図3**)。波の形を比べてみましょう。

図1　みずほさんの声をオシロスコープで見たときの形

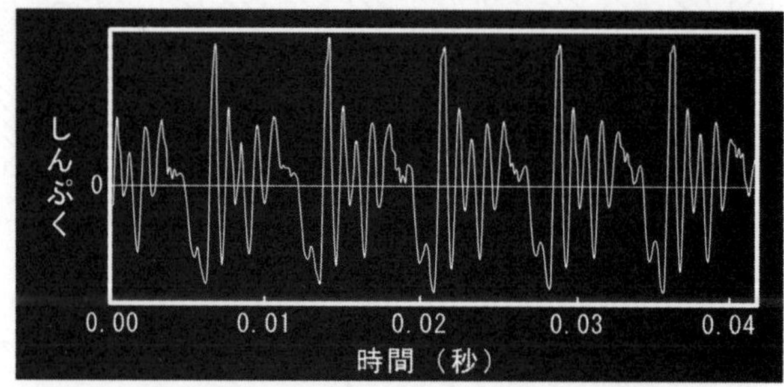

図2　のぞみさんの声をオシロスコープで見たときの形

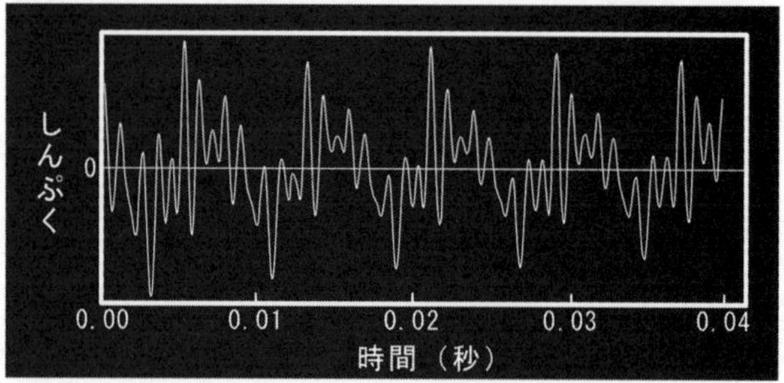

図3　電話を通したのぞみさんの声をオシロスコープで見たときの形

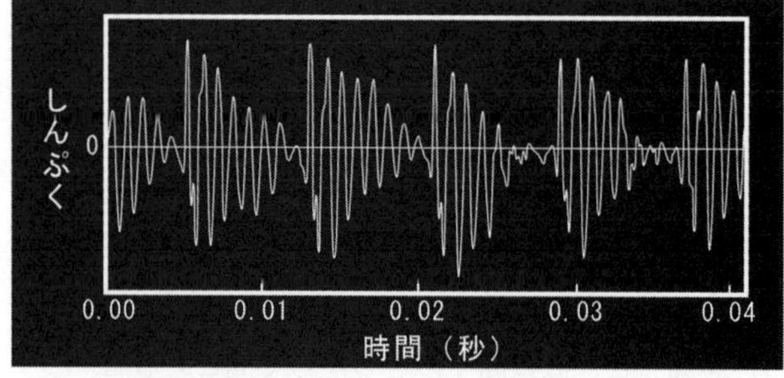

〔問題1〕　(1)　人の声を直接聞いているときのことを考えます。知っている人だと、声を聞いただけでだれかが分かることがあります。私(わたし)たちは、人の声をどのようにして区別しているのだと思いますか。**図1**〜**図3**のうちから二つ選んで比かくし、あなたの考えを一つ書きなさい。

(2)　電話だと話をしている人を間ちがえることがありますが、それはなぜだと思いますか。**図1**〜**図3**のうちから二つ選んで比かくし、あなたの考えを一つ書きなさい。

のぞみ：そういえば、人以外の動物たちの中にも声でコミュニケーションをとる動物がいるけれど、声のちがいを聞き分けているのかな。

みずほ：近くの田んぼでたくさんのカエルたちが鳴いているね。私たちには分からないけれども、声でコミュニケーションをとっているのかな。

先　生：カエルの鳴き声を分せきした研究があります。この研究は、カエルの鳴き声のコミュニケーションについて調べ、それを無線通信などの情報通信技術に活用できないかについて考えたものです。その研究論文は、田んぼにたくさんいるアマガエル（**図4**）がどのように鳴いているのかを調べた別の論文を参考にし、それをさらに発展させています（**図5**）。

みずほ：田んぼには、たくさんのアマガエルがいますね。全てのアマガエルが鳴くのですか。

先　生：いっぱん的には、オスのアマガエルがメスのアマガエルを呼ぶために鳴いています。**図5**は全て同じ時刻でカエルの鳴き声の測定を始めたときの様子です。

のぞみ：これを見ると、アマガエルはそれぞれ好きな時に自由に鳴いているのではないように見えますね。もっとたくさんカエルがいる田んぼなどでは、鳴く順番などのルールがあるのかな。

図4　アマガエル

みずほ：それを知るためには、たくさんいるアマガエルのうちどこにいるアマガエルが鳴いたのかを分かるようにする必要があるね。

のぞみ：鳴いたアマガエルの位置を知るにはどうしたらいいのだろう。

図5　3びきのアマガエルが鳴く様子

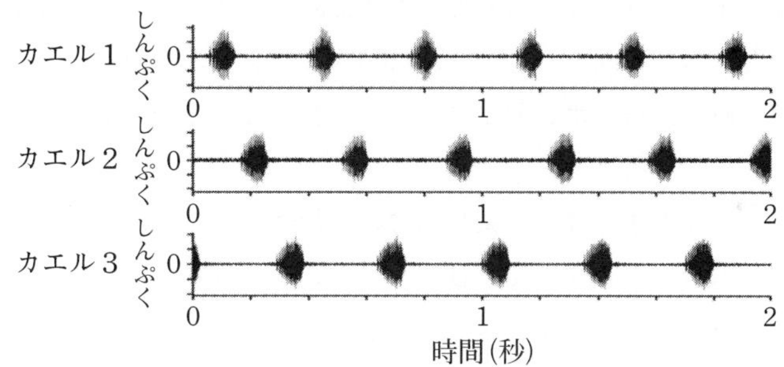

（合原一究ほか「自律分散型コミュニケーションシステムとしてのカエルの合唱法則の数理モデリングと応用」より作成）

〔問題2〕　(1)　**図5**から、アマガエルは他のアマガエルと声が重ならないように鳴いていることが分かります。なぜ他のアマガエルと重ならないように鳴くのだと思いますか。あなたの考えを一つ書きなさい。

(2)　アマガエルは、どのように自分が鳴くタイミングを判断していると思いますか。あなたの考えと、そう考える理由を書きなさい。

(3)　鳴いたアマガエルの位置をはあくするためには、どのような工夫をしたらよいと思いますか。その工夫を考え、説明しなさい。説明には図を用いてもかまいません。

先　生：**図5**は2秒間、鳴き声を記録したときの様子ですが、**図6**は900秒の長い時間で記録したときの図です。

みずほ：**図6**を見ると、アマガエルは常に鳴き続けているわけではないみたいだね。

のぞみ：アマガエルは常に鳴いているのだと思っていたけれど、そうではないようだね。

図６　長い間かくで記録した複数のアマガエルが鳴く様子

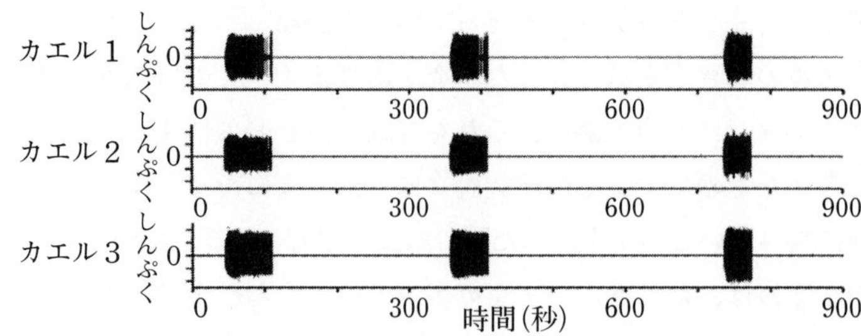

（合原一究ほか「自律分散型コミュニケーションシステムとしてのカエルの合唱法則の数理モデリングと応用」より作成）

〔問題３〕　のぞみさんは「アマガエルは常に鳴いているのだと思っていたけれど、そうではないようだね。」と言っています。この他にアマガエルの鳴き方について**図６**から分かることを一つ書きなさい。また、アマガエルがそのように鳴く理由について考え、説明しなさい。

みずほ：鳴いているときをオンの状態、鳴いていないときをオフの状態とすると、オン・オフの状態があるのはカエルの鳴き方だけではないね。

のぞみ：カエルが鳴いたり鳴いていなかったりする様子をオン・オフと考えるなんて、みずほさんはおもしろい考え方をするね。

先　生：そうですね。身の回りのものにあてはめて考えることができそうですね。

〔問題４〕　あなたの身の回りのもので、自動的にオンとオフが切りかわるものについて一つ例を挙げ、何のためにオンとオフが切りかわっているか、あなたの考えを説明しなさい。

２　はるかさんとゆうきさんは、お楽しみ会の実行委員として、当日に向けて準備を進めています。

はるか：お楽しみ会には、Ａさん、Ｂさん、Ｃさん、Ｄさん、Ｅさんの５人のグループ１と、Ｐさん、Ｑさん、Ｒさん、Ｓさん、Ｔさんの５人のグループ２の計10人が参加するよ。

ゆうき：どのようなことをするか決めているのかな。

はるか：最初に、プレゼント交かんをしようと考えているんだ。

ゆうき：どのように行うのかな。

はるか：グループ１、グループ２のそれぞれのグループで行うもので、５人のメンバーが一人一つずつプレゼントを持ち寄って、それぞれのグループ内のメンバー同士で交かんするんだよ。

ゆうき：なるほど。希望するプレゼントがもらえるといいね。

はるか：そうだね。だから、グループ１、グループ２それぞれの５人のメンバーには、あらかじめプレゼントが何であるか教えておいて、どのプレゼントをほしいか希望をとっておいたよ。

ゆうき：Ａさん、Ｂさん、Ｃさん、Ｄさん、Ｅさんが持ってくるプレゼントはそれぞれ①、②、③、④、⑤で、Ｐさん、Ｑさん、Ｒさん、Ｓさん、Ｔさんが持ってくるプレゼントはそれぞれ⑥、⑦、⑧、⑨、⑩なんだね。

はるか：それぞれのグループのメンバーが、どのプレゼントをほしいかをまとめたものが**図１**だよ。

図１

グループ１		グループ２	
メンバー	ほしいプレゼント	メンバー	ほしいプレゼント
Aさん	②または③	Pさん	⑦または⑨
Bさん	①または③または④	Qさん	⑥または⑨
Cさん	④または⑤	Rさん	⑥または⑦または⑨
Dさん	③または⑤	Sさん	⑥または⑧または⑩
Eさん	①または②または④	Tさん	⑥または⑨

ゆうき：もらえるプレゼントは一人一つだよね。

はるか：そのとおりだよ。それぞれのグループについて、５人のメンバー全員が自分のほしいプレゼントをもらえるようにするには、メンバーとプレゼントをどのような組み合わせにすればよいかな。

ゆうき：グループ１は５人のメンバー全員が自分のほしいプレゼントをもらえるような組み合わせができるけれど、グループ２はどのような組み合わせにしても、自分のほしいプレゼントがもらえないメンバーがいることになってしまうね。

〔問題１〕 (1) グループ１について、５人のメンバー全員が自分のほしいプレゼントをもらえるようにするとき、メンバーとプレゼントの組み合わせを一つ答えなさい。答えるときは、表の空らんに①、②、③、④、⑤の番号を書きなさい。

メンバー	Aさん	Bさん	Cさん	Dさん	Eさん
プレゼント					

(2) グループ２について、メンバーとプレゼントをどのような組み合わせにしても、自分のほしいプレゼントをもらえないメンバーがいるのはなぜか説明しなさい。

ゆうき：次にどのようなことをするのかな。

はるか：グループ１とグループ２のメンバーとでペアをつくってダンスをするよ。グループ１のメンバー一人一人にグループ２のメンバーの名前が書かれた５枚（まい）のカードを引いてもらったよ。同じように、グループ２のメンバー一人一人にグループ１のメンバーの名前が書かれた５枚のカードを引いてもらったよ。そして、より先に引いたカードに書かれた名前のメンバーとできるだけペアになるようにするよ。それぞれのメンバーが引いたカードの順をまとめたものが**図２**と**図３**だよ。

図２　グループ１のメンバーが引いたカードの順

	Aさん	Bさん	Cさん	Dさん	Eさん
先	Sさん	Pさん	Pさん	Rさん	Rさん
↑	Pさん	Tさん	Rさん	Sさん	Pさん
	Rさん	Qさん	Qさん	Qさん	Tさん
↓	Qさん	Rさん	Tさん	Tさん	Qさん
後	Tさん	Sさん	Sさん	Pさん	Sさん

図3　グループ２のメンバーが引いたカードの順

	Ｐさん	Ｑさん	Ｒさん	Ｓさん	Ｔさん
先	Ｃさん	Ａさん	Ａさん	Ｂさん	Ｄさん
↑	Ｅさん	Ｂさん	Ｄさん	Ｅさん	Ｅさん
	Ａさん	Ｃさん	Ｃさん	Ｄさん	Ａさん
↓	Ｄさん	Ｄさん	Ｅさん	Ａさん	Ｂさん
後	Ｂさん	Ｅさん	Ｂさん	Ｃさん	Ｃさん

ゆうき：これらの図を見ると、ＣさんとＰさんは最初に引いたカードにたがいの名前が書かれているから、この二人はペアにしよう。

はるか：その他の４組のペアはどのように決めたらよいか、考えてみよう。

ゆうき：**図２**、**図３**をもとにして、**図４**、**図５**のようにペアの組み合わせを決めてみたよ。これらの図の色を付けたところが、ペアになる相手だよ。

はるか：ちょっと待って。**図４**のＥさんのらんと**図５**のＴさんのらんを見て。ＥさんにとってＴさんはＱさんよりも先に引いていて、ＴさんにとってＥさんはＢさんよりも先に引いているから、ＥさんとＴさんでペアをつくり、ＢさんとＱさんでペアをつくった方が、たがいにより先に引いたメンバーとペアをつくることができるよ。そのような場合は優先(ゆうせん)してペアにしたいんだ。

図４　ゆうきさんが考えた、グループ１のメンバーがペアになる相手

Ａさん	Ｂさん	Ｃさん	Ｄさん	Ｅさん
Ｓさん	Ｐさん	Ｐさん	Ｒさん	Ｒさん
Ｐさん	Ｔさん	Ｒさん	Ｓさん	Ｐさん
Ｒさん	Ｑさん	Ｑさん	Ｑさん	Ｔさん
Ｑさん	Ｒさん	Ｔさん	Ｔさん	Ｑさん
Ｔさん	Ｓさん	Ｓさん	Ｐさん	Ｓさん

図５　ゆうきさんが考えた、グループ２のメンバーがペアになる相手

Ｐさん	Ｑさん	Ｒさん	Ｓさん	Ｔさん
Ｃさん	Ａさん	Ａさん	Ｂさん	Ｄさん
Ｅさん	Ｂさん	Ｄさん	Ｅさん	Ｅさん
Ａさん	Ｃさん	Ｃさん	Ｄさん	Ａさん
Ｄさん	Ｄさん	Ｅさん	Ａさん	Ｂさん
Ｂさん	Ｅさん	Ｂさん	Ｃさん	Ｃさん

ゆうき：そうか。では、ＥさんとＴさんをペアにしておいた方がいいね。でも、そうするとＢさんのペアがＱさんになるから、ＢさんにとってはＴさんより後に引いたＱさんとペアをつくることになってしまうね。

はるか：Ｂさんのように、もともとペアだったメンバーよりも後に引いたメンバーとペアになることになったとしても、５組のペア全体として、たがいにより先に引いたメンバーとペアになることを優先して考えるよ。そのように考えて、**図６**のような５組のペアをつくると、５組のペア全体としてはこれ以上ペアをつくり直す必要がない状態となるよ。このような５組のペアのことを「安定した状態の５組」とよぶことにしよう。

図6　５組のペアが「安定した状態の５組」となるメンバーの組み合わせの例

グループ１	Aさん	Bさん	Cさん	Dさん	Eさん
グループ２	Sさん	Qさん	Pさん	Rさん	Tさん

〔問題２〕　５組のペアが「安定した状態の５組」となるとき、その５組のペアの組み合わせを、**図6**に示した組み合わせ以外に一つ答えなさい。答えるときは、次に示した表の空らんに、Q、R、S、Tの記号を書きなさい。

グループ１	Aさん	Bさん	Cさん	Dさん	Eさん
グループ２	さん	さん	Pさん	さん	さん

はるか：お楽しみ会の最後は、私（わたし）たち実行委員の二人も参加してできる遊びを考えたよ。

ゆうき：どのようなことをするのかな。

はるか：私たち二人と10人のメンバーの合計12人のそれぞれが、制限時間内に、自分自身とさっきのダンスでペアになった人をのぞく10人と、たがいの手をタッチする遊びだよ。なお、私とゆうきさんはダンスのペアがいないので、私とゆうきさんとはタッチしてはいけないことにするよ。

ゆうき：最終的にどのようになっていればいいのかな。

はるか：みんなで協力して、最終的に私以外の11人がタッチした人数が、私が指定したとおりにできるかを考えるんだよ。

ゆうき：どんな指定をするのかな。

はるか：例えば、最終的に私以外の11人がタッチした人数が、全員等しくなるようにすることはできるかな。

ゆうき：それはやり方を工夫（くふう）すればできそうだね。

はるか：では、最終的に私以外の11人がタッチした人数が、全員ちがうようにすることはできるかな。

ゆうき：はるかさん以外の11人がタッチした人数が全員ちがうということは、タッチした人数が０人、つまりだれともタッチしない人がいてもいいということだよね。

はるか：そうだね。一方で、10人とタッチする人を考えてみると、その人はダンスでペアになった人以外の全員とタッチすることになるよね。

ゆうき：別の見方をすると、一人もタッチしない人と、10人とタッチする人はダンスでペアであったことが分かるね。

はるか：そうか。そのように考えていくと、ゆうきさんがタッチする人数は何人になるんだろう。

〔問題３〕　はるかさんは、「ゆうきさんがタッチする人数は何人になるんだろう。」と言っています。はるかさん以外の11人について、タッチした人数が全員ちがうとき、ゆうきさんがタッチする人数は何人ですか。また、その理由を説明しなさい。

答えは一ますめから書き、段落を変えてはいけません。
、や。や「などの記号もそれぞれ字数に数えます。

〔問題2〕「彼によれば、そうした説明はこの世界を抽象的に眺めてなされるものであり、その具体的な姿を捉えることにはなりません」とありますが、「具体的な姿を捉える」とは、世界をどのように見ることであると筆者は説明していますか。二十五字以上三十五字以内で説明しなさい。

〈注意〉
答えは一ますめから書き、段落を変えてはいけません。
、や。や「などの記号もそれぞれ字数に数えます。

〔問題3〕筆者は本文において、人間はどのような存在であると述べていますか。また、そのような筆者の考え方はあなたの学校生活においてどのように生かせるでしょうか。以下の条件にしたがって四〇〇字以上四六〇字以内で答えなさい。

①　第一段落では、筆者が人間はどのような存在であると述べているかを説明すること。
②　第二段落では、学校生活における具体的な場面を一つあげながら、筆者の考え方をどのように生かすか述べること。

〈注意〉
文章は必ず二段落になるようにしなさい。
書き出しや段落を変えたときの空らんは字数に数えます。
、や。や「といった記号もそれぞれ字数に数えます。

〈適性検査Ⅱ〉　―45分―

1　共同作成問題　適性検査Ⅱ　1参照（↓P.301）

2　共同作成問題　適性検査Ⅱ　2参照（↓P.304）

3　共同作成問題　適性検査Ⅱ　3参照（↓P.307）

そして生命である以上、「私」もまた、予見不可能な創造的進化を遂げるのです。

もっとシンプルに言えば、このことは、明日の「私」がどんな人間かは、まだわからない、ということでもあります。明日の「私」が何者であるか、この世界をどのように感じ、どんな気持ちで生きるのかは、予測できません。時間の経過が私たちの存在を、常に新しいもの、別なものに変えていくからです。

しかしそれは、「私」が一瞬ごとに異なるバラバラな人格になる、ということではありません。確かに、昨日の「私」と今日の「私」、明日の「私」は、それぞれちがった存在です。しかし「私」は記憶によってその時間の経過を自分のなかに宿すことができる、とベルクソンは考えました。つまり、一瞬ごとに新しい存在である人間は、同時に、これまでの自分の歩みを「記憶」という形で保持し、それを更新しつづける存在でもある、ということです。ベルクソンは、そうした記憶に宿る時間のあり方を「持続」と呼んでいます。

ＳＮＳを支配する最適化のアルゴリズムは、このように生きる人間の具体的な時間を、正しく捉えることができません。なぜならアルゴリズムは、あるときに捉えた「私」のデータに基づいて、「私」はどんな場合にも同じ好みを持ち、同じものに関心を寄せ、これまで関心を寄せてきたものにこれからも関心を寄せつづけるだろう、という考えのもとに動作するからです。しかし、それは真実ではありません。私たちは、昨日まで関心があったことに、今日、関心がなくなるかもしれないし、あるいは今日関心がないことに、明日、突然関心を持つかもしれないからです。それこそが、生命の創造的進化にほかならないのです。

もっとも私は、こうした理由で、「ＳＮＳを支配するアルゴリズムによって、私たちは自分自身を創造する機会――つまり今までとは異なる、新しい存在になる機会を奪われている。だからＳＮＳを使うのをやめよう」と言いたいわけではありません。私たちはこれからも、アルゴリズムの提供する偶然性のない世界のなかで、これまでと同じような人と友達になるかもしれません。これまでと同じような動画を見て、同じような音楽を聴くのかもしれません。しかし大切なことは、その一回一回の体験は、それぞれちがっているということです。そして、「私」がどんな体験をするかは、実際にそれを体験するまではわかりません。そこには、アルゴリズムにも征服することのできない、生命の予見不可能性が、根本的な偶然性が潜んでいるからです。

（戸谷洋志『ＳＮＳの哲学　リアルとオンラインのあいだ』〈創元社〉（一部改変）による）

〔注〕
通底――共通する部分が多いこと。
還元――物事をあるべきかたちに戻すこと。
ロック音楽――音楽の種類のひとつ。
洞察――物事を観察してその奥底まで見抜くこと。
痛烈――非常に激しいさま。
批判――人の言動の誤りや欠点を指摘すること。
動員――ある目的のために、ものを集めること。
形態――ある物事の、外から見た形。
外界――自分を取り巻く周りの世界。
実体――そのものの本当の姿。

〔問題１〕「このような考え方」とありますが、これはどのような考え方のことですか。六十字以上七十字以内で説明しなさい。

〈注意〉

この問題を鋭く*洞察した哲学者がいます。フランスの思想家、アンリ・ベルクソン（1859—1941）です。

ベルクソンは、この世界をただ科学的にだけ説明しようとする考え方を*痛烈に*批判しました。彼によれば、そうした説明はこの世界を抽象的に眺めてなされるものであり、その具体的な姿を捉えることにはなりません。もちろんそれは、科学がまちがっているとか、信頼に値しないとかいうことを意味するわけではありません。ただ、それだけでは捉えつくすことのできないものが、この世界にはある、と彼は考えたのです。

まず、この世界を抽象的に眺めることと、具体的に眺めることのちがいがどこにあるのかを考えてみましょう。さしあたりそれは、「未来を予見可能なものとして捉えるか、それとも予見不可能なものとして捉えるのか」というちがいとして説明することができます。

たとえば、気象に関する科学的な知識やデータを*動員すれば、「明日、雨が降る」ということを予測することはできます。このとき予測されているのは、いわば「抽象的な雨」です。つまり、いつ、どこで降る雨とも等価であり、同じような条件であれば同じように降る雨です。それに対して「具体的な雨」は、「私」にとって個性を持っています。そしてその個性は、科学的には予測することができません。明日降る雨の量を科学的に予測することはできます。しかし、それが「私」にとってどのようなものとして経験されるのか、ということは、事前に予測することはできないのです。

「ある出来事が予見不可能である」ということは、それが「偶然に起こる」ということです。つまり、それはそのように起こらないこともできるのに、そのように起こらなければならない理由などないのに、そのように起こってしまうということです。だからこそ、この世界をその具体的な姿において眺めたとき、世界は偶然の連続であるように見えます。次の瞬間に何が、どのように起こるかは、まったくわからないのです。

ベルクソンは、こうした偶然性を前提にしなければ説明できない現象が、この世界にはあると考えました。その例として挙げられるのが、生命の進化です。生命は同じ姿のままに留まることなく、時間をかけて変化し、ときに信じられないような*形態を獲得します。ベルクソンは、生命が時折見せるこうした偶然的な変化を、「創造的進化」と呼びます。

科学的な世界観に従うなら、生命の進化も含め、この世界で起こることはすべて何らかの法則に従っている、ということになるはずです。しかし、現実の世界には、法則には還元できない、誰にも予測できないことが起こり、それによって新しいものが、それまでは思いつくことさえ不可能だったことが引き起こされるのです。

ベルクソンは、こうした予見不可能な創造的進化は、「私」をとり巻く*外界の世界の事物だけではなく、「私」自身に関しても起こる、と考えていました。

たとえば、多くの人は、小学生のときの「私」も現在の「私」も、どちらも同じ「私」だ、と考えているでしょう。そのとき、その人はおそらく、「私」という変わることのない*実体がまずあり、その実体が誕生から小学校時代などを経て現在までの、さまざまな状況を移ってきた、というふうに理解しているのではないでしょうか。それはたとえて言えば、「私」を一つのボールとして捉え、そのボールの置かれる部屋が時につれて移っていく、しかし、同じボールであることに変わりはない、と考えることに似ています。

しかしこれは、「私」をただのモノのように捉える考え方であり、その意味で科学的な見方である、と言えます。それに対してベルクソンは、「人間はあくまでも生命であり、単なるモノではない」という点を強調します。

東京都立立川国際中等教育学校

（編集部注：掲載にあたりレイアウトなどの一部改変を行っています。）

〈適性検査Ⅰ〉 —45分—

1 次の文章は、「最適化のアルゴリズム」という、インターネット上で個人の好みに合った情報が自動的に選択される仕組みについて、筆者が説明したものです。これを読んで、あとの問いに答えなさい。

（＊印のついている言葉には本文のあとに〔注〕があります。）

ここまでに見てきたような最適化のアルゴリズムの背景には、どのような思想が潜んでいるのでしょうか。

おそらくそれは、「人間が好きなものには一定のパターンがあり、そのパターンを学習すれば、その人間の行動は予測できる」というものではないでしょうか。

そのような予測をするには、膨大なデータベースが必要です。「私」の行動を予測するためには、まず、「私」以外の無数のユーザーが何を検索し、どんなサイトを閲覧し、何を買っているのかを把握しなければなりません。そのデータベースから、「ある特徴を持つユーザーがどんな行動をするのか」というパターンが分析されていきます。そして、そのパターンのなかに「私」を位置づけることで、「私」の行動を予測することがはじめて可能になるのです。

このような考え方は、非常に大きく言えば、世界を科学的に捉えようとする態度と＊通底するものです。科学は、この世界に起こる事象を法則に基づいて説明しようとします。そこで理想とされるのは、すべての自然現象を説明することができるような、一般的な法則を解き明かすことです。そうした法則が解明されれば、これから起こるすべての自然現象は完全に予測可能になるでしょう。

気象予報をはじめとして、このような科学的な予測は、いまだ不確実性の残るものだとしても、私たちの日常生活にとって欠かせないものになっています。しかし、科学的に説明された自然現象からは、個性が失われます。たとえば気象予報において、降雨の法則が完全に明らかになれば、今日降った雨の状況から、明日降る雨の状況を予測することができます。科学的に考えれば、降雨の法則に同じように従うという意味において、今日の雨と明日の雨にちがいはありません。

でも、私たちはそこにちがいを感じることもできます。たとえば、まったく同じ降水量だとしても、今日の雨はなんだか物悲しく感じ、寂しい気持ちにさせるけれど、次の日の雨は、なんだか傍に寄り添ってくれるような、親しみのある雨になるかもしれません。そのように、今日の雨と次の日の雨はまったくちがったものになるかもしれません。雨にもそうした個性があるのです。それなのに、雨を科学的に説明しようとした途端、そのちがいは失われてしまいます。雨は法則に＊還元され、そのときそのときの雨が持っている個性は見失われてしまうのです。

同じことが、アルゴリズムに基づく行動予測にもあてはまります。たとえば「私」は＊ロック音楽が好きだとしましょう。しかし、同じ曲を聴いているときでも、今日聴いているときの気持ちと、明日聴いているときの気持ちは、まったくちがうかもしれません。ある曲を今までに１００回、同じような気持ちで聴いていたのに、次の1回は今までとまったくちがった印象を受け、まったくちがう気持ちになるかもしれません。音楽を聴くという体験にも、1回1回の個性があるのです。それに対して、アルゴリズムによる行動予測は、そうした個性を無視することになってしまいます。

東京都立白鷗高等学校附属中学校

（編集部注：掲載にあたりレイアウトなどの一部改変を行っています。）

〈適性検査Ⅰ〉　共同作成問題　適性検査Ⅰ参照(→P.313)　—45分—

〈適性検査Ⅱ〉　—45分—

1　共同作成問題　適性検査Ⅱ　1参照(→P.301)

2　共同作成問題　適性検査Ⅱ　2参照(→P.304)

3　共同作成問題　適性検査Ⅱ　3参照(→P.307)

〈適性検査Ⅲ〉　—45分—

1　H中学校は、中学１・２年生は第一校舎、中学３年生は第二校舎で生活しています。昨年度までは、１学級40人で４学級160人が入学していました。今年度からは、１学級40人で５学級200人が入学し、第一校舎では、１年生200人と２年生160人が生活しています。

２年生の各学級の代表４人が、１年生との交流について話し合っています。

はつき：昨年度は、１・２年生が交流するイベントをいくつか行ったけれど、今年度はどうしようか。

クリス：１・２年生がいっしょにそうじをすることで交流できないかな。

おうか：それはいいね。１年生はそうじの仕方を２年生から学べるし、２年生は１年生に教えることで、リーダーとして活やくできるね。

はつき：そうじをする場所は、各学級の教室と、音楽室や階段（かいだん）などの特別区域（とくべつくいき）があるよね。

クリス：そうだね。各学級の教室は、その学級の人たちがそうじをした方がいいと思うよ。特別区域だけ、１・２年生合同のグループを作ってそうじをするのはどうだろう。

おうか：それはいい考えだね。ところで、特別区域はいくつあるのかな。

う　た：特別区域は全部で20か所だよ。

はつき：１年生は５学級あるから、各学級が４か所ずつ担当（たんとう）すれば、20か所を担当できるね。

クリス：２年生は４学級あるから、各学級が５か所ずつ担当すれば、20か所を担当できるね。

おうか：例えば、１年生も２年生も一つの特別区域に５人ずつ行くことにして、合計10人でそうじをすることにしたらどうかな。

う　た：そうすると、１年生は１学級の40人のうち、４か所に５人ずつ、合計20人が特別区域のそうじに行くことになるから、残りの20人が、自分の学級の教室をそうじすることになるね。

はつき：２年生は１学級の40人のうち、５か所に５人ずつ、合計25人が特別区域のそうじに行くことになるから、残りの15人が、自分の学級の教室をそうじすることになるね。

クリス：今までの考えをまとめてみたよ。

○今までの考えのまとめ
・１年生では、自分の学級の教室のそうじをする人数が20人
・２年生では、自分の学級の教室のそうじをする人数が15人
・一つの特別区域（とくべつくいき）のそうじをする人数が、１・２年生合わせて10人

おうか：これだと、場所によってそうじをする人数の差が大きくて、バランスが悪いね。

う　た：20か所ある特別区域をそうじするために、１年生では各学級から４か所ずつ、２年生では各学級から５か所ずつの特別区域のそうじをしに行くということは変えずに、各学級から一つの特別区域に行く人数を調整して、全ての場所のそうじをする人数を同じにできたらいいね。

はつき：そうだね。分け方の条件を、まとめてみたよ。

条件１　１年生では、どの学級も、４か所の特別区域（とくべつくいき）のそうじをし、２年生では、どの学級も、５か所の特別区域のそうじをする。
条件２　どの特別区域でも、そうじをする１年生の人数は同じにする。また、どの特別区域でも、そうじをする２年生の人数は同じにする。ただし、１年生と２年生の人数は、ちがってもよい。
条件３　特別区域のそうじをしに行かない人は、自分の学級の教室のそうじをする。

クリス：この条件で考えてみよう。

別の日の放課後、再び代表４人で集まりました。

おうか：いろいろ考えてみたけれど、どうやら全ての場所でそうじをする人数を同じにするのは、無理そうだね。

う　た：同じにはならなくても、できるだけ差が小さくなるようにしたいね。

はつき：そうしたら、差が５人以下になるようにするのはどうだろう。

クリス：それがいいね。

おうか：前に考えた三つの**条件１**～**条件３**に、次の考え方を**条件４**として加えるのはどうかな。

条件４　１年生の教室、２年生の教室、特別区域（とくべつくいき）、どの場所のそうじをする人数の差も５人以下にする。

はつき：なるほど、**条件１**～**条件４**の全てに合うように、それぞれの場所をそうじする人数を決めることにしよう。

〔問題１〕　**条件１**～**条件４**を全て満たすように、以下の①～④にあてはまる数字を答えなさい。

　１年生は、一つの学級につき、４か所の特別区域（とくべつくいき）を（ ① ）人ずつでそうじをする。２年生は、一つの学級につき、５か所の特別区域を（ ② ）人ずつでそうじをする。このとき、１年生では、各学級の教室のそうじをする人数は（ ③ ）人で、２年生では、各学級の教室のそうじをする人数は（ ④ ）人になる。

はつき：ところで、昨年度の10月には１・２年生が交流するイベントとして、お昼にお弁当をいっしょに食べるというものがあったね。いろいろな部屋に、いろいろな形のシートがしかれていて、その上で食べたね。

クリス：その時の記録があるよ。部屋１、部屋２は、はばとおくゆきが６ｍの正方形の部屋だけれど、しかれていたシートの形がちがったみたいだね。

おうか：部屋１には、部屋の中にぴったり入る円の形のシートＡがしかれていたよ。シートＡの形と大きさは**図１**のようだったよ。部屋２には、長方形のシートＢがしかれていたよ。シートＢは**図２**のように、部屋と同じはばで、おくゆきは部屋よりも２ｍ短かったよ。

図１　部屋１にしかれていたシートＡ

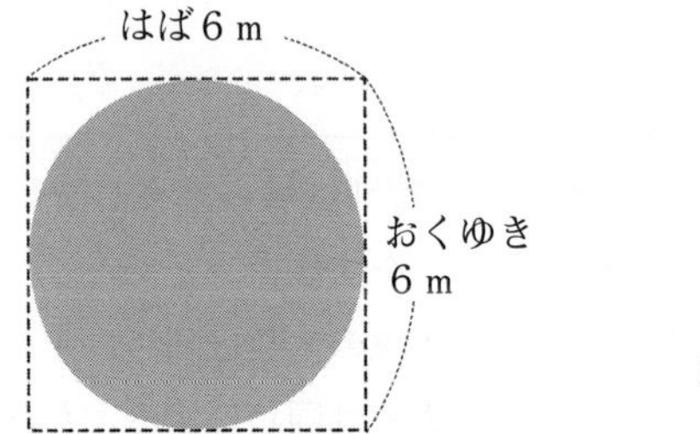

図２　部屋２にしかれていたシートＢ

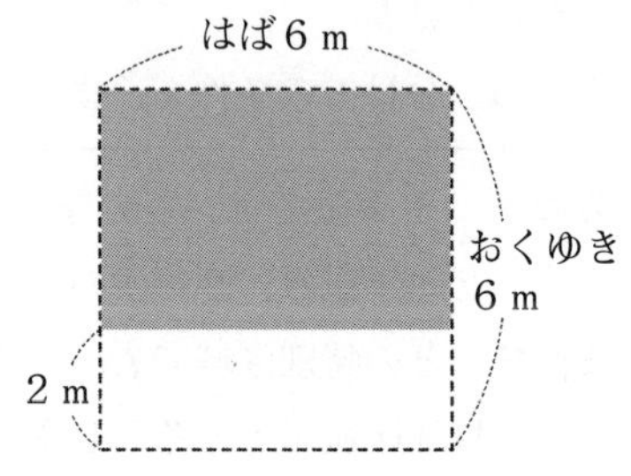

※**図１**、**図２**の---------は部屋のかべを表す。
※**図１**、**図２**の　　　　は、シートを表す。

う　た：シートＡには生徒24人、シートＢには生徒21人が座（すわ）っていたと記録されているよ。

はつき：シートＡとシートＢでは、どちらが混んでいたのかな。

〔問題２〕　シートＡとシートＢでは、どちらが混んでいたといえますか。より混んでいたシートをＡまたはＢで答えなさい。また、その理由を式と文章で説明しなさい。

はつき：昨年度の10月に行ったような交流イベントを、今年度も行いたいと思っているのだけれど、どうかな。

クリス：希望者を休日に集めて行ったイベントだよね。昨年度は、部活動の大会などで参加できない人が多く、参加者は１・２年生合わせて320人中216人だったね。

おうか：今年度は、昨年度よりも多くの人を集めたいね。部活動の大会と重ならないようにするなど工夫（くふう）しよう。

う　た：今年度は１・２年生の合計の人数は360人に増えているから、参加者の人数は、昨年度の216人をこえるのではなくて、243人をこえることを目標にした方がいいね。

はつき：どうして、216人をこえるのではなくて、243人なの。

〔問題３〕　うたさんは、243人という数字をどのようにして求めたのでしょうか。求め方を式と文章で書きなさい。

2　はつきさん、クリスさん、おうかさんの３人は、ケーキの作り方について本を読んで調べています。

はつき：私（わたし）が読んでいる本にメレンゲって書いてあるんだけれど、メレンゲってなんだろう。

図１　完成したメレンゲの写真

クリス：私の本に説明があるよ。メレンゲは、卵の白身である卵白をあわ立てたもののことだよ。作り方は、卵白50ｇに砂糖20ｇを加えて電動あわ立て器であわ立てるみたいだよ。完成したメレンゲの写真（**図１**）ものっていたよ。

おうか：メレンゲをみんなで作ってみようよ。

はつき：私の家に電動あわ立て器があるから、私の家で作ってみよう。

３人は、はつきさんの家に集まり、はつきさんの保護者にみてもらいながら、作ってみることにしました。

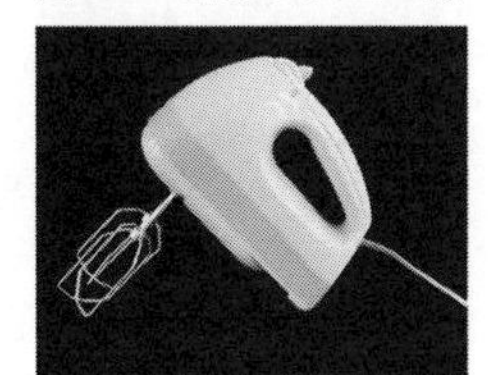
図２　電動あわ立て器

はつき：これが家にある電動あわ立て器（**図２**）だけれど、この電動あわ立て器は１分間当たりの回転数を750回転、850回転、950回転に調節できるね。どれがいいのかな。

クリス：まず、１分間当たりの回転数を750回転でためしてみようか。

３人は、50ｇの卵白をボウルに入れた後、砂糖20ｇを加え、電動あわ立て器であわ立ててみました。

はつき：白くなるまであわ立ててみたけれど、どうかな。

クリス：白くはなっているけれど、写真（**図１**）のようなメレンゲにはならないね。もう少し長くあわ立てないといけないのかもしれないよ。

はつきさんは、さらに電動あわ立て器であわ立ててみました。

はつき：これでどうかな。

おうか：だいぶ固まってきたね。スプーンで持ち上げてみたけれど、逆さにしても落ちないよ。

クリス：このくらいあわ立っていれば、完成しているといえるよね。

はつき：あわ立てた時間によって、メレンゲの様子は大きく変わるんだね。

おうか：今回は時間を計っていなかったから、時間を計りながら、もう一度作ってみよう。

はつきさんは、写真（**図１**）と同じようなメレンゲをもう一度作りました。

はつき：190秒かかったよ。

クリス：私もやってみたいな。

クリスさんは、写真（**図１**）と同じようなメレンゲを作りました。

クリス：120秒でできたよ。はつきさんとだいぶ結果がちがうね。

おうか：２人が作る様子を見ていて気が付いたのだけれど、２人とも砂糖を加えた卵白をボウルの１か所に集めるため、ボウルをかたむけてあわ立てていたよね。そのときに、ボウルに対して電動あわ立て器を入れる角度が２人ともちがっていたよ。

はつき：そうなんだ、気が付かなかった。

おうか：もしかして、ボウルに対して電動あわ立て器を入れる角度を変えたら、結果が変わるんじゃないかな。

クリス：そうかもしれないね。①電動あわ立て器の角度か砂糖を加えた卵白の入ったボウルの角度、どちらかの角度を変えることによって、ボウルに対して電動あわ立て器を入れる角度が変わると、結果にちがいが出るのかどうか実験して調べてみよう。

おうか：実験では、②一定にすべき角度と実験で変える角度がどこかを決めておかないとね。

はつき：どこの角度にするか実験で使用した器具の模式図（**図３**）を使って考えてみようよ。

図３　実験で使用した器具の模式図

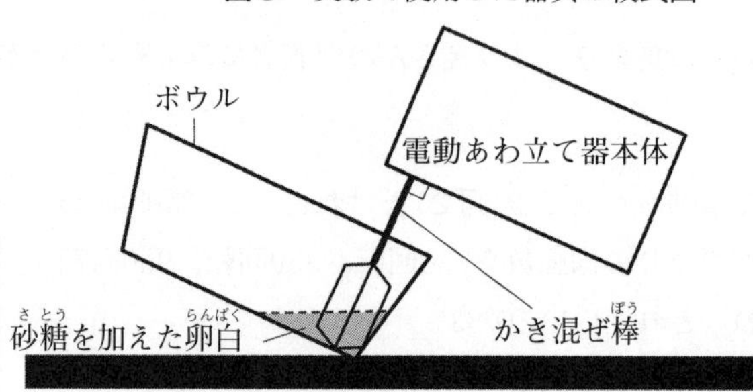

〔問題１〕　下線部①を確かめるための実験計画を立てたい。次の模式図に、下線部②の一定にすべき角度を○で一つ示し、実験で変える角度を●で一つ示しなさい。**図３**のように、実験器具を横から見て角度を測定できる部分を用いて、実験を考えること。解答は、あとの〔解答の記入方法〕および角度の記入例（**図４**）に従って解答すること。

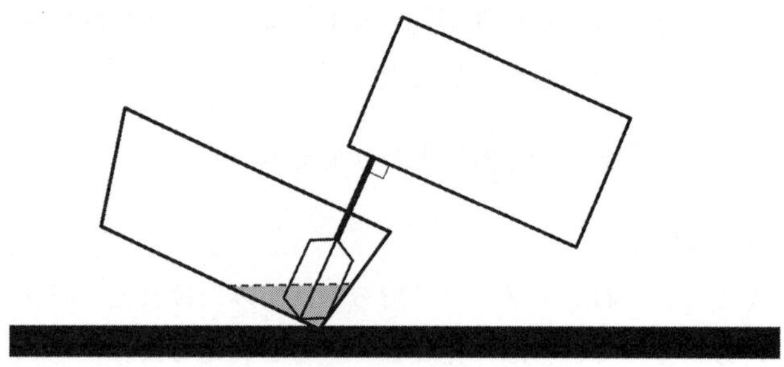

〔解答の記入方法〕

・測定する角度を記入する際に、器具の延長線上に補助線をかいてもよい。補助線は定規を使ってかくこと。

・電動あわ立て器本体とかき混ぜ棒との角度は直角であり、変えることはできない。

・砂糖を加えた卵白の中（■色）には記入できない。

・電動あわ立て器の角度と砂糖を加えた卵白の入ったボウルの角度の二つの角度が同時に変わらないようにすること。

図４　角度の記入例

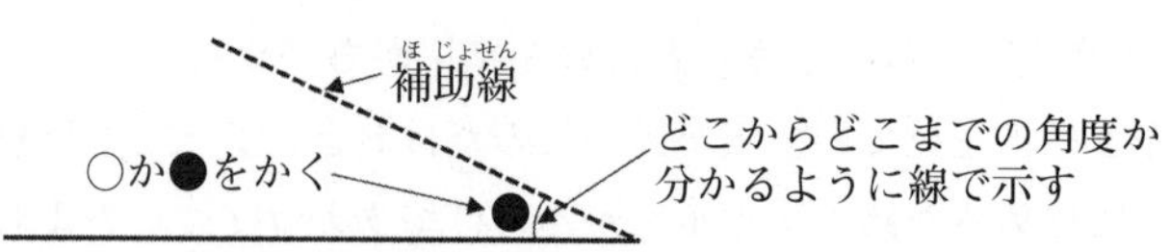

クリス：同じ材料を使っても条件を変えるだけで、こんなに結果が変わるなんておもしろいね。他の条件も調べてみたいな。

おうか：私は、電動あわ立て器の１分間当たりの回転数のちがいによって、メレンゲが完成するまでにあわ立てた時間がどうなるか調べたいな。

はつき：おもしろそうだね。私は、卵白50 g に対して加える砂糖の量のちがいによって、メレンゲが完成するまでにあわ立てた時間がどうなるか調べたいな。

３人は、電動あわ立て器の１分間当たりの回転数のちがいによってメレンゲが完成するまでにあわ立てた時間の変化と、卵白50 g に対して加える砂糖の量のちがいによってメレンゲが完成するまでにあわ立てた時間の変化を調べることにしました。

クリス：１分間当たりの回転数のちがいによってメレンゲが完成するまでにあわ立てた時間がどうなるかを調べるために、１分間当たりの回転数を750回転、850回転、950回転の３種類にしてためしてみよう。

表１　砂糖(さとう)20 g と卵白(らんぱく)50 g を用いて、１分間当たりの回転数とメレンゲが完成するまでにあわ立てた時間の関係を調べた結果

１分間当たりの回転数(回転)	750	850	950
メレンゲが完成するまでにあわ立てた時間(秒)	120	60	40

はつき：次は卵白50 g に対する砂糖の量について調べてみよう。

クリス：卵白50 g に対して砂糖20 g を加えた場合について調べたから、卵白50 g は変えずに、砂糖だけ５ g ずつ増やして、砂糖25 g と砂糖30 g を加えてためしてみようか。

おうか：まず、卵白50 g に対して砂糖25 g を加えて、１分間当たりの回転数を750回転、850回転、950回転でためしてみよう。

表２　砂糖(さとう)25 g と卵白(らんぱく)50 g を用いて、１分間当たりの回転数とメレンゲが完成するまでにあわ立てた時間の関係を調べた結果

１分間当たりの回転数(回転)	750	850	950
メレンゲが完成するまでにあわ立てた時間(秒)	150	90	60

はつき：次に、卵白50 g に対して砂糖30 g を加えて、１分間当たりの回転数を750回転、850回転、950回転でためしてみよう。

おうか：でも、あと２回実験する分しか卵白がないよ。

クリス：あと２回しか実験ができないなら、１分間当たりの回転数が750回転と850回転の実験だけやってみようか。

おうか：１分間当たりの回転数が950回転での実験はしなくても結果は分かるのかな。

クリス：今までの結果から、卵白50 g に対して砂糖30 g を加えて、１分間当たりの回転数が950回転で実験したときの結果が予測できるんじゃないかな。

おうか：そうだね。他の量で実験したときの結果と同じようになると考えて、結果を予測してみよう。

３人は、卵白50 g に対して砂糖30 g を加えて、１分間当たりの回転数を750回転と850回転でためしてみました。

表３　砂糖(さとう)30 g と卵白(らんぱく)50 g を用いて、１分間当たりの回転数とメレンゲが完成するまでにあわ立てた時間の関係を調べた結果

１分間当たりの回転数(回転)	750	850
メレンゲが完成するまでにあわ立てた時間(秒)	170	110

クリス：１分間当たりの回転数が950回転での結果を予測するために、今までの結果をグラフにまとめてみたらどうかな。

はつき：１分間当たりの回転数と卵白50ｇに対して加える砂糖の量はどちらもメレンゲが完成するまでにあわ立てた時間に関わっているよね。条件を変えた二つ以上の実験結果をいっしょに表すことはできるのかな。

おうか：こんなグラフを見つけたよ（**図５**）。これを参考にしたら、条件を変えた二つ以上の実験結果をいっしょに表すことができそうだね。

図５　おうかさんが見つけたグラフ

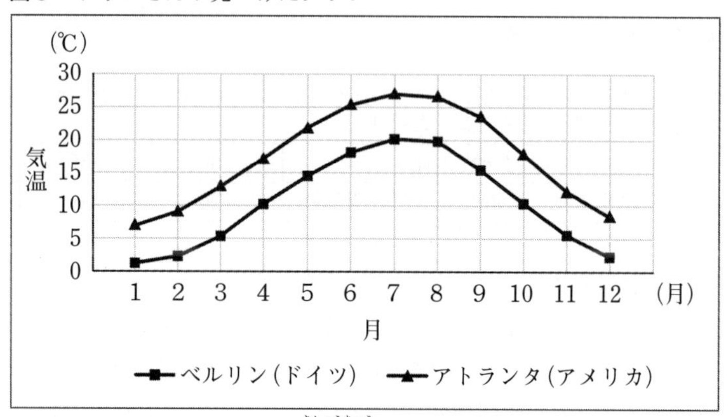

（気象庁「世界の天候データツール」より作成）

〔問題２〕　**表１**～**表３**の結果から、メレンゲが完成するまでにあわ立てた時間、１分間当たりの回転数、卵白50ｇに対して加えた砂糖の量の三つの関係を示すグラフを作成しなさい。グラフは、**図５**を参考にし、あとの「グラフのかき方」に従って作成すること。作成したグラフから今回の実験で測定できなかった値を予測してグラフに点をかき加え、かき加えた点の周りを○で囲みなさい。

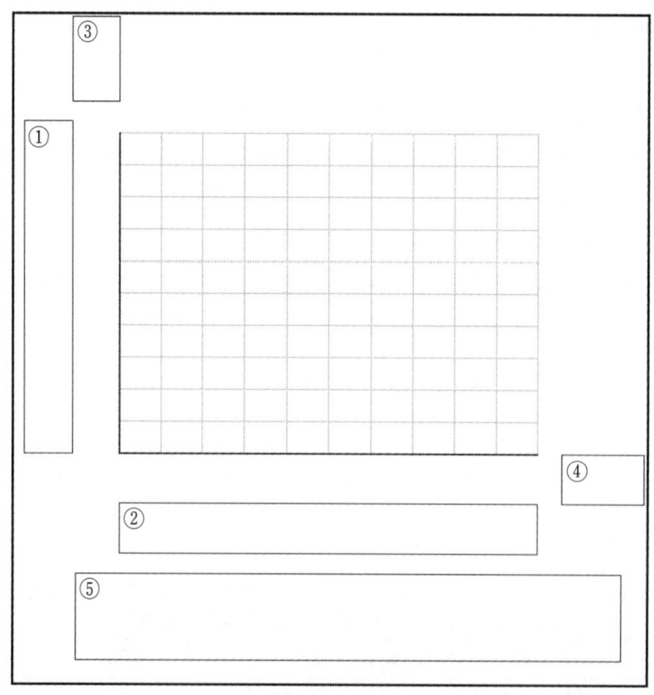

「グラフのかき方」

1　**図5**の「気温」や「月」のように①、②のわくに、縦じく、横じくが何を表しているかを書く。

2　**図5**の「℃」や「月」のように③、④のわくに、縦じく、横じくの単位を書く。

3　変化の様子が分かりやすくなるように工夫しながら、縦じく、横じくの目盛りが表す数値を書く。

4　点を打ち、それぞれの点を直線で結んだ折れ線グラフをかく。一つのグラフに折れ線グラフが二つ以上あるときは、●や◆など、異なる形の点を使って区別できるようにする。

5　一つのグラフに折れ線グラフが二つ以上あるときは、**図5**の「ベルリン（ドイツ）」や「アトランタ（アメリカ）」のように⑤のわくに、■や▲などの点が何を表しているかを書く。

東京都立富士高等学校附属中学校

（編集部注：掲載にあたりレイアウトなどの一部改変を行っています。）

〈適性検査Ⅰ〉　共同作成問題　適性検査Ⅰ参照(→P.313)　—45分—

〈適性検査Ⅱ〉　—45分—

1　共同作成問題　適性検査Ⅱ　1参照(→P.301)

2　共同作成問題　適性検査Ⅱ　2参照(→P.304)

3　共同作成問題　適性検査Ⅱ　3参照(→P.307)

〈適性検査Ⅲ〉　—45分—

1　ジュンさんとナオさんは富士中小学校の６年生です。二人と先生は校庭にある桜について、教室で話をしています。

ジュン：桜の開花日は、その年初めて桜がさいたと認(みと)められる日のことだよ。東京都の平年の桜の開花日は３月24日だけれど、2023年は少し早かったね。

ナ　オ：毎年、春が近づいてくると桜の開花予想をテレビ番組等でやっていますが、どうやって予想しているのですか。

先　生：桜の花の芽は、冬の間はねむっているような状態だけれど、ある程度の寒さを経験することで目を覚ます状態になるんだ。これを「休みん打破」というよ。その日から毎日の平均気温を足していって、一定の値(あたい)をこえると開花するという予想の仕方があるよ。

ジュン：休みん打破は何月何日なのでしょうか。

先　生：一ぱん的には２月１日が「休みん打破の日」と設定されているよ。２月１日をふくめ、そこから毎日の平均気温の合計が一定の値をこえると開花するというのが分かりやすい計算方法だね。気象庁(ちょう)のホームページを参考に作成した資料である**表１**の日付と東京都の平年の平均気温を見てみよう。

表１　日付と東京都の平年の平均気温

日付	2/1	2/2	2/3	2/4	2/5	2/6	2/7	2/8	2/9	2/10	10日間合計
平均気温(℃)	5.4	5.4	5.5	5.5	5.5	5.6	5.6	5.6	5.7	5.7	55.5
日付	2/11	2/12	2/13	2/14	2/15	2/16	2/17	2/18	2/19	2/20	10日間合計
平均気温(℃)	5.8	5.9	5.9	6.0	6.1	6.1	6.2	6.3	6.4	6.4	61.1
日付	2/21	2/22	2/23	2/24	2/25	2/26	2/27	2/28	3/1	3/2	10日間合計
平均気温(℃)	6.5	6.6	6.7	6.9	7.0	7.1	7.2	7.3	7.4	7.5	70.2
日付	3/3	3/4	3/5	3/6	3/7	3/8	3/9	3/10	3/11	3/12	10日間合計
平均気温(℃)	7.7	7.8	7.9	8.0	8.1	8.2	8.4	8.5	8.7	8.8	82.1
日付	3/13	3/14	3/15	3/16	3/17	3/18	3/19	3/20	3/21	3/22	10日間合計
平均気温(℃)	9.0	9.1	9.3	9.5	9.6	9.7	9.9	10.0	10.1	10.2	96.4
日付	3/23	3/24	3/25	3/26	3/27	3/28	3/29	3/30	3/31		9日間合計
平均気温(℃)	10.3	10.4	10.5	10.6	10.8	11.0	11.1	11.3	11.5		97.5

（参考：気象庁(ちょう)ホームページ）

ナ　オ：さっきジュンさんが東京都の平年の桜の開花日は３月24日と言っていたから、２月１日からそこまでの平均気温を全部足せば、開花に必要な一定の値が分かるよね。

ジュン：気象庁のホームページを参考に、**表２**の日付と東京都の2023年の平均気温の資料を先生に作ってもらったから、これを使って2023年の東京都の桜の開花日と考えられる日を計算してみよう。

表２　日付と東京都の2023年の平均気温

日付	2/1	2/2	2/3	2/4	2/5	2/6	2/7	2/8	2/9	2/10	10日間合計
平均気温（℃）	6.8	6.4	4.8	6.5	6.8	7.8	10.5	8.7	6.2	1.9	66.4
日付	2/11	2/12	2/13	2/14	2/15	2/16	2/17	2/18	2/19	2/20	10日間合計
平均気温（℃）	8.7	11.0	7.7	5.6	3.5	4.1	5.7	8.9	11.8	9.7	76.7
日付	2/21	2/22	2/23	2/24	2/25	2/26	2/27	2/28	3/1	3/2	10日間合計
平均気温（℃）	4.7	5.5	8.5	8.9	7.5	6.0	8.7	11.6	13.8	12.8	88
日付	3/3	3/4	3/5	3/6	3/7	3/8	3/9	3/10	3/11	3/12	10日間合計
平均気温（℃）	7.8	10.5	9.5	9.9	12.1	14.0	15.9	17.3	14.7	14.5	126.2
日付	3/13	3/14	3/15	3/16	3/17	3/18	3/19	3/20	3/21	3/22	10日間合計
平均気温（℃）	13.9	10.0	12.3	14.5	12.5	8.1	10.0	13.1	14.7	17.2	126.3
日付	3/23	3/24	3/25	3/26	3/27	3/28	3/29	3/30	3/31		９日間合計
平均気温（℃）	16.5	18.1	11.0	11.4	13.4	10.2	12.6	14.1	15.0		122.3

（参考：気象庁ホームページ）

〔問題１〕　**表１**、**表２**のデータを利用して、2023年の東京都の桜の開花日と考えられる日を計算して、一つ答えなさい。ただし、東京都の平年の桜の開花日は３月24日とします。（計算結果は、2023年の東京都の実際の桜の開花日と必ずしも同じになるとは限りません。）

ナオさんとジュンさんは、月末にあるお楽しみ会に向けて、みんなで楽しめるゲームを考えています。授業時間の中で大勢が楽しめるようなゲームにするため、ボードゲームを作ることにしました。次の**図１**はナオさんが作ったボードゲームです。

図１　ナオさんが作ったボードゲーム

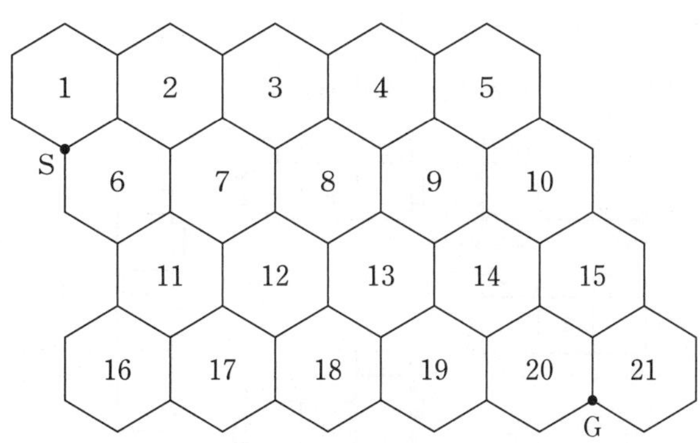

ナ　オ：みんなでボードゲームをしよう。となり合う二つの六角形で共有している辺だけを通って、スタートの頂点Ｓからゴールの頂点Ｇまで進むよ。

ジュン：ボードゲームにしては、少し簡単過ぎないかな。ゴールまでの道順も何通りもありそうだね。なにかルールを加えて、ゲームをおもしろくした方がいいね。

ナ　オ：ルールはいくつか考えてあるよ。通った道順によってそれぞれの点数が得られて、ゴールするまでに得られた点数の合計で競うんだ。ルールは次のとおりだよ。

ルール
○通れるのは、となり合う二つの六角形が共有している辺のみである。全ての道は一方通行で、右上・右下・下の三方向にしか進めない。
○辺を通ったとき、辺を共有する二つの六角形に書かれている数字を合計し、以下のとおりに点数が得られる。
① 数字の合計が２の倍数の際、２点を得る。
② 数字の合計が３の倍数の際、３点を得る。
③ 数字の合計が５の倍数の際、５点を得る。
④ 数字の合計が、その合計の数と１以外の約数をもたないとき、数字の合計と同じ点数を得る。
⑤ ①から④までの条件を二つ以上満たした場合は、それら全ての点数を得る。

ジュン：なるほど、つまり数字の合計が９だったら３点、合計が６だと５点、合計が11だったら11点が得られるんだね。

ナ　オ：このルールどおりに頂点Ｓから出発して頂点Ｇを目指し、得られた点数の合計が高かった人が勝ち、というゲームをしてみようよ。

ジュン：なかなか楽しそうだね。ためしにやってみたら、157点だったよ。もっと高い点数は得られるのかな。

〔問題２〕　二人が作ったゲームを行います。**図１**の頂点Ｓを出発して頂点Ｇを目指します。ルールのとおりに頂点Ｇまで行った場合、得られる点数の合計がジュンさんの157点をこえて、158点以上となるように**図１**の道順の辺をなぞり、得られる点数の合計を記入しなさい。

ジュンさんとナオさんはお楽しみ会に参加しています。二人は他のグループが用意した、富士プログラムというゲームで遊んでいます。いくつかの種類が用意された**図２**のようなブロックに特定の数字を入れると、ルールに従(したが)って別の数字が出力されます。そして、ブロックを組み合わせて出力される数字を変えるゲームです。

図２　富士プログラムで使用するブロック

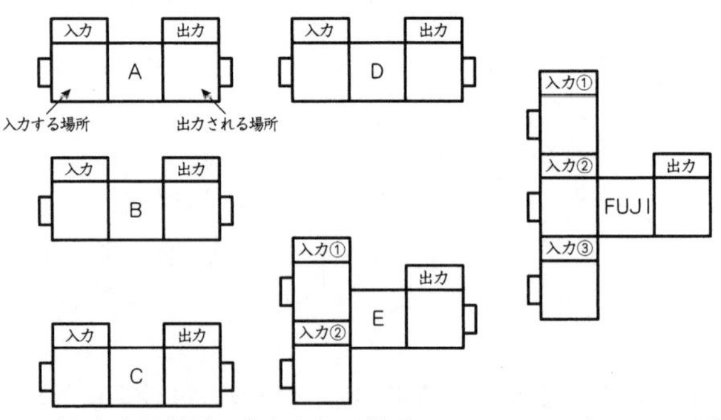

（入力する場所、出力される場所についてはＡブロックと同様とする。）

ジュン：Ａ、Ｂ、Ｃ、Ｄ、Ｅ、ＦＵＪＩの、全部で６種類のブロックが一つずつ用意されているね。入力する場所に数字を入れると、ブロックごとに決められたルールに従って出力される場所に数字が表示されるみたいだ。

ナ　オ：出力される場所の右側にあるでっぱりから、導線をつないで次のブロックの入力する場所の左側にあるでっぱりにつなぐことができるんだね。そうすると、最初のブロックの出力される場所に表示された数字が次のブロックの入力する場所に自動的に入るんだね。出力される場所にどのような数字が表示されるかのルールはブロックごとにちがうんだ。

ジュン：ＦＵＪＩブロックは最後に使うんだね。Ａ、Ｂ、Ｃ、Ｄのブロックは数字を入力する場所が一つで、出力される場所も一つ。Ｅのブロックには数字を入力する場所が二つあるけれど、出力される場所は一つだけみたいだ。

ナ　オ：ＦＵＪＩブロックには数字を入力する場所が三つあるよ。でも、これも出力される場所は一つだけだね。

ジュン：Ａ、Ｂ、Ｃ、Ｄ、Ｅのブロックを１個ずつ使って、ＦＵＪＩブロックの三つの入力する場所の左側にあるでっぱりに導線をつなぐんだね。

ナ　オ：それぞれのブロックごとのルールは、以下のとおりになっているよ。

【各ブロックのルール】

Ａブロック	入力	出力
	ぐう数	0
	き数	1

Ｃブロック	入力	出力
	0	2
	1	3

Ｂブロック	入力	出力
	３で割り切れる数	0
	３で割ると１余る数	1
	３で割ると２余る数	2

Ｄブロック	入力	出力
	0	3
	1	4
	2	5

Ｅブロック	入力①	入力②	出力
	0から9までの整数	0から9までの整数	入力①＋入力②

ＦＵＪＩブロック	入力①	入力②	入力③	出力
	0	0	0	0
	0が二つ、1が一つ			1
	0が一つ、1が二つ			1
	1	1	1	0

ジュン：Ａブロック、Ｂブロック、Ｅブロックの入力する場所には条件を満たす好きな数字を入れられるけれど、ＣブロックとＦＵＪＩブロックには０か１以外の数字、Ｄブロックには０か１か２以外の数字を入れると、エラーが起きて数字が出力される場所に表示されなくなってしまうよ。エラーが起きないように数字を入れよう。

ナ　オ：ブロックをつないでから、最初のブロックの入力する場所に数字を入れるんだね。例えば、Ａブロック、Ｅブロック、Ｄブロックの順番につないで、Ａブロックの入力する場所に１を入れると、Ａブロックの出力される場所には１が表示されて、その１がＥブロックの入力する場所に入るんだ。Ｅブロックにはもう一つ入力する場所があるから、そこには０を入れてみよう。すると、Ｅブロックの出力される場所には１が表示されて、その１がＤブロックの入力する場所に入るからＤブロックの出力される場所には４が表示されるんだね。図で表すと、次の**図３**のようになるよ。

図3　Aブロック、Eブロック、Dブロックの順番につないで、Aブロックの入力する場所に1、Eブロックの入力②の入力する場所に0を入れた場合

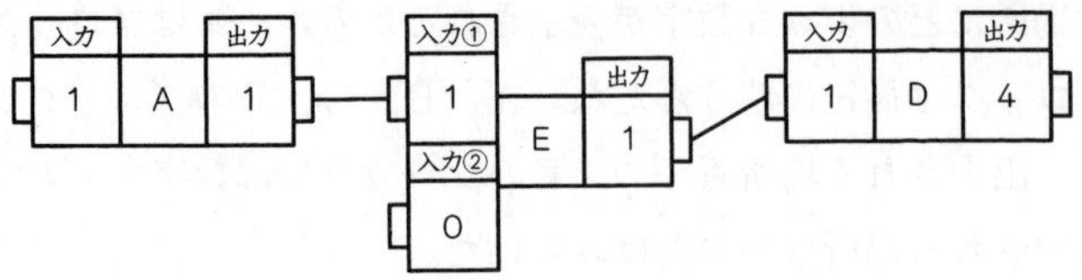

〔問題3〕　**図2**にある、Aブロック、Bブロック、Cブロック、Dブロック、Eブロックの合計5つのブロックを全て1個ずつ使ってＦＵＪＩブロックの入力①から入力③までにつないだ結果、ＦＵＪＩブロックの出力される場所には1が表示されました。ブロックはどのようにつながれているか、どの数字を入れたか、解答らんにそれぞれ記入しなさい。ただし、以下のルール(あ)から(え)までを全て満たすように答えること。

(あ)　つながれたブロックの入力する場所には、一つ前のブロックの出力される場所に表示された数字がそのまま入るものとします。

(い)　**図4**のBブロック、Dブロック、Eブロックのようにつながれた左はしのブロックの入力する場所に入れることができる数字は0か1のみとします。

(う)　ＦＵＪＩブロックの入力①から入力③までには、AブロックからEブロックまでのいずれかが必ずつながっていることとします。

(え)　解答らんの各ブロックをつなげる際は、**図4**のように各導線がおたがいに交わらないようにすること。ただし、**図4**はつなぎ方の例なので、正答ではありません。

図4　問題3のブロックのつなぎ方の例

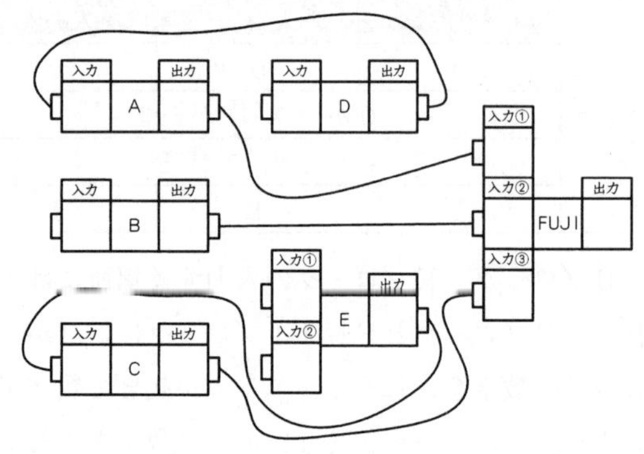

解答らん

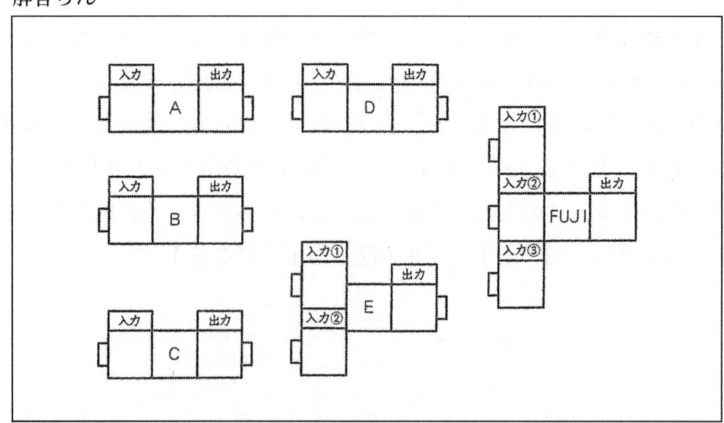

② ノリコさんとアキラさんの通っているプログラミング教室では、パソコンでプログラミングを学ぶ際に「３Ｄモデリングソフト ＦＵＪＩ」を使っています。「３Ｄモデリングソフト ＦＵＪＩ」はコンピュータ上で平面図形や立体図形を作ることができます。また、プログラミングすることによって、それぞれの図形を使ったさまざまな作業や実験をすることができます。

ノリコ：今日はまず「３Ｄモデリングソフト ＦＵＪＩ」に、平面の図形を使った問題があるから解いてみよう。

アキラ：正方形がたくさん集まった図が映っているけれど、どのような問題なのかな。説明を読んでみるね。

図１　画面に映し出された図

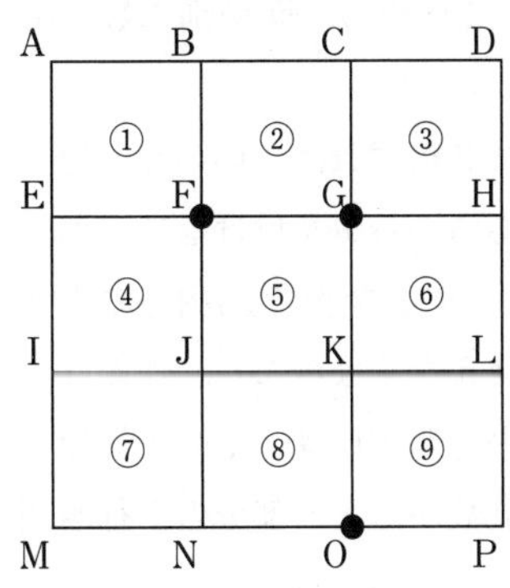

（説明）パソコンの画面に映し出されている**図１**には、一辺が１cmの正方形ＡＥＦＢ、ＢＦＧＣ、ＣＧＨＤ、ＥＩＪＦ、ＦＪＫＧ、ＧＫＬＨ、ＩＭＮＪ、ＪＮＯＫ、ＫＯＰＬの九つの正方形が並んでいる。それぞれ①から⑨と呼ぶこととする。今、点Ｆ、Ｇ、Ｏの三点の頂点上に●が乗っている。画面上の①から⑨の正方形を選ぶと、選ばれた正方形の辺上を●が反時計回りに１cm移動する。

ノリコ：⑤を選ぶと今は点Ｆと点Ｇにある●が、それぞれ点Ｊと点Ｆに移動するということだね。また、その状態からさらに⑤を選ぶと、点Ｊと点Ｆにある●が、それぞれ点Ｋと点Ｊに移動するね。

アキラ：正方形を選ぶ順番を変えると、●の位置が変わるから気を付けないといけないね。⑧→⑨の順番で選ぶと●の位置は点Ｆ、Ｇ、Ｏのままになるけれど、⑨→⑧の順番で選ぶと●の位置は点Ｆ、Ｇ、Ｐとなるんだ。

〔問題１〕　①から⑨までのいずれかの正方形を３回選びます。●がそれぞれ移動した後に、三つの●を頂点として結んだ三角形の面積が３cm²となるためには、どの正方形をどの順番で選べばよいでしょうか。ただし、同じ正方形を２回以上選んでもよいものとします。

ノリコさんとアキラさんは「３Ｄモデリングソフト ＦＵＪＩ」を使って、平面の図形の問題にちょう戦しています。画面上には**図２**のように、面積が１cm²の平行四辺形を13個使った図形が映し出されています。以後、面積が１cm²の平行四辺形を小さな平行四辺形と呼びます。

図２　画面に映し出されている、小さな平行四辺形を13個使った図形

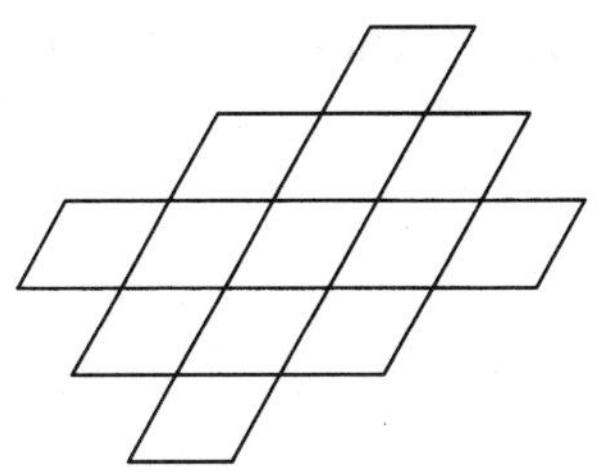

ノリコ：この図形には小さな平行四辺形が13個使われているね。

アキラ：平行四辺形は、いくつか組み合わせて大きな平行四辺形を作ることができるよ。縦（たて）に１個、横に２個並べると、元の小さな平行四辺形の２倍の面積の平行四辺形ができるんだ。

ノリコ：**図２**の図形の中で一番面積が大きい平行四辺形は、小さな平行四辺形を縦に１個、横に５個並べた、面積が５㎠の平行四辺形かな。

アキラ：いや、小さな平行四辺形を縦に３個、横に３個に並べた面積が９㎠の平行四辺形だね。

ノリコ：いろいろな面積の平行四辺形がこの図形の中には入っているんだね。全部で平行四辺形はいくつあるのかな。

アキラ：面積が１㎠の平行四辺形が13個、面積が２㎠の平行四辺形は縦に１個、横に２個のものが８個、縦に２個、横に１個のものが８個で16個か。こうやって面積別に数えていくと平行四辺形が全部でいくつあるかが分かるね。

ノリコ：縦と横で同じ面積の平行四辺形があるから、片方（かたほう）を数えて２倍すればいいのかと思ったけれど、縦に２個、横に２個のような形の平行四辺形があるから気を付けないとね。

アキラ：この「３Ｄモデリングソフト ＦＵＪＩ」では、ボタンをおすと全部で13個ある小さな平行四辺形のうち、一つだけが穴（あな）が空いたようになって使えなくなるんだ。使えなくなった小さな平行四辺形の各辺と辺を共有していた小さな平行四辺形は、そのまま使えるよ。そのあと、平行四辺形の合計数がでるから、その合計数からどの部分の平行四辺形に穴が空いているかを考える、という問題ができるよ。

ノリコ：使えなくなった平行四辺形は、平行四辺形として数えてはいけないんだね。小さな平行四辺形はもちろん、その部分をふくんだ他の面積の平行四辺形も存在（そんざい）しなくなるのか。どの部分の小さな平行四辺形が使えなくなったかによって、平行四辺形の合計数が変わってくるんだね。

アキラ：真ん中に近い部分の小さな平行四辺形が使えなくなった場合と、周辺の部分の小さな平行四辺形が使えなくなった場合の平行四辺形の合計数はちがうから、それをヒントにどの部分が使えなくなったかを考えるんだ。

〔問題２〕　**図２**の図形には平行四辺形が合計何個ふくまれているか答えなさい。
また、「３Ｄモデリングソフト ＦＵＪＩ」のボタンをおしたところ、平行四辺形の合計が45個になりました。使えなくなっている小さな平行四辺形はどれでしょうか。**図２**の図形のうち、ふさわしい平行四辺形を一つ選び、黒くぬりつぶしなさい。

ノリコさんとアキラさんは「３Ｄモデリングソフト ＦＵＪＩ」を使って、立体の図形の問題にちょう戦することにしました。画面上には、１辺が１㎝の立方体が映し出されています。１辺が１㎝の立方体が**図３**です。**図３**で示した立方体を、１辺が５㎝になるように組み合わせて作った立方体ＡＢＣＤ－ＥＦＧＨが**図４**です。見にくくなってしまうので、**図４**では、内部の線は表示していません。

図３　１辺が１cmの立方体の図

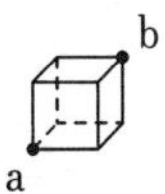

図４　立方体ＡＢＣＤ－ＥＦＧＨ

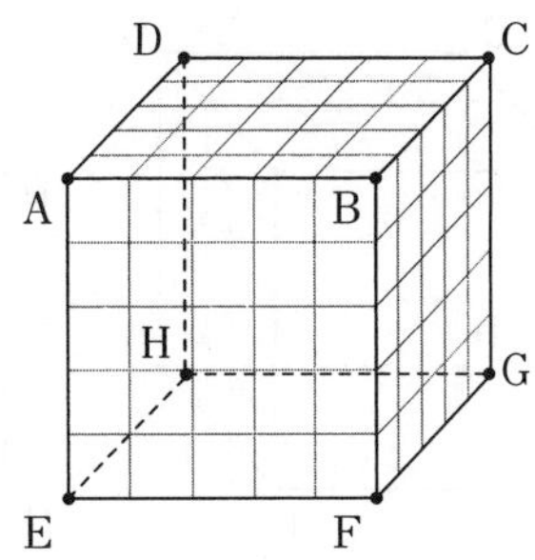

図４で示した立方体ＡＢＣＤ－ＥＦＧＨの左手前下の点Ｅをスタート地点とします。いま点Ｐが点Ｅにあるものとします。**図４**に示されていない立方体ＡＢＣＤ－ＥＦＧＨの内部の線もふくめた、１辺が１cmの立方体の辺上を点Ｐが移動する問題です。

ノリコ：点Ｐが点Ｅを出発して、点Ｈの方に１cm進む移動を（↗）、点Ｆの方に１cm進む移動を（→）、点Ａの方に１cm進む移動を（↑）と表そう。（↗・→・↑）を１回行うと、**図３**の点ａから点ｂに移動するように移動できるね。このような移動を移動「ふ」と呼ぼう。

アキラ：点Ｐが点Ｅを出発して、（↗・↗・→）と移動すると、面積が２㎠の長方形の一つの頂点から対角線上にあるもう一つの頂点の位置に移動できるね。点Ｐが点Ｅを出発して面積が２㎠の長方形の対角線上にあるもう一つの頂点への移動の中で以下の６種類の移動について、次のように名前を付けよう。

６種類の移動

（↗・↗・→）：移動「じ①」　　（→・→・↗）：移動「じ②」
（↑・↑・→）：移動「じ③」　　（→・→・↑）：移動「じ④」
（↑・↑・↗）：移動「じ⑤」　　（↗・↗・↑）：移動「じ⑥」

ノリコ：移動「ふ」と移動「じ①」から移動「じ⑥」までを組み合わせれば、いろいろな頂点へ移動できるね。

アキラ：「３ＤモデリングソフトＦＵＪＩ」ではボタンをおすと**図４**の面ＡＥＦＢを正面に見た位置から、立方体全体が90度回転するんだ。**図４**の位置から**図５**の位置になるような回転を回転アと呼ぶよ。また、**図４**の位置から**図６**の位置になるような回転を回転イと呼ぶよ。回転の種類は回転アから回転カまでの６通りあるよ。

図５　回転アの結果

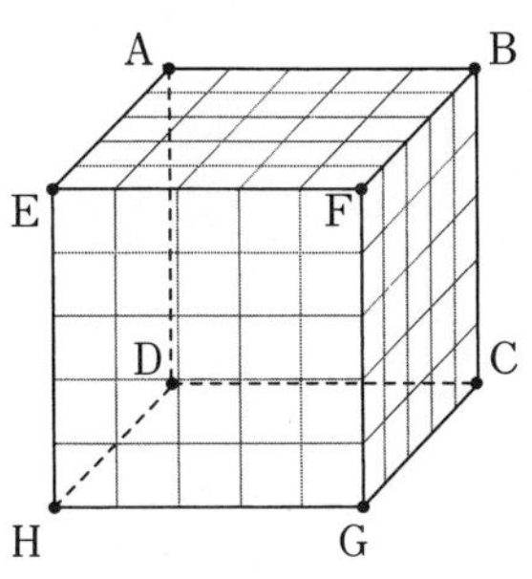

図６　回転イの結果

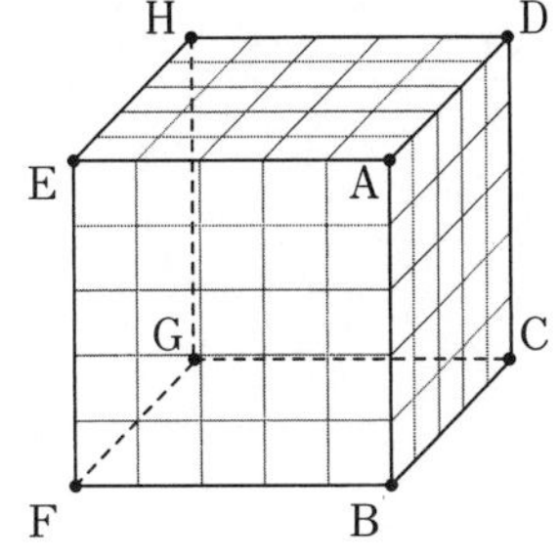

図７　回転ウの結果

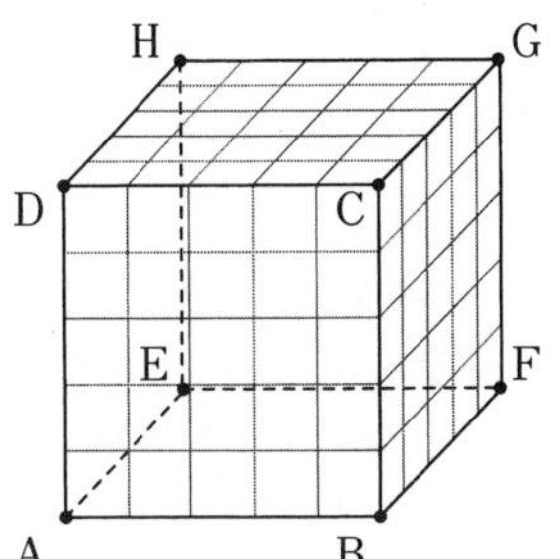

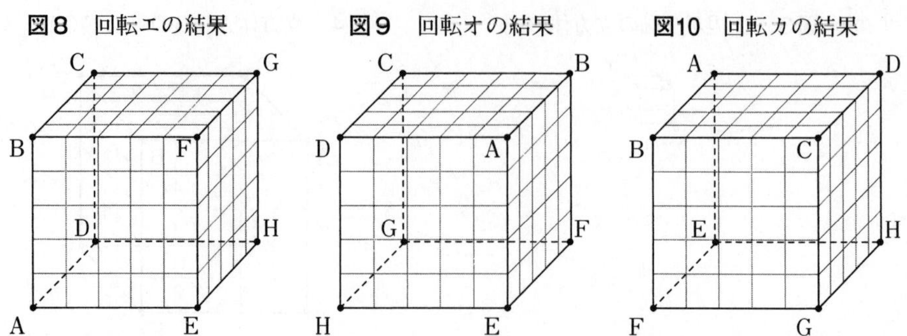

ノリコ：立方体が回転しても、移動「ふ」と移動「じ①」から移動「じ⑥」までは回転前と同じ方向のまま移動するんだね。たとえば**図５**では、点Ｈを出発して点Ｄの方向へ１㎝移動することを(↗)と表せるよ。

〔問題３〕　アキラさんが**図４**の点Ｅから点Ｐを出発させ、移動「ふ」を１回行いました。その後ノリコさんが「３Ｄモデリングソフト ＦＵＪＩ」のボタンをおし、立方体をいずれかの方向に90度回転させました。そのまま、ノリコさんが画面上の左手前下にくる頂点から点Ｑを出発させ、移動「じ①」から移動「じ⑥」までの移動のうちいずれかの移動を合計２回したところ、アキラさんが移動させた点Ｐと同じ位置に着きました。立方体の回転の種類と、ノリコさんが行った移動の組み合わせを答えなさい。ただし、２回の移動は同じ移動でもよいものとします。

東京都立三鷹中等教育学校

（編集部注：掲載にあたりレイアウトなどの一部改変を行っています。）

〈適性検査Ⅱ　※適性検査Ⅰは367ページから掲載しています。〉　—45分—

1　みつこさんとたかおさんは、学校行事として行われる「**グリーンウォーク**」について話をしています。

みつこ：今度、「**グリーンウォーク**」というウォーキングイベントがあるけれど、どのようなコースを歩くのかな。

たかお：教室にポスターがはってあったから、一緒に見てみよう（**資料1**）。

資料1　「グリーンウォーク」のポスター

A駅からG学校まで12kmの道のりを歩くウォーキングイベント！

第15回　グリーンウォーク

<コース>　次の合計12kmのコースを4、5人のグループで歩きます。

<時　間>　9時にスタートを出発します。13時までにはゴールに到着しましょう。

<企　画>　三つの企画があります。

企画1	企画2	企画3
スタートを出発してから「ゴールに到着するまでにかかった時間」を競います。	地域に関するクイズに挑戦し、「クイズの正答数」を競います。	イベント中に見つけた鳥の写真をとり、「見つけた鳥の種類の数」を競います。

・三つの企画の結果から総合順位を決めて、表彰を行います。
・ゴールに到着した人には手作りのメダルをプレゼントします。

<注　意>　休憩をとる場合はチェックポイントでとりましょう。

みつこ：12kmもの長い道のりを歩いて、13時までにゴールに到着する必要があるのだね。

たかお：13時までにゴールに到着できるように、計画を考えておこうよ。

みつこ：まず、ゴールに到着する時刻を決めよう。

たかお：13時ちょうどに到着するように計画してしまうと、その計画から少しでもおくれたら13時に間に合わなくなってしまうよね。

みつこ：余裕をもって<u>12時40分にゴールに到着する</u>ことにしよう。

たかお：休憩する場所や休憩する時間も決めておこうよ。

みつこ：チェックポイントは全部で五つあるから、第三のチェックポイントであるD公園で休憩するのはどうかな。

たかお：D公園に11時に到着し、そこで20分間休憩することにしよう。

みつこ：A駅からD公園まで歩くときと、D公園からG学校まで歩くときは、それぞれ一定の速さで歩くことにしよう。

たかお：この計画どおりに歩くためには、他のチェックポイントをいつ通過すればよいのだろう。

みつこ：計画どおりに歩くときの「時刻と位置の関係」を表したグラフがあれば、他のチェックポイントを通過する時刻が分かるよね。

たかお：休憩するチェックポイント以外では歩き続けると考えることにして、「時刻と位置の関係」をグラフに表してみよう（**資料２**）。

資料２　「時刻と位置の関係」を表したグラフ

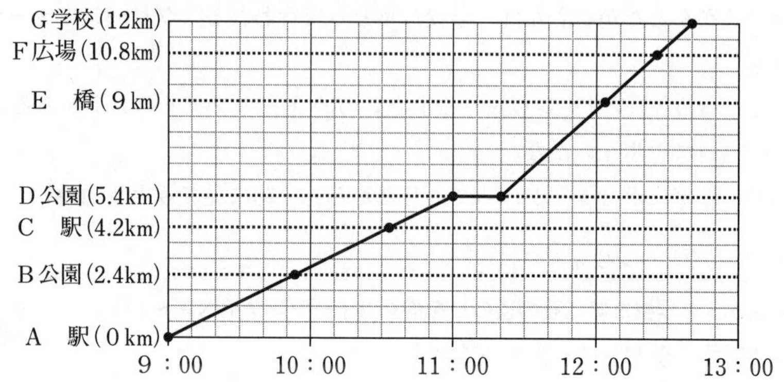

たかお：これで、チェックポイントを通過する時刻が分かるね。

みつこ：グラフを見て分かったけれど、A駅からD公園まで歩くときと、D公園からG学校まで歩くときでは、歩く速さが異（こと）なるね。

たかお：歩く速さは、D公園からG学校まで歩くときの方が速いけれど、後半に速く歩くのは大変かもしれないね。

みつこ：それならば、歩くときには、いつでも同じ速さで歩く計画にしよう。

たかお：１回に20分間休憩するのは長いから、一つのチェックポイントで20分間休憩するのではなく、二つのチェックポイントで10分間ずつ休憩することにしよう。

みつこ：五つのチェックポイントから休憩する場所を二つ決めて計画を考えよう。

〔問題１〕　下線部の条件を全て満たすように計画を考え、その計画どおりに歩くときの「時刻と位置の関係」を表したグラフをかきなさい。ただし、図のめもりは等間かくとします。

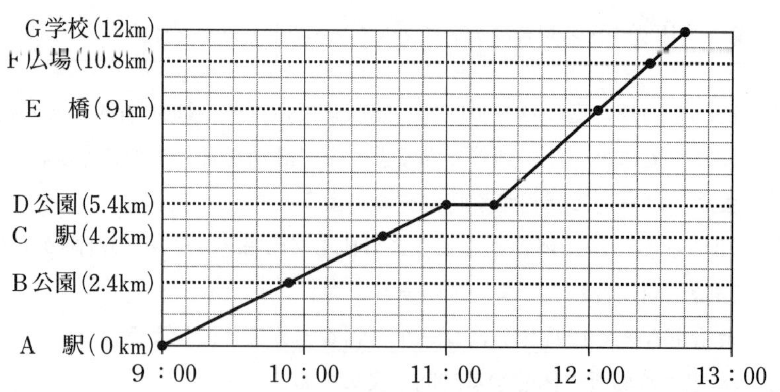

みつこさんとたかおさんは、先生が「**グリーンウォーク**」のためにメダルを作っていることを知り、それを手伝うことにしました。

みつこ：先生、私（わたし）たちもメダルを作ります。

先　生：ありがとうございます。この手順で作ってもらえますか（**資料３**）。

資料３　メダルを作る手順

＜手順１＞

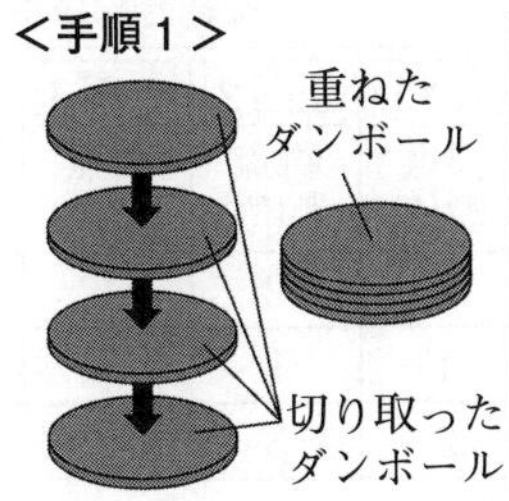

ダンボールを直径６㎝の円の形に切り取る。切り取ったダンボールを４枚重ねてはる。

＜手順２＞

切り取った折り紙

１辺15㎝の正方形の折り紙を縦に八等分に切り取る。

＜手順３＞

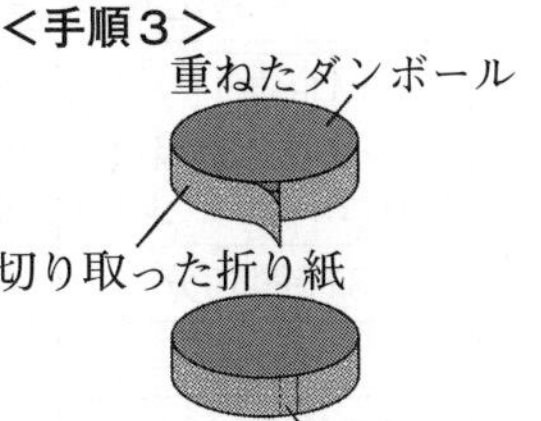

重ねたダンボールの側面に、切り取った折り紙を巻く。すき間ができないように0.5㎝以上重ねてはる。

（注意１）　切り取った折り紙は、さらに短く切ったり、別の切り取った折り紙とつなげたりしてもよい。
（注意２）　切り取った折り紙をつなげるときは、折り紙どうしを0.5㎝以上重ねてはる。

先　生：**手順３**のように、重ねたダンボールの厚さは、切り取った折り紙のはばと同じになっています。

たかお：あと何個のメダルを作るのですか。

先　生：少なくともあと100個は作りたいと考えています。

みつこ：いま、直径６㎝の円の形に切り取ったダンボールはメダルを100個作るために十分な枚数があるけれど、折り紙は１辺15㎝の正方形の折り紙が16枚しか残っていないね。

たかお：この残りの材料でメダルを100個以上作ることができるのかな。

〔問題２〕　**資料３**をもとに、残りの材料でメダルを100個以上作ることができるかできないかを考え、答えなさい。また、そのように判断する理由を、言葉と計算式を使って説明しなさい。ただし、円周率は3.14とします。

みつこさんとたかおさんは、「**グリーンウォーク**」の総合順位の決め方について興味をもち、それについて先生と話をしています。

先　生：「**グリーンウォーク**」は、毎年、同じコースと時間で行われており、「ゴールに到着するまでにかかった時間」、「クイズの正答数」、「見つけた鳥の種類の数」によって総合順位を決めます。

たかお：三つの企画の結果からどのようにして総合順位を決めるのですか。

先　生：昨年の決め方は、「各企画の順位をその企画の得点とし、その得点の合計が小さいチームから第１位、第２位、……とする方法」でした。

みつこ：昨年の決め方を理解するために、昨年のデータからいくつかのチームの結果を取り出して、その総合順位を考えてみよう（**資料４**）。

資料４　昨年のデータから取り出した３チームの各企画の結果と総合順位

	＜各企画の結果＞			**＜総合順位＞**				
	企画１ ゴールに到着するまでにかかった時間	企画２ クイズの正答数	企画３ 見つけた鳥の種類の数	企画１ 得点(順位)	企画２ 得点(順位)	企画３ 得点(順位)	得点の合計	総合順位
Ａチーム	３時間45分	８問	８種類	3	2	1	6	２位
Ｂチーム	３時間	10問	０種類	1	1	3	5	１位
Ｃチーム	３時間20分	７問	４種類	2	3	2	7	３位

たかお：Ｂチームは「見つけた鳥の種類の数」が「０種類」でも総合順位が第１位になってしまうね。

先　生：昨年もそのことを指摘する意見がありました。そこで、新しい総合順位の決め方を考えたいと思っているのですが、よい案はありますか。

みつこさんとたかおさんは、総合順位の決め方の案を考えました(**資料５**)。

資料５　総合順位の決め方の案

＜みつこさんの案＞

①　各企画について、得点の基準を以下のように定める。

企画／得点	企画１ ゴールに到着するまでにかかった時間	企画２ クイズの正答数	企画３ 見つけた鳥の種類の数
5	180分未満	９問以上	５種類以上
4	180分以上195分未満	７、８問	４種類
3	195分以上210分未満	５、６問	３種類
2	210分以上225分未満	３、４問	２種類
1	225分以上240分未満	１、２問	１種類
0	240分以上	０問	０種類

②　①の基準に従って、各チームの各企画における得点を決める。

③　②の得点の合計が大きいチームから第１位、第２位、……とする。

＜たかおさんの案＞

①　「(Ａ駅からＧ学校までの道のり)÷(ゴールに到着するまでにかかった時間)」を計算して、「１時間あたりに進んだ道のり」を求め、それを 企画１ の結果とする。

②　各企画の結果について、最も高い数値をもとにする量としたときの各チームの数値の割合を求め、求めた割合をその企画の得点とする。

③　②の得点の合計が大きいチームから第１位、第２位、……とする。

みつこ：どの総合順位の決め方がよいのかな。

〔問題３〕　**資料４**の昨年のデータから取り出した３チームの各企画の結果について、**資料５**の**みつこさんの案**の決め方をもとに**表１**を、**たかおさんの案**の決め方をもとに**表２**をそれぞれ完成させなさい。また、あなたが「**グリーンウォーク**」の参加者ならば、**昨年の決め方**、**みつこさんの案**、**たかおさんの案**のうち、どの総合順位の決め方がよいかを一つ選んで、選んだ理由を説明しなさい。

表1

	企画1 得点	企画2 得点	企画3 得点	得点の合計	総合順位
Aチーム					位
Bチーム					位
Cチーム					位

表2

	企画1 1時間あたりに進んだ道のり	得点	企画2 クイズの正答数	得点	企画3 見つけた鳥の種類の数	得点	得点の合計	総合順位
Aチーム	km		8問		8種類			位
Bチーム	km		10問		0種類			位
Cチーム	km		7問		4種類			位

2　共同作成問題　適性検査Ⅱ　2参照(→P.304)

3　共同作成問題　適性検査Ⅱ　3参照(→P.307)

く言葉では言い表せない。※まごついていると答えを教えてくれた。

「自分を信頼することですよ」

自分を信じる、信頼する。字のごとくだ。

「大地の木のように、しっかりと足をつけて立つ、それが自信です」

それは自立ということでもあるのだと、そろりさんが自分の足を左右に開いて腕を組んでみせた。

「自立、自信……。そうですね」

「世間」では、※画一的な美しさが基準になっている。ショップの店員やカフェのバイトの態度を思い起こす。美容家によって施された朱莉の顔は個性や表情を消していた。誰かが決めた「正しい」とする方向に皆が向かい、同じものを追求する必要があるのだろうか。

（標野凪『こんな日は喫茶ドードーで雨宿り。』〈双葉社〉による）

〔注〕

※そそくさと――落ち着かないさま。
※鉄板――そのとおりにすると成功が確実だとされている方法。
※効能――効きめ。はたらき。
※コスメ――化粧品全般。
※米麹――お米に、食品の発酵に有効な微生物を付けて増加させたもの。
※ホームベーカリー――家庭でパンを作るための調理器。
※至極――きわめて。まったく。
※無下に――そっけなく。
※蔓――メガネの、耳にかける部分。
※まごついている――どうしてよいか分からなくて困っている。
※画一的――どれもこれも同じで、かわりばえのしないようす。

〔問題1〕〔文章1〕に「窓からの風を感じたあとの生徒たちの字は生き生きと※躍動して見えた。」とあるが、それはなぜか。三十五字以上四十五字以内で説明しなさい。

〔問題2〕〔文章2〕に「自信が持てるあんバタートースト」とあるが、そろりさんはなぜこのメニューに「自信が持てるあんバタートースト」という名前を付けたのか。そろりさんの意図を想像して、以下の空らんにあてはまるように六十字以上七十字以内で説明しなさい。

（　　　　　　）というメッセージをお客さんに伝えるため。

〔問題3〕あなたは、人が自信をもって生きていくためには、周囲の人とどのような関わりをもつことが必要だと考えますか。〔文章1〕〔文章2〕の内容をふまえて、三百六十字以上四百字以内で、具体例を挙げて説明しなさい。

〈きまり〉

○題名は書きません。
○最初の行から書き始めます。
○段落を設けず、一ますめから書きなさい。
○、や。や」などもそれぞれ字数に数えます。これらの記号が行の先頭に来るときには、前の行の最後の字と同じますめに書きます。
○。と」が続く場合には、同じますめに書きます。この場合、。」で一字と数えます。

SNSを何気なくチェックしているうちに、そんな知識も目に入ってくる。
そろりさんは朱莉の言葉に何度か頷く。
「ポリフェノールの含有量もすごいんですよ」
赤ワインに多く含まれていると聞く成分だが、小豆の含有量は赤ワインを上回るとそろりさんは教えてくれる。
「ポリフェノールは体の酸化を防ぐのに有効なんです」
細胞レベルで健康になれるからこのトーストを食べると〈自信が持てる〉ようになるのかと納得していると、朱莉の様子にそろりさんは「それだけじゃないですよ」と続けた。
「そのあんこ、実は砂糖を使っていないんです」
すっかり食べ終えた皿を指差し、驚くようなことを明かされた。
朱莉が食べたあんこは、確かに甘さは控えめではあったけれど、砂糖が入っていないとはとても思えなかった。水飴や蜂蜜を使っているのだろうか。しかしそろりさんは首を横に振る。
「小豆と米※麹だけで作っています」
麹は肉を柔らかくしたり、即席で漬物が作れたりすると、かなり話題になったことがある。柔らかく煮た小豆に米麹を加え、温める。するとこんなに甘いあんこが仕上がるんだそうだ。
「コレを使うんですよ」
小豆を発酵させるために適温を保つのには、※ホームベーカリーの機能が役立つという。嬉しそうにキッチンにデンと置かれたホームベーカリーを披露してくれるが、もっと気軽に炊飯器でも作れるそうだ。
「麹の力を借りて発酵させると、でんぷんは糖分になるんです」
そしてたんぱく質はアミノ酸に変わるんだそうだ。
「さて、甘さや旨みが増えるとどうなるでしょう」
そろりさんからクイズを出されるが答えはひとつだろう。
「美味しくなる」
朱莉が勇んで回答する。正解だったようで、店主が「うむ」と頷いた。
「口当たりも柔らかくなって、食べやすくなるのも特徴です」
麹の力で炊いた米が甘酒になるのも同じ原理だと聞き、※至極納得する。
もともとあった成分が麹の力で美味しくなる。それと同じように、自分の特性を活かせば「旨み」、つまり自信になるのだ、と教えてくれた。
「そろりさんは『とうめいマント』って知っていますか？」
麹と小豆のパワーのおかげか、それとも甘いとしょっぱいの相反する力が効いたのか、朱莉は自分のことを話したくなった。
子どもの頃は憧れの道具だった。でもいつしか、知らないうちに「世間」という得体の知れないものから、勝手に被せられたり、脱がされたりしているように感じるものになった。日頃、他人から※無下に扱われている気がすると、そろりさんに訴える。
「それでは、自分で着脱できるようになればいいんじゃないですか？　あなたが自分でマントを支配して操れるようになれば、また便利な道具に戻るんじゃないですか」
そろりさんが曇ったメガネの※蔓をくっと上げた。
「自分で？　それが出来ないから困っているんですよ」
朱莉が訴える。
「だから自信を持つことが大切なんですよ」
そろりさんは穏やかに言って、ホームベーカリーを温めるように両手を添えた。
「ところで自信ってなんだと思います？」
そろりさんの声に朱莉は顔を上げる。改めて意味を尋ねられると、うま

めるものなのか。なにより、遠田に書を褒められ、改善点を教えてもらう子どもたちの、誇らしげで楽しそうな表情といったらどうだ。

たとえや指導法に少々下品だったり※型破りではと思われるところはあるが、遠田は書道教室の先生として、やはり※逸材なのだろうと察せられた。書家としてのレベルは、俺にはよくわからない。ただ、手本の文字が力強く※端整で、目を惹かれるものなのはたしかだ。

（三浦しをん『墨のゆらめき』〈新潮社〉による）

〔注〕

※一陣の風――ひとしきり激しく吹く風。
※文机――読み書きをする机。
※滞留――物事がとどこおること。
※躍動――元気にはつらつと動くこと。
※猛々しさ――力強いさま。
※いびつ――形がゆがんでいること。
※たどたどしかったり――まだ慣れていないために、言葉や動作がなめらかではなかったり。
※型破り――考えや行動がふつうとはちがっていること。
※逸材――すぐれた才能。また、それをもつ人。
※端整――すがたやかたちが整っていること。

〔文章2〕

朱莉は、買い物をしていても、店員さんから声をかけられないことがあり、それは自分が地味だからではないかと思い、しょんぼりしていた。そんな時に通りかかったカフェの前に「自信が持てるあんバタートースト」という看板が出ていたのに目が引き寄せられ、思い切ってドアを開けて入ってみた。そして店主のそろりさんに、さっそく「あんバタートースト」を注文してみた。

「わあ、美味しそう」

朱莉はそそくさと※マスクを外し、両手でパンを持ち上げると、ずっしりと重量感があった。溶けたバターが、たらりと指を伝って流れ、慌てて口に運ぶ。カリッとした食感のあとにあんこのほくほくした甘さが続く。甘すぎないので、たっぷり盛られていてもくどくない。食べ進めていくと、甘さの中にバターの塩っけが加わった。あんとバター、この※鉄板の組み合わせを考案した人は天才だ、と唸る。

甘いとしょっぱいのコラボに、食がどんどん進む。残りあと数口になったところで、ふと疑問に思う。

「あれ？　何でしたっけメニュー名。自信のある、でしたっけ」

「まあ、もちろん自信作ですけど」

店主は腰に手を置いて得意そうに言ってから訂正した。

「でもメニュー名は〈自信が持てるあんバタートースト〉です」

「ええと」

朱莉が何から尋ねるのがいいのかと言い淀む。

「メニュー名の由来を聞きたいわけですね。小豆の※効能はご存じですか？」

そろりさんに問われ、朱莉は懸命に考える。さっきのドラッグストアにも並んでいたが、※コスメには、アイマスクやパックに小豆が使われているものもある。

「からだをあたためる効果があるんですよね。あとはむくみ防止とか」

体内の余計な塩分を排出したり、整腸作用もあるはずだ。美容関係の

〈適性検査Ⅰ〉　—45分—

1　次の〔文章1〕と〔文章2〕を読み、あとの問題に答えなさい。
（※印の付いている言葉には本文のあとに〔注〕があります。）

〔文章1〕

ホテルマンの「俺」は、招待状のあて名書きの注文をしに、自宅で書道教室を開いている遠田のもとを訪れた。夏の書道教室では、生徒たちは遠田から出された「風」というお題に取り組んでいた。ところが遠田は「なにかがたりないっていうか、堅いんだよなぁ」と言うと、突然窓をすべて開け放ったのだった。

「ほら、これが夏の風だ」

遠田がそう宣言するのを見はからったように、暑気を切り裂いて※一陣の風が吹き抜け、庭の桜の葉を、そして生徒たちの手もとの半紙を、さわさわと揺らした。

「どんな風だった？」

窓を閉めながら遠田が尋ねると、

「ぬるかった」

「そうかな、けっこう涼しかったよ」

と生徒たちは口々に答える。

「じゃ、いま感じたことを思い浮かべながら、もう一度『風』って書いてみな」

遠田は再び※文机に向かって腰を下ろした。「そういう習慣をつけときゃ、そのうち真夏にも冬の『風』を書けるようになる」

エアコンが「一からやりなおしだ」とばかりにゴウゴウと音を立てる。でも生徒たちは気を取られることなく、また涼しくなっていく部屋のなかで真剣に半紙に向きあい、それぞれの夏の「風」を書きはじめた。

納得のいく書を書きあげたものが、つぎつぎと遠田に見せにくる。最終的には生徒全員が文机のまわりに集結した。

遠田は一人一人の書を丁寧に眺め、

「うん、軽やかでいい感じの風が吹いてる。この『虫』みたいな部分の角っちょは、つぎからもう少し筆を立てて書くようにしたほうがいいかもな」

「夏の蒸し暑さがよく出てるじゃねえか。だが、そこを重視しすぎて、二画目のハネがちょっともたついちまったな。ま、※滞留する風もたまにはあるってことで、よしとするか」

などと感想を述べつつ、各人の書に朱墨で大きく花丸を描いて返した。正座した生徒たちは、自分以外の書の講評にも耳を傾け、遠田の言葉にうなずいたり笑ったりする。

素人の俺の目にも、窓からの風を感じたあとの生徒たちの字は生き生きと※躍動して見えた。もちろん、生徒たちの長机にある、遠田が手本として書いた「風」とはレベルがまるでちがう。遠田の手本は、夏の嵐のような※猛々しさを秘めながらも、いわゆる「習字のお手本的なうまい字」だった。それに対して生徒たちの「風」は、※いびつだったり※たどたどしかったりする。

でも遠田は、手本に無理に近づけるためのアドバイスはしなかった。俺もいつしか文机ににじり寄って、生徒たちが遠田に差しだす半紙に夢中で見入った。それぞれが感じた夏の風が、思い思いの形で文字にこめられていた。まとわりつくような「風」。清涼でホッと一息つける「風」。やっぱりエアコンの利いた部屋のほうがいいなという「風」。

俺は感心した。なるほど、「風」という一文字だけでも、こんなに多種多様で自由なものだったのか。書道とはこんなにのびのびと気楽に取り組

〔問題1〕 ㋐人間のきわめてすぐれた能力が、**文章1** においてどのように生かされたか、四十五字以内で説明しなさい。
なお、、や。や「なども、それぞれ字数に数えること。

〔問題2〕 ㋑「いま、ここ」から世界を捉(とら)えてこそ、「いま、ここ」から世界に働きかけることができる。とはどういうことか、**文章2** の具体例を用いて七十字以内で説明しなさい。ただし、「一人称(いちにんしょう)」（「一人しょう」）という言葉を必ず使うこと。
なお、、や。や「なども、それぞれ字数に数えること。

〔問題3〕 **文章1** と **文章2** の内容をふまえて、あなたは学校生活や日常生活のなかで、何を大事にし、どのように行動していこうと考えるか、三百字以上四百字以内で書きなさい。ただし、あとの〔手順〕と〔きまり〕にしたがうこと。

〔手順〕
1 **文章1** と **文章2** を読んで、わかったことを書く。
2 〔手順〕1で書いたことをふまえて、あなたが大事にすべきだと考えたことを、理由とともに書く。
3 〔手順〕1と2をふまえて、あなたは学校生活や日常生活のなかで、どのように行動していこうと考えるかを具体的に書く。

〔きまり〕
○題名は書きません。
○最初の行から書き始めます。
○各段落(かくだんらく)の最初の字は一字下げて書きます。
○行をかえるのは、段落をかえるときだけとします。
○、や。や」などもそれぞれ字数に数えます。これらの記号が行の先頭に来るときには、前の行の最後の字と同じますめに書きます。（ますめの下に書いてもかまいません。）
○。と」が続く場合には、同じますめに書いてもかまいません。
この場合、。」で一字と数えます。
○段落をかえたときの残りのますめは、字数として数えます。
○最後の段落の残りのますめは、字数として数えません。

〈適性検査Ⅱ〉 —45分—

1 共同作成問題 適性検査Ⅱ 1参照（→P.301）

2 共同作成問題 適性検査Ⅱ 2参照（→P.304）

3 共同作成問題 適性検査Ⅱ 3参照（→P.307）

文章2

知覚や*情動と行動の絶えざる循環からなる体験の世界は、とりわけ「一人称の世界」である。私は「いま、ここ」にいて、そこから世界を感知し、世界に働きかける。たとえば、私はいま、公園の池のそばにいて、そこから美しい花を見つけ、その花に感動し、それに近づく。このように私のいる「いま、ここ」という特定の位置から、世界を知覚し、情動を抱き、世界に働きかけることが、一人称の世界である。世界のなかで「いま、ここ」という位置を占めて、そこから世界と交わる存在は「世界内存在」とよばれる。一人称の世界というのは、ようするに世界内存在として世界と交わることによって、自分に立ち現れてくる世界にほかならない。

これにたいして三人称の世界は、自分を世界の外に置き、その外側の視点から*俯瞰的に眺めた世界である。それは「いま、ここからの眺め(the view from now and here)」ではなく、世界のどこにも視点を置かない「どこからでもない眺め(the view from nowhere)」である。「彼は喫茶店に行き、彼女は図書館に行った」と語るとき、私は彼や彼女のいる世界から自分の身を切り離し、世界の外側の視点からただ世界を眺める。私は世界を*超越しているので、世界に身体でもって働きかけることはできない。超越的視点から、世界を眺めるだけである。神なら、超越的視点からでも世界に働きかけることができるかもしれないが、人間はただ眺めるだけである。

「いま、ここからの眺め」という一人称の世界を超えて、「どこからでもない眺め」である三人称の世界を獲得できるのは、㋐人間のきわめてすぐれた能力である。それは一人称の*主観的世界を超えて三人称の*客観的世界を手にすることを意味する。しかし、私たち人間が三人称の客観的世界を獲得できるのは、あくまで一人称の主観的世界を基礎にしてのことだ。世界のなかに身をおいて、「いま、ここ」から世界を眺め、それにもとづいて世界に働きかける。これができるようになると、つぎは「ここ」からではなく、かりに「あそこ」から世界を眺めると、世界がどう立ち現れるか、そしてそれにもとづいて世界にどう働きかけるかが想像できるようになる。「いま」についても、同様だ。こうして想像のなかで、どんな一人称的な視点からでも世界を眺めることができるようになる。これが三人称の客観的世界の獲得にほかならない。

このように三人称の客観的世界の獲得は、一人称の主観的世界を基盤にしてなされる。しかも、三人称の客観的世界を手に入れても、世界に働きかけるためには、やはり一人称の主観的な世界が必要だ。㋑「いま、ここ」から世界を捉えてこそ、「いま、ここ」から世界に働きかけることができる。世界から身を切り離して、外側から世界を捉えているだけでは、「そこ」に椅子があり、「あそこ」に机があるといった一人称的な把握ができない。そのため、その椅子に座るとか、あの机に向かって行くとかといった行動を実行できない。身体でもって世界に働きかけるためには、世界のうちに身を置いて、一人称的に世界を把握しなければならない。*傍観者のままでは、行動を起こせないのである。

(信原幸弘『「覚える」と「わかる」知の仕組みとその可能性』〈筑摩書房〉による)

〔注〕
情動――感情の動き。
俯瞰的――高いところから広く見わたすこと。
超越――はるかにこえていること。
主観的――自分の考え方や見方をもとにして、ものごとを考えるようす。
客観的――自分の考え方にとらわれずに、ものごとを見たり考えたりするようす。
傍観者――そばで見ているだけで、何もしない人。

とになりました。世界の中心は太陽で、その周りを惑星が回っている。しかも地球は、太陽の周りに8個もある惑星のうちのひとつにすぎない。

　これは天文学の歴史のなかで、非常に重要な出来事でした。人類がはじめて、自分たちの存在を「相対化（そのものの見方や考え方が唯一絶対のものでないと考えること）」したのです。人類は天文学を通じて、自分たちが「絶対的」な存在ではないということにはじめて気づき、世界観の大転換が行われることになったわけです。

　その後、人類はこの宇宙の理解をさらに深めていきます。

　もともとの地動説では、太陽を中心にしてその他の天体が回っているという理解でしたが、夜空を見上げると、太陽のように自分で光り輝く星は太陽以外にも無数にあることがわかります。宇宙についての研究が進むにつれて、太陽は銀河という星の塊のなかにあるということ、太陽はそのなかのひとつにすぎないということがわかってきました。

　私たちがいる銀河系のなかに星は数千億個ほどあると考えられています。ですから太陽というのは数千億個ある星々の1個にすぎないわけです。また太陽は、銀河系の中心からだいぶ離れた端のほうにいることもわかっています。

　ここでも私たちは再び自分たちのことを相対化することになります。つまり、太陽が中心だと思っていたけれど、実は、太陽ですら宇宙に無数にある星々のひとつにすぎないもので、しかも銀河の中心にいるわけでもない。さらに、もっと宇宙の観測が進んでいくと、星の塊である銀河というものも、宇宙には大量にあることがわかってきました。

　これにより「銀河宇宙」という概念ができてきました。いま私たちが観測できる範囲のなかで銀河がどれくらいあるかというと、数千億個から数兆個もあるといわれています。無数にある銀河のなかの1個にすぎない銀河系のなかの端っこにある太陽という星の周りを回っている8個もある惑星のうちのひとつ。これが地球というわけです。

　つまり天文学という学問は、私たちが特別な存在ではなく無数にあるもののうちの1個にすぎない、ということを次々と明らかにしてきた学問だといえます。

　その後さらに宇宙の観測は進み、いまでは銀河というものも集合をなしていて、銀河団というより大きな塊をつくっていることがわかってきました。また銀河団は宇宙のなかで網の目状に分布していて、宇宙の大規模構造といわれる構造をつくっているということもわかってきました。

　こうして人類は、天文学という手法をもちいてどんどんとその世界を広げてきたことがわかります。逆にいうと、我々は大きな世界のなかの非常に小さなものである、ということを明らかにしてきたのが、この天文学の歴史だといえるでしょう。

（佐々木貴教『地球以外に生命を宿す天体はあるのだろうか？』〈岩波書店〉（一部改変）による）

〔注〕　ヨハネス・ケプラー――ドイツ生まれの天文学者。
ティコ・ブラーエ――デンマーク生まれの天文学者。
ケプラーの法則――ケプラーが惑星運動について発見した法則。
タブー――口に出して言ったり、やったりしてはいけないとされていること。

東京都立南多摩中等教育学校

（編集部注：掲載にあたりレイアウトなどの一部改変を行っています。）

〈適性検査Ⅰ〉

—45分—

1　次の **文章1** と **文章2** を読み、あとの問題に答えなさい。

（＊印のついている言葉には本文のあとに〔注〕があります。）

文章1

どうすれば、地動説は天動説を打ち負かすことができるのでしょうか。まずは地動説が正しい証拠を見つけてこないといけません。そして地動説が正しいことを説明しないといけません。

この地動説が正しいという証拠を最初に見つけてきたのが、＊ヨハネス・ケプラーです。ケプラーは、彼の師匠である＊ティコ・ブラーエが集めた大量の観測データをもちいて、「＊ケプラーの法則」を見つけ出すことに成功します。

ティコは、毎晩夜空を見上げては各惑星の場所を確認し、何年もかけてそれらの位置の変化を記録していました。つまり、地球から見て惑星がどういうふうに動いているか、というデータを大量に集めていたのです。

ケプラーはこのデータをじっくりと眺め、惑星たちの動きを説明しようとしたとき、太陽が真ん中にあってその周りを惑星たちが回っていると考えたほうがうまく説明できることに気づいたのです。

さらにケプラーの素晴らしいところは、惑星たちがきれいな円（正円）ではなく、楕円で回っていることに気づいたことです。楕円であれば、ティコが集めた惑星の動きのデータを完璧に説明できることがわかったのです。

こうしてケプラーの大発見により、地動説に対する観測的な証拠が出されました。地動説を信じるにはもうこれで十分だという気もするのですが、当時は私たち人類が世界の中心にいないということを主張するのはやはり＊タブーだったようで、地動説はそれでもなお完全に受け入れられることはありませんでした。なぜ地球は太陽の周りを回っていなければならないのか、その理由がわからないために、最後の決め手を欠いていたのです。

こうした論争に終止符をうち、地動説が正しいということを決定的に示したのが、アイザック・ニュートンです。

ニュートンは「万有引力の法則」を発見したことで有名です。リンゴが木から落ちるのを見て、重力の法則を発見したといわれています。

万有引力の法則は、すべての物はすべての物と互いに引き合うということを示しています。つまり、リンゴは地球に引っ張られて落ちますし、天体同士も互いに重力で引っ張り合っているわけです。

ニュートンはこの万有引力の法則を使って、太陽と地球やその他の惑星の動きを計算しました。すると、ケプラーが観測データから導き出していた法則、つまり惑星は太陽の周りを楕円で運動しているという法則が、みごとに数学的に説明できるということがわかったのです。

ケプラーは、観測データを分析することで、太陽を中心にその周りを惑星が回っている状況証拠をつかみました。一方ニュートンは、万有引力というこの世界の基本法則にのっとって、惑星の動きを数学的に証明したのです。これにより、観測的にも理論的にも地動説が正しいということがはっきりしました。

人類はついに「自分たちが世界の中心である」という考え方を捨てるこ

東京都立武蔵高等学校附属中学校

（編集部注：掲載にあたりレイアウトなどの一部改変を行っています。）

〈適性検査Ⅰ〉　共同作成問題　適性検査Ⅰ参照(→Ｐ.313)　―45分―

〈適性検査Ⅱ〉　―45分―

1　共同作成問題　適性検査Ⅱ　1参照(→Ｐ.301)

2　ある日の武蔵さんと先生の会話です。

武蔵：先生。先週の日曜日、家族で日本の貨幣を作っている財務省 造幣 局に行ってきました。

先生：それはいいですね。どのようなことを学んできたのですか。

武蔵：もともとは、日本でも物々交換をしていたことや平安時代までに12種類の銅銭が作られたことを学びました。ただ、銅銭は枚数が少なかったのと、人びとがあまり便利さを感じなかったなどの理由で、あまり広まらなかったということも学びました。貨幣はいつごろから広まるようになったのでしょうか。

先生：平安時代の終わりのころ、日本と宋(現在の中国)が貿易をはじめると、中国の銅銭が日本にたくさん輸入されました。これにより、日本でも少しずつ銅銭が使われるようになりました。それにともなって、土地の価値の表し方が変化していきました。**資料１**は、近畿地方の土地の価値をどのように表していたかをまとめた表で、米や布などは米や布の量で価値を表し、銭は銅銭で価値を表したという意味です。

資料１　近畿地方の土地の価値をどのように表していたかをまとめた表

地域＼時期	1185年から1202年	1203年から1220年	1221年から1235年
山城(今の京都府付近)	米や布など　23件 銭　７件	米や布など　10件 銭　33件	米や布など　５件 銭　60件
大和(今の奈良県付近)	米や布など　52件	米や布など　75件 銭　１件	米や布など　73件 銭　４件
その他の近畿地方	米や布など　５件 銭　１件	米や布など　７件 銭　５件	米や布など　17件 銭　20件

(『鎌倉遺文』竹内理三　東京堂出版より作成)

〔問題１〕　**資料１**より、近畿地方において鎌倉時代には、どのように土地の価値を表すようになっていったか、その変化のようすを時期、地域、土地の価値の表し方と数値に注目し、いずれかの地域について説明しなさい。ただし、時期に関しては西暦(年)を使うこと。

武蔵：なるほど、宋から銅銭が入ってくると日本でも銅銭が少しずつ利用されていったのですね。ほかには、どのような変化が起きたのですか。

先生：銅銭の活用により、物の売り買いでも銅銭が使われるようになりました。室町時代には、京都や奈良などの都市だけでなく地方でも定期的に店が集まってくる市が開かれるようになって、商売がさかんになりました。しかし、商売がさかんになると、銅銭が足りなくなり、質の悪い銅銭も出回るようになりました。これに対して、織田信長などその地域を治めている大名がルールを作るなどして管理しようとしましたが、全国で統一されたルールができるのは、江戸時代になってからです。

武蔵：江戸時代には、どのようなルールが作られたのですか。

先生：江戸時代になると、幕府が金でできた小判や銀でできた貨幣、銅銭等を製造し、管理するようになりました。そのため、物の売り買いがさかんになり、人びとが貨幣を使い買い物することが多くなりました。しかし、金や銀などを貨幣の主な原料としていたので、鉱山から金や銀があまり採れなくなってくると、世の中に出回る貨幣の量が減ってしまうこともありました。ところで、金で作られた小判という貨幣は、作られた時期により大きさや重さや金が含まれている量が異なっていて、小判の種類によって貨幣としての価値が変化していました。特に金が含まれている量が減ると貨幣としての価値が下がってしまったのです。次の**資料２**は、江戸時代に発行された各小判の重さを示した図、**資料３**は、各小判の金が含まれている割合を示した図です。それぞれの小判の名前の上に書かれている数字は、その小判が発行された年(西暦)を表しています。

資料２　江戸時代に発行された各小判の重さを示した図

(匁)
6
5
4
3
2
1
0
4.7匁
4.7匁
3.4匁
2.4匁
0.9匁
(1601) 慶長小判
(1695) 元禄小判
(1736) 元文小判
(1859) 安政小判
(1860) 万延小判
■ 小判の重さ

※匁とは、重さを表す単位の一つで、１匁＝3.75ｇ。

資料３　江戸時代に発行された各小判の金が含まれている割合を示した図

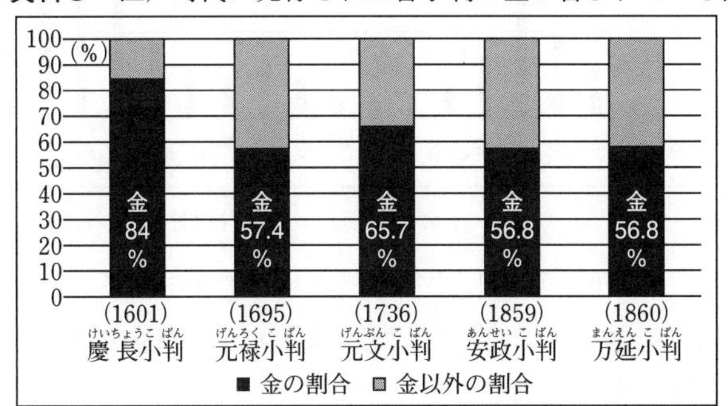

〔問題２〕　**資料２**・**資料３**の５種類の小判の中から慶長小判と元禄小判、または安政小判と万延小判のいずれかの組み合わせを選び、二つの小判の間にどのような変化が起こり、小判の価値にどのような変化をもたらしたかを説明しなさい。なお、文章にする際は、それぞれの小判に金が何匁含まれているかを計算し、小数第二位を四捨五入した数値を入れなさい。

武蔵：江戸時代には、金でできた小判や銀でできた貨幣、銅銭等が広く使われるようになったと先ほど先生からうかがいました。次の明治時代はどうだったのですか。

先生：明治時代になると、新しい貨幣が作られ、単位が現在と同じ円になりました。そして、1872年になると銀行に関わる法律である国立銀行条例が出されて、全国でこの法律の基準を満たした国立銀行と呼ばれる銀行が多く設立されるようになりました。国立銀行ができたことで東京や大阪などの大きな都市だけでなく、地方でもお金が借りやすくなって会社や工場を作ろうと思う人が増え、多くの会社や工場ができました。また、1880年ごろから会社からお金の借り入れ希望が増え、国立銀行のみではお金を貸し出す量が足りなくなってしまって、それを補助する意味で国立銀行条例と異なった基準で作られた普通銀行が増えてきました。

武蔵：銀行の数が増えたことでどのような変化が起きたのですか。

先生：銀行の増加とともに、貨幣の枚数と銀行から会社へのお金を貸す量が増えていったのです。特に、1885年から1887年の３年間は、たくさんの会社や工場が作られました。また、1890年ごろから綿糸に関わる工場の数も増え、日本でもさまざまな物が機械で生産できるようになる産業革命が本格的にはじまり、国内のさまざまな物の生産量が増えました。そのような中で、工場や会社が多く生まれ、これらの工場や会社が、機械を取り入れたり、新しい工場を建設したりするためにお金を多く必要としたため、これに対応して、1893年に銀行条例を出し、銀行を作りやすくしたのです。

資料４　それぞれの年に新しく設立された普通銀行の数

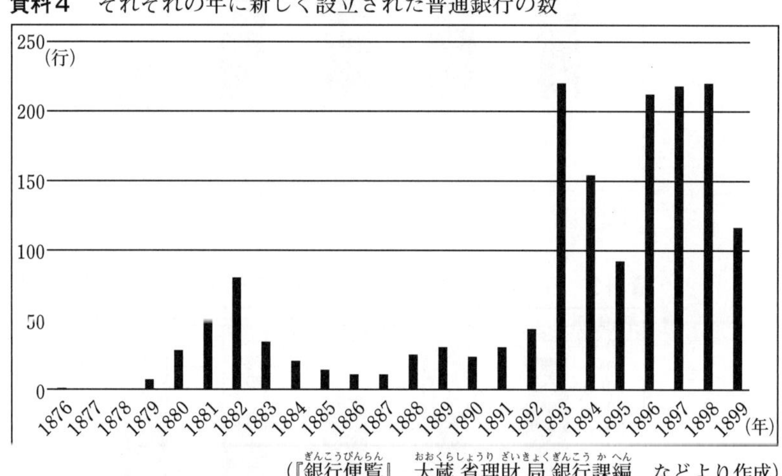

（『銀行便覧』　大蔵省理財局銀行課編　などより作成）

〔問題３〕　**資料４**より、1893年に急激に銀行の設立数が増えている。なぜ急激に増えたのかを武蔵さんと先生の会話から、その背景もふまえてその理由を説明しなさい。ただし、説明する際は、西暦(年)を使うこと。

先生：そうですね。大正時代や昭和時代になると、より銀行の数が増えて、それにともなってあつかうお金の量も増えていきました。それによって、日本の工業などがより発展し、日本もさらに経済成長していったのですよ。

武蔵：そうか。確かに今も街を歩いていると銀行がたくさんありますよね。銀行が貨幣の流通や経済の発展に大きな力を果たしていることが分かりました。

③　共同作成問題　適性検査Ⅱ　③参照(→P.307)

〈適性検査Ⅲ〉　—45分—

① はるきさん、なつよさん、あきおさん、ふゆみさんの４人は、地域の運動会に参加し、次の日に学校で感想を話しています。

あきお：運動会おもしろかったね。いろいろな種目があったけれど、どれもはく力があったね。

はるき：かさを使ったパフォーマンスが特にすてきだったね。

ふゆみ：人数も多くてはく力があったね。

はるき：かさをくるくる回しながら走っていて、きれいだったよね。

なつよ：そういえば、そのとき、一つひとつのかさはどのような動きをしていたのかな。

ふゆみ：一点に注目して、みんなで考えてみよう。

あきお：かさは正八角形のように見えるね。頂点Aに注目したら、どのように動くか分かるかな(**図１**、**図２**)。

図１　**図２**

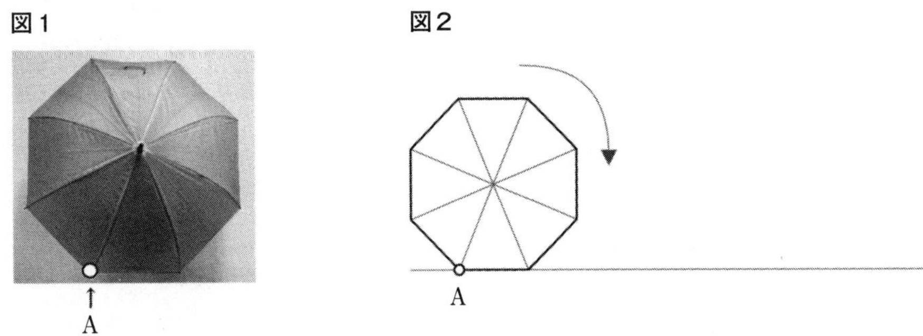

はるき：正八角形が１回転するまで、直線の上をすべらせることなく転がすと、このように複数の直線がつながったような線になるのかな(**図３**)。

図３

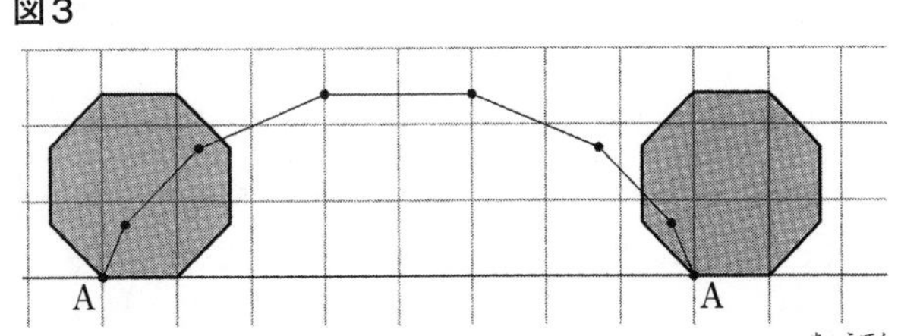

(**図３**における・は正八角形の１辺が直線と重なったときの頂点Aの位置を表す)

なつよ：実際に正八角形を紙で作って、直線の上をすべらせることなく、転がしてみよう。

あきお：実際には、複数の曲線がつながったような線になるね(**図４**)。

図４

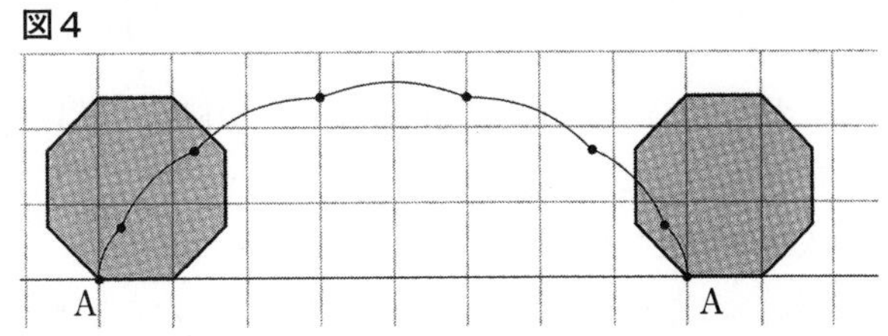

はるき：曲線になることで、私の予想より頂点Aの移動する道のりが長くなるね。

ふゆみ：点と点を線で結ぶとき、直線より曲線の方が長くなるからだね。

なつよ：そうだね。他の図形だとどのような曲線になるのかな。転がしてみようよ。

〔問題１〕　なつよさんたちは、**図５**のような図形を作って、左の図形が右の図形の位置にくるまで１回転させようとしています。**図５**のうち、頂点Ｂまたは、Ｃのいずれかを選び、選んだ頂点のえがく曲線を、**図４**のように・をつけてかきなさい。

図５

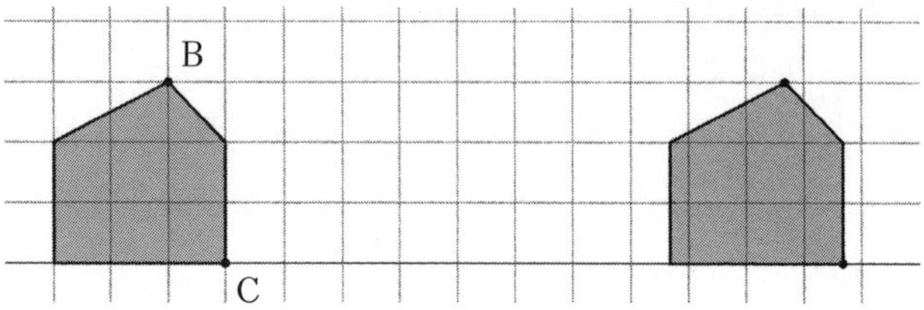

はるき：ところで、かさを使ったパフォーマンスでは、生徒が１列に並(なら)んで、ポーズをとることもしていたね。そのとき、かさを開いている人と閉(と)じている人がいたね。

ふゆみ：かさを開いている人と閉じている人は、どのようなルールで並んでいたのかな。

なつよ：最初のポーズは、先頭の人から、
「開く、閉じる、開く、閉じる、開く、……」だったね(**図６**)。このルールだと100番目の人は、閉じていることが分かるね。

あきお：一人ひとり、順番に調べなくても、全員のポーズが分かるね。

図６

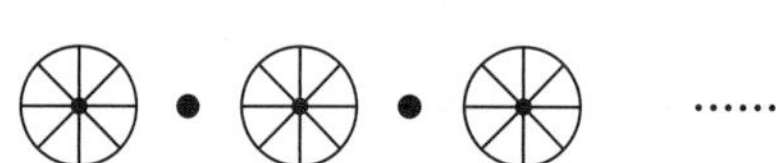

……

(開いたかさ)	：開く
●	：閉(と)じる

はるき：ほかにも、規則的に並んでいるポーズがあったね。

あきお：規則的に並んでいるポーズのルールを自分たちで考えてみるのもおもしろそうだね。

ふゆみ：「開く、閉じる、閉じる、開く、開く、開く、開く、閉じる」から始まるルールだったらどうかな(**図７**)。

はるき：そのあと、どういうポーズが続くのかな。

図７

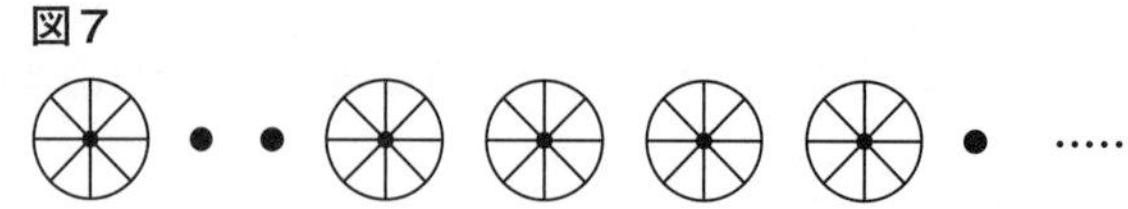

なつよ：初めは「開く」が一人で、それ以降(いこう)は同じポーズが何人か続いていて、その人数が増えていくね。その人数に注目すると、１、２、４、……と変化していくね。

あきお：同じポーズの人数が増えていくルールなんだね。

はるき：「開く」が４人続いたあとは、何人が「閉じる」なのかな。ルールによって、いろいろな人数になりそうだね。

〔問題２〕　ふゆみさんとみんなが考えた並び方のルールにはどのようなものがあるでしょうか、

答えなさい。また、そのルールとすると、128番目の人のかさは開いていますか、閉じていますか。

はるき：かさの模様（もよう）もいろいろあったね。

なつよ：丸がいくつかえがかれているデザインのかさがあったね。

ふゆみ：そうだね。今度、私たちの学級会で開かれるお楽しみ会のかざり付けを考えているのだけれど、似たようなデザインにしたいな。

あきお：直径60㎝の大きな円の中に、小さな円をいくつかかいてみよう。

ふゆみ：私は、大きい円の中に７個の小さい円をかいたよ。

はるき：それぞれ同じ大きさの円が重なることなく、かかれているね（**図８**）。

図８

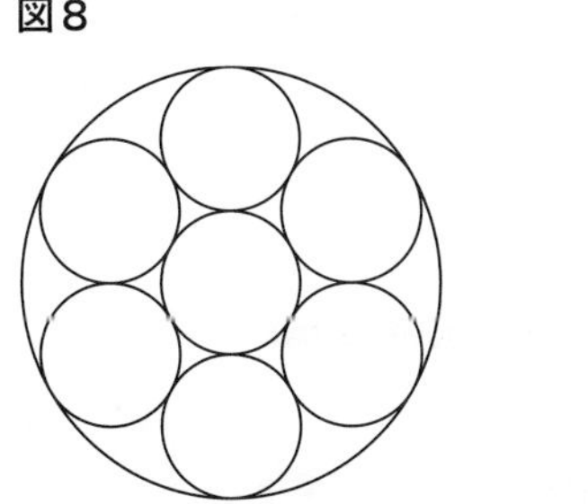

図９

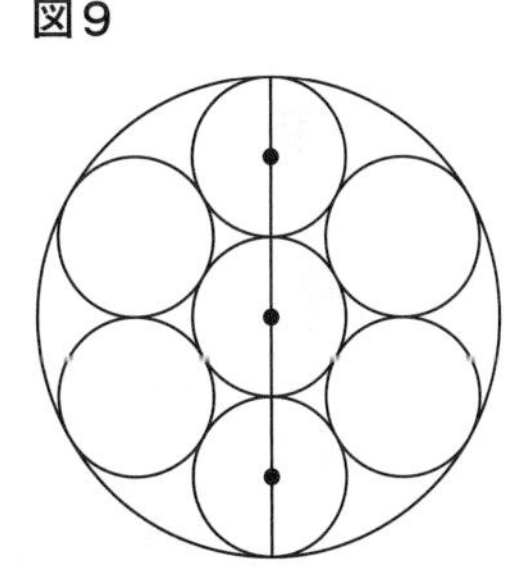

はるき：小さい円の一つひとつの円の半径は、10㎝だと分かるね。

ふゆみ：そうだね。大きい円の中に、小さい円がちょうど３個並んでいるから分かるね（**図９**）。

あきお：私は小さい円を５個でかいてみたいな。小さな円の半径は、どれくらいにすればいいかな。

はるき：円が５個だと、10㎝よりも大きな円がかけそうだね。

なつよ：小さい円をなるべく大きくかきたいのだけれど、半径は12㎝でかけるのかな。

あきお：仮に半径を12㎝だとして、みんなで考えてみよう。

ふゆみ：図で考えてみたのだけれど（**図10**）、12㎝だとつじつまが合わなくなったよ。

図10

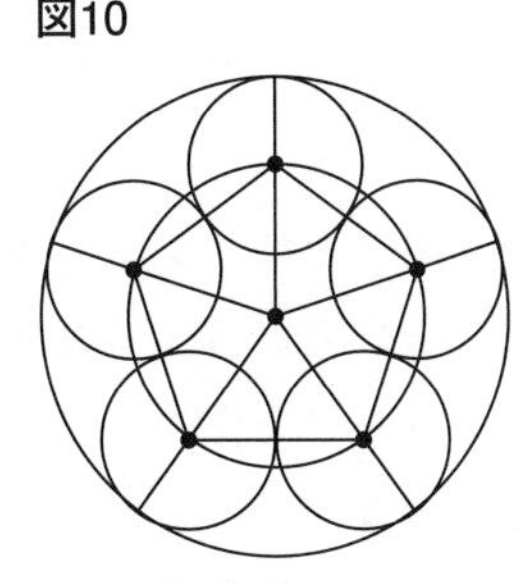

〔問題３〕　ふゆみさんは、12㎝だとつじつまが合わなくなったよと言っています。ふゆみさんがなぜつじつまが合わないと考えたのか、式と文章を使って説明しなさい。その際、これまでの図と会話文を参考にして答えなさい。

2　はるきさん、なつよさん、あきおさん、ふゆみさんが公園で持ってきたジュースについて話をしています。

はるき：持ってきたジュースの味はみんなりんご味だね。

なつよ：成分が書かれている部分を見ると、ストレート果汁と書いてあるものと濃縮還元果汁と書いてあるものがあるね。

あきお：どのようなちがいがあるのかインターネットで調べてみよう。

ふゆみ：インターネットで調べたら、ストレート果汁は果実をしぼったままの果汁のことで、濃縮還元果汁は果汁を加熱等によって、水分を少なくして*濃縮し、ジュースにする前に水を加えてもとの果汁の濃さにもどすものだと書いてあるよ。インターネットから参考になる資料を持ってきたよ(**資料1**)。

資料1　ジュースの製造方法

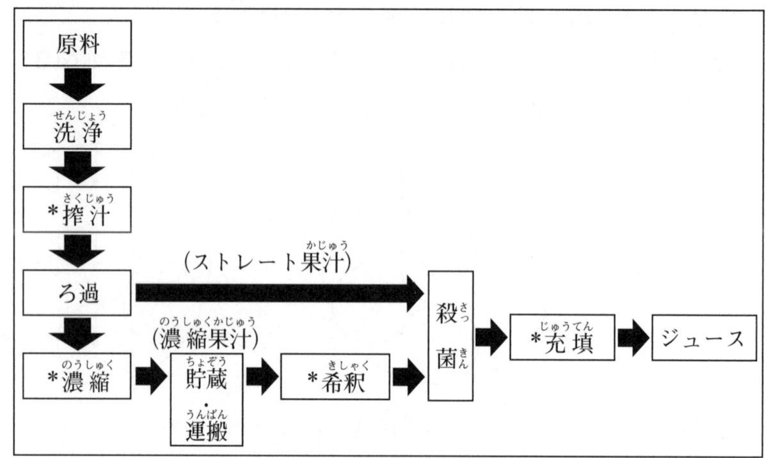

(平成22年消費者庁「果実ジュース製造工程のイメージ」より作成)

*濃縮：加熱等によって、水分を少なくし、濃さを濃くすること。
*搾汁：果実をしぼって、皮や種などを取り除いた部分を集めること。
*希釈：濃さの濃いものに水を加えて、濃さをうすくすること。
*充填：紙やプラスチック等でできた容器につめること。

はるき：製造の手順にちがいがあるね。

なつよ：ストレート果汁からジュースを製造する方法は、濃縮還元果汁からジュースを製造する方法より、製造の手順が少ないね。

あきお：濃縮還元の製造の方法は、手順が多いから、製造するときに気を付けなければいけないことが多そうだね。

ふゆみ：水分を少なくして貯蔵することは、ジュースだけでなく昔からよく行われているよ。

はるき：製造の方法も調べてみるといろいろな工夫がされているんだね。

なつよ：果実という原料から、ジュースを作るには製造方法が複数あることはおもしろいね。

あきお：複数の製造方法があるのはなぜだろう。

ふゆみ：果実からジュースを作る方法が複数あることは、それぞれの製造方法にすぐれている点があるということかもしれないね。

〔問題1〕　ふゆみさんが果実からジュースを作る方法が複数あることは、それぞれの製造方法にすぐれている点があるということかもしれないと言っています。**資料1**や会話文をもとに、濃縮還元果汁とストレート果汁の製造方法ですぐれている点をそれぞれ一つずつ簡単に答えなさい。

昨日の公園でのできごとについて、学校で話をしています。

はるき：昨日、すわっていたビニールシートの上がなんだかベタベタしていたよね。

なつよ：飲んでいたジュースが少しこぼれたのかもしれない。

あきお：ジュースをビニールシートにこぼすと、ベタベタしてかわきにくいことがあるよね。

ふゆみ：それに対して、シートに水がこぼれていても、ベタベタしないで、いつのまにかかわいているね。

はるき：水だけだとかわきやすくて、ジュースだとかわきにくいということかな。

なつよ：ジュースは、水に果汁が混ざっているからなのかな。

あきお：かわきにくくなっている原因は、何に関係することなのかな。

ふゆみ：どう考えればいいか、先生に聞いてみよう。

先　生：みなさん、おもしろいことに気が付きましたね。かわきにくいということは、蒸発しにくいと考えてみましょう。蒸発というのはどのような現象か説明できますか。

はるき：液体が気体になることだと思います。

なつよ：蒸発は、水面から液体の水が気体の水蒸気になって、水面から外に出て行くことです。

ふゆみ：そうすると、蒸発の様子は、液体の表面に注目することが大切ということですね。

先　生：その通りです。液体の表面に注目すると、蒸発の様子がイメージしやすくなることを覚えておきましょう。

はるき：ところで、ジュースがベタベタしてかわきにくいのは、ジュースに何がふくまれているからかな。

なつよ：持ってきたジュースの成分の表示では『糖質』というのが一番多くふくまれていることが分かるよ。

あきお：先生、糖質って何でしょうか。

先　生：糖質は身近なもので考えると砂糖のことだと考えれば良いでしょう。水に砂糖をとかした砂糖水をジュースとして考えてみると、分かりやすいでしょう。さらに、水の上に油をうかべた実験も水の蒸発を考えるのに役に立つかもしれません。ジュースが蒸発しにくい理由を、蒸発について実験して得られた結果をまとめた資料から考えてみましょう（**資料２**、**資料３**）。

資料２

水100ｇと、水80ｇに砂糖20ｇをとかした砂糖水を用意し、それぞれをビーカーに入れ、それぞれの重さが95ｇになるまでにかかった時間を記録した結果。

表１　95ｇになるまでにかかった時間

	水	砂糖水
時間	９時間20分	９時間50分

資料３

水100 g と、水80 g に油20 g をうかべたものを用意し、それぞれの重さを測定した結果。

表２　蒸発（じょうはつ）による重さの変化

	水100 g	水80 g に油20 g をうかべたもの
はじめ	100 g	100 g
２時間	99.1 g	100 g
４時間	98.0 g	100 g
６時間	96.9 g	100 g

先　生：油は水と混ざらないので、水の上に油がういています。

はるき：水と油、砂糖水をイメージ図で表すことはできるかな。

先　生：イメージしやすいように水、油や砂糖をつぶとして表し、みなさんで図を考えてみましょう。

なつよ：水のつぶは○で表して、図をかいてみたよ（**図１**）。

あきお：油のつぶは●で表して、図をかいてみたよ（**図２**）。

はるき：水にとけている砂糖のつぶは▨で表して、図をかいてみたよ（**図３**）。

なつよ：液体の表面の様子がそれぞれ異（こと）なっているね。

ふゆみ：<u>砂糖水は水より蒸発しにくいことと何か関係がありそう</u>だね。

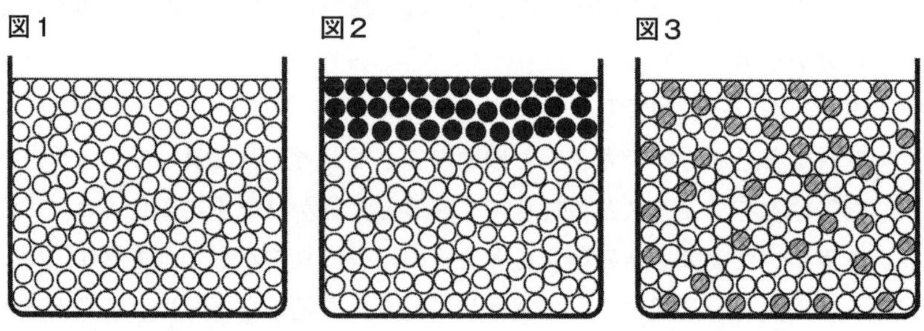

〔問題２〕　ふゆみさんが、<u>砂糖水は水より蒸発しにくいことと何か関係がありそう</u>と言っています。**資料２**、**資料３**と**図１**～**図３**と会話文から砂糖水が水より蒸発しにくくなる理由を説明しなさい。

はるき：今日は暑いから、ペットボトルにジュースを入れてこおらせてきたよ。

なつよ：私（わたし）も。そろそろ少しとけてきたから飲んでみようかな。とてもあまい。

あきお：そうそう、ジュースってこおらせると、こおらせる前のものよりもあまみが強くて、だんだんうすくなっていくよね。

ふゆみ：どうしてだろう。

なつよ：こおったジュースの中で何が起こっているんだろう。

あきお：ジュースの濃さによって、こおる速さにちがいはあるのかな。

なつよ：濃さのちがうジュースをこおらせてみよう。

あきお：どのようにこおっていくのか様子を観察したらいいね。

ふゆみ：30分ごとに冷とう庫の中の様子を観察して、こおりやすさを調べてみよう。

先　生：良い考えですね。実験をして考えてみましょう**〈実験１〉**。

〈実験１〉

果汁100％ジュース、水90ｇと果汁100％ジュース10ｇを混ぜたもの、水を用意する。この実験では果汁100％ジュースを「ジュース①」、水90ｇと果汁100％ジュース10ｇを混ぜたものを「ジュース②」とする。

それぞれをビーカーに50ｇずつ入れて、ゆっくりと冷やすためにビーカー全体をタオルでくるんで冷とう庫に入れる。30分ごとに様子を観察する。

表３　ジュース①、ジュース②、水を冷とう庫に入れたときのこおっていく様子の観察

	ジュース①	ジュース②	水
30分後	変化なし。	変化なし。	変化なし。
60分後	変化なし。	表面にうすい氷ができ、はしでつつくとすぐ割れる。	表面に厚みのある氷ができ、はしでつついても割れない。
90分後	表面にうすい氷ができ、はしでつつくとすぐ割(わ)れる。	表面に厚みのある氷ができ、はしでつついても割れない。	表面の氷が厚くなる。ビーカーの周りや底にも氷ができている。
120分後	表面に厚みのある氷ができ、はしでつついても割れない。	表面の氷が厚くなる。ビーカーの周りや底にも氷ができている。	全体がこおっている。
150分後	表面の氷が厚くなる。ビーカーの周りや底にも氷ができている。	全体がこおっている。	全体がこおっている。
180分後	全体がこおっている。	全体がこおっている。	全体がこおっている。

はるき：ジュースがこおったとき、どこの部分のあまさが強くなるのかも気になるね。

先　生：糖度計を使えば、あまさを数値(すうち)で知ることができます。糖度とは、ショ糖を水にとかした水よう液100ｇの中に何ｇのショ糖がふくまれているかを示した数値のことです。ショ糖とは、お店で売られている白砂糖の主成分になっているものです。

なつよ：りんごジュースをこおらせて、先生と糖度を測定しました。こおったジュースの糖度はジュースの真ん中付近が高くなっていました。

はるき：数値で考えるのは難(むずか)しく感じるので、見た目で分かれば、分かりやすいと思います。できるでしょうか。

あきお：私がこおらせて持ってきたジュースでは、見た目からはあまさが強いところやあまさが弱いところが分からなかったです。

ふゆみ：先生、見た目であまさの強さを知ることができますか。

先　生：見た目で、こおらせたときにどこの部分のあまさが強いかを調べるには、食べ物に赤い色をつける食紅(しょくべに)を水にとかしてこおらせれば、分かりやすいですよ。食紅の色が濃くなっているところがあまさが強いと考えることができますよ。では、色をつけた水を円柱形の容器に入れて、こおらせる前と後で様子を観察しましょう**〈実験２〉**。

〈実験２〉

円柱形の容器に水を入れ、食紅を加えて水に色をつける。ゆっくりと冷やすために容器全体をタオルでくるんで、冷とう庫に24時間入れる(**図４**、**図５**)。

図4　冷とう庫の中に容器を置く位置を表した様子

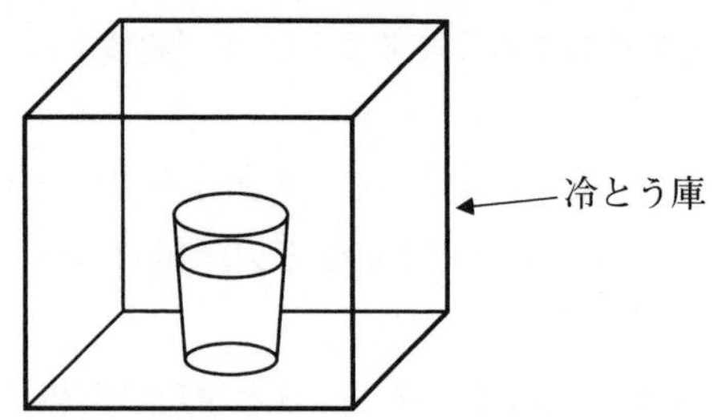

図5　食紅（しょくべに）で色をつけた水をこおらせた様子

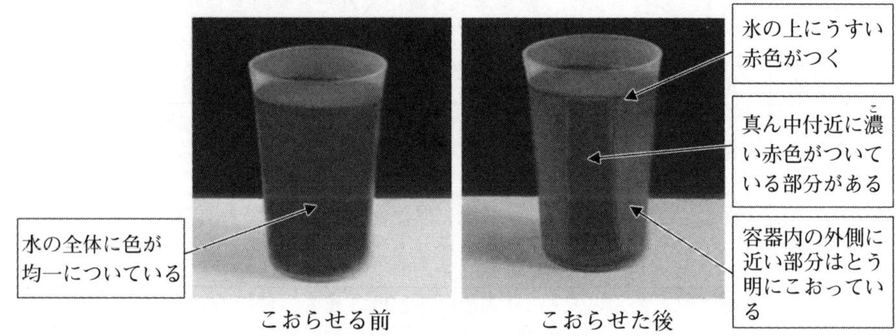

なつよ：**〈実験2〉** はおもしろい結果になったね。

あきお：私は全体が同じ色でこおると思っていました。こおっていくときにどのようなことが起こったのかな。

〔問題3〕　**図5**のこおらせた後の容器の様子では、とう明な部分と真ん中付近の濃く色がついた部分に分かれるのはなぜでしょうか。**実験1**、**2**の結果と会話文をもとにあなたの考えを書きなさい。

東京都立両国高等学校附属中学校

（編集部注：掲載にあたりレイアウトなどの一部改変を行っています。）

〈適性検査Ⅰ〉　共同作成問題　適性検査Ⅰ参照(→P.313)　―45分―

〈適性検査Ⅱ〉　―45分―

1　共同作成問題　適性検査Ⅱ　1参照(→P.301)

2　共同作成問題　適性検査Ⅱ　2参照(→P.304)

3　共同作成問題　適性検査Ⅱ　3参照(→P.307)

〈適性検査Ⅲ〉　―45分―

問題を解くときに、問題用紙やティッシュペーパーなどを実際に折ったり切ったりしてはいけません。

1　みさきさんとりょうさんは、大晦日(おおみそか)におじいさんのそば屋に手伝いに来(き)ています。

みさき：おじいさん、今日はよろしくお願いします。

りょう：もうお店の外に行列ができていますね。

おじいさん：今日は大晦日なので年こしそばを100食限定で売ります。

みさき：100人もお客さんが来るのですね。

おじいさん：去年も一昨年(おととし)も100食売り切れるまで行列がとぎれることがなかったのですよ。

りょう：このお店は、席は９席ありますね。100人のお客さんをお店に入れようとするとかなり時間がかかりそうですね。

おじいさん：一人のお客さんがお店に入ってからそばを食べて出るまでの平均時間は13分48秒です。

みさき：<u>どれくらいの時間がかかるかな。</u>

〔問題１〕　<u>どれくらいの時間がかかるかな。</u>とありますが、お店が開店してから100食のそばが完売し、全てのお客さんがお店を出るまでにかかる時間はおよそ何時間何分何秒と考えられるか答えなさい。ただし、一人のお客さんがお店を出たら次のお客さんがお店に入るものとし、お客さんがお店に入ってからそばを食べて出るまでの時間は一人あたり13分48秒とする。

おじいさん：今日のメニューはそばだけです。そばは１食380円で、小盛(もり)か並(なみ)盛か大盛を選ぶことができます。

みさき：小盛か並盛か大盛のどれにするかを聞いてそばを運べばよいですね。

りょう：小盛、並盛、大盛は何がちがいますか。

おじいさん：はじめに、打ったそばはそれぞれ小分けにし、冷とう庫で保管しています。その小分けにしたものを２個使うのが小盛、３個使うのが並盛、５個使うのが大盛です。

ちなみに、今日は小分けにしたものを400個用意しています。

みさき：全てのお客さんが大盛を注文したら足りなくなってしまいますよ。

おじいさん：今までの経験から全てのお客さんが大盛を注文したことはないので足りると思いますよ。でも、とちゅうでそばが足りるか確認（かくにん）しないといけませんね。

そば屋が開店してしばらくたち、40人のお客さんが来ました。

おじいさん：りょうさん、追加でそばを打つ必要があるか知りたいので、冷とうしてあるそばがどれくらい残っているかを数えてもらえますか。

りょう：今、冷とう庫に273個の小分けにされたそばが残っています。

おじいさん：ありがとうございます。このままのペースであれば用意したそばで足りそうですね。

みさき：私（わたし）は40人のお客さんのうち、小盛（もり）、並盛（なみ）、大盛をそれぞれ何人注文したのかが気になります。

〔問題２〕　私（わたし）は40人のお客さんのうち、小盛（もり）、並盛（なみ）、大盛をそれぞれ何人注文したのかが気になります。とありますが、40人のお客さんのうち、小盛、並盛、大盛をたのんだのはそれぞれ何人ですか。考えられる組み合わせを一組答えなさい。

みさきさんとりょうさんはそば屋の手伝いが終わりました。

おじいさん：二人ともありがとうございました。

りょう：今日はたくさんのお客さんが来ましたね。

おじいさん：そうですね。最後に、レジのお金を確認（かくにん）しましょう。

みさき：開店前のレジには**表１**のようにお金が入っていました。

表１　開店前のレジに入っていたお金の種類と枚（まい）数

種類	１万円札	５千円札	千円札	500円玉	100円玉	50円玉	10円玉
枚数	0	10	50	10	50	10	50

みさき：お会計のときに、１万円札でしはらったお客さんが一人いました。

りょう：５千円札でしはらったお客さんも一人いました。

みさき：他には千円札でしはらったお客さんが30人、500円玉でしはらったお客さんが20人いたと思います。

おじいさん：おつりを少なくするために、580円と530円でしはらったお客さんが５人ずつ、380円ぴったりでお金をしはらったお客さんは38人でした。

りょう：おつりで使うこう貨や紙へいが足りなくなって困（こま）ったことはありませんでした。

〔問題３〕　レジのお金を確認（かくにん）しましょう。とありますが、閉店後のレジの中にあるお金の枚（まい）数を答えなさい。ただし、いくらでしはらう場合も全てのお客さんは最も少ないこう貨や紙へいの枚数でしはらったものとする。また、おつりも最も少ない枚数で出したものとする。

みさき：お金がちゃんと合っていて良かったです。

おじいさん：二人とも今日はつかれたでしょう。よかったら、そばを食べていってください。

りょう：そういえば、おなかがすきました。

みさき：ありがとうございます。

2　みさきさんとりょうさんは、みさきさんのおじいさんとおばあさんの誕生日を祝うパーティーの準備をしています。

みさき：来月は私のおじいさんとおばあさんの誕生日なんだ。

りょう：二人とも同じ月なんだね。

みさき：二人の生まれた月の数、おじいさんの生まれた日にちの数、おばあさんの生まれた日にちの数の三つは、足してもかけても同じ数になるんだよ。

りょう：おもしろいね。

〔問題１〕　二人の生まれた月の数、おじいさんの生まれた日にちの数、おばあさんの生まれた日にちの数の三つは、足してもかけても同じ数になるんだよ。とありますが、おじいさんとおばあさんの誕生日として考えられる誕生日の組み合わせを一組答えなさい。

みさき：パーティーの中で行うゲームと、最後にプレゼントとしてわたすメッセージカードを考えたいな。

りょう：メッセージカードの装しょくのためにたくさんの折り紙を用意したから、これらを使ったゲームを考えよう。

みさき：折り紙は何色があるの。

りょう：黒色、白色、青色、赤色の４色があるよ。白色、青色、赤色はたくさんあるけれど、黒色は５枚しかないよ。

みさき：このようなゲームはどうかな。

みさきさんの考えたゲーム

①　このゲームは二人で行う。

②　黒色、白色、青色、赤色の４色の折り紙を５枚ずつ用意し、合計20枚を中がすけて見えないふくろに入れる。

③　一人がふくろの中を見ないで、４枚の折り紙を取り出す。取り出した折り紙はふくろにもどさない。

④　取り出した折り紙のうち、同じ色の枚数を得点とする。

⑤　ふくろから４枚取り出すことを１セットとし、１セットずつ交ごに、２セット行う。

⑥　２セット終わった時点で合計の得点が多い方を勝ちとする。

りょう：白白白赤と取り出したら３点ということだね。白白赤赤と取り出したら何点になるの。

みさき：白色が２枚、赤色が２枚それぞれあるから、合わせて４点が得点になるよ。

りょう：なるほど。おもしろそうだね。

みさき：ためしに二人でやってみよう。りょうさんから始めてください。

りょう：黒色が１枚、白色が１枚、赤色が２枚だったから、２点だね。

みさき：次は私だね。３点だったよ。

りょう：次は私だね。３点だったよ。

みさき：まだ取り出していないけれど、私の勝ちだね。

〔問題２〕　まだ取り出していないけれど、私の勝ちだね。とありますが、みさきさんの１セット目とりょうさんの２セット目はそれぞれどのように取り出されたか答えなさい。表のりょうさんの１セット目を参考に答えなさい。

りょうさんの１セット目	黒 ・ 白 ・ 赤 ・ 赤
みさきさんの１セット目	・ ・ ・
りょうさんの２セット目	・ ・ ・

みさき：次はメッセージカードを考えよう。

りょう：カードは１辺が12cmの正方形だよ。(**図１**)

みさき：折り紙を使って、このカードを装しょくしていきたいな。

図１

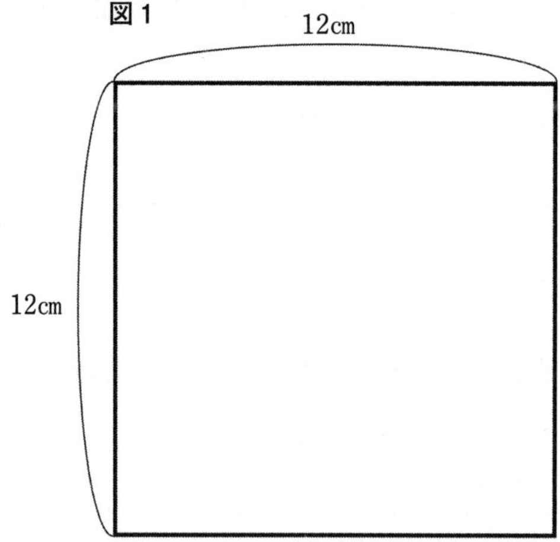

りょう：折り紙は１辺７cmの正方形だね。

みさき：折り紙は切らないで、重ねてはっていって、模様（もよう）を作りたいな。

りょう：きれいにはれるようにカードのおもて面に１cmずつ直線をかいたよ。(**図２**)

図２

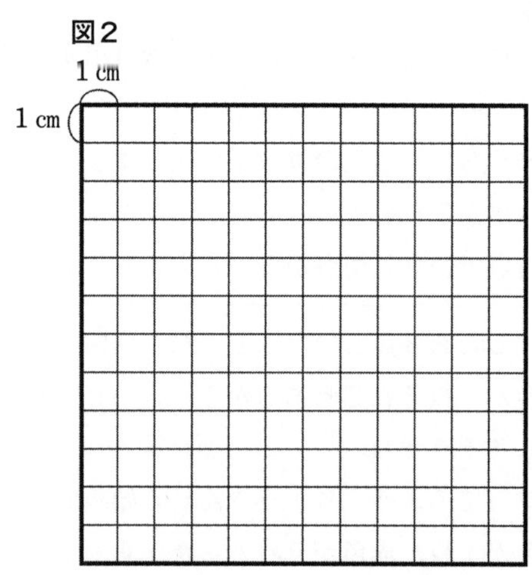

りょう：折り紙をはるときは、かいた直線やカードの辺に、折り紙の全ての辺を合わせてはるようにしよう。

みさき：白色の折り紙１枚にメッセージを書いたよ。(**図３**)

図3

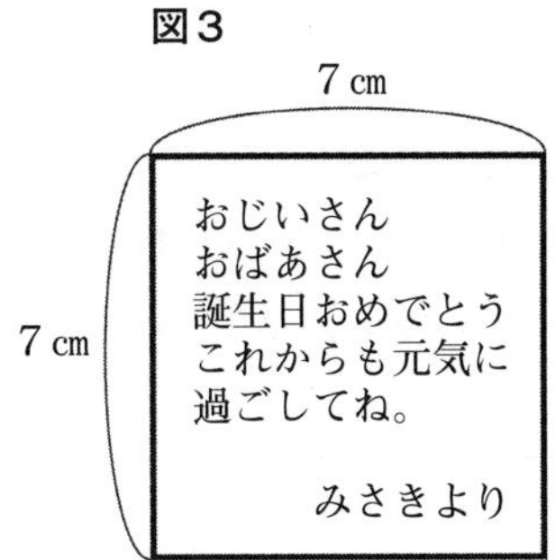

みさき：**図3**のメッセージを書いた折り紙はカードの左上にはりたいな。

りょう：メッセージがかくれないように、メッセージを書いた折り紙は最後にはるようにしよう。（**図4**）

図4

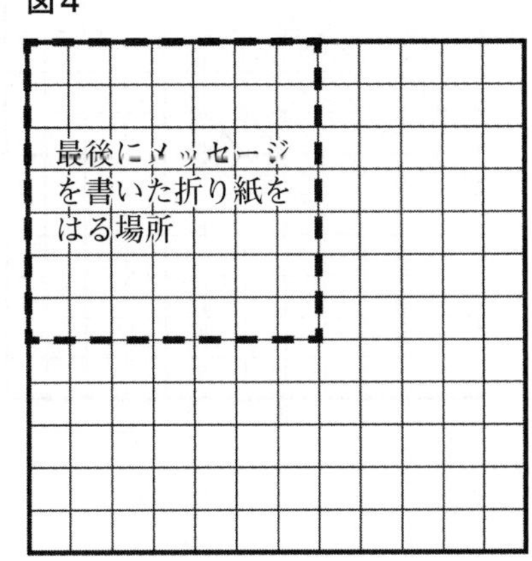

りょう：あまり重ねてはりすぎると厚くなってしまうから、１枚のカードに使う折り紙の枚数は、メッセージを書いた折り紙を入れて８枚にしよう。

みさき：はり方を考えよう。

みさきさんの考えたはり方

① 折り紙は白色、青色、赤色の３色を使う。ただし、どの色の折り紙も８枚（まい）以上あるものとする。
② 用意したカードのおもて面に折り紙を８枚はる。
③ 折り紙は切ったり、折ったりしてはることはしない。
④ かいた直線やカードの辺に、折り紙の全ての辺を合わせてはる。
⑤ はった折り紙はカードからはみ出さない。
⑥ 最後にはる折り紙はメッセージを書いた白色の折り紙とし、**図4**で示したようにする。
⑦ できあがったとき、折り紙が８枚とも全て見えるようにはる。また、カードのおもて面は見えなくなるようにする。
⑧ できあがったとき、重ねた折り紙の境目で色が変わるようにする。
⑨ できあがったとき、８枚のうち見えている面積が最小である部分の面積が最も大きくなるようにする。

りょう：８枚のうち見えている面積が最小である部分の面積が最も大きくなるようにするとはど

ういうことかな。

みさき：はり方はいろいろあるけれど、メッセージを書いた折り紙以外の７枚の見える面積をなるべく均等にするということだよ。

〔問題３〕　**みさきさんの考えたはり方**で、カードに折り紙をはったとき、このメッセージカードはどのような模様（もよう）になっているか答えなさい。答えるときは次の**答え方**に従（したが）って、記入しなさい。

> **答え方**
>
> 白色の折り紙が見えるマスには☒となるようにかき、赤色の折り紙が見えるマスには◿となるようにかき、青色の折り紙が見えるマスには何もかかないこと。

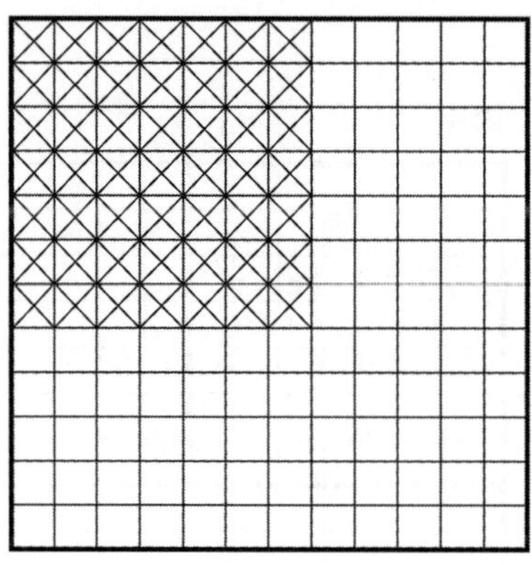

千代田区立九段中等教育学校

(編集部注：掲載にあたりレイアウトなどの一部改変を行っています。また、実際の適性検査では、写真や図版の一部はカラー印刷で出題されました。)

〈適性検査２　※適性検査１は421ページから掲載しています。〉　—45分—

1　そうたさんとけいこさんが先生と、立体の積み木を見て話をしています。

〔先　生〕 立体の１つの頂点の近くで、切断面が平面になるように切ることを考えてみましょう。この操作を「切頂」、すべての頂点を切頂することを「全切頂」と呼ぶことにします。ただし、複数の頂点で切頂することで元の立体の辺がなくならないようにします。また、面を数えるとき、切頂による切断面も新たにできた面として数えます。

〔けいこ〕 具体的に立体㋐を全切頂してみましょう。立体㋐を全切頂した立体を立体㋑とします。（**[資料１]**）

[資料１]　立体㋐と立体㋑の見取図

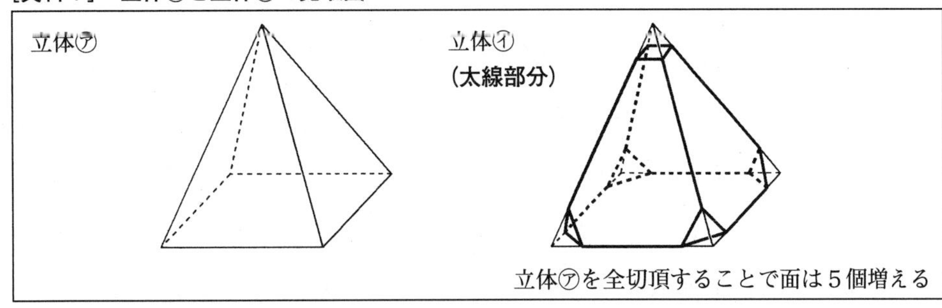

〔そうた〕 なぜ元の立体の辺がなくならないように切るのですか。

〔先　生〕 この条件があることで、同じ立体をだれがどのように切頂してもあるものにおいて同じ結果を得られるからです。

〔けいこ〕 あるものとは何でしょう。難しいですね。

〔そうた〕 元の立体の辺がなくなるように全切頂して何が変わるかを考えましょう。

〔先　生〕 よい発想です。様々な場合の具体例を挙げることで共通する性質が見えてきます。

〔けいこ〕 立体㋐の辺がなくならないように、立体㋑と異なる全切頂をした立体㋒と、立体㋐の１個の辺がなくなるように、全切頂した立体㋓をつくります。立体㋑、㋒、㋓をくらべてみましょう。（**[資料２]**）

[資料２]　立体㋒と立体㋓の見取図

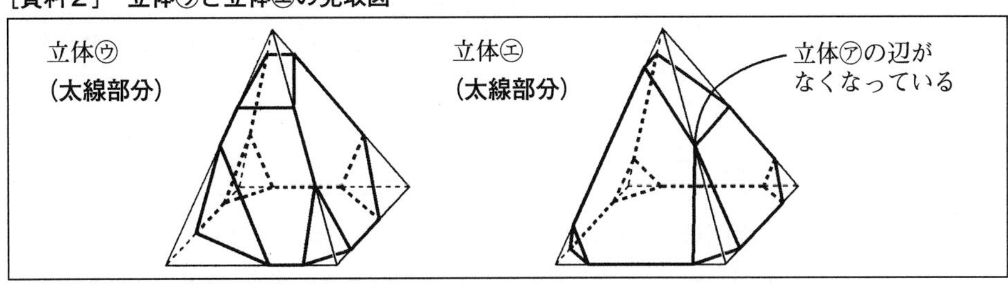

問１　立体㋑、㋒、㋓それぞれの頂点、辺、面の個数を求めなさい。

〔けいこ〕 あるものとは全切頂後の立体の頂点、辺、面の個数ですね。

〔先　生〕 そうです。私の決めた条件「切頂することで元の立体の辺がなくならない」を満たす「全切頂」を行えば、だれがどのように切っても頂点、辺、面の個数は変わりません。だからこそ、「全切頂」の性質を探ることができるのです。

〔けいこ〕 だれがやっても同じであることが大切なのですね。

〔そうた〕 立体の頂点、辺、面の個数を考えるとき、**［資料１］**、**［資料２］**のように立体がすけている見取図があれば数えやすいですが、見取図がない場合はどうでしょうか。展開図で考えると、面の数は展開図の面を数えることで分かりますが、頂点、辺は立体にしたときに重なるものと重ならないものに区別して数えなくてはいけないので時間がかかりますね。

〔先　生〕 よい方法がありますよ。次の資料を見てください。(**［資料３］**)

［資料３］　立体㋔を平面図形で表す手順

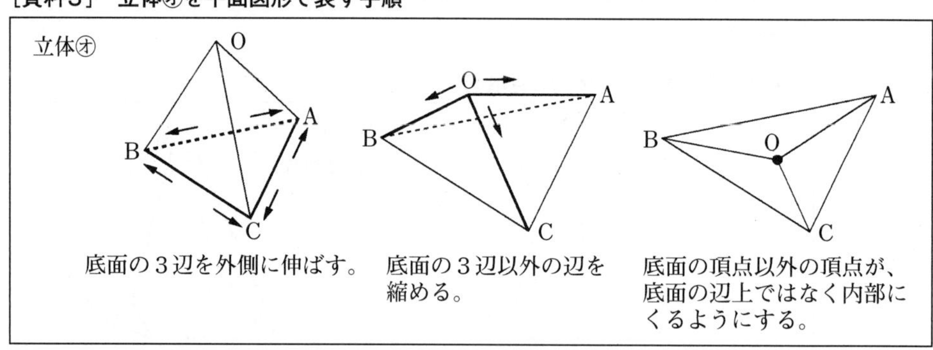

〔先　生〕 ここに４個の合同な正三角形を面とする立体㋔があります。**［資料３］**のように辺を自由に伸び縮みさせられるとします。いくつかの辺をこのように動かすことで、立体図形を平たくして、平面図形にすることができます。

〔けいこ〕 なぜ平面図形にしたのですか。平面図形にすることで頂点、辺、面の個数を求めやすくなるからですか。

〔先　生〕 はい、そのとおりです。頂点、辺、面の個数を考えるのに辺の長さは関係ないので、辺の長さを自由に整えて図を見やすくして考えましょう。この平面図形を上から見た図を表、下から見た図を裏と考えます。(**［資料４］**)

［資料４］　立体㋔で表している平面図形の表と裏

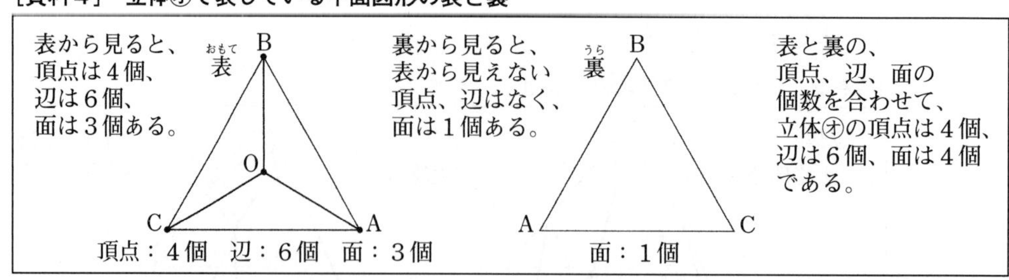

〔そうた〕 先生、平面図形にすることで頂点、辺、面の個数を求めやすくなる理由が分かりました。この平面図形は立体図形を平たくしただけなので、展開図のように頂点、辺が立体にしたときに重なるか重ならないかを考える必要がなく、表と裏の頂点、辺、面の個数を数えるだけですむからですね。

〔先　生〕 そのとおりです。裏にも面が１個あることに注意すれば数えられます。

〔けいこ〕 そうすると、立体㋔の頂点は４個、辺は６個、面は４個ですね。

〔そうた〕 底面をどこにするかで平面図形は異なるのでしょうか。別の立体で試してみます。

問２ 右の立体について、面ＡＢＣＤＥを底面としたときと、面ＣＨＩＤを底面としたときの平面図形の表を次の図の点線の中にそれぞれかきなさい。

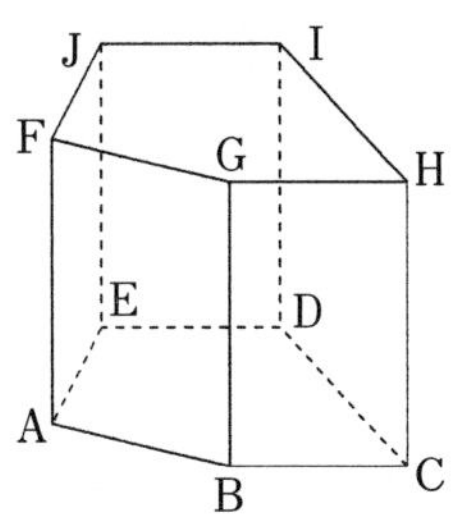

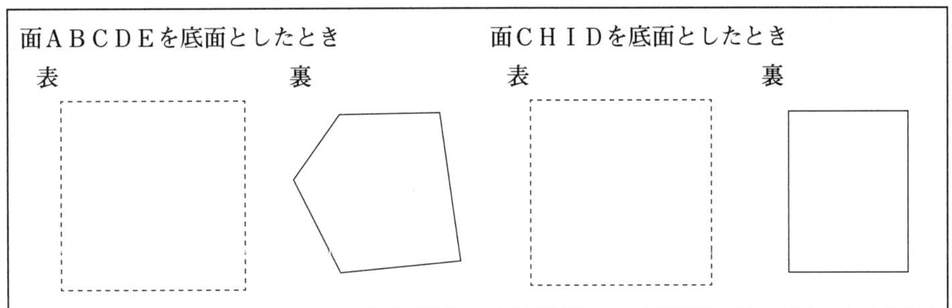

〔けいこ〕 立体の底面とする面を変えて平面図形をつくっても、頂点、辺、面の個数は変わりませんね。

〔先　生〕 そうですね。どの面を底面にしても、立体の辺を伸び縮みさせて平面をつくるだけなので、頂点、辺、面の個数に変化はないですね。平面図形のつくり方が分かったところで、具体的に全切頂の性質を考えていきましょう。これ以降（いこう）、全切頂により元の立体の辺がなくならないようにします。立体㋔を全切頂した立体㋕の頂点、辺、面の個数はいくつになりますか。（**[資料５]**）

[資料５]　立体㋔と立体㋕の見取図

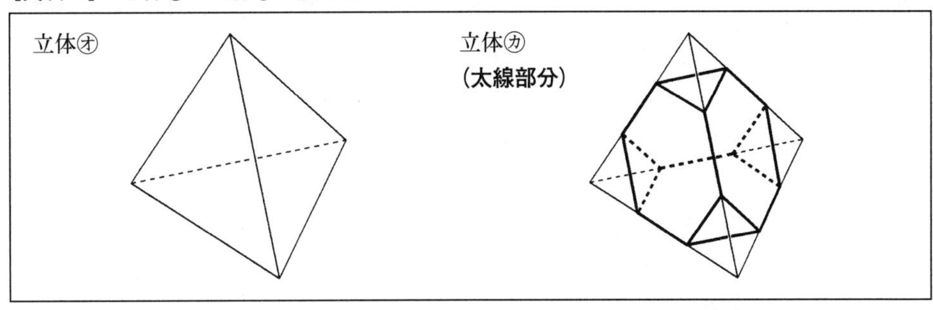

〔そうた〕 立体㋔の平面図形を利用して考えてみます。立体㋔の頂点、辺、面が全切頂することでどのように変化したかを考えれば、立体㋔の頂点、辺、面の個数を使って計算できそうですね。

〔けいこ〕 なるほど。立体㋔を全切頂することで、立体㋔の各頂点から新しい面ができて、立体㋕ができます。その面の辺と頂点の個数も考えれば、立体㋔の頂点、辺、面の個数を使って計算できますね。

問３　立体㋔を全切頂した立体㋕の頂点、辺、面の個数を求めなさい。また、その値(あたい)になった理由を次の【考え方】をふまえて、立体㋔の頂点、辺、面の個数を使った式と言葉で説明しなさい。

【考え方】

例えば、立体㋕の頂点の個数は、立体㋔の１つの頂点を切ったときにできる新たな頂点の個数と、立体㋔の頂点の個数に注目すると求まります。

〔けいこ〕　別の立体も切頂してみましょう。立体㋔と同様にすべての面が合同な正三角形である立体㋖はどうでしょう。（**[資料６]**）

[資料６]　立体㋖の見取図

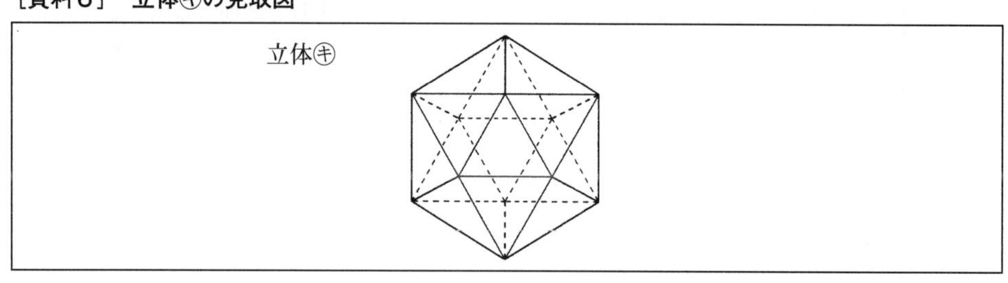

〔けいこ〕　どの頂点で切頂しても立体㋔では切断面は三角形でしたが、立体㋖では五角形になるのですね。

〔先　生〕　そうですね。では、切断面が五角形ではなくなる切り方はあるのでしょうか。切頂以外の切り方で探(さが)してみましょう。

〔そうた〕　六角形になる切り方を見つけました。

〔けいこ〕　私は切断面が十角形、九角形になる切り方を見つけました。

〔そうた〕　切断面が三角形になる切り方を試していますが、うまくいきません。

〔先　生〕　どのように切っても切断面が三角形になることはありませんね。同じ理由で四角形もつくれませんよ。

問４　立体㋖をどのように切っても、その切断面が三角形、四角形にならない理由を説明しなさい。ただし、切断面は平面になるように切ること。

2　小学生であるとうじさん、つむぎさん、かなたさんは、まちの調べ学習の方法を先生と話し合っています。

〔とうじ〕　昔のことを調べるためにはどうすればよいでしょうか。

〔先　生〕　昔のことが分かるものを集める必要があります。昔のことが分かるもののことをここでは「史料(しりょう)」といいます。

〔つむぎ〕　昔のことが分かるものなら何でもよいのですか。

〔先　生〕　特に決まりはありません。昔のことを知るために役に立つものはすべて史料とされています。

〔かなた〕　「文字で書かれていない」とは、具体的にどのようなものですか。

〔先　生〕　**[資料１]** を見てみましょう。

［資料１］　文字で書かれていない史料の例

（青森県三内丸山遺跡センターホームページより作成）

〔先　生〕［資料１］は「文字で書かれていないもの」ですが、当時の人びとの生活ぶりや社会の様子が分かります。これも史料となります。

〔とうじ〕でも、文字で書かれている方が昔のことをよく知ることができそうです。

〔先　生〕ただし、文字で書かれているものを利用する場合には注意しなければならないことがあります。（［資料２］）

［資料２］　文字で書かれている史料を利用する場合の注意点

① 書かれている内容を正しく理解する。
② 書かれている内容が誤っていたり、不足していたりしないか確認する。
③ 文字で書かれている史料を複数見比べて、足りない情報を補う。

（弓削達『歴史学入門』〈東京大学出版会〉より作成）

〔先　生〕実際に史料を使って考えてみましょう（［資料３］）。これは、じゅうまえ市という架空のまちの小学校に関連する史料です。

［資料３］　じゅうまえ小学校に関連する史料

昭和二十九年　東海林あやり作
『大正時代の卒業式風景』

史料Ａ

証
山下雄一
明治九年　九歳
卒業したことを証す
明治九年十二月
じゅうまえ小学校

史料Ｂ

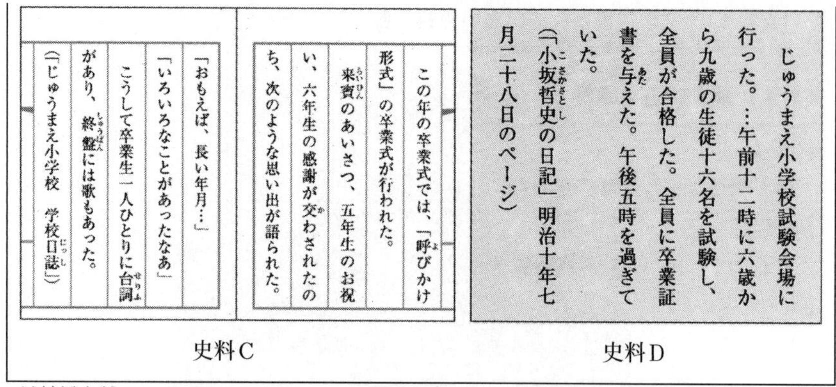

この年の卒業式では、「呼びかけ形式」の卒業式が行われた。
来賓のあいさつ、五年生のお祝い、六年生の感謝が交わされたのち、次のような思い出が語られた。

「おもえば、長い年月…」
「いろいろなことがあったなあ」
こうして卒業生一人ひとりに台詞があり、終盤には歌もあった。
（「じゅうまえ小学校　学校日誌」）

史料C

じゅうまえ小学校試験会場に行った。…午前十二時に六歳から九歳の生徒十六名を試験し、全員が合格した。全員に卒業証書を与えた。午後五時を過ぎていた。
（「小坂哲史の日記」明治十年七月二十八日のページ）

史料D

(唐澤富太郎『教育博物館』〈ぎょうせい〉および有本真紀『卒業式の歴史学』〈講談社〉より作成)

〔つむぎ〕　これは卒業や卒業式に関連する史料ですね。

〔先　生〕　それぞれの史料を見比べて、読み取れることを考えてみましょう。

問1　とうじさんは［**資料1**］、［**資料2**］の内容をふまえて、［**資料3**］について次のように考えています。次の文章について後の問いに答えなさい。

史料Aから史料Dはじゅうまえ小学校の卒業や卒業式に関連するものだが、それぞれいつの史料なのだろうか。史料（ ア ）と（ イ ）を見比べてみると同じ時代に書かれた史料だと分かる。この二つの史料からは（ ウ ）ということが読み取れる。

空らん（ ア ）と（ イ ）にあてはまるアルファベットを書きなさい。また、空らん（ ウ ）にあてはまる文として最も適している文を次の①～④のうち一つ選び記号で答えなさい。

①　明治時代のある時期では、試験に合格した生徒が卒業証書をもらっていた
②　大正時代のある時期では、卒業式に参加している児童は和服だった
③　明治時代のある時期では、卒業式は午前十二時から午後五時まで行っていた
④　大正時代のある時期では、卒業式では卒業生が思い出を語り、歌もうたっていた

〔つむぎ〕　現在を調べる場合はどうすればよいのでしょうか。

〔先　生〕　本やインターネットで調べることもできますが、実際に現地で調査をするのも有効です。

〔かなた〕　現地調査は具体的にどのように進めればよいのでしょうか。

〔先　生〕　まずは、調査計画を立てましょう。（［**資料4**］）

［資料4］　調査計画の項目

【目的】
何を調べるか具体的に決める。

【調べ方】
どのように調べるか具体的に決める(インタビューなど)。

【スケジュール】
いつ、だれが、どこで、何をするか決める。

【まとめ方】
ノート、表、カードなどに整理する。

〔とうじ〕 インタビューする場合、何人ぐらいにインタビューすればよいのですか。

〔先　生〕 できるだけ多くの人にインタビューした方がよいです。ただし、様々な立場の人にインタビューすることも大事です。じゅうまえ市を例に考えてみましょう。（**[資料5]**）

[資料5]　特定の人にインタビューする調査計画

【目的】
じゅうまえ市の魅力（みりょく）を調べる。

【調べ方】
じゅうまえ小学校の児童にインタビューする。

【スケジュール】
令和６年２月３日の土曜日に学校周辺でインタビューする。

【まとめ方】
表にしてまとめる。

〔先　生〕 この調査計画では「じゅうまえ市の魅力」を調べるのに、インタビューの回答者が「じゅうまえ小学校の児童」に限定されています。そうすると、調査結果は「じゅうまえ市の魅力」ではなく、「じゅうまえ小学校の児童が考えるじゅうまえ市の魅力」になってしまい、目的とずれてしまいます。

〔つむぎ〕 様々な立場の人からインタビューするのに何かよい方法はありますか。

〔先　生〕 一つの方法として割当法（わりあてほう）というものがあります。**[資料6]** を見てみましょう。

[資料6]　じゅうまえ市を例にした割当法

割当法とは、例えば、ここではじゅうまえ市の年齢（ねんれい）ごとの人口の割合と同様になるように、回答者の人数を年齢ごとに決定する方法を指すこととする。

じゅうまえ市全体の人口分布

年齢	割合
10歳未満	8％
10代	12％
20代	12％
30代	16％
40代	15％
50代	14％
60代	12％
70代以上	11％
合計	100％

じゅうまえ市の人口10万人

インタビューの割当人数

年齢	人数
10歳未満	8人
10代	12人
20代	12人
30代	16人
40代	15人
50代	14人
60代	12人
70代以上	11人
合計	100人

インタビューの合計100人

〔先　生〕 人口の割合からインタビューする人数を決めれば、様々な立場の人にインタビューすることができます。

〔かなた〕 どの年齢の人が、まちのどこに集まりやすいかを知っておく必要がありますね。

〔先　生〕 次の資料も見てみましょう。（**[資料7]**）

［資料7］　じゅうまえ市民が土日に過ごす外出先（年齢別割合）

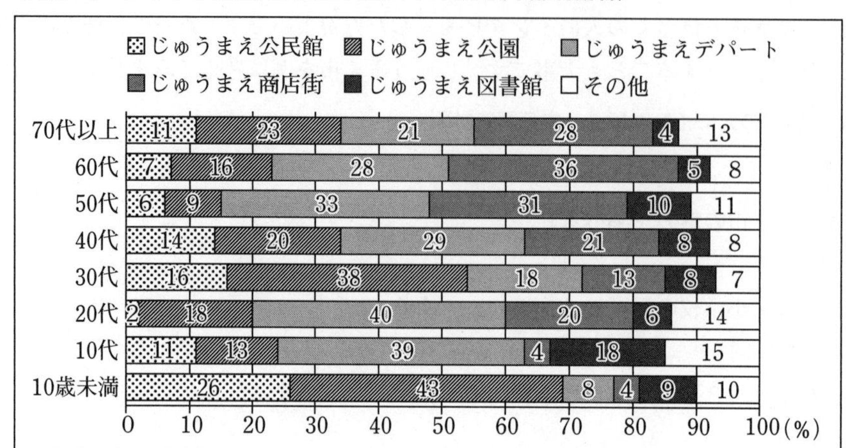

問2　つむぎさんは、先生のアドバイスをふまえて、［資料5］の調査計画をどのように改善（かいぜん）すればよいのかを考えています。［資料4］、［資料6］、［資料7］をふまえて、次の文章の空らん（ エ ）〜（ カ ）にあてはまる数字や言葉を書きなさい。

調査目的を変えないでインタビューするのであれば、様々な立場の人にインタビューする必要がある。100人にインタビューするのは大変なので、何人かで協力して25人にインタビューすることにする。この場合、「10歳未満」は（ エ ）人、「30代」は（ オ ）人にインタビューすることになる。インタビューは、「10歳未満」と「30代」の人たちが多く集まりそうな外出先で行う。一日に複数の場所に行くのは大変だから、「10歳未満」と「30代」の両方からインタビューできる可能性が最も高い（ カ ）に行く。

〔かなた〕　将来（しょうらい）どのようなまちになるかを調べることはできますか。

〔先　生〕　昔から今にかけてどのようにまちが変化したのかを調べ、そこからどのように変化するのかを考えることができます。じゅうまえ市の人口の変化を見てみましょう。（［資料8］）

［資料8］　じゅうまえ市の総人口推移

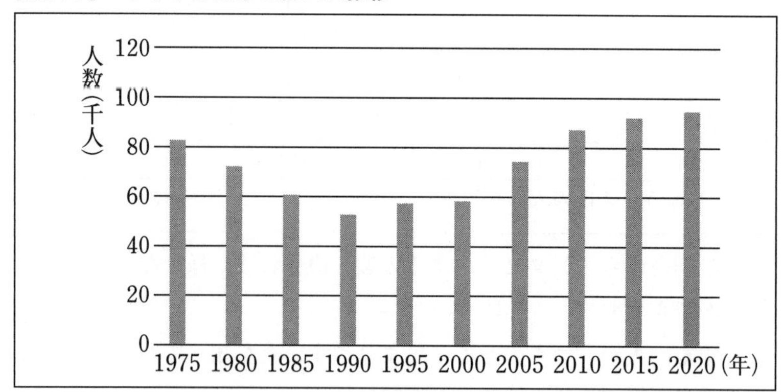

〔先　生〕　このグラフから何が読み取れますか。

〔とうじ〕　1990年までは人口が減っていたのに、1995年には少し増えているように見えます。これはどうして変化したのでしょうか。

〔先　生〕 何がその変化をもたらしたのか、次の［**資料9**］を見てみましょう。

［資料9］　1990年から1995年にかけてのじゅうまえ市の変化

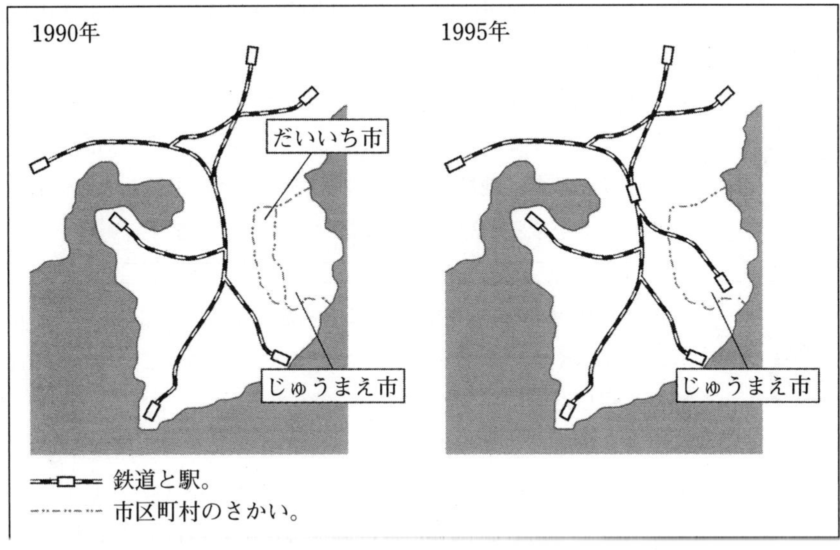

〔つむぎ〕 1990年から1995年の変化には、複数の原因が考えられそうです。

〔かなた〕 じゅうまえ市の人口には、ほかにも大きな変化がありますね。

〔先　生〕 ［**資料8**］をより細かくした［**資料10**］も見てみましょう。

［資料10］　じゅうまえ市の総人口と転出入者数の変化

（単位　千人）

年次	総人口	じゅうまえ市の転入者		じゅうまえ市の転出者	
		日本人	外国人	日本人	外国人
1975年	83	6	3	14	4
1980年	72	5	2	15	3
1985年	61	4	3	16	2
1990年	53	4	2	12	2
1995年	58	10	3	7	1
2000年	59	7	4	8	2
2005年	75	19	4	3	4
2010年	88	14	5	3	3
2015年	93	8	3	2	4
2020年	96	5	2	2	2

＊転出入者以外の人口変化はないものとする。

〔とうじ〕 ［**資料10**］からは、じゅうまえ市の総人口の変化に加えて、どのような人たちに変化があったのかが分かります。

〔つむぎ〕 このような変化はどうして起きたのでしょうか。

〔先　生〕 じゅうまえ市に住んでいる人のインタビューを見てみましょう。（［**資料11**］）

[資料11]　じゅうまえ市民へのインタビュー

かずひろさん

私はじゅうまえ市のまちづくり課職員です。じゅうまえ市は1970年代以降から人口が減り始めました。そこで、地域住民の中から「じゅうまえ市活性化プロジェクト」が立ち上がりました。2000年からは、私たち、まちづくり課の職員も参加し、地域の人たちの活動を支援するようになりました。地域の人たちがまちづくりの主役となり、私たちがそのサポートをするといった関係は今も続いています。

すみかさん

私は2005年にじゅうまえ市に引っ越しました。じゅうまえ市の人たちは、住みやすいまちを自分たちでつくっているという*広報誌を見て、魅力を感じたからです。

現在、私も「じゅうまえ市活性化プロジェクト」に参加し、「じゅうまえSDGs」というプロジェクトを立ち上げました。じゅうまえ市の環境保全のため、公園の清掃活動などに取り組んでいます。

ヂウさん

私はじゅうまえ小学校に通っている小学生です。2021年に父の仕事の関係で来日しました。私は日本語が分からず、じゅうまえ市は外国人が少ないと聞いていたので、生活が不安でした。でも、じゅうまえ市には外国語の表記も多く、日本語が分からない私にとっては安心でした。また週末には、日本人と外国人の交流イベントを地域の人たちが開いており、そこで日本人の友達と仲良くなりました。

＊広報誌：活動内容などを知らせるために情報をまとめたもの。

問3　かなたさんは、じゅうまえ市の総人口における５年ごとの数値の変化の中でも、特に最も大きな変化から、じゅうまえ市の未来を考えようとしています。**[資料９]**、**[資料10]**、**[資料11]** の中から必要な資料をすべて用いて、予想されるじゅうまえ市の未来について、次の①～④の条件にしたがって書きなさい。

① 最も大きな変化は、「いつからいつ」、「どのような人」に起こった変化かを明らかにして書くこと。

② 「何が原因」で大きく変化したのかを明らかにして書くこと。

③ じゅうまえ市が今後どのように変化していくかを明らかにして書くこと。

④ どの資料を根拠に説明しているかを明らかにして書くこと。

〔かなた〕　これで、私たちのまちの昔、今を調べて、未来のことを考えられますね。

3　さちよさんの家では、塩レモンをつくっています。

〔さちよ〕　私の家では、塩とレモンをビンに入れて、塩レモンをつくっています。塩レモンは、昔からモロッコでつくられている食べものです。塩レモンにすると、レモンに塩のしょっぱさが加わるのでレモンが食べやすくなります。また、レモンがくさりにくくなり、

長く保存（ほぞん）することができます。（**[資料１]**）

[資料１]　塩レモンのつくり方の例

① ガラスびんを熱湯で消毒する。

② レモンの重さを計り、レモンの重さの10～20％程度の重さの塩を用意する。

③ レモンを適当な大きさに切って、塩とレモンを交互（こうご）に重ねてびんにつめていく。できるだけすき間がないようにスプーンなどを使ってレモンをおさえながら入れ、びんのふたをしめる。

④ 日光の当たらないすずしい場所に置いて、１日１回ビンをふる。１週間程度これをくりかえし、水分が出てきたら塩レモンの完成である。

〔だいき〕 なぜ塩レモンはくさりにくいのですか。

〔先　生〕 その理由には、塩によってレモンから水分が出てくることが関わっています。（**[資料２]**）

[資料２]　水分が出てくる原理と塩レモンがくさりにくい理由

① 塩とレモンがふれ合っていることで、レモンの水分が塩の方へ移動し、レモンから水分が出てくる。

② レモンから水分が出てくることで、くさる原因となる菌（きん）が増えることを防ぎ、くさりにくくなる。

〔さちよ〕 塩の量は10～20％程度とありますが、幅（はば）があります。そこで、レモン１個の重さに対する塩の重さの割合（わりあい）を10％、15％、20％に変えてそれぞれ塩レモンをつくり、表にまとめてみました。（**[資料３]**）

[資料３]　塩の割合を変えてつくった塩レモン

	10％の塩レモン	15％の塩レモン	20％の塩レモン
レモンの重さ	147 g	141 g	136 g
入れた塩の重さ	15 g	21 g	27 g
出てきた水分の重さ	15 g	23 g	21 g

＊それぞれの重さは小数第一位を四捨五入（ししゃごにゅう）した数値（すうち）になっている。

問１ さちよさんは、**[資料３]** の結果を文章でまとめました。（ ア ）、（ イ ）にあてはまる数字を答えなさい。

[資料３] より、レモンの重さあたりの出てきた水分量の割合を比べると、出てきた水分量が一番少ないのは（ ア ）％の塩レモンだと分かる。
また、一番多く水分が出てきたのは（ イ ）％の塩レモンだと分かる。

〔さちよ〕 次に塩とレモンのびんのつめ方について考えてみました。「塩とレモンを交互に重ねて入れたびん」、「塩をレモンの上からかけたびん」で塩レモンをつくってみました。（**[資料４]**）

［資料４］「塩とレモンを交互に重ねて入れたびん」と「塩をレモンの上からかけたびん」

	塩とレモンを交互に重ねて入れたびん	塩をレモンの上からかけたびん

レモンの重さ	145 g	134 g
入れた塩の重さ（レモンの重さの15％の重さ）	21 g	19 g
出てきた水分量	29 g	16 g

＊それぞれの重さは小数第一位を四捨五入した数値になっている。

問２　⑴　**［資料４］**を見ると、「塩とレモンを交互に重ねて入れたびん」の方が「塩をレモンの上からかけたびん」よりもレモンの水分が多く出ていることが分かる。「塩とレモンを交互に重ねて入れたびん」の方が多くの水分が出てくる理由を**［資料１］**、**［資料２］**、**［資料３］**、**［資料４］**の中から必要な資料をすべて用いて、説明しなさい。

⑵　塩とレモンを交互に重ねて入れることに加えて、レモンからさらに多くの水分が出てくるための方法を考えて、説明しなさい。ただし、以下の**【条件】**に従（したが）うこと。

【条件】

・使用するレモンの重さ、塩の重さ、びんの大きさは「塩とレモンを交互に重ねて入れたびん」と同じにすること。

・びんに入れている時間と温度、びんをふる回数を同じにすること。

・レモンをしぼって水分を出さないこと。

〔だいき〕　塩レモンを食べてみると、レモンのすっぱさがやわらぎました。レモンのすっぱさの原因はなんですか。

〔先　生〕　すっぱさの原因は、レモンにふくまれている「酸」です。レモンの成分は以下の通りです。（**［資料５］**）

［資料５］　レモンの主な食品成分

水分	ミネラル	クエン酸
タンパク質	ぶどう糖（とう）	リンゴ酸
脂質（ししつ）	果糖	クロロゲン酸
炭水化物	ショ糖	その他

レモンのすっぱさの原因は「酸」である。
特にふくまれている量が多いとされているのは「クエン酸」である。

（出典　文部科学省『食品大辞典』より作成）

〔先　生〕　レモン汁（じる）を青色リトマス試験紙にたらすと、青色から赤色に変わるため、レモン汁は酸性ということが分かりました。他にも、酸性とアルカリ性を調べるものにＢＴＢ溶液（ようえき）

がありますね。（**[資料６]**）

[資料６]　ＢＴＢ溶液の色の変化

・酸性の水溶液…黄色
・中性の水溶液…緑色
・アルカリ性の水溶液…青色

性質	酸　性	中性	アルカリ性
色	黄色	緑色	青色

〔だいき〕　酸性のレモン汁にＢＴＢ溶液をたらすと、黄色になりますね。他の液体でもためしてみましょう。（**[資料７]**）

[資料７]　他の液体でのＢＴＢ溶液の色の変化

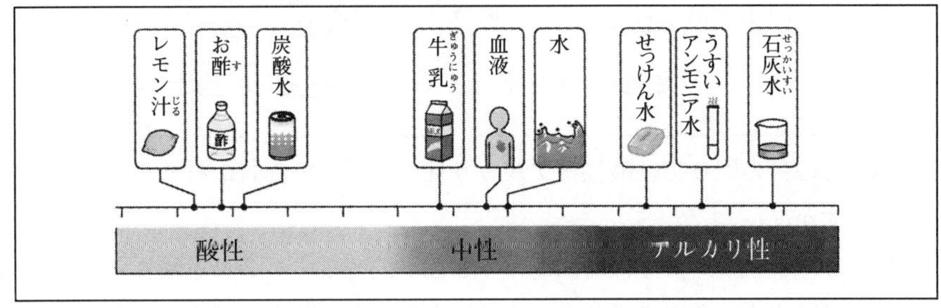

〔だいき〕　お酢や炭酸水も酸性の液体なのですね。なぜ、水は中性なのに、炭酸水は酸性なのですか。

〔さちよ〕　炭酸水は、水に二酸化炭素がとけて酸性になります。実際に、水にＢＴＢ溶液を入れて、息をふきこむ実験をしてみましょう。（**[資料８]**）

[資料８]　水にＢＴＢ溶液を入れて、息をふきこむ実験

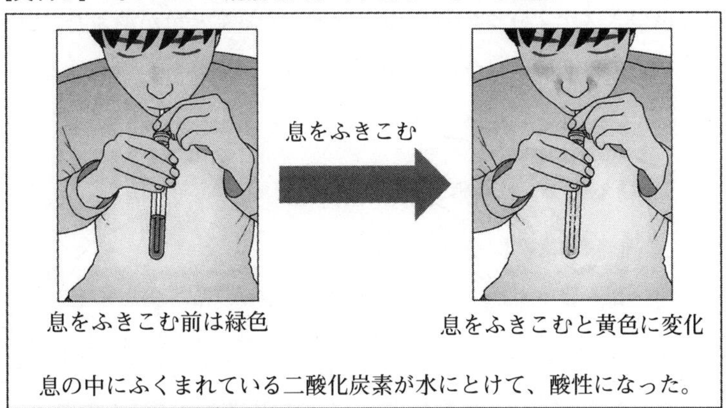

息をふきこむ前は緑色　　息をふきこむと黄色に変化

息の中にふくまれている二酸化炭素が水にとけて、酸性になった。

〔さちよ〕　私たちの体の中や身の周りにも、たくさんの酸性やアルカリ性のものがありますね。ところで、酸性とアルカリ性のものを混ぜるとどうなりますか。

〔先　生〕　お互いの性質を打ち消し合います。これを「中和」といいます。中和の実験の例を見てみましょう。（**[資料９]**）

[資料９]　中和の例

①　レモン汁(酸性の溶液)にＢＴＢ溶液を入れると、黄色に変化する。

②　レモン汁に石灰水(せっかいすい)(アルカリ性の溶液)をガラス棒(ぼう)でよく混ぜながら少しずつ入れていく。

③　少しずつ石灰水を入れると、レモン汁の色が黄色から緑色へ、石灰水をさらに入れ続けると青色へと変化していく。

④　水溶液が完全に青色になった後、今度はレモン汁を入れていくと水溶液の色が青色から緑色へ、レモン汁をさらに入れ続けると黄色へと変化していった。

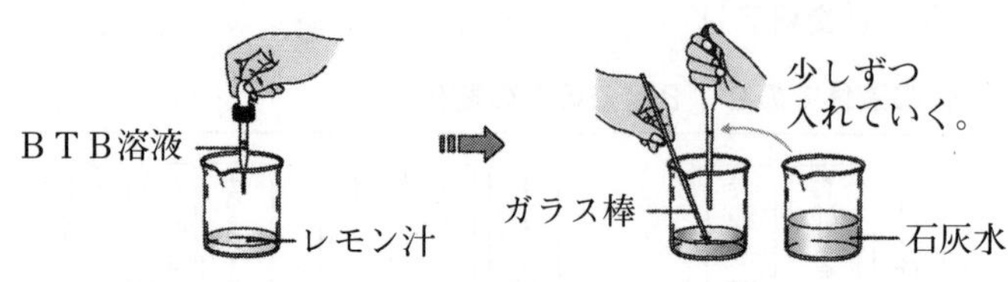

〔さちよ〕　私たちの身の周りで、酸性とアルカリ性が混ざって性質が打ち消し合っているものはありますか。

〔先　生〕　色つきスティックのりは時間がたつと色が消えます。これも酸性とアルカリ性の原理でできています。色つきスティックのりをぬった実験をしてみましょう。(**[資料10]**)

[資料10]　紙に色つきスティックのりをぬった実験

今回の実験で使う色つきスティックのりは青色である。このスティックのりには、チモールフタレインという成分が使われており、チモールフタレインはアルカリ性の時に青くなる。色つきスティックのりを紙にぬった後の変化に関する以下の実験を行った。

【実験１】紙に色つきスティックのりをぬっておいておくと色が消えた。色が消えた場所にある液体をかけたところ、青色にもどった。

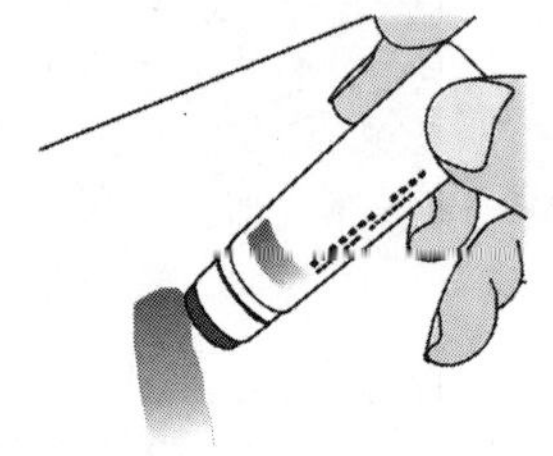

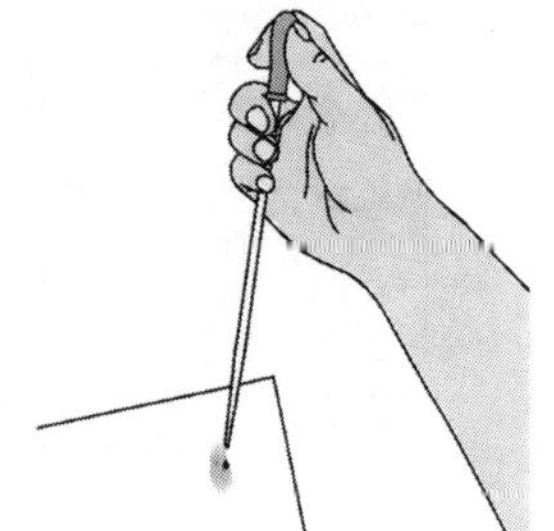

【実験２】紙に色つきスティックのりをぬり、色が早く消える方法を調べて、表にまとめた。

方法	色が消えるのにかかった時間(秒)
何もせずにおいておく	80秒
扇風機(せんぷうき)の風をあてる	40秒
息をふきかける	26秒

問３　**[資料７]**、**[資料８]**、**[資料９]**、**[資料10]** を参考にして、次の問いに答えなさい。

(1)　**【実験１】** において、もとの青色にもどすために使った液体はどれか。次の液体から選び、理由も説明しなさい。

液体：レモン汁、牛乳(ぎゅうにゅう)、せっけん水

(2)【実験2】より、紙に色つきスティックのりをぬったところに、息をふきかけるとより早く色が消えたことが分かる。どのような理由が考えられるか書きなさい。

〔さちよ・だいき〕 身の周りには、いろいろな理科の考え方があり、とてもおもしろいです。

〈適性検査3〉　—45分—

1　さとしさん、ありささん、先生の3人がテストを見直す方法について話をしています。

〔さとし〕 算数の計算問題で、しっかり見直しをするようにしたらまちがいがへりました。
〔ありさ〕 私(わたし)も日ごろから検算をしています。
〔先　生〕 面白い検算方法があるのですが、みなさん知っていますか。
〔さとし〕 どのような検算方法ですか。
〔先　生〕 九去法(きゅうきょほう)といわれる検算方法です。(**[資料1]**)

[資料1]　九去法について

九去法とは、各位の数字の和を9で割ったあまりを用いて、検算する方法である。例えば、足し算の場合は以下の方法で検算する。今回は、等号の左側を「左の式」、右側を「右の式」と呼(よ)ぶことにする。

例：式317＋25＝352を検算する。

①　それぞれ数字の各位の和を求める。

左の式：317→3＋1＋7＝11　　25→2＋5＝7
右の式：352→3＋5＋2＝10

②　①で求めた数字を、それぞれ9で割ったあまりを求める。

左の式：11÷9＝1あまり2　　7÷9＝0あまり7
右の式：10÷9＝1あまり1

③　左の式のあまりどうしを足す。
このとき、和が9以上であれば、さらにその和を9で割り、あまりを求める。

左の式のあまりどうしの和：2＋7＝9←和が9以上
9÷9＝1あまり0

④　左の式と右の式で求めた数字が異(こと)なっているとき、計算が誤(あやま)りと判断できる。

左の式は0、右の式は1、数字が異なっているので、計算が誤りと判断できる。

〔さとし〕 こんな検算方法があるのですね。

問1　次の式は、さとしさんが計算したものです。**[資料1]** の九去法を用いて、この式を検算しなさい。ただし、考え方や途中(とちゅう)の計算式もすべて記述すること。

さとしさんの式：636274＋467929＝1094203

〔ありさ〕 誤りかどうかを確かめるのは大切ですね。

〔先　生〕 実は、さまざまな場面で検算が使われています。例えば、バーコードもそのうちの一つです。

〔ありさ〕 太さの異なる黒い線が縦方向に並んだものですね。買い物をしたときに、どの商品にもバーコードが付いていました。（**[資料２]**）

[資料２]　バーコードの見本

〔先　生〕 バーコードの下に数字があります。**[資料２]** だと「4569713452132」です。この数字は、何を表していると思いますか。

〔ありさ〕 この数字で、一つ一つの商品についての情報を表しているのではないでしょうか。

〔先　生〕 そのとおりです。**[資料２]** は日本でよく見かけるバーコードです。黒い線と数字が対応しています。今回は、商品などに付いている13けたのバーコードの特ちょうについて見てみましょう。（**[資料３]**）

[資料３]　バーコードの特ちょう

・左から順に、国コード（２けた）、企業コード（５けた）、商品コード（５けた）、チェックデジット（１けた）である。

・国や企業、そして商品には、決まった数字がそれぞれ割りふられている。

（例）日本：45　Ａ社：69713　商品Ｐ：45213

「456971345213」は、日本のＡ社の商品Ｐを表している。

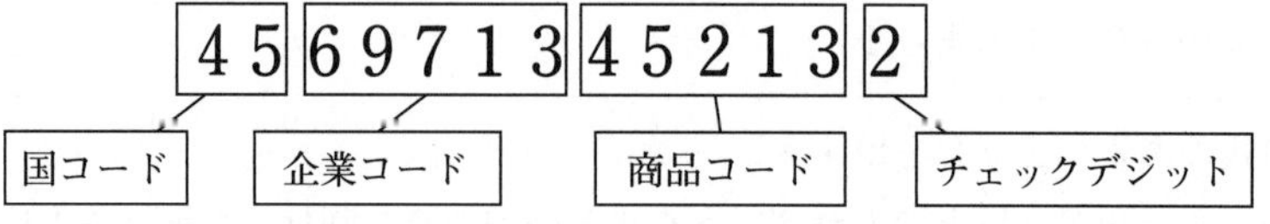

〔さとし〕 チェックデジットとは何ですか。

〔先　生〕 チェックデジットとは、バーコードの読みまちがいを防ぐための数字です。（**[資料４]**）

[資料４]　チェックデジットの計算方法

[資料２] のコードを例に、以下の①～④の手順でチェックデジットを求める。

けた番号	13	12	11	10	9	8	7	6	5	4	3	2	1
コード	4	5	6	9	7	1	3	4	5	2	1	3	2
コード名	国コード		企業コード					商品コード					チェックデジット

①　偶数けたのコードの数字の和を求め、それを３倍する。この計算で求めた数を(a)とする。

$$(5+9+1+4+2+3)\times 3=72\cdots(a)$$

②　けた番号１を除いた奇数けたのコードの数字の和を求める。この計算で求めた数を(b)と

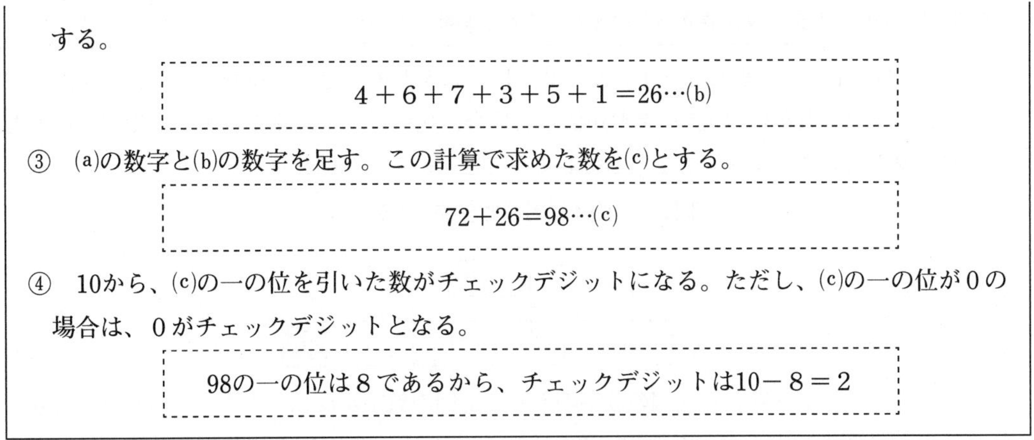

する。

4＋6＋7＋3＋5＋1＝26…(b)

③　(a)の数字と(b)の数字を足す。この計算で求めた数を(c)とする。

72＋26＝98…(c)

④　10から、(c)の一の位を引いた数がチェックデジットになる。ただし、(c)の一の位が0の場合は、0がチェックデジットとなる。

98の一の位は8であるから、チェックデジットは10－8＝2

〔ありさ〕　チェックデジットで読みまちがいが防げるのですね。

問2　次のコードは、ある商品のバーコードの下に書かれた13けたのコードである。このコードは、けた番号3、けた番号2のコードがそれぞれ□、△で表されている。**[資料3]**、**[資料4]** をふまえ、□、△に当てはまる数字の組み合わせを3つ書きなさい。

けた番号	13	12	11	10	9	8	7	6	5	4	3	2	1
コード	4	5	2	4	8	8	1	3	4	4	□	△	9
コード名	国コード		企業コード					商品コード					チェックデジット

〔先　生〕 チェックデジット以外にも、検算用の数字を付け加えることがあります。代表的なもので、パリティビットがあります。(**[資料5]**)

[資料5]　データとパリティビットの説明

コンピュータでは、「0」と「1」の配置でさまざまな情報を表現している。複数個の数字の配置で構成されたものをデータと呼ぶ。

今回は、8個の「0」と「1」の配置で構成されたデータを考える。(**[図1]**)

[図1]　8個の数字から構成されたデータとパリティビットの例

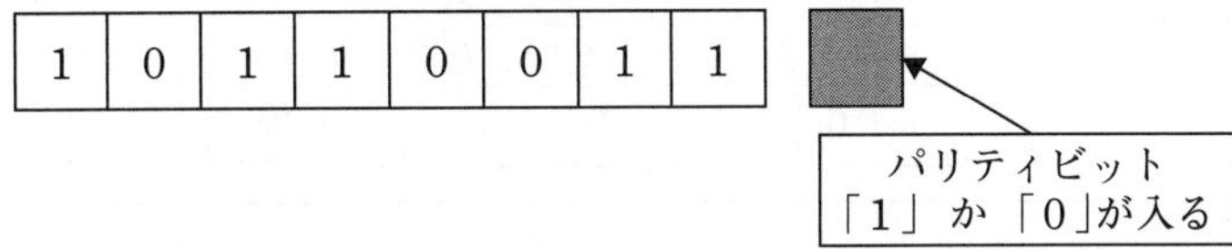

データを送信するとき、検算用の数字を1個付け加える。この付け加えた数字をパリティビットと呼ぶ。パリティビットをふくむ9個の数字の和が偶数になるように、パリティビットには「1」か「0」を入れる。

[図1] では、8個の数字の和が5なので、パリティビットに「1」を入れる。

〔さとし〕　なぜ、パリティビットというものを付け加えるのですか。

〔先　生〕　データを送信したとき、送信したデータと受信したデータが異なってしまうことがあります。受信したデータが異なっているかどうかを判断するために、パリティビットを付け加えるのです。(**[資料6]**)

［資料６］　受信したデータが異なっているかどうかを判断する方法

「０」が「１」に、または「１」が「０」に書きかわることを「反転する」と呼ぶことにする。例えば、**［図１］**のデータを送信した場合、送信された数字が反転し、受信者はもとのデータとはちがうデータを受信してしまうことがある。(**［図２］**)

［図２］　図１において反転したデータ

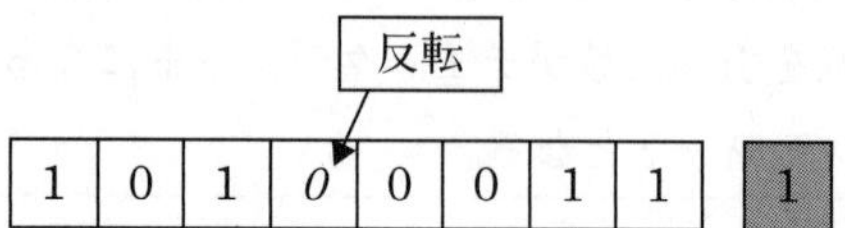

パリティビットを除いた８個の数字のうち、１個の数字が反転した場合、パリティビットをふくむ９個の数字の合計が偶数にならない。したがって、**［図２］**のデータは送信したデータと異なっていると判断できる。

〔さとし〕　この仕組みがあれば、異なったデータを受信したと判断できますね。

〔ありさ〕　本当にそうでしょうか。

〔先　生〕　例えば、私がさとしさんに、パリティビットをふくめた９個の数字からなるデータを送信し、さとしさんは次のデータを受信したとしましょう。ただし、パリティビットは反転していないものとします。(**［資料７］**)

［資料７］　さとしさんが受信したデータ

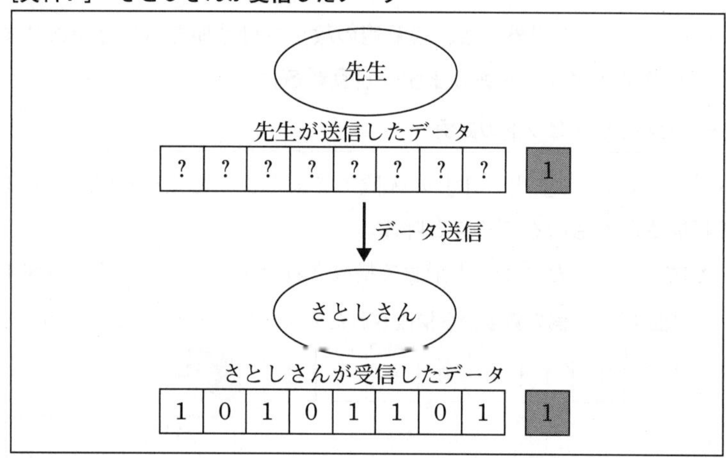

〔さとし〕　私が受信したデータは、パリティビットを除く８個の数字の和が奇数なので、パリティビットは「１」になるはずです。だから反転せず、送信者と同じデータを受信したことになると思います。

〔ありさ〕　本当に送信したデータと同じなのでしょうか。確かめてみましょう。

問３　**［資料７］**をふまえて、次の問いに答えなさい。ただし、さとしさんが受信したデータにある「０」とパリティビットは反転していないものとする。

(1)　ありささんは、先生が送信したデータと、さとしさんが受信したデータが異なるかもしれないと考えています。さとしさんが受信したデータ以外に、先生が送信した可能性があるデータの例を１つ考え、反転したところを**【条件】**にしたがって答えなさい。

1	0	1	0	1	1	0	1		1

【条件】

次の例のように、反転した数字のますにななめの線をかくこと。

~~1~~	0	1	0	1	1	0	1		1

(2)　先生が送信した可能性があるデータは何通りあるか答えなさい。ただし、さとしさんが受信したデータも１通りにふくめて答えること。

〔さとし〕　まちがいがないようにさまざまな工夫がされているのですね。

〔ありさ〕　私たちもまちがいがないように、検算を利用していくことが大切ですね。

2　あさひさんとみつきさんが話をしています。

〔あさひ〕　先週、旅行で富山県に行ってきました。

〔みつき〕　富山県は日本海に面している県ですね。何が名産なのですか。

〔あさひ〕　いくつかありますが、特にブリが名産です。富山湾では、冬に脂がのった栄養価の高いブリがとれ、寒ブリと呼ばれます。

〔みつき〕　なぜ富山湾で寒ブリがとれるのでしょうか。

〔あさひ〕　それはブリが*回遊する魚であることが関係しています。次の資料を見てください。（**[資料１]**、**[資料２]**）

＊回遊：毎年季節ごとに一定の経路を移動すること。

[資料１]　富山湾でとれるブリの回遊について

・幼魚の間は、沿岸各地で小規模な回遊を行いながら成長する。
・成魚になると、10～11月ごろに北海道沿岸まで移動し、小魚を多く食べて脂と栄養をたくわえ、産卵にそなえる。
・３～４月に産卵する。

（氷見市観光協会ホームページより作成）

[資料２]　ブリがいる場所と産卵する場所

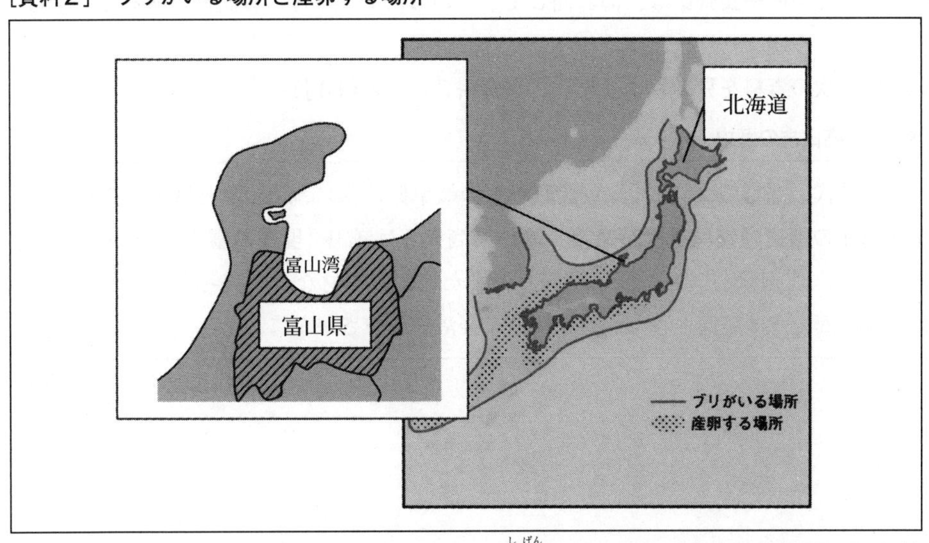

（「令和４(2022)年度のブリ資源評価」水産庁・水産研究・教育機構より作成）

問１　次の文章は、あさひさん、みつきさんが［**資料１**］、［**資料２**］をふまえて、富山湾で脂がのった栄養価の高い寒ブリがとれる理由をまとめたものです。

文中の空らん（ ア ）に入るものを【地図】から、空らん（ イ ）に入るものを【語句】からそれぞれ選び、最も正しい組み合わせを①～④から選びなさい。

冬ごろにブリは、地図（ ア ）のように移動することから、富山湾でとれる寒ブリは、（ イ ）であることがわかる。（ イ ）のブリは脂がのっていて栄養価が高いと考えられる。

【地図】

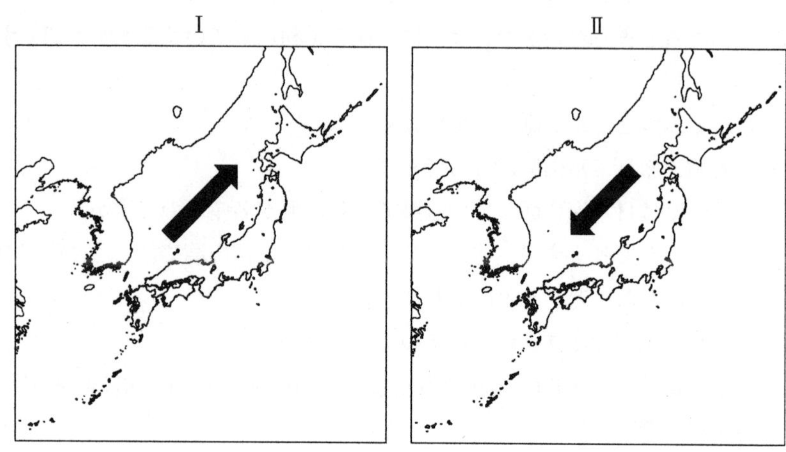

【語句】

Ⅲ　産卵前　　Ⅳ　産卵後

①　ア　Ⅰ　イ　Ⅲ　　②　ア　Ⅰ　イ　Ⅳ

③　ア　Ⅱ　イ　Ⅲ　　④　ア　Ⅱ　イ　Ⅳ

〔あさひ〕　ブリについて調べていると、岐阜県高山市では毎年、年末に「塩ブリ市」が開催されていることがわかりました。また、長野県松本市周辺では、正月の雑煮に塩ブリが用いられるそうです。

〔みつき〕　岐阜県や長野県は、海に面していないのにブリを食べる文化があるのですね。なぜでしょうか。

〔あさひ〕　次の資料を見てみましょう。（［**資料３**］、［**資料４**］）

［**資料３**］　**高山市の歴史**

戦国時代、武将の金森長近が飛騨（現在の岐阜県北部）で高山城と城下町を形成し、また、東西南北の街道の整備をはじめた。高山の商人らは越中（現在の富山県）から塩、魚、薬などを買い、信州（現在の長野県）へ売り、また飛騨の木材などを売った。江戸時代に入ってからも、商人らは整備された街道を使って経済活動をさかんにした。

（高山市歴史文化基本構想より作成）

［資料４］　江戸時代のブリの取引のルート

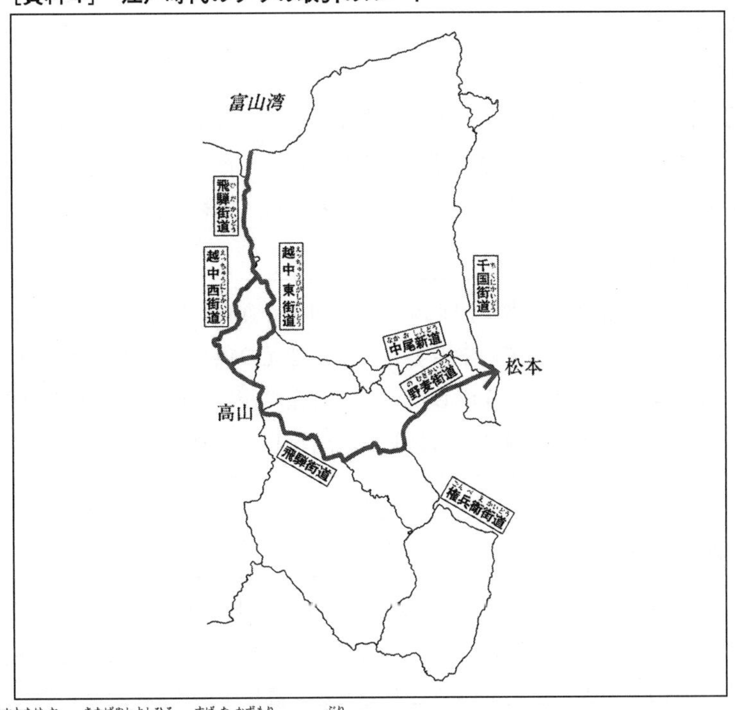

（市川健夫、北林吉弘、菅田一衛『定本鰤街道－その歴史と文化』〈郷土出版社〉より作成）

〔みつき〕　歴史を知ることが、食文化を知ることにつながっていますね。

〔あさひ〕　そうですね。では、別の視点で歴史を調べてみましょう。高山や松本周辺に暮らしていた人々にとって、ブリはどのような魚だったのでしょうか。（［資料５］）

［資料５］　飛騨ブリについて

> 江戸時代、富山湾で水揚げされたブリは、飛騨高山で経由されて信州に運ばれ、飛騨ブリと呼ばれた。昔からブリは幼魚から成魚になるまでの間、大きくなるにつれて名前がかわることから出世魚と呼ばれ、縁起のよい魚とされている。高山・松本周辺では、年越し・正月のお祝いの席でブリを食べるという風習となっていた。

（松本市立博物館編『「鰤のきた道」－越中・飛騨・信州へと続く街道－』より作成）

問２　次の文章は、高山や松本周辺におけるブリを食べる文化について、あさひさん、みつきさんが［資料３］、［資料４］、［資料５］をふまえてまとめたものです。文中の空らん（ ウ ）、（ エ ）に入る文や言葉を答えなさい。

［資料３］、［資料４］から、（ ウ ）ことが理由で、海に面していない地域で海産物がさかんに取引されるようになったことがわかる。また、［資料５］から、ブリは（ エ ）であるので、年末年始に多くの人が求めていたと考えられる。

この地域で今でもブリを食べる文化があるのは、こうした歴史が関係しているからだと推測される。

〔あさひ〕　歴史の中で育まれてきた独特な食文化が、今でも残っているのですね。

〔みつき〕　そうですね。日本の食文化について、もっと知りたくなりました。

〔あさひ〕 2013年に、日本の食文化は「和食；日本人の伝統的な食文化」として無形文化遺産(いさん)に登録されています。

〔みつき〕 無形文化遺産とは何ですか。

〔あさひ〕 伝統や表現、技術など、形のない文化遺産のことです。

〔みつき〕 形のないものを未来につなげていくためには、どうしたらよいのでしょうか。

〔あさひ〕 次の活動を参考に考えましょう。(**[資料6]**、**[資料7]**)

[資料6] 小学生の活動

小学校に地元の魚市場関係者が招かれ、魚に関する食育の授業が行われた。子どもたちは、地元で水揚げされた魚についての学習をもとに、地元の魚(サバ・メヒカリ・カレイ)を使った「おさかな大すきレシピ」を作成した。レシピ完成後は、地域の人の協力を得て調理実習も行い、小学生はレシピを町内のイベントや店舗(てんぽ)などで、地域の人に配布した。

(農林水産省 令和元年度食育白書より作成)

[資料7] 高校生の活動

地元食材の大豆を題材に、高校生による「親子大豆栽培(さいばい)教室」が行われた。その目的は、伝統食材を継承(けいしょう)することはもちろんのこと、地元の食材がいかにおいしく体によいかを知ってもらい、食の大切さを伝えていくことである。高校生が大豆について学び、小学生や保護者を対象に大豆の栽培・観察・加工の指導をした。またオリジナル大豆製品「おから佃煮(つくだに)」の開発を行った。それは地元の小学校の給食にも出され、小学生や保護者からも好評であった。「つくり方を教えてほしい」との要望にこたえ、地元の公民館の協力のもと、高校生による講習会が開かれた。

(熊倉功夫(くまくらいさお)、江原絢子(えはらあやこ)『和食と食育 和食のこころを受け継(つ)ぎそして次世代へ』〈アイ・ケイコーポレーション〉より作成)

問3 次の表は、あさひさん、みつきさんが日本の食文化を未来につなげていくための活動について **[資料6]**、**[資料7]** をふまえてまとめたものです。次の **【条件】** にしたがって、表を完成させなさい。

【条件】

・空らん(オ)、(カ)は **【語句】** ①～④から一つずつ選び、番号で答えなさい。ただし、同じ番号を二度使わないこと。

・空らん(キ)は **[資料6]**、空らん(ク)は **[資料7]** からそれぞれ読み取り、入る文を答えること。ただし、表に記入されている他の項目(こうもく)の表現をふまえること。

方法 / 活動	(オ)	(カ)
[資料6] 小学生の活動	魚について学習する。	(キ)
[資料7] 高校生の活動	(ク)	オリジナル大豆製品の講習会を開く。

【語句】

① 伝える　② 比べる　③ 食べる　④ 知る

〔あさひ・みつき〕 私たち自身も日本の食文化を守る担い手ですね。

3 夏休み中に、小学生のもえこさんとたいちさん、先生の３人が話をしています。

〔もえこ〕 この前、育てたトマトを収かくして家で食べたら、とてもおいしいと喜ばれました。トマトは、次の資料を見て育てました。（[資料１]）

[資料１]　トマトを育てるための条件

・適している温度は20℃～30℃である。
・開花日から数えて*積算温度が一定の値をこえると、成熟した実を収かくすることができる。
・十分に日光を当てる必要がある。
＊積算温度：毎日の平均気温を合計した温度。

（農山漁村文化協会『トマト大事典』より作成）

〔先　生〕 もえこさんが育てたように、トマトは暖かい時期に育てる野菜です。関東では、５月ごろから植え付けをすることができ、10月ごろまで収かくすることができます。次の資料を見てください。（[資料２]）

[資料２]　東京都の月ごとの平均気温と日数（1991年～2020年の平均値）

月	1	2	3	4	5	6	7	8	9	10	11	12
平均気温（℃）	5.4	6.1	9.4	14.3	18.8	21.9	25.7	26.9	23.3	18	12.5	7.7
日数（日）	31	28	31	30	31	30	31	31	30	31	30	31

（気象庁ホームページより作成）

〔たいち〕 私の家の近くのスーパーマーケットには、一年を通してトマトが置いてあります。そのトマトのパックには、糖度が高いと書いてありましたが、糖度とはどのようなものですか。

〔先　生〕 糖度とは、果物などにふくまれる糖分の割合のことです。

〔もえこ〕 一年中糖度の高いトマトを食べることができるのはどうしてですか。

〔先　生〕 それは、農作物を屋根のない畑で育てる露地栽培以外に、ビニールハウスで栽培する方法があるからです。（[資料３]）

[資料３]　露地栽培の特ちょうとビニールハウスでの栽培の特ちょう

＜露地栽培＞
・地域の自然条件を生かして栽培することができる。
・天候の影響を受けやすい。
＜ビニールハウスでの栽培＞
・光を通すため、日光の当たる時間は露地栽培と変わらない。

・育てる環境(かんきょう)を一定に保ちやすい。

（誠文堂新光社(せいぶんどうしんこうしゃ)『まるごとわかるトマト』より作成）

〔先　生〕 また、トマトを育てるときには、次の条件に気を付けると糖度が高くなりやすいです。（**[資料４]**）

[資料４]　トマトの糖度が高くなりやすい条件

・光合成がたくさん行われること。
・水をあたえる量を減らすこと。

（農山漁村文化協会『トマト大事典』より作成）

〔もえこ〕 ビニールハウスで育てることで、糖度の高いトマトを一年中食べることができるのですね。

問１ (1) もえこさんが「ビニールハウスで育てることで、糖度の高いトマトを一年中食べることができるのですね」と言っていますが、そのように考えた理由は次のようにまとめられます。**[資料１]**、**[資料２]**、**[資料３]**、**[資料４]** をふまえて、次の文中の空らん(ア)から(ウ)に当てはまる言葉を答えなさい。

　トマトは、気温が(ア)時期では、露地栽培で育てることは難(むずか)しいが、ビニールハウスで育てることで安定して収かくすることができる。
　さらに、ビニールハウスは露地栽培と(イ)は変わらない。その上、(ウ)の量を調節しやすいため、糖度の高いトマトを育てやすい環境である。

(2) 露地栽培において、６月１日にトマトが開花した場合、成熟した実を収かくするまでに少なくとも何日以上栽培するのが適切だと考えられますか。**[資料１]**、**[資料２]** をふまえて、次の【条件】にしたがって答えなさい。

【条件】
・温度以外の条件は一定であるものとする。
・すべての月において平均気温が毎日続いているものとする。
・６月１日の気温もふくめる。
・今回栽培しているトマトは、積算温度が1000℃をこえた場合に収かくすることができるものとする。

〔たいち〕 家の近くのスーパーマーケットには、さまざまな品種のトマトが売られており、味もちがいますね。

〔もえこ〕 さまざまな品種のトマトについて、特ちょうを調べてみたいです。

〔先　生〕 例えば、糖度計を用いるとトマトにふくまれている糖度を測ることができます。（**[資料５]**）

［資料５］　糖度計

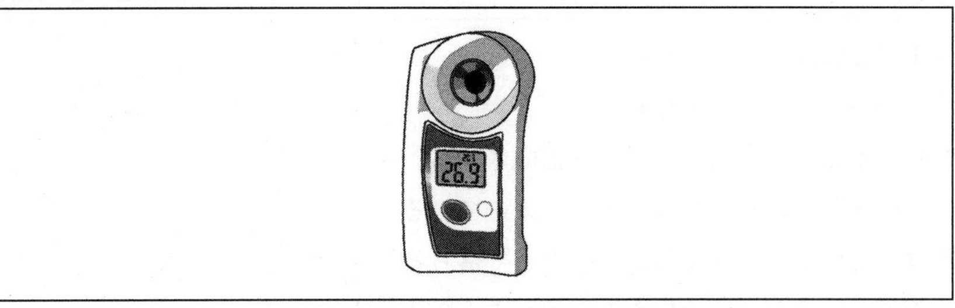

〔もえこ〕　糖度が高いほど、トマトにふくまれている糖分の割合が多いということですか。

〔先　生〕　そうです。

〔たいち〕　糖度だけではなく、重さや体積についても調べてみたいです。

〔先　生〕　それでは、２つの品種のトマトを用意して調べてみましょう。（**［資料６］**）

［資料６］　品種Ａと品種Ｂについての重さ、体積、糖度

【品種Ａ】

	トマト１	トマト２	トマト３	トマト４	トマト５
重さ（ｇ）	12	11	12	10	13
体積（㎤）	12	12	10	12	11
糖度（％）	6.20	5.95	7.15	5.80	6.60

【品種Ｂ】

	トマト６	トマト７	トマト８	トマト９	トマト10
重さ（ｇ）	43	44	44	49	52
体積（㎤）	42	44	42	46	51
糖度（％）	5.20	4.90	5.75	6.00	5.00

〔たいち〕　ちがう品種どうし、同じ品種どうしの中で比べても、重さ、体積、糖度のどの数値（すうち）もちがいますね。

〔もえこ〕　ここから考えられることはありますか。

問２　**［資料６］**をふまえて、次の⑴、⑵に答えなさい。

⑴　品種Ａと品種Ｂの数値から、調べたトマトにおいてはどちらの品種の糖度が高いといえますか。品種Ａと品種Ｂの糖度の平均を比べて説明しなさい。

⑵　同じ品種どうしを比べて、どちらの品種においても共通していえることは何ですか。重さと体積の関係に着目して、次の文中の空らん（ ア ）、（ イ ）に当てはまる言葉を答えなさい。

同じ品種どうしで比べると、どちらの品種においても（　　ア　　）が大きいほど、糖度が（ イ ）と考えられる。

〔たいち〕　トマトについてもう少し知りたいです。花がさいてからトマトの実ができるまで、どのような過程で育つのですか。

〔先　生〕　まず、めしべの先に花粉が付くことが必要です。これを受粉といいます。そして、受粉をきっかけに花の根元の部分がふくらみ、実になります。（**［資料７］**）

［資料7］　トマトの花の特ちょう

・花は下向きに開花することが多い。
・トマトの花では、みつが作られない。
・花びら、がく、おしべ、めしべで構成される。
・おしべの内側のふくろには、花粉が入っている。
・花粉は、外部から受けるしげきによって落ちる。
・受粉が行われると、花の根本の部分がふくらみ、実になる。

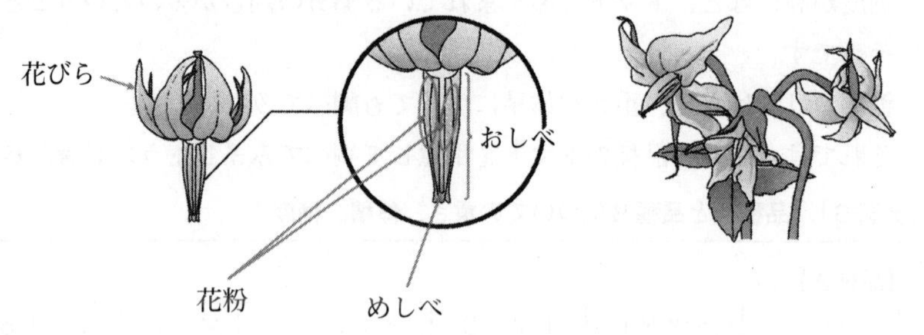

（農山漁村文化協会『トマト大事典』より作成）

〔先　生〕 受粉の方法には、主に２つの種類があります。トマトは、主に自家(じか)受粉を行います。（**［資料8］**）

［資料8］　自家受粉と他家(たか)受粉

【自家受粉】
　１つの花の中で、花粉が同じ花のめしべの先に付くこと。おしべとめしべがどちらも同じ花にある場合に起こる。
【他家受粉】
　花粉が、同じ種類の異(こと)なる花のめしべの先に付くこと。

〔先　生〕 農作物をビニールハウスで栽培するときは、受粉をしやすくするためにハチを放すことがあります。
〔たいち〕 どのような種類のハチが受粉にかかわっているのですか。
〔先　生〕 受粉のはたらきを助けてくれるハチは、大きく分けて２種類います。その中でもよく活用されているのはセイヨウミツバチとクロマルハナバチです。（**［資料9］**）

［資料9］　セイヨウミツバチとクロマルハナバチの特ちょう

＜２種類のハチに共通する特ちょう＞
・花のみつや花粉を求めて花に訪(おとず)れる。
・花のみつを集めて巣に持ち帰る。
・体に付いた花粉を足に集めて巣に持ち帰る。

＜それぞれの特ちょう＞

	セイヨウミツバチ	クロマルハナバチ
体のつくり	頭 胸 腹	頭 胸 腹
花に訪れる条件	みつがある場合、積極的に花に訪れる。 みつがない場合はほとんど訪れない。	みつがある場合もない場合も安定して花に訪れる。
花粉を集める主な方法	花に止まり、口でみつを吸う。みつを吸う時に、花に触れて体毛に花粉が付く。	おしべの先にかみつき、胸の筋肉を動かす。これにより花がゆれて、花粉が落ちる。その花粉が腹に付く。

（農林水産省ホームページ、木野田君公・高見澤今朝雄・伊藤誠夫 著『日本産マルハナバチ図鑑』北海道大学出版会より作成）

〔先　生〕 このように、ハチの種類によって習性が異なるため、育てる野菜や果物ごとに活用されるハチの種類も異なります。

〔たいち〕 トマトの場合は、どちらの種類のハチが活用されているのでしょうか。

〔もえこ〕 クロマルハナバチだと思います。

〔先　生〕 トマトのビニールハウスでの栽培においては、セイヨウミツバチよりもクロマルハナバチを活用する方が、受粉しやすくなるといわれています。

〔たいち〕 どうしてですか。

問3 (1) 次の文章は、ビニールハウスでトマトを栽培するときに、セイヨウミツバチではなくクロマルハナバチを活用すると受粉しやすくなる理由について述べたものです。**［資料7］**、**［資料9］**をふまえて、次の文中の空らん(★)に共通して当てはまる言葉を答えなさい。

　セイヨウミツバチは(★)花には訪れない。
それに比べて、クロマルハナバチは(★)花にも訪れる。
　トマトの花は(★)ため、ビニールハウスでトマトを栽培するときには、クロマルハナバチを活用する方が受粉しやすくなる。

(2) クロマルハナバチがトマトの花粉を集めるときに、トマトが自家受粉しやすくなるのはなぜか。その理由を**［資料7］**、**［資料8］**、**［資料9］**をふまえて答えなさい。

〔たいち〕 生き物どうしがおたがいにかかわり合っていることがよくわかりました。

A：海で泳ぐのは、気持ちが良いです。
B：山の頂上から見える景色は、すばらしいです。
A：海ではスイカ割りもできます。楽しそうです。
B：山でテントを張って、キャンプをしたいです。
A：夏休みが待ち遠しくなってきましたね。
B：そうですね。今から準備しておきましょう。

(3)
A：クラスの発表会の出し物は、劇が良いと思います。
B：私も劇が良いと思っていました。
A：みんなで取り組める点が良いと思います。
B：クラスのみんなが参加できますね。
A：まずは台本を作り、配役を決めましょう。
B：劇の練習をする前に、台本が必要ですね。台本が完成したら、演じる役を決めましょう。
A：次に、場面に分かれて練習しましょう。
B：場面ごとにセリフを読み合わせて、演技に慣れましょう。

(4)
A：先日話した映画なのですが。
B：あの映画、見に行ってきました。
A：もう見に行ったのですね。私も、今週。
B：見に行くのですね。私はとても感動して。
A：やはり感動するのですね。結末がどうなるのか気になって。
B：結末を伝えますと。
A：待ってください。結末は自分の目で。
B：すみません。言わないでおきます。

(5)
A：元気がないですね。
B：先生にしかられてしまいました。
A：そうですか。
B：情けなかったです。
A：そうなのですね。
B：もっと気をつけるべきでした。
A：そうですよね。
B：次から同じ失敗はしないつもりです。

問3　自己と自己の重なりをつくるコミュニケーション方法　に対するあなたの考えを書きなさい。その際、次の条件にしたがいなさい。

条件1　段落構成については、次の①から③にしたがうこと。

①　第一段落には、自己と自己の重なりをつくる　とはどのようなことか、自己と自己の重なり　とは何かを明らかにしながら、**文章Ⅰ**の本文中の言葉を用いて書きなさい。

②　第二段落には、第一段落をふまえて、自己と自己の重なりをつくるコミュニケーション方法　で会話したあなたの体験を具体的に書きなさい。

③　第三段落には、第二段落で書いたあなたの体験において、自己と自己の重なりをつくる　上で大きな役割を果たしていたと考えられる具体的なしぐさや態度を書きなさい。

条件2　そのほかについては、次の①から③の条件にしたがうこと。

①　解答は原稿用紙の正しい使い方で書き、書き出しは一ます空けて書き始めなさい。

②　また、言葉を正しく使い、文章は百八十字以上二百十字以内で書きなさい。

③　、や。や「なども一字と数え、改行などで空いたますも字数に数えます。

（『高校生と考える　21世紀の突破口』〈左右社〉所収）問題のため一部改編）

［注］

＊図1…水谷信子と川田順造の著書をもとに筆者が作成。

＊フレーズ…まとまった意味を表すひとつづきの言葉。

＊提唱…意見や主張を発表すること。

＊縁側…和風住宅の周囲に作られた、庭などの外部から屋内に入るための通路部分。

＊図2…安田登の図をもとに筆者が作成。

文章Ⅱ

「対話」のもとにあるギリシア語の「ディアロゴス＊」が「問答」とも訳されることは、すでに見ました。二人の間で問いを発してそれに対して答えるという、このやりとりが対話の基本をなします。そこには「語る、聞く」がさらに具体的なかたちで働いています。

どうして「問い」と「答え」の対が必要かと言うと、「語る」と「聞く」は究極には一方向性や一体性＊に陥る可能性があるためです。定義＊で見たように、対話は一方的な語りではありません。自分の言いたいことだけを言って確かめもしないとすれば、たとえ二人ともが自分の主張をしたとしても、それは言いっ放しです。確かめるという作業は、言った相手に問いかけ、それに答えるということが必要ですので、このような意味で対話の基本は問いを発し、答えるというところにあります。

（納富信留『対話の技法』〈笠間書院〉問題のため一部改編）

［注］

＊ディアロゴス…「人と人との間で交わされる言葉」という意味。日本語では、「問答」と訳される。以上の内容が、この文章より前に説明されている。

＊一体性…全体が一つになって分けられない性質のこと。

＊定義…用語の意味を正確に限定すること。この文章より前で「『対話』とは、二人や少数の間で、相互に言葉のやりとりをすること、また、一方的に語られる場合は『対話』ではない」と説明されている。

問1　①対話とは、そういう会話の方法なんですね　とありますが、**文章Ⅰ**の「対話」について説明した次の一文の［　　］にあてはまる最も適切な言葉を、本文から十字以内で抜き出し、書きなさい。

ただし、、や。や「なども一字と数えます。

一方は発言して、もう一方は［　　］という会話の方法。

問2　次の会話文⑴から⑸の中から、**文章Ⅱ**で述べられている「対話」にあてはまる会話を一つ選び、その番号を書きなさい。また、その番号を選んだ理由を、次の文の［　　］に合うように書きなさい。

ただし、**A**と**B**はどちらも小学生とします。

一方の主張に対し、［　　］から。

⑴
A：もうテニスをやめようと思います。
B：なぜテニスをやめようと思ったのですか。
A：試合で一度も勝てないからです。
B：勝つためだけにテニスを続けていたのですか。
A：いいえ、楽しいから続けられました。
B：では、今は楽しくなくなってしまったのですか。
A：いいえ、楽しいと思います。
B：では、もう少し続けてみてはどうですか。

⑵
A：夏といえば、海です。海に行きましょう。
B：山が良いです。山登りをしましょう。

（＊印のついている言葉には、本文の後に［注］があります。）

文章Ⅰ

最後に、コミュニケーションについて、この数年ずっと考えていることをお伝えします。コミュニケーションから対話という言葉を連想するひとは多いと思います。一方僕は、対話とは違う話し方、「共話」＊（図1）について研究しています。

この図で示している通り、Aさんが喋っているあいだはBさんが黙って聞いている、Aさんが喋り終えるとBさんが話す。これが対話です。対話しているとAとBの違いが浮き彫りになります。①対話とは、そういう会話の方法なんですね。どちらが発言したかが明確なので、たとえ似たような内容を話していたとしても、両者の人格がくっきりと出る。

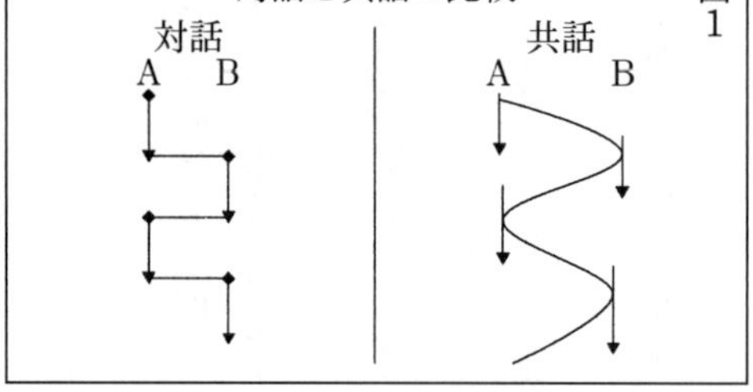

それに対して、共話は少し違います。相槌を打ったり首を振ったり、相手が喋っているときに自分の声を重ねたり。もしくは＊フレーズを途中で切っていいっぱなしにすることで、相手がフレーズを拾って続きを話したり。つまり、共話とは、相手と一緒に会話をつくることです。現実には僕たちは、共話と対話をおり交ぜながら話し合っているんですが、共話で話すってことを意識してやっていると、本当に他愛のない話でも、相手と自分の心理的な距離を縮めることができます。自己と自己の重なりをつくるコミュニケーション方法なんです。

対話と共話の比較　図1
対話　A　B
共話　A　B

これは言語教育学者の水谷信子先生が＊提唱していてすごく共感したんですけど、とくに日本語の会話には共話が多いといわれています。

共話をしていると、「私とあなた」「私とそれ以外」というふうに切り分けるんじゃなくて、「私たち」としかいいようのない感覚が生まれてきます。＊縁側＊（図2）は家の内側でも外側でもない場所にあるところに面白さがあります。内のひとはもちろん、外のひともそこに上がれる。縁側に内と外のひとたちが一緒に座って、仲間になる。「仲間になる場所＝縁になる側」という考え方なんです。これは人間関係に置き換えられます。通常は、内と外に分けるように自分と他者を切り離して考えますが、共話をしているときには、その壁がなくなり縁側的な関係性が築けるわけです。

「わたし」と「わたしたち」　図2
うち　縁側なか　そと

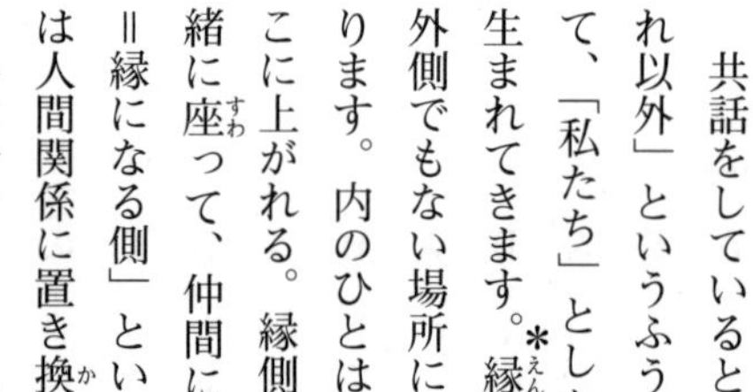

僕も、「今日は共話で話しましょう」と決めて話したトークイベントで、話が面白くなってどんどん掛け合いになっていく感覚を味わいました。でも、ふたりともどっちが何をいったかはよく覚えていないんです。こんな話が出たというのは覚えているんだけど、どっちがいったのかは忘れている。でもすごく楽しくて、二人で一緒にその場をつくっていった感覚だけがある。

言葉というのは、関係性をつくる道具です。私たちのなかにはいろんなものが渦巻いていて、言葉になっている部分と、まだ言葉にならないモヤモヤしている部分、その二つをつなげるようにして自分の考えをまとめている。

（ドミニク・チェン「わかりあえなさをつなぐ言葉たち」）

の感情や意志については、その人の感情や意志の理由がわからなければ賛成も反対もできません。つまりある人が怒っているとか悲しんでいることの理由がわかって、はじめて私たちは同情することも可能になるわけです。怒ったり悲しんだりしている理由を、その当人が、他人にもわかるようにしてはじめて共感の条件ができます。

言いかえますと、ある感情に包まれたり、ある意志を持っている人は、それをそのまま情意*の赴くままに述べるのでなく、一度、②他人の判断が可能になるようにしなくてはいけません。

つまり、「知」的判断ができるようにすべきです。

表現の世界である詩の場合でも当然そうあるべきはずなのに、なぜか、詩歌の場合に限って、作者は自分の思いを単に述べるだけで、それが、他人の共感を得るはずだと錯覚されています。

詩の作者と読者との間に共感が成り立つためには、作者が単に思いを述べるだけでなく知的判断をどこかに示していなくてはいけません。その知的判断の面白さが読者の共感を誘うのだということを心得てほしいと思います。

（吉野弘『詩のたのしみ』〈岩波書店〉問題のため一部改編）

［注］

＊詩友…詩を通じて交わる仲間のこと。
＊生動感…生き生きとして動き出しそうな感じ。
＊全身を撓めて…身体全体を曲げることを表現している。
＊頻繁…たびたび行われること。
＊飛翔…空高く飛ぶこと。
＊融合…二つ以上のものが一つになること。
＊表白…言葉に表すこと。
＊情意…感情のこと。

問1　[あ]にあてはまる言葉を本文中の「夜」の詩の中から四字で抜き出し書きなさい。

問2　①どうかして　とありますが、この後には言葉が省略されていると考えられます。その言葉を詩の内容をふまえて、六字以内で書きなさい。

問3　②他人の判断が可能になるようにしなくてはいけません　について(1)、(2)の問いにそれぞれ答えなさい。

どうかして[　　]。

(1)　詩においては誰が他人の判断を可能にすべきだと考えられますか。

(2)　②他人の判断が可能になるようにしなくてはいけません　のように筆者が述べたのはなぜですか。本文をふまえて次の文の[　　]に合うように書きなさい。

他人の判断が可能になるように表現しなければ[　　]と[　　]から。

問4　本文中に　太刀打ちできない　とありますが、あなたが体験した「太刀打ちできなかった」ことは何ですか。また、そのことにどのように対応しましたか。次の条件にしたがって書きなさい。

条件1　本文で用いられている意味をふまえること。
条件2　書き出しは一ますめから書き始めなさい。
条件3　文章は、五十字以上六十字以内で書きなさい。
　　　、や。や「なども一字と数えます。

□二　次の**文章Ⅰ**と**文章Ⅱ**を読んで、後の問いに答えなさい。

夕陽
教えておくれ
どうして
坂の上に子供達が集まって
おまえを視るのか
どうして
子供達は
小さな頬の上に忙しく手を動かして
まるで
夕陽をそこにすりこむようにして
其処に
歌かおしゃべりか判らない喚声が
渦を巻くのか

日の暮れ方を教えておくれ
森の色の変り方を
蜻蛉の羽の透きとおり方を
土のしめり方
粗い草の匂い方を

教えておくれ

（詩集『木の考え方』）

私は長いこと、若い人の投稿詩を読んだ経験がありますが、その投稿詩で〈鳥のように飛びたい〉という言葉を*頻繁に目にしました。人間の気持ちの中には確かに自由な*飛翔願望があり、とくに若い人の間にそういう欲求の強いことはわかりますが、〈鳥のように飛びたい〉という表現では、あまりにも、ありふれていて切実感がありません。

そこで、引用詩の第二連を見てほしいのです。この連は、飛翔願望そのものをうたったものではなく、鳥への*融合を願っている詩ですが、これを、空を飛びたいという普通の表現に、仮に対比させてみますと、そういう普通の表現の及びもつかない方法で、飛翔力を人の筋肉の中にも取り入れることができるような、そんな幻想に導かれてしまいます。〈身体の重みを風に乗せるコツ〉を筋肉と筋肉との間に置くことができたら、本当に身体が宙に浮くのではないかという気がします。

この連の魅力は、浮力を筋肉と筋肉との間に置きたい、という丁寧な手続きにあります。〈飛びたい〉と願う前に、飛ぶことに必要な手続きをとろうとするこの詩人の、飛翔への、あるいは空を飛ぶことができる生物たちへの、独特な愛着が、こういう丁寧な表現を生み出したのだと私には思われます。

〈空を飛びたい〉という願望を聞かされる時だけのとき、私たちは〈ああ、そうですか、どうぞ〉としか言えませんが、川崎さんの詩を読むと、私たちは、飛ぶために努力が要るということを感じ、飛ぶことに、もっと強い愛情さえ感じます。

詩は思いを述べるもの、というふうに普通、思われています。たしかに詩は、ある思いが動機になって書かれるものですが、それが単に希望を述べるとか、嬉しい悲しい淋しいと言うだけでは、それを読んでくれる人の共感が得られないのです。読者は、作者の述べている願望や喜怒哀楽の感情の直接的*表白にたいしては、〈そうですか〉と言うほかないのです。

人間の精神活動は、知・情・意の三つに分けられますが、私たちは他人

〈適性検査1〉　—45分—

一　次の文章を読んで、後の問いに答えなさい。

(＊印のついている言葉には、本文の後に[注]があります。)

私の詩友・川崎洋さんの作品「夜」の中に次のフレーズがあります。「夜」は六〇行近い長さの作品ですが、その中の一連です。

恐竜の肋骨の一本一本に区切られる星の無数
何処かひどく関係のない遠くで
橙色の月めがけて
すぽんと海を脱ぐ魚

(詩集『川崎洋詩集』)

この中の〈すぽんと海を脱ぐ魚〉という表現が、私はたまらなく好きです。これは、海中の魚が海面上に躍り出た様子ですが、〈魚が海面に躍り出た〉という普通の表現では太刀打ちできない生動感＊を持っています。〈　あ　〉と表現されているので、ふだん、魚が素肌で巨大な海を着込んでいることもあらためて私たちに感じられ、全身を撓めて＊［　あ　］ときの、魚の胴のしなやかなひねりとその力強さまで伝わってきます。

魚が海面上に跳び出たということを単に伝達したいだけならば、〈水中から海面上に魚が跳び出た〉と書いて充分なわけです。しかしそういう表現では〈　あ　〉という表現から感じられるような、魚のピチピチした躍動感と生きのよさが捕えられません。ここが詩の表現と普通の文章との決定的な違いだということを知ってほしいのです。

要するに意味がわかりゃあいいんだろ、では、詩の表現の魅力に近づくことができません。詩歌の表現では、そこに「何が」書いてあるかだけでなく、「何が」「どのように」書いてあるかの二つで魅力が量られるのです。「何が」ももちろん大事ですが、それが「どのように」書かれているかによって、「何が」の印象も変わってきます。

〈すぽんと海を脱ぐ魚〉という表現は、そのことを鮮やかにわからせてくれるのではないかと思います。このように私たちも、常識を脱ぐことができたらいいな、と思わせる表現でもあります。

川崎さんの作品をもう一つ挙げます。

①どうかして　　川崎 洋

樹
なんとかお前に交わる方法はないかしら
葉のしげり方
なんとかお前と
交叉するてだてはないかしら

鳥
お前が雲に消え入るように
僕がお前に
すっと入ってしまうやり方は
ないかしら
そして
僕自身も気付かずに
身体の重みを風に乗せるコツを
僕の筋肉と筋肉の間に置けないかしら

神奈川県立相模原中等教育学校
神奈川県立平塚中等教育学校

（編集部注：掲載にあたりレイアウトなどの一部改変を行っています。）

〈適性検査Ⅰ〉　　　　　　　　　　　　　　　　　　　　　　　　　　　　　　　　　　　—45分—

問１　たろうさんたちは、道路で見つけた標示をもとに、調べたことについて話しています。次の〔**会話文**〕を読んで、あとの⑴、⑵の各問いに答えましょう。

〔**会話文**〕

たろう　「校外学習で相模野基線中間点と書いてある〔**標示**〕を見つけました。」

かなこ　「中間点を示していることは〔**標示**〕を見てわかりましたが、相模野基線が何かわからなかったので、２人で調べました。」

たろう　「調べたところ、相模野基線は、〔**標石１**〕の中心と〔**標石２**〕の中心を結んだ直線だということがわかり、〔**調べたこと１**〕としてまとめました。」

かなこ　「次に、5209.9697ｍという長さを今から100年以上前に、どうやって測ったのかを知りたくなったので、〔**調べたこと２**〕としてまとめました。」

〔**標示**〕

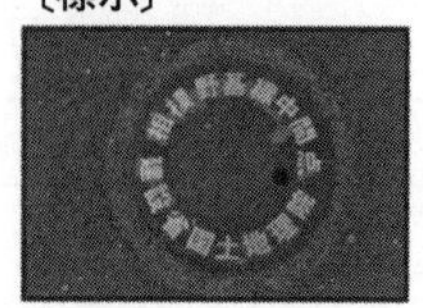

〔**標石１**〕

〔**標石２**〕

〔**調べたこと１**〕

相模野基線とは、相模原市にある〔**標石１**〕の中心と座間市にある〔**標石２**〕の中心を結んだ直線です。1882年にこの基線の長さを測り、長さが5209.9697ｍであることがわかりました。そして、この長さをもとにして、日本全土の正確な地図が作成されました。〔**標示**〕、〔**標石１**〕、〔**標石２**〕の位置関係は、〔**地図**〕にかきこんで、示しました。

〔**地図**〕

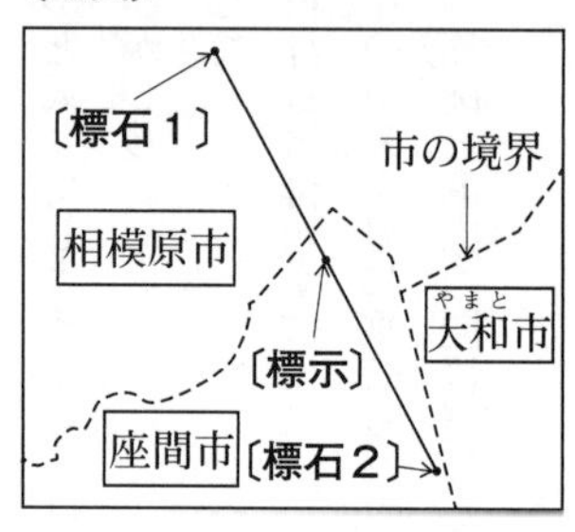

〔**調べたこと２**〕

長さを測るときの目印とするため、〔**標石１**〕と〔**標石２**〕の真上に、それぞれ〔**やぐら**〕が建てられました。あわせて、相模野基線上とその周辺の木や草が取り除かれたので、この２つの〔**やぐら**〕は、相模野基線上のどの地点からでも見えました。長さを測るときは、〔**部品**〕を組み合わせた〔**装置**〕を、〔**装置の使い方**〕のように使いました。〔**装置**〕で測った長さをもとに計算した結果、相模野基線の長さが5209.9697ｍだとわかりました。

〔**やぐら**〕

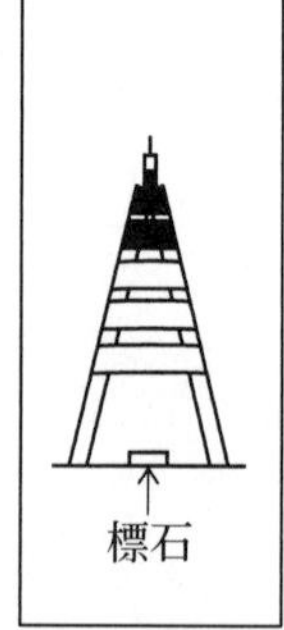

〔部品〕

○　鉄製で長さ４ｍのものさし　←4 m→

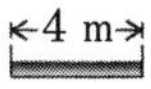

○　ものさしより少し短い木箱

○　三きゃく

〔装置〕

ものさしを、その両はしが少し出るようにして木箱へ入れ、三きゃくで支える。

横から見たとき　←4 m→

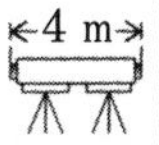

上から見たとき　←4 m→

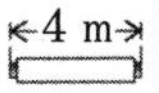

〔装置の使い方〕標石ⓐと標石ⓘの中心を結んだ直線の長さを測るときの例

３個の〔**装置**〕Ａ、Ｂ、Ｃを用意して、次の[1]～[4]のように使います。[1]、[2]、[4]の図は、上から見たときの様子を表しています。

[1]　標石ⓐの中心に〔**装置**〕Ａのものさしのはしを合わせます。また、このあとの[2]～[4]も含(ふく)め、３個の〔**装置**〕は、上から見たときも、横から見たときも３個が一直線になるようにつなげ、次の図のように、すべての〔**装置**〕が標石ⓐとⓘの中心を結んだ直線の上にくるよう設置します。

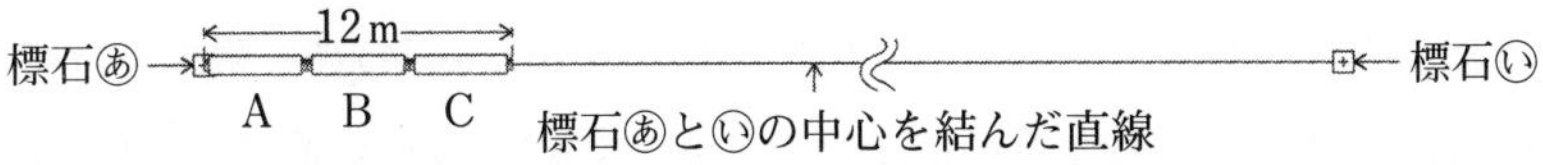

標石ⓐ→ ←12 m→ A B C　標石ⓐとⓘの中心を結んだ直線　←標石ⓘ

[2]　標石ⓐに最も近い〔**装置**〕を、標石ⓘに最も近い〔**装置**〕のとなりに移動させます。このとき、標石ⓐに最も近い〔**装置**〕以外は動かしません。また、このような〔**装置**〕の移動を、〔**装置**〕を１回動かした、として数えます。[1]の図の状態から、〔**装置**〕を１回動かすと、次の図のようになります。

標石ⓐ→ ←12 m→ B C A ←標石ⓘ

[3]　〔**装置**〕のものさしが標石ⓘの中心に達するまで、[2]と同じように、標石ⓐに最も近い〔**装置**〕を標石ⓘに最も近い〔**装置**〕のとなりに移動させるということをくり返します。

[4]　次の図のように、標石ⓘの中心に〔**装置**〕のものさしが達したら、くわしく調べて長さを決めます。例えば、〔**装置**〕を10回動かしたときに、標石ⓘの中心に〔**装置**〕のものさしのはしが達したとすると、標石ⓐとⓘの中心を結んだ直線の長さは、52ｍちょうどであることがわかります。

標石ⓐ→ ←12 m→ ←標石ⓘ

(1)　〔**会話文**〕、〔**調べたこと１**〕、〔**調べたこと２**〕の内容としてあてはまるものを次の①～⑤の中からすべて選び、その番号を書きましょう。

①　1882年に測られた〔**標石１**〕から〔**標示**〕までの長さは、5209.9697ｍである。

②　たろうさんたちが校外学習で見つけた〔**標示**〕は、座間市にある。

③　相模野基線（さがみのきせん）の長さをもとにして、日本全土の正確な地図が作成された。

④　相模野基線（さがみのきせん）の長さを測るとき、**〔標石１〕**と**〔標石２〕**の真上にそれぞれ建てた**〔やぐら〕**を目印とした。

⑤　**〔部品〕**のものさしの長さは、４ｍより少し短い。

⑵　たろうさんたちは、**〔装置の使い方〕**で、**〔装置〕**を125回動かしたときに、標石(い)の中心に**〔装置〕**のものさしのはしが達したとすると、標石(あ)と(い)の中心を結んだ直線の長さは何ｍちょうどであるかを考えました。このとき、標石(あ)と(い)の中心を結んだ直線の長さは何ｍちょうどであるか、書きましょう。

問２　かなこさんたちは、算数の授業で、直方体と立方体の箱をどのように積み上げるかについて話しています。次の**〔会話文１〕**、**〔会話文２〕**を読んで、あとの⑴、⑵の各問いに答えましょう。

〔会話文１〕

かなこ　「**〔表１〕**の箱を４人で分け合い、**〔ルール〕**に従って、**〔積み上げた高さ〕**が最も高くなるように積み上げるときについて考えましょう。」

たろう　「**〔積み上げた高さ〕**を考えるために、**〔表１〕**の14個の箱を積み上げてできる、高さが最も高い直方体を考えるのはどうですか。この直方体の高さは［あ］cmなので、［あ］cmを４等分した［い］cmを、最も高くなるように積み上げるときの**〔積み上げた高さ〕**として考えます。」

ひかり　「なるほど。あとは、**〔ルール〕**に従って、**〔積み上げた高さ〕**が４人とも［い］cmとなるように箱を積み上げられるのかを考えればよいですね。」

じろう　「**〔積み上げた高さ〕**が４人とも［い］cmとなるように積み上げることはできます。このとき、１番多く箱を使う人は、箱を［う］個使います。」

かなこ　「そうですね。考えたとおりになるか、箱を積み上げて確かめましょう。」

〔表１〕箱（合計14個）

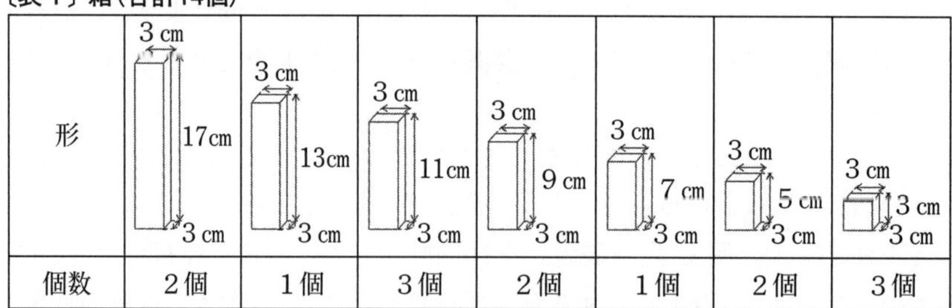

形	3 cm 17cm 3 cm	3 cm 13cm 3 cm	3 cm 11cm 3 cm	3 cm 9 cm 3 cm	3 cm 7 cm 3 cm	3 cm 5 cm 3 cm	3 cm 3 cm 3 cm
個数	２個	１個	３個	２個	１個	２個	３個

〔ルール〕

○　４人が４か所に分かれて、それぞれの場所で箱を積み上げる。

○　箱は、いずれかの面を下にして１個ずつ置き、積み上げる。箱を置くときは**〔例１〕**のように置き、**〔例２〕**のように斜（なな）めに置いてはいけない。

○　最初に箱を置いたあとは、直前に置いた箱の上に箱を置き、積み上げる。

○　**〔積み上げた高さ〕**が４人とも同じとなるように箱を積み上げる。

○　14個の箱はすべて使い、全員が積み上げ終えたときに、余っていてはいけない。

○　使う箱の個数は、４人それぞれ違(ちが)っていても構わない。
○　自分が積み上げた箱と、他の人が積み上げた箱が、ふれないようにする。

〔例１〕　〔例２〕　**〔積み上げた高さ〕**

１番下に置いた箱の下の面から、１番上に置いた箱の上の面までの長さのこと。〔例３〕のように積み上げたときは、９㎝となる。

〔例３〕

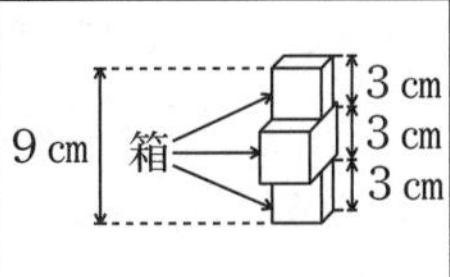

〔会話文２〕

たろう　「次は、〔表２〕の箱を４人で分け合い、箱を積み上げます。」

かなこ　「〔ルール〕に従って、〔積み上げた高さ〕が最も低くなるように積み上げるときと、最も高くなるように積み上げるときについて、考えましょう。」

じろう　「そうすると、〔積み上げた高さ〕が４人とも［え］㎝となるように積み上げるときが、最も低くなるように積み上げるときですね。」

ひかり　「また、〔積み上げた高さ〕が４人とも［お］㎝となるように積み上げるときが、最も高くなるように積み上げるときです。」

たろう　「それでは、実際に箱を積み上げ、考えたことが正しいか確かめましょう。」

〔表２〕箱（合計14個）

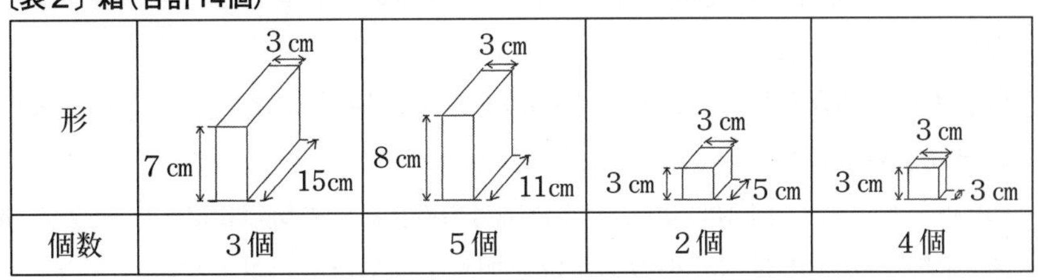

形	3 ㎝ / 7 ㎝ / 15㎝	3 ㎝ / 8 ㎝ / 11㎝	3 ㎝ / 3 ㎝ / 5 ㎝	3 ㎝ / 3 ㎝ / 3 ㎝
個数	３個	５個	２個	４個

(1)　次のア、イの各問いに答えましょう。

ア　〔会話文１〕の［あ］、［い］のうち、［い］にあてはまる数を、次の①～⑦の中から１つ選び、その番号を答えましょう。

①　26　　②　27　　③　28　　④　29　　⑤　30　　⑥　31　　⑦　32

イ　〔会話文１〕の［う］にあてはまる数を、次の①～⑧の中から１つ選び、その番号を答えましょう。

①　1　　②　2　　③　3　　④　4　　⑤　5　　⑥　6　　⑦　7　　⑧　8

(2)　次のア、イの各問いに答えましょう。

ア　〔会話文２〕の［え］にあてはまる数を、次の①～⑦の中から１つ選び、その番号を答えましょう。

①　12　　②　13　　③　14　　④　15　　⑤　16　　⑥　17　　⑦　18

イ　〔会話文２〕の［お］にあてはまる数を、次の①～⑦の中から１つ選び、その番号を答えましょう。

①　25　　②　26　　③　27　　④　28　　⑤　29　　⑥　30　　⑦　31

問３　たろうさんたちは、家庭科の授業で、たんぱく質を含(ふく)む食品について話しています。次の〔会話文〕を読んで、あとの(1)、(2)の各問いに答えましょう。

〔会話文〕

たろう　「栄養素は、エネルギーになる、体をつくる、体の調子を整えるという働きをすることを学習しました。また、たんぱく質は栄養素の１つで、この３つの働きのうち、主に体をつくる働きをすることも学習しました。」

かなこ　「そこで、たんぱく質を多く含む食品と、その食品に含まれるたんぱく質の割合を調べ、**〔表１〕**にしました。」

じろう　「学習した日の給食１食分には、**〔表１〕**にあるぶた肉が30ｇ、大豆が35ｇ含まれていることも確認しました。」

ひかり　「ぶた肉30ｇと大豆35ｇに含まれるたんぱく質の量を合わせると、１人が１日に必要とするたんぱく質の量の何％になるかも求めましたね。」

たろう　「はい。そのために、１人が１日に必要とするたんぱく質の量を調べました。わたしたちの年齢では55ｇから60ｇが目安でした。」

かなこ　「**〔表１〕**の４つの食品については、どれも生産するのに水が必要なので、生産に必要な水の量を調べ、**〔表２〕**にしました。」

じろう　「**〔表２〕**の牛肉、ぶた肉、とり肉の生産に必要な水の量には、餌となるとうもろこしなどの穀物の生産に必要な水の量も含んでいるので、牛肉、ぶた肉、とり肉の生産に必要な穀物の量も調べ、**〔表３〕**にしました。」

ひかり　「次に、１人が１日に必要とするたんぱく質の量を60ｇとし、その量を含む食品の量について考えました。」

たろう　「**〔表１〕**の割合を使い、たんぱく質60ｇを含む牛肉、ぶた肉、とり肉、大豆の量を、それぞれ求めました。」

かなこ　「求めたところ、牛肉は300ｇ、ぶた肉は286ｇ、とり肉は353ｇ、大豆は[あ]ｇでした。ぶた肉、とり肉の量は、小数第１位を切り上げて求めた量です。」

じろう　「続いて、牛肉300ｇ、ぶた肉286ｇ、とり肉353ｇ、大豆[あ]ｇの生産に必要な水の量をそれぞれ求めました。」

ひかり　「求めた結果、牛肉300ｇの生産には[い]Ｌ、ぶた肉286ｇの生産には1687.4Ｌ、とり肉353ｇの生産には1588.5Ｌ、大豆[あ]ｇの生産には[う]Ｌの水が必要であることがわかりました。」

たろう　「１人が１日に必要とするたんぱく質の量をもとにして考えたので、必要な食品の量やその食品の生産に必要な水の量を実感できましたね。」

〔表１〕たんぱく質を多く含む食品と、その食品に含まれるたんぱく質の割合

食品名	牛肉	ぶた肉	とり肉	大豆
たんぱく質の割合(%)	20	21	17	15

（文部科学省「日本食品標準成分表（八訂）増補 2023年」より作成）

〔表２〕食品100ｇの生産に必要な水の量

食品名	牛肉	ぶた肉	とり肉	大豆
生産に必要な水の量（Ｌ）	2060	590	450	250

（環境省「仮想水計算機」より作成）

〔表3〕肉1kgの生産に必要な穀物の量

肉の種類	牛肉	ぶた肉	とり肉
生産に必要な穀物の量(kg)	11	5	3

(農林水産省「知ってる？日本の食料事情2022」より作成)

(1) 〔会話文〕、〔表1〕～〔表3〕から読み取れる内容として、あてはまるものを次のA～Eの中からすべて選ぶとき、その組み合わせとして適切なものを、あとの①～⑧の中から1つ選び、その番号を答えましょう。

A　たんぱく質は、主に体の調子を整える働きをする。

B　ぶた肉170gに含まれるたんぱく質の量と、とり肉210gに含まれるたんぱく質の量は同じである。

C　とり肉10kgを生産するのに必要な水の量は、5000Lより少ない。

D　〔表2〕の牛肉、ぶた肉、とり肉の生産に必要な水の量は、餌となる穀物の生産に必要な水の量を含んでいる。

E　牛肉1kgの生産に必要な穀物の量は、とり肉1kgの生産に必要な穀物の量の4倍以上である。

①　A、B　②　A、E　③　B、C　④　B、D

⑤　C、D　⑥　A、C、D　⑦　B、D、E　⑧　C、D、E

(2) 次のア、イの各問いに答えましょう。

ア　1人が1日に必要とするたんぱく質の量を55gとすると、ぶた肉30gに含まれるたんぱく質の量と大豆35gに含まれるたんぱく質の量を合わせた、たんぱく質の量は、1人が1日に必要とするたんぱく質の量の何%になるか、次の①～⑤の中から1つ選び、その番号を答えましょう。

①　12%　②　21%　③　33%　④　54%　⑤　64%

イ　〔会話文〕の[あ]～[う]のうち、[い]にあてはまる数は、[う]にあてはまる数の何倍となるか、次の①～⑤の中から1つ選び、その番号を答えましょう。

①　0.12倍　②　0.16倍　③　5.49倍　④　6.18倍　⑤　8.24倍

問4　かなこさんとたろうさんは、カードを使ったゲームについて話しています。次の〔会話文〕を読んで、あとの(1)、(2)の各問いに答えましょう。

〔会話文〕

かなこ「わたしが考えた〔ゲーム〕を2人でしましたね。」

たろう「はい。〔ゲーム〕は2回行い、1回めは解説してもらいながら行いました。」

かなこ「解説のため、1回めは、わたし、たろうさんの順でひいた〔カード〕を、〔図〕のaからeの位置に、左から[1][2][3][4][5]の順で並べました。」

たろう「そのあと、〔カードの取り方〕に従って、お互いに〔カード〕を2枚ずつ取ったら、[あ]の〔カード〕が取られずに残りました。また、わたしが取った〔カード〕に書かれていた数は[い]と[う]で、その和は[え]でした。」

かなこ「そうでしたね。そのあと、得点と最終得点について解説をしました。」

たろう「2回めの〔ゲーム〕では、わたし、かなこさんの順で、〔カード〕をひいて、並べました。最初にわたしが[4]をひき、[お]の位置に並べました。」

かなこ　「わたしが最初にひいたのは[5]で、[e]の位置に並べました。」

たろう　「その次に、わたしが[2]をひいて[か]の位置に並べ、そのあとかなこさんが[3]をひいて[き]の位置に並べましたね。」

かなこ　「最後は、たろうさんが[1]をひいて[く]の位置に並べ、５枚の〔**カード**〕を並べ終えました。」

たろう　「並べ終えたので、わたし、かなこさん、わたし、かなこさんの順で〔**カード**〕を取り、最終得点を求めたところ、わたしの勝ちとなりましたね。」

〔**ゲーム**〕

○　２人で次のⒶ～Ⓓを順に行い、最終得点が多い方を勝ち、最終得点が同じときは、引き分けとするゲームです。

Ⓐ　２人のうちのどちらかが、５枚の〔**カード**〕を、書かれている数が見えないように重ねて置きます。

Ⓑ　Ⓐで置いた〔**カード**〕の１番上にある〔**カード**〕を１枚ひき、〔**図**〕の[a]～[e]のいずれかの位置に、書かれている数が見えるようにして並べます。

※　Ⓑは、自分と相手が１回ずつ交互（こうご）に行い、Ⓐで置いた５枚の〔**カード**〕をすべて並べ終えるまで続けます。ただし、〔**カード**〕を並べることができる位置は、まだ〔**カード**〕が並べられていない位置のみとします。

Ⓒ　５枚の〔**カード**〕が並んだら、交互（こうご）に〔**カードの取り方**〕に従って〔**カード**〕を取ります。〔**カード**〕は、Ⓑで〔**カード**〕を先にひいた人、あとでひいた人の順で１枚ずつ取ります。お互（たが）いに合計２枚ずつ〔**カード**〕を取ったら、取られずに残った１枚の〔**カード**〕は並べたままにします。

例　Ⓑで自分が先に〔**カード**〕をひいたときの〔**カード**〕を取る順

自分が１枚取る⇒相手が１枚取る⇒自分が１枚取る⇒相手が１枚取る

Ⓓ　Ⓒで取った２枚の〔**カード**〕に書かれている数の和を求め、得点とします。

さらに、〔**条件**〕のどちらかにあてはまる場合は、残った〔**カード**〕に書かれている数を得点に加え、その和を最終得点とします。〔**条件**〕にあてはまらない場合は、Ⓒで取った２枚の〔**カード**〕に書かれている数の和をそのまま最終得点とします。

例１　[3]と[4]の〔**カード**〕を取り、残った〔**カード**〕が[5]のとき

得点は７で、最終得点は12。このとき相手の得点は３で、最終得点は８。

例２　[1]と[5]の〔**カード**〕を取り、残った〔**カード**〕が[2]のとき

得点は６で、最終得点は８。このとき相手の得点は７で、最終得点も７。

〔**カード**〕

[1] [2] [3] [4] [5]

それぞれ１枚ずつあり、数は片面だけに書かれています。

〔**図**〕

左 [a][b][c][d][e] 右

〔カードの取り方〕

まず、１番左に並べられている〔カード〕を１番右に移動させます。次に、１番左に並べられている〔カード〕を取ります。

例　左から[1][2][3][4][5]の順で並んでいるときは、まず、[1]を[5]の右に移動させてから、[2]を取る。　[1][2][3][4][5]⇒[a][2][3][4][5][1]⇒[a][b][3][4][5][1]

〔条件〕

○　得点が奇数（きすう）で、残った１枚の〔カード〕に書かれている数も奇数（きすう）である。
○　得点が偶数（ぐうすう）で、残った１枚の〔カード〕に書かれている数も偶数（ぐうすう）である。

(1)　次のア、イの各問いに答えましょう。

ア　〔会話文〕の[あ]にあてはまる〔カード〕を、次の①～⑤の中から１つ選び、その番号を答えましょう。

①　[1]　②　[2]　③　[3]　④　[4]　⑤　[5]

イ　〔会話文〕の[い]～[え]のうち、[え]にあてはまる数を、次の①～⑦の中から１つ選び、その番号を答えましょう。

①　3　②　4　③　5　④　6　⑤　7　⑥　8　⑦　9

(2)　〔会話文〕の[お]～[く]に、たろうさんが〔ゲーム〕で勝ちとなるよう[a]～[d]をあてはめるとき、そのあてはめ方は何通りあるか、次の①～⑤の中から１つ選び、その番号を答えましょう。

①　１通り　②　２通り　③　３通り　④　４通り　⑤　６通り

問５　たろうさんたちは、児童会活動で取り組むことについて話し合っています。次の〔会話文〕を読んで、あとの(問い)に答えましょう。

〔会話文〕

たろう　「児童会活動で、全校児童集会に取り組むことになりましたね。」

かなこ　「全校児童集会は、すべての児童が参加するので、学年ごとに楽しむのではなく、他学年の児童と交流をして楽しむことが目的になっています。」

じろう　「そのため、全校児童集会では、この目的にあった遊び、またはゲームなどの活動をすることにしましたね。」

ひかり　「どのような活動をするかは、わたしたち６年生が考えて決めることになっていますが、どうやって決めますか。」

あらた　「まずは、個人で活動を考えて提案し、お互（たが）いの提案を聞いてから、どの活動がよいかを話し合って決めるのはどうでしょうか。」

こころ　「よいと思います。提案するときは、遊びやゲームなどの名前だけでは、どのような活動なのかがわかりづらいので、具体的な活動とその活動の中で他学年の児童と交流する場面がわかるように提案しましょう。」

(問い)　あなたの学校でも、〔会話文〕のように、他学年の児童と交流をして楽しむことを目的とした全校児童集会をすることになったとします。このとき、あなたはどのような活動を提案しますか。具体的な活動とその活動の中で他学年の児童と交流する場面がわかるように、70字以上80字以内で書きましょう。

〈適性検査Ⅱ〉 —45分—

問１　かなこさんとたろうさんは、国語の授業で学習したローマ字について話しています。次の〔**会話文**〕を読んで、あとの(1)、(2)の各問いに答えましょう。

〔**会話文**〕

かなこ　「国語の授業で、ローマ字について学習しましたね。」

たろう　「『ち』や『つ』のように、２つの書き表し方を学んだ文字もありました。」

かなこ　「〔**資料１**〕を読んで、『ち』をtiと書き表すのが訓令式、chiと書き表すのがヘボン式ということがわかりました。」

たろう　「〔**資料２**〕を読み、さらに訓令式とヘボン式のことがわかりました。」

かなこ　「そうですね。また、〔**資料３**〕を読んで、ヘボン式のローマ字表記についての理解が深まりました。」

〔**資料１**〕

学校で習うように、ローマ字には１つの音に２つの書き方があるものがあります。例えば、「ち」は「ti」と「chi」、「つ」は「tu」と「tsu」とそれぞれ２とおりの書き方ができます。「ti」「tu」のように子音(しいん)（k・s・tなど）と母音(ぼいん)（a・i・u・e・o）の組み合わせが規則的なほうを訓令式、「chi」「tsu」のほうをヘボン式といいます。

「訓令式」と「ヘボン式」は、どちらで書いても正しいですが、駅の名前や地名などは、英語の表記により近いヘボン式で書かれていることが多いです。ただ、ローマ字入力では、「ち」と打ちたいときに「chi」より「ti」のほうが、キーをおす回数が少なくてすみます。

（田中博史(たなかひろし)監修(かんしゅう)『楽しいローマ字 第５巻 おぼえよう！なれよう！ローマ字入力』Gakkenより作成
※一部表記を改めたところがある。）

〔**資料２**〕

主なローマ字表記の伝統的な形式は主に２つあり、それぞれ訓令式とヘボン式と呼ばれています。（中略）

訓令式は日本語のかなと英語の文字とが、より注１）厳密な一対一対応になっています。たとえば、た、ち、つ、て、と、という「た行」の音は、ta、ti、tu、te、toのように、すべてｔの文字で表されており、日本語の注２）母語注３）話者にとって覚えやすくなっています。一方、日本語を知らない英語話者にとっては、ヘボン式のローマ字表記（ta、chi、tsu、te、to）のほうが、実際の音を正確に推測しやすいのです。「ちかてつ」という言葉が訓令式でtikatetuと表記された場合、大抵(たいてい)の英語話者はすべてのｔの音を英語の“ｔ”のように発音してしまい、「ち」や「つ」の音を再現できません。

（『日本語のローマ字表記の推奨(すいしょう)形式』東京大学教養学部英語部会／教養教育開発機構より
※一部表記を改めたところがある。）

注１）厳密：細かなところまでよく注意して、行き届いている様子。
注２）母語：最初に自然に身に付けた言語のこと。
注３）話者：話す人のこと。

〔**資料３**〕

注1）日本式、訓令式のローマ字の書き方では「hi」「hu」と子音が共通しているが、ヘボン式では「hi」「fu」となって子音が共通しません。（中略） ちょっと脱線気味になりますが、日本式、訓令式は日本語がわかっている人が考えたものなんですね。だから、そのローマ字をみて、「ふうん。こう発音すればいいのかな」と考えるわけではないのです。それに対して、ヘボン式は、ジェームス・カーティス・ヘボンが『和英語林集成』という和英辞書の、明治19（1886）年に出版された第３版で使われていた「方式」で、アメリカ人であるヘボンが、その注2）つづりから日本語の発音が導き出せるように工夫したものです。アメリカ人ということは言い換えれば、英語を使う人ということです。

（今野真二『学校では教えてくれないゆかいな日本語』〈河出書房新社〉より　※一部表記を改めたところがある。）

注１）日本式：ここでは、日本式ローマ字のこと。日本の学者が考案したもので、訓令式のローマ字表記は日本式のローマ字表記をもとにつくられた。

注２）つづり：文字の並びのこと。

(1)　〔**資料１**〕～〔**資料３**〕から読み取れる内容として、あてはまるものを次の①～⑤の中からすべて選び、その番号を書きましょう。

①　「つ」の訓令式のローマ字表記である「tu」は、「ｔ」が母音で、「ｕ」が子音である。

②　「ち」をローマ字で書くとき、「ti」と「chi」のどちらで書いても正しい。

③　訓令式のローマ字表記と比べると、ヘボン式のローマ字表記は、日本語のかなと英語の文字とが、より厳密な一対一対応になっている。

④　訓令式のローマ字表記だと、「た行」の音は、ta、ti、tu、te、toのように、すべてｔの文字で表されている。

⑤　訓令式のローマ字表記は、日本語がわかっている人が考えたものである。

(2)　ヘボン式のローマ字表記は、どの言語の表記に近い表記ですか。また、どのように工夫したことで、誰にとって、何をしやすい表記となっていますか。〔**資料１**〕～〔**資料３**〕の内容をふまえ、70字以上90字以内で書きましょう。

問２　たろうさんとかなこさんは、畑で育てる野菜について話し合っています。次の〔**会話文**〕を読んで、あとの(1)、(2)の各問いに答えましょう。

〔**会話文**〕

たろう　「〔**栽培計画**〕に従って、〔**表１**〕の野菜を育てることにしましたね。」

かなこ　「はい。１年間で〔**表１**〕の８つの野菜をすべて育てます。」

たろう　「これから、〔**注意点**〕をふまえて、どの野菜を、どちらの期間に、どの区画で育てるか、それぞれ案を考えましょう。」

かなこ　「わたしは、カブを育てた区画で［あ］を、［い］を育てた区画でダイコンを、［う］を育てた区画でネギを、［え］を育てた区画でニンジンを育てる案を考えています。」

たろう　「なるほど。野菜の組み合わせを先に考えたのですね。その組み合わせは、〔**注意点**〕をふまえているので、どの区画で育ててもよいですね。」

かなこ　「はい。このあと、組み合わせた野菜をＡからＤのどの区画で育てるかを考えます。たろうさんは、どのように案を考えていますか。」

たろう　「わたしは、各区画で前期に育てる野菜を考えてから、後期に育てる野菜を考え、案にします。前期に育てる野菜を〔**表２**〕のように考えたので、このあと、〔**表２**〕の後期の欄(らん)に、どの野菜をあてはめるかを考えます。」

かなこ　「そうすると、［お］通りの案が考えられますね。」

たろう　「そうです。［お］通りの案の中から１つ選びたいと思います。」

〔栽培(さいばい)計画〕

○　４月～３月の１年間を、前期（４月～９月）と後期（10月～３月）の２つの期間に分け、それぞれの期間内に野菜を育て、収穫(しゅうかく)する。

○　野菜を育てる〔**畑**〕は、〔**分け方**〕に従って４つの区画に分ける。

○　前期と後期のどちらも、〔**畑**〕の１つの区画で育てる野菜は１つとする。

〔畑〕

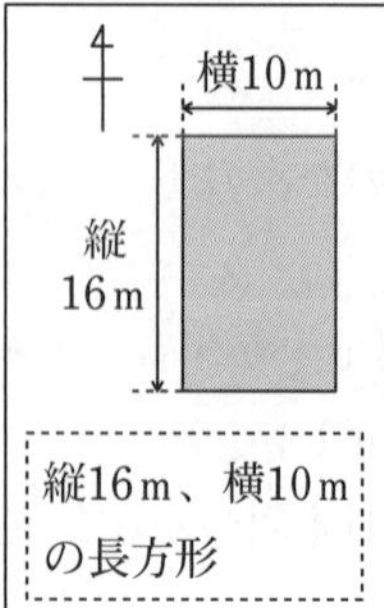

〔分け方〕

○　４つの区画に分けるために、〔**畑**〕の中に幅(はば)１ｍの通路を２つつくる。１つの通路は〔**畑**〕の縦の辺と平行に、もう１つの通路は〔**畑**〕の横の辺と平行になるようにつくる。

○　４つの区画の形はすべて長方形とし、正方形にはしない。

○　４つの区画の縦の長さと横の長さは、１ｍ、２ｍ、３ｍ、…のように、１ｍごとの長さとなるようにする。

○　４つの区画のうち、北西の位置にある区画をＡ、北東の位置にある区画をＢ、南西の位置にある区画をＣ、南東の位置にある区画をＤとする。

○　４つの区画に分けるときは、Ａの面積が１番小さく、Ｂの面積が２番め、Ｃの面積が３番め、Ｄの面積が４番めに小さくなるように分ける。

〔表１〕野菜と育てられる期間

野菜	育てられる期間
キュウリ	前期のみ
カブ、キャベツ、ジャガイモ、ダイコン、ニンジン	前期または後期
タマネギ、ネギ	後期のみ

〔表２〕

区画	育てる野菜	
	前期	後期
Ａ	ジャガイモ	
Ｂ	キュウリ	
Ｃ	カブ	
Ｄ	ニンジン	

〔注意点〕

病気などを防ぐため、次のことに注意する。

○　前期にキュウリを育てた区画で、後期にダイコン、ニンジンは育てない。

○　前期にカブを育てた区画で、後期にキャベツ、ダイコンは育てない。

○　前期にキャベツを育てた区画で、後期にカブ、ダイコンは育てない。

○　前期にダイコンを育てた区画で、後期にカブ、キャベツは育てない。

(1)　〔**畑**〕を〔**分け方**〕に従って分けるとき、次の**ア**、**イ**の各問いに答えましょう。

ア　Ａの縦の長さと横の長さが、それぞれ最も短くなるように分けると、Ｂの面積は何㎡

になるか、次の①～⑥の中から１つ選び、その番号を答えましょう。

①　7㎡　　②　8㎡　　③　10㎡　　④　12㎡　　⑤　14㎡　　⑥　16㎡

イ　Aの面積とDの面積の差が最も小さくなるように分けると、その差は何㎡になるか、次の①～⑥の中から１つ選び、その番号を答えましょう。

①　12㎡　　②　21㎡　　③　27㎡　　④　30㎡　　⑤　36㎡　　⑥　42㎡

(2)　次の**ア**、**イ**の各問いに答えましょう。

ア　**〔会話文〕**の あ ～ え のうち、 え にあてはまる野菜を、次の①～④の中から１つ選び、その番号を答えましょう。

①　キュウリ　　②　キャベツ　　③　ジャガイモ　　④　タマネギ

イ　**〔会話文〕**の お にあてはまる数を、次の①～⑦の中から１つ選び、その番号を答えましょう。

①　4　　②　6　　③　8　　④　10　　⑤　12　　⑥　16　　⑦　18

問３　かなこさんたちは、学年で行う球技大会について話し合っています。次の**〔会話文１〕**、**〔会話文２〕**を読んで、あとの(1)、(2)の各問いに答えましょう。

〔会話文１〕

かなこ　「球技大会は、１組から６組の全員が参加して行います。」

たろう　「球技大会で行うサッカー、バスケットボール、ドッジボールの３種目のうち、わたしたちは、サッカーの実行委員となりましたね。」

ひかり　「はい。かなこさんは１組、たろうさんは２組、わたしは３組、じろうさんは４組、こころさんは５組、あらたさんは６組の実行委員です。」

じろう　「サッカーは各組から１チームずつ参加します。どのように優勝チームを決めたらよいでしょうか。」

こころ　「６チームを１つのグループにした**〔リーグ戦〕**にすると全体で15試合行う必要があるし、**〔トーナメント戦〕**にすると試合の数は少なくなりますが、いくつかのチームは１試合しかできませんね。」

あらた　「そうですね。それと、**〔トーナメント戦〕**は、**〔図〕**の ア から カ に配置するチームをどのように決めるか、考えなければいけません。」

かなこ　「それなら、**〔メモ〕**のように、**〔リーグ戦〕**を行って**〔図〕**の ア から カ にチームを配置してから、**〔トーナメント戦〕**を行うのはどうですか。」

たろう　「なるほど。かなこさんの考え方だと、行われる試合の数は全体で あ 試合ですね。６チームを１つのグループにした**〔リーグ戦〕**にするより試合の数は少なくなるし、１試合しかできないチームもありません。」

ひかり　「いいですね。かなこさんの考え方で優勝チームを決めましょう。」

〔リーグ戦〕

> 同じグループの、どのチームとも１回ずつ試合を行い、１試合ごとに試合結果に応じたポイントを獲得(かくとく)できる。すべての試合が終わったときに、各チームが獲得(かくとく)したポイントの合計を比べて順位を決める。

〔**トーナメント戦**〕

〔**図**〕のトーナメント表を用いて、次の◇1～◇5の順で試合を行い、決勝で勝ったチームを優勝とする。また、必ず勝敗を決め、負けたチームはそのあとの試合が無い。

〔**図**〕

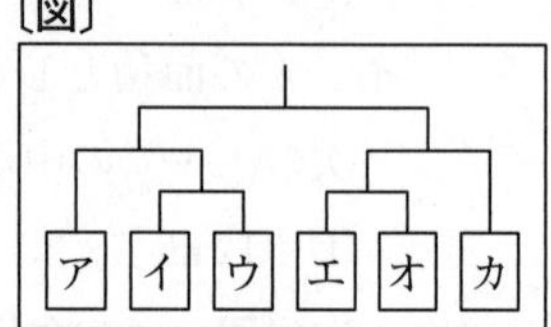

◇1１回戦第１試合　［イ］に配置されたチーム　対　［ウ］に配置されたチーム
◇2１回戦第２試合　［エ］に配置されたチーム　対　［オ］に配置されたチーム
◇3準決勝第１試合　［ア］に配置されたチーム　対　◇1の勝利チーム
◇4準決勝第２試合　◇2の勝利チーム　対　［カ］に配置されたチーム
◇5決勝　◇3の勝利チーム　対　◇4の勝利チーム
※　どの試合も必ず、トーナメント表の左に配置されたチーム　対　トーナメント表の右に配置されたチームの順で書き表し、この順で伝えることとする。

〔**メモ**〕

○　６チームを３チームずつ２つのグループに分け、一方をグループA、もう一方をグループBとする。
○　どちらのグループも〔**リーグ戦**〕を行い、それぞれのグループでの順位によって、〔**トーナメント戦**〕の〔**図**〕の［ア］から［カ］に配置するチームを決める。
○　〔**図**〕の［ア］から［カ］には、次の順位のチームを配置する。

［ア］⇒グループAで１位のチーム　［イ］⇒グループBで２位のチーム
［ウ］⇒グループAで３位のチーム　［エ］⇒グループAで２位のチーム
［オ］⇒グループBで３位のチーム　［カ］⇒グループBで１位のチーム

〔**会話文２**〕

たろう　「球技大会が終わりましたね。サッカーの試合はどうでしたか。」
あらた　「６組は、〔**トーナメント戦**〕の１回戦第１試合に出場したので、みんなとても緊張（きんちょう）していました。」
ひかり　「３組と４組は、〔**リーグ戦**〕と〔**トーナメント戦**〕で試合をしましたね。」
じろう　「はい。４組より３組のほうが〔**リーグ戦**〕での順位は上でしたが、〔**トーナメント戦**〕では、４組が勝利しました。」
こころ　「５組と２組が試合をしたのは、〔**トーナメント戦**〕だけでしたね。」
たろう　「そうでしたね。また、２組は〔**リーグ戦**〕で試合をした１組とも〔**トーナメント戦**〕で試合をしました。」
かなこ　「１組は、その試合を含（ふく）めた〔**トーナメント戦**〕の全試合で勝利しました。」

⑴　〔**会話文１**〕の［あ］にあてはまる数を、次の①～⑦の中から１つ選び、その番号を答えましょう。

①　8　②　9　③　10　④　11　⑤　12　⑥　13　⑦　14

⑵　球技大会で行われたサッカーについて、次の**ア**、**イ**の各問いに答えましょう。

ア　〔**リーグ戦**〕を行った結果、グループAで２位となったのは、どの組のチームか、次の①～⑥の中から１つ選び、その番号を答えましょう。

①　１組　②　２組　③　３組　④　４組　⑤　５組　⑥　６組

イ　〔**トーナメント戦**〕の準決勝第２試合は、次の①～⑨のうち、どの試合か。あてはまるものを①～⑨の中から１つ選び、その番号を答えましょう。

①　１組 対 ２組　②　１組 対 ５組　③　２組 対 １組
④　２組 対 ４組　⑤　３組 対 ４組　⑥　３組 対 ６組
⑦　４組 対 ３組　⑧　５組 対 １組　⑨　６組 対 ３組

問４　たろうさんとかなこさんは、文字や絵を数字に置き換(か)える仕組みについて話しています。次の〔**会話文**〕を読んで、あとの(1)、(2)の各問いに答えましょう。

〔**会話文**〕

たろう　「コンピュータには、文字や絵を数字に置き換(か)える仕組みが使われています。その仕組みを簡単にしたものを調べたので、これから、縦６マス、横６マスで合計36マスの方眼紙のマスをいくつかぬって表した〔**図**〕の文字を、数字に置き換(か)えていきましょう。」

かなこ　「〔**図**〕は、ひらがなの『**か**』を表したものですか。」

たろう　「そうです。■がぬったマス、□がぬっていないマスです。これから、〔**図**〕の１行めを〔**置き換え方**〕に従い、数字に置き換(か)えます。まずは、〔**置き換え方**〕のⒷまで行います。そうすると、１行めは、左から０１００１０という６個の数字のまとまりとなります。」

〔**図**〕

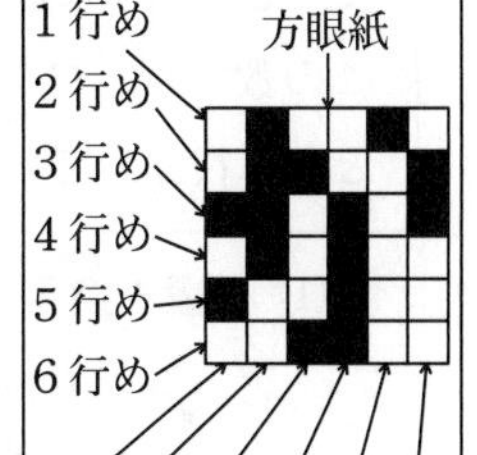

かなこ　「０１００１０は、Ⓒで〔**圧縮**〕すると、左から１１２１１となりますね。」

たろう　「そのとおりです。最後にⒹで、１１２１１に〔**パリティ**〕を付け、左から０１１２１１としたら、１行めの置き換(か)えは完了(かんりょう)です。」

かなこ　「１行めは、６個の数字に置き換(か)わりましたね。同じようにすれば、残りの行も、それぞれ何個の数字に置き換(か)わるかがわかりますね。」

たろう　「はい。そして、それぞれの行を置き換(か)えた数字の個数を合計すると、〔**図**〕の文字が何個の数字で表されるのか求められます。」

かなこ　「なるほど。そうすると、〔**置き換(か)え方**〕に従って置き換(か)えられた数字があれば、その数字をもとに文字や絵を作成することもできますよね。」

たろう　「できます。〔**置き換(か)え方**〕に従い置き換(か)えた〔**表**〕の数字をもとに、縦６マス、横６マスで合計36マスの方眼紙のマスをぬってみてください。」

かなこ　「わかりました。〔**表**〕の数字をもとに、方眼紙のマスをぬります。」

〔**置き換(か)え方**〕**縦６マス、横６マスの方眼紙のとき**

○　〔**図**〕のように、方眼紙の行は上から下に向かって１行め、２行め、３行め、…とし、列は左から右に向かって１列め、２列め、３列め、…とします。

○　方眼紙の１行めから６行めそれぞれで、次のⒶ～Ⓓをこの順で行い、それぞれの行を数字に置き換えます。

Ⓐ　1～6列めのマスのうち、■のマスを1、□のマスを0で表します。
Ⓑ　1～6列めのマスを表す数字を、列と同じ順で並べ、6個の数字のまとまりにします。
Ⓒ　Ⓑの6個の数字のまとまりを〔圧縮〕して、新たなひとまとまりの数字にします。
Ⓓ　Ⓒの新たなひとまとまりの数字に〔パリティ〕を付けます。

〔圧縮〕

まず、0が何個続くか、次に1が何個続くかを交互に数え、数字で表します。例えば〔**置き換え方**〕のⒷで１０００１１とした6個の数字のまとまりは、左から見ると、まず0が0個、次に1が1個、さらに0が3個続き、1が2個続くので、左から０１３２と、4個の数字が並ぶ新たなひとまとまりの数字にします。

〔パリティ〕

方眼紙のそれぞれの行の■のマスの個数が奇数なのか偶数なのかを表す数字です。その行の■のマスの個数が奇数であれば1を、偶数であれば0を、〔**圧縮**〕してできた新たなひとまとまりの数字の1番左に付けます。この数字は、コンピュータがまちがいをチェックするときに役立っています。

〔表〕

方眼紙の行	数字
1行め	１１１４
2行め	００４２
3行め	１１１４
4行め	１１１１２１
5行め	１０１５
6行め	００１２３

(1)　〔**置き換え方**〕について、次の**ア**、**イ**の各問いに答えましょう。

ア　Ⓑの6個の数字のまとまりが０１０１００となるのは、〔**図**〕の何行めか、次の①～⑤の中から1つ選び、その番号を答えましょう。

①　2行め　②　3行め　③　4行め　④　5行め　⑤　6行め

イ　Ⓑで１１０１００とした6個の数字のまとまりに、ⒸとⒹを行うと、次の①～④のどの数字に置き換わるか。あてはまるものを①～④の中から1つ選び、その番号を答えましょう。

①　０２１１２　②　１２１１２　③　００２１１２　④　１０２１１２

(2)　次の**ア**、**イ**の各問いに答えましょう。

ア　〔**置き換え方**〕に従い、〔**図**〕を数字に置き換えると、この〔**図**〕は合計何個の数字で表されるか、次の①～⑥の中から1つ選び、その番号を答えましょう。

①　30個　②　31個　③　32個　④　33個　⑤　34個　⑥　35個

イ　かなこさんは、〔**表**〕をもとに、縦6マス、横6マスで合計36マスの方眼紙のマスをぬり、各列の■のマスの個数を数えました。このとき、何列めの■のマスの個数が最も多かったか、次の①～⑥の中から1つ選び、その番号を答えましょう。

①　1列め　②　2列め　③　3列め
④　4列め　⑤　5列め　⑥　6列め

川崎市立川崎高等学校附属中学校

（編集部注：掲載にあたりレイアウトなどの一部改変を行っています。）

〈適性検査Ⅰ〉　　—45分—

問題１　たろうさんとはなこさん、けいこ先生が川崎市内の街中を散歩しながら話をしています。次の会話文を読んで、あとの(1)～(9)の各問いに答えましょう。

はなこさん：街中を歩いていると、〔**資料１**〕のポスターをよく見かけますね。

たろうさん：このポスターは、私たちの暮らす川崎に川崎宿という宿場町がつくられてから、昨年の2023年がちょうど400周年にあたることから作成されたものですね。

はなこさん：宿場町というのは何ですか。

けいこ先生：宿場町というのは、徒歩や馬が主な交通手段であった江戸時代において、街道（主要な道路）沿いに①宿泊施設などを中心につくられた町のことです。川崎宿は、江戸の日本橋から京都の三条大橋を結ぶ当時最も栄えた街道の一つである東海道に沿ってつくられました。ちなみに京都から大阪までの道のりを含めて東海道と呼ぶ場合もあります。

たろうさん：このポスターに使われている絵は何ですか。

けいこ先生：江戸時代に活躍した②歌川広重という人物が描いた『東海道五拾三次』という絵の中の一枚です。川崎宿の絵には、人や馬が玉川（現在の多摩川）を渡るための渡し船が手前にえがかれています。また右奥には富士山がえがかれています。

〔**資料１**〕**東海道川崎宿に関するポスター**

（東海道川崎宿起立400年ポスターより引用）

(1)　下線部①について、〔**資料２**〕は江戸から京都までの東海道の宿場における総家数、本陣（身分の高い貴族や大名、幕府の役人などの宿泊施設）の数、旅籠（庶民の宿泊施設）の数をあらわしたものです。〔**資料２**〕から読み取れることとしてふさわしいものを、次のア～オの中からすべて選び、記号で答えましょう。

ア　現在の神奈川県に位置する宿場における本陣の数を合計すると、22である。

イ　53の宿場のうち、本陣の数が３つ以上の宿場の割合は20％以上である。

ウ　本陣に比べて旅籠の割合が最も多いのは、宮(熱田)である。
エ　由比における、総家数に対する旅籠の数の割合は、20%である。
オ　総家数に対する本陣の数の割合が最も高いのは、坂下である。

〔資料2〕東海道(江戸〜京都)における53の宿場の比較

次数	宿場名	総家数	本陣の数	旅籠の数	次数	宿場名	総家数	本陣の数	旅籠の数
江戸　日本橋					28	見附(みつけ)	1029	2	56
1	品川(しながわ)	1561	1	93	29	浜松(はままつ)	1622	6	94
2	川崎(かわさき)	541	2	72	30	舞坂(まいさか)	541	2	28
3	神奈川(かながわ)	1341	2	58	31	新居(あらい)	797	3	26
4	保土ヶ谷(ほどがや)	558	1	67	32	白須賀(しらすか)	613	1	27
5	戸塚(とつか)	613	2	75	33	二川(ふたがわ)	328	1	38
6	藤沢(ふじさわ)	919	1	45	34	吉田(よしだ)	1293	2	65
7	平塚(ひらつか)	443	1	54	35	御油(ごゆ)	316	2	62
8	大磯(おおいそ)	676	3	66	36	赤坂(あかさか)	349	3	62
9	小田原(おだわら)	1542	4	95	37	藤川(ふじかわ)	302	1	36
10	箱根(はこね)	197	6	36	38	岡崎(おかざき)	1565	3	112
11	三島(みしま)	1025	2	74	39	池鯉鮒(ちりゅう)	292	1	35
12	沼津(ぬまづ)	1234	3	55	40	鳴海(なるみ)	847	1	68
13	原(はら)	398	1	25	41	宮(熱田)(みや·あつた)	2924	2	248
14	吉原(よしわら)	653	2	60	42	桑名(くわな)	2544	2	120
15	蒲原(かんばら)	509	1	42	43	四日市(よっかいち)	1811	2	98
16	由比(ゆい)	160	1	32	44	石薬師(いしやくし)	241	3	15
17	興津(おきつ)	316	2	34	45	庄野(しょうの)	211	1	15
18	江尻(えじり)	1340	2	50	46	亀山(かめやま)	567	1	21
19	府中(ふちゅう)	3673	2	43	47	関(せき)	632	2	42
20	丸子(まりこ)	211	1	24	48	坂下(さかした)	153	3	48
21	岡部(おかべ)	487	2	27	49	土山(つちやま)	351	2	44
22	藤枝(ふじえだ)	1061	2	37	50	水口(みなくち)	692	1	41
23	島田(しまだ)	1461	3	48	51	石部(いしべ)	458	2	32
24	金谷(かなや)	1004	3	51	52	草津(くさつ)	586	2	72
25	日坂(にっさか)	168	1	33	53	大津(おおつ)	3650	2	71
26	掛川(かけがわ)	960	2	30	京都　三条大橋				
27	袋井(ふくろい)	195	3	50					

注)次数とは、江戸から数えたときの宿場町の順番を表しています。

(東海道かわさき宿交流館展示資料　東海道五十三次より作成)

⑵　下線部②に関して、**〔資料1〕**で使用されている川崎宿の絵にえがかれた方角としてふさわしいものを、**〔資料3〕〔資料4〕**を参考にして、次の**〔資料5〕**中のア〜エの中から1つ選び、記号で答えましょう。ただし、**〔資料5〕**中の●は当時の品川側の船着き場を表しています。

〔資料3〕ポスターに使われた絵の題材

ColBase
(https://colbase.nich.go.jp/collection_items/tnm/A-10594?locale=ja)

〔資料4〕伊豆半島周辺

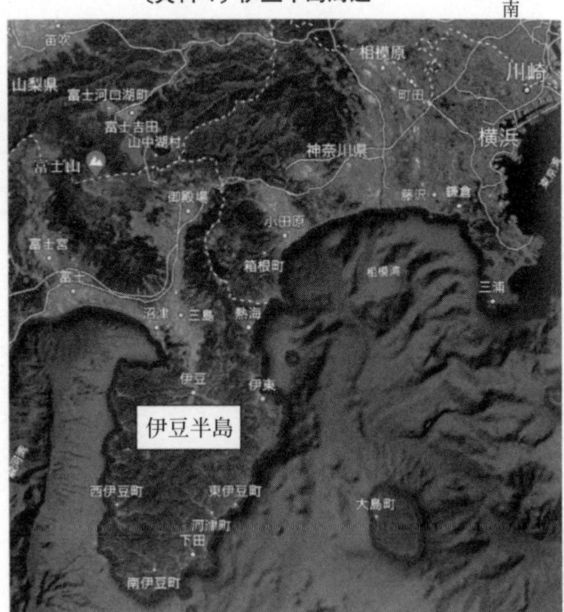

(Google Earth より引用)

〔資料5〕川崎駅周辺

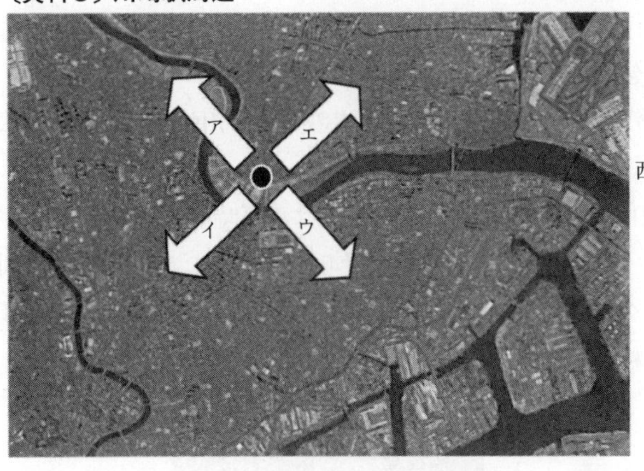

(Google Earth より引用)

はなこさん：ところで、江戸時代の頃(ころ)に現在の川崎市の場所には、東海道の他にも街道はあったのですか。

けいこ先生：はい。③〔資料6〕のように、東西に細長い現在の川崎市を横断・縦断するように街道が整備されていました。古くから人々の信仰(しんこう)を集めていた、川崎大師平間寺(へいけんじ)に続く道としての大師道(だいしみち)もその一つです。

たろうさん：川崎大師は私も行ったことがあります。初詣(はつもうで)の参拝者数(さんぱいしゃすう)の多さでも全国的に有名ですね。

けいこ先生：江戸時代に、商業が活発になる中で、多くの商品が運ばれる道として、これらの街道が発展し、道沿いの村々でも多くの商品が生み出され、地域が発展していきました。

はなこさん：現在の川崎市の発展には、「道」も大きく関係しているのですね。

〔資料６〕現在の川崎市内を通る、鉄道と昔からの６街道

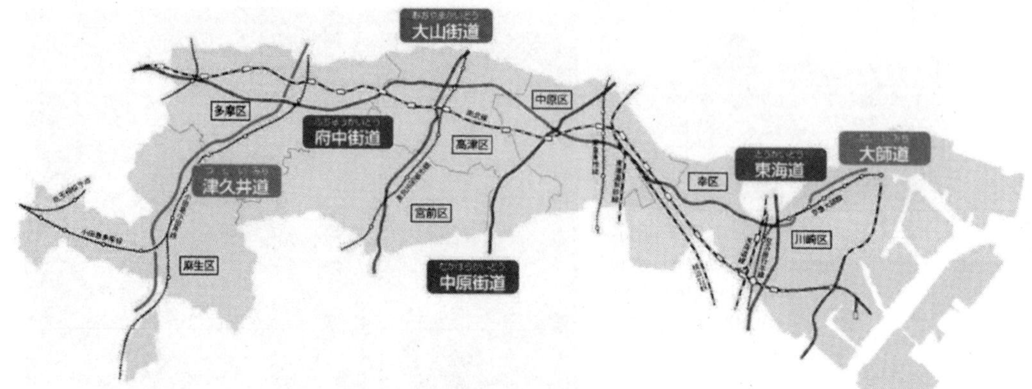

（川崎市ホームページ「昔からの６街道」より引用）

⑶　下線部③に関して、**〔資料６〕**から読み取れることとしてふさわしいものを、次のア～エの中から１つ選び、記号で答えましょう。

ア　大師道・府中街道は現在の川崎市を東西に結ぶ道であり、これら２つの道で、現在の川崎市内７つの区すべてを通っている。

イ　川崎市内の７つの区のうち、通過している鉄道の路線数が最も少ないのは幸区である。

ウ　川崎市内では、津久井道と大山街道、大師道・府中街道、東海道におおむね沿った形でそれぞれ鉄道路線が建設されている。

エ　川崎市内を通る江戸時代の主な６つの街道のうち、川崎市内における長さが最も長いのは津久井道である。

⑷　**〔資料６〕**の「大山街道」について、この街道は江戸時代には大山阿夫利神社（神奈川県伊勢原市）に「大山詣り」に向かう道として名付けられました。この大山阿夫利神社は今から約80年前に、一時的に多くの川崎市内の子どもたちが集まり、集団で生活する場になっていましたが、その理由を**〔資料７〕**を参考にして書きましょう。

〔資料７〕大山阿夫利神社の境内にある銅像

（大山阿夫利神社　輝け杉の子像）

はなこさん：川崎市は、令和６年７月１日に市制100周年をむかえるそうです。100年前の川崎の町並みの様子は、どのようなものだったのでしょうか。

たろうさん：〔**資料８**〕は、1917年頃の川崎町の地図です。

けいこ先生：〔**資料８**〕の六郷橋周辺に広がる町が川崎宿です。六郷橋は1600年に架けられましたが、1688年の多摩川の洪水で流失してしまいました。1883年に３代目となる橋が架けられました。川崎大師への参拝者のために橋が作られたそうです。

はなこさん：〔**資料９**〕の現在の地図と比べると、沿岸部の土地の形の様子が大きく変わっていて、人工的な形になっていますね。

たろうさん：そうですね。ここは、［　(あ)　］だからです。

〔資料８〕1917年頃の川崎町（５万分の１地形図）

※編集部注：著作権の都合により、地図を省略しています。

〔資料９〕現在の川崎駅周辺の地図

（Google マップより引用）

(5)　会話文中の［　(あ)　］にあてはまる言葉を５文字以内で書きましょう。

はなこさん：現在の川崎市の沿岸部は、主に工場や貿易の拠点(きょてん)として活用されています。

たろうさん：〔**資料10**〕と〔**資料11**〕は、川崎港における輸入品目と輸出品目の内訳を示しています。

けいこ先生：川崎港における輸出入品目の内訳からどのようなことが分かりますか。

はなこさん：川崎港では、主に［　A　］を輸入して、［　B　］を輸出しています。

けいこ先生：川崎港だけではなくて、日本のほかの港でもこのような傾向(けいこう)があります。

〔資料10〕川崎港における主要輸入品目の内訳（金額）

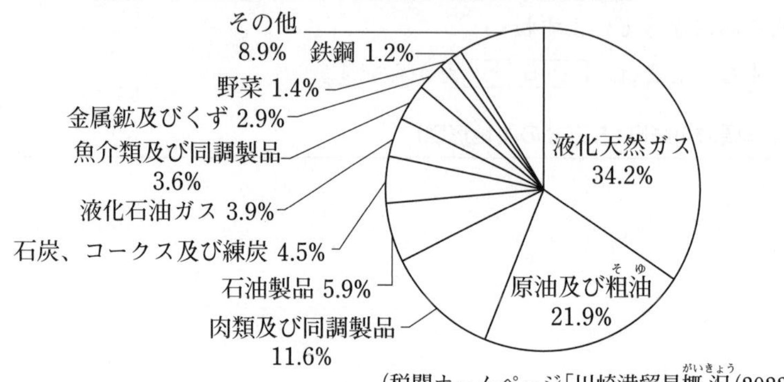

（税関ホームページ「川崎港貿易概況(がいきょう)（2022年分）」より作成）

〔資料11〕川崎港における主要輸出品目の内訳（金額）

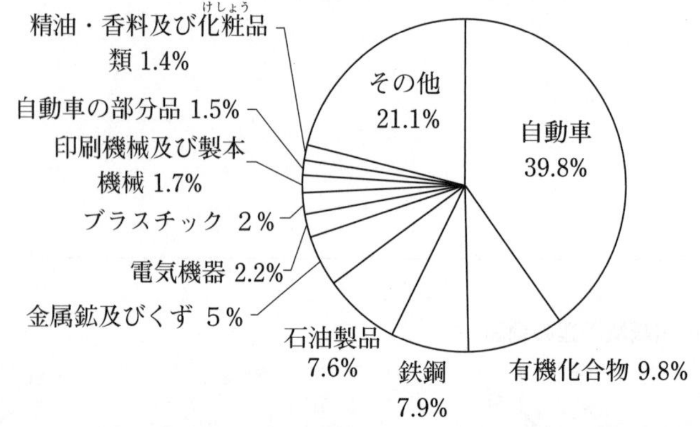

（税関ホームページ「川崎港貿易概況（2022年分）」より作成）

(6)　会話文中の［　A　］と［　B　］に当てはまる語句として正しいものを、次のア～カから１つ選び、記号で答えましょう。

ア　A：資源　　B：製品　　　イ　A：資源　　B：食料

ウ　A：食料　　B：製品　　　エ　A：食料　　B：資源

オ　A：製品　　B：食料　　　カ　A：製品　　B：資源

(7)　〔**資料12**〕は、川崎港における貿易額の推移(すいい)を示しています。この資料を説明したものとして<u>あてはまらないものを</u>、次のア～エから１つ選び、記号で答えましょう。

ア　2013年から2022年にかけて、輸入額は輸出額を上回っている。

イ　2022年分の輸入額は、2021年分の輸入額の約57.7％増加している。

ウ　2020年分の輸出額は、最も低い額であった。

エ　2016年分の輸入額は、2014年分の輸入額の半分以下である。

〔資料12〕川崎港における貿易額の推移

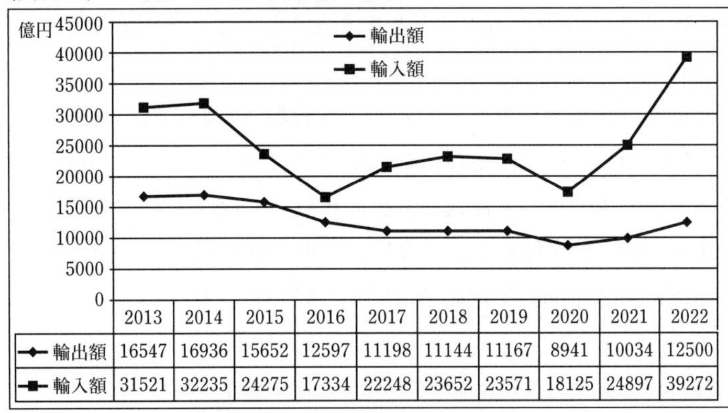

	2013	2014	2015	2016	2017	2018	2019	2020	2021	2022
輸出額	16547	16936	15652	12597	11198	11144	11167	8941	10034	12500
輸入額	31521	32235	24275	17334	22248	23652	23571	18125	24897	39272

（税関ホームページ「川崎港貿易概況（2022年分）」より作成）

はなこさん：川崎市は長い歴史を持つ都市だということがわかりました。

たろうさん：では、川崎の今はどのようになっているのでしょうか。

けいこ先生：２人は４月から進学して中学生になりますね。川崎市の中学校について、どのくらい知っていますか。

はなこさん：**〔資料13〕** のような④調査結果を見たことがあります。

たろうさん：川崎市は平成29年に人口150万人をこえ、全国でも10番以内に入る都市です。

けいこ先生：**〔資料14〕** の区別の住宅数の推移（すいい）から何かわかることはありますか。

はなこさん：［　　(い)　　］。麻生（あさお）区や宮前区は川崎市内だと新しい区なのですね。

たろうさん：新しいといえば、市内で一番新しい公立中学校である川崎高等学校附属中学校も10周年を迎えましたね。

けいこ先生：10年間の中で変化したことといえば、修学旅行の行き先が大阪から長崎に変更されたことなどが挙げられますね。

はなこさん：附属中の修学旅行は新幹線ではなく飛行機を利用していますよね。

〔資料13〕川崎市の中学校に通う人数の推移に関する調査

中学校の概況　　（単位：校、学級、人）（各年度５月１日）

年度	学校数			学級数			生徒数		
	総数	公立	私立	総数	公立	私立	総数	公立	私立
平成29年度	58	52	6	1,081	976	105	33,145	29,265	3,880
30年度	58	52	6	1,080	974	106	32,907	28,965	3,942
令和元年度	58	52	6	1,080	974	106	33,162	29,202	3,960
２年度	58	52	6	1,093	987	106	33,666	29,691	3,975
３年度	58	52	6	1,098	991	107	33,981	29,975	4,006
令和３年度区の内訳									
川崎区	11	11	-	167	167	-	4,891	4,891	-
幸　区	5	5	-	101	101	-	2,978	2,978	-
中原区	10	8	2	179	154	25	5,304	4,627	677
高津区	6	5	1	141	123	18	4,678	3,907	771
宮前区	8	8	-	191	191	-	6,035	6,035	-
多摩区	9	7	2	162	129	33	5,085	3,758	1,327
麻生区	9	8	1	157	126	31	5,010	3,779	1,231

（学校基本調査）

（令和４年度　川崎市統計データブックより引用）

(8)　下線部④について、〔**資料13**〕は川崎市の中学校の学級数と生徒数の推移をあらわしたものです。〔**資料13**〕から読み取れることとしてふさわしいものを、次のア～オの中から<u>すべて</u>選び、記号で答えましょう。

ア　平成29年度から学級数の変化はあるが、学校数は変わらない

イ　令和３年度の川崎区の生徒総数は4000人をこえており、７つの区の中で２番目に多い

ウ　川崎市内の私立中学校の生徒数は、どの年度も4000人に満たない

エ　令和３年度の幸区の生徒総数は、多摩区・麻生区の私立中学校に通う生徒総数より多い

オ　平成29年度から５年間、生徒総数は増加し続けている

〔**資料14**〕川崎市の区別住宅情報の推移に関するグラフ

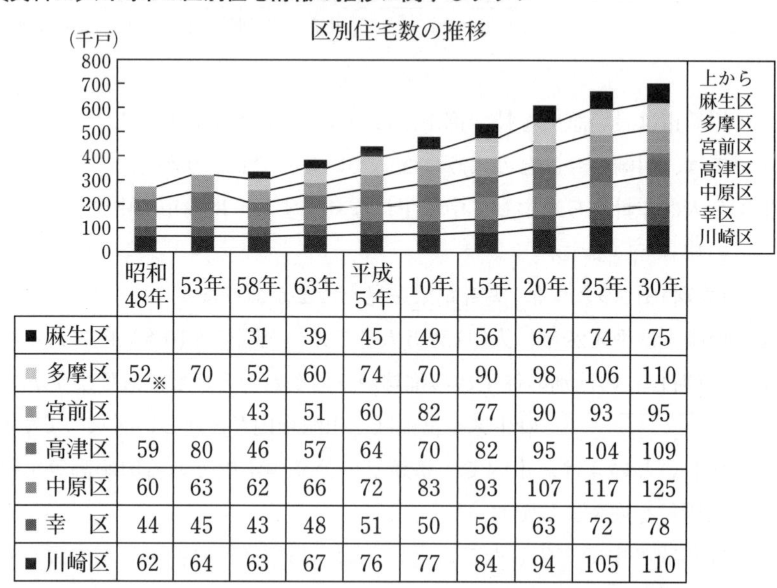

	昭和48年	53年	58年	63年	平成5年	10年	15年	20年	25年	30年
■ 麻生区			31	39	45	49	56	67	74	75
■ 多摩区	52※	70	52	60	74	70	90	98	106	110
■ 宮前区			43	51	60	82	77	90	93	95
■ 高津区	59	80	46	57	64	70	82	95	104	109
■ 中原区	60	63	62	66	72	83	93	107	117	125
■ 幸　区	44	45	43	48	51	50	56	63	72	78
■ 川崎区	62	64	63	67	76	77	84	94	105	110

(住宅・土地統計調査)

(令和４年度　川崎市統計データブックより作成)

(9)　〔**資料14**〕は川崎市の区別の住宅数の推移をあらわしたものです。会話文中［　(い)　］にあてはまる内容を、〔**資料14**〕を参考に、次のア～オの中から１つ選び、記号で答えましょう。なお、この調査は昭和48年から始まり、麻生区、宮前区は昭和58年から開始しました。※例えば昭和48年多摩区の「52(千戸(こ))」は、「52000戸(５万２千戸)」を示しています。

一戸は、一つの世帯が独立して家庭生活を送ることができるように建築されているものをあらわします。

ア　昭和48年と昭和58年を比べると、区の数は増えましたが住宅数の合計は減っています

イ　平成30年に住宅数が一番多い区は中原区で、一番少ない区は幸区です

ウ　昭和58年に７つの区がそろってから、平成30年まで全ての区で住宅数は増加し続けています

エ　平成30年の川崎市内には70万戸をこえる住宅があります

オ　平成15年から平成30年の間で、住宅数が最も増加した区は川崎区です

問題２　たろうさんとはなこさんは、８月19日～８月21日に開催されたサマーキャンプ八ヶ岳（やつがたけ）コースに参加しました。次の会話文を読んで、あとの(1)～(8)の各問いに答えましょう。

たろうさん：楽しみにしていたサマーキャンプがいよいよ始まりますね。

はなこさん：私は夏の八ヶ岳周辺に行くのは初めてです。わくわくします。

たろうさん：さて、他の参加者や担当の先生たちが待っています。バスに乗りましょう。川崎市からはおよそ２～３時間くらいかかりますよ。

――たろうさんとはなこさんたちはバスで八ヶ岳周辺を目指す。――

はなこさん：バスの中から見える風景が少しずつ変わってきましたね。自然が増えてきました。

たろうさん：外の風景はすてきですが、それより太陽の光がまぶしいですね。太陽の位置が変わってきました。カーテンを閉めましょう。

はなこさん：太陽の動きは、［　　(あ)　　］にしずむように見えます。現在11時ごろですから、バスのカーテンは、［　(い)　］を閉めると車内にかげができてまぶしくないはずです。

たろうさん：なるほど。私たちの席に近い窓は［　(い)　］ですので、このカーテンを閉めます。

はなこさん：まぶしくなくなりましたね。まだとう着まで少し時間がかかりそうですので、少しおしゃべりしましょう。

――たろうさんとはなこさんたちは八ヶ岳周辺にとう着する。――

ひろし先生：みなさんとう着しました。ここは、標高およそ1000ｍの高原に位置しています。ここからは有名な八ヶ岳が見えます。八ヶ岳などから流れる水によって川ができるため、自然豊かで、様々な動植物が生活しています。昼食は、お弁当を用意しています。ここから歩いてすぐの川〔**資料１**〕の近くで食べましょう。

〔**資料１**〕

（画像提供　NPO法人清里観光振興会（しんこうかい））

たろうさん：川の流れはいやされますね。ひんやりして、夏の暑さがやわらぎます。しかし、この川は川崎市内で見られる多摩川（たまがわ）とはようすがちがいますね。

はなこさん：この川〔**資料１**〕のように［　　　　(う)　　　　］

ひろし先生：はなこさん、その通りです。流れる場所によって、川と川原の石の様子には、ちがいが表れてきます。

(1)　［　(あ)　］と［　(い)　］にあてはまる言葉として、もっともふさわしいものを次のア～カの中から１つ選び、記号で答えましょう。

	(あ)にあてはまる言葉	(い)にあてはまる言葉
ア	東から出て南を通り西	北側
イ	東から出て南を通り西	南側
ウ	東から出て南を通り西	西側
エ	西から出て南を通り東	北側
オ	西から出て南を通り東	南側
カ	西から出て南を通り東	西側

(2)　［　(う)　］にあてはまる言葉として、もっともふさわしいものを次のア～カの中から１つ選び、記号で答えましょう。

ア　土地のかたむきが小さい場所では、水の流れが遅く、川はばが広くなっています。このような川の川原には、丸みのある小さな石が多く見られます。

イ　土地のかたむきが小さい場所では、水の流れが速く、川はばがせまくなっています。このような川の川原には、丸みのある大きな石が多く見られます。

ウ　土地のかたむきが小さい場所では、水の流れが速く、川はばがせまくなっています。このような川の川原には、角ばった大きな石が多く見られます。

エ　土地のかたむきが大きい場所では、水の流れが遅く、川はばが広くなっています。このような川の川原には、角ばった小さな石が多く見られます。

オ　土地のかたむきが大きい場所では、水の流れが速く、川はばがせまくなっています。このような川の川原には、丸みのある大きな石が多く見られます。

カ　土地のかたむきが大きい場所では、水の流れが速く、川はばがせまくなっています。このような川の川原には、角ばった大きな石が多く見られます。

ひろし先生：みなさん、昼食を食べ終えたところで、今から近くにある地層を観察しましょう。

たろうさん：地層を観察できるのは楽しみですね。もしかすると恐竜（きょうりゅう）の化石が発見できるかもしれませんね。

はなこさん：地層は、水のはたらきによって運ぱんされてきた、れき、砂、どろなどが、海や湖の底で、層になってたい積してできるので、その中に恐竜の化石が埋もれている可能性はありますね。

ひろし先生：地層が観察できる場所に到着しました。向こうのがけに見られるのが地層で、火山灰の層を含んでいます。ちなみに残念ですが、この地層から恐竜の化石は発見されていません。

たろうさん：さすがに標高およそ1000ｍの高原で、恐竜の化石は見られないですよね。

はなこさん：そんなこともないと思いますよ。ヒマラヤ山脈の山頂付近の高さ約8000ｍに、かつて海の底でできた地層が、しま模様になってはっきり見えます。また、高さ4000ｍのあたりで、海に生息していたアンモナイトの化石が見つかっています。

たろうさん：でも、なぜ海の底でできた地層がヒマラヤ山脈で見られるのですか。

はなこさん：長い年月の間に、［　(え)　］からです。

ひろし先生：大地は変わり続けることが地層を観察して明らかになっていきますね。
さて、みなさん、今夜はキャンプをします。夕食のカレーライスを作り、テントを張ってねとまりをします。キャンプ場に移動しましょう。

――たろうさんとはなこさんたちはキャンプ場にとう着する。――

たろうさん：こんな大自然の中で１日過ごせるなんて最高ですね。

はなこさん：まずは、少し休けいしましょう。温かい紅茶でも飲みましょうか。

たろうさん：いいですね。なべがあるので水をくんできますね。

はなこさん：私は火をおこしますね。

たろうさん：水をくんできました。このキャンプ場の水は山から引いてきているようで、すき通っていて、そしてすごく冷たいです。おいしそうです。

はなこさん：火がおこせました。金あみの上になべを乗せてください。

たろうさん：まきの火が強いからか、すぐぶくぶくしてきましたね。標高が高いと水が炭酸水になってしまうのでしょうか。この泡はなんですか。

はなこさん：この泡の正体は［ (お) ］で、このようなすがたを［ (か) ］といいます。なべから出ている白い湯気は［ (き) ］です。湯気は、小さい水のつぶです。

たろうさん：物質は温度によってすがたが変化するのですよね。水は冷やしたらどうなりますか。

はなこさん：①飲料水が入ったペットボトルの入れ物をこおらせるとペットボトルがこわれることがありますよ。

たろうさん：なるほど、おもしろいですね。

はなこさん：紅茶ができあがりました。いただきましょう。

(3)　［ (え) ］にあてはまる言葉を14字以上26字以内で書きましょう。

(4)　［ (お) ］と［ (か) ］と［ (き) ］にあてはまる言葉として、もっともふさわしいものを次のア～カの中から１つ選び、記号で答えましょう。

	(お)にあてはまる言葉	(か)にあてはまる言葉	(き)にあてはまる言葉
ア	水蒸気	液体	気体
イ	水蒸気	気体	気体
ウ	水蒸気	気体	液体
エ	二酸化炭素	液体	気体
オ	二酸化炭素	液体	液体
カ	二酸化炭素	気体	液体

(5)　下線部①のようになる理由を「体積」という言葉を入れて20字以内で書きましょう。

たろうさん：21時になりました。外も真っ暗になって、星が先程(さきほど)よりもきれいにかがやいています。この位置から南の方向を見ると、夏の大三角が見えたのですが、どこでしょうか。

はなこさん：先程観察したのは、19時でした。星も太陽と同じで動いて見えるのですよ。

たろうさん：19～21時の２時間だとどれくらい動いて見えるのですか。

はなこさん：どのくらいと言われると、私も分かりません。

ひろし先生：私が説明しましょう。まず、夏と冬では、南の空に見える星は変わってしまいますが、日ごとの観察では、１日経てば星はほぼ同じ位置に見えます。例えば、19時に観察した夏の大三角は、次の日の19時には同じ方角の位置に見えるのです。

たろうさん：ということは、東の空から見え始めた星は、南の空を通り、西の空に沈んだあと、見えなくなってしまうけど、その後も動いてまた東の空から出てくるのですか。

ひろし先生：すばらしい考えです。星は１日に１回転しているように見えるのですよ。

はなこさん：ということは、星が１周360°を、１日24時間で１回転するのであれば、計算式は［　(く)　］で、これを計算すると［　(け)　］°になります。
つまり、19～21時の２時間だと夏の大三角は、［　(こ)　］°動いて見えます。

ひろし先生：その通りです。北の空を見ると、北極星付近を中心として星が反時計回りに１日１周しているように見えます。北の空もはなこさんが計算していたように時間ごとに動いて見えるのです。

たろうさん：星の見え方に規則性があったのは知りませんでした。それともう１つ気になることがあります。夕方ごろまで見えていた三日月が見えなくなってしまいました。

はなこさん：それは太陽と月と地球の位置が関係していると思います。

たろうさん：どういうことでしょうか。

はなこさん：そもそも太陽の周りを地球が回っていて、地球の周りを月が回っているので、地球から見ると太陽と月は動いているように見えます。②月はおよそ30日で地球の周りを１周します。また、地球自体は反時計回りに１日１回転しています。

たろうさん：なるほど、③三日月に見えるときの太陽と月と地球の位置が分かれば、なぜ三日月が見えなくなってしまったか分かりそうですね。

はなこさん：そうですね。天体の見かけの動きについては、言葉だけで理解するのには限界があります。図で表したり、実験してみたりするのもよいでしょう。

ひろし先生：みなさんの探究心には感心します。しかし、もうすぐ消灯の時間です。明日も早いので、テントに入ってねる準備をしましょう。

(6)　［　(く)　］と［　(け)　］と［　(こ)　］にあてはまる数や記号を書きましょう。

(7)　下線部②について、次に満月になるのは、何月何日でしょうか。ただし、月は30日ちょうどで地球を１周するものとします。

(8)　下線部③について、月の位置を図で表しましょう。ただし、天体の実際の大きさについては無視してよいものとします。

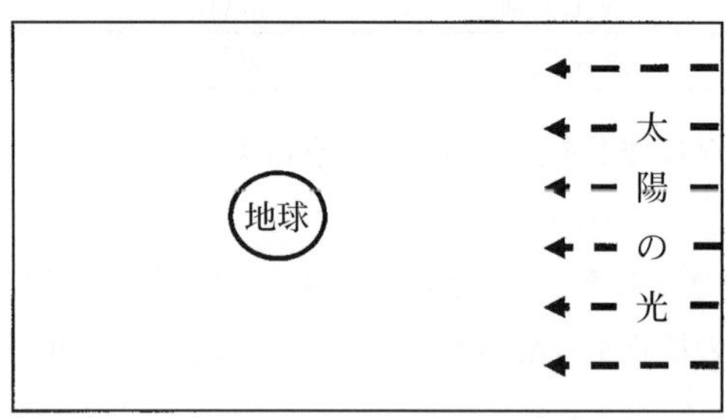

問題３　たろうさん、はなこさん、じろうさんの３人が、川崎市100周年記念事業ロゴについて話をしています。次の会話文を読んで、あとの(1)～(7)の各問いに答えましょう。

たろうさん：今年、川崎市は100周年をむかえるそうです。

はなこさん：そんなときに川崎で過ごしていられるなんて、何だかうれしいですね。

たろうさん：そうですね。その100周年のことについて調べていたら、100周年記念事業のロゴを見つけました。そこには、
「Colors, Future! Actions」
（カラーズ、フューチャー！　アクションズ）とかいてありました。

はなこさん：Colorsは「色」、Futureは「未来」、Actionsは「行動」という意味ですね。

たろうさん：「Colors, Future!　いろいろって、未来。」という川崎市のブランドメッセージがあるのは知っていますか。

はなこさん：はい。「多様性を認め合い、つながり合うことで、新しい魅力（みりょく）や価値を生み出すことができるまちを目指していく」という意味が込められているそうです。それに「行動」が加わったのですね。

たろうさん：そうです。「みんなが主役となって、力をかけ合わせながら多彩（たさい）なActionを生み出していきます。」と書いてありました。

はなこさん：それにしても、とても魅力あるデザインですね。シンプルなのがすてきです。例えば、「U」であれば、まっすぐな部分と曲線の部分でできていて、曲線部分は［図１］のように文字全体の下から３分の１の部分になっています。また、曲線部分は、ちょうど半円になっていることもわかります。

［図１］

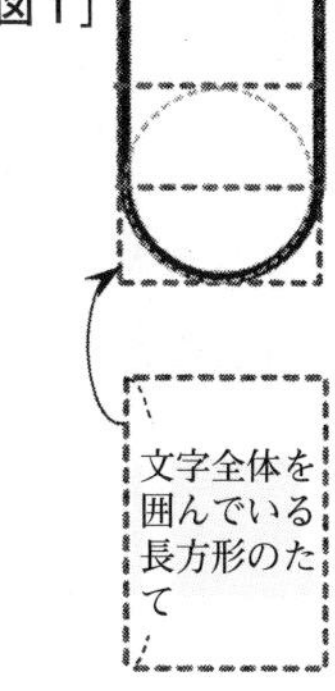

じろうさん：面白いことを考えていますね。それならば「U」の文字に使われている［図１］の太線の長さが求められそうです。「U」の文字全体を囲んでいるこの長方形のたての長さがわかるだけで、「U」に使われている太線の長さがわかります。この長方形のたての長さが６cmのとき、円周率を3.14とすれば、「U」の文字に使われている［図１］の太線の長さは［　(あ)　］cmになります。

たろうさん：この「U」の拡大図や縮図でもすぐに線の長さを求められるように、ことばの式に表しておくのもよいと思います。「U」の文字全体を囲んでいる長方形のたての長さをaとして式にすると、

［　　　　　　(い)　　　　　　］

になります。

(1)　［　(あ)　］にあてはまる数を書きましょう。

(2)　［　(い)　］にあてはまることばの式を書きましょう。

はなこさん：シンプルなデザインだからこそできることですね。じろうさん、他の文字はどうですか。

じろうさん：では［図２］の「F」と［図３］の「R」についても見てみましょう。

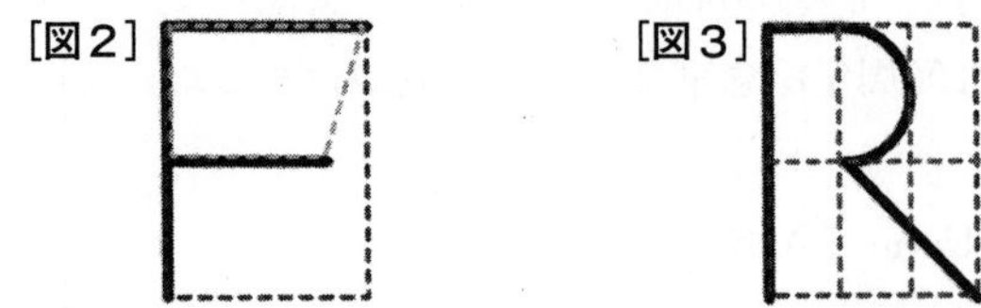
［図２］　［図３］

どちらも、文字全体を囲んでいる長方形と、それを分割するまっすぐな点線があります。横の点線はどちらも文字全体を囲んでいる長方形のたてを２等分しています。「Ｒ」のたての点線は、文字全体を囲んでいる長方形の横を３等分していて、横の点線とたての点線が交わっている位置で曲線部分と右下の斜(なな)めの直線部分が交わっています。また、「Ｒ」の曲線部分は半円です。

たろうさん：今度は私が問題を考えます。「Ｆ」の文字に使われている［図２］の太線の長さを求めるためにわかっているのは、文字全体を囲んでいる長方形のたてが６㎝、横が４㎝、上部にある台形の面積が11.25㎠だということです。はなこさんできそうですか。

はなこさん：わかりました。「Ｆ」の文字に使われている太線の長さは［(う)］㎝です。
では「Ｒ」の文字に使われている［図３］の太線の長さを求めるために必要な情報は何でしょうか。「Ｒ」の文字全体を囲んでいる長方形のたての長さ、横の長さがわかればできそうですね。

じろうさん：そうでしょうか。右下の斜めの線の長さが出せないのではないですか。

はなこさん：「Ｒ」の文字全体を囲んでいる長方形のたてが８㎝、横が６㎝だったとして考えてみます。底辺が［(え)］㎝、高さが［(お)］㎝で、もうひとつの辺が「Ｒ」の右下の斜めの線であるような［(か)］を４つ組み合わせると正方形ができます。その正方形の面積は［(き)］㎠です。面積が［(き)］㎠の正方形の１辺の長さが「Ｒ」の右下の斜めの線の長さになるといえます。

じろうさん：そうですね。さて、その長さを求めることはできますか。

はなこさん：その長さは…、あれ、求められないです。

じろうさん：中学校ではこれが求められるように新しい数を習うみたいですよ。でも今は知らないから求められません。あとは中学生になってからのお楽しみですね。

(3)　［(う)］にあてはまる数を書きましょう。

(4)　［(え)］と［(お)］と［(き)］にあてはまる数を、［(か)］にあてはまる図形の名前をそれぞれ書きましょう。

たろうさん：では、今度は、「Ｒ」の文字全体を囲んでいる長方形のたての長さがわかっているときに、［図４］のしゃ線部分の面積を求めてみましょう。「Ｒ」の文字全体を囲んでいる長方形のたての長さは８㎝として考えてみてください。

［図４］

じろうさん：円周率は3.14だとして計算すると、［(く)］㎠ですね。

たろうさん：正解です。

(5)　［(く)］にあてはまる数を書きましょう。

はなこさん：ところで、川崎市は今年の市制記念日2024年７月１日に市制100年という節目をむかえるそうですが、川崎高等学校附属中学校は、今年度10年目で、10周年記念式典を12月に行ったそうです。式典は終わってしまったのですが、私なりに学校10周年のロゴを川崎市の100周年記念事業のロゴのデザインに合わせて作ってみました。

たろうさん：デザインに合わせてとは、どういうことですか。

はなこさん：川崎市のロゴは、文字のデザインがシンプルなだけでなく、配列もよく考えられているように思えるのです。**[図５]** は文字の位置が各行でそろっているかわかるようにたて線を加えたものですが、各行の１文字目「C」「F」「A」のように文字の左端（ひだりはし）の位置が３行ともそろうところは１文字目以外にはありません。各行の２文字目「O」「U」「C」も、左端はほとんど同じ位置のように見えますが、よく見るとほんの少しずれています。３文字目の「L」「T」「T」は、「T」の真ん中のたて線と「L」の左端のたて線がそろっていますが、３つの文字の左端はずれています。私の個人的な感想ですが、<u>たてに並んだ３つの文字の左端が１文字目以外にはそろうことがないようにすることで❶</u>、多様性を表現しているように見えます。
それでいて、２、３行目の「T」のたて線、２、３行目の「U」と「I」では「U」の左側のまっすぐな線と「I」のたて線などのように、<u>部分的にたて線や文字の位置がそろえられていて❷</u>、ひとつの目標に向かうことを表現しているように見えます。他に、
１行目の［　　(け)　　］
２行目の［　　(こ)　　］
３行目の［　　(さ)　　］
も同じようにそろっていますね。

[図５]

(6)　［(け)］、［(こ)］、［(さ)］にあてはまる文を、次のア～クから選んで答えましょう。

ア　「E」の左端のたて線の位置　　　イ　「N」の左端のたて線の位置
ウ　「O」の曲線部分の左端の位置　　エ　「R」の左端のたて線の位置
オ　「R」の曲線部分の右端の位置　　カ　「O」の曲線部分の右端の位置
キ　「N」の右端のたて線の位置　　　ク　「E」の横線の右端の位置

たろうさん：その２つのこと(❶と❷)を考えてロゴを作ったのですね。
はなこさん：はい。見てください。

［図６］

KAWASAKI
FUZOKU 10th

じろうさん：よくできていますね。少しアドバイスしてもいいですか。
「ＦＵＺＯＫＵ」の文字の間隔（かんかく）を少しせまくすることで、そのぶん「10th」の位置を少しだけ左にずらしてみてはどうでしょうか。［図７］のように。

［図７］

たろうさん：❶と❷を考えると、「10th」の位置が変わったことで［図６］と比べて［図７］の方が［　　(し)　　］と［　　(す)　　］はそろわないようにできます。また、［　　(せ)　　］と［　　(そ)　　］はそろえることができます。
はなこさん：本当ですね。この方がすっきりしました。ありがとうございます。

(7)　［(し)］、［(す)］、［(せ)］、［(そ)］にあてはまる文を、次のア～クから選んで答えましょう。

ア　１行目の「Ａ」の左端　　　　　イ　１行目の「Ｗ」の右端
ウ　１行目の「Ｋ」の左端のたて線　エ　１行目の「Ｓ」の左端
オ　２行目の「Ｏ」の左端　　　　　カ　２行目の「Ｋ」の左端のたて線
キ　２行目の「１」の左端　　　　　ク　２行目の「ｔ」のたて線

〈適性検査Ⅱ　※問題１は457ページから掲載しています。〉　　—問題１と合わせて45分—

問題２　４月の中学校入学後に行われた学級会で、けいこ先生が話した内容を読み、問題に答えましょう。

さあ、みなさん。川崎高等学校附属中学校１年４組40人での生活がスタートしました。これからの中学校生活がより充実（じゅうじつ）するように、みなさんには知っておいてほしいことがあります。それは、この中学校の「生徒会年間テーマ」です。このテーマに全校生徒が少しでも近づくために、学校の様々な仕事を分担します。その仕事のひとつが、委員会です。今日は、このクラスの委員会メンバーを決めていきましょう。今年度は、７つの委員会でこの学校を運営します。

小学校では全員が委員会に所属しますが、中学校では委員会に所属するのは14名です。また、それぞれ定員が決まっていますので、必ずしも希望する委員会に入れるとは限りません。委員会の定員数や、生徒会年間テーマに込（こ）められた意味を確認して、あなたが希望する委員会に立候補してください。

生徒会年間テーマ
「360°」

【込められた意味】
「全校生徒360人が360度様々な方向に個性を発揮できる学校にしよう」という思いが込められています。

【取り組んでいきたいこと】
・みんなの個性をいかせる温かな雰囲気(ふんいき)を大切にする
・おたがいに協力し合う
・目立たないことでもがんばる

委員会名	定員	仕事内容
学年委員	各クラス２名	クラスの代表。学級会などで司会進行を行う。
新聞委員		クラス新聞作りをクラスで分担し、発行する。
図書委員		本の貸し出しや、図書室の本の整理、管理を行う。
文化委員		お昼の校内放送や、学校行事での写真撮影(さつえい)を行う。
風紀委員		朝のあいさつ運動や、生活の決まりを守るように呼びかける。
管理防災委員		清掃(せいそう)チェックや、清掃用具の管理をする。避難(ひなん)経路図を確認する。
保健委員		加湿器(かしつき)の管理や水質検査、健康保持を呼びかける。

問題

あなたはどうしても委員会に所属したかったのですが、残念ながら入ることができませんでした。この状況(じょうきょう)の中で、あなたは学校やクラスのために、どのように行動しますか。あなたのよさを明確にし、【取り組んでいきたいこと】をふまえて、あなたのよさを生かした具体的な行動を書きましょう。また、このような自分の希望がかなわない経験を乗りこえることで、あなたは自分自身がどのように成長すると思いますか。あなたの考えを書きましょう。

[注意事項]

○　たて書きで書きましょう。

○　300字以上400字以内で書きましょう。

○　原稿(げんこう)用紙の正しい用法で書きましょう。また漢字を適切に使いましょう。

○　はじめに題名などは書かず、１行目、１マス空けたところから書きましょう。

○　３段落以上の構成で書きましょう。

○　句読点〔。、〕やかっこなども１字に数え、１マスに１字ずつ書きましょう。また、段落を変えたときの残りのマス目も字数として数えます。

じろうさん　文章あ、い、うでは、いずれも①俳句にある「梅の花」を例える表現を使っていました。それぞれの例えからどのようなあたたかさであるのかが伝わってきてよいと思いました。

はなこさん　私もそこに着目しました。「梅の花一輪ほどのほんの少しのあたたかさ」のそれぞれの例え方がとても効果的です。

たろうさん　この句は字余りだと気づきました。②□・□・□という俳句のきまりを守っていないけれども、同じ言葉を重ねるなどの工夫があってよいと感じました。

じろうさん　字余りだからこそ「梅一輪」というはじめのところが際立つのではないかと私は感じました。それから、③「梅の花」にふれたことで人物に起こったことがそれぞれの文章から伝わってきました。

はなこさん　たしかに伝わってきますね。三つの文章を読んで思ったのですが、このような文章を書くということは俳句を深く読むということにもつながるのではないでしょうか。私も俳句を深く読み味わうために、このような文章を今度書いてみたいと思いました。

(8)　――線①「俳句にある『梅の花』を例える表現」とあります。文章あ、い、うで「梅の花」を例えている表現をそれぞれぬき出して書きましょう。

(9)　――線②について、「□・□・□」には、俳句の音数を表す数字が入ります。□にあてはまる数字をそれぞれ書きましょう。

(10)　――線③について、「梅の花」にふれたことで人物に起こったこととして、伝わってくる内容の組み合わせとして、最もふさわしいものを次の１から６の中から一つ選び、番号で答えましょう。

１　あは、梅の花にふれたことにより、自分から行動を起こしてみようという気持ちへと変化している。また、いとうは、梅の花にふれたことにより、不安な気持ちがおちついてきている。

２　いは、梅の花にふれたことにより、だれかの役に立ちたいという気持ちが高まっている。また、あとうは、梅の花にふれたことにより、人を信じることの大切さを感じている。

３　うは、梅の花にふれたことにより、他者を思いやる気持ちが高まっている。また、あといは、梅の花にふれたことにより、自分の考えを伝えていくことの大切さを感じている。

４　あは、梅の花にふれたことにより、前向きな気持ちへと変化している。また、いとうは、梅の花にふれたことにより、世の中にある不思議な出来事に対しておそれを感じている。

５　いは、梅の花にふれたことにより、周囲への感謝の気持ちがめばえはじめている。また、あとうは、梅の花にふれたことにより、消極的なところを直したいという気持ちに変化している。

６　うは、梅の花にふれたことにより、他者の思いを感じ、自分の感情が大きく動かされている。また、あといは、梅の花にふれたことにより、前向きな気持ちへと変化している。

＊4　べに色（紅色）……あざやかな赤い色のこと。
＊5　ぼんぼり……断面が六角で上がやや開いた形のわく組みに紙をはって覆（おお）いとした小型のあんどん（照明具の一種）のこと。
（図）

図

＊6　居間……住宅内にある部屋の一つ。家族がふだん集まる部屋のこと。
＊7　手塩にかけて（手塩にかける）……ここでは世話をして大切に育てるの意。

(1)　文章あの内容から考えて（ア）にあてはまる言葉としてふさわしい言葉をひらがな三字で書きましょう。

(2)　文章あの内容をふまえて、(あ)にあてはまる「私」の考えを「学校」という言葉を入れて十五字以内で書きましょう。

(3)　文章あにおいて、「私」は「白」「ピンク」の色にそれぞれどのようなことを感じていたのでしょうか。本文から五字以内でぬき出して書きましょう。

(4)　文章いにおいて、（a）（b）（c）（d）（e）には様子を例える言葉が入ります。組み合わせとして最もふさわしいものを次の1から4の中から一つ選び、番号で答えましょう。

1　a　いらいら　b　ざんざん　c　せかせか
　　d　どんどん　e　やけるような
2　a　いらいら　b　どんどん　c　とぼとぼ
　　d　うっすらと　e　ほのかな
3　a　むかむか　b　しとしと　c　すたすた
　　d　ほんのりと　e　たしかな
4　a　どきどき　b　どんどん　c　とぼとぼ
　　d　はらはら　e　かすかな

(5)　文章うの（イ）にあてはまる言葉を、文章うの本文からぬき出して書きましょう。

(6)　文章あ、い、うにある（A）に共通してあてはまる言葉として最もふさわしいものを次の1から4の中から一つ選び、番号で答えましょう。

1　また　2　すると　3　そして　4　しかし

(7)　俳句「梅一輪一輪ほどのあたたかさ」と同じ作者が作った句として「うぐひす(い)の聲(こえ)に起行雀(おきゆくすずめ)かな」（うぐいすの鳴く声を聞いて、すずめが鳴き始めたことだな）があります。この句と同じ季節の様子を書いた句を次の1から4の中から一つ選び、番号で答えましょう。

1　朝顔につるべとられてもらい水
2　思ふ(う)人の側(そば)へ割込(わりこ)む炬燵(こたつ)哉(かな)
3　チューリップ喜びだけを持っている
4　鈴虫(すずむし)の音をくらべむ(ん)と目をつむる

三つの文章を読んだ後のたろうさん、はなこさん、じろうさんの会話

たろうさん　同じ俳句を読んで書かれた文章ですが、読み手によって俳句のとらえ方がちがっていておもしろいですね。

はなこさん　私も同じことを思いました。この句はひろし先生から教えてもらったように「寒梅が一輪咲いている。それを見ていると梅一輪ほどのあたたかさを感じられる」ということはわかるけれども、これがいつのことなのか、どこでのことなのか、そこにはどのような思いがあるのかなどは読み手にまかされています。だから同じ俳句を読んで書いた文章であっても、これほどのちがいがあるのでしょう。

白一色の世界の中に、かすかな色味が見えたような気がした。はっとして目をこすって近づいてみると、それは＊4べに色の梅の花だった。ほかにも咲いていないか探してみたけれども、雪の中咲いていたのはたったの一輪だけ。雪を少しのせたその姿は、妹のひなまつりでかざられる小さな赤い＊5ぼんぼりのようにも見え、思わず手をかざした。

雪は相変わらず降り続けている。（Ａ）かざしたてのひらに（ｅ）あたたかさが伝わってくるような気がして、自然と笑みがこぼれた。

早く家に帰って友達に電話しよう。「さっきはごめん。（ａ）をぶつけて」って。

小さな赤いぼんぼりに見守られながら、私は雪降る公園を後にした。

[う]

祖父が亡くなり一ヶ月がたった。

はだをつきさすような冷たい風が吹く日、両親に連れられて祖父の家の片付けをしに行った。祖父は静かな山のふもとで一人暮らしをしていた。こうした寒い季節に祖父の家を訪れるのは初めてであった。

きちんと整理整とんされた室内。＊6居間には、祖父が＊7手塩にかけて育てた鉢植えの花や、五月人形の横で笑う幼いころの父、母に抱かれた赤ちゃんのころの私、夏休みに祖父のもとへ遊びにきたときに家族みんなですいかにかぶりついているときの写真などがところせましとかざってあった。一つ一つ手に取って見ているうちに、目頭が熱くなった。

その中に見覚えのない写真が一枚かざってあった。首をかしげながら写真を手に取る。なんの花だろう……梅の花かしら。

それは木の枝にぽつんと一つだけ咲く赤い梅の花の写真だった。花の写真は他にもあったけれども、他と比べてずいぶんと地味な写真だった。

梅の花……おじいちゃん……祖父のやさしい笑顔とともに、ゆっくりと思い出がよみがえってくる。

「おじいちゃんの一番お気に入りの花は寒梅というんだ。冬は花も草もかれて暗い木々の枝ばかり。そんな季節に咲くのが寒梅なんだ。おじいちゃんは寒さに負けず一生懸命咲いている寒梅を見るとうれしくなる。美しい花はたくさんあるけれども、おじいちゃんは寒梅が一番いいなあ。特に寒い中、勇気を出して一番はじめに咲いた寒梅を見ると幸せになれるような気がするんだよ」

庭の手入れをよくしていた祖父。梅の木も庭にあって、夏休みに遊びに来たときにはよくのびすぎた枝を切っていたっけ。

少しくもった窓ガラスごしに庭を見る。庭には夏休みに遊びに来たような色はない。（Ａ）そんな色のない庭から突然赤い色が目に飛びこんできた。

それは――かざってあった写真と同じ赤い梅の花だった。冷たく吹きすさぶ風にも負けず、一輪の梅の花が力強く咲いていた。そこだけ命のぬくもりを感じさせるかのように。

なみだがほほをつたう。

もうこの世にはいない祖父の思いにふれたような気がした。私に見せたかったんだね。父や母にも。みんなに（イ）になってほしいって。

「お父さん、お母さん、早く来て」

私は大きな声で父と母を呼んだ。

窓の外からは冬の午後の日差しが部屋に差しこんでいた。

【いずれも適性検査のために作成した文章】

＊1　梅一輪一輪ほどのあたたかさ……江戸時代の俳人、服部嵐雪の句

＊2　寒梅……冬の終わりの寒い時期に咲く梅のこと。

＊3　つのり(つのる)……ここでは感情や思いが強くなる意。

〈適性検査Ⅱ〉　—問題2と合わせて45分—

問題1　たろうさん、はなこさん、じろうさんは俳句*1「梅一輪一輪ほどのあたたかさ」（寒梅*2が一輪咲いている。それを見ていると梅一輪ほどのあたたかさを感じられる）を読み、その内容を生かして書かれた短い文章を三つ読みました。次の［あ］、［い］、［う］の文章と、それらを読んだ後のたろうさんとはなこさんとじろうさんの会話文を読んで(1)～(10)の各問いに答えましょう。

［あ］

私がこの街に引っ越してきて一週間がたつ。新しい学校には慣れず、すでに人間関係が出来上がっているクラスではなかなか友達を作ることができない。

「行きたくないな……」

学校に向かう足取りが（ア）なる。この街の冬はとても寒く、雪も積もるほどに降る。昔の私なら、朝起きたときに雪が積もっていたら、飛び上がるほど喜んでいたにちがいない。雪が積もった道を友達と歩きながら、「きれいだね」「冷たいね」と笑い合っていたことを思い出す。でも今はちがう。雪の日に一人でいると余計にさびしい気持ちになる。雪は真っ白できれいだけど、その白さが私しかいないように感じさせて、もっともっとさびしくなる。まるで真っ白で静かな世界で、たった一人で歩いているような気持ちになるのだ。そんなふうに考えていると、学校へ行きたくない気持ちが増していき、ついに足が動かなくなってしまった。

「どうせどこへ行ったって、私は、一人なのに［（あ）］。冷たい！」

急にほほに冷たさを感じた。雪が、当たったようだった。顔を上げると、雪が積もった梅の木が目に入った。ほほにあたった雪はこの木に積もっていたものらしい。黒い枝も白くなるほど積もっていたが、真っ白な中にポツンと小さなピンク色が見えた。じっと見ると、梅の木に、梅の花が一輪だけ咲いていた。春はまだ先なのにと思ったが、冬に咲く梅もあると以前、聞いたことを思い出した。

「…あなたも一人なの？」

一輪だけ咲く花に、そう問いかけた。（Ａ）不思議と、私はその花にさびしさを感じていなかった。咲いているのは一輪だけだが、そのやわらかいピンク色、かわいらしい形はさびしさを感じさせるものではなかった。あんなに寒かったのに、私はそのピンクの花を見た瞬間、少しあたたかさを感じた。寒さの中にパッと明かりがともったように感じた。

「一人じゃないよ」と花が私に言ってくれたように感じた。たった一輪だけれど、その小さな花が明かりになって、私の心をあたためてくれたのだ。さっきまで感じていたさびしさが少し無くなったような気がする。

「今日、だれかに話しかけてみようかな」

私は顔を上げ、学校への道を歩き出した。

［い］

今日はいやなことばかりだった。朝、登校途中に転んだ。体育の授業ではシュートが一本も決まらなかった。昨夜、頑張ってやった宿題を家に置き忘れてしまい、授業中に発言できなかった。（ａ）がつのり*3、友達とちょっとしたことで口げんかしてしまい気まずくなってしまった。おまけに帰り道には雪まで降ってきた。

雪は（ｂ）降ってきて、あまりの寒さに身ぶるいをした。かじかむ手に息をはきかけながら（ｃ）歩くうちに、なみだで目の前がぼやけてきた。

いつも通りぬける公園の木々にも（ｄ）雪が積もり始めていた。そんな

横浜市立南高等学校附属中学校

（編集部注：掲載にあたりレイアウトなどの一部改変を行っています。）

〈適性検査Ⅰ　※②は482ページから掲載しています。〉　—②と合わせて45分—

① りかさんとみなみさんが図書館で社会の授業の話をしています。りかさんとみなみさんの**【会話】**や**【資料】**を読み、あとの問題に答えなさい。

【会話１】

りかさん：今日の社会の授業で、ヨーロッパの国の学習をしましたね。

みなみさん：はい。スペインには**【SIESTA（シエスタ・昼の休憩）】**という文化があるのですね。

りかさん：スペインといえば、**【SOBREMESA（ソブレメサ）】**というスペイン語を知っていますか。

みなみさん：いいえ、知りません。それはどういう意味なのですか。

りかさん：「食後に食卓を囲んで、くつろいでおしゃべりをする」という習慣を指す言葉です。

みなみさん：スペインでは、午後２時ごろに昼食をとり、**【SIESTA】**や**【SOBREMESA】**をはさみ、また仕事にもどるのですね。

りかさん：はい。その国の言葉にはその国の文化が反映されているのですね。

みなみさん：外国の言葉について興味が出てきました。少し調べてみませんか。

りかさん：そうですね。調べてみましょう。

みなみさん：わたしはこのような言葉を調べてきました。**【資料１】**を見てください。

【資料１】みなみさんが見つけてきた言葉

SKÁBMA（スカーマ） **太陽の出ない季節**

（吉岡　乾『なくなりそうな世界のことば』〈創元社〉をもとに作成）

りかさん：**【SKÁBMA】**で「太陽の出ない季節」を表すのですね。

みなみさん：はい。日本語にはない表現で、特に気になりました。

りかさん：確かに、日本にはない季節ですね。これはどこで使われている言葉なのですか。

みなみさん：これは**【資料２】**を参考に考えてみると、わかりやすいです。**【資料２】**は地球儀に、太陽の光に見立てた光を当てているところを表したものです。

りかさん：地球儀を、**【資料２】**中の「地球儀を固定している軸」を中心に回すと、一周しても太陽の光が当たらない地域がありますね。

みなみさん：はい。そこが①<u>「太陽の出ない季節」という言葉が使われている地域</u>です。

【資料２】地球儀に太陽の光に見立てた光を当てている図

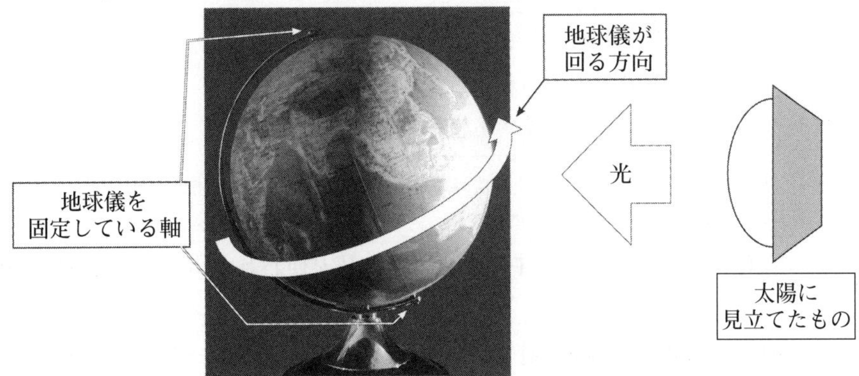

問題１　**【会話１】**中の①「太陽の出ない季節」という言葉が使われている地域として最も適切な地域を次の**【地図】**中の**１**～**４**から一つ選び、番号を書きなさい。

【地図】

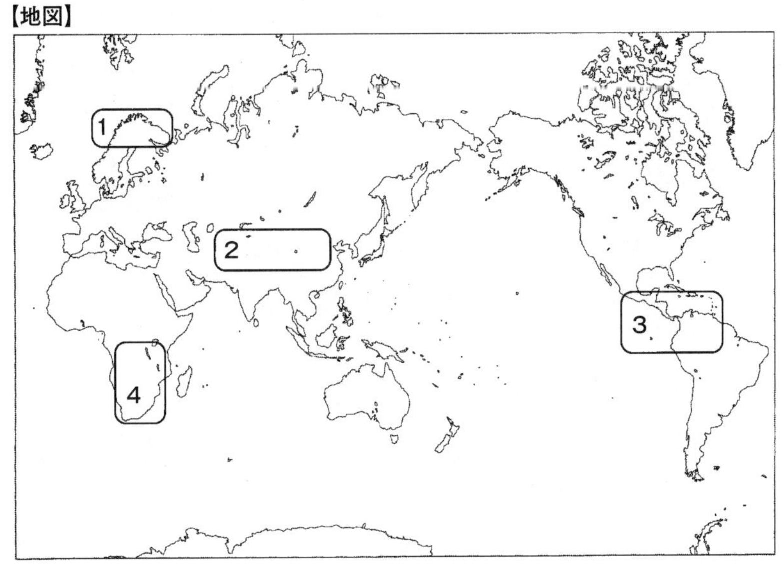

【会話２】

りかさん：わたしは少し変わった言葉を見つけました。**【資料３】**の言葉を見てください。

【資料３】りかさんが見つけてきた言葉

PISAN ZAPRA（ピサンザプラ） バナナを食べるときの所要時間

（エラ・フランシス・サンダース『翻訳（ほんやく）できない世界のことば』〈創元社〉をもとに作成）

みなみさん：「バナナを食べるときの所要時間」を表す言葉があるのですね。30秒くらいですか。

りかさん：人やバナナによりますが、約２分らしいです。どこで使われている言葉だと思いますか。

みなみさん：バナナが栽培（さいばい）されている地域で使われていると思うのですが…。

りかさん：はい。バナナの栽培条件について調べた**【資料４】**を見てください。

【資料４】りかさんが調べたバナナの栽培条件

・高温多湿(たしつ)な土地に育つ
・気温27～31℃くらいがいちばん元気に育つ
・暑い季節は毎日しっかり水やりをする

（佐藤靖明 監修／山福朱実 絵と造形『知りたい　食べたい　熱帯の作物　バナナ』〈農山漁村文化協会〉をもとに作成）

みなみさん：条件に当てはめると、【PISAN ZAPRA】が使われている地域の気温と降水量(こうすい)を表しているグラフは［　②　］ですね。

りかさん：はい。【PISAN ZAPRA】は、マレーシアやシンガポールなどで話されているマレー語の言葉です。同じ気候の地域で【資料５】の［　③　］が育てられていますね。

【資料５】コーヒー、オリーブ、小麦の生産量の上位５か国(2020年　単位：千ｔ)

コーヒー		オリーブ		小麦	
ブラジル	3700	スペイン	8138	中国	134250
ベトナム	1763	イタリア	2207	インド	107590
コロンビア	833	チュニジア	2000	ロシア	85896
インドネシア	773	モロッコ	1409	アメリカ	49691
エチオピア	585	トルコ	1317	カナダ	35183

(「世界国勢図会 2022/23」をもとに作成)

【資料６】世界の気候について表した地図

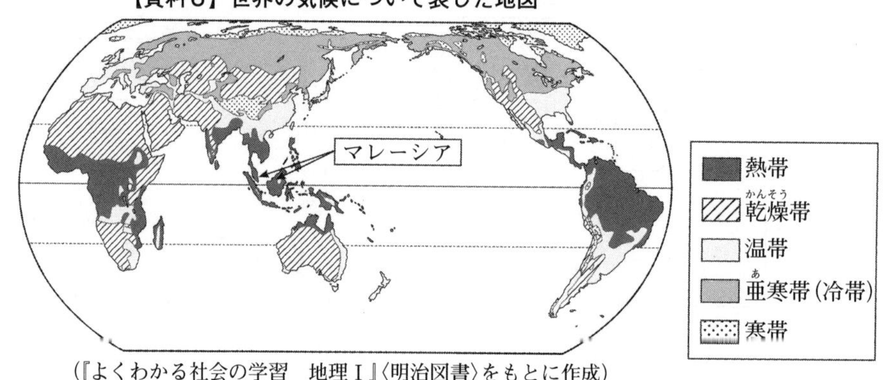

(『よくわかる社会の学習　地理Ⅰ』〈明治図書〉をもとに作成)

【資料７】【資料５】中のコーヒー、オリーブ、小麦がつくられている国々

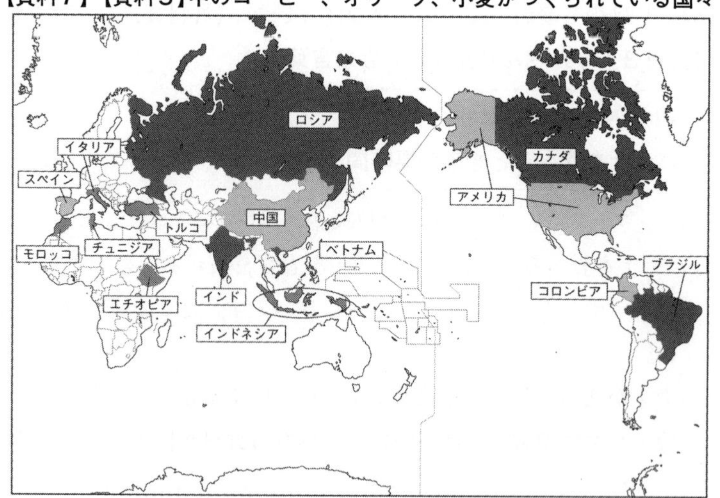

問題２　**【会話２】**中の［　②　］にあてはまる気温と降水量のグラフを次の**A**と**B**から選び、**【会話２】**中の［　③　］にあてはまる作物との組み合わせとして最も適切なものを、**【資料５】**～**【資料７】**を参考にしてあとの**１**～**６**から一つ選び、番号を書きなさい。

A

B

（国立天文台編「理科年表2023」をもとに作成）

１　**A**とコーヒー　　**２**　**B**とコーヒー　　**３**　**A**とオリーブ
４　**B**とオリーブ　　**５**　**A**と小麦　　**６**　**B**と小麦

【会話３】

みなみさん：日本にバナナが広まったのは1900年ごろに行われた台湾からの輸入がきっかけです。

りかさん：そうなのですね。台湾は日清戦争の結果、④下関条約によって、日本の領土になっていましたね。

みなみさん：日清戦争は甲午農民戦争という争いがきっかけで起こったと本で読んだことがあります。

りかさん：はい。この「甲午」というのは、十干十二支からきています。**【資料８】**を見てください。

みなみさん：これで歴史上のできごとが起こった年を算出することもできますね。

りかさん：この時期に台湾からバナナが輸入されていた主要な港はどこだったのですか。

みなみさん：⑤門司港だと言われています。この当時、同じ県内に八幡製鉄所もでき、台湾にも地理的に近いことで、ずいぶんにぎわっていたようです。

りかさん：**【資料９】**にある県ですね。筑豊炭田などの地理的な条件を生かして、のちに工業地帯ができていきますね。

【資料８】十干十二支と西暦を利用して十干十二支を算出するときの手順

十干

	甲	乙	丙	丁	戊	己	庚	辛	壬	癸
読み方	こう	おつ	へい	てい	ぼ	き	こう	しん	じん	き
	きのえ	きのと	ひのえ	ひのと	つちのえ	つちのと	かのえ	かのと	みずのえ	みずのと
	4	5	6	7	8	9	0	1	2	3

十二支

	子	丑	寅	卯	辰	巳	午	未	申	酉	戌	亥
読み方	ね	うし	とら	う	たつ	み	うま	ひつじ	さる	とり	いぬ	い
	し	ちゅう	いん	ぼう	しん	し	ご	び	しん	ゆう	じゅつ	がい
	4	5	6	7	8	9	10	11	0	1	2	3

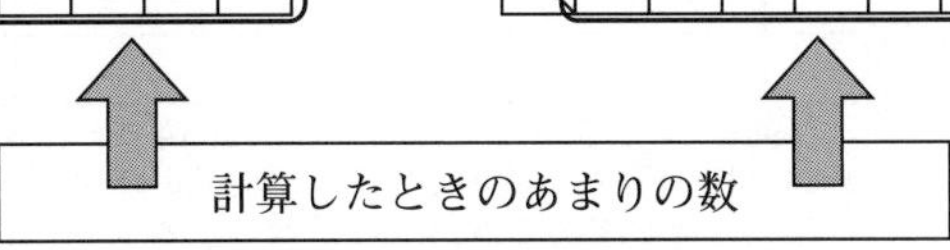

手順１　西暦年を10でわる。そのあまりの数から十干を特定する。
手順２　西暦年を12でわる。そのあまりの数から十二支を特定する。

例）甲子園(こうしえん)球場の建設(1924年)
1924÷10＝192あまり4（十干　甲）
1924÷12＝160あまり4（十二支　子）

【資料９】【会話３】中の④下関条約(しものせき)が結ばれたところがある県、⑤門司港(もじこう)がある県

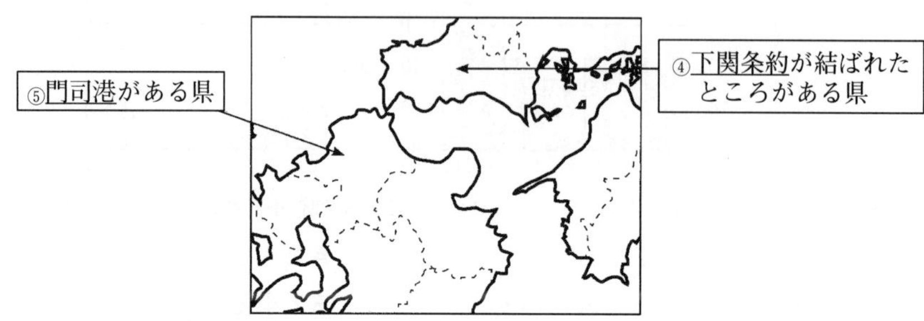

問題３　**【資料８】**を参考にして、672年と1868年に起こったできごとを次の**１**～**６**からそれぞれ一つずつ選び、番号を書きなさい。

１　高野長英(たかのちょうえい)が幕府(ばくふ)の外国船への対応について「**戊戌夢物語**(ぼじゅつゆめものがたり)」を書いた。
２　豊臣秀吉(とよとみひでよし)が朝鮮(ちょうせん)への出兵を命じ、文禄(ぶんろく)の役(えき)(**壬辰倭乱**(じんしんわらん))が起こった。
３　中大兄皇子(なかのおおえのおうじ)と中臣鎌足(なかとみのかまたり)が蘇我(そが)氏をほろぼした**乙巳の変**(いっし)が起こった。
４　新政府軍と旧幕府軍が戦った**戊辰戦争**(ぼしん)が起こった。
５　大海人皇子(おおあまのおうじ)と大友皇子(おおとものおうじ)が次の天皇(てんのう)の位をめぐって争った**壬申の乱**(じんしん)が起こった。
６　清(しん)をたおし、近代国家をつくろうとした**辛亥革命**(しんがいかくめい)が起こった。

問題４　**【資料９】**中の**④下関条約が結ばれたところがある県**と**⑤門司港がある県**の**２つの県以外**で起こったことを次の**１**～**４**から一つ選び、番号を書きなさい。

１　中国(漢)の皇帝(こうてい)から与(あた)えられた金印が発見された。
２　源氏(げんじ)が壇ノ浦(だんのうら)の戦いで平氏(へいし)をほろぼした。
３　元(げん)との戦いに備えて防塁(ぼうるい)がつくられた。
４　ポルトガル人が漂着(ひょうちゃく)し、鉄砲(てっぽう)が伝わった。

【会話４】

みなみさん：1900年といえば、明治時代ですね。この時代にはいろいろな改革(かいかく)が行われました。
りかさん：はい。**【資料10】**はこの時代の改革についての資料です。これは［　⑥　］を表しています。

【資料10】ある改革についての資料

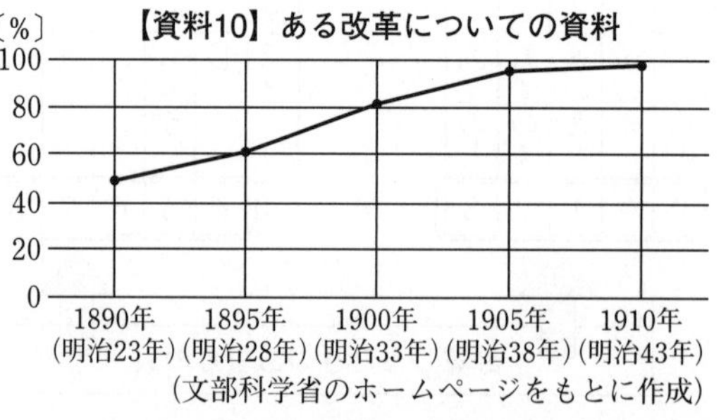

(文部科学省のホームページをもとに作成)

みなみさん：今では当たり前のように思えることも、昔はちがったのですね。
りかさん：わたしたちが何気なく食べているものも、歴史的な背景(はいけい)があるのですね。
みなみさん：言葉の話から始まり、ずいぶんと大きなスケールの話になりましたね。
りかさん：これからは知らない言葉や外国の言葉を聞いたらいろいろ考えてみたいと思います。
みなみさん：そうですね。探究(たんきゅう)に終わりはありませんね。

問題５　**【会話４】**中の［　⑥　］にあてはまる言葉として最も適切なものを次の１～４から一つ選び、番号を書きなさい。

１　徴兵制(ちょうへいせい)にもとづいて兵役(へいえき)についた人の割合(わりあい)の変化
２　学制にもとづいて小学校に通った子どもの割合の変化
３　殖産興業(しょくさんこうぎょう)の政策(せいさく)にもとづいて工場で働いた人の割合の変化
４　古い身分制度の廃止(はいし)にもとづいて平民とされた人の割合の変化

問題６　りかさんは日本や外国の言葉に興味をもち、さらにくわしく調べることにしました。その際に大切だと考えられることはどのようなことですか。次の**【条件】**にしたがって書きなさい。

【条件】
１　本文中の**【会話１】**～**【会話４】**の内容をふまえて書きなさい。
２　「その国の言葉を調べるときには」に続けて「が大切です。」へつながる一文になるように書きなさい。
３　10字以上、20字以内で書きなさい。（読点も字数に数えます。）

〈適性検査Ⅱ〉　—45分—

1　みなみさんは、歯車を使ったおもちゃについて先生と話しています。次の**【会話文１】**を読んで、あとの問題に答えなさい。

【会話文１】
みなみさん：幼(おさな)い頃(ころ)に遊んだおもちゃの中に**【図１】**のようなものを見つけました。

【図１】

先　　生：いくつかの歯車がかみ合っていて、ハンドルがついた歯車を回すと、歯車に描(か)いてある動物がぐるぐる回るおもちゃですね。
みなみさん：<u>**【図２】**のように２つの歯車に注目して、ハンドルがついた歯車を時計回りに少し回してみると、**【図３】**のように２匹(ひき)の動物の顔の向きが変わってしまいました。</u>**【図２】**の状態からハンドルを時計回りに回して、再び**【図２】**の状態に戻(もど)るにはハンドルを何回転すればいいのでしょうか。

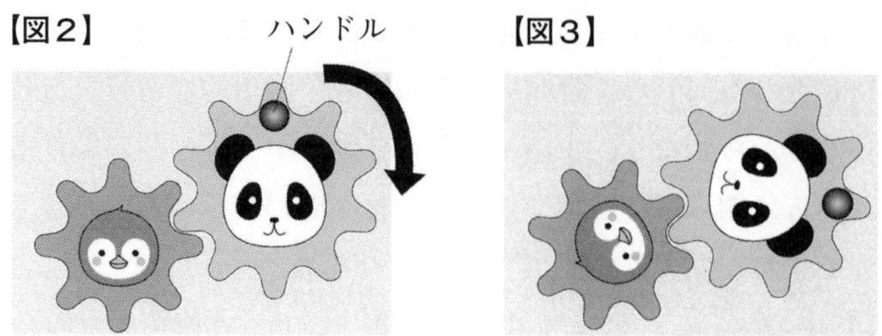

先　　　生：まずは、それぞれの歯車の歯数に注目してみましょう。

みなみさん：ハンドルがついている歯車の歯数が10個で、ハンドルがついていない歯車の歯数が８個になっています。

先　　　生：ハンドルがついている歯車が１回転するとき、10個分の歯数が動くことになります。そのとき、２つの歯車はかみ合って動いているので、ハンドルがついていない歯車も10個分の歯数が動くということになります。

みなみさん：なるほど。**【図２】**の状態からハンドルを時計回りに回して、再び**【図２】**の状態に戻るにはハンドルがついている歯車を［　あ　］回転させればいいということですね。

先　　　生：よくできました。２つの歯車がかみ合って動くしくみについて理解できましたね。

【図４】

みなみさん：はい。２つの歯車がかみ合って動くしくみについては理解できたので、**【図４】**のように、歯数がそれぞれ８個、10個、15個の３つの歯車の場合はどうなるのか考えてみようと思います。

先　　　生：さらに発展的(はってんてき)に考える姿勢(しせい)が素晴らしいですね。３つの歯車の場合がどうなるのか、実際に回してみたらヒントが見つかるかもしれませんよ。

みなみさん：はい。さっきと同じようにハンドルがついた歯車を時計回りに回してみたら…。２つの歯車のときと同じように、３つの歯車が動いた歯数は同じになっています。つまり、**【図４】**の状態からハンドルを時計回りに回して、再び**【図４】**の状態に戻るには［　い　］個分の歯数が動けばいいということですね。歯車のしくみは、なんだかおもしろいですね。

問題１　下線部について、ハンドルがついた歯車を**【図２】**の状態から時計回りに１回転したときの図を、次の**ア**～**エ**から１つ選び、記号を書きなさい。

問題２　［　あ　］、［　い　］にあてはまる最も小さい整数をそれぞれ答えなさい。

みなみさんは、他にも歯車を使った道具を見つけました。次の**【会話文２】**を読んで、あとの問題に答えなさい。

【会話文２】

みなみさん：他にも歯車を使った道具を見つけましたが、使い方がわかりません。これはどのような道具ですか。

先　　　生：この道具は、様々な模様(もよう)を描(か)くことができる道具です。次の【資料１】を見てください。

【資料１】

模様を描くことのできるこの道具は大きく分けると、円形のわくと歯車の２つの道具があります。どちらも等間隔(とうかんかく)で同じ大きさの歯がついており、歯車には穴(あな)があいています。

Ａ：内側に96個の歯がついたわく

Ｂ：60個の歯がついた歯車

Ｃ：40個の歯がついた歯車

Ｄ：30個の歯がついた歯車

【写真１】

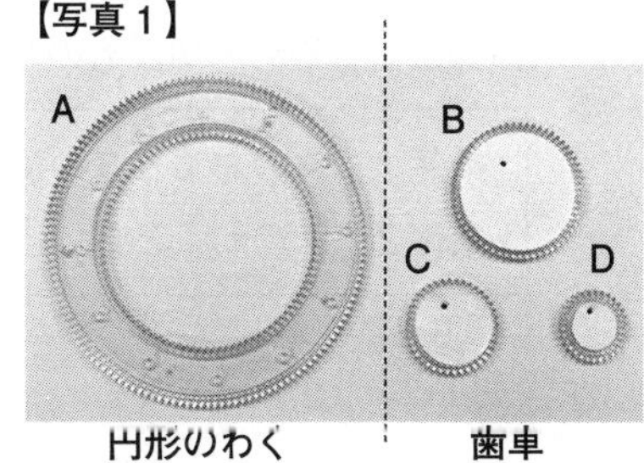

【写真２】～【写真５】のように、歯車の穴にボールペンを差(さ)し込(こ)んで、円形のわくの内側と歯車をかみ合わせながら回転させることで模様を描くことができます。このとき、模様のふくらんでいる部分を花びらと呼(よ)ぶことにします。

【写真２】

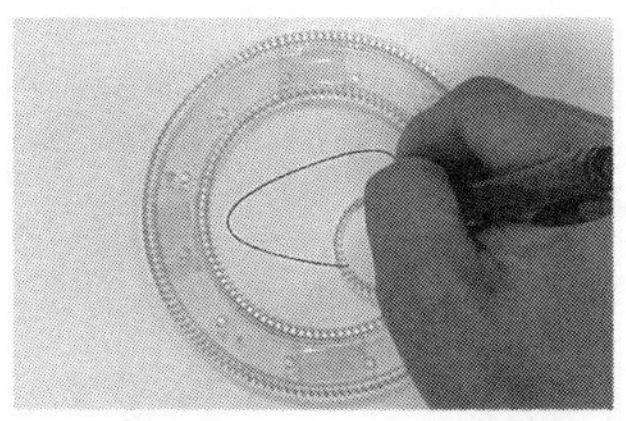

【写真３】

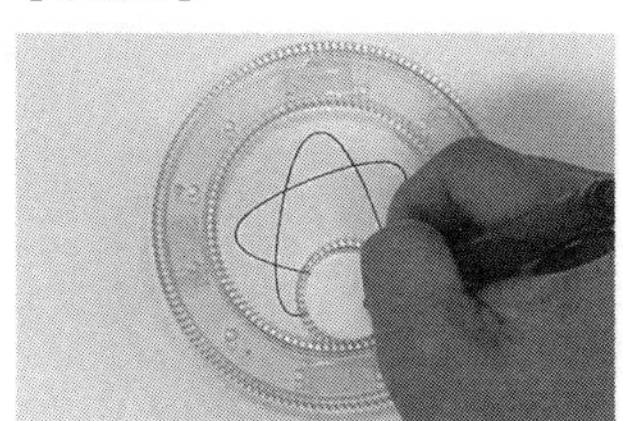

【写真４】

【写真５】

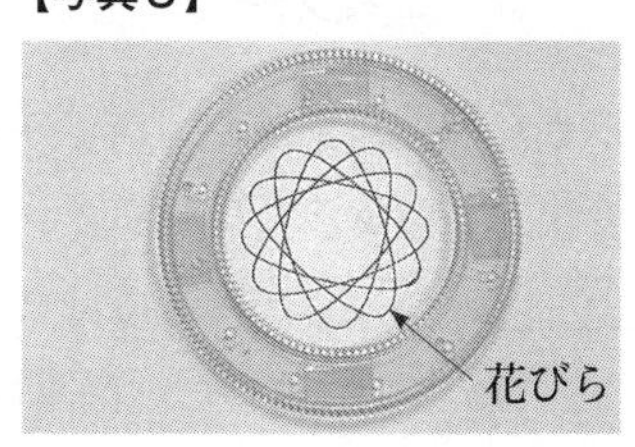

先　　　生：このように、円形のわくと歯車を組み合わせることによって、模様を描くことができます。

みなみさん：歯車を使ったおもちゃと同じように、歯車がかみ合って動くことで、模様を描くことができるのですね。【写真２】～【写真５】で、模様ができるまでの様子を教えてください。

先　　　生：この模様を描くときは、Ａのわくと Ｃの歯車を使っています。

【写真２】は、模様を右下の辺りから描き始めて、およそ１周したころの様子です。

みなみさん：１周したころには、花びらが２つできていますね。

先　　　生：はい。【写真２】の後、そのまま歯車を回転していき、歯車がＡのわくを２周を少し過ぎたころの様子が**【写真３】**です。そのまま続けて描いていった様子が**【写真４】**で、完成した様子が**【写真５】**です。

みなみさん：とてもきれいな花の形になりました。花びらの数を数えてみると、12になっています。この花びらの数や形は、歯車の歯数を変えてみたら何か変わるのでしょうか。

先　　　生：いい疑問ですね。歯数のちがう他の２つの歯車でも同じようにして、模様を描くことができるので、ぜひやってみてください。そうしたら、何かきまりが見つかるかもしれませんよ。

みなみさん：はい。どんな模様ができるのか、なんだかワクワクします。

問題３　みなみさんは、次の条件で模様を描きました。**条件１**で描いた模様と、**条件２**で描いた模様として最も適切なものを、次の**ア**～**カ**から１つずつ選び、それぞれ記号を書きなさい。

条件１：**A**のわくと**B**の歯車を使って、模様を描く。
条件２：**A**のわくと**D**の歯車を使って、模様を描く。

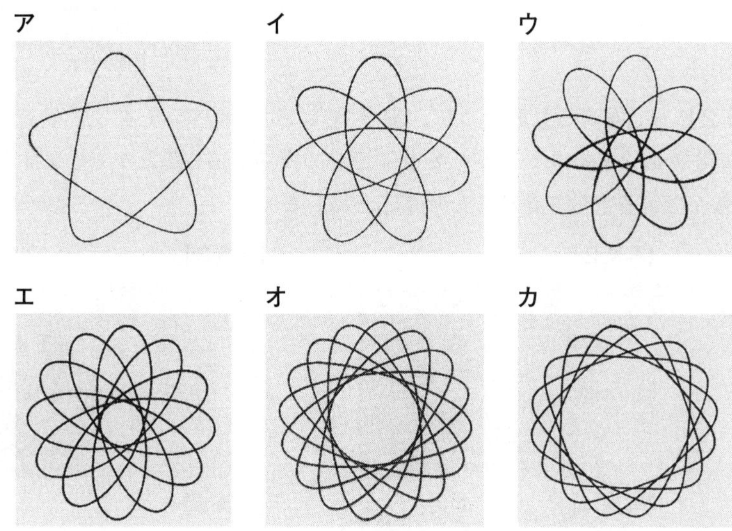

問題４　みなみさんは模様を描いていくうちに、円形のわくと歯車の組み合わせによって花びらの数が変化していることに気づき、花びらの数の求め方を言葉の式で次のように考えました。[　う　]、[　え　]にあてはまる言葉を答えなさい。

ただし、「わくの歯数」と「歯車の歯数」という言葉を使うこと。同じ言葉は何回使ってもよいものとする。

花びらの数　＝　[　う　]　÷　[　え　]

2　みなみさんは、ペットボトルのまわりに水滴がつくことについて先生と話しています。次の**【会話文１】**～**【会話文３】**を読んで、あとの問題に答えなさい。

【会話文１】

みなみさん：ペットボトルのまわりに水滴がついています。理科で「空気中には、水蒸気がふくまれていて、冷やすと水になること」を学習しましたが、水滴ができるしくみについて、もっとくわしく知りたいです。

先　　　生：「もののとけ方」の単元で、水溶液(すいようえき)を冷やして、とけているものをとり出すことを学びましたね。水滴ができるしくみは、それと同じように考えることができます。どのような実験をしたか覚えていますか。

みなみさん：ミョウバンを水にとかす実験をしました。

先　　　生：水の温度を上げたとき、水にとかすことのできるミョウバンの量はどのようになりましたか。

みなみさん：水の温度を上げるにつれて増えていきました。

先　　　生：そうでしたね。その後、水を冷やしていくとどうなりましたか。

みなみさん：とけて見えなくなったミョウバンがつぶになってでてきました。

先　　　生：「水の温度が下がって、ミョウバンがつぶになってでてくること」と「ペットボトルのまわりに水滴がつくこと」は同じような考え方で説明することができるのです。それでは、実験をして考えていきましょう。

〈実験の方法〉

1　気温を測定した後、**【図１】**のように金属製のコップに※1くみ置きの水を入れる。

2　氷を入れた試験管をコップの中に入れて水の温度を下げ、コップの外側の表面に水滴がつきはじめたときの水の温度を測定する。

【図１】

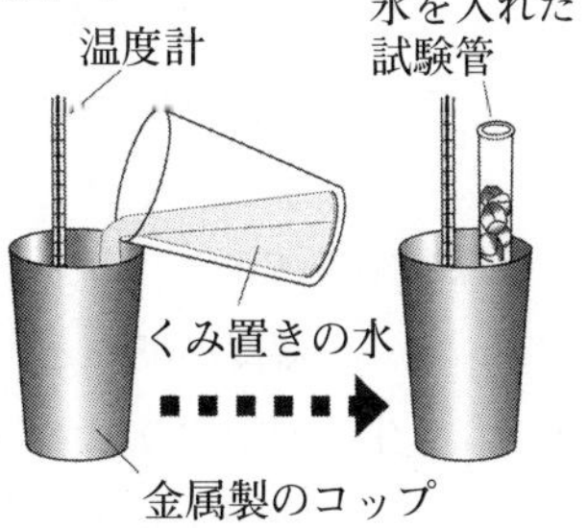

〈実験の結果〉

・気温は20℃だった。また、水の温度と気温は同じだった。

・水の温度を下げていき、水の温度が15℃になったときに、コップの外側の表面に水滴がつきはじめた。

※1　くみ置きの水：気温と水の温度を同じにするために、くんでから一定時間放置した水

みなみさん：水の温度が15℃になったときに、水滴(すいてき)がつきはじめたのはなぜなのでしょう。

先　　　生：ミョウバンは、水の温度を上げるととける量が増えることを学習しましたね。ミョウバンが水にとける量が水の温度によって変わったように、空気中にふくむことのできる水蒸気(すいじょうき)の量も気温によって変わります。**【表１】**をみてください。

【表１】

気温〔℃〕	空気１㎥中にふくむことのできる水蒸気の最大量〔g〕
0	4.8
5	6.8
10	9.4
15	12.8
20	17.3

みなみさん：空気中にふくむことのできる水蒸気の最大量は、気温が上がるにつれて増えています。

先　　　生：ここから、水滴ができるしくみについて考えてみましょう。

問題１　**【会話文１】**をもとに「ペットボトルのまわりに水滴がつく理由」や「冬に吐(は)く息が白くなる理由」などについて、次のようにまとめました。①～③にあてはまる言葉を、次の**ア**、**イ**から１つずつ選び、それぞれ記号を書きなさい。

「ペットボトルのまわりに水滴がつく理由」は、ペットボトルの中の冷たい液体によって、ペットボトルのまわりの空気が（ ① ）、ペットボトルのまわりの空気にふくむことのできる水蒸気の量が（ ② ）ためである。また、「冬に吐く息が白くなる理由」は、息にふくまれていた水蒸気が、まわりの（ ③ ）空気に触(ふ)れて水滴となったためである。

① **ア**　あたためられて　　**イ**　冷やされて
② **ア**　減った　　**イ**　増えた
③ **ア**　あたたかい　　**イ**　冷たい

【会話文２】

みなみさん：ペットボトルのまわりに水滴がつく理由がわかりました。空気中には、たくさんの水が水蒸気としてふくまれているのですね。今、この教室の空気にはどれくらいの水が水蒸気としてふくまれているのでしょうか。

先　　　生：**【図２】**をみてください。これはデジタル温湿度計(おんしつどけい)というものです。これには、気温と湿度が表示されています。湿度とは、空気中にふくまれている水蒸気の割合(わりあい)です。

みなみさん：「20℃、65％」と表示されています。気温が20℃で、湿度が65％ということですね。

【図２】

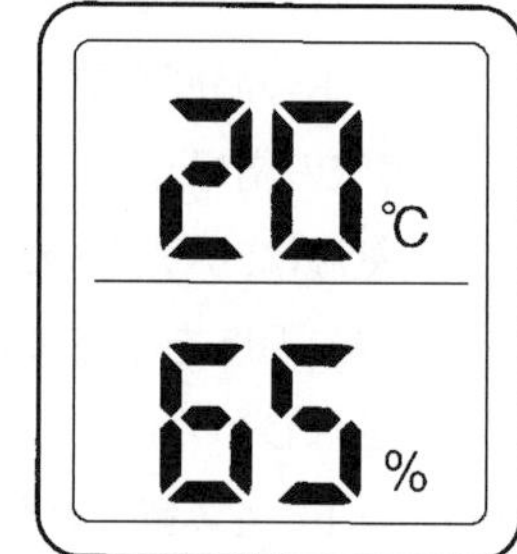

先　　　生：その通りです。**【表１】**をみてください。20℃のときは、空気１㎥中にふくむことのできる水蒸気の最大量は17.3ｇとなっています。

みなみさん：気温が20℃で、体積が１㎥の空気は最大で17.3ｇの水蒸気をふくむことができるのですね。ちなみに、この教室の体積はどれくらいでしょうか。

先　　　生：170㎥として考えてみましょう。

みなみさん：この教室の気温は20℃で、体積は170㎥なので、最大で［　あ　］ｇの水蒸気をふくむことができるのですね。

先　　　生：その通りです。ちなみに、みなみさんが今もとめたものは、湿度が100％であったときの水蒸気の量です。今、この教室の湿度は65％です。

みなみさん：ということは、今、この教室の空気中にふくまれている水蒸気の量は［　い　］ｇとなりますね。気温と湿度から、教室の空気中にふくまれている水蒸気の量をもとめることができました。

問題２　［　あ　］、［　い　］にあてはまる数をそれぞれ答えなさい。［　い　］については、小数第一位を四捨五入して、整数で答えなさい。

【会話文３】

みなみさん：ペットボトルのまわりにつく水滴(すいてき)と、冬に室内の壁(かべ)につく水滴は同じものなのですか。

先　　　生：その通りです。空気中の水蒸気(すいじょうき)が冷やされて水滴がつくことを結露(けつろ)といいます。冬に室内の壁にできる結露は、あたたかい空気が冷えた室内の壁にふれて起こります。結露を防ぐ対策の１つとして、断熱材を使用して、室外の気温を室内に伝わりにくくする工夫が考えられます。

みなみさん：もう少し断熱材のことをくわしく知りたいです。

先　　　生：次の**【資料１】**をみてください。

【資料１】断熱材の特徴について

断熱材	熱伝導率	主な特徴
A：グラスウール	0.038	・原料は、石灰石などである。 ・価格が安く、日本で最も多く使われている断熱材である。
B：フェノールフォーム	0.019	・原料は、プラスチックの一種であるフェノール樹脂などである。 ・燃えにくい。
C：ビーズ法ポリスチレンフォーム	0.034	・原料は、プラスチックの一種であるポリスチレン樹脂などである。 ・※２耐水性があり、軽くて※３緩衝性も高い。
D：セルロースファイバー	0.039	・原料は、新聞古紙などである。 ・防音性が高い。

・熱伝導率は、熱の伝わりやすさを表す数値である。

・断熱材がもつ性質を断熱性という。

・断熱材の断熱性は「熱伝導率」と断熱材の「厚さ」で決まる。
　同じ「厚さ」であれば、「熱伝導率」が小さいほど、断熱性が高くなる。
　同じ「熱伝導率」であれば、厚みがあるほど、断熱性が高くなる。
　したがって「厚さ÷熱伝導率」の値によって、断熱性の高さを表すことができる。

※２　耐水性：水にぬれても水分がしみ通らないなど、水に強い性質。

※３　緩衝性：物の間で起こる衝突や衝撃をやわらげる性質。

（西方里見『最高の断熱・エコハウスをつくる方法』〈エクスナレッジ〉をもとに作成）

みなみさん：断熱材のちがいによって、熱の伝わりやすさが異なり、特徴が色々あるのですね。断熱材の利用以外にも、結露を防ぐために、私たちが生活の中でできることはありますか。

先　　　生：特に効果があるのは、換気を十分にすることです。お風呂場やキッチンなどは、使用する際に多くの水蒸気を発生させるので、換気扇を回すなど、水蒸気を外へ逃がすことにより、結露を防ぐことができます。

問題３　**【会話文３】**と**【資料１】**からいえることとして適切なものを、次の**ア～エ**から**すべて**選び、記号を書きなさい。

ア　断熱材は、室外の気温を室内に伝わりにくくするためのものである。

イ　結露を防ぐためには、換気を十分にして、室内の水蒸気の量を増やしていくことが大切である。

ウ　フェノールフォームとセルロースファイバーでは、同じ厚さであった場合には、セルロースファイバーの方が断熱性は高くなる。

エ　ビーズ法ポリスチレンフォームは、水に強い性質がある。

問題４　**【資料１】**の断熱材**Ａ**～**Ｄ**の厚さが、**Ａ**が0.05ｍ、**Ｂ**が0.015ｍ、**Ｃ**が0.025ｍ、**Ｄ**が0.1ｍであったとき、断熱材**Ａ**～**Ｄ**の断熱性の高さはどのようになりますか。断熱性が高い順番に、**Ａ**～**Ｄ**を並びかえてその順番を答えなさい。

３　みなみさんは、身の回りで使われている数について興味をもち、そのしくみについて調べています。次の**【会話文１】**を読み、あとの問題に答えなさい。

【会話文１】

みなみさん：図書館である本を読んでいて、身の回りで使われている数が十進位取り記数法(以下、「十進法」という)という考え方で表された数であることを知り、もっとくわしく調べたいと思いました。

先　　　生：おもしろいことに気づきましたね。たしかに私たちの身の回りで使われている数の多くは、十進法という考えを使って表された10進数です。

みなみさん：もう少ししくみについて知りたいです。

先　　　生：はい。では、十進法の考え方、しくみについて説明します。次の**【資料１】**を見てください。

【資料１】

十進法とは、「０，１，２，３，４，５，６，７，８，９，10，…」と数えていく考え方です。「０，１，２，３，４，５，６，７，８，９」までの10種類の数字を使い、それらを組み合わせて数を表現します。

一の位の数は、０，１，２，３，４，５，６，７，８，９で表され、９の次の数は10と表されています。一の位だけでは表すことができず、十の位を使って表しているということです。さらに大きな数でも、同じしくみで表されています。

【図１】のように、99の次の数は100で、位が１つ上がります。

【図１】

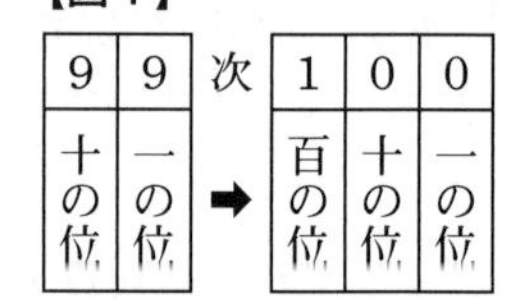

十進法で表された99は、一の位の数が１大きくなると、百の位の数を１にして、100とします。このように、十進法で表された数を、「10進数」といいます。

また、10進数は次のように表すこともできます。

例　　123＝100×１＋10×２＋１×３

みなみさん：十進法について、よくわかりました。

問題１　十進法の考え方、しくみとして正しいものを、次の**ア**～**エ**から**すべて**選び、記号を書きなさい。

ア　999の次の数は、１つ上の位の数を１にして、他の位の数を０にする。

イ　最初の数は０であり、100番目の数は100である。

ウ　一番大きな位の数が９より大きくなったら、位が１つ上がる。例えば、123の場合は、一番大きな位の数が９より大きくなったら、位が１つ上がり、1023になる。

エ　一の位、十の位、百の位、…のように、位が１つ上がるごとに１つ上の位は10倍になっている。

みなみさんは、コンピュータに表示される色について興味をもち、そのしくみについて調べています。次の**【会話文２】**を読み、あとの問題に答えなさい。

【会話文２】

みなみさん：身の回りで十進法を使って表されている数について調べていると、コンピュータに表示される色に利用されていることがわかりました。その色をデジタル色といい、※光の三原色である赤(R)、緑(G)、青(B)を、それぞれ数値(すうち)として組み合わせたＲＧＢ値(ち)という値(あたい)によって決まることがわかりました。どのようなしくみになっているのでしょうか。

先　　生：コンピュータの画面上で色を選択(せんたく)するとき、次の**【図２】**のような表示を見たことはありますか。ＲＧＢ値は、**【図２】**の**ア**のように０～255までの256段階(だんかい)でそれぞれ表されるのです。右側の代表的な色のＲＧＢ値を見てみましょう。

※光の三原色：赤、緑、青の光を適当な強さで混合すると、あらゆる光の色をつくりだすことができるので、この３色を光の三原色という。

【資料２】

【図２】

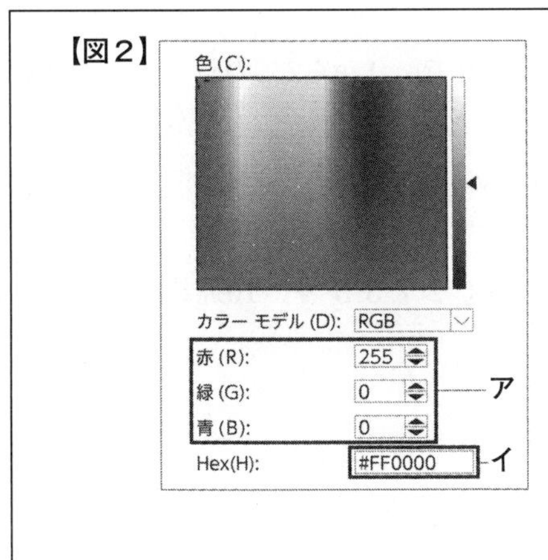

■代表的な色のＲＧＢ値

黒のＲＧＢ値　(　0,　0,　0)

赤のＲＧＢ値　(255,　0,　0)

緑のＲＧＢ値　(　0, 255,　0)

青のＲＧＢ値　(　0,　0, 255)

黄のＲＧＢ値　(255, 255,　0)

白のＲＧＢ値　(255, 255, 255)

Ｒは、Red(赤)

Ｇは、Green(緑)

Ｂは、Blue(青)の頭文字

先　　生：黒のＲＧＢ値は(0, 0, 0)です。そして、赤(R)、緑(G)、青(B)の値をそれぞれ大きくしていくと、他の色を表すことができるのです。赤(R)、緑(G)、青(B)の値をそれぞれ最大の値である255にした(255, 255, 255)が白のＲＧＢ値を表しています。

みなみさん：赤(R)、緑(G)、青(B)の値を０から大きくしていくと、他の色に変化していくのですね。では、**【図２】**の**イ**の＃ＦＦ００００は、何を表しているのですか。

先　　生：デジタル色はＲＧＢ値(ち)だけではなく、十六進法(じゅうろくしんほう)の考えを使って表すことができます。**【図２】**の**イ**は、ＲＧＢ値(255, 0, 0)の各値を、十六進法の考えを使って変換(へんかん)したものです。十六進法で表された数を、16進数といいます。**【表１】**は、10進数と16進数を対応させたものです。

【表１】

10進数	0	1	2	3	4	5	6	7	8	9	10	11	12	13	14	15	16	17	…
16進数	0	1	2	3	4	5	6	7	8	9	A	B	C	D	E	F	10	11	…

みなみさん：**【表１】**を見ると10進数の10は、16進数ではＡになっています。また、16進数の10は、位が１つ上がってＦから10になっています。16進数では、位の数がＦより大

きくなると、位が１つ上がるので、10と表されるのですね。

先　　　生：はい。16進数の10の１は、十六の位の数が１であることを表しています。このように、16進数を使ってデジタル色を表します。

みなみさん：だんだんとわかってきました。次に、16進数から10進数への変換について考えたいです。例えば、16進数で表された54は、10進数に変換すると、16×５＋１×４＝84となり、10進数では84を表しているということですか。

先　　　生：その通りです。しくみがわかってきましたね。ＲＧＢ値を16進数に変換したものは、次のようにつなげて計６桁(けた)で表され、これをカラーコードといいます。また、カラーコードであることを示すために、先頭に記号＃を用います。では、カラーコード＃６Ｃ２７３５ を例にして、確認(かくにん)してみましょう。赤(R)の値(あたい)を表す６Ｃは、一の位の数がＣ、十六の位の数が６になります。

カラーコード
＃　６Ｃ　２７　３５ 　　赤(R)　緑(G)　青(B)

みなみさん：０からＦまでを使ってカラーコードを表すことで、０から255の数を使ったＲＧＢ値よりデジタル色の表し方が簡潔(かんけつ)になりました。16進数のしくみがよくわかりました。ここでは出てきませんでしたが、十六の位の１つ上の位は、［　★　］の位ということでしょうか。

先　　　生：その通りです。では、16進数で表された＃６Ｃ２７３５ を、10進数で表されるＲＧＢ値に変換してみましょう。

問題２　［　★　］にあてはまる数を漢数字で答えなさい。

問題３　カラーコード＃６Ｃ２７３５ をＲＧＢ値(　，　，　)で表しなさい。

みなみさんは、色どうしの関係について興味を持ち、その求め方について調べています。次の**【会話文３】**を読み、あとの問題に答えなさい。

【会話文３】

みなみさん：夜空に浮(う)かぶ月は、どうしてあんなにきれいに見えるのか気になり調べてみたところ、先ほどの本に色には補色(ほしょく)という効果があることが書かれていました。もっとくわしく知りたいです。

先　　　生：いい疑問(ぎもん)ですね。ロマンがあって素敵です。補色とは、互(たが)いの色を引き立てたり色の特色を高めたりする色のことです。例えば、赤い肉の横に緑の野菜を添(そ)えると、よりお肉の赤色が際立ちますよね。

みなみさん：なるほど。補色は身の回りで効果的に利用されているのですね。デジタル色のＲＧＢ値(ち)を使って、補色のＲＧＢ値を求めることはできないのでしょうか。

先　　　生：よく気がつきましたね。実はＲＧＢ値を使って、その色の補色のＲＧＢ値を求めることができます。補色のＲＧＢ値の求め方は、次のようになります。

【補色のＲＧＢ値の求め方】

ＲＧＢ値のうち、最大値と最小値の和を合計値とする。その合計値から、それぞれのＲＧ

Ｂ値を引いて出た値が補色のＲＧＢ値となる。

例　ＲＧＢ値(255, 216, 31)の補色のＲＧＢ値を求めるとき、最大値は255、最小値は31、合計値は255＋31＝286

(Ｒ, Ｇ, Ｂ)＝(286－255, 286－216, 286－31)

＝(31, 70, 255)

よって、補色のＲＧＢ値は、(31, 70, 255)となる。

みなみさん：なるほど。補色のＲＧＢ値(31, 70, 255)を見てみると青(Ｂ)の値が他の値に比べて大きいので、どんな色なのかイメージもできそうです。デジタル色に隠された秘密を知ることができた気がします。白には200色を超えるバリエーションがあると聞きますし、色って本当に奥が深いと思いました。10進数で表されたＲＧＢ値を使わずに、16進数で表されたカラーコードを使って補色のカラーコードを求めることもできそうですね。

問題４　下線部のように、みなみさんは、＃Ａ５８９Ｃ７の補色のカラーコードを、16進数を使って次のように求めました。次の(1)、(2)に答えなさい。

＃Ａ５８９Ｃ７の補色のカラーコードを、16進数を使って求めます。
最大値は［あ］、最小値は［い］だから、合計値は［う］
補色のカラーコードは、
赤(Ｒ)の値は、［う］－Ａ５
緑(Ｇ)の値は、［う］－８９
青(Ｂ)の値は、［う］－Ｃ７　で求めることができます。
よって、補色のカラーコードは、＃［え］になります。

(1)　［あ］、［い］、［う］にあてはまる値を、16進数でそれぞれ答えなさい。

(2)　［え］にあてはまるカラーコードを答えなさい。

4　みなみさんは、夏休みの自由研究のテーマを決めるために様々な資料を読みました。次の**【資料１】**は、みなみさんが自由研究のテーマを発見するきっかけとなったものです。**【資料１】**を読んで、あとの問題に答えなさい。

【資料１】

≪乗りものの歴史≫

紀元前3000年ごろから人は馬に乗り始めた。人力から動物へ。人が歩いて移動する速さをはるかにこえる馬に乗ることで、より速く、より遠くへ移動することができるようになった。時代が進むと道を整備して、馬やロバなどが引く車輪付き車などを使うようになった。

さらに人の移動を便利にしたのは1800年代に発明された「蒸気機関」である。水を温めて発生させた水蒸気によって動く蒸気機関車は、登場した1800年代始めごろは速さこそ時速13㎞程度だったが、多くの荷物や人を運ぶことができた。①ガソリンエンジンで走る車がうまれたのは1800年代後半だ。

こうして、「乗りもの」は多くの人々が自由に移動できる社会をつくったが、同時に、環(かん)境(きょう)問題や②エネルギー問題、安全性の問題など社会問題ももたらした。

≪これからの自動車の開発≫

現在、ガソリンなどの燃料にたよらない自動車の開発が進んでいる。代表的なものが電気自動車と水素自動車である。

一言で電気自動車、水素自動車といっても、車を動かす力を発生させる方法にはさまざまなものがある。

水素自動車は、水素をタンクにためておき、③空気中からとりこんだ酸素とタンクの中の水素がむすびつくときに発生する電気でモーターを回転させ、自動車を動かしている【図１】。

【図１】

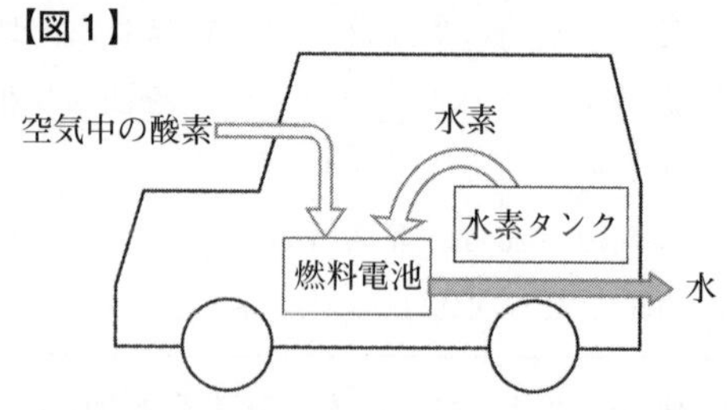

（出典：Science Portal「サイエンスウィンドウ　乗りものの歴史」（2018.07.31）科学技術振興機構（JST））

問題１　①＿＿について、ガソリンなどの燃料を燃やしたときに、地球温暖化(おんだんか)の原因の１つとされる二酸化炭素が発生します。二酸化炭素が存在(そんざい)するかどうかを確かめるための実験方法とその結果を述べた次の文の［あ］、［い］にあてはまる言葉を答えなさい。

> 燃料を燃やしたときに発生した気体が入った試験管に［あ］を入れてふると、［あ］が［い］。このことから二酸化炭素が存在することがわかる。

問題２　②＿＿について、次のグラフは2010年度、2021年度の１年間の日本の発電量について発電方法ごとの割合(わりあい)を示したものです。

このグラフについて述べた文章として適切なものを、次の**ア**～**エ**から１つ選び、記号を書きなさい。

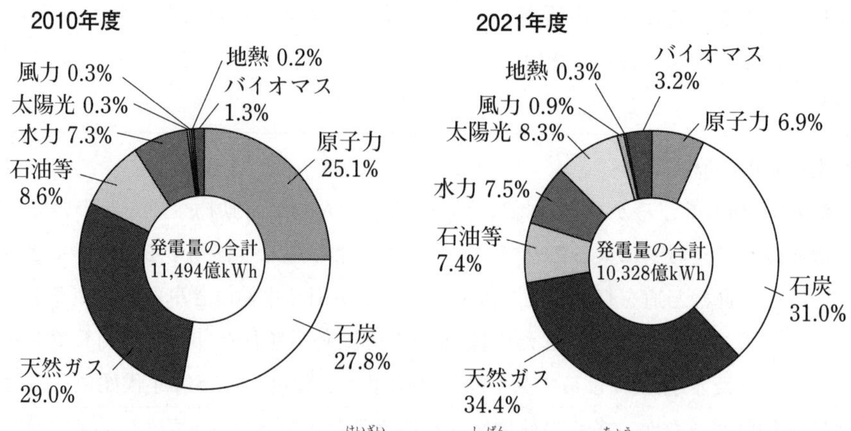

（経済産業省(けいざいさんぎょうしょう)　資源(しげん)エネルギー庁(ちょう)のデータをもとに作成）

ア　2021年度には、2010年度よりも発電量の合計が増えている。

イ　2021年度の水力発電による発電量は、2010年度の水力発電による発電量よりも大きい。

ウ　2021年度は、「石炭」、「天然ガス」、「石油等」による発電以外の発電方法の割合が全体の４分の１をこえている。

エ　2021年度の太陽光、風力、地熱、バイオマスによる発電量の合計は1000億kWhより少ない。

みなみさんは、③空気中からとりこんだ酸素とタンクの中の水素がむすびつくときに発生する電気に注目し、「様々な装置(そうち)で電流を発生させ、より大きな電流を流せるようにする方法を考える」ことを自由研究のテーマにしました。次の**【レポート１】**は、みなみさんが自由研究についてまとめたものです。あとの問題に答えなさい。

【レポート１】

研究テーマ　様々な装置で電流を発生させ、より大きな電流を流せるようにする方法を考える。

研究の動機　水素自動車が走るしくみについて調べ、電流を発生させる方法にはどのようなものがあるのか気になったから。

研究の方法　電流を発生させる様々な装置をつくり、電流が大きくなる条件を調べる。

実験１　木炭と食塩水とアルミホイルを使った装置で電流が発生することを確かめる。

目的　以前読んだ、科学の本にのっていた、木炭と食塩水とアルミホイルを使った装置で本当に電流が発生するかを確かめる。

方法

(1)　長さ10cmの木炭に、幅(はば)を８cmに切ったティッシュペーパーをまいて、輪ゴムでとめる。

(2)　食塩水を木炭にまいたティッシュペーパーにしみこませる。

(3)　食塩水をしみこませたティッシュペーパーの上から、幅６cmのアルミホイルをまきつける。このとき、アルミホイルが木炭に直接ふれないようにする。

(4)　(3)で完成した装置を**【図２】**のように３つならべて、木炭とアルミホイルを導線でつなぎ、プロペラ付きモーターをつなぐ。

【図２】

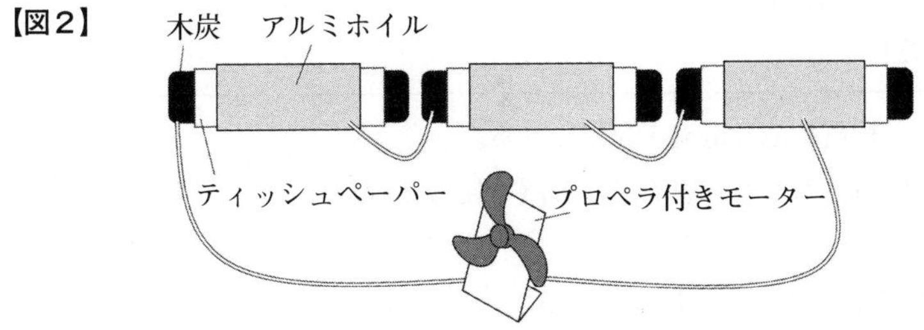

結果　プロペラが回った。

考察　木炭と食塩水とアルミホイルで電流が発生することがわかった。

実験１の結果をもとに、実験１でつくった装置で発生する電流を大きくする条件を調べるため、次の実験２を行った。

実験２　アルミホイルの幅を変えて、発生する電流の大きさを調べる。

仮説　[　　　　　　　]

方法

(1)　幅が２cm、４cm、６cmのアルミホイルを用意する。

(2)　(1)のアルミホイルをそれぞれ使って装置をつくる。

(3)　電流計を使って、発生する電流の大きさを計測する。

結果　次の**【表１】**のようになった。

【表１】

アルミホイルの幅(cm)	2	4	6
流れた電流の大きさ(mA)	702	701	703

考察　アルミホイルの幅が大きくなっても、電流の大きさはほぼ変化していないことから、アルミホイルの大きさと発生する電流の大きさには関係がないことがわかった。

問題３　実験２の[　　　　　　　]にあてはまる仮説として適切なものを、次の**ア**～**エ**から１つ選び、記号を書きなさい。

ア　ティッシュペーパーと接するアルミホイルの面積が大きいほど、発生する電流は大きくなるのではないか。

イ　木炭とティッシュペーパーとアルミホイルでつくった装置の数が多いほど、発生する電流は大きくなるのではないか。

ウ　ティッシュペーパーと接するアルミホイルの枚数(まいすう)が多いほど、発生する電流は大きくなるのではないか。

エ　アルミホイルを木炭にまく回数が多いほど、発生する電流は大きくなるのではないか。

みなみさんは、木炭と食塩水とアルミホイルを使った装置(そうち)の実験を生かして、燃料電池についても研究をすることにしました。次の**【レポート２】**は、燃料電池についての研究を記録したものです。あとの問題に答えなさい。

【レポート２】

実験３　燃料電池で電流を発生させる。

目的　燃料電池のしくみを簡単(かんたん)な装置を使って確かめる。

方法

(1)　**【図３】**のような装置をつくる。

(2)　手回し発電機のハンドルを回して、水に電流を流す。

(3)　手回し発電機を素早くプロペラ付きモーターにつけかえる。

【図３】

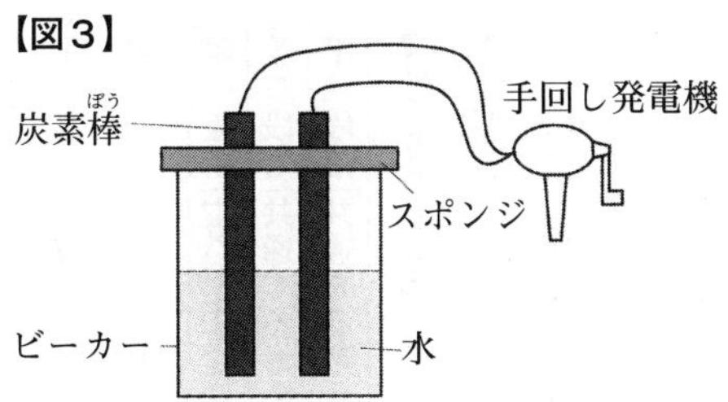

結果　(2)では、炭素棒のまわりから泡が発生し、(3)ではプロペラが回った。

考察　水に電流を流すことによって気体が発生し、電流を発生させる装置になることがわかった。

実験４　ビーカーに入れた水の量を変化させて、発生する電流の大きさを調べる。

仮説　ビーカーに入れる水が多いほど、発生する電流が大きくなるのではないか。

方法

(1)　実験３の**【図３】**のような装置をつくる。

(2)　手回し発電機のハンドルを回して、水に電流を流す。

(3)　手回し発電機を素早くプロペラ付きモーターにつけかえ、電流計も同時につなぎ、電流の大きさをはかる。

(4)　水かさが１㎝高くなるようにビーカーに入れる水を増やして(1)～(3)の操作をくりかえす。

(5)　水かさが元の状態から３㎝高くなるまで実験をくりかえし行う。

結果　次の**【表２】**のようになった。

【表２】

水かさの変化量(㎝)	0	1	2	3
流れた電流の大きさ(mA)	50	55	60	65

考察　水かさが高いほど、発生する電流が大きくなったことから、燃料電池が発生させる電流は、水の量が多いほど大きくなることがわかった。

問題４　次の**【会話文１】**は、実験４の実験方法について先生とみなみさんが会話した内容です。[　う　]にあてはまるものとして、適切な言葉を答えなさい。

【会話文１】

先　　生：実験４の方法について、もう少しくわしく教えてほしいのですが、炭素棒はスポンジで固定して動かさずに、水かさだけを変化させて、水の量と発生する電流の大きさの関係を調べたのでしょうか。

みなみさん：はい、そうです。

先　　生：水かさが増えることによって変化したのは、水の量だけですか。

みなみさん：水の量だけでなく[　う　]も増えています。

先　　生：そうですね。[　う　]は変えずに、水の量だけを変える方法を考えてもう一度実験をしてみましょう。

〈英治出版〉より。一部省略やふりがなをつけるなどの変更があります。）

※1　学芸員……博物館資料の収集、保管、展示、調査研究を行う博物館職員。
※2　ＭｏＭＡ……ニューヨーク近代美術館のこと。マンハッタンにある。
※3　エドヴァルド・ムンク……十九世紀―二十世紀のノルウェー出身の画家。
※4　《叫び》……エドヴァルド・ムンクが制作した油彩絵画作品。

問題２　**【資料１】【資料２】**に**共通する考え**を、次の**【条件】【書き方の注意】**にしたがって説明しなさい。

【条件】

１　**三つの段落**で構成し、**三百四十字以上四百字以内**で書くこと。
２　**三つの段落**それぞれの内容は次のようにすること。

第一段落	**【資料１】【資料２】に共通する考え**
第二段落	**共通する考えが【資料１】では具体的にどのように述べられているか**
第三段落	**共通する考えが【資料２】では具体的にどのように述べられているか**

【書き方の注意】

１　題名、名前は書かずに**一行目**、**一マス下げ**たところから、書くこと。
２　段落を作るときは**改行し**、**一マス下げ**たところから、書くこと。

はよいのですが、中には、作品そのものをみている時間よりも、解説を読んでいる時間のほうが長いのでは？　と感じる鑑賞者もいます。みなさんは、いかがでしょうか？

※2MoMAの調査でもこうして得た知識のほとんどが美術館を後にする時には人々の頭の中から消えている、つまり、定着していないことがわかっています。作品をみるよりも解説文を読むことを、悪いとか、間違いだとか言うつもりはありません。が、展示を企画する側としては、作品に関する「情報」を提供すること以上に、豊かな「鑑賞」の体験を提供したい……そんな思いがあります。

それでは、豊かな鑑賞の体験は、どうすれば可能なのでしょうか。そもそも豊かな鑑賞とは、どのようなものなのでしょうか。

以前、あるテレビ番組で、※3エドヴァルド・ムンクという画家の※4《叫び》という作品の画像を、東京の街頭でみせて、道行く人に「どう思いますか？」と感想を聞いている場面をみたことがあります。インタビューに答えていたのは日本人でしたが、「あ、ムンク」と画家の名前を答える人、「《叫び》ですね」と作品名を答える人、あるいは自分の頬に手を当てて、おもしろおかしく叫ぶ姿を真似てみせる人がほとんどでした。

番組を続けてみていると、今度は場面が東京からムンクの故郷、ノルウェーのオスロの街に移りました。そして同じようにムンクの《叫び》についてインタビューが始まったのですが、私は驚きました。オスロの街の人たちからは、「ムンク」という画家名も《叫び》という作品名もあまり出てきませんでした（時折、忘れている人もいました）。しかし、その代わり、老若男女を問わず、いろんな感想が出てきたのです。

美術館で作品をみた後（あるいは映画を観たり小説を読んだりした後）、私たちはその作品についてどれくらいのことに気づいたり考えたりできるでしょうか。そして、どれくらい自分の言葉で語れるでしょうか——豊かな鑑賞ができるかどうかは、どうやらここに関わっているように思います。

ところが、私たちは美術館で作品をみるとき、解説文を読み、作品を「知る」ことにまず意識を向けていることが多いようです。自分の心に耳を澄ませるよりも、書かれてある情報を得ることを優先しがちなのです。

解説文は、作品への理解を深める手掛かりになるでしょう。しかし、情報を「知る」ことを意識し過ぎるために、作品をまず自分の目で「みる」ことができなくなってしまう面があるのではないでしょうか。

中学生や高校生の頃の美術の時間を憶えているでしょうか？

学校によってまちまちかもしれませんが、私は、美術作品について「□□という画家が、△△時代に制作したもので、○○という技法が使われている」といった解説を先生から聞かされ、それがテストに出題されたことを憶えています。実際に作品を創る時間は楽しかったのに、情報を記憶したかどうかを問われるテストがあるために、美術の時間の魅力が少し損なわれたような気もします。作品の「鑑賞」について何か学んだことがあったかと自問すると、何も答えられません。

日本の学校教育はこれまで「知識偏重」で、ものごとを暗記することばかり重視しているという批判がありました。歴史の年号を覚えたりする類のことがよく例に挙げられますが、美術という本質的に「正解」がないような分野でさえ、知識を得ることを重視する授業が行われてきたのが実状ではないでしょうか。

私たちがアート作品そのものを眺める以上に、その解説文を熱心に読んでしまいがちなのは、そのことに関係しているのかもしれません。

（鈴木　有紀『教えない授業　美術館発、「正解のない問い」に挑む力の育て方』

解剖台の横にノートを開き、名前もわからぬ「謎筋A」の付着する場所、走行[※11]、大きさ、長さを丁寧に観察し、記録していく。次の解剖でも「謎筋A」であることがわかるよう、筋肉の特徴をなるべく細かく描き込んでいく。名前を特定しようとしていた時はずっと真っ白だったノートが、文章やスケッチで埋められていく。

ようやく頭を使って解剖することができるようになった瞬間だった。

（郡司芽久『キリン解剖記』〈ナツメ社〉より。一部省略やふりがなをつけるなどの変更があります。）

※1　シロ……筆者が解剖した2体目のキリン。
※2　ニーナ……筆者が数日前に初めて解剖したキリン。
※3　研究室……東京大学の遠藤秀紀研究室。
　　遠藤秀紀（一九六五年―）は動物の解剖研究で有名な研究者。
※4　院生……この場合は大学院生の略称。
※5　腱……筋肉と骨をつないでいる繊維状の丈夫な組織。
※6　筋膜……筋肉を包む伸縮性のある薄い膜。
※7　埒があかない……ものごとのきまりがつかなくて、先へすすまない。
※8　科博……国立科学博物館の略称。
※9　心底……心のそこから。
※10　チャールズ・ダーウィン……一八〇九―八二年。イギリスの博物学者。
　　「種の起源」で進化論を説いた。
※11　走行……筋肉の連なりやその向き。

問題1　「科博の研究員」が――線「筋肉の名前は、とりあえずそんなに気にしなくてもいいんじゃない？」と言ったことをきっかけに、**筆者が気づいたこと**として最も適切なものを、次の**1**～**4**から一つ選び、番号を書きなさい。

1　生き物の解剖では、体の構造を理解することを通して、神経の名前を特定することが重要だということ。
2　科博の研究員にとってキリンは専門外の分野であるので、体の構造の観察は重要ではないということ。
3　生き物の体の構造を理解するには、目の前にあるものをありのままに観察することが重要だということ。
4　「名は体を表す」というように、筋肉の名前は体の構造を表していると理解することが重要だということ。

りかさんが見つけた**【資料1】**を読んだみなみさんは**共通する考え**があると思い**【資料2】**を持ってきました。**【資料2】**を読んで、あとの問題に答えなさい。

【資料2】

突然ですが、最近、美術館に行かれましたか？

よく行っている人もいれば、もう何年も行っていないという人もいるかもしれませんが、みなさんは美術館に行ったとき（あるいは本などでアート作品をみるとき）、作品をどのように「鑑賞」しているでしょうか。

美術館の学芸員[※1]として、来館者が鑑賞する姿を日々目にしている中で、明らかに多くの人に共通する傾向があります。

作品の横や下に添えられた解説文を、まず熱心に読むことです。

作品のタイトル、作者名、そしてどのような背景のもと、どんな意図をもって制作した作品なのか。何がどのように描かれていて、世間でどう評価されているのか。作品にまつわる情報を、一つ一つ丁寧に読まれる方がとても多いのです。

もちろん、読んでもらうために用意しているので、読んでいただけるの

るそうだ。解剖ができるようになるためには、まずはこれらの名前を正確にしっかりと覚えなければいけないと思っていた。

なので、この時に言われた「名前は気にしなくていいんじゃない？　もしわからないなら、自分で名付けてしまいなよ」という言葉には※9心底驚いた。実をいうとその時は、「そんなことでは、いつまでたっても解剖ができるようにならないのでは……」と思った。

ところがこれ以降も、さまざまな解剖学者の先生方から、これに近い言葉を何度も言われている。２０１７年、２０１８年に参加した人体解剖の勉強合宿では、先生から幾度も「ノミナを忘れよ」と念を押された。ノミナ＝Nominaとは、ネーム、つまり「名前」という意味をもつラテン語である。筋肉や神経の名前を忘れ、目の前にあるものを純粋な気持ちで観察しなさい、という教えだ。

筋肉の名前は、その形や構造を反映していることが多い。例えば、首にある板状筋は文字通り板状の平べったい筋肉だし、お尻にある梨状筋はヒトでは梨のような形をしている。腹鋸筋はおなか側にあるノコギリのようにギザギザした形をもつ筋肉で、上腕頭筋は上腕と頭を結ぶ筋肉だ。

こうした筋肉の名前は、基本的にヒトの筋肉の形や構造を基準に名付けられている。そのため、ほかの動物でも「その名の通り」の見た目をしているとは限らない。多くの動物では梨状筋は梨っぽい形をしていないし、キリンの上腕頭筋は上腕から首の根本部分に向かう筋肉であり、頭部には到達しない。

解剖用語は「名は体を表す」ケースが多いがゆえに、名前を意識し過ぎてしまうと先入観にとらわれ、目の前にあるものをありのまま観察することができなくなってしまうのだ。頭と腕をつなぐ筋肉を探していたら、いつまでたってもキリンの上腕頭筋は見つけられない。

優れた観察者になるために

筋肉や骨の名前は、理解するためにあるのではない。目の前にあるものを理解した後、誰かに説明する際に使う「道具」である。そして解剖の目的は、名前を特定することではない。生き物の体の構造を理解することにある。ノミナを忘れ、まずは純粋な目で観察することこそが、体の構造を理解する上で何より大事なことである。

当時の私はこのことに気がついておらず、名前を特定することが目的化し、まさに名前に振り回されていた。上腕頭筋を見つけようと上腕と頭を結ぶ筋肉を探していたし、教科書に「この筋肉は2層に分かれ」と書かれていたら、2層に分かれている筋肉を見つけようとしていた。目の前にあるキリンの構造を理解するために観察するのではなく、横に置いた教科書に描かれた構造を、キリンの中に探し求めてしまっていたのだ。

「自ら理論立てて考える人でなければ、優れた観察者にはなれない」というのは、かの有名な※10チャールズ・ダーウィンの言葉だ。この時の私は、理論立てて考えながら解剖をしていなかった。

名前の特定にこだわることを一旦やめてみよう。そう思い、気を取り直してシロの遺体に向き直る。目の前の筋肉がどの骨とどの骨をつないでいるのか。その筋肉が収縮したら、キリンの体はどんな風に動くのか。大きい筋肉なのか、小さい筋肉なのか。長いか、短いか。筋肉の名前を1つも知らなくても、目の前に実際にキリンの遺体があるのならば、考えることはいくらでもある。

そうしてみて初めて、自分が教科書ばかり眺めて、キリンの方をあまり見ていなかったことに気がついた。せっかくキリンの遺体が目の前にあるのに、きちんと向き合っていなかったような気がした。

〈適性検査Ⅰ〉　　―①と合わせて45分―

② りかさんは、キリンの研究をしている郡司さんの本を見つけました。**【資料1】**はその本の一部です。**【資料1】**を読んで、あとの問題に答えなさい。

【資料1】

筋肉の名前

シロ[※1]の解剖では、ニーナ[※2]の時とは違うことが2つあった。

まず1つは、今回は1人じゃないということだ。研究室[※3]の院生[※4]さんに加えて、国立科学博物館の研究員の方が解剖に参加していたのだ。しかもその方は、鳥や爬虫類の首を研究している「首のスペシャリスト」だ。質問できる相手がいるというのは、なんとありがたいことだろうか。

そしてもう1つは、言うまでもないが、「今回が初めての解剖ではない」ということだ。前回の解剖できちんと特定できた筋肉は1つもなかったけれども、ニーナのおかげで、どういう風に筋肉の束が並んでいるか、大雑把な筋肉の構造は頭に入っていた。腱[※5]がどのように通っているかもなんとなく記憶しているので、筋膜[※6]を外すとき、どこに気をつければいいのか見当をつけることもできそうだ。

大失敗に終わったと思っていたニーナの解剖だったけれど、きちんと自分の中に知識は蓄積している。そう思えたのが本当に嬉しかった。前回の反省を生かし、筋膜と一緒に腱を外してしまわないよう、丁寧に慎重に作業を進めていく。

皮膚を剥がし筋膜を取り除くと、数日前に見たばかりの構造が、前回よりは多少きれいな状態で目の前に広がっていた。今度こそ、どれが何筋かちゃんと特定しよう。気合いを入れ直して、横のテーブルに解剖図のコピーを広げる。

板状筋、頸最長筋、環椎最長筋……教科書に列挙された筋肉を1つずつ確認し、筋肉がどの骨とどの骨を結んでいるかを確認する。教科書に書かれた各筋肉の説明文をじっくり読み、描かれた解剖図と目の前のキリンを見比べながら、どれが何筋なのかの特定を試みてみる。

しかし、やっぱりよくわからない。キリンの首の一番表層には、細く長い紐状の筋肉が多数存在しているのだが、教科書に載っているウシやヤギの筋肉図にはこのような紐状の筋肉が描かれていないのだ。

自分1人で考えていても埒[※7]があかない。今回は1人じゃなく、首の解剖のスペシャリストがいるのだ。わからないなら、教えてもらえばいいじゃないか。そう思い、「これって何筋ですか？　板状筋か頸最長筋だと思うんですが……」と尋ねてみた。

すると、科博[※8]の研究員の方からは予想外の答えが返ってきた。

「うーん、わからないなあ。まあ、筋肉の名前は、とりあえずそんなに気にしなくてもいいんじゃない？」

相手は、キリンの解剖は初めてとはいえ、私よりもはるかに解剖経験がある、首の構造を専門とする研究者だ。てっきり「これは何とか筋だよ」と答えを教えてもらえると思っていた私は、言われた言葉の意味がすぐには理解できなかった。すると研究員の方は続けてこう言った。

「名前は名前だよ。誰かがつけた名前に振り回されてもしょうがないし、自分で特定できればいいじゃない。次に解剖したときに、これは前回○○筋って名付けたやつだな、って自分でわかるように、どことどこをつなぐ筋肉かきちんと観察して記録しておけばいいでしょ」

ノミナを忘れよ

解剖には、専門用語が多い。筋肉の名前だけでも、400語以上にもな

横浜市立横浜サイエンスフロンティア高等学校附属中学校

（編集部注：掲載にあたりレイアウトなどの一部改変を行っています。）

〈適性検査Ⅰ〉　横浜市立南高等学校附属中学校　適性検査Ⅰ参照（→Ｐ.458）　—45分—

〈適性検査Ⅱ〉　—45分—

1　たろうさんは、深海が地球最後のフロンティアと言われていることに興味をもち、調べ学習を進めていました。そこで科学者たちが深海探査をどのように進めてきたのかについてまとめました。次の**【資料１】**～**【資料７】**をみて、あとの問題に答えなさい。

【資料１】深海の面積と深海探査の歴史

陸海の面積とその比

面積〔万㎢〕		百分率〔%〕	
陸地	海洋	陸地	海洋
14724.4	36282.2	28.9	71.1

海洋の深さの面積比

深さの範囲〔ｍ〕	全海洋〔%〕
0以上～ 200未満	7.5
200以上～1000未満	4.4
1000以上～2000未満	4.4
2000以上～3000未満	8.5
3000以上～4000未満	20.9
4000以上～5000未満	31.7
5000以上～6000未満	21.2
6000以上～7000未満	1.2
7000以上	0.1

海の深さが200ｍを超えるところは太陽の光が全く届かない世界で深海とよばれています。また、深さが6000ｍ以上の深い海の面積はとても小さいことが分かりました。

（「理科年表2016」をもとに作成）

問題１　6000ｍ以上の深さの海の面積は何㎢か答えなさい。

深海探査の歴史

いつ	出来事	誰が
	方法と結果	
1521年	太平洋の深さを測定しようとした。	フェルディナンド・マゼラン
	おもり付きの731.5ｍの紐を船から下ろしたが海底に届かなかった。	
1934年	鋼鉄製の球形の潜水装置で潜水した。**【図１】**	ウィリアム・ビービ オーティス・バートン
	中に人が入った鉄の球をケーブルで海中につり下ろして、深さ923ｍの潜水の世界記録を作った。	
1960年	深海探査艇トリエステ号がチャレンジャー海溝の海底に向けて潜水した。**【図２】**	ジャック・ピカール ドン・ウォルシュ
	球状の搭乗球の上に大きなガソリンタンクがあり、重さを調節できるおもりを積んで潜水し、深さ10900ｍよりも深い海底に到達した。	

【図１】球形の潜水装置

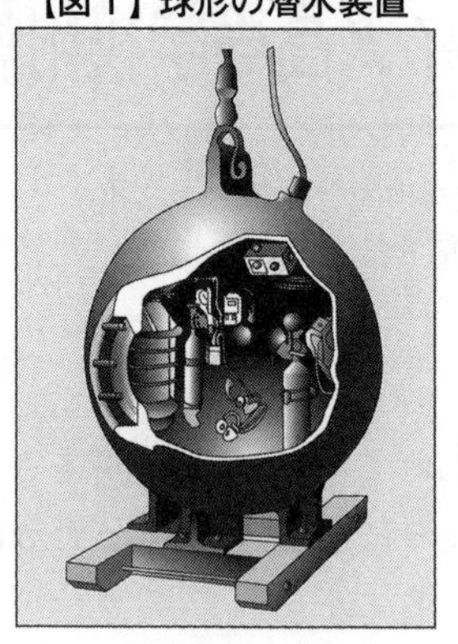

【図２】深海探査艇トリエステ号

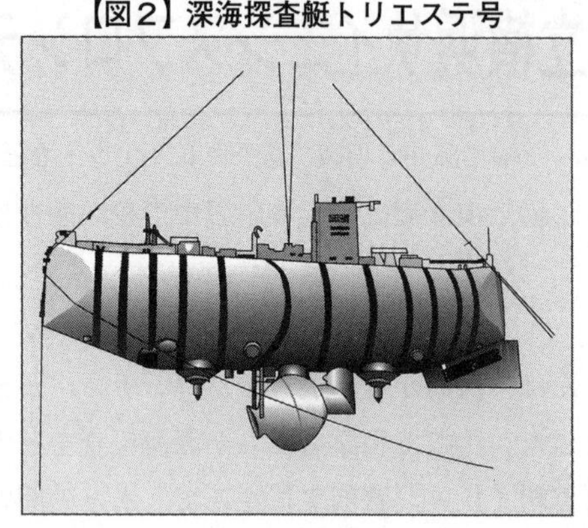

（ウェブページ「命がけの深海探査。 世界初の有人潜水球『バチスフィア』」、
「ワールドアトラス」と 堀元美『海に潜る』〈出光書店〉をもとに作成）

たろうさんは、深海探査艇が浮き上がる力を得るための材料としてガソリンを使用したことに興味をもち、液体を袋につめて海水中でおもりをつるす実験を行おうと考えました。ガソリンは燃えやすく実験室で使用するのは危ないので、代わりにサラダ油を用いて次のような実験を行いました。

【資料２】たろうさんが行った実験

〔目的〕海水中でサラダ油をつめた袋がおもりを浮き上がらせる力を調べる。

〔実験の様子〕

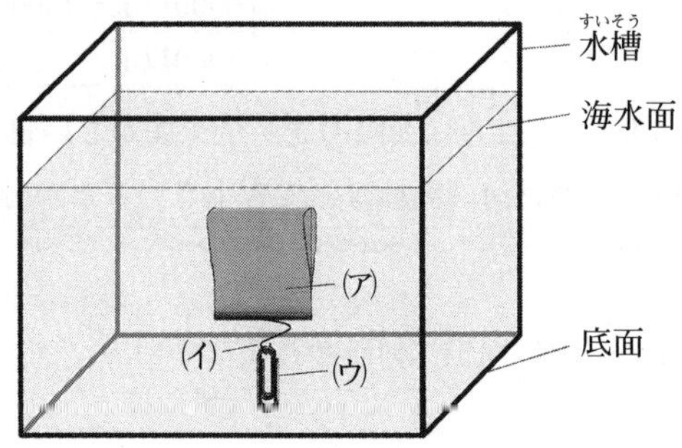

〔実験〕

【図３】沈んでいる状態

1　何も入っていないファスナー付きポリエチレン袋(ア)に針金で作ったフック(イ)をつけた。海水が入っている水槽に静かに入れると、沈んでフックが水槽の底面についた。**【図３】**

2　サラダ油を袋の中に注射器を使って下から注入し、袋の上端が海水面から出ないぎりぎりのところで浮いているように調節した。【図4】

3　サラダ油をメスシリンダーで300mLはかり取り、㋐、㋑を海水から取り出して、㋐に追加して入れた。

4　㋐が浮き上がっていることを確認し、㋑に【図5】のような金属製のクリップ㋒をおもりとしてひとつずつかけていき、㋐が海水面から沈んだときのおもり㋒の合計の重さをばねはかりを使い水中ではかった。

5　1から4までの手順を繰り返し10回行った。

【図4】浮いている状態

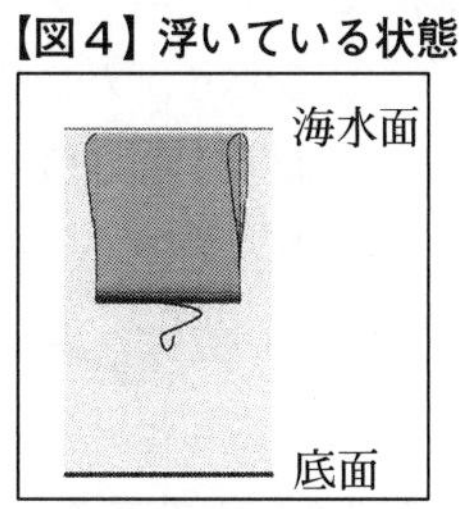

【図5】クリップ

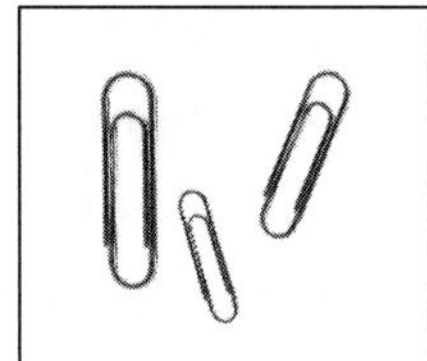

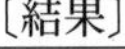
〔結果〕

実験	㋒の合計の重さ（g）	実験	㋒の合計の重さ（g）
1回目	33.0	6回目	32.9
2回目	32.8	7回目	33.0
3回目	33.0	8回目	32.6
4回目	32.9	9回目	33.1
5回目	32.7	10回目	33.0

問題2　実験データを適切に扱い、海水1mLが1.03gとするとき、サラダ油1mLは何gか答えなさい。答えがわりきれないときは、小数第三位を四捨五入して、小数第二位まで答えなさい。ただし、おもりの体積については考えないこととします。

たろうさんは、深海探査艇トリエステ号の構造についての資料を見つけました。

【資料3】深海探査艇トリエステ号の構造

球状の搭乗球の上部は大きなタンク(容器)からできており、タンクの上部からガソリンを入れて浮く力を得ていました。また、そのタンクは潜航して深海で大きな力がかかると下部から海水が入り、つぶれないように作られていました。探査艇の下側にある容器におもりを入れて潜航して、浮く力を調節するときや浮上するときには、おもりを捨てていました。

【図6】深海探査艇トリエステ号の構造

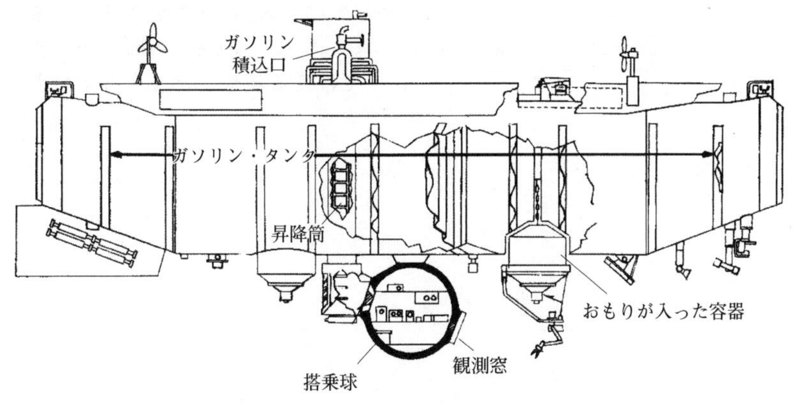

(堀元美『海に潜る』〈出光書店〉をもとに作成)

問題３　トリエステ号がタンクに入れたガソリンの体積は133㎥でした。この探査艇が海面にあるとき、ガソリンの浮き上がろうとする力で支えられる重さは何kgか答えなさい。ただし、海水１mLは1.03ｇ、ガソリン１mLは0.75ｇであるとして計算しなさい。答えがわりきれないときは、小数第一位を四捨五入して、整数で答えなさい。

たろうさんは、「しんかい6500」が浮く力を得るための材料について調べてまとめました。

【資料４】水の重さと浮力材

１㎠の板を板の上面から１㎝の深さに沈めるとその上に水が１㎤乗っていることになります。１㎤の海水は1.03ｇであるとして、10000ｍの深さに１㎠の板を沈めたと考えると［　あ　］kgの水が乗っていることになります。この水の重さに耐えるために、トリエステ号の乗員が乗る部分は厚い金属で精密な球形に作られていました。

日本では1981年に「しんかい2000」が完成し、1986年には「しんかい6500」が完成しました。繰り返し探査を行うために、浮き上がる力を得るために用いる浮力材には特別な素材が使われています。例えば、発泡ポリスチレン製のカップ麺の容器に6500ｍの深海と同じ水の重さが加わると容器はすっかり小さくなってしまいます。そのため深海では**【図７】**の発泡ポリスチレンの一つひとつの小さな空間が［　い　］しまい、元に戻らなくなります。そのため、発泡ポリスチレンは浮力材として使うことができません。それに対して深海用浮力材は**【図８】**のようなガラスの丈夫な微小中空球体であるマイクロバルーンをプラスチックでまとめたものを使っているので、深海の海水の重さに耐える仕組みになっています。

【図７】発泡ポリスチレンの断面図

【図８】「しんかい6500」用浮力材の模式図

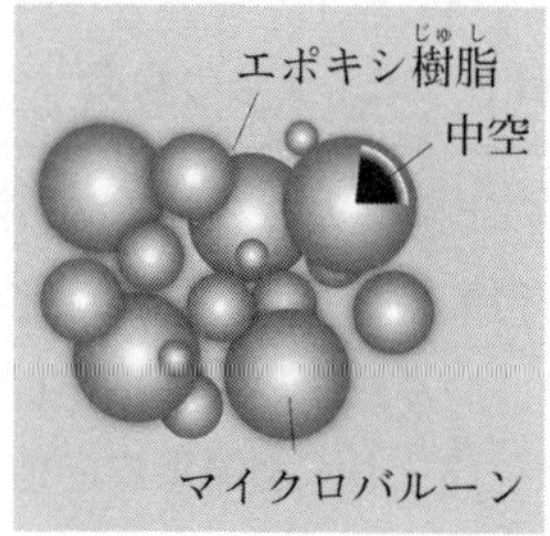

（ウェブページ「発泡スチレンシート工業会」、「シンタクチックフォーム」高分子, 22(2), p.101-108(1973), 第４図と読売新聞社・ＮＨＫ・ＮＨＫプロモーション「特別展『深海』公式図録」をもとに作成）

問題４　［　あ　］、［　い　］にあてはまる数やことばを答えなさい。

たろうさんは「しんかい6500」の潜航スケジュールについて調べ、次の表のようにまとめました。

【資料５】「しんかい6500」の潜航スケジュール

時刻	内容	説明
７時00分	作業開始	潜航開始地点まで運ぶ母船の上で潜航するための準備をする。
８時30分	着水作業	「しんかい6500」を母船から海面に降ろす。
９時00分	潜航開始	バラストタンクという空洞のタンクに海水を注入し毎分約45ｍで降下する。
	海底到着、調査開始	潜航開始から海面浮上までを日中の８時間で行うことにしているので、降下・上昇時間を差し引いた残りが調査時間となる。
	離底(上昇開始)	「しんかい6500」の底に付けた鉄板のおもりを捨てて毎分約45ｍで上昇する。
17時00分	海面浮上、揚収作業	翌日の調査に備えて、電池の充電や保守整備などの準備を行う。

(ウェブページ　ＪＡＭＳＴＥＣ「有人潜水調査船『しんかい6500』」をもとに作成)

問題５　９時00分に潜水を開始して、毎分45ｍで潜航、浮上するとき、水深6480ｍで行う調査時間は最大で何時間何分か答えなさい。

たろうさんは、「しんかい6500」の通信について資料を見つけました。

【資料６】「しんかい6500」の音響伝送装置について

「しんかい6500」は、ただ深くに潜るだけでなく、海底の調査も行っています。調査の結果を素早く地上に送るためには、地上との通信が必要となります。しかし、海中では電波が吸収されてしまうため、音声通信や※測位通信には音波(音)が用いられています。**【図９】**のように、音波の伝わる速さは、空気中では秒速約340ｍに対し、水中では秒速約1500ｍです。水は空気に比べ振動が伝わりやすく、音波を伝えやすい性質をもっています。**【図10】**～**【図12】**は、日本近海における水深と水温、塩分濃度、音の速さに関するグラフです。海水中での音波の伝わる速さは、水温と塩分濃度と深さに関係していることが分かっており、グラフのように面白い性質を示します。

「しんかい6500」のような探査艇が調査を行う水深100ｍを超えるような場所では、通信距離を対象に考えると、ケーブル等で探査艇と繋ぐことはできないので、現在のところ唯一の実用的な通信方式が音波なのです。

【図９】電波の伝わり方と水中での音波の伝わり方の比較

	空気中の電波	空気中の音波	水中の音波
速さ	秒速約30万km	秒速約340ｍ	秒速約1500ｍ

※測位通信…探査艇の位置を確かめるために母船や観測機器と行う通信

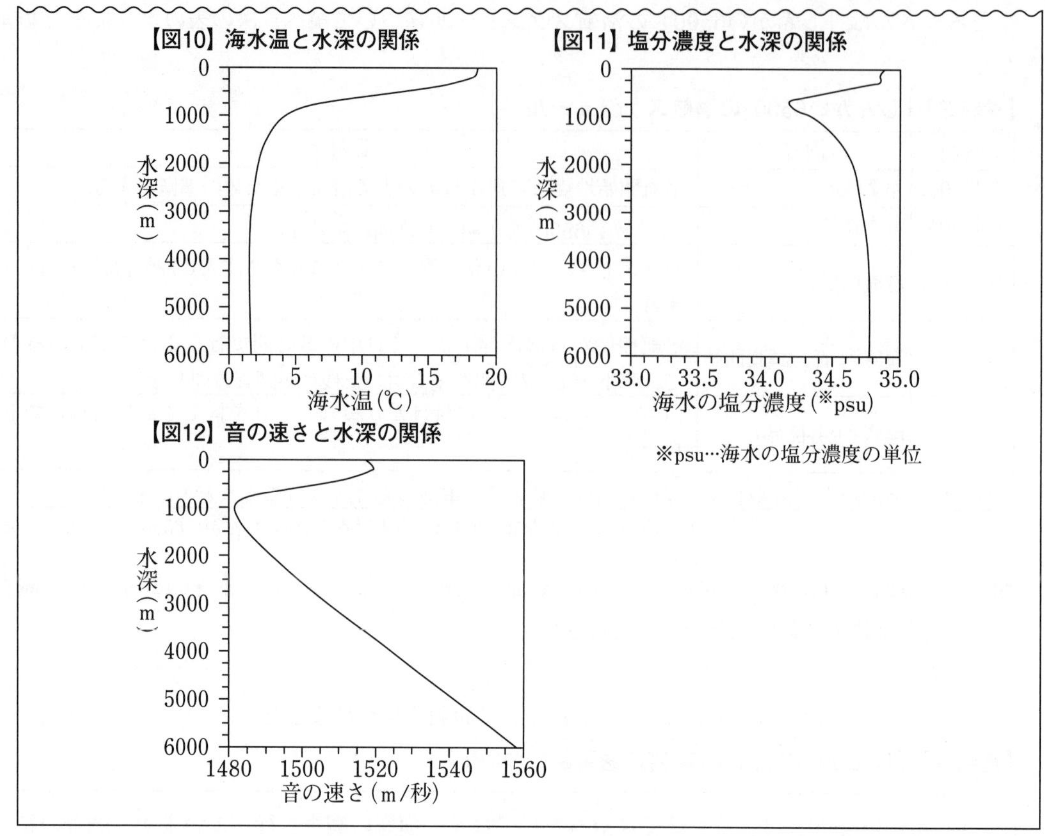

(ウェブサイト『海洋音響／水中音響研究』土屋利雄「海洋の音速構造と音速の算出式　解説」をもとに作成)

問題6　【図10】～【図12】から読み取れることとして、次の1～9からあてはまるものをすべて選び、番号を書きなさい。

1　水深と海水温は比例の関係になっている。

2　水深1000ｍでの海水温が最も高い。

3　水深1000ｍから水面までが最も海水温の変動が大きい。

4　水深1000ｍ付近の塩分濃度が最も高い。

5　水深が深くなればなるほど塩分濃度は上がっていく。

6　水深が０ｍに近いときの塩分濃度が最も高い。

7　水深が浅いほど音の伝わる速さは遅(おそ)い。

8　水深1000ｍ付近の音の伝わる速さが最も遅い。

9　水深と音の速さは比例の関係になっている。

【資料７】「しんかい6500」の音響画像伝送装置について

「しんかい6500」には深海で撮影したカラー画像を音波によって地上に転送する音響画像伝送装置が搭載されています。音響画像伝送装置は【図13】、【図14】の通り、性能はどんどん良くなっています。

また、【図15】は「しんかい6500」から送られてきた画像です。上の列が初号機の画像、下の列が新型機（2018年）のものです。初号機は画像を10秒に１枚しか送ることができなかったり、転送がうまくいかずに画像が欠けてしまったりするものもありました。一方、新型機（2018年）では、初号機と比べて同じ距離でも通信速度が（　う　）倍になったので画像を（　え　）秒に１枚送ることができるようになるまで改良され、画像が欠けるなどのエラーが起こることもほとんどなく、コマ送りのように画像が転送されてきます。このような音響画像伝送装置の改良により、珍しい魚を見失ったり、新たな発見を見落としたりする心配がなくなりました。

【図13】音響画像伝送装置の性能比較①

	通信速度（※kbps）	距離（km）
初号機	16	6.5
新型機（2017年）	70	3.6
新型機（2018年）	80	6.5

※kbps…１秒間に送ることのできる情報数

【図14】音響画像伝送装置の性能比較②

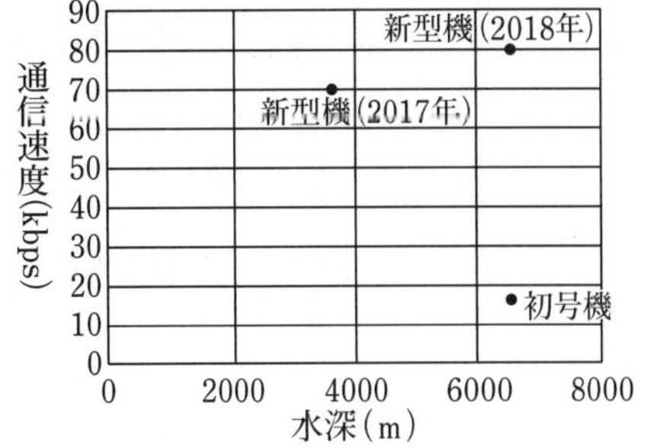

【図15】「しんかい6500」から実際に送られてきた画像

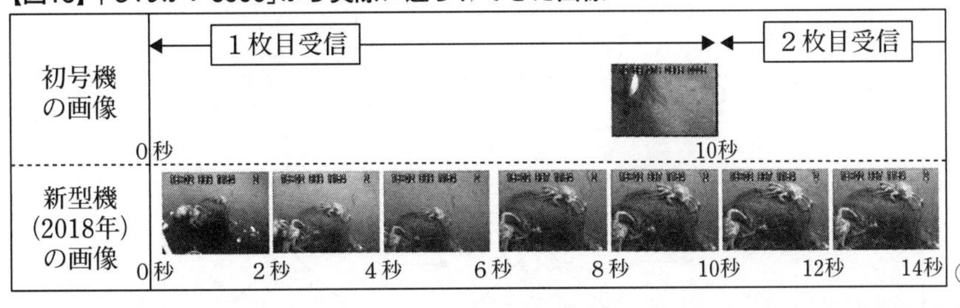

©ＪＡＭＳＴＥＣ

（ウェブページ　ＪＡＭＳＴＥＣ「水中音響通信の研究」をもとに作成）

問題７　**【資料７】**の（　う　）（　え　）にあてはまる数を答えなさい。

２　たろうさんとはなこさんは、**【図１】**について考えています。次の**【会話文】**を読み、あとの問題に答えなさい。ただし、図は正確とは限りません。

【会話文】

たろうさん：はなこさん、**【図１】**を見てください。

はなこさん：これは雪の結晶ですか。

たろうさん：そうです。折り紙でつくった雪の結晶です。この雪の結晶は、折り紙を適当に何度か折って、ハサミで１回だけ、まっすぐに切ったらできました。

はなこさん：１回だけですか。

【図１】折り紙でつくった雪の結晶

たろうさん：はい。これを**一刀切り**というそうですよ。この**一刀切り**は、折り方と切り方が重要になります。折り方は、**【図２】**の①のように、必ずしも頂点（ちょうてん）や辺同士が重ならなくてもよく、切り方は、１本のまっすぐな線で切っていれば、**【図２】**の②のように切ってもよいです。

【図２】

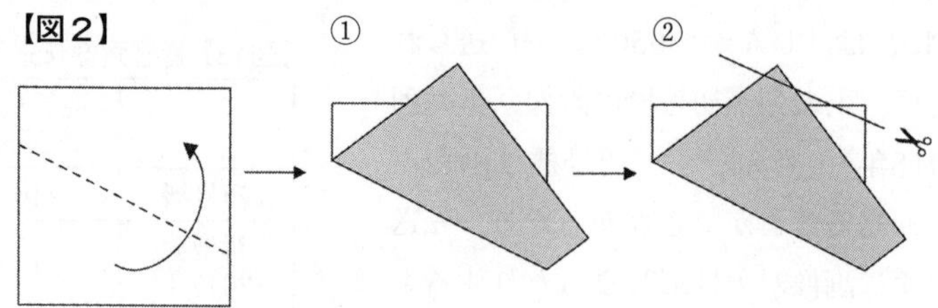

はなこさん：そうなんですね。ところで、たろうさんは**【図１】**の雪の結晶（けっしょう）をつくるために、どのように折ったんですか。

たろうさん：それが、適当に折ったので全く覚えていないんです。試しに１辺が15㎝の正方形の折り紙があるので、一緒（いっしょ）に**一刀切り**をやってみませんか。

はなこさん：いいですね。

たろうさん：まずは**【図３】**のように折って、切ってみましょう。

【図３】たろうさんの折り紙の折り方

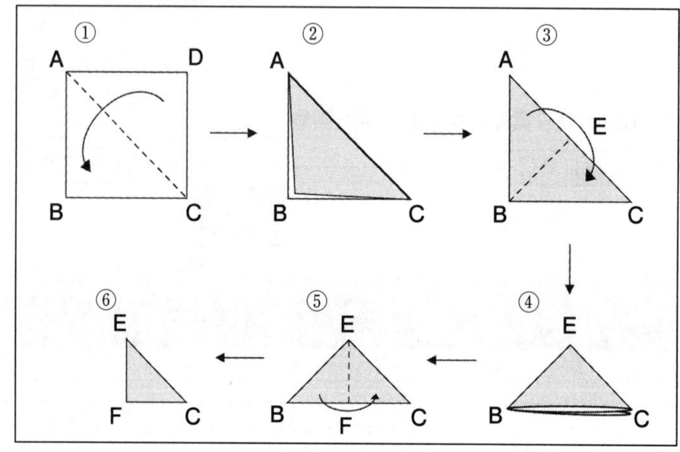

【図４】たろうさんが一刀切りした折り紙

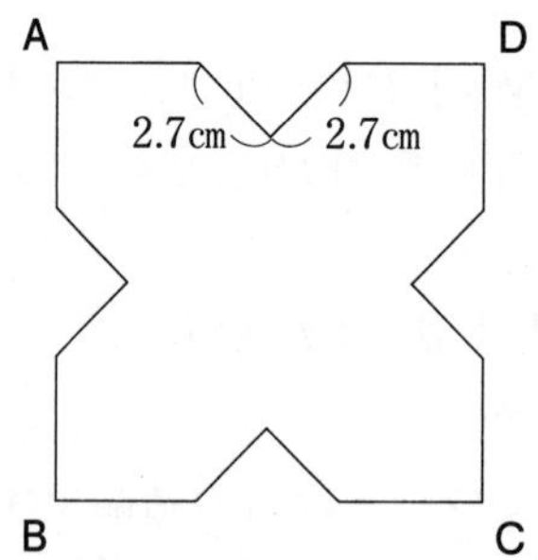

問題１　**【図３】**の⑥のように折られた折り紙**ＥＦＣ**を、ハサミで切って、折り紙を①の状態まで開くと、**【図４】**のようになりました。どのように切ったか、最も適切なものを、次の**１**～**８**から一つ選び、番号を書きなさい。

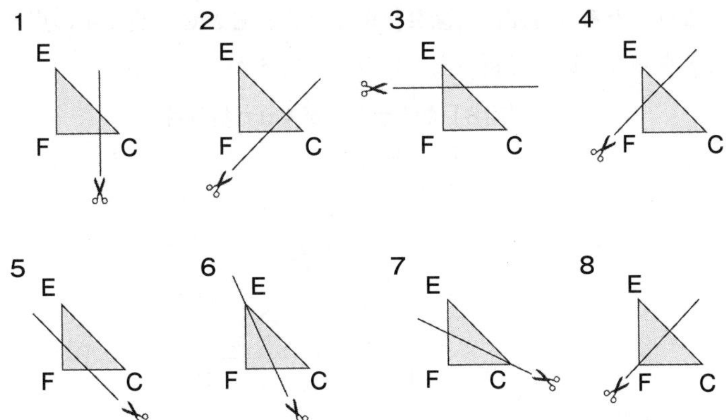

問題２　**【図３】**の⑥のように折られた折り紙ＥＦＣから切り取られた４つの三角形を開いたところ、すべて合同な直角二等辺三角形でした。このとき、**【図４】**の面積は何㎠になるか答えなさい。

【会話文】の続き

たろうさん：折り方を工夫すれば、ハサミで１回まっすぐな線を切るだけでも、このような模様（もよう）がつくれるんですね。

はなこさん：でも、**【図１】**の雪の結晶（けっしょう）はどうやって真ん中に穴（あな）をあけたのでしょうか。

たろうさん：ハサミで１回しか切ることができないという条件であれば、ハサミで切るまっすぐな線の上に切りたい部分が重なるように、もう一度折るしかなさそうですね。

はなこさん：確かにそうですね。また**【図３】**の⑥のように折った折り紙ＥＦＣを使って、それぞれ試してみましょう。

【図５】たろうさんが一刀切りした折り紙　　**【図６】はなこさんが一刀切りした折り紙**

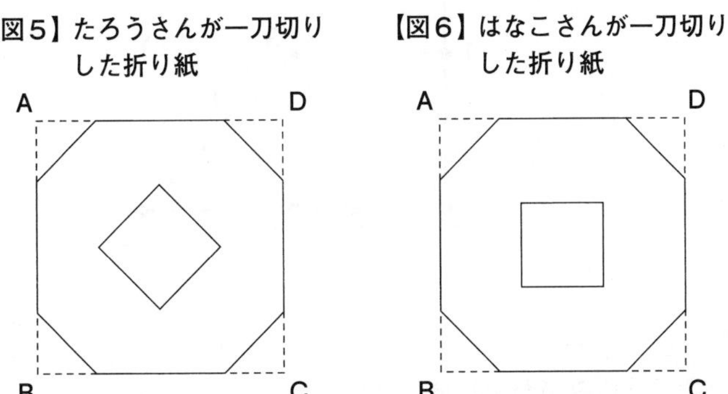

たろうさん：はなこさん、**【図５】**を見てください。真ん中に穴をあけることができましたよ。

はなこさん：本当ですね。どのように**一刀切り**をしたんですか。

たろうさん：**【図３】**の⑥をさらに、**【図７】**のように、ＥとＣが重なるように折って、ＦＧに平行な直線で切ったらできました。

【図７】たろうさんが一刀切りした方法

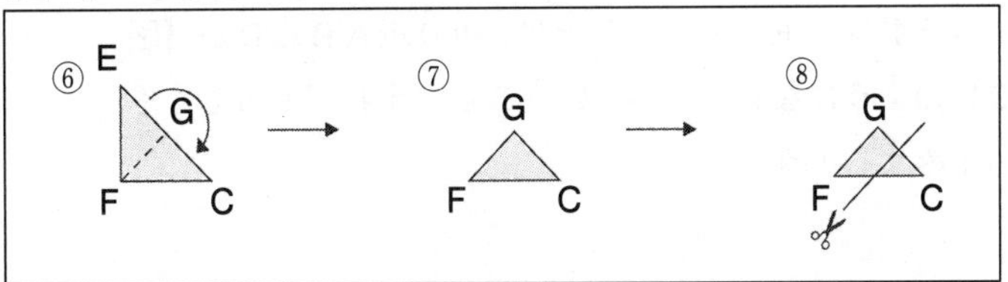

はなこさん：つまり、たろうさんは【図８】のように、ＥとＣの真ん中の点をＧとしたとき、ＧとＦをつなぐ直線で折ったということですか。

【図８】たろうさんが入れた折り目

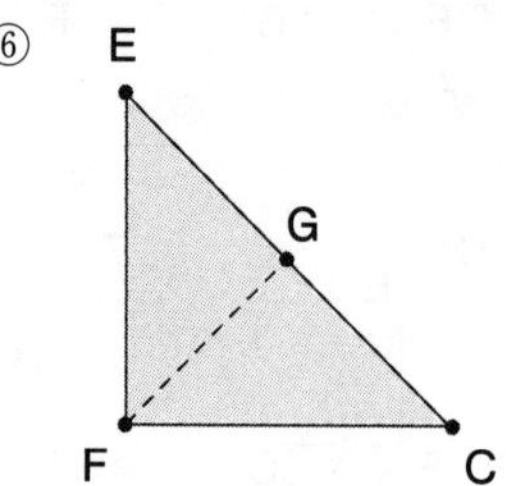

たろうさん：その通りです。

はなこさん：たろうさんとは違う折り方をしましたが、真ん中に穴をあけることができました（【図６】）。たろうさんが**一刀切り**したものにとても似ていますが、違う模様ができました。

問題３　はなこさんは、【図３】の⑥のように折られた折り紙ＥＦＣを、たろうさんとは別の折り方で、あと１回だけ折ってから、**一刀切り**をし、折り紙を【図３】の①の状態まで開くと、【図６】のようになりました。折り目となる直線を図にかき入れなさい。ただし、図にある点Ｃ、Ｅ、Ｆ、Ｇ、Ｈ、Ｉ、Ｊ、Ｋ、Ｌ、Ｍ、Ｎ、Ｏから、最も適切な２点を選び、まっすぐにつなぐこと。また、Ｇ、Ｉ、Ｌはそれぞれ辺ＥＣ、ＥＦ、ＦＣの真ん中の点とする。

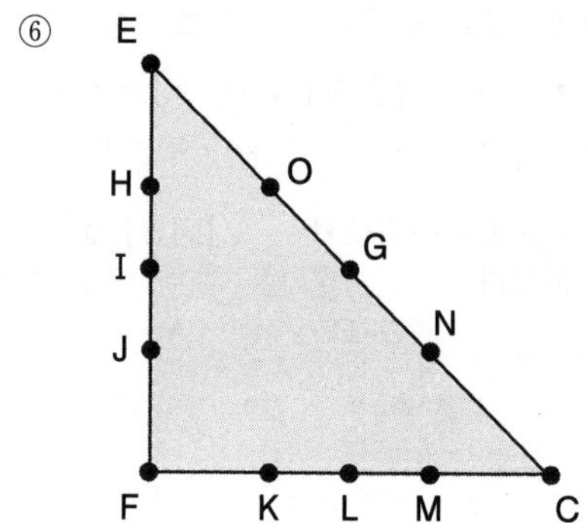

【会話文】の続き

はなこさん：何となく仕組みがわかりましたね。

たろうさん：ところで、はなこさんがつくった【図６】はまるでアルファベットの「O」のように見えませんか。このようにして模様をつくれるのであれば、他のアルファベットもつくれるのではないでしょうか。

はなこさん：面白いですね。では、つくりやすそうな「E」をつくってみませんか。

たろうさん：いいですね。「E」ということは、折り紙ＡＢＣＤが【図９】のようになればよいということですね。さっそくやってみましょう。

【図９】アルファベット「E」の予想図

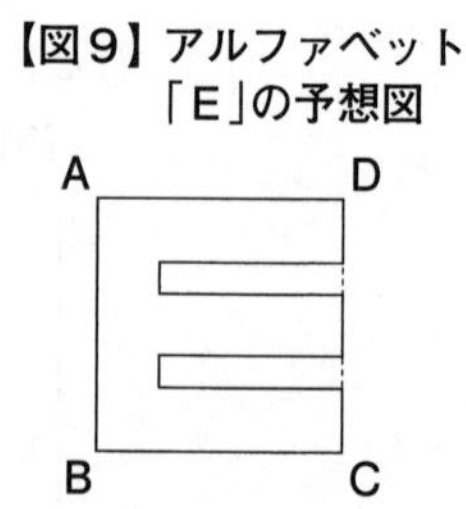

【図10】アルファベット「Ｅ」のつくり方

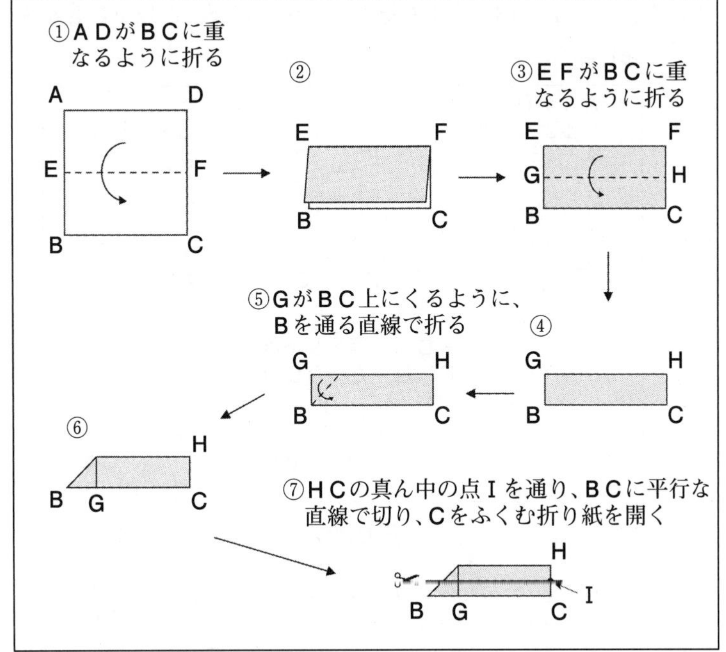

はなこさん：切れましたよ。さっそく開いてみましょう。

たろうさん：予想していた【図９】とは違（ちが）い、３本の横線の太さがそろいませんでしたね。

はなこさん：そうですね。【図12】のように、ＤＰ：ＰＱ：ＱＲ：ＲＳ：ＳＣ＝２：１：２：１：２となるようにしたいですね。【図10】のどこの操作（そうさ）を変えれば良いでしょうか。

たろうさん：まずは【図10】の③の操作ではないでしょうか。【図10】のときは、ＥＧ：ＧＢ＝１：１となるように、ＧＨとＢＣが平行に折られていましたが、これをＥＧ：ＧＢ＝［　あ　］にする必要がありますね。

はなこさん：そのあとの操作は【図10】の④⑤⑥⑦の操作と同じようにすればいいですね。

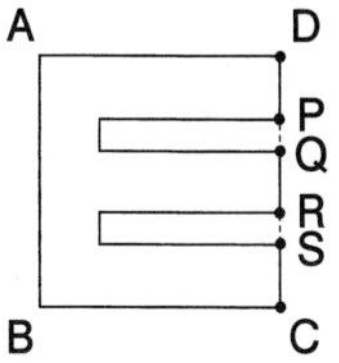

たろうさん：いや、最後の⑦の切るところも変えなければなりません。【図10】のときはＨＩ：ＩＣ＝１：１となるようなＩを通り、ＢＣに平行な直線で切りましたが、これをＨＩ：ＩＣ＝［　い　］に変えましょう。

はなこさん：最後に【図13】のＣをふくむ折り紙を開くと…。【図12】と同じものができましたね。

【図11】アルファベット「Ｅ」の完成図

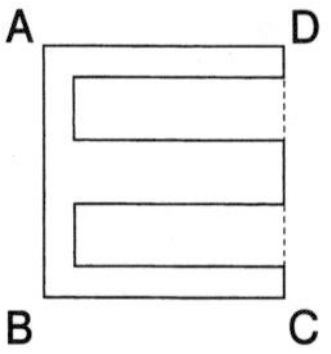

A　D
B　C

【図12】アルファベット「Ｅ」の理想図

A　D
P
Q
R
S
B　C

【図13】

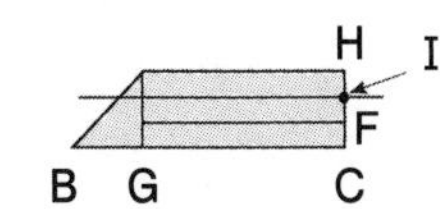

問題４　**【会話文】**中の［　あ　］、［　い　］にあてはまる比を、それぞれ最も簡単（かんたん）な整数の比で表しなさい。

問題５　次の**折り方**(う)、(え)について、**一刀切り**をしたとき、どのアルファベットになるか、最も適切なものを、次の**1**～**18**からそれぞれ一つずつ選び、番号を書きなさい。

折り方(う)

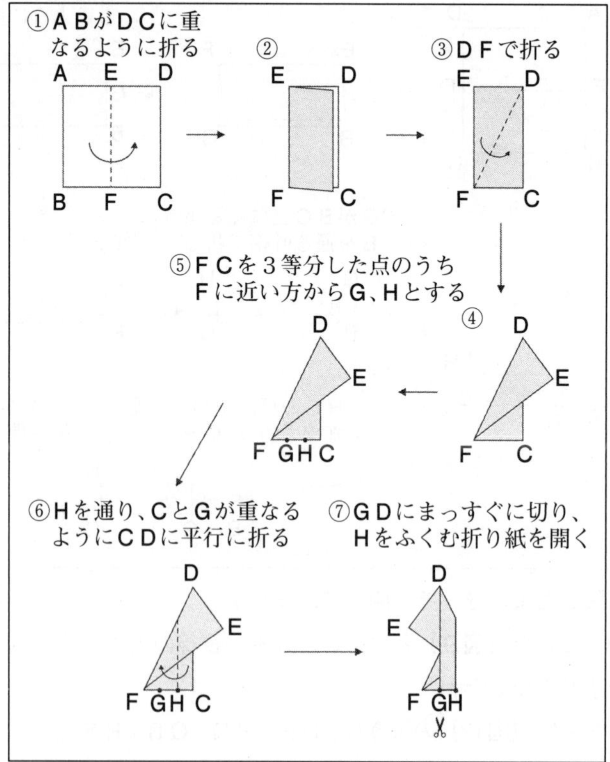

折り方(え)

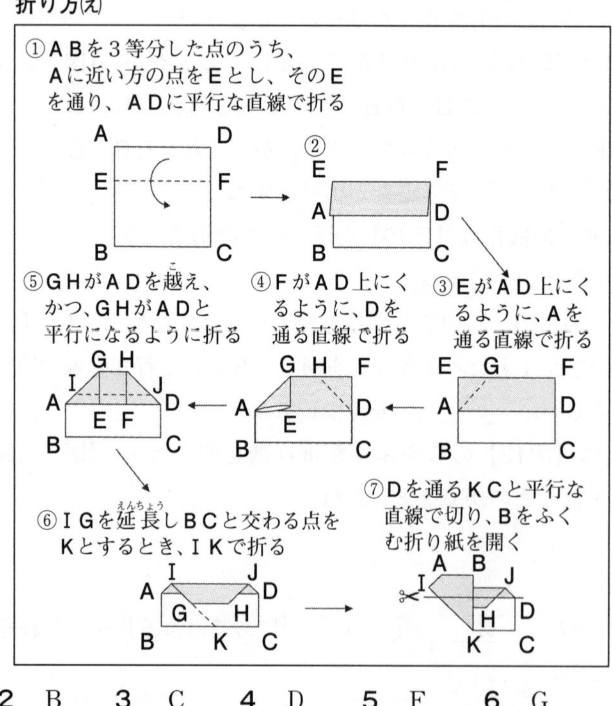

1	A	**2**	B	**3**	C	**4**	D	**5**	F	**6**	G
7	H	**8**	J	**9**	K	**10**	L	**11**	M	**12**	P
13	Q	**14**	R	**15**	S	**16**	T	**17**	V	**18**	Y

新潟県立柏崎翔洋中等教育学校
新潟県立佐渡中等教育学校
新潟県立津南中等教育学校
新潟県立燕中等教育学校
新潟県立直江津中等教育学校
新潟県立村上中等教育学校

（編集部注：掲載にあたりレイアウトなどの一部改変を行っています。）

〈作文〉　—50分—

次の[1]～[3]は、学校での学習や私たちの社会生活におけるデジタル化に関する資料をまとめたものです。

[1]　次の資料１は、平成26年から令和５年までの、教育用コンピュータ１台当たりの児童生徒数の変化を表した折れ線グラフです。なお、教育用コンピュータとは、学校の授業で使うパソコン・タブレットのことです。また、児童生徒とは、小学生と中学生および高校生のことです。

資料１

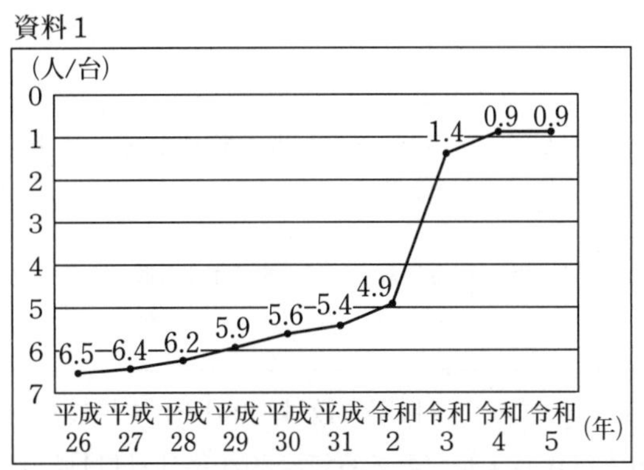

（文部科学省「令和４年度学校における教育の情報化の実態等に関する調査結果（概要）」より作成）

⑴　資料１について、教育用コンピュータ１台当たりの児童生徒数を、平成26年と令和５年とで比べると、平成26年は、令和５年のおよそ何倍ですか。小数第２位を四捨五入して、小数第１位まで書きましょう。

⑵　資料１について、令和５年の、教育用コンピュータ１台当たりの児童生徒数を、児童生徒１人当たりの教育用コンピュータの台数になおすと、およそ何台になりますか。小数第２位を四捨五入して、小数第１位まで書きましょう。

[2]　次の資料２と資料３は、令和５年度に、公立小学校等の６年生を対象として、「５年生までに受けた授業で、パソコン・タブレットなどのＩＣＴ機器を、どの程度使用しましたか」とたずね

た調査の回答結果をまとめたものです。資料２は、新潟県の小学６年生の回答の、項目ごとの人数と合計人数を表にまとめたものです。また、資料３は、全国の小学６年生の回答の、項目ごとの人数の割合を円グラフに表したものです。

資料２

項目	人数
ほぼ毎日	6,316
週３回以上	5,705
週１回以上	2,895
月１回以上	950
月１回未満	347
その他、無回答	9
合計人数	16,222

資料３

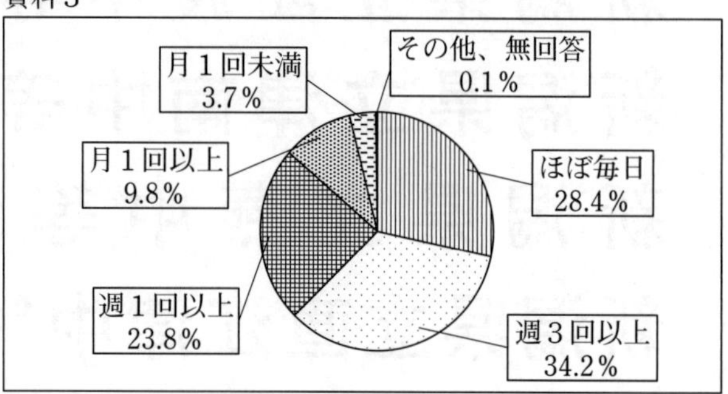

（国立教育政策研究所ホームページ「教育課程研究センター『全国学力・学習状況調査』」より作成）

⑴　資料２について、「ほぼ毎日」と「週３回以上」を合わせた人数の、合計人数に対する割合は、およそ何％ですか。小数第２位を四捨五入して、小数第１位まで書きましょう。

⑵　資料２と資料３を比べて、気がついたことを具体的に書きましょう。

③　デジタル技術は、私たちの社会生活に変化をもたらします。次の資料４は、そのようなデジタル技術の１つである「ウェブ会議サービス」について、資料５は、ある「ウェブ会議サービス」の世界中の利用者数の変化の状況について、それぞれ説明した文章です。また、資料６は、今後、デジタル化が進むことによって実現が期待される、2030年代の社会生活のようすについてまとめたものです。

資料４

> 「ウェブ会議サービス」とは、インターネットを利用して、音声や映像、資料を同時にやりとりすることができるサービスです。

（独立行政法人情報処理推進機構「Web会議サービスを使用する際のセキュリティ上の注意事項」より作成）

資料５

> A社の「ウェブ会議サービス」の利用者数は、2018年４月に数百万人でしたが、2019年11月におよそ2,000万人に達しました。さらに、2020年３月11日におよそ3,200万人だった利用者数は、１週間で1,200万人増加し、およそ4,400万人となりました。また、2020年10月にはおよそ1.15億人を記録しています。
>
> B社の「ウェブ会議サービス」の利用者数は、2020年４月３日からの19日間で１億人増加し、およそ３億人となりました。

（総務省「令和３年版　情報通信白書」より作成）

資料６

①　はなれた場所で開催（かいさい）されているスポーツイベントやコンサートなどに、まるでその場で参加しているかのような体験や、実際に行くのは困難な秘境や宇宙空間を、まるで旅行しているかのような体験をすることができる。	②　自分が話した言葉を、ＡＩ（人工知能）が時間差なく外国語に訳してくれる技術により、自分の国の言葉で会話しているかのようにして、世界中の人々とコミュニケーションをとることができる。	③　ＡＩ（人工知能）が個人の能力や好みに合わせて提供する、世界中のいろいろな教育プログラムを、オンラインで学ぶことができる。

（総務省「令和２年版　情報通信白書」より作成）

⑴　資料４と資料５を読んで、わかったことを書きましょう。

⑵　資料６について、①～③のうち、あなたが興味をもった社会生活のようすを１つ選び、①～③の符号（ふごう）と、それを選んだ理由を書きましょう。

◇　自らすすんで楽しく学び、自分の世界を広げたり、興味のあるテーマを深めたりするために、ＩＣＴ機器をはじめとするデジタル技術をどのように使ってみたいですか。あなたの考えを資料１～６を参考にして、四百字以内で書いてください。

（編集部注：たて書きで出題されています。）

新潟市立高志中等教育学校

（編集部注：掲載にあたりレイアウトなどの一部改変を行っています。実際の適性検査問題は、写真や図版の一部がカラー印刷で出題されました。）

〈適性検査１〉　—45分—

1　たろうさんは、夏休みの宿題に、課題図書である「世界で大活躍できる13歳からの学び」という本を読みました。そして、同じ本を読んだ人たちと、深く感心したことについて交流することになりました。

【資料１】は、たろうさんが読んだ本の一部です。**【資料１】**を読んで、**問１～問３**に答えなさい。

（編集部注：**【資料１】**は、たて書きで出題されました。）

【資料１】

遊びはその行為そのものが楽しいはずです。一方、テストを受けなければいけないなどのように「何か」にとらわれた状態ではなかなか心から楽しむことはできません。この楽しむという動機を一般にはモチベーションと呼びます。よく「今日はモチベーションが低い」とか「モチベーションが上がらない」と言いますよね。ではこのモチベーションというものはいったいどうすれば高まるのでしょうか。また、どういうモチベーションのときに高い学習効果を発揮するのでしょうか。実はこれも心理学の実験でかなり有名な※1トピックなんです。専門的には外的モチベーションと内的モチベーションの比較と呼びます。外的モチベーションとは簡単に言うと「もので釣る」ということです。例えば、何かをしたら「お金をあげる」とか、「褒められる」とかです。一方、内的モチベーションというのは「楽しいから」とか「好きだから」という行為そのものが報酬となることです。アメリカの心理学者のデシ教授はいったいどちらが高い学習効果を得られるのかという実験をしました。

当時、大学生の間で流行っていたソマと呼ばれるパズルを用いて実験は行われました。大学生を２つのグループに分け、パズルは７種類のいろいろな形をしたブロックを組み合わせ、飛行機や動物で示された形を作るという内容でした。もちろんしっかりと解けるように計画され、５種類の図が用意されました。そして、２つのグループに分かれた大学生に３セッション行いました。第１セッションは、両グループとも普通にパズルを解きました。第２セッションでは、１つのグループにパズルが解けるたびに報酬を与えることを約束しましたが、もう１つのグループには何もありません。第３セッションでは、第１セッションと同じように両グループともに普通にパズルを解くものでした。そして、どのセッションでもパズルが２問解けるたびにデシ教授は、もっともらしい言い訳をして８分間部屋を離れ、マジックミラー越しに大学生の様子を観察しました。大学生のいる実験室には雑誌やおもちゃが置いてあって、自由時間に好きなように使ってよいと伝えました。「実験の休憩時間に教師がいないときでもパズルに取り組む生徒は意欲が高い」のではとデシ教授は考えたのです。

君たちはどちらの大学生がより意欲的にこの実験に取り組んだと思いますか。報酬を与えられたほうでしょうか。それとも何も報酬がなかったほうでしょうか。ほとんどの人が想像するのと反対に、研究報告によれば報酬をもらっていた大学生は休憩時間になるとピタッとパズルを解くのをやめてしまったそうです。その一方、何も報酬がなかったほうの大学生は休み時間もパズルを解き続けたそうです。デシ教授は、時には脅してみたり、金銭の報酬であったりさまざまな「報酬」の形で何度も実験を試みました。しかし、驚くべきことに結果はすべて同じでした。つまり、他人からやらされている、コントロールされていると感じる場合、モチベーションが下がり、自分の意志で行動をしていると感じるときはモチベーションが高まるとわかったのです。授業でも何でも「やらされ感」満載の取り組みはモチベーションを上げない、積極的な学習を期待できないということです。「テスト」に向けて勉強しろって言われてもなかなか重い腰が上がらないというのはこのことなのです。ですから、遊びのように自分が好きで、自分の意志で行動しているときは夢中になりやすいのです。

（中略）

遊びをしているときは誰もが夢中になりますよね。それは将棋であれサッカー観戦であれ、何かを「している」だけではなく「見ている」場合もあります。自分のしている対象に全神経が集中している状態です。アメリカの心理学者チクセントミハイ教授はこの状態のことを「フロー体験」と呼びました。そしてそのフロー状態になるためには以下のような条件が必要だと述べています。

「失敗したらどうしよう」などと心配をしていたら何かに100％集中することは難しいですよね。ですから、まず失敗を恐れる気持ちから解放される必要があります。失敗を恐れる気持ちがなくなるためには、「自分は大丈夫」とか「失敗をしてもたいしたことがない」と思えることが大切ですね。ですから、遊びのように楽しめる状況にあるときにフロー体験が起こりやすいのです。一度スイッチが入ったら、もうあれこれ考えることがなくなり、気付いたらあっという間に時間が過ぎ去っていたとなるのです。よく楽しい時間があっという間に過ぎ去ってしまうのに、辛い時間はとてつもなく長いような感覚を経験しますよね。でも、時間はどんなときでも同じ早さで流れているので、時間の流れというのはあくまでも「私たちの感じ方」で早いとか遅いとかになるわけです。ですから、何かに取り組んでいるときに時間が早いと感じるのは集中しているときなのです。君たちは、学びを楽しんでいますか。

（髙橋一也『世界で大活躍できる13歳からの学び』〈主婦と生活社〉）より

※１　トピック…話題。また、話題となる出来事。

問１　次のＡ、Ｂ、Ｃの文のうち、「外的モチベーション」に当てはまるもの全ての記号を答えなさい。

Ａ　テストでよい結果を出し、褒められること。

Ｂ　歴史に興味があり、武将について勉強すると楽しいこと。

Ｃ　風呂掃除をして、家族に感謝されること。

問２　**【資料１】**の「パズルを用いた実験」では、報酬を与えられた大学生のグループと報酬を与えられなかった大学生のグループでは、どちらのほうが意欲的に取り組んだと言えますか。

デシ教授が意欲的に取り組んだと判断したグループと、そのように判断した理由について、文章中の言葉を用いて、句読点を含め50字以上70字以内で書きなさい。

問３　たろうさんは、深く感心したことを伝えるために、**【資料１】**の文章の一部を引用して、文章を書くことにしました。

あなたがたろうさんだとしたら、どのように書きますか。

引用した文章を記入するとともに、以下の条件にしたがって、句読点を含め160字以上200字以内で書きなさい。

条件１　引用した文章の一部から自分が考えたことを書くこと。 条件２　**【資料１】**から学んだことを、今後の生活の中でどのように生かしていきたいか書くこと。 条件３　読み手に自分の考えが伝わるように、文章表現を工夫すること。

2　高志第一小学校の６年生では、総合的な学習の時間に、新潟市の環境について調べています。この学級のたかしさんとさくらさんのグループは、二酸化炭素などの※1温室効果ガスの影響による地球温暖化について、**【資料２】**～**【資料６】**を見つけました。

二人の会話文と**【資料２】**～**【資料６】**を読み、**問１**～**問３**に答えなさい。

※１　温室効果…大気中の二酸化炭素などの気体が地表から放出される熱を吸収して地球の気温を上昇させること。

【資料２】

特集　ゼロカーボンシティを目指して

■ ゼロカーボンシティって何？

2050年までに、気候変動の大きな要因である二酸化炭素（CO_2）の排出量を実質ゼロにすることを目指すと公表した都市のことです。

新潟県とともに、新潟県内では新潟市、佐渡市、粟島浦村、妙高市、十日町市、柏崎市、津南町、村上市、新発田市、胎内市、小千谷市、燕市が表明しています。（2022年11月末現在）

二酸化炭素がたくさん出るとなぜ困るの？

- 地球全体の温度が上がる
- 海水面が上がる
- 熱中症・感染症患者が増える
- 異常気象が起こりやすくなる
- 害虫の生息地域が広がる

二酸化炭素はどうすると出てしまうの？

- 冷暖房など家電を使う
- 自動車に乗る
- 工場でものをつくる
- ごみを燃やす

私たちの生活の中から二酸化炭素（CO_2）が出るのです。

今の新潟市は…

新潟市は、ほかの都市と比べて家庭と自動車からの二酸化炭素を出す量が多いという課題があります。これは、家の床面積が広く、冬に暖房をたくさん使ったり、公共交通機関よりも自動車を使う人が多かったりするのが原因です。

こうした課題を解決するためにさまざまな取組を進め、新潟市の二酸化炭素排出量を2024年度までに2013年度に比べて30%、2030年度までに40%、2050年度までに80%減らすことを目標にした計画を2020年3月につくりました。その後12月には、ゼロカーボンシティを目指すと市長が表明しています。

※２　t-CO_2…二酸化炭素１トンを意味する単位。

出典：私たちでつくる新潟の未来　小中学生用環境教育副読本

【資料３】

新潟市の二酸化炭素排出量の推移

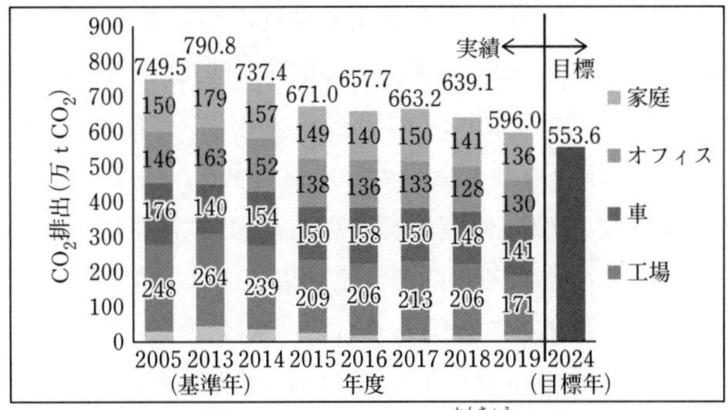

出典：私たちでつくる新潟の未来　小中学生用環境教育副読本より作成

【資料４】

新潟市と全国の二酸化炭素排出量割合の比較（2018年度）

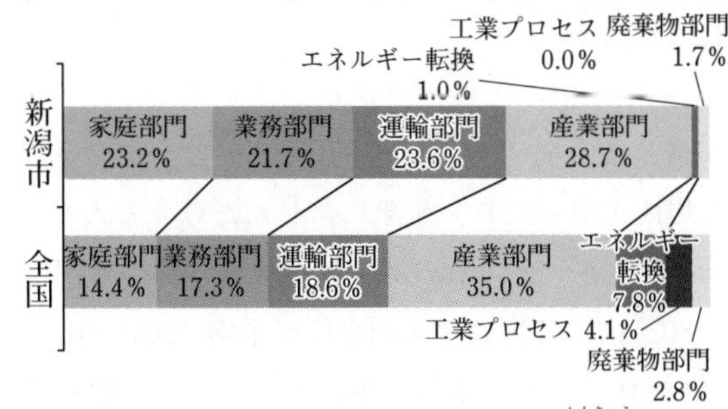

出典：私たちでつくる新潟の未来　小中学生用環境教育副読本

【資料５】

家庭部門と運輸部門における政令市の二酸化炭素排出量（2019年度）

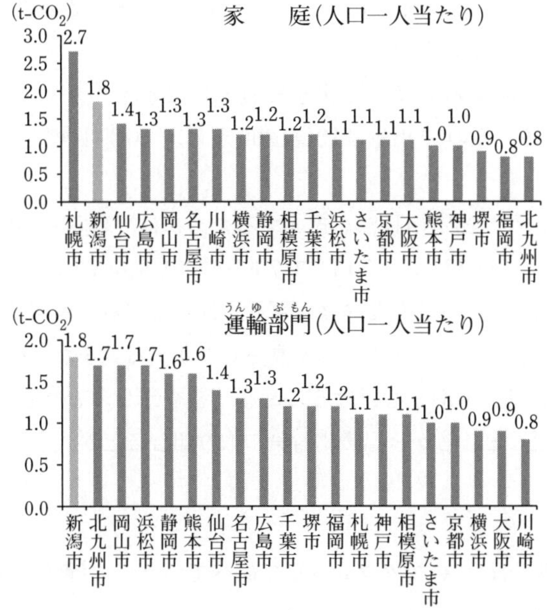

出典：私たちでつくる新潟の未来　小中学生用環境教育副読本

【資料６】

家庭から温暖化対策

猛暑や豪雨、ドカ雪…。地球環境の変化を身近に感じるようになった。要因とされるのが、二酸化炭素（CO_2）などの温室効果ガスによる地球温暖化だ。CO_2削減はSDGs（持続可能な開発目標）の大きな柱でもあるが、私たちは暮らしの中で、CO_2をどれくらい排出しているのだろうか。温暖化が進んだ場合の影響と合わせて紹介する。

公益財団法人「地球環境戦略研究機関」（ＩＧＥＳ、神奈川県葉山町）などの推計によると、日本人の暮らしの中で排出される年間の温室効果ガスは、2017年時点で１人当たり7.6トン（CO_2換算、以下同）。研究対象の５カ国のうち、日本はフィンランドの10.4トンに次ぐ排出量で、中国は4.2トン、ブラジルは2.8トン、インドは2.0トンだった。

家庭で最も排出が多いのは、電気・ガス・水道などで全体の32％。このうち約半数は、電気の消費だ。次いで多いのは、自動車や飛行機による移動で20％、食事に伴う排出が18％。食事の中では、肉類が最も多い。飼料の生産や輸送に伴うCO_2排出のほか、牛の消化器などで発生するメタンも含まれるためだ。

このまま温暖化が進めば、極端な高温や海面上昇で、生態系や農業、漁業などが打撃を受ける恐れもある。住む場所を失ったり、飢餓に苦しんだりする人が増える懸念もある。

「本県にも大きく影響する」と語るのは、新潟大理学部の本田明治教授（53）。北極、南極の氷の融解によって、約80年後には世界の海面水位が平均で0.5～１メートル上昇するとの予測があるとし、「新潟市は海抜０メートル地帯が多いため、多くの地域で水没する可能性がある」と指摘。温暖化で、豪雨や台風の大型化も今後増えるとみる。

では、どれだけ温室効果ガスを削減すれば良いのだろう。2016年に発効された「パリ協定」では、世界の平均気温上昇幅を産業革命前と比べて1.5度に抑えることが掲げられた。しかし、国連の気候変動に関する政府間パネル（ＩＰＣＣ）によると、さらなる対策を進めないと、40年までに1.5度を超える可能性が高いという。

日本は50年までに温室効果ガス排出を実質ゼロにする「カーボンニュートラル」を目指す。環境省によると、19年度の排出量は12億1200万トン。中期目標として30年度には、7.6億トンを掲げている。

ＩＧＥＳなどは、パリ協定の目標を達成するためには、暮らしの中での温室効果ガス排出量を30年に2.5トン（17年比67％減）、50年に0.7トン（同91％減）にまで削減する必要があると算出している。本田教授は「便利なものはエネルギーを使っていると考えてほしい」と指摘。一人一人ができることとして、プラスチックごみや食品ロスが出る物をなるべく買わず、自動車による無駄な移動を減らし、地産地消を心掛けることなどを挙げた。その上で、「豊かな自然を次世代に残すためにも、身近なところから温暖化対策に取り組むことが大事だ」と呼び掛けた。

出典：新潟日報2022年２月24日

たかし：新潟市の環境についてタブレットで調べていたら、**【資料２】**から**【資料５】**を見つけたよ。

さくら：新潟市はゼロカーボンシティを目指しているんだね。（ ア ）年までに二酸化炭素の排出を実質ゼロにすると宣言したんだね。

たかし：へえ、すごいね。資料を見ると、新潟市では2013年から二酸化炭素の排出量が年々（ イ ）傾向だね。

さくら：そうだね。資料では、新潟市は、（ ウ ）部門と業務部門と運輸部門から排出される二酸化炭素の割合が全国と比較するとそれぞれ大きいよ。

たかし：ほかの政令指定都市と比べたらどうかな。

さくら：資料を見ると、（ ウ ）部門では、二酸化炭素の排出量が全政令指定都市の中で２番目に多く、（ エ ）部門では全政令指定都市の中で最も高いみたいだよ。

たかし：そうかあ。二酸化炭素を減らす努力が必要だね。

さくら：うん。そういえば、図書館で過去の新聞記事を読んでいたら、**【資料６】**を見つけたの。私たちができることがあるかもしれないよ。

たかし：**【資料６】**を見ると、二酸化炭素は地球温暖化に影響があって、温室効果ガスと呼ばれているみたいだね。家庭では、その温室効果ガスの排出が最も多いのは（ オ ）のようだよ。

さくら：そうなんだね。（ オ ）を節約することが大切なんだね。もし、節約せずに、このまま温室効果ガスによる地球温暖化が進んだら、大変なことになってしまうね。

たかし：よし。それなら、新潟市の二酸化炭素の排出の現状と課題をしっかりと踏まえた上で、自分ができることをレポートに書くことにしよう。

問１　**【資料２】**～**【資料６】**を見て、たかしさんとさくらさんの会話文にある（ ア ）～（ オ ）に当てはまる数字や語句を書きなさい。

問２　**【資料６】**には、このまま地球温暖化が進んだとすると、約80年後には新潟市でどんなことが起こる可能性があると書かれていますか。

【資料６】にある言葉を用いて、句読点を含め60字以上80字以内で書きなさい。ただし、数字や記号も１マスに１文字ずつ書くこと。

問３　あなたもたかしさんやさくらさんのように、二酸化炭素の排出を減らし、地球温暖化を止めることについてレポートを書くことにしました。

活用した資料番号を記入するとともに、以下の条件にしたがって、句読点を含め160字以上200字以内で書きなさい。

条件１　**【資料２】**～**【資料６】**のうち、２つ以上の資料の内容を踏まえて書くこと。 条件２　自分の身の回りのことや習ったこと、経験したことを踏まえて書くこと。 条件３　自分にできることを書くこと。

〈適性検査２〉　—45分—

1　冬のある日、高志第一小学校６年生のたろうさんが外出先から自宅に帰ってきて、冷え方や暖まり方について考えています。次の文を読み、**問１**～**問３**に答えなさい。

たろうさんが自宅に帰ってきたとき、玄関の外にあった①バケツの水がこおっていました。たろうさんが自宅に入ったら寒かったので、エアコンを「暖房」に設定して部屋を暖め始めました。このとき、授業の班での話し合いで、「②エアコンの風向きが『上』のままじゃ、部屋全体がなかなか暖まらないから、風向きを『下』にした方がいいよ。」と、同じ班のさとみさんが言っていたのを思い出し、エアコンの風向きを「下」に設定しました。

部屋が暖まってしばらくすると、たろうさんは冷たい飲み物が飲みたくなりました。

たろうさんが食器棚を開けると、保冷コップがありました。保冷コップとは、飲み物の温度を低いまま保ってくれるコップのことです。

たろうさんは、冷蔵庫にあった飲み物を保冷コップに入れ、タブレット端末で宿題をしながら飲み始めました。30分くらい経ってから保冷コップに残っていた飲み物を飲んだら、注いだときと同じくらいの冷たさに感じてびっくりしました。以前、冷蔵庫にあった飲み物を保冷ではないコップに入れて、30分くらい経ってから飲んだときには、ぬるく感じたからです。

そこで、たろうさんは、「③保冷コップと保冷ではないコップとを比べて、保冷コップの中に入っている冷たい飲み物の温度があまり上昇しないこと」を、確かめてみようと思いました。

問１　下線部①について、水がこおる温度を書きなさい。ただし、バケツの中の水には何も混ざっていないものとする。

問２　下線部②について、暖房に設定された、エアコンの風向きを「下」にすると、部屋全体が暖まりやすい理由を書きなさい。

問３　下線部③について確かめるために、次の【実験道具】を使って、どのように、何を調べればよいか、書きなさい。

ただし、使う必要がない実験道具は使わなくてかまいません。

【実験道具】

② 高志第一小学校６年生のはるかさんとじろうさんは、児童会役員で児童祭を担当しています。このことについて、次の文を読み、**問１～問３**に答えなさい。

二人は児童祭の催し物を考えるため、８月に開催された、地域のお祭りに行きました。二人は①午後３時にお祭り会場で待ち合わせをしました。

お祭りには、お店がたくさん出ていて盛り上がっていました。楽しい気分になって、②はるかさんは、お店でちょうど500円だけ使いました。

はるかさんとじろうさんは、地域のお祭りを参考に、催し物Ａ、Ｂ、Ｃを、それぞれ６年生１組、２組、３組で実施しました。

また、それぞれの催し物に来てくれたお客さんが、どれくらい満足したか知りたくて、アンケートを行いました。アンケートの結果は、次のとおりでした。

【催し物Ａ】

4	15人
3	27人
2	10人
1	8人
合計	60人

【催し物Ｂ】

4	8人
3	18人
2	7人
1	7人
合計	40人

【催し物Ｃ】

4	13人
3	27人
2	8人
1	2人
合計	50人

※　４：大変満足した。
　　３：少し満足した。
　　２：あまり満足しなかった。
　　１：全然満足しなかった。

じろうさんは、「４　大変満足した」人が最も多い「催し物Ａ」がみんなに最も満足してもらえた催し物だと考えました。

しかし、はるかさんは、「催し物Ａ」について、「２　あまり満足しなかった」と「１　全然満足しなかった」を合わせた人数が最も多いため、じろうさんの意見に賛成できませんでした。そして、③催し物Ａ、Ｂ、Ｃのアンケートの合計数が異なるから、人数だけでは比較できないと考えました。

問１　下線部①について、じろうさんは自宅を自転車で出発して、午後２時50分にお祭り会場に到着しました。じろうさんが自宅を出発したのは、午後何時何分ですか。

ただし、じろうさんの自宅からお祭り会場までの道のりは2400ｍ、自転車の速さは分速300ｍであるとし、信号等の待ち時間はなかったものとする。

問２　下線部②について、はるかさんは次の表のア～エのお店で、ちょうど500円使いました。このときのお店の組み合わせをすべて書き、全部で何通りの組み合わせがあるかを答えなさい。ただし、お店の順序は考えないものとする。

また、遊ばないお店があったり、１つのお店で何回遊んだりしてもよいこととする。

ア	イ	ウ	エ
金魚すくい	くじ引き	射的	ボールすくい
300円	100円	200円	200円

問３　催し物Ａ、Ｂ、Ｃのうち、みんなに最も満足してもらえた催し物はどれだと、あなたは考えますか。下線部③を踏まえた上で、そのように考えた理由も含めて、書きなさい。

石川県立金沢錦丘中学校

（編集部注：掲載にあたりレイアウトなどの一部改変を行っています。）

〈総合適性検査Ⅱ　※総合適性検査Ⅰ（①）は515ページから掲載しています。〉　—55分—

② 太郎さんたち6年生は、1年生と交流を深めるために、いろいろな昔遊びを楽しむ「お楽しみ会」をすることになりました。

問題1　太郎さんたちは、1年生がどんな昔遊びをしたいかを調べるために、1年生全員にアンケートをとり、その結果を右の表に整理しました。

⑴　竹とんぼをしたいと答えた人数は、おはじきをしたいと答えた人数の何倍ですか。答えを書きましょう。

⑵　折り紙をしたいと答えた人数の割合は、1年生全体の人数の何％ですか、四捨五入して、上から2けたのがい数で答えを書きましょう。

1年生のしたい昔遊び（人）

竹とんぼ	21
竹馬	17
すごろく	15
折り紙	14
おはじき	10
お手玉	4
その他	3
合計	84

お楽しみ会では、アンケートの結果をもとに、竹とんぼ、竹馬、すごろく、折り紙で遊ぶことに決まりました。6年生が4つのグループに分かれて、それぞれの昔遊びの準備を担当します。

問題2　すごろくを担当するグループでは、右の図のような、マスに1～100の整数が書いてあるすごろくを使って、遊ぶことにしました。

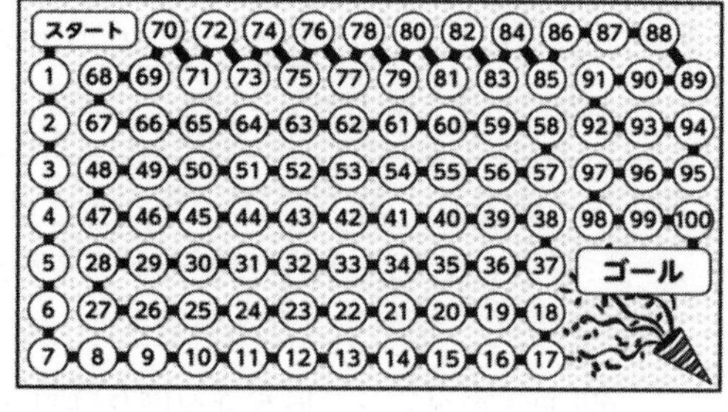

⑴　このすごろくには、止まると1回休みになるマスがいくつかあります。それらは、7でわると3余り、6でわると4余る整数のマスです。1回休みになるマスの中で、最も大きい整数は何ですか。答えを書きましょう。

⑵　すごろくで遊ぶときには、右の図のような立方体のさいころを使おうと考えています。立方体の展開図として、正しいものを、次の**ア**～**エ**からすべて選びましょう。

ア
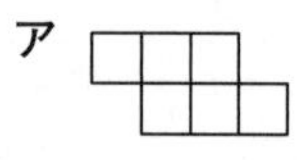
イ
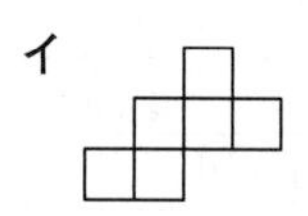
ウ
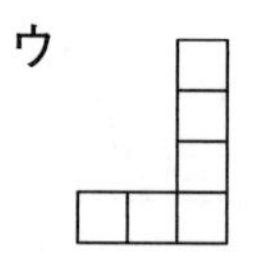
エ
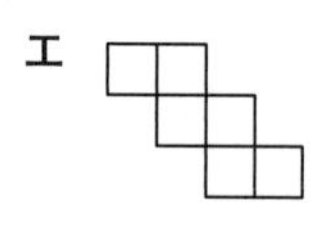

問題3　折り紙を担当するグループでは、折り紙で紙飛行機を作って遊ぶために、次のようなルールを考えました。

- ・6年生チームと1年生チームに分かれて、勝負をする。
- ・勝負は10回行い、1回ごとに、6年生1人と1年生1人がそれぞれ紙飛行機を飛ばす。
- ・遠くまで飛ばした方を勝ちとして、引き分けの場合は、やり直す。

・６年生が勝った場合は２点、１年生が勝った場合は３点を与える。
・10回の勝負を終えて、合計得点の多いチームを優勝とする。

10回の勝負を終えて、６年生と１年生の合計得点が同じになるのは、６年生と１年生が、それぞれ何回勝ったときですか。求め方を言葉や表、式、図などを使って書きましょう。また、答えも書きましょう。

問題４　竹馬を担当するグループでは、「上級コース」と「初級コース」の２つのコースを作ることにしました。

(1)　**図１**のように、中心が同じ位置にある半径が３ｍと半径が６ｍの円に、円の中心で垂直に交わる２本の直線をひいて、２つのコースを作ります。「上級コース」は、太線のように、点Ａを出発して、点Ｂを通り、点Ｄを目指すコースです。また、「初級コース」は、点線のように、点Ａを出発して、点Ｃを通り、点Ｄを目指すコースです。「上級コース」と「初級コース」の差は、何ｍになりますか。答えを書きましょう。ただし、円周率は3.14とします。

図１

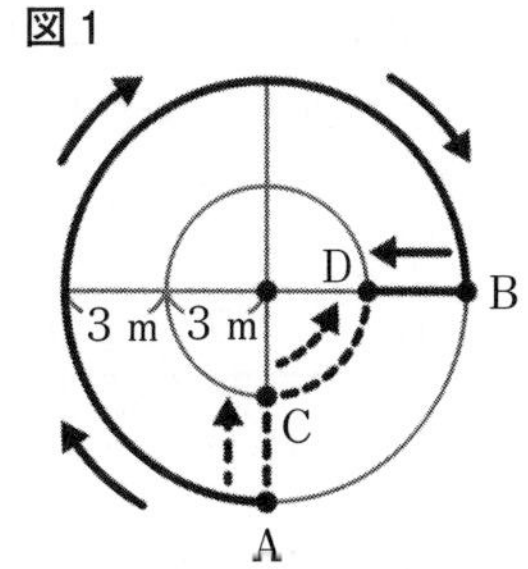

(2)　**図２**は、体育館の縮図です。竹馬で遊ぶ場所は、縮図の正方形■にあたる部分に割りあてられる予定です。実際の体育館は、縦が30ｍ、横が27ｍの長方形の形をしています。**図１**の竹馬のコースを、体育館の■にあたる場所に、はみ出さずに作ることはできますか。答えを、できる・できないの中から１つ選びましょう。また、選んだ理由を言葉や式などを使って書きましょう。

図２

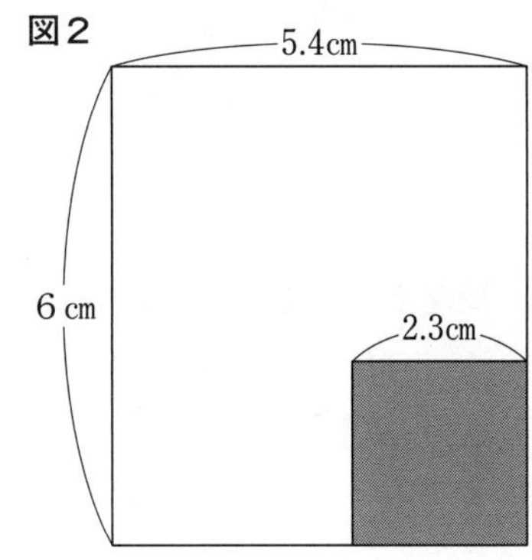

問題５　竹とんぼを担当するグループでは、お楽しみ会に必要な数の竹とんぼを、牛乳パックとストローを使って、３日間で作りました。１日目は必要な数の$\frac{3}{8}$を作り、２日目は残りの６割を作り、３日目は１日目で作った数より５本少ない数を作りました。お楽しみ会に必要な竹とんぼの数は、何本ですか。求め方を言葉や式、図などを使って書きましょう。また、答えも書きましょう。

竹とんぼ

3　花子さんは、冬休みに静岡県から遊びに来た、いとこの健太さんと話しています。

【会話】

花子さん：いよいよ明日は静岡県に帰る日だね。冬の石川県はどうだったかな。

健太さん：食べものがすごくおいしかったよ。石川県も、静岡県と同じように海に面しているから、新鮮な①魚が食べられてうれしかったよ。特に連れて行ってもらったおすし屋さんのおすしがとてもおいしかったな。

花子さん：それはよかったね。加能ガニのおすしはめずらしかったでしょう。

健太さん：ズワイガニは、石川県では「加能ガニ」って言うんだね。とてもおいしかったから、「もっとたくさんとって出荷すればいいのに。」と言ったら、おすし屋さんは、「カニ漁はいろいろなきまりで制限されているんだ。でも、そのきまりは、②これからの日本のカニ漁にとって大切なんだよ。」と言っていたね。

花子さん：そうだったね。おすし以外に何か心に残ったことはあるかな。

健太さん：金沢の街中(まちなか)をいろいろ見て歩いたのは楽しかったな。金沢城や③江戸(えど)時代に作られた兼六園(けんろくえん)の周りに、美術館や④裁判所(さいばんしょ)といった現代的な建物があって、金沢の今と昔を感じることができたよ。

問題１　次のア～エは、石川県、静岡県、香川県、沖縄県の県庁所在地の気温と降水量(こうすいりょう)を表したグラフです。

石川県と、静岡県のグラフをそれぞれ１つずつ選び、その記号を書きましょう。

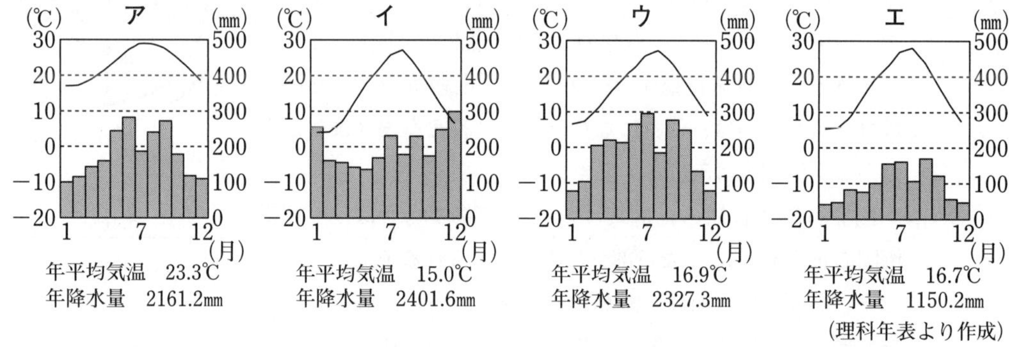

(理科年表より作成)

問題２　**【会話】**の下線部①について、花子さんは日本の漁業について興味をもち、次の**【資料１】**と**【資料２】**を調べて、読み取ったことや考えたことを**【メモ】**にまとめました。**【メモ】**の［　Ⅰ　］と［　Ⅱ　］に当てはまる言葉を、それぞれ書きましょう。

【資料１】　年れい別の、漁業で働く人の数のうつり変わり

(万人)

(年)	65才以上	40才～64才	39才以下
2003	7.9	12.4	3.5
2008	7.6	11.1	3.5
2013	6.4	8.7	3.1
2015	6.0	7.6	3.0
2016	5.9	7.2	2.8
2017	5.9	6.7	2.7
2018	5.8	6.7	2.7
2019	5.5	6.3	2.7
2020	5.2	5.9	2.5

【資料２】　漁業・養しょく業における、国内生産量と国内の市場に出回った量のうつり変わり

(万トン)
1960 1965 1970 1975 1980 1985 1990 1995 2000 2005 2010 2015 2020 (年)
■ 漁業・養しょく業における国内生産量
— 漁業・養しょく業における国内の市場に出回った量

(資料１と資料２は、令和２年水産庁資料より作成)

【メモ】

【資料１】について
・漁業で働く人の全体の数は減少してきている。
・年れい別に見ると、2003年から2020年にかけて、漁業で働く人の数が最も減少している

年れいは、[Ⅰ]である。

【資料２】について

・漁業・養しょく業における国内生産量は1975年を境に減少してきている。

・1980年ごろから、国内生産量よりも、国内の市場に出回った量が多くなっているのは、[Ⅱ]が増えてきたからだと考えられる。

問題３　【会話】の下線部②について、【資料３】はズワイガニ漁に関するきまりの一部です。このきまりが、これからの日本のカニ漁にとって大切なのはなぜか、その理由を、きまりの内容にふれて書きましょう。

【資料３】　ズワイガニ漁に関するきまりの一部

	獲(と)ってもよい期間	獲ってもよい大きさ
オス	11月６日～３月20日まで	こうらが９cm以上のもの
メス	11月６日～12月29日まで	制限はないが、産卵(さんらん)できる状態まで成長していること

（水産庁資料などより作成）

問題４　【会話】の下線部③について、花子さんは、江戸幕府(えどばくふ)の政治に興味をもち、調べました。

⑴　関ケ原(せきがはら)の戦いに勝利し、1603年に江戸幕府を開いた人物の名前を書きましょう。

⑵　花子さんは、江戸時代の身分に関する【資料４】を見つけました。【資料４】の[A]～[C]に当てはまる身分の組み合わせとして適切なものを、次の**ア**～**ウ**から１つ選び、記号を書きましょう。

ア　A：百姓(ひゃくしょう)　B：武士　C：町人

イ　A：武士　B：百姓　C：町人

ウ　A：町人　B：武士　C：百姓

【資料４】　江戸時代の身分ごとの人口

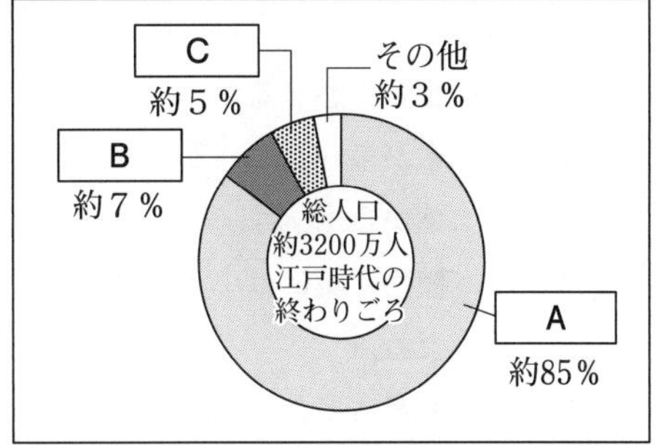

（関山直太郎『近世日本の人口構造』〈吉川弘文館〉より作成）

⑶　花子さんは、江戸幕府が行った政治に関する【資料５】と【資料６】を見つけ、これらの政策(せいさく)が幕府の力を強めることにつながっていたと分かりました。

【資料５】と【資料６】の政策が、幕府の力を強めることにつながっていた理由を書きましょう。

【資料５】　おもな大名の配置

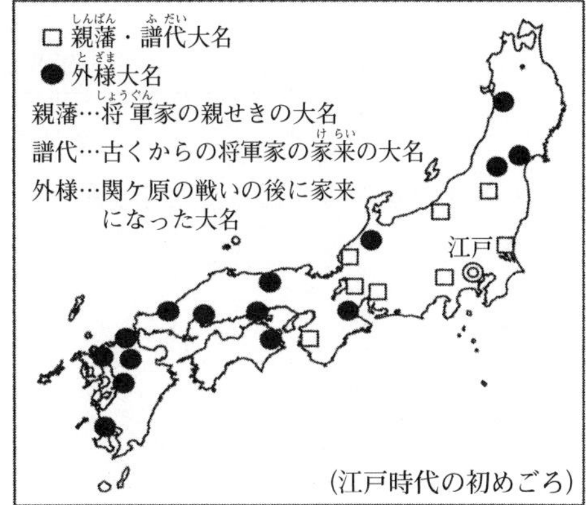

（江戸時代の初めごろ）

【資料6】 武家諸法度(一部要約)

・大名は、自分の領地と江戸との交代勤務を定める。毎年４月に参勤すること。

問題５ **【会話】**の下線部④について、**【資料７】**は、３回まで裁判を受けられるしくみの例です。

⑴ **【資料７】**の(Ｘ)に当てはまる言葉を書きましょう。

⑵ **【資料７】**のように、日本では判決の内容に納得できない場合には、３回まで裁判を受けられるしくみになっています。その理由として最も適切なものを、次の**ア**～**エ**から１つ選び、記号を書きましょう。

ア 裁判に国民の感覚を取り入れるため。

イ 判決のまちがいを防ぎ、国民の人権を守るため。

ウ 国のきまりである法律を話し合って決めるため。

エ 主権者としての意見を政治に反映させるため。

【資料７】 ３回まで裁判を受けられるしくみの例

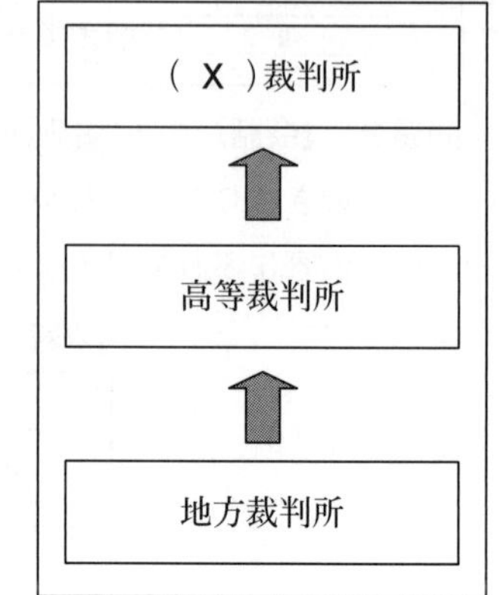

4 太郎さんと花子さんは、夏休みに自然学習センターで行われるキャンプに参加しました。

【会話１】

太郎さん：木がたくさんある森の中を、ハイキングするのは気持ちがいいね。

花子さん：そうだね。今日は朝からとても暑いけれど、木の多いところは空気もおいしくて、すずしく感じるね。

太郎さん：木が多いところがすずしく感じるのは、日かげができるからだけじゃなくて、植物の葉から水蒸気が出ていることも理由の一つだと、以前読んだ本に書いてあったよ。

花子さん：植物の葉には小さなあながあって、そこから水蒸気が出ているって、理科で学習したよね。

太郎さん：もどって、植物の葉を観察してみよう。

問題１ **【会話１】**の下線部について、次の表は空気の成分を表したものです。(①)、(②)に当てはまる気体名をそれぞれ書きましょう。

空気の成分(体積での割合)

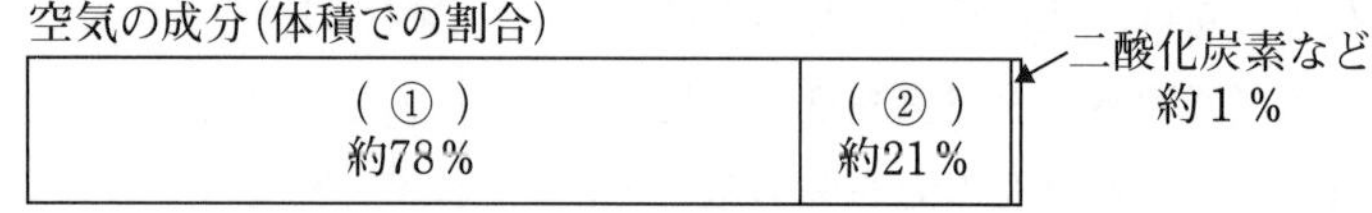

ハイキングからもどった太郎さんたちは、植物の葉にある小さなあなについて観察することにしました。

問題２　太郎さんは、何種類かの植物の葉を用意し、それぞれの葉の表面にある小さなあなを、顕微鏡で観察しました。**図１**は、顕微鏡の操作手順の一部を説明したものです。(①)～(④)に当てはまる操作を、次の**ア**～**エ**からそれぞれ１つずつ選び、記号を書きましょう。

ア　横から見ながら調節ねじを回して、対物レンズとプレパラートをできるだけ近づける。

イ　接眼レンズをのぞきながら反射鏡を動かして、明るく見えるようにする。

ウ　ステージにプレパラートを置いて、クリップでとめる。

エ　接眼レンズをのぞきながら、調節ねじを少しずつ回して、はっきり見えるところで、調節ねじをとめる。

図１

<顕微鏡の操作手順>
対物レンズの倍率を
一番低い倍率にする。
↓
(①)
↓
(②)
↓
(③)
↓
(④)

問題３　顕微鏡の倍率はどのようにして求められるか、次の(　　)に当てはまる言葉を書きましょう。

顕微鏡の倍率＝(　　　　　　　　)×(　　　　　　　　)

太郎さんたちは、葉の表面を顕微鏡で観察したあと、実際に葉から水蒸気が出ていることを確かめるための実験方法について話し合いました。

【会話２】

太郎さん：晴れた日に、花だんにあるホウセンカに袋をかぶせてしばらくおいたとき、袋の内側に水てきがつけば、葉から水蒸気が出ていることになるよね。

花子さん：それだけだと確かめられないよ。葉の大きさや数、くきの太さが同じホウセンカを２つ用意して、一方の葉を全部とってそれぞれに袋をかぶせて、<u>その２つを比べないといけないよ</u>。

図２

葉がついたホウセンカ　葉をとったホウセンカ

問題４　**【会話２】**の下線部について、葉から水蒸気が出ていることを確かめるために、**図２**のように、２つのホウセンカを比べなければいけないのはなぜか、その理由を書きましょう。

次に、太郎さんと花子さんは、夜に行われる星の観察会に向けて、準備を手伝うことにしました。

【会話３】

太郎さん：あれっ、方位磁針の針の矢印が、ちがう向きを指しているよ。

花子さん：針の矢印が北を指していない方位磁針は、正確な方位磁針ではないから、取りのぞかなければならないね。

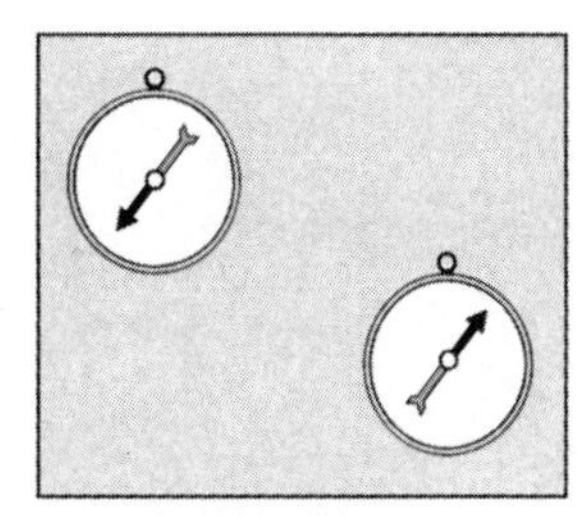

太郎さん：そうだね。じゃあ、正確な方位磁針の方を、針が磁石になっていることを利用して、見つけたらどうかな。棒磁石を持ってきて、その棒磁石の(①)極を、方位磁針の針の矢印の先にゆっくり近づ

けたとき、矢印の先が（ ② ）方位磁針は、正確な方位磁針だと判断できるよね。

花子さん：棒磁石を持ってこなくても、太陽の位置と時刻をもとに考えれば、針の矢印が北を指す正確な方位磁針がどれか判断できるよ。

太郎さん：じゃあ、それぞれの方法で判断して、正確な方位磁針を見つけよう。

問題５　**【会話３】**の（ ① ）、（ ② ）に当てはまる言葉を書きましょう。

問題６　**【会話３】**の下線部について、花子さんが方位磁針を持って、午後３時に、自然学習センターの庭に出ると、方位磁針の針は、**図３**のように指しました。この方位磁針は北を指しているか、北を指していないかを判断し、答えましょう。また、そのように判断した理由を書きましょう。

図３

手元を大きくした図

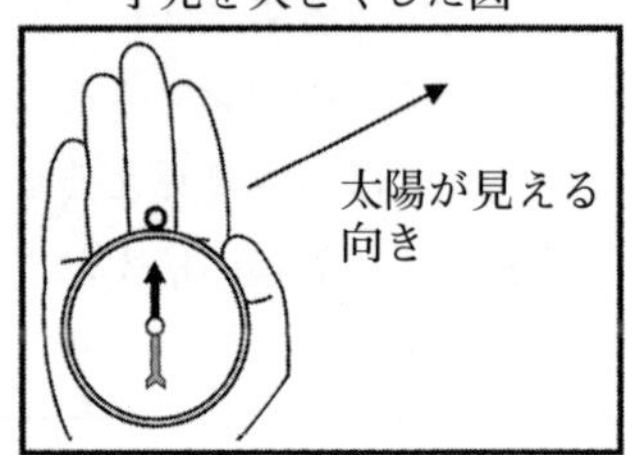

星の観察会の準備をしていた太郎さんは、自然学習センターの図書室で**【資料】**を見つけました。

【資料】

> 北極星は、北斗七星（ほくとしちせい）やカシオペヤ座をもとに見つけることができます。
> 北極星は、昔の人にとって方角を知る大切な目印でした。だから、道しるべのないところを旅するとき、人々は北極星を見つけて方角を確認していました。

問題７　**【資料】**の下線部について、北極星が方角を知る目印となったのはなぜか、その理由を、他の星とのちがいにふれて書きましょう。

ものを、次の**ア**～**エ**から一つ選び、記号を書きましょう。

ア　だから　**イ**　または　**ウ**　けれども　**エ**　たとえば

問題3　**【文章A】**の中の、①だんだん　は、どの言葉に係っていますか。次の**ア**～**エ**から一つ選び、記号を書きましょう。

①だんだん　**ア**人間にとって　**イ**ネガティブな　**ウ**作用を　**エ**し始めます。

問題4　次の文は、**【文章A】**の中の、②その論理には二重の意味で誤解があります　について、筆者が、なぜ「二重の意味で誤解がある」と考えるのか、その理由を説明したものです。［Ⅰ］、［Ⅱ］に入る適切な言葉を、それぞれ三十五字以上、四十五字以内で書きましょう。

・言葉は、［　Ⅰ　］から。

・言葉を文字化すると、［　Ⅱ　］から。

問題5　**【文章A】**には、次の一文が抜けています。**【文章A】**の中の、［あ］～［え］のうち、次の一文が入る最も適切な箇所を一つ選び、記号を書きましょう。

> 本来、言葉の役割が発揮される場所は、こうしたやり取りが可能な場面でした。

問題6　**【文章B】**の中の、［B］と［C］には、**【文章B】**の筆者が考える「適当」の意味の中の、どの意味が当てはまりますか。当てはまる意味として、最も適切な組み合わせを、次の**ア**～**エ**から一つ選び、記号を書きましょう。

ア　**B**　ちょうどよくあてはまる　**C**　いい加減

イ　**B**　ぴったりの　**C**　ふさわしい

ウ　**B**　いい加減　**C**　ふさわしい

エ　**B**　雑　**C**　いい加減

問題7　**【文章A】**の中に、③言葉の負の面　とありますが、次の文は、**【文章B】**において、どのようなことを言葉の負の面と、とらえているかを、まとめたものです。［Ⅲ］に入る適切な言葉を、**【文章B】**の言葉を使って、十字以内で書きましょう。

書き言葉も話し言葉も、［　Ⅲ　］しないと、「本当に言わんとしている真意」を理解できなかったり、汲み取ることができなかったりすることを、「言葉の負の面」ととらえている。

問題8　言葉を使う上であなたが大切だと思うことを、次の条件にしたがって書きましょう。

条件1　二段落構成で書くこと。

条件2　第一段落では、言葉を使う上であなたが大切だと思うことを、**【文章A】**または**【文章B】**で述べられている筆者の考えと関係付けて書くこと。

条件3　第二段落では、なぜ大切だと思うのかを、具体例を挙げて書くこと。

条件4　全体を、百六十字以上、二百字以内で書くこと。（改行により空いたマスは、字数にふくみます。）**【文章A】**は文章AまたはA、**【文章B】**は文章BまたはBなどと書いてもよい。

み取ることはできても、実際に言葉を肉声をもって交わし合っている状況とは違うのです。

　言葉を生み出し、文字を発明し、今、インターネットの世界を介して言葉をやり取りしているぼくたちは、こうした③言葉の負の面にもあらためて目を向ける必要があるのではないでしょうか。

（山極寿一『スマホを捨てたい子どもたち』〈ポプラ社〉による）

〔注〕
※1　交渉　問題を解決するために話し合うこと。
※2　バーチャル　実際の物やすがたをともなわないようす。
※3　介する　間に入れること。
※4　解釈　ことばやものごとの意味を理解すること。
※5　訂正する　まちがいを正しく直すこと。
※6　ツール　道具。
※7　抽象化　いくつかのことがらや物から、共通した点をぬき出してまとめること。
※8　行間を読む　文章に表れていない筆者の気持ちをくみとること。

【文章B】

例えば、
「彼の意見は適当だったと思う」
　この一文における「適当」という言葉はどんな意味に捉えればいいでしょうか。

　そもそも「適当」という言葉には「ふさわしい」「ぴったりの」「ちょうどよくあてはまる」などの他に、「いい加減」「雑」といった意味もあります。ただ、例に挙げたこの一文だけでは、この「適当」がどちらの意味で使われているのか判断がつきません。

　もしこの例文の前にもう一行、
「彼はスマホのゲームに夢中で、こちらを見向きもせずに面倒くさそうに言った」
　こちらがあればどうでしょう。ここでの「適当」は、どうやら「［B］」という意味だろうと推測できます。

　あるいは、例文の後にもう一行、
「私の周囲にいた人たちも、みな深くうなずいていた」
と続いていたら、ここでの「適当」は「［C］」という意味で使われているに違いないと想像がつくでしょう。

　単体では不明瞭だった「適当」という言葉の意味が、前後にある文との関係性＝文脈によって明確になったわけです。

　このように、あいまいでわかりにくい文章であっても、前後との関係性を読むことで書き手の真意を理解することができます。

　さらに読み書きだけでなく、話し言葉によるコミュニケーション（会話）でも同じように文脈力が求められます。

　誰かが言ったことにしても、※9一言一句を聞いただけでは、何が真意なのかは判断できません。その前後の発言とのつながりを意識して聞くことで初めて、「本当に言わんとしている真意」を汲み取ることができるのです。

（齋藤孝『大人の読解力を鍛える』〈幻冬舎〉による）

〔注〕
※9　一言一句　文章や会話に出てくる一つ一つの言葉。

問題1　**【文章A】**の中の、**インサツ**を、漢字で書きましょう。また、**【文章A】**の中の、**国家**を、ローマ字の小文字で書きましょう。

問題2　**【文章A】**の中の、［A］に当てはまる言葉として最も適切な

〈総合適性検査Ⅰ〉　—55分—

1　次の【文章A】と【文章B】を読んで、あとの問いに答えましょう。（※が付いている言葉には〔注〕があります。）

【文章A】

科学技術には良い面もあれば悪い面もあります。最初は良い面に注目が集まりますが、ある域を超えると今度はネガティブな面が強調されていきます。ダイナマイトを考えてもそうでしょう。最初は人間の力が及ばない物を壊すために非常に役立ったのに、それがやがて社会を破壊する戦争の道具に使われるようになりました。言葉も同じです。

言葉は、人間が手にした技術の中で最初にして最大のものといってよいと思います。かつて言葉は人々の間のトラブルを調整するための※1交渉にも使われていたはずだし、集団間の暴力を鎮めるためにも使われていたでしょう。［A］人間は集団を大きくすることができました。国家という巨大な組織をつくることができたのも、言葉によって※2バーチャルな世界をつくり、その物語を共有してみんながまとまれるようになったからです。ダイナマイトと同様、最初は言葉もよい作用をもたらしました。しかし、やがてその言葉が、暴力をつくり出すために使われるようになると、①だんだん人間にとってネガティブな作用をし始めます。［あ］

言葉を発達させるうちに、文字も生まれました。最初は、石や木に書いていた文字を、紙に書くようになり、やがてそれをインサツするようになる。さらに技術が進み、そして今、ぼくたちはインターネットを通じて電子文字でつながるようになりました。［い］

そもそも文字を※3介した理解には、常に疑いがつきまといます。会って話していれば、発せられた言葉だけの意味ではなく、相手の顔の表情や仕草、声色から裏の意味や背景を同時に感じることができます。相手の言葉を聞きながら、「おそらく嘘を言っているな」とか「本気みたいだな」と思ったりするのは、人間は言葉を話しているとき、無意識のうちに感情を出すものであり、同時に相手の感情を読み取る能力をもっているからです。話し手は、相手の※4解釈が間違っていると感じたら※5訂正することができます。［う］

しかし、文字は読み手本位のコミュニケーション※6ツールであって、対話ではありません。書いた人はその場にいないので、読み手の勝手な解釈が許されます。読み手本位であるために、ときに誤解を生んで書き手が思ってもいなかった結論になったりします。再現する過程で誤解が生じるのは当たり前で、それを避けることはできないのです。［え］

SNSがあたかも対話しているかのような使われ方をしていますが、それは、あくまで文字世界の延長です。利用している人の中には、すぐに返事が来るから対話と同じような信頼関係をつくれていると反論する人もいるかもしれませんが、②その論理には二重の意味で誤解があります。

一つは、言葉は※7抽象化されたものだということ。誰かと話をしていても、それは出来事すべてを表しているわけではなく、出来事をいったん言葉に集約してそれを再現しているだけのものです。実際には、言葉だけで相手の感情はわかりません。

もう一つは、文字化したり、肉声ではないものに変換してしまったりした場合、そこにさらに時間的な要素が加わるということです。言葉を話すということは本来、瞬間の作業でもあります。対話を書き言葉にすると、Aさん「…」、Bさん「…」というように、時系列に並べられることになりますが、実際は、相手が話しているとき、相手の言葉を聴きながら、自分が次に話すことを考えている。それは書き言葉では表現できません。文字は、相手の言葉を受けて考えた結果出てくるものではあるけれど、その瞬間に自分の胸の中に生じた感情とは違うものです。書き文字の※8行間を読

福井県立高志中学校

（編集部注：掲載にあたりレイアウトなどの一部改変を行っています。）

〈適性検査Ⅱ　※適性検査Ⅰは533ページから掲載しています。〉　—50分—

1　あとの問いに答えなさい。

(1)　同じ大きさの立方体が２個と、方眼の目が立方体の１つの面と同じ大きさの方眼紙があります。２つの立方体のうち一方について、【図１】の太線と太い点線の部分にそって切ります。そのあと方眼紙の上に広げると【図２】のようになりました。

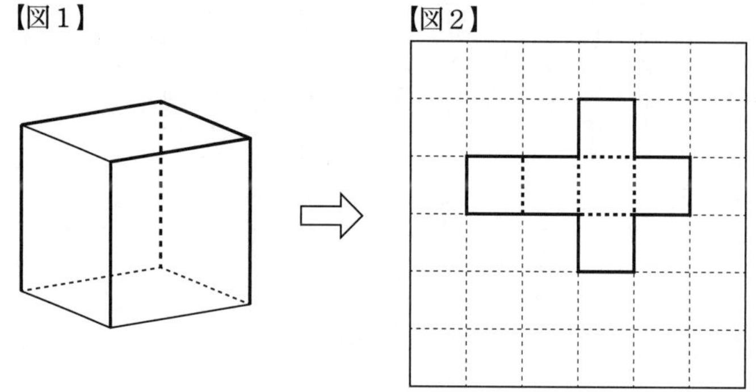

もう１つの立方体について、【図３】の太線と太い点線の部分にそって切ります。そのあと方眼紙の上に広げると、どのような図になりますか。【図２】のようにかきなさい。ただし、かく図の向きと位置は、どの向き、どの位置でもよいものとします。

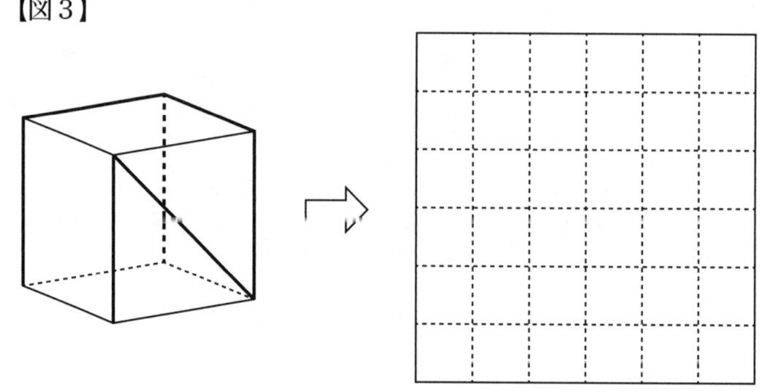

(2)　表が灰色、裏が白色の正方形の折り紙を、【図４】のように折っていきます。このとき、㋐の角の大きさを答えなさい。ただし、角の大きさが小数になることもあります。

【図4】

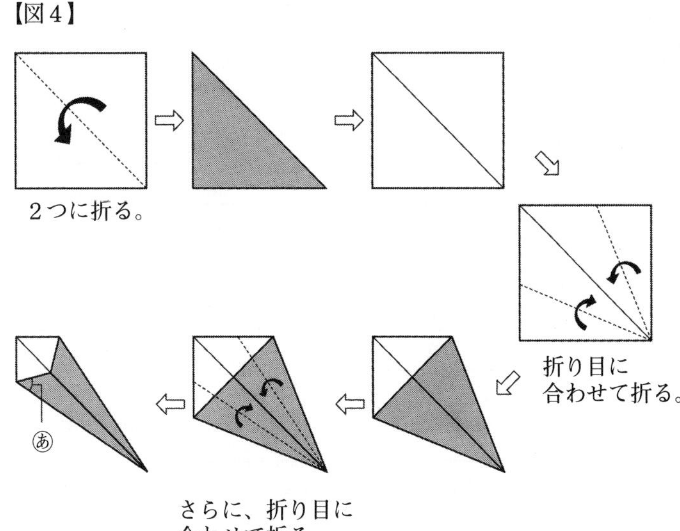

(3)　たかしさん、みゆきさん、みどりさんの3人が折りづるを折ります。3人が折りづるを折る速さはそれぞれ一定であるとします。1人が折りづるを10羽折るためにかかる時間は、【表】のとおりです。3人で同時に折りづるを折り始めたとき、合計100羽折るためには最も短くて何分かかるかを答えなさい。また、その求め方を式やことばなどを用いて説明しなさい。

【表】1人が折りづるを10羽折るためにかかる時間

	時間(分)
たかし	15
みゆき	10
みどり	18

2　2024年に金沢(かなざわ)―敦賀(つるが)間が開業予定である北陸新幹線(ほくりくしんかんせん)について、学校の授業で調べました。わかばさんとだいちさんたちは調べた内容を以下のように3枚のポスターにまとめ、話をしています。ただし、それぞれの数値(すうち)は実際の値(あたい)を参考に整数にしてあります。

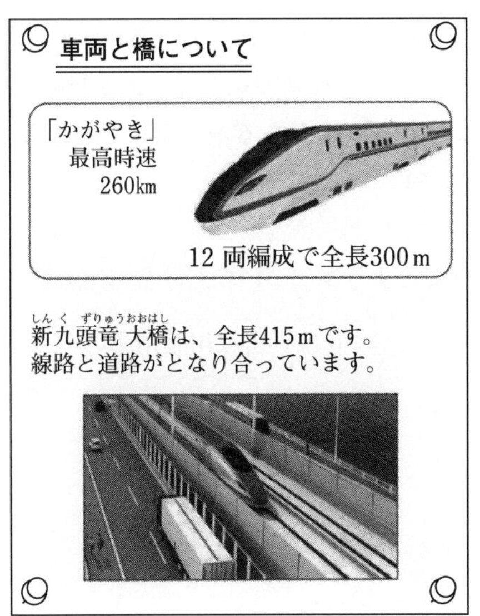

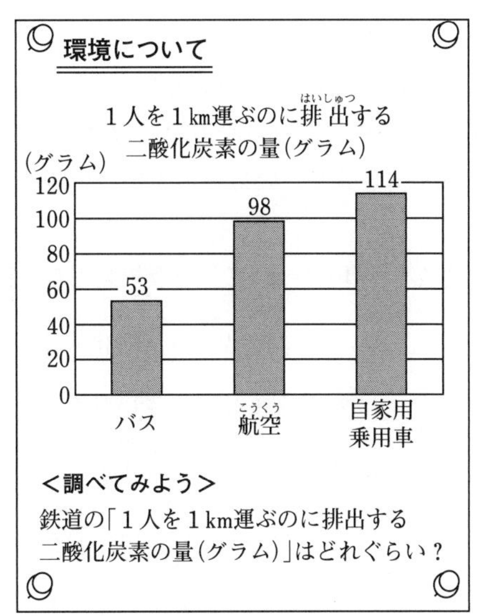

運賃（うんちん）について

営業キロ(km)と片道（かたみち）運賃(円)

営業キロ(km)	片道運賃(円)
441から460	7480
461から480	7700
481から500	8030
501から520	8360
521から540	8580

東京からの片道運賃(円)

駅名	片道運賃(円)
高崎（たかさき）	1980
富山	6600
新高岡（しんたかおか）	6930
金沢	7480

<営業キロとは>
駅から駅まで運行するときの距離（きょり）で、これから運賃などを計算します。

(福井県北陸新幹線建設促進同盟会（そくしんどうめいかい）、JRおでかけネット、株式会社総合車両製作所、福井県、株式会社日本ピーエスによる資料をもとに作成)

だいちさん：ポスターを見て考えたんだけど、北陸新幹線「かがやき」は橋をすぐに通り過ぎていくんだね。

(1)　新九頭竜大橋を北陸新幹線「かがやき」が時速234kmでわたるとします。わたり始めてから、完全にわたり切るまでに何秒かかるかを求めなさい。

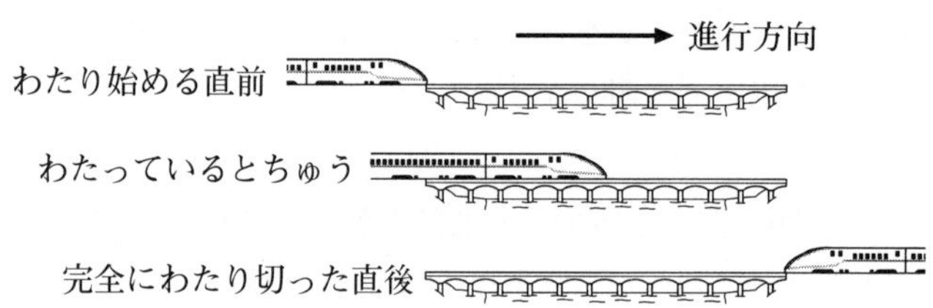

わかばさん：ある駅からある駅までの営業キロが483kmだったら、片道で運賃が8030円かかるよ。

(2)　金沢駅から福井駅までの営業キロを76kmとします。北陸新幹線が福井まで開業した場合、東京駅から福井駅までの片道の運賃はいくらになる可能性があるか、すべて答えなさい。また、その求め方を式やことばなどを用いて説明しなさい。

だいちさん：「環境について」のポスターの**＜調べてみよう＞**についてだけど、鉄道の「1人を1km運ぶのに排出する二酸化炭素の量(グラム)」は、自家用乗用車の$\frac{1}{7}$よりは大きく、バスの$\frac{1}{3}$よりは小さい整数だよ。

(3)　だいちさんが話した〰〰の部分は、

「航空の$\frac{1}{\square}$よりは大きく、バスの$\frac{1}{3}$よりは小さい整数」

と言いかえることができます。□に入る整数を答えなさい。

3　次のきまりにしたがって、いくつかの□を並べ、その中に数を入れます。

＜□の並べ方＞

［1］　1段目にいくつかの□を並べます。

［2］　2段目からは、その上の段より、1個少ない□を並べます。

［3］　段の□の個数が1個になるまで、［2］をくり返します。

＜数の入れ方＞

①　1段目の□の中に整数を入れます。

②　2段目からは、【図1】のように、矢印で結ばれた上の段にある□の数の和を入れます。

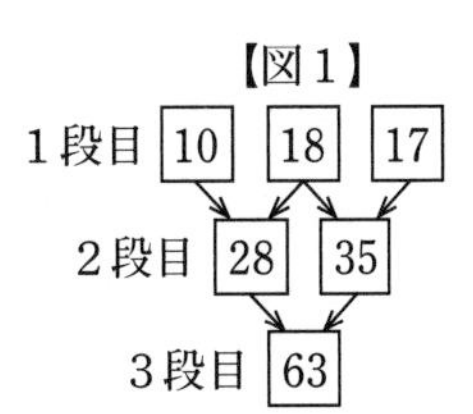

(1)　【図2】、【図3】について、残りの□の中に入る数をかきなさい。

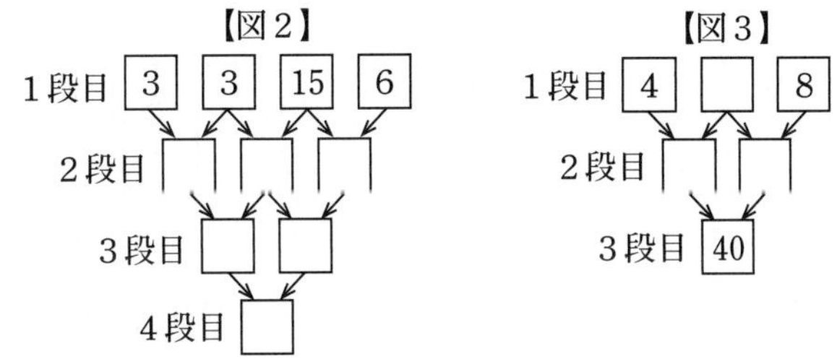

(2)　1段目に4個の□があり、1段目の両はしの□に入る数は3と8です。また1段目の4個の数の和は51になります。このとき、4段目の□に入る数を求めなさい。

さらに、次のきまりを加えて考えます。

＜□の色の付け方＞

□の中の数が、3でわりきれるときは青色、3でわると1余るときは赤色、3でわると2余るときは黄色になる。

(3)　1段目に3個の□があり、その□の中に56、59、61を1つずつ入れました。3段目の□が青色になるとき、1段目の真ん中の□に入る数を求めなさい。

(4)　1段目に2023個の□があり、1段目の□がすべて赤色になるとき、2020段目には青色、赤色、黄色になる□がそれぞれ何個ずつあるか、答えなさい。ただし、その色になる□がない場合は、0個とかきなさい。

4　いくつかのおはじきを用意します。1回目は自分で決めた個数のおはじきを取ります。次におはじきを取るときからは、おはじきを取る個数を1個ずつ増やしていきます。ただし、1回目ですべてのおはじきを取ることはできません。

例えば、初めのおはじきが5個あるときを考えます。

1回目におはじきを1個取ると決めると、2回目は2個、3回目は3個取ることになります。しかし、この場合は、3回目に取るためのおはじきが1個足りず、おはじきをちょうど取りきることができません。

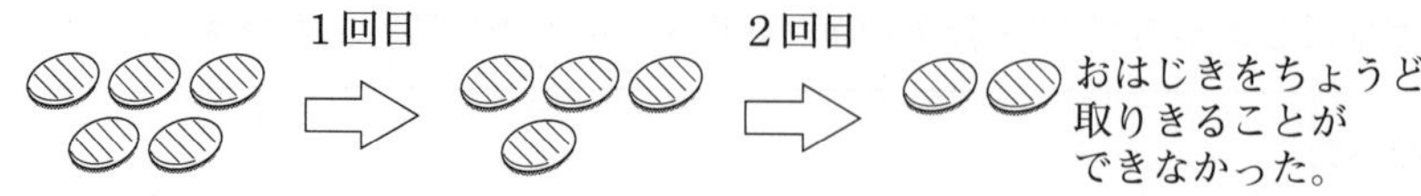

1回目におはじきを2個取ると決めると、2回目は3個取ることになり、おはじきをちょうど取りきることができます。このとき、おはじきを取った回数は2回です。

⑴　初めのおはじきの個数を次の表のようにします。それぞれのおはじきをちょうど取りきるとき、おはじきを取った回数を表にかき入れなさい。ただし、おはじきをちょうど取りきることができないときは×をかき入れなさい。

初めのおはじきの個数	2	3	4	5	6	7
おはじきを取った回数				2		

⑵　初めのおはじきの個数が2、3、4、……、15個のときをそれぞれ考えます。このうち2回でおはじきをちょうど取りきることができるのは、初めのおはじきの個数が何個のときですか。その個数をすべてかきなさい。

⑶　初めのおはじきの個数が2、3、4、……、30個のときをそれぞれ考えます。このうち5回までにおはじきをちょうど取りきることができないのは、初めのおはじきの個数が何個のときですか。その個数をすべてかきなさい。

〈適性検査Ⅲ〉　　—50分—

1　たかしさんとみゆきさんは、遊園地に出かけた後、思いついたいくつかのものづくりをすることにしました。

まず、たかしさんは、【図1】のような、等間かくの目盛り(めもり)をつけたつつに前玉と後玉をつめ、おし棒(ぼう)で後玉をおしこんで前玉を飛ばすおもちゃをつくりました。ためしてみると、前玉が飛び出す勢いが毎回ちがいました。そこで、みゆきさんは後玉をゆっくりとおしこんで、前玉が飛び出したときの後玉の位置を調べました。

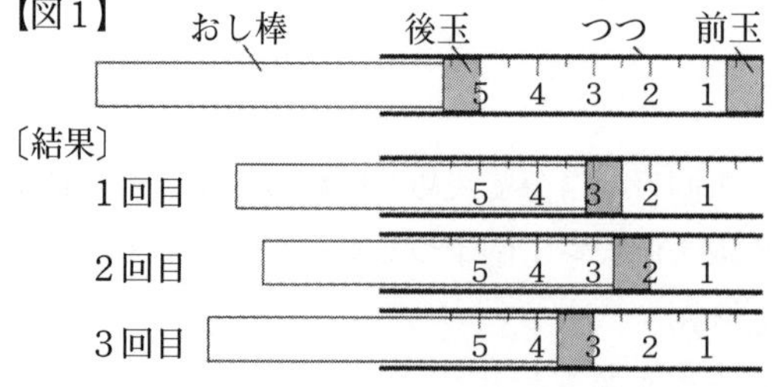

前玉が飛び出したときの後玉の位置の目盛り

1回目	2回目	3回目
2.5	2.0	3.0

⑴　一番飛び出す勢いがよかったのは2回目でした。たかしさんは、その理由について、授業で学習した空気の性質が関係していると考えました。その性質を説明した次の文の(①)(②)には「大きく」か「小さく」のどちらかが当てはまります。それぞれどちらが当てはまるか答えなさい。

〈空気の性質〉	とじこめた空気は、おされると体積が（ ① ）なり、体積が（①）なるほど、おし返す力が（ ② ）なる性質。

次に、たかしさんたちは、【図２】のようなおもちゃをつくりました。うでは十字型で５つずつフックがついています。支点からうでの先たんまでの長さは全て等しく、うでだけを支柱にのせると水平につり合います。はじめに【図３】のように２種類のかざりを取り付けてうでを支柱にのせると、うでは【図４】のようにかたむきました。

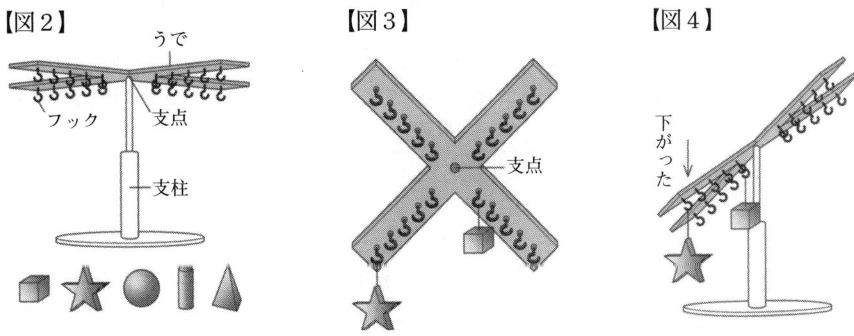

※５種類のかざりを取り付ける。

※支点から一番内側のフックまでのきょり、および、となり合うフックのきょりはすべて等しい。
※取り付ける糸の重さは考えないものとする。

そこで、たかしさんたちは、うでが水平になるように、残りのかざり「球、円柱、三角すい」をそれぞれ【図５】のア〜セのいずれかの位置のフックに取り付けることにしました。

(2) 残りのかざり「球、円柱、三角すい」は、それぞれどのフックに取り付ければよいですか。次に示す〔てこが水平につり合うときのきまり〕をもとに、ア〜セから１つずつ選び、記号で答えなさい。ただし、１つのフックには１つのかざりしか取り付けないこととします。５種類のかざりのそれぞれの重さは【表１】のとおりとします。

【図５】

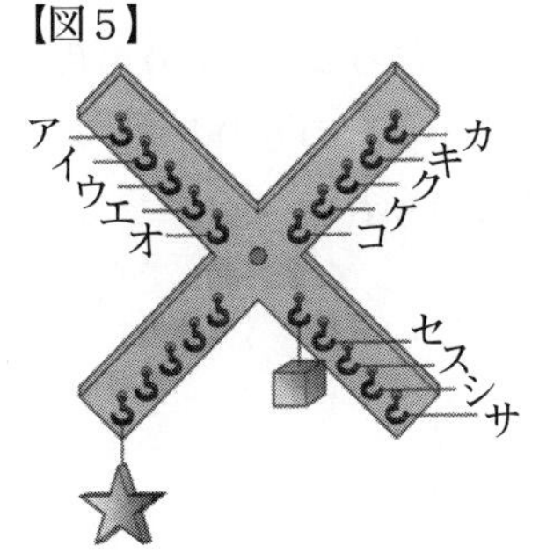

【表１】

	立方体	星	球	円柱	三角すい
種類					
重さ	16 g	20 g	20 g	16 g	25 g

〔てこが水平につり合うときのきまり〕

・てこをかたむけるはたらきは、
〈おもりの重さ〉×〈おもりの位置(支点からのきょり)〉
で決まる。
・てこが水平につり合うとき、支点から左側と右側、それぞれのてこをかたむけるはたらきが等しい。

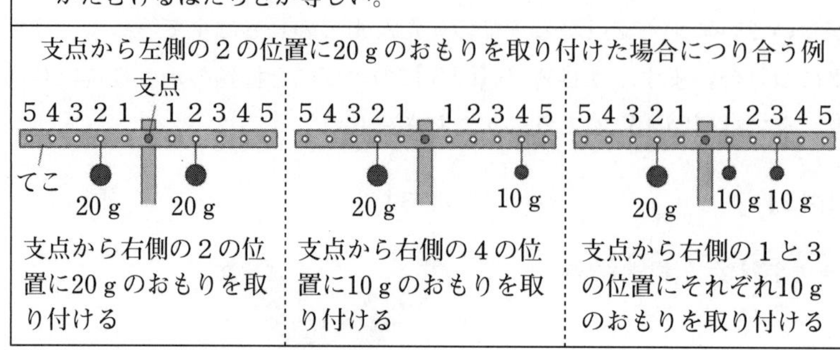

最後に、たかしさんたちは、ふりこづくりをすることにしました。まず、【図６】のように、半径１㎝の球形のおもりをひもでつるしたふりこを作って、ひもの長さと１往復する時間との関係を調べました。【表２】はその結果をまとめたものです。

【図６】

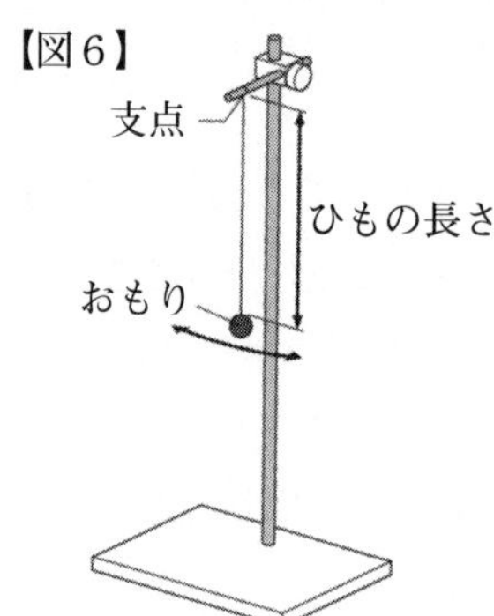

【表２】

ひもの長さ(㎝)	１往復する時間(秒)
20	0.92
22	0.96
24	1.00
26	1.04
28	1.08
30	1.12

たかしさんたちは、【図７】のようなとう明の容器をひもでつるし、おもりの代わりに容器に水を入れるふりこ(【図８】)を作ることにしました。とう明な容器そのものの重さは小さく、ふりこの動き方には関係がないものとします。また、水面があまりゆれないように、ふれはばは、できるだけ小さくすることにしました。

【図７】　【図８】

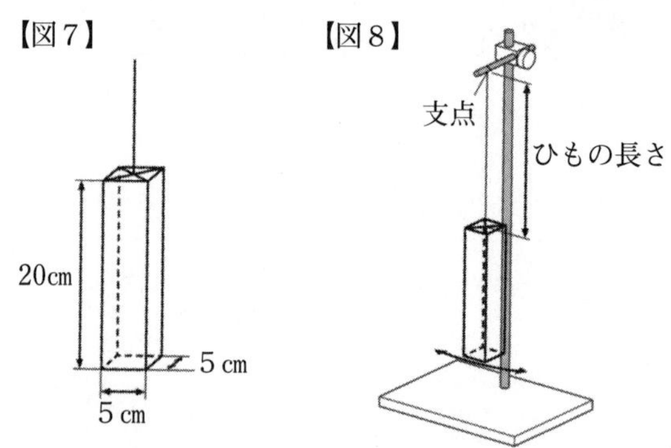

(3)　たかしさんたちは、【図８】のとう明な容器に水を入れて１秒で１往復させたいと考え、【表２】から、ひもの長さを24㎝にしました。その結果、１往復する時間はどうなると考えられますか。次のア～ウから１つ選び記号で答えなさい。また、そう考えた理由を説明しなさい。

ア　１秒より長くなる　　イ　１秒　　ウ　１秒より短くなる

(4)　とう明な容器に入れる水の量を250mLにし、１秒間で１往復するふりこにするためには、ひもの長さを何㎝にすればよいですか。

2　ひかるさんとみどりさんは、日本の農業と工業に注目して探究(たんきゅう)学習をしています。

(1)　ひかるさんは、日本の食料事情の変化について、次の【資料１】と【資料２】を見つけました。２つの資料をもとに読み取ることができることとして正しいものを、次のア～エからすべて選び、記号で答えなさい。

【資料１】1965年と2020年の総人口と一人１年あたりの主な食料の消費量(kg)

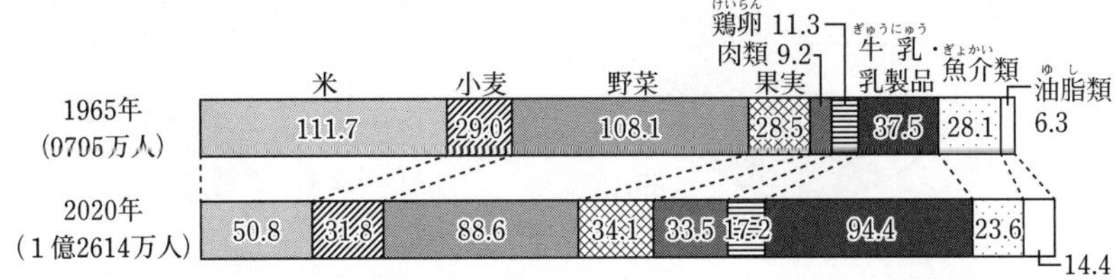

(食料の消費量は農林水産省資料より、人口は総務省資料より作成)

ア　1965年と2020年を比べて、日本全体の消費量が増えた品目を、増えた量が大きい順に並べると、牛乳(ぎゅうにゅう)・乳製品、肉類、油脂(ゆし)類の順である。

イ　1965年と2020年を比べて、鶏卵(けいらん)の国内の生産量は、増加した。

ウ　1965年と2020年を比べて、日本全体の消費量が減った品目は全て、1965年には自給率が95%以上あった。

エ　1965年と2020年を比べて、自給率が一番大きく低下したのは果実である。

【資料２】主な食料の自給率

	1965年	2020年
米	95%	97%
小　麦	28%	15%
野　菜	100%	80%
果　実	90%	38%
肉　類	90%	53%
鶏　卵	100%	97%
牛乳・乳製品	86%	61%
魚介類	110%	57%
油脂類	31%	13%

(農林水産省資料より作成)

(2)　日本の米について、生産量や生産者の減少への対策(たいさく)として政府が行った取り組み事例に関して、ひかるさんは【資料３】を見つけ、その目的を次のように考えました。［　　　］に当てはまる内容を答えなさい。

【資料３】取り組み事例

・アメリカの日本食レストランチェーンにて、アメリカ産米と日本産米の食べ比べフェアを実施(じっし)。(2019年９月～2020年１月)
・ヨーロッパ最大級の食品見本市に、日本産米・コメ加工品のブースを出店(しゅってん)。(2022年10月)

(農林水産省資料より作成)

〈目的〉
米の国内消費量の減少にあわせて米の生産量が減少しているため、【資料３】のような取り組みを行い、［　　　　　　　　　］ことで、米の生産量の減少を防ごうとしている。

次に、みどりさんは、日本の工業種類別の工業生産額の割合（わりあい）の変化に注目して、【資料４】のグラフを作成しました。【資料４】のＡ～Ｄは、同じ種類の工業が入り、それぞれ金属工業・機械工業・せんい工業・食料品工業のいずれかです。

【資料４】1935年と2017年の工業生産額の合計と工業種類別の工業生産額の割合（%）

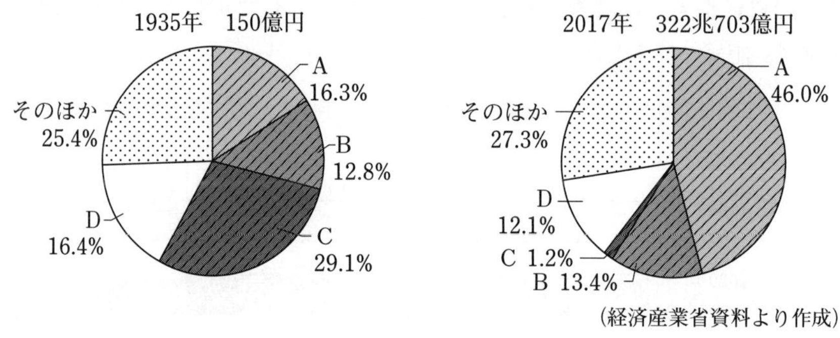

（経済産業省資料より作成）

⑶　【資料４】のＡとＣに当てはまる工業を、次のア～エからそれぞれ１つずつ選び、記号で答えなさい。

ア　金属工業　　イ　機械工業　　ウ　せんい工業　　エ　食料品工業

⑷　【資料４】について、みどりさんが考察をした次のＸとＹの文は正しいか、誤（あやま）りか。ア～エから１つ選び、記号で答えなさい。

Ｘ　Ａの工業生産額は2017年において工業種類別のなかで最大の額になった。

Ｙ　2017年のＣの工業生産額は、1935年に比べて20分の１以下の額となった。

ア　ＸもＹも正しい。　　イ　Ｘは正しい。Ｙは誤り。

ウ　Ｘは誤り。Ｙは正しい。　　エ　ＸもＹも誤り。

⑸　みどりさんは、衣服を作る産業について調べていて【資料５】と【資料６】を見つけました。そして「衣服を作る工場をバングラデシュに移転した方が良い」と考えました。みどりさんがそのように考えた理由を２つの資料をふまえて説明しなさい。

【資料５】日本とバングラデシュの従業者（じゅうぎょうしゃ）の平均賃金（ちんぎん）（日本を100とした場合）（2020年）

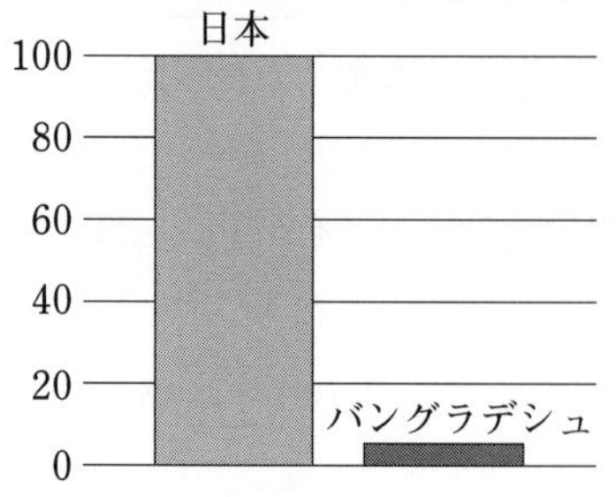

【資料６】日本とバングラデシュの人口の比かく（2020年）

	人口（万人）	年齢（ねんれい）別人口（万人）		
		０～14歳（さい）	15～64歳	65歳以上
日本	12614	1501	7505	3608
バングラデシュ	16822	4845	11052	925

（資料５および資料６ともに『世界国勢図会2022/23』より作成）

3　だいちさんは夕飯で食べた豆苗(とうみょう)(【図1】)についてお母さんと会話しています。

だいち：豆苗って初めて食べたな。これは野菜なの？

母　：そう、エンドウの若菜(わかな)(若い茎(くき)や葉)なのよ。

だいち：発芽してしばらく成長したものってことだね。
エンドウの発芽について調べてみたくなった。

【図1】豆苗

だいちさんは、エンドウの種子の発芽条件を調べるために〔実験1〕を行いました。

〔実験1〕

手順1　かわいたガーゼをしいたペトリ皿を5つ用意し、それぞれにエンドウの種子を6個ずつ置く。それぞれのペトリ皿をア～オとする。

手順2　ペトリ皿イ～エのガーゼを水で湿(しめ)らせ、オは水を加えて種子全体を水にしずめる。

手順3　【表1】のようにペトリ皿ア～オの条件を変えて発芽するかどうか確認する。

【表1】実験の方法とその結果 ※イ～オの水の量は、実験中それぞれ同じ程度に保つ。

ペトリ皿		ア	イ	ウ
条件	光	あてる	あてる	あてない
	温度	25℃	25℃	25℃
	空気	ふれさせる	ふれさせる	ふれさせる
図		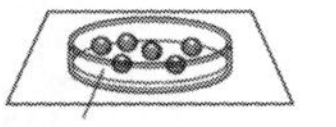 かわいたガーゼ	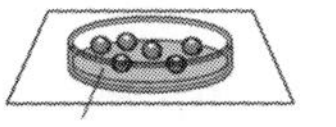 湿らせたガーゼ	箱をかぶせる  湿らせたガーゼ
結果		発芽しなかった	発芽した	発芽した

ペトリ皿		エ	オ
条件	光	あてない	あてる
	温度	2℃	25℃
	空気	ふれさせる	ふれさせない
図		冷ぞう庫に入れる  湿らせたガーゼ	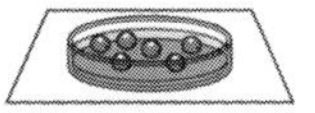 種子全体を水にしずめる
結果		発芽しなかった	発芽しなかった

(1)　実験結果から、「光」と「温度」は、それぞれエンドウの種子の発芽に関係する条件と言えるか、言えないかを答えなさい。また、それはア～オのどのペトリ皿の結果を比べて判断できますか。それぞれア～オから2つずつ選び、記号で答えなさい。

(2)　実験結果からわかるエンドウの種子の発芽に関係する条件を3つ答えなさい。

だいちさんは、〔実験1〕のペトリ皿イの観察を続けました。すると1週間で若菜が【図2】のように15㎝ほどに成長しました。

母　：立派(りっぱ)に育ったね。そろそろ食べられそうね。

だいち：せっかく大きくなったんだよ。

母　：切ってもしばらくしたらわき芽がのびてくるよ。
だいち：わき芽は、種子の中に残っているでんぷんを使って成長するのかな。
母　：①その種子の中にはでんぷんは残っていないよ。芽が出たら、日光を使って自分で養分をつくって成長できるんだよ。

【図2】

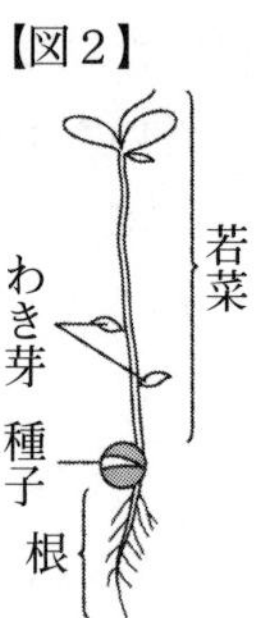

(3)　ある薬品を用いると下線部①を確かめることができます。その方法を「若菜から取り除いた種子を」の書き出しに続けて説明しなさい。ただし具体的な薬品名も書くこと。また、その結果を下線部①が正しいものとして答えなさい。

だいちさんは、エンドウの発芽の時に根が先にのびてきたことを思い出しました。
だいち：若菜ののび方はわかったけど、根ののび方についても気になるんだよな。
母　：根のどの部分も、のび方が同じかどうか調べてみたら。
だいち：部分によってちがうのかな。
母　：植物のからだには「成長点」という部分があって、その近くがのびるのよ。

だいちさんは、エンドウの根はどのように成長していくのか調べるために〔実験２〕を行いました。

〔実験２〕
手順１　エンドウの種子を発芽する条件が整った場所におく。
手順２　【図５】のように根が４㎜ほどにのびたら、【図６】のように先たんから0.5㎜間かくにしるしをつける。しるしは根の先たんから順にA、B、C……とする。
手順３　12時間ごとに各区間(各しるしの間)の間かくを測ってグラフにまとめる。

【図５】

【図６】

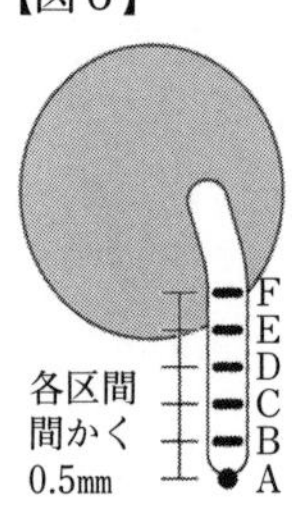

〔結果〕

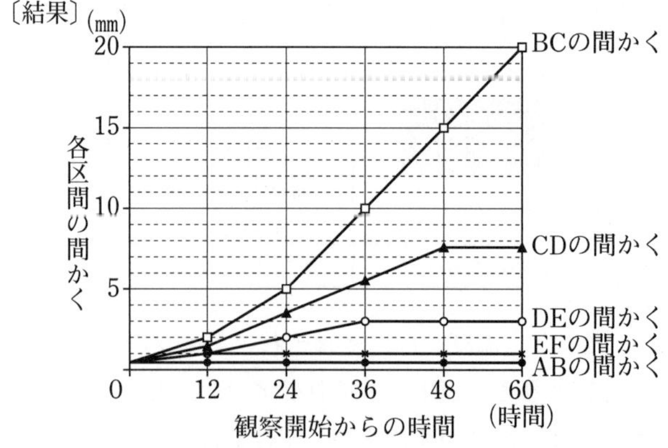

(4)　観察開始から48時間後のしるしEの位置を右の図中に書きなさい。

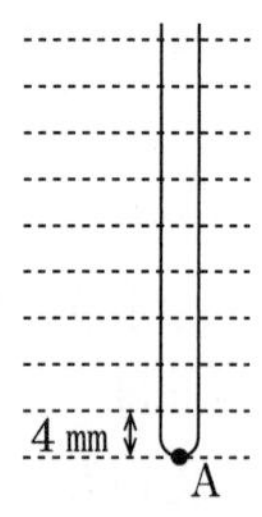

(5)　〔結果〕からエンドウの根に成長点はあると考えられます。そのことをふまえて、発芽の時の、エンドウの根の成長の特ちょうを20字程度で説明しなさい。

こと。

イ　自分たちがいかに抑えつけられてきたかを自覚するようになること。

ウ　世界を自ら変える人の、学びのサポート役に徹するようになること。

エ　自分たちが住む世界を変えていくために問題意識をもつようになること。

(四)　――③とありますが、フレイレ先生が「対話」を重視するのは「対話」をどのようなものだと考えているからですか。文章中の言葉を用いて具体的に書きなさい。

(五)　――④について、フレイレ先生と事務官の対話を成立させるために、あなたなら二人にどのようなアドバイスをしますか。あなたが考えたアドバイスと、その理由を書きなさい。

※6　精通……その物事についてくわしく知っていること。
※7　助力……人の進めている仕事や活動に力を貸すこと。
※8　梢……木の幹や枝の先のほう。
※9　唐渡り……外国から来たもの。
※10　妬ましくて……うらやましくて、にくらしくて。
※11　妬み嫉み……しっとする気持ち。
※12　塞ぎ……気分がすぐれず、ゆううつな気持ち。
※13　狭量……人を受け入れる心がせまいこと。

（朝井まかて『ボタニカ』〈祥伝社〉による。出題のために省略した部分、表現・表記を変えたところがあります。）

問㈠　――①とありますが、池野が何に対してどのようであったことを述べていますか。説明しなさい。

㈡　――②とは、どのような意味ですか。最も適当なものを次のア～エの中から一つ選び、記号で答えなさい。

ア　とても落ちこんで、悲しい気持ちになる。
イ　気持ちが乱れ、落ち着いていられなくなる。
ウ　腹立たしく、いらだちをおさえられなくなる。
エ　投げやりになって、やる気が出なくなる。

㈢　［　］には富太郎の心情を表した比喩表現が入ります。最も適当なものを次のア～エの中から一つ選び、記号で答えなさい。

ア　夜空にかがやく星をながめた
イ　明け方の海の波の音を聞いた
ウ　深い川の流れに手をひたした
エ　暗い井戸の底をのぞきこんだ

㈣　――③とありますが、池野が目を見はったのはなぜですか。説明しなさい。

㈤　【文章1】、【文章2】のそれぞれの場面で、富太郎は、平瀬の研究と比べた上で、自分の研究についてどのように感じていますか。ちがいがわかるように説明しなさい。

三　次の文章は、一九〇〇年代のブラジルの教育思想家であるフレイレが、貧困の中で生きる人々に対する教育のあり方について、事務官と議論する様子を、「僕」が見ている場面です。文章を読んで、あとの問いに答えなさい。

> 編集部注：著作権の都合により、文章を省略しています。
>
> （孫泰蔵『冒険の書　AI時代のアンラーニング』日経BPによる。）

問㈠　文章の中では、キーワードとなるものを『　』でくくり強調することがあります。［　］に入るキーワードとして最も適当なものを次のア～エの中から一つ選び、記号で答えなさい。

ア　沈黙の文化　　イ　参加の意識
ウ　否定の社会　　エ　主体的集団

㈡　――①とありますが、事務官は彼らの苦しい現実を変えるために、何が必要だと考えていますか。文章中の言葉を用いて書きなさい。

㈢　――②とは、文化サークルの人たちがどのようになることだとフレイレ先生は考えていますか。当てはまらないものを次のア～エの中から一つ選び、記号で答えなさい。

ア　対話を通じて自らが考え、自ら学ぶということを知るようになる

※4　精虫……精子。
※5　不精髭……そるのをなまけて、のびたままのひげ。
※6　自負……自分の才能に自信とほこりをもつこと。
※7　暗澹……将来の見通しが立たず、まったく希望がもてないさま。

【文章2】

「牧野君、血相を変えてどうした」
池野が暢気な声を出すので、むかっ腹が立った。
「どうしたもこうしたも、ないろう。平瀬君、大学を辞めるというがは真か」
平瀬は今日も髭剃り痕が濃い。青黒い顎を掻きながら※1首肯した。
「なんでじゃ。論文を書いとる最中だろう」
大学の※2紀要に※3寄稿すべく、詳細な論文に取り組んでいると聞いていた。平瀬は※4仏文、池野は※5独文で書くらしく、フランス語にも※6精通している池野が平瀬に随分と※7助力しているらしいとも耳にしている。
「書いているよ。でも、ここからは去る」
そしてイチョウの※8梢を見上げた。
独特の青みを含んだ緑だ。台湾の植物を見てきた目には、つくづくと※9唐渡りの樹木だと感じ入る。日本に自生している樹木の葉は黄色を含んだ緑で、こういう青系ではない。ゆえに黄葉も金色に見紛うばかりになるのだろうか。
平瀬も見上げている。大きな幹に掌をあて、ぽんぽんと叩く。そして躰の向きを変え、池野と富太郎に「では」と小さくうなずいて、その場を離れた。
「待ってくれ。話は終わっておらんき」
追おうとしたが、池野に腕をつかまれた。
「無駄だ。彼はもう決意した」
「池野君、なんで引き止めん」
池野は何も言わず、イチョウの根方に腰を下ろした。片膝を立て、もう一方の足を投げ出す。
胸の裡からせり上がるものがあり、「わしは」と吐き出すように言っていた。
「※10妬ましくてならんかったがよ。腹の中に※11妬み嫉みの虫が棲みついてしもうて、※12塞ぎの虫にまでやられた。わしはひどいことを考えた。精虫なんぞほんとうにおるがかと疑い、いや、成功せんでくれ、精虫なんぞ見つからんでくれとも願うた」
③池野は目をみはって富太郎を見つめている。
「どうじゃ、驚くじゃろう。わしも驚いた。己がこうも※13狭量な人間だとは知らんかったがよ」
「驚くに決まってるじゃないか。そんな本心、誰も打ち明けたりせんぞ」
「いや、聞いてくれ」と、池野の真正面に腰を下ろしてあぐらを組む。下駄を脱ぎ、音が鳴るほど歯を強く合わせて土を落とした。
「己の底で頭を打って、ようやっと認めたんじゃ。じゃから、平瀬君にはこのまま進んでもらわんと困る。なあに、わしもすぐに追いついて追い越すき」

※1　首肯……うなずくこと。認めること。
※2　紀要……大学や研究所などが発行する学問の雑誌。
※3　寄稿……原こうを新聞や雑誌にのせるように送ること。
※4　仏文……フランス語で書いた文章。
※5　独文……ドイツ語で書いた文章。

二　次の【対話文】、【文章1】、【文章2】を読んで、あとの問いに答えなさい。

【対話文】

だいちさん　ぼくは植物にとても興味があるんだ。植物の中には、動物と同じように精子を持っていて、それで子孫を残すものがあるんだよ。明治時代に、イチョウの精子の研究調査を続けた平瀬作五郎という人がいるんだけれど、なんと福井県出身なんだ。経済的に苦労したようで研究者としては環境にめぐまれなかったんだけれど、最終的にはイチョウの精子を発見し、世界的にも認められた人物なんだ。

みどりさん　私も最近、その平瀬博士が登場する本を読んだわ。主人公は牧野富太郎といって、小学校も卒業していない人なんだけれど、東京大学で助手として働きながら自分で植物の研究をし、後に「日本の植物学の父」と呼ばれるほどになったのよ。その本の中で、植物研究に一生懸命な富太郎と平瀬がイチョウの木の下で出会う場面がおもしろかったよ。

ひかるさん　ぼくも読んだよ。わくわくしたね。ぼくは、富太郎の平瀬に対する気持ちが書かれている場面【文章1】が心に残ったよ。その後、平瀬は研究仲間の池野と協力して、世界で初めてイチョウの精子を発見したけれど、研究だけでは生活が苦しく、東京大学をやめてしまう場面【文章2】も印象的だったな。

だいちさん　たしかにおもしろそう。さっそく図書室で借りて読んでみるよ。

【文章1】

平瀬の研究はすでに大学の中で注目を集めていたが、学会の反応は鈍かった。

※1寄生虫の死骸じゃないのかね。

いずれにしろ、生きたものを示してくれんことには認めようがないよ。

だが平瀬は※2意気消沈の様子がなく、①池野も同様だ。池野はソテツが多く※3自生している鹿児島をたびたび訪れ、標本を研究室に持ち帰って観察しているらしい。ソテツにもイチョウと同様のしくみがあり、精虫が※4いるのではないかとの仮説を証明するつもりのようだ。

二人を応援する気持ちは確かにある。と同時に、なぜか②胸のうちがざらつく。理由はわからない。だが今朝、夢を見た。

平瀬が顕微鏡の前で肩を落とし、※5不精髭がひどい。イチョウに精虫などいなかったのだ。それを証明したのが露西亜のマクシモーヴィチ先生で、富太郎は池野と共に平瀬を慰めた。慰めながら、どこかでほっとしていた。

ただの夢だ。マクシモーヴィチ先生はすでに亡くなっている。だいいち、わしも新種を発見してきたじゃいか。ムジナモなど、植物学の歴史に残る発見じゃ。わしは世界のマキノになる。

誰よりも、我こそが先頭を走りゆう。

そう※6自負して疑いもしないというのに、寝床の中で懸命に己をなだめていた。明け方のことで、天井の木目もうっすらと見えている。けれど［　　　］ようで、※7暗澹となった。

※1　寄生虫……他の生物の体にすみつき、その生物を利用して生きている生物。

※2　意気消沈……元気をなくすこと。しょげかえること。

※3　自生……自然に生えること。

ア　Aは「今まで存在しなかった新しいものが作り出される」という意味であるが、Bは「何もないところから、今までにないものが生まれる」という意味である。

イ　Aは「ゼロから何か新しいものが生まれる」という意味であるが、Bは「型をこわすことで、新しいものが生まれる」という意味である。

ウ　Aは「古いものの中に新しい価値が見つかる」という意味であるが、Bは「古いこと自体に、かけがえのない価値が生まれる」という意味である。

エ　Aは「現実を観察することで新たな可能性が生まれる」という意味であるが、Bは「何もないところに思いがけず何かが生まれてくる可能性がある」という意味である。

㈥　次の【対話文】を読んで、あなたの考えるアイデアをもとに【ノート】を完成させなさい。ただしⅠ・Ⅱには、ニュー・コンビネーションに適していると思う組み合わせを、たかしさんが挙げている施設や店の中から一つずつ選んで書きなさい。（どの施設や店を選んでも、採点には影響しません。）また、Ⅲには、組み合わせることで、どのようなメリットがあるか、理由をふくめて二つ書きなさい。

【対話文】

たかしさん　このあいだ社会科で、日本は人口減少と少子高齢化によって、今後、いろいろな課題が出てくると学んだよね。この【文章1】【文章2】の考え方って、これからの日本を考えていくヒントになるんじゃないかな。

みゆきさん　特に福井のような地方において、生活に必要な施設や店を存続していくためには、それらを組み合わせることでうまくいく場合もあるんじゃないかな。

たかしさん　ぼくの住んでいるところには、「保育園・郵便局・コンビニエンスストア・日本語学校・図書館・公民館・老人ホーム・美容室・飲食店」があるけれど、うまく組み合わせれば、いろいろなメリットがありそうじゃない？

みゆきさん　おもしろそう！【ノート】にアイデアを書いて、みんなで話し合ってみようよ。

【ノート】

ニュー・コンビネーション

【地域にある、組み合わせられそうな施設や店】

保育園　郵便局
コンビニエンスストア　日本語学校
図書館　公民館
老人ホーム　美容室
飲食店

私のアイデア

Ⅰ［　　］と Ⅱ［　　］

【組み合わせるメリット】

Ⅲ
・
・

③黒澤監督は以下のように語っています。

「今の若い映画監督らは基本的に本を読んでない。※1純文学なんかをちゃんと読んでる人はいないんじゃないですか。それはやっぱり、ある程度は読んでおかないとね。何もないところから出てこないよ。だから僕はよく『創造というのは、記憶である』というふうに言うんだけど、本当にそう思いますよ。その中から出てくるんで、何もないところに何かが生まれて来やしないって。実生活の中でも、何かいろんな経験があるわけよね。その何かがなきゃ創造は出来ないでしょう」

（記録映像『わが映画人生　黒澤明監督』日本映画監督協会）

クリエイティブなことは、なんとなく「新しいもの」というイメージがありますが、〝世界のクロサワ〟はむしろ「過去のもの」（経験や学びという蓄積）から生まれてくると断言しています。決してB「無から有」が生まれるわけではなく、「有から有」しか生まれないのだと※2喝破していたのです。

「アイデアとは既存の要素の新しい組み合わせ以外の何ものでもない」と捉えると、アイデアの元となる材料は、すでに世の中に存在しているのです。ですから、様々な経験を積み、先人の仕事を知り、学ぶという蓄積がなければ、クリエイティブな仕事も始まらないのです。

よく耳にする「若い感性で※3斬新な発想を」といった定番の物言いも、その若者に十分な蓄積がなければ※4無謀な取り組みになりかねません。もちろん若い感性は大切ですが、実際には古いものも知らなければ、そう簡単に斬新なものも生まれません。④型破りは、まずは型を知らなければできないものなのです。

※1　純文学……多くの人々を楽しませる目的で書かれる大衆文学に対して、純すいな芸術性を目的とする文学。

※2　喝破……物事の本質をはっきり言うこと。

※3　斬新……発想などがきわだって新しいさま。

※4　無謀……結果に対する深い考えのないこと。

（佐々木健一『「面白い」のつくりかた』〈新潮社〉による。出題のために省略した部分、表現・表記を変えたところがあります。）

問㈠　――①について、「すっかり」はどの言葉に係っていますか。文章中から五字以内でぬき出して書きなさい。

㈡　□には、――②とはどのような考え方かについての説明が入ります。どのような考え方か、【文章1】の中の言葉を用いて三十字以内で書きなさい。

㈢　――③とありますが、黒澤明の言葉をしょうかいした筆者の意図として、最も適当なものを次のア～エの中から一つ選び、記号で答えなさい。

ア　読者にとって理解するのが難しい「記憶」という考え方について説明するため。

イ　異なる立場の考えをしょうかいし、それに反論する形で筆者自身の考えを伝えるため。

ウ　他の人の意見をしょうかいすることで、さまざまな考え方を知ってもらうため。

エ　筆者と似たような考えをしょうかいし、筆者自身の考えに説得力をもたせるため。

㈣　――④とはどのようなことですか。【文章2】の中の言葉を用いてわかりやすく説明しなさい。

㈤　【文章1】の══Aと【文章2】の══Bのちがいを説明した文章として最も適当なものを、次のア～エの中から一つ選び、記号で答えなさい。

〈適性検査Ⅰ〉　―50分―

一　次の【文章1】、【文章2】を読んで、あとの問いに答えなさい。

【文章1】

私が大好きなオーストラリアのゴールドコーストでは、「アクアダック」と呼ばれる水陸両用バスが観光客に人気となっている。街中はバスとして走り、素晴らしい景観で有名な内海※1のブロードウォーターに到着すると、大きな水しぶきを上げながらクルーズ(船旅)を開始する。

ゴールドコーストでは、こうした水陸両用バスがいたるところで走っている。見ていると乗りたくなるので、大半の観光客が一度は体験する。今では①すっかりゴールドコーストの名物になった。

日本でも水陸両用バスを観光に用いようという動きがあり、「ダックツアー」と称して、東京やハウステンボス、大阪の中之島、琵琶湖などを走っている。

なぜ、突然、水陸両用バスの話を持ち出したかと言うと、これが今から説明する②ニュー・コンビネーション(New Combination)の一つだからだ。

「ニュー・コンビネーション」という概念※2は、ヨーゼフ・シュンペーターというドイツのボン大学などで教鞭を執った※3経済学者が唱えたもので、□だ。ドイツ語なので、「ノイエ・コンビナーツィオン(neue Kombination)」と呼ばれた。シュンペーターは「新しい」とされていたものを観察し、それが古いものの組み合わせであると主張した。ゼロから何か新しいものが生まれるわけではないのだ。

既存※4のものが結合することで、新しいものが誕生する。まさにイノベーション(新結合)である。

水陸両用バスは、バス(自動車)と船を合体させたらどうなるか、という「ニュー・コンビネーション」の一例なのである。どちらも既存のものだが、合体させることで新たな可能性が生まれた。

(中略)

発展してきた延長線上で物事を思考するのではなく、目の前にあるものに、また別の異物をプラスすることを考える。それこそが「0から1」を生み出す発想力、A「無から有」を生み出すイノベーション力である。

※1　内海……まわりを陸地に囲まれた海。

※2　概念……物事についての大まかな知識や理解。

※3　教鞭を執った……教師として生徒を教えた。

※4　既存……以前から存在すること。

(大前研一『発想力「0から1」を生み出す15の方法』〈小学館〉による。出題のために省略した部分、表現・表記を変えたところがあります。)

【文章2】

IT技術の進歩に伴い、あらゆる分野で機械化や自動化が進み、エンターテインメント業界に限らず、様々なビジネスにおいてもクリエイティブな発想や仕事が求められる時代になりました。

しかし、この「クリエイティブ」という言葉、あちこちで耳にするものの、いまいちピンと来ない人も多いのではないでしょうか。直訳すれば、「創造的な」「独創的な」という意味ですが、クリエイティブな仕事とはどういうものなのでしょうか。なんとなく横文字で表記されると、「常人にはできない仕事＝クリエイティブ(創造的)なもの」のようにも思えますが、かつて映画監督・黒澤明は「創造とは何か?」についてこう明言していました。

「創造とは〝記憶〟である」

この言葉について、映画監督・大島渚と対談した貴重な映像の中で、

長野県諏訪清陵高等学校附属中学校
長野県屋代高等学校附属中学校

（編集部注：掲載にあたりレイアウトなどの一部改変を行っています。）

〈適性検査Ⅰ　※【問４】は551ページから掲載しています。〉　―問４と合わせて50分―

【問１】 香(かおり)さんは、日本や外国の代表が集まる大事な会議で、出席者などにおくられた品に興味をもちました。各問いに答えなさい。

⑴　香さんは、お母さんとバッグのもようについて話しています。

香：お母さんの新しいバッグのもよう、きれいだね。

母：このもようは七宝(しっぽう)というの。このバッグは、各国の代表が集まる大事な会議で出席者におくられた品で、一般(いっぱん)にも販売(はんばい)された物なの。数あるもようから七宝が選ばれたんだって。

香：そうなんだ。どうして七宝のもようが選ばれたのかな。

七宝

香さんは、バッグがおくられた会議や七宝のもようについて調べ、分かったことを**メモ１**に、考えたことを**ノート１**にまとめました。

メモ１

・会議名は「Ｇ７長野県軽井沢※外相(がいしょう)会合」。日本をふくむ７つの国や欧州(おうしゅう)連合の代表が、国際社会の大切な課題について一緒(いっしょ)に解決していくために話し合った。

・もようを決めたのは※外務省の人。バッグを作った職人さんは、七宝のもようが選ばれた理由を、もようの名前に［　あ　］、会議の名前に［　い　］があるという共通点と、七宝は円満、調和を表すもようで、「丸く協力し合えるように」という願いから指定されたのではないか、と考えていた。

・職人さんは、七宝の他に次のもようなどを候補(こうほ)にあげていた。

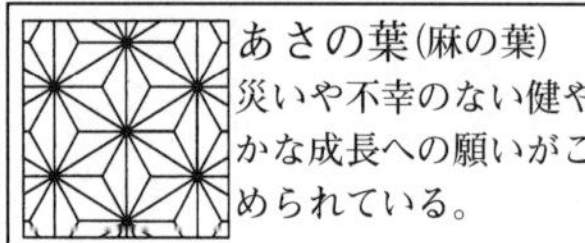 あさの葉（麻の葉） 災いや不幸のない健やかな成長への願いがこめられている。	 せいがいは（青海波） 幸運への願いがこめられている。	 うろこ（鱗） 不幸や災いをさける願いがこめられている。

（藤依里子『文様(もんよう)のしきたり』〈青春出版社〉より作成）

・バッグの他に木製の時計などもおくられた。

※外相…外務省の長。外務大臣の略。

※外務省…国の役所の１つ。外国とのつきあいや条約の取り決めなどにかかわる仕事をする。

ノート１

・職人さんの考えのように、ａ<u>七宝はこの会議のおくり物のもようとしてふさわしい</u>と思う。

・七宝や**メモ１**にある他の３つのもようには、こめられた［　う　］があるという共通点がある。

・七宝や他の３つのもようには、ｂ<u>もようのつくられ方の共通点</u>があって、それによって規則正しいもようがずっと広がっていく感じがする。
・[え]と[お]のもようは、願っていることが似ている。それぞれのもようの中にある三角形に不幸や災いをさける意味があるのかもしれない。

① [あ]に当てはまる漢字一文字と、[い]に当てはまる数字を、**メモ１**からぬき出して、それぞれ書きなさい。

② [う]～[お]に当てはまる最も適切な言葉を、**メモ１**からぬき出してそれぞれ書きなさい。

③ 下線部aについて、香さんがこのように思った理由を、もようにこめられた願いと会議とのつながりにふれながら書きなさい。

④ 下線部bについて、その共通点を**同じ形**という言葉を用いて書きなさい。

(2) 香さんは、会議でおくられた時計について調べ、分かったことを**メモ２**に、考えたことを**ノート２**にまとめました。

メモ２

・時計には、木片を組み合わせてもようを描く組子細工であさの葉のもようが表されている。
・職人さんは、「一生けん命仕上げた作品をぜひ楽しんでほしい」と考えていた。
・おくる品について職人さんと相談してきた県の担当の人は、「伝統工芸品で各国の外相をかんげいしたいという思いから選んだ。喜んでもらえるとうれしい」と考えていた。

あさの葉の組子細工

ノート２

・組子細工は、それぞれの小さな部材がぴったりおさまるように、長さや角の大きさが正確ですごい技術だと思った。
・[か]の七宝のもようや[き]のあさの葉のもようは、どちらも外国の人が喜んでくれそうでいいと思う。
・わたしが赤ちゃんのころの服がとってあって、その服のもようもあさの葉。その服はおばあちゃんが、もようにこめられた願いを大切に思って買ってくれたものだった。c<u>おばあちゃんの思いを感じて、その服を大切にとっておきたい</u>と思った。
・職人さんや県の担当の人の考えを知って、会議でわたされた品々にd<u>おもてなしの思い</u>がこもっていると感じた。その思いが、品を受け取ったみなさんに伝わっていたらいいと思う。

① [か]、[き]に当てはまる最も適切な品の名前を、**メモ１**からぬき出して、それぞれ書きなさい。

② 下線部cについて、香さんがこのように思った理由を、もようにこめられた願いにふれて書きなさい。

③ 下線部dについて、それはどういった思いか、**メモ２**の職人さんや県の担当の人の思いをもとに、**相手**という言葉を用いて書きなさい。

【問２】 直(なお)さんと結(ゆい)さんは、身近な地いきで鹿による※食害が起きていることを知りました。各問いに答えなさい。

※食害…虫や鳥、けものなどが植物や農作物を食べて損害を与えること。

直：うちのおばあちゃんが大事に育てていた野菜を、鹿に食べられたみたい。

結：うちの畑にも鹿が出てきて困ってるみたい。おじいちゃんが「昔は鹿なんていなかったのになあ」って言ってたよ。

直：昔に比べて野生の鹿の数が増えているのかな。

(1)　直さんたちは、昔に比べて野生の鹿の数が増えているのか疑問(ぎもん)をもち、**資料１**～**資料３**を見つけて話しています。

資料１　長野県内の鹿の生息分布

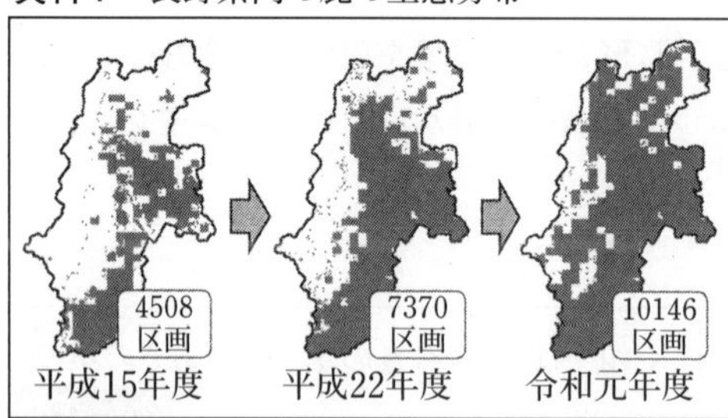

＊１区画は、県内を１㎢ごとに分けた面積１つ分を表す。あみかけの部分は、鹿の生息が確にんされた区画を示す。

資料２　長野県の鹿による農業のひ害額

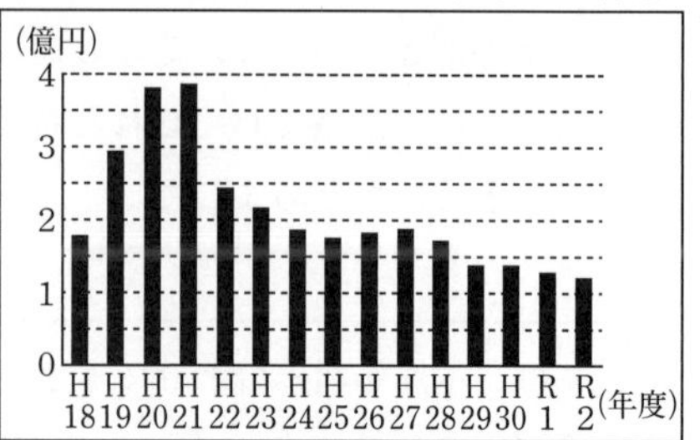

(**資料１**、**資料２** 長野県ウェブページより作成)

資料３　長野県の主な河川

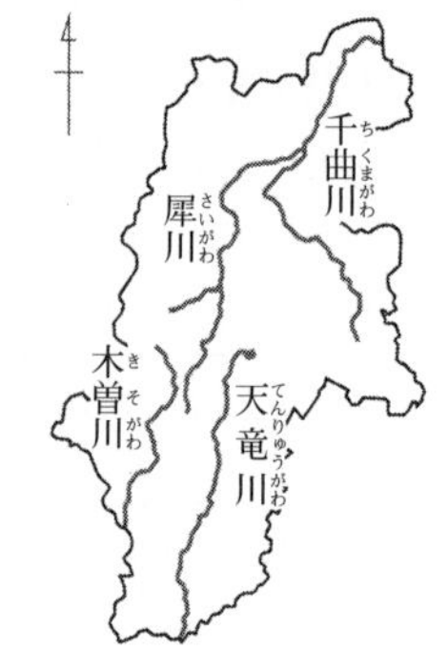

結：**資料１**を見てよ。あみかけの部分が増えているよ。鹿の数が増えているんだよ。

直：ａでも、鹿の数が増えたのなら、農業のひ害額が**資料２**のようには変化していかないのではないかな。

結：よく見ると、**資料１**のあみかけの部分は鹿の生息が確にんされた区画だね。鹿の生息分布が広がったのかな。

直：**資料１**と**資料３**を重ねてみると、平成15年度は県の［あ］側や南側にあみかけの部分がかたまっていたのに、16年後の令和元年度には県の南西部を流れる［い］や県の北東部を流れる［う］周辺にまで鹿の生息分布が広がっているよ。

結：生息分布は広がったけれど、数は増えていないのかな。

①　［あ］～［う］に当てはまる最も適切な言葉を**資料１**、**資料３**をもとに、次の**ア**～**ク**から１つずつ選び、記号を書きなさい。

ア　西　　**イ**　南　　**ウ**　東　　**エ**　北
オ　天竜川(てんりゅうがわ)　　**カ**　千曲川(ちくまがわ)　　**キ**　木曽川(きそがわ)　　**ク**　犀川(さいがわ)

②　直さんが下線部ａのように考えた理由を、**資料２**の変化にふれながら書きなさい。

(2)　２人は、鹿の生息分布の広がりと農業のひ害額の関係について確かめるために、県の担当者の林(はやし)さんと、**資料１**、**資料２**を使いながらオンラインで話しています。

会話１

結：長野県内の鹿の生息分布は広がっているのですか。それとも、鹿の数が増えているのですか。

林：生息分布は、広がっています。原因として考えられることの一つが、県や市町村が行っている鹿のほかくです。鹿はえさや安全な場所を求めて移動します。生息数については、正確にはわかっていません。

結：分布が広がれば農業のひ害額は増えそうだけれど、鹿をほかくしているから、ひ害額が減ってきているのですね。

直：生息分布が広がるのなら、鹿のほかくをやめたらどうでしょうか。

林：農業のひ害額は減ってきましたが、毎年［え］億円を越(こ)えるひ害が出ています。また、高山植物が食べられてしまったり、道路に鹿が飛び出して車の事故が起こったりしています。だから、対さくは必要です。

直：ほかくする以外に行っている対さくはあるのですか。

林：鹿が田畑に入れないようにするために、防護さくの設置を進めています。また、※耕作放き地の草木をかることで鹿の隠(かく)れ場所をなくす、いたんだ野菜を畑に残さないようにして鹿のえさ場を作らないなどの対さくを農家の方にお願いして、鹿が人里に近づきにくくなるようにしています。県では、市町村と連携(れんけい)して、b人と野生動物のきん張感のあるすみ分けを目指しています。**資料4**、**資料5**も参考になると思いますよ。

直：農業のひ害額が減っている傾向(けいこう)なのは、平成22年度より前と比べて、県や市町村が鹿のほかく頭数を［お］ことや、設置した防護さくの総きょりを［か］ことなどの対さくを進めた効果が表れているからなのですね。

※耕作放き地…以前耕作していた土地で、過去1年以上作物を作付けせず、この数年の間に再び作付けする考えのない耕地のこと。

資料4　長野県内の鹿のほかく頭数

年度	H18	H20	H22	H24	H26	H28	H30	R2
ほかく頭数(頭)	9254	14674	20520	33668	39506	25733	24557	30434

① ［え］に当てはまる最も適切な整数を書きなさい。

② ［お］、［か］に当てはまる適切な言葉を、**資料4**、**資料5**をもとに書きなさい。

③ 下線部**b**の実現のために必要だと考えられる対さくは、鹿のほかく、防護さくの設置以外に何がありますか。**会話1**をもとに、2つ書きなさい。

資料5　設置した防護さくの総きょり

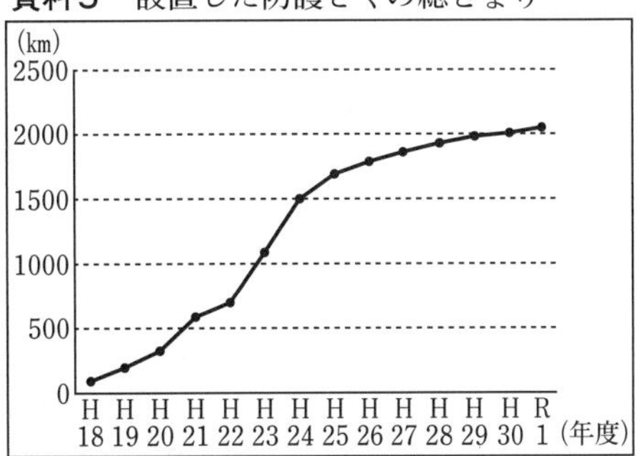

(**資料4**、**資料5** 長野県ウェブページより作成)

(3) 直さんは、自分が暮らしているA市の野生動物への対さくについて調べたことを**ノート**にまとめ、祖母と話しています。

ノート

・地いきぐるみで防護さくを設置するのに補助金(ほじょきん)を出している。
・耕作放き地の草木をかるなどの環境(かんきょう)整備にA市が協力している。
・県と連携して、地いきで田畑を守る取り組みについて助言したり、野生動物に対する住民の意識向上のために呼(よ)びかけたりしている。
・※狩猟免許(しゅりょうめんきょ)をもっている人の高齢化(こうれいか)が進んでいることから、取得する人に対して補助金を出して、狩猟免許の取得を進めている。

※狩猟免許…銃やわななどの道具を使って、野生動物をほかくするために必要な免許のこと。

会話２

直　：調べてみたらこの辺りにも鹿の生息分布が広がってきているみたいだよ。だから、地域でも農業ひ害を減らすための様々な対さくをしていて、市からは補助金も出るらしいよ。

祖母：どんな対さくをしたらいいの。

直　：鹿が人里に近づきにくい環境を作るのが大事なんだって。おばあちゃん、いたんだ野菜を畑に置いておくでしょ。そこが、鹿のえさ場になるみたいだよ。

祖母：それはいけなかったね。これまではいたんだ野菜を畑にそのまま置いていたけれど、これからはきちんと片付けないといけないね。

直　：近所の人と一緒に畑の近くを防護さくで囲むと、より効果的みたいだよ。c人間と鹿がそれぞれの場所で上手に生きていくことができればいいのにね。

下線部ｃについて、**ノート**、**会話２**の内容にある対さくが進むように、あなたならどのような活動をしようと考えますか。**具体的な活動**と**その活動で期待できること**を、それぞれ書きなさい。

【問３】 歩さんの学級では、「地いきの新発見」をテーマに調べ、報告会を行うことになりました。各問いに答えなさい。

⑴　歩さんは、ブドウ作りについて調べたことを、コンピュータを用いて**発表用ポスター**に下書きしました。

発表用ポスター

ブドウ作りの新発見！　　　　６年１組　山本　歩

１　きっかけ

通学路のわきに使われなくなっていた畑があった。春ごろから、針金がはられた列ができ、何かが育てられている様子だった。地いきの新しい取り組みなのではないかと思い、調べようと思った。

２　調べることと調べる方法

・［　あ　］と［　い　］を調べる。

・畑の持ち主の南さんにインタビューをする。

・インタビューの情報をもとに、本やインターネットで調べる。

３　調べて分かったこと

❶育てられているもの

・ワイン用ブドウの品種、メルロー。

❷針金のはり方

・針金は、鉄などでできた柱と柱の間に、２～３本平行にはられている。

・針金の役わりは、ブドウの枝をそわせ、枝を横や上にのばすこと。

・このようなブドウの木の作り方を、かきね仕立てと言う。

❸その他に分かったこと
・たな仕立てという作り方もある。
・針金は、２ｍ位の高さに、何本もの針金があみ目のようにはられている。
・針金の役わりは、ブドウの枝をそわせ、枝を天井のように広くのばすこと。
・たな仕立ての長所は、１本からとれるふさの量が多く、品質がよい。
・かきね仕立ての長所は、枝の管理がしやすい、などがある。

4　まとめ
針金や育てられているものが気になって調べ始めたら、ワイン用のブドウ作りを始めたということが分かった。「かきね仕立て」と「たな仕立て」のちがいを明らかにできた。

［あ］、［い］に当てはまる適切な言葉を、**発表用ポスター**をもとに次の**ア～カ**から１つずつ選び、記号を書きなさい。

ア　何が育てられているのか　　**イ**　どれ位の量が作られているのか
ウ　何時間位作業をするのか　　**エ**　必要な針金の長さは何ｍ位なのか
オ　畑の広さはどれ位になるのか　　**カ**　針金はどのような役わりをするのか

(2)　歩さんは、恵（めぐみ）さん、宏（ひろし）さんに**発表用ポスター**を見せながら発表の練習をした後、２人から意見をもらっています。

歩：報告会に向けて、**発表用ポスター**の改善（かいぜん）点はあるかな。
恵：「かきね仕立て」と「たな仕立て」の情報がおもしろかったのだけれど、❷と❸に分かれていて分かりづらいと思ったんだ。
歩：そうか。わたしは、❸が後から分かったので［う］の順に書いたんだ。
宏：歩さんが考えた順は分かるけれど、２つの仕立てを比かくして、それぞれのちがいが分かりやすくなるといいかな。
恵：❷、❸の針金の［え］は、仕立ての図を入れるともっと分かりやすいと思うよ。例えば、a表に整理して、その表の中に針金の［え］と図を入れるのはどうかな。
歩：ありがとう。表を作ってみるね。
宏：ぼくが気になったのは、b歩さんが一番明らかにしたいことが調べられていないのではないか、ということだよ。きっかけに書かれている［お］と思うのだけれど、どうかな。
恵：そのようなことがまとめに書かれるといいね。

①　［う］、［え］に当てはまる最も適切な言葉を、**発表用ポスター**からぬき出して、それぞれ書きなさい。

②　下線部aについて、歩さんは、次のように**表のレイアウト**を作りました。

表のレイアウト

仕立て／調べたこと	か　仕立て	き　仕立て
針金の　え　と図	(説明を書く)	(説明を書く)
く	ブドウの枝をそわせ、枝を横や上にのばすこと。	ブドウの枝をそわせ、枝を天井のように広くのばすこと。
長所	(長所を書く)	(長所を書く)

か ～ く に当てはまる最も適切な言葉を、**発表用ポスター**からぬき出して、それぞれ書きなさい。

③　お には、下線部**b**のように宏さんが発言した理由が入ります。 お に当てはまる適切な言葉を、**発表用ポスター**をもとに書きなさい。

(3)　歩さんは、もう一度南さんと話しています。

会話

歩：南さんがワイン用ブドウを作り始めたのは、地いきの取り組みと何か関係があるのですか。

南：わたしたちの地いきがワインの特別区いきに認定(にんてい)され、地いきのワインを造る人たちに、地いきのワイン用ブドウが必要とされているんだ。

歩：くわしく教えてください。

南：この**資料１**を見て。ワインを造って売るには年間に最低でも造らなければいけない量が決まっている。それを最低じょう造数量と言うよ。このきまりを変えられるのが特別区いき制度なのだけれど、何か気が付くことはあるかな。

歩：6000Lから2000Lに減っています。造らなければいけない量を少なくしていいというきまりなのですね。

南：その結果の一部が、**資料２**なんだ。

歩：ワイナリー数は増えていますね。今までワインを造りたくても6000Lは造れなかった人が、2000Lなら造れそうだと取り組んだのですね。

南：この制度の$_{c}$<u>条件</u>によって、地いきのワイン用ブドウが必要とされているということなんだ。ブドウ農家もがんばっているよ。

資料１　ワインの構造改かく特別区いき制度

○市町村からの申し出に基づき、※内かく府が認定する。
○ワインの最低じょう造数量6000Lを、特別区いき内の原料のみを使う場合、2000Lに引き下げることができる。

※内かく府…国の役所の一つ。内かくの重要政策(せいさく)に関する事務を中心に、各省庁の調整を行う。

資料２　長野県内のワイン構造改かく特別区いき認定市町村数と※ワイナリー数

○長野県内の特別区いき認定市町村数
　2（平成25年３月）→28（令和５年３月）
○長野県内のワイナリー数
　25（平成25年３月）→71（令和５年３月）

※ワイナリー…ワインの製造所。

（**資料１**、**資料２**　長野県、信州ワインバレー構想推進(すいしん)協議会「信州ワインバレー構想2.0」より作成）

①　下線部**c**について、その条件を、**資料１**の言葉と数を用いて書きなさい。

②　歩さんは、**発表用ポスター**のまとめを改善しようと、次のように**メモ**に書きました。

メモ

> ［　け　］ことで、最低じょう造数量が引き下げられ、ワイン造りを始めやすくなっていることが新しい発見だった。ワイン造りが活発になって、地いきが元気になりそうだということをまとめに書こうと思う。

［　け　］に当てはまる適切な言葉を、**会話**をもとに書きなさい。

〈適性検査Ⅱ〉　　—50分—

【問１】 学(まなぶ)さんは、花だんに種をまいた数日後に様子を見ると、発芽した種子と発芽しなかった種子があることに気付き、どうしてか疑問(ぎもん)をもっています。各問いに答えなさい。

⑴　学さんは、多くの種子が集められるという理由から、タンポポを使って、発芽する種子の数を調べる**実験１**を行い、**ノート１**に気付いたことをまとめました。

実験１

❶複数のタンポポから集めた種子を、水をしみこませただっし綿をしいたペトリ皿に、横に10粒(つぶ)ずつ、５列にならべて室内に置く(**図１**)。

❷ならべた種子と対応するように**記録用紙**に番号を書く。発芽したかどうかを20日間観察し、何日目に発芽したのかを**記録用紙**に数字で書く。

図１　　**図２**

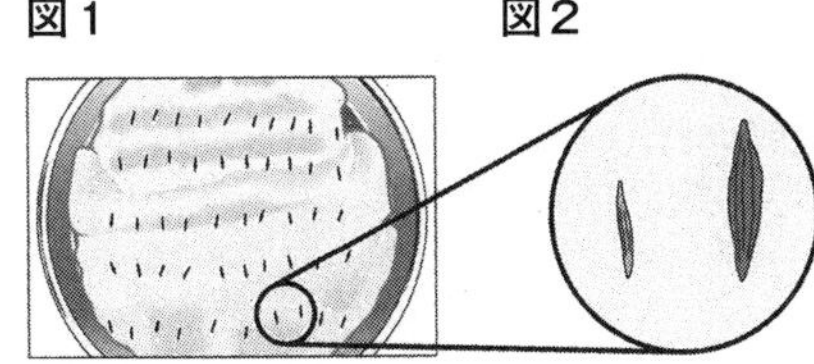

記録用紙の一部

①	②	③	④	⑤	⑥	⑦	⑧	⑨	⑩
8	4	8	6		3	4	4	4	
⑪	⑫	⑬	⑭	⑮	⑯	⑰	⑱	⑲	⑳
							7		

＊実験中の室温は15℃～20℃。　　＊**記録用紙**の①、②…は種子の番号を表す。

ノート１

・種子をならべていると、大きさにちがいがあることに気付いた(**図２**)。

・長さ1.8～2.2㎜の小さい種子は、**記録用紙**に［　］で表した。

・小さい種子と大きい種子の中身を比べるとちがいがあった(**スケッチ**)。

・大きい種子のように、［　あ　］と、発芽するのかもしれない。

スケッチ

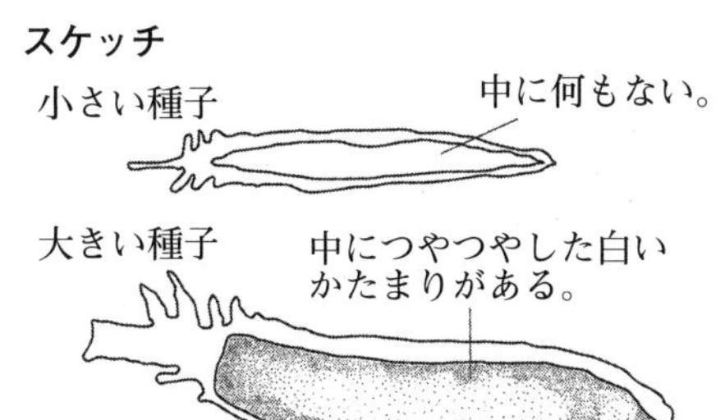

実験１ の結果

①	②	③	④	⑤	⑥	⑦	⑧	⑨	⑩
8	4	8	6		3	4	4	4	
⑪	⑫	⑬	⑭	⑮	⑯	⑰	⑱	⑲	⑳
							7		
㉑	㉒	㉓	㉔	㉕	㉖	㉗	㉘	㉙	㉚
4	4	4	8	13	7	4	8	7	8
㉛	㉜	㉝	㉞	㉟	㊱	㊲	㊳	㊴	㊵
4		9	6	9	4		6	6	8
㊶	㊷	㊸	㊹	㊺	㊻	㊼	㊽	㊾	㊿
6	6	4	4	13	13		13	13	9

学さんは、**実験1**で分かったことを、次のようにまとめました。

・発芽した種子と発芽しなかった種子がある。
・最初に発芽した種子は、［い］日目、最後に発芽した種子は、［う］日目だった。
・発芽しなかった種子の数を大きさで比べると、［え］は1つも発芽しなかった。［お］は5個発芽しなかった。

① **実験1**で発芽した種子は全体の何%か、整数で書きなさい。

② ［あ］に当てはまる適切な言葉を書きなさい。ただし、**スケッチ**から分かるちがいを明確にして書くこと。

③ ［い］～［お］に当てはまる最も適切な数や言葉を**ノート1**の中からぬき出して書きなさい。

(2) **実験1**をふまえ、学さんは、タンポポの種子のつくりと、種子がつくられる仕組みについて調べました。

調べたこと

・タンポポのわた毛の下についている部分は実であり、中身の白いかたまりが種子である。
・タンポポは、種子になる部分に根や葉から養分を送り、種子を育てる。

調べたことから、学さんは、種子が育つためには、「土に生えていること」「日光に当たること」が必要だと予想し、まずは、**実験2**を行い、**ノート2**に気付いたことをまとめました。

実験2

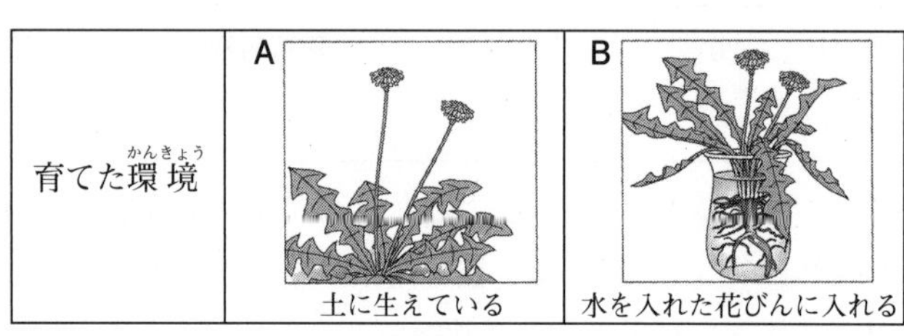

❶つぼみのタンポポを日光が当たる**A**、**B**の環境でそれぞれ4株(かぶ)ずつ育てる。
❷花がさき、わた毛が開いたら、それぞれの実を50粒ずつ集め、種子を調べる。

＊土に生えているかどうか以外の気温や日光等の条件はそろえる。

ノート2

・**A**で集めた実の中で、種子が育っていたのは64%だった。
・**B**で集めた実の中で、種子が育っていたのは13%だった。
・この結果から、［か］ということが分かった。
・次は、ａ土に生えたタンポポの葉をすべてアルミニウムはくでおおう。

① ［か］に当てはまる最も適切なものを、次の**ア**～**エ**から1つ選び、記号を書きなさい。

ア　予想とちがい、土に生えていると、種子が育ちやすい
イ　予想通り、土に生えていると、種子は育ちにくい
ウ　予想通り、土に生えていると、種子が育ちやすい
エ　予想とちがい、土に生えていると、種子は育ちにくい

②　下線部aは何を調べるための実験か書きなさい。

【問２】　学さんの学級では、総合的な学習の時間で栽培(さいばい)した麦を使ってパンや麺(めん)を作り、残った※麦わらを使ってヒンメリという装飾品(そうしょくひん)を作ろうと考えています。各問いに答えなさい。

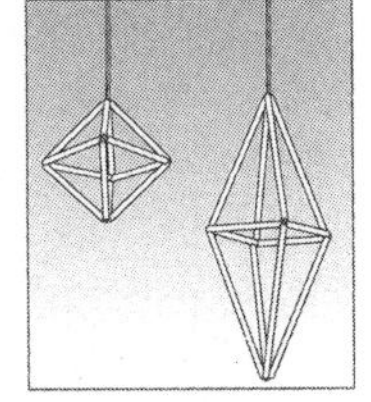

※麦わら…麦のほを落とした後のくきのこと。

⑴　学さんと花(はな)さんは、ヒンメリについて調べました。

・フィンランドという国の、麦わらを利用した伝統的な装飾品。
・麦わらを、作りたい立体の１辺の長さに切り(**図１**)、麦わらの中に糸を通して、つないでいく(**図２**)。

図１

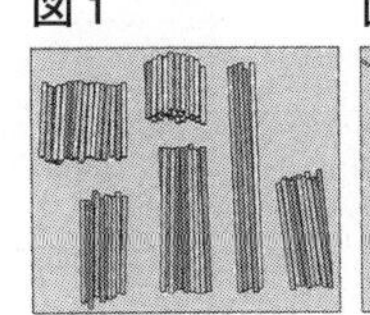

図２

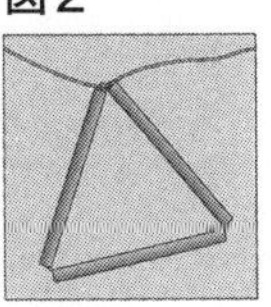

２人は、**図２**のような正三角形を組み合わせて、**図３**のようなヒンメリを作ろうとしています。

図３

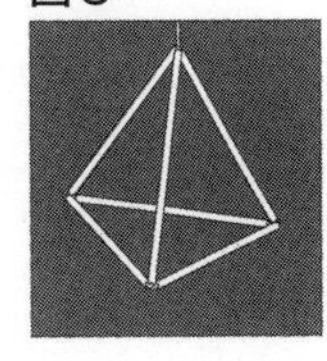

学：正三角形を４個作ったよ。組み合わせてみよう。あれ、辺どうしが重なってしまって、**図３**のようにはならないな。
花：そうか。辺が重なる部分は１本の麦わらだけですむね。
学：ヒンメリは、形にしたものを組み合わせるのではなくて、切った麦わらを１本ずつつなぎ合わせていけばいいね。
花：それなら、１辺の長さに切った麦わらは［　あ　］本あればいいよ。それを、どうやってつないでいくのかな。aもけいを作って確かめてみよう。

①　［　あ　］に当てはまる適切な数を書きなさい。

②　下線部aについて、**図４**のように頂点(ちょうてん)A、頂点B、頂点C、頂点Dを決め、ある頂点で切り開いたところ、**図５**のようになりました。次の［　い　］～［　え　］に当てはまる適切な記号や数を書きなさい。ただし、頂点とは、麦わらと麦わらのつなぎ目を示します。

図４　**図５**

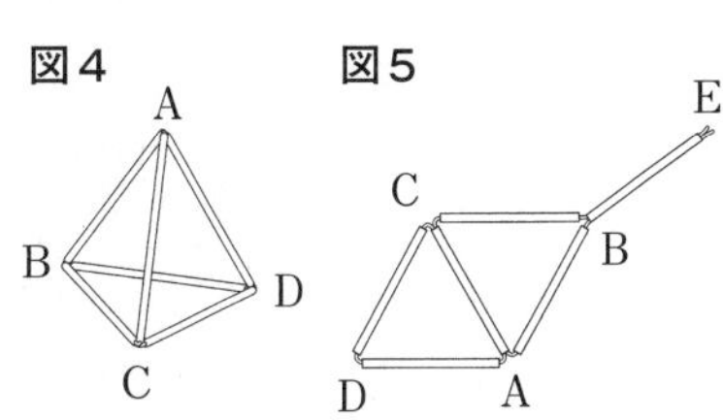

図５の点Eは点［　い　］とつながる。その理由は、**図４**のそれぞれの頂点には、［　う　］本の辺が集まっているが、**図５**の点Eには辺が１本、点［　い　］には辺が［　え　］本しか集まっていないから。

⑵　２人は、１本40㎝の麦わらを切って使い、それぞれちがう形のヒンメリを作ることにしました。ただし、麦わらは１㎝単位で切ることとします。

① 学さんは、**図6**のようなすべての辺の長さが等しいヒンメリを作ろうとしています。すると、麦わらのあまりを出さない作り方が何通りかあることに気付きました。複数ある作り方のうち、辺の長さを最も短くするとき、1辺は何cmになるか書きなさい。また、1本40cmの麦わらを何本使ったか書きなさい。

図6

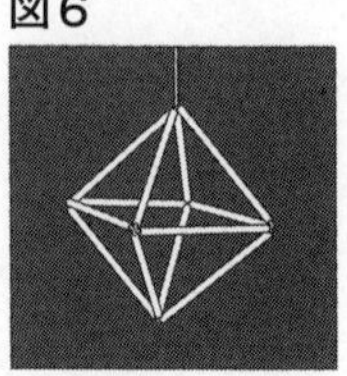

② 花さんは**図7**のように、上側の4本の辺だけが長く、その他の辺の長さはすべて等しいヒンメリを作ろうとしています。すると、40cmの麦わらを1本だけ使って切り分けるとき、あまりを出さないで切る方法が3通りあることに気付き、**表1**にまとめました。[お]～[こ]に当てはまる数を書きなさい。

図7

表1

	長い辺		短い辺	
	長さ(cm)	数(本)	長さ(cm)	数(本)
方法1	1辺あたり [お]	4	1辺あたり [か]	8
方法2	1辺あたり [き]	4	1辺あたり [く]	8
方法3	1辺あたり [け]	4	1辺あたり [こ]	8

(3) 2人は、新たに作った、**大**、**中**、**小**のヒンメリを組み合わせてかざろうとしています。**図8**、**図9**の2つの方法でヒンメリを組み合わせたところ、どちらの組み合わせでも左右がつり合いました。

今、**大**、**中**、**小**のヒンメリが**表2**のように残っています。**表2**の6個のヒンメリをすべて使って左右がつり合うようにかざるには、どのように組み合わせたらよいですか。**図8**、**図9**にならって**中**、**小**の5個の図を**中**、**小**の文字を入れてかきなさい。

図8

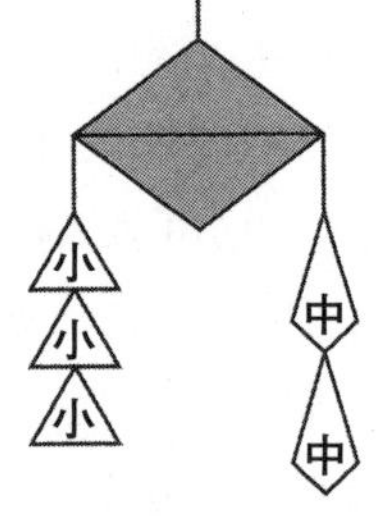

図9

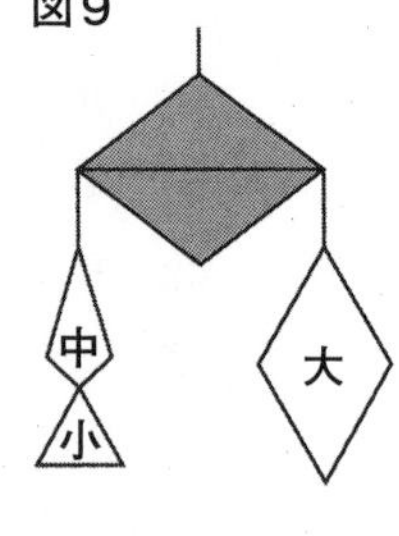

表2

大きさ	個数(個)
大	1
中	3
小	2

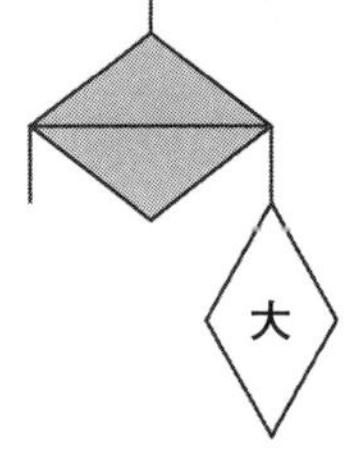

【問3】 学さんの学級では、1年生とのお楽しみ会に向けて、グループごとに準備を進めています。各問いに答えなさい。

(1) 学さんと令(れい)さんは、**図1**のようなゴムとプロペラを使った車を作っています。

＊作った車は、まっすぐ進むものとする。

学：ₐプロペラで動く車を作ろう。進む長さをなるべく長くしたいね。

令：プロペラを厚紙で作って試してみようよ。

　２人は、**実験１**を行いました。

図１

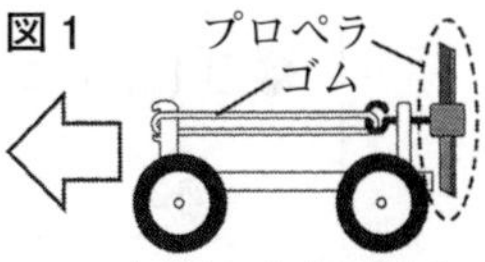

プロペラ
ゴム
矢印の方向に進む

実験１

❶たて５㎝、横３㎝の長方形の羽根を、角の大きさを30°にしてじくに２枚取り付けて、プロペラを作る（**図２**）。

❷作ったプロペラを、**図１**の車が矢印の方向に進むように、車に取り付ける。

❸風のえいきょうを受けず、平らで、ぶつかるものがない場所で走らせる。

❹ゴムを時計回りに100回まいて走らせ、進んだ長さを測る。

❺_b 10回走らせ、進んだ長さの平均を求める。

図２

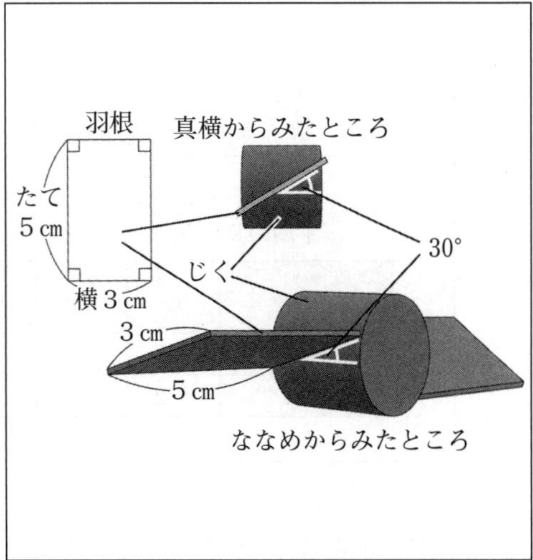

①　下線部**a**について、次の［あ］～［う］に当てはまる最も適切な言葉を、**実験１**の中からぬき出して書きなさい。

> **図１**の車は、ねじれた［あ］が元にもどろうとする力によって［い］が回り、［う］を後ろに送ることで前に進む。

②　下線部**b**について、平均を求める理由を書きなさい。

(2)　２人は、進む長さをより長くするためには、プロペラの羽根を変えるとよいのではないかと考えています。

学：プロペラの羽根の枚数を増やせば長く進むのではないかな。

令：羽根の形も関係していると思うよ。作りやすい長方形と台形で比べてみたらどうかな。大きい方がいいと思うから、できるだけ大きく作ろう。

学：羽根の角の大きさも変えて試してみたいな。

令：そうだね。その３つを変えて比べてみよう。

学：このほかの［え］は変えないで実験をしよう。

　２人は、プロペラの羽根の枚数、形、角の大きさを変えて**実験２**をし、**表１**と**表２**にまとめました。

実験２

❶羽根の枚数は、２枚と３枚で調べる（**図３**）。

❷羽根の形は、長方形と台形で調べる（**図４**）。

❸台形の羽根は、長方形の羽根と同じ高さ、同じ面積とし、上底側をじくに付けるため長さを2.5㎝とする。

❹羽根の角の大きさは、30°、45°、60°で調べる（**図５**）。

図３

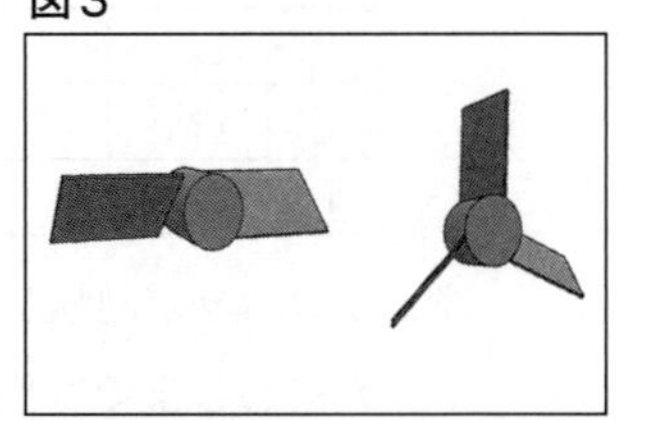

❺図１の車に、❶～❹のプロペラを順に付け、**実験１**の❸～❺と同じ方法で実験する。

図４

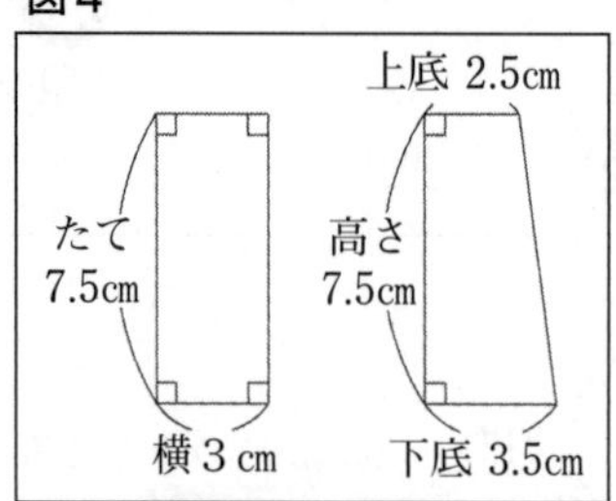

図５

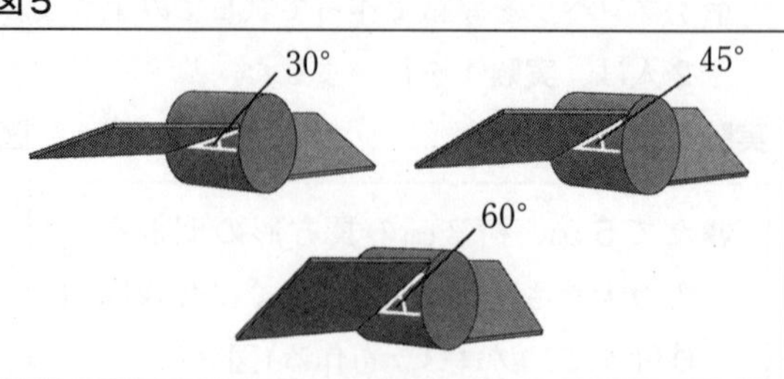

表１　羽根の形が長方形である車が進んだ平均の長さ(㎝)

羽根の枚数＼羽根の角の大きさ	30°	45°	60°
２枚	415	1065	1225
３枚	632	1038	995

表２　羽根の形が台形である車が進んだ平均の長さ(㎝)

羽根の枚数＼羽根の角の大きさ	30°	45°	60°
２枚	305	1150	1068
３枚	442	1054	1036

２人は、**表１**、**表２**を見ながら話しています。

令：羽根の枚数や形などを変えると、進む長さが変わるね。

学：最も長く進んだのは、羽根の形が［　お　］で、羽根の数が［　か　］枚、羽根の角の大きさが［　き　］°のときだね。

令：羽根の枚数で比べると、数が多ければ長く進むということでもないね。

学：［　く　］で比べると、進んだ長さの平均が約895㎝と約843㎝だから、全体的に［　け　］の方が長く進んだといえるよ。

令：そういえば、プロペラが回転している時間にちがいがあったように思うな。羽根の大きさや形、枚数によって変わるのかもしれない。

学：プロペラが回転している時間が、車が進む長さにも関係しているのかな。

①　［　え　］～［　け　］に当てはまる最も適切な言葉や数を書きなさい。

２人は、羽根の枚数や大きさによって、プロペラが回る時間がちがうのではないかと考えました。そこで、羽根の角の大きさを45°にして、**実験２**の❶、❷、❺と同じ方法で、プロペラの回転が終わるまでの時間の平均を調べ、**表３**にまとめました。

表３

車	形	横(下底)の長さ(㎝)	たての長さ(高さ)(㎝)	羽根の枚数(枚)	進んだ長さの平均(㎝)	回転が終わるまでの時間の平均(秒)
A	長方形	3.0	5.0	2	656	5.7
B	長方形	3.0	5.0	3	694	7.1
C	長方形	3.0	7.5	2	1065	11.7
D	長方形	3.0	7.5	3	1038	16.8
E	台形	3.5	7.5	2	1150	11.0
F	台形	3.5	7.5	3	1054	16.9

学：プロペラが回転している時間と進んだ長さについて調べることはできたけれど、回転が終わるまでの時間が長いからといって、必ず長く進むというわけでもないね。

令：羽根の形によるちがいを確かめるためには、**表3**のプロペラに加えて、c台形の羽根のプロペラをもう一種るい作って調べる必要があるよ。それも確かめてみよう。

② 次のⅰ)～ⅲ)について、**表3**のA～Fのどの車とどの車を比べると調べることができますか。次の［こ］～［ぬ］に当てはまる記号を、**表3**のA～Fの中から選んで書きなさい。

ⅰ） 羽根の大きさによるちがい…［こ］と［さ］、［し］と［す］
ⅱ） 羽根の形によるちがい………［せ］と［そ］、［た］と［ち］
ⅲ） 羽根の枚数によるちがい……［つ］と［て］、［と］と［な］、［に］と［ぬ］

③ 下線部cについて、どのような台形を作ればよいですか。台形の**下底の長さ**と**高さ**をそれぞれ書きなさい。

(3) ２人は、実験したことを生かして動く車を作り、お楽しみ会で楽しく遊びました。お楽しみ会が終わった後、１年生から「他の車でも遊んでみたい」という感想がとどきました。あなたなら風を利用して動くどのような車を作りますか。**絵**と説明をかきなさい。ただし、説明には、風で動く**仕組み**と、長く進むようにするための**工夫**を書くこと。

絵

【問４】 学さんは、お父さんがお土産(みやげ)で買ってきたケーキを、姉と妹の３人で分けようとしています。ただし、クリームは上の面とすべての側面にのみぬられていて、厚さは考えないものとします。各問いに答えなさい。

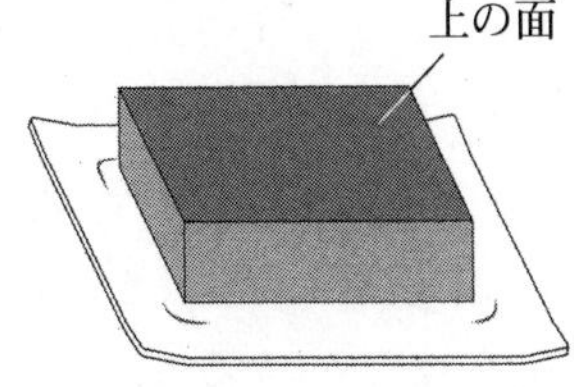

(1) 学さんは、大きさが３等分になるようにケーキを切り分けました(**図１**)。

図１

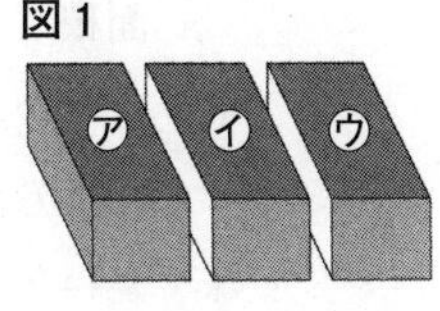

学：ぼくは、㋐のケーキを食べようかな。

妹：ちょっと待って、お兄ちゃん。この分け方だと大きさは同じだけれど、㋑のケーキだけクリームが少ないよ。

姉：確かにそうだね。では、私が㋑のケーキを食べるから、２人で㋐のケーキと㋒のケーキを食べてね。

学：でも、大きさだけじゃなくてクリームも同じにする分け方なんてあるのかな。

３人は、**図２**のような直方体の図で考えることにしました。なお、////// は上の面にぬられているクリームの部分、▒▒▒ はすべての側面にぬられているクリームの部分を表しています。

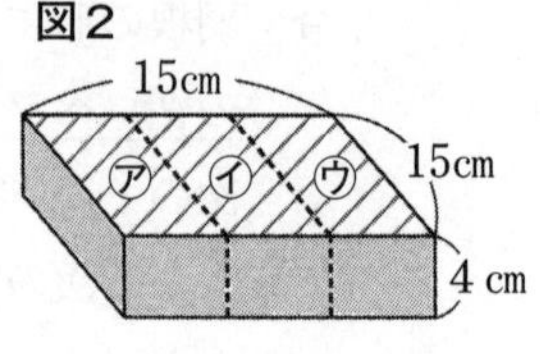

学：㋐のケーキと㋑のケーキで、クリームがぬられている面積がどのくらいちがうのか考えよう。

妹：まず、▨▨の面積を計算してみよう。㋐のケーキと㋑のケーキは、どちらも15×5の式で求められるから同じ面積になるね。

学：㋐のケーキの▢▢の面積は［　あ　］という式で求められるね。だから、㋐のケーキのクリームがぬられているすべての面の面積は、［　い　］cm²だね。

妹：次は㋑のケーキの▢▢の面積を計算して、㋐のケーキの▢▢の面積とのちがいを求めよう。

姉：a㋐のケーキと㋑のケーキの▢▢の面積のちがいは、4×15を計算するだけでわかるよ。

学：では、その面積のちがいがないよう、▢▢の面積を㋐と㋑と㋒の3つとも等しくなるように切ればいいんだね。

① ［　あ　］に当てはまる式を書きなさい。

② ［　い　］に当てはまる数を書きなさい。

③ 下線部aについて、4×15は何を計算したものか書きなさい。

3人は、切ったケーキ1つ分の▢▢の面積を等しくして、クリームがぬられている面積を同じにしようと考えています。

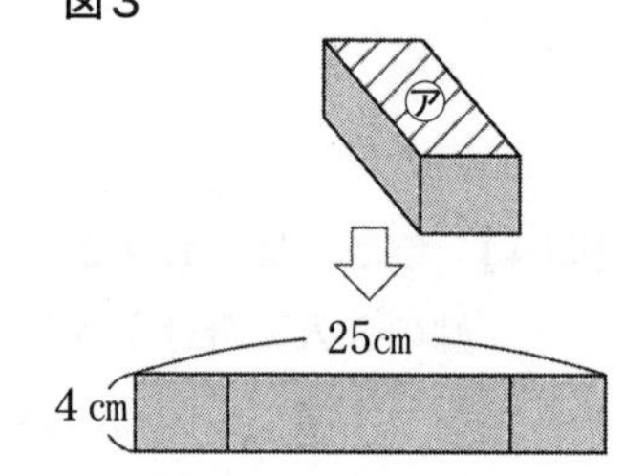

学：どうしたら▢▢の面積を等しくできるかな。

姉：㋐のケーキの▢▢を図3のように長方形として考えてみたらどうかな。図2だと㋐のケーキと㋑のケーキの▢▢の面積はちがうけれど、どちらもたての長さは4cmだから、横の長さが同じになれば面積も等しくなるはずだよ。

学：では、▢▢の面積を㋐と㋑と㋒の3つとも等しくするには、横の長さが3つとも［　う　］cmになればいいってことだね。

姉：なるほど。でも、▢▢の面積を等しくできたとしても、そのときに、▨▨の面積が等しくなるとは限らないんじゃないかな。

学：そうか。▨▨の面積も考えなくてはいけないのか。▨▨も▢▢も等しく切る方法なんてあるのかな。

妹：丸いケーキなら、どの部分も等しくなるように3等分できるのにな。

姉：そういえば、※円型のケーキを切るシートが家にあったよね。使ってみよう。

※円型のケーキを切るシート…円型の食品を等分に切り分けるための目もりがついているシート。

④ ［　う　］に当てはまる数を書きなさい。

(2) 3人は、図4のような円型のケーキを切るシートを用いて、円周を3等分した㋓の長さを、ひもを使って調べています。

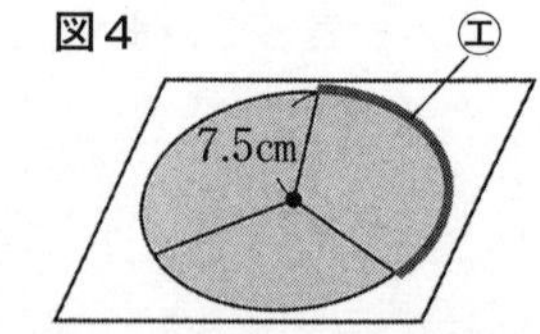

妹：ひもで長さを測ったら、円周の長さは約47cmで、㋓の長さは約16cmだったよ。

姉：b㋓の長さは、半径が7.5cmとわかっているなら計算でも求められるよ。測った長さとほぼ等しいね。

学：円だと真ん中に向かって切っているね。正方形でも真ん中に向かって切ったら３等分できるかもしれないよ。でも、正方形の真ん中ってどこだろう。

姉：真ん中って中心という意味でしょ。点対称（てんたいしょう）の図形には対称の中心があるよ。

学：そうか。円も正方形も点対称の図形だ。それなら c 正方形の対称の中心をみつければ、３等分できそうだな。

① 下線部 b について、姉はどのように計算して㋓の長さを求めたと考えられますか。式を書きなさい。ただし、円周率は3.14とします。

② 下線部 c について、そのみつけ方を、「～をみつける。」という言葉につながるように書きなさい。

(3) ３人は、ここまで考えてきたことをもとに、**図５**のように切ったらよいのではないかと考えました。

図５

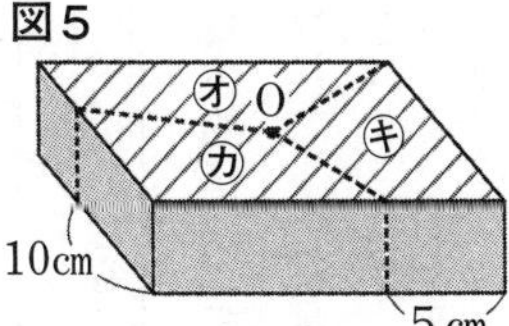

＊点Oは、正方形の対称の中心とする。

学：これで３等分になるかな。

姉：**図３**で考えたように、横の長さは㋔も㋕も㋖も等しいから、▒▒▒の面積は３つとも等しいよ。

妹：////の面積はどうかな。

学：㋔の////の面積を考えてみよう。㋔と㋕と㋖は、同じ面積だとしたら、［ え ］÷［ お ］で75㎠のはずだよね。

姉：３等分されていればそうなるよね。他の方法で計算しても75㎠になるかな。

学：d ㋔の////を２つの三角形に分けて、それぞれの三角形の面積を求めてみよう。この２つの三角形は、［ か ］が同じ［ き ］cmだね。

姉：㋕と㋖も、㋔と同じように２つの三角形に分ければ求められるね。

学：////は正方形だから、㋕と㋖でも２つに分けたときの三角形の［ か ］はどれも［ き ］cmだよ。計算したら、どの面積も75㎠になったよ。だから、**図３**で考えたように横の長さを３等分すれば、クリームがぬられている面積も３等分できるってことだね。

この考え方なら、////が正方形のケーキだと、何等分でもできそうだ。

姉：では、e 図５と同じサイズのケーキを家族５人で等しく分けられるかな。

① ［ え ］～［ き ］に当てはまる数や言葉を書きなさい。

② 下線部 d について、２つに分けた三角形の面積を求めるための式を、それぞれ書きなさい。

③ 下線部 e について、////の面積、▒▒▒の面積を５等分する直線を方眼にかき、分け方の説明を書きなさい。ただし、方眼にかかれている直線を分け方の１本として使い、残りの４本の直線をかくこと。

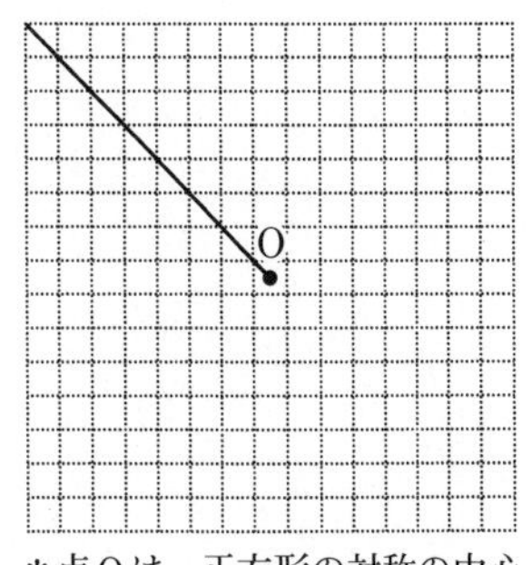

＊点Oは、正方形の対称の中心とし、１目もりは１cmとする。

れは長い人類史の中で人間が少しずつ培ってきたものでもある。そうしなければ人間は自然界で生きていけなかったのだ。

（稲垣栄洋 著『ナマケモノは、なぜ怠けるのか？生き物の個性と進化のふしぎ』〈筑摩書房〉）

※戦略……戦いや競争に勝つための計画。
※天敵……食べられる動物に対して、食べるほうの動物。
※特殊……ふつうのものと、ちがっていること。
※掟……仲間の間で決めた、きまり。
※有史……（文字で書かれた）歴史。
※虐げる……いじめて、苦しめる。
※慈愛……いつくしみ、かわいがること。また、その心。
※培う……やしなって、育てる。

(1) ——線部aについて、筆者は、足の速さという観点で、人間とチーターを比べて説明しています。次の表の［あ］、［い］に当てはまる言葉を、——線部aの段落の中からぬき出して、それぞれ書きなさい。

表

	足の速さ	理由
人間	［あ］がいる	生きていけないほど［い］ではない
チーター	足がみんな速い	生きるために［い］である

(2) ——線部bについて、筆者が、この理由を具体的に述べている部分はどこですか。文末が「から。」につながるように、——線部bより後の文章の中から、三十五字でぬき出して書きなさい。

(3) ——線部dについて、筆者が「人間の強さ」ととらえていることとして最も適切なものを、次のア～エから一つ選び、記号を書きなさい。

ア　人間は、高れい者やしょう病者だけの経験を参考にしてきたこと
イ　人間は、他者をかわいがる情に満ちた生き物ではなかったこと
ウ　人間は、戦争や弱い者を苦しめるようなことが本来のすがただと信じていること
エ　人間は、色々な人を集団の一員として、知えを出し合ったこと

(4) ═線部c、═線部eについて、次の**条件**にしたがって自分の体験と考えを書きなさい。

条件

・二段落構成とし、一段落目には知えを出し合う、知えを集める、知えを伝えるなどをして、はじめの状態よりも改善することができた体験を書くこと。
・二段落目は、一段落目に書いた体験から今後あなたが大切にしていきたいと考えることを、═線部eと関連づけて書くこと。
・文字数は、百六十字以上二百字以内として、一行目から文章を書くこと。なお、書き出しや段落を変えたときの空白になるマスも、一字に数えます。

〈適性検査Ⅰ〉

—問１～問３と合わせて50分—

【問４】　次の文章は、様々な生き物を研究している筆者が、生き物はどのような生き方を選択して生きぬいてきたのかを考えた章の最後の部分です。

この文章の前に、筆者は、「得意なところで勝負する」ということが、生き物が生きぬく上での基本※戦略であり、生き物の種類ごとに戦略があると述べています。

次の文章を読んで、各問いに答えなさい。

生物の能力は「トレードオフ」と言って、どれかが良いとどれかが悪くなるようにバランスが取れている。たとえば、足が長ければ歩幅が大きくて速く走れるかもしれない。しかし、重心が高くなるので、不安定になって、転びやすくなるかもしれない。背が高ければ遠くまで見渡せて※天敵を見つけやすいかもしれないが、草陰に隠れるときには、背が低い方がいい。

あちらを立てれば、こちらが立たず。

どちらが良いかわからないのであれば、どちらも用意しておくのが生物の戦略だ。

人間に足の速い人と足の遅い人がいるということは、足が速いことはそうでなければ生きていけないというほど重要ではないということだ。もちろん、足が速いことはすばらしいことだけれど、他の能力で足が遅いことはカバーできる。他の能力を捨ててまで、チーターのように人類みんなで足が速くならない方が良いというのが、おそらくは人間のa進化なのだ。

ただし、それだけではない。

人類には人類の※特殊な事情がある。

（中略）

ふしぎなことに、古代の遺跡からは、歯の抜けた年寄りの骨や、足をけがした人の骨が見つかるらしい。つまり、狩りには参加できないようなb高齢者や傷病者の世話をしていたのだ。

人間は他の生物に比べると力もないし、足も遅い弱い生物である。だから知恵を出し合って生き抜いてきた。

知恵を出し合って助け合うときには、経験が大切になる。経験が豊富な高齢者や危険を経験した傷病者の知恵は、人類が生き抜く上で参考になったのだろう。色々な人がいれば、それだけ色々な意見が出るし、色々なアイデアが生まれる。

そうして、人類はc知恵を出し合い、知恵を集めて、知恵を伝えて発展をしてきたのだ。

自然界は優れたものが生き残り、劣ったものは滅んでいくのが※掟である。

もっとも、何が優れているかという答えはないから、生物は多様性のある集団を作る。しかし、年老いた個体や、病気やケガをした個体は、生き残れないことが多い。

しかし、人間の世界は、年老いた個体や病気やケガをした個体も、「多様性」の一員にしてきた。それがd人間の強さだったのだ。

人間の世界には「弱い者をいじめてはいけない」とか、「人間同士で傷つけ合ってはいけない」とか、生物の世界とは違った法律や道徳や正義感がある。

残念ながら※有史を振り返れば、人々が殺し合う戦争や弱い者が※虐げられる歴史は繰り返されている。しかし、それでも人は、そのようなことは悪いことだ、e人々は愛し合い助け合うのが本来の姿なのだと心の底で信じている。

それはけっして人間が※慈愛に満ちた生き物だったからだけではない。そ

長野市立長野中学校

（編集部注：掲載にあたりレイアウトなどの一部改変を行っています。）

〈適性検査〉

—50分—

【問１】 緑(みどり)さんたちは、社会見学で金ぞくリサイクルの工場に行き、じ石(しゃく)の力で金ぞくを運ぶクレーンを見ました。次の会話はその時の緑さんと豊(ゆたか)さんと学(まなぶ)さんと先生の会話です。各問いに答えなさい。

緑さん：どうして、じ石の力でくっついていた金ぞくを決まったところで落とすことができるのですか。

先　生：あのクレーンに使われているじ石は電じ石と言って、［　　　X　　　］という性質があるので、くっつけていた金ぞくを落とすことができるのです。

豊さん：そんな便利なじ石があるのですね。それにしても、あんなにたくさんの金ぞくを持ち上げるなんて強力ですね。電流の大きさと電じ石の力の大きさに何か関係があるのでしょうか。

学さん：それなら、かん電池と電じ石を使って実験をしてみましょう。

⑴　緑さんは、かん電池の数を変えたときの電じ石の力の変化を調べることにしました。**A**～**E**は緑さんが電じ石の力の変化を調べたときの回路です。**結果１**はそのときに電じ石が持ち上げたクリップの重さと検流計の針(はり)のふれた向きを表しています。次の①～②の各問いに答えなさい。

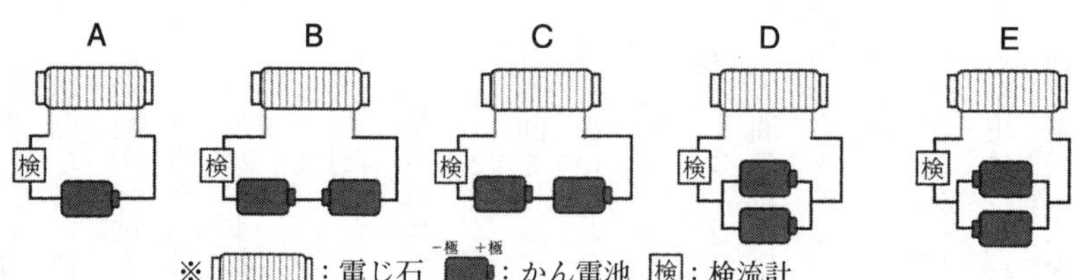

※［電じ石の図］：電じ石　［かん電池の図］：かん電池　［検］：検流計
回路は切れているところがなくて、全てつながっているものとする。

結果１

回路	A	B	C	D	E
持ち上げたクリップの重さ（g）	7	0	18	ア	9
検流計の針のふれた向き	右	ふれない	右	イ	左

①　回路**D**のときの、持ち上げたクリップの重さを**ア**、検流計の針のふれた向きを**イ**として、最も適切な組み合わせを次の**あ**～**き**から１つ選び、記号を書きなさい。

	あ	い	う	え	お	か	き
ア	0	9	9	18	18	36	36
イ	ふれない	右	左	右	左	右	左

②　**結果１**から［　X　］に入る電じ石の性質を「電流」という言葉を使って書きなさい。

⑵　緑さんは、もっと電じ石の力を大きくしたいと考えて、かん電池を３つ使って実験をしてみることにしました。次の**あ**～**う**はそのときの回路です。電じ石の力が強いと考えられる順番に記号を書きなさい。

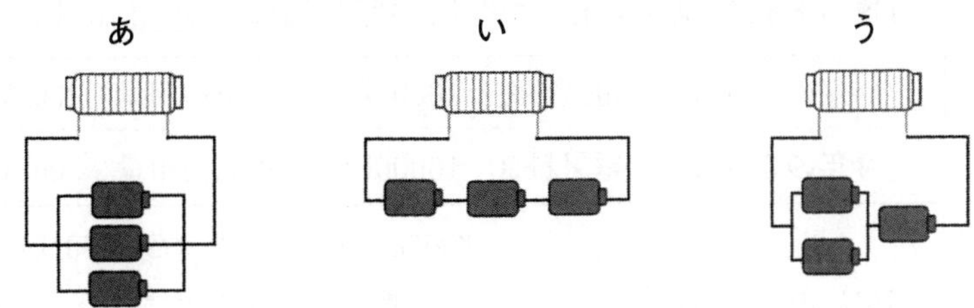

緑さんたちは、かん電池の数を増やすほかに電じ石の力を大きくする方法がないか考え、コイルの巻き数に着目しました。そこで、100回巻きと200回巻きのコイルを準備して３人で順番に実験を行ったところ、**結果２**のように結果にばらつきが出てしまいました。

結果２：コイルの巻き数と電じ石についたクリップの重さ

	100回巻き	200回巻き
緑さん	18 g	28 g
学さん	5 g	13 g
豊さん	7 g	12 g

緑さんたちは、実験結果にばらつきが出てしまったのは実験のやり方に原因があるのではないかと考えました。そこで、緑さんたちは実験のやり方を振り返ってみました。

緑さん：それぞれどのように実験を行ったのか、振り返ってみましょう。

【振り返り】

	緑さん	学さん	豊さん
使用した回路			
クリップをつけた場所 (クリップがついた場所を点線で示してある)			
コイルの近づけ方	コイルがクリップに接するまで近づけた	コイルがクリップに接するまで近づけた	コイルがクリップに接するまで近づけた

学さん：使用した実験器具は全て同じなので、実験器具が結果のばらつきの原因とは考えにくいですね。そうなると、ウどのような原因があるのでしょうか。

豊さん：もう一度実験してみましょう。

(3)　下線部**ウ**について、実験結果のばらつきの原因として考えられることを**【振り返り】**の内容をもとにして２つ書きなさい。

【問２】　緑さんは、ニュースで昨年から今年にかけて電気料金が上がっていることを知り、緑さんの父親と会話をしています。各問いに答えなさい。

緑さん：昨年から今年にかけて、私の家の電気料金も上がっているのでしょうか。

父　親：そうですね。**図１**は昨年と今年の５月の電気料金をまとめたものです。電気使用量は違(ちが)いますが、昨年に比べて今年は電気料金が［ア］倍に上がっていますね。

図１

昨年の５月分	電気料金　10000円	電気使用量　400kWh
今年の５月分	電気料金　16000円	電気使用量　500kWh

※kWh（キロワット時）は電気使用量を表す単位

緑さん：電気使用量が同じだったとしたら、昨年と今年の電気料金はどのくらい違うのでしょうか。

父　親：電気料金にはいくつかのプランがあって、家のプランはＸプランというものです。電気料金の計算の仕方は次のようになっていますよ。

> Ｘプラン
> （１か月の電気料金）＝（基本料金）＋（１か月の電気使用量）×（電気使用量１kWhあたりの料金）

※『基本料金』は電気使用量に関わらずかかる金額

父　親：電力会社のホームページを見ると、基本料金は2000円で昨年から変わっていないですね。つまり、１kWhあたりの料金が昨年から今年にかけて上がっているということです。また、今年５月は１kWhあたり28円でしたが、昨年の１kWhあたりの料金は分かりませんでした。

緑さん：昨年の１kWhあたりの料金は、計算することで求めることができますね。**図１**から昨年５月分の電気料金と電気使用量が分かるから、イ<u>昨年５月の１kWhあたりの料金を□円とすれば、10000＝2000＋400×□という式で表すことができます</u>。

父　親：ウ<u>この式から昨年５月の１kWhあたりの料金を求めて</u>、料金が上がっていることを確認(かくにん)してみましょう。

⑴　会話中の［ア］にあてはまる数を書きなさい。

⑵　下線部**イ**について、昨年５月の１kWhあたりの料金を求める式として適切なものを、次の**あ**～**え**から１つ選び、記号で書きなさい。

あ　(10000＋2000)×400　　**い**　(10000－2000)×400
う　(10000＋2000)÷400　　**え**　(10000－2000)÷400

⑶　下線部**ウ**について、昨年５月の電気使用量１kWhあたりの料金を求めなさい。

緑さん：ところで、今年６月の電気料金はいくらになりそうですか。

父　親：月の途中の電気料金は、電力会社のホームページで確認(かくにん)できるようになっていますよ。ちょっと見てみましょう。

図２（６月10日時点）

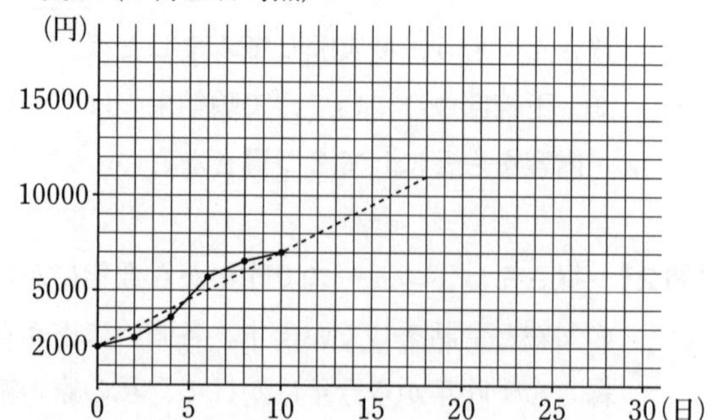

父　親：６月の電気料金は**図２**のようになっていて、10日までの電気料金が折れ線グラフで示されています。点線の直線は、このまま電気料金が上がっていったらいくらになるのかの目安を示していますよ。

緑さん：そうなのですね。点線の直線のままでいったら、今月の30日には電気料金が［エ］円になりそうですね。

父　親：そうなると、５月より電気料金が高くなってしまいそうですね。

(4)　［エ］にあてはまる数を書きなさい。また、どのようにその数を求めたのか、説明を書きなさい。ただし、今年６月の緑さんの家のプランはＸプランとします。

緑さん：電気料金のプランは、Ｘプラン以外にはないのでしょうか。

父　親：一日の中で、１kWhあたりの電気料金が高い時間帯と安い時間帯が設定できるＹプランというものもありますよ。Ｙプランの電気料金の計算の仕方は次のようになっています。

> Ｙプラン
> （１か月の電気料金）＝（基本料金）＋（Ａ料金）＋（Ｂ料金）
> ・基本料金はＸプランと同じ2000円。
> ・Ａ料金は、一日の中で連続した９時間の時間を設定し、その時間の電気使用量に対する料金である。１kWhあたり50円の料金がかかる。
> ・Ｂ料金は、Ａ料金で設定した時間以外の電気使用量に対する料金である。１kWhあたり20円の料金がかかる。

父　親：電力会社のホームページでは、生活習慣に合わせてＡ料金とＢ料金の時間を設定できるように、前月の時間帯別電気使用量の割合を確認することができます。**図３**は、家の今年５月の時間帯別電気使用量の割合を表したものですね。

緑さん：この場合、Ｙプランを利用して、Ａ料金の時間帯を［オ］時から［カ］時に設定すれば、１か月の電気料金を最も安くすることができましたね。

図３

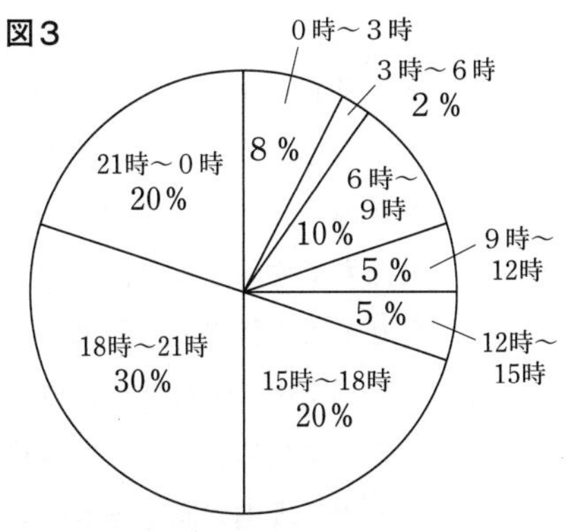

今年５月の電気使用量500kWhの
時間帯別電気使用量の割合

(5)　**図３**の場合、ＹプランでＡ料金の時間帯を９時から18時に設定すると、１か月の電気料金がいくらになるか求めなさい。また、どのようにその料金を求めたのか、説明を書きなさい。

ただし、「Ａ料金」、「Ｂ料金」という言葉を用いること。

(6)　［オ］、［カ］にあてはまる数を［　　］の中からそれぞれ選び、書きなさい。

0	3	6	9	12	15	18	21

【問３】 緑(みどり)さんと学(まなぶ)さんは、身近な地域(ちいき)の課題について資料を集め話し合っています。各問いに答えなさい。

学さん：先日、善光寺(ぜんこうじ)に行きたくて、長野駅から市立長野高校の生徒がデザインした、ぐるりん号というバス（**写真**）に乗りました。子どもの運賃(うんちん)は100円でした。安いなと思いました。

緑さん：最近は、ガソリン代も高くなっているのにそんなに安くて大丈夫でしょうか。

学さん：それに乗客は私だけだったので、これから$_{ア}$バス路線がなくなり、困る人が出てくるのではないかと思いました。今後、人口が減っていく中で、長野市全体のバスや鉄道などの公共交通はどうなっていくのでしょうか。

緑さん：長野市ではないですが、小谷村(おたりむら)と新潟県糸魚川市(いといがわし)を結ぶＪＲ大糸線（電車）は、乗客が大きく減ってしまい、存続(そんぞく)するか廃止(はいし)するかの協議をしているというニュースを見ました。$_{イ}$路線を続けるか、続けないか、ひとごとではないですね。

学さん：この前読んだ本に、地球環境(かんきょう)のためには二酸化炭素を減らすことが必要だと書いてありました。公共交通を利用することは二酸化炭素を減らすことにもつながるそうです。
$_{ウ}$私たちの次の世代のことも考えた持続可能な社会を自分たちでつくっていくことが大切になっていきますね。

写真

⑴　学さんは、移動手段として公共交通を利用している人がどのくらいいるのかを調べました（**資料１**）。そのうち、バスと鉄道を利用した移動回数が約何回になるかを計算した場合の答えとして正しいものを次の**あ**～**え**から１つ選び、記号を書きなさい。

あ　58100回　　**い**　16600回　　**う**　581000回　　**え**　41500回

⑵　学さんは、会話文中の下線部**ア**に関わって、**資料１～６**を探しました。バスや鉄道の本数が減ったり、なくなったりしたら、影響(えいきょう)する人の割合が一番高い年代は何歳(さい)～何歳の人たちですか。また、そのように考えた理由のもとになる資料を１つ選びなさい。さらに、なぜその年代の人たちは、バスや鉄道の利用が多いのか、予想を書きなさい。

⑶　会話文中の下線部**イ**、**ウ**に関わって、長野市におけるバスや鉄道の今後について、**資料**をさらに集めました。バス路線について、続けた方がよいと思う理由と、続けない方がよいと思う理由の両方をそれぞれ**資料１**から**資料６**の中で１つずつ選び、その**資料**に基づいて書きなさい。ただし、続けた方がよい、続けない方がよいで同じ**資料**を用いないこととする。

⑷　⑶であなたが解答した「理由」に関わって、「バス路線を続けた方がよいか、続けない方がよいか」の話し合いに参加をしたとします。２つの立場の意見が対立し、話し合いが進まず止まってしまったとき、あなたなら持続可能な社会に向けて**どのようなアイデア**を提案しますか。具体的に書きなさい。

資料１　代表的移動手段の割合（わりあい）
（長野市地域公共交通計画　令和４年９月　より作成）
※市民367,324人が一日に移動する回数は約830,000回（調査統計をもとに計算した）

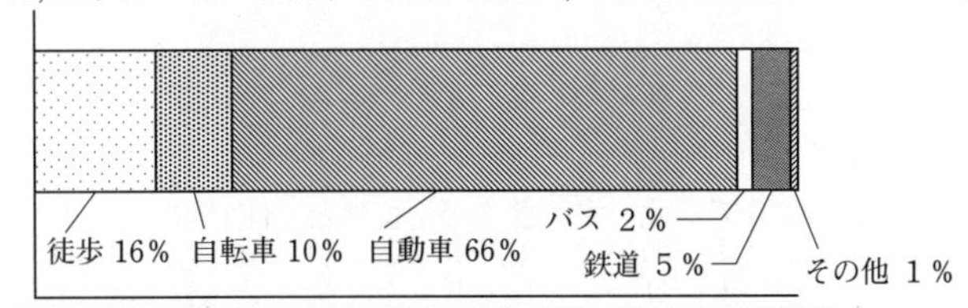

資料２　年代別代表的移動手段の割合（長野市地域公共交通計画　令和４年９月　より作成）

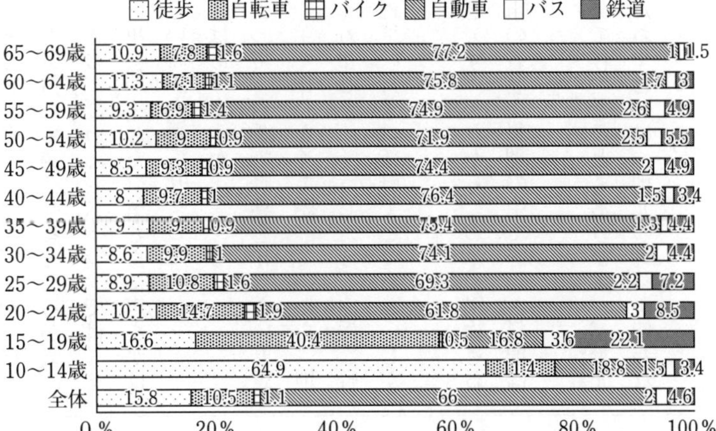

資料３　市内の鉄道駅の一日あたりの乗車人数の移りかわり
（長野市地域公共交通計画　令和４年９月　より作成）

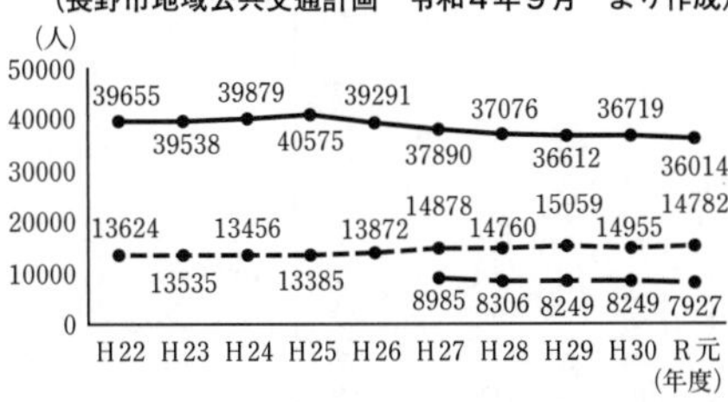

資料４　路線バスの利用者数の移りかわり
（長野市地域公共交通計画　令和４年９月　より作成）

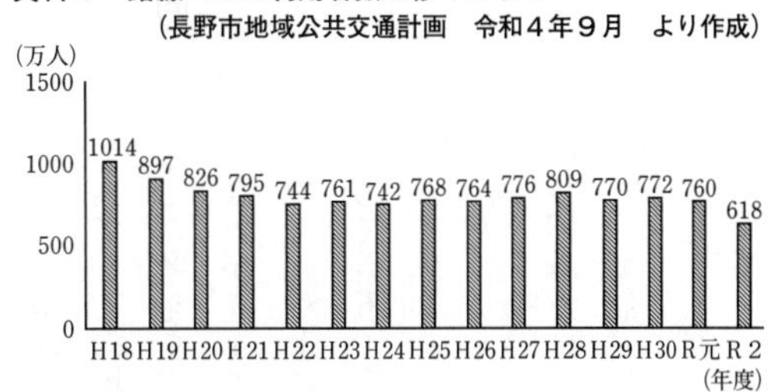

資料５　市が関わるバス等の運行に必要な費用の移りかわり
（長野市地域公共交通計画　令和４年９月　より作成）

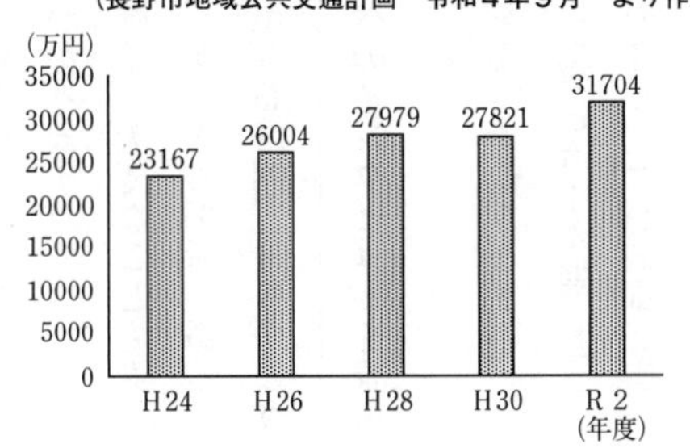

資料６　乗客１人が１㎞移動するときの二酸化炭素の排出（はいしゅつ）量
（国土交通省環境政策（せいさく）課「輸送量当たりの二酸化炭素の排出量」2019年度　より作成）

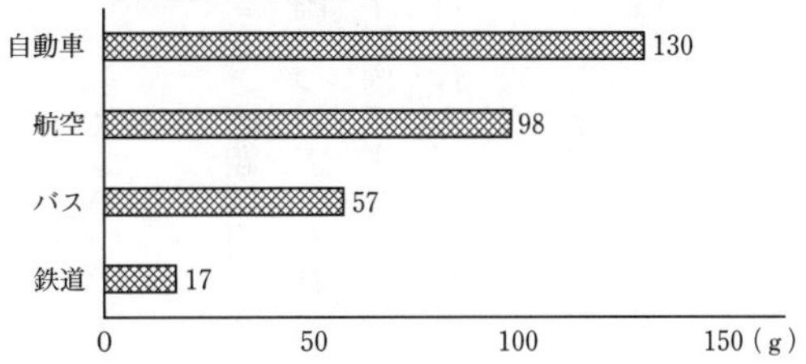

Aさん：都会は人がたくさんいるからにぎやかで楽しいけれど、毎日を忙しく感じていました。時間に追われているようでした。

豊さん：どうして長野市に移住したのですか。

Aさん：以前から長野市へ旅行することが多かったのですが、自然が豊かで、のんびりとした気持ちで過ごせるところが気に入っていました。旅行のたびに訪れるレストランでは、そこに集まる地元の方々と出会いました。気さくに声をかけてくれる方が多く、楽しい時間を過ごせました。

豊さん：実際に住んで感じたよさはありますか。

Aさん：もともと農業に興味があって、自分で野菜を作りたいと思っていました。最初、上手く作れなくて困っていたら、地元の方がアドバイスをくれました。そうしたら、立派な野菜ができました。採りたての野菜は新鮮でとてもおいしかったです。

豊さん：私も地元の野菜が大好きです。それから、お米や果物もおいしいですよね。長野市の有名な料理の中で好きな料理はありますか。

Aさん：おやきが好きです。自分で作ったこともありますが、善光寺の近くのお店で食べたおやきには、地元の野菜が使われていて、おいしくて気に入っています。

豊さん：［　ア　］

Aさん：以前はあまり雪の降らない地域に住んでいたので気になりませんでしたが、冬になると雪がたくさん降ることです。雪かきを何回もやらなければいけません。それに、車で移動するときも時間がかかります。

学さん：たしかに、冬に雪が降ると大変なこともありますが、近くにはスキーやスケートができる場所があるので、ぜひ行ってみてください。貴重なお時間、ありがとうございました。

問一　緑さんたちの会話や**Aさんへのインタビュー**を読んで、各問いに答えなさい。

㈠　――部①～②のカタカナを漢字で書きなさい。

㈡　緑さんは、**Aさんへのインタビュー**を通して、「長野市のよさ」の一つとして「地元の人のやさしさ」があると感じました。そう感じた理由をインタビューの中から二つ見つけ、それぞれ二十五字以上、三十五字以内で書きなさい。

㈢　インタビューが成り立つように、［　ア　］に入るAさんへの質問を考えて、この場面にふさわしい言葉づかいで書きなさい。

問二　あなたの考えを書きなさい。

㈠　あなたが住んでいる地域のよさと課題は何ですか。

㈡　㈠で考えたよさと課題の理由について、それぞれにあなたの体験を含めて百五十字以上、二百字以内で書きなさい。

㈢　㈠、㈡をふまえて、あなたは、住んでいる地域をどのような地域にしていきたいと考えますか。あなたの考えと、そのためにこれから取り組みたい活動について、二百字以上、二百五十字以内で書きなさい。なお、取り組みたい活動は、総合的な学習の時間の中でできることとして考えること。

〈作文〉　—50分—

【問】　総合的な学習の時間に、緑さんと豊さんと学さんが「長野市のよさ」について話をしています。

緑さん：テレビのニュースで、長野県が「*移住したい都道府県ランキング」で十七年連続一位になったと聞きました。

豊さん：私の近所のAさんも県外から移住してきました。長野市は、山の①ケシキがすばらしいから住もうと決めたと聞きました。私たちはふだん暮らしているから気付かないですが、長野市のよさって、たくさんあるのかもしれませんね。

学さん：私は、以前、神奈川県に住んでいましたが、海が近いからたくさん泳ぎに行きましたし、買い物ができる施設も近くにたくさんあって、楽しかったです。

緑さん：他の県から来た人から、長野市は住んでいる場所の近くに病院やスーパーが少ないから、車がないと②フベンだと聞いたことがあります。実際に他の県から長野市へ移住してきた人は、どう感じているのでしょうか。

豊さん：よいところもあるし、困っていることもあるかもしれませんね。Aさんに、インタビューして聞いてみましょう。

＊移住…他の土地または国へ移り住むこと。

Aさんへのインタビュー

緑さん：Aさんは、いつ長野市に移住したのですか。

Aさん：去年の四月です。桜の花が咲き始めていましたが、春なのに、まだ肌寒かったのを覚えています。長野市に移住して、一年半がたちました。山が近くにあるせいか季節を感じやすいです。今は、都会とは違った生活を楽しんでいます。

緑さん：特にどんなところが違いますか。

移住したい都道府県ランキング

	1位	2位	3位	4位	5位
2021年	長野県	静岡県	山梨県	沖縄県	千葉県
2020年	長野県	静岡県	山梨県	沖縄県	千葉県
2019年	長野県	静岡県	千葉県・沖縄県		北海道
2018年	長野県	静岡県	千葉県	沖縄県	岡山県
2017年	長野県	静岡県	千葉県	山梨県	岡山県

出典：2022年版　第16回「移住したい都道府県ランキング」
『田舎暮らしの本』2022年２月号（宝島社）

静岡県立清水南高等学校中等部
静岡県立浜松西高等学校中等部
沼津市立沼津高等学校中等部

（編集部注：掲載にあたりレイアウトなどの一部改変を行っています。実際の適性検査問題は、写真や図版の一部がカラー印刷で出題されました。）

※総合適性検査問題は共通、作文問題は学校独自の内容となっています。

〈総合適性検査問題Ⅰ〉　—50分—

Ⅰ　放送による問題（省略）

Ⅱ　ひできさんの学校生活

小学校５年生のひできさんは同じ班のえりかさんと、社会科見学で行く史跡めぐりについて話をしています。

えりかさん：史跡ミュージアムまでは、班で行くことになっているよ。

ひできさん：私たちは駅前バス停からバスに乗るから、駅前バス停の平日の時刻表を調べてみたよ。

えりかさん：駅前バス停には、午前９時40分に集合することになっているよ。

ひできさん：午前９時40分以降のバスに乗ればいいんだね。駅前バス停から史跡ミュージアムバス停までは、バスで15分かかるよ。

【駅前バス停の平日の時刻表の一部】

行き先	史跡ミュージアム行き
時	分
9	10　30　50
10	10　25　40　55
11	10　25　40　55
12	10　25　40　55
13	10　30　50

問題１　午前９時40分に集合したひできさんの班が、午前10時30分までに史跡ミュージアムバス停に着くためには、午前何時何分に発車する予定のバスに乗ればよいか、その時刻を**【駅前バス停の平日の時刻表の一部】**の中からすべて選び、書きなさい。ただし、じゅうたいなどによるおくれはないものとする。

外国語の授業で、ひできさんは、エマ先生が友達のめぐみさんをしょうかいしているスピーチを聞いています。

先　　生：**【エマ先生のスピーチ】**や英語カードを参考にして、家族のことをしょうかいしてみよう。

【エマ先生のスピーチ】

Hello.
Megumi is my friend.
She can dance well.
She is great.

ひできさん：私は、お姉さんのことを英語でしょうかいしよう。彼女は上手に料理をすることができるよ。

【ひできさんが選んだ英語カード】

問題２　**【エマ先生のスピーチ】**や**【ひできさんが選んだ英語カード】**を参考にして、ひできさんが伝えたい「彼女は上手に料理をすることができます。」という内容を、英語で書きなさい。

理科の授業で、ひできさんとえりかさんは、食塩を水にとかす実験をしています。

ひできさん：20℃の水50mLには、どのくらいの食塩がとけるのかな。

えりかさん：20℃の水50mLが入ったビーカーを３つ用意して、入れる食塩の量を変えて、よくかき混ぜた後の水溶液（すいようえき）の様子を見てみよう。

ひできさん：実験結果をノートにまとめてみたよ。

【ノートにまとめた実験結果】

	水の温度	水の量	入れた食塩の量	ビーカーの中の食塩の様子
ビーカーA	20℃	50mL	10 g	すべてとけて見えなくなった。
ビーカーB	20℃	50mL	15 g	すべてとけて見えなくなった。
ビーカーC	20℃	50mL	20 g	少しとけ残っている。

問題３　(1)　**【ノートにまとめた実験結果】**のビーカーAとビーカーBの重さを比べるとどのようになるか、次の**ア**から**ウ**までの中から正しいものを１つ選び、記号で答えなさい。ただし、空のビーカーの重さはすべて同じものとする。

ア　ビーカーAの方が重い。

イ　ビーカーBの方が重い。

ウ　どちらも同じ重さになる。

ひできさん：**【ノートにまとめた実験結果】**のビーカーCに少しとけ残っている食塩を、すべてとかすにはどうしたらいいのかな。

(2)　**【ノートにまとめた実験結果】**のビーカーCについて、とけ残った食塩をすべてとかすにはどのようにしたらよいか、次の**ア**から**ウ**までの中から最も適したものを１つ選び、記号で答えなさい。

ア　水の量を増やす。　　**イ**　水をあたためる。　　**ウ**　水を冷やす。

えりかさん：**【ノートにまとめた実験結果】**のビーカーAやビーカーBのとけて見えなくなった食塩はどうなったのかな。

ひできさん：とけて見えなくなっているけど、水溶液（すいようえき）の中にふくまれているんじゃないかな。

えりかさん：先生が用意してくれた**【実験器具】**を使って、食塩を取り出す実験方法を考えてみよう。

【実験器具】

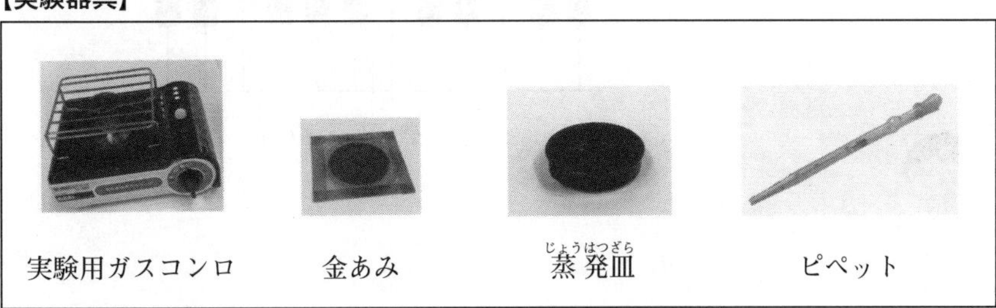

実験用ガスコンロ　　金あみ　　蒸発皿（じょうはつざら）　　ピペット

(3)　**【ノートにまとめた実験結果】**のビーカーAの水溶液にとけている食塩の一部を取り出すにはどのようにしたらよいか、実験方法を書きなさい。ただし、**【実験器具】**の『実験用ガスコンロ』『金あみ』『蒸発皿』『ピペット』という言葉を、すべて使って書くものとする。

音楽の授業で、ひできさんとえりかさんは、**【子もり歌のせんりつ１】**と**【子もり歌のせんりつ２】**を聞き比べています。

ひできさん：**【子もり歌のせんりつ１】**と**【子もり歌のせんりつ２】**では、曲の感じがちがうね。
えりかさん：**【子もり歌のせんりつ２】**の方が暗い感じがしたよ。
ひできさん：**【子もり歌のせんりつ２】**では、**【子もり歌のせんりつ１】**にはない記号が使われているから、暗い感じがしたのかな。

問題４　**【子もり歌のせんりつ２】**にあり、**【子もり歌のせんりつ１】**にはない記号の名前を答えなさい。また、①の音は、どのけんばんをひくか、次の**ア**から**オ**までの中から１つ選び、記号で答えなさい。

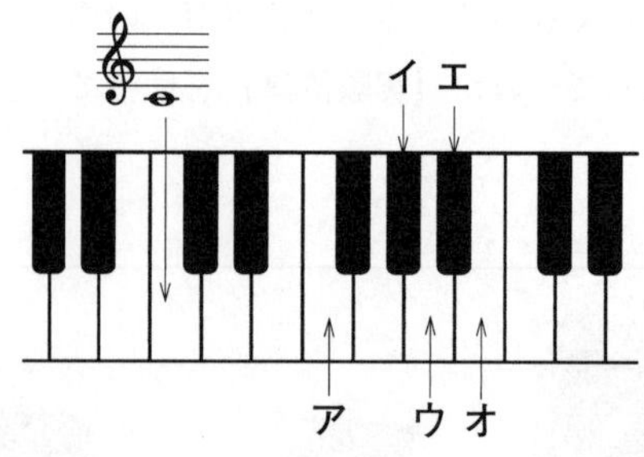

ひできさんの学級では、**【学級会で決めたルール】**の通りに、ドッジボール大会が行われています。

【学級会で決めたルール】

＜試合＞

・試合は１つのコートを使って、１試合ずつ行う。
・学級をA、B、C、Dの４チームに分け、各チーム、他の３チームと１試合ずつ対戦する。
・１試合の時間は７分間とする。７分間より早く勝敗が決まっても、次の試合の開始時刻（じこく）は変えない。
・相手の内野（ないや）の選手を０人にしたチームを勝ちとする。試合時間内に内野の人数が０人にならなかった場合は、内野に残っている人数が多いチームを勝ちとする。内野に残っている人数が同数の場合は引き分けとする。
・各試合開始前、次のチームとの入れかえなどのため、５分間の準備時間をとる。第１試合の試合開始前にも５分間の準備時間をとる。

＜得点＞

・勝ったときは３点、引き分けのときは１点、負けたときは０点とする。

＜順位の決め方＞

・得点の合計がいちばん高いチームを１位とする。
・得点の合計が同点の場合は、同じ順位とする。
（例）Aチーム６点　Bチーム６点　Cチーム４点　Dチーム１点の場合
　　１位　AチームとBチーム　３位　Cチーム　４位　Dチーム

【予定】

準備体操（たいそう）（５分）
競技上の注意（３分）
試合
結果集計と結果発表（７分）
学級委員の話（５分）

ひできさん：ドッジボール大会は**【予定】**の通りに進んでいるね。午前９時30分に準備体操が始まったけど、このまま**【予定】**の通りにドッジボール大会が進んでいくと、学級委員の話が終わる時刻は午前何時何分になるのかな。

問題５　(1)　ドッジボール大会が**【予定】**の通りに進んだとき、学級委員の話が終わる時刻（じこく）は午前何時何分か、書きなさい。

ひできさん：第１試合はAチーム対Bチームで、Aチームが勝ったね。
えりかさん：第２試合はCチーム対Dチームで、引き分けだったね。
ひできさん：Dチームは、１位になれるかな。
えりかさん：Dチームが、残り２試合とも勝てば「２勝１引き分け」でまちがいなく１位になれるね。
ひできさん：どうして、Dチームが１位になると分かるのかな。

えりかさん：Dチームの得点は(　①　)点になるね。Aチームは、Dチームに負けることになるから、得点は最大(　②　)点。BチームもDチームに負けることになるから、得点は最大(　③　)点。CチームはA、B両チームに勝つと、得点は(　④　)点。(　①　)点より多くなるチームがいないのでDチームが1位になれるね。

(2)　①から④までにあてはまる数字を、それぞれ答えなさい。

ひできさんの学級では、総合的な学習の時間の授業で、いろいろな国の文化について発表することになりました。ひできさんは同じ班のえりかさんと、日本の文化についてまとめています。

えりかさん：私たちの班は、日本の伝統文化である「すもう」について調べたことを①から⑦にまとめたね。

ひできさん：班のみんなが調べたことを、グループ分けしてみよう。

【調べたことをグループ分けした図】

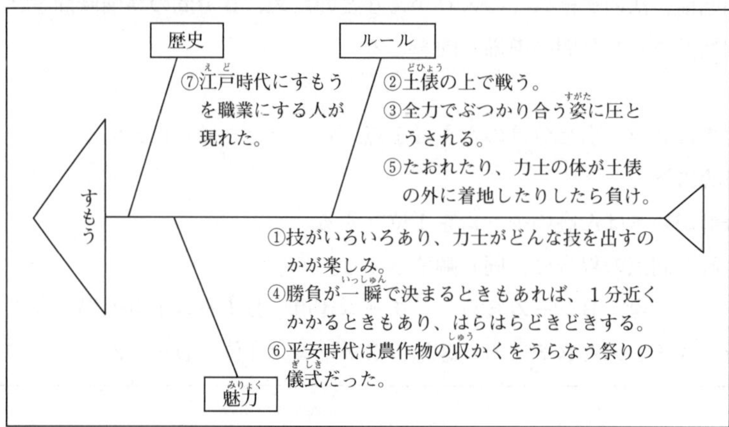

えりかさん：歴史、ルール、魅力の3つに①から⑦を分けてみたけど、グループ分けはこれでいいのかな。

問題6　グループ分けが適切でないものを、**【調べたことをグループ分けした図】**の①から⑦までの中からすべて選び、番号で答えなさい。

ひできさんとえりかさんは、理科クラブで作った**【空気でっぽう】**に空気や水を入れて、玉を飛ばす実験をしています。

ひできさん：**【空気でっぽう】**に空気を閉じこめておし棒をおすと、前玉が遠くまで飛んだよ。

【空気でっぽう】

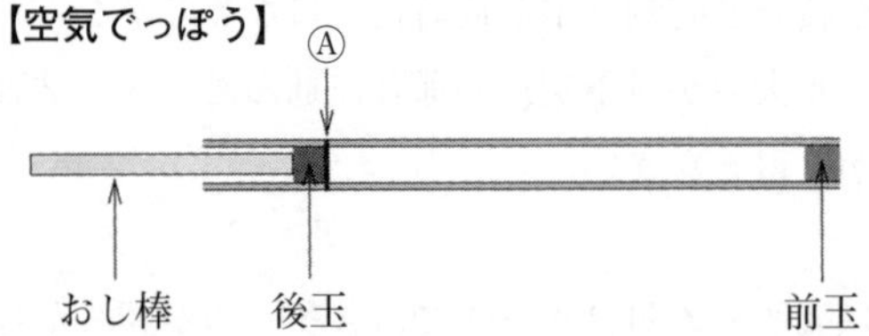

えりかさん：私は**【空気でっぽう】**に、空気の代わりに水を満たして前玉を飛ばしてみたよ。

ひできさん：後玉をⒶに合わせておし棒をおしたときに、空気を閉じこめた**【空気でっぽう】**と、水を満たした**【空気でっぽう】**では、どちらの前玉が遠くまで飛ぶのかな。

問題7　空気を閉じこめた**【空気でっぽう】**と、水を満たした**【空気でっぽう】**の前玉の飛ぶきょりを比べるとどのようになるか、次のアからウまでの中から適したものを1つ選び、記号で答えなさい。また、そう考えた理由を空気と水の性質に関係付けて、『体積』という言葉を使って書きなさい。ただし、**【空気でっぽう】**のおし棒をおす強さは同じものとする。

ア　空気を閉じこめた**【空気でっぽう】**の方が遠くまで飛ぶ。

イ　水を満たした**【空気でっぽう】**の方が遠くまで飛ぶ。

ウ　どちらも飛ぶきょりは同じ。

算数の授業で、面積の問題について考えています。

先　　　生：**【方眼紙にかいた長方形】**に１本の直線**ア**をかいて、長方形の面積を２等分します。どこに直線をかいたらよいですか。

【方眼紙にかいた長方形】

ひできさん：面積を２等分する方法を２つ見つけたよ。

【長方形にひできさんが直線アをかき加えた図】

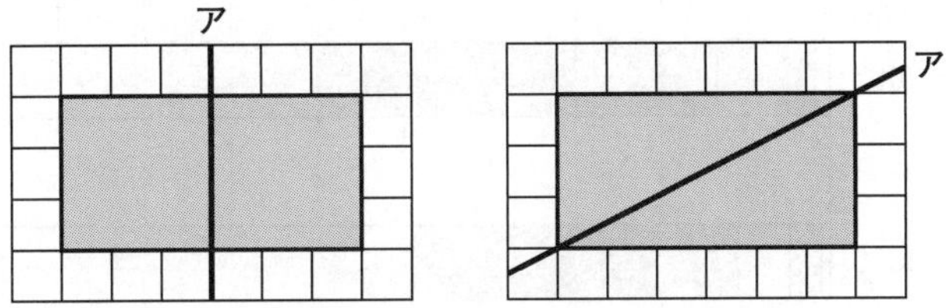

えりかさん：**【長方形にひできさんが直線アをかき加えた図】**のように、横の辺が同じ長さになるところに直線をかいたり、対角線に重なるように直線をかいたりすると、長方形の面積を２等分することができるね。２本の直線**ア**には何か共通点がありそうだね。

ひできさん：共通点を利用すれば、**【方眼紙にかいた２つの長方形を組み合わせた図形】**も、１本の直線で面積を２等分することができるのかな。

【方眼紙にかいた２つの長方形を組み合わせた図形】

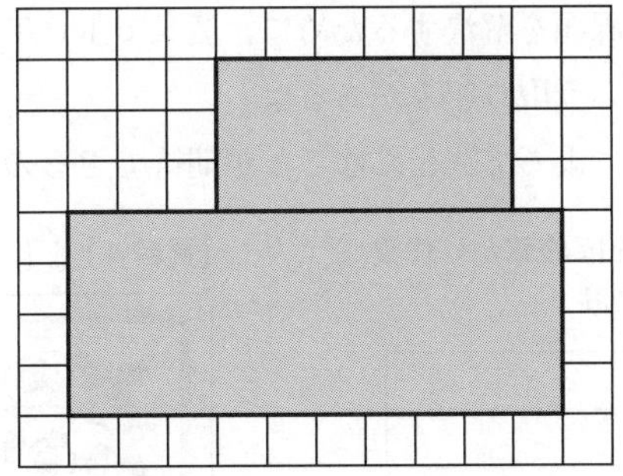

問題８　**【方眼紙にかいた２つの長方形を組み合わせた図形】**の面積を２等分する１本の直線をかき、**【長方形にひできさんが直線アをかき加えた図】**のように**ア**と書きなさい。ただし、直線**ア**をかくためにかいた他の線は、消さずに残すこととする。

社会の授業で、ひできさんとえりかさんは、日本の農業について調べています。

えりかさん：タブレット型端末を使って調べてみたら、日本の農業の課題が分かってきたよ。**【資料１】**と**【資料２】**を見てくれるかな。

ひできさん：**【資料１】**と**【資料２】**を見ると、日本の農業を持続させる上で課題があることが分かるね。

【資料１】　農業従事者数の変化

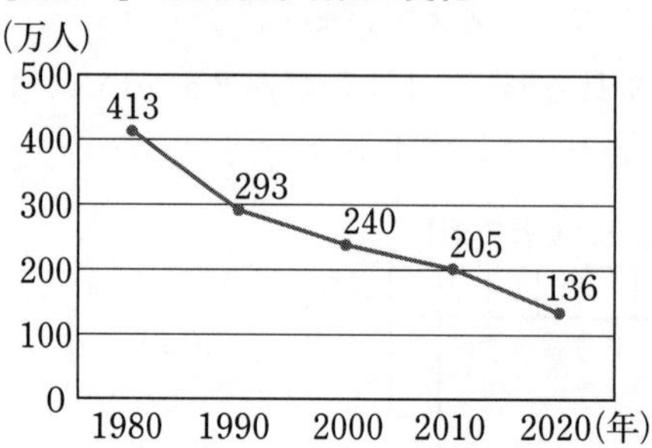

※『農林水産省　スマート農業の展開』より作成
※農業従事者数とは、農業を仕事としている人の数

【資料２】　年代別農業従事者数の割合

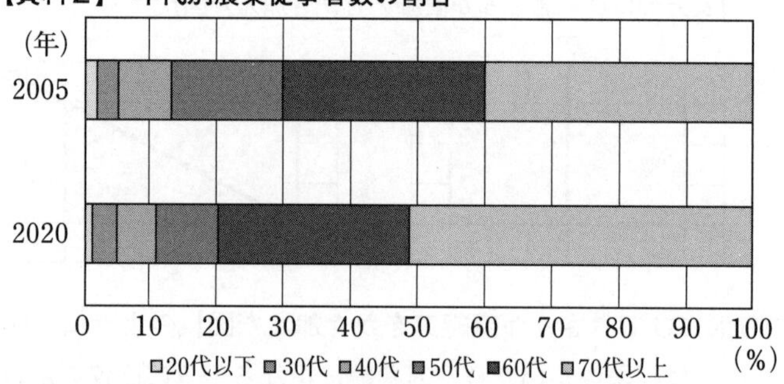

※『農林水産省　基幹的農業従事者』より作成

問題９　(1)　**【資料１】**と**【資料２】**から読み取れる、日本の農業を持続させる上での課題を書きなさい。

えりかさん：日本の農業の課題を解決するために、農業でＩＣＴ(情報通信技術)を活用した、スマート農業という取り組みがあるよ。

ひできさん：スマート農業によって、どんなことが期待できるのかな。

【資料３】　３haの田んぼの草かり作業にかかる時間

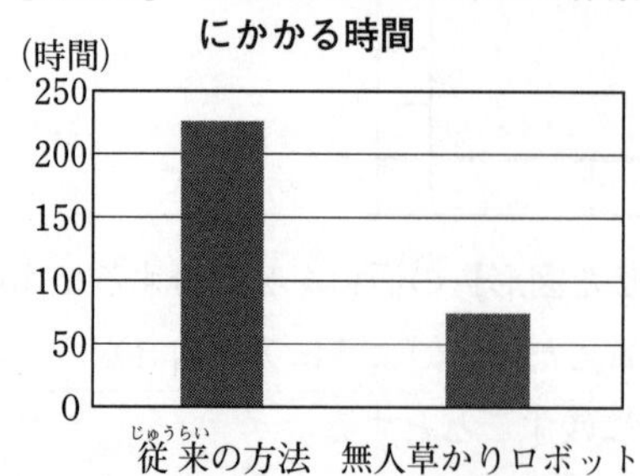

※『農林水産省　スマート農業の展開』より作成

【資料４】　ＩＣＴ機器の活用

農業経験が豊かな農家のイチゴのさいばい方法をタブレット型端末などを使って動画で学ぶ。

⑵　スマート農業によって期待できることを、**【資料3】**と**【資料4】**のそれぞれから分かることをふくめて書きなさい。

放課後、ひできさんは、えりかさんと話をしています。

ひできさん：今週末に高校生のお兄さんと２人で、先週えりかさんが行った遊園地に行くことになっているんだ。えりかさんが遊園地に行ったときにかかった入園料について聞いてもいいかな。

えりかさん：私(わたし)は、お母さんと中学生のお姉さんと一緒(いっしょ)に３人で遊園地に行って、３人の入園料の合計は16700円だったよ。

ひできさん：えりかさんから聞いたことや、知っていることをメモにまとめてみよう。

【ひできさんがまとめたメモ】

- 入園料には、「大人」「中高生」「小学生以下」の３種類がある。
- 小学生１人分の入園料は、中高生１人分の入園料より1200円安い。
- 大人２人分と中高生２人分の入園料の合計は、24200円である。
- 大人１人分と中高生１人分と小学生１人分の入園料の合計は、16700円だった。

問題10　小学生１人分と中高生１人分の入園料はそれぞれ何円か、**【ひできさんがまとめたメモ】**をもとに、求め方と答えを書きなさい。

〈総合適性検査問題Ⅱ〉　—50分—

Ⅲ　りょうたさんの家庭生活

りょうたさんは、文書作成ソフトを使って、工場見学の報告文を書いています。りょうたさんは、報告文の下書きをお姉さんに読んでもらうことにしました。

【報告文の下書きの一部】

私(わたし)は自動車をつくる工場を見学しました。たくさんの自動車をつくる機会はどのようなものを使っているのか、自動車ができあがるまでにどのような作業が必要になるのか、分かったことや見学後に関心をもったことについてまとめました。

1　自動車工場の様子

⑴　工場の説明

工場は、Ａ市からＢ市に場所を写し、2001年（平成13年）に完成しました。工場の面積は約42万㎡あり、約4300人の人が働いています。工場では、１日に約2500台の自動車をつくることができるそうです。

⑵　自動車ができるまで

自動車をつくる主な工程は６つありました。最初に見学をしたのは、「プレス」で、長い鉄の板を切って、圧力をかけて、車体やドアなどのパーツをつくっていました。

りょうたさん：工場の様子が伝わる文章になっているかな。

お姉さん：工場の様子はよく伝わるよ。でも、まちがえて使われている漢字があるからもう一度文章を読み返してみた方がいいね。

りょうたさん：注意して読み返してみたら、まちがえて使われている漢字に気づいたよ。

問題１　**【報告文の下書きの一部】**の中から、まちがえて使われている漢字を２つ見つけ、正しく書き直しなさい。

りょうたさんとお母さんは、防災に関するテレビ番組を見ながら話をしています。

りょうたさん：静岡県では、大きな地震がいつ起きてもおかしくないと言われているよ。私たちの家では、地震に備えて何か対策していることはあるのかな。

お　母　さ　ん：先月、窓ガラスにフィルムをはったよ。割れた窓ガラスが飛び散らないようにするためだよ。

りょうたさん：私の部屋では、他にどんな対策が考えられるのかな。

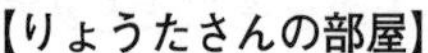
【りょうたさんの部屋】

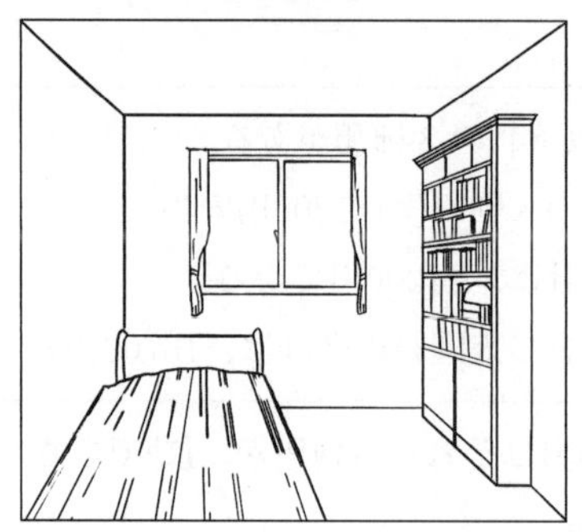

問題２　大きな地震に備えて、**【りょうたさんの部屋】**でできる対策と、その対策をする理由を、それぞれ１つ書きなさい。

りょうたさんは、群馬県に住んでいるおじさんに、みかんを箱に入れて宅配便で送ることにしました。

りょうたさん：**【群馬県までの宅配便の運賃】**を調べてみたよ。「サイズ」によって「運賃」が決まるんだね。

【群馬県までの宅配便の運賃】

サイズ	荷物の大きさ	重さ	運賃
60サイズ	60cm以内	2kgまで	940円
80サイズ	80cm以内	5kgまで	1230円
100サイズ	100cm以内	10kgまで	1530円
120サイズ	120cm以内	15kgまで	1850円
140サイズ	140cm以内	20kgまで	2190円

お　母　さ　ん：「サイズ」は、「荷物の大きさ」か「重さ」のどちらか大きい方のサイズで決まるね。「荷物の大きさ」は、**【みかんを入れた直方体の箱】**の場合、縦、横、高さを足した長さのことだよ。

りょうたさん：**【みかんを入れた直方体の箱】**の重さは9kgだったよ。荷物の大きさを調べるために、箱のそれぞれの長さも測ってみるね。

【みかんを入れた直方体の箱】

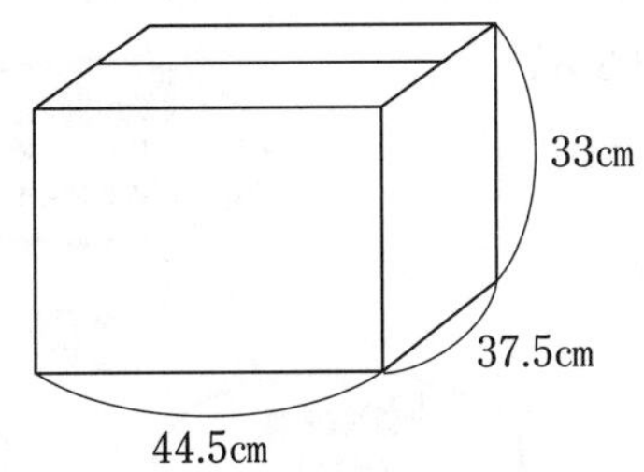

問題３　**【みかんを入れた直方体の箱】**をおじさんに送るときの運賃は何円になるか、答えなさい。

りょうたさんは、お母さんに、理科の授業で学習した電磁石(でんじしゃく)について、話をしています。

りょうたさん：電子レンジや洗濯機(せんたくき)、ヘアドライヤーなど、身の回りのいろいろな電化製品に電磁石が使われているんだよ。

お　母　さ　ん：そうなんだね。電磁石についてもっと教えてくれるかな。

りょうたさん：理科の授業で、電磁石の強さを調べる実験をしたよ。

【りょうたさんの理科ノート】

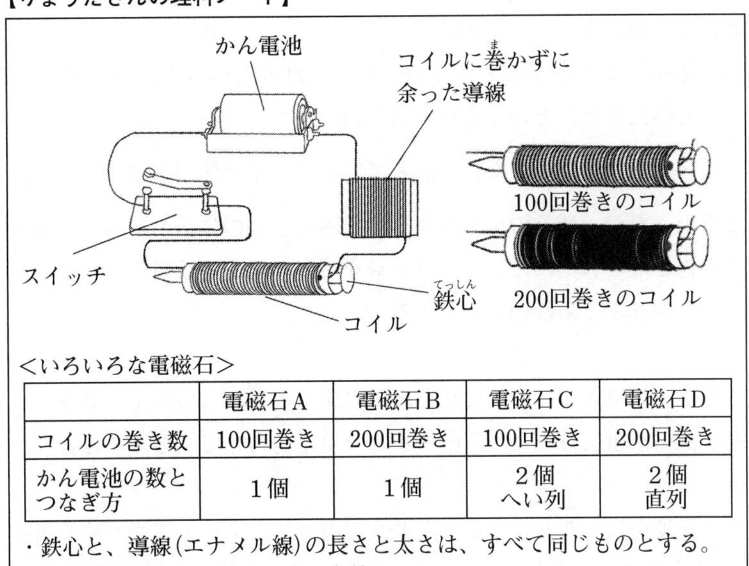

<いろいろな電磁石>

	電磁石Ａ	電磁石Ｂ	電磁石Ｃ	電磁石Ｄ
コイルの巻き数	100回巻き	200回巻き	100回巻き	200回巻き
かん電池の数とつなぎ方	１個	１個	２個 へい列	２個 直列

・鉄心と、導線(エナメル線)の長さと太さは、すべて同じものとする。
・かん電池はすべて新しいものを使う。

問題４　(1)　電磁石に流れる電流の大きさと電磁石の強さの関係を調べるには、**【りょうたさんの理科のノート】**の、電磁石Ａから電磁石Ｄまでの中から、どの２つを比べればよいか、答えなさい。

りょうたさん：電化製品によって電磁石(でんじしゃく)の強さもちがうんだよ。

(2)　**【りょうたさんの理科のノート】**の、電磁石Ａから電磁石Ｄまでの中から、最も電磁石が強いものを１つ選びなさい。また、そのように考えた理由も書きなさい。

りょうたさんとお母さんは、家で部屋の片付(かたづ)けをしています。

りょうたさん：整理・整とんをしたら、いらない物が出てきたから捨(す)ててもいいかな。

お 母 さ ん：ごみを処理するために、多くの費用や資源が使われているから、ごみを減らす方法を考えてみてはどうかな。【３Ｒ】というものがあるんだよ。

【３Ｒ】

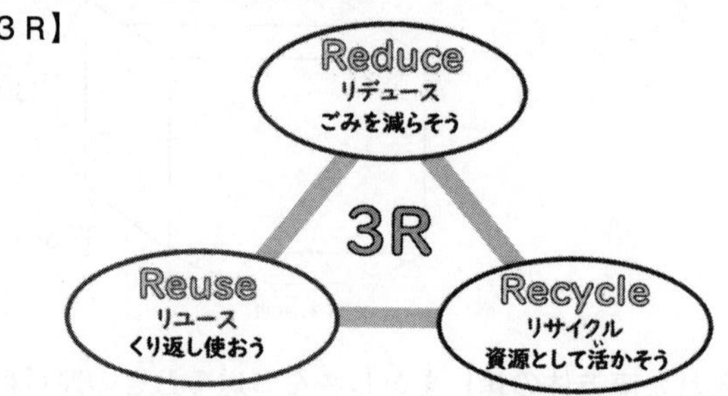

問題５　【３Ｒ】の中のリユースに最も適したものを、次の**ア**から**エ**までの中から１つ選び、記号で答えなさい。

ア　牛乳パックは飲み終わったら洗って開き、再生利用できるようにする。

イ　買い物をするときには、必要のない包装は断る。

ウ　読まなくなった絵本や使わなくなったおもちゃを幼稚園などに寄付する。

エ　野菜を調理するときには、捨てる部分が少なくなるようにする。

りょうたさんは、読書をしています。

お 母 さ ん：集中して本を読んでいるね。りょうたさんが本を読み始めてから１時間45分がたったけど、どのくらい読めたのかな。

りょうたさん：一度も休けいをしないで読んでいたら、本全体の$\frac{3}{7}$を読めたよ。

問題６　りょうたさんが、残りの部分をすべて読み終えるのにあと何時間何分かかるか、求め方と答えを書きなさい。ただし、１ページを読むのにかかる時間は常に一定であるものとし、休けいの時間はふくめないこととする。

りょうたさんは、お母さんと新聞で見た歴史の記事のことについて、話をしています。

お 母 さ ん：徳川家康より先に天下統一をした豊臣秀吉って、どんなことをした人物か知っているかな。

りょうたさん：検地を行ったということを授業で習って、ノートにまとめてあるよ。

【検地についてまとめたノート】

＜検地の様子(想像図)＞

編集部注：著作権の都合により、図を省略しています。

＜検地とは？＞

村ごとに田畑を調査し、検地帳に記録した。

〔疑問〕　検地では、どんなことを検地帳に記録したのだろう。

↓

検地帳に記録した内容

・田畑の面積　　・田畑のよしあし

・収かく量　　・耕作している人

問題７　⑴　豊臣秀吉が検地を行ったねらいを、**【検地についてまとめたノート】**から分かることをふくめて書きなさい。

りょうたさん：検地以外にも刀狩を行ったということを、ノートにまとめてあるよ。

【刀狩についてまとめたノート】

＜刀狩の様子（想像図）＞

編集部注：著作権の都合により、図を省略しています。

＜刀狩とは？＞

刀や鉄砲などの武器を取り上げたこと

〔疑問〕　どんな人たちから武器を取り上げたのだろう。

↓

・百姓　・僧侶

＜分かったこと＞

一揆を起こすためには武器が必要だけど、刀狩によって百姓は武器を取り上げられてしまったので、一揆を起こすことが難しくなった。検地も行われていたので、百姓は農業に専念するようになった。

⑵　豊臣秀吉が検地や刀狩を行ったことは、人々の身分にどのような影響をあたえたか、**【検地についてまとめたノート】**と**【刀狩についてまとめたノート】**をもとに、次の**ア**から**エ**までの中から、最も適したものを１つ選び、記号で答えなさい。

ア　武士と百姓以外に新たな身分がつくられた。

イ　大名と武士の身分の差がはっきりと区別されるようになった。

ウ　武士・僧侶・百姓などいろいろな身分の差がなくなった。

エ　武士と百姓の身分がはっきりと区別されるようになった。

りょうたさんとお母さんは、りょうたさん、お母さん、お姉さん、妹の４人で行く１泊２日の家族旅行の計画を立てています。

お 母 さ ん：日本国内で使える**【宿泊割引券】**をもらったから、１月中に旅行に行きましょう。候補地も考えてみたよ。

【宿泊割引券】

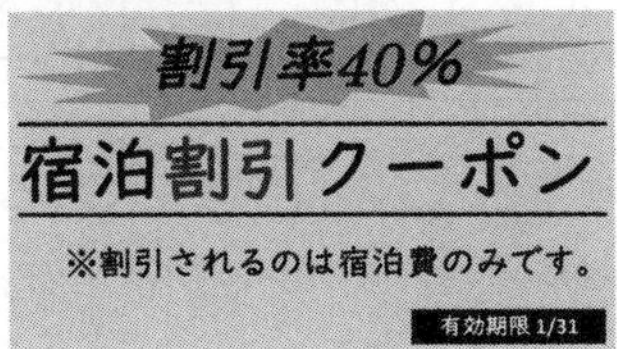

りょうたさん：インターネットを使って、旅行の候補地で、**【宿泊割引券】**を利用できるホテルを調べてみたよ。宿泊費は大人も子供も同じだったよ。

お 母 さ ん：家族４人の宿泊費と静岡市の自宅からの往復の交通費を合わせて、８万円以内になるようにしたいな。

りょうたさん：宿泊費と交通費について調べてみたよ。

【割引前の１人１泊分の宿泊費（税込み）と大人１人分の片道の交通費】

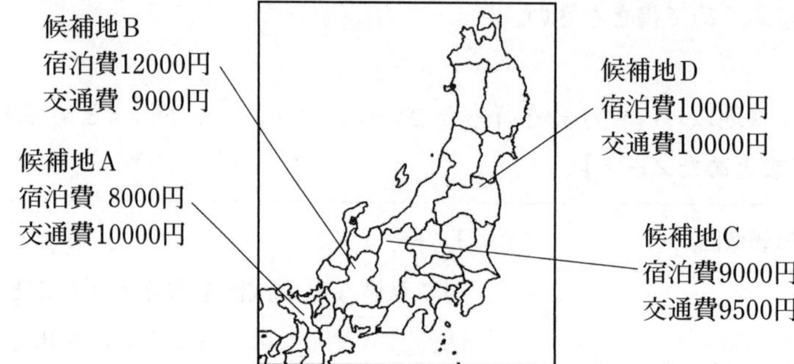

りょうたさん：交通手段は、電車やバスなどを使うんだね。交通費は、お母さんと中学生のお姉さんは大人料金だけど、私と妹は子供料金だからすべて半額になるね。

お　母　さ　ん：みんな雪を見たがっていたけど、AからDの候補地の中で、雪が降りそうなところはどこかな。

りょうたさん：冬の降水量が多くて気温の低いところの方が雪も降るだろうから**【地図帳のグラフ】**を見て、旅行をする月の降水量が100㎜より多くて、平均気温が０℃より低いところに行くのがいいんじゃないかな。

【地図帳のグラフ】

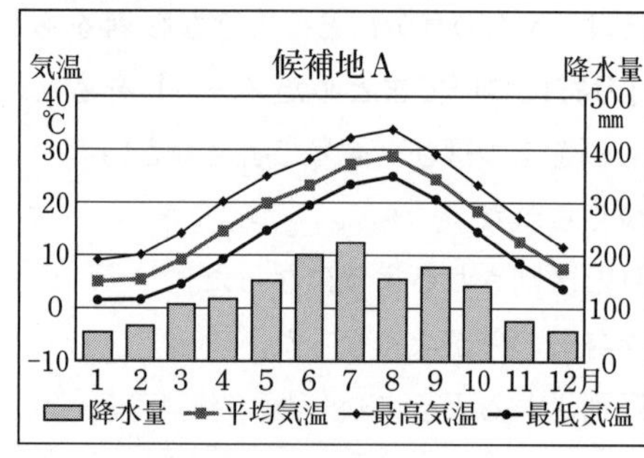

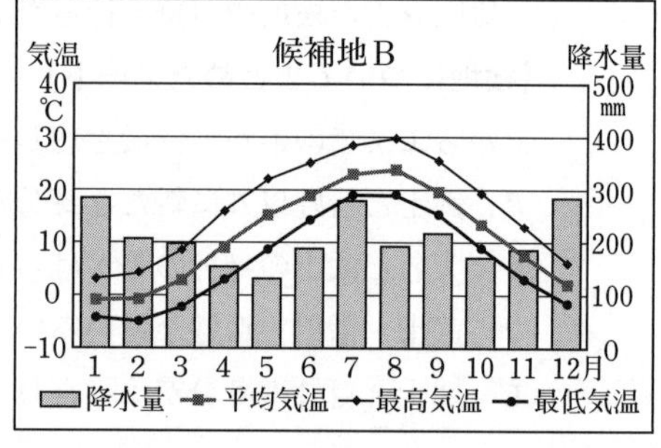

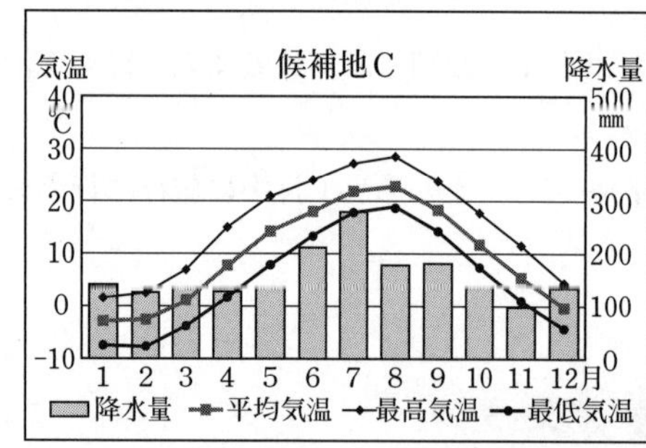

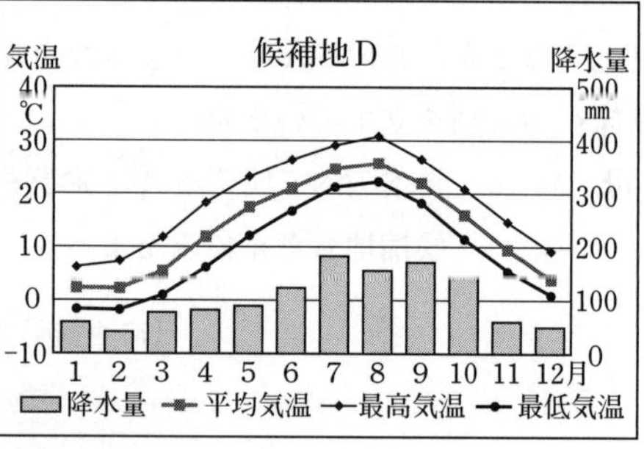

問題８　会話の条件を満たす場所に旅行する計画を立てたとき、りょうたさんの家族はどの候補地に旅行することになるか、候補地Aから候補地Dまでの中から１つ選び、記号で答え、選んだ候補地がある都道府県名も書きなさい。また、この旅行で４人の宿泊費と交通費の合計は何円になるか、答えなさい。

Ⅳ　きょうこさんの夏休みの生活

きょうこさんは、**【公園でつかまえた生き物】**を、こん虫図かんで調べています。

きょうこさん：**【公園でつかまえた生き物】**の中に、こん虫ではない生き物がいたよ。

【公園でつかまえた生き物】

モンシロチョウ　ダンゴムシ　カブトムシ　ショウリョウバッタ

写真提供：PIXTA

お 姉 さ ん：ダンゴムシは、こん虫のなかまではないね。こん虫のなかまは、足の数が同じ本数なんだよ。

きょうこさん：足の数以外にも、こん虫の成虫の体のつくりには共通していることがあると、図かんに書いてあったよ。

問題1　⑴　こん虫の成虫の体のつくりには、共通している特ちょうがある。共通している特ちょうとして適さないものを、次の**ア**から**エ**までの中から1つ選び、記号で答えなさい。

ア　こん虫の成虫は、むねに、6本のあしがある。

イ　こん虫の成虫は、あたまに、目、口、しょっ角がある。

ウ　こん虫の成虫は、はらに、はねが付いている。

エ　こん虫の成虫は、あたま・むね・はらからできている。

きょうこさん：**【公園でつかまえた生き物】**がいた場所と、こん虫図かんやインターネットで調べた、生き物が主に食べる物を表にまとめてみることにしたよ。

お 姉 さ ん：私(わたし)が公園でつかまえたカマキリについても、表に付け加えてほしいな。

【公園でつかまえた生き物についてまとめた表】

公園でつかまえた生き物	生き物がいた場所	生き物が主に食べる物
モンシロチョウ	花だん	花のみつ
ダンゴムシ	石の下	落ち葉や根
カブトムシ	木のみき	じゅ液
ショウリョウバッタ	しばふ、草かげ	植物の葉や草
カマキリ	しばふ、草かげ	バッタなどのこん虫

きょうこさん：**【公園でつかまえた生き物についてまとめた表】**から、同じ場所にいた生き物でも、食べる物がちがうことがわかったよ。ほかの生き物を食べて生きている生き物がいて、生き物どうしは、「①・②」の関係でつながっているんだね。

⑵　①、②にあてはまる言葉を書きなさい。また、生き物どうしが「①・②」の関係でつながっていることを何というか、書きなさい。

きょうこさんは、お母さんの誕生日(たんじょうび)をお祝いするために、インターネットで見つけた、**【かざりの作り方】**を参考にして、折り紙で花の形のかざりを作ることにしました。

【かざりの作り方】

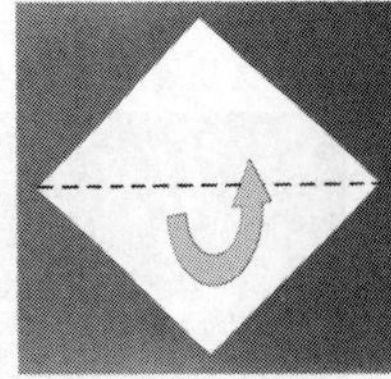
①折り紙を二つに折る。

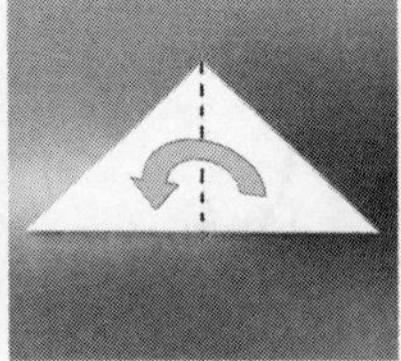
②さらに、折り紙を二つに折る。

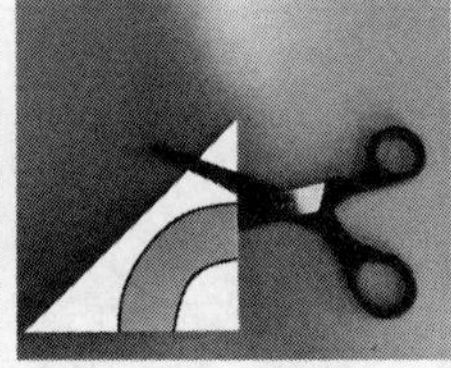
③折り紙に線をかき、線をはさみで切る。
※切り取る形が分かりやすいように色を付けてあります。

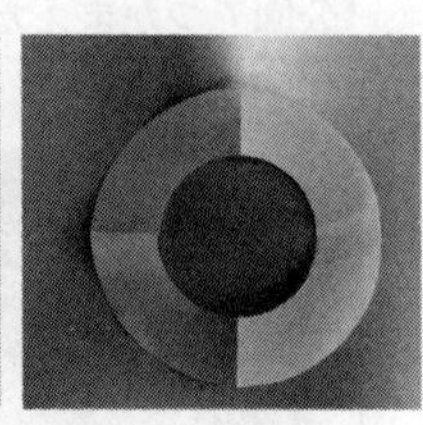
④切り取った部分(色が付いたところ)を広げる。

きょうこさん：**【かざりの作り方】**の③で、かざりが花の形になるように、折り紙に線をかいたよ。線をはさみで切って、④のように、切り取った部分を広げたら花の形になるかざりを何種類か作ったよ。

【花の形になるかざり】

ア
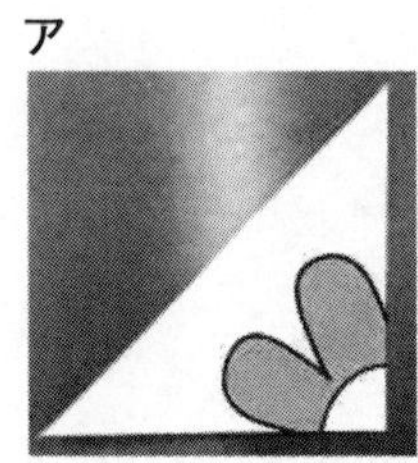

イ
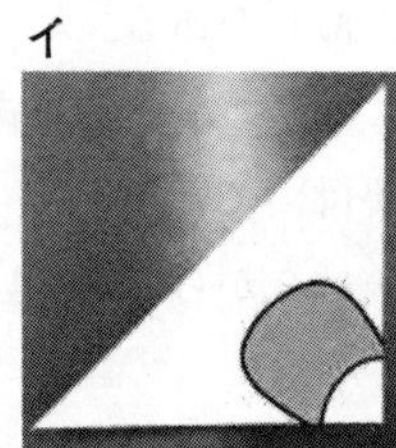

ウ

エ

問題２　**【花の形になるかざり】**の中で、切り取った部分(色が付いたところ)を広げたときに、花びらが８枚(まい)あるように見える花の形になるものはどれか、**【花の形になるかざり】**の**ア**から**エ**までの中から１つ選び、記号で答えなさい。

きょうこさんは、コーヒーと牛乳(ぎゅうにゅう)を混ぜてコーヒー牛乳を作ることにしました。

きょうこさん：紙パックに入っているコーヒー200mLと、牛乳$\frac{2}{9}$Lを混ぜて、コーヒー牛乳を作ったよ。

問題３　きょうこさんが作ったコーヒー牛乳は何Lか、求め方と答えを書きなさい。

きょうこさんの家族は、キャンプ場に行くことになりました。キャンプ場に行って何をするか、家族で話し合っています。

【会話の様子】

きょうこさん：私(わたし)たちが行く予定のキャンプ場は、広い公園の中にあって、いろいろなことができそうだよ。

お 父 さ ん：家族みんなで楽しめる体験ができるといいね。前もって調べていることはあるかな。

きょうこさん：インターネットを使って、キャンプ場のウェブサイトにのっている写真を見てみたよ。近くの川で魚をつったり、ハイキングをしたりすることができそうだよ。このキャンプ場に行ったことがある友達にも話を聞いたけど、サッカーができる広場があると言っていたよ。

お 母 さ ん：前もって自分で資料を探したり、友達から情報を得たりしながら、みんなが楽しめる体験を考えてくれているんだね。

きょうこさん：でも、雨が降ったときに何ができるかは、まだ調べることができていないんだよ。

お 姉 さ ん：私はキャンプ場のパンフレットをもらって調べたけど、室内でできる木工教室なども開かれているようだよ。

きょうこさん：それなら雨が降ってもできるから安心だね。みんながキャンプ場で楽しめるように、もっと調べてみるね。

問題４　**【会話の様子】**の中で、きょうこさんに対する、お父さん、お母さん、お姉さんの発言は、それぞれどのような意図があると考えられるか。その意図として最も適したものを、次の**ア**から**オ**までの中からそれぞれ１つ選び、記号で答えなさい。

ア　相手の行動のよさやくふうしたところを見つけ、そのことを認めようとしている。

イ　自分が収集した情報を示し、相手が選ぶことができることがらを広げようとしている。

ウ　自分が体験して学んだことをもとに、相手が目的を再確認できるようにしている。

エ　話し合っていることがらについて、相手がどのような情報をもっているかを確かめようとしている。

オ　相手の相談内容を予想しながら、分からないことに対していろいろな質問をしようとしている。

きょうこさんは、キャンプ場に向かう途中で立ち寄った店のドアに、**【ほじょ犬マーク】**が貼られていることに気づきました。

【ほじょ犬マーク】

Welcome!

ほじょ犬

きょうこさん：立ち寄った店で見た**【ほじょ犬マーク】**は、家の近くの駅などでも見かけたことがあるよ。

お 父 さ ん：障害のある人を助ける補助犬のことを、多くの人に理解してもらうためのマークだね。①障害のある人も地域で安心して暮らせる社会の実現を目指して、法律を作るなど、いろいろな取り組みがされているんだよ。

きょうこさん：公共施設などでは、利用する人にとってさまたげになるものを取り除く、バリアフリー化が進められているなど、②だれもが不自由なく安全に利用できるように整えられているね。
さまざまな人がともに暮らす中で、だれもが権利をもっていると、授業で学んだよ。

お 母 さ ん：さまざまな国民の権利は、日本国憲法に示された考え方に基づいて、保障されているよ。

問題５　⑴　日本国憲法の３つの原則の中で、＿＿部①や、＿＿部②を保障する原則を書きなさい。

きょうこさん：ここまで通ってきた道路は、整備されていてきれいだったね。

お 姉 さ ん：道路の整備などには、税金が使われているよ。国に納められた税金をどのように使うか、あらかじめ見積もりを立てることを予算というけど、予算についても、国会などで話し合って決めているんだよ。

【予算が成立するまでを表した図】

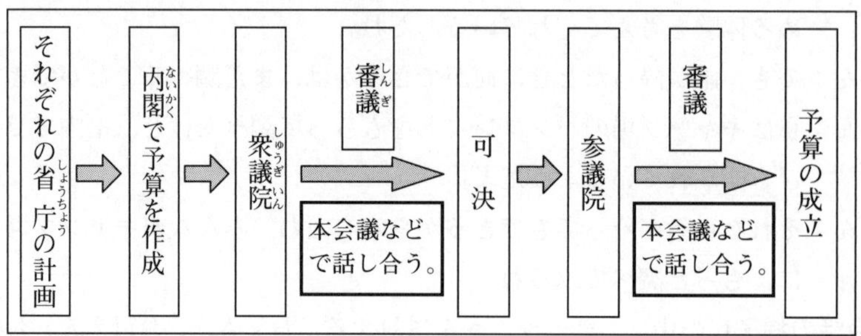

(2)　**【予算が成立するまでを表した図】**の中では、予算の成立までに、衆議院と参議院で話し合いが行われる流れが示されている。予算のように、国の大切な問題について、２つの議院で話し合いを行う目的を１つ書きなさい。

きょうこさんたちは、**【キャンプ場近くの川】**に、魚をつりに行きました。

【キャンプ場近くの川】

(川が曲がったところの内側)　(川を上空から見た図)　(川が曲がったところの外側)

きょうこさんたちがいる場所

きょうこさん：川原で、つりができそうだね。
お父さん：私たちがいる川原は、川が曲がったところの内側になるね。
きょうこさん：川が曲がったところの外側は、がけのようになっているよ。
お姉さん：川の水の流れは、川の内側よりも外側の方が速いよ。

問題６　きょうこさんたちがいる場所から見たとき、川が曲がったところの外側が、内側と比べてがけのようになっている理由を、流れる水のはたらきに関係付けて、書きなさい。

きょうこさんたちは、キャンプ場での思い出を、それぞれが５・７・５の十七音で表現しようと考え、話しています。

きょうこさん：私は、ハイキングをしたときのことが心に残っているよ。自然の中をみんなで歩いたときは、すずしくて、とても気持ちがよかったな。
お母さん：広場でバーベキューをしたり、打ち上げ花火を見たりしたことが楽しかったよ。大きな花火が打ち上がったときは、びっくりしたね。
お姉さん：私は、夜に見た星座がきれいだったことが思い出に残っているから、そのことを表現するつもりだよ。
お父さん：みんなの笑顔をたくさん見ることができて、うれしかったな。キャンプ場では、みんなが笑って過ごすことができたね。
きょうこさん：キャンプ場での思い出を十七音で表現することができそうだね。完成したら、１人ずつしょうかいしよう。

【きょうこさんと家族がキャンプ場での思い出を十七音で表現したもの】

ア	空にさく　色とりどりの　花を見る
イ	山あいに　明るくひびく　声がする
ウ	風そよぎ　緑と光　ふりそそぐ
エ	きらめきを　つなぎ楽しむ　夏の夜

問題７　**【きょうこさんと家族がキャンプ場での思い出を十七音で表現したもの】**の中で、きょうこさんとお姉さんがそれぞれ表現したものとして最も適したものを、**ア**から**エ**までの中から１つずつ選び、記号で答えなさい。

きょうこさんの家では、カメを飼っています。きょうこさんは、水そうの中に入れる階段(かいだん)を作ろうと考えました。

きょうこさん：数種類の直方体のブロックを組み合わせて、**【試作品の階段】**を作ってみたよ。

【試作品の階段】

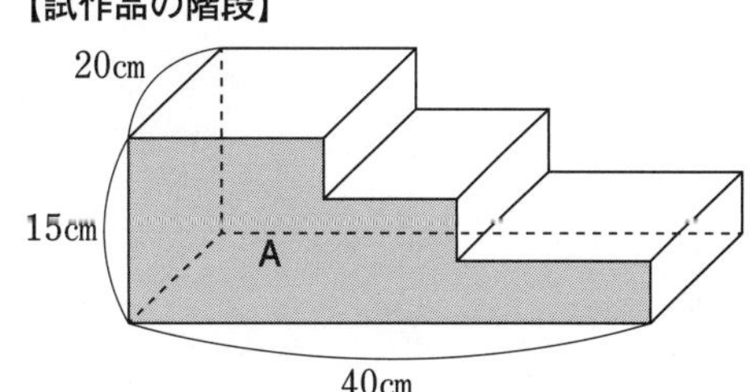

問題８　(1)　**【試作品の階段】**の、すべての面の面積の合計が3000㎠のとき、**【試作品の階段】**の色の付いた面**A**の面積は何㎠か、答えを書きなさい。ただし、**【試作品の階段】**は、どのとなり合う面も垂直(すいちょく)で、すべて平面で囲まれているものとする。

お父さん：**【試作品の階段】**では、カメがのぼりにくそうだね。

きょうこさん：カメがのぼりやすくなるように、数種類の直方体のブロックを組み合わせて、階段の段数を増やしてみたよ。**【作り直した階段】**の**ア**はすべて同じ長さにして、階段の各段もすべて同じ高さにしたよ。

お父さん：水そうを水平な場所において、**【作り直した階段】**を入れてみよう。**【作り直した階段】**は、うかないように作られているから、水そうの底にぴったり付くね。

【作り直した階段】

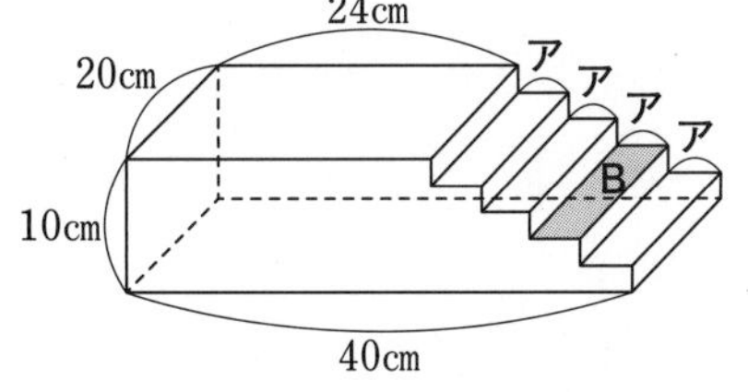

【作り直した階段を入れた水そう】

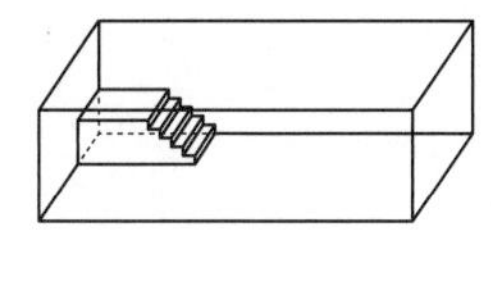

(2)　きょうこさんが、**【作り直した階段】**を水が入っている縦(たて)40cm、横120cm、高さ20cmの直方体の水そうに入れたところ、水面の高さは、**【作り直した階段】**の下から２段目の面**B**とちょうど同じ高さになった。**【作り直した階段】**を入れる前に水そうの底から何cmの高さまで水が入っていたか、求め方と答えを書きなさい。ただし、答えは小数第２位を四捨五入(ししゃごにゅう)して、小数第１位までのがい数にすることとする。なお、水そうの厚みは考えないものとする。また、**【作り直した階段】**は、どのとなり合う面も垂直(すいちょく)で、すべて平面で囲まれているものとする。

して書きなさい。

【問題四】　――線部「この国にはなんでもある。でも、○○がない」とあるが、あなたが「私には○○がない」と言うとき、○○に何を入れますか。次の条件で作文を書きなさい。

条件

・二段落で書きなさい。
・一段落目には、あなたにはないものについて書きなさい。なぜそう考えるのか、理由をくわしく書きなさい。○○には「形のないもの」を入れ、「お金」「楽器」「スポーツの用具」など、「形のあるもの」は選ばないでください。
・二段落目には、あなたにはないものを手に入れるために、中学生になってあなたは何をしたらよいのかを具体的に書きなさい。
・四百五十字以上五百字以内で書きなさい。
・正しい原こう用紙の書き方で書きなさい。ただし、題名や氏名は書かず、一行目から本文を書き始めなさい。

これは、村上龍の小説『希望の国のエクソダス』*1（文藝春秋）に①トウジョウする中学生のことばだ。いちばん夢や希望にあふれているはずの中学生が、「希望だけがない」なんてどうして言うの？　と思った人は、実際にこの小説を読んでみて。

私は、大学の授業で一年の学生たちにこの文章を見せて、こんな質問をしてみた。

「もしみなさんが、この国には○○だけがない、と言うとしたら、○○にはどんなことばを入れますか」

ちょうど一〇〇人の学生が質問に答えてくれた。「ないものなんか、ない」と言う人もいるかな、と思ったけれど、それは（　a　）いなかった。みんなが「なにかが足りない」とは感じているようだ。

そして、その〝なにか〟はもう②見事なくらい、バラバラ。数えてみたら八〇種類を超える答えがあった。そして、そのどれもがとても深刻で重要な答えだった。自由、正義、プライバシー*2、愛、活気、安定、③本音、ほんものの政治家、平等、ハングリー精神*3……。同じような答えや「足りないのは、ケーキでーす！」みたいな軽い答えは、ほとんどない。その中でわずかに、何人かの学生があげた答えだけが重なっていた。「情熱」「未来」「危機感」が二人ずつ、「個性」が三人、「夢」が五人。そしていちばん多く、八人の学生が「これがない」とあげた答えがあった。

それ、なんだと思う？

答えは……「信頼」。「この国にはなんでもある。でも、信頼だけがない」、こう言いたい学生が一〇〇人中八人もいる、というわけだ。

私はフクザツな気持ちになった。夢がない、希望がない、というなら、「みんな、もう少し希望を持とうよ」とそれぞれの人にはたらきかけることもできる。でも、「信頼」は自分（　b　）で持つことはできない。相手の言うこと、やることを信じられてこそ、はじめて生まれるものだ。いくら自分が「よーし、みんなを信頼しよう」と決意しても、相手がそう思ってくれなければ不可能。

せっかく大学に入って勉強やクラブ活動に④モえているはずなのに、「なんだかまわりの人や社会は信頼できないな」と思わなければならないなんて、あまりにも悲しい。でも、「信頼」は□があって成立することだから、その学生にだけ「信頼感を取り戻しましょう」と言っても意味はない。彼らが「信頼」の気持ちを持てるようにするためには、いったいどうすればいいのだろう……？　私は考え込んでしまった。

さて、みんなだったら、「この国にはなんでもある。でも、○○がない」の○○には何を入れるだろう？　友だちどうしで、「ねぇ、あなただったらなに？」と聞きあったりしたら、⑤イガイにいろいろな答えが返ってきておもしろいかも。よかったら結果を教えてね。

（香山リカ『10代のうちに考えておくこと』〈岩波書店〉より）

＊1　文藝春秋…出版社名。
＊2　プライバシー…個人の私生活に関すること。また、それを守る権利。
＊3　ハングリー精神…上のレベルを求める強い気持ち。

【問題一】　══線部①④⑤のカタカナを漢字で書きなさい。
また、②③の漢字の読み方をひらがなで書きなさい。

【問題二】　本文の（　a　）、（　b　）にあてはまる言葉として適したものを、次の**ア**から**オ**までの中から、それぞれ一つずつ選び、記号で答えなさい。

ア　ひとりだけ　　**イ**　ひとりに　　**ウ**　ひとりでも
エ　ひとりも　　**オ**　ひとりから

【問題三】　□にあてはまる漢字二文字の言葉を、本文中からぬき出

しかし、大谷選手はあえて「成功する可能性の高い選択肢」を選びませんでした。

大谷選手は自分が「やりたい！」と思ったこと、「なりたい！」と願った姿を目指して、決断し、挑戦したのです。かつては「常識はずれ」や「無謀」※9などと揶揄※10され、誰も成功するとは想像すらできなかった大谷選手のチャレンジがなければ、今の素晴らしい活躍を私たちが目にすることはなかったでしょう。そんな大谷選手こそ「クリエイティブな生き方」を実践している若者だと私は思うのです。

スポーツにかぎらず、あらゆる「創造的（クリエイティブ）な偉業」を達成したひとたちは、世間では「絶対に変えられないもの」と考えられていた「常識」の壁を突破した者たちです。そして、当時の常識では無謀とも考えられた挑戦に彼らを駆り立てたものは、純粋に「おもしろそう！」「楽しそう！」という想いであり、その想いこそが最も大きな原動力になったのだろうと私は推測します。

たとえ前例のないモノやコトであったとしても、「そっちの方がなんだかおもしろそう！」とか「ふつうはこんなことやらないのだろうけど、でも、やりたいからやってみよう！」とひらめいたとき、その「ひらめき（アイデア）」を実現するために、自分自身を信じて、一生懸命に努力を続けることが何より大切なのです。

（畑村洋太郎『やらかした時にどうするか』〈筑摩書房〉より）

※1　メジャーリーグ（MLB）…メジャーリーグベースボール。アメリカとカナダにある30球団で構成されるプロ野球リーグ。「大リーグ」とも言う。
※2　総なめ…賞などをすべて手にすること。
※3　日本ハム・ファイターズ…日本のプロ野球球団。
※4　意向を汲んで…人の意見や考えを大切にすること。
※5　逸材…人よりも優れた才能をもつ人物。
※6　甘んじて受ける…仕方なく受け入れること。
※7　ベーブ・ルース…アメリカの偉大なプロ野球選手。
※8　茨の道…苦労が多い人生のたとえ。
※9　無謀…深く考えていないこと。
※10　揶揄…相手をからかうこと。

問一　――線ア「成功する可能性の高い選択肢」とは大谷選手にとって、具体的にどのようなことですか。本文中の言葉を用いて二十字以上三十字以内で書きなさい。（「、」や「。」などの記号は一字として数えます。）

問二　――線イ「彼らを駆り立てたものは、純粋に『おもしろそう！』『楽しそう！』という想いであり、その想いこそが最も大きな原動力になった」とあります。あなたの「おもしろそう！」「楽しそう！」という想いで挑戦した経験を具体的に挙げて説明し、その経験を通して考えたことと、その経験を活かして今後どのような人になりたいのかを、五百字以上六百字以内、三段落構成で書きなさい。

（各段落の初めは一マス空けなさい。行の最初に「、」や「。」は書かないで、前の行の最後のマスに他の字といっしょに入れなさい。）

〈沼津市立沼津高等学校中等部　作文問題〉　―50分―

◆　次の文章を読み、問題に答えなさい。

この国にないものは？

「この国には何でもある。本当にいろいろなものがあります。だが、希望だけがない」

自分の命をなげうってまで行動する強さを身につけた。そうして国を変えてしまうほどの働きをして、歴史に名を残す英雄になった。人は確かに変わるものだ。

※4　男勝り…女の人が、男以上にしっかりしていること。
※5　壮大…大きくて、立派なようす。

(2)　(1)のように考えたのはなぜですか。次の**ア**から**エ**までの中から一つ選び、記号で答えなさい。

ア　前に述べた内容の具体例を示しているから。
イ　前に述べた内容の理由を説明しているから。
ウ　前に述べた内容とは話題を変えているから。
エ　前に述べた内容と反対の意見を出しているから。

問2　傍線部「これ」の指す内容を、文章中の言葉を使い、「～ということ。」に続くように三十五字以内で書きなさい。(句読点も一字と数えます。)

［(三十五字以内)］ということ。

問3　この文章は、「経験に基づく強さ」について述べています。これまであなたが取り組んできたことの中から、心の成長につながった経験について、次の条件にしたがって書きなさい。

〈条件〉
・作文は、二段落で書くこと。
・一段落目には、「心の成長につながった経験とそこから学んだこと」を書くこと。
・二段落目には、「その経験や学びをこれからの生活にどのように生かしたいか」を具体的に書くこと。
・四〇〇字以上五〇〇字以内で書くこと。
・原稿用紙の正しい使い方にしたがって書くこと。

〈静岡県立浜松西高等学校中等部　作文問題〉　—50分—

◆　次の文章を読んで、あとの問いに答えなさい。

プロ野球の大谷翔平選手はピッチャーとバッターの「二刀流」※1でメジャーリーグ(MLB)でも目覚ましい活躍を見せ、数々の賞を総なめ※2にしました。

今でこそ大谷選手の二刀流は称賛されていますが、二〇一三年に日本※3ハム・ファイターズで栗山英樹監督(当時)が大谷選手の意向を汲んで※4ピッチャーとバッターの両方での起用を発表したとき、一部のプロ野球の業界関係者やスポーツ関連の評論家などからは「そんな非常識なことをさせて、逸材※5である大谷選手の将来を潰す気か！」という内容の激しい批判や非難の声がたくさん上がりました。

それでも本人の二刀流の決意は変わらず、栗山監督も失敗したときの責任追及を甘んじて※6受ける覚悟で、ピッチャーとバッターの両方で大谷選手を起用しました。その栗山監督の勇気ある決断に応えて、大谷選手は二刀流で目覚ましい成績を残したあと、新たなチャレンジの場であるアメリカに渡り、大リーグでは一〇〇年も前にベーブ・ルース※7しかできなかった二刀流での偉業を成し遂げたのです。

常識の範囲で考えたときに「正しい」とされる「解」にできるかぎり確実かつ最短で到達しようとする論理的思考に従えば「ピッチングに専念して将来の大投手を目指す」か「バッティングだけに集中して大打者になる」のいずれかを選ぶ方が、「ピッチングにもバッティングにも全力を尽くしてチャレンジする」という茨※8の道を選ぶよりも、成功する可能性が高くなるでしょう。

〈静岡県立清水南高等学校中等部　作文問題〉　—50分—

◆　次の文章を読んで、あとの問いに答えなさい。

人にはそれぞれ個性があって、みな違っているものだ。

私には三人の子供がいるが、三人みんな性質が違う。まさに三者三様で、親ながら、なんでこんなに違うのか、驚かされるくらいだ。

A

こういった違いは誰もが持っているものだろう。特に小さな子供の自然な振る舞いを見ていると、人間というものは一人一人、みんな違っていることがよくわかる。環境や育ちや教育とはまったく関係なく、生まれながらの性質というものが確かに存在するのだ。

B

心の強さ、弱さというものもこれと同じで、生まれつき強い人と弱い人がいるように思う。元気いっぱいで、ちょっと転んでも平気な子がいるかと思えば、すぐに泣き出す泣き虫の子もいる。あれがしたい、これがしたいと強く自己主張する子もいれば、人に何か言われないと動けない子もいる。強さも生まれついて決まっている部分がかなりあると思う。

C

しかし、それだけで決まるかというと、そうではない。たとえば小学生のときにおとなしかった子が、大人になってとても外向的※1になり、バリバリ営業の仕事※2をこなしている。そんな姿を見て驚いたことはないだろうか。あるいは自分自身を振り返って、小さいころは臆病だったのに、今はずいぶん積極的に行動できるようになったなあと感じているかもしれない。そういった例は、あなたの身の回りにも数多くあるはずだ。

D

強さというものは、生まれつきの部分もあるが、後天的※3に身につく部分がとても大きい。これは言い換えると、生まれながらのものはあるにしても、環境や教育、経験、あるいは夢や理想を持つことで、後天的に強さを身につけていくことができるということだ。つまり、「経験に基づく強さ」である。

私たちが強くなりたいと言うとき、その強さとは経験に基づく強さのことを表していると考えてよい。私たちは、たとえ生まれつき弱い人間でも、そして今なお弱くても、これからいかようにも変わっていくことができる。強さを身につけていくことができる。そういう存在であることを忘れずにいることが大切だと思う。

（川村則行『本当に強い人、強そうで弱い人　心の基礎体力の鍛え方』〈講談社〉より）

※1　外向的…進んで人とつき合ったり、活発に行動したりするようす。
※2　営業の仕事…会社などで、販売関係の仕事。
※3　後天的…生まれつきではなくて、あとから身についたようす。

問1　次の［　］内の文章について

(1)　文章中のAからDのどこに入れるのが適切ですか。一つ選び、記号で答えなさい。

明治維新の英雄、坂本龍馬も、子供のころはひどい泣き虫で、いじめられてばかりいたという。寝小便の癖がなかなか抜けず、寺小屋でも落ちこぼれだった。近所の子供たちにからかわれても言い返すことができず、すぐに泣きべそをかいた。そんな弱虫だった龍馬を男勝り※4の姉が厳しく教育したという話は有名だ。

そして、大人になった龍馬は、子供のころ弱虫だったのが嘘のように、誰もが認める強い男に成長した。※5壮大な夢を描き、

滋賀県立河瀬中学校
滋賀県立水口東中学校
滋賀県立守山中学校

（編集部注：掲載にあたりレイアウトなどの一部改変を行っています。）

〈適性検査〉　　—40分—

1　６年生のなつみさんとはるきさんが、学校生活で学んだことをもとに考えたさまざまなことについて、あとの問いに答えましょう。

1　なつみさんとはるきさんは、小学校の環境委員会の活動で、花を植えることにしました。

(1)　学校には前庭の$\frac{2}{9}$の面積のしばふ広場があり、このしばふ広場の$\frac{1}{10}$の面積が花だんです。学校の前庭の面積が495㎡であるとき、花だんの面積は何㎡になりますか。答えましょう。

(2)　**図１**のような、直径が10㎝、高さ25㎝の円柱の形をしたブロックを使って、たてに15個、横に20個まっすぐにならべて、花だんの中にパンジーを植える場所を作ります。

その周りを**図２**のようにロープで囲んだとき、パンジーを植える場所１周分のロープの長さは何㎝ですか。答えましょう。ただし、円周率は3.14とし、ロープの太さや結び目は考えないものとします。

図１　ブロック　直径10㎝　高さ25㎝

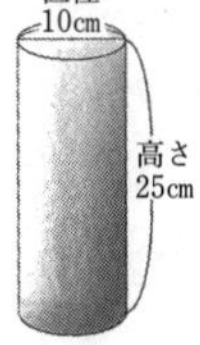

図２　パンジーを植える場所を真上から見た様子　15個　ブロック　ロープ　20個

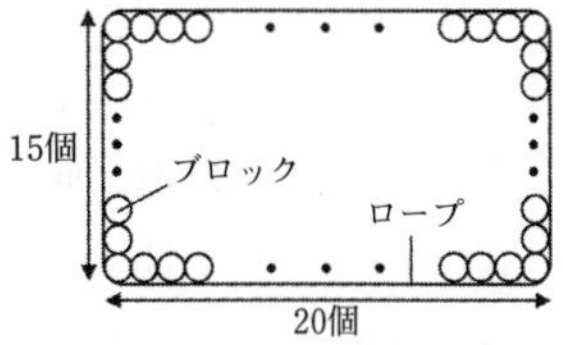

(3)　環境委員会で、パンジーのなえを買いに行こうと思います。なつみさんたちは、お店で使える**ア**、**イ**の２種類の割引券を持っています。１株100円のパンジーのなえを何株か購入するとき、**ア**の割引券を使う方が、**イ**の割引券を使うより安く購入できるのは何株以上、何株未満のときですか。答えましょう。ただし、消費税は考えないものとします。

2　はるきさんは、大雨がふった後に水の量が増えた川は土地をどう変化させるのか疑問に思い、次の**実験**を行いました。

実験

①　**図３**のように、バットに土をしいて、川のように曲がっているところがあるみぞをつくる。

②　みぞの曲がっているところの外側と内側に３本ずつぼうを立てる。

③　同じそうちを２つ準備し、それぞれバットをかたむけて、ペットボトルから水を流す。

④　１つは流す水の量を少なくし、もう１つは流す水の量を多くし、ぼうの様子、みぞの下流の様子を調べる。

図３　実験のそうち

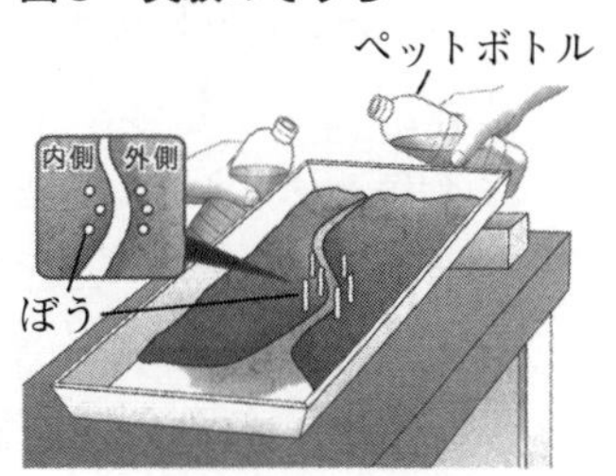

結果

流す水の量	たおれたぼうの数		みぞの下流の様子
	外側	内側	
少ない （１本のペットボトルの水を流す）	２本	０本	土が積もった
多い （２本のペットボトルの水を同時に流す）	３本	２本	水の量の少ない場合よりも土が多く積もった

⑴　はるきさんは、最初に２つのバットのかたむきをそろえずに実験をしました。しかし、この方法では、結果を正しく比較できないことが分かりました。正しく比較できない理由を答えましょう。

⑵　はるきさんは、**実験**の**結果**から、大雨がふって川の水の量が増えると、しん食と運ぱん（たい積）のはたらきが大きくなると考えました。そのように考えた理由を**実験**の**結果**を用いて説明しましょう。

3　なつみさんたちの学年では、卒業制作で大型パネルを作ることにしました。

⑴　たて210㎝、横270㎝の長方形の大型パネルのわくの中に、合同な正方形の板をすき間なくしきつめます。しきつめることのできる一番大きい正方形の１辺の長さは何㎝ですか。答えましょう。ただし、正方形の板の１辺の長さは整数とします。

また、正方形の板は何まい必要ですか。答えましょう。

⑵　**図４**のように、高さＡＢが210㎝の大型パネルを校舎のかべと平行になるように立てると、大型パネルのかげの長さＢＣが２ｍのとき、校舎のかげの長さＥＦは10ｍでした。

かげの長さから、校舎の高さＤＥを求める方法を説明しましょう。

また、校舎の高さＤＥは何ｍですか。答えましょう。

図４

校舎　D　大型パネル　大型パネルのかげ　校舎のかげ　A　210㎝　E　10ｍ　F　B　2ｍ　C

4　なつみさんたちは、もののとけ方について調べるために、食塩とミョウバンを用いて実験をしようと考えました。

実験のため、**図５**のように、60℃の水50mLが入ったビーカーを３つ用意し、１つには食塩７はいを、もう１つにはミョウバン７はいを計量スプーンではかり取って、それぞれとかしました。

図５　水にものをとかす様子

食塩とミョウバンをとかした後で、60℃の水のみ入ったビーカーを横にならべたところ、３つのビーカーの区別がつかなくなりました。

そこで、**教科書**にある**資料**の**表１**と**表２**を参考にして、水とそれぞれの水よう液を区別する手順を**ノート**にまとめました。

ノートの**手順**①と**手順**②を考えた理由をそれぞれ説明しましょう。ただし、**教科書**にある**資料**の**表１**と**表２**を用いて、それぞれ「表１より、」、「表２より、」という書き出しの言葉に続けて書きましょう。

教科書

資料　もののとけ方

表１　水の量とものがとける量（水の温度は60℃）

水の量	25mL	50mL	100mL
食塩	3.5はい	7はい	14はい
ミョウバン	8はい	16はい	32はい

表２　水の温度とものがとける量（水は50mL）

水の温度	10℃	30℃	60℃
食塩	7はい	7はい	7はい
ミョウバン	2はい	4はい	16はい

ノート

■実験の目的　「水よう液を区別する」

手順①

３つのビーカーから水と２つの水よう液を区別する

・３つのビーカーに入った液をそれぞれ少しとって熱し、水をじょう発させていく。

→食塩またはミョウバンがとけた水よう液からはつぶが出てくる。

手順②

食塩の水よう液とミョウバンの水よう液を区別する

・それぞれのビーカーを冷やす。

→ミョウバンがとけた水よう液からはつぶが出てくる。

2　日本や滋賀県の人口についての課題と課題解決に向けた取り組みについて調べます。

1　**グラフ１**は滋賀県および日本全体の2000年から2020年の５年ごとの０～14才の人口、15～64才の人口、65才以上の人口割合（わりあい）の推移（すいい）を表しています。

グラフ１　年齢（ねんれい）別３区分の人口割合の推移

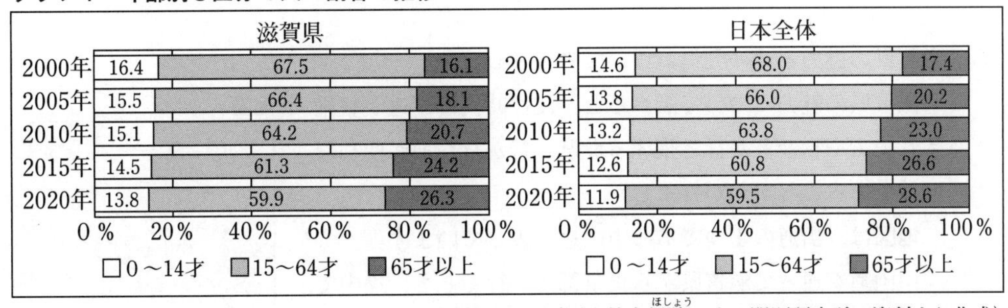

（滋賀県および国立社会保障（ほしょう）・人口問題研究所の資料より作成）

(1)　**グラフ１**から正しいかどうか判断できることを、次の**ア**から**エ**までの中から１つ選んで、記号で答えましょう。

ア　2000年と2020年を比べると、滋賀県は日本の中で最も高齢化（こうれいか）がゆるやかである。

イ　2000年から2020年の中で、2000年が日本全体の人口も滋賀県の人口も一番多い。

ウ　2000年から2020年にかけて、日本全体も滋賀県も64才以下の人口は減っている。

エ　2000年から2020年のいずれの年も滋賀県は日本全体より０～14才の人口割合が高い。

(2)　日本では工場などで活躍するロボットの開発が進められています。

　日本全体の人口は今後減少すると予想されている中、このような開発が進められる理由として考えられる日本の課題を**グラフ２**を使って説明しましょう。

グラフ２　年齢別３区分の人口割合の推移予測

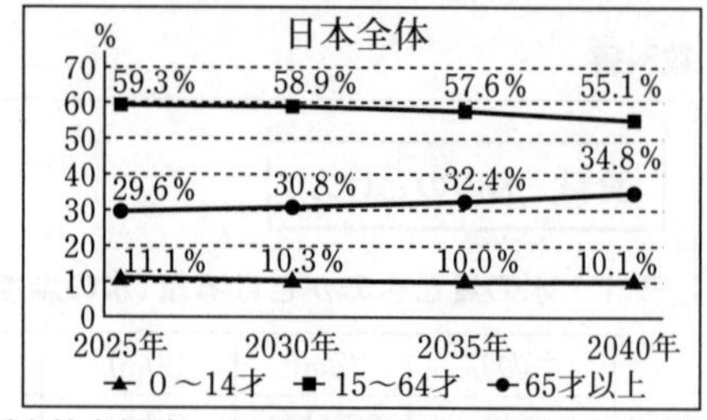

(国立社会保障・人口問題研究所の資料より作成)

2　グラフ３とグラフ４から2020年は1975年に比べ、1世帯あたりの人数が減っていることがわかります。

(注)世帯：同じ家に住み、生活をともにしている人の集まり。

グラフ３　滋賀県の人口

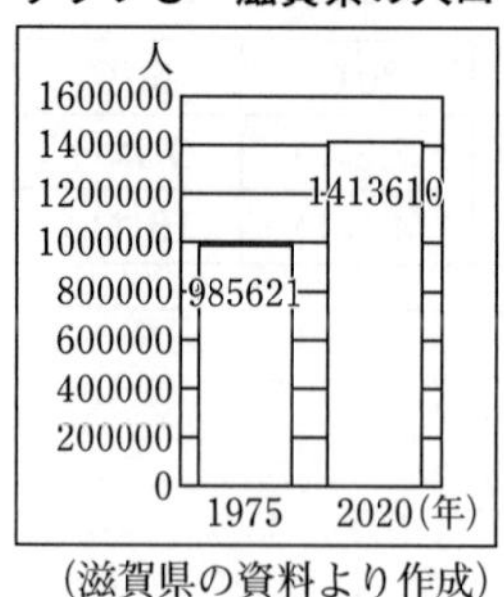

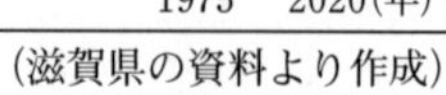
(滋賀県の資料より作成)

グラフ４　滋賀県の世帯数

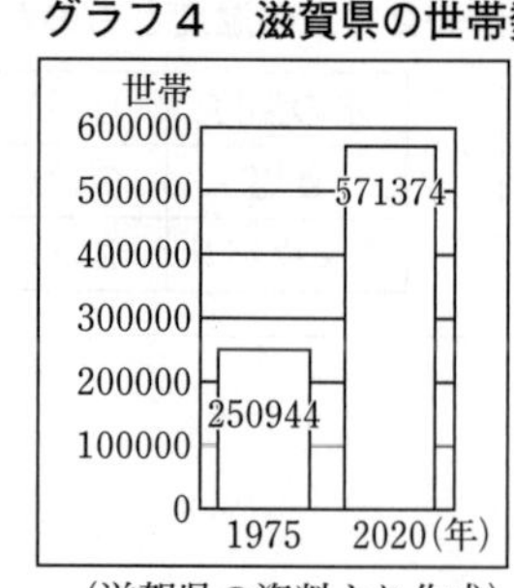

(滋賀県の資料より作成)

(1)　＿＿線部について、言葉や数、式などを使って説明しましょう。

　ただし、人口、世帯数、人数については四捨五入し、上から２けたのがい数にしてから説明しましょう。

(2)　滋賀県では、65才以上のひとりぐらしや夫婦だけの世帯が増えることなどにより、今後も１世帯あたりの人数が減っていくことが予想されます。災害などが起こったときには、地域の人々が協力し合い地域を守るとともに、県や市町、消防などによる救助や援助も必要になります。

　このような県や市町、消防などによる助けを何といいますか。漢字２文字で答えましょう。

3　滋賀県の魅力とその発信について考えました。

(1)　滋賀県の魅力について調べると、江戸時代に街道が整備されて人や物などが行き来するなど、昔から交通が便利な地域であることがわかりました。

　地図は、街道の１つである中山道を表しています。

　中山道を通って滋賀県から東京都まで行くとき、途中で通る県を、次の**ア**から**ク**までの中からすべて選び、通る順を記号で答えましょう。

地図

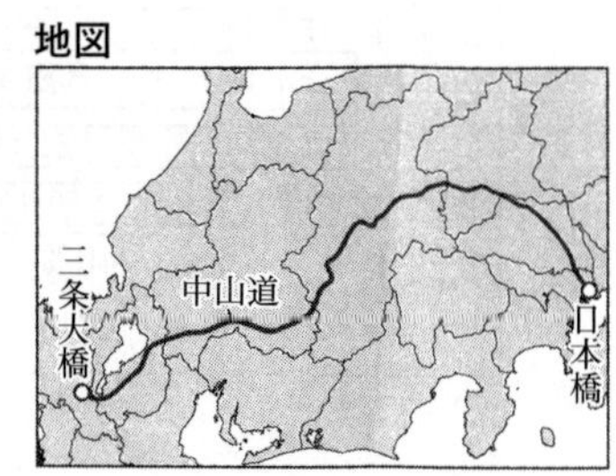

ア　栃木県　　**イ**　群馬県　　**ウ**　埼玉県　　**エ**　山梨県

オ　愛知県　　**カ**　岐阜県　　**キ**　静岡県　　**ク**　長野県

(2)　滋賀県の魅力について500人の小学生に**アンケート**をとったところ、全員正しく答えました。

アンケート

滋賀県について次の質問に答えてください。

質問１　あなたは、これからも滋賀県に住みたいと思いますか。次の①から③の中からあてはまるものを［ A ］選んでください。

①　思う　　②　思わない　　③　わからない

質問２　質問１で①を選んだ人に質問します。あなたが滋賀県の魅力と思うものを、次の①から④の中からあてはまるものを **B** 選んでください。

①　びわ湖や山で遊べる　　②　空気がきれいである

③　歴史的に有名な建物がある　　④　お祭りなどの行事がある

アンケートの質問１、２の**A**、**B**にあてはまる言葉の組み合わせとして適切なものを、**グラフ５**と**表**を参考にして、次の**ア**から**ケ**までの中から１つ選んで記号で答えましょう。

ア　A－1つ　　B－2つ
イ　A－1つ　　B－3つ以内で
ウ　A－1つ　　B－すべて
エ　A－2つ　　B－2つ
オ　A－2つ　　B－3つ以内で
カ　A－2つ　　B－すべて
キ　A－3つ　　B－2つ
ク　A－3つ　　B－3つ以内で
ケ　A－3つ　　B－すべて

グラフ５　質問１の結果

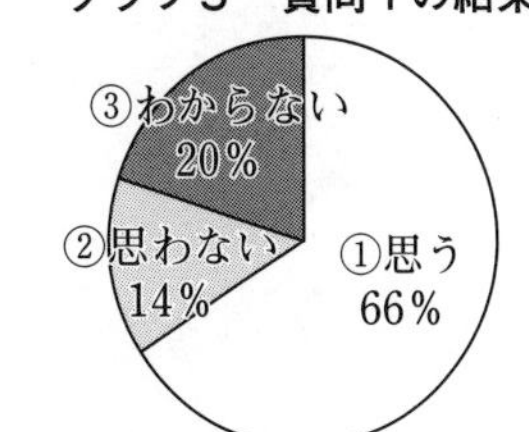

表　質問２の結果

①　びわ湖や山で遊べる	301人
②　空気がきれいである	215人
③　歴史的に有名な建物がある	204人
④　お祭りなどの行事がある	280人

(3)　東京の日本橋には、滋賀県の情報を発信する「ここ滋賀」というお店があることを知りました。「ここ滋賀」では、滋賀県の特産品を売ったり、滋賀県への観光や移住の相談に乗ったりするなど、滋賀県の魅力を発信し、滋賀県におとずれる人や移住する人を増やそうとしています。

また、「ここ滋賀」は、特産品の生産者にとって大切な場所であることもわかりました。どのような点で大切なのでしょうか。次の**資料**から考えられることを説明しましょう。

写真　東京の「ここ滋賀」

資料　「ここ滋賀」で働くSさんのお話

近江(おうみ)米、近江牛、信楽(しがらき)焼など東京のお客様に知っていただきたい滋賀県の魅力がたくさんあります。「ここ滋賀」では、滋賀県の生産者の方にもできるだけ東京に来ていただき、店頭に立って、お客様に特産品の魅力を伝えていただくようにしています。

そうした中で、滋賀県の特産品の１つである「赤こんにゃく」の生産者は、「赤こんにゃくは、辛(から)いんですか？」とお客様に聞かれることがしばしばあったそうです。そこで、お客様の声をヒントにして「赤こんにゃく」に、滋賀県の伝統野菜の「弥平(やへい)とうがらし」を加えた辛い赤こんにゃくを開発し、「ここ滋賀」で販売(はんばい)したところ、このこんにゃくも大人気になりました。今では滋賀県でも「ピリ辛赤こんにゃく」として販売されています。

一　中村さんは、【文章】と【資料】を読んで、持続可能な社会の実現のためには、プラスチックごみのリサイクルが重要であると気づき、自分に何ができるかをまとめようと考えました。あなたならどのようにまとめますか。次の〈条件〉に合わせて書きましょう。

〈条件〉○自分の行動が、どのように持続可能な社会の実現につながるのかをふくめて書くこと。

二　中村さんは、ＭＬＧｓの目標の中から三つを選び、その目標の一つを使って、プラスチックごみを減らす取り組みを全校児童によびかける内容を考えています。あなたなら、どのような内容を書きますか。次の〈条件〉に合わせて書きましょう。

〈条件〉○【文章】や【中村さんのノート】をふまえて書くこと。

○選んだ目標の番号(1、4、11)を書くこと。

○原こう用紙の使い方に注意して、「みんなで、びわ湖のプラスチックごみを減らしましょう。」という文章につながるように百二十字以上、百四十字以内にまとめて書くこと。題や氏名を書かないで、本文だけを書くこと。

【資料】

○持続可能な社会の実現に向けての取り組み

～３種類のプラスチックリサイクルの方法と特ちょう、その割合～

●サーマルリサイクル

特ちょう：プラスチックごみを燃やしたときの熱をエネルギーとして利用できるが、燃やすときに二酸化炭素が発生する

●マテリアルリサイクル

特ちょう：プラスチックごみをとかして、ふたたび新しいプラスチックに作り直すことができるが、汚れていたり他のごみが混じっていると使えない

●ケミカルリサイクル

特ちょう：プラスチックごみを、化学工業や製鉄の原料として使うことができるが、費用が高かったり、リサイクルに多くのエネルギーが必要なこともある

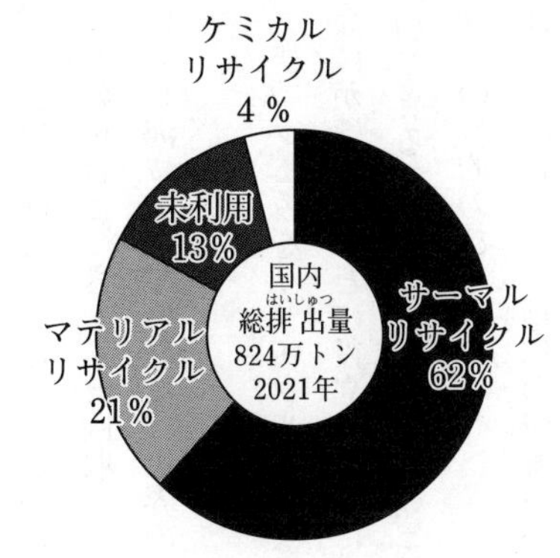

（一般社団法人プラスチック循環利用協会『プラスチックリサイクルの基礎知識2023』より作成。）

【中村さんのノート】

MLGsについて

MLGs＝「マザーレイクゴールズ（Mother Lake Goals）」　目標のこと

・基本的な考え方：びわ湖と人との共生
・2030年のびわ湖と、びわ湖に根ざすくらしに向けて、13のゴールを設定

環境と人のくらしの関わりに着目して、MLGsの達成に向けて取り組むことが大切

・ごみ＝人のくらしが生み出すもの。
・みんなで取り組むことが大切。
・MLGsの目標を使って全校によびかける。

よびかけに使う目標（13の目標のうちの３つ）

Goal 1
清らかさを感じる水に

Goal 4
水辺も湖底も美しく

Goal 11
びわ湖を楽しみ愛する人を増やそう

※この３つの目標を掲げてびわ湖の清そう活動に取り組んでいる会社がある。

（滋賀県ホームページより作成。）

びわ湖におけるごみについて

●びわ湖の湖底ごみの割合（体積％）

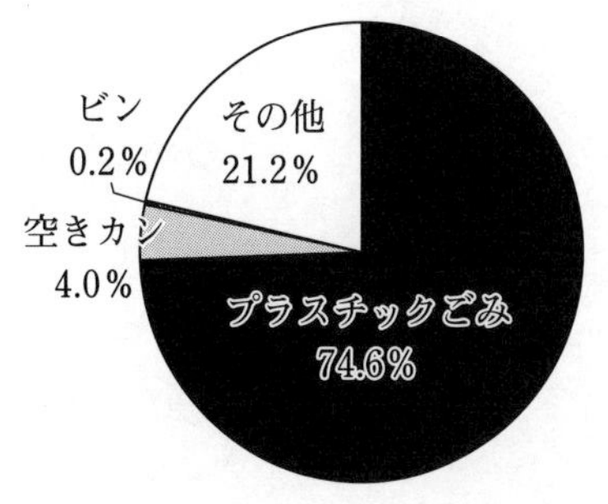

※調査地点：南湖
（2019年調査）

内にまとめて書くこと。題や氏名を書かないで、本文だけを書くこと。

2　中村さんのクラスでは、びわ湖のごみについて調べる学習をしました。その中で、滋賀県には「マザーレイクゴールズ（ＭＬＧｓ）」という目標があることを知り、その目標を使ってプラスチックごみを減らす取り組みをよびかけることにしました。**【文章】**と**【資料】**、**【中村さんのノート】**をよく読んで、あとの問いに答えましょう。

【文章】

プラスチックごみは、紙などのほかのごみとは分けて回収（かいしゅう）し、リサイクルすることがすすめられています。では、このリサイクルは、何のためにするのでしょうか。

まずひとつは、ごみを減らすためです。プラスチックにかぎらず、わたしたちが生活すれば、ごみが出ます。燃やせばごみは小さくなりますが、それでも燃えかすは、どこかにうめなければなりません。プラスチックの場合は、きちんと回収できなかった場合がとくに問題です。川に入り海に流れていけば、世界の海を汚（よご）しつづけることになります。

プラスチックごみをリサイクルすれば、そのごみは「ごみ」ではなくて、なにかほかのことに役立つ原料になります。そのぶんだけ、原料を節約できることにもなります。こうして「ごみ」を減らすのが、リサイクルの目的のひとつです。

もうひとつの目的は、地球の資源（しげん）をむだ使いしないことです。いまプラスチックは、石油や天然ガスを原料にして作られています。この石油や天然ガスのもとになっているのは、何億年もまえに地球でくらしていた生き物たちです。かれらが地中にうまり、長い年月をかけて石油や天然ガスに変化します。

わたしたちは、ここ１００年ほどのあいだに、石油を多量に使うようになりました。家庭や工場で燃やして熱をとったり、発電用の燃料、自動車のガソリンなどに使われたりしています。長い年月をかけてできた石油を１００年ほどで多量に使えば、石油ができるスピードが使うスピードにまったく追いつかず、やがては不足してくるおそれもあります。プラスチック製品を作るときにプラスチックごみを再利用すれば、そのぶんだけ新たに石油を使う必要がなくなり、石油を節約できるわけです。

（保坂（ほさか）直紀（なおき）『クジラのおなかからプラスチック』〈旬報社〉による。）

（中　略）

誰でも「この学校に行きたい」とか、「こういう仕事に就きたい」とか、「こういう人と結婚したい」ということは考えたことがあるでしょうし、そんな将来の夢を、友だちと語り合ったこともあるでしょう。それは、結局のところ「私はどうやったら幸福になれるんだろう」ということを、具体的な形として表現し、追求しようとしたものなのです。

この、人間の「幸福の具体的な形」は人それぞれ、いろいろ多種多様です。

ある人にとっては、たとえば歌手になって、テレビやステージでたくさんの聴衆を前に自己を表現することが幸福なのかもしれません。でもある人にとっては、人前に出て歌うなんてまっぴらだ、という人もいるでしょう。自分が目立つことをしたい人もいれば、裏方に徹して陰で何かを支えることに幸福を感じる人だっているのです。

（菅野仁『友だち幻想　人と人の〈つながり〉を考える』〈筑摩書房〉による。）

【話し合いの様子】

西村先生：【文章②】の筆者は「幸福の具体的な形」は人それぞれと言ってますね。みなさんは、どんなときに幸せを感じたり、うれしいと思ったりしましたか。

山本さん：わたしはピアノの発表会で頑張って演奏してたくさん拍手をもらえてうれしかったし、幸せだと思いました。

田中さん：わたしはみんなが頑張れるようにサポートをするのが好きです。例えば、運動会の応援合戦の練習でなかなかふり付けができない下の学年に教えて、その子がうまくできるようになったことがうれしかったです。

西村先生：何を「幸せ」と思うか、うれしいと思うかは人によってそれぞれですね。でも、山本さんの体験も田中さんの体験も、自分と周りの人とのつながりがあるように思います。

山本さん：わたしはやっぱり、自分の努力を人から認めてもらえることがうれしいです。そこには自分を認めてくれた人とのつながりがあると思います。

田中さん：わたしは自分が目立つよりも人が喜ぶ姿を見る方がうれしいですね。自分と関わりのある人だとさらにうれしくなります。

西村先生：なるほど。他の人は、どんなときに幸せを感じましたか。

A

一　山本さんは、【文章①】の――線部「相手のことを思いやって、相手の立場で物事を考えている」について、筆者がこのように感じるきっかけとなった出来事についてまとめることにしました。あなたならどのようにまとめますか。書きましょう。

二　あなたが、【話し合いの様子】の A で「幸せ」と「人とのつながり」の関わりについて、自分の体験と考えを言うとしたらどのような内容にしますか。次の〈条件〉に合わせて書きましょう。

〈条件〉　○【文章②】を参考に書くこと。ただし、【文章①】や山本さんと田中さんの体験とは異なる内容を書くこと。

○原こう用紙の使い方に注意して、百二十字以上、百四十字以

〈作文〉　—40分—

1　山本さんのクラスでは「人とのつながり」について書かれた本を読んで、考えたことを話し合いました。【文章①】、【文章②】、【話し合いの様子】をよく読んで、あとの問いに答えましょう。

【文章①】

僕がはじめて日本に来たとき、すばらしいと思ったのは、まさに日本人の道案内でした。だいたいどの国でも、道案内というのは意外と心よく応じてくれるものですが、はじめて日本人に道を尋ねたときのことは忘れられません。相手のことを思いやって、相手の立場で物事を考えていることに感動したからです。

当時の僕はまだ本当に日本語が下手でした。それでもなんとか「渋谷、駅、どこ?」と尋ねたのです。すると、聞かれた相手は、しばらくなにかを考えているようでした。いま思うと、彼はこのときさっと、「次の『大向小前』と書いてある信号を左に曲がって、スペイン坂の階段を下りて、左に行って…」なんて説明しても、この片言の外国人にはたぶんわからないだろうな、と思っていたのでしょう。まず信号になにが書いてあるか、ましてやそれが漢字なら、なおさらわかるはずがないだろう、と(たしかに当時の僕が読むことのできた漢字はごくわずかでした)。そうでなくとも、坂道やくねくねした道がある大きな街のなかで、外国人が迷子になったらかわいそうだと思ったのかもしれません。

しばらく考えた末に彼が言ったのは、「あ、そういえば僕も渋谷駅に行こうとしてたところなんです」という言葉でした。それが嘘なのはあきらかでした。なぜなら、僕がこっちから歩いてきて、彼はあちらから来たのに、今度は僕と同じ方向に歩き出したのですから。でも、彼はとてもうれしそうにしていました。

彼は外国人である僕に好奇心旺盛に質問し、それに答える僕の下手な日本語につきあいながら、渋谷駅まで一緒に歩いてくれたのです。駅が遠くに見えてきても、あれが駅だからもう行けるでしょう、と言うこともなく、最後まで一緒について来てくれました。その上、何線に乗るのかと尋ねて、乗り場にまで案内してくれたのです。

(ピーター・フランクル『ピーター流生き方のすすめ』〈岩波書店〉による。)

(注)スペイン坂=東京都渋谷区にある道路の愛称。

【文章②】

私たちは人と人とのつながりにおいて、いったい何を求めているのでしょうか。それはやはり「幸せ(幸福)」になることである、と私は考えています。ただし一言で「幸せ(幸福)」といっても、人とのつながりをいわば利用し手段とすることによって自分(だけ)の幸福を求めようとする場合もあれば、人とつながることそのものを味わう、つまり人との心からの交流を求めることによって、「幸せだなあ」という実感を得ようとする場合がありますよね。

人間にはいろいろな考え方はあるけれども、やはり自分が、さらに自分の周りの人も含めて幸せになりたいということが、「生きる」ということの一番の核となっているのだと私は思うのです。さらにいえば、自分一人だけで幸せを得るよりも、身近な人たちを中心にできれば多くの人と幸せを感じることができれば、その方が人はより大きな幸福を味わえたことになるのではないでしょうか。

京都府立園部高等学校附属中学校
京都府立南陽高等学校附属中学校
京都府立福知山高等学校附属中学校
京都府立洛北高等学校附属中学校

（編集部注：掲載にあたりレイアウトなどの一部改変を行っています。）

〈適性をみる検査Ⅱ　※適性をみる検査Ⅰは616ページから掲載しています。〉　—50分—

1　次の文章は太郎さんが給食をテーマにまとめた**レポートの一部**です。これについて、あとの(1)～(5)の問いに答えなさい。

レポートの一部

ある日の給食の献立はカレーライス、オレンジ、牛乳でした。食材について調べてみると、外国産の食材もいろいろあり、世界とのつながりを感じました。そして、a国内で消費された食料のうち、国内で作られている食料の割合を調べてみました。そこから、b貿易や世界の地域について興味を持つようになりました。

＜献立(食材)＞

カレーライス(c米、牛肉、じゃがいも、にんじん、玉ねぎなど)、オレンジ、牛乳

(1)　下線部aについて、次のⅠ・Ⅱの問いに答えなさい。

Ⅰ　下線部aを何といいますか、**ひらがな12字**で答えなさい。

Ⅱ　次の**グラフ**は、日本における、果物、小麦、米、肉類、野菜の下線部aのうつり変わりを示したものです。米のうつり変わりを示したものを**グラフ**中のア～オから１つ選び、記号で答えなさい。

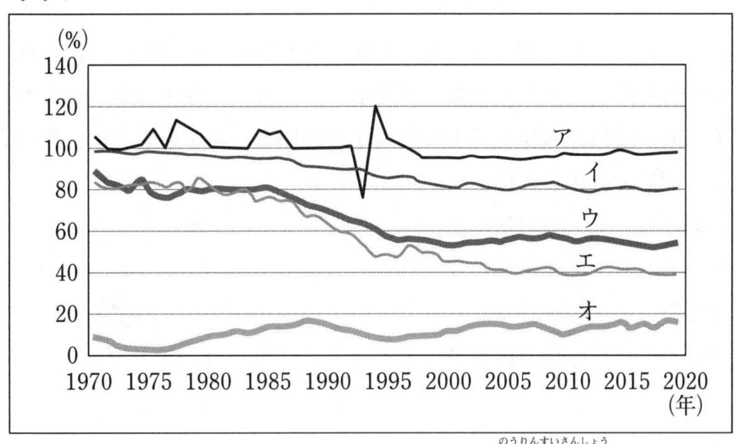

(農林水産省統計より作成)

(2)　下線部bについて、次のⅠ・Ⅱの問いに答えなさい。

Ⅰ　日本の貿易がスムーズにできるように働きかけたり、パスポートの申請手続きを決めたり

するなど、外交に関わる仕事を担当する省の名前は何か、**ひらがな**で答えなさい。

Ⅱ　太郎さんは、日本がオレンジを輸入する相手国を調べ、年間輸入量の１位がアメリカ合衆国、２位がオーストラリアであることを知り、月ごとの輸入量(kg)を表にまとめ**資料１**を作りました。また、**資料２**はそれぞれの国のオレンジ主要産地の月ごとの降水量(mm)と平均気温(℃)を表したグラフです。次の**「輸入オレンジの特ちょう」**、**資料１・２**から分かる、日本におけるオレンジの輸入量を安定させる工夫について、次の文の空らんに適するように、**15字以上20字以内**で答えなさい。

日本は、北半球のアメリカ合衆国と南半球のオーストラリアという、［　　　　　　　　］することで、オレンジの輸入量を安定させることができる。

「輸入オレンジの特ちょう」

輸入オレンジで最も輸入量の多い種類がネーブルオレンジです。寒い時期に収穫されます。

資料１

	アメリカ合衆国	オーストラリア
1月	199万kg	42万kg
2月	446万kg	5万kg
3月	410万kg	0 kg
4月	1027万kg	0 kg
5月	293万kg	0 kg
6月	472万kg	78万kg
7月	18万kg	797万kg
8月	0 kg	910万kg
9月	0 kg	886万kg
10月	0 kg	361万kg
11月	0 kg	301万kg
12月	16万kg	208万kg

（農林水産省「2022年農林水産物輸出入概況」より作成）

資料２

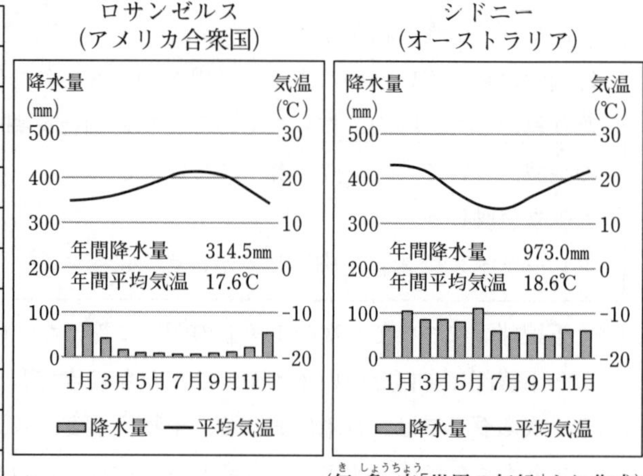

（気象庁「世界の気候」より作成）

(3)　下線部ｃについて、右の**絵**の**Ａ・Ｂ**は米作りのために、江戸時代に使われていた代表的な農具です。**Ａ**の農具の名前を**ひらがな**で答えなさい。また、**表１**は米作りのカレンダーを表しています。**Ａ・Ｂ**の農具を米作りで主に使用する時期を、**表１**を参考に、次の**ア～エ**からそれぞれ１つ選び、記号で答えなさい。

ア　３月初めごろ　～　５月初めごろ
イ　３月中ごろ　～　４月終わりごろ
ウ　５月中ごろ　～　９月中ごろ
エ　９月中ごろ　～　10月終わりごろ

絵

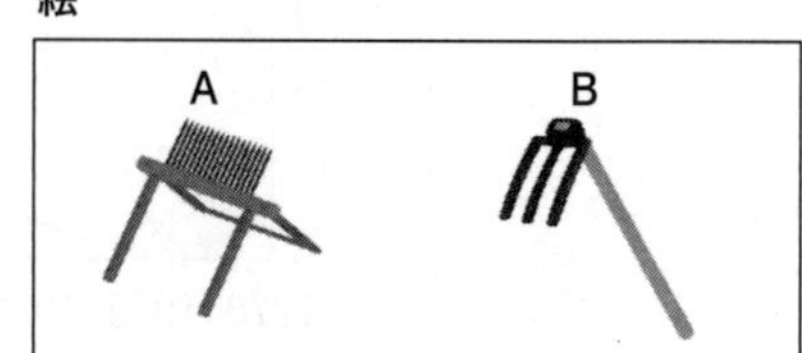

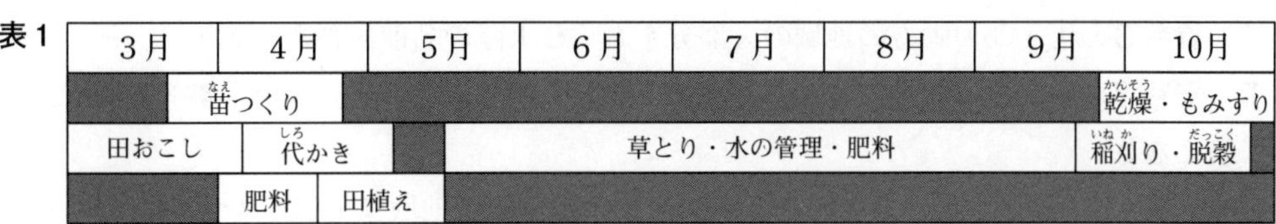
表１

3月	4月	5月	6月	7月	8月	9月	10月
	苗つくり						乾燥・もみすり
田おこし	代かき		草とり・水の管理・肥料			稲刈り・脱穀	
	肥料　田植え						

（農林水産省ホームページ「くらべてみよう昔といまのコメ作り」より作成）

(4)　給食から世界とのつながりを感じた太郎さんは、地球儀を眺めてみると、縦と横に線が引かれていたり、地表の起伏が表面の色分けで表されていたりすることに気づきました。地球儀に興味を持った太郎さんは、地球儀を北極側と南極側から見た**地図**をそれぞれかきました。次の**地図**を見て、あとのⅠ・Ⅱの問いに答えなさい。

北極側から見た地図　　**南極側から見た地図**

Ⅰ　太郎さんは、これから**地図**中に日本をかこうとしています。**地図**中のア～カの中から、日本の位置として最も適当な場所を選び、記号で答えなさい。

Ⅱ　**北極側から見た地図**と**南極側から見た地図**のそれぞれに、西経30度の経線を黒くなぞって示しなさい。ただし、陸地部分には経線が引かれていないので、西経30度の線の陸地部分にはあらたに線を引いて示しなさい。

(5)　次の**資料３**は、太郎さんが地球儀の色分けに注目し、①～⑦の地域ごとに総面積のなかでの土地の高さの割合(%)をまとめたものです。**資料３**を見て、あとのⅠ～Ⅲの問いに答えなさい。

資料３

以上　未満	①アジア	②ヨーロッパ	③アフリカ	④北アメリカ	⑤南アメリカ	⑥オーストラリアと周辺の島々	⑦南極
土地の高さ　200m	24.6	52.7	9.7	29.9	38.2	39.3	6.4
200～500m	20.2	21.2	38.9	30.7	29.8	41.6	2.8
500～1000m	25.9	15.2	28.2	12.0	19.2	16.9	5.0
1000～2000m	18.0	5.0	19.5	16.6	5.6	2.2	22.0
2000～3000m	5.2	2.0	2.7	9.1	2.2	0.0	37.6
3000～4000m	2.0	0.0	1.0	1.7	2.8	0.0	26.2
4000～5000m	4.1	0.0	0.0	0.0	2.2	0.0	0.0
5000m	1.1	−	0.0	0.0	0.0	−	−
平均の高さ	960m	340m	750m	720m	590m	340m	2200m

＊その高度の陸地は存在するが割合が0.1%に満たない場合は「0.0」を示し、その高度の陸地が存在しない場合は「−」で表記しています。

＊調整と誤差により、アジアとヨーロッパの合計は100%になりません。

（データブック　オブ・ザ・ワールド2020年版より作成）

Ⅰ　**資料3**の①・②の両方の地域の大部分をふくむ大陸の名前を答えなさい。

Ⅱ　**資料3**から読み取れる内容として**適切でない**ものを、次のア～オから**すべて**選び、記号で答えなさい。

ア　500ｍ未満の土地の高さの割合が50％以上を占める地域は全部で３つある。

イ　赤道が通る地域のうち、平均の高さが最も高いのはアジアである。

ウ　200ｍ以上500ｍ未満の土地の高さの割合がその地域内で最も多い地域は３つある。

エ　０度の経線が通る地域のうち、平均の高さが最も高いのはアフリカである。

オ　2000ｍ以上の高さの割合が50％以上を占めるのは南極のみである。

Ⅲ　世界の国々に興味を持った太郎さんは、日本人が多く住んでいる外国を調べ、右の**表２**にまとめました。**表２**にのっている国が３つ以上含まれる地域を**資料３**の①～⑦から**すべて**選び、番号で答えなさい。

表２

	国名
1位	アメリカ合衆国
2位	中国
3位	オーストラリア
4位	タイ
5位	カナダ
6位	イギリス
7位	ブラジル
8位	ドイツ
9位	韓国
10位	フランス

（外務省「海外在留邦人数調査統計2022年版」より作成）

[2]　一郎さんは先生、友だちの次郎さん、花子さん、三郎さんといっしょに、生物の観察に海へ出かけました。出かけた先の海には、磯と呼ばれる岩の多い波打ちぎわが見られました。その岩の上でいくつかの種類の生物を観察することができました。**図１**はその一例です。生物と生物の間の矢印は、それらの生物の「食べる・食べられる」の関係を示しています。矢印の向きは「食べられる」生物から「食べる」生物になっています。

図１

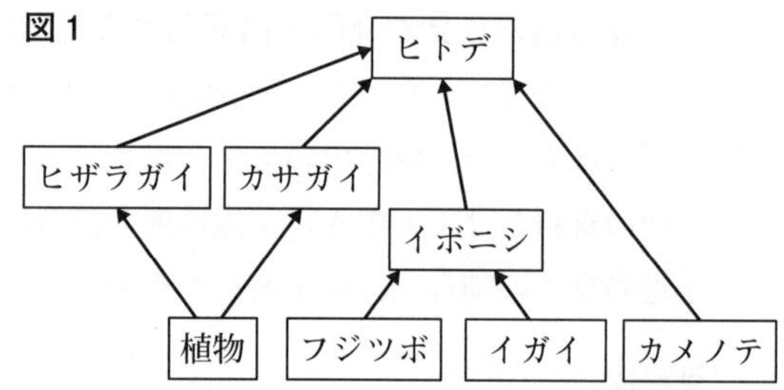

図１の中のフジツボ、イガイ、カメノテは岩にはりついて、ほとんど移動せずに生活していますが、ヒトデ、ヒザラガイ、カサガイ、イボニシは岩場を動きまわって生活しています。次の(1)～(5)の問いに答えなさい。

(1)　一郎さんは貝の仲間であるイガイがこの磯に何びきすんでいるか調べようと考えました。磯には危険な場所もあったので、安全に調べることのできる５つの岩（岩１～５）にいるイガイの数から、磯全体にいるイガイの数を推測することにしました。岩１～５で数えられたイガイの数（ひき）は**表**のようになりました。

表

岩1	岩2	岩3	岩4	岩5
84	79	80	81	76

また、この磯にはイガイが岩１～５と同じようにすんでいる岩が、岩１～５をふくめて70

個あり、それぞれの岩の大きさもほぼ同じであることがあらかじめ知られています。

この磯の岩には、全体で何びきのイガイがすんでいると推測できますか。ただし、岩から別の場所への移動については考えないものとします。次の①～⑤から、最も適切なものを１つ選び、番号で答えなさい。

①　500～1000　　②　1000～2000　　③　5000～6000

④　10000～20000　　⑤　50000～60000

(2)　一郎さんが磯のイガイの数を推測したのと同じ方法で数を推測できるのは次の①～③のうちどれですか。最も適切なものを１つ選び、番号で答えなさい。

①　等間隔（とうかんかく）にイネが植わっている水田において、水田の一部のイネの数とその面積、水田の全面積から、水田全体に植わっているイネの本数を推測する。

②　ミツバチが巣箱から出ていく１時間あたりの回数とその巣箱の大きさから、巣箱内にいるミツバチの数を推測する。

③　池１㎡あたりにすむザリガニの数と大きさ、池の総面積から、ザリガニの餌（えさ）となる魚が池全体に何びきいるか推測する。

(3)　次郎さんは水50mLに1.5ｇの食塩を入れて完全に溶（と）かし、海水と同じこさの食塩水を作ろうとしています。**図２**は水の体積を測るのに使った器具と目盛（めもり）りを読むときの目線（めせん）を、それぞれ表しています。次のⅠ～Ⅳの問いに答えなさい。

Ⅰ　右の**図２**の器具の名前を**カタカナ**で答えなさい。

Ⅱ　目盛りを読み取るときの目線として正しいものはどれですか。右の**図２**中のア～ウから１つ選び、記号で答えなさい。

図２

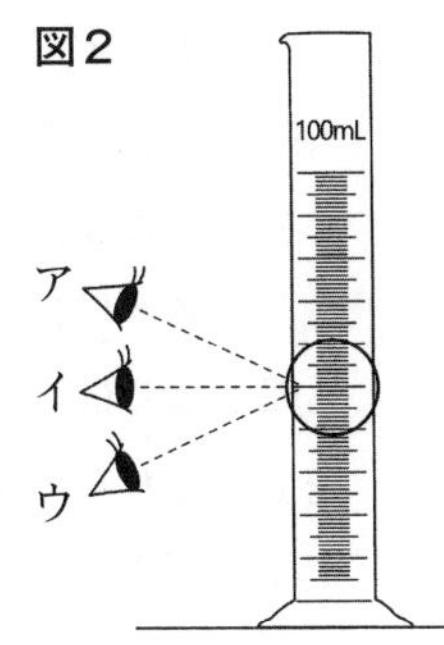

Ⅲ　次の図は**図２**の器具に水を入れたときの液面（えきめん）のようすを表しています。液面のようすとして最も適切なものはどれですか。次の①～③から１つ選び、番号で答えなさい。

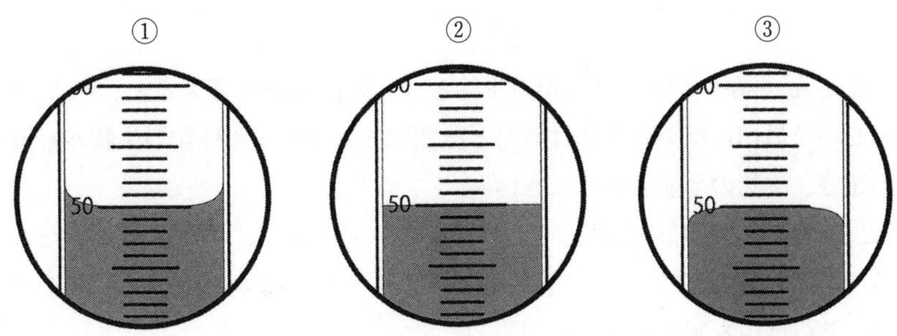

Ⅳ　次郎さんは作った海水と同じこさの食塩水をろ紙でこして、ろ過する前の食塩水とろ過された後の液体を比べてみました。次の①～③から、正しいものを１つ選び、番号で答えなさい。

①　ろ過された後の液体には食塩はふくまれていない。

②　ろ過する前と後で食塩水は同じこさである。

③　ろ過された後のほうがこい食塩水である。

(4)　フジツボは図３に見られるような貝に似た殻(から)を持っていますが、花子さんが図鑑(ずかん)で調べたところ、かたい殻の中には足に節のある生物が入っており、フジツボは次の①～⑤にあげた特ちょうをもつ、昆虫(こんちゅう)に近い仲間だということが分かりました。

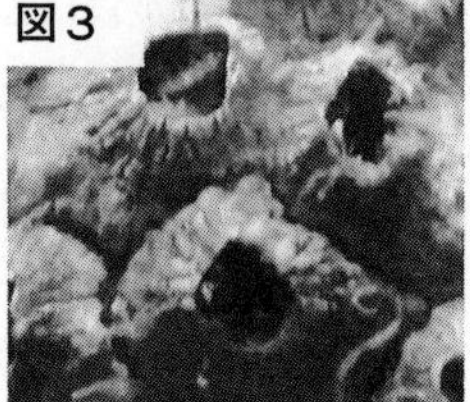

図３

①　卵(たまご)から生まれる。

②　からだは、頭とむねの２つの部分に分かれる。

③　足は左右で対(つい)になっていて、全部で12本ある。

④　脱皮(だっぴ)をして(皮をぬいで)大きくなる。

⑤　成長する間に、からだの形が何度か大きく変わる。

フジツボの特ちょう①～⑤のうち、すべての昆虫に共通して見られる特ちょうを**すべて**選び、番号で答えなさい。

(5)　三郎さんは学校の近くにすんでいる生物(植物、バッタ、ネズミ、キツネ)を観察して、興味を持ったことを先生に相談しました。これについて、あとのⅠ～Ⅲの問いに答えなさい。

三郎：学校の近くで見られた植物、バッタ、ネズミ、キツネの４種類の生物とそれらの間の関係に興味をもちました。

先生：この学校周辺の地域(ちいき)でそれらの生物を研究した結果をまとめたレポートが図書館にありますよ。

三郎：それらの生物はそれぞれ何を食べて生活しているんですか。

先生：この４種類の生物の中では、キツネはネズミだけを食べ、バッタは植物だけを食べ、ネズミは植物だけを食べているそうです。

三郎：なるほど。この地域ではそれぞれ１種類の生物を食べているんですね。

先生：それらの生物どうしの関係を図に整理してみてはどうでしょう。

Ⅰ　三郎さんが調べている生物(植物、バッタ、ネズミ、キツネ)の間にみられた、下線部の「食べる・食べられる」の関係を、**図１**のように生物どうしを矢印でつなぎ、表しなさい。

ネズミ	キツネ
植物	バッタ

Ⅱ　三郎さんが調べている４種類の生物どうしの関係から考えると、もしバッタが減ったら、そのせいで最初に増える生物は何だと推測できますか。４種類の生物から最も適切な生物を１つ選び、生物の名前を答えなさい。

Ⅲ　「この地域の４種類の生物どうしの関係から考えると、キツネが減ったら、バッタも減るだろう。」と先生が説明してくれました。どうしてキツネの数が減ったらバッタの数が減るのか、その理由を説明しなさい。

3　次のみくさんと先生の会話文を読み、あとの(1)～(6)の問いに答えなさい。

みく：先週、家族で宮津(みやづ)市にある天橋立(あまのはしだて)に行きました。そして、天橋立では a 船に乗って、美しい景色を一望(いちぼう)することができました。

先生：天橋立は、社会の授業で取り上げましたね。b 雪舟(せっしゅう)がかいた「天橋立図(あまのはしだてず)」という水墨画(すいぼくが)

では、自然のようすをていねいにかいていましたね。

みく：次の日に、舞鶴(まいづる)市の旧海軍の赤レンガ倉庫群や赤れんが博物館を見学して帰りました。舞鶴市は明治(めいじ)時代から有名な港のある街として知られていて、「c日本近代化の躍動(やくどう)を体感できるまち」として日本遺産(いさん)にも認定(にんてい)されているとのことでした。

(1)　下線部aについて、みくさんは時代ごとの船に関連したできごとについて調べることにしました。次のア～エのできごとを歴史的に古い順に並(なら)び替(か)え、記号で答えなさい。

ア

ペリーの上陸

イ

ノルマントン号事件

ウ

欧米(おうべい)へ向かう岩倉使節団(いわくらしせつだん)

エ

朱印状(しゅいんじょう)を用いた貿易

(2)　下線部bについて、次のⅠ・Ⅱの問いに答えなさい。

Ⅰ　次のア～エの人物の中から雪舟を選び、記号で答えなさい。

ア

イ

ウ

エ

Ⅱ　次の**資料1**は雪舟のかいた「天橋立図」の一部です。国ごとに国分寺(こくぶんじ)を建てるように聖武天皇(しょうむてんのう)から命令が出されてから、この絵がかかれるまでの期間のできごととして正しいものを次のア～オから**すべて**選び、記号で答えなさい。

資料１

ア　種子島に鉄砲が伝来した。　　イ　天智天皇が天皇中心の政治を本格的に始めた。

ウ　都が平安京に移された。　　エ　五街道が整備され、各地の産業がいっそう栄えた。

オ　モンゴルが中国にせめ込んで、元という大きな国を築いた。

(3)　下線部ｃについて、「日本近代化の躍動を体感できるまち」として選ばれたのは、舞鶴市に横須賀市(神奈川県)、呉市(広島県)、佐世保市(長崎県)を加えた４都市です。これらの４都市はいずれも、明治時代に鎮守府という海軍の拠点が置かれた町でした。この４都市の現在のようすを比較した次の**資料２**と**文章**を見て、あとのⅠ～Ⅲの問いに答えなさい。

資料２

	面積	人口	65歳以上の人口	流出人口	流入人口
横須賀市	100㎢	388,078人	124,875人	77,082人	44,226人
舞鶴市	342㎢	80,336人	25,881人	6,365人	4,447人
呉市	352㎢	214,592人	76,207人	20,738人	18,437人
佐世保市	426㎢	243,223人	77,833人	13,560人	17,162人

(総務省統計局「2020年国勢調査」より作成)

文章

４都市の中で面積が最も広いのは佐世保市です。１㎢あたりの人口を調べてみると、(①)が最も多く、次に多い都市の６倍以上です。65歳以上の高齢者数が人口に占める割合について、４都市とも約(②)となっています。**資料２**の人口は、夜間人口とも言われ、現在居住している都市の人口を示しています。流出人口は昼間に通学や通勤でその都市から出る人口を、流入人口は昼間に通学や通勤でその都市に入って来る人口を表し、③様々な取組に利用されるデータとなっています。

④佐世保市は他の都市と違い、流出人口より流入人口の方が多くなっています。

Ⅰ　**文章**中の空らん①に適した語句をア～エから、空らん②に適した語句をカ～ケからそれぞれ１つ選び、記号で答えなさい。

ア　横須賀市　　イ　舞鶴市　　ウ　呉市　　エ　佐世保市

カ　３分の１　　キ　４分の１　　ク　５分の１　　ケ　６分の１

Ⅱ　**文章**中の下線部③について、**資料２**中の流出人口と流入人口は、どのような取組に主に活用されるデータか、次のア～カより適切なものを**すべて**選び、記号で答えなさい。

ア　その都市の工業生産出荷額　　イ　新しい店の出店計画

ウ　65歳以上の人口調査　　エ　病院の通院者の人数の調査

オ　交通網の整備　　　　　　　　カ　一家庭あたりの車の保有台数調査

Ⅲ　**文章**中の下線部④について、昼間の佐世保市は夜間人口に比べて人口が何％上昇するか**資料２**をもとに答えなさい。なお、$\frac{1}{100}$の位を四捨五入した数で答えなさい。

(4)　宮津市への移動中に、みくさんが自動車の窓から外の景色をながめていると、たくさんの太陽光パネルが並んでいるところがありました。太陽光や水力のように、石油や天然ガスのような二酸化炭素を出す燃料を使わないエネルギーを、再生可能なエネルギーとよびます。ただし、原子力は再生可能なエネルギーにふくまれません。次のⅠ・Ⅱの問いに答えなさい。

Ⅰ　再生可能なエネルギーの例を太陽光と水力以外で**２つ**答えなさい。

Ⅱ　日本における2022年度の総発電量に対して、再生可能なエネルギーによる発電（全ての再生可能なエネルギーによる発電量の合計）、火力発電、原子力発電のそれぞれの発電量が占める割合を多い順に並べたものとして、正しいものはどれですか。次のア～カから１つ選び、記号で答えなさい。

ア　原子力、再生可能なエネルギー、火力　　イ　原子力、火力、再生可能なエネルギー
ウ　火力、原子力、再生可能なエネルギー　　エ　火力、再生可能なエネルギー、原子力
オ　再生可能なエネルギー、火力、原子力　　カ　再生可能なエネルギー、原子力、火力

(5)　みくさんは発電のしくみを知るために、**資料３**の手回し発電機を使い、電気をつくる**【実験１】**を行いました。これについて、あとの問いに答えなさい。

資料３

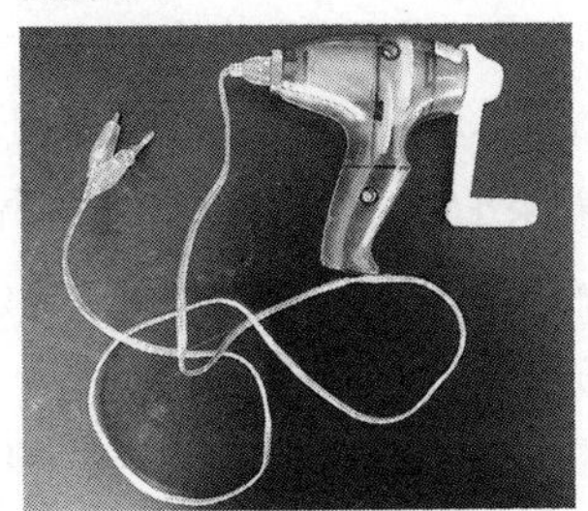

手回し発電機

【実験１】の手順は次のようにしました。

手順１　手回し発電機に豆電球をつなぎ、ハンドルを回したときの豆電球のようすを観察する。
手順２　ハンドルを手順１と逆の向きで、同じ速さで回して、手順１の結果と比較する。
手順３　ハンドルを手順１と同じ向きで、より速く回して、手順１の結果と比較する。

豆電球の代わりに発光ダイオード、モーターにそれぞれつなぎかえ、手順１～３と同じ手順をくり返す。

【実験１】の結果をまとめると次の**資料４**のようになりました。

資料４

	手順１の結果	手順２の結果	手順３の結果
豆電球	明かりがついた（①）	①と同じ明るさで明かりがついた	A
発光ダイオード	明かりがついた（②）	B	②よりも明るく明かりがついた
モーター	回転した（③）	③と逆向きに同じ速さで回転した	C

手順１の結果①～③と比較しながら、**資料４**の空らんＡ～Ｃにはどのような文が当てはまる

か考え、それぞれ答えなさい。

(6)　みくさんは夏休みの自由研究で「植物では取り入れた水がどこから出ていくのか」を調べるために、ホウセンカを用いて**【実験２】**を行うことにしました。これについて、あとのⅠ～Ⅲの問いに答えなさい。

【実験２】

図

三角フラスコを４つ(A～D)用意して、それぞれ水を100mLずつ入れる。

茎の長さと太さを同じにそろえた４つのホウセンカを用意して、**図**のように１つずつ水の入った三角フラスコに入れる。

A～Dのフラスコのホウセンカそれぞれに、次のような処理を行う。

12時間後にA～Dの三角フラスコに残っている水の量を調べる。

<処理>

A　どこにも*ワセリンをぬらない。

B　ホウセンカの葉の表だけにワセリンをぬる。

C　ホウセンカの葉の裏だけにワセリンをぬる。

D　ホウセンカの葉をすべて切り取り、その切り口にワセリンをぬる。

*ぬった部分から水が蒸発するのを防ぐ油

Ⅰ　この**【実験２】**で使う４つのホウセンカを選ぶときに、外見の特ちょうでは、**【実験２】**の下線部に加えて何をそろえる必要がありますか、１つ答えなさい。

Ⅱ　水が水蒸気となって植物の体から出ていくことを何と言いますか。**ひらがな**で答えなさい。

Ⅲ　**【実験２】**から得られる結果を用いて、葉全体から出ていく水の量(mL)を計算する式として正しいものはどれですか。次のア～エから１つ選び、記号で答えなさい。

ア　100－(Aに残っている水の量)

イ　(Dに残っている水の量)－(Aに残っている水の量)

ウ　(Aに残っている水の量)－(Dに残っている水の量)

エ　(Bに残っている水の量)＋(Cに残っている水の量)

〈適性をみる検査Ⅲ〉

—50分—

1　太郎さんは、図のような１辺８㎝の立方体の形をした容器と、１辺５㎝の立方体の形をした金属、プラスチック、木材の３種類の立体を用いて、立体を水に入れたときの浮き沈みについて実験をしました。太郎さんと先生の会話文を読み、あとの(1)～(3)の問いに答えなさい。ただし、容器の厚みは考えないものとします。

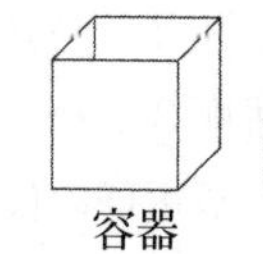
容器

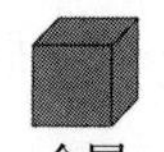
金属

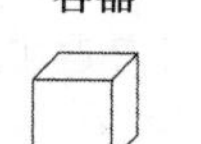
プラスチック

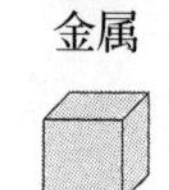
木材

太郎：３種類の立体の浮き沈みを調べてみると、金属は沈み、プラスチックと木材は浮きました。ものの浮き沈みにはどんな法則があるのですか？

先生：実は比重というものが関係しています。この金属は鉄でできているのですが、まずは重さをてんびんで測ってみてください。

太郎：ちょうど984ｇでした。

先生：では、この金属の１㎤あたりの重さを求められますか。

太郎：計算すると、1㎤あたり約［　ア　］gになります。

先生：正解です。1㎤あたりの重さのことを密度（みつど）といい、単位はg/㎤(グラム毎立方（まいりっぽう）センチメートル)を使います。また、水は1㎤あたり1gなので、密度は1g/㎤になります。

太郎：もしかして、密度が水より大きいものは沈むのですか？

先生：すばらしい発想です！正確にはものの比重が1より大きいか小さいかで判断できます。ものの比重とは、「ものの密度÷水の密度」で計算できる値（あたい）です。水の密度が1g/㎤なので、鉄の比重は［　ア　］になりますね。

太郎：木材やプラスチックの比重はどれくらいなのですか？

先生：実験で求めてみましょう。**《実験1》**のように、水平に置いた容器に水をいっぱいに入れた後、プラスチックの立体を静かに入れると、プラスチックは浮き、119㎤の水が押（お）しのけられて容器からあふれました。なお、ものが水に浮くとき、「ものの重さ」と「ものによって押しのけられた水の重さ」は等しくなります。

《実験1》

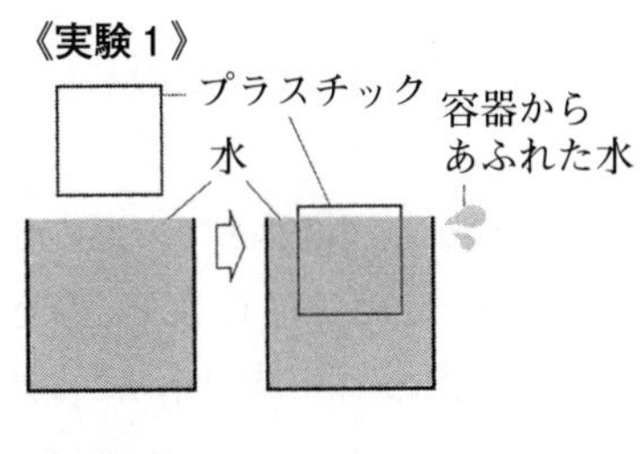

《実験2》

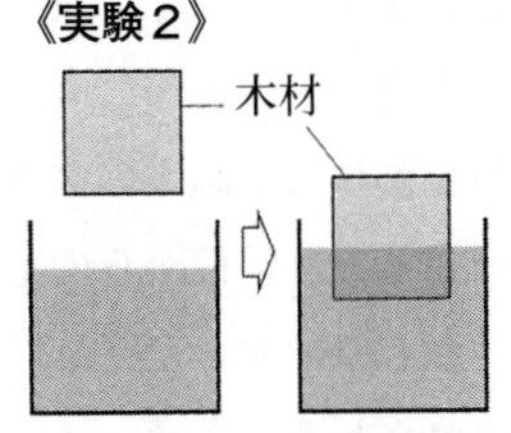

太郎：ということは、プラスチックの比重を計算すると約［　イ　］になりますね。

先生：その通りです。では、木材の比重についても実験してみましょう。**《実験2》**のように、水平に置いた容器に高さ6㎝まで水を入れた後、木材の立体を静かに入れると、水面が0.8㎝上がり、木材は浮きました。aこの結果から、この木材の比重を求められますか。また、木材の比重は、その種類や状態によって異（こと）なるのですが、b太郎さんが求めた比重から、木材の比重をまとめた資料を使って、この木材の種類を予想してください。

太郎：［　X　］。

先生：よくできました。この木材の種類も資料から正しく予想できています。

太郎：ものの浮き沈みと比重の関係がよく分かりました。ところで氷は、もともと水が凍（こお）ったもののはずなのに、どうして水に浮くのですか？

先生：するどい質問ですね！実は水が氷になるとき、重さは変化しませんが、体積が約9％増えます。この値を用いて、氷の比重を計算してみてください。

太郎：比重は約［　ウ　］なので1より小さくなります！氷が水に浮く理由がよく分かりました。

(1) **《実験1》**でプラスチックの立体が浮いている状態において、体積が等しいものの組み合わせと、重さが等しいものの組み合わせを、次のA～Fからそれぞれ記号で答えなさい。

A　容器からあふれた水の体積

B　水に沈んでいる部分の、プラスチックの体積

C　プラスチック全体の体積

D　容器からあふれた水の重さ

E　水に沈んでいる部分の、プラスチックの重さ

F　プラスチック全体の重さ

(2) 会話文中の［　ア　］～［　ウ　］にあてはまる数を答えなさい。ただし、すべて$\frac{1}{1000}$の位を

四捨五入した小数で答えることとします。

(3)　会話文中の X には、木材の比重を求め、木材の種類を予想する説明が入ります。また、右の表は、先生が用意した資料で、様々な木材を乾燥させたときの比重を表しています。

下線部ａと下線部ｂについて、実験で用いた**木材の比重**を求め、**木材の種類が何か**予想しなさい。ただし、ことばと式を使って説明することとします。会話文の形式でなくても構いません。また、木材の比重は$\frac{1}{1000}$の位を四捨五入した小数で答えることとし、木材の種類は、表から予想できるものとして最も適切なものを答えなさい。

木材(植物)	比重
クヌギ	0.86
コナラ	0.78
ヤマザクラ	0.56
アカマツ	0.49
ヒノキ	0.41
スギ	0.34
キリ	0.26

2　学校から図書館までの道のりが1600ｍである一直線の道があり、その途中には公園があります。Ａさん、Ｂさん、Ｃさん、Ｄさんのそれぞれは、学校を出発し、この道を通って図書館へ移動します。次の(1)～(3)の問いに答えなさい。

(1)　ＡさんとＢさんは、同じ日の午前10時ちょうどに学校を出発し、図書館に向かってそれぞれ一定の速さで移動しました。**図１**のグラフは、２人が出発してからの時間x分と学校からの道のりy ｍの関係を途中まで表したものです。ただし、グラフが、目もりの縦線と横線が交わる点を通っていることを、点(・)で表しています。次の会話文は、**図１**のグラフを見てＣさんとＤさんが話し合ったものです。会話文中の下線部ａ～ｄについて、内容が正しいものを**すべて**選び、記号で答えなさい。

図１

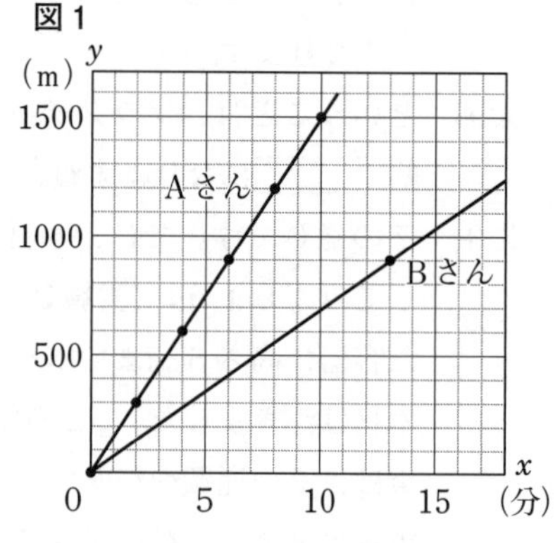

Ｃさん：２つのグラフを見れば、ａ<u>ＢさんよりもＡさんの方が速い</u>ことがすぐ分かるね。
Ｄさん：Ａさんの移動する速さも計算できそうだよ。計算すると、ｂ<u>Ａさんの移動する速さは、分速150ｍ</u>だね。
Ｃさん：すると、ｃ<u>Ａさんが図書館に到着した時刻は午前10時10分30秒</u>ということも計算できるね。
Ｄさん：グラフが途中までしかないから、Ｂさんが図書館に到着した時刻はすぐには読み取れないけど、ｄ<u>Ｂさんが図書館に到着した時刻を求めることはできる</u>ね。

(2)　Ｃさんは、午前10時ちょうどに学校を出発して一定の速さで歩き、学校からの道のりが860ｍである公園でしばらく休みました。その後、公園を出発して一定の速さで走り、10時20分ちょうどに図書館に到着しました。なお、走った速さは、歩いた速さの1.5倍でした。**図２**のグラフは、Ｃさんが移動し始めてからの時間x分と学校からの道のりy ｍの関係を表したものです。ただし、グラフが、

図２

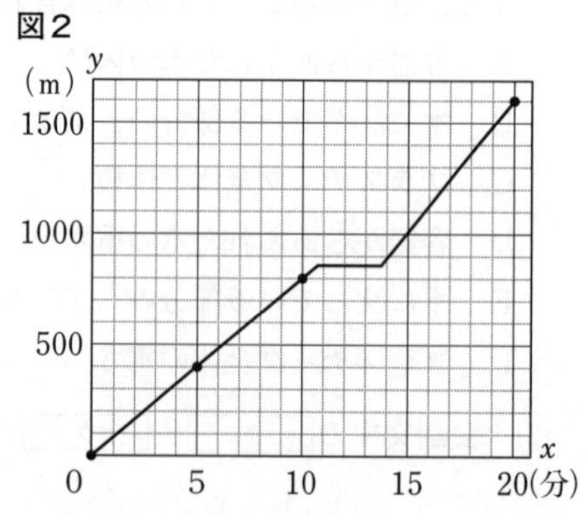

目もりの縦線と横線が交わる点を通っていることを、点(•)で表しています。次の文章中の［　ア　］～［　ク　］にあてはまる数を答えなさい。

> Cさんの歩いた速さは分速［　ア　］mになるので、公園に到着した時刻は午前10時［　イ　］分［　ウ　］秒になります。また、Cさんの走った速さは分速［　エ　］mなので、走った時間は、［　オ　］分［　カ　］秒になります。よって、公園で休んでいた時間は、［　キ　］分［　ク　］秒となります。

(3)　Cさんが(2)のように移動するとき、Dさんは、同じ日の午前10時６分30秒に学校を出発し、自転車を使って一定の速さで図書館に移動したところ、Cさんが公園で休んでいるときに、公園を通過しました。このときのDさんの移動する速さについて、次の文章中の［　ケ　］、［　コ　］にあてはまる数を、それぞれ、$\frac{1}{10}$の位を四捨五入した整数で答えなさい。

> Dさんが分速［　ケ　］mで移動すれば、Cさんが公園に到着したときに公園を通過し、Dさんが分速［　コ　］mで移動すれば、Cさんが公園を出発したときに公園を通過するので、Dさんは分速［　コ　］mから分速［　ケ　］mの間の速さで移動したことになります。

3　真也さんは、水にぬれたタイヤの跡が地面にあるのを見つけ、その跡が途切れて点線のようになっていることに興味を持ちました。そこで、厚さが一定の木の板を様々な半径で円形にくりぬき、**図１**のような円盤を作ることにしました。**図１**のように、円盤の表面を決め、表面に垂直である12本の平行な点線によって、円盤の曲面を12個の区画に等分します。そして、点線、または区画にペンキを塗り、次の《操作Ⅰ》を行います。

図１

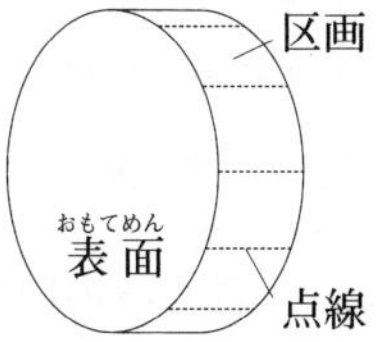

《操作Ⅰ》

> 紙の上で円盤を、表面の方から見て右回りに、すべらないようにまっすぐ転がす

図２

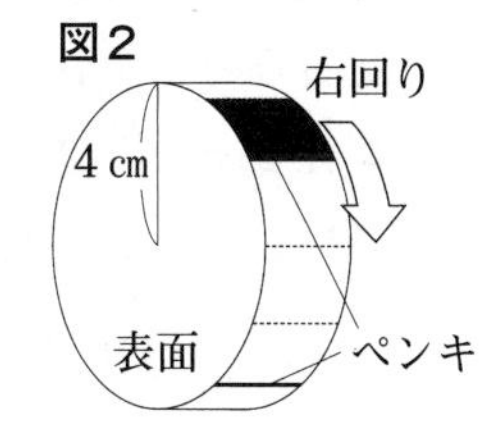

図２は、半径４cmの円盤の１つの点線と１つの区画をペンキで塗った状態を表しています。また、**図３**は**図２**の円盤を表面の方から見た図で、ペンキを塗った点線を•で、ペンキを塗った区画を⌒で表します。この円盤に《操作Ⅰ》を行うと、**図４**のようにペンキが紙につきました。なお、《操作Ⅰ》を行ったときに、円盤のそれぞれの区画が紙と触れる部分を、24個の長方形のマスとして点線で表します。次の(1)、(2)の問いに答えなさい。ただし、円周率を3.14とします。

図３

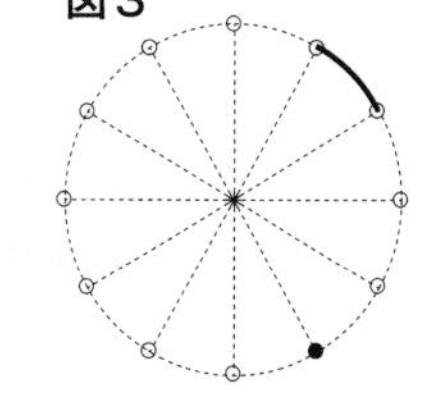

図４

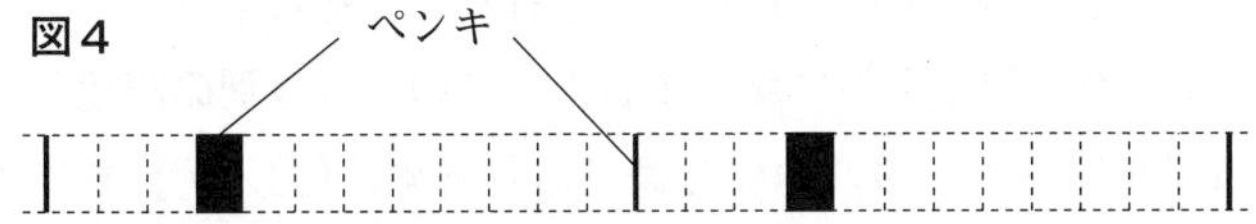

(1)　半径４cmの円盤を新たに作り、１つの点線にペンキを塗り、《操作Ⅰ》を行うと、紙の上に平行なペンキの線が等間隔で並びました。紙の上における隣り合う平行な２本のペンキの線の幅は何cmですか。

⑵　半径４㎝の円盤を新たに作り、１つの点線といくつかの区画にペンキを塗り、《操作Ⅰ》を行うと、**図５**のようにペンキが紙につきました。この円盤にはどのようにペンキが塗られていたか、図にかきなさい。ただし、図にはペンキを塗った点線を１つ•でかいてあります。

図５

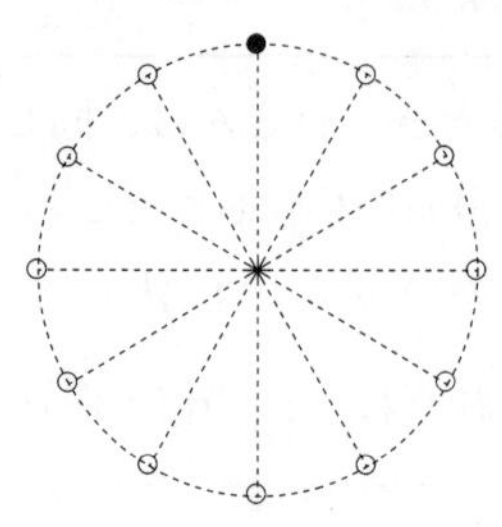

半径の異(こと)なる２つの円盤に対して、次の《操作Ⅱ》を考えます。あとの⑶、⑷の問いに答えなさい。

図６

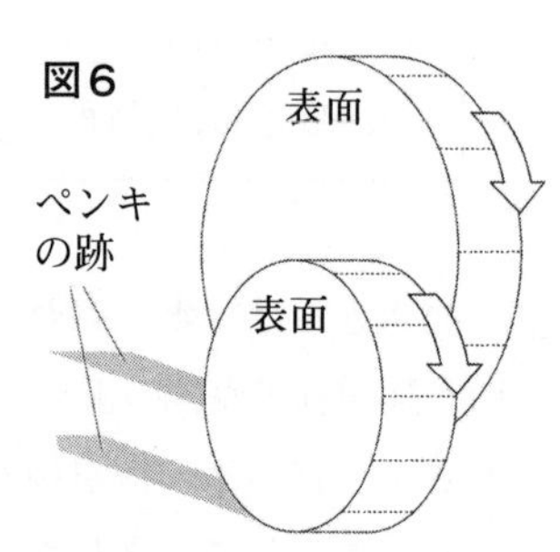

《操作Ⅱ》
図６のように、紙の上で２つの円盤を並べて、それぞれの円盤を表面の方から見て右回りに、すべらないようにまっすぐ80㎝転がす

⑶　半径４㎝の円盤を新たに作り、**図７**のようにペンキを塗ります。また、半径８㎝の円盤を作ってペンキを塗り、この２つの円盤に《操作Ⅱ》を行うと、それぞれのペンキの跡はまったく同じものになりました。半径８㎝の円盤にはどのようにペンキが塗られていたか、図にかきなさい。ただし、図にはペンキを塗った点線を１つ•でかいてあります。

図７

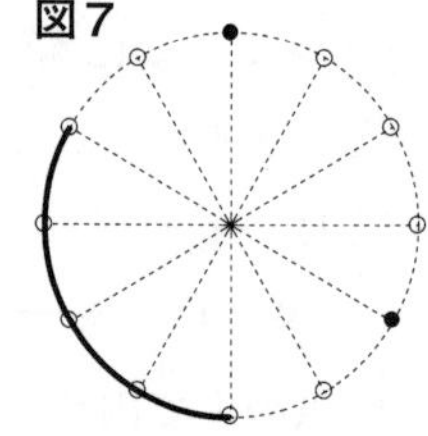

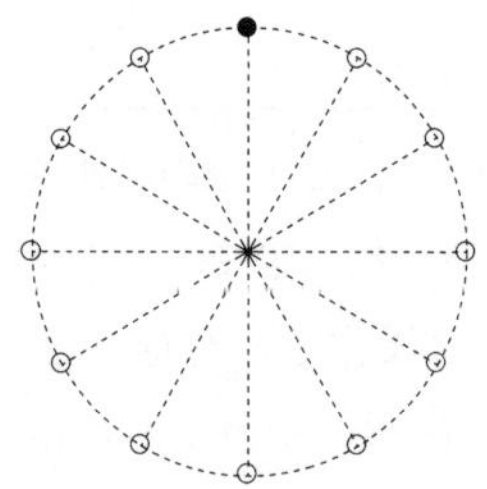

⑷　半径４㎝の円盤を新たに作り、２つの点線にペンキを塗ります。また、半径が８㎝未満である**別の円盤**を作ってペンキを塗り、この２つの円盤に《操作Ⅱ》を行うと、それぞれのペンキの跡は、ペンキの線が等間隔に並ぶまったく同じものになりました。このような**別の円盤**およびペンキの塗り方は、半径４㎝の円盤を用いたものの他に**２通り**あります。**【記入例】**を参考にして、そのような**別の円盤**およびペンキの塗り方を**２通り**、図にそれぞれかきなさい。

なお、【記入例】は、半径７㎝の円盤の１つの点線にペンキを塗る場合について、半径７㎝の円盤を円(○)で、ペンキを塗った点線を点(•)で表しています。ただし、図にかかれている円はすべて中心が同じ点であり、一番外側の円の半径は８㎝で、内側の円は半径が１㎝ずつ異なります。

【記入例】

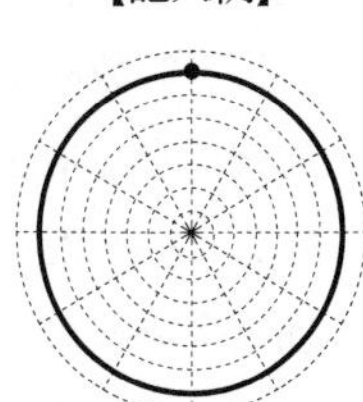

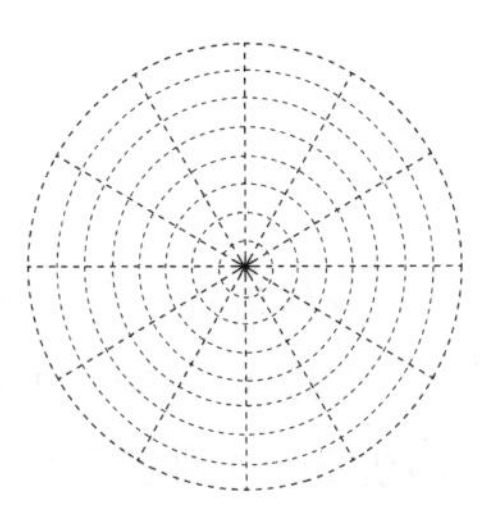

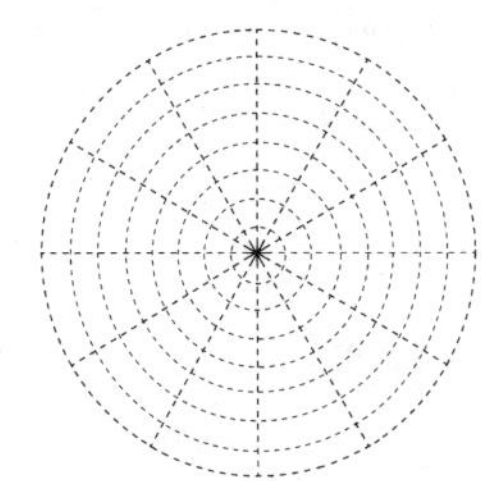

4　次の《会話文Ⅰ》と《会話文Ⅱ》は、それぞれ、航太(こうた)さんと加奈(かな)さんが誕生日(たんじょうび)について話したものです。ただし、《会話文Ⅰ》と《会話文Ⅱ》は、どちらも2023年６月15日にされたものです。２つの会話文を読み、あとの(1)～(4)の問いに答えなさい。

《会話文Ⅰ》

航太：今日６月15日は僕(ぼく)の誕生日なんだ。

加奈：12才の誕生日おめでとう！たしか、誕生日が同じいとこもいたよね？

航太：そうなんだ。僕と同じ2011年６月15日に生まれたいとこが韓国(かんこく)(大韓民国(だいかんみんこく))に住んでいるんだけど、日本と韓国では年齢(ねんれい)の数え方が異(こと)なるから、僕とは違(ちが)う年齢としてあつかわれるんだ。

加奈：どういうこと？

航太：日本では「満年齢(まんねんれい)」という数え方が一般的(いっぱんてき)で、生まれたときが０才で誕生日をむかえるごとに１才年をとるよね。韓国は「数え年(かぞえどし)」という数え方が一般的で、生まれたときが１才で１月１日をむかえるごとに１才年をとるんだって。

加奈：そうなんだ。じゃあ「数え年」の数え方だと、もし12月31日に生まれた赤ちゃんは次の日には［　ア　］才になっているんだね。

航太：うん。ちなみに僕の年齢を「数え年」の数え方で数えると何才かわかる？

加奈：うーん…［　イ　］才だと思う。

航太：そのとおり。数え方が違うとなんだか違和感(いわかん)があるよね。そういえば、いとこから聞いたんだけど、韓国の年齢の数え方が今年2023年の６月28日に、日本と同じ「満年齢」の数え方に変わるんだって。

加奈：じゃあ韓国の人は、６月28日に、急に年齢が変わることになるのか。

航太：うん。ただ、a <u>誕生日によって何才年齢が変化するかが異なる</u>んだよ。

加奈：どう異なるんだろう。考えてみよう。

《会話文Ⅱ》

航太：加奈さんの誕生日はいつだったっけ？

加奈：当ててみてよ。ヒントは、月と日を足した数を考えると、約数の個数が３個になるよ。

航太：月は１から12の整数で、日は１から31の整数だから、b月と日を足した数について考えると、約数の個数が３個になる数は、３つあるね。でも、まだ誕生日はわからないな。

加奈：じゃあ２つ目のヒント。日は２けたの数で約数の個数が２個になるよ。

航太：……だいぶしぼれたけど、まだ誕生日はわからないな。

加奈：最後のヒント。今日６月15日の時点で、「満年齢」の数え方で数えた年齢と「数え年」の数え方で数えた年齢の差は１才だよ。

航太：わかった！［　ウ　］月［　エ　］日だね！

加奈：正解だよ。

(1) 《会話文Ⅰ》中の［　ア　］、［　イ　］にあてはまる数を答えなさい。

(2) 《会話文Ⅰ》中の下線部ａについて、2023年６月28日に韓国の年齢の数え方が「数え年」から「満年齢」に変わることで、韓国において、**誕生日が１月27日**の人、**誕生日が６月27日**の人、**誕生日が12月27日**の人はそれぞれ年齢がどうなるか、次のＡ～Ｅから１つ選び、記号で答えなさい。

Ａ　変化しない　　Ｂ　１増える　　Ｃ　２増える　　Ｄ　１減る　　Ｅ　２減る

(3) 《会話文Ⅱ》中の下線部ｂにあてはまる整数を**３つ**答えなさい。

(4) 《会話文Ⅱ》中の［　ウ　］、［　エ　］にあてはまる数を答えなさい。

課題を発見する
↓
発見した課題の解決に必要な情報を集める
↓
課題の解決に向けて考えを深めたりまとめたりする
↓
新たな課題を発見する

あなたは、このように学習を進めていくためには何が大切だと考えますか。大切だと考えることを、そう考える理由とともに、**三百六十一字以上、四百五十字以内**（一行十五字の原こう用紙に、二十五行以上、三十行以内）で書きなさい。ただし、大切だと考えることは**二つ**までとし、自分自身の体験や、見たり聞いたりした内容を例にあげて書くこと。

〈書き方の注意〉

① 題や氏名は書かないで、一行目から書き始めます。
② 段落（だんらく）を変えるときの残りのマス目は、字数として数えます。
③ 最後の段落の残りのマス目は、字数として数えません。

三字でぬき出して初めの五字をそれぞれ答えなさい。
（注意）句読点（。、）やかぎ（「」）などの記号は、それぞれ字数に数えます。

山本　「こういった問題」とありますが、筆者はこの文章の中で、アボカドに関係して「［あ］」ようだということを先に述べています。それから、段落を分けて、その具体的な内容を次々と挙げています。
川上　そうですね。それまで述べてきた「日本や世界の状況」から「アボカドに関係して生じる問題」に話題をかえる段落と、実際に問題を次々と挙げていく段落というように、段落に役割を持たせて組み立てています。そして、筆者がそれらの問題を述べていく順番は、よく整理されていますね。
山本　はい。それらの問題は、全体を大きく分けると［い］という二つのグループに分けることができます。また、この二つのグループは、一つ目のグループであれば、「生産地域の食文化を脅かしているという問題」と、「生産地域の土地によくない影響を与えているという問題」というように、さらに分けて整理することができます。文章を読むときには、内容を整理しながら読むことが大切ですね。
川上　そうですね。内容を整理するということでは、問題を述べたときのまとめにも注目できます。たとえば、「生産地域の土地によくない影響を与えているという問題」の二つ目として挙げた内容は、「［う］」とまとめています。このように、文章の中で述べたことをまとめながら進めていくという書き方は、自分で書く時の参考になりますね。

ア　アボカドを生産する側に影響を与える問題と、消費する側に影響を与える問題
イ　アボカドの生産や消費を続けることで起こる問題と、やめることで起こる問題
ウ　アボカドを栽培するときに使われる水に関係した問題と、栽培している地域の動植物に関係した問題
エ　アボカドの利用をプラントベースという点から見たときの問題と、健康面から見たときの問題

(5)　――線部④に「よかれと思った選択が、思わぬところでよくない結果をもたらすこともある」とありますが、拡大しているアーモンドの生産では、消費者のどのような「よかれと思った選択」が、どのような「よくない結果」をもたらしていると筆者は述べていますか。どのような面からその選択がよいと思ったのかをふくめ、次の文の空らん［　］にあてはまるように、本文中の言葉を使って、**三十五字以上、四十五字以内**で答えなさい。
（注意）句読点（。、）やかぎ（「」）などの記号は、それぞれ字数に数えます。

［　　　］と筆者は述べている。

三　次の［　］に示したように、課題を発見し、考えを深めていく学習がよく行われます。

とをはっきりさせるもの。

＊脅かされて　あぶない状態にされて。

＊概念　本文では、物事の考え方のこと。

＊灌漑　田畑に必要な水を、ひき入れて使うこと。

＊希釈　水などを加えて、うすめること。

＊地盤沈下　地面がしずんで、地表が低くなること。

＊代替品　ある物の代わりに使う品。

＊動物倫理　人と動物との関係がどうあるべきかについての考え。

(1)　――線部①に「そんな世界の状況」とありますが、筆者が、日本や世界の状況として述べている内容として適切なものを、次のア～オから**二つ**選び、記号で答えなさい。

ア　アボカドはビタミンやミネラルを多く含んでいて、美容や健康によい食材であるというイメージをもたれ、アボカドを使って作ったメニューも人気があり、日本での需要が高まった。

イ　メキシコは、中央アメリカ地域の中で最大のアボカド生産国であり、メキシコで生産されたアボカドの半分以上が日本に運ばれ、おしゃれなカフェでワカモレをつくるために使われている。

ウ　日本では、バレンタインデーのたった1日だけで、侮れないほどたくさんの量のアボカドが消費されており、そのおかげで、アボカドを生産しているメキシコの全ての農家の生活が大変豊かになった。

エ　アメリカでは、スーパーボウルという大きなイベントと関連付けられる食材になるなど、アボカドがアメリカ文化に入り込んでおり、一人あたりにすると年間3・8キログラムも消費している。

オ　中央アメリカ地域はアボカドの原産地とされ、紀元前に栽培をしていた痕跡があるが、今も多く消費されており、アメリカで生産されるアボカドの大部分が中央アメリカ地域に輸出されている。

(2)　――線部②に「単純に比較すると、バナナの2倍以上、トマトの10倍近くも水を飲むのだ」とありますが、この部分の表現の説明として最も適切なものを、次のア～エから**一つ**選び、記号で答えなさい。

ア　飲み水にもなる地下水がアボカドの生産ではほとんど使われていないことを、くわしい数字を使って伝えている。

イ　大きな数字を使って述べたことを、2や10という数字に整理することで、バナナが多くの水分をふくむことを印象づけている。

ウ　アボカドが生育のために多量の水を必要とすることを、アボカドを人間のようにたとえて表現している。

エ　アボカドを育てる人が多くの水を飲むことを、トマトの場合と比べて印象づけ、生産の大変さに目を向けさせている。

(3)　空らん［a］、［b］に入る言葉の組み合わせとして最も適切なものを、次のア～エから**一つ**選び、記号で答えなさい。

ア　a　たとえば　　b　なぜなら

イ　a　たとえば　　b　さらに

ウ　a　しかし　　b　ところが

エ　a　しかし　　b　また

(4)　――線部③に「こういった問題は、何もアボカドに限ったことではなく多くの食品に関して起こっている」とありますが、筆者の文章の組み立て方や「問題」の述べ方について、山本さんと川上さんが話し合っています。次の会話文の空らん［あ］～［う］にあてはまる内容として最も適切なものを、それぞれ答えなさい。ただし、［あ］については本文中から**十六字でぬき出して初めの五字**を、［い］についてはあとのア～エから**一つ**選んで記号で、［う］については本文中から**三十**

ミチョアカン州でも、世界的な需要に応えるように生産が拡大し、もはや雨水だけではまかないきれない。河川や地下水の過剰利用による水不足が懸念されている。

　また、農地拡大による森林伐採も問題になっている。お金になるとわかったら、もっと畑を広げて生産量を増やそうと考えるものだ。ミチョアカン州では、毎年6000～8000ヘクタールの森林が伐採されてアボカド畑に転換されていると連邦環境保護監査局（PROFEPA）が2016年に発表した。一方でメキシコという国は、その気候と地形から世界有数の生物多様性を誇る豊かな国で、世界の動物種の約10パーセントが生息すると推計されている。つまり、アボカド栽培拡大の代償として、多様な生物のすみかであり、国の財産といえる森林が失われていっているのだ。

（中略）

　では我々がアボカドを買うのをやめればよいかといったら、そういう単純な話でもないように思う。おいしいし、健康そうだし、カフェメニューのアボカドは客を惹きつける材料だ。［ｂ］近年増えているプラントベース（植物由来）のケーキやお菓子でも、卵や乳製品の代わりにアボカドがよく使われ、ますます食ビジネスでは重要な食材になってきている。加えて、メキシコのアボカド栽培に従事しているのは低所得者層が多く、単にアボカド需要を途絶えさせることはその人たちの生計を脅かすことになるという面もある。

　さらに強調したいのは、③こういった問題は、何もアボカドに限ったことではなく多くの食品に関して起こっているということだ。世界中で大豆需要が高まっているが、その世界的産地であるブラジルでは大豆畑を拡大するためにアマゾンの森林が伐採され、2019年以降熱帯雨林火災が急増している。大豆需要の背景にあるのは、中国等の経済発展により肉食が増えて飼料用大豆粕が必要になっていることもあるが、大豆ミートなどのプラントベース食品の需要が世界的に高まっていることも無視できない。たとえば環境配慮から牛乳を植物性ミルクに切り替える人もいるが、アーモンドミルクの原料となるアーモンドも水を多く必要とする作物で、世界の生産量の8割を生産するアメリカ・カリフォルニア州では、過度な地下水の汲み上げにより＊地盤沈下が加速している。

　大豆ミートもアーモンドミルクも、肉や乳への＊代替品という面があるが、果たして従来の＊畜産よりましといえるのだろうか。

　④環境や健康や動物倫理の観点から、よかれと思った選択が、思わぬところでよくない結果をもたらすこともある。何か一つやめたらいいというシンプルな話ではない。食の社会課題に万能薬はないけれど、食べるものの先への想像力を、持っていたい。

（岡根谷実里『世界の食卓から社会が見える』〈大和書房〉による）

〈注〉

＊紀元前　西暦1年（紀元）よりも前。現在は西暦2024年。

＊需要　必要とするものを求めること。

＊右肩上がり　時間がたつにつれて増えていること。

＊ヒスパニック系住民　メキシコなどのスペイン語を話す地域から来た人やその子孫である住民のこと。

＊ワカモレ　アボカドをつぶして味付けした食品。メキシコ料理で作られる。

＊拍車をかけて　進行を速くさせて。

＊侮れない　軽く見ることができない。

＊潤って　豊かになり、ゆとりができて。

＊礎　もとになる大切なもの。

＊アイデンティティ　そのものが他とはちがう独自のものであるというこ

人にとっても、アボカドは重要なものだったようで、マヤ暦のカレンダーの14番目の月を表す文字はアボカドをかたどっている。大航海時代を経て、世界中にアボカドが広まった21世紀の今も、生産は依然中央アメリカ地域に集中。中でもメキシコは約3割とナンバーワンの生産量を誇り、日本で売られているアボカドは約9割がメキシコ産だ。

日本での*需要は*右肩上がりで、2008年からの10年間で輸入量は約3倍にもなった。不飽和脂肪酸やビタミン・ミネラルを多く含み、「森のバター」と呼ばれるくらい、美容健康によいというイメージで定着。女性を中心に人気が増し、おしゃれなカフェの必須アイテムのような食材になった。

需要の高まりは、日本だけではなく世界的なものでもある。特に、メキシコのアボカド輸出量の8割を占めるアメリカの伸びは凄まじく、2000年からの20年間で消費量は4倍になり、輸入割合も4割から9割に上昇。今や一人あたり年間3・8キログラムも消費している。

主な要因は、健康志向やヒスパニック系住民の増加とされる。うそのような話だが、「*スーパーボウルを観戦しながら*ワカモレを食べる習慣が定着したこと」も需要増加に*拍車をかけているという。スーパーボウルとは、国民的スポーツであるアメリカンフットボールの決勝戦のこと。フットボールファンでなくても友人や家族とテレビ観戦するほどビッグイベントなのだそうだが、試合が行われる日曜日の週末だけで約6000トンのアボカドが食されるとカリフォルニア・アボカド委員会は発表している。たった1日ではあるが、たった1日の威力は、日本のバレンタインデーを見てもわかるように*侮れない。何にせよ、それほどまでにアメリカ文化に入り込んでいるのだ。

①そんな世界の状況を知ると、メキシコのアボカド農家はさぞ儲かっているだろうと思えてくる。農家は暮らしがよくなり、経済も*潤って、よいことばかりではないか。ところが現実は難しくて、むしろ逆にさまざまな社会問題が生まれているようなのだ。

アボカド農家としては、同じものを生産するならば、高く買ってくれる人に売りたい。そこで、大きくて質の高いアボカドは、アメリカや日本などの国々に輸出され、地元の食卓には〝残り物〟しか行き渡らないという状況が起こっている。(中略)

メキシコのアボカドは、古代文明の時代から食べられてきて、地域の食文化の*礎を成すものだ。食は*アイデンティティといわれるし、それほど重要な食材が*脅かされているというのは、心穏やかではいられない。

さらに深刻な問題は、将来にわたっていいアボカドが食べられなくなる可能性があるということだ。過剰な耕作は土地を劣化させ、その変化は巻き戻しできるものではない。

たとえば、水資源問題。アボカドは、生育に多量の水を必要とする植物だ。アボカドの果実1キログラムを収穫するのに必要な水の量は、約1981リットルにもなるという。モノやサービスを消費する過程で使用された水の総量を測るこの*概念をウォーターフットプリントというが、内訳は、グリーンウォーター(雨水など植物に自然に取り込まれる水)が849リットル、ブルーウォーター(地下水や河川・湖の水など*灌漑のために汲み上げて使われる水)が283リットル、そしてグレーウォーター(肥料や農薬により汚染された水を無害なレベルまで*希釈するのに必要な水)が849リットルだ。数字が大きすぎてよくわからないけれど、②単純に比較すると、バナナの2倍以上、トマトの10倍近くも水を飲むのだ。

それゆえに、アボカドが栽培できる土地は限られ、メキシコのアボカド生産量の約8割は中西部のミチョアカン州に集中している。［a］その

＊アプローチ　学問・研究で一定の対象に迫る方法。

(1)　――線部①の「つぶさに」の意味として最も適切なものを、次のア～エから一つ選び、記号で答えなさい。

ア　適切に　　イ　早めに　　ウ　わかりやすく　　エ　くわしく

(2)　――線部②にあるように筆者は「これにて一件落着！　とはならない」として、ここで研究を終えずに、さらに研究を続けました。どのような疑問が出てきたから、研究を続けたのですか。次の文の空らん□にあてはまるように、本文中の言葉を使って、**二十字以上、三十字以内**で答えなさい。

（注意）句読点（。、）やかぎ（「　」）などの記号は、それぞれ字数に数えます。

はやにえが冬の保存食であるなら、□という疑問。

(3)　本文中に見られる筆者の調査や実験のしかたについて説明したものとして最も適切なものを、次のア～エから一つ選び、記号で答えなさい。

ア　疑問やわからないことは、本や資料を使って細かく調べ、解決するようにしている。

イ　一つの疑問が解決すると、モニタリングをやめて、その疑問とは別の疑問を探している。

ウ　調査をして出た結果とその理由の関係がわからない場合は、実験を行い検証している。

エ　仮説に対して、先行研究をふまえず、調査・実験をし、結論を見い出している。

(4)　筆者が行った調査や実験で初めて明らかになったこととして最も適切なものを、次のア～エから一つ選び、記号で答えなさい。

ア　モズのはやにえは、なわばりを主張するマーキング行動だということ。

イ　モズのはやにえは、繁殖相手の獲得に成功するための行動だということ。

ウ　モズのはやにえは、歌の上手なオスがエサのよいなわばりを偶然手に入れたとき、たくさん貯えられるものであるということ。

エ　モズのはやにえは、冬の保存食であり、越冬のための貯食は、モズ以外の鳥類にも見られる習性だということ。

(5)　本文の内容として適切なものを、次のア～オから**二つ**選び、記号で答えなさい。

ア　モズは2～5月の繁殖シーズンに、メスをめぐって激しいなわばり争いを行う。

イ　モズは貯えたはやにえを、1月中に最も消費し、繁殖シーズンに備えている。

ウ　モズは本格的に寒くなる12～2月の間に、はやにえを集中的に生産する。

エ　モズは肉食性の小鳥だが、冬の間は保存食として植物の実を好んで多く食べる。

オ　モズははやにえをたくさん消費することによって、速く歌えるようになる。

□二　次の文章を読んで、あとの(1)～(5)の問いに答えなさい。

（注意）＊のついている語句の説明が文章のあとにあります。

アボカドの原産地は、メキシコ南部の中央アメリカ地域とされていて、紀元前にはすでに栽培が始まっていた痕跡がある。古代文明を築いたマヤ＊

りの中で活発に歌い始めます。私の*先行研究で、早口で（＝速い歌唱速度で）歌うオスほどメスからモテること、体調のよかったオスほど早口で魅力的に歌えることがわかっていました。

　そこで私は、はやにえの第二の役割として、「オスははやにえを食べることで、歌声の魅力を高められる？」という大胆な仮説を思いつきました。

　この仮説を検証するため、はやにえのモニタリング調査と並行して、繁殖シーズンにはオスの歌声の録音も行ない、はやにえの消費数とオスの歌唱速度（歌声の魅力の指標）の関係を調べてみました。すると、おもしろいことがわかってきたのです。

　なんと！　予想どおり、はやにえを多く消費したオスほど、歌唱速度の速い魅力的な歌声をもつことが明らかになったのです。この結果には椅子から転げ落ちるほど驚きました。しかし、注意しなければならないのは、因果関係（はやにえを食べたことが原因となり、歌が上手になったのか）は本当のところはわからない点です。もしかすると、歌がはじめから上手なオスがいて、エサのよいなわばりを偶然手に入れて、はやにえをたくさん貯えられただけかもしれません。そこで、私は実験による*アプローチでこれを再検証することにしました。

　実験では3つのオスのグループを用意しました。オスのなわばりからはやにえを取り除いた「除去群」、はやにえに手を加えなかった「対照群」、はやにえの通常の消費量の3倍相当のエサをオスに与えた「給餌群」です。もしはやにえの消費が歌の魅力のアップに重要ならば、グループ間で歌唱速度が大きく異なるはずです。

　その結果、対照群に比べて、除去群のオスは歌唱速度が遅くなり、メスと結婚できなくなったのに対して、給餌群のオスは歌唱速度が速くなり、メスと早く結婚できるようになったのです。つまり、モズのはやにえは「プロポーズを成功させるための栄養補給食」の役割をもつことが、これではっきりとしました。

　貯食は多くの鳥類に共通する行動であり、多数の研究例があります。これまでは、貯食はエサ不足を補うことで生存率を高める行動として、主に解釈されてきました。モズのはやにえにも同様の役割がありました。さらに今回の発見で、繁殖相手の獲得を成功させるための役割も併せもつことが、世界で初めて明らかになりました。

　生きものの究極的な目的は、自分の遺伝子つまり子孫を多く残すことです。それには、繁殖を迎えるまで生き残ることと、繁殖相手をうまく見つけることの両方を達成せねばなりません。モズのはやにえは、まさにその「生存率の向上」と「繁殖相手の獲得」をうまく達成させられるように進化した行動だったのです。

（西田有佑「モズのはやにえの不思議」上田恵介監修
『日本野鳥の会のとっておきの野鳥の授業』〈山と溪谷社〉による）

〈注〉

*はやにえ　モズ科の小鳥が木々の枝先などに刺しておいた獲物や、そのような獲物を刺す行動のこと。
*解釈　物事や文章などの意味・内容を自分なりに理解すること。
*誇示する　見せびらかす。
*繁殖　動物や植物が子孫を増やすこと。
*鉄条網　鉄線で作られた柵。
*杭先　地中に打ち込んで目印や支柱にする棒の先。
*モニタリング　定期的に観察・記録すること。
*肝心　最も大切なさま。
*先行研究　以前に行われた研究のこと。

〈適性をみる検査Ⅰ〉　—50分—

一　次の文章を読んで、あとの(1)～(5)の問いに答えなさい。

（注意）　*のついている語句の説明が文章のあとにあります。

モズが*はやにえをつくる理由は、これまでさまざまな*解釈がなされてきました。例えば、なわばりを主張するマーキング行動であるとか、なわばりのエサの豊富さを*誇示するための行動、獲物を食べている途中で放置しただけでとくに意味のない行動などです。その中でも、とくに人気のあるのが「冬の保存食説」です。この仮説では、モズはエサの少ない冬を乗り越えるためにはやにえを貯える、と解釈されています。

エサを貯える習性は専門的には「貯食」といい、越冬のための貯食はモズ以外のさまざまな鳥類で知られています。例えば、ヤマガラやホシガラス、カケスなどは、木の実を樹皮の割れ目や土の中などに貯えて、冬にこれを食べ物として利用します。

はたして、モズのはやにえにも同様の役割があるのでしょうか。（中略）

もし、はやにえが冬の保存食ならば、モズは気温の低い（＝エサの少ない）時期にはやにえを活発に消費するはずです。そこで、この予想を確かめるため、私ははやにえの生産や消費の時期を①つぶさに観察することにしました。

調査地は大阪府南部の里山で、私がモズの生態調査を長年してきた場所です。モズは9月ごろにここに渡ってきて、越冬のためのなわばりを巡って争い始めます。10月になるとなわばり争いも落ち着き、モズはなわばりの中にはやにえをせっせと貯えるようになります。はやにえの生産は越冬シーズン（10～1月）後の*繁殖シーズン（2～5月）にも続いていく可能性があったため、はやにえ調査は10～5月に月1回の頻度で行ないました。

調査方法はいたってシンプルです。なわばりの中にある木の枝先や*鉄条網、農作用の*杭先などをすべて見て回り、はやにえの生産時期と消費時期をひたすらモニタリングするだけです。約２１００個のはやにえをモニタリングした結果、おもしろいことがわかってきました。

まず、はやにえの生産時期についてですが、モズは本格的に寒くなる前の時期である10～12月に、はやにえを集中的に生産することがわかりました。月々の平均生産数は約40個で、合計１２０個ほどのはやにえがオスのなわばりに貯えられることになります。モズは1日あたり10個程度のエサを食べるため、貯えたはやにえは単純計算で、12日分のエサに相当すると考えられます。

次に、*肝心のはやにえの消費時期についてです。モズは貯えたはやにえを、繁殖シーズンが始まる前までに食べ尽くしました。月々のはやにえの消費数は、気温が低くなるにつれてどんどん増えていき、もっとも寒い1月にピークに達していました。これはつまり、モズが真冬のエサ不足を補うためにはやにえを貯えていたことを示しています。

モズが真冬に何を食べているかを、彼らの吐き戻した物から調べた過去の研究によると、冬には植物の実を多く食べていることがわかっています。モズは肉食性の小鳥です。普段は食べない植物の実に頼らねばならないほど、エサが不足しているのでしょう。つまり、はやにえは真冬の貴重なエネルギー源だったのです。

②これにて一件落着！　とはならないのが、研究のおもしろいところです。私はひとつ不思議なことに気づきました。はやにえの主な役割が冬の保存食ならば、1月と同じくらい寒い2月に、なぜはやにえがもっと多く消費されなかったのでしょうか。もしかすると、はやにえには「冬の保存食以外」の役割もあるのかもしれません。（中略）

モズのオスは繁殖シーズンになると、メスの気を引こうとして、なわば

京都市立西京高等学校附属中学校

（編集部注：掲載にあたりレイアウトなどの一部改変を行っています。）

〈適性をみる検査Ⅱ　※適性をみる検査Ⅰは641ページから掲載しています。〉　—50分—

【問題１】 以下の問いに答えなさい。

(1) 次の京太さんと店員さんの会話文を読み、文章中の空らんに当てはまるシャツの定価を求めなさい。ただし、消費税は考えないものとします。

店員　定価□円のシャツが、割引キャンペーン中につき20％引きになります。会員カードをお持ちでしたら、この割引後の金額からさらに10％引きになる会員サービスがあるのですが、会員カードをお持ちですか。

京太　いえ、持っていません。

店員　今、100円で会員カードを作成すると、今日から会員サービスが適用されますよ。会員カードをお作りしますか。

京太　お願いします。

店員　かしこまりました。それでは、会員カードも発行いたしますので、シャツの代金と合計で6,220円です。

(2) 次の計算をしなさい。

$$4.5\times\frac{8\times10\times12}{9\times11}\times\left(\frac{1}{20}+\frac{1}{24}\right)\div\left(\frac{1}{22}-\frac{1}{23}\right)$$

(3) １辺の長さが６㎝の正方形ＡＢＣＤがあります。次の【図１】のように正方形ＡＢＣＤをいくつかの正方形に分けて、それらの頂点を中心とし、正方形の１辺の長さを半径とした円の一部と、正方形を組み合わせて模様をつくりました。このとき、色のついた部分の面積を求めなさい。ただし、円周率は3.14とします。

【図１】

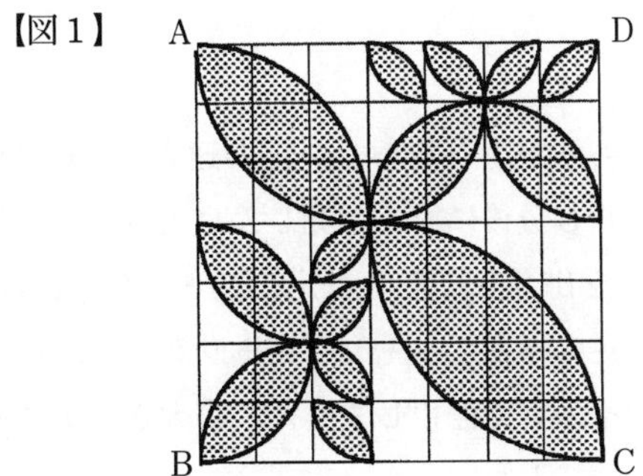

(4) 【図２】のように、１目もりが１㎝の方眼紙から紙を切り取りました。この紙を回転させたり裏返したりしながら何枚か並べて図形を作るとき、次のア～エの中には１つだけ作ることができない図形があります。ア～エの中から作ることができないものを１つ選びなさい。

【図２】

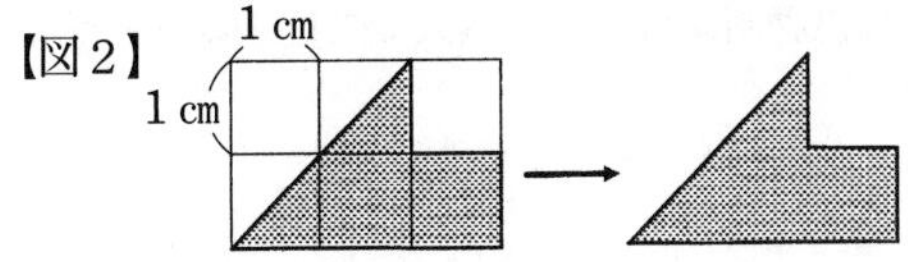

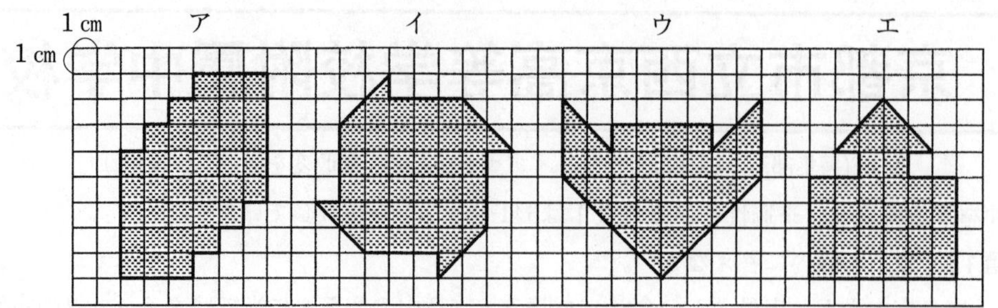

(5)　マイケルさんは、京都市のある年の10月の31日間について、１日の平均気温を小数第１位まで調べて資料にまとめ、その資料をもとに【図３】の柱状グラフと【表１】の度数分布表を作成しました。また、マイケルさんの資料によると、この10月の１日の平均気温の最頻値は19.4度でした。このとき、マイケルさんの調査からわかることとして適切なものを次のア～エからすべて選びなさい。

ア　この10月の、１日の平均気温の最頻値よりも、中央値のほうが値が大きい

イ　【表１】の度数分布表の空らん［　②　］に当てはまる数は、７である

ウ　この10月の、１日の平均気温が19.0度以上の日数は、全体の日数の40％以上を占める

エ　この10月の、１日の平均気温の最小値は12.4度だった

【図３】

(日)
9 8 7 6 5 4 3 2 1 0
10 12 14 16 18 20 22 24 26 28 (度)

【表１】

１日の平均気温(度)	日数(日)
10.0以上13.0未満	0
13.0 ～ 16.0	［　①　］
16.0 ～ 19.0	［　②　］
19.0 ～ 22.0	9
22.0 ～ 25.0	2
25.0 ～ 28.0	［　③　］
計	31

【問題２】　京太さんは、家からキャンプ場へ、一定の速さで歩いて向かいます。またドローン＊が、京太さんが家を出発してから８分後に家を出発し、京太さんと同じルートを通ってキャンプ場へ向かいます。ドローンは家を出発してから一定の速さで飛び、家を出発してから10分後に速さを切り替え、そこからは一定の速さでキャンプ場へ向かいました。しかし、ドローンは途中で電池が切れて動かなくなり、その場で停止しました。京太さんがキャンプ場に着いたのは、ドローンの電池が切れてから12分後でした。

次のグラフは、京太さんが家を出発してからキャンプ場に着くまでの時間と、京太さんとドローンの間の距離を表したものです。このとき、以下の問いに答えなさい。ただし、電力不足によるドローンの速度の変化はありません。

＊ドローン…遠隔操作または自動制御により、無人で飛行することができる航空機

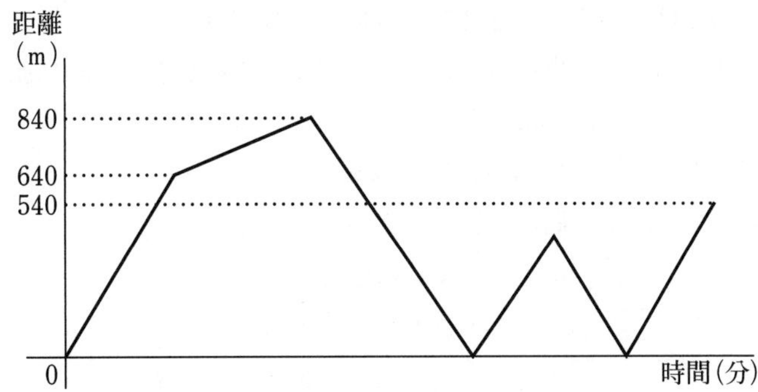

(1)　京太さんの歩く速さは分速何mですか。

京太さんが出発してから20分後、京太さんとドローンの間の距離は700mでした。

(2)　京太さんが家を出発してから20分後に、よりキャンプ場に近いのは京太さんとドローンのどちらですか。

また、そのときのドローンの速さは分速何mですか。

(3)　ドローンが停止したときの、京太さんとドローンの間の距離を求めなさい。

(4)　都さんは、電池が切れたドローンを回収するために、キャンプ場を出発しました。都さんが京太さんと同じルートを分速75mの一定の速さで進んだとき、都さんはキャンプ場を出発してドローンが停止している地点に到着するまでに何分何秒かかりますか。

(5)　ドローンの電池が切れた場所は、家から何mの場所ですか。

【問題3】　京太さんとアナさんは、数字が書かれたカードについて、話をしています。

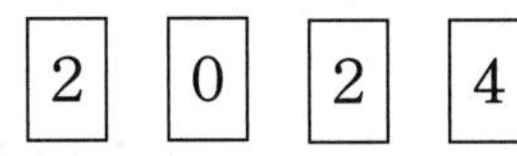

京太　[2]・[0]・[2]・[4]の4枚のカードを使って、数を作ってみよう。どんな数が作れるかな。

アナ　この4枚のカードを左から順に並べて数を作るとき、最も小さい数は「0224」で、最も大きい数は「4220」になるね。

京太　作ることができる数を、小さい順に並べていくと、
1番目は「0224」で、2番目は「0242」で、
このとき「2024」は[　①　]番目になるよ。

アナ　では、ここからカードを増やしてみましょう。

アナ　[0]・[2]・[4]の3種類のカードを4枚ずつ準備したよ。
このうち、4枚のカードを使って、数を作りましょう。今度は、最も小さい数は「0000」で、最も大きい数は、「4444」になるね。

京太　作ることができる数を小さい順に並べていくと、「2024」は[　②　]番目になるね。

アナ　ちょっとカードを減らしましょうか。

アナ　0・2・4の３種類のカードを２枚ずつに減らしてみたわ。

京太　このうち、４枚のカードを使って作ることができる数を小さい順に並べていくと、１番目の数は「[　③　]」になるよ。

アナ　そして、「2024」は[　④　]番目になるね。

この会話文を読んで、以下の問いに答えなさい。

⑴　会話文中の空らん[　①　]に当てはまる数を答えなさい。

⑵　会話文中の空らん[　②　]に当てはまる数を答えなさい。

⑶　会話文中の空らん[　③　]・[　④　]に当てはまる数を答えなさい。

A・B・Cの３種類のカードを３枚ずつ使い、左から順に並べることで３文字の文字列を作ります。このときにできる文字列をアルファベット順に並べるとき、１番目の文字列は「ＡＡＡ」、２番目の文字列は「ＡＡＢ」、３番目の文字列は「ＡＡＣ」、４番目の文字列は「ＡＢＡ」です。

【参考】　アルファベット順

A B C D E F G H I J K L M N O P Q R S T U V W X Y Z

E・N・R・Tの４種類のカードを２枚ずつ、計８枚を用意します。この中から、５枚のカードを選んで、左から順に並べて文字列を作ります。

⑷　作った文字列をアルファベット順に並べます。このとき、１番目の文字列は「ＥＥＮＮＲ」で、２番目の文字列は「ＥＥＮＮＴ」です。このとき、10番目の文字列を答えなさい。

⑸　⑷のとき、「ＥＮＴＥＲ」は何番目の文字列かを答えなさい。

【問題４】　立方体のブロックがあります。ブロックは【図１】のように２色に塗り分けてあり、色の境界となる線は立方体の辺を二等分する点を通っています。このとき、以下の問いに答えなさい。

【図１】

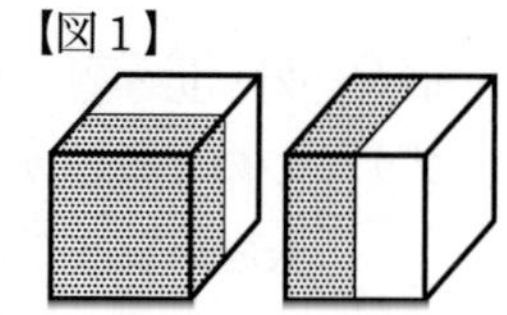

⑴　次の【図２】は、ブロックの展開図です。この展開図の太枠で囲まれた２面に色の境界となる線をかき入れて色を塗り、ブロックの展開図を完成させなさい。ただし、図の○は立方体の辺を二等分する点を表します。

【図２】

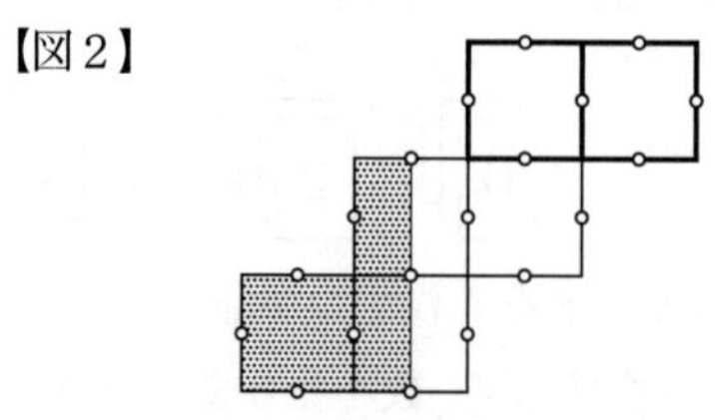

⑵　いくつかのブロックの面と面をぴったりとくっつけて、立体を作ります。作った立体を床の上に置き、前、後、左、右の４方向から観察します。【図３】のようにブロックを４つ組み合わせて観察すると、どの４方向から見ても、【図４】のように見える面の形はどれも合同で、色の塗り方も同じ状態になっています。

【図３】　　　　　　　　　　　　　　　　　　　【図４】

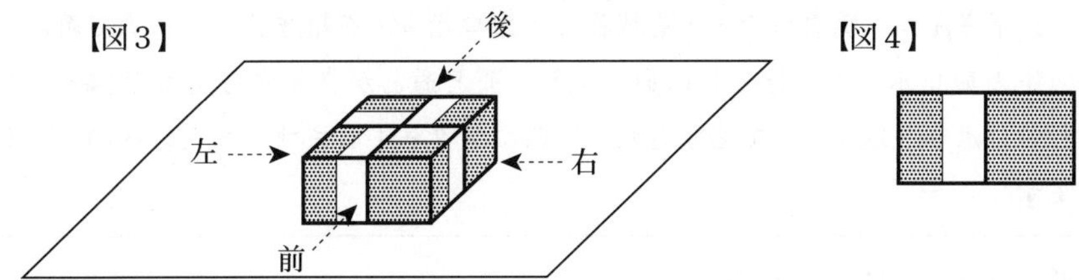

ブロックの置き方によって、【図３】のように、どの４方向から見ても、見える面の形はどれも合同で、色の塗り方も同じ状態になるものを、次のア～エの中から１つ選びなさい。ただし、１つのブロック以外は、面の線や色はかいていません。

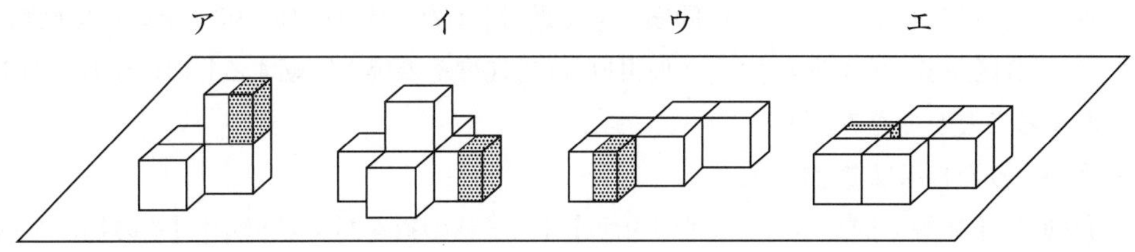

ブロック８つの面と面をぴったりとくっつけて、大きな立方体のさいころを作ります。このとき、ブロックの半分が塗られていたら１、全部が塗られていたら２とし、大きな立方体の面の塗られ方の合計でさいころの面の数を決めます。たとえば、さいころの正面から見た図が【図５】のようであれば、この面の数は２＋１＋１＋０＝４となります。

【図５】

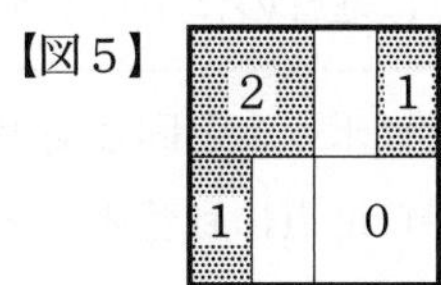

(3)　大きな立方体のさいころの和について書かれた次の文章の空らん［　①　］・［　②　］に当てはまる数を求めなさい。

『大きな立方体のさいころの６つの面の数の和が最大になるとき、その和は［　①　］です。また、６つの面の数の和が最小となるとき、その和は［　②　］です。』

(4)　次の【図６】のように、大きな立方体の３つの面の数が６・４・４であるさいころがあります。残りの３つの面の数の組み合わせとして、考えられるものをア～カからすべて選びなさい。

【図６】

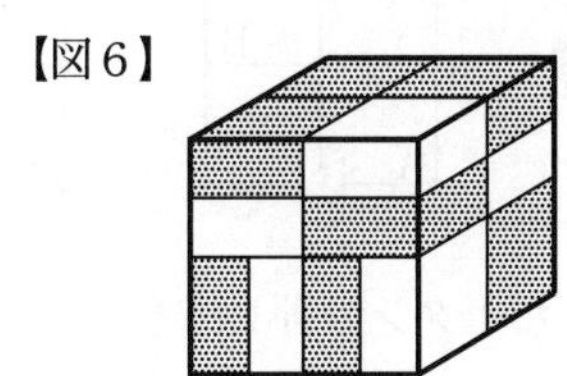

ア　６・５・４　　イ　６・４・４　　ウ　５・５・４
エ　５・４・４　　オ　５・４・３　　カ　４・４・４

(5)　大きな立方体のさいころの面の数に８を含(ふく)まないようにさいころを作ります。このとき、大きな立方体の６つの面の数の和が最大となる面の数の組み合わせとして考えられるもののうち、面の数に１つだけ７を含むものをすべて答えなさい。ただし、(例)にならって面の数の大きい順に答えること。

(例) ６・４・４・４・４・０

【問題５】 京子さんは、勇者ロボットを操作して鬼(おに)ロボットを捕(つか)まえるゲームで遊んでいます。勇者ロボットと鬼ロボットは格(こう)子状の道の上や、道と道とが交差する交差点(●)の上を動きます。それぞれのロボットはマークで表示され、同時にスタートします。また、次のような特徴(ちょう)をもって動きます。

<勇者ロボット：マーク△> ・A地点からスタートする。最初に向いている方向は矢印で表示される。 ・４つのボタン①、②、③、④の組み合わせにより、指示を与えることができる。１秒間に１つのボタンの指示を実行し、完了すると次のボタンの指示を実行する。 ・進行方向に対して、「①：１区間まっすぐ進む」「②：時計回りに90度その場で回転する」「③：３区間まっすぐ進む」「④：時計回りに270度その場で回転する」のいずれかの指示を与えることができる。 ・次のような指示はできない。 【２回以上連続で同じボタンを押す指示】【格子状の道を越(こ)える指示】【その場に２秒以上とどまる指示】
<鬼ロボット：マーク■> ・B地点からスタートし、あらかじめ決まった道順の矢印に沿って進んで、C地点で動きを止める。 ・交差点(●)から次の交差点(●)に進むのに１秒かかり、方向転換(かん)には時間を要さない。

勇者ロボットが、同じ時間に、鬼ロボットと同じ交差点の上に止まれば、鬼ロボットを捕まえたことになりますが、鬼ロボットがC地点に到(とう)着するまでに勇者ロボットが捕まえることができなければ、ゲームオーバーとなります。

【図１】は、京子さんが３回ボタンを押して、スタートしてから３秒後に鬼ロボットを捕まえた様子を表しています。

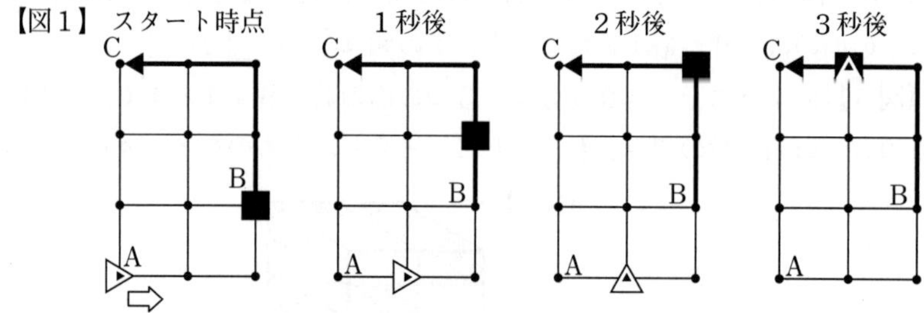

(1)　【図１】で、京子さんが押したボタンの押し方を答えなさい。

(2)　次の【図２】のような格子状の道において、京子さんは勇者ロボットに対して「②→①→③→④→①」と５回ボタンを押して指示を与えました。このとき、勇者ロボットがA地点からスタートして５秒後に到着する交差点として適切な場所をア～カから１つ選びなさい。

【図２】

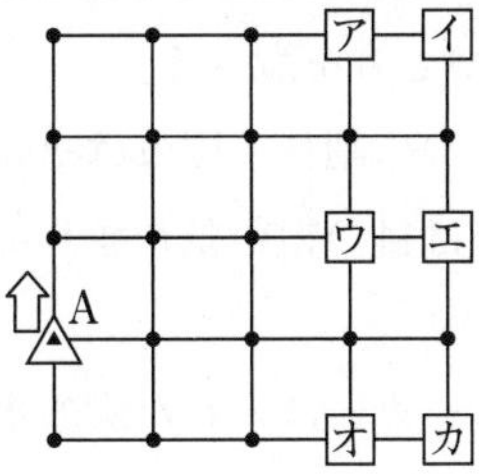

⑶　右の【図３】で、勇者ロボットがスタートしてからちょうど６秒後にＰ地点に到着して鬼ロボットを捕まえるようなボタンの押し方を１つ答えなさい。

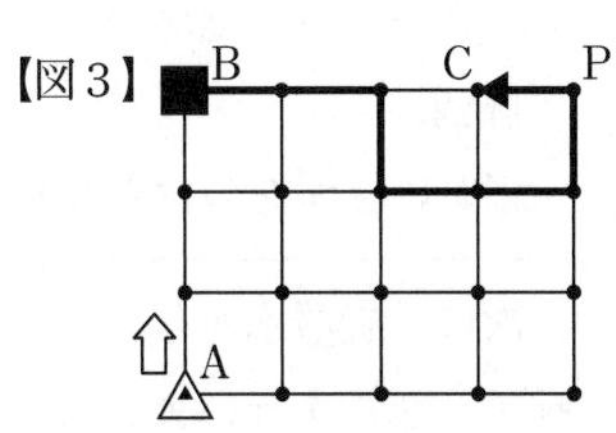

【図３】

⑷　右の【図４】で、勇者ロボットがスタートしてから鬼ロボットを捕まえるまでの時間として適切なものを次のア～カからすべて選びなさい。

ア　１秒　　イ　２秒　　ウ　３秒
エ　４秒　　オ　５秒　　カ　６秒

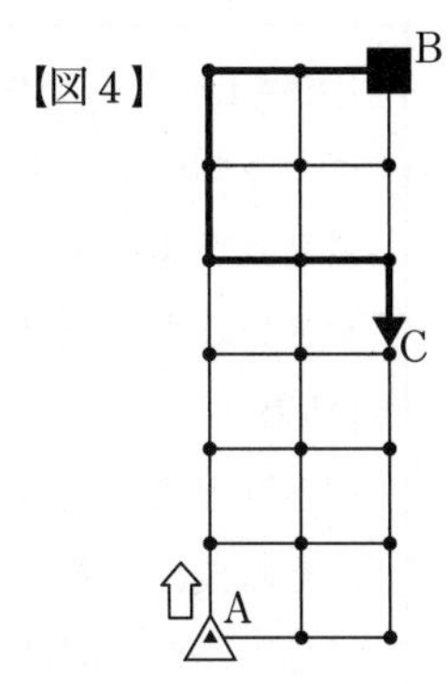

【図４】

小鬼ロボットがゲームに追加されました。小鬼ロボットは◆で表され、交差点を動かずにその場にとどまります。小鬼ロボットも鬼ロボットと同様に、勇者ロボットが同じ時間に同じ交差点の上に止まれば、小鬼ロボットを捕まえたことになります。

⑸　右の【図５】の状態で、小鬼ロボットを捕まえてから鬼ロボットを捕まえようとすると、ゲームオーバーとなってしまいます。その理由を説明しなさい。

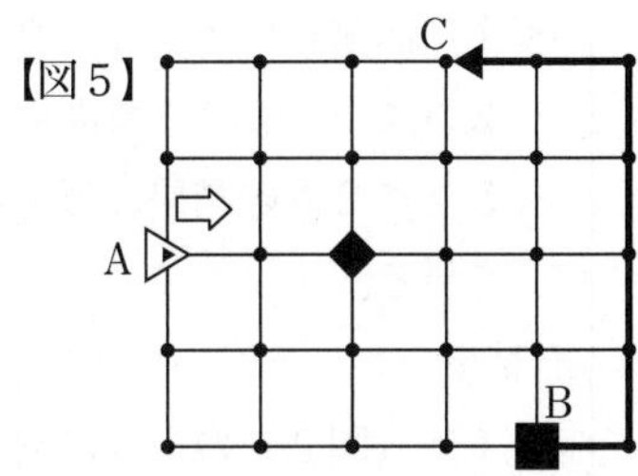

【図５】

〈適性をみる検査Ⅲ〉　—50分—

【問題１】　京太さんは、よく炭酸水にレモン果汁を混ぜて飲んでいます。ある日、ガラス棒(ぼう)がなかったため、割りばしで混ぜたところ、ガラス棒のときより多くの二酸化炭素の泡(あわ)が出て、たくさん割りばしにつきました。ここで、ガラス棒と割りばしにつく泡の量が違(ちが)う理由について考え、２つの表面を観察したところ、割りばしの表面には細かい凹凸(おうとつ)がありました。この表面の違いが泡の出方、つき方の違いに関係しているかもしれないと考えた京太さんは、炭酸水を使って［実験１－１］を行いました。

［実験１－１］泡の出方、つき方を調べる。

＜１＞１本の割りばしを２つに割り、片方はそのままにしてＡとする。もう片方は目の粗い紙やすりで細かいきずをつけてＢとする。

＜２＞《図１》のようにビーカーに入れた炭酸水にＡとＢを入れ、泡がつくようすを見る。

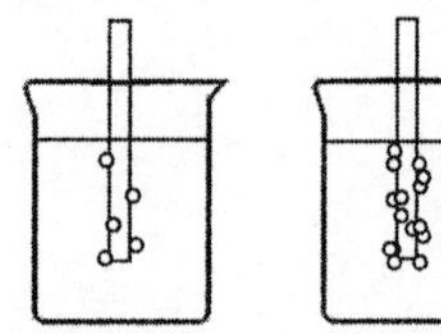

Ａの割りばしを入れたビーカー　Ｂの割りばしを入れたビーカー

《図１》

［結果］

細かいきずをつけたＢを入れた炭酸水の方が、泡の出方、つき方が多かった。

次に、炭酸水から二酸化炭素が泡などの気体となって出る理由を調べるため、次のような［実験１－２］を行いました。

［実験１－２］条件を変えて二酸化炭素の気体が出るようすを見る。

＜１＞ペットボトルの炭酸水を、ふたを開けていない新品の状態で２本用意する。

＜２＞１本は常温(20℃)にし、もう１本は冷やしておく(５℃)。

＜３＞ふたを開けたときの、20℃と５℃の炭酸水からの気体の出方を比較する。

［結果］

＜１＞どちらも、ふたを開けた瞬間に、ペットボトル中に閉じ込められていた気体が出た。その後、どちらも、炭酸水の中から少しずつ細かい泡が発生した。

＜２＞ふたを開けた瞬間に出る気体の勢いは、20℃の方が５℃よりも強かった。

また、京太さんは、理科の授業でも、泡が出て、ものが溶ける実験をしたことを思い出しました。それは次のような［実験２］です。

［実験２］

＜１＞試験管にアルミニウムを入れ、そこに塩酸を加えたときのようすを見る。

＜２＞＜１＞でできた液体を蒸発皿に入れて加熱し、ようすを見る。

＜３＞＜２＞の結果、蒸発皿に残ったものを別の試験管に入れ、そこに塩酸を加え、ようすを見る。

［結果］

＜１＞《図２》のように泡が出て、しばらくするとアルミニウムが溶けてなくなった。

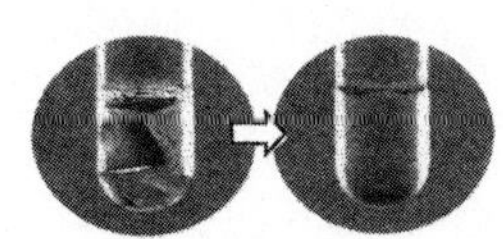

《図２》

＜２＞蒸発皿に白い固体が残った。

＜３＞白い固体を塩酸に加えても白い固体や液体から泡は出なかった。

これらの実験をふまえて、次の問いに答えなさい。

(1)　［実験１－１］で、ガラス棒と割りばしを使わず、１つの割りばしを割り、そのままにしたＡと細かいきずをつけたＢを使ったのはなぜですか。もっとも適切な理由を次のア～エから１つ選びなさい。

ア　安全性を重視し、割れる危険性があるガラスをさけたから

イ　ガラス棒よりも割りばしの方が水の中に入れたときに見やすいから

ウ　使用するものの材質をそろえ、表面のようす以外の違いをなくしたから

エ　ガラス棒と割りばしでは表面温度が違うので、実験結果に違いが出る可能性があるから

(2)［実験１－１］で、Bの割りばしを入れた方が泡が多かった。このことから、泡の量と割りばしの表面のようすとの関係は、次の文のように表せる。（ X ）にあてはまる文としてもっとも適切なものをあとのア～ウから１つ選びなさい。

表面に細かい凹凸が（ X ）。

ア　多い方が、つく泡の量が多い

イ　多い方が、つく泡の量が少ない

ウ　多い、少ないに関係なく、つく泡の量は変わらない

(3)［実験１－２］の結果を参考にして、水に溶ける固体と気体の、水温の変化による溶けやすさは、次の文のように表せる。（ Y ）にあてはまる文としてもっとも適切なものをあとのア～エから１つ選びなさい。

通常、水温が上がると、（ Y ）。

ア　固体も気体も溶けやすくなる

イ　固体も気体も溶けにくくなる

ウ　固体は溶けやすくなり、気体は溶けにくくなる

エ　固体は溶けにくくなり、気体は溶けやすくなる

(4)［実験２］で加えた塩酸について、塩酸だけを蒸発皿で加熱しても何も残りません。

①　蒸発皿で加熱すると塩酸と同じように何も残らない水溶(よう)液のうち、赤色リトマス紙を青色にする水溶液を、次のア～エから１つ選びなさい。

ア　炭酸水

イ　アンモニア水

ウ　砂糖水

エ　水酸化ナトリウム水溶液

②　①で選んだ水溶液には、他の選択肢の水溶液にはない、明確な特徴(ちょう)があります。それはどのようなものですか。その特徴を10字以内で答えなさい。また、その特徴を確認する際に注意するべきことを、15字以内で答えなさい。

(5)　食塩が水に溶ける現象と、アルミニウムが塩酸に溶ける現象は、同じ「溶ける」という言葉でも、別の現象を表しています。この２つの「溶ける」が、どのように違うのか、もっとも適切に表したものを次のア～エから１つ選びなさい。

ア　食塩水の水分を蒸発させると食塩が現れる。塩酸にアルミニウムを溶かした水溶液の水分を蒸発させるとアルミニウムが現れる

イ　食塩水の水分を蒸発させると食塩が現れる。塩酸にアルミニウムを溶かした水溶液の水分を蒸発させてもアルミニウムは現れない

ウ　食塩水の水分を蒸発させても食塩は現れない。塩酸にアルミニウムを溶かした水溶液の水分を蒸発させるとアルミニウムが現れる

エ　食塩水の水分を蒸発させても食塩は現れない。塩酸にアルミニウムを溶かした水溶液の水分を蒸発させてもアルミニウムは現れない

【問題２】 生活に関わっている輪軸（じく）とてこの原理の利用について、次の問いに答えなさい。

(1) 次の《図１》は、変速機付きの自転車と、その自転車のペダルとチェーンと歯車のモデル図です。変速機とは、自転車の速さを出しやすくしたり、坂道を登りやすくしたりするためのものです。そのしくみは次の通りです。

ペダルを踏（ふ）むと、ペダルと同じ軸に固定された大きさの違う２つの歯車Ａ、Ｂも回ります。前のペダル側の歯車にかかっているチェーンが、後輪と同じ軸に固定された大きさの違う２つの歯車Ｃ、Ｄのどちらかに力を伝えます。チェーンがかかっている歯車の組み合わせを変えることで、ペダルを踏む力や後輪の回転する速さが変わります。

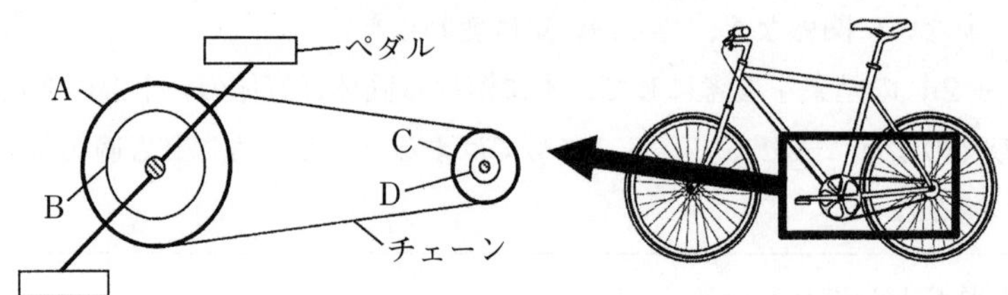

《図１》自転車と、その自転車のペダルとチェーンと歯車のモデル図
（わかりやすくするため、歯車を切り替（か）える変速機の部分を省略）

> ここで、チェーンがかかる歯車を切り替えると、ペダルを踏むのに必要な力が、どのように変わるのか、自転車のペダル周辺のしくみを表した輪軸のモデルで考えます。
>
> 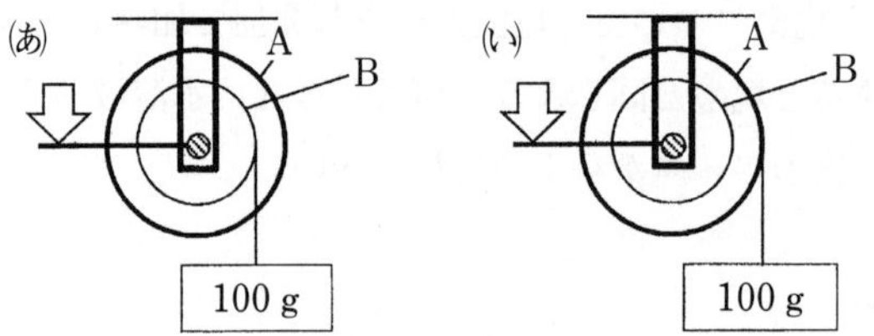
>
>
> 《図２》自転車のペダル周辺のしくみを表した輪軸のモデル

① 《図２》の(あ)、(い)では、同じ輪軸を上からつりさげ、さらに、ペダルと同じはたらきをする長さの同じ棒を軸につけ、その先を下向きに押して回転させようとしています。(あ)は輪軸の内側の輪Ｂに、(い)は外側の輪Ａに、それぞれ100ｇのおもりをさげています。このおもりにつり合うように《図２》の白い矢印の方向に棒を押して下向きの力を加えます。このとき(あ)、(い)の力の大きさを比較（かく）した文としてもっとも適切なものを次のア～ウから１つ選びなさい。

ア　(あ)の棒を押す力の方が、(い)の棒を押す力よりも下向きの力が大きい
イ　(い)の棒を押す力の方が、(あ)の棒を押す力よりも下向きの力が大きい
ウ　どちらの棒を押す力も、下向きの力の大きさは同じ

次に、ペダルの回転をチェーンが自転車の後輪に伝えたとき、後輪を回転させる力と、後輪が地面を進む距離が、どのように変わるのか、自転車の後輪のしくみを表した輪軸のモデルで考えます。

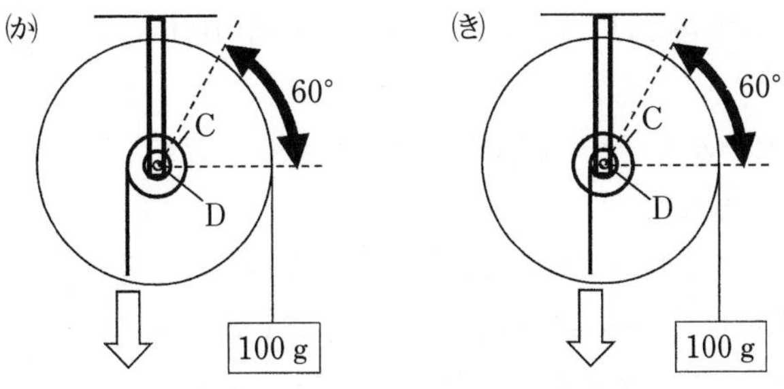

《図３》自転車の後輪のしくみを表した輪軸のモデル

② 《図３》の(か)、(き)では同じ輪軸を上からつり下げ、チェーンと同じはたらきをする長いひもを輪C、輪Dに、右図のようにかけ、それを下向きに引っ張って回転させようとしています。一番外側の輪には100 gのおもりをつりさげています。《図３》の白い矢印の向きにひもを引っ張って60°回転させるとき、ひもを引っ張る力と引っ張る長さを説明した次の文の［ア］、［イ］にあてはまる数を、整数か分数で答えなさい。ただし、輪Cの半径は輪Dの半径の２倍とします。

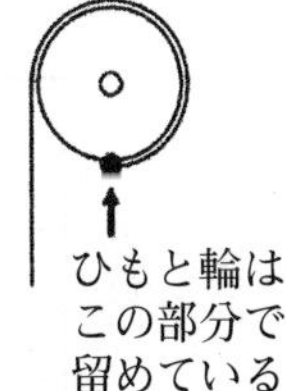

輪Cにかけたひもを引っ張る力は、輪Dにかけたひもを引っ張る力の［ア］倍で、輪Cにかけたひもを引っ張る長さは、輪Dにかけたひもを引っ張る長さの［イ］倍になる。

次に、チェーンがかかる歯車の組み合わせを変えたとき、ペダルとつながる歯車を回転させる力と自転車が進む速さについて考えます。

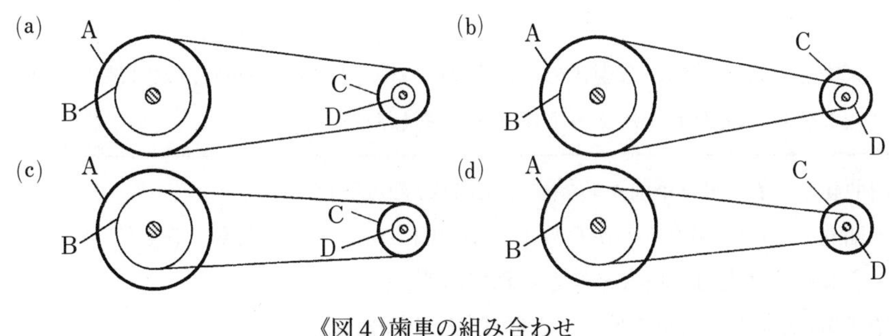

《図４》歯車の組み合わせ

《図４》の(a)～(d)は、力を伝えるチェーンがかかる歯車の組み合わせを表したものです。歯車Aの半径は15㎝、歯車Bの半径は10㎝、歯車Cの半径は６㎝、歯車Dの半径は３㎝です。また、歯車とチェーンにおいて、すべりとまさつは考えないものとします。この４つの組み合わせ(a)～(d)のいずれかに、歯車を切り替えることのできる自転車を使って坂道を登るとき、次の③、④に答えなさい。

③　歯車の組み合わせを(d)から(b)に変えたとき、ペダルとつながる歯車を回転させる力は、組み合わせを変える前の何倍になりますか。整数か分数で答えなさい。ただし、かけた力はすべてペダルを回す方向に伝わるものとします。

④　歯車の組み合わせを(a)から(d)に変えたとき、ペダルを１回転させる時間を変えない場合、自転車が坂道を登る速さは、組み合わせを変える前の何倍になりますか。整数か分数で答えなさい。

(2) 《図５》は、モビールという、部屋の装飾(しょく)に使うものです。これは、てこの原理を利用して、つり合いをとっています。

京太さんがモビールを作っていると、糸がなくなったので途(と)中でつりさげる糸の代わりに、輪ゴムを使うことにしました。輪ゴムは、おもりをつり下げると次の表のようにのびます。

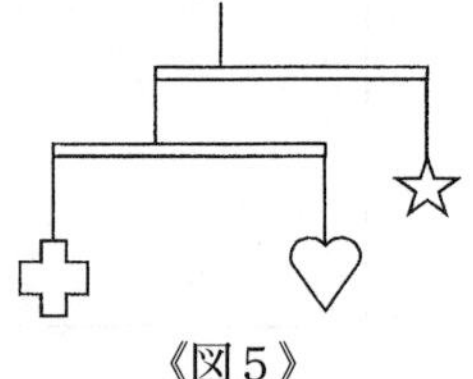

《図５》

下げたおもりの重さ	輪ゴムののびた長さ
40 g	1.0cm
80 g	2.0cm
120 g	3.0cm
160 g	4.0cm
200 g	5.0cm
240 g	6.0cm

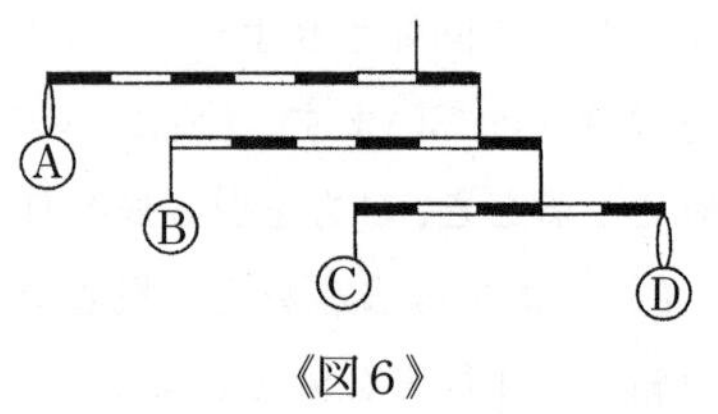

《図６》

《図６》は京太さんがつくったモビールです。もらったかざりの位置を調整して、棒をすべて水平にしました。黒い部分と白い部分の長さは同じです。AとDのかざりは輪ゴムでつり下げており、BとCのかざりは糸でつり下げています。

Aをつり下げている輪ゴムが1.75cmのびているとき、Cのかざりの重さを答えなさい。また、Dのかざりをつり下げている輪ゴムののびた長さを答えなさい。ただし、棒と糸、輪ゴムの重さは考えないこととします。

【問題３】 京太さんは、過去から現代の温暖化の中で、次の①～③の３つの時期の温暖化について本で調べたことを、次のようにノートにまとめました。

①　白亜(あ)紀（１億4500万年前から始まった時代）の温暖化
・期間　１億2000万年前から数千万年の間　　・上昇温度　5℃
・主な原因は火山の噴(ふん)火と考えられている。

②　始新世（5600万年前から始まった時代）の温暖化
・期間　5600万年前から数千から数万年の間　　・上昇温度　5℃
・主な原因は火山の噴火と考えられている。

③　現代の温暖化
・期間　ここ約100年の間　　・上昇温度　２～４℃
・社会活動が活発になり、石炭や石油などの燃料を大量に燃やしたことによって二酸化炭素が増えているのが原因という説がある。

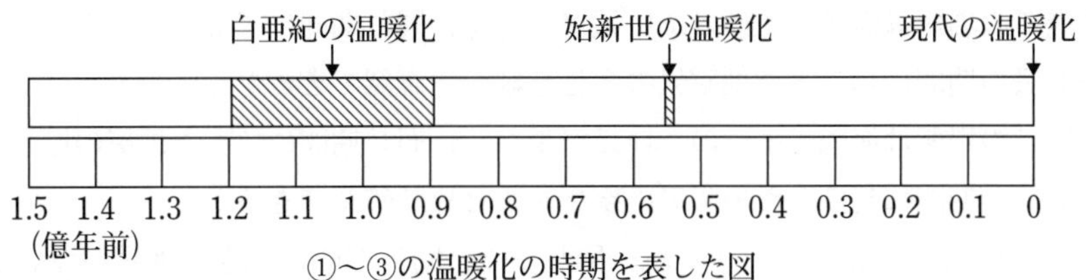

①〜③の温暖化の時期を表した図

京太さんがさらに調べたところ、生物に対する影響として、①では目立った生物の絶滅（ぜつめつ）は起こらなかったとされています。②では一部の生物が絶滅しましたが、ほとんどの生物が適応、または移住し、絶滅することはありませんでした。③では多くの生物がより気温の低い地域に移動することで、元々あった生息地からそれらの生物が消失したり、サンゴやその他の種類の生物が絶滅の危機にあったりするようです。これらをふまえて次の問いに答えなさい。

(1)　過去の地球のようすを知るうえで化石や地層の調査は重要ですが、その中でも当時の環境を知ることができる化石を「示相（しそう）化石」といいます。示相化石となることができるのは、どのような生物ですか。もっとも適切なものを、次のア〜エから１つ選びなさい。

ア　過去に、様々な場所で広く生息した生物

イ　現在、特定の場所で生きている生物に近い種類の生物

ウ　長い期間にわたって生存してきた生物

エ　ある時期を境に絶滅し、いなくなった生物

(2)　京太さんが調べたことから判断できる、白亜紀の温暖化で目立った生物の絶滅が起こらなかった理由としてもっとも適切なものを、次のア〜エから１つ選びなさい。

ア　元々温暖な気候で、最初から温暖な気候に適応した生物が多かったため

イ　他の時期の温暖化に比べ、非常に時間をかけて温度上昇をしたため

ウ　他の時期の温暖化に比べ、上昇温度が高くなかったため

エ　当時の生物は、両生類やは虫類であり、温暖化した方が有利だったため

(3)　ほ乳類などは、始新世の温暖化に対して、体を小型化することで適応したといわれています。体の小型化が、温暖化に対して有効である理由を、「熱」「表面積」の２つの言葉を使って説明しなさい。なお、「体を小型化すると」の言葉に続けて、35字以内で書くこと。

(4)　京太さんは、過去のようすを知るには地層を研究するのが重要であると考え、調べてみました。すると、地球には何度か方位磁針の指す向きが変わる地磁気(地球の磁気)の逆転があったことがわかりました。約77万年前に地球で最後の地磁気の逆転がありましたが、この現象が日本のある場所でよく表れていることがわかりました。この場所の名前を入れた地球の時代区分が2020年１月に設定されました。この時代区分の名前を次のア〜エから１つ選びなさい。

ア　トチギニアン

イ　ギフニアン

ウ　ミヤギニアン

エ　チバニアン

(5)　地磁気の逆転には数千年かかるため、地磁気が逆転している時期に土砂がたい積していた地層を調べることでそのようすが分かります。(4)の時代区分の名前の元になった地域の地層が他の地域の地層に比べて地磁気の逆転をよく表しているのはなぜでしょう。もっとも適切な理由を次のア〜エから１つ選びなさい。

ア　当時この場所は海底で土砂のたい積が少なく、同じ期間にできた地層の厚さがうすいため、比較的長い期間に起こった地磁気の変化を細かく確認できるから

イ　当時この場所は海底で土砂のたい積が少なく、同じ期間にできた地層の厚さがうすいため、比較的短い期間に起こった地磁気の変化をまとめて確認できるから

ウ　当時この場所は海底で土砂のたい積が多く、同じ期間にできた地層の厚さがうすいため、比較的長い期間に起こった地磁気の変化をまとめて確認できるから

エ　当時この場所は海底で土砂のたい積が多く、同じ期間にできた地層の厚さが厚いため、比較的短い期間に起こった地磁気の変化を細かく確認できるから

【問題４】　新型コロナウィルスの影響により全国各地で中止されていた多くの祭りが2023年に本格的に再開されました。それを知った京子さんは、全国の祭りに興味をもち、調べました。京子さんが調べた祭りは〔資料１〕に示しています。これについて、あとの問いに答えなさい。

〔資料１〕

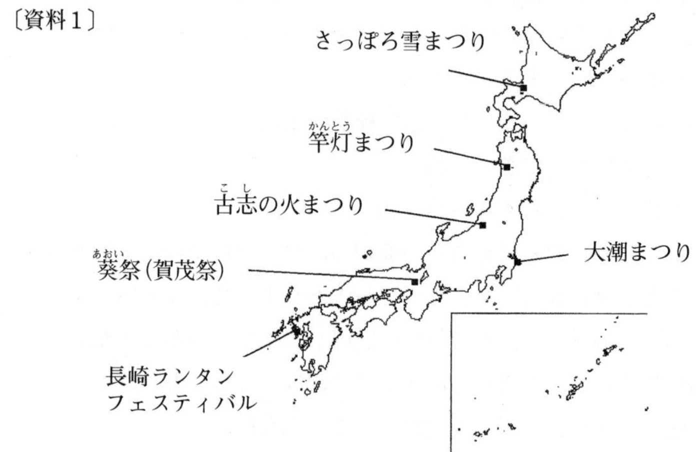

※「祭り」の名称(しょう)の表記は、それぞれ公式ホームページにある名称で記載(さい)しています。

(1)「さっぽろ雪まつり」は、北海道札幌(さっぽろ)市で毎年２月上旬に開催されます。この祭りでは巨大な雪の像や雪のすべり台を楽しむことができ、今では国内外から200万人以上が訪れる札幌の冬の一大行事です。もともとは捨てられた雪を利用しようと中学生や高校生が６つの雪像を作ったことがきっかけで、1950年にはじまりました。

〔資料２〕札幌市の雪対策予算と雪対策に関わる実際の支出の推移(すいい)

	雪対策予算(単位：円)	雪対策に関わる実際の支出(単位：円)
令和元年度	215億円	192億円
令和２年度	220億円	206億円
令和３年度	214億円	316億円

※予算とは４月から翌年３月までの１年間で必要な事業に必要なお金をどのように割り振るかを決めたものをいいます。

※雪対策に関わる支出には、車道や歩道に積もった雪の除雪・排雪(はいせつ)などにかかる道路除雪費用や、雪たい積場(道路などからダンプカーで運んできた雪を冬の間たい積しておく施設)の整備や路面の凍(とう)結防止のためのすべり止め剤(ざい)の散布などにかかる雪対策費用などがあります。

① 〔資料２〕は、札幌市の雪対策予算と雪対策に関わる実際の支出の推移を表しており、札幌市役所には除雪や排雪などに取り組む雪対策室という部署(しょ)が設置されています。その地域に住む人々の困りを解消したり、願いを実現したりすることが、市町村の役割の１つです。市町村の政治のしくみについて正しく説明しているものを、次のア～オからすべて選びなさい。

ア　市長や市議会議員は、国会議員と同様に選挙によって選ばれ、市民から政治を任された市民の代表である

イ　市長は、市役所でつくられた事業の計画書や予算について必要に応じて修正し、最終決定を行う

ウ　市民は、市議会に請願(せいがん)をすることはできるが、傍聴(ぼうちょう)することはできない

エ　市議会は、市の仕事を進めていくために必要な法律を制定、改正、廃(はい)止することができる

オ　市議会は、市の仕事が正しく運営されているかどうかを確認するために、市の仕事の状況(きょう)を聞いたり、問題点を指摘(てき)したりすることもある

② 〔資料２〕について述べた次の文の（ X ）にあてはまる適切な言葉を答えなさい。

〔資料２〕から「令和３年度には例年より雪が多く降ったために、予算と実際の支出が大きく異なった」と予想できる。これを確かめるためには令和元年度、２年度、３年度のそれぞれの降雪量を調べ、さらに、降雪量以外の要因がなかったかどうかも確認するために（ X ）にかかる費用を調べるとよい。

③ 「さっぽろ雪まつり」は、札幌市民を悩ませている雪を観光に利用しています。雪は、この他に野菜に関連することにも利用されていますが、それはどのような利用ですか。「野菜」という語句を必ず用いて、次の文の（ Y ）にあてはまる適切な言葉を答えなさい。

（ Y ）として利用している。

(2) 「竿灯(かんとう)まつり」では、次の〔資料３〕のように、米俵(だわら)に見立てたちょうちんで稲穂(いなほ)の形にかたどった竿灯を持ってねり歩き、米の豊作を願います。毎年８月に行われるこの祭りの原型は江戸時代にはじまったともいわれ、厳しい自然環境の中で米づくりを行ってきた東北地方において、人々が豊作を祈って始めたものと考えられています。現在では、東北三大祭りの１つともいわれています。

〔資料３〕

〔資料４〕米の生産量（2018年）

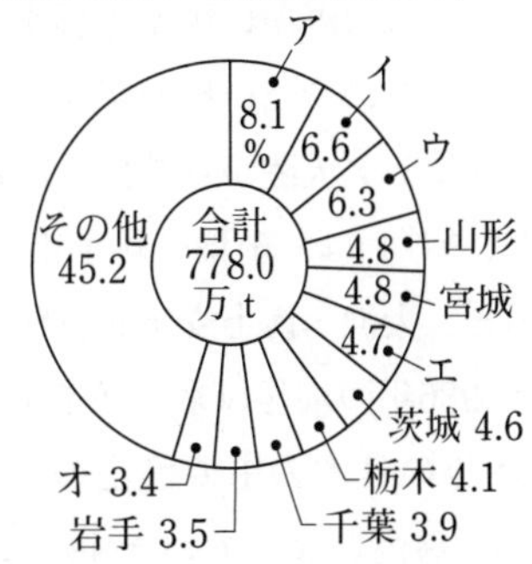

① 〔資料４〕のグラフは米の生産量（2018年）の都道府県別割合を表しており、グラフのア～オには、次のカ～コの文で説明している都道府県名があてはまります。

「竿灯まつり」が行われる秋田県を示しているものをア～オ、カ～コからそれぞれ１つずつ選びなさい。(文中の生産量は2019年の全国順位を示しています。)

カ　沿岸部は東日本大震災で被害を受けており、原子力発電所に近い地域では現在も避難指示が続いている

キ　稲作のほかに畑作や畜産もさかんで、だいこんや肉牛の生産量は日本一である

ク　りんごの生産量が日本一である

ケ　冬の雪が多い時期には屋内で作業できる工芸品づくりがさかんで、燕市では洋食器の生産が発達している

コ　奥羽山脈の西側に位置し、日本で一番深い田沢湖がある

〔資料５〕1993年の米の収穫具合

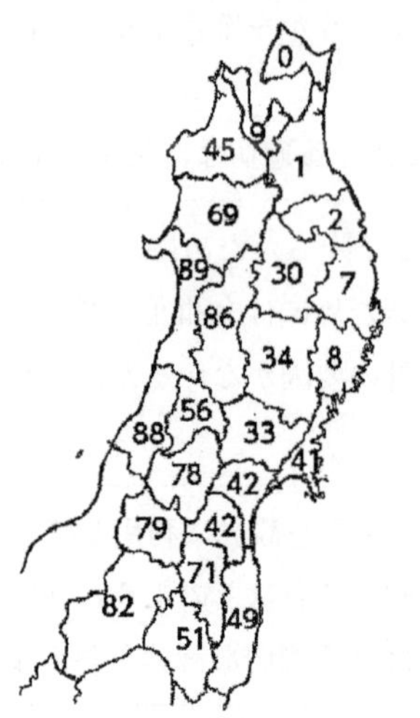

〔資料５〕は東北地方の地図です。県境ならびに細かい地域に区切った線を引いています。数値は、その地域ごとの平年の米の収穫量を100とした場合の、1993年の収穫の割合(％)を示しています。

② 〔資料５〕を見て、1993年に県全体の米の収穫量が平年と比べて半分以下に減少した東北地方の県を、次のア～カから３つ選びなさい。

ア　青森県　　イ　秋田県　　ウ　山形県　　エ　岩手県　　オ　宮城県　　カ　福島県

③ 〔資料５〕を見て、②の原因について1993年に特に東北地方で何があったかを推測した文としてもっとも適切なものを、次のア～オから１つ選びなさい。

ア　後継者不足で農作業ができなかったと推測される

イ　東日本大震災が影響を与えたと推測される

ウ　南東からの温かい風が影響を与えたと推測される

エ　北東からの冷たい風が影響を与えたと推測される

オ　ユーラシア大陸から飛散した黄砂が影響を与えたと推測される

(3) 「大潮まつり」は、千葉県銚子市で旧暦６月15日にあたる日に毎年開催され、漁業関係者が神輿を担ぎ、大漁・海上安全を祈願する祭りです。起点となる川口神社(明治期に歯櫛明神から改名)は986年の創建以来、漁業関係者の守り神として漁師にあつく信仰されてきました。

① 2019年の日本の主要漁港の水あげ量は、１位：銚子港、２位：釧路港、３位：焼津港、４位：石巻港となっています。これらの漁港をもつそれぞれの都道府県のデータをまとめた次の表のア～エから、千葉県を表しているものを１つ選びなさい。

	ア	イ	ウ	エ
面積(㎢)	7,777	5,157	78,421	7,282
漁業産出額(億円)	459	252	2,021	718
ねぎの収穫量(ｔ)	9,780	52,300	21,600	9,950
製造品出荷額(億円)	172,749	125,846	61,336	45,590

(面積・ねぎの生産額は2021年、漁業産出額は2020年、製造品出荷額は2019年の数値)

②　銚子港の沖合は、黒潮と親潮が交わり好漁場を形成することから、サバ、イワシを中心としたまき網漁業がおこなわれています。とくにイワシ漁は、江戸時代の中ごろから農業と密接に結びつき、さらに発展しました。次の図は、江戸時代の漁業と農業の結びつきを図式化したものです。図中の（ X ）にあてはまる適切な文を書きなさい。

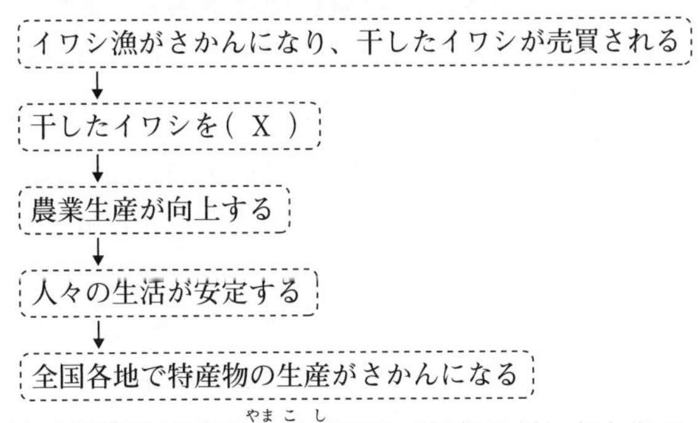

(4)「古志の火まつり」は、新潟県長岡市山古志地区で毎年３月に行われる、高さ25ｍ級の「さいの神」に新成人が点火を行い、その年の無病息災や五穀豊穣などを祈願する祭りです。1988年に集落の交流や冬季の誘客を目的としてはじまり、中越地震後は震災からの復興も祈願しています。茅やわらなどを組み上げた「さいの神」への点火後は、真っ白な雪原に舞いのぼる50ｍにも届く火柱があらわれます。しかし、祭りの継続が難しくなり、2023年３月で休止することが発表されました。

①「古志の火まつり」が行われる山古志地区は、もとは山古志村であったが、2005年に市町村合併が行われ、長岡市に編入されました。〔資料６〕と〔資料７〕を参考にして、市町村合併する前の山古志村の問題点としてもっとも適切なものを、あとのア～エから１つ選びなさい。

〔資料６〕山古志村と長岡市の人口の移り変わり

	1985年	1990年	1995年	2000年
山古志村	3,219人	2,867人	2,523人	2,222人
長岡市	183,756人	185,938人	190,470人	193,414人

〔資料７〕2000年の山古志村と長岡市の年齢別構成比

	０～14歳	15～64歳	65歳以上
山古志村	217人(9.8％)	1,236人(55.6％)	769人(34.6％)
長岡市	29,044人(15.0％)	128,989人(66.7％)	35,275人(18.2％)

ア　都市化とＩターン現象

イ　産業の空洞化とドーナツ化現象

ウ　過密化と交通渋滞

エ　過疎化と少子高齢化

②〔資料６〕と〔資料７〕から、市町村合併について説明した次の文の（ X ）（ Y ）について、あてはまる適切な言葉をそれぞれ書きなさい。

2000年の山古志村では、村の(X)が十分に確保されず、行政サービスが行き届かないことがあったと推測できる。その理由として、資料から(Y)の割合が少ないということがあげられる。これが市町村合併を選択した一因になっている。

③　長岡市山古志地区(旧山古志村の地域)では、デジタルで村おこしをしていく「仮想山古志村プロジェクト」という取り組みが行われています。その中で、「古志の火まつり」をいつか復活できるように、インターネット上の仮想空間に残しています。利用者がアバターを操作して他者と交流できるこの仮想空間を何というか、カタカナ5字で答えなさい。

(5)「葵祭(正式には賀茂祭という)は京都市にある上賀茂神社と下鴨神社の祭りです。平安京以前、風水害で作物が作れなかったときに鈴をつけた馬を走らせ、豊作を祈ったことがはじまりとされます。これが次第に平安時代の貴族にとって重要な年中行事の1つとなりました。現在も毎年5月15日に500人ほどの人々が平安時代の貴族のいでたちで行列をつくって市内を歩きます。2023年は雨のため1日順延になりましたが、沿道には4万人の人が集まりました。

①「葵祭(賀茂祭)」は平安時代に紫式部が著した「源氏物語」にも登場します。平安時代のようすについて正しく述べているものを、次のア～オから1つ選びなさい。

ア　紫式部は天皇のきさきだった菅原道真の娘に教育係として仕えていた

イ　漢字の一部を切り取ってつくられたひらがながうまれた

ウ　源氏物語絵巻にはきらびやかな束帯を着た貴族の女性の姿が描かれた

エ　平安時代の貴族は寝殿造りのやしきでくらし、和歌やけまりなどを楽しんだ

オ　平安時代中期に発達した中国風の文化は、貴族のくらしの中から生まれた

②　平安時代の貴族のくらしは年中行事が中心でしたが、その中には「葵祭(賀茂祭)」のように今に受け継がれているものもあります。年中行事の名称と内容の組み合わせとして正しいものを、次のア～オから2つ選びなさい。

ア　元旦…七草がゆを食べる

イ　菊の節句…しょうぶを飾り、柏もちを食べる

ウ　端午の節句…なくなった先祖の霊をなぐさめ、仏を供養する行事が行われる

エ　桃の節句…曲水の宴が行われる

オ　大はらい…罪やけがれをはらい清める儀式が行われる

(6)「長崎ランタンフェスティバル」は、毎年1月下旬から2月下旬に、長崎新地中華街をはじめとする市街中心部に約1万5千個のランタン(中国提灯)が飾られ龍踊や中国雑技、中国獅子舞などが披露されます。長崎新地中華街に暮らす人たちが中国の旧正月を祝う行事として親しんでいた春節祭を、街の振興のために1994年から「長崎ランタンフェスティバル」として規模を拡大したところ、現在では長崎の冬の風物詩となりました。

①　長崎新地中華街は、もともと江戸時代にオランダと中国に限って貿易を許可した幕府が長崎につくった唐人屋敷の跡地を、外国人居留区として活用し発達しました。日本の歴史を学ぶ上で、中国との交流によって受けた影響は数多くあります。中国と対等の立場をめざしたと考えられる出来事を、次のア～オから1つ選びなさい。

ア　日本が日清戦争で手に入れた領土の一部をロシアなどの干渉により返還したこと

イ　聖徳太子が「日出づるところの天子、書を日没するところの天子に…」という手紙を隋の皇帝に送ったこと

ウ　豊臣秀吉が２度にわたって朝鮮に大軍を送り、明軍とも戦ったこと

エ　卑弥呼が魏から倭王の称号を与えられ、織物や銅鏡などを授かったこと

オ　足利尊氏が明と貿易を行ったこと

②　長崎市は、1945年に原子爆弾が投下され、現在では核兵器廃絶を訴える平和都市です。原爆が投下されるまでの日本の戦争の様子を説明する次のア～オの文を年代の古い順に並び替えたとき、３番目になるものを選びなさい。

ア　日本軍と中国軍がペキン郊外で衝突し、日中戦争が起こった

イ　日本がハワイの真珠湾にあったアメリカの軍港を攻撃し、太平洋戦争が起こった

ウ　満州にいた日本軍が中国軍を攻撃し、満州事変が起こった

エ　日本が国際連盟に脱退を通告した

オ　都市部から地方へ集団疎開を始めた

③　現在、中国は日本の重要な貿易相手国となっています。アメリカ合衆国、オーストラリア、中国、ロシアのいずれかの国からの日本の輸入額(2020年、単位：百万円)を示す次の表のア～エから、中国からの輸入額を表しているものを１つ選びなさい。

ア	
機械類	8,517,148
衣類	1,474,615
金属製品	614,694
家具	452,280
プラスチック製品	385,070
その他	6,063,936
合計(百万円)	17,507,743

イ	
機械類	1,923,701
医薬品	564,645
肉類	409,594
科学光学機器	396,975
液化石油ガス	288,686
その他	3,869,956
合計(百万円)	7,453,557

ウ	
液化天然ガス	250,464
石炭	194,786
原油	192,315
パラジウム	160,697
魚介類	102,721
その他	243,800
合計(百万円)	1,144,783

エ	
液化天然ガス	1,289,875
石炭	1,027,736
鉄鉱石	540,654
銅鉱	209,034
肉類	194,676
その他	569,284
合計(百万円)	3,831,259

(7)　京子さんは(1)～(6)の祭りを調べ、ノートの最後に次のようにまとめを書きました。

祭りがはじまった年代で分類してみると、古くから続く祭りのはじまりには、（ X ）という願いが共通していることがわかった。新しい祭りにも、すべてではないが同様の願いをもつものがあったり、その地域の困りごとを解決したいという目的をもつものがあったりした。祭りのはじまりには、その地域に密接に結びついた願いが込められているのだと思った。さらに考えていくと、はじまった年代に関係なく、現在行われている祭りのすべてに共通して、願いとは別に（ Y ）という目的もあることに気付いた。もともと地域との結びつきが強かった祭りの広がりを感じることができた。

①　（ X ）にあてはまる適切な内容を10字程度で答えなさい。

②　（ Y ）にあてはまる適切な内容を10字程度で答えなさい。

につけた「知」が一人ひとりの［c（三字）］に影響し、人々が［d（五字）］し合うことで社会全体が豊かなものになることを期待しているのだと思うよ。

京太さん　なるほど。個人としてだけでなく、集団や社会の中の一人ひとりとしてよりよく生きられる状況を築いていくということかな。

都さん　そのように行動できることが、「生きる力」だと私たちに伝えているのだね。

問11　【文章Ⅰ】【文章Ⅱ】のあとの部分で、「科学することを学んだきみたちは、いわば『ミニ科学者』です。」と筆者は述べています。この一文に筆者はどのような期待を込めているのかを考え、【文章Ⅰ】【文章Ⅱ】の内容もふまえて、次の条件に従って作文しなさい。

条件1　**二段落構成**で、**百五十字以上、二百字以内**で書くこと。
条件2　一段落目には、筆者が「ミニ科学者」たちにどのような行動を期待しているかを書くこと。
条件3　二段落目には、一段落目の内容に対するあなたの考えを書くこと。

エ　人の体の仕組みについて学び、効率の良い野球の練習方法について考えること。

オ　メダカを飼育して産卵させ、魚がどのように成長していくかを学ぶこと。

問6　――③「そんな可能性」とありますが、どんな「可能性」を指していますか、二つ答えなさい。ただし、「可能性」という語に続くようにそれぞれ**二十字程度(十七～二十二字)**とします。

問7　――④「昔、フランシス・ベーコンという人が『知は力なり』と言ったそうです」とありますが、ここでベーコンの言葉を引用することで、どのような効果が生まれますか。**適当でないもの**をア～エから一つ選びなさい。

ア　短い表現によって「知」と「力」のつながりをわかりやすくしている。

イ　「力」という言葉の意味に着目させつつ、自分の主張を補っている。

ウ　自分とは違う考え方の例を示すことで、主張に客観性をもたせている。

エ　昔の人の名言を例にあげることで、自分の主張の正当性を高めている。

問8　――⑤「なぜその事柄が起こったのかの仮説」とありますが、**【文章Ⅰ】**の2段落にある「この研究」における「仮説」とはどういうものですか。3・4段落の内容をふまえて、次の空らん[a]にあてはまる言葉を**四十字以内**で、[b]にあてはまる言葉を**六字以内**で答えなさい。

仮説……[a]ことは[b]によって起こった。

問9　――⑥「その事柄の背景にある、まぎれもない一つの確かな『真実』」とありますが、**【文章Ⅰ】**の2段落にある「この研究」からわかった「真実」が述べられている**段落番号**を1～10段落から選びなさい。また、述べられているその「真実」とはどのような内容ですか、**四十字以内**で答えなさい。

問10　――★「知ることが生きる力に変えられる」の部分について、京太さんと都さんが話しています。次の二人の会話文を読んで、次の空らん[a]～[d]に適する言葉を指示された字数で**【文章Ⅰ】【文章Ⅱ】**から**ぬき出して**、それぞれ答えなさい。なお、同じ記号の[　]には、同じ言葉が入ります。

京太さん　「知ることが生きる力に変えられる」って、いい言葉だよね。みんなにも教えてあげたいけれど、具体的にどういうことなのかは、説明しづらいなあ。

都さん　確かにそうだよね。じゃあ、「知ること」と「生きる力」に分けて考えてみようよ。「生きる力」ってどういうことを言っているのかな。

京太さん　文中の[a](二十五字)のことではないかな。

都さん　うーん。どうかな。大切な部分ではあるけれど、それは「知ること」に入るのではないかな。

京太さん　そうすると、[a]が「生きる力」に変えられるということだね。どうしたら「生きる力」に変えられるのかな。

都さん　最後の「『科学する』ということを幅広くさまざまな問題に応用して、私たちの生き方に反映させるということが大事なのではないでしょうか。」という一文に注目してみようよ。ここに筆者からのメッセージがあると思うけれど、どうだろう。一人ひとりがさまざまな場面で[b](五字)を通して身

事なのではないでしょうか。

池内了（いけうちさとる）『なぜ科学を学ぶのか』〈筑摩書房〉ただし、出題のために省略した部分、表記を変えたところがあります。

【語注】

地球温暖化のフィンガープリント…地球の自然や気候などの変動に影響（えいきょう）を及（およ）ぼしていることを示すあと。

痕跡…何事かがあったあと。あとかた。

矛盾…前後の筋道が合わないこと。

一辺倒…一方だけにかたよること。

孵化…卵がかえること。

餓死…うえて死ぬこと。

ニュアンス…調子や意味、感情などのわずかなちがい。

真髄…物事のもっとも大切な根本の性質。

フランシス・ベーコン…イギリスの哲学者（てつがくしゃ）。

弁別…見分けること。

問1　文中の空らん X ～ Z に入る言葉の組み合わせとして、もっとも適切なものをア～オから一つ選びなさい。

ア　X　それゆえ　Y　よって　Z　一方
イ　X　それとも　Y　しかしながら　Z　さらに
ウ　X　そこで　Y　かつ　Z　しかし
エ　X　そして　Y　つまり　Z　また
オ　X　または　Y　要するに　Z　そして

問2　【文章Ⅰ】の1～10段落を、内容のまとまりごとに分けると、どのようになりますか。もっとも適切なものをア～オから一つ選びなさい。

ア　(1)―(2)―(3 4 5 6)―(7)―(8 9 10)
イ　(1)―(2)―(3 4 5 6)―(7 8)―(9 10)
ウ　(1 2)―(3 4 5)―(6)―(7 8)―(9 10)
エ　(1 2)―(3 4 5)―(6 7 8)―(9 10)
オ　(1)―(2 3 4 5)―(6 7 8)―(9 10)

問3　――①「キョ動」とありますが、「キョ」と同じ漢字を使う文をア～エから一つ選びなさい。

ア　授業で質問されてキョ手する。
イ　新しい家に転キョする。
ウ　自転車通学をキョ可する。
エ　キョ年の誕生日を思い出す。

問4　――②「私は、この研究をとても高く評価しています」の部分について次の問いに答えなさい。

(1)　「高く評価しています」という言葉と同じ意味を表す表現を7段落から**七字でぬき出し**なさい。

(2)　「高く評価」したとありますが、どのようなことを筆者は高く評価しているのですか、それぞれ**四十字以内で二つ**答えなさい。

問5　【文章Ⅱ】で、「理科」と「科学」のちがいについて述べていますが、筆者が言う「科学」にあてはまるものをア～オから**すべて**選び答えなさい。

ア　植物の発芽と成長について学び、家庭菜園で野菜を上手に作る方法を考えること。
イ　セミの鳴き声を録音し、地域に多く生息するセミの種類を調べること。
ウ　歴史上の優れた人物の自伝を読み、どう生きたいのか、自分の将来について考えること。

と言われるように、生じている自然現象に対する考え方（判断、予測）や社会との関係までをも問うことになるからです。「理科的判断」とか「理科的予測」と言うのと、＊ニュアンスが大きく異なることがわかると思います。また、直面する問題の解決のために科学の立場からどう考えるかは人間の生き方への重要なヒントになるように、科学は自然と人間が関係して繰り広げられる現象を全分野から論じるという意味があります。

つまり、科学を学ぶとさまざまな問題に応用でき、科学の力によって物事の仕組みや歴史的繋がり、そして思いがけない社会的関係までも発見することができると考えられるのです。科学は、見えない部分で何が起こっているかを想像し、あたかもそれが実際に目の前で起こっているかのように見抜く学問なのです。そのような科学の営みを積み重ねていくと、世の中のさまざまな事柄に対しても幅広い見方ができるようになるのではないでしょうか。いろんなことを学び考え想像するのが科学の＊真髄なのですから、直接自分で経験したことがなくても、科学の力によって頭の中で追体験できるようになるでしょう。それによって、難問に対して新しいヒントが得られるかもしれません。違った観点からものを見ると、違った姿に見えることは確かで、それによってこれまで考えたことがなかったような新鮮なイメージが思い浮かんだりするでしょう。科学は、③そんな可能性を秘めているのです。

実際、思いがけない結びつきが発見できると知ることが楽しくなり、「そんなことが本当にあるの？」と、自分が見つけた意外な発見に、自分自身が感動するに違いありません。それにとどまらず、人に話したい、一緒に感動したいという気にもなり、何事にも自信を持って人と対応できるようになります。豊かで、やさしく人と接し合えるようになるということです。そのような人間の集団では、人それぞれが異なった発見をしているだろうし、それを互いに尊重するという気にもなるのではないでしょうか。★つまり、科学を学び、科学の考え方を応用するということを通して、「知ることが生きる力に変えられる」ということに繋がるのです。

④昔、フランシス・ベーコンという人が「知は力なり」と言ったそうです。＊元々は、経験によって得られた知識を活かして自然に対すれば、自然を支配する力を得ることができるという意味の言葉のようです。私は、自然を支配するという考え方は好きではないので、この言葉を、さまざまな科学的な経験を積み重ねれば、自然のみならず社会や人間の世界の真実まで認識する力を獲得することができる、という意味に受け取っています。

そして、「知」という言葉には科学的知識も含まれるけれど、英知や理知や機知など物事の道理や知恵一般のことを意味する英語の「インテリジエンス」という言葉がもっとも近い感じがします。インテリジェンスは、理解力、思考力、知性、理性、知識などを総称した、知的な世界をつかみ取る力のことを意味します。そのような知をわきまえている人間こそ、本当の生きる力を備えていると言ってもいいのではないかと思います。「科学する」ということは、私たちが自然のうちにできる知的作業であるとともに、「知は力」を証明するために人が意識的に行う営みの一つでもあると言えるのではないでしょうか。だから、いろんな社会的・人間的事柄に対しても、

1　⑤なぜその事柄が起こったのかの仮説を持ち、
2　それが事実であるか事実ではないかをさまざまな証拠によって＊弁別し、
3　⑥その事柄の背景にある、まぎれもない一つの確かな「真実」を発見する、

というふうに言い換えることができるでしょう。つまり、科学の精神は何に対しても適用できることになります。「科学する」ということを幅広くさまざまな問題に応用して、私たちの生き方に反映させるということが大

6　このようなさまざまな記録を世界各地から集約して、実際に地球温暖化が野生の動植物の分布にどのような影響を与えているかを調べた研究があります。指紋を調べて犯人の①キョ動を推理するのに似て、長年の動植物の動きを指紋と同じように読み取り、地球温暖化がどのような＊痕跡を自然に与えてきたかを探ろうというわけです。

7　②私は、この研究をとても高く評価しています。まずいろんな地域で動植物の地道な観察が行われ、それを何年にもわたって続けていることに敬意を表したいと思います。さらに、その報告を数多くの文献から探し出して整理し、地球温暖化のフィンガープリントとして歴史を読み取る研究者の粘り強さにも脱帽しています。実際のデータは採集者ごとに＊矛盾していたり、地域ごとの差があったりする上、年ごとの変化はジグザグで＊一辺倒ではないし、不十分なデータを補わねばならない、というように実に注意深い研究が必要であるからです。

8　そして1500種くらいの動植物のデータを集約して、この10年間に、野生の生物は約6km北上し、高山植物は6m高く登り、鳥が卵を＊孵化し、桜の花が開花するのが2・3日早くなったという結果が報告されています。「たったそれだけの変化なの？」と思われるかもしれませんが、このような変化が100年続くとすれば、この結果を10倍しなければなりません。実際には地球温暖化は加速され、どんどん進み方が速くなっていますから、50年でこの10倍になり、100年先には50倍になっているかもしれません。重要なことは、はっきりと地球温暖化のフィンガープリントが読み取れるようになったということです。地球の生物の分布に大きな変化が生じるようになっていると言えるのです。

9　この研究の予言が証明されつつあることを述べておきましょう。春先になると❶植物の若葉が広がり、❷昆虫の幼虫（毛虫）がうごめき始め、❸鳥が卵をかえしてヒナの養育を開始します。実は、自然界がこの❶—❷—❸の順序で春を迎えるということが、野生の生物にとってとても重要なことなのです。昆虫の毛虫は柔らかい葉っぱしか食べられませんから、幼虫がうごめき始める頃には植物に新緑が芽を出していなければなりません。［　Z　］、鳥はかえったばかりの幼いヒナに毛虫を餌として与えますから、鳥が孵化してヒナとなるころには毛虫がうごめき始めていなければなりません。このように、植物の新緑の葉—毛虫—ヒナが、ほぼ同じ頃に順序を違えずに育っている必要があり、その順序が狂うと野生生物が死に絶えることになりかねないのです。

10　例えば、植物の若芽が早く育ってしまい、毛虫が動き始める頃にはもはや固い葉っぱになっているとか、逆に植物の新緑が出るのが遅くなると、生まれた毛虫には食べ物がなく死んでしまうでしょう。あるいは、毛虫が現れるのが早すぎて、鳥のヒナが育つころにはチョウやガになって飛び回っていたら、親鳥もヒナのために必要な餌を集めることができないでしょう。何しろ、ヒナは1日に50匹は毛虫を食べるそうですから。だから、ヒナが育つころに毛虫がいなくなっていたら、ヒナは餌がなくて＊餓死してしまうことになります。野生生物が生き残る上では、微妙な時期の調節がなされる必要があるのです。

【文章Ⅱ】

学校の科目では「理科」と呼んでいますが、通常私たちが当面する自然現象に関わる問題を『科学』と呼ぶのは、それが社会的な事象や人間の生き方、つまり学校の科目で言えば社会や歴史や国語など他の科目にも関連しているためでしょう。理科が対象とするのは自然物そのものですが、「科学」はそれだけにとどまることがなく、「科学的判断」とか「科学的予測」

〈適性をみる検査Ⅰ〉　—50分—

◆ 次の【文章Ⅰ】【文章Ⅱ】を読んであとの問いに答えなさい。1～10は形式段落の番号を表すものとします。

【文章Ⅰ】

1　春が近づくと「桜前線」が日本列島を北上していくことで春の訪れを思い、晩秋になると今度は「紅葉前線」が日本列島を南下していくことで冬の訪れを実感しています。日本列島がほぼ南北方向に並んでいるために、気温の上昇が南から北へ、気温の下降が北から南へと進んでいくことを、桜と紅葉で代表させていると言えるでしょう。

2　この研究で取り上げるのは、例えば桜が開花する日がどれくらい早くなったか、紅葉が始まる日がどれくらい遅くなったかで、地球の温暖化がどれくらい進んでいるかを調べようというものです。実は、桜前線は300年以上前から暦などに書かれてきましたから、300年の間の開花の記録があります。桜や紅葉だけでなく、さらに昔からのいろんな記録を使って、野生の動植物が地球の気温変化にどう反応したかを調べれば、地球が温暖化している証拠が得られるのではないか、と期待できるでしょう。これを「*地球温暖化のフィンガープリント（指紋）」と言います。自然が何気なく残した「指紋」を読み取れば、過去の地球環境の変化を探れるだろう、というアイデアです。

3　例えば、比較的温度が低い場所を好むクマゼミが、日本列島を北上していることを知っていますか？　クマゼミは、最初九州や沖縄の島々に生息していたのですが、少しずつ北上を続けて1980年代に関西の都市部で見られるようになり、1990年代には中部地方、2000年代には神奈川や東京にまで広がってきたことが報告されています。クマゼミの生息地が北上しているのは確かなのです。実際にこのことを具体的に確かめようと、大阪や京都の博物館が呼びかけて子どもたちの協力を得て、いつクマゼミが鳴き始めたか、その数はどう変わったか、都市部と山間部でどんな違いがあるか、などの観察が10年以上にわたって続けられました。その結果、クマゼミが鳴き出す時期は早くなり、関西での全体の数は減っており、都市部から山間部へと移動していることがわかってきました。やはりクマゼミは気温が高くなった場所から、比較的低温の場所へと移動しているようなのです。

4　あるいは、低温を好むツクツクボウシが鳴く時期が、8月末頃であったのが、9月に入って鳴くようになり、そのうちに9月末になってやっと鳴き始めたというふうに、暑い時期が長引くのでツクツクボウシが姿を見せる時期が遅くなっていることも観察されています。その他のさまざまな昆虫（コオロギ、スズムシ、ホタル、カブトムシ、トンボなど）の分布の変化も併せて調べれば、もっと地球温暖化の証拠が示せるのではないでしょうか。

5　野生植物でいえば、高山植物がどの程度山の高い場所へと移動しているかが調べられています。植物は自分では動くことはできませんが、生える場所は移動できるのです。というのは、野生植物は花が受精すると周辺部に花粉を振り撒くだけでなく、虫にくっついたり、風に吹かれたり、獣の毛にくっついたり、鳥に食べられ遠くまで運ばれたり、というような方法で次の世代の子孫である花粉を広い場所に散らばらせているからです。[X]、その土地が植物の好む温度や湿度であれば発芽して花を咲かせ、温度が高くて成育に好ましくなければ発芽しないままとなりますから、植物も生育の条件が良い土地に移動するといえますね。寒いところを好む高山植物も地球温暖化のために、より気温が低い場所、[Y]より高い場所へと「登る」わけです。

大阪府立富田林中学校

（編集部注：掲載にあたりレイアウトなどの一部改変を行っています。）

〈適性検査Ⅰ　国語的問題〉　水都国際中学校　適性検査Ⅰ(国語的問題)参照(→Ｐ.675)　—45分—

〈適性検査Ⅰ　英語的問題〉　—10分—

1～5　放送による問題(省略)

〈適性検査Ⅱ　算数的問題〉　水都国際中学校　適性検査Ⅱ(算数的問題)参照(→Ｐ.666)　—45分—

〈適性検査Ⅲ　社会・理科的問題〉　—45分—

1　ある休日、ゆうさんは、和歌山県和歌山市に住むいとこのけいさんの家を訪れました。(1)～(5)の問いに答えなさい。

(1)　ゆうさんは、けいさんとともに和歌山市内のさまざまな場所を訪れることにしました。**図１**は、二人が訪れる場所などを示した和歌山市内の地図であり、**【メモ１】**は、二人が訪れる場所などについて、ゆうさんが事前に調べ、まとめたものです。①～⑤の問いに答えなさい。

図１

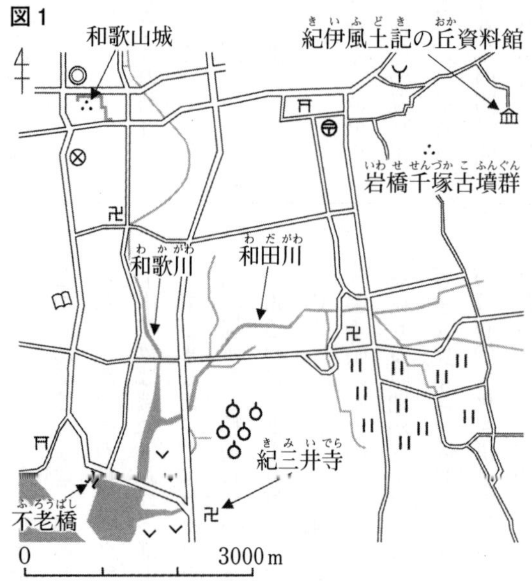

【メモ１】

・ⓐ**和歌山県**
　県の大部分が江戸時代には、紀州藩と呼ばれる藩の領地であった。

・ⓘ**和歌山城**
　1585年に築かれた城である。城のまわりには武家屋敷や町人が住む町などがつくられ、城下町が形成されていった。

・ⓤ**紀伊風土記の丘資料館**
　岩橋千塚古墳群に関する資料が展示されている。

・ⓔ**紀三井寺**
　奈良時代に開かれた(創建された)寺である。現在も多くの人が訪れる桜の名所である。

①　ゆうさんは、訪れる施設などの位置や施設間の距離などを**図１**を使って確認しました。次の**ア**～**オ**のうち、**図１**から読み取れる内容として正しいものを**すべて**選びなさい。

ア　紀三井寺から３㎞以内の距離に郵便局がある。

イ　紀三井寺から３㎞以内の距離に畑と果樹園がある。

ウ　紀伊風土記の丘資料館から見て、紀三井寺は南東にある。

エ　紀伊風土記の丘資料館からは、消防署よりも市役所の方が遠い。

オ　紀伊風土記の丘資料館から紀三井寺までの距離は、直線で10㎞以内である。

② **【メモ１】**中の下線部㋐が接している三つの府県のうち、海に面していない府県の名前を書きなさい。

③ **【メモ１】**中の下線部㋑を訪れ、展示されている資料を見た二人は、1619年に徳川家の親類(親せき)の大名が紀州藩をおさめるようになったことや、城下町に当時の役所の一つである町奉行所があったことや、1851年に不老橋という石橋がつくられたことを知りました。
(i)〜(iii)の問いに答えなさい。

(i) 江戸時代に全国各地をおさめていた大名のうち、徳川家の親類(親せき)の大名は何と呼ばれていますか。次の**ア**〜**エ**のうち、適しているものを一つ選びなさい。

ア 親藩　**イ** 地頭　**ウ** 外様　**エ** 譜代

(ii) 町奉行所は、現在の裁判所のような機能を果たしていました。次の文章は、現在の裁判に関するものです。文章中の(ⓐ)に入る適切な語を**漢字**で書きなさい。

> 日本の裁判では、同じ事件について３回まで裁判を受けることができる三審制というしくみを取り入れています。例えば、１回目の裁判を地方裁判所で受け、地方裁判所の判決に納得できない場合は高等裁判所にうったえることができます。さらに、高等裁判所の判決に納得できない場合は(ⓐ)裁判所にうったえることができます。

(iii) 次の**ア**〜**エ**は、不老橋がつくられた江戸時代後期から明治時代初期にかけて起こったできごとです。**ア**〜**エ**をできごとが起こった順に並べかえて、記号を書きなさい。

ア 日米修好通商条約が結ばれた。
イ 徳川慶喜が政権を天皇(朝廷)に返した。
ウ 五箇条の御誓文が発表された(示された)。
エ ペリーが４せきの軍艦を率いて初めて浦賀に現れた。

④ 次に二人は、**【メモ１】**中の下線部㋒を訪れ、岩橋千塚古墳群には800をこえる古墳があり、そのうちの一つである大日山35号墳の形(種類)は大阪府にある大仙古墳と同じ形(種類)であることを知りました。大仙古墳や大日山35号墳の形(種類)は何と呼ばれていますか。書きなさい。

⑤ 最後に二人は、**【メモ１】**中の下線部㋓を訪れ、この寺が唐の時代の中国から日本にわたってきた僧によって奈良時代に開かれたことを知りました。次の**ア**〜**オ**のうち、奈良時代に起こったできごとを**すべて**選びなさい。

ア 大化の改新が始まった。
イ 藤原道長が政治を行った。
ウ 鑑真が唐招提寺を開いた(創建した)。
エ 小野妹子が遣隋使として隋に送られた。
オ 聖武天皇の命令で東大寺に大仏がつくられた。

(2) 紀三井寺からけいさんの家に帰った二人が空を見ると、満月が見えました。以前読んだ本に、「50円玉を持った手をのばして穴から月をのぞくと、月が50円玉の穴にすっぽりと入って見える。」と書かれていたことを思い出したけいさんは、**図２**のように、棒の先につけた50円玉の穴から実際に月をのぞいてみました。すると、けいさんから50円玉までの距離が44㎝になったときに、月は50円玉の穴(直径４㎜)とぴったり同じ大きさに見えました。**図３**は、月を観察しているけいさんの位置と50円玉の位置と月の位置の関係を模式的に表したものです。けいさんから50円玉までの距離とけいさんから月の中心までの距離との比は、50円玉の穴の直径と月の実際の直径との比と等しく、月の実際の直径が3475kmであると考えるとき、けいさんから月の中心までの距離は何kmか求めなさい。ただし、答えは四捨五入して**上から２けたのがい数**で表すこと。

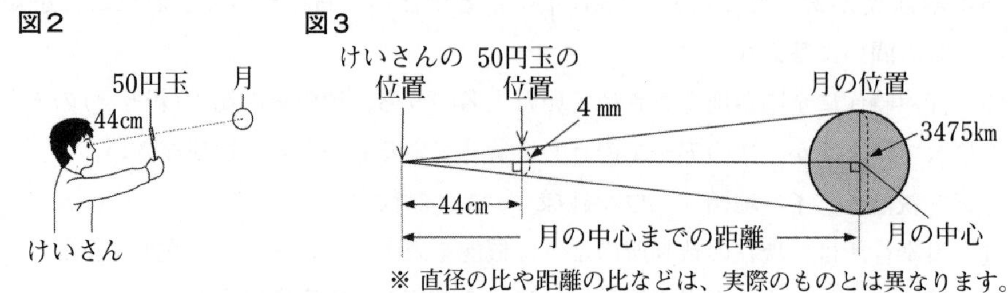

⑶　次の日、ゆうさんは、朝食で和歌山県産の梅を使った料理を食べました。口から入った食べ物を、かみくだいて細かくしたり、だ液や胃液などによって体に吸収されやすい養分にかえたりするはたらきは、何と呼ばれていますか。書きなさい。

また、前(腹側)から見たヒトの臓器を表した**図４**中の**ア**～**カ**のうち、口から始まってこう門に終わる食べ物の通り道となる臓器を**すべて**選び、食べた物が通る順に並べかえなさい。ただし、答えは次の(　　)中に〔例〕にならって書くこと。

口→食道→(　　　　　　　　)→こう門

〔例〕口→食道→(**ア**→**イ**→**ウ**→**エ**)→こう門

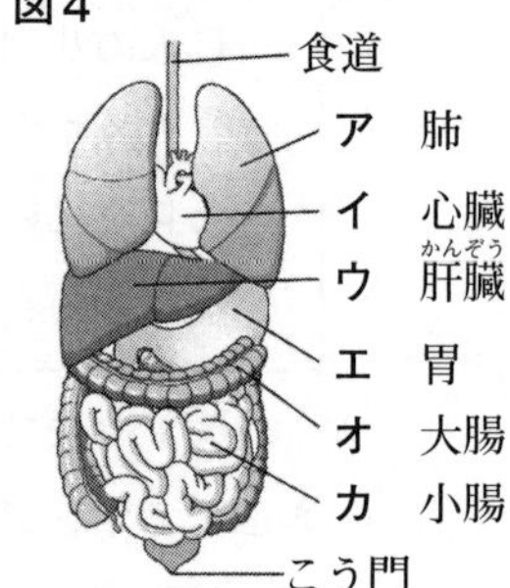

⑷　和歌山県は梅の収穫量が日本で最も多いことをけいさんから教えてもらったゆうさんは、和歌山県で行われている梅の生産の工夫について調べました。**【メモ２】**は、和歌山県のみなべ・田辺地域で行われている梅の生産の工夫の一部についてまとめたものです。①、②の問いに答えなさい。

【メモ２】

・㋔ニホンミツバチを利用した梅の花の㋕受粉が行われている。
・ニホンミツバチのすみかでもある＊薪炭林を残しつつ、山の斜面を利用して梅を生産している。
　＊薪炭林：薪や炭の原料となる木材を生産するための森林のこと。

(みなべ・田辺地域世界農業遺産推進協議会のWebページなどにより作成)

①　**【メモ２】**中の下線部㋔は、たまご→よう虫→さなぎ→成虫の順に育つこん虫です。次の**ア**～**エ**のうち、ニホンミツバチと同じように、よう虫から成虫に育つ間にさなぎになるこん虫を**すべて**選びなさい。

ア　バッタ(ショウリョウバッタ)　　**イ**　チョウ(モンシロチョウ)
ウ　トンボ(シオカラトンボ、アキアカネ)　　**エ**　カブトムシ

②　**【メモ２】**中の下線部㋕に関して、次の**【実験】**は、植物の実ができるために受粉が必要かどうかを、アサガオを使って調べる実験です。

【実験】

方法	1　つぼみを二つ選び、めしべに花粉がつかないようにしながらそれぞれのつぼみからおしべをとりのぞく。その後、それぞれのつぼみに**図5**のように袋(ふくろ)をかぶせる。 2　花が咲(さ)いたら、一方は袋をとって**図6**のようにめしべの先にピンセットを使って花粉をつけたあと、再び袋をかぶせる。もう一方は**図7**のように袋をかぶせたままにしておく。 3　花がしぼんだら袋をはずし、実ができるかどうかを調べる。

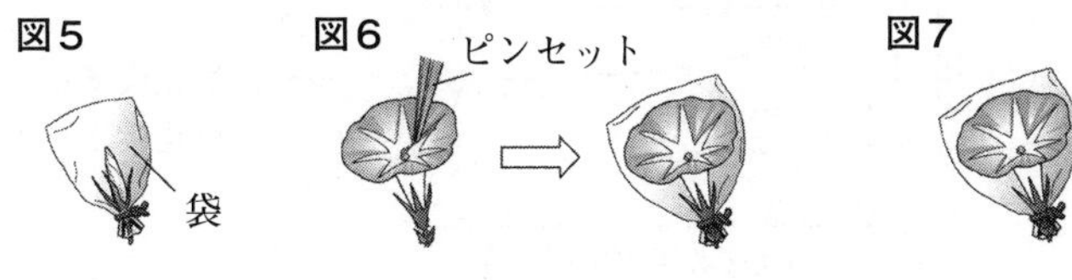

【実験】をアサガオのかわりにヘチマを使って行う場合、**【実験】**の 方法 1～3のうち、どれか一つを変えなければなりません。(i)、(ii)の問いに答えなさい。

(i)　**【実験】**をアサガオのかわりにヘチマを使って行う場合に方法を変えなければならない理由を、ヘチマの花とアサガオの花の異なっている点がわかるように、「ヘチマの花は、アサガオの花と異なり、」に続けて**25字以内**で書きなさい。

(ii)　**【実験】**をアサガオのかわりにヘチマを使って行う場合、**【実験】**の 方法 1～3のうち、どれを変えなければなりませんか。1～3から一つ選びなさい。

また、次の**条件1**、**2**にしたがって、選んだ**【実験】**の方法をヘチマを使って行う場合の方法に書きかえなさい。

条件1　アサガオを使って行う場合の**【実験】**の方法を参考に書くこと。

条件2　**40字以内**で書くこと。

(5)　ゆうさんは、和歌山県の総面積の4分の3以上が森林であることを知りました。①～④の問いに答えなさい。

①　和歌山県にある森林の約6割は、スギなどの人工林です。ゆうさんは、人工林に関することについて調べました。**【メモ3】**は、人工林で行われている「林業のサイクル」について、**【メモ4】**は、苗木(なえぎ)を植えてからの時間による人工林の二酸化炭素の吸収量の変化について、ゆうさんが調べたことをもとにつくったものです。(i)、(ii)の問いに答えなさい。

【メモ3】

> 苗木を植え、手入れをし、苗木を植えてから50年を過ぎたころに育った木を収穫(しゅうかく)して使い、収穫したあとの土地にまた苗木を植えるという「林業のサイクル」は、森林を健全な状態に保ちながら、持続的に木材を利用するために重要である。

【メモ4】

> ・同じ種類、同じ年れいの木が集まってできた人工林は、苗木を植えてから約10～15年で若齢(じゃくれい)段階へ、苗木を植えてから約50年で若齢段階から成熟段階へ、苗木を植えてから約150年で成熟段階から老齢段階へと移るといわれている。

・**図８**は、同じ種類、同じ年れいの木が集まってできた人工林における、㋖二酸化炭素をとり入れる量と二酸化炭素を出す量の、植えてからの時間による変化を模式的に表したものである。**図８**の二酸化炭素をとり入れる量と二酸化炭素を出す量の差を人工林の二酸化炭素の吸収量とすると、人工林の二酸化炭素の吸収量が最も多いのは若齢段階であることや、人工林の二酸化炭素の吸収量は成熟段階に移ったあと減少し続けることがわかる。

図８

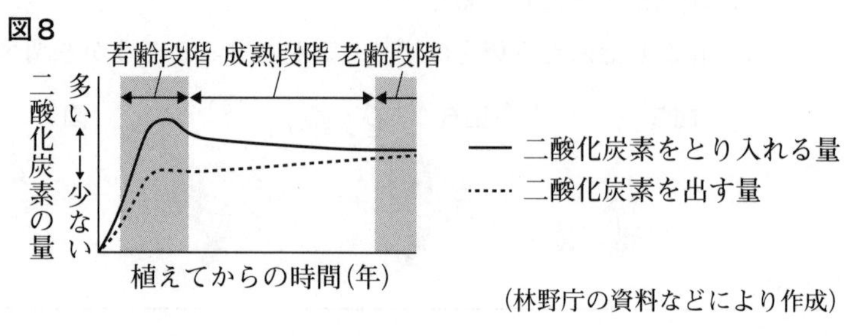

(林野庁の資料などにより作成)

(i)　**【メモ４】**中の下線部㋖について、植物が二酸化炭素をとり入れるときと、植物が呼吸によって二酸化炭素を出すときは、それぞれどのようなときですか。次の**ア～ウ**のうち、最も適しているものをそれぞれ一つずつ選びなさい。

ア　光が当たるときのみ　　**イ**　光が当たらないときのみ

ウ　光が当たるときと当たらないときの両方

(ii)　ゆうさんは、**【メモ３】**、**【メモ４】**をつくる中で新たに気がついたことを、次のようにまとめました。次の文章中の□に入る適切なことばを、**若齢段階**、**二酸化炭素**という**２語**を使って**30字以内**で書きなさい。ただし、老齢段階では、人工林の二酸化炭素の吸収量が減少し続けることとします。

> 多くの人工林が、「林業のサイクル」が行われないまま放置され続けると、老齢段階の人工林の割合が多くなる。これに対して、多くの人工林で「林業のサイクル」がくり返し行われると、□が多い状態に保たれる。このため、「林業のサイクル」がくり返し行われることは地球温暖化をおさえることにつながると考えられる。

②　間ばつをした森林では、森林内に太陽の光が届くようになると、地面に草が生えたり木が成長しやすくなったりします。**図９**は、ある森林を東から見たようすを模式的に表したものであり、**図９**中の**ア～オ**の木（▲）は、南北方向に一直線に並んで生えています。**ア～オ**の木のうち、できるだけ少ない本数を根もとからきって、**図９**中の㋗の位置に→で示す南からさす太陽の光が直接当たるようにするには、どの木をきればよいですか。きる木を**ア～オ**から**すべて**選びなさい。ただし、木は太陽の光を完全にさえぎるものとします。

図９

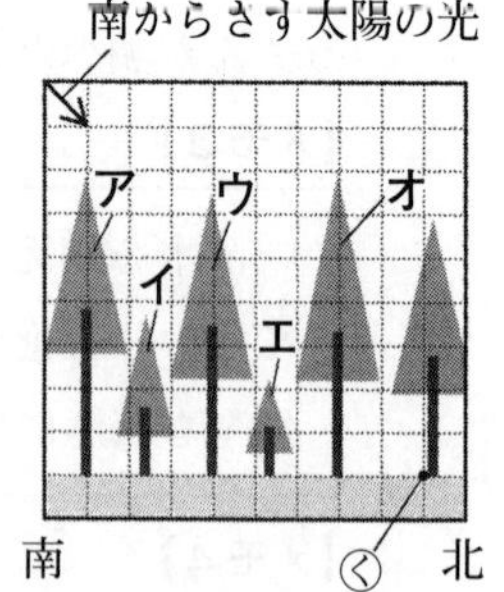

③　森林に降った雨水のうち、地面まで届いた水の一部は、地下にとどまることがあります。**図10**は、ある森林に降った雨水の一部が地下深くまでしみこみ、Xの層とYの層(Xの層のすぐ下にある層)のさかいめ付近に水が一時的にとどまるようすを模式的に表したものです。**図10**中のXの層とYの層が、それぞれ泥(どろ)、砂、れきのいずれか1種類でできているとすると、次の**ア～エ**のうち、X、Yの組み合わせとして最も適しているものを一つ選びなさい。

ア　X　砂　　Y　泥　　　**イ**　X　砂　　Y　れき

ウ　X　泥　　Y　砂　　　**エ**　X　泥　　Y　れき

図10

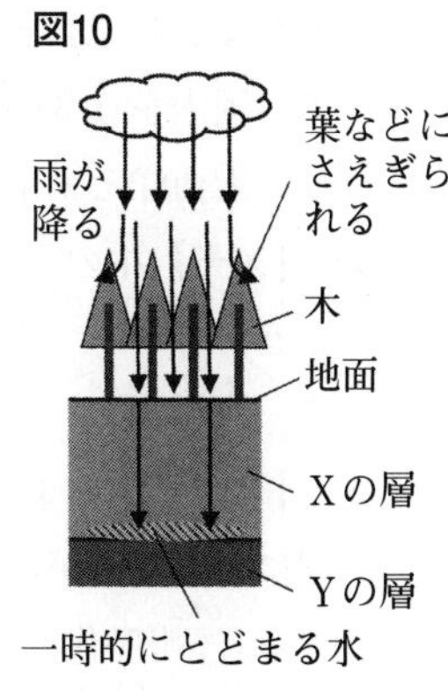

④　**図11**は、ある山の海面からの高さを等高線で表したもので、P地点の地表から13mの深さに、Q地点の地表から2mの深さに、R地点の地表から21mの深さに、それぞれ水があることがわかっています。**図11**中のP地点～R地点において、地下に水があるとわかっている位置の、海面からの高さが最も高い地点と最も低い地点はどれですか。P～Rからそれぞれ一つずつ選びなさい。

図11

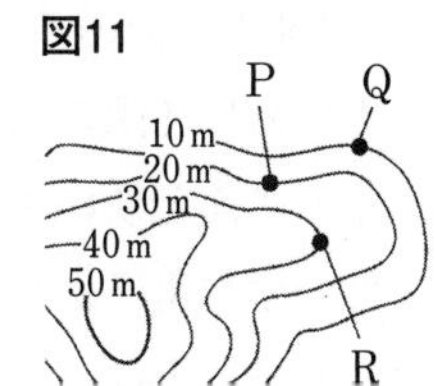

2　ようさんとゆいさんは、身近な文房具(ぶんぼうぐ)に関することについて調べました。(1)、(2)の問いに答えなさい。

(1)　ようさんは、鉛筆(えんぴつ)の歴史に関することについて調べ、次の**【メモ】**をつくりました。①～④の問いに答えなさい。

【メモ】

〔世界における鉛筆の歴史に関すること〕

・1560年代に、イギリスで質の良い*黒鉛(こくえん)が発見され、筆記具として使うために黒鉛を細長く切り、にぎるために糸を巻いたり木ではさんだりしたことが鉛筆のはじまりといわれている。

・19世紀後半に、加工した木材で芯(しん)をはさむという鉛筆の製造方法が㋐アメリカで開発され、これが現在の鉛筆の製造方法の基礎(きそ)となっている。

〔日本における鉛筆の歴史に関すること〕

・江戸(えど)時代にヨーロッパでつくられた鉛筆が徳川家康(とくがわいえやす)におくられ、その鉛筆は、現在、㋑静岡県の久能山東照宮(くのうざんとうしょうぐう)博物館に保存されている。徳川家康に鉛筆がおくられたころの日本では、文字を書く際に㋒筆が使われることが一般的(いっぱんてき)であった。

・1951年に、㋓JIS規格において、鉛筆についての規格が定められた。現在のJIS規格で定められている鉛筆の長さや太さについての規格の中には、「長さ172㎜以上」、「太さ8㎜以下」などがある。

　*黒鉛：天然資源の一つであり、灰黒色(かいこくしょく)のつやがある。ねん土と混ぜて鉛筆の芯をつくるときなどに使われる。

①　**【メモ】**中の下線部㋐について、次の**ア～エ**のうち、現在のアメリカ合衆国について書か

れた文として**誤っているもの**を一つ選びなさい。

ア　国内を０度の経線が通っている。　　**イ**　カナダと国境を接している。

ウ　大西洋と太平洋の両方に面している。　　**エ**　赤道よりも北に国土が位置している。

②　**【メモ】**中の下線部ⓘに関して、次の**ア**～**エ**のうち、静岡県を流れている川として適しているものを一つ選びなさい。

ア　木曽川(きそがわ)　　**イ**　信濃川(しなのがわ)　　**ウ**　天竜川(てんりゅうがわ)　　**エ**　利根川(とねがわ)

③　**【メモ】**中の下線部ⓤは、墨(すみ)や絵の具をふくませて文字や絵画をかくことに用いられます。墨によってえがかれた絵画である水墨画(すいぼくが)は、唐(とう)の時代の中国で生まれました。次の**ア**～**エ**のうち、室町(むろまち)時代に日本で水墨画を大成した人物の名前として適しているものを一つ選びなさい。

ア　歌川広重(うたがわひろしげ)　　**イ**　行基(ぎょうき)　　**ウ**　世阿弥(ぜあみ)　　**エ**　雪舟(せっしゅう)

④　**【メモ】**中の下線部ⓔは、産業標準化法という法律にもとづいて定められた規格です。日本において国の法律を決める国の機関の名前を書きなさい。

(2)　ようさんとゆいさんは、紙について調べている中で、これまで紙に印刷していた情報を、紙を使わずに電子化して活用する「ペーパーレス化」が会社などですすめられていることを知りました。二人は、調べた内容について話をしています。①、②の問いに答えなさい。

【会話文１】

ようさん：紙のことを調べてみたら、紙の生産量を示す資料では「紙」と「板紙」の二つに大きく分けて示されていることがわかったね。

ゆいさん：そうだね。「紙」に分類されているものには、新聞の材料になる新聞用紙や、雑誌やコピー用紙などの材料になる印刷・情報用紙、ティッシュペーパーなどの材料になる衛生用紙などがあって、「板紙」に分類されているものには、段ボールの材料になる段ボール原紙や、紙コップなどの材料になる紙器用板紙などがあるんだね。

ようさん：「紙」と「板紙」それぞれの、生産量や種類別の内訳の変化のようすについて見てみよう。

①　**図１**は、2013年から2019年までにおける「紙」の生産量と種類別の内訳を、**図２**は、2013年から2019年までにおける「板紙」の生産量と種類別の内訳を、それぞれ示したものです。あとの問いに答えなさい。

図１　「紙」の生産量と種類別の内訳

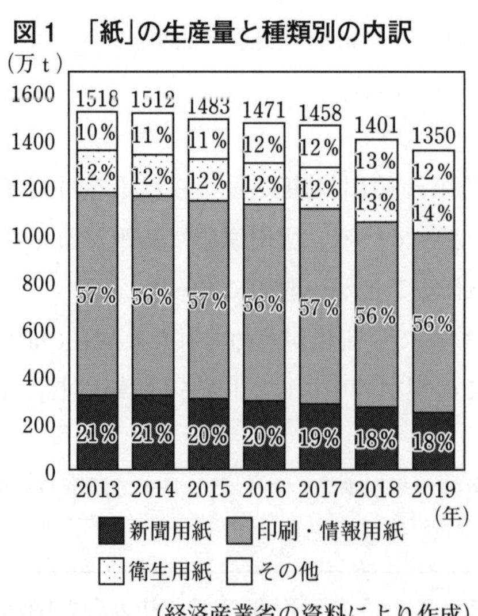

（経済産業省の資料により作成）

図２　「板紙」の生産量と種類別の内訳

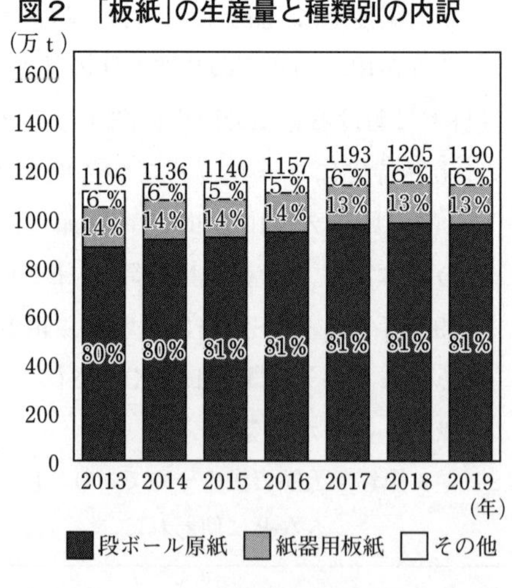

（経済産業省の資料により作成）

問い　次の**ア**～**エ**のうち、**図１**と**図２**から読み取れる内容として正しいものを**すべて**選びなさい。

ア　2013年から2019年にかけて、「紙」の生産量と「板紙」の生産量の合計は減少し続けている。

イ　2013年から2019年にかけて、「紙」の生産量と「板紙」の生産量との差は小さくなり続けている。

ウ　新聞用紙と印刷・情報用紙の生産量について、2013年と2019年とを比べると、ともに2019年において減少しており、新聞用紙の方が減少量が大きい。

エ　段ボール原紙の生産量について、2013年と2019年とを比べると、2019年において60万t以上増加している。

②　二人は、**図１**を見ながら、新聞用紙の生産量について話をしています。あとの問いに答えなさい。

【会話文２】

ようさん：「紙」の生産量にしめる新聞用紙の生産量の割合は、減少していく傾向(けいこう)にあるよね。

ゆいさん：**図１**から新聞用紙の生産量を計算してみると、2013年から2019年にかけて減少し続けていってるんだ。それで、㋔新聞用紙の生産量が減少しているのはなぜだろうと思って調べてみたら、**図３**と**図４**を見つけたよ。

ようさん：**図３**と**図４**から何かわかるかもしれないね。考えてみようよ。

図３　ニュース記事を読むときに最も利用している手段

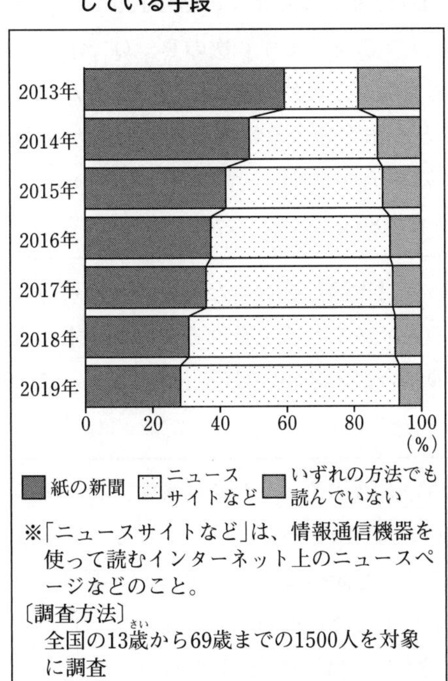

図４　スマートフォン・携帯(けいたい)電話・タブレットの利用者の割合

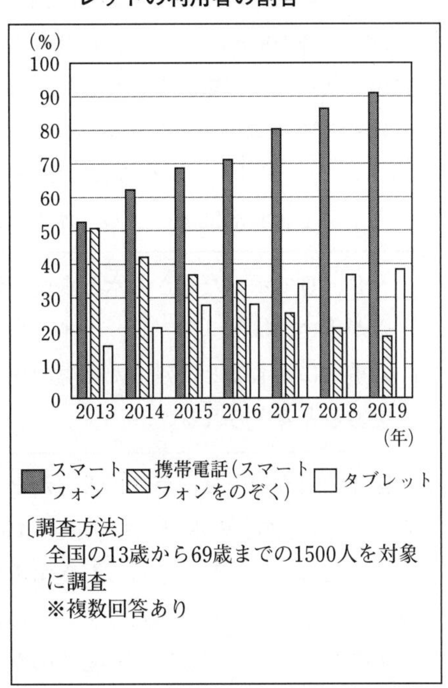

(**図３**、**図４**ともに総務省の資料により作成)

問い　**【会話文２】**中の下線部㋔に関して、新聞用紙の生産量が減少した理由として、**図３**と**図４**から考えられることを、次の**条件１**、**２**にしたがって書きなさい。

条件１　**図３**、**図４**それぞれから読み取れることを書くこと。

条件２　「ことが理由だと考えられる。」に続くように、**80字以内**で書くこと。

3　次の(1)、(2)の問いに答えなさい。

(1)　ひろさんは、次の【実験】を行いました。①〜③の問いに答えなさい。

ただし、水と食塩水の温度はつねに20℃であり、食塩が水にとける最大の重さは、とかす水の重さに比例するものとします。また、水の蒸発は考えないものとします。

【実験】

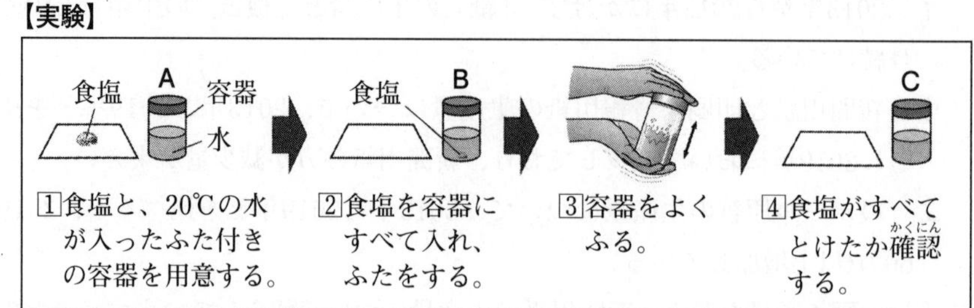

①　【実験】中の、Aは食塩を入れる前の、Bは食塩を入れた直後の、Cはよくふったあとの容器をそれぞれ表しています。25gの容器を使って、水100gと食塩10gで【実験】を行ったところ、食塩はすべてとけました。次のア〜エのうち、A、B、Cそれぞれの全体の重さについて正しく説明しているものを一つ選びなさい。ただし、食塩、水、容器以外の重さは考えないものとします。

ア　全体の重さは、AもBもCも135gである。

イ　全体の重さは、AとCは135gより軽く、Bは135gである。

ウ　全体の重さは、Aは135gより軽く、BとCは135gである。

エ　全体の重さは、Aは135gより軽く、Bは135gより重く、Cは135gである。

②　20℃の水100gにとける食塩の重さは最大で35.8gです。次のP、Qで示した重さの水と食塩を使って【実験】を行うと、どちらも食塩がとけ残りました。ひろさんは、このときのとけ残った食塩の重さについて考えたことをあとのようにまとめました。あとの文章中のⓐ〔　　〕、ⓑ〔　　〕から適しているものをそれぞれ一つずつ選びなさい。

P　水50g、食塩25g　　Q　水200g、食塩80g

> P、Qで示した重さの水と食塩を使って【実験】を行った場合、とけ残った食塩の重さが重いのはⓐ〔ア　P　　イ　Q〕の方であると考えられる。また、水に入れた食塩の重さに対するとけ残った食塩の重さの割合が大きいのはⓑ〔ウ　P　　エ　Q〕の方であると考えられる。

③　図1のような、ビーカーに入ったとうめいな液体X、Yがあります。X、Yのうち、どちらか一方は100gの水で、もう一方は90gの水に10gの食塩をとかしてつくった食塩水です。ひろさんは、X、Yのどちらが食塩水であるかを調べました。次の文章は、ひろさんが調べた方法とその結果をまとめたものです。文章中のⓐ〔　　〕から適しているものを一つ選びなさい。また、(ⓑ)に入る適切なことばを**15字以内**で書きなさい。

図1

X　　Y

> X、Yを50gずつとり出してそれぞれ別のビーカーに入れる。X、Yを入れたビーカーそれぞれに1gずつⓐ〔ア　水　　イ　食塩〕を加えてよくかきまぜて観察するということをくり返す。その結果、Xを入れたビーカーの方で(ⓑ)ということが観察され

た。このことから、Xは食塩水で、Yは水であるとわかった。

(2) けんさんは、**図2**のようなふりこを用意し、おもりの重さ、ふれはば、ふりこの長さの三つの条件を変えて、ふりこが1往復する時間を調べることにしました。**表1**は、けんさんが行った実験の結果をまとめたものです。①～③の問いに答えなさい。

ただし、糸の重さと糸ののびは考えないものとし、おもりが「最下点→最上点㋐→最下点→最上点㋑→最下点」と動くのにかかる時間をふりこが1往復する時間とします。また、**図2**のふりこは、おもりが「最下点→最上点㋐→最下点」と動くのにかかる時間と、おもりが「最下点→最上点㋑→最下点」と動くのにかかる時間が同じであるものとします。

図2

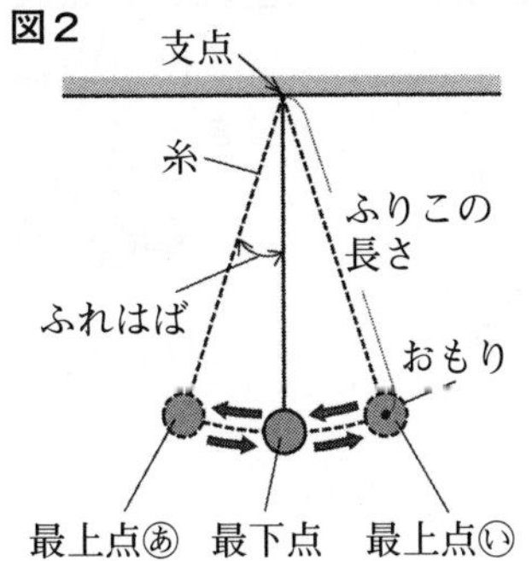

表1

	実験A	実験B
おもりの重さ(g)	20	30
ふれはば(°)	10	20
ふりこの長さ(cm)	20	35
ふりこが1往復する時間(秒)	0.9	1.2

① 実験Aのふりこと実験Bのふりこを同時に動かして観察していたとき、けんさんは、実験A、実験Bそれぞれのふりこのおもり(以下、「二つのおもり」とします)が何秒かおきに同時に最下点にくることに気がつきました。「二つのおもり」が同時に最下点にきてから、次に同時に最下点にくるまでの時間は何秒だと考えられますか。求めなさい。ただし、ふりこが往復する時間は、ふりこが動き続けても変わらないものとします。

② けんさんは、おもりの重さ、ふれはば、ふりこの長さの三つの条件を変えてふりこが1往復する時間を調べる実験をさらに行い、結果を**表2**にまとめました。あとの**ア～オ**のうち、**表2**のそれぞれの実験の結果からいえることを**すべて**選びなさい。

表2

	実験C	実験D	実験E	実験F	実験G	実験H
おもりの重さ(g)	20	20	20	30	30	30
ふれはば(°)	10	20	20	10	20	20
ふりこの長さ(cm)	40	20	40	20	20	80
ふりこが1往復する時間(秒)	1.3	0.9	1.3	0.9	0.9	1.8

ア 実験Cと実験Eの結果から、ふりこが1往復する時間はおもりの重さによって変わらないといえる。

イ 実験Fと実験Gの結果から、ふりこが1往復する時間はふれはばによって変わらないといえる。

ウ 実験Cと実験Dの結果から、ふりこが1往復する時間はふりこの長さによって変わるといえる。

エ 実験Fと実験Hの結果から、ふれはばが2倍になるとふりこが1往復する時間は2倍になるといえる。

オ　実験Gと実験Hの結果から、ふりこの長さが4倍になるとふりこが1往復する時間は2倍になるといえる。

③　けんさんは、次の**ア**～**ウ**のように、ふりこの糸をつるす点の真下の位置に固定したくぎに、糸が引っかかってふりこが動くときの、ふりこが1往復する時間について考えました。**ア**～**ウ**のうち、ふりこが1往復する時間が最も短くなると考えられるものと最も長くなると考えられるものをそれぞれ一つずつ選びなさい。ただし、くぎの太さは考えないものとし、**ア**～**ウ**のふりこは、ふりこの糸がくぎにふれている間、くぎを支点とするふりこと考えてよいものとします。

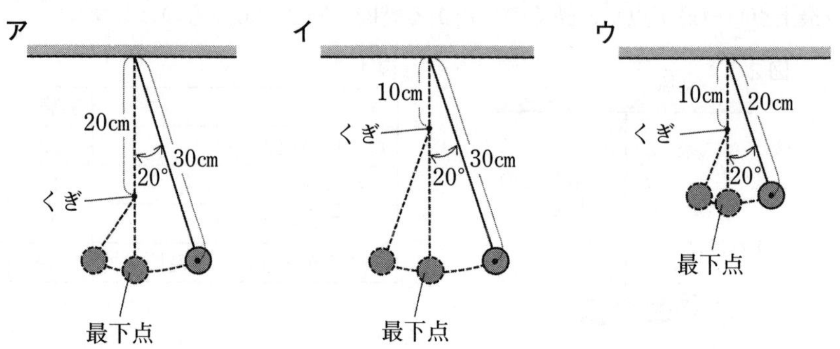

〈作文〉（編集部注：たて書きで出題されています。）　—30分—

◆　次の文章を読んで、あとの**問い**に答えなさい。

夢は思い描（えが）いているだけでは叶（かな）わないものです。それを実現するためには努力する時間が必要なのです。勉強や、スポーツならば練習すること、多くの人と会って話を聞くこと、いろんなところへ出かけて*見聞を広めることなど、叶えたい夢によってはたくさんの努力が必要になるかもしれません。しかし、たとえ時間がかかったとしても、その努力した時間は裏切らず、皆（みな）さんの血や肉となり、夢を叶えるための力となります。費（つい）やした時間はちゃんと応えてくれるのです。

（松本零士（まつもとれいじ）『君たちは夢をどうかなえるか』〈PHP研究所〉による）

＊見聞＝実際に見たり聞いたりすること。また、それによって得た経験・知識。

問い　筆者はこのように述べていますが、あなたは、「夢」を実現するためにどのようなことが大切だと考えますか。次の**指示**にしたがって、あなたの考えを書きなさい。

指示

・1行20字の原こう用紙の19行から22行で終わるように書きなさい。
・題名や名前は書かないで、本文から書き始めなさい。
・全体は二段落で構成し、段落の最初は一字下げなさい。
・第一段落では、あなたの考えを、第二段落では、あなたがそのように考える理由を書きなさい。

大阪府立咲くやこの花中学校

（編集部注：掲載にあたりレイアウトなどの一部改変を行っています。）

〈適性検査Ⅰ　国語・算数的問題　※1は665ページから掲載しています。〉　―1と合わせて45分―

2　こはるさんとたいがさんとゆうきさんは料理クラブのクラブ員です。

(1)〜(3)の問いに答えなさい。

(1)　こはるさんは、いちごと砂糖を使って、いちごジャムを作ることにしました。使う砂糖の重さは、用意したいちごの重さの80％です。

①、②の問いに答えなさい。

①　用意したいちごの重さが250ｇであるとき、使う砂糖の重さは何ｇですか。求めなさい。

②　**図１**中の**ア〜エ**のグラフの中に、用意したいちごの重さを x ｇ、使う砂糖の重さを y ｇとしたときの、x と y の関係を表しているグラフがあります。正しいものを一つ選び、記号で答えなさい。

また、その x と y の関係を式に表しなさい。

図１

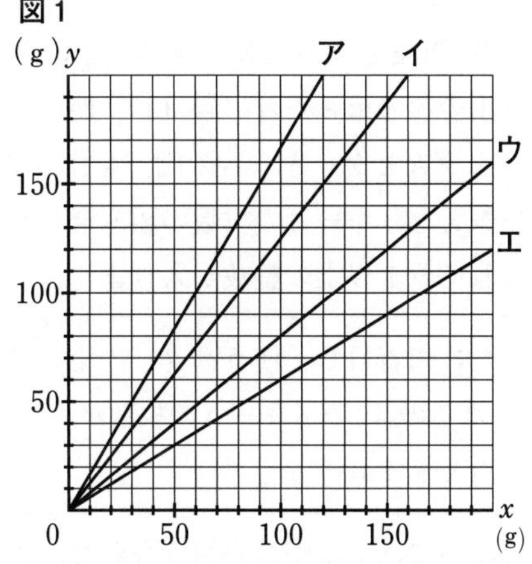

(2)　たいがさんは、アルミホイルで円柱の形をした容器を作り、作った円柱の形をした容器を使ってケーキを作ることにしました。

①、②の問いに答えなさい。ただし、円周率は3.14とします。

①　**図２**はたいがさんが作った容器を表したもので、この容器は底面の円の直径が８㎝、高さが５㎝の円柱の形をしています。**図３**は、**図２**の容器の側面の作り方を表したもので、縦が５㎝、横が30㎝の長方形のアルミホイルを曲げ、アルミホイルの端（はし）と端を何㎝か重ねて貼（は）りつけます。**図３**中の▨は、**図２**の容器の側面を作るときの、アルミホイルを重ねる部分を表しています。

(i)、(ii)の問いに答えなさい。ただし、アルミホイルの厚みは考えないものとします。

図２　**図３**

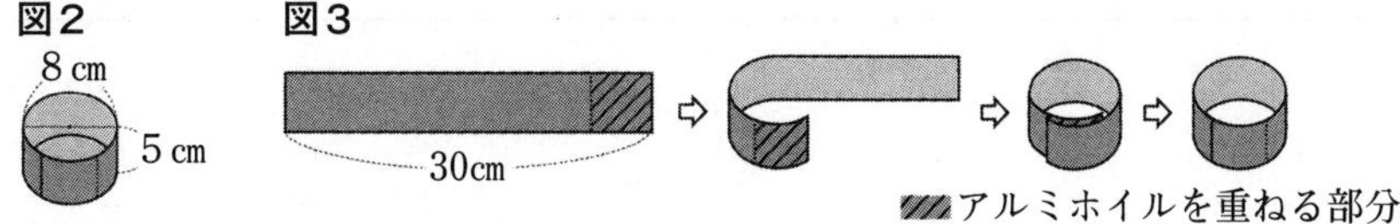

(i)　**図２**の容器の容積は何㎤ですか。求めなさい。

(ii)　**図２**の容器の側面を作るときの、アルミホイルを重ねる部分（**図３**中の▨）の面積は何㎠ですか。求めなさい。

②　**図４**は、たいがさんが作ったケーキを上から見たときのようすを、模式的に表したものです。点Ａ、Ｂ、Ｃ、Ｄは同じ円の円周上にあり、四角形ＡＢＣＤは正方形です。点Ａ、Ｂ、Ｃ、Ｄを通る円と四角形ＡＢＣＤとによってはさまれた部分（**図４**中の▭）の面積は、四角形ＡＢＣＤの面積の何倍ですか。求めなさい。

図４

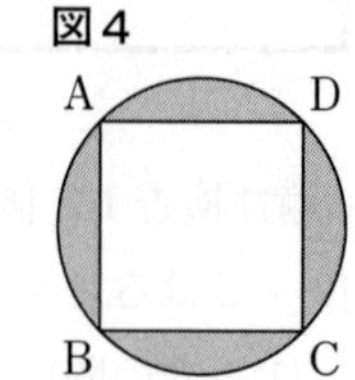

(3)　ゆうきさんは、前回のクラブ活動のときに残った小麦粉420ｇとバター210ｇを使って、クッキーＡとクッキーＢの２種類のクッキーを作ることにしました。**表**は、クッキーＡとクッキーＢそれぞれについて、１枚あたりに使う小麦粉の重さとバターの重さを表したものです。

①、②の問いに答えなさい。ただし、小麦粉とバター以外の材料については考えないものとします。

表

	小麦粉（ｇ）	バター（ｇ）
クッキーＡ	7	3
クッキーＢ	6	4

①　ゆうきさんは、小麦粉420ｇをすべて使いきるときのクッキーの枚数について考えてみました。このとき、使う小麦粉の重さだけに着目し、使うバターの重さは考えないものとしました。次の文は、クッキーＡとクッキーＢの両方を作って小麦粉420ｇをすべて使いきるときの、クッキーＡの枚数とクッキーＢの枚数の組み合わせについて述べたものです。文中の（ ⓐ ）、（ ⓑ ）にはそれぞれ１以上の整数が入ります。あとの問いに答えなさい。

> 使う小麦粉の重さだけに着目し、使うバターの重さは考えないものとすると、使う小麦粉の重さが420ｇになるのは、クッキーＡの枚数が（ ⓐ ）枚、クッキーＢの枚数が（ ⓑ ）枚という組み合わせのときである。

問い　（ ⓐ ）、（ ⓑ ）に当てはまる整数の組み合わせは何通りありますか。求めなさい。

②　ゆうきさんは、小麦粉420ｇとバター210ｇをできるだけたくさん使って、料理クラブのクラブ員20人にクッキーＡとクッキーＢのそれぞれを均等に配ることができるように、クッキーＡとクッキーＢを作ることにしました。次の文は、ゆうきさんがまとめたものです。文中の（ ⓒ ）、（ ⓓ ）にはそれぞれ１以上の20の倍数が入ります。（ ⓒ ）、（ ⓓ ）に当てはまる整数をそれぞれ求めなさい。

> 使う小麦粉の重さが420ｇ以下、使うバターの重さが210ｇ以下という二つの条件を満たすクッキーの枚数の組み合わせのうち、使う小麦粉の重さと使うバターの重さとの合計が最も大きいのは、クッキーＡの枚数が（ ⓒ ）枚、クッキーＢの枚数が（ ⓓ ）枚という組み合わせである。

〈適性検査Ⅱ　ものづくり(理工)分野〉 —60分—

1　次の問いに答えなさい。

(1)　「ある数」を３でわった数に７をたした数は10です。この「ある数」に３をかけた数から７をひいた数は何ですか。求めなさい。

(2)　2024以上3000以下の整数のうち、0.6をかけても、0.6でわっても、その答えがそれぞれ整数となる数は全部で何個ありますか。求めなさい。

(3)　ゆうさんは何枚かの折り紙を用意しました。ゆうさんとしほさんは、ゆうさんが用意した折り紙のうち、それぞれ何枚かの折り紙を使いました。しほさんは、ゆうさんが用意した折り紙の枚数の$\frac{1}{2}$より７枚少ない枚数の折り紙を使い、ゆうさんは、しほさんが使った折り紙より２枚多い枚数の折り紙を使いました。また、二人が使った折り紙の合計の枚数は、ゆうさんが用意した折り紙の枚数の$\frac{3}{5}$でした。ゆうさんが用意した折り紙の枚数は何枚ですか。求めなさい。

(4)　**図１**は、縦２マス、横２マスの合計４個のマスに区切られた正方形であり、４個のマスはすべて合同な正方形です。**図１**中の１から９の９個の点はそれぞれマスの頂点にあります。**図１**中の１の点を点A、２の点を点Bとします。また、**図１**中の３から９の７個の点のうち１個の点を選び点Cとし、残りの６個の点のうち１個の点を選び点Dとして、点Aと点B、点Bと点C、点Cと点D、点Dと点Aとをそれぞれ直線で結びます。このとき、結んだ直線によって囲まれてできる図形(以下、「囲まれた図形」とします)が、四角形になる点C、点Dの選び方と、四角形にならない選び方があります。例えば、**図２**の選び方では「囲まれた図形」は四角形になり、**図３**、**図４**、**図５**の選び方では「囲まれた図形」はどれも四角形になりません。「囲まれた図形」が四角形になる点C、点Dの選び方は、**図２**の選び方をふくめて全部で何通りありますか。求めなさい。

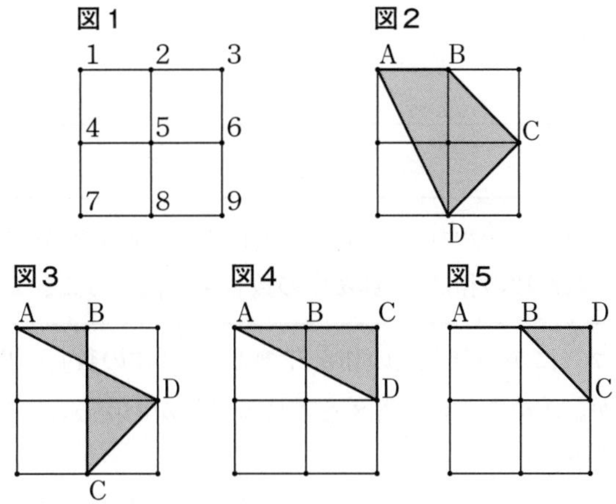

2　**表**は、九九の表です。はなさんとゆきさんは、**表**中のかけ算の答えがかかれたマスを、縦何マスか、横何マスかの四角形で囲み、囲んだマスにかかれた数の和について考えました。例えば、**図１**のように、縦１マス、横２マスの四角形で囲むとき、囲んだ２個のマスにかかれた数は４と６であり、囲んだマスにかかれた数の和は10です。(1)〜(3)の問いに答えなさい。

表

		かける数								
		1	2	3	4	5	6	7	8	9
かけられる数	1	1	2	3	4	5	6	7	8	9
	2	2	4	6	8	10	12	14	16	18
	3	3	6	9	12	15	18	21	24	27
	4	4	8	12	16	20	24	28	32	36
	5	5	10	15	20	25	30	35	40	45
	6	6	12	18	24	30	36	42	48	54
	7	7	14	21	28	35	42	49	56	63
	8	8	16	24	32	40	48	56	64	72
	9	9	18	27	36	45	54	63	72	81

図1

	1	2	3	
1	1	2	3	
2	2	4	6	
3	3	6	9	

⑴　**表**中のかけ算の答えがかかれたマスを、縦１マス、横３マスの四角形で囲みます。はなさんは、囲んだ３個のマスにかかれた数のうち、左のマスにかかれた数を「左の数」、真ん中のマスにかかれた数を「真ん中の数」、右のマスにかかれた数を「右の数」として、３個の数の和の求め方の工夫(くふう)を考え、気づいたことをまとめました。**はなさんの考え**と**はなさんのまとめ**を参考に、あとの①、②の問いに答えなさい。

はなさんの考え

４、６、８のマスを囲むと

４は６より２小さい数、８は６より２大きい数であるので、４と６と８の和は次のように計算できる。

$$4+6+8=(6-2)+6+(6+2)$$
$$=6+6+6+(2-2)$$
$$=6\times3$$
$$=18$$

28、35、42のマスを囲むと

28は35より７小さい数、42は35より７大きい数であるので、28と35と42の和は次のように計算できる。

$$28+35+42=(35-7)+35+(35+7)$$
$$=35+35+35+(7-7)$$
$$=35\times3$$
$$=105$$

はなさんのまとめ

表中のかけ算の答えがかかれたマスを、縦１マス、横３マスの四角形で囲むと、囲んだ３個のマスにかかれた数の和は、「真ん中の数」を３倍することで求めることができる。

①　囲んだ３個のマスにかかれた数の和が75のとき、「左の数」、「真ん中の数」、「右の数」はそれぞれ何ですか。求めなさい。答えを求める過程がわかるように、途中(とちゅう)の式をふくめた求め方も説明すること。

②　囲んだ３個のマスにかかれた数の和が27の倍数である囲み方は、全部で何通りありますか。求めなさい。

⑵　**表**中のかけ算の答えがかかれたマスを、縦２マス、横２マスの四角形で囲みます。はなさんとゆきさんは、囲んだ４個のマスにかかれた数の和について話をしています。**会話文**を参考に、あとの問いに答えなさい。

会話文

はなさん：囲んだ４個のマスにかかれた数の和を、何か工夫して求められないかな。

ゆきさん：マスにかかれた数を、四角形の面積におきかえて考えてみるのはどうだろう。例えば、**図２**のように囲むとき、２と４の積である８を、縦が２㎝、横が４㎝の長方形の面積におきかえてみよう。

図２

	1	2	3	4	5
1	1	2	3	4	5
2	2	4	6	8	10
3	3	6	9	12	15

はなさん：同じように考えると、10を縦が２㎝、横が５㎝の長方形の面積に、12を縦が３㎝、横が４㎝の長方形の面積に、15を縦が３㎝、横が５㎝の長方形の面積におきかえることができるね。

ゆきさん：**図３**のように、四つの長方形を組み合わせると、囲んだ４個のマスにかかれた数の和を、縦が５㎝、横が９㎝の長方形の面積におきかえることができるよ。

図３

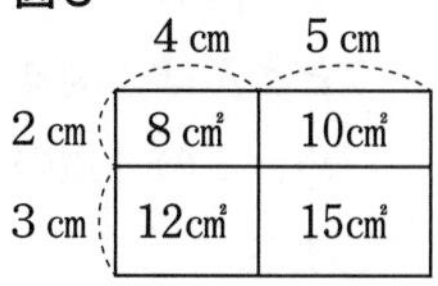

	4㎝	5㎝
2㎝	8㎠	10㎠
3㎝	12㎠	15㎠

はなさん：囲んだ４個のマスにかかれた数の和は５×９で求めることができるね。

ゆきさん：この考え方を利用すれば、囲んだ４個のマスにかかれた数の和から、囲んだ４個のマスにかかれた数はそれぞれ何か求めることもできそうだね。

問い　次の文章中の㋐、㋑、㋒、㋓に当てはまる数は何ですか。求めなさい。

> 囲んだ４個のマスにかかれた数の和が119になる囲み方は２通りある。どちらの囲み方も、囲んだ４個のマスにかかれた数を小さい順にならべると、㋐、㋑、㋒、㋓である。

(3)　**表**中のかけ算の答えがかかれたマスを、縦４マス、横３マスの四角形で囲みます。**はなさんのまとめ**と**会話文**を参考に、囲んだ12個のマスにかかれた数の和が396のとき、囲んだ12個のマスにかかれた数のうち最も大きい数を求めなさい。

3　まことさんは、ハチの巣の構造に興味をもち、調べたところ、次のようなことがわかりました。

> ハチの巣は、六角形の部屋をすきまなく並べてできており、このつくりを「ハニカム構造」という。ハニカム構造は、作成に必要な材料を少なくでき、軽くてじょうぶであるため、建物や飛行機の材料に使われることがある。

まことさんは、正六角形と、正六角形がすきまも重なりもなくしきつめられてできる図形について、考えることにしました。

(1)、(2)の問いに答えなさい。

(1)　まことさんは、**図１**のような正六角形を、まわりの長さと面積に着目して、**図２**のような円や**図３**のような正方形と比べました。あとの文章は、まことさんがまとめたものです。文章中の［　ア　］、［　イ　］に当てはまる数を求めなさい。ただし、円周率は3.14とします。

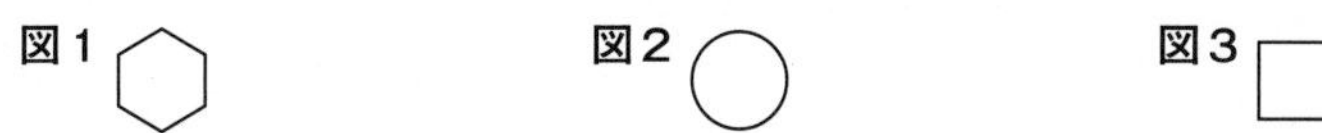

三つの図形それぞれにおいて、まわりの長さが12.56㎝であるときの面積を調べる。

調べたところ、まわりの長さが12.56㎝の正六角形の面積は、およそ11.38㎠であるということがわかった。

まわりの長さが12.56㎝の円の面積は、［　ア　］㎠である。

まわりの長さが12.56㎝の正方形の面積を、小数第三位を四捨五入して小数第二位までのがい数で表すと、約［　イ　］㎠である。

(2)　**図4**の図形は、合同な正六角形がすきまも重なりもなくしきつめられてできる図形で、となり合う正六角形の辺どうしがぴったりあっています。まことさんは、**図4**のような図形について、次のように「辺の数」の数え方を決め、この「辺の数」について考えることにしました。①、②の問いに答えなさい。

図4

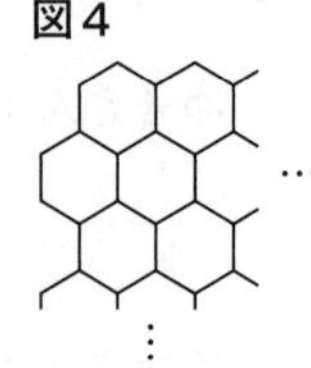

「辺の数」の数え方

・正六角形の辺どうしがぴったりあっているところでは、２本の辺がぴったりあっているところ１か所につき１と数える。

・正六角形の辺どうしがぴったりあっているところ以外では、辺１本につき１と数える。

①　**図5**の図形は、合同な３個の正六角形が、１段目に１個、２段目に２個、並べられてできたもので、となり合う正六角形の辺どうしがぴったりあっています。まことさんは、**図5**の図形の「辺の数」について考えました。次の文は、まことさんがまとめたことの一部です。あとの問いに答えなさい。

図5

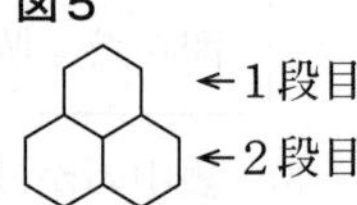

図5の図形は、「辺の数」が15であり、**図6**のように３個の正六角形が離(はな)れているときよりも、「辺の数」が少なくなっている。

図6

問い　次の**式**は、まことさんが**図5**の図形の「辺の数」を求めたときの求め方を表したものです。**式**中の下線部㋐の３と下線部㋑の３は何を表していますか。それぞれが表しているものを簡潔に書きなさい。

式　6×㋐<u>3</u>－㋑<u>3</u>

②　まことさんは、たくさんの正六角形がすきまも重なりもなくしきつめられてできる図形について、「辺の数」を調べることにしました。**図7**の図形は、76個の合同な正六角形が、１段目に８個、２段目に９個、３段目に８個、４段目に９個…、と、８個と９個を交互(こうご)に９段目まで並べられてできたもので、となり合う正六角形の辺どうしがぴったりあっています。**図7**の図形の「辺の数」を求めなさい。

図７

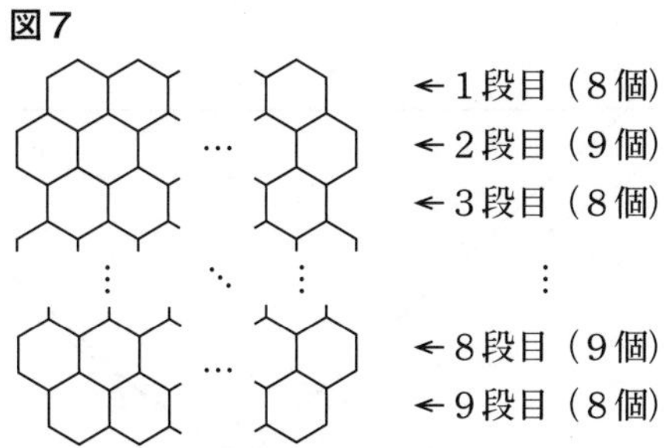

4　みらいさんは、学校の１階にある教室の窓から外を見ているときに、窓の外を見る位置によって見える範囲(はんい)が変わることに気がつきました。そこで、窓の外を見る位置などからわかることについて考えました。

(1)、(2)の問いに答えなさい。ただし、**図１～図３**は正確とは限りません。

(1)　みらいさんは、窓の外にある２本の木の間の距離(きょり)を調べる方法について考えました。**図１**は、２本の木が窓の両端(りょうはし)とそれぞれ重なって見える位置からみらいさんが外を見ているところを、上から見たものとして模式的に表した図であり、点Ａはみらいさんの位置、点Ｄと点Ｅはそれぞれ木の位置、辺ＢＣは窓を表しています。

図１において、三角形ＡＤＥは、三角形ＡＢＣの何倍かの拡大図であり、点Ｂは辺ＡＤ上に、点Ｃは辺ＡＥ上にそれぞれあります。点Ｇは辺ＤＥ上の点であり、点Ａと点Ｇを結んだ線と辺ＢＣの交わった点が点Ｆです。点Ａと点Ｇを結んだ線は、辺ＢＣと辺ＤＥのどちらとも垂直であり、ＡＦの長さとＡＧの長さの比は、ＢＣの長さとＤＥの長さの比と等しくなっています。ＡＦの長さは80cm、ＦＧの長さは240cm、ＢＣの長さは180cmです。

①、②の問いに答えなさい。

図１

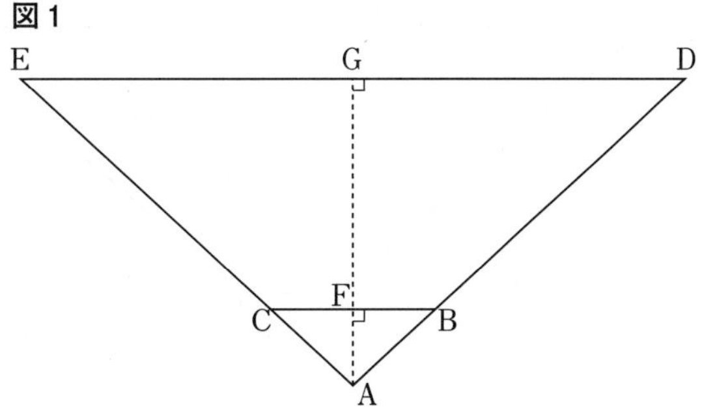

①　ＤＥの長さは何cmですか。求めなさい。

②　みらいさんは、窓の外を見る位置を変えると見える範囲がどのくらい変わるかを考えました。**図２**は、**図１**に三角形ＨＩＪを書き加えたもので、点Ｈは窓の外を見る位置を変えたあとのみらいさんの位置を表しています。

図２において、点Ｈは点Ａと点Ｇを結んだ線上の点です。三角形ＨＩＪは、三角形ＨＢＣの何倍かの拡大図であり、点Ｂは辺ＨＩ上に、点Ｃは辺ＨＪ上に、点Ｄと点Ｅは辺ＩＪ上にそれぞれあります。ＨＦの長さとＨＧの長さの比は、ＢＣの長さとＩＪの長さの比と等しくなっています。ＨＦの長さが60cmであるとき、ＩＪの長さはＤＥの長さの何倍ですか。求めなさい。

図2

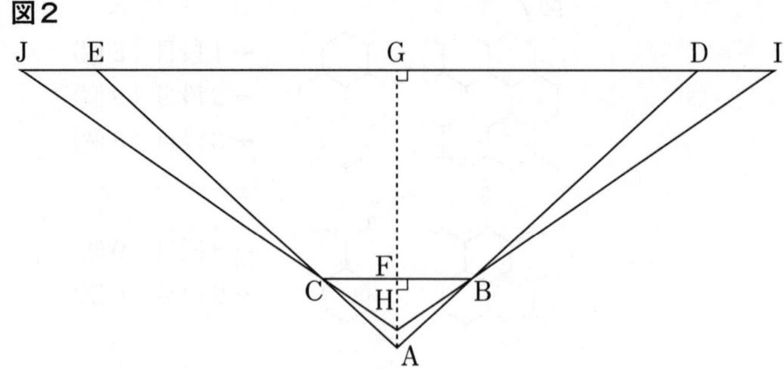

(2)　みらいさんは、車が道路を走っているのを見て、窓から道路までの距離を調べる方法について考えました。**図3**は、みらいさんが外の道路を見ているところを、上から見たものとして模式的に表した図であり、点Kはみらいさんの位置、直線ＸＹは道路、辺ＢＣは窓を表し、車の大きさや道路の幅(はば)は考えないものとしています。車が直線ＸＹ上を点Ｌから点Ｍまで進む間だけ、みらいさんは窓から車を見ることができます。

図3において、三角形ＫＬＭは、三角形ＫＢＣの何倍かの拡大図であり、点Ｂは辺ＫＬ上に、点Ｃは辺ＫＭ上にそれぞれあります。点Ｏは辺ＬＭ上の点であり、点Ｋと点Ｏを結んだ線と辺ＢＣの交わった点が点Ｎです。点Ｋと点Ｏを結んだ線は、辺ＢＣと辺ＬＭのどちらとも垂直であり、ＫＮの長さとＫＯの長さの比は、ＢＣの長さとＬＭの長さの比と等しくなっています。ＢＣの長さは180㎝、ＫＮの長さは75㎝、みらいさんが窓から車を見ることができた時間は4.5秒であり、車は一定の速さで走行し、その速さは時速36㎞であったとすると、ＮＯの長さは何ｍですか。求めなさい。答えを求める過程がわかるように、途中(とちゅう)の式をふくめた求め方も説明すること。

図3

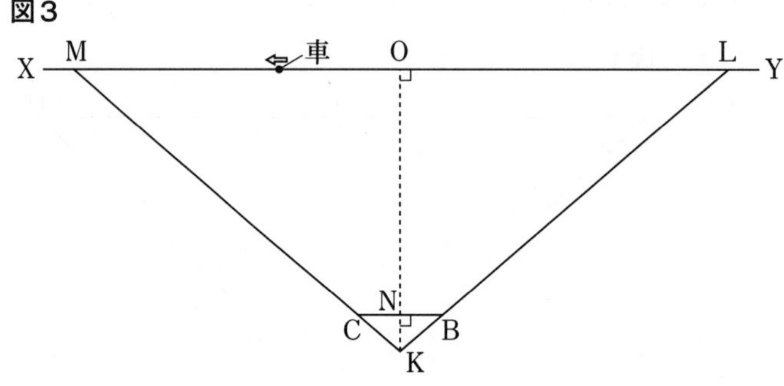

※　編集部注　適性検査Ⅱの「スポーツ分野」は省略。

【資料①】

体力・運動能力調査として、全国の小学五年生に対して＊８種目の実技テストを行い、それぞれの児童について、各種目の得点（10点満点）の合計から、次の**総合評価基準表**にもとづいてＡ～Ｅの総合評価をしました。

総合評価基準表

総合評価	A	B	C	D	E
得点	65点以上	58～64点	50～57点	42～49点	41点以下

＊８種目：あく力、上体起こし、長座体前くつ、立ちはばとび、反復横とび、20ｍシャトルラン、50ｍ走、ソフトボール投げ。

次のグラフは、2017年度の全国の小学五年生と2022年度の全国の小学五年生における、総合評価Ａ～Ｅそれぞれの評価の人数の割合を表したものです。

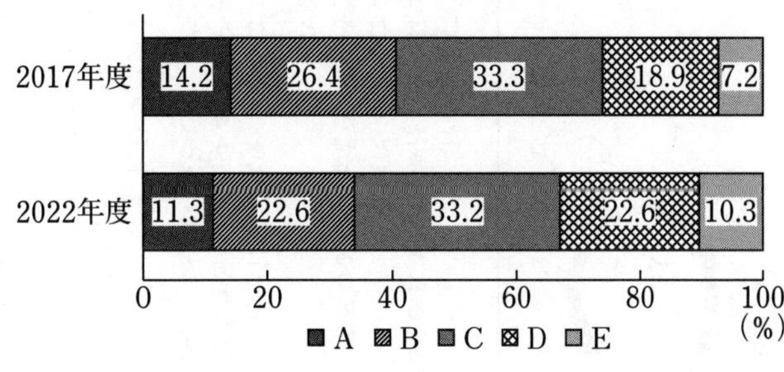

（スポーツ庁の資料により作成）

【資料②】

運動習慣等調査として、全国の小学五年生に対して運動習慣や生活習慣等について質問をしました。

次のグラフは、2017年度の全国の小学五年生と2022年度の全国の小学五年生における、平日１日あたり、学習以外でテレビ、ゲーム機、スマートフォンなどの画面を見ている時間をたずねる質問に対する回答を集計した結果を表したものです。

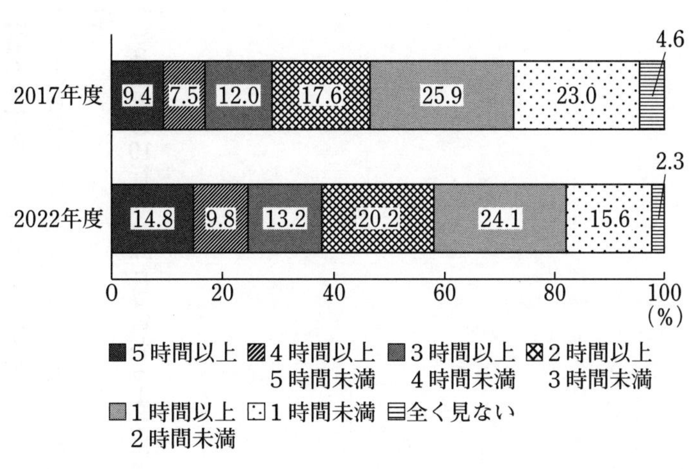

（スポーツ庁の資料により作成）

【絵本の最終ページの候補】

A

それから、
はりねずみと とりは
ほかの なかまにも
ぴったりな ぼうしを かんがえ
おすすめすることに しました。
「きのこの ぼうし
しっとりして おちつくの。」
「はっぱの ぼうしも
ツンと とがって かっこいいぜ。」
じぶんに ぴったりな
ぼうしを みつけて
なかまは しあわせ。
なかまの しあわせそうな
すがたを みて
はりねずみも しあわせ。
はりねずみは なかまと ともに
ごきげんな はるの日を
たのしみました。

あつまれぼうしずき

B

「でも、わたげは かぜに とんで
なくなって しまう。
ざんねんね。」
「ざんねんだね。
でも、わたげが げんきに
とんでいくすがた すてきだよ。
さあ、もっと とおく
もっと ひろい せかいに
いってらっしゃい わたげさん。
また あおうね。」
わたげの ぼうしが なくなっても、
じぶんは じゅうぶん しあわせだと
はりねずみは きがついたのでした。
そのとき、
さわやかな かぜが とおりぬけ
はりねずみと とりは
はればれとしたきもちで はるの日を
たのしみました。

2 **【資料①】**、**【資料②】** は、「全国体力・運動能力、運動習慣等調査」の調査結果の一部です。**【資料①】** と **【資料②】** から、どのようなことが読み取れますか。また、**【資料①】** と **【資料②】** から読み取った内容に対して、あなたはどのように考えますか。次の **条件1・2** にしたがって書きなさい。

条件1 **【資料①】** と **【資料②】** のそれぞれから読み取ったことを書くこと。ただし、どの資料のどの部分から読み取ったかがわかるように書くこと。

条件2 1行20字の原こう用紙の19行から22行で終わるように書くこと。

ようすを、色鉛筆でかきなさい。

2　あなたは、あなたの学校の図書室の入り口のドアにはるポスターのデザインを考えることになりました。図の▨は、あなたがデザインしたポスターをはる位置を表しています。

読書の魅力が伝わるようなデザインを、色鉛筆でかきなさい。

図

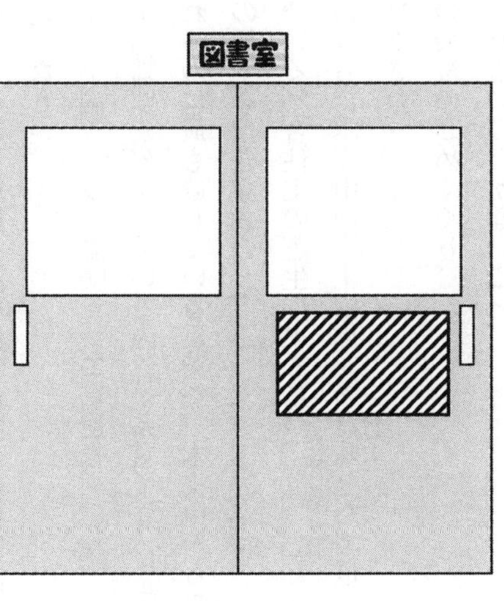

〈適性検査Ⅱ　言語分野〉　—60分—

1　あなたのクラスでは、読む人の心が幸せになるような絵本を作り、同じ小学校の一年生の児童に読み聞かせをすることになりました。

そこで、**【絵本の内容の一部】**に示す①～③までを作りました。また、そのあとに続く**【絵本の最終ページの候補】**として、A、Bの二つを考えました。あなたなら、どちらの候補を選びますか。次の**条件1・2**にしたがって書きなさい。

条件1　A、Bの候補それぞれについて、一年生の児童に伝わると考えられる内容を書いた上で、あなたが選んだ候補と選んだ理由を具体的に書くこと。

条件2　1行20字の原こう用紙の19行から22行で終わるように書くこと。

【絵本の内容の一部】

①

ある はるの日、
はりねずみは
さんぽのとちゅう
花の ぼうしを
かぶった とりに
出あいました。
「とりさん こんにちは。
すてきな ぼうしだね。
いいなあ。」
「ありがとう。
はりねずみさんも
かぶってみたら。」

②

しかし、
はりねずみが
ぼうしを かぶると
はりが ぼうしから
つきでて しまいました。
「ああ、どうしよう、
ごめんなさい。」
「気にしないで。
それより
はりねずみさんには
もっとにあう
ぼうしがあるはずよ。」

③

「たんぽぽの
わたげのぼうしは
どうかしら？
あら とても
にあうじゃない。」
「わあ、ぼくの
あたまの ちくちくに
たんぽぽの ふわふわが
ぴったりだ。
ありがとう、
うれしいよ。」

＊多摩川＝山梨県・東京都・神奈川県を流れる川。
＊猛禽類＝鋭いツメとクチバシを持つ鳥の総称。タカ・ハヤブサ・フクロウなど。
＊種＝生物を、同じ特徴や性質によってわける単位の一つ。
＊紋付＝ここでは、ジョウビタキのこげ茶色の翼にある大きな白い斑点のこと。

(1)　本文中の～～線部 **a**～**c** のカタカナを文脈に合わせて漢字に直し、**大きくていねいに書きなさい**。

(2)　次の**ア**～**エ**のうち、本文中の――線部①と熟語の構成(成り立ち)が同じ言葉を一つ選びなさい。
ア　増減　**イ**　不満　**ウ**　温暖　**エ**　逆転

(3)　本文中の――線部②がさしている内容を次のようにまとめました。□に入れるのに最も適している言葉を、本文中から**二十字**でぬき出し、**はじめの五字**を書きなさい。
自分の住んでいる集合住宅の芝生に来る鳥が□とき。

(4)　次の**ア**～**エ**のうち、本文中の――線部③の意味として最も適しているものを一つ選びなさい。
ア　ものごとの最後のしめくくり。
イ　特に変わったものごとがないこと。
ウ　ものごとに対するあきらめの気持ち。
エ　ものごとを始める機会や手がかり。

(5)　次の一文は本文中の〔**あ**〕～〔**え**〕のいずれかに入ります。入れる場所として最も適しているものを一つ選びなさい。

> キジバト、オナガ、ヒヨドリ、メジロ、シジュウカラなど、また、冬になるとジョウビタキやツグミなどがやって来ることもわかってきて20種類くらいは見つけられました。

(6)　野鳥の魅力について、筆者が述べている内容を次のようにまとめました。**A**、**B**に入る内容を、本文中の言葉を使って書きなさい。ただし、**A**は**二十五字以上、三十五字以内**、**B**は**二十字以上、三十字以内**で書くこと。

野鳥の魅力について、筆者は二つのことを述べている。一つめは、野鳥に関心を持ち、身近なところで少しだけ気をつけていると、**A**を感じられることである。二つめは、身近にいる鳥を探して見ているうちに、**B**がわかってきて、楽しくて何時間見ていても飽きないことである。

〈作文(自己表現)〉　―15分―

◆ **問い**　あなたは、本校の教育活動のどのようなところに魅力を感じていますか。また、あなたが本校で積極的に取り組みたいことは何ですか。次の**指示**にしたがって書きなさい。

指示
・1行20字の原こう用紙の13行から17行で終わるように書きなさい。
・題名や名前は書かないで、本文から書き始めなさい。
・書き始めは一字下げなさい。

〈適性検査Ⅱ　芸術(美術・デザイン)分野〉　―60分―

1　今日は、あなたとあなたの友だちが学校の花だんの水やり当番です。あなたと友だちが、きれいな花が咲いている花だんに水やりをしている

〈適性検査Ⅰ　国語・算数的問題〉　―②と合わせて45分―

① 次の文章を読んで、あとの問いに答えなさい。

みなさんは自分が住んでいる①周辺にどんな野鳥がいるか知っていますか？

あるいは、そういうことに関心がありますか？

私が鳥に関心を持ったのは、小学校3～4年生のころだと思います。そのころ、集合住宅に住んでいたので、自宅の庭はなかったのですが、その建物には、ちょっと広めの芝生がありました。そこに来る鳥で、体が白と灰色で、くちばしと脚が黄色、頬が白い、スズメよりもひとまわり大きい鳥がいました。いつも20羽くらいのaムれで一生懸命芝生をつついている姿を見て、何ていう名前の鳥だろう？とぼんやりと思っていました。〔あ〕そのときは図鑑で調べられなかったのですが、あるとき、学校の国語の教科書の中に同じ特徴が書いてある説明文があり、その鳥がムクドリという鳥であることを初めて知ったのです（この文章のことを調べてみると、鳥のbケンキュウ者である黒田長久さんが書かれたムクドリの生活という文章であることがわかりました）。自分の住んでいる周辺にいる鳥は、スズメかドバトくらいだと思っていたので、②このときから自分の住んでいる周辺にもいろいろな鳥がいるんだと野鳥に関心が出てきました。

それから、気になる鳥を調べたり、人に聞いたりしてみると、思いのほか、いろいろな鳥がいることがわかりました。〔い〕これ以外にも、ちょっと遠出をすると＊多摩川があり、サギの仲間やカモの仲間、オオタカなどの＊猛禽類も見つけることができました。

このように自宅の庭など身近なところで少しだけ気をつけていると、いろいろな＊種を見つけることができるのが野鳥の魅力だと感じています。つまり、身近にいろいろな鳥がいるという驚きと、その鳥を見つけることができるという喜びを感じることができるのです。

みなさんも、自分の庭や身近にどんな鳥がいるか気になってきませんか？

身近にいる鳥を探しているうちに、色や形、動き方などが気になってきます。私の場合はオナガを見て、なんて長い尾羽なんだろうと驚いたのが③きっかけで、その後、いろいろなことが気になってきました。〔う〕スズメは茶色で地味なようですが、よく見ればいろいろな茶色があり模様もきれいです。その他にもキジバトの首のcキンゾク光沢、ジョウビタキの＊紋付など、模様や色などのきれいさにはひきつけられます。都会ではなかなか見ることはありませんが、キビタキ、オオルリ、ベニマシコなど、黄色、青色、赤色のきれいな鳥はやはり魅力的です。〔え〕

また、ハシブトガラスは体が大きいですが、他の鳥に比べるとくちばしも大変大きくて、ちょっと怖かった思い出があり、鳥によってくちばしが違うぞと思いました。小鳥は動きも速いし、肉眼で見ていると細かいところまで見ることは難しいのですが、双眼鏡でじっくりと見ていると形の違いをいろいろと発見できます。

そうして、いろいろな鳥を見ているうちに、鳥によって行動が違うことも何となくわかってきました。例えば、庭や公園でよく見かけるスズメやドバトは地面で一生懸命エサをついばんでいる姿を目にしますが、シジュウカラやメジロが地面にいるところはあまり見かけません。地面にいる鳥でも、トコトコ歩くタイプとピョンピョン跳ねるタイプがいます。また、飛び方も、まっすぐ飛ぶタイプとジグザグに飛ぶタイプがいたりと、これまたいろいろです。

このように種によって色や形が違うことや、しぐさや行動の違いがわかってきます。鳥たちの姿形や行動を見ていると大変楽しいものです。何時間見ていても飽きません。これも、野鳥の魅力です。

（藤井幹・井上雅英『野鳥が集まる庭をつくろう』〈誠文堂新光社〉による）

大阪府立水都国際中学校

（編集部注：掲載にあたりレイアウトなどの一部改変を行っています。）

〈適性検査Ⅰ　英語的問題　※国語的問題は675ページから掲載しています。〉 —10分—

1～5　放送による問題　（省略）

〈適性検査Ⅱ　算数的問題〉 —45分—

1　次の問いに答えなさい。

(1)　咲くやこの花中学校　適性検査Ⅱ〔ものづくり（理工）分野〕 1(1)参照（→P.655）

(2)　**表**は、ある洋菓子店の販売記録をもとに、ある15日間の、１日に売れたプリンの個数と、その個数のプリンが売れた日がそれぞれ何日あったかをまとめたものです。この15日間の、１日に売れたプリンの個数の平均値は何個ですか。求めなさい。

表

１日に売れたプリンの個数（個）	日数（日）
8	1
9	3
10	5
11	4
12	2
合計	15

(3)　**図１**の三角形ＡＢＣは、角Ａが90°の直角三角形で、辺ＡＢの長さは３㎝、辺ＢＣの長さは５㎝、辺ＣＡの長さは４㎝です。**図２**の三角形ＤＥＦは、**図１**の三角形ＡＢＣの何倍かの拡大図で、辺ＥＦの長さは7.5㎝です。三角形ＤＥＦの面積は何㎠ですか。求めなさい。

図１

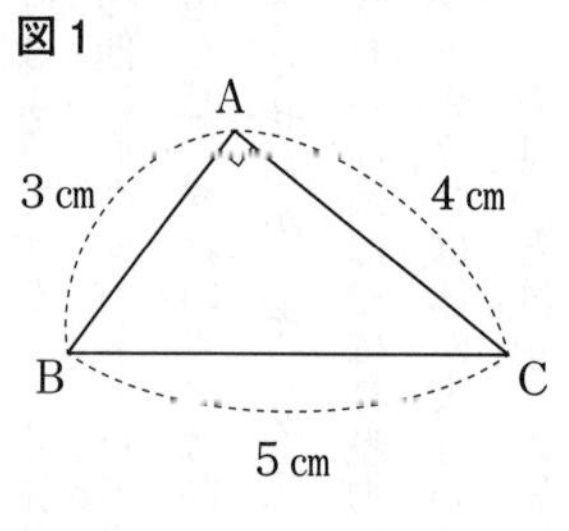

図２

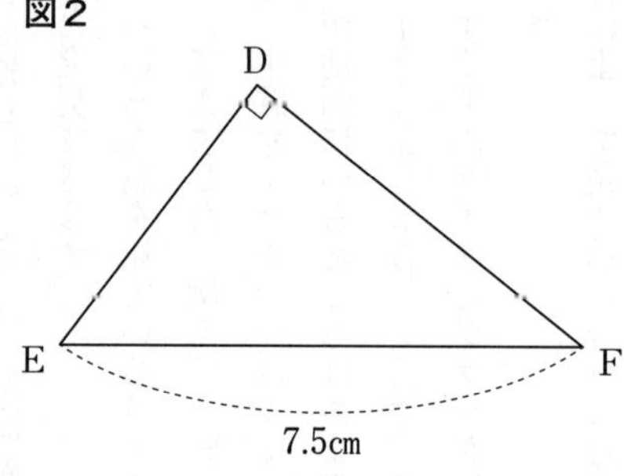

(4)～(6)　咲くやこの花中学校　適性検査Ⅱ〔ものづくり（理工）分野〕 1(2)～(4)参照（→P655）

2　次の問いに答えなさい。

(1)　ある学校の図書委員は、図書室で11月と12月に貸し出された本を調べました。**図１**は、11月に貸し出されたすべての本の冊数をもとにしたときの、種類別の冊数の割合を、**図２**は、12月に貸し出されたすべての本の冊数をもとにしたときの、種類別の冊数の割合を、それぞれ表したものです。また、12月に貸し出されたすべての本の冊数は、11月に貸し出されたすべての本の冊数の1.2倍でした。

①〜③の問いに答えなさい。計算するときは、**図１**、**図２**中の割合をそのまま使いなさい。

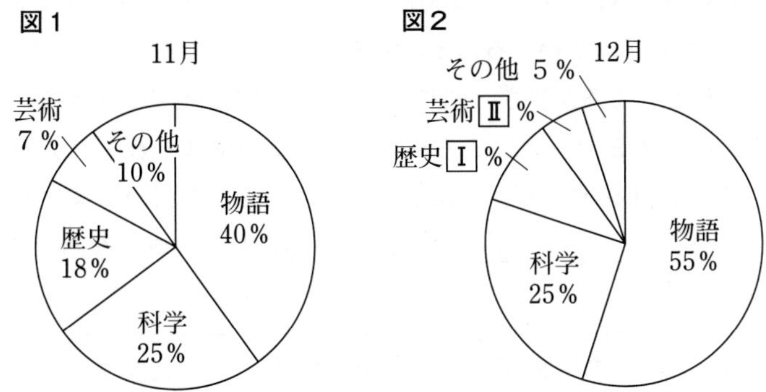

① 12月に貸し出された歴史の本の冊数と12月に貸し出された芸術の本の冊数の比は、２：１です。**図２**中の Ⅰ と Ⅱ に当てはまる数をそれぞれ求めなさい。

② 11月に貸し出された科学の本の冊数と、12月に貸し出された科学の本の冊数とを比べると、どのようなことがいえますか。正しいものを次の**ア**〜**ウ**から一つ選びなさい。また、あなたがそのように考えた理由を説明しなさい。

ア 貸し出された科学の本の冊数は、11月の方が多い。

イ 貸し出された科学の本の冊数は、11月と12月で同じ。

ウ 貸し出された科学の本の冊数は、12月の方が多い。

③ 12月に貸し出された物語の本の冊数は、11月に貸し出された物語の本の冊数よりも、78冊多いです。12月に貸し出された物語の本の冊数は何冊ですか。求めなさい。

(2) **図３**のさいころは立方体であり、向かい合う面(向き合う面)の目の数の和はどれも７です。**図４**は、縦３マス、横３マスの合計９個のマスに区切られた正方形の紙であり、**ア**〜**ケ**のマスと**図３**のさいころの面はすべて合同な正方形です。**図３**のさいころを、**図４**の紙の上で転がします。

図３

図４

ア	イ	ウ
エ	オ	カ
キ	ク	ケ

図５は、さいころを、**ア**のマスに置いたようすを表しており、さいころの上を向いている面の目の数(以下、「目の数」とします)は１です。**図５**において、**ア**のマスの正方形とさいころの面の正方形はぴったり重なっています。

図５のようにさいころを置き、**図６**のように一つの面を倒す(たお)ようにさいころを転がして**イ**のマスに乗せると、**イ**のマスでの「目の数」は２になります。このように、一つの面を倒すようにさいころを転がしてとなりのマスに乗せることを、以下、「操作」とします。ただし、「操作」でさいころを転がすときには、さいころの辺のうち一つの辺をマスの辺とぴったり重ねたまま転がすものとし、**ア**〜**ケ**のマス以外にさいころを乗せることはないものとします。

①〜③の問いに答えなさい。

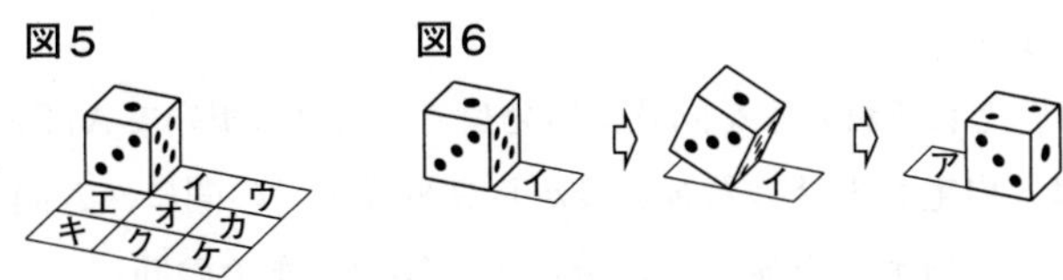

① **図５**のようにさいころを置き、「操作」を２回行って、**ア**のマス→**エ**のマス→**キ**のマスの順に乗せると、**キ**のマスでの「目の数」は何になりますか。求めなさい。

② **図5**のようにさいころを置き、「操作」を５回行うと、さいころが乗った６個のマスそれぞれでの「目の数」は、**ア**のマスから順に１、２、４、６、５、４でした。この５回の「操作」が終了（しゅうりょう）したとき、さいころはどのマスに乗っていますか。**ア**～**ケ**から一つ選びなさい。

③ **図5**のようにさいころを置き、同じマスに２回以上乗せることがないように「操作」を３回行いました。このとき、さいころが乗った４個のマスそれぞれでの「目の数」を記録し、その４個の数の合計を求めると、10でした。さいころをどのマスにどのような順番で乗せましたか。次の［　ⓐ　］～［　ⓒ　］に当てはまる記号を、**ア**～**ケ**からそれぞれ一つずつ選びなさい。

アのマス→［　ⓐ　］のマス→［　ⓑ　］のマス→［　ⓒ　］のマス

③ **表**は、九九の表です。はなさんとゆきさんは、**表**中のかけ算の答えがかかれたマスを、縦何マスか、横何マスかの四角形で囲み、囲んだマスにかかれた数の和について考えました。例えば、**図1**のように、縦１マス、横２マスの四角形で囲むとき、囲んだ２個のマスにかかれた数は４と６であり、囲んだマスにかかれた数の和は10です。⑴～⑷の問いに答えなさい。

表

		かける数								
		1	2	3	4	5	6	7	8	9
かけられる数	1	1	2	3	4	5	6	7	8	9
	2	2	4	6	8	10	12	14	16	18
	3	3	6	9	12	15	18	21	24	27
	4	4	8	12	16	20	24	28	32	36
	5	5	10	15	20	25	30	35	40	45
	6	6	12	18	24	30	36	42	48	54
	7	7	14	21	28	35	42	49	56	63
	8	8	16	24	32	40	48	56	64	72
	9	9	18	27	36	45	54	63	72	81

図1

	1	2	3
1	1	2	3
2	2	4	6
3	3	6	9

⑴ **表**中のかけ算の答えがかかれたマスを、縦１マス、横２マスの四角形で囲みます。囲んだ２個のマスにかかれた数の和が20のとき、囲んだ２個のマスにかかれた数は何と何ですか。求めなさい。

⑵ 咲くやこの花中学校　適性検査Ⅱ〔ものづくり（理工）分野〕 ②⑴①参照（→Ｐ.656）

⑶・⑷ 咲くやこの花中学校　適性検査Ⅱ〔ものづくり（理工）分野〕 ②⑵・⑶参照（→Ｐ.656）

④ さとるさんの家とＡ商店は一本道に沿ってあり、さとるさんの家からＡ商店までの道の途中（とちゅう）にあきなさんの家があります。あきなさんとさとるさんが、この道を通ってそれぞれの家からＡ商店までを行き来します。

ある日、二人は、それぞれの家を同時に出発して、別々に歩いてＡ商店に向かいました。すると、あきなさんは、自宅を出発した８分後から９分後までの間に、Ａ商店に到着（とうちゃく）しました。その後、あきなさんは、自宅を出発した12分後から13分後までの間に、Ａ商店を出発し、初めと異なる速さで走って自宅に向かったところ、Ａ商店を出発してから自宅に到着するまでの間に、さとるさんと出会いました。二人が出会ったのは、二人がそれぞれの家を同時に出発してから

13分後でした。さとるさんが歩く速さも、あきなさんが歩く速さも、あきなさんが走る速さも、途中で変化することはありませんでした。また、さとるさんとあきなさんは、それぞれの家とA商店の間の道で、止まることはありませんでした。

表は、二人がそれぞれの家を同時に出発してからの時間と二人の間の道のりとの関係を、1分ごとに表したもので、あきなさんがA商店に到着してからA商店を出発するまでの間、あきなさんの位置は変わらなかったものとして表しています。

(1)〜(4)の問いに答えなさい。

表

二人が出発してからの時間(分)	1	2	3	4	5	6	7	8	9	10	11	12	13
二人の間の道のり(m)	240	250	260	270	280	290	300	310	270	220	170	120	0

(1)　さとるさんの家からあきなさんの家までの道のりは何mですか。求めなさい。

(2)　あきなさんが歩く速さは分速何mですか。求めなさい。

(3)　あきなさんが走る速さが分速120mであるとき、あきなさんがA商店を出発したのは自宅を出発した何分何秒後ですか。求めなさい。

(4)　さとるさんの家からA商店までの道のりは何mですか。求めなさい。

【市内にある場所】

A	鎌倉時代に建てられた寺	・国宝に指定されている仏像を見ることができる。 ・書院造の建物や石庭が有名である。
B	*清流が自慢の川	・水がすき通っていて、様々な生き物が生息している。 ・川辺では釣りができ、季節ごとに草木や虫の観察ができる。
C	特産物をあつかう店が並ぶ商店街	・市内でとれた食材を使った料理の食べ歩きができる。 ・市内でつくられた特産物が売られている店がある。
D	体験型の博物館	・市内の遺跡から出土した土器などにさわることができる。 ・発掘体験や火おこし体験などの体験学習プログラムがある。
E	農産物販売所の近くの飲食店	・市内でとれた新鮮な農産物を買うことができる。 ・市内でとれた食材を使った料理を味わうことができる。
F	山の中にある自然豊かなキャンプ場	・場内に自然を生かした遊具が設置されている。 ・ながめがよい展望台がある。

*清流：川などの、すんだ流れのこと。

〈適性検査Ⅲ〉　—45分—

◆ **問い**

あなたの住むP市では、市外に住む多くの人に市の魅力(みりょく)を伝えるためのイベントを行う計画があり、**【市内にある場所】**を組み合わせて行うイベントの案が募集(ぼしゅう)されています。**【アンケート結果】**は、P市が、イベントを行う計画を立てるにあたり実施(じっし)したアンケートの結果を示したものです。

あなたなら、どのようなイベントを提案しますか。次の**条件1～4**にしたがって書きなさい。なお、**【市内にある場所】**中の**A～F**の間はいずれも30分以内で移動できます。

条件1　あなたが提案するイベントのテーマを**20字以内**で簡潔に書くこと。

条件2　**条件1**で書いたテーマをもとに、**【市内にある場所】**中の**A～F**から**二つの場所**を組み合わせてどのようなイベントを行うのかを具体的に書くこと。

条件3　あなたが提案するイベントを行うことがよいと考える理由を、**【アンケート結果】**中の質問1、2のそれぞれの結果にふれて書くこと。

条件4　1行20字の原稿用紙の19行から22行で終わるように書くこと。

※　場所をそれぞれ**A～F**と書いてもよい。

【アンケート結果】

［質問1］　(市を訪(おとず)れたことがない200人に対して)市に対してどのようなイメージをもっていますか。あてはまるものを一つ選んでください。

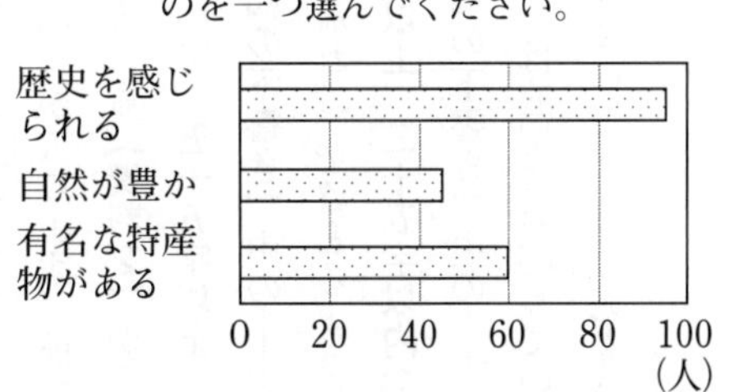

［質問2］　(市への訪問回数1回目と2回目以上それぞれ200人ずつに対して)今回の訪問で印象に残っていることは何ですか。あてはまるものをすべて選んでください。

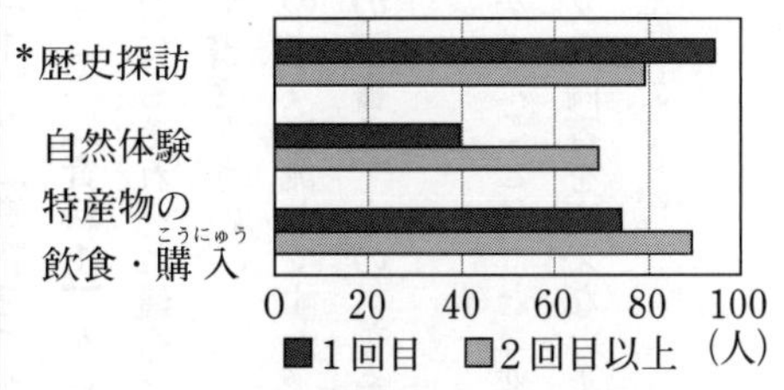

*歴史探訪：歴史的な場所をさぐり歩くこと。

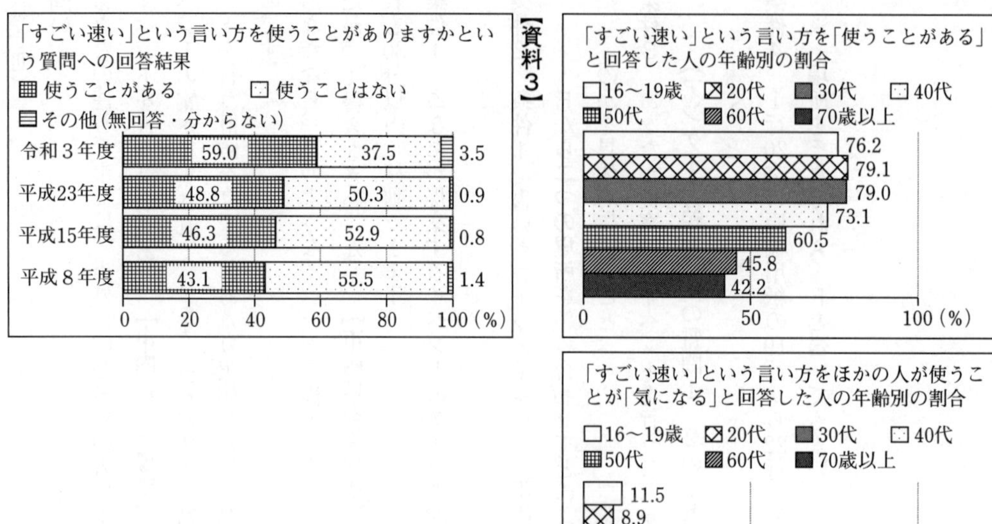

（【資料１】、【資料２】、【資料３】のいずれも文化庁の資料により作成）

---

(1)　次の**ア**～**エ**のうち、**【発表原稿の下書き】**中の青木さんの発表の工夫（くふう）として**誤っているもの**を一つ選びなさい。

ア　初めに結論を述べている。
イ　聞き手に質問を投げかけている。
ウ　自分が体験したことを述べている。
エ　順序を示す言葉を使って説明している。

(2)　次の**ア**～**エ**のうち、**【発表原稿の下書き】**中の（**A**）、（**B**）に入る言葉の組み合わせとして最も適しているものを一つ選びなさい。

ア　**A**すごい　**B**すごい　　**イ**　**A**すごい　**B**すごく
ウ　**A**すごく　**B**すごく　　**エ**　**A**すごく　**B**すごい

(3)　**【発表原稿の下書き】**中の あ に入れるのに最も適している言葉を、前後の内容から考えて、**【発表原稿の下書き】**中から**二十一字**でぬき出し、**はじめの六字**を書きなさい。

(4)　**【発表原稿の下書き】**中の い には**【資料１】**と**【資料２】**から読み取れる内容が入ります。前後の内容から考えて、**【資料１】**から読み取れる内容にも**【資料２】**から読み取れる内容にもそれぞれ**最も**という言葉を用いて、**五十五字以上、八十五字以内**で書きなさい。

(5)　**【発表原稿の下書き】**中の――線部①とはどのような流れですか。その内容を「流れ。」で終わるように、**【発表原稿の下書き】**中の言葉を使って**十五字以上、三十五字以内**で書きなさい。

(6)　**【発表原稿の下書き】**中の――線部②の「わかったことは」と「変化するのです」は適切に対応していません。この文の内容を変えないように、「変化するのです」の部分を適切な形に書き直しなさい。

を使うのが本来の使い方で、「すごい」は、「すごい人」、「すごい映画」など、ものの名前をあらわす言葉が続くときに使うということでした。みなさんは「すごい速い」という言い方をどう思いますか。私は、友だちとの会話の中で「（Ａ）速い」などの言い方をしても、友だちから「気になる」と言われたことがなかったので意外でした。そこで、「すごい」という言葉の使い方について、調べてみることにしました。

　辞典で「すごい」という言葉を調べたところ、ある辞典では、話し言葉では「すごい」を「すごく」と同じように様子などを表す言葉を修飾する言葉として使うことが多いが本来は誤りであるということが書かれていました。このことから祖父の言う通り、「（Ｂ）速い」という言い方が本来の使い方だということがわかりました。しかし、他の辞典では、「すごいきれい」という例があげられ、この場合の「すごい」は、話し言葉の表現で、若い世代に好んで用いられるということが書かれていました。これらを読んで、「すごい」という言葉の使い方について、［　あ　］のかという疑問がわいてきたので、そのことについてインターネットで調べてみました。

　今からお示しする【資料１】、【資料２】、【資料３】は、いずれも令和三年度の文化庁の調査の結果です。はじめに、【資料１】をみてください。こちらは、「すごい速い」という言い方を「使うことがある」と回答した人の年齢別の割合を示しています。次に、【資料２】をみてください。こちらは、「すごい速い」という言い方をほかの人が使うことが「気になる」と回答した人の年齢別の割合を示しています。この二つの資料をみると、一六～一九歳、二〇代、三〇代、四〇代では、「すごい速い」という言い方を「使うことがある」と回答した人の割合は七割から八割の間となっており、「すごい速い」という言い方をほかの人が使うことが「気になる」と回答した人の割合は約一割だということがわかります。一方、七〇歳以上では、

［　い　］

ことがわかります。

　最後に、【資料３】をみてください。こちらは、「すごい速い」という言い方を使うことがありますかという質問への回答について、令和三年度の結果と過去の結果とを比べることができる資料です。【資料３】をみると、「すごい速い」という言い方を「使うことがある」と回答した人の割合は、平成八年度は約四割でしたが、その後の調査では少しずつ増加していき、令和三年度では約六割になっていることがわかります。私は今後も①この流れが続くのではないかと考えます。

　祖父からの指摘を受けて調べた結果、「すごい速い」という言い方は本来は誤りだということ、世代によって使う割合や感じ方にちがいがあること、本来と異なる使い方をする人の割合が増加していることを知りました。②今回私がわかったことは、言葉は使う人や時代によって変化するのです。このことを意識しながら、言葉についてもっと調べたり考えたりしていきたいです。これで私のスピーチを終わります。

（暦本純一『妄想する頭　思考する手』〈祥伝社〉による）

＊オリジナリティ＝人のまねでなく、自分の考えで物事をつくり出す性質。
＊垣間見える＝事態や物事のある一面がわずかに見える。
＊妄想＝あり得ないことをあれこれ想像すること。また、その想像。
＊エンジニア＝機械、電気、建築など、技術関係の仕事をしている人。
＊視線センサー＝どこを見ているか判断するために、目の動きを追跡して検出する装置のこと。
＊突拍子もない＝常識では考えられない。並はずれている。
＊既知＝すでに知っていること。
＊バリエーション＝ここでは、さまざまな種類のこと。

(1)　次の**ア**～**エ**のうち、本文中の［A］、［B］に入れる言葉の組み合わせとして最も適しているものを一つ選びなさい。

ア　**A**　たとえば　**B**　なぜなら
イ　**A**　たとえば　**B**　しかし
ウ　**A**　それとも　**B**　なぜなら
エ　**A**　それとも　**B**　しかし

(2)　本文中の――線部①について説明した次の文の［あ］に入れるのに最も適している言葉を、本文中から**十一字**でぬき出しなさい。また、［い］に入る内容を、本文中の言葉を使って**十字以内**で書きなさい。

人がアイデアを生む源である妄想は、［あ］である。それは［い］ので、他人を意識することなく、自分の「好きなもの」を妄想の種として考えるとよい。

(3)　次の**ア**～**エ**のうち、本文中の――線部②が修飾している部分として最も適しているものを一つ選びなさい。

ア　そんな　**イ**　突拍子もない　**ウ**　ことを　**エ**　ひらめくんだ

(4)　本文中の――線部③で筆者が述べている内容を次のように言いかえました。［う］に入る内容を、本文中の言葉を使って**十五字以上、二十五字以内**で書きなさい。

「未知」のアイデアは、［う］から生まれる。

(5)　次の**ア**～**オ**のうち、本文中で述べられている内容と合うものを**すべて**選び、記号で答えなさい。

ア　誰にでも他人とは違う個性があるので、その個性をヒントにして面白い人間にならなければならない。
イ　好きなものがひとつあるだけでは、強い個性になりにくく、同じような妄想を抱く人とアイデアが重なる。
ウ　自分らしいアイデアを生み出すためには、他人が個性的だと思うものを好きになる必要がある。
エ　他人に自慢できるような見栄えのいいものを、ふだんから興味を向ける対象にするべきである。
オ　一人では限界があるが、さまざまな個性を持つ複数の人間が集まったら、妄想の種は広がりそうである。

三　青木さんは、学級で「言葉の使い方」についてスピーチをすることになりました。次の【**発表原稿の下書き**】を読んで、あとの問いに答えなさい。

【**発表原稿の下書き**】

「この選手、走るのがすごい速いね。」この言葉は、先日祖父の家でテレビを見ていた時に私が発した言葉です。祖父は、「その言い方、気になるよ。」と言いました。祖父によると、『速い』以外にも「きれい」、「おいしい」などの様子をあらわす言葉が続くときには、「すごい」ではなく「すごく」

〈適性検査Ⅰ　国語的問題〉　—45分—

一　咲くやこの花中学校　適性検査Ⅰ　国語・算数的問題　1参照(→P.665)

二　次の文章を読んで、あとの問いに答えなさい。

人が思いつかないアイデアを生むには、どうしたらいいだろう。＊オリジナリティのある面白いアイデアは、どこかに「その人らしさ」が＊垣間見えるものだ。

でも、「面白い人は、面白いことを考えるから」といって、「面白い人間」になろうと努力する必要はない。誰にでも、他人とは違う個性があるし、面白いことを考えるヒントは必ず持っているからだ。

①アイデアの源である＊妄想は、自分の「やりたいこと」だ。人はそれぞれ、やりたいことが違う。欲望が違う。だから他人の目を意識した面白さを追求するのではなく、自分の問題から始めるのがいいと思う。そこで妄想の種としておすすめしたいのが、自分の「好きなもの」だ。

＊エンジニアなら、あるジャンルの装置や部品などに対する好みは人それぞれだ。テクノロジーとは直接関係のない趣味も個性の一部だ。クラシック音楽が好きな人とテニスが好きな人とでは、「こんなものがあればいい」の中身も違う。

ただ、好きなものがひとつあるだけでは、なかなか強い個性にはなりにくい。ある装置やクラシック音楽やテニスが好きな人はたくさんいる。その「好きなもの」から同じような妄想を抱く人も多いだろうから、アイデアがかぶる。

他人が考えない自分らしいアイデアの源泉にするなら、好きなものが三つぐらいあるといい。［A］＊視線センサーという装置とクラシック音楽とテニスがどれも好きな人は、かなりかぎられるだろう。「クラシック音楽が好きです」と言われてもべつに個性的だとは思わないが、好きなものを聞いてその三つが挙げられたら、何となく「その人らしさ」が立ち現れてくる。

「好きなもの」がわからない人も多いようだけれど、誰でも、ふだんから興味を向けている対象の三つや四つはあるはずだ。他人に自慢できるような見栄えのいいものでなくていい。それは自分らしいオリジナルなアイデアを生む妄想の種として大事にしたほうがいい。アイデアは、「無」から「有」を生むものではないからだ。

自分が思いもつかない新しいアイデアを見聞きすると、②「なんでそんな＊突拍子もないことをひらめくんだ！」と驚く。タネも仕掛けもないところからハトが飛び出してきたように感じるかもしれない。

［B］、考えた本人にとってはタネも仕掛けもある。新しいアイデアは、何もないところから突如として出現するわけではない。そのほとんどは、「＊既知」のことがらの組み合わせだ。その組み合わせが新しいから、「未知」のアイデアになる。

好きなものがひとつでは、その「既知」と「既知」のかけ算ができない。最低二つは必要だ。三つあれば、組み合わせの＊バリエーションが増大する。それだけ、妄想の幅が広がる。

もっとも、ひとりの人間だけでは、アイデアの幅に限界があるのもたしかだろう。③「既知と既知の未知の組み合わせ」からアイデアが生まれるなら、さまざまな個性を持つ複数の人間が集まれば、妄想の種はさらに広がりそうだ。「三人寄れば文殊の知恵」という諺もある。好きなものが三つあれば「既知×既知」の組み合わせが増えるのだから、この諺にもそれなりの説得力があると言えるだろう。

兵庫県立大学附属中学校

（編集部注：掲載にあたりレイアウトなどの一部改変を行っています。）

〈適性検査Ⅰ　算数分野〉　―理科分野と合わせて45分―

【問題１】 次の問いに答えなさい。また、答えを求めるために必要な式や考え方も書きなさい。

⑴　ヒカリさんのお父さんが新車を買うことになりました。そこで家族４人で相談し、車のナンバーを決めることにしました。その方法は、家族４人の誕生日を利用して計算式を作り、その計算結果を車のナンバーにするというものです。右の表は、家族４人の誕生日を数字にした表です。

	誕生日	数字
ヒカリさん	８月２日	8.02
お兄さん	12月30日	12.3
お父さん	７月20日	7.2
お母さん	９月19日	9.19

計算式を［ヒカリさん＋お兄さん×お父さん－お母さん］とするときの計算結果を求めなさい。

⑵　あるレストランでは、誕生日に来店するとケーキのサービスがあります。ヒカリさんの家族はお父さんの仕事の都合上、日曜日にしか来店することができません。2023年８月２日が水曜日であるとき、2024年以降、最初にヒカリさんの誕生日が日曜日になるのは、何年の誕生日か求めなさい。ただし、2024年はうるう年で２月29日があります。

⑶　ヒカリさんは、午前８時に図書館へ向かって家を出ました。ヒカリさんが利用カードを忘れていることに気づいたお父さんが、14分後に同じ道を通って車でヒカリさんを追いかけました。ヒカリさんが自転車で進む速さが分速200ｍ、お父さんの車の速さが時速54㎞のとき、お父さんがヒカリさんに追いついた時刻を求めなさい。

【問題２】 ヒカリさんが見つけた右のいれものは、どの面からも水を入れることができます。また、注いだ水は決してもれることはありません。１分あたりに入れる水の量を決めて水を入れたときに水の深さがどう変わるのか、ヒカリさんは調べてみることにしました。次の問いに答えなさい。

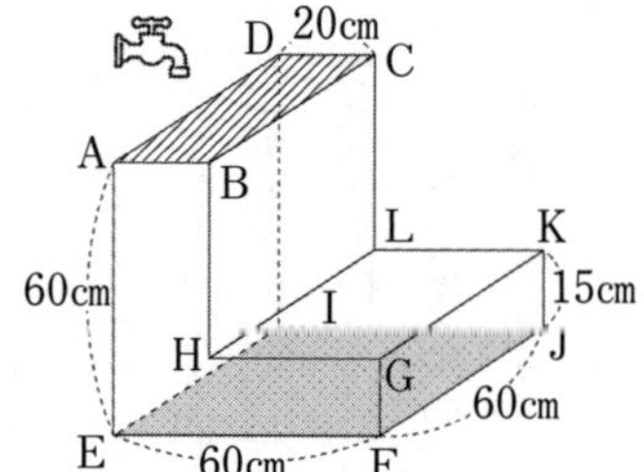

⑴　１分あたり５リットルの水を12分間入れたとき水の深さは何㎝になるか、求めなさい。また、答えを求めるために必要な式も書きなさい。

⑵　この立体を、図①～⑤のように底面の向きを変えて置きました。それぞれの立体に水を入れたときの時間 x 分と水の深さ y ㎝の関係は、㋐～㋔のいずれかのグラフになりました。㋑と㋓のグラフになるのは底面をどの向きに置いたときか、①～⑤から選び、答えなさい。

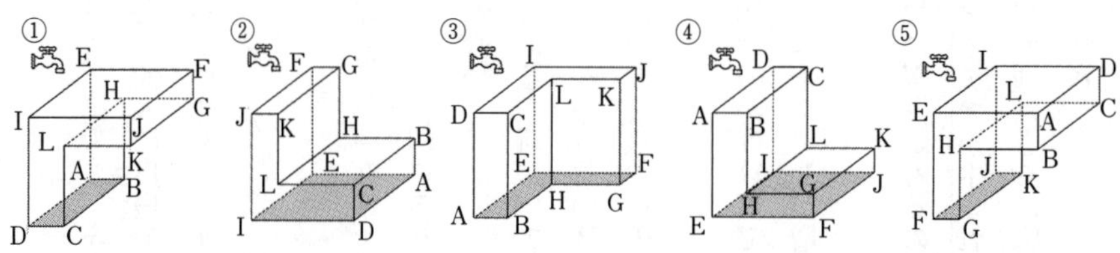

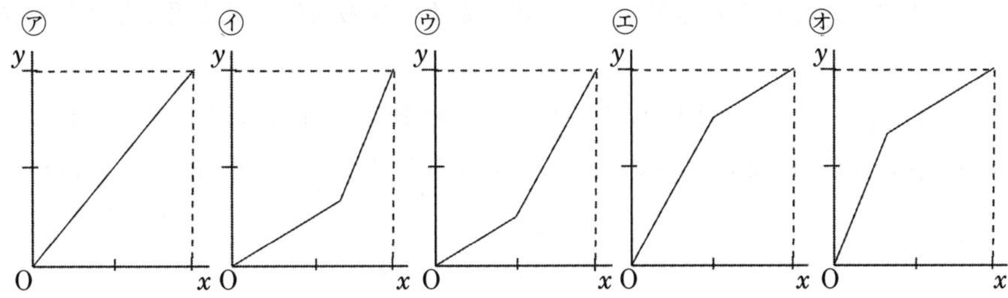

【問題３】 図の中にある四角形はすべて長方形です。次の問いに答えなさい。

⑴　次の図のような、面積が17.5㎠の長方形ＡＢＣＤと面積が10㎠である三角形ＥＣＦにおいて、辺ＡＤと辺ＤＥの長さの比を最も簡単な整数の比で表しなさい。

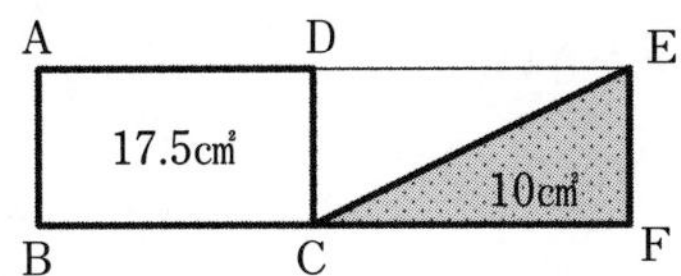

⑵　次の図において、アとイの面積を求めなさい。

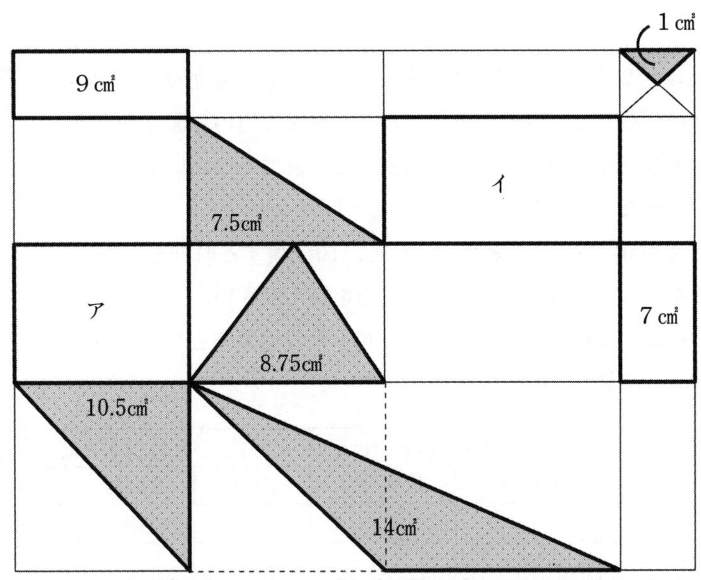

〈適性検査Ⅰ　理科分野〉　　—算数分野と合わせて45分—

【問題１】 ミヤコさんは、ヒトのうでと同じしくみで動くロボットアームを作りたいと考えました。次の問いに答えなさい。

⑴　ヒトのうでは曲げ伸（の）ばしすることができます。そのことがわかるように、右の図に筋肉をかきなさい。

⑵　うでの骨を金属の棒にした場合、筋肉はどのような性質をもつ材料を使用すればよいか、書きなさい。

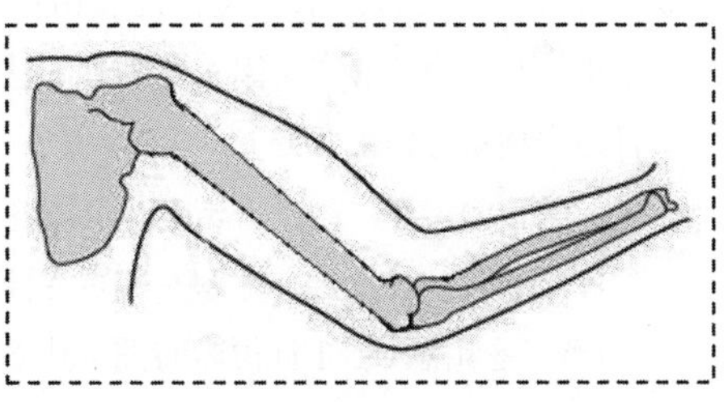

⑶　ロボットアームにも関節を作りたいと思います。身の回りにある関節と似た動きをするものを書きなさい。

⑷　完成したロボットアーム同士でうで相撲をさせます。筋肉の力が同じであれば、ひじから手までの金属の棒の長さが短いものが勝つと考えられます。この理由をてこのはたらきをもとに説明しなさい。

【問題２】　ヒカリさんが、夏休みにヒマワリを育てると、つぼみができ始めてから花がさくまで、花が太陽の方向に向いていました。調べてみると、くきの成長を活発にさせるある特別な物質が原因であるとわかりました。くきのどこにその物質が発生すると思いますか。右の図にかきこみ、説明も書きなさい。

【問題３】　ヒカリさんは、ブランコに乗るとき、座るよりも立つ方が短い時間で往復することに気がつきました。不思議に思い、**図１**のような糸とおもりで作ったふりこで調べました。表はその結果です。次の問いに答えなさい。

図１

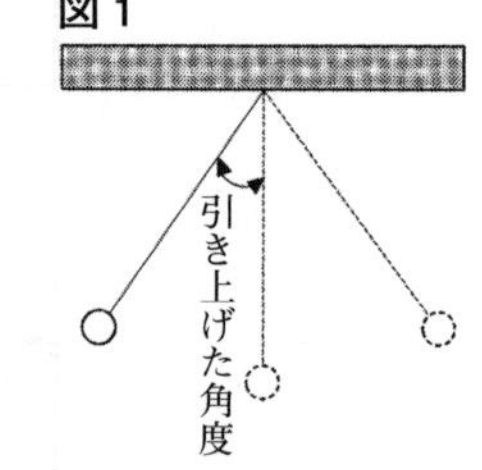

⑴　ふりこが１往復する時間を調べるとき、10往復する時間を３回はかった結果を使って計算します。その理由を答えなさい。

⑵　ふりこが往復する時間について、表の**Ａ～Ｆ**の結果をもとに糸の長さ、おもりの重さ、引き上げた角度との関係を説明しなさい。

	糸の長さ〔cm〕	おもりの重さ〔ｇ〕	引き上げた角度〔°〕	ふりこが10往復する時間〔秒〕			１往復の平均時間〔秒〕
				１回目	２回目	３回目	
A	100	10	30	20	19	21	2.0
B	100	20	30	20	19	20	2.0
C	100	30	30	20	20	20	2.0
D	60	10	60	16	15	16	1.6
E	100	20	60	20	20	20	2.0
F	40	30	30	12	13	13	1.3

⑶　ヒカリさんは、水を入れた500mLのペットボトルをつるして、**図１**と同じ方法で２つ目の実験を行いました。

図２

〔**a**〕　100cm　30°

〔**b**〕　100cm　30°

①　**図２**のようにペットボトル２本をぶらさげたもの〔**a**〕と、１本をぶらさげたもの〔**b**〕を用意し、１往復の時間を比べました。どのような結果になるか、ア～ウから選び、記号で答えなさい。

ア〔a〕の方が時間が短い。　イ〔b〕の方が時間が短い。　ウ　どちらも変わらない。

② 次に図２の〔b〕のペットボトルの水を３分の１まで減らしたもので実験を行いました。水を減らす前と比べて往復の時間はどうなるか、書きなさい。

(4) この実験から、立ってブランコに乗ると１往復の時間が短い理由を説明しなさい。

〈適性検査Ⅱ　社会分野〉　―国語分野と合わせて50分―

【問題１】 次の地図と**表１・表２**をみて、あとの問いに答えなさい。

表１　主な家畜（ちく）の飼育数・農産物の多い県（2019）

	肉牛	にわとり	ぶた	ピーマン	小麦
１位	北海道	A	鹿児島	茨城	北海道
２位	鹿児島	鹿児島	A	A	福岡
３位	A	岩手	北海道	高知	B

農林水産省「畜産統計」より

表２　東京都の市場でのピーマンの月別取りあつかい量にしめる割合（%）（2019）

	1月	2月	3月	4月	5月	6月	7月	8月	9月	10月	11月	12月
茨城	14	16	33	49	68	83	56	22	37	60	46	28
A	47	48	34	27	16	6	4	0	0	0	27	39
高知	24	20	20	14	10	5	0	0	0	3	13	19

独立行政法人　農畜産業振興（しんこう）機構HPより

(1) **表１・表２**中のAにあたる県名を漢字で書き、地図中１～６より選びなさい。

(2) **表２**をみて、A県と高知県に共通するピーマン栽培（さいばい）の特色について、両県の気候を考えて書きなさい。

(3) **表１**中のB県について、次の文を読み、問いに答えなさい。

> B県には、１～３世紀ごろのものとされる(a)<u>周りをほりで囲んだ大規模な遺跡（いせき）</u>があります。16世紀には、（ X ）が朝鮮（ちょうせん）出兵の拠点（きょてん）をこの地におきました。幕末にはB県にあった藩（はん）が、幕府をたおして天皇中心の国家をつくろうとする運動に関わりました。新政府発足後も、(b)<u>この県出身の政治家・役人が重要な役職につき、活躍（かつやく）しました。</u>

① Bにあたる県名を漢字で書き、地図中１～６より選びなさい。

② 下線部(a)について、この遺跡名を漢字で書きなさい。また、周りをほりで囲んだ理由を書きなさい。

③ 文中の空欄（くうらん）（ X ）に入る人物名を漢字で書きなさい。

④　下線部(b)について、次の人物と文の組み合わせとして正しいものを１～６より一つ選びなさい。

i　大隈重信(おおくましげのぶ)　　ii　木戸孝允(きどたかよし)

ア　外務大臣としてイギリスと交渉(こうしょう)を行い、不平等条約の一部改正に成功した。

イ　政党をつくり、議会による政治の実現につとめ、日本で初の政党内閣をつくった。

ウ　ヨーロッパにわたりドイツの憲法を学び、大日本帝国憲法制定に力をつくした。

1　i・ア	2　i・イ	3　i・ウ
4　ii・ア	5　ii・イ	6　ii・ウ

(4)　地図中Ｙ県の出身で、岩倉具視(いわくらともみ)とともに欧米(おうべい)を歴訪した人物名を漢字で書きなさい。

【問題２】　あなたは、小麦を原料とした高級食パンを製造する会社の社員です。この高級食パンは小売価格１袋(ふくろ)500円で、１か月に１万袋売れていましたが、さまざまな事情により、原料の小麦の価格が値上がりしてしまいました。**図１・図２**をみて、あとの問いに答えなさい。

図１　商品の価格のうちわけ

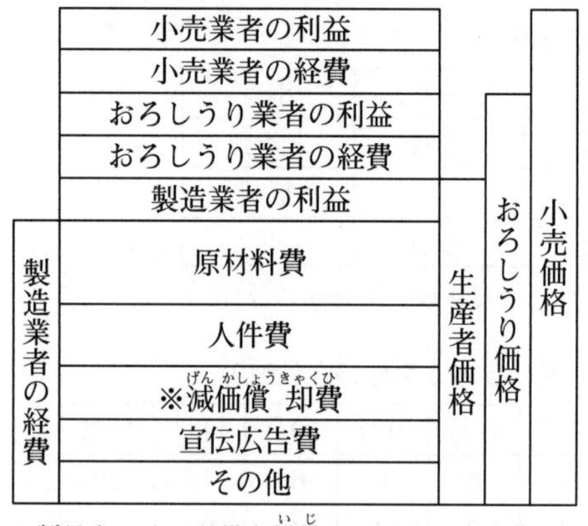

※製品をつくる設備を維持(いじ)していくための費用

図２　市場における小売価格と買いたい量の関係

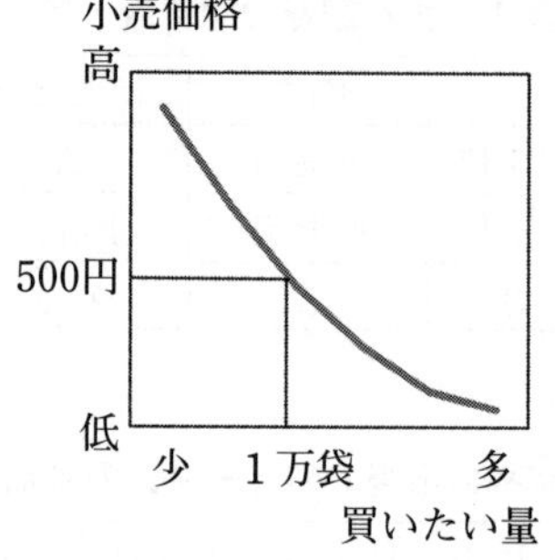

(1)　条件が現状のままである場合、小売価格と買いたい量は、どのように変化するか、(　　)の語句より正しいものを選びなさい。

小売価格は(　上がり・下がり　)、買いたい量は(　増える・変わらない・減る　)。

(2)　「品質は同じ」「おろしうり業者、小売業者の利益は減らさない」という二つの条件に従って、今までと同じ500円で月に１万袋を売るために、あなたが考えたこととその理由を書きなさい。

ます。なぜそのような気持ちになったのか、このときの筆者の気持ちを「やさしさ」「当然」という語を使って六十字以上八十字以内で説明しなさい。

【問題二】 次の小学六年生のヒカルさんとミヤコさんの会話を読んであとの問いに答えなさい。

ヒカル　『行かずに死ねるか』の石田さん、砂漠で親切な家族に会えて本当に良かったよね。

ミヤコ　知らない国で親切な人に助けてもらうなんて、きせきみたいなできごとよね。それにしても親切な人っているのね。

ヒカル　内閣府が十八歳以上の一万人を対象に行った「国民生活に関する世論調査」ではね、今の生活には74％の人が「満足している」「まあ満足している」と答えているんだ。ところがね、【資料1】を見て。その中で、どんな時に生活の中で充実感を感じるかという問いでは、「社会奉仕や社会活動をしている時」を選んだ人はごくわずかなんだ。

ミヤコ　本当に少ないね。10％にもならないのね。でも、そうかなぁ。私、何度も地域活動や社会活動に参加したことあるよ。

ヒカル　ぼくもあるよ。災害ボランティアとかそういう立派なものでなくて、もっとささやかな活動だけどね。

ミヤコ　【資料2】を見て。私たちが受けた全国学力・学習状況調査の質問で「人が困っているときは、進んで助けていますか」という問いに、「当てはまる」「どちらかといえば当てはまる」までふくめると90％をこえる人が進んで助けるって答えているよ。

【資料1】

政府広報オンラインより抜粋

（著作権上の都合により省略）

【資料2】

国立教育政策研究所の報告より抜粋

（著作権上の都合により省略）

問　二つの資料から、あなたが気づいたことを書きなさい。また、【資料2】の結果についてどう思うか、あなたの体験を交えて二百四十字以上三百字以内で書きなさい。題名と名前は書かずに、原稿用紙の書き方にしたがって書くこと。

〈適性検査Ⅱ　国語分野〉

―社会分野と合わせて50分―

【問題二】 次は自転車で世界一周旅行をした石田ゆうすけさんの旅行記の一場面です。ベトナムから中国に入った筆者はシルクロードの砂漠をこえて日本を目ざしました。文章を読んであとの問いに答えなさい。

（編集部注：著作権上の都合により、文章を省略してあります。）
『行かずに死ねるか！　世界9万5000km自転車ひとり旅』
石田ゆうすけ著　第五章より抜粋

㈠　＝＝線部ア・イのカタカナを漢字に直し、おくりがなも書きなさい。

㈡　――線部①「ボトルの水が恐ろしい速さで減っていく」理由を説明した文を次から一つ選んで記号で答えなさい。

ア　いざとなればすれちがう車に助けてもらうことができるので、喉の渇きを癒すことのほうを大切にしたから。

イ　砂嵐のせいで頭が朦朧として冷静に考えることができなかったが、砂漠の人たちはみな親切なので何とかなると考えたから。

ウ　灼熱の砂漠で嵐のような向かい風にも襲われて、熱風で喉がひりつくためいくら水を飲んでも喉が渇くから。

エ　強い風のために自転車が歩くより遅いスピードしかでず、頭が朦朧として目的地の村までは遠いことを忘れていたから。

オ　灼熱の砂漠と嵐のような向かい風だけでなく、吹き抜ける熱風によって、水がどんどん蒸発してしまったから。

㈢　――線部②と――線部③について、同じ意味で使われているものを次からすべて選んで、記号で答えなさい。

⑴　――線部②「戻ってきたらしい」

ア　空を見ていると、どうも明日は雪らしい。

イ　あかりが消えているので、彼は寝てしまったらしい。

ウ　このどんよりとした空は、実に冬らしい。

エ　目元がそっくりなので、あの少年は彼の弟らしい。

⑵　――線部③「コーラを渡してきた」

ア　大雪の中、彼は長ぐつをはいて学校にきた。

イ　この小説の犯人がだんだんわかってきた。

ウ　太郎が、ボールを拾って投げてきた。

エ　このところ寒くて、朝ふとんから出られなくなってきた。

㈣　――線部④「体じゅうの力が抜け、その場に崩れそうになった」時の説明として最もふさわしくないものを、次から一つ選んで記号で答えなさい。

ア　もうだめかも知れないという不安の中での出会いに、助かったと安心して緊張の糸が解けたから。

イ　どれだけ水を飲んでも渇きが治まらない上に頭も朦朧としてきて、声も出なくなり不安でたまらなかったから。

ウ　つかれは限界にまで達し、次の村まで水が持たないのではないかと心配だったが、その心配から解放されたから。

エ　不安でいっぱいの状況下で、おじさんの温かい目に出会えたことで、「もう大丈夫だ」と心の底から思えたから。

㈤　軽トラのおじさんたち一家の行いを表すのに最もふさわしいことわざを、次から一つ選んで記号で答えなさい。

ア　わざわいを転じて福となす　　イ　袖ふり合うも多生の縁

ウ　笑う門には福来る　　エ　九死に一生を得る

㈥　――線部⑤で、筆者は「泣きたいような気持ち」になったと述べてい

奈良県立国際中学校

（編集部注：掲載にあたりレイアウトなどの一部改変を行っています。）

〈適性検査１　※1は694ページから掲載しています。〉　　—1と合わせて40分—

2　ひかるさんは、授業で学習した絵画に興味をもち、調べることにしました。次の□内は、ひかるさんが調べた内容を、ノートにまとめたものの一部です。各問いに答えなさい。

> 江戸時代には、歌舞伎役者や人々の日常の姿を題材とした版画が印刷され、たくさんの人々が買い求めました。風景画として有名なA「東海道五十三次」には、江戸から京都までの風景がえがかれており、この作品から、私たちはB江戸時代のようすやC人々のくらしを知ることができます。
>
> Dオランダのゴッホは、江戸時代にえがかれた版画の構図や色づかいをまねて、えがいた絵を残していることから、当時の日本の文化がヨーロッパの画家たちに影響を与えていたことがわかります。今後はE歴史に関するほかの時代の絵画についても調べてみたいと思います。

(1)　**資料１**は、下線部**A**の一部です。下線部**A**をえがいた人物と、下線部**A**に代表される絵画の種類の組み合わせとして正しいものを、次の**ア**～**エ**から１つ選び、その記号を書きなさい。

ア　人物：雪舟　　　種類：浮世絵
イ　人物：雪舟　　　種類：水墨画
ウ　人物：歌川広重　種類：浮世絵
エ　人物：歌川広重　種類：水墨画

資料１

(2)　ひかるさんは、下線部**B**について調べ、**資料２**を見つけました。**資料２**には、武家諸法度において定められた制度にもとづいて、大名が家来を引き連れて、領地と江戸を行き来したようすがえがかれています。この制度の名前と、制度を定めた人物の名前を書きなさい。

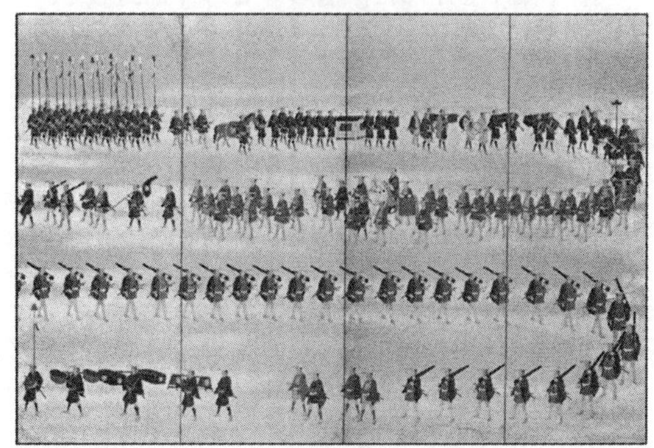

資料２

(3)　ひかるさんは、下線部Cについて調べ、江戸時代には現在の静岡県で茶の栽培(さいばい)が行われていたことを知りました。茶の栽培には、気候が影響していると考えたひかるさんは、太平洋側の静岡市と日本海側の新潟市の気温と降水量をくらべてみました。次のアとイは、静岡市と新潟市のいずれかの気温と降水量を示したグラフです。次の各問いに答えなさい。

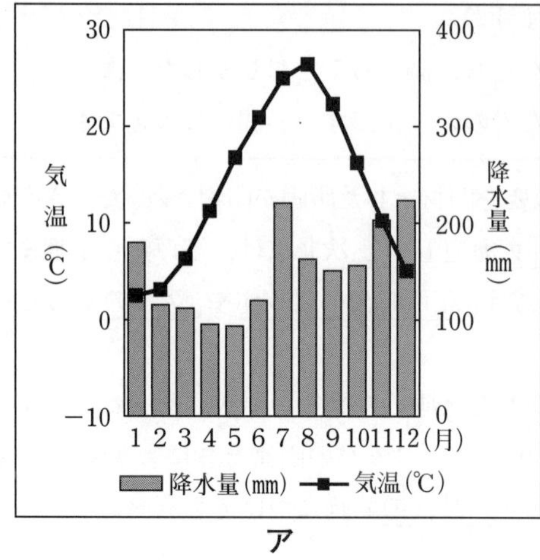

ア

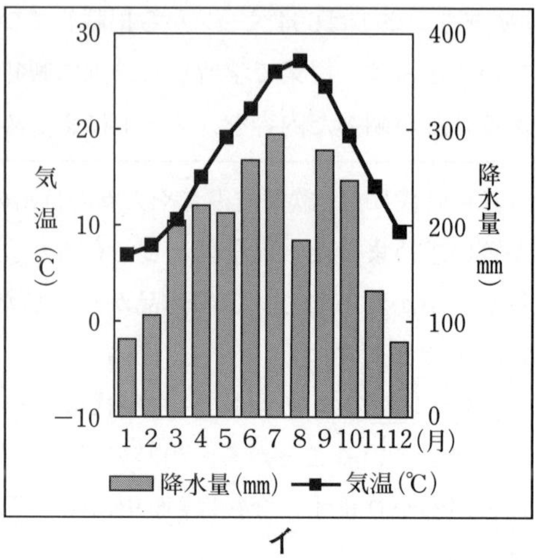

イ

(気象庁Webサイトより作成)

①　静岡市のグラフは、アとイのどちらですか。アとイのどちらかの記号を書きなさい。

②　アとイのグラフを参考にして、太平洋側の気候の特色について、**「季節風」**という言葉を使って書きなさい。

(4)　下線部Dについて、次の□内の空らん(a)、(b)に当てはまる言葉の組み合わせとして正しいものをア～エから1つ選び、その記号を書きなさい。

18世紀のなかばに、オランダ語の書物を通して、ヨーロッパの学問を研究する蘭学(らんがく)が盛んになりました。 蘭学を学んだ医者の(a)や前野良沢(まえのりょうたく)は、オランダ語で書かれた人体かいぼう書をほん訳し『解体新書』を出版しました。	20世紀のなかばに、世界の平和と安全を守るために設立された(b)には、ユニセフやユネスコなど、目的に応じた機関があります。オランダのハーグには、(b)の主要な司法機関である、国際司法裁判所が設置されています。

ア　a　杉田玄白　　b　国際連盟　　　イ　a　杉田玄白　　b　国際連合
ウ　a　本居宣長　　b　国際連盟　　　エ　a　本居宣長　　b　国際連合

(5)　下線部Eについて、**資料3**は日清戦争前の国際関係についてえがかれた風刺画(ふうしが)です。この風刺画が表している国際関係について、風刺画の中で人物や魚として表されている4か国の国名をあげながら書きなさい。

資料３

(6)　**資料４**は、1783年の浅間山の噴火のようすをえがいた絵画です。また、**資料５**は、同じ浅間山の噴火を記録した石碑で、［　　　　］内はその石碑に記された内容を示しています。

資料４、**資料５**を参考に次の各問いに答えなさい。

資料４

資料５

浅間山の噴火の影響で、天明３年７月５日(1783年８月２日)から７月８日(旧暦)まで、火山灰や岩屑なだれが麓の村々を襲った。岩屑なだれは約20km先の吾妻川に流れ込むと大泥流となり、住民、人家、山林、田んぼ等に大きな被害を与えた。

(国土地理院Webサイトより作成)

(注)石碑＝人の功績や出来事などについて、石に文を刻んだもの

旧暦＝明治５年(1872年)まで使われていた暦

岩屑＝岩石の破片

① 自然災害の記録を残すときに、絵画で記録することと、石碑に文章で記録することには、どのような効果があると考えられますか。それぞれ30字以内で書きなさい。

② あなたの身近に実際に起こるかもしれない自然災害の種類を１つ挙げて、その災害に対応した防災の取り組みや行動について、あなた自身や身近な人ができることを、40字以上60字以内で書きなさい。

〈適性検査２〉　—40分—

1 国際中学校のひかりさんとみらいさんは、以下のように会話をしています。次の問いに答えなさい。

ひかり：来週、アメリカから私たちのクラスに留学生が来るね。
みらい：楽しみだね。留学生はひかりさんの家から学校に通うんだよね？
ひかり：うん！㋐家から関西空港駅まで迎えに行くんだ。
みらい：留学生はいつ日本に着くの？
ひかり：日本には、２月10日の午後３時に着くって聞いたよ。
みらい：㋑留学生が来るまでに、私たちの自こしょうかいをカードに書いて、教室にはって準備しておこうよ！
ひかり：そうだね！

(1) 下線部㋐について、ひかりさんは留学生と関西空港駅で待ち合わせをしています。ひかりさんの家から最も近い駅はＹ駅です。次に示す【家から関西空港駅までの行き方】で、関西空港駅に午後３時ちょうどに着く電車に乗るためには、おそくとも午後何時何分に家を出発する必要がありますか。

【家から関西空港駅までの行き方】

○家からＹ駅までは自転車で行き、Ｙ駅から関西空港駅までは電車で行く。
○自転車の速さは分速250ｍで、電車の速さは時速80㎞とする。
○家からＹ駅までの道のりは３㎞、Ｙ駅から関西空港駅までの道のりは96㎞である。
○Ｙ駅に着いてから電車に乗るまでは７分かかる。
○自転車や電車は一定の速さで進むものとする。

(2) 下線部㋑について、教室に37人分のカードをはることにしました。カードの形はすべて正方形で、１辺の長さは12㎝です。次の問いに答えなさい。

① **図１**のように、カードの４すみを画びょうでとめて重ねながら規則正しくかべにはり付けます。このとき、37枚のカードをはるために必要な画びょうは全部で何個ですか。ただし、**図１**の○は画びょうを表しています。

図１

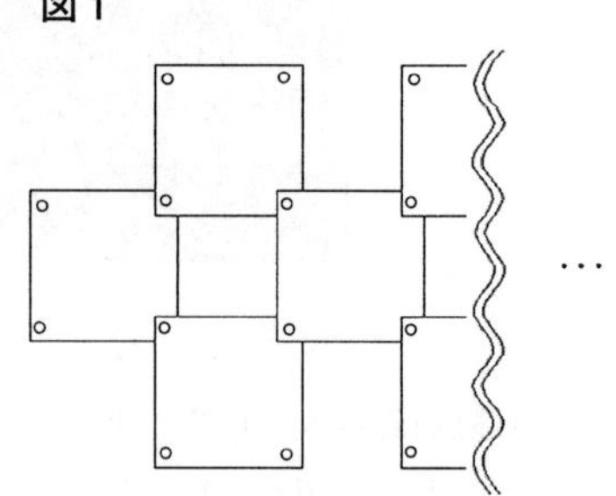

②　正方形の台紙の上にカードを４枚はります。**図２**のように、台紙を正方形ＡＢＣＤとし、それぞれのカードの２つの頂点は正方形ＡＢＣＤの辺上にあるとします。カードとカードが重なっている部分はすべて正方形で、その正方形の１辺の長さは１㎝です。**図２**において、黒くぬられている部分の面積を求めなさい。

図２

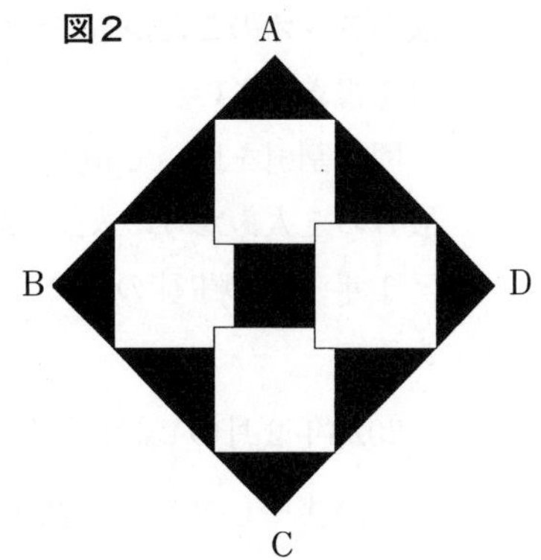

2　国際中学校の１年１組では、生徒37人と先生２人で、留学生１人に学校の周辺を案内することにしました。１年１組の生徒は、学校の周辺にあるＡ～Ｅの５つのし設について調べています。次の問いに答えなさい。

(1)　**資料１**～**資料５**は調べた内容の一部について示したものです。**資料６**は、１年１組の生徒37人にそれぞれのし設を利用したことがあるかアンケートをとった結果です。

資料１

し設Ａの利用料

○中学生以上の１人あたりの利用料は500円です。

※ただし、以下の表のような団体割引があります。

【団体割引】

団体人数	中学生以上の１人あたりの利用料(円)
30人以上	450
50人以上	400
100人以上	350

資料２

し設Ｂの利用料

○中学生以上の１人あたりの利用料は350円です。

※ただし、以下の表のような団体割引があります。

【団体割引】

団体人数	中学生以上の１人あたりの利用料(円)
20人以上	300
40人以上	250
60人以上	200

資料３

し設Ｃの年代別利用者数の割合（2023年２月）

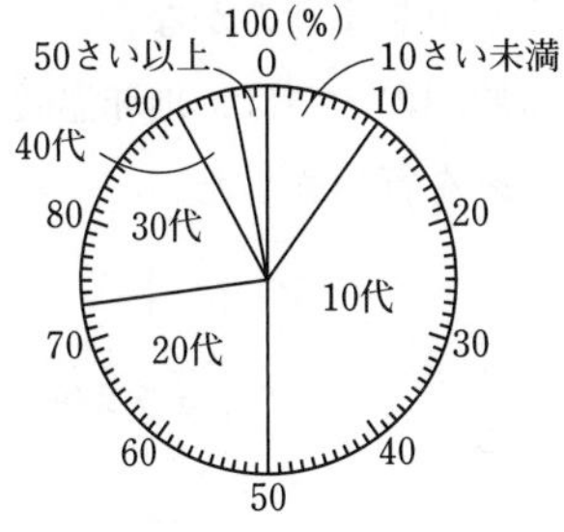

資料４

し設Ｄの年代別利用者数の割合（2023年２月）

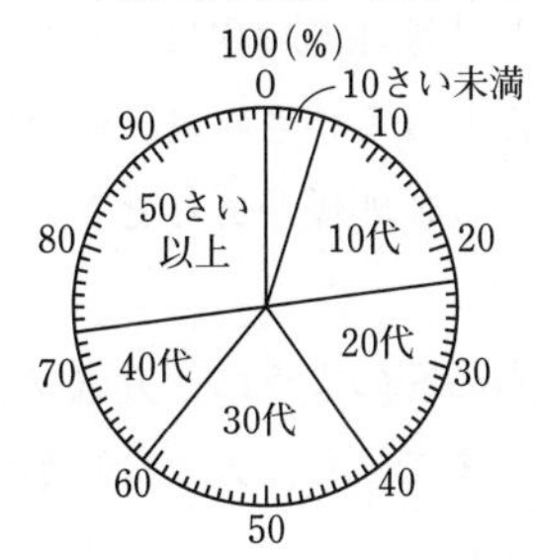

資料５

し設Ａ～し設Ｅの利用者数(2023年２月)

し設名	人数(人)
し設Ａ	2130
し設Ｂ	2200
し設Ｃ	2710
し設Ｄ	3300
し設Ｅ	2860

資料６

利用したことがあると回答した生徒の人数

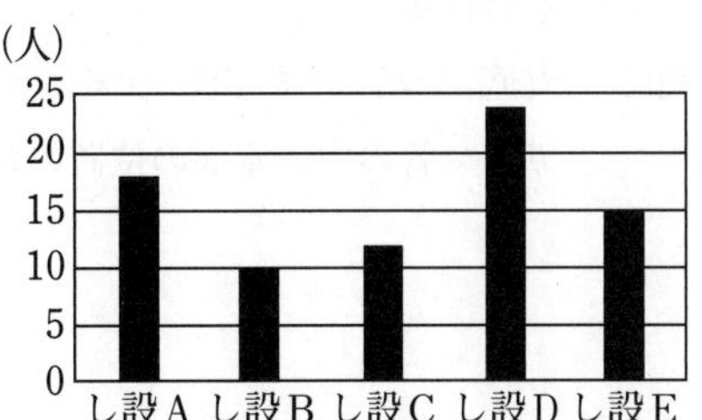

次の**ア**～**オ**のことがらについて、資料からわかることとして正しいものをすべて選び、その記号を書きなさい。

ア　団体割引を用いて40人(中学生以上)で入館するとき、し設Aの1人あたりの入館料は、し設Bの1人あたりの入館料の1.5倍である。

イ　1年1組の生徒の中で、し設Bとし設Eの両方を利用したことがある生徒は10人以下である。

ウ　2023年2月のし設Dの利用者数全体の$\frac{1}{4}$が20さい未満の利用者である。

エ　し設A～し設Eの2023年2月の利用者数の平均は、し設Cの2023年2月の利用者数と等しい。

オ　し設Cとし設Dの2023年2月の10代の利用者数の差は490人である。

(2)　ある一日のし設A～し設Eの利用者数について調べたところ、し設Aとし設Bの利用者数の合計は190人であった。また、し設Cとし設Dとし設Eの利用者数の平均は、し設A～し設Eの利用者数の平均より6人多い。このとき、し設A～し設Eの利用者数の平均を求めなさい。また、その平均の求め方について、式と言葉を用いて説明しなさい。

3　まことさんとみらいさんは、近年の地球の気温が高くなっていることについて話しています。以下は、まことさんとみらいさんの会話です。各問いに答えなさい。

みらい：この前お母さんと、今年の夏はとても暑いねって話していたんだ。今は昔と比べて気温が少しずつ上がってきているんだって。これは地球温暖化の影響らしいよ。

まこと：地球温暖化って何なの。

みらい：地球温暖化とは、人間の活動が活発になるにつれて、空気中に含まれる二酸化炭素の割合が増えることで、地球全体の平均気温が上がる現象のことだよ。

まこと：地球温暖化によって、どんなことが起こるのかな。

みらい：以前ニュースで聞いたんだけど、地球温暖化によって海水面が上しょうするそうだよ。そのせいで、海水面からの高さが低い島などはしずんでしまうらしいよ。

まこと：どうして地球温暖化によって海水面が上しょうしてしまうのかな。

(1)　まことさんとみらいさんは、海水面が上しょうする原因の一つは、地球温暖化による海水の温度の上しょうに関係があると考え、以下の方法で実験を行いました。

【実験】

手順1　右の図のように、丸底フラスコに水をいっぱいまで入れ、ガラス管がついたゴムせんをはめる。

手順2　ビニルテープで、ガラス管の水面の位置に印をつける。

手順3　丸底フラスコを50℃の湯に入れてあたため、ガラス管の中の水面の位置の変化を見る。

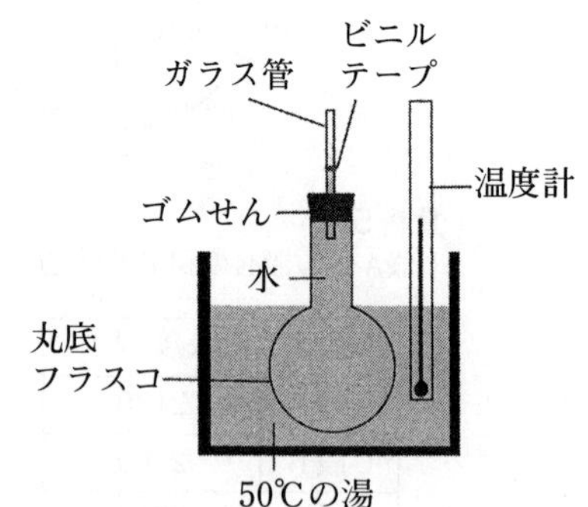

実験の結果、ガラス管の中の水面の位置は上へ動きました。このことから、水はあたためられることでどのようになるといえるか書きなさい。ただし、丸底フラスコとガラス管の形や大きさは、変化しないものとします。

(2)　まことさんとみらいさんは、北極の海でういている氷は海水がこおってできていることや、地球温暖化によって北極の海の氷がとけて減っていることを知りました。そこで、２人は北極の海でういている氷がとけることで海水面が上しょうするのではないかと考え、氷を北極の海の氷に、水を海水にそれぞれ見立てて、ある実験を行いました。そして、その実験の結果から、北極の海でういている氷がとけても海水面の高さは変化しないと判断しました。２人はどのような実験を行ったと考えられますか。その方法を次の用意するものをすべて使って文章で答えなさい。また、実験によってどのような結果が得られたと考えられますか。文章で答えなさい。ただし、２人は得られた実験の結果から正しく判断したものとします。

用意するもの

氷、水、ビーカー、ビニルテープ

(3)　まことさんは、近年大雨の回数が増加していることを知り、大雨によって雨水が海に流れ込むことも海水面が上しょうする原因の一つだと思いました。しかし、理科の授業で学んだ内容から雨水が海に流れ込むことは海水面が上しょうする主な原因ではないと気づきました。このように考えた理由を「水蒸気」という言葉を使って文章で答えなさい。

(4)　まことさんとみらいさんは、海水面が上しょうする原因についてさらに調べることにしました。その際に、「地球上の水の量」についての表を見つけました。次の表から考えられる、地球温暖化によって海水面が上しょうする原因を、「淡水(たんすい)」に注目して文章で答えなさい。なお、表の数字は地球上の水全体にしめる割合を示しています。

地球上の水の量

海水	97.47%		
淡水	2.53%	氷河等	1.76%
		地下水	0.76%
		河川・湖等	0.01%

(環境省　環境白書・循環型社会白書・生物多様性白書より作成)

※淡水：塩分をほとんど含まない水。
氷河：陸上に降り積もった雪が長い時間をかけて圧縮され、氷となったもの。

4　海の中には多くの生き物がすんでいます。しかし、海の中にすむ動物の行動を、人が長時間にわたって観察することは難しく、その実態はほとんどわかっていません。そのような海の動物の行動を観察する方法として、バイオロギングがあります。バイオロギングでは、小型の記録計(データロガー)を動物の体に取り付けます。データロガーに記録された様々なデータを分析することで、これまでわからなかった海の動物の行動や、その動物をとりまく環境を明らかにすることができます。

データロガーを取り付けたウミガメ
(佐藤教授のWebサイトより)

東京大学の佐藤克文(さとうかつふみ)教授らの研究グループは、このバイオロギングの方法を用いて、さまざまな海の動物の行動をくわしく研究しています。日本近海に生息するアカウミガメとアオウミガメの行動をバイオロギングの方法で調査し、データロガーに記録された情報を以下の図と表にまとめました。これらの図と表をもとに、各問いに答えなさい。

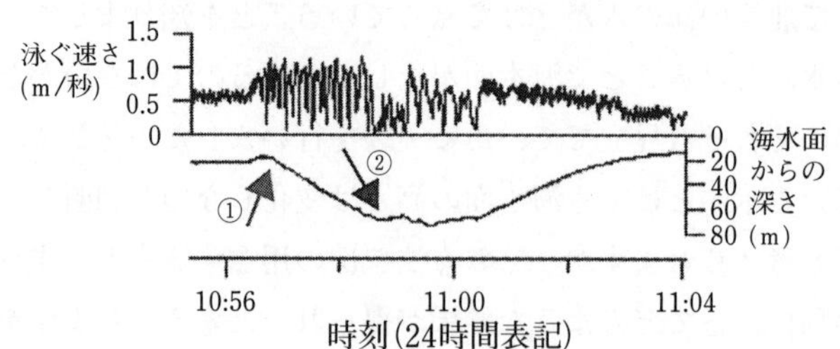

図１　アカウミガメがエサであるアオガニをつかまえた時の行動記録
（矢印①はアカウミガメがアオガニと出会った時刻、矢印②はアカウミガメがアオガニをつかまえた時刻を示している。）

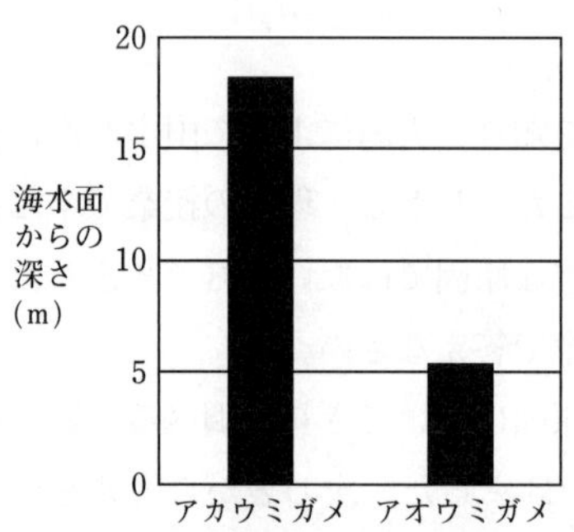

図２　アカウミガメとアオウミガメが、エサや物をつかまえた時の海水面からの平均の深さ

表１　アカウミガメとアオウミガメが、一定期間内につかまえたエサや物の種類と回数

	アカウミガメ	アオウミガメ
クラゲなど	78	6
エビやカニなど	2	0
その他の動物	0	2
海そう類	1	156
鳥の羽	0	4
木材、葉	1	21
プラスチックなどの人工物	2	21

表２　アカウミガメとアオウミガメが、一定期間内に出会ったりつかまえたりしたプラスチックなどの人工物を、種類別、色別、海水にうくかしずむかでそれぞれ分類した表

		アカウミガメ		アオウミガメ	
		出会った回数	つかまえた回数	出会った回数	つかまえた回数
種類	かたいプラスチック	1	0	0	0
	やわらかいプラスチック	8	0	26	17
	発ぽうスチロール	1	1	1	0
	つり糸・ロープ	2	1	5	3
	ゴム	0	0	2	1

		アカウミガメ		アオウミガメ	
		出会った回数	つかまえた回数	出会った回数	つかまえた回数
色	とう明で色がついていない	5	0	23	15
	白色	4	1	4	2
	黒色	1	0	1	1
	それ以外の色	2	1	6	3

		アカウミガメ		アオウミガメ	
		出会った回数	つかまえた回数	出会った回数	つかまえた回数
うくかしずむか	しずむ	2	0	0	0
	うく	10	2	34	21

(1)　**図1**と**図2**や**表1**と**表2**をつくるために、この調査で使用したデータロガーで必ず記録しなければいけない情報を、次の**ア**～**ケ**から４つ選び、その記号を書きなさい。

ア　海水温　**イ**　海水面からの深さ　**ウ**　周囲の明るさ

エ　ウミガメが泳ぐ速さ　**オ**　ウミガメの前方の映像　**カ**　周囲の音

キ　ウミガメの体温　**ク**　現在時刻　**ケ**　方角

(2)　**図1**と**図2**や**表1**と**表2**から、アカウミガメとアオウミガメの行動が違うことがわかります。エサをつかまえるために海に深くもぐるという行動をとるのは、アカウミガメとアオウミガメのどちらですか。

(3)　**表2**からアオウミガメは、どのようなプラスチック製の製品をよく食べていると考えられますか。次の**ア**～**エ**のプラスチック製の製品の中から最も適切なものを１つ選び、その記号を書きなさい。

ア　とう明で色がついていない水そう　**イ**　とう明で色がついていないレジ袋

ウ　黒色のお弁当の容器　**エ**　白色のスプーン

(4)　死んで海岸に打ち上げられたウミガメなどを解ぼうした研究から、これまでにアオウミガメの方がアカウミガメよりプラスチックなどの人工物を多く食べていることがわかっていました。この調査でバイオロギングの方法を使うことで、アカウミガメとアオウミガメの海の中での生活の違いがわかりました。**図2**と**表2**を関連付けて、なぜアオウミガメの方がアカウミガメより多くのプラスチックなどの人工物を食べているのか、その理由を文章で答えなさい。

が簡単なのは、あるものの数のほうが多いからだということ。

(七)　――線Dに興味をもったあなたは、本文中の短歌・俳句との関係を考えてみました。そこで、**「本文中の短歌・俳句の内容における、アイソレーションタンクのようなものとは何か」**というテーマで考えたことをまとめてみることにしました。次の条件1～3に従って書きなさい。

条件1　本文★以降の内容をふまえ、「アイソレーションタンク」という言葉を必ず用いて、本文中の短歌と俳句両方について説明すること。

条件2　二段落構成とすること。

条件3　題や名前は書かず、縦書き、百五十字以上二百字以内で書くこと。

そこにないものがあたかも存在するかのように知覚されるのはなぜなのでしょうか？　それは、世界とぼくたちのあいだを埋めようとする理性のはたらきなのかもしれません。そういう性質を意識することで、すこしずつ思考が自由になっていきます。

（矢萩邦彦『正解のない教室』〈朝日新聞出版〉による）

（注）中世＝鎌倉時代から室町時代にかけての年代。
客観＝自分とはちがう立場ではなれて物事を考えること。
うつろい＝移り変わること。　雑踏＝人ごみ。
覚醒＝目が覚めている様子。
瞑想＝目を閉じて、現実からはなれて深く静かに考えること。
理性＝人間に備わっている、物事の正しさを考えて判断する力。

(一)　［　］①・②・③・⑤のカタカナを漢字で書きなさい。

(二)　［　］④はどういう意味か、あなたは考えました。近くに辞書はないので、手がかりとして漢字一字ずつの意味を考えます。

1　「補」の訓読みを平仮名で答えなさい。なお、送り仮名は書かないこと。

2　㋐「完」から始まる二字熟語を本文中から一つ探し、ぬき出して答えなさい。

㋑「完」から始まる二字熟語を㋐とは別に一つ考え、漢字で答えなさい。

(三)　――線Aはどういう意味だと考えられますか。本文中からぬき出して答えなさい。

(四)　――線Bを読んだあなたは、語句の順番を変えた短歌をいろいろと作ってみました。本文中の短歌を、筆者が言う「編集」前にしたものとして、最も近い作品はどれですか。次の**ア**～**エ**から一つ選び、記号で答えなさい。なお、意味は変わらないように言葉を足したりけずったりしたところがあります。

ア　秋の夕浦の苫屋を見渡せば花も紅葉もそこになかりけり

イ　見渡せば紅葉も花もなかりけり浦の苫屋の秋の夕暮

ウ　なかりけり花も紅葉も見渡せば秋の夕暮浦の苫屋の

エ　花紅葉浦の苫屋の秋の夕そこになかりけり見渡してみると

(五)　――線Cの本文中での意味として最も適切なものを、次の**ア**～**エ**から一つ選び、記号で答えなさい。

ア　月を見たい気持ちはないのに月が存在する。月が存在するのに月を見たい気持ちはない。

イ　月が存在しないのに月を見たい気持ちはある。月が存在するのに月を見たい気持ちはない。

ウ　月を見たい気持ちはないのに月が存在する。月を見たい気持ちはあるのに月が存在しない。

エ　月が存在しないのに月を見たい気持ちはある。月を見たい気持ちはあるのに月が存在しない。

(六)　段落※で筆者が言いたいことは何ですか。次の**ア**～**エ**から一つ選び、記号で答えなさい。

ア　学校や会社などに存在するものは有限だが存在しないものは無限にあるという事実は、なかなか思い浮かびにくいということ。

イ　自然のなかにいるとメロディーやハーモニーが聞こえることからも分かるように、現代社会には不自然な刺激が多すぎるということ。

ウ　ある場所に存在しないもののほうが存在するものよりも多いにもかかわらず、存在しないものを想像するのは難しいということ。

エ　よく行く場所にないものを想像するよりもあるものを想像するほう

〈適性検査1〉　　—2と合わせて40分—

1　次の文章を読んで、後の問いに答えなさい。

「存在」というのは現実にそこに〈ある〉ことを指す言葉ですが、〈ある〉ということは、何らかの性質・機能・①カチを持っています。〈ある〉の対義語は〈ない〉ですね。〈ない〉ものを感じることができるのは、想像力のおかげです。

「見渡せば花も紅葉もなかりけり浦のA苫屋の秋の夕暮」

この短歌は中世の②キゾク、藤原定家の作とされていますが、どんな意味だと思いますか？　海辺のそまつな小屋を見て、ここには花も紅葉もないと言っているんです。どうしてないものを歌っているのでしょうか？

この句のすごいところは、ないものを先に提示することで読者に想像させているところなんです。桜や紅葉のはなやかな様子を想像させたあとで、それらはまったくなくて、現実に存在しているのは海辺のそまつな小屋だというんですね。

この落差やギャップを感じさせるところにB編集の技があります。順番を変えるだけでまったくちがう印象になるんです。そして、その海辺のそまつな小屋に夕日があたっている様子を想像させることで、それはそれで美しいと思わせてくれる、まさに③ゲイジュツです。

ないのに美しいから、ないから美しいへ。ロマンティックですね。ロマンというのは客観的に存在する現実ではなくて、主観的な感情でものごとをとらえることです。いまここにないからこそ、強くあこがれるわけです。

「舟底を無月の波のたたく音」

こちらは昭和に活動していた俳人、木村蕪城の作品です。舟に乗っている作者は波が舟底をたたく音を聞きながら「月が出ていないなあ」と言っているのですが、これもまた月を意識しているからこそ、「月がない」と感じるわけです。つまり、月が見たいと思っているのに、実際にはない。心のなかには月がある。Cないのにある。あるのにない。こういった感覚のうつろいのなかでぼくたちは存在しているんです。

※ためしに想像してみてください。あなたが学校や会社など、よく行く場所にあるものはなんでしょうか？　一分間でどれくらい思いつくか書きだしてみてください。では次に、いま想像したのと同じ場所にないものはなんでしょうか？　同じように書きだしてみてください。どうですか？　あるものは有限ですが、ないものは無限にあるはずです。でも、なかなか思い浮かばなかったのではないでしょうか。

★「いまここ」ではない別の場所にないものを想像するのは難しいですが、実際に何もない場所に身を置くと、そこには存在しないものが次々と頭に浮かびます。いったいなぜなのでしょうか？

自然のなかにいるときメロディーやハーモニーが聞こえたり、雑踏の中でだれかに呼ばれた気がしたりすることがあると思います。これらの現象は、覚醒しているためには刺激が必要だという脳の性質と関係がありそうです。現代に生きるぼくたちは日常的に不自然な刺激にさらされていますから、自然のなかでは刺激を④補完しようとして脳がはたらいてしまうのかもしれません。

それを利用したD「アイソレーションタンク」という感覚遮断装置があります。光や音を完全に遮って、皮膚の温度と同じ塩水に浮かぶことでリラックスする効果があるのですが、外部から刺激がないため脳がイメージをつくりだして補完しようとするので、瞑想⑤ジョウタイに入りやすく、起きたまま夢を見るという人もいます。

奈良県立青翔中学校

（編集部注：掲載にあたりレイアウトなどの一部改変を行っています。）

〈適性検査２　※適性検査１は707ページから掲載しています。〉　―50分―

1　翔太(しょうた)さんと花子さんが２けたのかけ算について学習をしています。【問題】と【図１】【図２】および会話文を参考にして、以下の各問いに答えなさい。

【問題】

①　$\begin{array}{r} 33 \\ \times\ 37 \\ \hline \end{array}$　②　$\begin{array}{r} 42 \\ \times\ 48 \\ \hline \end{array}$　③　$\begin{array}{r} 76 \\ \times\ 74 \\ \hline \end{array}$

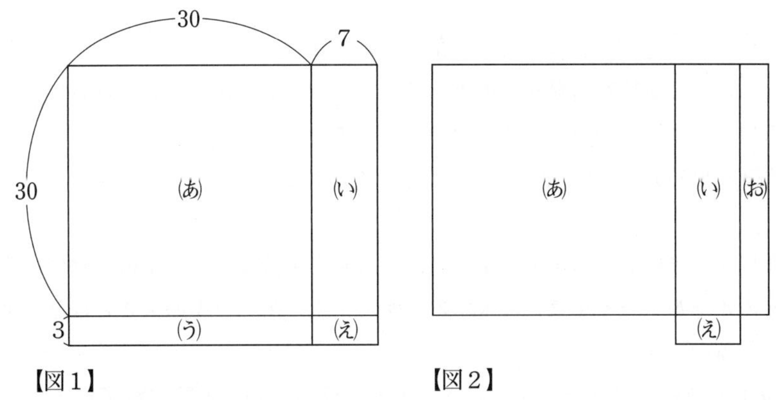

【図１】　【図２】

先生　①、②、③の計算結果から何か気づくことはありますか。

翔太　計算結果の十の位と一の位の数字は、ちょうど２けたのかけ算の一の位の数字をかけたものになっています。

先生　計算結果の千の位と百の位の数字はどうなっていますか。

花子　①が［　A　］、②が［　B　］、③が［　C　］となっています。計算結果の千の位と百の位で２けたの数を作り、２けたのかけ算の十の位の数字で割ると、商は２けたのかけ算の十の位の数から１増えたものになっています。

先生　そうだね。だから、このような計算をするときには、２けたのかけ算の一の位の数字どうしをかけて、計算結果を十の位と一の位にかき、２けたのかけ算の十の位の数字は、１つはそのまま、もう１つの数字は１を加えてからかけ算をして、計算結果を千の位と百の位にかけばよいことになるね。この計算方法を「インド式計算法の早わざ」と呼ぶことにしよう。でも、この計算方法はどんな場合にでもできるわけではなく、次の２つの条件を満たす必要があるんだよ。

条件１	かけ算の一の位の２つの数字は、たすとちょうど10になっていること。
条件２	かけ算の十の位の数字は同じであること。

では、条件１、条件２を満たした場合にこの計算方法ができる理由を【問題】の①の計算例から考えてみよう。【図１】と【図２】に注目しよう。

【図１】より(あ)(い)(う)(え)の長方形の面積を（たての長さ）×（よこの長さ）の式で表すと(あ)の面積は30×30、(い)の面積は［　D　］、(う)の面積は［　E　］、(え)の面積は［　F　］となる。

(う)の［　G　］と、(あ)と(い)の［　H　］は同じなので、(う)を【図２】のように、(お)に移動することができる。このとき、(い)と(お)を合わせた長方形の横の長さは２けたのかけ算の［　I　］の数字をたしたものとなっている。これにより、(あ)(い)(お)を合わせた長方形の面積の式は30×40。したがって２けたのかけ算の十の位の数字は、１つはそのまま、もう１つの数字は１を加えてからかけ算をして、計算結果を千の位と百の位の数字としてかけばよいことになる。また(え)の面積は［　F　］なので、計算結果の十の位と一の位の数字は、かけ算の一の位の数字をかけたものになる。

花子　なるほど、よくわかりました。

(1)　［　A　］［　B　］［　C　］に入る数字を千の位と百の位の数に分けて答えなさい。

(2)　［　D　］［　E　］［　F　］には長方形の面積を求める式が入ります。その式を答えなさい。

(3)　［　G　］［　H　］に入る適切な言葉を答えなさい。

(4)　［　I　］に入る適切な言葉を次の**ア**～**エ**から１つ選び、記号で答えなさい。

ア　一の位　　**イ**　十の位　　**ウ**　百の位　　**エ**　千の位

(5)　3000673×2000627を1000000で割った余りを求めなさい。

2　翔太さんはケーキ屋さんに来ています。次の会話文を読んで、以下の各問いに答えなさい。

翔太　８号のホールケーキを買いに来たのですが、ホールケーキの大きさはどのようにして決まっているのですか。

店員　一番小さいものは直径12㎝、高さ６㎝の円柱形で４号と呼ばれています。ホールケーキの大きさは号数の単位で呼ばれています。高さは６㎝のままで、１号大きくなるごとに、直径が３㎝増えていくことになっています。

(1)　翔太さんが買ったホールケーキの直径を求めなさい。

(2)　ホールケーキの大きさが４号から６号になると体積は何㎤大きくなるかを、翔太さんは「円の面積の差」に着目して求めました。翔太さんがどのように考えたかを「円の面積の差」という言葉とかけ算の式を用いて説明しなさい。ただし、円周率は3.14とします。

(3)　翔太さんは次のひな祭りの時に、ひし形のケーキが欲(ほ)しいと考えています。ケーキ屋の店員さんに聞くと、底面の部分が右の【図１】のように１辺が30㎝で２組の向かい合う角のうち小さい方の角が30°となるひし形の四角柱のケーキを作ることは可能であるとのことでした。ケーキの高さは６㎝です。この四角柱のケーキの体積を求めなさい。

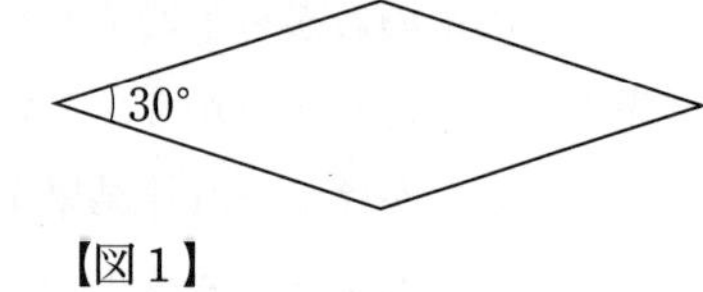

【図１】

3　翔太さんの街では、新しいボウリング場がオープンすることになっています。ただし、ボウリングはボールを投げてピンを倒(たお)し、倒れたピンの本数を競うゲームです。以下の各問いに答えなさい。

(1)　オープンにあたり、店長が貸し出し用の靴(くつ)を各サイズで何足用意すればよいかを、隣町(となりまち)のボウリング場の靴の貸し出しデータから考えています。次の【表１】は、ある日の靴の貸し出し時刻とサイズをまとめたものです。

【表１】 靴の貸出データ（311足分）

時刻	10:02	10:03	10:05	10:06	…	18:12	18:13	18:15
サイズ（cm）	26.5	27.0	24.5	23.0	…	27.5	24.0	26.5

（ただし、10:06～18:12の間のデータは省略している。）

店長はこのデータを整理して、サイズの平均値、中央値、最頻値、最小値、最大値を求めました。ただし、データを大きさの順で並べたときに最も小さいものを最小値、最も大きいものを最大値といいます。ここで、一番多く用意する必要があるサイズを決めるために適切な値を**ア**～**オ**から１つ選び、記号で答えなさい。

ア　平均値　　**イ**　中央値　　**ウ**　最頻値　　**エ**　最小値　　**オ**　最大値

ボウリング大会について翔太さんと店長が話しています。次の会話文を読んで、⑵、⑶に答えなさい。

翔太　実際にオープンしたらボウリング大会をしてみたいな。

店長　じゃあ、せっかくだから12人のスコア（１試合投げ終わったときの得点）の上位４人で決勝戦をするとおもしろそうだね。

翔太　いいですね。㋐決勝戦に残るのにどれくらいのスコアをとればいいのだろう。いいスコアをとるために練習も必要ですね。

店長　㋑ボウリングは投げ方によっても結果が変わるから研究してみてもいいかもしれないよ。

⑵　下線部㋐について、翔太さんはどれくらいのスコアをとれば、決勝戦に進出できるかを考え、翔太さん以外の11人の参加者全員にアンケートで今までのスコアの平均値を答えてもらいました。次の【図１】はその結果をまとめたヒストグラム（柱状グラフ）です。【図１】から考えたときに、決勝戦に進出するために最低限必要なスコアとして、もっとも適当なものを**ア**～**エ**から１つ選び、記号で答えなさい。

ただし、【図１】の一番左の階級は90点以上100点未満を表すものとします。

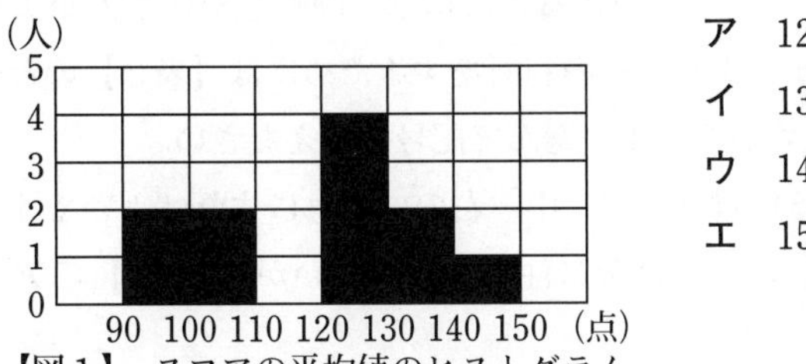

【図１】 スコアの平均値のヒストグラム

ア　120点
イ　130点
ウ　140点
エ　150点

⑶　下線部㋑について調べるために翔太さんは【表２】に、12人の投げる位置（【図２】の左・中・右）と、ボールに回転をかけるかどうか（○はかける、×はかけない）と、20回投げたときのストライク（１回投げてすべてのピンを倒すこと）の回数についてまとめました。

【表２】 投げ方およびストライクの回数

名前	あ	い	う	え	お	か	き	く	け	こ	さ	し
投げる位置	右	中	中	右	左	右	中	右	中	左	中	右
回転	○	○	×	○	×	×	○	×	×	○	×	×
ストライクの回数	7	4	5	8	5	9	9	3	0	6	8	5

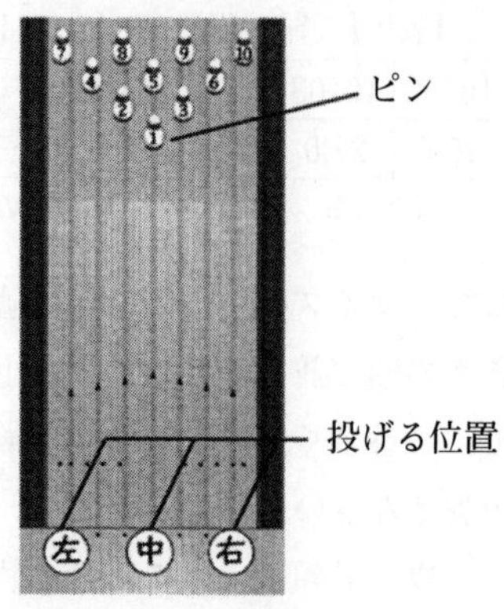

【図2】　投げる位置

翔太さんはストライクをとるために最もよい投げ方について調べるために、【表2】のデータを次の【表3】にまとめました。【表3】にすでに記入されている部分は、投げる位置が右で回転をかける人数が2人で、その2人のストライクの回数の合計が15回であることと、投げる位置が右の人が5人で、その5人のストライクの回数の合計が32回であることを表しています。

① 【表3】の空らんA～Fにあてはまる数字を答えなさい。

【表3】　投げ方およびストライクの回数のまとめ

		回転					
		かける		かけない		合計	
		人数	回数	人数	回数	人数	回数
投げる位置	左						
	中			A	B		
	右	2	15			5	32
	合計	C	D			E	F

② 【表3】から、ストライクをとるためには、回転をかける方がよいですか、それともかけない方がよいですか。また、その判断をするためには【表3】のどの部分に注目すればよいか、【表4】の**ア**～**オ**から、1つ選んで記号で答えなさい。

③ ②のときに投げる位置は、左・中・右のいずれにすればよいですか。また、その判断をするためには【表3】のどの部分に注目すればよいか、【表4】の**ア**～**オ**から、1つ選んで記号で答えなさい。

【表4】【表3】の注目する部分

		回転					
		かける		かけない		合計	
		人数	回数	人数	回数	人数	回数
投げる位置	左	**ア**		**イ**		**ウ**	
	中						
	右						
	合計	**エ**				**オ**	

4　翔太さんは、ある日の理科の授業で、「葉に日光が当たると、でんぷんがつくられ、それを養分として植物は成長している」ということを学びました。そこで、葉に日光が当たると本当にでんぷんがつくられるのか確かめるために、学校で栽培（さいばい）しているインゲンマメを用いて調べることにしました。その際行った実験内容については次の□に示したとおりです。なお、この実験で使用した葉の大きさはすべて同じであったとします。以下の各問いに答えなさい。

実験　【図1】のように、a～cの葉に前日の夕方まで十分な日光を当て、その後それぞれの葉をアルミニウムはくで包む。当日の朝にaとbの葉のアルミニウムはくを外し、ヨウ素液でaの葉にでんぷんがあるか調べる。また、bとcの葉はそのまま日光を当て続けて、5時間後にヨウ素液でbとcの葉にでんぷんがあるか調べる。

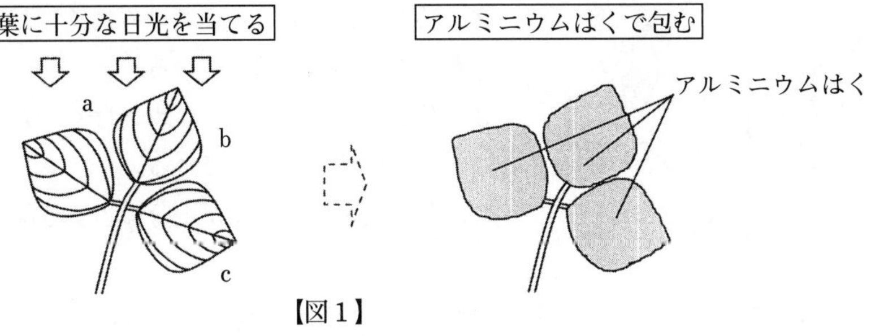

【図1】

結果　aとcにはでんぷんがなかったが、bにはでんぷんがあった。

(1)　調べた葉にでんぷんがあるかどうかは、ヨウ素液の色の変化によって判断することができます。どの色に変化するとでんぷんがあると判断できますか。次の**ア**～**エ**から1つ選び、記号で答えなさい。

ア　黄緑色　　**イ**　赤色　　**ウ**　青紫色　　**エ**　白色

(2)　a～cの葉にでんぷんがあるかどうかをヨウ素液で調べる際、先にエタノールに葉を入れてあたため、葉の緑色をぬく操作を行うことでヨウ素液の色の変化がわかりやすくなります。【図2】はその操作の様子を示していますが、安全上適切でない点があります。それがどのような点かを説明しなさい。なお、エタノールとはアルコールの一種です。

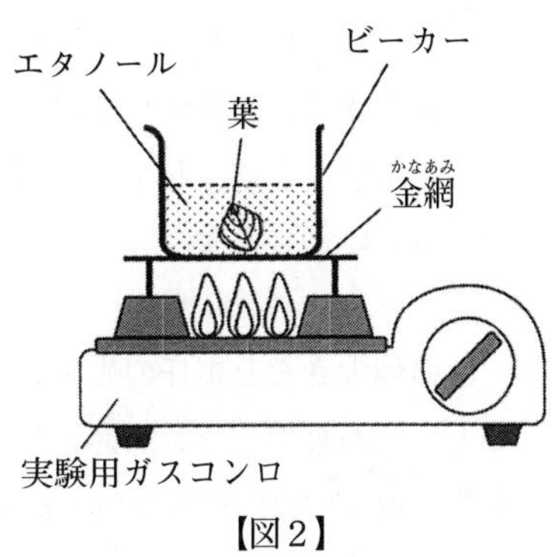

【図2】

(3)　実験で、aの葉についてもでんぷんがあるか調べる理由を説明しなさい。

この実験の後、翔太さんは得られた結果と自分の考えを先生に報告をしに行きました。次に示された2人の会話文を読みなさい。

翔太　実験の結果から、葉に日光が当たるとでんぷんがつくられることが確認できました。

先生　良かったですね。本や参考書で知識を得ることも大切ですが、実際に実験をすることでさらに理解を深めることができます。

翔太　実験は大変でしたけれど、やってみて良かったです。

先生　このように植物が日光を受けて養分をつくり出すはたらきを「光合成」といいます。光合成を行うためには、葉に日光が当たることに加えて、［ A ］ことも必要な条件です。

翔太　なるほど。一度調べてみたいと思います。

その後、翔太さんはインターネットで調べた資料をもとに、以下のような実験を行いました。

実験　【図３】のように、１枚のふ入りの葉を用意し、その一部をアルミニウムはくでおおった後に、十分な日光を当てる。しばらくしてから【図３】の１～４のそれぞれの部分ででんぷんがあるか調べる。なお、「ふ」とは葉の緑色がぬけて白色になっている部分のことを表している。

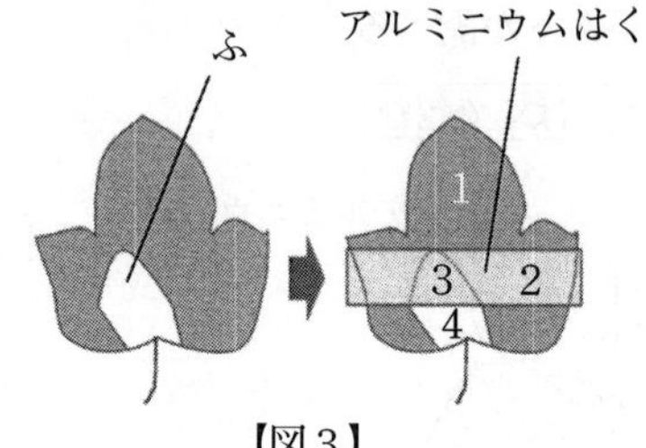

【図３】

１　葉が緑色で、日光が十分に当たる部分を示している。
２　葉が緑色で、アルミニウムはくでおおわれ日光が当たらない部分を示している。
３　葉が白色で、アルミニウムはくでおおわれ日光が当たらない部分を示している。
４　葉が白色で、日光が十分に当たる部分を示している。

結果　でんぷんがあった　→　１　　でんぷんがなかった　→　２、３、４

(4)　実験の結果から、［ A ］に当てはまる条件を答えなさい。

(5)　植物が昼間に二酸化炭素を取り込んでいることを知った翔太さんは、光合成には二酸化炭素も必要だと予想し、オオカナダモという水草を使って確かめることにしました。どのような条件で実験を行い、結果を比較すれば光合成に二酸化炭素が使われていることを確認できますか。適切な実験方法を、「試験管」「オオカナダモの葉」「ＢＴＢ溶液」の３つの語句を**必ず用いて**説明しなさい。さらに、実験によって得られる結果についても記述しなさい。ただし、実験中は使用する試験管すべてに日光が当たっており、実験開始時に使用するＢＴＢ溶液の色は黄色とします。また、ＢＴＢ溶液は二酸化炭素が増えると黄色に、二酸化炭素が減ると青色に変化するものとします。

5　次の翔太さんと担任の先生の会話文を読んで、以下の各問いに答えなさい。

翔太　終わりの会で金魚鉢(きんぎょばち)を窓のそばに置いてはいけないと言っていたのはなぜですか。

先生　収斂火災(しゅうれんかさい)を知っていますか。それは、ガラス玉や、丸みのある透明(とうめい)なプラスチックなどが虫めがねのように光を集めることで起こる火災です。

翔太　以前に、虫めがねで黒い紙を焦(こ)がす実験をしたときと同じですか。

先生　そうです。虫めがねは近くにある物体を拡大して大きく見えるようにする性質の他にも、遠くにある物体の光を集める性質があり、実験では、虫めがねによって太陽の光が集められて高い温度になったので、紙を焦がしたのです。

翔太　虫めがねと物体の距離(きょり)によって性質が変わるということですか。不思議ですね。

先生　ちがう性質のようですが、実はどちらも共通して『像(ぞう)』というものが関係しています。

翔太　それはどういうことですか。

先生　虫めがねをのぞきこんで近くの昆虫を見ると、昆虫がいる側に大きく拡大された昆虫の『像』が見えます。反対に、遠くの太陽の光を集めたときの光の点は、太陽と反対側に小さく縮小された太陽の『像』が見えているということです。見え方は違いますが、二つはどちらも『像』といいます。

(1)　次の**ア**～**オ**は翔太さんの教室にあるものです。**ア**～**オ**の中から窓のそばにおくと収斂火災の危険があると思われる物を３つ選び、記号で答えなさい。

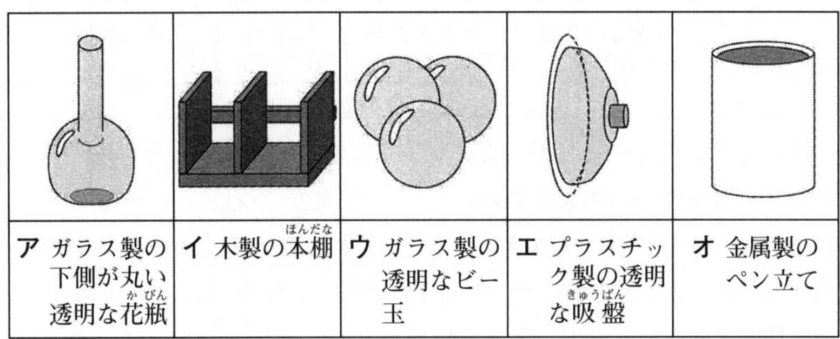

ア ガラス製の下側が丸い透明な花瓶	**イ** 木製の本棚	**ウ** ガラス製の透明なビー玉	**エ** プラスチック製の透明な吸盤	**オ** 金属製のペン立て

(2)　翔太さんは収斂火災に興味をもち、インターネットで調べました。すると、農家のビニールハウスからも出火することがあることを知りました。出火したときの状況として、特に多かったのは雨が降ったあとのビニールハウスでした。【図１】は雨が降ったあとのビニールハウスの様子を横から見たものです。収斂火災が発生したのはなぜだと考えられますか。【図１】を参考にして説明しなさい。

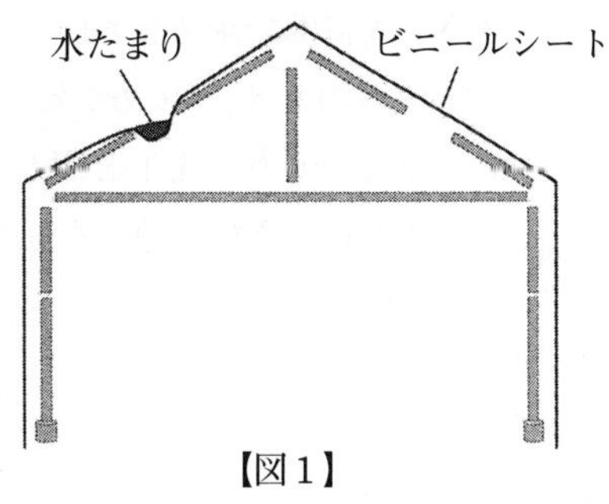

【図１】

(3)　翔太さんは虫めがねの性質を自由研究のテーマにしました。行った実験は次の２つです。実験の内容を読み、①～③の各問いに答えなさい。

<u>実験１</u>　虫めがねを黒い紙に近づけたところから、だんだん遠ざけた。

<u>結果</u>　　集まった光の大きさがだんだんと小さくなり、黒い紙が焦げた。

<u>実験２</u>　【図２】のような装置を作り、「虫めがねとろうそくの距離」と「虫めがねと紙の距離」を変えながら、ろうそくの炎の『像』が紙にはっきりと映る場所を探し、そのときの「虫めがねとろうそくの距離」と「虫めがねと紙の距離」を記録した。また、紙にできた「ろうそくの炎の『像』の大きさ」も記録した。距離と『像』の大きさの規則性は「ろうそくの炎の『像』の大きさが元の炎の大きさの何倍か」がわかれば気づくことができるとアドバイスをもらったので、記録と一緒に表にまとめた。

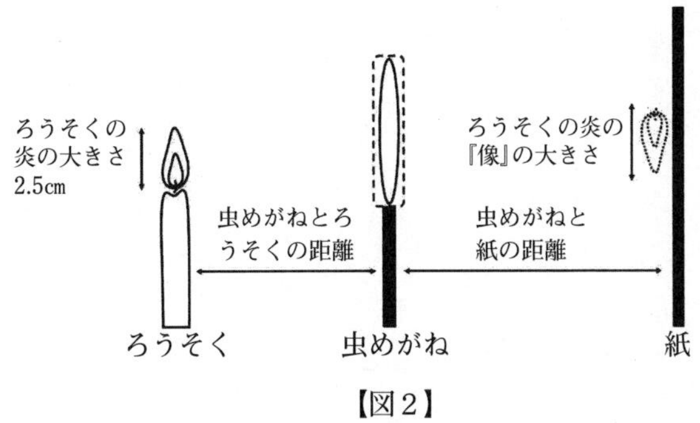

【図２】

結果

<table>
<tr><td>虫めがねとろうそくの距離〔cm〕</td><td>100</td><td>50</td><td>25</td><td>20</td><td>16</td></tr>
<tr><td>虫めがねと紙の距離〔cm〕</td><td>20</td><td>25</td><td>50</td><td>100</td><td rowspan="3">紙に『像』ができない</td></tr>
<tr><td>ろうそくの炎の『像』の大きさ〔cm〕</td><td>0.5</td><td>1.25</td><td>5</td><td>12.5</td></tr>
<tr><td>ろうそくの炎の『像』の大きさが元の炎の大きさの何倍か〔倍〕</td><td>$\frac{1}{5}$</td><td>$\frac{1}{2}$</td><td>2</td><td>5</td></tr>
</table>

①　実験１のとき、だんだん光の大きさが小さくなっていくと、光の明るさと紙の温度はどうなると考えられますか。答えなさい。

②　実験２の様子を見ていた先生から、「虫めがねとろうそくの距離」が17cmでも『像』ができるとアドバイスがありました。しかし、『像』ができるのは「虫めがねと紙の距離」が850cmの場所になるそうです。表の結果をもとに、そのときの「ろうそくの炎の『像』の大きさ」を計算で求めなさい。

③　実験２のとき、「虫めがねとろうそくの距離」が16cmよりも短くなると、紙に『像』ができませんでした。先生と翔太さんの会話文を参考に、「虫めがねとろうそくの距離」が16cmよりも短いときに『像』を観察する方法を考えて、答えなさい。

ていますか。それを説明した次の［　　］内の文の空らん［Ⅲ］および［Ⅳ］に入る適切な言葉を、それぞれ文章中から四字で抜き出して答えなさい。

> 進化は、［Ⅲ］があって起こるものではなく、［Ⅳ］の結果起こるものである。

(六)　――線部⑤「たまたま肺のような器官をもっていた個体が生き残りやすかっただけだ」とありますが、このことに関して次の問いに答えなさい。

問　キリンは首が長いという特徴をもつ生き物ですが、首の長い個体はなぜ首が短い個体より「生き残りやすかった」と考えられますか。また、今後は体にどのような特徴をもつ個体が生き残っていくとあなたは考えますか。次の1、2の条件に従ってまとめなさい。

条件1　原稿用紙の使い方に従って、一六〇字以上一八〇字以内で、二段落構成で書きなさい。ただし、題、自分の名前は書かないこと。

条件2　第一段落には、首が長いキリンが「生き残りやすい」と考えられる理由を二つ書きなさい。第二段落には、体にどのような特徴をもつ個体が生き残ると考えるかを、理由とともに書きなさい。

ひとつだけになった。こうしてできたのが、「うきぶくろ」と呼ばれる器官である。

現在生息する魚のほとんどは、もはやうきぶくろを呼吸器官としては使っていないが、ピラルクやガー、ポリプテルス、アミアなど、一部の魚の仲間たちは、いまでもうきぶくろを使って空気呼吸をすることができるそうだ。

④進化について語るとき、「○○の〝ために〟進化した」という表現をすることが多い。肺であれば、「陸上で空気呼吸を行うために進化した器官」というような感じだ。けれども、実際のところ、進化にそんな目的意識は存在しない。

肺という器官は、脊椎動物の仲間が地上へと進出するはるか前から、すでに作られはじめていた。それはいつか陸に上がるためではない。酸素の少ない温かい池の中では、⑤たまたま肺のような器官をもっていた個体が生き残りやすかっただけだ。化石記録に残っていないだけで、きっとほかにも、さまざまな〝進化の試行錯誤(しこうさくご)〟が行われていたのだろうと思う。

4億年前にできた「喉の奥の小さな袋」は、長い時間を経て肺となり、脊椎動物の仲間が陸上に進出する際、大きな役割をはたすことになったのだ。

（郡司芽久『キリンのひづめ、ヒトの指　比べて分かる生き物の進化』〈NHK出版〉による）

（注）進化＝生物が長い時間をかけてその環境に適した形に変化すること。
脊椎動物＝体の中心に背骨があり、それを中心とした骨格をもつ動物。
頻繁＝しきりに行われること。しばしばであること。
雨季と乾季＝一年のうちで降水量の多い時期と少ない時期。
シフト（する）＝状態や体制などが変化すること。
個体＝独立した一個の生命体。

㈠　文中の空らん［A］～［D］に入る語の組み合わせとして最も適切なものを次のア～エから一つ選び、記号で答えなさい。

ア　A　陸上　B　水中　C　水中　D　陸上
イ　A　陸上　B　陸上　C　陸上　D　水中
ウ　A　水中　B　陸上　C　水中　D　陸上
エ　A　水中　B　水中　C　陸上　D　水中

㈡　――線部①「量」と同じ部首をもつ漢字を次のア～オからすべて選び、記号で答えなさい。

ア　星　イ　重　ウ　野　エ　昼　オ　易

㈢　――線部②「この時代の池には、ほんのわずかな酸素しかなかった」とありますが、それはなぜですか。その理由として正しいものを次のア～エから二つ選び、記号で答えなさい。

ア　大陸衝突により巨大山脈が形成され、頻繁に雨が降ったから。
イ　大繁栄した原始的な魚の仲間が、次々と池に進出したから。
ウ　池や沼地は、そもそも海や川に比べて流れが少ないから。
エ　とても温暖な気候であったため、水温が高かったから。

㈣　――線部③「進化の過程で少しずつかたちを変えていった」とありますが、「肺のような器官」のはたらきは、デボン紀とそれより後の時代ではどのように変わりましたか。それを説明した次の［　］内の文の空らん［Ⅰ］および［Ⅱ］に入る適切な言葉を、それぞれ文章中から五字で抜き出して答えなさい。

［Ⅰ］はたらきから［Ⅱ］はたらきに変わった。

㈤　――線部④「進化」について、どのようにして起こると筆者は述べ

気からも酸素を取り入れていたようだ。そしてこの小さな袋が、進化の過程で少しずつかたちを変え、〝肺〟になっていったと考えられている。

重要なのは、この器官を最初にもった魚の仲間は、けっして[A]で生活していたわけではないということだ。肺のような器官をもつ魚の仲間がはじめて現れたのは、脊椎動物が[B]へ進出するよりもずっと前の話である。彼らは、空気が豊富にある[C]で生活していたわけではなく、ほかの多くの魚と同じく、[D]を生活の場としていた。では、水の中で生きる魚たちに、肺のような器官が獲得されたのはなぜなのだろうか？

その答えは、デボン紀という時代の気候にある。この時代、地球はとても温暖な気候だったといわれている。デボン紀の初期に起きた大陸衝突により、いくつかの大陸には巨大山脈が形成され、上空の大気の流れが変化し、頻繁に雨が降るようになった。こうして、地上には河川や池、沼地、湿地帯などが作られていった。そして、デボン紀に大繁栄した原始的な魚の仲間は、新たに現れた池や沼地に次々と進出した。

そこで彼らは、大きな問題に直面することになる。酸素不足だ。池や沼地のような流れが少なくよどんだ水は、流れがある海や川に比べて、水中の①酸素量がとても少ないのだ。

しかも、水に溶け込んでいる酸素の量は、水温が高いほど少なくなるという特徴がある。水温が25℃なら、0℃に比べて水中の酸素量は4割ほども減少してしまう。デボン紀はとても温暖な時代だったため、池や沼地の水も温かかっただろう。ただでさえよどんでいて酸素が少ないうえに、水温が高かったとなれば、②この時代の池には、ほんのわずかな酸素しかなかったはずだ。

さらに、デボン紀には雨季と乾季があったといわれている。乾季になれば、内陸部の池や沼地の水は少なくなり、ときには干上がることもあったにちがいない。喉の奥に小さな空気の袋をもち、そこから酸素を得ることができた魚たちは、こうした環境のなかで生き延びるのに有利だったのだろう。酸素の少ない水中から口を突き出し、酸素が豊富に含まれた空気を吸い込み、酸素を得る。デボン紀の魚の一部は、そうして生き延びたようだ。

つまり、〝肺のもと〟となった器官は、「陸上で生きることを可能にした器官」ではなく、「酸素の少ない息苦しい水中でも生きることを可能にした器官」なのだ。

こうしてできた〝肺のもと〟となる器官は、③進化の過程で少しずつかたちを変えていった。ハイギョを含む一部のグループでは、単なる袋状の構造から、大きな表面積をもち、効率よく酸素を取り入れることができる肺へと変化した。

では、それ以外の魚たちではどうだろうか？　〝肺のもと〟を獲得した魚の多くは、その後、生活の場をふたたび海へと移していったとされる。海中には流れがあってよどみにくいうえ、デボン紀以降は地球の寒冷化が進んだため、酸素不足問題は起こりにくい状況となった。そうして、〝肺のもと〟を使う必要性はなくなっていったと考えられている。ところが、多くの魚の仲間において、この器官が完全になくなることはなかった。しだいに「酸素を得る役割」から「浮力を調整する役割」へとシフトしていったのだ。

魚の体は水よりも比重が大きいため、じっとしていると沈んでいってしまう。軽い空気で満たされた袋は、浮力を得るのに大いに役立ったのだ。空気の量で浮力を調整できるのも便利だったのだろう。その後長い時間をかけ、左右一対あった肺の原型となった袋は、片方が退化して小さくなり、

(四)　二人は青森駅周辺の変化について調べ、資料4と**ア**～**ウ**の略地図を作成しました。資料4を参考にして、**ア**～**ウ**の略地図を、古い順に並べかえて、記号で答えなさい。

〔資料4〕

青森市中心部を取り囲むように線路が引かれ、中心部西方に青森駅が建設された。

↓

青森駅から東へ向かう線路が、南よりに付けかえられた。

↓

青森湾に沿って道路が建設され、青森駅北方で施設をまたぐ橋が建設された。

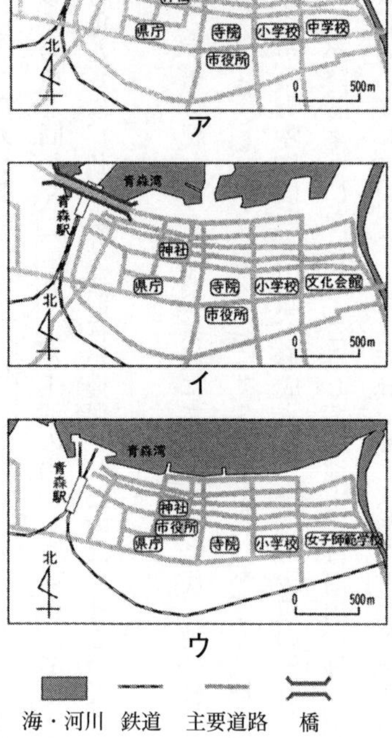

(五)　青森県の特産品であるりんごに興味をもった二人は、日本からりんごが輸出されていることを知りました。資料5は、２０１０～２０１９年における日本からアジアの国々へのりんごの輸出量を示したものです。２０１０～２０１９年におけるりんごの輸出量について、資料5から読み取れることとして正しいものを、次の**ア**～**オ**から一つ選び、記号で答えなさい。

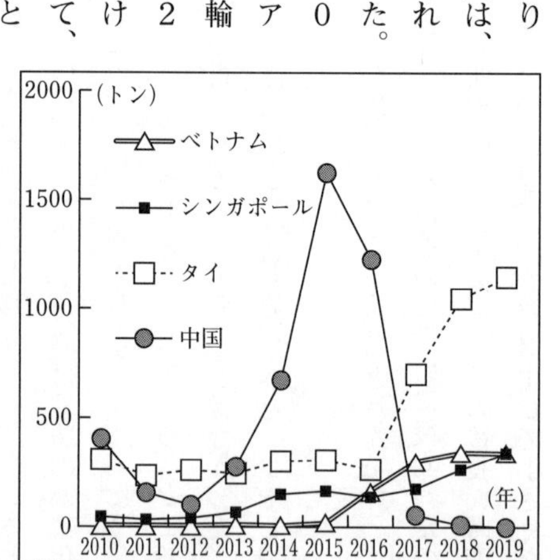

〔資料5〕

ア　ベトナムへの輸出量は、常に減少し続けている。

イ　中国への輸出量は、シンガポールへの輸出量に比べて常に多い。

ウ　シンガポールへの輸出量は、年１０００トンを越えるまでになった。

エ　２０１９年におけるタイへの輸出量は、２０１４年と比べて5倍以上増加している。

オ　２０１９年における四か国への総輸出量は、２０１０年における四か国への総輸出量より多い。

二　次の文章を読み、あとの各問いに答えなさい。

原始的な魚の仲間が「肺のような器官」をもつようになったのは、いまから4億年ほど前、デボン紀と呼ばれる時代の話だ。彼らは、喉の奥に一対の小さな袋状の器官をもち、エラ呼吸に加えて、この器官にためた空

〈適性検査1〉 —40分—

一　翔太さんとメアリーさんのクラスでは、修学旅行で訪れる予定の青森県について学習を進めています。各問いに答えなさい。

(一)　二人は、青森県の3地点の日照時間について調べました。資料1中の**ア**～**ウ**は、資料2中の「弘前」「八戸」「休屋」のいずれかの月毎の日照時間を示しています。また、［　］内は、資料1および2を読み取り、作成したメモです。資料とメモを参考にして、「八戸」と「休屋」の日照時間を示したものとして正しいものを、資料1中の**ア**～**ウ**から一つずつ選び、記号で答えなさい。

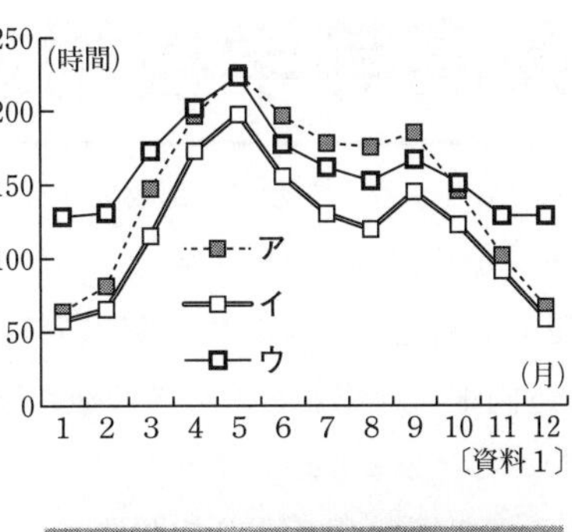

〔資料1〕

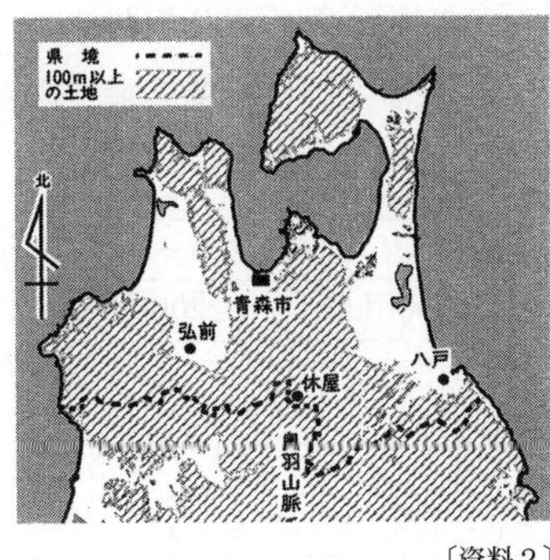

〔資料2〕

> 一　県東部に位置し、海に面している「八戸」は、冬の間、内陸に位置する他の2地点よりも月間の日照時間が長い。
> 二　「八戸」以外の2地点のうち、奥羽山脈に位置する「休屋」の方が月間の日照時間が短い。

(二)　青森市には、三内丸山遺跡があります。この遺跡は何時代のものですか。その名称を答えなさい。また、その時代の特徴を述べた文として最も適切なものを、次の**ア**～**オ**から一つ選び、記号で答えなさい。

ア　食べ物を煮たきしたり、たくわえたりするための土器をつくりはじめた時代。

イ　中国や朝鮮半島から移り住んだ人々によって米作りが伝わり、人々の食生活は米が中心となった時代。

ウ　米作りに適した土地や水、たくわえた米などをめぐり、むらどうしで争いがおこるようになった時代。

エ　各地の王を大王の政府の役人とする政治のしくみが整えられた時代。

オ　仏教の力で社会の不安をしずめて国を治めようとした時代。

(三)　二人は、青森県の湖のおおよその面積を求めてみることにしました。資料3は湖の略図に方眼紙を重ねたものです。資料3中の「○」は1か所で1㎢として、「△」は2か所で1㎢として計算した場合、湖の面積として、最も適切なものを次の**ア**～**ケ**から一つ選び、記号で答えなさい。

ア　22㎢	**イ**　44㎢	**ウ**　63㎢
エ　88㎢	**オ**　100㎢	**カ**　121㎢
キ　220㎢	**ク**　440㎢	**ケ**　630㎢

〔資料3〕

奈良市立一条高等学校附属中学校

（編集部注：掲載にあたりレイアウトなどの一部改変を行っています。）

〈適性検査Ⅱ　※適性検査Ⅰは720ページから掲載しています。〉　—45分—

1　はじめさんとさくらさんは、遠足で遊園地に行きます。各問いに答えなさい。

問１　９分間で7200ｍ進むバスで遊園地に行くとき、バスの速さは時速何㎞か求めなさい。ただし、バスは一定の速さで進むこととします。

問２　【表１】は、乗り物券とフリーパス（乗り物の乗り放題券）の料金を表しており、【表２】は、５つの乗り物について、それぞれに乗るために必要な乗り物券の枚数を表しています。

【表１】

乗り物券		フリーパス
１枚券　120円	10枚つづり　1000円	2200円

【表２】

乗り物	必要な乗り物券の枚数（枚）
ジェットコースター	7
観覧車	6
ゴーカート	3
メリーゴーランド	2
コーヒーカップ	2

⑴　はじめさんは、ジェットコースター、観覧車、ゴーカート、メリーゴーランドにそれぞれ１回ずつ乗ります。かかる料金を一番安くするためには、どのように券を買えばよいか説明しなさい。また、そのときの料金を求めなさい。

⑵　さくらさんは、【表２】の５つの乗り物のうち、３つに乗ります。さくらさんが持っている乗り物券の枚数が14枚であるとき、３つの乗り物の組み合わせは、全部で何通りあるか求めなさい。ただし、同じ乗り物には２回以上乗らず、また、券が余ってもよいこととします。

問３　遊園地には、【図１】のような観覧車があり、16台のゴンドラが円周上に等間かくで設置されています。ゴンドラは時計回りに一定の速さで動いており、乗り降りは最も低い☆の位置で行います。ゴンドラに乗り始めてからの時間と、ゴンドラが動いた角度（【図２】のＡ）の関係は【表３】のようになります。ただし、乗り降りに時間はかからないこととします。

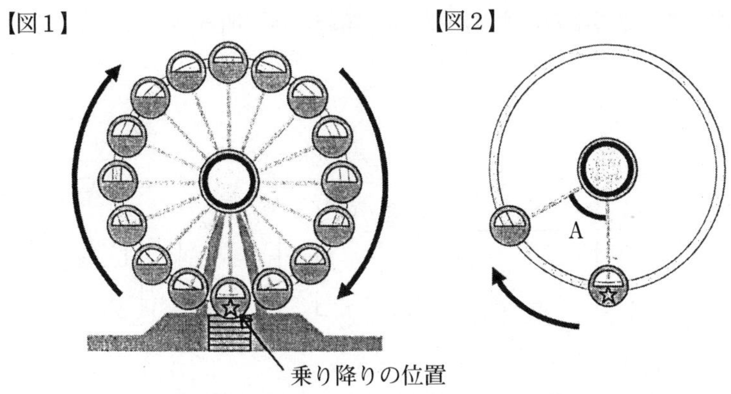

【表３】

乗り始めてからの時間(分)	1	2	3	
ゴンドラが動いた角度	20°	40°	60°	

⑴　ゴンドラが１周するのに何分かかるか求めなさい。

⑵　はじめさんがゴンドラに乗り、さくらさんがその４分30秒後に別のゴンドラに乗りました。はじめさんが乗ったゴンドラと、さくらさんが乗ったゴンドラが最初に同じ高さになるのは、さくらさんが乗ってから何分何秒後か求めなさい。

問４　はじめさんのクラスは全員で40人です。そのうち、ジェットコースターに乗った人は24人、ジェットコースターに乗って観覧車に乗らなかった人は６人、どちらにも乗っていない人は４人でした。このとき、観覧車に乗ってジェットコースターに乗らなかった人は何人か求めなさい。

2　はじめさんは、さまざまな回路について調べました。各問いの回路の図は模式的に表しており、使用した豆電球、かん電池、導線はすべて同じ種類のものとします。各問いに答えなさい。

問１　はじめさんは、豆電球とかん電池と検流計を導線でつないで【図１】のような回路をつくりました。このとき、検流計の針は【図２】のようにふれました。この結果をもとに、次の①と②の回路の中の検流計の針のふれ方として最も適切なものを、それぞれ次の**ア**～**エ**から１つ選び、その記号を書きなさい。

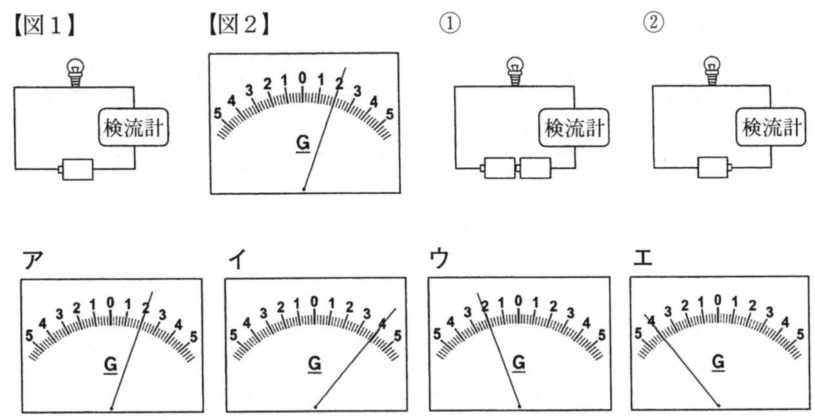

問２　はじめさんは、豆電球とかん電池の数、つなぎ方を変えて、次の①～⑥のような回路をつくり、それぞれの回路での豆電球の明るさを調べて、【表】にまとめました。ただし、豆電

球の明るさは３段階のいずれかで、△(暗い)、○(明るい)、◎(とても明るい)で表しています。

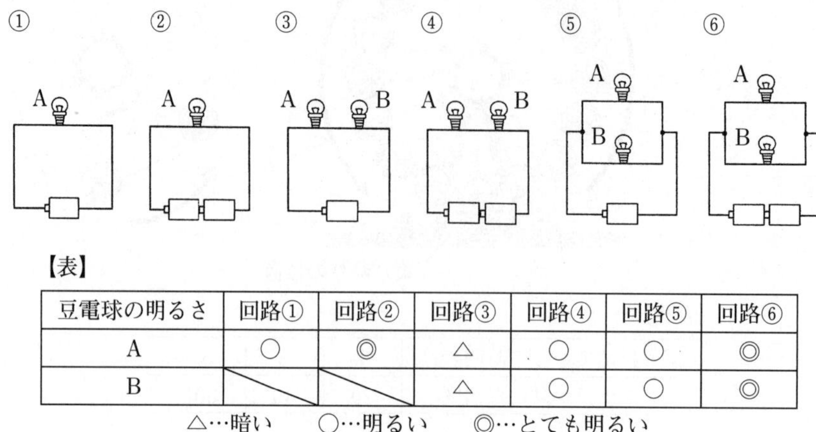

【表】

豆電球の明るさ	回路①	回路②	回路③	回路④	回路⑤	回路⑥
A	○	◎	△	○	○	◎
B	＼	＼	△	○	○	◎

△…暗い　○…明るい　◎…とても明るい

【表】の結果をもとに、次の回路の中の豆電球Ａ～Ｃの明るさとして最も適切なものを、それぞれ△、○、◎から１つ選び、その記号を書きなさい。

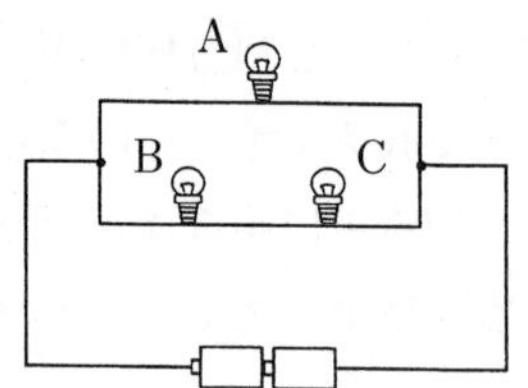

問３　はじめさんは、【図３】のような、**あ**～**え**の４本の端子(たんし)がついた箱を見つけました。箱の内部は外から見えないようになっており、内部で端子に導線やかん電池をつないで回路をつくることができます。内部で導線とかん電池をつないで箱を閉じ、【図４】のように、箱の上部の端子に豆電球を１個つなぎました。**あ**と**い**につないだとき、**あ**と**え**につないだときのどちらの場合も豆電球がつき、このときの明るさはどちらも**問２**の【表】の○と同じでした。この結果から、箱の内部の導線とかん電池のつなぎ方として適切なものを、次の**ア**～**カ**からすべて選び、その記号を書きなさい。

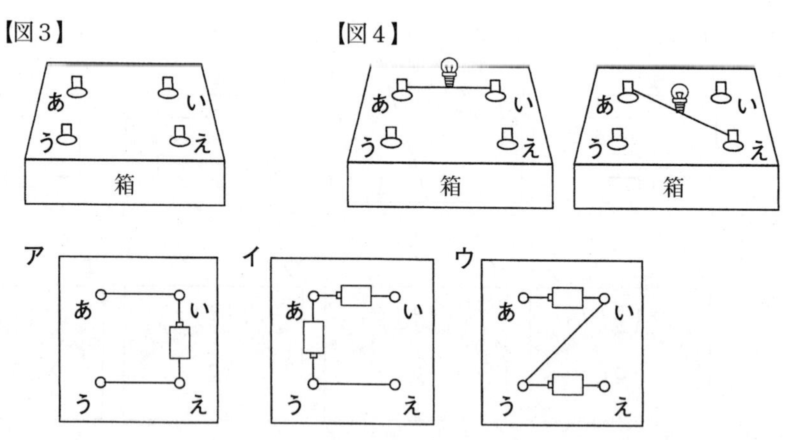

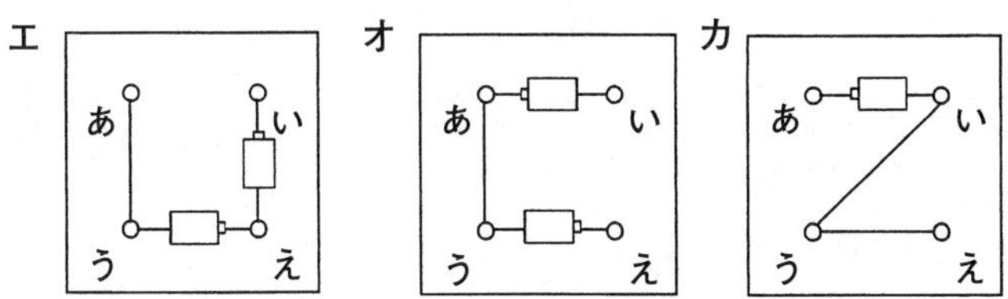

問4　はじめさんは、家の照明やその回路について調べました。階段には、1階と2階のちょうど中間に照明が1つあり、その照明は、1階と2階のどちらのスイッチでもつけたり消したりすることができます。また、台所ではＬＥＤを照明として使っています。

(1)　【図5】は、はじめさんの部屋の照明の回路を表したものであり、1つのスイッチで照明をつけたり消したりすることができます。一方、【図6】は、階段の照明の回路の一部を表したものです。【図6】の2つのスイッチの間を導線でつなぎ、1階と2階のどちらのスイッチでも、照明をつけたり消したりできるような回路をかきなさい。

【図5】部屋の照明の回路

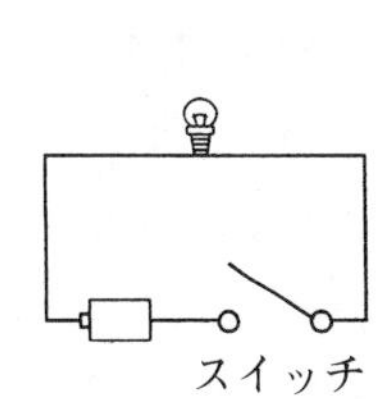

【図6】階段の照明の回路の一部

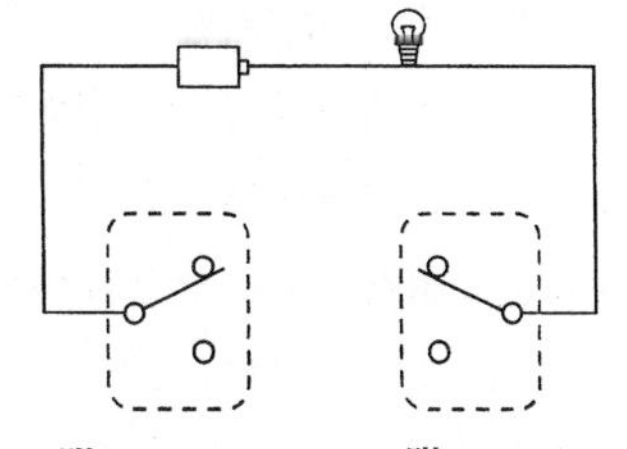

(2)　ＬＥＤには、【図7】のように長さの異なる2本の端子があります。はじめさんは、次の⑦、⑧のような2つの回路をつくり、それぞれの回路に検流計をつなぎました。その結果、⑦の回路ではＬＥＤがついたのに対し、⑧の回路ではＬＥＤがつかず、検流計の値は0を示しました。この結果からわかるＬＥＤの性質を、「電流」ということばを使って書きなさい。

【図7】ＬＥＤ

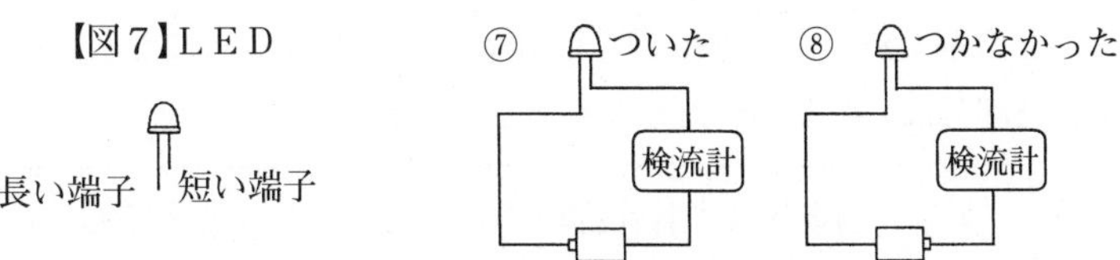

3　はじめさんは、クモの巣の構造に興味をもち、調べることにしました。各問いに答えなさい。

<クモの巣(クモの網(あみ))>

いっぱんにいわれる「クモの巣」は、すむためのものではなくえさとなる虫をとるためのもので、正しくは「クモの網」といいます。クモはさまざまな種類の糸を出すことができ、「クモの網」をつくるときには、必要に応じて糸を使い分けています。例えば、橋糸やタテ糸、足場糸といわれるねばねばしない糸や、ヨコ糸といわれるねばねばする糸などがあります。【図1】は、あるクモの「クモの網」のつくり方を説明したものです。

【図１】

①糸を風にのせて流し、木の枝などにつくと、何度か往復して丈夫にする。これを、「クモの網」の土台となる橋糸という。

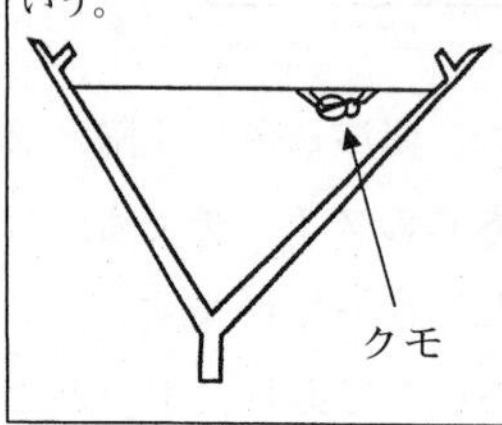

②橋糸の中央からぶら下がり、３本のタテ糸をはる。

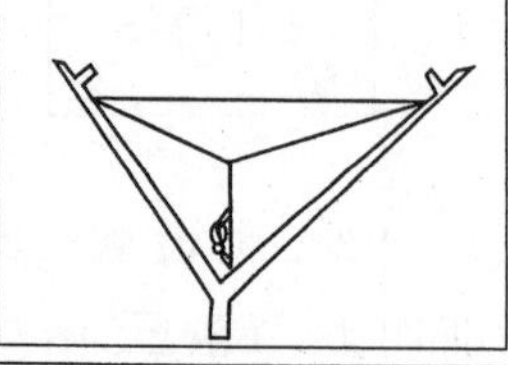

③中心から放射状に出るタテ糸をはる。

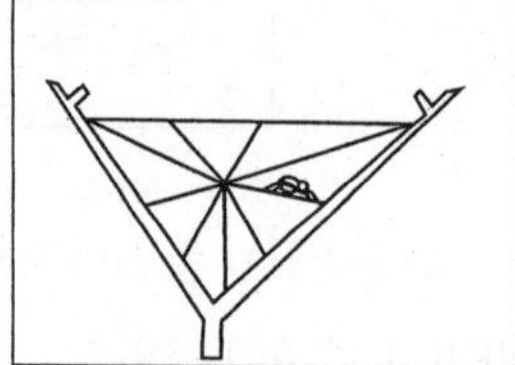

④タテ糸が完成すると、中心から外側にむかって、点線のように足場糸をはる。

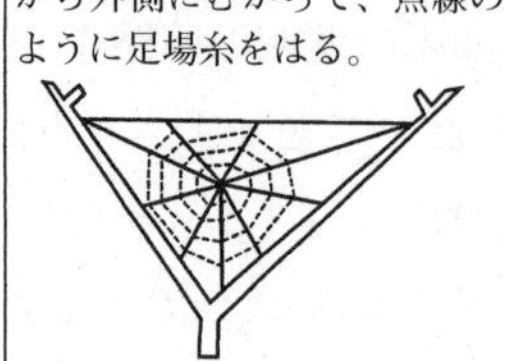

⑤足場糸を外して、かわりにヨコ糸をはり、「クモの網」が完成する。

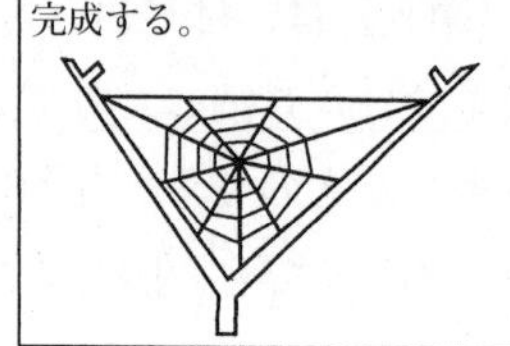

問１　はじめさんは、自宅の庭で「クモの網」を見つけ、観察しました。しばらくすると、【図２】のように虫がくっつきました。このとき、Ａの位置にいたクモは、【図２】の矢印のように進み、虫にたどりつきました。このように進んだ理由を、＜クモの巣(クモの網)＞を参考にして説明しなさい。

【図２】

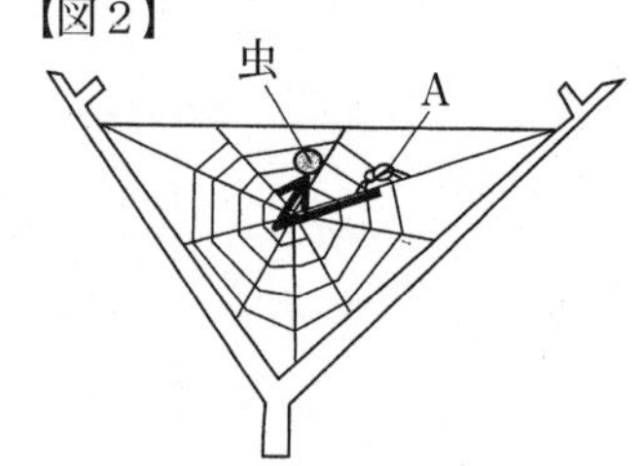

問２　クモなどの生き物は、えさとなる虫などをからだに吸収されやすい形に変え、その中にふくまれている養分や水をからだにとり入れて生きています。このように、生き物が食べ物を食べるときに、からだに吸収されやすい形に変えることを何といいますか。

問３　次に、「クモの網」をつくるときに使われるタテ糸とヨコ糸の性質について調べました。【グラフ】は、あるクモのタテ糸とヨコ糸を引っ張ったときの、引っ張る力と、糸がのびた割合の関係を表しています。糸がのびた割合とは、もとの糸からのびて長くなった部分の長さを、もとの糸の長さを基準にして百分率で表したものとします。また、【グラフ】の点線で囲まれた部分は、糸が切れたことを表しています。

【グラフ】　編集部注：著作権の都合によりグラフを省略しています。

(1)　２㎝のヨコ糸を0.3ｇの力で引っ張ったときのヨコ糸の長さとして最も適切なものを、【グラフ】をもとに次の**ア**～**エ**から１つ選び、その記号を書きなさい。

ア　１㎝　　**イ**　３㎝　　**ウ**　５㎝　　**エ**　７㎝

(2)　タテ糸とヨコ糸の性質として最も適切なものを、【グラフ】をもとに次の**ア**～**エ**から１つ選び、その記号を書きなさい。

ア　タテ糸は、ヨコ糸より丈夫で、のびにくい。
イ　タテ糸は、ヨコ糸より丈夫で、のびやすい。
ウ　ヨコ糸は、タテ糸より丈夫で、のびにくい。
エ　ヨコ糸は、タテ糸より丈夫で、のびやすい。

ていた。

エ　ボタンは、一四世紀からヨーロッパの上流社会で流行したが、それ以前に日本の武将たちは使っていた。

オ　南蛮屛風には、ヨーロッパの人々の衣装が詳細に描かれているが、日本人はそのファッションに興味を示さなかった。

問二　はじめさんは、――線部「クロアチアのドゥブロブニク」に興味を持ち、調べてみました。次の文はその結果をまとめたものです。文中の空らんにあてはまる国際連合の機関名を書きなさい。

> ドゥブロブニクは、貿易によって栄えた都市で「アドリア海の真珠」とも言われる美しい街並みがあります。旧市街は（　　　）によって世界文化遺産に登録されています。

問三　戦国時代や江戸時代に、ポルトガルは何を求めてアジアに来ていたと筆者は述べていますか。二十八字でぬき出して書きなさい。句読点（。、）や（「」）などの記号は、それぞれ字数に数えます。

問四　本文を読んだはじめさんは、これまでも日本がさまざまな文化を取り入れてきた歴史を思い出し、まとめてみました。空らん**a**には中国の当時の国名を、空らん**b**には、あてはまる言葉を十～十五字で書きなさい。

> 七世紀の日本では、聖徳太子が、（　a　）に習い、（　　　b　　　）ために、中国に使者を送り、進んだ制度や文化、学問を取り入れた。

ガル語で、「つき出たもの」という意味です。ヨーロッパでは一四世紀から*上流社会で流行し、一六世紀ではまだ一般的ではなかったようですが、日本の武将たちはもう使っていました。ボタンは*陣羽織(武士が戦時の陣中で着た羽織)や足袋にも使われていました。

その陣羽織も、ポルトガルの影響を強く受けました。やはり上杉謙信が着ていたと言われる陣羽織は内側には中国の*金襴を使い、紺色の羅紗を胴体に、赤い羅紗を袖部分に配置し、金糸で縁取りをしてあります。*ラシャとは毛織物のことです。日本では羊類を飼育しませんから全て輸入品です。一四世紀ごろからラシュカ(現在のセルビア南部とモンテネグロ一帯と思われる)で織られ、クロアチアのドゥブロブニクからヨーロッパ諸国に広まりました。それでポルトガル人はラーシャと呼んでいました。その色の配置やデザインも、それまでの日本や中国では見られないものです。

このように、ポルトガル船が運んできたものは、ポルトガルのものだけではありませんでした。当時のポルトガルは決して日本より技術が進んでいるわけではなく、むしろ中国やインドの技術産品や日本の銀、モルッカ諸島のこしょうを求めてアジアに来ていたのです。この陣羽織の内側に使っている中国の絹織物もまた、ポルトガル船が運んできたものです。日本に運んでくる積み荷の約九〇%が中国の生糸、絹織物でした。つまり日本はポルトガルという国をあてにしていたのではなく、中国の物資を運んでくれる船が欲しかっただけなのです。ですから、江戸時代になってポルトガル船、スペイン船への渡航禁止令を出しても、日本はあまり困りませんでした。*オランダ東インド会社が、ポルトガル船の代わりをしてくれたからです。当時の日本にとって、ヨーロッパは便利な運送屋さんに過ぎませんでしたので、差別的な「南蛮(南の野蛮な人)」という呼称を使ったのです。

しかし尊敬の対象ではなくとも、彼らのファッションには極めて強い関心を示し、今でもたくさん残っている南蛮屏風には、詳細に彼らの衣装が描かれています。宣教師と商人は描き分けられ、船員と船長、*マレー系かインド系と思われる使用人たち、荷揚げされる動物たちも、実に詳しく描かれました。そのような関心が、ファッションの導入につながったのです。日本人は何より、ポルトガル人のファッションを面白いと思ったのです。

(田中優子『グローバリゼーションの中の江戸』〈岩波書店〉による)

*呉…中国の南部にあった国
*ブータン…南アジアに位置する国
*羽織…着物の上に重ねて羽織るもの
*上流社会…社会的、経済的地位の高い人たちで構成される社会
*陣…戦時の軍隊のいるところ
*金襴…絹織物に金糸で模様を織り出したもの
*ラシャ…羅紗のこと
*オランダ東インド会社…アジア地域との貿易のためにつくられたオランダの会社
*マレー系…マレー語を話す人

問一　筆者が述べているボタンとズボンの歴史的背景として、適切なものを、次の**ア**～**オ**から二つ選び、その記号を書きなさい。

ア　東アジア共通の衣装である着物に袴を付け加えているのは、日本独自の組み合わせである。

イ　ズボンは、戦国時代や江戸時代から穿かれていた、中国由来のものである。

ウ　戦国時代に上杉謙信は、ボタンのついたズボン系の衣類を着用し

【資料1】

<奈良市道路損傷等通報システムの内容>

インターネットを通じて、市民が道路や街路灯の不具合を、パソコンやスマートフォンから通報する仕組みです。市民が損傷に気づいた場所と写真を投稿すると、管理者(市)が内容を確認し、その情報をデジタル地図上に公開します。同時に、管理者(市)は補修などの対応にあたります。インターネット上のデジタル地図では、損傷場所の写真や細かな情報がのせられています。このデジタル地図は、みんなが活用することができます。

<デジタル地図での表示内容>

▽　発見した日：2023年○月○日

▽　発見した人：Ichijo Sakura

▽　写真：損傷場所の写真

▽　発見した時の状況：
　道路に穴が開いていました。

▽　対応状況：対応中

▽　管理者からのコメント：
　連絡ありがとうございます。現在対応しておりますのでしばらくお待ちください。

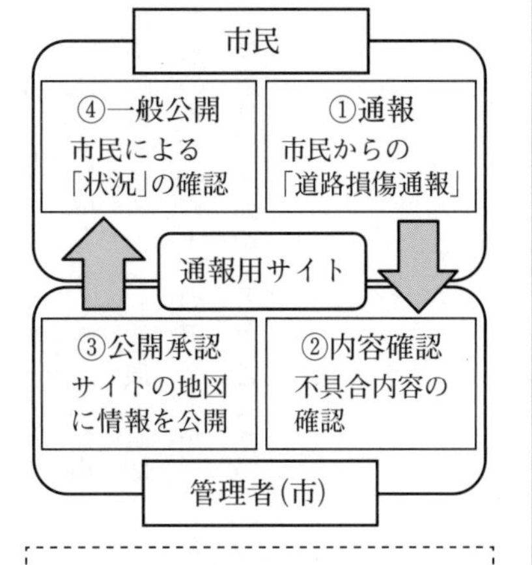

<利用方法>

1．ウェブサイトにアクセス
2．投稿画面の呼び出し
3．投稿内容の入力
4．投稿する場所の登録
5．入力内容の確認・投稿
6．投稿データの確認

(奈良市ウェブサイトより作成)

三　はじめさんは戦国時代や江戸時代の文化について学ぶために次の文章を読みました。各問いに答えなさい。

戦国時代や江戸時代、人々は何を着ていたでしょう？そう、むろん和服(着物)ですよね。では、和服とはどういう衣装ですか？今、結婚式や七五三、成人式で着る衣装、あるいは男性なら落語家さんたちが着ている衣装や、時代劇ドラマの中の衣装を思い浮かべると思います。

では、あれらの衣装はどこから来たのでしょうか？和服を売る店を「呉*服屋」と言います。和服は実は、和＝日本の服ではなく、中国の呉の服なのです。中国古代を舞台にした映画では、日本の着物とそっくりな衣装を着ていることに気づくと思います。首の前でえりを合わせる方法は、韓国朝鮮のチマチョゴリも同じで、これも中国から来た衣装です。琉球王国(現在の沖縄)も同じ形の衣装です。*ブータンでは今でも男性の正式な衣装は、日本の着物と全く同じ形をしています。これらはすべて中国由来で、着物は正確に言えば東アジア共通の衣装なのです。

しかし違っていることもあります。たとえば袴や羽織*です。これらは日本で独自に発明され、付け加えられたと思われます。着物を見ていると日本にはズボンが無いかのように思えますが、実は袴に代表されるズボン系の衣類は実に豊かです。カルサンとか「たっつけ」と呼ばれる、足首のところがすぼまっているズボンは、戦国時代の男性も江戸時代の男性もよく穿いていました。カルサンというのはポルトガル語です。中国由来の着物に、ポルトガル由来のズボンを穿いていたというわけです。

たとえば、上杉謙信(一五三〇〜七八)が穿いていたと言われている革のカルサンが残っています。それは明るい茶色で裾がすぼまっていますが、その裾にはいくつものボタンがついています。ボタンという言葉もポルト

(三)　――線部②「古事記や万葉集」とありますが、江戸時代に古事記や万葉集の中に日本人の心をさぐり、「古事記伝」という書物を完成させた人物はだれか書きなさい。

問二　奈良市の気候の特徴を調べるために、これまでに学んだいくつかの県庁所在地（秋田市・仙台市・金沢市・高松市）の気候と比較し、【表１】を作成しました。仙台市にあてはまるものとして最も適切なものを、【表１】の**ア**～**エ**から一つ選び、その記号を書きなさい。

【表１】各県庁所在地の資料

	年降水量（mm）	年間の降雪の深さ（cm）	８月の平均気温（℃）	１月の平均気温（℃）
奈良市	1365.1	5	27.8	4.5
ア	2401.5	157	27.3	4.0
イ	1276.7	59	24.4	2.0
ウ	1150.1	1	28.6	5.9
エ	1741.6	273	25.0	0.4

※　1991～2020年の平均値（年・月ごとの値）

（気象庁ウェブサイトより作成）

問三　はじめさんとさくらさんは、奈良市のウェブサイトで、「奈良市道路損傷等通報システム」を見つけ、その内容を【資料１】のようにまとめました。【資料１】を参考にしながら、このシステムの仕組みとして最も適切なものを、次の**ア**～**エ**から一つ選び、その記号を書きなさい。

ア　市民から寄せられる損傷に関する情報を、デジタル地図を活用し状況を確認することができるので、損傷した場所の近くの住民が損傷部分を補修する役目を担っている。

イ　市民が道路損傷の状況を、ウェブサイトを通じて直接公開することができるので、正確な情報を他の市民と共有することができる。

ウ　市民から時間を問わずに、道路損傷の情報が電話のみで寄せられるため、管理者（市）は、二十四時間体制で対応し、情報をウェブサイトで共有できるようにしている。

エ　市民が知らせた道路損傷の情報は、管理者（市）が確認し、デジタル地図で公開されるので、市民は管理者（市）の対応状況もふくめて知ることができる。

条件三　第一段落には、題名に関するあなたの経験を書き、第二段落には、第一段落に書いた内容をふまえて、あなたが考えたことを書きなさい。

二　はじめさんとさくらさんは、さまざまな資料を使って、これまでの学習を振り返ることにしました。各問いに答えなさい。

問一　写真資料や地図ソフトを活用しながら、話している二人の会話文を読み、各問いにそれぞれ答えなさい。

> はじめ　【図1】の上空から撮影された奈良県の写真を見ると、奈良盆地は奈良県の（ a ）部に位置していますね。
> さくら　そうですね。盆地であることは授業で学び知っていましたが、【図1】を見ると、はっきりと確認できます。
> はじめ　奈良盆地は、歴史的にも政治や文化の中心として、たくさんの出来事の舞台となってきましたね。
> さくら　政治では、奈良盆地には（ b ）京や平城京が成立して、国の中心だったことを学びましたね。
> はじめ　文化では、和歌の学習から、①大和三山（天香久山・畝傍山・耳成山）についても学びました。
> さくら　②古事記や万葉集にも登場する山々だと聞いて、みんなで和歌をつくったことをよく覚えています。

㈠　空らんaにあてはまる言葉を、【図1】を参考にして、次のア～エから一つ選びその記号を、また空らんbにはあてはまる言葉を書きなさい。

ア　北東　　**イ**　北西
ウ　南東　　**エ**　南西

㈡　――線部①「大和三山」とありますが、地図ソフトで【図2】の★地点の上空から大和三山のそれぞれを見下ろした画像を作成しました。畝傍山を見下ろした画像として最も適切なものを、次のア～ウから一つ選び、その記号を書きなさい。
※【図2】およびア～ウの図は、標高を強調し、地形のみをぬきだして作成しています。

【図1】奈良県の写真

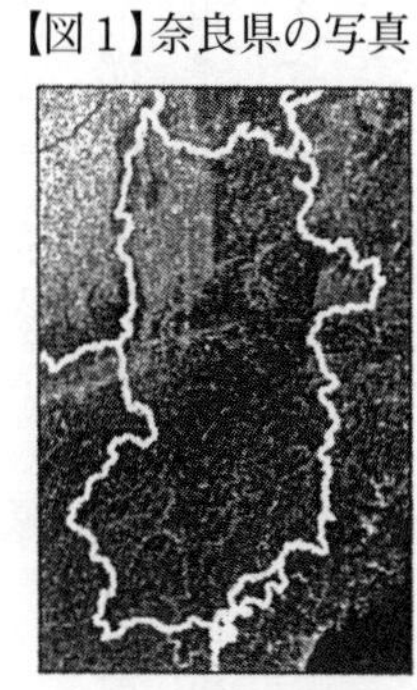

（国土地理院「地理院地図Vector」より作成）

【図2】大和三山

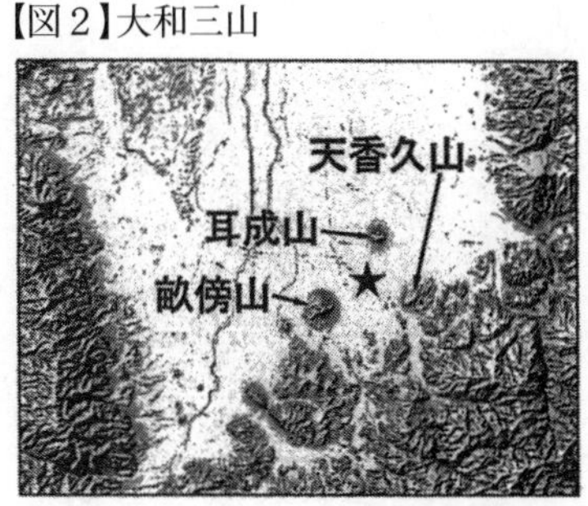

（カシミール3D（http://www.kashmir3d.com/）より作成）

るという利点。

イ　複数の人たちと考えを共有することで、思いもしなかったことを見出せるという利点。

ウ　自分の考えを人に話すことを通して、説明する力が向上するという利点。

エ　複数の人といっしょに学習することで、必ずシナジー効果が生まれるという利点。

問五　【文章A】と【文章B】を読み終わったあと、はじめさんとさくらさんは、「学ぶとは、どういうことなのか」について議論しました。次の会話文を読み、各問いにそれぞれ答えなさい。

はじめ　【文章B】の筆者はグループでの学習の重要性を述べていますが、興味深いのは、一人で（ａ）ことの重要性も述べていることです。
さくら　【文章A】の筆者も、読書で得られるものは、（ａ）機会だと述べています。
はじめ　【文章A】の筆者は、（ａ）ことを通して、（ｂ）ことが大切だと言っているのですね。
さくら　そうですね。そのためには、読書だけではなくて、グループでの学習も有効だと言えそうです。
はじめ　【文章A】と【文章B】の内容をふまえると、「学ぶ」ということは受動的な活動や行動ではなく、（ｃ）といえるのではないでしょうか。
さくら　二つの文章を読み比べることで、学ぶとはどういうことなのか分かった気がします。

(一)　空らんａ、ｂにあてはまる言葉を、ａは三字、ｂは十八字で【文章A】または【文章B】からぬき出して書きなさい。句読点（。、）や（「」）などの記号は、それぞれ字数に数えます。

(二)　空らんｃにあてはまる内容として、最も適切なものを、次のア〜エから一つ選び、その記号を書きなさい。

ア　他者に負けないように、読書を通して自分だけの知識や教養を得ようとする活動や行動

イ　ある知識や考えに対して簡単に納得せず、完全に理解できたと思うこともなく、常に一人で考え続ける活動や行動

ウ　知識やスキルを得るために時間をかけながら一人で考えたり、自分の考えを他者と話し合ったりする活動や行動

エ　読書を通して短時間で多くの知識を得たり、得た知識を用いてディスカッションしたりする活動や行動

問六　――線部③「他人にはない知識、スキル、考え方を持つには、自分で工夫しながら自分ひとりで学ぶ習慣と学び方を子ども時代に身につけていかなければならない」とあるように、「［Ａ］には［Ｂ］と［Ｃ］を身につけていかなければならない。」という題名で、次の三つの条件に従って作文しなさい。

条件一　［Ａ］〜［Ｃ］にそれぞれ言葉をあてはめ、作文の内容をあらわす題名を書きなさい。
条件二　原稿用紙（げんこうようし）の使い方に従って、百二十字以上百五十字以内で、二段落構成で書きなさい。ただし、原稿用紙内に題名と名前は書かないこと。

ない。

大事なことは、一人で考えることをおろそかにしないことだ。アンダース・エリクソン*は、超一流(ちょういちりゅう)の熟達者(じゅくたつしゃ)ほど一人での練習に時間をかけるという結果を発表している。世界クラスのチェスプレーヤーたちに、一人で勉強する時間とトーナメントで試合する経験とでは、どちらが大事かを聞いたところ、一人で勉強する時間のほうが大事だという答えが大半だったそうである。

机の前に座って受動的に授業を聴(き)き、覚えることを主としたこれまでの学習スタイルがよいと言っているわけではもちろんない。しかし、自分にしかない知識やスキルと、探究エピステモロジーがなければコラボレーションに貢献(こうけん)できない。③他人にはない知識、スキル、考え方を持つには、自分で工夫(くふう)しながら自分ひとりで学ぶ習慣と学び方を子ども時代に身につけていかなければならない。

（今井(いまい)むつみ『学びとは何か―《探究人》になるために』〈岩波書店〉による　出題のため一部改編）

＊授業スタイル…授業の形式、授業の型
＊ディスカッション…討論、討議
＊認知科学…人間の知の働き・仕組みを研究する学問
＊プロジェクト…計画、課題
＊スキル…技能、技術
＊シナジー効果…複数の人や物などが作用し合うことで高い効果が生まれること
＊コラボレーション…複数の人や物などが協力したり、共に働いたりすることで新たな価値を生むこと
＊探究エピステモロジー…探究を進めていく上で必要な「知識」のとらえ方
＊アンダース・エリクソン…スウェーデンの学者

問一　――線部Ⓐ、Ⓑのひらがなを漢字に直して書きなさい。

問二　空らんⅠとⅡにあてはまる言葉の組み合わせとして、最も適切なものを、次の**ア**～**カ**から一つ選び、その記号を書きなさい。

ア　Ⅰ＝たとえば　Ⅱ＝だから
イ　Ⅰ＝また　Ⅱ＝ところが
ウ　Ⅰ＝そして　Ⅱ＝それとも
エ　Ⅰ＝たとえば　Ⅱ＝ところが
オ　Ⅰ＝また　Ⅱ＝それとも
カ　Ⅰ＝そして　Ⅱ＝だから

問三　――線部①「他のメディアに比べて、時間のかけかたが自由である」とは、どういうことですか。筆者が説明していることとして、最も適切なものを、次の**ア**～**エ**から一つ選び、その記号を書きなさい。

ア　活字メディアでは、新聞紙やテレビ放送など他のメディアより、受け手自身が内容を理解するペースを調整しやすいこと。
イ　活字メディアでは、他のメディアが意図的に発信するありきたりの「常識」を疑う時間があること。
ウ　活字メディアでは、一部の章を飛ばして読むことではじめて著者の主張を予想するための時間を確保できるということ。
エ　活字メディアでは、文章を読み進めるだけでなく、ときには読み返せるので、考えるゆとりがあること。

問四　――線部②「協調学習」とありますが、**【文章B】**の筆者は、この学習にどのような利点があると考えていますか。最も適切なものを、次の**ア**～**エ**から一つ選び、その記号を書きなさい。

ア　個人が有する多様な視点や価値観、知識やスキルを明らかにでき

〈適性検査Ⅰ〉

—45分—

一　はじめさんとさくらさんは、「学ぶとは、どういうことなのか」について考えるために【文章A】と【文章B】を読みました。それぞれの文章を読み、各問いに答えなさい。

【文章A】

それでも本でなければ得られないものは何か。それは、知識の獲得(かくとく)のⒶかていを通じて、じっくり考える機会を得ることにある——つまり、考える力を養うための情報や知識との格闘(かくとう)の時間を与(あた)えてくれるということだと私は思います。

他のメディアとは異なり、本をはじめとする紙に書かれた活字メディアでは、受け手のペースに合わせて、メッセージを追っていくことができます。［ Ⅰ ］、今この本を手にしている皆(みな)さんは、めんどうくさいやと、*一足飛びに別の章を開いたりすることも、*斜(なな)め読みをして、「もういいや」とこの本を投げ出してしまうこともできます(でも、もう少し辛抱(しんぼう)してつきあってください)。あるいは、これまで読んできたところを、もう一度読み返して、この著者がこれから何をいおうとしているのか、予想を立てることもできるでしょう。活字メディアの場合、読み手が自分のペースで、文章を行ったり来たりしながら、「*行間を読んだり」「論の進め方をたどったり」することができるのです。いい換(か)えれば、①他のメディアに比べて、時間のかけかたが自由であるということです。

文章を行ったり来たりできることは、立ち止まってじっくり考える余裕(よゆう)を与えてくれることでもあります。もっともらしいせりふに出会っても、話しているときのように「そんなものかな」と思って十分*吟味(ぎんみ)もせずに納得(なっとく)してしまわない。本の場合、そうしたもっともらしさ自体を疑ってかかる余裕が与えられるということです。つまり、ありきたりの「常識」に飲みこまれないための*複眼思考を身につけるうえで、こうした活字メディアとの格闘は格好のトレーニングの場となるのです。

（苅谷剛彦(かりやたけひこ)『知的複眼思考法』〈講談社〉による　出題のため一部改編）

＊一足飛び…順序をふまず、先に進むこと
＊斜め読み…細かい部分を飛ばして読むこと
＊行間を読んだり…文章には明記されていない筆者の考えをくみ取ること
＊吟味…くわしく調べること
＊複眼思考…物事を複数の視点から理解しようとする考え方

【文章B】

このごろ②「協調学習」という言葉もよく耳にする。生徒が机におとなしく座(すわ)って先生の話を聞くこれまでの*授業スタイルから、グループでいっしょに作業したり、*ディスカッションしたりするスタイルに変わりつつある。これは*認知科学的(にんちかがくてき)にとても意味があることだ。まず、自分の考えを他の人に話すことは、考えを明確にし、整理するのにとても役立つ。自分でわかったつもりでいたことでも、いざ人に説明しようとするとうまくできないことがある。すると、自分で何が理解できていないのかがわかるのである。

複数の人が集まって考えを出し合うことで、自分では考えつかなかった視点やアイディアに気づくことができるという利点もある。Ⓑじっさい、社会ではほとんどの*プロジェクトは複数のメンバーで行う。多様な視点、価値観、知識、*スキルが*シナジー効果を生む。*コラボレーションをうまく行うためには経験が必要だ。［ Ⅱ ］、学校でコラボレーションによってプロジェクトをまとめる練習をすることはとても大事である。しかし、複数の人が集まれば、いつもプラスになるというわけではない。参加者一人ひとりが*探究エピステモロジーを持っていなければ、シナジー効果は生まれ

和歌山県立向陽中学校
和歌山県立古佐田丘中学校
和歌山県立田辺中学校
和歌山県立桐蔭中学校
和歌山県立日高高等学校附属中学校

(編集部注：掲載にあたりレイアウトなどの一部改変を行っています。実際の適性検査では、写真や図版の一部がカラー印刷で出題されました。)

この適性検査には、「みどりさん」と「あきらさん」たちが登場します。
いっしょに、いろいろな課題について考えてみよう。

〈適性検査Ⅰ　※研究１は732ページから掲載しています。〉　―研究１と合わせて45分―

研究２　黒石と白石から考えよう

あきらさんとみどりさんは、それぞれ黒石と白石を並べて遊びます。
黒石は180個、白石は150個あります。
あきらさんたちは、黒石と白石をどのように分けるのか相談しています。

あきら：　わたしは黒石をみどりさんより多くしたいな。
　わたしとみどりさんで分ける黒石の個数の比は、７：５にしよう。
　そして、石をすべて分け終えたときには、２人の手元にある黒石と白石の合計が同じになるようにしよう。

みどり：　あきらさんが提案した分け方で、黒石と白石を分けたとき、２人の黒石と白石の個数はそれぞれいくつになるのかな。

課題１　あきらさんが提案した分け方で、石をすべて分け終えたとき、あきらさんとみどりさんの黒石と白石は、それぞれ何個になりますか。ことばや式などを使って説明してみよう。

あきらさんは、十分な数のマス目を準備し、**【石の並べ方】**にしたがって、黒石と白石を並べています。

【石の並べ方】

○はじめの形として黒石２個、白石２個を置く。(**図１**)

(図１)

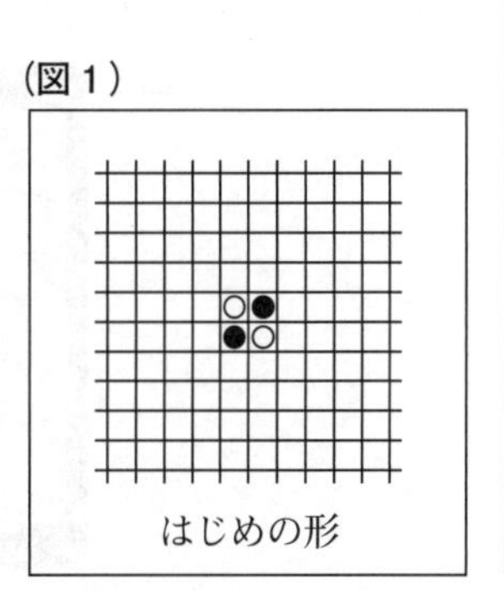

はじめの形

○はじめの形のまわりに黒石を並べ、できた形を１周目の形とする。次に、１周目の形のまわりに白石を並べ、できた形を２周目の形とする。
前の形で並べた石とちがう色の石をまわりに並べ、３周目の形、４周目の形、…と順につくっていく。(**図２**)

(**図２**)

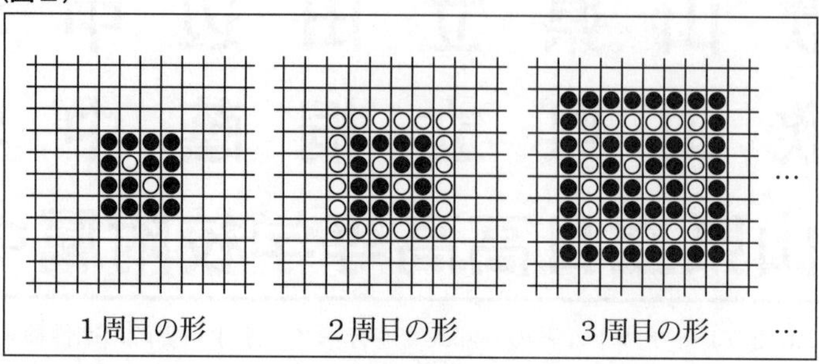

あきら：　１周目の形ができたね。いちばん外側の周に黒石が12個並んだよ。

みどり：　石を並べ続けていくと、石が足りなくなるね。
【石の並べ方】にしたがって、10周目の形をつくるには、白石は全部で何個必要なのかな。

あきら：　まずは、５周目の形までのいちばん外側の周に並んだ石の個数を表にかいてみよう。

課題２　**【石の並べ方】**にしたがって、石を並べていくとき、いちばん外側の周に並んだ石の個数を次の表にかいてみよう。
また、10周目の形をつくるのに、白石は全部で何個必要ですか。ことばや式などを使って説明してみよう。

表

周の数(周)	1	2	3	4	5
いちばん外側の周に並んだ石の個数(個)					

研究３　世界の中の日本について考えよう

あきらさんとみどりさんは、タブレット端末(たんまつ)に保存されている、社会科の学習で使った２つの地図を見ながら話をしています。

あきら：　世界には、６つの大陸と３つの大きな海洋があったね。

みどり：　そうだね。(**図１**)では、６つの大陸のうち２つの大陸が見えているね。

あきら：　わたしたちが住んでいる日本のまわりの地図(**図２**)を見てみようよ。

みどり：　社会科の学習でしるしをつけた①～④は、日本の東西南北のはしだね。

(**図１**)

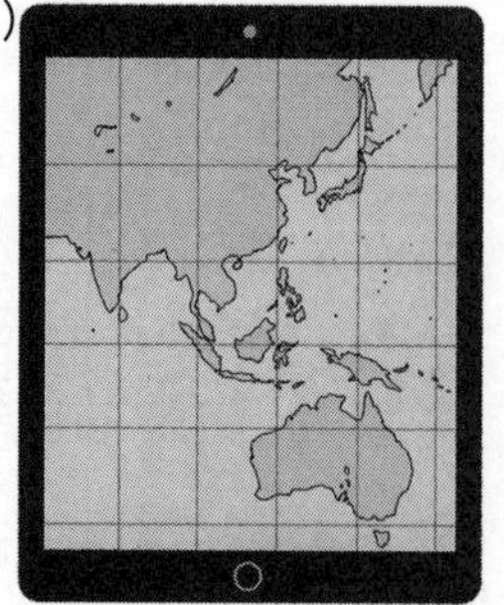

(**図２**)

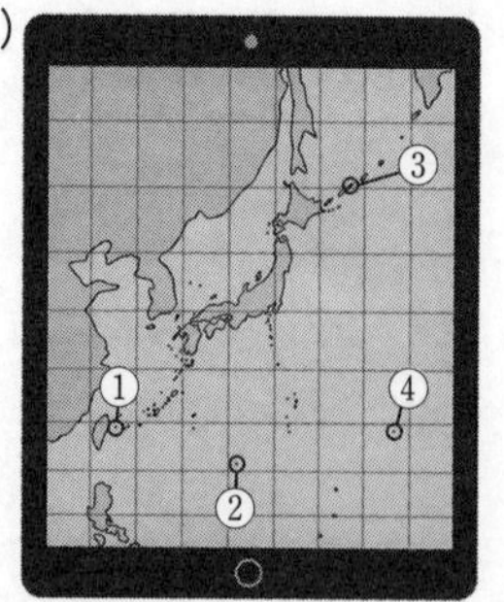

課題１　⑴　**(図１)**で、見えている大陸の名前を２つ書いてみよう。

⑵　次の**ア〜エ**は、日本の東西南北のはしの写真と、それぞれの緯度と経度を表したものです。**(図２)**の①〜④にあてはまるものを、次の**ア〜エ**の中からそれぞれ選び、その記号を表に書いてみよう。

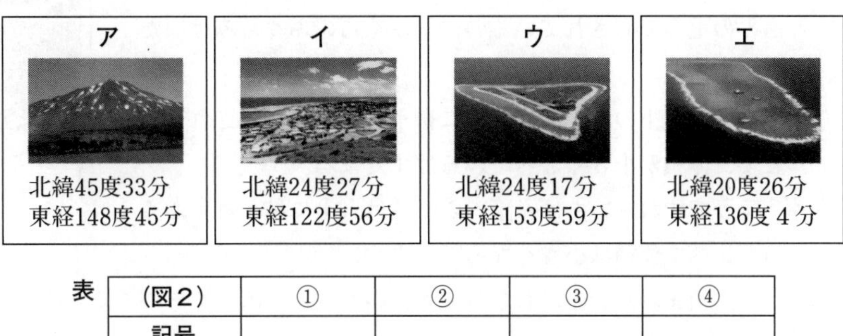

表

(図２)	①	②	③	④
記号				

あきらさんとみどりさんは、歴史で学習した日本と欧米諸国との関係について話をしています。

あきら：　明治時代になると、日本は欧米諸国に追いつこうとしたね。

みどり：　そのために、欧米諸国のような近代的な政治のしくみを整えていったね。

あきら：　大日本帝国憲法の発布も、近代的な政治のしくみを整えたことのひとつだね。

みどり：　その憲法の一部を要約したもの**(資料)**を見つけたよ。

(資料)

大日本帝国憲法(一部)
第１条　大日本帝国は、永遠に続く同じ家系の天皇が治めるものとする。
第４条　天皇は、国の元首であり、憲法に従って国を統治する権利をもつ。
第29条　国民は、法律に定められたはん囲内で、言論・著作・出版・集会・団体をつくることの自由をもつ。

課題２　大日本帝国憲法と、現在の日本国憲法とのちがいを、「主権」という言葉を使い、具体的に説明してみよう。

あきら：　大日本帝国憲法が発布されたように、日本が近代的な政治のしくみを整えたことは、欧米諸国と対等な関係を築くことにつながったね。

みどり：　明治時代に活やくした、大隈重信と小村寿太郎について、まとめてみようよ。

課題３　大隈重信と小村寿太郎がおこなったことを、次の［　　　］の中の語句をそれぞれ２つずつ使って、説明してみよう。

関税自主権	国会の開設	条約改正	憲法の発布
立憲改進党	アメリカ	自由党	ドイツ

研究４　１日の出来事から考えよう

みどりさんとあきらさんは、職場見学で行ったスーパーマーケットで、ポテトチップスのふくろが積まれているのを見ました。(**図１**)

(**図１**)

みどり：　いちばん下のポテトチップスのふくろは、上に積まれたものの重みでおされているのに、ふくろのふくらみは保たれているね。

あきら：　いちばん下のふくろは、上に積まれたものにおされることで、体積が小さくなっているはずだよね。

先　生：　そうですね。いちばん下のふくろは、上に積まれたふくろと比べて体積は小さくなっています。

みどり：　上に積まれたものにおされても、いちばん下のふくろのふくらみが保たれるのはどうしてなのかな。

課題１　(**図１**)のように、上に積まれたものにおされても、いちばん下のポテトチップスのふくろのふくらみが保たれるのは、とじこめた空気の性質が関係しています。どのような性質なのか書いてみよう。

みどりさんたちは、学校の中にいろいろな生き物が集まる場所をつくる計画をしています。

みどり：　わたしは、こん虫を観察したいな。

あきら：　いいね。モンシロチョウが飛び回るようすを見たいな。

みどり：　どうすれば、モンシロチョウが飛び回る場所をつくることができるのかな。

先　生：　モンシロチョウと関わりのある植物を植えるといいですよ。

モンシロチョウ

写真提供：PIXTA

課題２　モンシロチョウが飛び回る場所をつくるため、植えるのに最も適した植物を、次の㋐～㋓の中から１つ選び、その記号を書いてみよう。また、その記号を選んだ理由を、モンシロチョウと選んだ植物との関わりから書いてみよう。

㋐　イネ　　㋑　キャベツ　　㋒　ヒョウタン　　㋓　ミカン

あきらさんは、学校から家に帰って、砂糖(さとう)が入った紅(こう)茶を飲んでいます。

あきら　：　あれ、あまりあまくないよ。砂糖を入れてくれたのかな。

お母さん：　角砂糖を２つ入れているよ。砂糖は、紅茶にとけて見えなくなっているだけだよ。

あきら　：　とけた砂糖が、本当にすべて紅茶の中にあるのか、確かめてみたいな。

お母さん：　紅茶の水を蒸発させても、砂糖と紅茶の成分が残ってしまうから、砂糖だけを取り出せないね。

あきら　：　ほかの方法はあるのかな。

お母さん：　まだ砂糖をとかしていないわたしの紅茶(**図２**)を使って、考えてごらん。

(**図２**)

課題３　とけた砂糖が、すべて紅茶の中にあることを確かめるための実験方法を書いてみよう。ただし、紅茶を混ぜるために使用するものはスプーンとし、水の蒸発は考えないものとします。

〈適性検査Ⅱ〉　　—45分—

研究１　コインロッカーから考えよう

あきらさんとみどりさんは、あきらさんの家族といっしょに遊園地に来ています。

この遊園地には、大きさの異なる３種類のコインロッカーがあり、小型は15個、中型は20個、大型は５個あります。また、小型、中型、大型のコインロッカーは、それぞれが同じ大きさで、すべてのコインロッカーは、すき間なく置かれています。

あきら：　鉄板やとびらの厚みを考えないようにして、この遊園地のコインロッカーを(**図**)に表してみたよ。

みどり：　コインロッカー全体は１つの直方体として考えられるね。コインロッカー全体の高さは165cm、たての長さは45cm、小型コインロッカーの横の長さは35cmだったよ。

あきら：　大型コインロッカーと小型コインロッカーでは、体積はどれくらいちがうのかな。

(図)

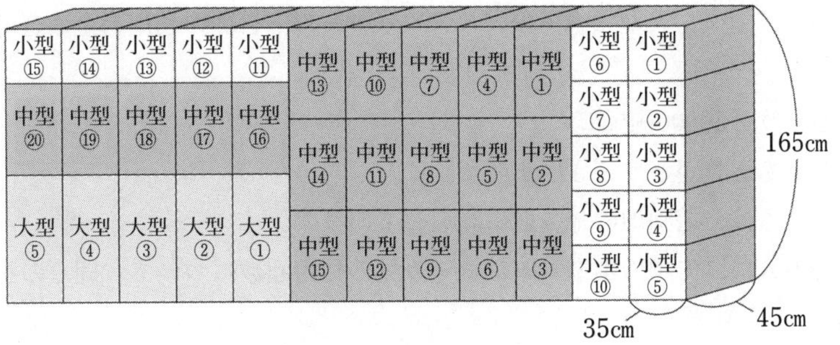

課題１　大型コインロッカー１個分の体積は、小型コインロッカー１個分の体積の何倍ですか。ことばや式などを使って説明してみよう。

コインロッカーについて、次のような案内が書かれています。

コインロッカーのご案内

１　ご利用時間

10：00〜18：00(当日のみ)

２　ご利用料金

１日１回　小型　300円

中型　400円

大型　600円

３　その他

このコインロッカーは、当日限りのお荷物の一時保管用です。ご利用時間を過ぎたお荷物は、係員により回収いたします。

あきらさんたちは、先週の月曜日から日曜日までの７日間における、この遊園地のコインロッカーの利用状きょうについて、係の人に質問しました。

あきら：　大型コインロッカーは、何回利用されましたか。

係の人：　全部で27回利用されました。

みどり：　小型コインロッカーは、①～⑮の番号がつけられていますが、よく使われているコインロッカーはどれですか。

係の人：　日によってちがいますが、先週の小型コインロッカーの利用回数をグラフにすると、(**資料**)のようになりました。

(**資料**)

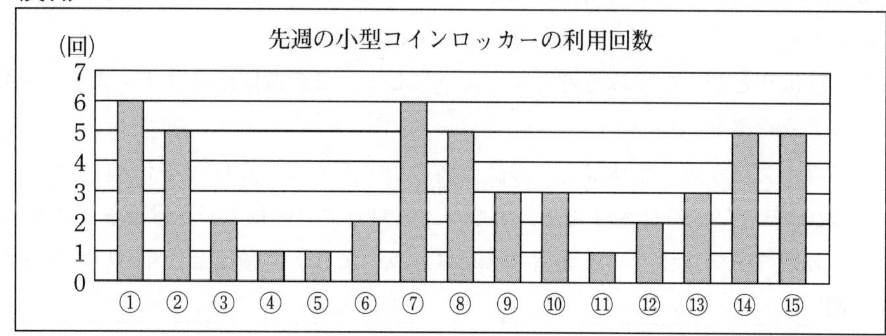

あきら：　小型、中型、大型すべてのコインロッカーの７日間の利用料金の合計はいくらでしたか。

係の人：　ちょうど50000円でした。

あきら：　どうもありがとうございました。

あきらさんたちは、遊園地の帰り道に話をしています。

あきら：　係の人に、先週の中型コインロッカーの利用回数について、聞くのを忘れてしまったね。

みどり：　係の人に教えてもらったことから、中型コインロッカーが全部で何回利用されたかわかるよ。

課題２　先週の７日間で、この遊園地の中型コインロッカーが利用された回数は全部で何回ですか。ことばや式などを使って説明してみよう。

研究２　休日の活動から考えよう

あきらさんとみどりさんは、地域のものづくり教室に参加しています。その教室で、紙コップを使ったおもちゃをつくって遊んでいます。(**図１**)

このおもちゃは、紙コップを下から手でふさいで、画用紙でつくったつつに口をつけて声を出すと、紙コップの上にのせた人形がとびはねます。

あきら：　つつに口をつけて、声を出さずに息をふくだけでは、人形はとびはねないね。

(**図１**) 紙コップを使ったおもちゃで遊んでいるようす

課題１　(**図１**)のおもちゃの、画用紙でつくったつつに口をつけて声を出すと、紙コップの上にのせた人形がとびはねるしくみを、順を追って説明してみよう。

あきらさんたちは、科学館の気象コーナーで、自分たちが住んでいる地域の気象情報の記録を見ています。

あきら：　ある年の５月７日から５月９日の気象情報を集めたよ。(**図２**)

みどり：　集めた気象情報から、Ａ地点の天気がわかるね。

(**図２**) あきらさんたちが集めた気象情報

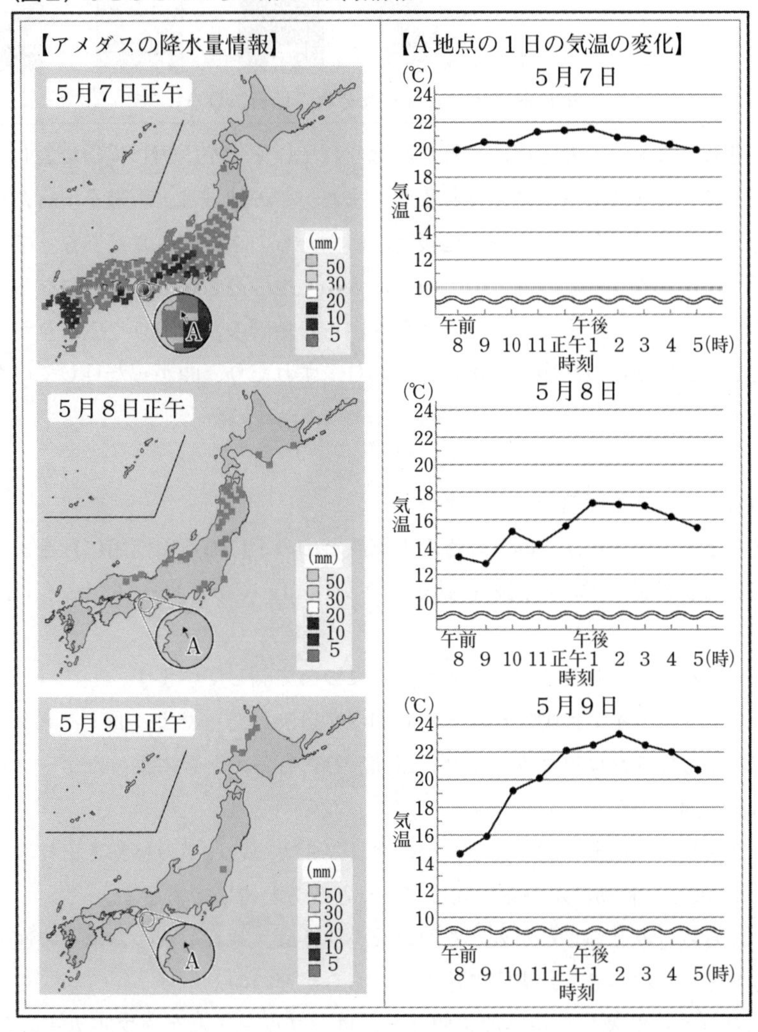

課題２　(**図２**)の気象情報から、それぞれの日付にあてはまる、矢印で示したＡ地点の正午の天気として最も適切なものを、「晴れ」、「くもり」、「雨」の中から選んで書いてみよう。ただし、「晴れ」、「くもり」、「雨」は、１回ずつしか選べないものとします。

また、その天気を選んだ理由を、(**図２**)から日付ごとに書いてみよう。

Ａ地点の正午の天気

日付	５月７日	５月８日	５月９日
天気			

あきらさんたちは、博物館の地層(そう)の学習会に参加し、ある地域のボーリング試料をもとに、地層のようすを図に表しました。(**図3**)

(**図3**) ある地域のボーリング試料をもとに表した地層のようす

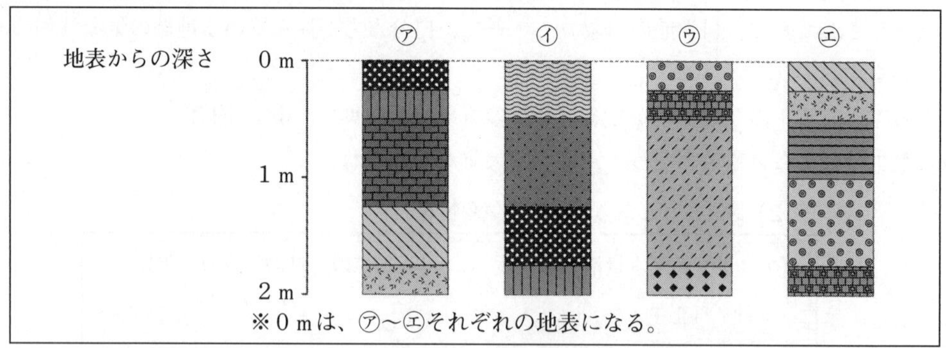

先　生：　(**図3**)の㋐～㋓の地点はそれぞれはなれていますが、同じ模様(もよう)で表したものは、つながっている層であると考えられます。また、この地域は、坂道を上ったり下ったりする地域で、㋐～㋓のそれぞれの地表は、海面からの土地の高さが異なっています。

課題3　(**図3**)にある㋐～㋓の地表の、海面からの土地の高さが、高い順になるように、その記号を書いてみよう。また、そう考えた理由を、地層のつながりや広がりから書いてみよう。ただし、この地域の地層は、かたむいたり、ずれたり、曲がったりしていないものとします。

研究3　山の上にある美術館から考えよう

みどりさんとあきらさんは、みどりさんの家族と山の上にある美術館に行きます。

山の上にある美術館には、片(かた)道の移動きょりが1440 mであるロープウェイで行くことにしました。

ロープウェイを降(お)りたところで、２人が速さについて話しています。

みどり：　ロープウェイで移動にかかった時間は７分58秒だったよ。およそ８分だね。

あきら：　今乗ってきたロープウェイと、以前旅行に行ったときに乗ったケーブルカーでは、どちらが速いのかな。

みどり：　タブレット端末(たんまつ)で調べると、そのケーブルカーの片道の移動きょりは切り上げるとおよそ900 m、移動にかかる時間はちょうど５分と書いてあるよ。

あきら：　どちらもみどりさんが表したがい数を使えば、それぞれのおよその速さは簡単に求められそうだね。でも、実際の速さはどちらが速いのだろう。

課題1　みどりさんが表したがい数を使うと、ロープウェイとケーブルカーのおよその速さは、それぞれ分速何mになりますか。また、ロープウェイとケーブルカーの実際の速さはどちらが速いと考えられますか。ことばや式などを使って説明してみよう。

美術館には、(**図１**)のようなステンドグラスの窓がありました。

(**図１**)

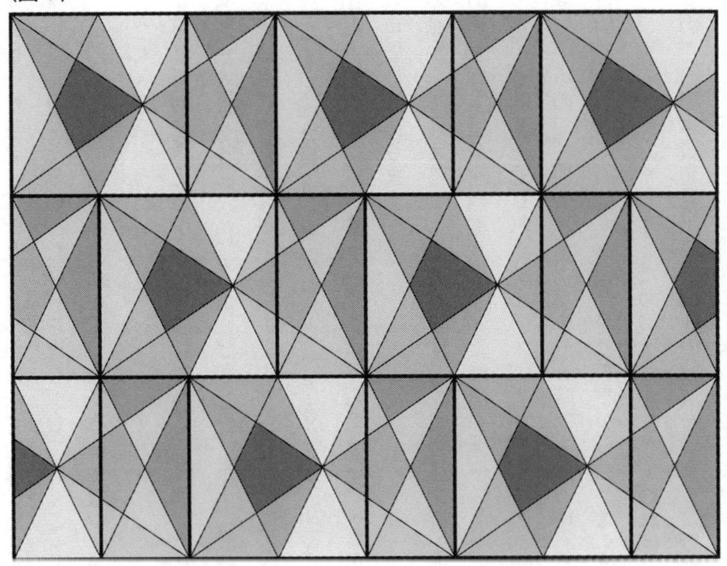

係の人：　このステンドグラスの窓わくは、正方形と長方形の２種類があり、正方形の窓わくは長方形の窓わく２つ分の大きさです。

(**図２**)のように、ステンドグラスは、２つの長方形の対角線と、点線からできています。点線は、窓わくである長方形の対角線と平行です。

(**図２**)

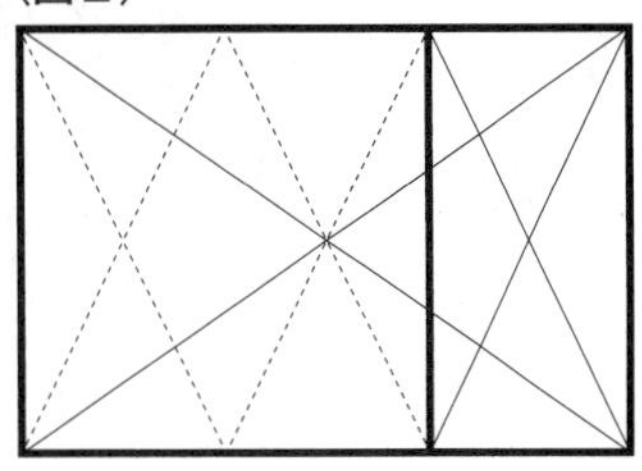

みどり：　ステンドグラスの中には、三角形や四角形などがあるね。それらを組み合わせると、平行四辺形、台形、ひし形と見ることもできるね。

あきら：　規則正しく並んだ図形だから、それぞれの図形の面積も求められそうだね。

みどり：　(**図３**)のように、窓わくの正方形ＡＢＣＤの１辺を１ｍとしたとき、四角形ＩＪＫＬの面積は何㎡になるのかな。

(**図３**)

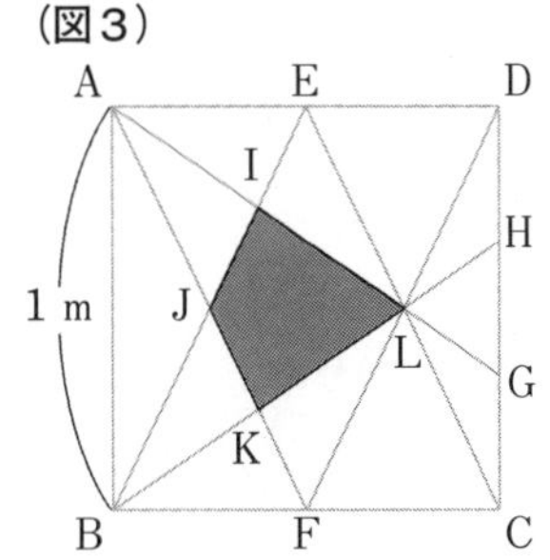

課題２　正方形ＡＢＣＤの１辺を１ｍとしたとき、四角形ＩＪＫＬの面積は何㎡になりますか。ことばや式などを使って説明してみよう。

ただし、窓わくのはばや直線の太さは考えないものとします。

〈作文〉　—45分—

二　次の文章を読んで、あとの問いに答えなさい。　※には(注)がある。

一つのものだけを見て、何の基準もないところでは、良いとも悪いとも判断することはできません。好き嫌いも同様です。異なるところを見つけて、その違いを意識し、それをきっかけに考えはじめること。それを言葉にしていくこと。そういった経験を繰り返していくことが重要だと思うのです。そのためには自分から進んでいろいろなものを見、ときには外の世界に出ていくこと。

何を感じ、何を考えたかを言葉にしていくことは、自分の考えを他人に伝えるためだけでなく、自分のためでもあります。最近、新聞やテレビ、※ネットで様々なニュースが流れています。自分に心地よい意見だけを聞くのではなく、違う見方、異なる意見があることを知る。そうすることで、その中に共通点や、違いを包み込むようなもう一つ大きな考え方を見つけられる可能性もあります。

体を動かして考えることもあります。プロ野球選手がゴルフを始めると、普通の人より上達が速いそうです。これは水泳やスケート、柔道などのスポーツ選手も同じかもしれません。スポーツ選手は体を動かすための土台ができているので、他のスポーツをやる時にも体の重心を意識し、体の細部を目的に合わせて調整することができるからだと考えます。このことと同様に、ものの見方や考えるための土台ができていれば、課題に直面した時、ものごとの本質を見出し、周囲の状況を※勘案しつつ調整し、解決につなげていくことができるはずです。みなさんにはその土台づくりをしていって欲しいのです。

(美馬　のゆり『AIの時代を生きる――未来をデザインする創造力と共感力』〈岩波書店〉から…一部省略等がある。)

(注)　ネット＝インターネットの略
勘案する＝あれこれを考え合わす

【問い】　この文章や自分の経験をふまえ、「ものの見方や考えるための土台」をつくるために、あなたが心がけたいことや取り組みたいことを六〇〇字程度にまとめて書きなさい。

に、二つの意味がこめられていると思うな。

課題２　あきらさんが（**資料**①）を読んで考えた、ひらがなの「やさしい」という言葉にこめられている「二つの意味」を、次の□の中から最も適切な漢字の組み合わせを選んで、それぞれ二字熟語で書いてみよう。

熱	切	単	優	簡
配	気	情	間	親

あきら：実際に「やさしい日本語」がどのように使われているか、調べてみたよ。この（**資料**②）は、Ａの文章が一般のニュースで、それを「やさしい日本語」にするとＢの文章のようになるんだよ。

（**資料**②）

Ａ　外国人高校生に進路を考えてもらうガイダンス

文部科学省によりますと、外国人をはじめとした日本語指導が必要な高校生は２年前の時点で全国で4800人余りと、年々増えている一方、大学などへの進学率は50％程度にとどまっています。

こうした中、外国人の学びを支援している千葉市のＮＰＯが高校生に進路を考えてもらうためのガイダンスを初めて開き、およそ60人が参加しました。この中では、進学先として考えられる大学や専門学校の特徴が説明されたほか、日本の大学に進学した先輩たちが体験談を語りました。

「ＮＨＫ NEWS WEB」記事より　一部改変

Ｂ　外国人の高校生に自分の将来を考えてもらう会

文部科学省によると、外国人などの日本語を教える必要がある高校生が毎年増えています。２年前には4800人以上いました。しかし、大学などに入って勉強を続ける人は50％ぐらいです。

外国人に勉強を教えている千葉市のＮＰＯは、高校生に自分の将来について考えてもらう会を初めて開きました。集まった60人ぐらいに、大学や専門学校について説明したり、日本の大学に入った先輩が経験を話したりしました。

「ＮＨＫ NEWS WEB EASY」記事より
一部改変

（注）ＮＰＯ＝お金をもうけることを目的とせず、社会的活動を行う団体
NEWS WEB, NEWS WEB EASY＝ニュースのウェブサイト

みどり：Ｂの文章は、（**資料**①）で書かれていた大切なことがいかされているね。例えば、「日本語指導」を「日本語を教える」に、「進学率」を「入って勉強を続ける人」に、「進路」を「自分の将来」に、それぞれわかりやすく書きかえていて、漢字も少なくしているね。

あきら：そうだね。細かい部分に目を向けると、シンプルかつ明快な日本語表現になっているね。ＡとＢの第一段落を比べてみると、ほかにも大切なことがいかされているよ。

課題３　みどりさんの示した例以外で、Ｂの文章の第一段落にいかされている大切なことを（**資料**①）から言葉や文を取り上げて書いてみよう。ただし、Ａと関連づけることとします。

〈適性検査Ⅰ〉

―研究２～４と合わせて45分―

研究１　言葉について考えよう

　みどりさんとあきらさんは、情報をわかりやすく伝えることについて、図書館で話し合っています。

みどり：伝えたい情報を相手にわかりやすく伝えるって難しいよね。

あきら：そうだね。わたしは、日記に書いた内容がうまく伝わらないことがあったよ。

「昨日お母さんといっしょに買ったドーナツを食べました。」と書いたら、「いつ買ったのかな。」と先生に聞かれたんだ。昨日と書いたのに、なぜ伝わらなかったのだろう。

みどり：先生に伝わらなかったということは、その文に原因があったのかな。

課題１　――の文のように書くと、「昨日買った」ということが伝わりませんでした。その原因を――の文にある言葉を取り上げて説明してみよう。

みどり：そういえば、最近、外国からの観光客や留学生、外国から働きに来る人が多くなったというニュースを見かけるよ。わたしの家の近所にも留学生のお兄さんが住んでいるけれど、いろいろな情報は、きちんと伝えられているのかな。

あきら：そうだね。わたしも気になっていたんだ。こんな資料を探したから、いっしょに読んでみよう。

〈資料①〉　※には（注）がある。

一九九五年の阪神・淡路（あわじ）大震災（しん）時の混乱を教訓※に、「やさしい日本語」という名の、やさしい革命（かく）※が進行中です。どの町にもさまざまな国々からの移住者や旅行者がいる時代、緊急（きん）時の情報発信には、（あやふやな英語や外国語でよけいな誤解を招くよりも）シンプル※かつ明快※な日本語表現で対応しようという運動です。

「やさしい日本語」は、外国人にやさしいだけではありません。（中略）避難（ひ）所のようなざわついた空間では、聞き間違（ちが）いの少ない単語を選び、文は短くしたほうがいい。「毛布等防寒具が御入用（ごいりよう）の方におかれましては受付までお申し出ください」ではなく、「毛布などがほしい人は、受付に来てください」という簡潔※さが大切なのです。これは何も緊急時に限ったことではありませんね。こうした「やさしい日本語」という考え方が普及（ふきゅう）※して、駅などの公共空間の放送や、お役所窓口などのことばづかいの見直しが進んでいくといいなと思います。

（清水（しみず）　由美（ゆみ）『日本語びいき』〈中央公論新社〉から…一部省略等がある。）

（注）　教訓＝教えをよく言い聞かせて話すこと
革命＝物事が急に大きく変わること
シンプル＝むだなところがないようす
明快な＝はっきりしていてよくわかるようす
簡潔さ＝短くてすっきりしていること
普及する＝広く行きわたる

みどり：筆者が言うように、「やさしい日本語」という考え方が広まるといいね。ところで、「やさしい日本語」の「やさしい」は、なぜひらがなにしたのかな。

あきら：それは、漢字で書くよりひらがなのほうが、だれにでもわかりやすいからかな。ただ、わたしは、この「やさしい」という言葉

岡山県立岡山大安寺中等教育学校
岡山県立岡山操山中学校
岡山県立倉敷天城中学校
岡山県立津山中学校

(編集部注：掲載にあたりレイアウトなどの一部改変を行っています。)

〈適性検査Ⅰ〉　—45分—

課題1　太郎(たろう)さんと花子(はなこ)さんは、住んでいる地域(ちいき)を活性化させるために自分たちにできることは何かを考え、地域の自治会の方に相談したところ、次のようなリクエストが届(とど)きました。あとの(1)、(2)に答えましょう。

《自治会からのリクエスト》

① 新しい観光スポットとして、駅前の大きな木をイルミネーションでかざってほしい。

② 点灯時間帯は17時から23時までとし、１時間ごとにふん囲気が変わるようにしてほしい。

③ 20時から21時の時間帯は、人通りが多いので、はなやかになるように工夫してほしい。

太郎：ふん囲気が変化するイルミネーションにするには、複数の種類の電球を使いたいね。

花子：理科の授業で３つの電球を**図１**のようにつないだとき、電流が矢印のように流れたから電球が光ったね。

太郎：この回路にスイッチをつけると、点灯させる電球を変えることができそうだね。

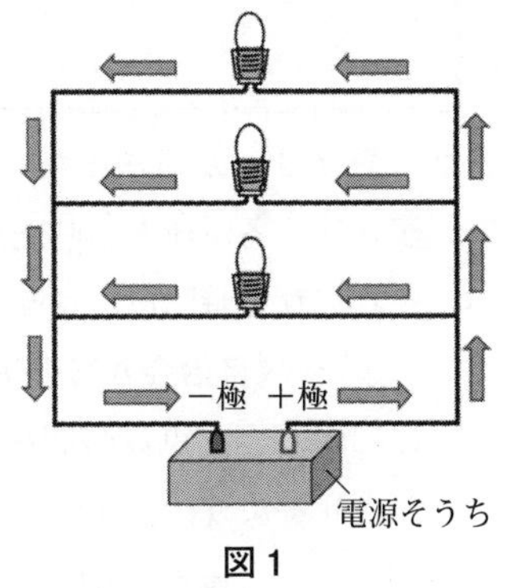

図１

(1)　太郎さんと花子さんは、３種類の**電球A、B、C**を用意し、**表１**のように点灯させる電球と点灯させない電球の組み合わせを考え、**図２**のような**表１**のすべての組み合わせを点灯させることができる回路を作りました。花子さんは、**図２**の回路のスイッチのうちいくつかを、スイッチから導線に変えても、**表１**のすべての組み合わせを点灯させることができることに気づきました。使用するスイッチの数を最も少なくするには、同時に何個のスイッチを取り外すことができますか。取り外すことができるスイッチの数を書きましょう。また、その組み合わせのうち１つを記号で答えましょう。

表１　点灯させる電球と点灯させない電球の組み合わせ(○は点灯する電球)

電球A	○			○		○	○
電球B		○		○	○		○
電球C			○		○	○	○

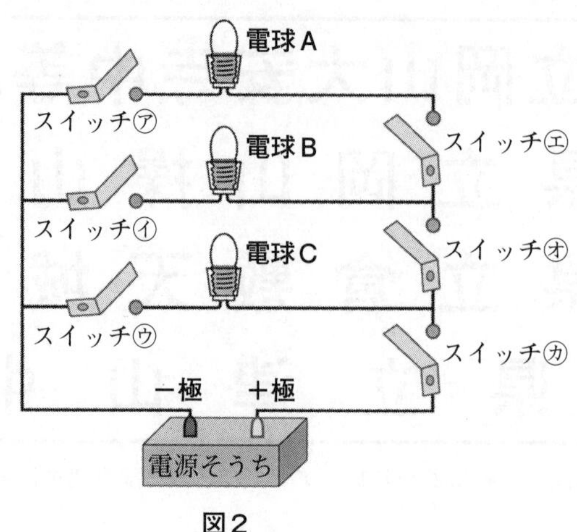

図2

太郎：自治会からのリクエストをもとに**表2**の点灯計画を作って、自治会の方に見てもらったら、追加のリクエストが届いたよ。

花子：自治会からの追加のリクエストもふまえて、新しい点灯計画を考えてみようよ。

《自治会からの追加のリクエスト》

① 新しい点灯計画も、**表2**の点灯計画全体でかかる電気代と同じになるようにしてほしい。

② 点灯している電球の組み合わせは、1時間ごとに変わるようにしてほしい。

③ 各電球の合計点灯時間は、**表2**の点灯計画の合計点灯時間とすべて異(こと)なるようにしてほしい。

⑵ **表2**は、太郎さんたちが、最初に作成した3種類の**電球A**、**B**、**C**を使った点灯計画です。**表3**は、各電球を1時間点灯させたときに必要な電気代を表したものです。**電球A**と**電球B**をそれぞれ1時間点灯させたとき、**電球A**は**電球B**の何倍電気代がかかるか答えましょう。

また、**《自治会からの追加のリクエスト》**をふまえた**【新しい点灯計画】**を考え、あとの表に○印と合計点灯時間を書きましょう。ただし、20時から21時の時間帯はすべての電球を点灯させるようにします。

表2　点灯計画（○印は点灯させる時間帯）

点灯時間帯 / 電球の種類	17～18時	18～19時	19～20時	20～21時	21～22時	22～23時	合計点灯時間
電球A		○	○	○		○	4時間
電球B		○	○	○	○		4時間
電球C	○			○	○	○	4時間

表3　各電球を1時間点灯させたときに必要な電気代

電球A	電球B	電球C
2.7円	3.6円	4.5円

【新しい点灯計画】

点灯時間帯 電球の種類	17～ 18時	18～ 19時	19～ 20時	20～ 21時	21～ 22時	22～ 23時	合計点灯 時間
電球A				○			時間
電球B				○			時間
電球C				○			時間

課題２　次の⑴～⑶に答えましょう。

⑴　花子さんは、橋をわたっているとき、橋のつなぎ目にすき間が空いていることに気づきました（**写真１**の矢印の部分）。**写真２**は、橋のつなぎ目の様子を真上からさつえいしたものです。橋のつなぎ目にすき間が空けられているのは、金属が使われている橋をこわれにくくするための工夫です。その工夫をしている理由となる、ものの温度と体積の関係について説明しましょう。

写真１

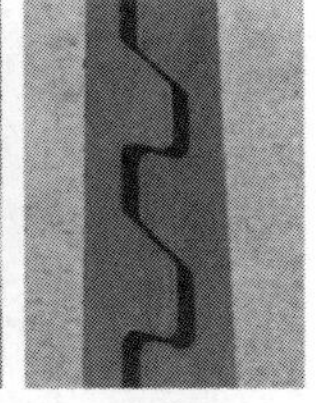
写真２

⑵　運動場の土は、つぶの大きさのちがうものが混ざっています。太郎さんは、雨が降(ふ)った後の運動場を見て、表面に大きいつぶが目立っていることに気づきました。

太郎：昨日運動場の整備をしたばっかりなのに、なぜつぶの大きいものが目立っているのかな。
花子：雨が降ったことと関係があるのかもしれないね。実験して調べてみよう。

太郎さんと花子さんは、雨が降った後の運動場の表面に大きいつぶが目立つ理由を確かめるために、次のような方法で実験し、実験結果をまとめ考察しました。**【考察】**の空らん［　ア　］に入る内容について、つぶの大きさのちがいにふれながらあなたの考えを書きましょう。

【実験方法】

①　雨が降る前の運動場の土を用意し、つぶの大きさを観察する。
②　ペットボトルで右の図のようなそうちを作り、その土を入れた後、水をそそぐ。
③　１分後、水のしみこみ方とペットボトルの底にたまった水のようすを観察する。

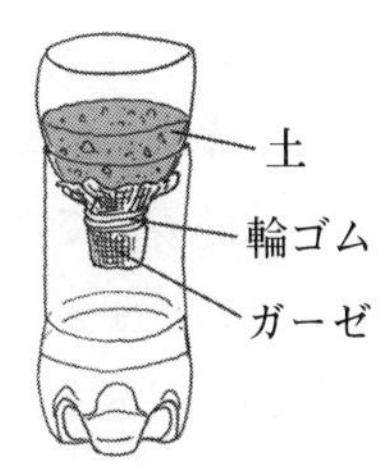

図

【実験結果】

水をそそぐ前の土のようす	小さいつぶと大きいつぶが混ざっていた。
水をそそいだ後のようす	・水はゆっくりしみこんだ。 ・にごった水がたまっていた。

【考察】

ペットボトルの底に、にごった水がたまったという実験結果から、雨が降った後の運動場の表面に大きいつぶが目立つ理由は、［　　　ア　　　］からといえる。

(3)　太郎さんと花子さんは、植物の葉に日光が当たるとでんぷんが作られることを確かめるために、次のような実験を計画しています。

【実験計画】

	７月24日　夕方	７月25日　朝	７月25日　正午過ぎ
方法	よく日光に当たった８枚のジャガイモの葉(A)に、アルミニウムはくをかぶせて日光を葉に当てないようにする(B)。	４枚の葉のアルミニウムはくをはずし(C)、のこり４枚はかぶせたままにする(D)。正午まで、全体に日光が当たるようにする。	全体をしっかり日光に当てた後、アルミニウムはくをはずしたままの葉(E)にでんぷんがあるか、ヨウ素液を使って調べる。
葉のようす	アルミニウムはくをかぶせる前(A)　→　アルミニウムはくをかぶせた後(B)	アルミニウムはくをはずす(C) アルミニウムはくをかぶせたまま(D)	アルミニウムはくをはずしたまま(E) アルミニウムはくをかぶせたまま(F)

太郎：(E)の葉にでんぷんがあったら、植物の葉に日光が当たるとでんぷんが作られるといえるね。
花子：待って。(E)の葉を調べただけで、それがいえるのかな。

実験計画を見直すと、植物の葉に日光が当たるとでんぷんが作られることを確かめるには、今の実験計画では不十分であることがわかりました。(A)～(F)のどの葉に対して、何をしなければならないか２つ書きましょう。

課題３　次の(1)～(3)に答えましょう。

(1)　あるお店で、１個80円のパンを100個仕入れました。そのパンを１個100円ではん売したところ、65個売れました。仕入れたパンをすべて売るために、１個あたりの値段を下げて、残りのパンを売ろうと思います。パンをすべて売り切ったときの利益を1650円にするためには、残りのパンを１個あたりいくらで売ればよいか答えましょう。ただし、消費税は考えないものとします。

(2)　保健委員である太郎さんと花子さんは、保健室について話をしています。

仕切りの様子

太郎：保健室にけがをした人や体調が悪くなった人が続けて来ることがあるから、仕切りを立てると、その後ろで落ち着いて手当てを受けることができるようになるね。
花子：どれくらいのはん囲が見えなくなるのかな。

太郎さんたちは保健室の中の仕切りの場所を決めて、保健室を真上から見た様子を**図１**のようにかきました。太郎さんは、点**P**と点**Q**の位置に立ち、仕切りの方向を見たときに見えなくなるゆかのはん囲の面積についてそれぞれ調べることにしました。

太郎さんが点**P**に立ったときに見えなくなるゆかのはん囲㋐を**図２**のように表しました。太郎さんが次に点**Q**

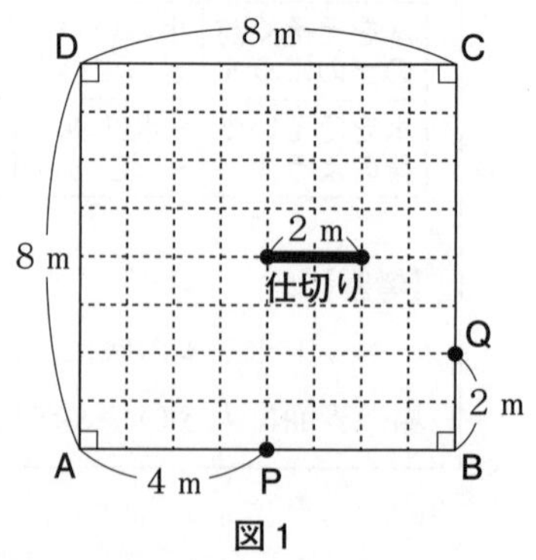

図１

に立ったときに見えなくなるゆかのはん囲Ⓘを、**図２**の表し方にしたがって**図３**にかきましょう。また、Ⓐと Ⓘの面積を比べるとどのようになりますか。次の**ア〜ウ**から記号を選び、その理由を言葉や式を使って説明しましょう。ただし、仕切りはゆかに垂直に立て天井まであるものとし、厚みは考えないこととします。

ア　Ⓐの面積の方が大きい。

イ　Ⓘの面積の方が大きい。

ウ　ⒶとⒾの面積は等しい。

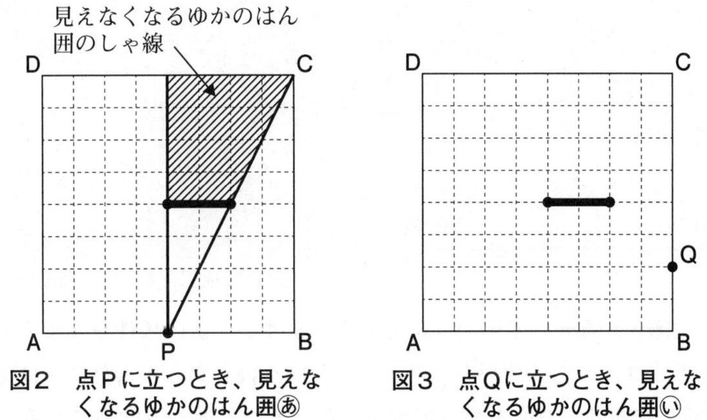

図２　点Ｐに立つとき、見えなくなるゆかのはん囲Ⓐ　　**図３　点Ｑに立つとき、見えなくなるゆかのはん囲Ⓘ**

(3)　太郎さんの家に、親せきにももを送ったときの宅配（たくはい）業者のレシートがありました。太郎さんは、**図４**の同じ宅配業者の６枚のレシートのうち、３枚のレシートを見て、重さ(kg)、きょり(km)、料金(円)のうち、比例の関係になっている２つの数量の組み合わせがあることを見つけました。あなたが太郎さんなら、見つけた組み合わせの１つをどのように説明しますか。次の文の空らんに選んだレシート番号とあてはまる言葉を書き、２つの数量が比例の関係になっていると考えた理由を説明しましょう。

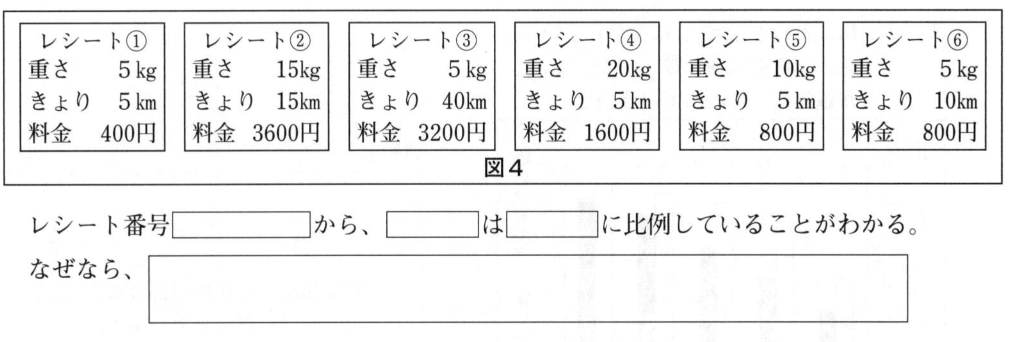

	レシート①	レシート②	レシート③	レシート④	レシート⑤	レシート⑥
重さ	5 kg	15kg	5 kg	20kg	10kg	5 kg
きょり	5 km	15km	40km	5 km	5 km	10km
料金	400円	3600円	3200円	1600円	800円	800円

図４

レシート番号［　　　　］から、［　　　］は［　　　］に比例していることがわかる。

なぜなら、［　　　　　　　　　　　　　　　　］

〈適性検査Ⅱ　※課題１、２は742ページから掲載しています。〉　―課題１、２と合わせて45分―

課題３　太郎さんたちは、地域（ちいき）の産業について、調べ学習を行っています。あとの会話文を読んで、(1)〜(3)に答えましょう。

太郎：市役所のホームページには、漁業がこの地域を代表する産業だとしょうかいされていたけれど、ほかに情報を集めるよい方法はないかな。

花子：漁師さんに直接、話を聞いてみてはどうかな。

次郎：漁師さんに話を聞く前に、図書館で情報を集めて、漁師さんに質問することを考えようよ。私が地図を使って図書館まで案内するよ。

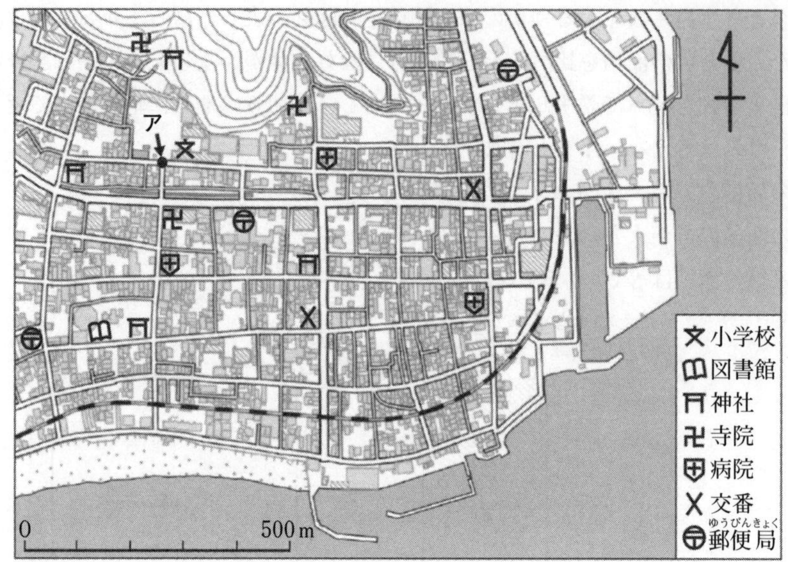

（国土地理院地図をもとに一部改変して作成）

(1)　あなたが次郎さんなら、どのように道案内しますか。次の条件をふまえて、地図中の**ア**から図書館まで歩くコースを「地図中の**ア**から」という書き出しの言葉に続けて書きましょう。

〈条件〉○進む方向は、方位を使って示すこと。また、進む方向が変わるときは、目印になる地図記号の建物の名前と進む方位を示すこと。

○進むきょりは、地図中の縮尺（しゅくしゃく）を使って、百の位までのがい数で示すこと。

太郎：集めた情報をもとに、漁師さんに質問したから、たくさん話を聞くことができたね。

花子：漁師さんの「海と森林は深い関係がある」という言葉が印象に残ったよ。

次郎：図書館で見つけた**資料１**と**資料２**は、漁師さんの言葉とつながっているようだね。

資料１　川ごとの河口域（かこういき）※１に生息（せいそく）している絶めつ危（き）ぐ魚種の数※２と流域（りゅういき）※３が森林におおわれている割合（わりあい）

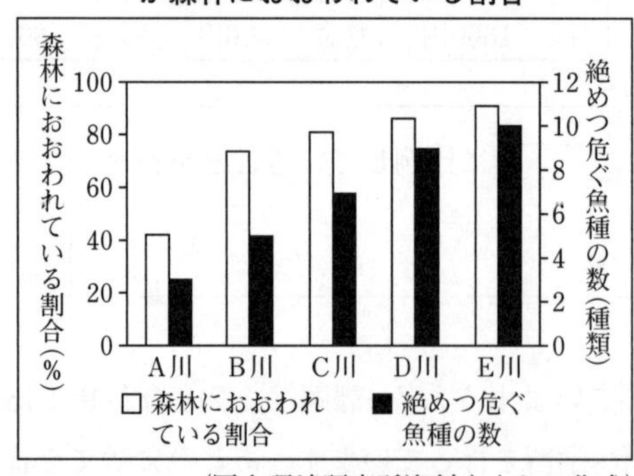

（国立環境研究所資料をもとに作成）

※１ 河口域…川が海につながっている地域
※２ 絶めつ危ぐ魚種の数…地球上からいなくなる危険性が高い魚の種類の数
※３ 流域…川に水が流れこむはん囲

資料２

編集部注：著作権の都合により、資料を省略しています。

(2)　海と森林の関係について、**資料１**と**資料２**から読み取ったことをそれぞれ書きましょう。また、**資料１**と**資料２**のそれぞれから読み取ったことをふまえて、森林が漁業にあたえるえいきょうについて、あなたの考えを書きましょう。

太郎：新聞記事(**資料３**)に、森林を守るための森林環境税のことがのっていたね。

花子：森林を守るには、教科書で学習した**資料４**の状きょうも考えておく必要があるね。

次郎：森林環境税で集めたお金をどのように使うと森林を守ることにつながるかな。

資料３　新聞記事

森林環境税
使い道が問われる

森林を守るための新しい税が２０２４年度から導入される。一定の収入がある人を対象に、１人当たり年間千円をその他の税とあわせて集める「森林環境税」である。導入の背景の一つには、森林の手入れが行き届いていないことを原因とした土砂災害が相次いでいることがある。各市町村の森林整備にあてる※財源を安定的に確保し、対策を急ぐべきだと判断した。

　森林を守るために有効な解決策は何か、長期的な視野に立って知恵をしぼりたい。

※財源…お金のでどころ

(3)　**資料３**の森林環境税で集めたお金をどのようなことに使い、その使い方によって何ができるようになると考えますか。**資料４**をふまえながら、具体的にあなたの考えを書きましょう。

資料４　日本国内の林業で働く人の数とそのうち65才以上がしめる割合

	林業で働く人の数	65才以上の割合
1985年	126,343人	10％
1995年	81,564人	23％
2005年	52,173人	27％

(林野庁資料をもとに作成)

課題２　次の資料は**【言葉や言葉の使い方に関する自分自身の課題】**を調査した項目の一部です。この資料にある項目の中で、あなた自身は言葉や言葉の使い方をより良くするためにどのようなことに気をつけたいですか。項目Ａ～Ｇの中から一つ選び、そのアルファベットを□に書き、選んだ理由と、今後どのようなことに気をつけたいかについて、次の条件に合わせて具体的に書きましょう。

〈条件〉

○　「私は□を選びました。なぜなら、」という書き出しの言葉に続けて二百字以内で書くこと。ただし、「私は……なぜなら、」の部分は字数にふくまない。（、や。や「　」なども一字に数える。）

○　一マス目から書くこと。また、とちゅうで行を変えないこと。

資料　**【言葉や言葉の使い方に関する自分自身の課題】**

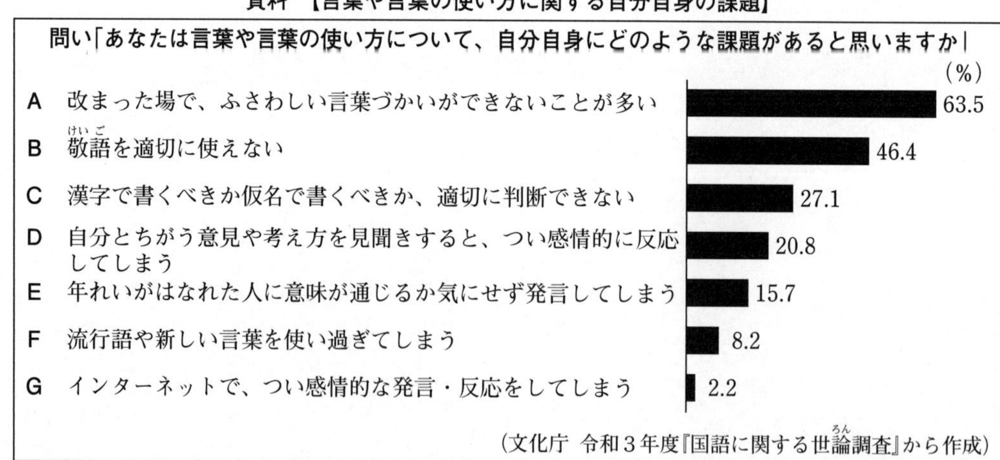

（文化庁　令和３年度『国語に関する世論調査』から作成）

【しょうかいカード】

「自分らしさ」とは？

野口嘉則「自分を好きになれない君へ」

●おすすめポイント
①コオロギと(ア)ムカデのたとえがあってわかりやすい。
②(イ)「自分らしさ」についてなやんでいる人へのヒントになる。

【話し合いの様子の一部】

花子(はなこ)　しょうかいカードの――線部(ア)「ムカデのたとえ」って何のことかわかるかな。何をたとえているか説明した方がいいかもしれないね。

次郎(じろう)　「[A]の姿(すがた)が、動けなくなっているムカデの姿にたとえられていること」を伝えたら、この本を読みたくなるかもしれないね。

太郎　タイトルを「『自分らしさ』とは？」としたけれどどうかな。私は、これから天職を見つけるには自分らしさがカギとなると思ったからそうしたんだ。

花子　なるほど。天職って天から与えられた職・仕事のことだよね。「仕事を選ぶとき、自分らしい仕事かどうかわからなくても、[B]によって、自分らしさが見つかることもある」という筆者の考えを伝えてみてはどうかな。

次郎　そうだね。ところで、どうして――線部(イ)「『自分らしさ』についてなやんでいる人へのヒントになる」と思ったのかな。

太郎　個性について、「いまの世の中の考え方」と「筆者が伝えたいこと」とでは、対照的になっているから、なやみを解決するきっかけになると思ったんだ。

花子　いまの世の中では、個性は[C]と考えているのに、筆者は、個性を[D]ものと表しているよね。

太郎　そうか。花子さんの意見を本をしょうかいするときに必ず伝えよう。

(1)　読書好きな人のことを「本の虫」ということがあります。このように「虫」の字を使った人の様子や感情をたとえている表現やことわざ・慣用句のうち、「虫」で終わるものと「虫」から始まるものを一つずつ書きましょう。ただし、「本の虫」はのぞきます。

(2)　【話し合いの様子の一部】を読んで、あなたが次郎さんならどのように話しますか。空らんAに入る内容を十五字以内で書きましょう。(、や。や「」なども一字に数えます。)

(3)　【話し合いの様子の一部】を読んで、あなたが花子さんならどのように話しますか。空らんB、C、Dに入る内容を書きましょう。ただし、空らんBは二十字以内、空らんCは三十字以内、空らんDは三十五字以内で書きましょう。(、や。や「」なども一字に数えます。)

〈適性検査Ⅱ〉　　—課題3と合わせて45分—

課題1　太郎さんの学級では、自分の好きな本をしょうかいする活動を行うことにしています。次の文章は、太郎さんの**【しょうかいしたい本の一部】**です。太郎さんのグループでは、この本の**【しょうかいカード】**を作成して、学級の他の友だちに伝えたいことについて話し合っています。これらを読んで、(1)から(3)に答えましょう。

【しょうかいしたい本の一部】

コオロギとムカデがこんな会話をしていたそうです。

「ムカデさんは個性的ですよね」

コオロギにそう言われ、ムカデはビックリして聞き返します。

「えっ、僕が個性的ですって？」

「だって、そんなにたくさんある脚を全部使って歩いているわけでしょう、それこそがムカデさんらしさですよ。それにしても、たくさんの脚をどんな順番でどのように動かして歩くんですか？」

そう聞かれたムカデは、はて、僕は自分の脚をどのように動かしているんだっけ、と考えこんでしまいました。そして考えすぎてわからなくなって、動けなくなってしまいました。

若い人を見ていると、同じようなことを感じることがあります。自分らしさって何だろう、自分の個性って何だろうと考えすぎてしまうのです。

自分の個性について考えれば考えるほど身動きがとれなくなってしまう。

いまの世の中には「自分らしく生きなければならない」「自分の個性を発揮できるような仕事を選ばなければならない」といった＊1妙な圧力があるように思います。私はこれを「自分らしさの＊2呪縛」と呼んでいます。

仕事を選ぶときにも「これが本当に自分らしい仕事なのか」という考えにとらわれてしまって、何をしていいかわからない。そんな悩みを聞くこともあります。

もちろん自分の個性を理解した上で、それに合った仕事に就くことができればいいかもしれません。でも仕事というのは、やってみなければわからないところがあります。1年、2年と続けていくうちに、この仕事は好きかもしれないな、これが天職かもしれないと思い始めることはよくあります。

それに人間は一生成長していく生き物です。ある時点の自分らしさに基づいて仕事を決めようとしても、仕事に磨かれたり、いろいろな人と出会うことで自分らしさは変化していきます。

私が皆さんにお伝えしたいことは、自分らしさということを焦って探し求めなくてもいいということです。

たとえ人と同じことをやっていても自然とにじみ出てくるもの、それが個性であり、自分らしさです。

あなたがどんな生き方をしようが、どんな仕事を選ぼうが、自然に立ち表れてくるもの、それがあなたらしさであり、あなたの個性なのです。

（野口嘉則『自分を好きになれない君へ』〈小学館〉から）

＊1　妙な…不思議な、変な。

＊2　呪縛…心理的に人の心の自由を失わせること。

岡山市立岡山後楽館中学校

（編集部注：掲載にあたりレイアウトなどの一部改変を行っています。）

〈課題作文〉　　　　—60分—

1　次の文章を読んで、あとの問いに答えなさい。（編集部注：たて書きで出題されています。）

> 編集部注：著作権上の都合により、文章を省略してあります。　　（文：石井裕之）

問一　ぼう線部「そういう」が表す内容を、「世の中」に続くように、文章中から十九字で抜き出し、最初と最後の三字を書きなさい。ただし、句読点や「　」は一字にふくみません。

□□□～□□□世の中

問二　この文章を読んであなたの考えたことについて、「おばあさん」「女の子」という二語を必ず使って書きなさい。ただし、次の【きまり】に従って書きなさい。

【きまり】

○　三百字以上五百字以内で書くこと。
○　各段落の最初は、一字下げて書くこと。
○　題名や名前は書かないこと。
○　「、」や「。」もそれぞれ一字に数えること。
○　原こう用紙の一行目から書き始めること。

2　次の文章は、夏のある日のミツヒコさんと姉のユキエさんの会話です。文章を読んで(1)～(6)の問いに答えなさい。

ミツヒコ：今年の夏はとても暑いね。

ユキエ　：そうね、雨がぜんぜん降っていないよね。

(1)　資料１・２から読み取れることとして正しいものを、次のア～オからすべて選び、記号で答えなさい。

資料１　旭川の上流（蒜山高原）の１年間の雨の量

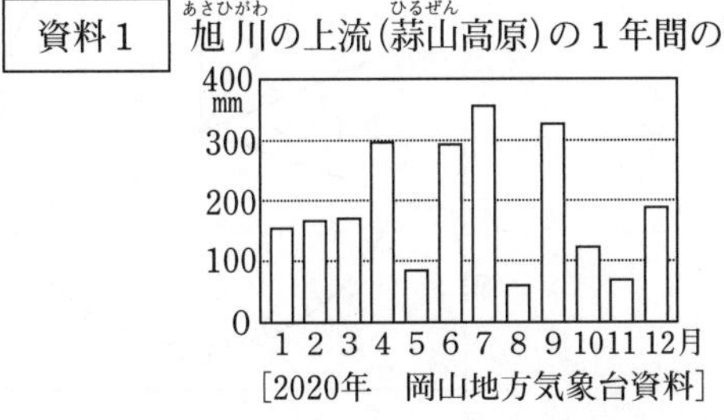

［2020年　岡山地方気象台資料］

資料２　岡山市の１年間の雨の量

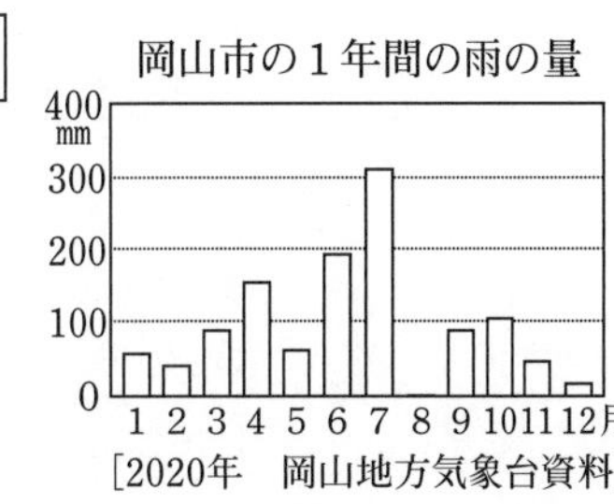

［2020年　岡山地方気象台資料］

ア　旭川の上流（蒜山高原）で１年間に降る雨の量は、岡山市で１年間に降る雨の量と比べて少ない。

イ　旭川の上流（蒜山高原）で降る雨の量も、岡山市で降る雨の量も、どちらも７月が最も多い。２番目に多い月はどちらも６月である。

ウ　旭川の上流（蒜山高原）で降る雨の量と岡山市で降る雨の量を比べると、すべての月で旭川上流（蒜山高原）で降る雨の量が上回っている。

エ　旭川の上流（蒜山高原）で降る４月の雨の量は、岡山市で降る４月の雨の量のおよそ３倍である。

オ　岡山市で降る雨の量が100㎜未満の月は１年間の半分以上ある。

ミツヒコ：雨雲の動きはどうなっているのだろう。

ユキエ　：気象衛星の雲画像があったわ。朝鮮半島にかかっていた雲が青森県の方に移動しているね。

⑵　次の図は７月18日と７月19日の２日間の気象衛星の雲画像です。７月19日の雲画像を記号で答えなさい。またその理由を方角を示す言葉を用いて書きなさい。

㋐　著作権上の都合により、図を省略しています。

㋑　著作権上の都合により、図を省略しています。

ユキエ　：暑くなる前に、算数の宿題を終わらせようよ。

ミツヒコ：は～い。

⑶　７－２×３　を計算しなさい。

⑷　右の箱に１㎤の立方体をすき間なくつめようと思います。立方体は何個入るか求めなさい。

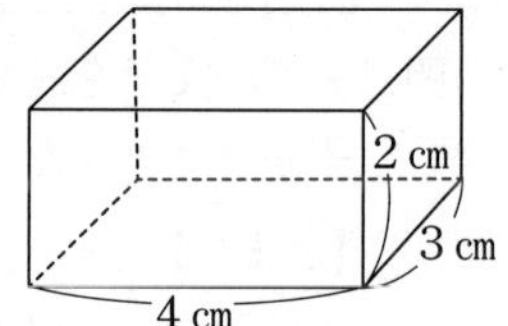

⑸　けいたさんは、小学生に好きな動物を挙げてもらいました。次の表は、その結果をまとめたものです。

動物	イヌ	ネコ	ゾウ	ライオン	キリン	その他	合計
人数(人)	78	40	22	22	18	20	200
割合(%)	㋐	㋑	11	11	9	10	100

①　表の㋐、㋑にあてはまる数を求め、表を完成させなさい。

②　この表から右の円グラフを完成させなさい。

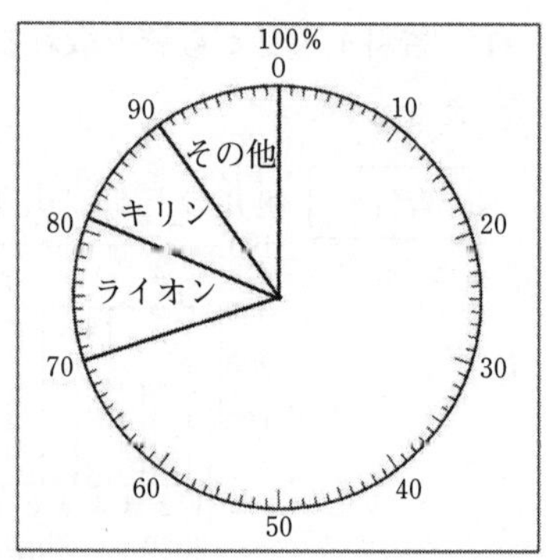

⑹　１本の長さが１㎝の棒が14本あります。この棒を並べて、いろいろな長方形を考えます。いろいろな長方形の中で一番面積の大きい長方形の面積を求めなさい。ただし、この棒は折り曲げることはできません。また、棒のすき間は考えないこととします。

【例】

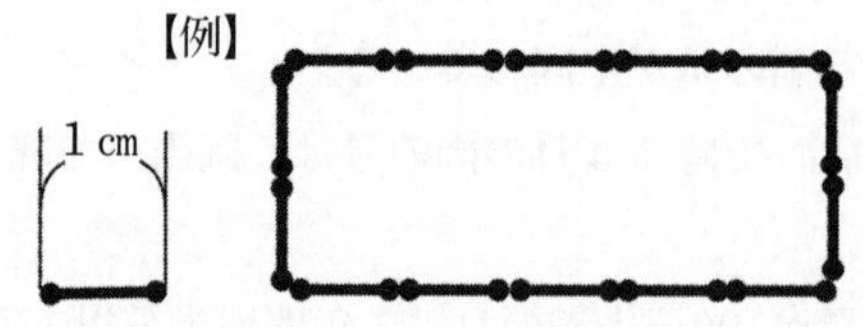

広島県立三次中学校

（編集部注：掲載にあたりレイアウトなどの一部改変を行っています。）

〈適性検査１〉 —45分—

1　次の会話は、彩（あや）さんと彩さんのお母さんが晩ごはんについて話したものです。

彩「お母さん。今日の晩ごはん、私がカレーを作るよ。」

母「今は夏だから、旬（しゅん）の野菜を使った夏野菜カレーを食べたいな。この前作ったチキンカレーは私たち家族５人分を消費税込（こ）み834円で作れたから、５人分の夏野菜カレーを消費税込みで800円以上900円未満の金額で作るようにしてはどうかな。玉ねぎ、じゃがいもは当然として、数種類の夏野菜を入れたらどうかな。」

彩「わかった。玉ねぎ、じゃがいもの他に３種類の夏野菜を入れて、私たち５人分の夏野菜カレーを消費税込みで800円以上900円未満の金額で作るようにするよ。」

母「カレーに使えそうな夏野菜にはどんなものがあるのかな。」

彩「さっそくインターネットで、夏野菜カレーの材料と分量を調べてメモにまとめてみるよ。」

母「私は近所のスーパーのチラシで、材料の値段を調べてメモにまとめておくよ。」

（彩さんが調べた材料と分量をまとめたメモ）

５人分の夏野菜カレーに使う材料と分量

（必ず使う材料と分量）

・豚（ぶた）ひき肉	150 g
・玉ねぎ	$\frac{1}{2}$個
・じゃがいも	1個
・カレールー	$\frac{1}{2}$箱

（夏野菜の材料と分量）

①かぼちゃ	$\frac{1}{4}$個	④ナス	5本
②パプリカ	$\frac{1}{2}$個	⑤ピーマン	2個
③オクラ	8本	⑥トマト	1個

（お母さんが調べた材料の値段をまとめたメモ）

・豚ひき肉（150 g）	159円
・玉ねぎ（１個）	26円
・じゃがいも（１個）	38円
・カレールー（１箱）	214円
・かぼちゃ（$\frac{1}{4}$個）	87円
・パプリカ（１個）	106円
・オクラ（５本入）	105円
・ナス（１本）	65円
・ピーマン（３個入）	96円
・トマト（１個）	106円

○　消費税はそれぞれの値段の中にふくむ。

あなたが彩さんなら、どの野菜を選んで夏野菜カレーを作りますか。夏野菜の材料と分量の①～⑥の中から３種類の夏野菜を選び、記号で答えなさい。また、それらを使った５人分の夏野菜カレーの材料費の合計金額とその求め方を書きなさい。ただし、余った材料の費用はふくめないこととします。

[2]　６年生の太郎さんは、ある中学校の文化祭で科学部の実験教室に参加し、科学部の生徒が用意したプリントをもとに、箱の中の回路を予想するゲームを行いました。ゲームに使う箱には、かん電池が１つ使われている箱とかん電池が２つ使われている箱の２種類があります。これについて、あとの１・２に答えなさい。

（科学部の生徒が用意したプリント）

条件に当てはまる回路を予想しよう！

【ゲームの進め方】

① 箱の上に出ているたんしＡ～Ｄのうち、２つのたんしと豆電球を導線でつなぎ、豆電球がつくかどうかを確認する。（図１）

② すべてのたんしの組み合わせについて、豆電球がつくかどうかを、表に記録する。

③ 作成した表から【回路の条件】にそって、箱の中の回路を予想して、図２を参考にして予想した回路をかく。

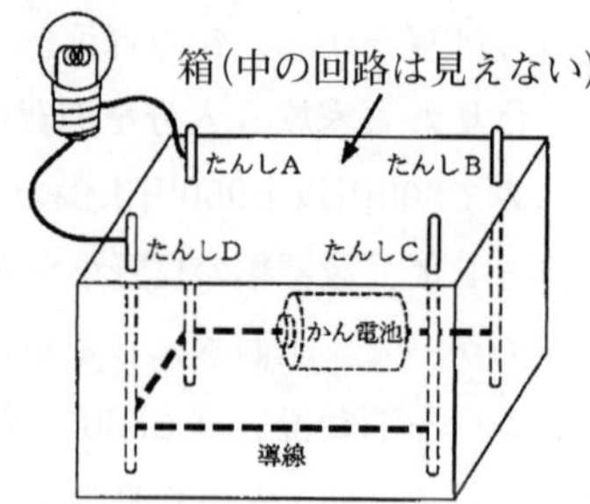

図１　たんしと豆電球のつなぎ方の例

【回路の条件】

ア　箱の中のたんしＡ～Ｄには、それぞれ導線が１本以上つなげられている。

イ　かん電池は、図１の箱の中に示しているように、２つのたんしと導線でつなげられている。

ウ　たんしとたんしの間につなげられているかん電池は１つである。

エ　箱の中の導線は、図３のように、四角形または三角形ができるようなつなぎ方はしていない。さらに、導線が２本ななめに交わっていない。

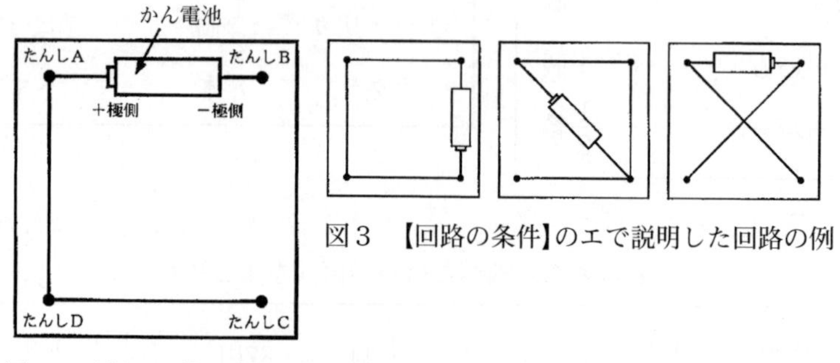

図３　【回路の条件】のエで説明した回路の例

図２　予想した箱の中の回路をかくときの例

１　次の表１は、太郎さんが２種類の箱のうち、かん電池が１つ使われている箱でゲームを行った結果をまとめたものです。豆電球がついたときには○、豆電球がつかなかったときには×として結果を表に記録しました。

表１

選んだたんし	豆電球の様子
たんしＡとたんしＢ	×
たんしＡとたんしＣ	×
たんしＡとたんしＤ	○
たんしＢとたんしＣ	×
たんしＢとたんしＤ	○
たんしＣとたんしＤ	○

あなたが太郎さんなら、この表１の結果をもとに、箱の中の回路はどのような回路になっていると考えますか。図２を参考にして次の図に箱の中の回路を２種類かきなさい。ただし、導線のつなぎ方が同じで、かん電池の＋極と－極を入れかえた回路は同じものとします。

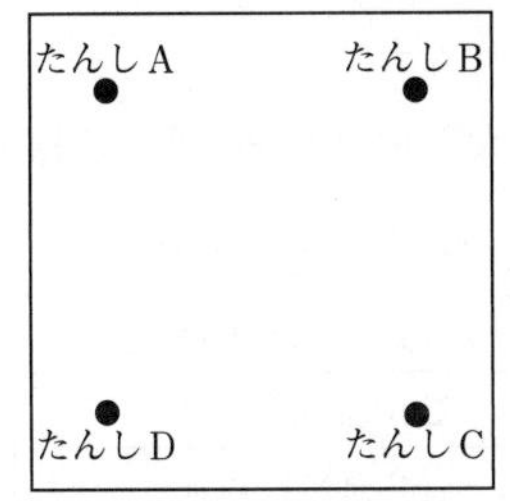

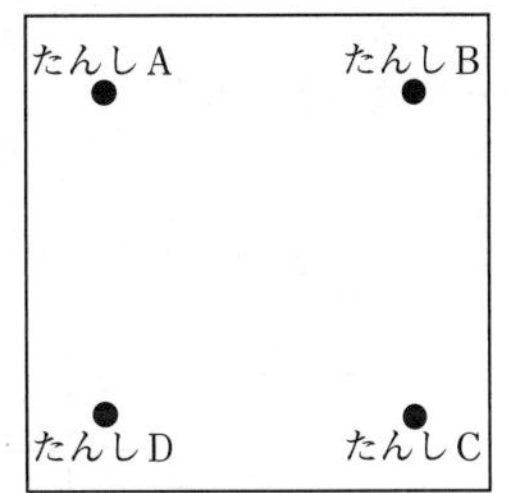

２　次の表２は、太郎さんが２種類の箱のうち、かん電池が２つ使われている箱でゲームを行った結果をまとめたものです。その結果、たんしＡとたんしＣをつないだ場合に豆電球が最も明るくなりました。このことから、かん電池が１つ使われている箱でゲームを行ったときよりも豆電球が明るくなったときには◎として結果を表に記録しました。

表２

選んだたんし	豆電球の様子
たんしＡとたんしＢ	○
たんしＡとたんしＣ	◎
たんしＡとたんしＤ	○
たんしＢとたんしＣ	○
たんしＢとたんしＤ	×
たんしＣとたんしＤ	○

あなたが太郎さんなら、この表２の結果をもとに、箱の中の回路はどのような回路になっていると考えますか。図２を参考にして次の図に箱の中の回路を１種類かきなさい。

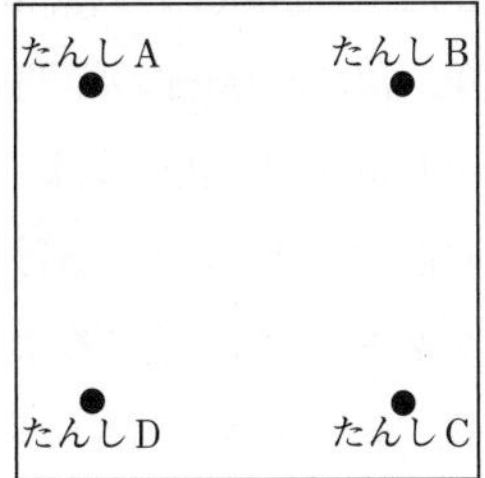

3　健太(けんた)さんのお父さんは、健太さんのために円の形をしたロボットそうじ機を買いました。健太さんは、ロボットそうじ機ができるだけ広い面積をそうじできるように、自分の部屋の家具の配

置を変えようとしています。図１は、健太さんの現在の部屋の様子です。また、表１は、健太さんの部屋にある家具の縦と横の長さをまとめた表です。

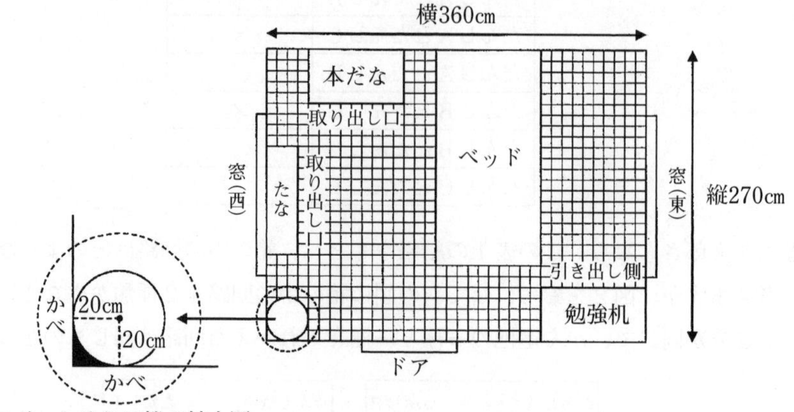

図１　健太さんの現在の部屋の様子（１目盛り10cm）

表１　家具の縦と横の長さをまとめた表

家具	縦の長さ×横の長さ
ベッド	200cm×100cm
勉強机	50cm×100cm
本だな	50cm×90cm
たな	30cm×100cm

健太さんは、ロボットそうじ機の特徴（とくちょう）と家具を配置するときの条件を次のようにまとめました。

（ロボットそうじ機の特徴）

- 直径40cmの円の形であり、通過した部分はすべてそうじするものとする。
- 常に一定の速さで移動し、そうじしながら進む。
- 幅（はば）が40cmあれば通路を通ることができ、回転して方向を変更（へんこう）することができる。
- 図１の「ロボットそうじ機の拡大図」で黒くぬりつぶした部分のように、かべとかべ、かべと家具、家具と家具のすみはそうじすることができない。
- 家具の下には入ることができず、そうじすることができない。

（健太さんの家具を配置するときの条件）

- 東側の窓の前、縦150cm×横100cmの15000㎠の範囲（はんい）内には、家具を置かない。
- 西側の窓の前、縦150cm×横100cmの15000㎠の範囲内には、本だなを置かない。
- ドアの前、縦50cm×横90cmの4500㎠の範囲内には、家具を置かない。
- 本だなとたなの取り出し口側の前は、40cm以上あける。
- 勉強机は長方形の長い辺の方が必ずかべに接するように置き、引き出し側の前、縦50cm×横100cmの5000㎠の範囲内には、家具を置かない。
- 家具の上に家具を重ねて置かない。

あなたが健太さんなら、ロボットそうじ機ができるだけ広い面積をそうじできるようにするために、どのように家具を配置しますか。次の方眼に、家具を配置した図をかきなさい。なお、家具を配置した図は、図１のように、配置した家具がどの家具かわかるようにかきなさい。また、そのように家具を配置したとき、ロボットそうじ機がそうじする面積の求め方を、式をふくめてかきなさい。ただし、方眼は１目盛り10㎝、円周率は3.14とし、ロボットそうじ機の充電場所は考えないものとします。

（健太さんの部屋に家具を配置した図）

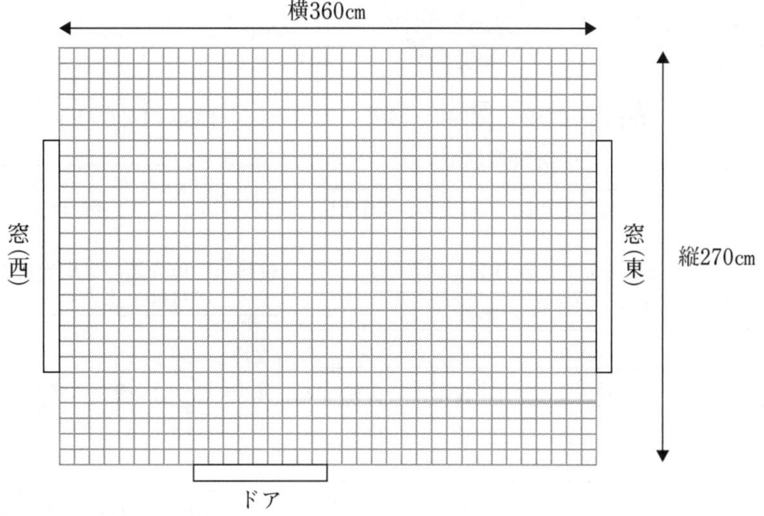

〈適性検査２〉　―45分―

1　６年生の雄太さんは、漁師が漁港の再建に取り組むテレビ番組を見て、水産業には様々な課題があることを知りました。そこで雄太さんは、社会科の授業で学習した「水産業がさかんな地域」を思い出し、日本の水産業の特色と現在の課題について調べてみようと思いました。

次の資料１～６は、雄太さんが見つけた資料です。次のレポートは、雄太さんが見つけた資料を活用して、「日本の水産業と私たちの食生活」をテーマにし、まとめているところです。これらをみて、次の１・２に答えなさい。

資料１　主な漁港の水あげ量と主な魚介類（2015年）

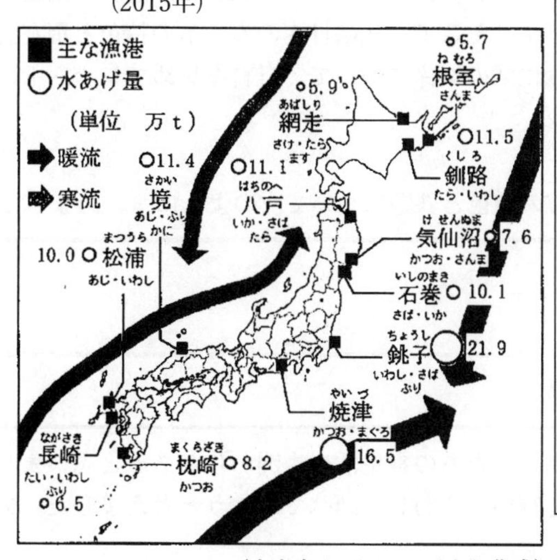

（水産庁ホームページより作成）

資料２　日本の漁かく量の移り変わり

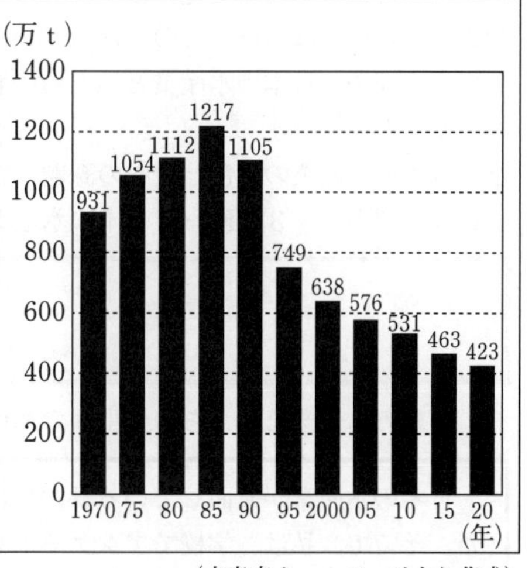

（水産庁ホームページより作成）

資料３　水産業で働く人々の年齢別割合

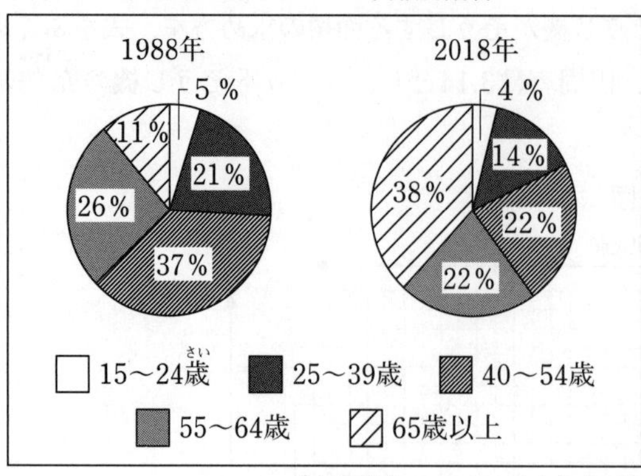

（水産庁ホームページより作成）

資料４　日本における一人あたりの魚介類の購入数量の変化（１年間）

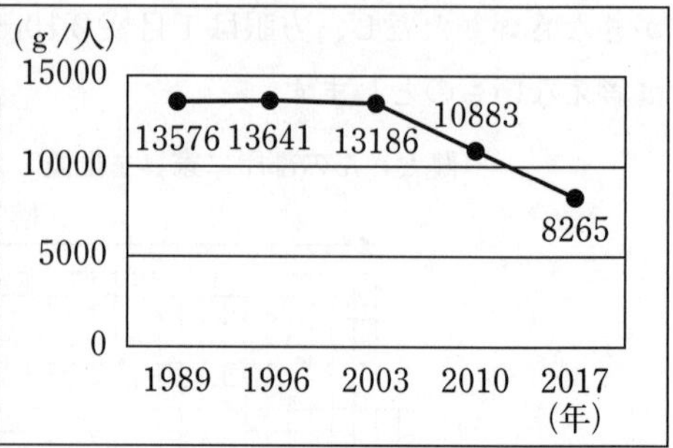

※「g／人」は、一人あたりの数量を示す。
（水産庁ホームページより作成）

資料５　魚介類と肉類の栄養比較（100 g あたり）

	炭水化物	たんぱく質	脂質	カルシウム
あじ	0.1 g	19.7 g	4.5 g	66mg
いわし	0.2 g	19.2 g	9.2 g	74mg
牛肉	0.3 g	17.7 g	22.3 g	4 mg
豚肉	0.2 g	19.3 g	19.2 g	4 mg

（文部科学省ホームページより作成）

資料６　魚介類の平均価格の移り変わり（100 g あたり）

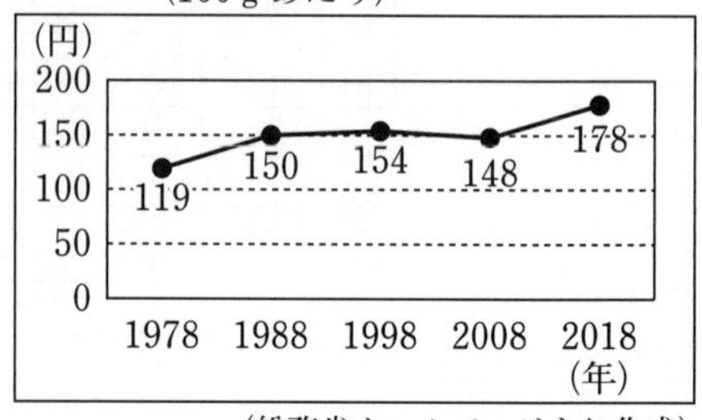

（総務省ホームページより作成）

（雄太さんが作成している途中のレポート）

日本の水産業と私たちの食生活

１　調査のきっかけ

私は、漁師のみなさんが漁港の再建に取り組むテレビ番組を見て、社会科の授業で学習した「水産業がさかんな地域」を思い出しました。そのテレビ番組を通して、私は日本の食文化と深く関わっている水産業に様々な課題があることを知るとともに、漁師のみなさんが協力して、水産業を盛り上げていこうとする姿に心を打たれました。

魚介類は、日本の食文化には欠かせません。和食は、ユネスコの人類の無形文化遺産に登録され、世界にほこれるものとなっています。そこで、私は日本の水産業の特色と現在直面している課題、日本の水産業と私たちの食生活の関係について、資料を集めてレポートにまとめました。

２　日本の水産業の特色と現在の課題

私は、資料１～３を使って日本の水産業の特色と課題について次のようにまとめました。

３　日本の水産業と私たちの食生活の関係

日本の水産業が直面している課題には、私たちの食生活にも関わりがあると思いました。そこで、私は、学校でアンケートを行い、くわしく調べてみようと考えました。アンケートの内容および結果は次の通りです。…

1　あなたが雄太さんなら、レポート中の［　　　］の中にどのような文章を入れますか。横書きで書きなさい。ただし、資料１～３をふまえることとします。

2　レポート中の［　　　］の部分は、まだ完成していません。完成させるために雄太さんは、アンケートを実施(じっし)しようと考えています。あなたが雄太さんなら、資料１～６を参考にしてどのような内容のアンケートを作成しますか。アンケートをとる対象は雄太さんの小学校の児童、保護者、先生のいずれかとします。また、そのアンケートを作成しようと考えた理由も、横書きで書きなさい。

2　６年生の絵里(えり)さんは、総合的な学習の時間に地域の防災について学習しています。これまでに、次の①・②の学習活動を行ってきました。

①　地域の過去の災害について調べ、地域の災害の特徴(とくちょう)を明らかにしました。

②　防災施設(しせつ)の見学を行い、地域の防災や減災に関する取組を理解しました。

そして、今後は、私たちができる地域の防災・減災の取組を考え、全校児童や保護者、地域の方々に向けて提案する学習活動を行います。

そこで、この学習活動のはじめに、来月の参観日の授業で、地域で起こった自然災害や今後起こりそうな自然災害について、保護者や地域の方々と一緒(いっしょ)に校内や校外で調査する活動を行うことになりました。各グループのリーダーが中心となって、参観日当日の調査内容を考えていきます。参観日当日、学校で準備できるものは、ハザードマップとマイ・タイムライン(注１)、地域の地図の３つだと聞いています。絵里さんはＡグループのリーダーになりました。なお、次のメモは参観日当日の日程についてまとめたものです。

（参観日当日の日程）

時間	内容
13：15～13：30	自己紹介(しょうかい)・調査の打ち合わせ
13：30～15：00	調査
15：00～15：10	休憩(きゅうけい)
15：10～15：30	活動のふり返りとまとめ

※調査は校内または校外のどちらでもよい。

また、資料１は、絵里さんが通う小学校の児童全員を対象に実施した防災に関するアンケート結果をまとめたもの、資料２・３は、絵里さんが地域の防災意識についてインターネットで調べた結果をまとめたものです。

あなたが絵里さんなら、家庭や地域の防災の意識を高めるためにどのような調査内容を考えますか。資料１～３をふまえて考えた調査内容を、その理由をふくめ、300字以内で縦書きで書きなさい。

資料１　私たちが家庭での防災対策として知っていること（複数回答可）

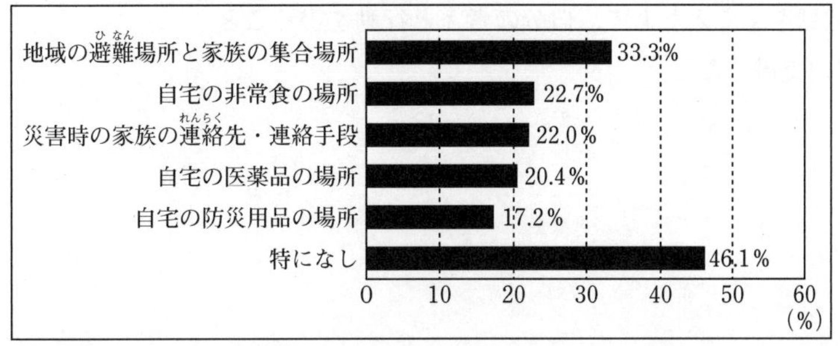

資料２　地域の防災意識に関する意識調査の結果(複数回答可)

内容	結果
災害に関する情報を自ら入手するためのツール(注２)を確保している	77.1％
災害の種類に応じた避難場所・避難経路を確認している	72.4％
水害・土砂災害の危険を理解している	70.2％
家具等の転倒防止を行っている	56.9％
非常持出品を用意し、かつ３日分以上の食料及び飲料水をたくわえている	55.8％
防災教室・防災訓練へ参加したことがある	46.2％
マイ・タイムラインを作成している	13.0％

資料３　近年発生した豪雨災害において自宅外への避難を考えた「きっかけ」に関するアンケート結果(複数回答可)

内容	結果
雨の降り方や河川の状況など周囲の状況	36.9％
自治体や気象庁が発令(発表)した避難情報や防災気象情報	25.4％
消防署員や町内会、近所の人、家族、友人など他者からの呼びかけ	21.3％
テレビやラジオ、インターネットなどの報道	7.5％
その他	11.6％

(注１)マイ・タイムラインとは、住民一人ひとりのタイムライン防災行動計画であり、災害の発生が予測されるときに、自分自身がとる防災行動を時間とともに整理し、自ら考え命を守る避難行動を考えるものである。

(注２)ツールとは、道具という意味で、災害に関する情報を自ら入手することができる道具としては、防災情報メールや防災情報アプリ、ＳＮＳ(ソーシャルネットワーキングサービス)がある。

３　次の文章は、現代哲学などを研究されている小林康夫さんが書いたものです。これを読んで、あとの１・２に答えなさい。

※編集部注　著作権上の都合により、文章を省略してあります。

１　①「知らない」ということのほうが重要なのである　とあるが、それはなぜですか。理由を、「知らないことを学ぶ中では」に続けて、70字以内で縦書きで書きなさい。

２　②人間が何かを成し遂げる力は、エラーにこそある　とあるが、あなたは今後、学校生活の様々な場面で「エラー」を起こした時、どのように考え、行動していきたいですか。次の条件にしたがって縦書きで書きなさい。

(条件)

・学校生活での具体的な「エラー」の場面を設定して書くこと。

・筆者の意見をふまえた上で、自分の考えと行動を書くこと。

・200字以内で書くこと。

広島県立広島叡智学園中学校

（編集部注：掲載にあたりレイアウトなどの一部改変を行っています。）

〈適性検査Ａ〉　　　　—45分—

1　浩二さんと真子さんの学級では、総合的な学習の時間の中で「地域に生息する日本固有の生き物を守る」ことを目指した調査探究活動を行っています。浩二さんと真子さんのグループは、日本固有の生き物の生態系※1に影響をあたえていると考えられる外来種※2の数を調査することになりました。浩二さんと真子さんと先生の会話を読んで、あとの問いに答えなさい。

※１　生態系……ある地域に生息する生き物とその生き物をとりまく環境。

※２　外来種……もともと生息していなかった地域に、人間の活動によって外国や国内の他地域から入ってきた生物。

真子「近くの池や川でよく見る外来種について調べたことをまとめてきたよ。この３種類の外来種がどのくらいいるのか調べてみようよ。」

資料１　【外来種の特徴をまとめた表】

外来種の種類	分類	生息地	外来種の特徴
ブラックバス	魚類	湖・池・川	水中を活発に泳ぎ回り、朝と夕方は特に活発になる。夏の昼間は水温の低いところでじっとしていることが多い。３月～７月にかけて卵を産み、１週間程度で卵がかえる。
アメリカザリガニ	甲殻類	湖・池・水田 川・用水路	あしを使って移動し、腹を使って素早く泳ぐこともできる。朝や夕方、夜に活発に動き、日中はものかげにかくれてじっとしていることが多い。６月～９月に卵を産み、１ヶ月程度で卵がかえる。
ミシシッピアカミミガメ	爬虫類	湖・池・川	昼間に活動し、あしを使って移動をする。水中で泳ぐこともできる。水温が15℃以下になると動きがにぶくなる。４月～７月にかけて卵を産み、２ヶ月から２ヶ月半程度で卵がかえる。

浩二「外来種の数を調べるといっても、全てをつかまえて数えることは不可能だよね。」

真子「私も生き物の数をどのように数えているのか不思議に思って調べてみたんだ。生き物の数を調べる方法はいくつかあるみたいなんだけど、そのうち１つの方法を、メモにまとめてきたよ。」

資料２　【生き物の数を調べる方法をまとめたメモ】

標識再捕獲法

○　調査の手順

①　数を調べたい生き物をつかまえて、つかまえた数を数える。（１回目の調査）

②　１回目の調査でつかまえた生き物すべてに目印を付けて、もとの場所にもどす。

③　期間をあけてもう一度つかまえて、つかまえた数と、つかまえた中に目印があるものの数を数える。（２回目の調査）

○　生き物の数を求める式

$$(\text{生き物の数}) = \frac{(\text{1回目の調査でつかまえた数}) \times (\text{2回目の調査でつかまえた数})}{(\text{2回目の調査でつかまえた中で、目印があるものの数})}$$

○　標識再捕獲法で調査をするときの注意点

・調査をする生き物は生息地域を動きまわる生き物であること。

・調査期間中に調査する生き物が新たに生まれたりたくさん死んだりするなど、調査する場所での生き物の数が大きく変化しないこと。

先生「よく調べましたね。この方法を使って外来種の数を調査する計画があるといいですね。２学期末までには全ての生き物の調査を終えられるようにしましょう。」

真子「まずは、この地域の外来種がいる調査場所の候補（こうほ）をあげて、調査計画を作ってみます。」

資料３　【調査場所の候補】

調査場所の候補	調査できる外来種	調査場所についてのメモ
学校裏（うら）の池	ブラックバス アメリカザリガニ ミシシッピアカミミガメ	・全ての外来種が多く見られる。 ・小川が３本流れこんでおり、小川にも全ての外来種が見られる。
水田横の用水路	アメリカザリガニ	・流れはゆるやかで、多くのアメリカザリガニが見られる。
公園内の池	ブラックバス ミシシッピアカミミガメ	・小川など、外から入ってくる水路はない。
学校横の川	アメリカザリガニ ミシシッピアカミミガメ	・流れはゆるやかで、川の中に陸場も多くあり、そこでミシシッピアカミミガメがよく見られる。

資料４　【作成した調査計画】

調査する外来種	調査する時期	調査する時間	調査する場所	つかまえ方	調査範囲
ブラックバス	１回目：８月１日 ２回目：８月３日	午後１時～午後３時の２時間	学校裏の池	つり	池全体
アメリカザリガニ	１回目：５月９日 ２回目：７月６日	午後２時～午後３時の１時間	水田横の用水路	あみ	水路20ｍの範囲
ミシシッピアカミミガメ	１回目：８月22日 ２回目：10月８日	午前９時～翌日の午前９時の１日	学校横の川	わな	特に決めない

真子「先生、調査計画ができたので見てください。」

先生「できるだけ正確な数を調べるために、この調査計画の中には改善（かいぜん）した方がよいところがありますね。標識再捕獲法で調査をするときの注意点を守ることはもちろんですが、生き物の動きに影響をあたえてしまうような条件や、つかまえることのできる数に影響をあたえてしまう条件は、２回の調査でできるだけそろえることが必要ですね。」

(問１)　資料４【作成した調査計画】の中で、改善した方がよいと思う内容をふくむ項目（こうもく）を２つあげ、どのように改善するのかを書きなさい。また、それぞれそのように改善した方がよいと思う理由を書きなさい。(改善した方がよいと思う内容をふくむ項目の解答の書き方の例：ブラックバスの調査範囲)

浩二さんと真子さんのグループは、調査計画を改善し、先生といっしょに外来種の数を調査しました。

浩二「先生、調査した結果をまとめました。」

資料５　【調査結果】

調査した外来種	ブラックバス	アメリカザリガニ	ミシシッピアカミミガメ
１回目につかまえた数	12	35	39
２回目につかまえた数	14	54	44
２回目につかまえた数のうち目印のあるものの数	2	15	6

先生「それでは、真子さんが調べてきた標識再捕獲法の生き物の数を求める式を使って、調査結果から調査した場所に生息する外来種のおよその数を求めてみましょう。」

真子「その生き物の一部の数を数えるだけで、生き物の全部の数を調べることができるってすごいよね。でも、そもそもなぜこの計算の方法で、全体の生き物の数を求めることができるのかな。」

先生「真子さん、とてもよい疑問(ぎもん)ですね。この方法では正確な数までは求めることはできませんが、調査した生き物が、調査した場所全体にまんべんなく生息していると考えると、およその全体の数を求めることができるのですよ。」

（問２）　資料５【調査結果】の調査する外来種のうち１つを選び、資料２【生き物の数を調べる方法をまとめたメモ】の標識再捕獲法の生き物の数を求める式を使って、選んだ外来種の数を求めなさい。ただし、１の位を四捨五入(ししゃごにゅう)したおよその数で答えなさい。また、標識再捕獲法の生き物の数を求める式で、調査した場所全体の生き物のおよその数を求めることができる理由を、数を求めるために選んだ外来種の資料５【調査結果】の数字を使って説明しなさい。

2　理科の授業で、てこの学習をした英美(ひでみ)さんと智樹(ともき)さんは、その数日後の科学クラブの活動の中で、学習で使った実験用のてこと、10ｇのおもり10個を使って授業について振り返っています。英美さんと智樹さんと先生の会話を読んで、あとの問いに答えなさい。

図１

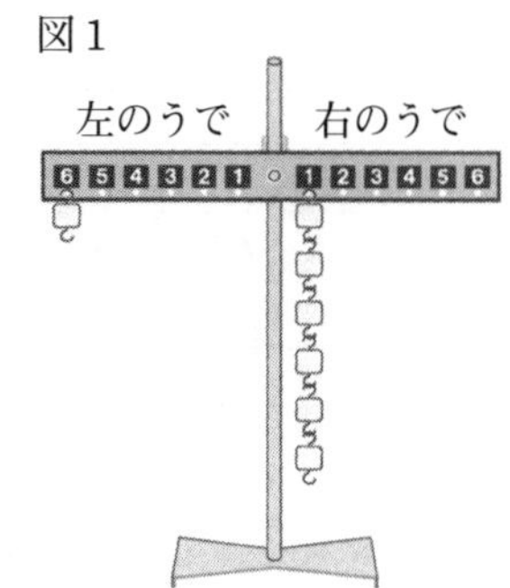

英美「てこが水平につり合うときの支点からの距離(きょり)とおもりの重さについて調べたよね。左のうでの６のところに１個のおもりをつるしたとき、右のうでの１のところに６個のおもりをつるすとつり合ったよね。（図１）」

智樹「ノートに実験結果と実験からわかったことをまとめてあるよ。」

【智樹さんのノート】

〔目的〕てこが水平につり合うときのきまりを調べる。

〔方法〕① 左のうでに、支点からの距離６の位置におもりを１個つるす。

② 右のうでにおもりをつるし、てこが水平につり合うときの、支点からの距離とおもりの重さを調べる。(つり合う重さのおもりがないときは、－をつける。)

〔実験結果〕

	左のうで	右のうで					
支点からの距離	6	1	2	3	4	5	6
おもりの重さ(g)	10	60	30	20	－	－	10

〔わかったこと〕

○ てこをかたむけるはたらきは、おもりの重さ×支点からの距離 で表すことができる。

○ てこが水平につり合うときは、左のうでをかたむけるはたらき＝右のうでをかたむけるはたらき となるから、つり合うときのきまりは、次の式で表すことができる。

左のうで　　　　右のうで

(おもりの重さ)×(支点からの距離)＝(おもりの重さ)×(支点からの距離)

英美「実験が終わった後、左右のうでの２ヶ所にそれぞれおもりをつるしてつり合うところをさがすと、左右のうでにこのようにおもりをつるしたときにつり合ったんだよね。(図２)」

先生「これも、実験でわかったことを使うと説明できますね。実験でわかったことを使うと、右のうでの３ヶ所以上におもりをつるしてもつり合わせることができますよ。」

英美「おもしろそうだね。やってみようよ。」

智樹「じゃあ、ノートに表を書いて考えてみよう。」

図２

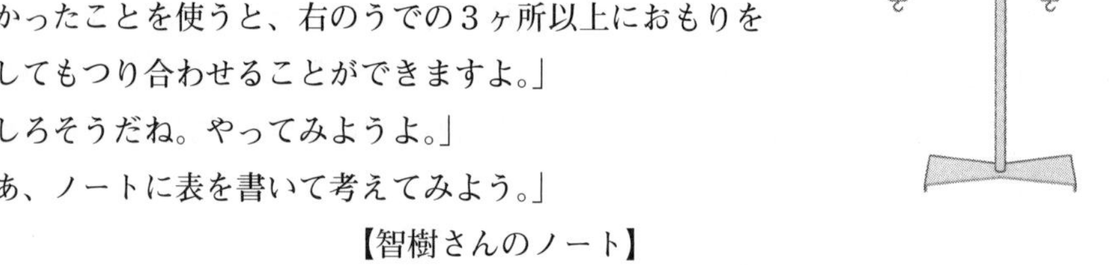

【智樹さんのノート】

○ 左右のうでの２ヶ所におもりをつるしてつり合ったとき。

	左のうで		右のうで	
支点からの距離	4	3	2	6
おもりの重さ(g)	30	20	30	20

左のうでをかたむけるはたらき＝右のうでをかたむけるはたらき になっているからつり合う。

○ 左のうでの２ヶ所、右のうでの３ヶ所以上におもりをつるしてつり合わせるには？ (図３)

図３

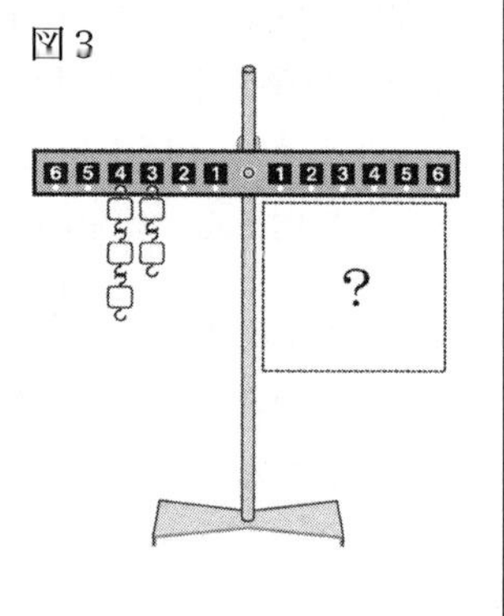

	左のうで		右のうで				
支点からの距離	4	3			?		
おもりの重さ(g)	30	20					

智樹「つり合っているときは、つり合うときのきまりにあてはまっているね。」

英美「ということは、３ヶ所以上にしてつり合わせるには［ア］つるせばつり合うね。」

智樹「確かに。[　イ　]＝[　ウ　]となって、左のうでと右のうでをかたむけるはたらきが等しくなっているね。」

(問１)　英美さんと智樹さんの会話の[　ア　]に、おもりをつるす番号(３ヶ所以上)とそこにつるすおもりの数を次の【解答のしかたの例】にしたがって書きなさい。また、[　イ　]と[　ウ　]には、それぞれのうでをかたむけるはたらきを示す式を書きなさい。ただし、使えるおもりは残っている５個以内とする。

【解答のしかたの例】　　１におもり１個、２におもり２個、３におもり２個

英美「てこがつり合うときのきまりを使っていると思う道具を、家の倉庫で見つけて写真をとってきたよ。(写真１)『竿(さお)ばかり』という道具で、昔はこれでものの重さをはかっていたそうよ。」

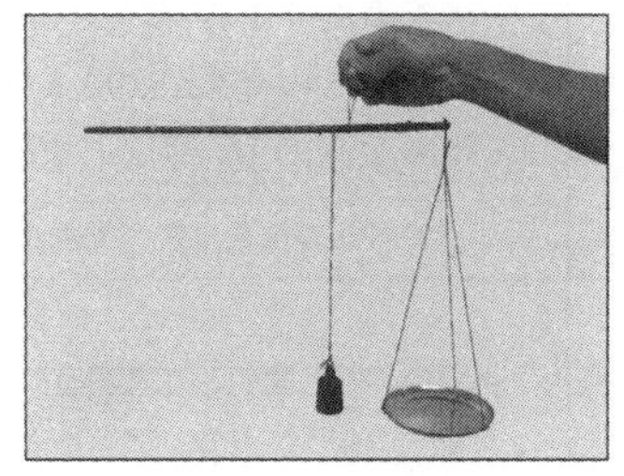

写真１　竿ばかり

智樹「これで本当にものの重さがはかれるのかな。」

英美「本当にはかれるのか試してみたいね。」

先生「これは、実験でわかったことを使って考えれば、作ることができますよ。ただし、持ち手が棒(ぼう)の中心からずれている場合は、棒の重さのことも考えなければいけません。例えば、長さが100cmで重さが100ｇの棒だとします。図４のように右から40cmのところに持ち手をつけた場合、棒の左が下にかたむきます。持ち手の左側の棒の重さが60ｇ、右側の棒の重さが40ｇだからです。これは、持ち手の左側の棒の長さの半分の30cmの位置(ア▼)に60ｇのおもりを、持ち手の右の棒の長さの半分の20cmの位置(イ▼)に40ｇのおもりをつるしているのと同じだと考えるといいのです。」

図４

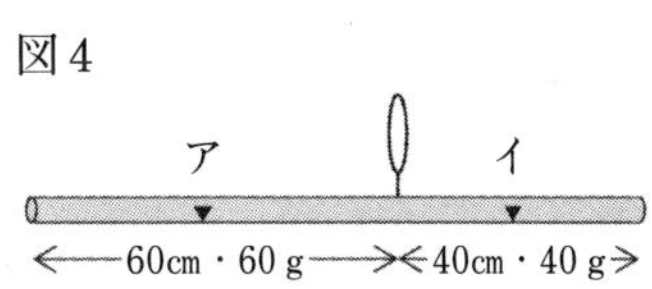

智樹「わかりました。そこに気をつけて道具をそろえて作ってみよう。」

(問２)　次の【使用する道具】を使って、「竿ばかり」を作製します。【作製するときの条件】に合うように、あとの目盛りのついた棒に図や記号、数字を書き入れなさい。【解答の示し方】のように、かごをつける位置にはかごの図を、持ち手をつける位置には持ち手の図を、はかるものの重さが０ｇ、100ｇ、200ｇ、……と、100ｇごとのおもりの位置には線の下側に▲をつけ、それぞれ▲の下には０ｇから100ｇごとの重さを示す数字を書き入れなさい。また、どのような考えでそのようにしたのかを、式や図などを使って書きなさい。

【使用する道具】

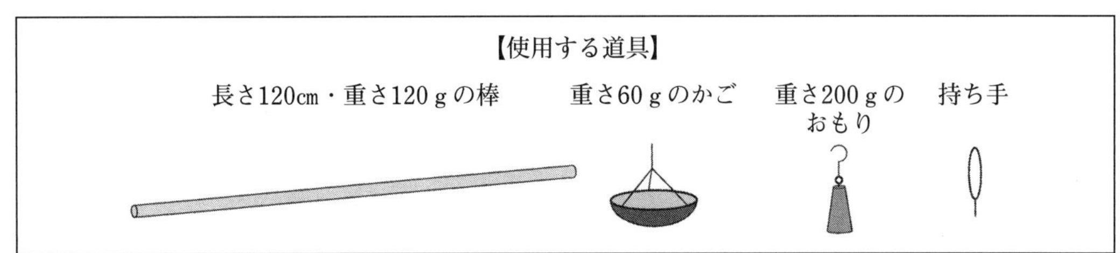

【作製するときの条件】

・重さを測るものを入れるかごは、棒の右はしにつける。

・持ち手の位置は、次の図のように目盛りを書き入れた棒を12等分した線(太線)のどこかにする。

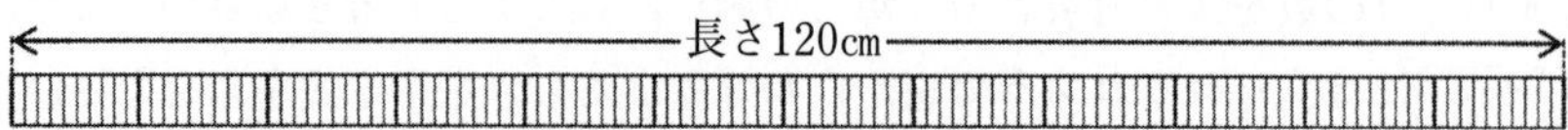

・重さを示すおもりの位置が持ち手の右側になってもよい。

・道具は全て使用する。(長さ120㎝・重さ120ｇの棒、重さ60ｇのかご、重さ200ｇのおもり、持ち手)

・おもりを移動させることで、少なくとも０ｇから400ｇのものの重さをはかることができるようにする。

・はかるものの重さ100ｇごとのおもりの位置に、重さを示す数字(０、100、200……)をつける。

・棒やかごの重さもふくめて考える。

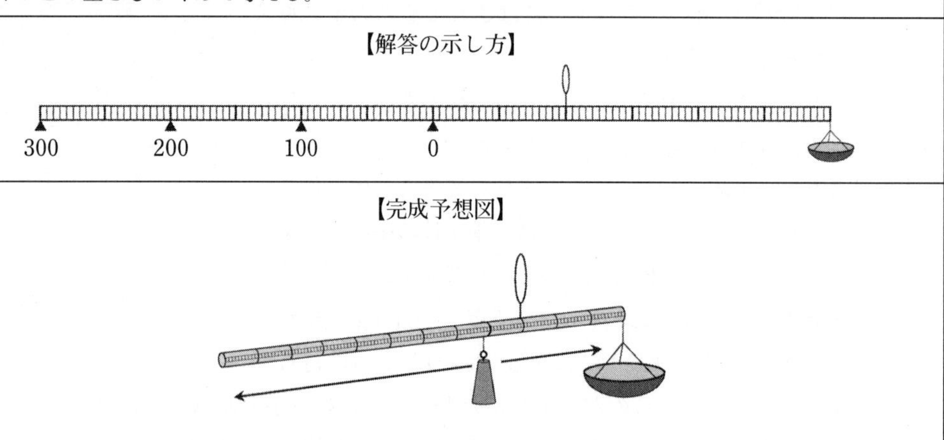

※矢印のようにおもりを動かしてつり合わせる。

〈適性検査Ｂ〉　—45分—

1　次の文章【１】は、倉本聰さんが「Ｇ７札幌気候・エネルギー・環境大臣会合」に寄せて書いた文章です。文章【２】は宮澤章二さんの「行為の意味」という詩です。これらを読んで、あとの問い１・２に答えなさい。

【１】

あなたは文明に麻痺していませんか
石油と水は　どっちが大事ですか
車と足は　どっちが大事ですか
知識と智恵は　どっちが大事ですか
理屈と行動は　どっちが大事ですか
批評と創造は　どっちが大事ですか

あなたは本質を忘れていませんか

あなたは己れの体内のエネルギーだけで
生きるということを忘れていませんか
己れのエネルギーの消費を抑えて
他のエネルギーに縋っていませんか

あなたは結局何のかのと云いながら
他所から奪いとったエネルギーの中で
我が世の春を謳歌していませんか

環境問題は　全てそこから発しています
地球環境を正常に戻すには
今の豊かさを少し犠牲にして
時代を戻すしか方法はありません

文明社会というこのスーパーカーは
ブレーキとバックギアをつけ忘れました

こんなスピードは要りません
こんな眩しさも要りません
我々人類は今立止り
地上の植物、けものたちにならい
謙虚につつましく生きましょう
我が世の春を謳歌して、豊かさを求めるのは止めましょう

環境問題を解決するには
その道しかないと　考えます

（「二〇二二年度第18回札幌市定例市長記者会見資料」より。）

（注）麻痺＝しびれて感覚がなくなること。
縋って＝たよって。
謳歌＝恵まれていることを心おきなく楽しむこと。
スーパーカー＝性能とデザインの優れた車。
バックギア＝後ろへ進むための装置。

【2】

——あなたの〈こころ〉はどんな形ですか
と　ひとに聞かれても答えようがない
自分にも他人にも〈こころ〉は見えない
けれど　ほんとうに見えないのであろうか

確かに〈こころ〉はだれにも見えない
けれど〈こころづかい〉は見えるのだ
それは　人に対する積極的な行為だから

同じように胸(むね)の中の〈思い〉は見えない
けれど〈思いやり〉はだれにでも見える
それも人に対する積極的な行為なのだから

あたたかい心が　あたたかい行為になり
やさしい思いが　やさしい行為になるとき
〈心〉も〈思い〉も　初めて美しく生きる
——それは　人が人として生きることだ

（宮澤章二『行為の意味』〈ごま書房新社〉より。）

（問１）　表現の工夫とその効果について、【１】と【２】の文章を比べ、同じ点と違(ちが)う点をそれぞれ書きなさい。

（問２）　あなたは、【１】と【２】の文章からどのようなメッセージを受け取りましたか。それぞれ書きなさい。また、【１】と【２】の文章から受け取ったどちらかのメッセージに対して、あなたはどのような考えをもちましたか。これまでの経験をふり返り、具体例を挙げながら書きなさい。

2　すみれさんの学校では、総合的な学習の時間に、地域(ちいき)のまちづくりについて学習を進めています。単元のまとめとして行う学習発表会では、魅力(みりょくてき)的なまちづくりに向けた具体的な提案についてグループごとに発表を行います。

すみれさんの学校は瀬戸内海(せとないかい)に位置する、大崎上島町(おおさきかみじまちょう)にあります。すみれさんたちのグループでは、大崎上島町の現状や、他の地方自治体で行われたまちづくりの取組などを資料としてまとめ、発表の準備を進めています。

あなたがすみれさんなら、大崎上島町をより魅力のあるまちにするために、どのような具体的な提案をしますか。次の条件にしたがって書きなさい。

（条件）

・資料１【政策(せいさく)に関する考え方】①～④のうち、大切にする考え方を１つ選ぶこと。

・資料２～６のうち、２つ以上の資料を選び、資料１【政策に関する考え方】から選んだ考え方と関連付けながら書くこと。

・選んだ資料１【政策に関する考え方】の番号、資料１と関連付けた資料の番号及(およ)び具体的な提案をそれぞれ書くこと。

なお、別に配付した「のんびりゆったり大崎上島ぐるりマップ」を参考にしてもよい。
※編集部注：マップは省略します。

資料１　【政策に関する考え方】(2020年)

①	多様な人材を育てる教育の島づくりを進める　ひとづくり
②	新たな人の流れで住んでよかったと実感できる　ひとづくり
③	地域の特長を活かして仕事と産業を育てる　しごとづくり
④	癒し[※1]と元気な地域で安心して暮らす　まちづくり

(大崎上島町のホームページをもとに作成。)

※１　癒し……心が安らぐこと。

資料２　【大崎上島町の人口・一世帯当たりの人数の推移】(2020年)

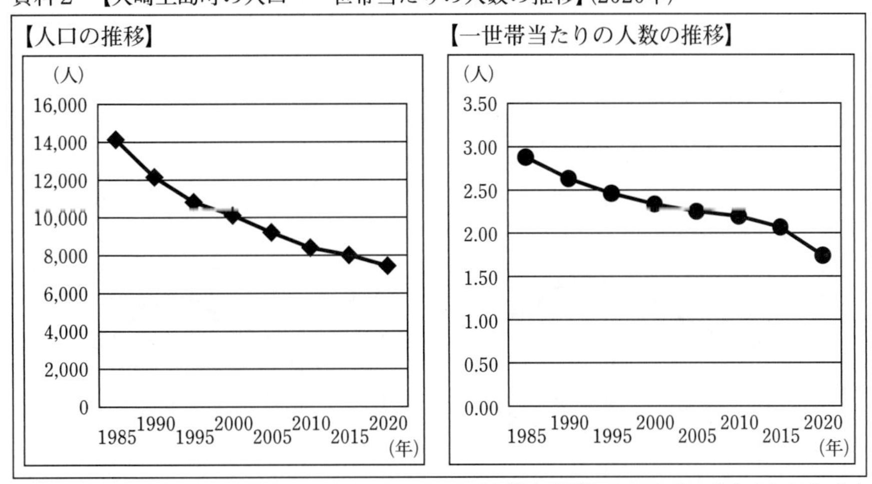

(大崎上島町のホームページをもとに作成。)

資料３　【大崎上島町の人口構成の推移】(2020年)

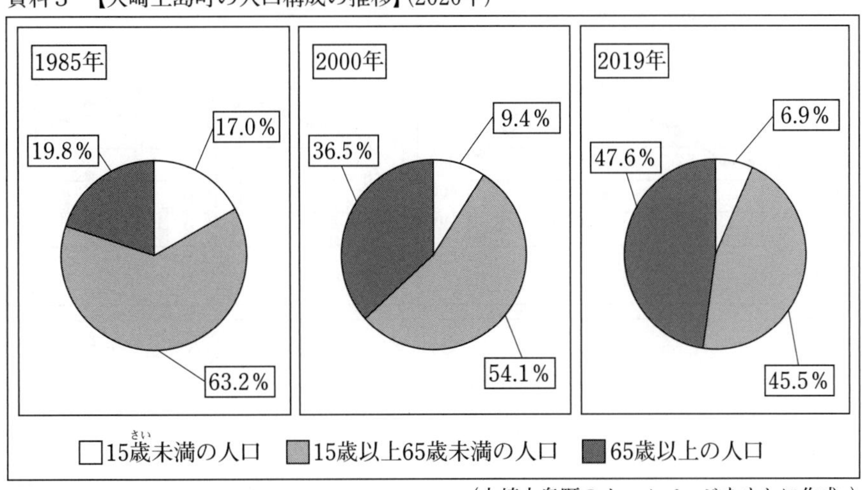

(大崎上島町のホームページをもとに作成。)

資料４　【大崎上島町の業種別年齢別就業者数】(2015年)

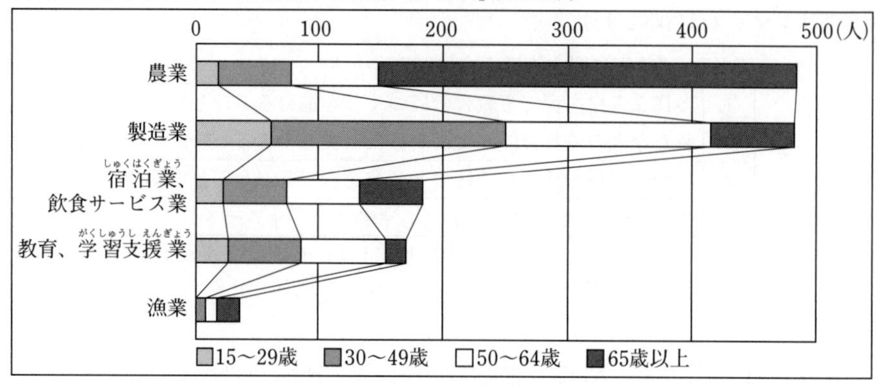

(大崎上島町のホームページをもとに作成。)

資料５　【日本各地の月別平均気温と降水量】(2022年)

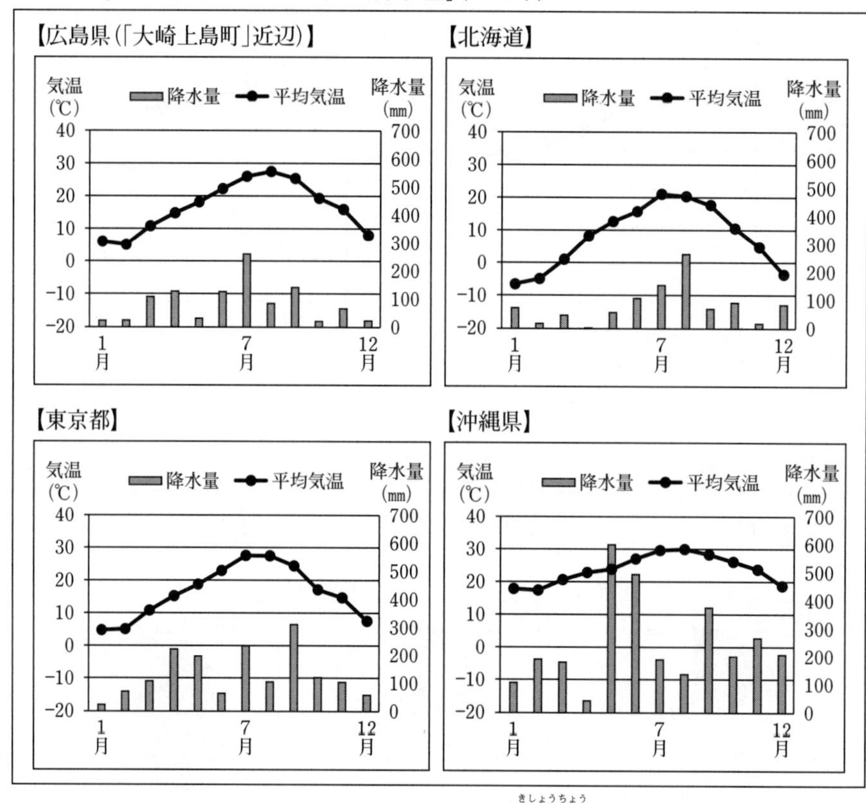

(気象庁のホームページをもとに作成。)

資料６　【他の地方自治体で行われたまちづくりの取組】(2017年)

都道府県 市町村	取組
北海道 ニセコ町	ニセコ町の特徴は、多くの海外スキー場を訪問した経験を持つスキーヤーたちに「世界有数のパウダースノー」と言われる冬の魅力にある。この魅力を国内外に発信するために観光協会が力を入れ、さまざまな場所で町のＰＲを行った結果、特に外国人の観光客の数が大幅に増加した。
北海道 厚真町	厚真町では「森林に囲まれた環境」「市街地に近い」「海に近い」「小中学校に隣接」などさまざまな特徴を持った住まいを整備して販売している。田舎ならではの良質な住環境を提供することで、移住者が安心して楽しく暮らすことができるようにしている。子育てもサポートすることで、若い年代の移住者が増えている。
福島県 南会津町	南会津町で作られる南郷トマトの生産組合では、生産者を増やすこと、南郷トマト産地としての評価を高めることを目的として取組を行っている。農業を営むことを希望する町外の人に対し、ビニールハウス用の土地や住まいの確保からトマトの栽培方法を教えることまで、全ての面でサポートすることにした。その結果、多くのＩターン農家を生みだしている。
島根県 海士町	地元の中学生が高校へ進学する際、島外の高校へ進学することをとどめるために「高校魅力化構想」を設定した。教科書による学習だけでなく、実践的なまちづくりや商品開発などを学ぶ取組により、島内からの進学者も増え、島外から入学する生徒も増加した。
大分県 豊後高田市	江戸時代から商業都市として栄えたが、昭和30年代以降、人口が減少した。「日本のどこにもない、この町ならではの個性をきらめかせよう」をコンセプトに、空き家、空き店舗をそのまま活用し、賑わっていた昭和30年代の商店街の再生に取り組んだ。観光客数も増え、移住にもつながっている。

(内閣官房のホームページをもとに作成。)

広島市立広島中等教育学校

（編集部注：掲載にあたりレイアウトなどの一部改変を行っています。また、実際の適性検査では、図版の一部がカラー印刷で出題されました。）

〈適性検査１〉　—50分—

1　次の〈Ａ〉、〈Ｂ〉の文章を読んで、あとの問いに答えなさい。

〈Ａ〉

イマドキの若者は、「タイパ（タイムパフォーマンス）主義」だといわれています。タイパとは、費用対効果を表す「コスパ（コストパフォーマンス）」にかけた言葉で、時間に対する効果を指します。短い時間で高い満足度を得たい若者は、タイパの良い※1アプリやサービスを好み、さらに<u>タイパを上げる使い方</u>をしています。

〈中略〉

動画の視聴に関しては、特にタイパ主義が感じられます。「※2ＹｏｕＴｕｂｅ」では、投稿主が許可していれば、ほかの※3ユーザーが動画の一部だけを切り抜いた「切り抜き動画」を作成して、投稿できます。切り抜き動画は、元の動画を全て視聴しなくても、自分が関心のあるシーンや盛り上がった箇所だけを視聴できるため人気があります。さらに短い時間で視聴するなら、「ＹｏｕＴｕｂｅショート」にも切り抜き動画があります。切り抜き動画以外でも、※4チャプターを用意して見たい箇所から視聴できるようにしている※5配信者も多くいます。

動画視聴のタイパを上げる方法としては、動画の再生速度を指定する手段もあります。ＹｏｕＴｕｂｅでは動画の再生速度を８段階で指定できます。最速で見たい場合は、２倍速で視聴できます。

高校生新聞が中高生に行ったアンケート「動画の倍速視聴」（2022年７月）によると、動画やドラマ、映画、アニメを倍速視聴したことがあると答えた人は66％に上ります。ただし、どんな動画でも倍速視聴しているわけではないようです。セイコーの「セイコー時間白書2021」（2021年６月）によると、学生が最も倍速で視聴する動画は「学校のオンライン講義」（51.2％）で、「スマホで動画を視聴」（32.7％）や「録画番組をテレビで視聴」（23.2％）よりも高めです。

〈中略〉

オンライン講義のように話者の話を聞く動画では、倍速視聴しても内容を十分に把握できるため、倍速で再生しているのでしょう。スマホで動画を視聴する際も同様に、動画の内容によって再生速度を使い分けていると考えられます。一方、テレビで視聴する番組はドラマや映画などが多いため、倍速視聴するとストーリーをつかめなかったり、※6世界観に入り込めないなどのデメリットがあります。学校での話題についていくためなら倍速で十分ですが、好きな俳優が出ている映画はじっくりと視聴したいということでしょう。

動画の視聴スタイルも、近年は変わってきています。若者は動画を見ながらスマホを使う「ながら視聴」をしています。友人とメッセージで会話しながら動画を見ていたり、テレビに出ていた店の情報を調べながら視聴します。

ここまで「若者は」と書いてきましたが、自分も倍速で見る、またはながら視聴するという大人もいるでしょう。ビデオや※7ディスクの再生※8プレーヤーにも、以前から倍速機能が搭載されていますし、※9スキップしながら視聴する大人も珍しくありません。若者のタイパ主義が注目されてきた理由は、タイパを上げるサービスが充実してきたこと、そしてそれらを上手に使いこなす若者が多いせいかもしれません。

（引用元：『日経パソコン』2022年12月26日号〈日経ＢＰ〉より作成）

https://project.nikkeibp.co.jp/pc/atcl/19/08/28/00031/122100119

※１　アプリ…特別な使い道や目的のために作られた、スマホやタブレットを動かすための機能。

※２　YouTube…ユーチューブ。動画共有サービスの一つ。

※３　ユーザー…利用者。

※４　チャプター…動画等を一定の長さや内容で区切ったもの。

※５　配信者…インターネット上の決められた場で、文章や音声、動画を公開する人。

※６　世界観…作品が持つ雰囲気や状況設定。

※７　ディスク…ビデオ同様、音声や動画を記憶させるもの。

※８　プレーヤー…ビデオやディスクの音声や動画を再生するための装置。

※９　スキップ…飛ばして先へ進むこと。

〈Ｄ〉

まず[※1]ＡＩと人間の決定的な違いは、「沈黙」にあると思っています。ＡＩは黙っていることができません。<u>ここで言う沈黙には意志が必要だからです。</u>

たとえば、若い人から相談を受けているとき、「こうしたほうがいいのにな」という答えが私の中にあったとしても、何も言わずに話を聞くだけのことがあります。若い人に[※2]仮初の答えを与えることよりも、その人に寄り添い、その人自身が答えを見つけることのほうが大切だからです。

会社でも同様でしょう。上司になったら時には黙っていることが必要です。上司とは的確な答えを与える人ではなく、部下自身が答えを見つけられるような場をつくる人だからです。

一方で、ＡＩは沈黙しませんし、場もつくりません。問いを投げかけるとすぐに答えてくれる。もしかしたら、人間よりも明確な答えを与えてくれるかもしれません。ですが、そうして与えられた答えが物事を解決してくれるとは限りません。ＡＩはその人が自らの経験の中で答えを見つけるまでじっと黙って待っていてはくれないのです。

与えられる知識と、自分で得る経験とはまるで違います。仕事の現場で実際に失敗してみると、こんなに周囲に迷惑をかけてしまうんだなと身に染みて分かる。これは「失敗」という言葉の意味だけを知っていることとは全く異なります。

一つの言葉においても経験は重要です。これはどの言葉にもあてはまります。水なら水そのもの、花なら花そのものを経験することが大切です。ＡＩは言葉に[※3]付随する知識を教えてくれるかもしれませんが、言葉が指すことそのものを教えてくれるわけではない。それなのに、知識を先に与えられると、経験をしなくてもいいように錯覚してしまう。

恋愛したこともないのに、[※4]恋愛哲学を語るようになる。死を考えたこともないのに、死について分かった気になる。潮の香りもかいだことのない子どもが、[※5]七つの海について、[※6]とうとうと語るようになってしまうかもしれません。それは怖いことだと思います。

本来は世界をどう経験するのかが重要なのに、世界をどう理解するのかのほうに重点が移ってしまうと、常に一歩下がって世界を眺めていればいいことになります。

ＡＩが与える答えは経験から生まれたものではないし、［　①　］質問をすると［　②　］答えが返ってきます。[③]言葉で問う。しかし、その問いの背後（はいご）にあるAさんとBさんが経験したものは本来[④]はずなのに、[⑤]ものとして扱（あつか）われてしまう。

これは情報を早く効率的に摂取（せっしゅ）することを求める社会の傾向（けいこう）からくるものだと思います。私たちが「情報弱者」になることを恐（おそ）れているからこそ、今回の対話型ＡＩのような技術が発明され、社会がそれを受け入れたのではないでしょうか。

(引用元：『中央公論』2023年７月号〈中央公論新社〉より作成)

※１　ＡＩ…人間の知的行動をコンピュータに行わせる技術。

※２　仮初…その場限りの一時的なこと。

※３　付随…ある物事が他の物事について起こること。

※４　恋愛哲学…「恋愛とはこういうものである」というその人独自の考え。

※５　七つの海…太平洋、大西洋、インド洋をはじめとした全世界の海。

※６　とうとうと…止まることなく流れるように進む様子。

〔問１〕　文章〈Ａ〉の下線部「タイパを上げる使い方」として、文章〈Ａ〉に書かれている内容と一致（いっち）しないものを、次のア～オから一つ選び、記号で答えなさい。

ア　高い満足度を得られる番組を視聴すること。

イ　切り抜き動画を視聴すること。

ウ　見たい箇所から視聴できるサービスを選ぶこと。

エ　再生速度を上げて視聴すること。

オ　見たい箇所だけを見るためにスキップすること。

〔問２〕　文章〈Ｂ〉の下線部「ここで言う沈黙には意志が必要だからです。」の「意志」とは具体的にはどのようなものですか。文章〈Ｂ〉の語句を使って30字以内で書きなさい。

〔問３〕　文章〈Ｂ〉の空欄（くうらん）①～⑤に入る語の組み合わせとして適切なものを、次のア～エから一つ選び、記号で答えなさい。

ア　①同じ　②同じ　③違う　④違う　⑤違う

イ　①同じ　②同じ　③同じ　④違う　⑤同じ

ウ　①違う　②違う　③同じ　④同じ　⑤違う

エ　①違う　②違う　③違う　④同じ　⑤同じ

〔問４〕　文章〈Ａ〉・〈Ｂ〉では、情報を効率的に取得することについて述べられていますが、あなたは学習や趣味（しゅみ）、スポーツなどにおいて、効率を求めることについてどう考えますか。賛成・反対どちらかの立場に立って、その理由や具体例を示しながら、240字以上300字以内で書きなさい。

2　いちとさんとひろこさんのクラスでは、社会科の授業で「わたしたちのくらしと政治」について学習しました。そこで、「政治」とは「選挙で選ばれた人たちなどが、よりよい社会にするために必要なことを決定し、実現すること」であるとわかりました。そして、「政治」についてより深く考えるために、資料を持ち寄ることになりました。

先　　生　「『政治』について考えるための資料は用意しましたか。まずは、いちとさん。」

いちとさん　「僕（ぼく）は、政治に対する日本人の意識についての調査をさがしてきました。この調査は、日本人のものの見方や考え方を知るために（ ＊ ）が1973年から５年ごとに実施（じっし）しています。今回、僕が用意した資料は、2018年に実施した第10回の調査の内容をまとめたものです。」

先　　　生　「いちとさんは、どうしてその資料を用意しましたか。」

いちとさん　「国民の行動や意見と政治との関係についての調査があったからです。質問は、

①国民が選挙で投票することが、国の政治にどの程度影響を及ぼしていると思うか
②デモ(要望や主張を訴えるための集会や行進)や陳情・請願(要望や意見を伝えること)をすることが国の政治にどの程度影響を及ぼしていると思うか
③国の政治が世論(多くの人が持っている意見)をどの程度反映していると思うか

の合わせて３つで、それぞれの選択肢は次のようになっています。」

①「選挙」、②「デモなど」
　1．非常に大きな影響を及ぼしている《強い》
　2．かなり影響を及ぼしている《やや強い》
　3．少しは影響している《やや弱い》
　4．まったく影響を及ぼしていない《弱い》

③「世論」
　1．十分反映している《強い》
　2．かなり反映している《やや強い》
　3．少しは反映している《やや弱い》
　4．まったく反映していない《弱い》

＊著作権上の都合により省略

先　　　生　「調査の結果はどうでしたか。」

いちとさん　「３つの質問に対して《強い》《やや強い》を選んだ人の割合の推移を示したのが資料１です。資料では、《強い》《やや強い》を選んだ人の割合を、政治に対する※1有効性感覚としてまとめています。」

※1　有効性…影響があること。効果があること。

〈資料１〉

編集部注：著作権上の都合により、資料を省略してあります。

いちとさん　「資料１からは、1973年から現在に近づくにつれて、選挙やデモ等の行動が［　　A　　］と考える人が少なくなっていることがわかります。」

先　　　生　「なるほど。」

〈資料２〉

編集部注：著作権上の都合により、資料を省略してあります。

いちとさん　「そして、資料２は、『選挙』の政治に対する有効性(影響・効果)についての国民の感覚に関して、2013年と2018年の調査結果を年齢層別にまとめたものです。資料２からは、世代が上がるにつれて、選挙で投票することが［　A　］と考える人が多くなっていることがわかります。」

先　　　生　「ですが、16歳に注目すると、他の若い世代の中でも『有効性感覚』が強いと回答している割合が高くなっていますね。」

いちとさん　「本当だ。気がつきませんでした。」

〈資料３〉

編集部注：著作権上の都合により、資料を省略してあります。

※２　スコア…得点。点数。

〈資料１〉～〈資料３〉：著作権上の都合により出典省略

いちとさん　「資料３は、３つの質問の結果を総合的にみるため、①「選挙」、②「デモなど」、③「世論」のそれぞれの回答に対して、《強い》＝３点、《やや強い》＝２点、《やや弱い》＝１点、《弱い》と「わからない、無回答」＝０点という点数を与えて合計し、その結果をまとめたものです。変化を大まかにつかむために、縦線を４本入れました。得点が高いほど、国民の行動や意見が国の政治に影響を及ぼしていると考えていることになります。この資料からは、1973年から現在に近づくにつれて政治に対する有効性感覚が強い割合が［　B　］、弱い割合が［　C　］なっていることがわかります。」

〔問１〕　空欄Aに入る言葉を15字以内、B、Cに入る言葉を５字以内で、それぞれ書きなさい。

先　　　生　「続いてひろこさんはいかがでしょうか。」

ひろこさん　「私は、※３国政選挙における年代別投票率の推移の資料を用意しました。資料４は、参議院議員通常選挙における年代別投票率の推移を示しています。資料を見やすくしようと思って、家族に手伝ってもらってグラフを作り直しました。」

※３　国政選挙…国会議員を選出する選挙。

〈資料４〉

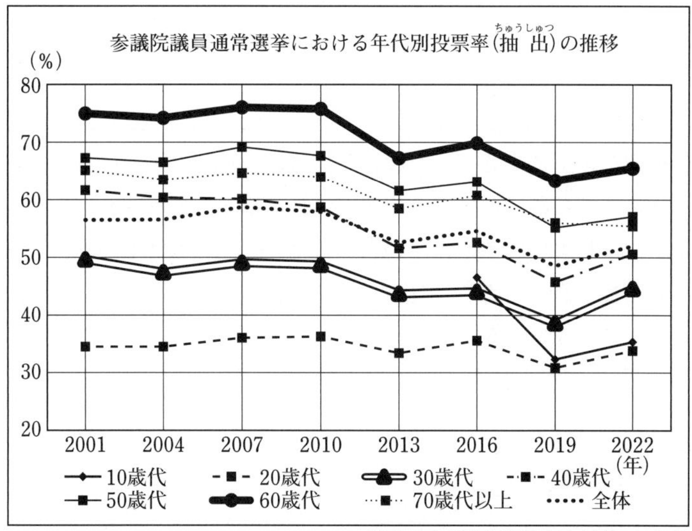

総務省資料「選挙関連資料」より作成

先　　　生　「いちとさんの資料にも選挙のことが出てきましたね。ひろこさんは、なぜこの資料を用意したのですか。」

ひろこさん　「2016年の参議院議員通常選挙から18歳選挙権が導入されて、投票率、特に10歳代・20歳代の投票率がどうなったか、知りたかったからです。」

〔問２〕　資料をもとに、次の問いに答えなさい。

⑴　資料４をもとに、18歳選挙権導入以後の10歳代、20歳代の投票率について、他の年代と比較して読み取れることを書きなさい。

⑵　今後、投票率はどのように推移すると予想されますか。資料１、資料３をもとに、考えられることを書きなさい。

先　　　生　「２人も、他のみなさんも、政治と選挙との関わりについて、気になっているようですね。それでは、次の２つの資料を読んでみてください。」

〈資料５〉

内閣府は、子ども・若者育成支援施策を実効性のあるものとするとともに、子どもや若者が積極的に意見を述べる機会を作り、その社会参加意識を高めるため、「青少年意見募集事業」を実施している。この事業では、全国から募集した中学生以上30歳未満の※４ユース特命報告員約300名から、特定の課題に対する意見をインターネットを利用して求めている。平成25(2013)年度は、関係府省の協力の下、「防衛政策や自衛隊の広報活動」、「食品ロス削減に向けた取組」、「2020年オリンピック・パラリンピック東京大会」、「犯罪や非行をした人たちの立ち直りと再犯防止」を課題として配信した。ユース特命報告員から寄せられた意見は、整理の上、関係府省の政策担当者に送付され、それぞれの実際の政策の企画・立案に活かされている。

〈中略〉

このほか、関係府省は、インターネットを活用した意見の公募などにより、子どもや若者が政策決定過程に参画する機会を確保している。

内閣府資料より作成　https://warp.da.ndl.go.jp/info:ndljp/pid/13024511/www8.cao.go.jp/youth/whitepaper/h26honpen/b2_02_02.html

※4　ユース…青年。若者。

〈資料6〉

> 選挙権年齢を18歳以上に引き下げた改正※5公職選挙法※6施行（しこう）は、私たち大人の有権者意識を変えるチャンスでもあった。政治とどうつながるか、どうすれば政治を身近な問題として考えられるか、よりよい政治とはどのようなものでどうすれば実現できるか…。「18歳選挙権」を機に必要性が高まった※7主権者教育の課題は、10代のみならず、すべての年代に共通するものだったからである。

「Voters55号」より作成　http://www.akaruisenkyo.or.jp/061mag/8103/

※5　公職選挙法…国会議員などを選ぶための選挙に関する法律（ほうりつ）。

※6　施行…法律が効力を発揮（はっき）すること。

※7　主権者教育…国や社会の問題について考えたり行動したりできる力を育成するため、学校などで行われる教育。

〔問3〕　政治について、〈資料1〉、〈資料2〉、〈資料3〉をふまえ、あなたの考える課題を、〈資料5〉、〈資料6〉をふまえ、あなたの考える解決策を、合わせて150字程度で書きなさい。

〈適性検査2〉　—50分—

1　いちとさんとひろこさんの会話を読み、後の問いに答えなさい。

いちとさん　「先週、日本海までタイを釣（つ）りに行ったよ。私（わたし）は、体長40cmのタイを釣り上げたんだ。」

ひろこさん　「え、体長40cm？なかなか大きいね。でも私のお父さんの記録はもっとすごいよ。なんと、体長80cmのタイです！」

いちとさん　「えっ！私のタイの2倍の体長だ！ほんとに大きいね！ちなみに私が釣った体長40cmのタイの重さは1.2kgあったんだ。体長が2倍だから、体長80cmのタイは2.4kgぐらいあったのかな？」

ひろこさん　「いいえ、もっと重かったそうよ。たしか、9.5kgだったと聞いたわ。」

いちとさん　「そんなに重かったんだね！じゃあ、私のタイの重さのおよそ【 ア 】倍かぁ。」

〔問1〕【 ア 】に当てはまるもっともふさわしい整数を答えなさい。

いちとさん　「体長が2倍になっただけなのに、どうしてそんなに重くなるのかな？」

ひろこさん　「例えば、直方体で考えてみよう。底面の長方形の縦（たて）の長さが3cm、横の長さが5cm、底面からの高さが4cmの直方体の体積を求めると…。」

いちとさん　「【 イ 】cm³だね。」

ひろこさん　「ではすべての辺の長さを2倍した直方体の体積を求めると…。」

いちとさん　「【 ウ 】cm³だ。同じ物質なら、体積が増えると、重さも同じように増えると考えられるから、タイの場合とだいたい同じになるね。」

ひろこさん　「今までの話から考えると、形が同じで大きさだけが異（こと）なる立体を比べたとき、すべての長さが3倍になると体積や重さは【 エ 】倍、すべての長さが1.2倍になると体積や重さは【 オ 】倍になるということね。」

いちとさん　「小数ではなく仮分数で考えることもできるよ。1.2は仮分数で$\frac{6}{5}$と表せるからすべての長さが$\frac{6}{5}$倍になると体積と重さは【 カ 】倍になるともいえるね。」

〔問２〕【 イ 】、【 ウ 】、【 エ 】、【 オ 】、【 カ 】に当てはまる数を答えなさい。ただし【 オ 】は小数、【 カ 】は仮分数で答えなさい。

いちとさん　「そういえば、前から気になっていたんだけど、カップ麺(めん)の同じ商品でも普通(ふつう)サイズとビッグサイズが売られていたりするよね。ビッグサイズという割(わり)には容器の大きさがあまり変わらないな、と思っていたんだ。普通サイズとビッグサイズはどちらが内容量が多くお得なんだろう？」

ひろこさん　「じゃあ、容器のいろいろな場所の長さを測って、考えてみましょう。」

〔問３〕　あるカップ麺の普通サイズの値段(ねだん)は160円、ビッグサイズの値段は300円です。それぞれの容器の長さを測ると次の図１のようになったとして、体積と値段の関係を考えたとき、普通サイズとビッグサイズではどちらの方が得だといえますか。また、その根拠(こんきょ)となる数量を示し、理由を書きなさい。ただし、普通サイズとビッグサイズは、同じ形で大きさだけが違うものとし、形は円柱であるとします。また、必要であれば円周率は3.14として使っても良いものとします。

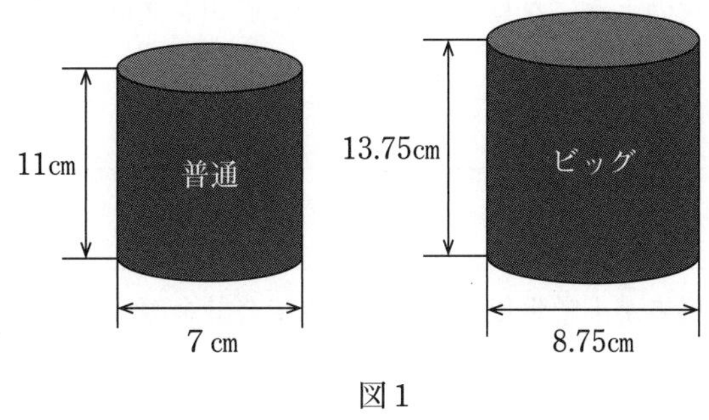

図１

② いちとさんとひろこさんが、クラスで運営の手伝いをした地域(ちいき)イベントの入場者数について話をしています。

いちとさん　「今日は大勢の人が来ていたね。」

ひろこさん　「そうね。受付を大人と中学生と小学生以下と３か所に分けていたけれど、どこも混みあっていたね。」

いちとさん　「入場者は全員で116人だったと聞いたよ。」

ひろこさん　「私たちは小学生以下の受付のお手伝いをしていたけれど、小学生以下の入場者数は48人だったね。そうすると、中学生と大人を合わせて、［　あ　］人来ていたことになるね。」

いちとさん　「中学生は何人来ていたんだろう？」

ひろこさん　「受け取った入場料の合計金額から計算で求められるんじゃないかな。入場料は小学生以下、中学生、大人でそれぞれ200円、300円、500円だったよね。」

いちとさん　「小学生以下の入場者数は48人だったから、小学生以下の全員の入場料の合計金額は［　い　］円だよね。今日１日の入場料の合計金額はいくらだったんだろう？」

ひろこさん　「入場料の合計金額が一番少なくなるのは、残りの入場者がすべて［　A　］だったときだね。逆に、入場料の合計金額が一番多くなるのは、残りの入場者がすべて［　B　］だったときだね。」

いちとさん　「仮に、１人だけ大人で、残りすべてが中学生だったとすると、116人全員の入場料の合計金額は［　う　］円になるね。大人が２人で、残りすべてが中学生だったとすると、中学生が１人減って大人が１人増えるから、［　う　］円から［　え　］円多くなるね。同じように考えていくと、大人の数を１人多く考えるごとに、決まった金額ずつ増えていくことが分かるね。このことを利用すればいいんじゃないかな。」

ひろこさん　「そうね。116人分の入場料金の合計金額がわかれば、中学生と大人それぞれの入場者数がわかるね。」

〔問１〕　［　あ　］～［　え　］に当てはまる数を答えなさい。（ただし、２か所の［　う　］には同じ数字が入ります。）

〔問２〕　［　A　］、［　B　］にそれぞれ当てはまる適切な語を答えなさい。

〔問３〕　波線部について、116人分の入場料の合計金額が36000円のとき、中学生の入場者数は何人だと考えられますか。

〔問４〕　翌日(よくじつ)のイベントでは、入場者の総数が108人でした。１人当たりの入場料は前日と同じで、入場料の合計金額は31100円でした。このとき、入場した中学生が０人ではないことを説明すると、次のようになりました。空欄(くうらん)に適切な文章を入れて、説明を完成させなさい。

＜説明＞

仮に中学生が０人だとすると、

［　　　　　　　　　　　　　　　　　　　　］

ので、入場者が小学生以下と大人のみで合計金額が31100円になることはない。

3　いちとさんは学校の総合的な学習の時間で、家庭で出た残飯を有効利用するために、コンポスト（野菜くずや落ち葉などを微生物(びせいぶつ)のはたらきで肥料にするための容器）を使って肥料をつくりました。そして、そのコンポストでつくった肥料が植物にどのような影響(えいきょう)を与(あた)えるかを調べることにしました。

いちとさんは肥料を使った実験の前に、植物の発芽の条件を調べるために、レタスとダイズの種を使った実験を行いました。

図１、２のように、茶こしにレタスの種、またはダイズの種を入れて、水そうにつけ、水温、空気、光の条件を変えて実験１～８を行いました。その条件と発芽した種の割合を表した結果は表１の通りです。

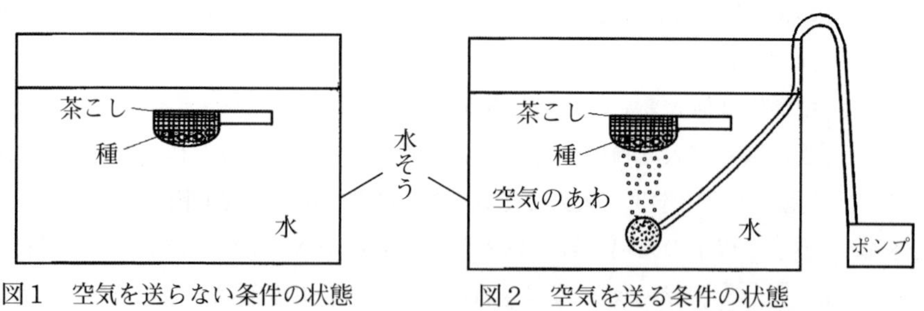

図１　空気を送らない条件の状態　　図２　空気を送る条件の状態

表１　各実験の条件と結果

	実験条件			結果(発芽した種の割合)	
	水温	空気	光	レタスの種	ダイズの種
実験１	5℃	なし	あり	0％	0％
実験２	5℃	あり	あり	2％	3％
実験３	20℃	なし	あり	1％	1％
実験４	20℃	あり	あり	96％	97％
実験５	5℃	なし	なし	0％	0％
実験６	5℃	あり	なし	2％	3％
実験７	20℃	なし	なし	0％	1％
実験８	20℃	あり	なし	29％	97％

〔問１〕 表１について、実験２と実験４を比較(ひかく)してわかることを述べた次の文章の空欄(くうらん)［ア］に適切な言葉を考えて入れなさい。

レタスもダイズも［ア］と発芽しにくいことがわかる。

〔問２〕 種の発芽に空気が必要であることを示すには実験を組み合わせて比較することが必要です。その組み合わせとして、適切なものを１組答えなさい。

〔問３〕 レタスの種とダイズの種の発芽の条件の違(ちが)いについて、次の文章の空欄［イ］、［ウ］に「レタス」または「ダイズ」のいずれかを、空欄［エ］には適切な言葉を考えて入れて、説明を完成させなさい。

種が十分発芽するために、［イ］の種は発芽に［エ］を必要とするが、［ウ］の種は発芽に［エ］を必要としない。

いちとさんは植物の発芽の条件を確認した後、コンポストでつくった肥料を使った実験ではダイズの種を使うことに決めました。

次にいちとさんはある野菜とある果物の皮から肥料をつくり、ダイズの成長への影響を調べ、発表会で発表しました。以下は発表会での様子です。

いちとさん 「私(わたし)は料理の後に出る残飯がもったいないと思い、なにかに再利用できないかと考え、残飯から肥料をつくることに興味をもちました。
そこで、野菜と果物の皮ではどちらを肥料にした方がよいのかを調べるために、それぞれを原料にして、別々(べつべつ)のコンポストで肥料をつくりました。肥料をつくるのに使った野菜と果物の皮は同じ重さにしました。その他の条件は同じにして、しばらく放置しておくと、野菜と果物の皮がすべて肥料になりました。
野菜をもとにしてつくった肥料を「野菜肥料」とし、果物の皮をもとにしてつくった肥料を「果物肥料」とします。同じ量の土を入れた別々のプランターに、それぞれ同じ量の「野菜肥料」と「果物肥料」を加えて十分混ぜたあと、ダイズの種を等しい間隔(かんかく)で10個まきました。90日後それぞれのプランターで成長したダイズを回収(かいしゅう)し、十分乾燥(かんそう)させた後、ダイズの平均の重さを調べました。その結果が表２です。」

表2　各肥料を加えて育てたダイズ10本の平均の重さ

	野菜肥料	果物肥料
ダイズの平均の重さ	64 g	47 g

いちとさん　「表2の結果より、コンポストでつくった肥料はどちらも肥料としての効果がありました。また、「野菜肥料」が「果物肥料」と比べて、ダイズをより成長させることがわかりました。」

表2の結果より
コンポストでつくった肥料は…

★★★
①どちらも肥料としての効果がある！
②「野菜肥料」がダイズをより成長させる！

先　　　生　「いちとさんの発表について、何か質問や意見はありませんか。」

ひろこさん　「意見があります。私はこの実験だけではいちとさんの考えを結論づけるには足りないと思います。
いちとさんは「野菜肥料」も「果物肥料」もどちらも肥料としての効果があると考えているけれど、そうは言いきれないのではないかと思います。私はこの実験に、その他の条件は同じで、肥料のかわりに肥料と同じ重さの土を加えた実験を追加する必要があると思います。」

いちとさんはひろこさんの意見を聞いて、実験について先生ともう少し話し合いをすることにしました。

〔問4〕　ひろこさんの意見の中にある、下線部のような「その他の条件は同じで、肥料のかわりに肥料と同じ重さの土を加えた実験を追加する」ことで、「野菜肥料」と「果物肥料」に肥料としての効果があるかどうかがわかるのはなぜですか。あなたの考えを書きなさい。

4　次のいちとさんとひろこさんの会話を読んで、後の問いに答えなさい。

いちとさん　「先週、サイレンを鳴らして走っている救急車を見かけたのだけど、救急車が近づいたり、遠ざかったりするときに、サイレンの音の聞こえ方が変わるのはなぜか気になったんだ。(図1)」

図1　救急車といちとさんのようす

ひろこさん　「救急車が動いていないときと比べて、動いているときは音の高さが違って聞こえるわよね。音っていうのは、音が出ているもののふるえが空気などのまわりの物質に伝わる現象のことなの。空気がふるえる回数が大きくなるほど音は高く、ふるえる回数が小さいほど音は低く聞こえるのよ。」

いちとさん　「そうなんだ。今朝、また救急車を見かけたから、救急車の動きと聞こえた音の高さに注目して聞いてみたんだ。調べた結果は表1のようになったよ。なぜ救急車が動いていると、音が高く聞こえたり、低く聞こえたりするのだろう。」

表1　救急車の動きと聞こえた音の高さ（いちとさんが止まっている場合）

救急車の動き	動いていない	いちとさんへ近づいている	いちとさんから遠ざかっている
聞こえた音の高さ	変わらない	高い	低い

ひろこさん　「私も少し前に気になって先生に音の聞こえ方を教えてもらったわ。でも、これを具体的に考えるには、音についてもう少し詳(くわ)しく知っておく必要があるわ。音を出すものや空気が１秒間にふるえる回数を振動数(しんどうすう)っていって、単位はHz(ヘルツ)というの。１Hzは１秒間に１回ふるえることをいうのよ。」

いちとさん　「空気中を伝わる音の速さなら聞いたことあるよ。秒速約340ｍで、それを音速っていうんだよね。」

ひろこさん　「そう。空気がふるえる回数と音速と救急車の速さを使えば、サイレンの音の聞こえ方が変わることが説明できそうね。今回は、音速はその秒速340ｍを使って具体的に考えて計算してみましょう。あと、風があると難(むずか)しくなるから、風がない状況(じょうきょう)として考えるわね。まず、救急車が動かずに止まっていて、いちとさんが救急車から340ｍ離(はな)れた地点で止まっているとするわね。（図２）

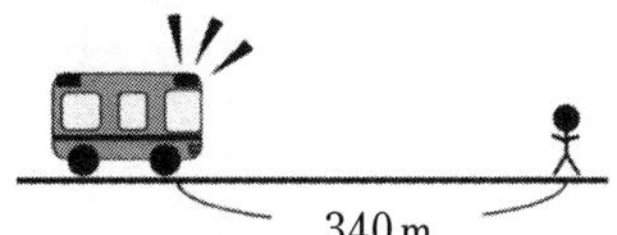

図２　救急車が動いていないとき

10時ちょうどから10秒間だけ音を出した場合、救急車が音を出してからいちとさんに音が伝わるまで１秒かかるから、いちとさんがサイレンの音を聞くのは、10時１秒から10時11秒までの10秒間になるわけ。救急車のサイレンの振動数は880Hzだとすると、10秒間に空気がふるえている回数は8800回になるわね。そのふるえをいちとさんは10秒間かけて聞くことになるから、いちとさんには１秒あたり880回ふるえている音、つまり振動数880Hzの音が聞こえるの。」

いちとさん　「だから聞こえる音の高さは元のサイレンの音の高さと変わらないんだね。」

ひろこさん　「そう。次に、その場所から救急車が秒速20ｍで進んで、いちとさんへ近づいているときの音の高さについて考えるわね。救急車は、10時ちょうどに340ｍ離れた場所でサイレンを鳴らしながら出発し、いちとさんに近づいていくとしましょう。（図３）

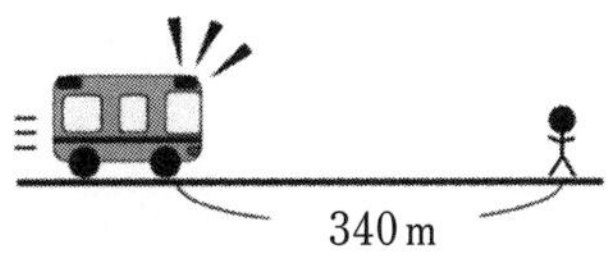

図３　救急車が近づくとき

このとき、救急車の出発地点で出したサイレンの音がいちとさんに伝わるのは、10時１秒だったわよね。」

いちとさん　「僕（ぼく）は、サイレンが聞こえ始めてから、救急車が目の前をちょうど通過するときまでの間に近づいてくる音を聞くことになるから、サイレンの音を10時［　①　］秒までの［　②　］秒間聞くことになるね。」

ひろこさん　「そう。このサイレンの音は、1秒間に880回のふるえを発生させているから、救急車が近づいてくる間にサイレンが発生させたふるえの回数は［　③　］回になるわ。」

いちとさん　「サイレンが発生させた空気のふるえの回数を、僕がサイレンの音を聞いた時間で割（わ）ると…［　④　］Hzになるね。」

ひろこさん　「この数が、いちとさんにとっての振動数、つまりいちとさんに聞こえる音の高さを表しているから、元のサイレンの音よりも高い音が聞こえることになるわね。このような現象をドップラー効果と呼（よ）ぶそうよ。」

〔問1〕　空欄（くうらん）［　①　］～［　④　］に当てはまる数をそれぞれ答えなさい。

いちとさん　「じゃあ、救急車が人から遠ざかっている場合はどうなるのかな？」

ひろこさん　「その場合も同じように考えられるわ。救急車が10時ちょうどに秒速20mでいちとさんの目の前の位置から遠ざかる状況を考えましょう。（図4）

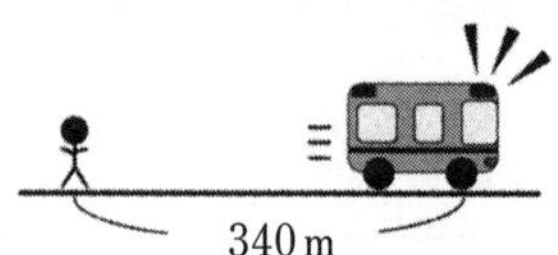

図4　救急車が遠ざかるとき

救急車が880Hzの音のサイレンを、340m離れた地点を通過する瞬間（しゅんかん）まで鳴らして音を止め、そのまま遠ざかっていくとして…」

いちとさん　「さっきと同じように音の速さは秒速340mで考えて音の高さを計算してみるね。おそらく、計算結果は元のサイレンの振動数よりも小さくなると思うよ。」

〔問2〕　救急車が遠ざかっていく場合に、いちとさんは何秒間音を聞くことになるか。救急車が近づく場合と同じように考えて説明しなさい。

〔問3〕　救急車が遠ざかっていく場合に、いちとさんが聞く音の振動数は何Hzか。小数の場合は小数第一位を四捨五入して整数で答えなさい。

福山市立福山中学校

（編集部注：掲載にあたりレイアウトなどの一部改変を行っています。実際の適性検査問題は、写真や図版の一部がカラー印刷で出題されました。）

〈適性検査　検査１〉　—45分—

◆　だいちさんとみどりさんは、とう器の貯金箱に貯めているお金について話をしています。

だいち：友だちの誕生日プレゼントを買おうと思って、貯金箱にお金を貯めているよ。

みどり：いくらぐらい貯まっているのかな。

だいち：3500円をこえたところまでは、記録していたけど、そこから記録することを忘れてしまったよ。いくらぐらい貯まっているか知りたいけど、貯金箱を割らないといけないから困っているよ。

みどり：割らずにいくらぐらい貯まっているか予想したいね。
貯金箱の大きさはどれくらいで、何円硬貨（こうか）を入れているのかな。

だいち：貯金箱の大きさはソフトボールと同じぐらいで、50円硬貨と100円硬貨を入れているよ。

みどり：硬貨についてインターネットで調べてみたよ。

硬貨の種類	１枚の重さ
50円	４グラム
100円	4.8グラム

資料　硬貨の種類と重さ

だいち：お金が入っている貯金箱の重さを量ったら、420グラムだったよ。

みどり：空の貯金箱の重さを設定して、貯金箱の中の金額を予想してみよう。

問題１　設定した空の貯金箱の重さ、貯金箱に貯まっていると予想する50円硬貨と100円硬貨の枚数、そして合計金額を１通り答えなさい。また、そのように予想した理由を説明しなさい。ただし、空の貯金箱の重さは、あなた自身が決めるものとする。

だいちさんとみどりさんは、以前いっしょに遊んだ糸電話のことについて話をしています。

だいち：紙コップと３ｍの太いタコ糸で糸電話を作って遊んだね。
話している人の声のふるえがコップや糸に伝わって、聞いている人のコップ中の空気をふるわせることで聞こえるんだね。空気のふるえが大きいと、声も大きく聞こえるね。

みどり：声は聞こえたんだけど、思っていたより小さかったよ。どうやったら、もっと大きく聞こえるかな。

だいち：糸の長さを変えてみたら、空気のふるえが大きくなるかもしれないね。

みどり：目に見えない空気のふるえも、機械を使えば調べられるんじゃないかな。実験してみよう。

実験１

糸電話の片方のコップに向けてスピーカーから音を出し、もう片方でどれくらい聞こえているのかを調べる。

糸電話の条件

・コップの種類：紙コップ
・糸の種類　　：太いタコ糸
・糸の長さ　　：２ｍ、３ｍ

スピーカー　糸電話　調べる機械

だいち：実験結果は、**資料１・２**のようになったよ。
グラフが波のようになっていて、ふるえているのがよくわかるね。

みどり：グラフは、縦軸(たてじく)が空気のふるえの大きさを表しているんだね。縦のはばが大きくなると空気のふるえが大きいということだね。横軸は時間を表しているね。

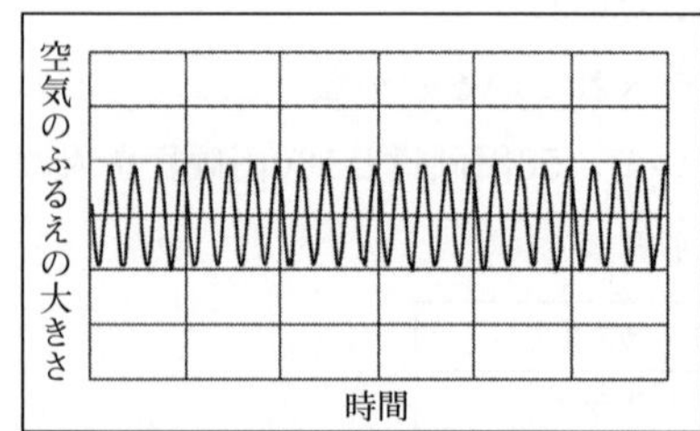

資料１　紙コップと太いタコ糸３ｍで作った糸電話の空気のふるえの様子

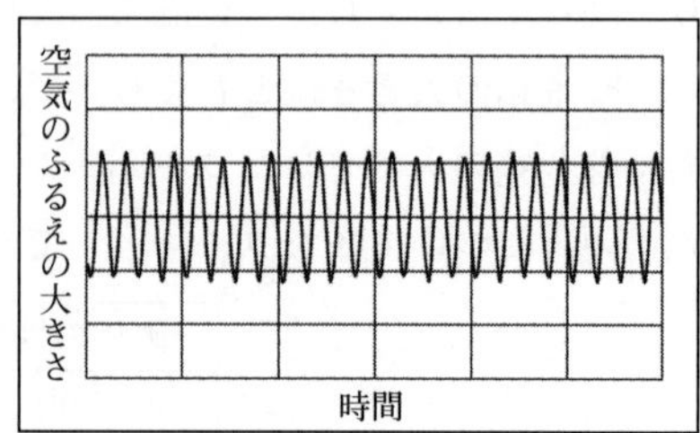

資料２　紙コップと太いタコ糸２ｍで作った糸電話の空気のふるえの様子

だいち：糸が３ｍのときと比べて、２ｍのときに少し大きくなったけど、あまり変わらないね。
もっと大きな音が聞こえるようにするには、条件を変えないといけないね。

みどり：もっと大きな音になるような条件を探すために、実験してみよう。

実験２

糸電話の条件を変えて、空気のふるえの大きさを調べる。

糸電話の条件

・コップの種類：紙コップ、プラスチックコップ、スチールコップ
・糸の種類　　：太いタコ糸、細いタコ糸、太い釣(つ)り糸、細い釣り糸、太い針金、細い針金
・糸の長さ　　：２ｍ、３ｍ、４ｍ

だいち：実験結果を、**資料３**にまとめたよ。

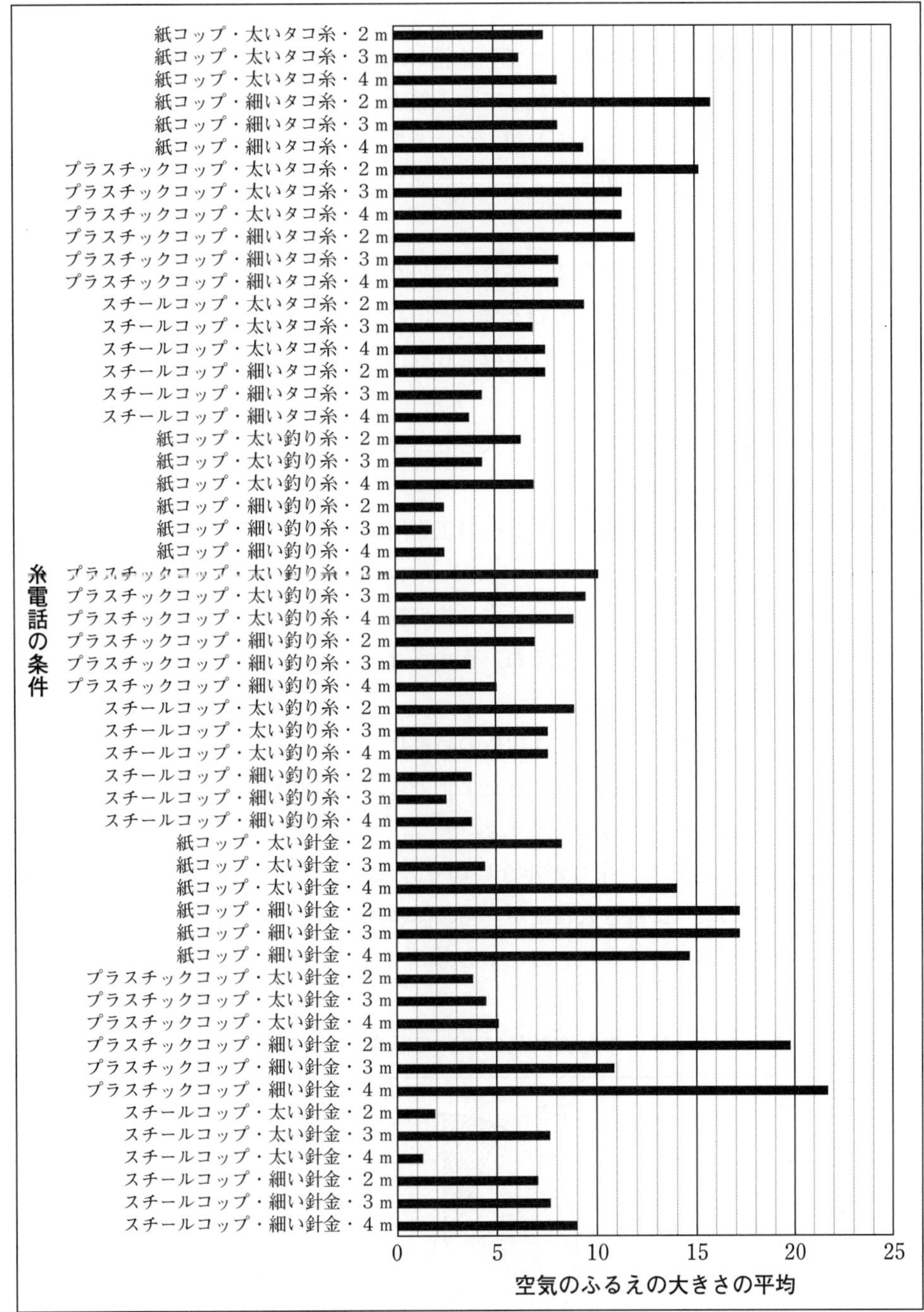

資料３　糸電話の条件を変えたときの空気のふるえの大きさの平均

問題２　**実験１**の「紙コップ・太いタコ糸・３ｍ」で作った糸電話の３つの条件のうち２つを変えて、もっと大きな音（２倍以上の空気のふるえの大きさ）で聞こえる糸電話を作るためには、どのような条件にすればよいか、**資料３**をもとにその条件を答えなさい。また、その条件にした理由を「**空気のふるえの大きさの平均**」にふれながら説明しなさい。

だいちさんとみどりさんは、箱を作ることについて話しています。

だいち：妹が作った折り紙の作品を入れている箱が、作品でいっぱいになるよ。だから、今使っている箱より大きい箱を作ってプレゼントしようと思っているよ。

みどり：きっと喜んでくれると思うよ。どんな箱を作るのかな。

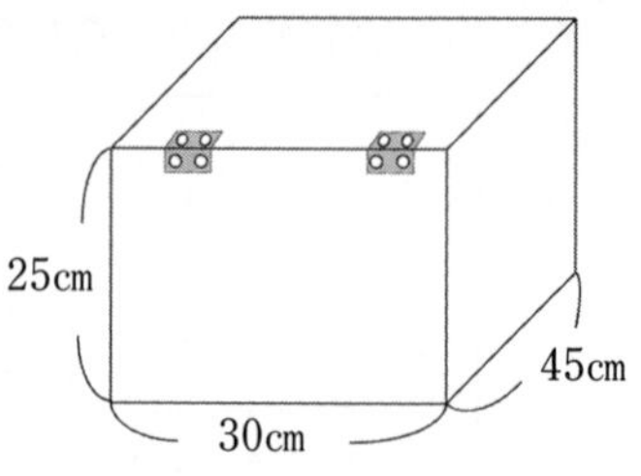

資料１　今使っている箱

だいち：板を切ったりつないだりして、ふたのついた直方体の箱を作ろうと思っているよ。そのために、縦100cm、横80cmの１枚の板を６枚に切りはなそうと考えているよ。

みどり：まずは、６枚の板をどのくらいの大きさにするか考えてみる必要があるね。

だいち：板と同じ大きさで、１めもりが５cmの工作用紙を準備したよ。

みどり：この工作用紙を使うと、切りはなす６枚の板の大きさを考えることができるね。うまく計画できたかな。

80cm

100cm

資料２　工作用紙

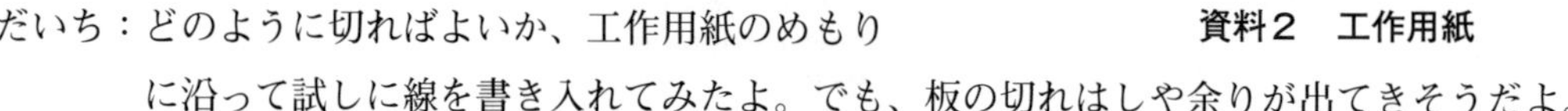

だいち：どのように切ればよいか、工作用紙のめもりに沿って試しに線を書き入れてみたよ。でも、板の切れはしや余りが出てきそうだよ。

みどり：余りが出ない切り方もあると思うよ。

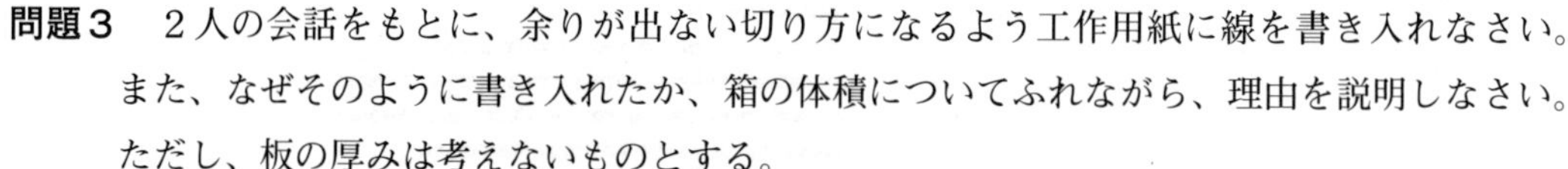

問題３　２人の会話をもとに、余りが出ない切り方になるよう工作用紙に線を書き入れなさい。また、なぜそのように書き入れたか、箱の体積についてふれながら、理由を説明しなさい。ただし、板の厚みは考えないものとする。

だいちさんとみどりさんは、水と衣料品について話をしています。

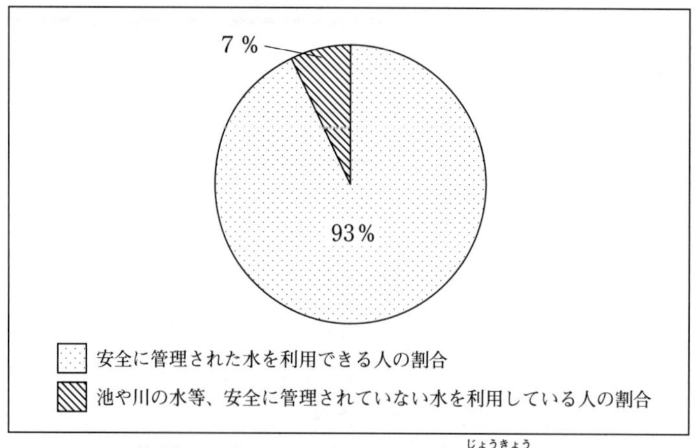

資料１　世界の人びとの水の利用状況

だいち：安全に管理されていない水を利用している人がいるね。

みどり：水に関係する資料が他にもあったよ。

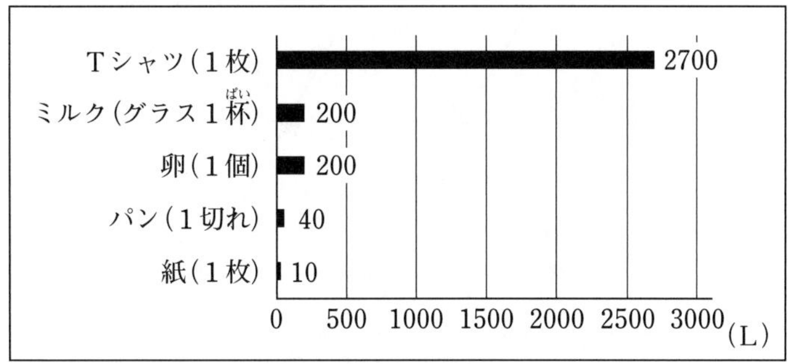

資料2　身近なものを作る過程で使われる水の量

だいち：Tシャツを1枚作る過程で、2700Lの水を使うんだね。

みどり：日本国内の衣料品の資料があったよ。水と衣料品の関係について考えてみよう。

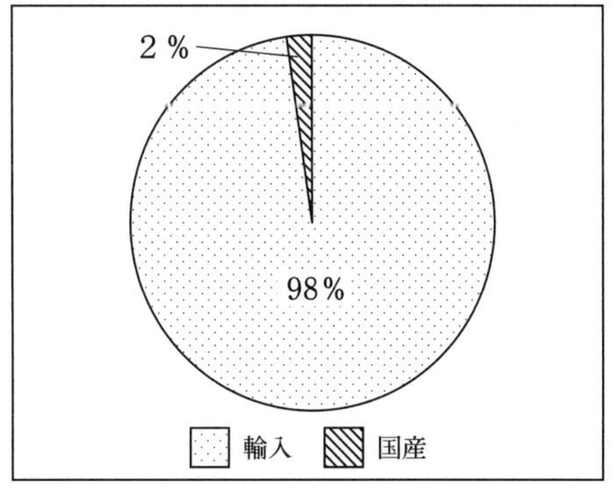

資料3　ある年の衣料品の輸入・国産の割合

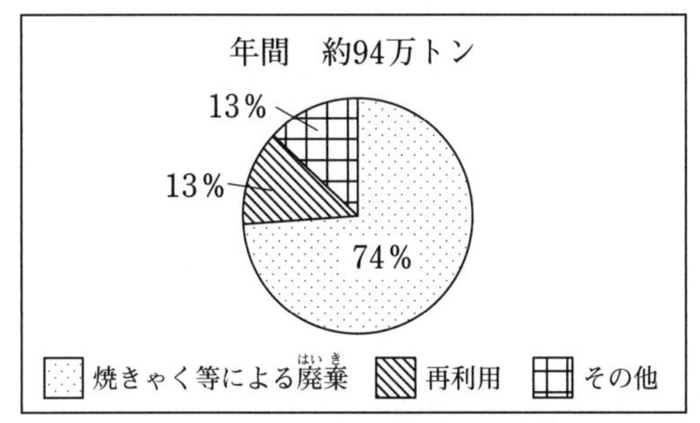

資料4　ある年の不要になった衣料品の処理方法の割合

購入枚数	保有していた衣料品のうち手放す枚数	保有していた衣料品のうち着用しない枚数
約18枚	約12枚	約25枚

資料5　ある年の1人あたりの衣料品購入枚数等の状況

問題4　**資料3・4・5**のうち1つ選び、わかることを答えなさい。また、選んだ資料と**資料1・2**を関連づけて、水と衣料品についてわかることを答えなさい。

　だいちさんとみどりさんは、パソコンで作ったゲームについて話をしています。

だいち：トラックを動かして、荷物を倉庫まで運ぶゲームを作ってみたよ。
　　　　ゲームの図、ルールは次の通りだよ。

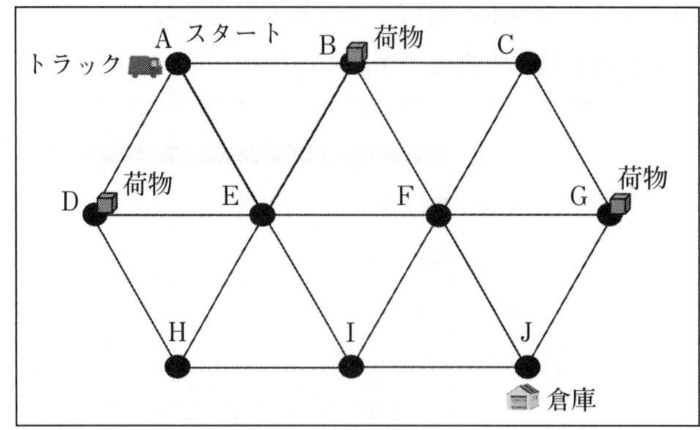

資料１　ゲームの図

【ゲームのルール】

・トラックは点Aをスタートして、線の上を進むことができる。
・１つの点から次の点まで進むのに、１秒かかる。
・荷物が置いてある点を通ると、その荷物をのせる。
・点Ｊの倉庫を通ると、その時点でのせている荷物を全ておろす。
・荷物をのせたり、おろしたりする時間はかからないものとする。
・荷物をのせて次の点に進む場合、かかる時間は、荷物１個につき３秒ずつ増える。
・全ての荷物を倉庫に運ぶ。

だいち：**資料２**の道順が、きっと最も短い時間で運べるよ。かかる時間は33秒になるよ。

道順	A	⇒	D	⇒	E	⇒	B	⇒	C	⇒	G	⇒	J	合計
距離(きょり)でかかる時間(秒)		1		1		1		1		1		1		33
荷物で増える時間(秒)		0		3		3		6		6		9		

資料２　だいちさんの考えた道順

みどり：でも、本当にその道順が最も短い時間なのかな。もっと短い時間で運べる道順があると思うよ。

だいち：あっ！ 28秒の道順を見つけたよ。しかも、いくつか道順がありそうだね。

問題５　28秒で荷物を運べる道順を２つ答えなさい。ただし、通った点は全て書くものとする。

A	⇒		⇒		⇒		⇒		⇒		⇒		⇒		⇒		⇒		⇒	J	合計
																					28

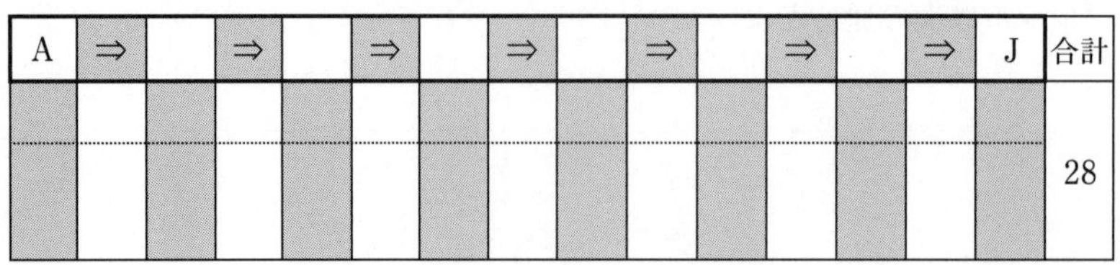

A	⇒		⇒		⇒		⇒		⇒		⇒		⇒	J	合計
															28

【三つの記事】

「みんなでできること」

　自分自身や家族の安全を確保した後に、近所や地域の方がたと助け合うことが重要です。実際、一九九五年に起こった阪神・淡路（あわじ）大震災では、地域住民が自ら進んで救出・救助活動をして多くの命を救いました。また、人びとの助け合いが必要なのは、災害発生直後の救出活動だけではありません。その後の避難生活から地域社会の復興に至るまで、全ての過程で重要な要素であり続けます。

「自分でできること」

　災害が発生したときに、まず自分自身や家族の身の安全を守ることが大切です。誰（だれ）かに指示されるのを待っていてはだめです。地震や大雨の情報を自分で得て自分で判断することが、自分自身の安全を守るということです。そのためには、自分で、そして家族で防災に取り組むことが必要です。具体的には、食料や飲料水の備蓄（びちく）をしたり、避難経路の確認をしたりすること等です。

「災害に強いまち福山」

問題２　あなたは、三つの記事の配置を考えることと、「災害に強いまち福山」の記事を作成することになりました。**「防災新聞」**のＡ・Ｂ・Ｃのどの位置に「災害に強いまち福山」の記事を配置するかを考え、その記号を一つ書きなさい。また、「災害に強いまち福山」の記事を資料①・資料②・資料③の表現を使って、二百五十字以内で書きなさい。

からまちを守り、被害を最小限に止めることができるまちのことをいいます。そのためには、ハードの整備とソフト施策が必要です。ハードの整備とは、川の水があふれたりダムがくずれて洪水が起こったりすることを防ぐために対策をすることです。その他にも大地震が起きても、こわれにくい建物を増やすことや、救急車や消防車が活動しやすいように道路を整備すること等が挙げられます。ソフト施策とは情報や訓練等で得られる災害対策のことです。例えば、ハザードマップの作成や防災教育の実施がこれにあたります。ハザードマップとは、災害が発生したときに危険と思われるところや災害時の避難場所等を地図にまとめたものです。

資料②

　福山市では、現在、国や県と協力し浸水対策に取り組んでいます。これまでに実施した対策では、水の通りをよくするために水路の整備として河川の樹木を伐採したり土砂を撤去したりしました。また、排水ポンプ車の配備も行いました。排水ポンプ車は、台風や集中豪雨による浸水が発生した際に現場に素早くかけつけ、あふれた水を川へ流す作業を行うものです。さらに、市内各所に排水ポンプ場の整備も進めています。また、二〇二一年八月には、松永中学校のグラウンドの地下に雨水を一時的に貯めておく貯水施設が完成しました。この施設は、大雨の際に水路から雨水を流入させ、一般的な二十五mプール約三杯分にあたる雨水を貯めることができます。貯めた雨水は、晴天時に水路へポンプにより排出します。

資料③

　災害時には、いつも使用しているトイレが使用できなくなります。だからできるだけトイレに行かないよう食事や水分をとらないため体調不良になり、重い病気にかかることがあります。したがって、災害時にトイレが確保できるかは命に関わる問題です。マンホールトイレとは、マンホールの上に便座やパネルを設け、災害時に素早くトイレ機能を確保するものです。下水道につながっているため、くみ取りが不要で衛生的です。東日本大震災時には宮城県東松島市で使用され、熊本地震の際には熊本県熊本市で使用されました。マンホールトイレの整備は、下水道事業を実施している地方公共団体のうち約四割しか取り組んでいない状況にあります。そのため、マンホールトイレの整備を積極的に進めていくことが求められています。福山市では、緑町公園や駅家公園、竹ケ端運動公園、中央公園に全部で六十八基が整備されています。

【防災新聞の構成】

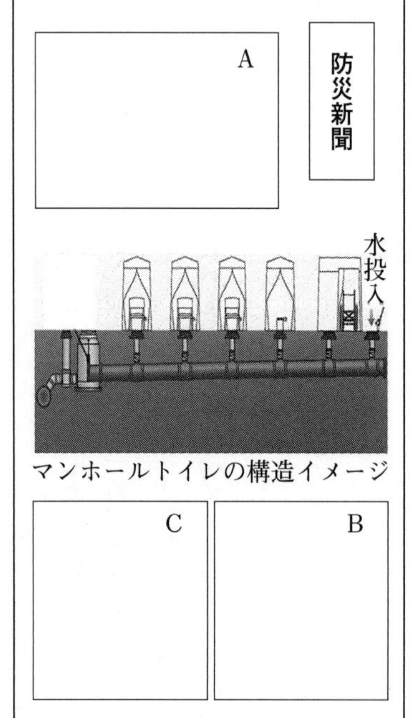

マンホールトイレの構造イメージ

〈適性検査　検査2〉　―45分―

◆　次の文章を読んで、あとの問題に答えなさい。

ここでひとつ意識するといいのは、人は「共通点」ではなく、「相違点(そういてん)」で結びつくということです。

共通点があるから話が弾(はず)んで、仲よくなれるんじゃないの、と思うかもしれない。それはそうです。でも、共通点だけだと、もの足りないものなんです。

よい友人は、何かしら自分と違(ちが)うところがあるひとだ、と思います。

この世に二人として同じ人間はいないのだから、誰(だれ)でも自分と、どこか違ってはいる。だから、相手が、自分にかかっている。自分と違うところを、どう相手に見つけられるか。その違いを楽しめるか。そこがポイントなんです。

「学び」とは、知らなかったことを知ること。わからなかったことをわかること、でした。

人間同士の「学び」とは、相手のなかに、自分が知らないこと、わからないことがあって、はじめて成り立つ。

「違い」は、知らない、わからない、の源泉です。「違い」を見つけると、知らないことを知ること、わからないことをわかることにつながっていく。これを人間同士の「学び」と呼ばないで、どうしよう。

「違い」はまた、「敬意」の源泉でもある。

「あの人は、自分と違って、こういうところが素敵」「あの人は、自分と違って、こういうことができてすごい」――大事なのは、これはお互(たが)いさまだ、としっかりわかっておくことです。そうでないと、人と自分を比べて落ち込(こ)むことになってしまう。もちろん、友人は選び選ばれるものだから、自分みがきを怠(おこた)ってはいけないんだけど。

自分にない何かが相手にはある。それと同様に、相手にない何かが自分にはある。そしてその「お互いに異なる何か」をもって、お互いをリスペクトしている。

相手が自分をリスペクトしてくれているに違いないと思うと、自分に対するポジティブなイメージ、自己肯定感(じここうていかん)が高まります。同様に自分が相手をリスペクトすることで、相手の自己肯定感も高まっているに違いない。

このように［ア］というのが、本当のよい友人関係です。

（橋爪(はしづめ)　大三郎(だいさぶろう)「人間にとって教養とはなにか」による。）

(注)　リスペクト…尊敬の気持ち。
ポジティブ…積極的で前向きな様子。
自己肯定感…ありのままの自分でよいと認める感覚。

問題1　①　筆者の考えをふまえて、［ア］に入る言葉を六十字以内で書きなさい。

②　筆者の考える「本当のよい友人関係」を築いていくために、あなたはこれからの中学校生活で、どのようなことをがんばっていきたいと考えますか。具体的な場面を想定して三百字以内で書きなさい。

だいちさんの学校では、総合的な学習の時間に「防災」について学習をしています。防災への取組について、防災新聞を作って学校のみんなに知ってもらうことにしました。次の資料を読んで、あとの問題に答えなさい。

資料①
「災害に強いまち」とは、今後発生が想定される災害(地震(じしん)、水害等)

山口県立下関中等教育学校
山口県立高森みどり中学校

（編集部注：掲載にあたりレイアウトなどの一部改変を行っています。）

〈記述式の課題１〉　　—45分—

問題１

あゆみさんの学級では、国語の時間に、自分でテーマを決めて複数の本を読み、考えたことを発表します。あゆみさんは、「夢をかなえる」というテーマで発表するために複数の本を読み、その中から２冊(さつ)の本をもとに考えたことをまとめました。次の、あゆみさんが読んだ**【本①の一部】**、**【本②の一部】**、あゆみさんの**【発表】**を読んで、あとの問い⑴〜⑸に答えましょう。

【本①の一部】

編集部注：著作権上の都合により、文章を省略してあります。

（著者(ちょしゃ)：石橋幸緒(さちお)他『子どもだって哲学(てつがく)⑤仕事ってなんだろう』〈佼成出版社〉から）

【本②の一部】

作物を収穫する前には、まず種をまいて、たいていは辛抱強く成長を待たなければなりません。

きみが目標に向かってがんばっても、すぐ成果が出るとは限らないものだよ。それは種からていねいに育てた作物が、嵐や日照りに耐えて、ようやく収穫のときをむかえるようなもの。長い時間がかかって、ついにりっぱな実がなるんだ。人間だって同じことがいえるよ。あきらめないで努力をし続けて、長い時間がすぎて、はじめてすばらしいことができるようになるんだ。

（監修：齋藤孝『自分の力で人生を切りひらく！こども自助論』〈日本図書センター〉から）

【発表】

わたしには、水泳選手としてオリンピックに出場するという夢があります。そこで、夢をかなえる努力をどのようにしていくとよいのかに着目して本を読みました。

【本①の一部】からは、［　A　］ことが重要だとわかりました。

また、**【本②の一部】**の「作物を収穫する前には、まず種をまいて、たいていは辛抱強く成長を待たなければなりません」という言葉の「作物を収穫する」は、［　B　］ということの例え、「辛抱強く成長を待たなければなりません」は、［　C　］ということの例えだとわかり、この言葉が心に残りました。

わたしは、練習したことが結果につながらないとき、原因を探ることなく、仕方がないと思っていました。

［　D　］、本当にかなえたい夢なら、試合で負けても、「なぜそうなったのか、どうすればよいのか」ということの答えを見つけ、投げ出さずに練習をしたいと思うようになりました。

(1)　あゆみさんは、**【本①の一部】**の「しいて言うならば」という言葉の意味を調べ、他の言い方もできることを知りました。「しいて言うならば」の他の言い方として最も適切なものを、次の**ア**～**エ**から１つ選び、記号で答えましょう。

ア　何かと言えば　　**イ**　元はと言えば　　**ウ**　言うまでもなく　　**エ**　あえて言えば

(2)　あゆみさんは、「夢をかなえる努力をどのようにしていくとよいのか」に着目して**【本①の一部】**と**【本②の一部】**を読み、わかったことや心に残ったことを**【発表】**の［　A　］～［　C　］で話しました。次の問い①、②に答えましょう。

①　あゆみさんは、**【発表】**の［　A　］で、**【本①の一部】**を読んでわかったことを話しました。［　A　］に入る文として最も適切なものを、次の**ア**～**エ**から１つ選び、記号で答えましょう。

ア　努力、努力と言われてから、夢に向かおうとする
イ　夢に疑問や違和感をもっていても、何となく動く
ウ　考えて動き、上手くいかなければ別の方法を考えることをくり返す
エ　将棋の対局の後には、「感想戦」という儀式を行う

②　あゆみさんは、**【発表】**の［　B　］、［　C　］で、「作物を収穫する」と「辛抱強く成長を待たなければなりません」のそれぞれが伝えていることを話しました。［　B　］、

[C]に入る適切な内容を、**【本②の一部】**の言葉を取り上げて書きましょう。

(3)　あゆみさんは、**【本①の一部】**と**【本②の一部】**の文章の書き方にちがいがあることに気がつきました。それぞれの文章の書き方の特ちょうとして最も適切な組み合わせになっているものを、次の**ア**～**エ**から１つ選び、記号で答えましょう。

	【本①の一部】	【本②の一部】
ア	メッセージとその解説が書かれている。	書き手の実体験を取り上げて書かれている。
イ	書き手の実体験を取り上げて書かれている。	メッセージとその解説が書かれている。
ウ	問いとその答えの形式で書かれている。	２つの立場から異なる考えが書かれている。
エ	２つの立場から異なる考えが書かれている。	問いとその答えの形式で書かれている。

(4)　あゆみさんは、**【発表】**の[D]で、[D]の前後の文が適切につながるような言葉を使いました。[D]に入る言葉として最も適切なものを、次の**ア**～**エ**から１つ選び、記号で答えましょう。

ア　その理由は　　**イ**　その中でも特に　　**ウ**　その考えが変わり　　**エ**　その結果として

(5)　あなた自身が夢をかなえるために取り組みたいことは何ですか。次の〈**条件**〉に合わせて書きましょう。

〈**条件**〉　・**【本①の一部】**か**【本②の一部】**から自分が着目した言葉や文を少なくとも１つ取り上げながら、生活の中でどのように取り組んでいきたいかを具体的に書くこと。

・80字以上100字以内で書くこと。

問題２

ひろしさんは、社会の時間に日本の食料生産について、**図１**～**図３**を使って調べました。あとの問い(1)、(2)に答えましょう。

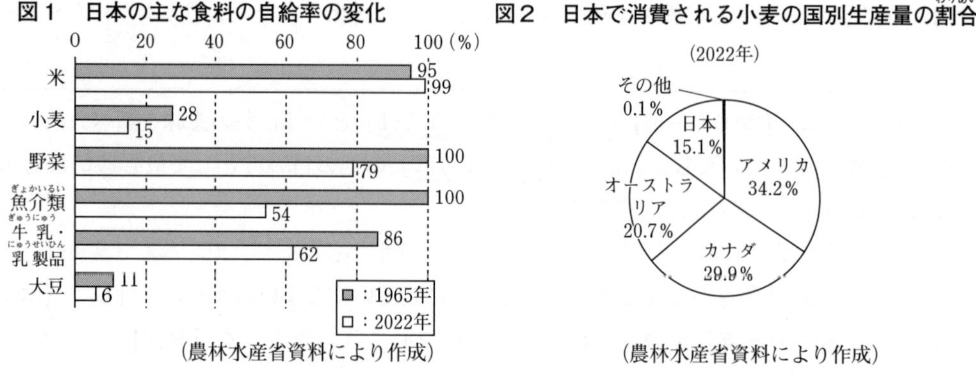

図１　日本の主な食料の自給率の変化

（農林水産省資料により作成）

図２　日本で消費される小麦の国別生産量の割合

（農林水産省資料により作成）

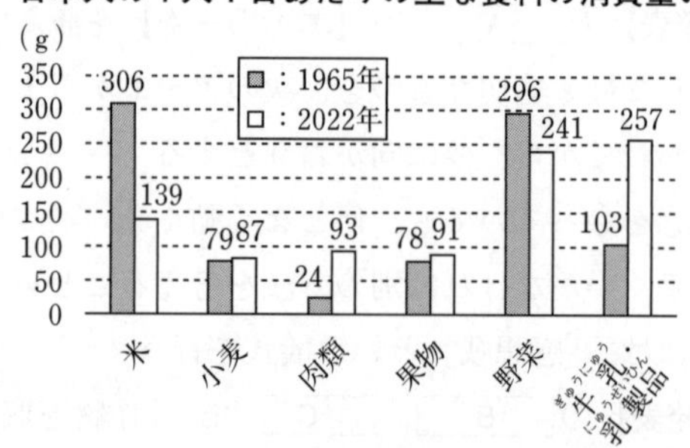

図３　日本人の１人１日あたりの主な食料の消費量の変化

（農林水産省資料により作成）

⑴　次の文章は、ひろしさんとはなこさんの社会の時間での会話の一部です。これを読んで、あとの問い①～④に答えましょう。

ひろし：日本の食料の自給率は、低下したと言われているけれど、**図1**からもそのことが読み取れるね。

はなこ：**a** 1965年と2022年を比べてみると、他にもいろいろなことが読み取れるよ。

ひろし：日本国内の生産だけで足りない食料は、どこの国から輸入しているのかな。

はなこ：**図2**を見ると、小麦の場合は、１か国だけではなく複数の国から輸入していることがわかるね。もしも、**b** １か国のみからの輸入に頼(たよ)ってしまうと、（ Ａ ）という問題がおこる可能性があるんだよね。

ひろし：できるだけ、複数の国から分散して輸入できた方が安心なんだね。それにしても、**c** 日本の食料の自給率は、どうして低下したのかな。

①　**a**＿＿部について、**図1**を読み取っているものとして最も適切なものを、次の**ア**～**エ**から１つ選び、記号で答えましょう。

ア　1965年と2022年を比べると、全ての食料において、自給率は低下している。

イ　1965年と2022年の自給率がどちらも60％をこえているのは、６品目のうち４品目である。

ウ　1965年と2022年ともに、米や野菜の自給率は７割(わり)をこえているが、小麦や大豆は３割に達していない。

エ　1965年と2022年を比べると、自給率の差が最も大きいのは野菜である。

②　**b**＿＿部について、はなこさんは食料を１か国のみからの輸入に頼(たよ)ることの問題点があることを指摘(してき)しています。どのような問題点が考えられるか、「不足」という語句を用いて（ Ａ ）に入る文を答えましょう。

③　**c**＿＿部について、ひろしさんは、食料の自給率が低下した原因について考えるため、**図3**からわかることをまとめました。**【ひろしさんのノート】**の（ Ｂ ）～（ Ｄ ）に入る言葉を**図3**からぬき出して答えましょう。

【ひろしさんのノート】

・1965年…（ Ｂ ）や（ Ｃ ）を主に消費していた。
・2022年…1965年と比べ、（ Ｂ ）の消費量が２分の１以下に減り、一方で、（ Ｄ ）や牛乳(ぎゅうにゅう)・乳製品(にゅうせいひん)の消費量が２倍以上に増えた。
→　予想：（ Ｅ ）ことで、外国からの輸入に頼(たよ)る食料が増えて、日本の食料の自給率が低下したのではないか。

④　**【ひろしさんのノート】**の（ Ｅ ）には、**図3**から読み取った文が入ります。（ Ｅ ）に入る文として、最も適切なものを、次の**ア**～**エ**から１つ選び、記号で答えましょう。

ア　日本では食料を生産できる耕地が少なくなった　　**イ**　日本人の食生活が変化した

ウ　日本の農作業にかかる時間や費用が増えた　　**エ**　日本の食料の価格が高くなった

⑵　次の文章は、ひろしさんとお父さんの家庭での会話の一部です。これを読んで、あとの問い①～③に答えましょう。

ひろし：学校で日本の食料生産について学習しているんだけど、食料の自給率が低下したと言われる日本は、この先も食料を確保していけるのかな。

父　：日本の食料を確保していくためには、**d** 農産物の生産量や魚介類(ぎょかいるい)などの漁かく量を増やしていくことが大切かもしれないね。食料の自給率を上げていくことは課題なんだけれど、その他に、食品ロスも課題となっているのを知っているかな。

ひろし：食品ロスって何なの？

父　：まだ食べられるのに捨(す)てられてしまう食品のことで、日本では国民１人あたり、茶碗(ちゃわん)約１ぱい分の食料が毎日捨てられている計算になるらしいよ。日本以外でも、ある国ではｅ「パン」「にんじん」「とり肉」が多く捨てられていると、英語で書かれた雑誌(ざっし)に紹介(しょうかい)されていたよ。

ひろし：そうなんだね。どうすれば、食品ロスを減らすことができるのかな。

①　ｄ＿＿部について、ひろしさんはお父さんの考えを聞いて、日本には、農業や漁業で働く人がどのくらいいるかについて調べました。ひろしさんが調べた**図４**と**図５**から読み取れる、農業と漁業が共通してかかえる課題を２つ書きましょう。

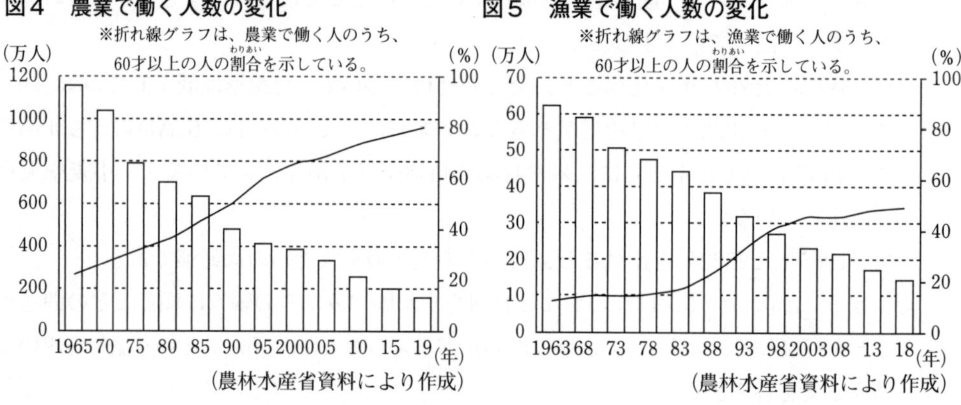

②　ｅ＿＿部について、お父さんの読んだ雑誌(ざっし)では、３つの食品や食材は英語でそれぞれどのように表現されていたでしょうか。適切なものを、次の**ア**～**キ**から１つずつ選び、記号で答えましょう。

ア　onion　　**イ**　carrot　　**ウ**　potato　　**エ**　cabbage

オ　pork　　**カ**　bread　　**キ**　chicken

③　〰〰部について、食品ロスが増えることで、どのような問題があると考えられますか。また、食品ロスを減らすためにあなたにできることは何ですか。あなたの考えを180字以上220字以内で書きなさい。

〈記述式の課題２〉　—45分—

問題１

ひなたさんの地域(ちいき)では、小・中学生と大人がいっしょに参加する防災キャンプを市民センターで毎年開催(かいさい)しています。小学生のひなたさんは、この防災キャンプの実行委員です。今年の防災キャンプには、ひなたさんをふくめ小学生が90人、中学生が18人、大人が72人参加しています。あとの問い(1)～(6)に答えましょう。

(1)　防災キャンプでは、グループ別で行う活動があり、小学生、中学生、大人が混じったグループに分けることになりました。ひなたさんは、余る人が出ないよう全てのグループに小学生と中学生と大人のそれぞれを同じ人数ずつ分けたところ、１グループの人数が10人になりました。このとき、１グループあたりの小学生と大人の人数をそれぞれ答えましょう。

(2)　グループ分けができた後、昼食の時間になりました。次の問い①、②に答えましょう。

①　この防災キャンプでは、昼食として**表１**のように３種類のおにぎりと２種類のスープ、４種類の飲み物が用意されています。参加者が、おにぎり、スープ、飲み物の中からそれぞれ１種類ずつ選ぶとき、選び方は全部で何通りあるか答えましょう。

表１　昼食として用意されているもの

○おにぎり	○スープ	○飲み物
さ　け	みそ汁	緑　茶
わかめ	コーン	麦　茶
こんぶ		ウーロン茶
		ミネラルウォーター

②　飲食スペースを指定するため、市民センターのホールに長方形のシートをしくことになりました。市民センターには、縦1.8ｍ、横3.6ｍの小さめのシートＡと、縦3.6ｍ、横4.5ｍの大きめのシートＢがそれぞれ何枚かあり、シートＡには「たたみ４枚分」と大きさの目安が表示されていました。ひなたさんは、このシートＡの表示を参考にすれば、シートＢがたたみ何枚分になるかを調べられることに気づきました。シートＢはたたみ何枚分になりますか。求め方と答えを書きましょう。

(3)　防災に関する施設見学のため、ひなたさんたち小・中学生108人は市民センターから車で片道５分かかる防災センターまで移動することになりました。移動には、運転手をのぞいて24人が乗車できるマイクロバスと、同じく９人が乗車できるワゴン車の２台が用意され、この２台が往復し、小・中学生を送り届けることになっています。小・中学生が１人１席ずつ空席のないように座ることにしたとき、小・中学生全員が移動する時間が最も短くなるのは、マイクロバスとワゴン車がそれぞれ何回防災センターに送り届けるときか答えましょう。なお、マイクロバス、ワゴン車の乗降にかかる時間は考えないものとします。

(4)　施設見学後、おやつとして、各グループにクッキーやあめを配ることになりました。ことみさんは、クッキーやあめを配りやすくしようと思い、**図１**のように１辺が21cmの正方形の厚紙の４すみを合同な正方形で切り取り、テープを使って**図２**のような直方体の形をした、ふたのない入れ物を作っています。それを見ていたひなたさんは、同じ厚紙を使って４すみを合同な正方形で切り取れば立方体の形をした入れ物も作れることに気がつき、立方体の形をした、ふたのない入れ物を作りました。ひなたさんが作った入れ物の容積を求めましょう。

図１　正方形の厚紙　　**図２　ことみさんが作った入れ物**

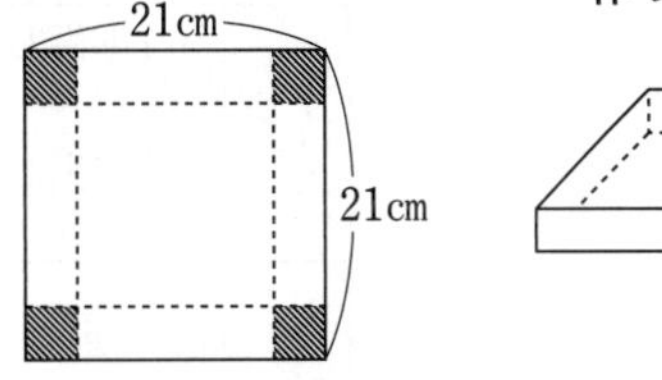

(5)　防災キャンプでは、夕食にカレーを作ることになりました。ひなたさんたち実行委員は、４人分のカレーの材料と分量を示した**表２**のメモをもとに、予備もふくめて200人分のカレーの材料を準備しました。次の問い①、②に答えましょう。

表２　カレーの材料と分量

材　料	４人分の分量	
カレーのルー	$\frac{1}{2}$箱	110ｇ
ぶた肉		240ｇ
玉ねぎ	２個	400ｇ
じゃがいも	$1\frac{1}{2}$個	240ｇ
にんじん	$\frac{1}{2}$本	100ｇ
サラダ油	大さじ１	
水	$4\frac{1}{4}$カップ	850mL

①　200人分のカレーを作るのに必要なじゃがいもの個数は何個ですか。

②　200人分のカレーを作るには、12kgのぶた肉が必要です。ひなたさんたちは、地域にある２つのスーパーマーケットのうち購入代金が安い方で、12kgのぶた肉を注文しました。

> 【スーパーマーケットA】100ｇあたり150円、１kgの購入につき50円を値引き
> 【スーパーマーケットB】100ｇあたり180円、５kg以上の購入で合計金額から２割引き

スーパーマーケットAとスーパーマーケットBのうち、ひなたさんたちが、ぶた肉を注文したのはどちらですか。言葉と式を使って説明し、答えを書きましょう。

(6)　ひなたさんたち実行委員は、地域の大人の防災意識について調査するため、参加した大人72人全員に対して、災害に対する備えの状況に関するアンケート調査を実施しました。ひなたさんたちは、そのアンケート結果を集計しながら地域の大人の防災意識について話し合い、アンケート結果を**表３**にまとめようとしています。**表３**の**ア**、**イ**に当てはまる数を答えましょう。

ひなた：今回参加した大人全員がアンケートに答えてくれたよ。これを使って、大人の防災意識についてまとめてみよう。

ことみ：食料などを入れた非常用の持ち出しぶくろを準備している人は（ **ア** ）人で、準備していない人のちょうど半分の人数だったね。

あきら：災害の起こった時に、避難する場所をまだ決めていない人は、38人もいたね。

ひなた：避難する場所を決めていて、非常用持ち出しぶくろを準備している人は12人だから、災害に対して備えができている人は地域で見ると少ない状況だね。

ことみ：逆に、両方できていない人は（ **イ** ）人ということになるね。

あきら：これからも、地域をあげて防災意識を高める取組が必要だと感じるね。

表３　アンケート結果　　　　(単位：人)

<table>
<tr><td colspan="2" rowspan="2"></td><td colspan="2">避難する場所</td><td rowspan="2">合　計</td></tr>
<tr><td>決めている人</td><td>決めていない人</td></tr>
<tr><td rowspan="2">非常用の持ち出しぶくろ</td><td>準備している人</td><td></td><td></td><td>ア</td></tr>
<tr><td>準備していない人</td><td></td><td>イ</td><td></td></tr>
<tr><td colspan="2">合　計</td><td></td><td></td><td></td></tr>
</table>

問題２

ひであきさんの学年では、これまで学んだ理科の学習をふり返り、それぞれがテーマを設定してグループ発表を行うことになりました。タブレット端末に残してある学習の記録を見ながら、ふり返りを読んだり友だちと会話したりしてテーマを設定し、研究を進めています。あとの問い(1)～(3)に答えましょう。

(1)　ひであきさんは、３年生で「電気の通り道」の学習をした際に、次のようなふり返りを書いていました。これを読んで、あとの問い①～③に答えましょう。

図１　３年生の時の実験装置

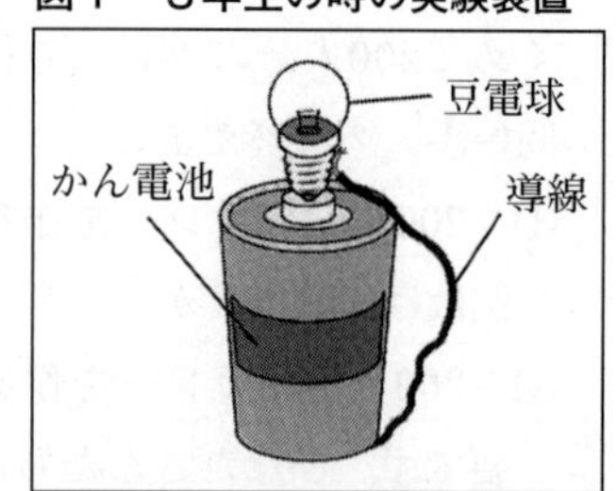

【今日の学習をふり返って】

今日は、ソケットを使わずに豆電球に明かりをつける実験をしました。

導線をつなぐ場所によって、豆電球に明かりがついたりつかなかったりすることが分かりました。

実験の後で豆電球の中のつくりを見たら、明かりのつく理由も分かりました。

①　豆電球はソケットを使わなくても、**図１**のように導線をつなぐことで明かりをつけることができます。豆電球の中はどのようなつくりになっているか、断面図の点線で囲まれた部分に導線をかき加えて答えましょう。

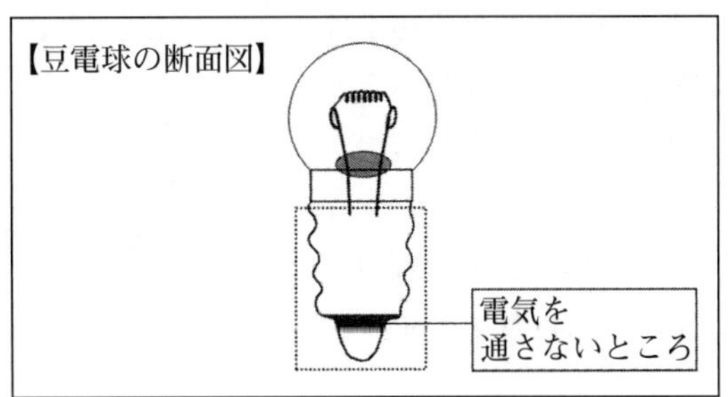

②　ひであきさんは、**図１**の導線以外のものを使って同じ装置(そうち)を作り、豆電球の明かりをつけてみることにしました。次の**ア**～**オ**のうち、明かりをつけることができるものを全て選び、記号で答えましょう。

ア　はり金(銅)　　**イ**　おり紙(紙)　　**ウ**　輪ゴム(ゴム)

エ　はり金(鉄)　　**オ**　アルミニウムはく(アルミニウム)

③　家庭用の電球と発光ダイオード(ＬＥＤ)を比べると、発光ダイオードの方が電気を効率的に光に変える仕組みになっています。**図１**の豆電球を豆電球型発光ダイオードにかえて確かめていたひであきさんは、次のような**【気づき】**をもちました。豆電球型発光ダイオードの方が豆電球よりも電気を効率的に光に変える仕組みになっていることを、**【気づき】**を参考に説明しましょう。

【気づき】
・豆電球は明かりがつくと少しあたたかくなる。
・豆電球型発光ダイオードは明かりがついてもほとんどあたたかくならない。

⑵　ゆうきさんは、４年生で「水の姿(すがた)と温度の関係」を学習したときの記録を見ながら、かすみさんと会話をしています。あとの問い①～③に答えましょう。

図２　４年生の時の実験装置(そうち)

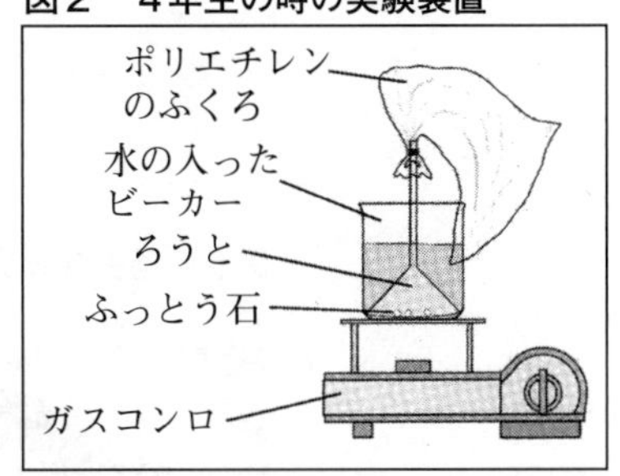

ゆうき：この実験(**図２**)、ふっとうして出てきた気体が、予想とちがったんだった。

かすみ：正体を確かめるために、出てきた気体をふくろに集めたよね。大きくふくらんでいたポリエチレンのふくろは、熱するのをやめるとすぐにしぼんだよね。

ゆうき：ふくろにたまった液体を調べたことで、気体の正体が分かったんだったよね。

① **図2**の実験で、ポリエチレンのふくろに集まった気体の正体は何ですか。

② ゆうきさんは、**図3**のような実験装置を使って観察することにしました。水の入った試験管を熱し続けると気体が出てきます。出てきた気体はゴム管とガラス管を通って、水の入ったビーカーへ送られます。ふっとうさせ続けていると、初めのうちはガラス管の先から出ていたあわが、途中からほとんど出なくなりました。試験管で発生した気体は、ガラス管まで来たときどうなったのか答えましょう。

③ ゆうきさんは、**図3**の実験において、試験管の中の水が減るので、装置全体の重さが軽くなるのではないかと予想しましたが、**図3**の実験装置のうち、ガスコンロ以外を電子ばかりの上にのせ、加熱前後の重さを比べたところ、変化はありませんでした。この結果からどのようなことが言えるか答えましょう。

図3　ゆうきさんの考えた実験装置

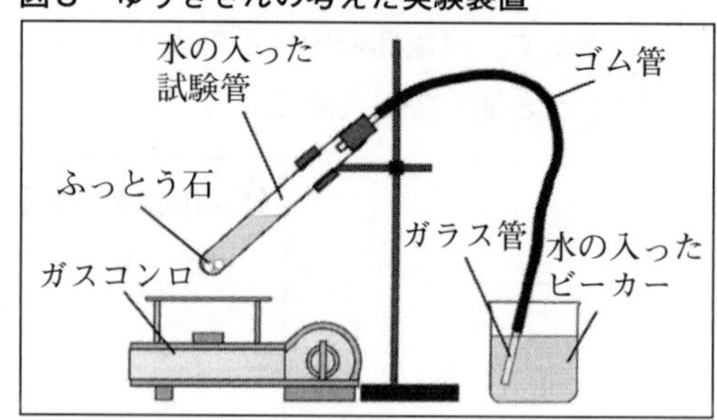

(3) つむぎさんは、5年生で「天気の移り変わり」を学習した際に、次のようなふり返りを書いていました。これを読んで、あとの問い①、②に答えましょう。

> **【今日の学習をふり返って】**
> 今日は、日本の天気の移り変わりを、雲の画像から考えました。
> 日本の上空は一年中、西から東へ大きく風がふいているから、天気は西から東へ変わることが分かりました。
> 「夕焼けになると次の日は晴れる」という言い伝えを聞いたことがあるけど、西の空に雲が少なくて、太陽がはっきり見えるから次の日が晴れるのだと納得しました。

① つむぎさんは、雲の画像から天気を予測する方法について発表するために、気象衛星から見た画像を調べました。**図4**は11月のある日の雲の画像です。**図4**のときの山口県の天気を答えましょう。なお、画像の白い部分が雲を表しています。

② さらに、つむぎさんは雲の動きを確かめるために、**図4**から過去3日分の同じ時刻の雲の画像(**図5**)を集めました。**図5**の**ア**～**ウ**を、**図4**につながるように、3日前から順に正しく並べかえましょう。また、そう考えた理由を説明しましょう。

図4　ある日の雲の画像

図5　過去3日分の雲の画像

ア

イ

ウ

(図4、図5ともにtenki.jpより引用)

徳島県立城ノ内中等教育学校
徳島県立川島中学校
徳島県立富岡東中学校

（編集部注：掲載にあたりレイアウトなどの一部改変を行っています。）

〈適性検査　検査Ⅰ　※課題２は808ページ、課題４は806ページから掲載しています。〉

―課題２、課題４と合わせて55分―

【課題１】　放送による問題（省略）

【課題３】　さくらさんたちは、社会の授業で、日本の工業生産について発表するために話し合っています。**［話し合いの前半］**、**［話し合いの後半］**、**資料１～６**をもとにして、あとの問いに答えなさい。

［話し合いの前半］

さくら　まず、「工業製品と私（わたし）たちのくらし」のテーマで考えていこうと思います。今までの学習で、わかったことや印象に残っていることを言ってください。

たけし　工業製品をつくり出す①工場には、大きな工場から小さな工場まで、②さまざまな規模（ぼ）の工場があることがわかりました。中小工場でつくり出される製品は、大工場の生産を支えるとともに、私たちのくらしのさまざまな場面で使われていますね。

しおり　郷土（きょうど）資料館をたずねたときに、今のくらしに使われている工業製品と昔のくらしに使われていた工業製品に大きなちがいがあって、おどろきました。

こうじ　昔のせんたくでは、せんたく板やたらいを使っていましたが、今では、せんたく機を使っていますね。

さくら　せんたく板やたらいを使うと、よごれた部分を見ながらあらうことができますが、あらうのに時間がかかったり、手であらった後にしぼったりするので、③昔の作業は苦労していたと学芸員さんが話してくれましたね。でも、今は機械を使うことで、簡（かん）単に作業ができるようになりました。

たけし　せんたく機のように、工場で生産された工業製品は日本国内で使われるだけではなく、外国に輸出されていますね。一方で、身の回りの工業製品の中には、外国で生産され、日本に輸入されたものも多くあります。

こうじ　そうですね。工業製品の輸出入は、④さまざまな輸送手段（だん）の長所を生かした運輸のはたらきによって支えられていますね。

さくら　私たちのくらしの中で使われている工業製品は、いろいろと変わってきているのですね。次は、工業生産について考えていきましょう。

（問１）　――部①に関して、1872年に明治政府は、群馬県の富岡（とみおか）に官営の工場をつくりました。この工場で生産されていた工業製品を、**ア**～**エ**の中から１つ選び、記号を書きなさい。

ア　生糸（きいと）　　**イ**　医薬品　　**ウ**　鉄鋼（てっこう）　　**エ**　自動車

(問２)　――部②について、**資料１**の**A**～**C**は、工場数、生産額、働く人の数のいずれかの割合を表しています。**A**～**C**の組み合わせとして適切なものを、**ア**～**エ**の中から１つ選び、記号を書きなさい。

ア　**A**　生産額　**B**　工場数　**C**　働く人の数
イ　**A**　働く人の数　**B**　工場数　**C**　生産額
ウ　**A**　工場数　**B**　生産額　**C**　働く人の数
エ　**A**　工場数　**B**　働く人の数　**C**　生産額

資料１　日本の工業生産にしめる中小工場と大工場の割合

	中小工場	大工場
A	99.0％	1.0％
B	67.3％	32.7％
C	47.4％	52.6％

(経済産業省　2021年「工業統計表」より作成)

(問３)　――部③に関して、**資料２**は、昔の農具の一つです。この農具は、農作業のどのような場面で使われていたのか、書きなさい。

資料２　昔の農具

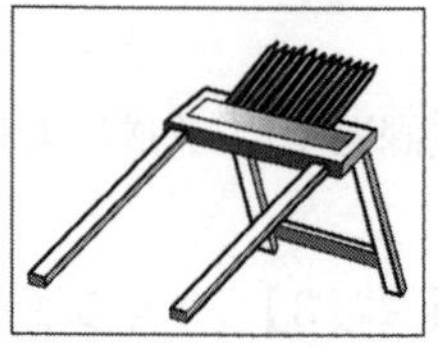

(問４)　――部④に関して、**資料３**の**A**・**B**のグラフは、日本における船または航空機による輸出額にしめる輸出品の割合を表しています。船による輸出を表しているグラフを、**A**・**B**から選び、記号を書きなさい。また、船で輸送する長所について、**資料３**と**資料４**をもとに、航空機によって輸出される工業製品とのちがいを明らかにして、書きなさい。

資料３　日本における輸出額にしめる輸出品の割合

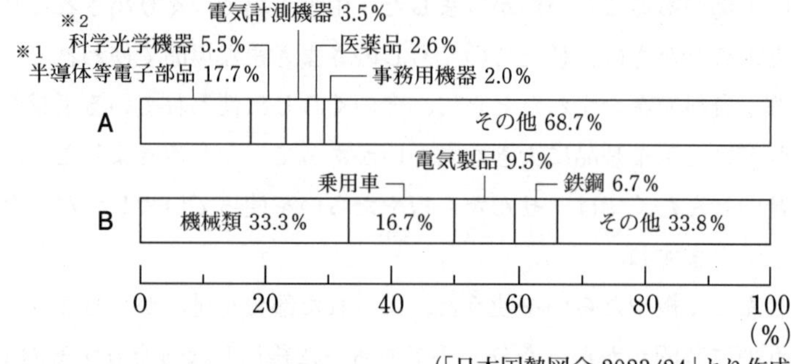

(「日本国勢図会 2023/24」より作成)

※１　半導体等電子部品とはIC(集積回路)などのこと。
※２　科学光学機器とはカメラやレンズなどのこと。

資料４　日本の船・航空機が運んでいる積み荷の平均の重さ

船	１せきあたり	約18502 t
航空機	１機あたり	約19 t

(財務省　2022年「貿易統計」より作成)

[話し合いの後半]

さくら　日本の工業生産の中心地は、関東地方の南部から九州地方の北部にかけて広がる「太平洋ベルト」とよばれる地域でしたね。

たけし　そうでしたね。⑤日本の工業のさかんな地域は海沿いに広がっていました。

しおり　一方で、高速道路が通っていて、トラックでの輸送に便利な内陸の地域に建てられている工場もありました。

こうじ　工場へ見学に行ったときには、海外でも生産をする会社が多くなっていると聞きました。

たけし　国内の工場数や工場で⑥働く人の数も減ってきていますね。

しおり　そのように、日本の工業生産は少しずつ変わってきていますが、工場の人にインタビューをしたとき、今も、昔も、これからも、変わらないものがあると思いました。工場の人は、技術やアイデアを生かして、これからもずっと人々のくらしの役に立つ製品を開発したり、生産したりしていきたいという願いを話してくれました。

こうじ　工業生産に関わる人々は、くらしや社会を豊かにしたいという願いのもと、生産にはげんでいるのですね。だから、⑦くらしや社会の変化に応じて求められる新たな「ものづくり」にも、チャレンジしているのですね。

たけし　新たな「ものづくり」といえば、以前、買い物に行ったとき、津軽塗（つがるぬり）のスマートフォンケースがはん売されているところを見ました。

しおり　津軽塗を調べてみると、青森県を代表する伝統的工芸品で、300年以上もの歴史があります。

こうじ　はしやうつわ以外にも、さまざまな津軽塗の製品がつくられているのですね。ほかの伝統的工芸品の職人さんたちも、⑧社会のニーズを見通した、新たな「ものづくり」にチャレンジしており、その製品は外国の人々にも親しまれているようです。

さくら　「ものづくり」は未来へとつながっていきますね。では、これからの工業生産についてまとめることができるように、「ものづくり」にこめられた職人さんたちの技術や思いを考え、「日本の工業生産の強み」に注目して、調べていきましょう。

(問５)　――部⑤について、日本の工業のさかんな地域が海沿いに広がっている理由を、「原料や製品」という言葉を用いて書きなさい。

(問６)　――部⑥に関して、働くことは、日本国憲（けん）法で定められている国民の権（けん）利の１つです。また、働くことは、国民の義務としても日本国憲法で定められています。日本国憲法で定められている働く義務以外の国民の義務を２つ書きなさい。

(問７)　――部⑦に関して、**ア**～**エ**を時代の古い順に並（なら）べ、記号を書きなさい。

ア　たたみや障子（しょうじ）、ふすまなどを使った書院造（しょいんづくり）という建築様式が生み出された。

イ　日本で初めての鉄道が開通したり、都市を中心にガス灯が使われたりした。

ウ　漢字をくずしたひらがなや、漢字の一部をとったかたかながつくられた。

エ　木版の技術が発達したことで、色あざやかな浮世絵（うきよえ）が大量につくられた。

(問８)　――部⑧に関して、こうじさんは、伝統的工芸品の職人さんたちが、どのようなことを思いながら、新たな「ものづくり」をしているのか考えました。あなたがこうじさんなら、伝統的工芸品の職人さんたちに、どのような思いがあると考えるか、**資料５**と**資料６**からわかることと関連づけて、書きなさい。

資料５　伝統的工芸品の生産額と従業員数の移り変わり

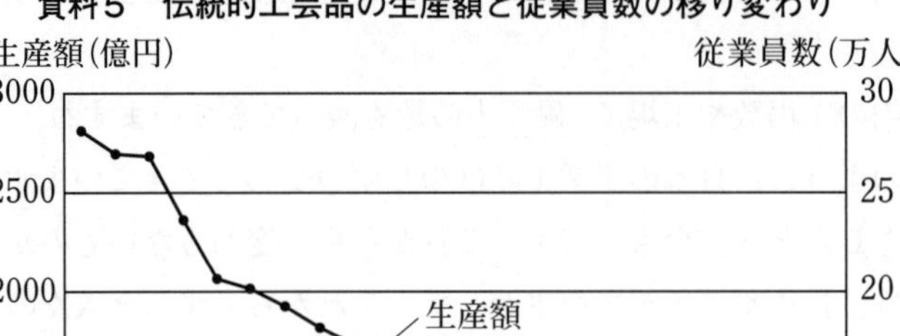

（経済産業省　令和４年「経済産業省説明資料」より作成）

資料６　伝統工芸におけるあとつぎの確保に関わる現状

○あとつぎが決まっておらず、職人さんが亡くなったり、生産をやめたりした場合には、将来、伝統的な技術を受けつぐ働き手がいなくなるかもしれないという不安がある。
○職人さんの高齢化が進んでいることにより、休業が増加している。
（総務省　令和４年「伝統工芸の地域資源としての活用に関する実態調査　結果報告書」より作成）

〈適性検査　検査Ⅱ〉　—50分—

【課題１】　たけしさんは、１年間の日記を読み返し、それぞれの出来事について算数で学んだことを生かしながら考えています。次の文を読んで、問いに答えなさい。

（問１）　５月８日に、子犬のモモが生まれました。モモが生まれたときの体重は200 gで、今の体重は2100 gです。たけしさんは、モモの生まれたときの体重と今の体重を比べました。モモの今の体重は、生まれたときの体重の何倍か、書きなさい。

（問２）　８月２日に、家族におにぎりとサラダをつくりました。次の①・②に答えなさい。

①　たけしさんは、自分がかいた［**おにぎりのイラスト**］から、おにぎりを三角柱とみて、次の**図**のような三角柱をかきました。この三角柱の底面積は何㎠か、書きなさい。

［**おにぎりのイラスト**］

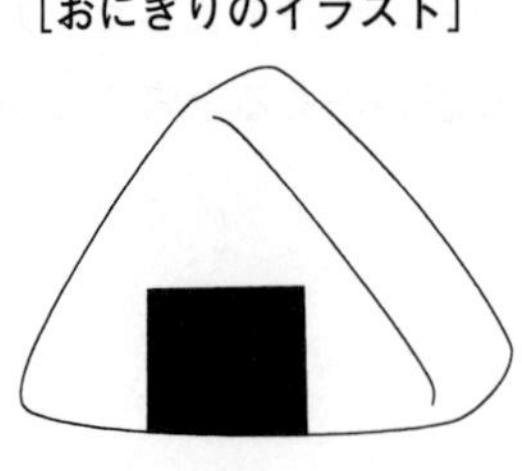

図

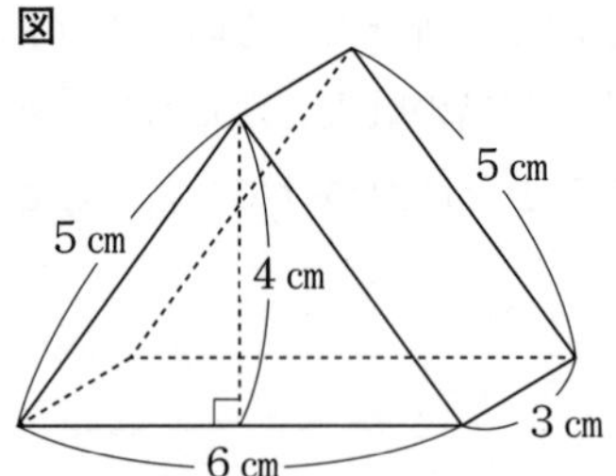

②　たけしさんは、酢とサラダ油の量の比が２：３のドレッシングをつくるつもりでしたが、酢30mLとサラダ油40mLを混ぜてしまい、予想とはちがう味になったことを思い出しまし

た。たけしさんは、酢とサラダ油のどちらか一方の量を増やせば、酢とサラダ油の量の比を２：３にすることができたと考えました。酢とサラダ油の量の比を２：３にするためには、酢とサラダ油のどちらの量を何mL増やせばよかったか、書きなさい。

（問３）　10月１日に、野球の試合を見に行きました。次の①・②に答えなさい。

①　日記には、その日の入場者数を約8200人とがい数で記録していたので、たけしさんは、がい数の表し方について考えました。四捨五入で、百の位までのがい数にしたとき、8200になる整数のはん囲を、「以上」、「以下」を使って、書きなさい。

②　野球チームに３年間所属しているたけしさんは、自分のデータをふり返り整理すると、次の表のようになりました。３年間では、たけしさんの１試合平均のヒットの本数は何本か、書きなさい。

［たけしさんのヒットの本数の記録］

	出場した試合数	１試合平均のヒットの本数
2021年度	５試合	0.4本
2022年度	10試合	0.4本
2023年度	15試合	0.8本

（問４）　11月10日は、たけしさんの12才の誕生日でした。たけしさんのおばあさんの誕生日も同じ日で、60才になったお祝いをしました。たけしさんは、自分の未来の姿を想像した［**未来日記**］を書くことにしました。次の［**未来日記**］は、たけしさんが自分の年れいを何才と考えて書いたものか、答えなさい。

［未来日記］

今日は、私とおばあさんの誕生日でした。私の年れいは、おばあさんの年れいの$\frac{1}{3}$になりました。

そして、研究していた厳しい環境の中でも育つ野菜の改良に成功し、今日、初めて収かくしました。おばあさんと私の誕生日パーティーでは、収かくした野菜に手づくりドレッシングをかけて食べました。

【課題２】　さくらさんたちは、理科の授業で学習した内容について、さらに学びを深めたいと思い、科学センターでのサイエンススクールに参加しています。指導員の先生とさくらさんたちの会話をもとにして、あとの問いに答えなさい。

さくら　　理科の時間に、心臓のことを学習しました。心臓は１日も休まず血液を送り続けるということを知って、おどろきました。

指導員　　心臓は、縮んだりゆるんだりして、血液を全身に送り出しています。この動きを①はく動といいますね。

こうじ　　はい。授業の中で、私は、手首で「どくどく」と感じる動きの１分間の回数を数えました。

さくら　　私は、そのとき80回でした。今、もう１度、自分の手首に指を当てて１分間の回数を数えてみましょう。

こうじ　　みなさん、何回でしたか。

たけし　あれ、私の回数がみんなより多くなっています。

しおり　たぶん、たけしさんは、ついさっき走ってきたからだと思います。

指導員　そうですね。運動したときには、体を動かすのに必要な酸素の量が増え、心臓はたくさんの血液を送り出そうとして動きが速まるのですね。**図1**を見てください。心臓と血管、そして血液の流れる向きを表しています。どのようなことがわかりますか。

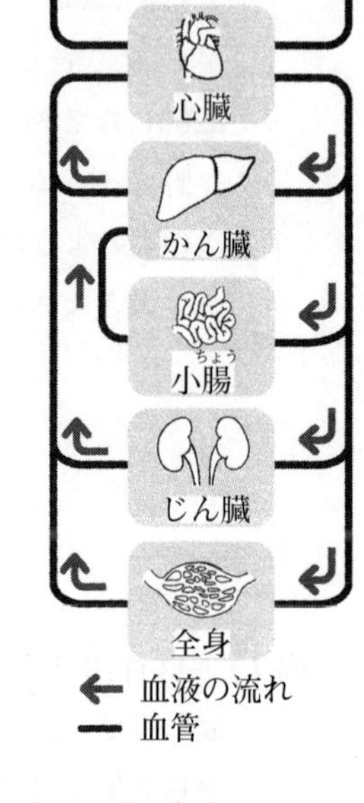

しおり　血液は心臓から肺(はい)に送られ、心臓にもどっています。

こうじ　心臓から全身に送られ、心臓にもどる流れもあります。

指導員　そうですね。では、肺のはたらきから考えると、酸素を多くふくんだ血液が流れている血管は、**図1**の**ア**と**イ**のどちらでしょうか。

さくら　それは、［　あ　］です。そう考えた理由は、［　い　］からです。

指導員　そのとおりです。ところで、血液には、②体内でできた不要なものを受け取って運ぶはたらきもあるのですよ。それはどのようにして体外に出されるのか知っていますか。

こうじ　不要なものは［　A　］で血液の中から取り除(のぞ)かれ、［　B　］にしばらくためられてから、体外に出されるのでしたね。

しおり　こうして考えてみると、血液には必要なものを全身に届(とど)けたり、不要なものを受け取ったりするなど、大切な役割(わり)がありますね。私たちの心臓は、1日にどれくらいの血液を送り出しているのですか。

指導員　みなさんの心臓が、1分間に80回はく動したとします。1回のはく動で60mLの血液を送り出すとすると、心臓が1日に送り出す血液の量を求めることができますよ。

しおり　指導員さんが教えてくれた数字を使って計算すると［　う　］Lです。心臓は1日にこれだけ多くの血液を、全身に送り出しているのですね。

指導員　もちろん、実際にそれだけの量の血液が体内にあるわけではありません。同じ血液が何度も体内をめぐっているのです。そのようすについて、実際にその場にいるかのような体験ができる「ＶＲゴーグル」というそう置を使って、心臓のつくりと心臓の中を流れる血液のようすを観察してみましょう。

たけし　このゴーグルをつけると、本当に自分が心臓の中に入って見ているみたいですね。心臓のかべが動いて、血液がとても勢いよく流れています。

さくら　心臓には、いくつか部屋があることがわかります。

たけし　このような血液や心臓のはたらきによって、私たちの命が支えられているのですね。

(問1)　――部①について、はく動が血管を伝わり、手首などで「どくどく」と感じる動きを何というか、書きなさい。

(問2)　さくらさんは、酸素を多くふくんだ血液が流れている血管を［　あ　］と、そう考えた理由を［　い　］と答えました。［　あ　］に入るものを**図1**の**ア**・**イ**から選び、記号を書きなさい。また、［　い　］に入る適切な言葉を、出入りする気体を明らかにして書きなさい。

(問3)　――部②について、こうじさんは体内でできた不要なものが、どのように体外に出されるのかについて答えました。［　A　］、［　B　］に入る臓器の組み合わせとして最も適切なものを、ア～エの中から１つ選び、記号を書きなさい。

ア　A　かん臓　　B　じん臓　　　イ　A　かん臓　　B　ぼうこう
ウ　A　じん臓　　B　ぼうこう　　エ　A　じん臓　　B　かん臓

(問４)　しおりさんは［　う　］で、心臓が１日に送り出す血液の量を答えました。［　う　］に入る数字を書きなさい。

次に、さくらさんたちは、ふりこのコーナーに移動しました。

こうじ　授業では、１往復する時間がちょうど１秒のふりこをつくろうとしましたが、うまくつくれませんでした。１往復する時間が１秒のふりこをつくってみたいです。

指導員　では、授業で学習したふりこのきまりについてふり返ってみましょう。ふりこが１往復する時間はどのように調べますか。

さくら　ふりこが１往復する時間を測定するのは難(むずか)しいので、10往復する時間を測定し、その時間を10で割(わ)り、１往復する時間を求めます。そして、正確な数値(ち)が求められるように、３回実験をして、１往復する時間の平均を調べます。

こうじ　ふりこの実験をするときは、ふれはば、おもりの重さ、ふりこの長さの３つの条件のうち、変える条件を１つだけにし、他の条件はすべて同じにして調べるのでしたね。

たけし　変える条件を１つだけにするのはなぜでしたか。

さくら　［　え　］からです。

指導員　では、ふりこが１往復する時間は、どのような条件に関係がありますか。

しおり　ふりこの長さです。

指導員　そうですね。では、ふりこの長さを変えて、１往復する時間がどうなるのか調べてみましょう。

［実　験］

1　**図２**のように、重さ10ｇのおもりをつけた糸を、板に打ったくぎにつるしてふりこをつくる。

2　ふりこの長さを**ア**～**オ**のように変え、それぞれのふりこが１往復する時間を３回ずつ調べ、その測定結果を平均して求める。

図２

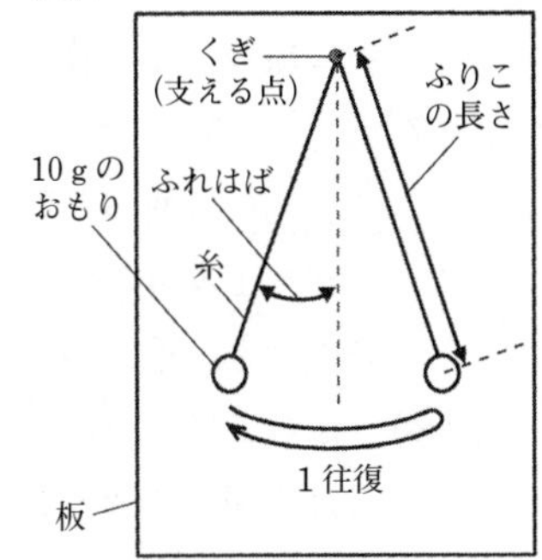

変える条件	同じにする条件
ふりこの長さ ア…　20cm イ…　30cm ウ…　40cm エ…　80cm オ…　120cm	おもりの重さ　10ｇ ふれはば　20°

[実験結果]

	ア	イ	ウ	エ	オ
ふりこの長さ(cm)	20	30	40	80	120
１往復する時間(秒)	0.9	1.1	1.3	1.8	2.2

指導員　**[実験結果]** から、どのようなことがわかりましたか。

さくら　**[実験結果]** から、ふりこの長さを変えると、１往復する時間は変わり、ふりこの長さが長いほど、１往復する時間は長くなりました。

しおり　**[実験結果]** から、ふりこの長さを［　お　］倍にしたとき、ふりこが１往復する時間が２倍になっていることがわかりました。

指導員　そうですね。では、こうじさんがつくりたいと言っていた１往復する時間がちょうど１秒になるふりこをつくってみましょう。

こうじ　でも、１往復する時間が１秒になるふりこは、**[実験結果]** にはありませんでした。

指導員　この③ **[実験結果]** を組み合わせて考えると、１往復する時間がちょうど１秒になるふりこをつくることができます。

図３を見てください。［実　験］で使った**ア〜オ**のふりこの中から１つ選び、**図３**のように１本目のくぎの真下に、２本目のくぎを打ちます。大切なのは、**[実験結果]** を利用して２本目のくぎの位置を決めることですよ。

図３

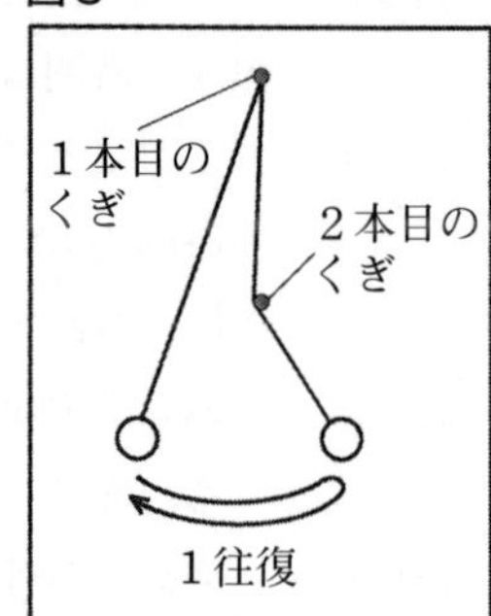

さくら　では、やってみましょう。

こうじ　２本目のくぎで、ふりこのふれはばが少し変わりましたが、ふりこが１往復する時間はふりこの長さで決まるので、結果にえいきょうしませんね。これで無事、ちょうど１往復する時間が１秒のふりこができました。

しおり　身の回りには、ふりこのきまりを利用したものがいろいろありそうですね。

たけし　この間、合奏(そう)の練習をしたとき、④速度を合わせるために使ったメトロノームも、ふりこのきまりを利用していますね。

（問５）　さくらさんは［　え　］で、実験するとき、３つの条件のうち、変える条件を１つだけにする理由を説明しました。［　え　］に入る適切な言葉を書きなさい。

（問６）　しおりさんは［　お　］で、ふりこの長さを何倍にすると、１往復する時間が２倍になるかに気づいて、答えました。［　お　］に入る数字を書きなさい。

（問７）　——部③について、１本目のくぎにつるすふりこは、どのふりこを使えばよいか、［実　験］で使った**ア〜オ**のふりこの中から１つ選び、記号を書きなさい。また、２本目のくぎを１本目のくぎから真下に何cmの位置に打てばよいか、書きなさい。ただし、くぎや糸の太さ、重さのえいきょうは受けないものとし、糸はのびないものとします。

（問８）　ふりこは、上に支える点がありますが、メトロノームは、**図４**のように下に支える点があります。——部④について、速度が速い曲からゆっくりの曲にメトロノームの設定を変えるとき、メトロノームのおもりを**上**・**下**のどちらに移動させるとよいか、書きなさい。また、その理由を、**[実験結果]** をふまえて書きなさい。

図４

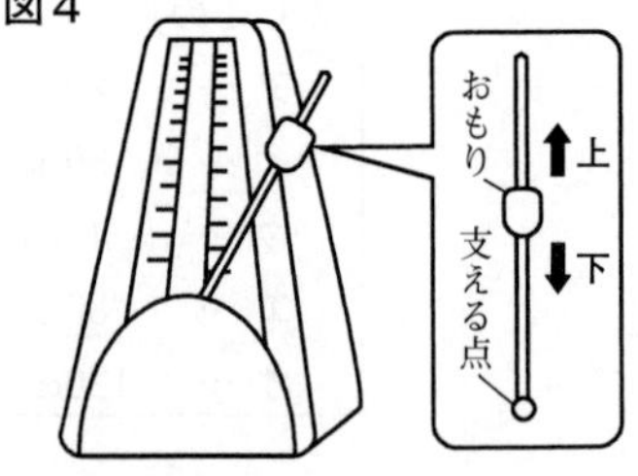

【課題３】　さくらさんたち６年生は、校内わくわく祭りの準備を行っています。次の問いに答えなさい。

(問１)　アンケート係は、１年生から６年生までの児童に、校内わくわく祭りでしてみたいことについて１人１つずつ書いてもらい、その結果を次のようなグラフに表しました。さくらさんは、**[校内わくわく祭りでしてみたいことの割合]**のグラフをもとにして、的当てと書いた人数について考えました。**[さくらさんの考え]**の～～部について、「正しい」、「正しくない」のどちらかを選び、答えなさい。また、その理由を言葉や数、式を使って書きなさい。

[校内わくわく祭りでしてみたいことの割合]

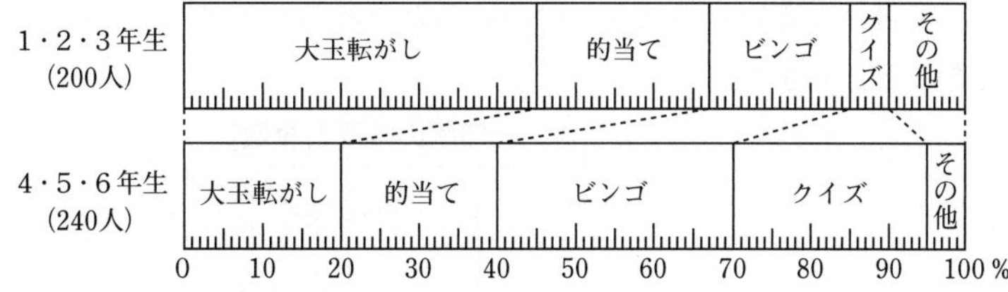

[さくらさんの考え]

１・２・３年生で的当てと書いた人数のほうが、４・５・６年生で的当てと書いた人数より多いです。

(問２)　チケット係は、チケットを入れるふたのない箱をつくるために、次の**図**のような長方形の厚紙を使い、四すみを同じ大きさの正方形に切り取り、折り目で折って組み立てることにしました。箱の容積がいちばん大きくなるのは、切り取る四すみの正方形の１辺の長さを何cmにしたときか、書きなさい。ただし、切り取る長さはcmの単位を用いた整数とし、紙の厚さは考えないこととします。

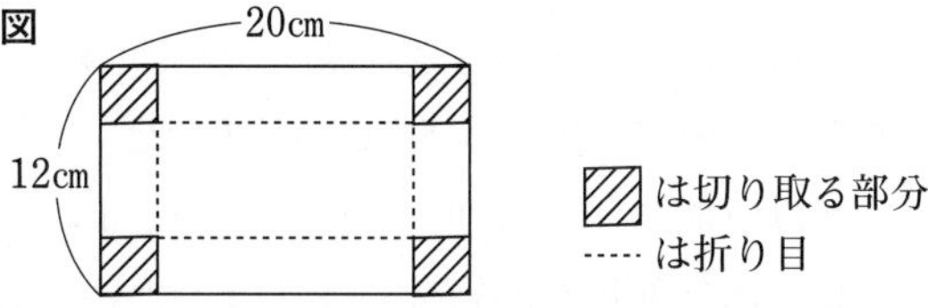

(問３)　かざり付け係は、折りづるをつくっています。折りづるを１個つくるのにさとるさんは48秒、ゆうきさんは１分12秒かかります。２人が同時に折りづるをつくりはじめて、あわせて70個つくるには何分何秒かかるか、書きなさい。

(問４)　アート係は、校舎からのながめも楽しむことができるように、次の**図**のような校内わくわく祭りのマークを運動場に拡大してかくことにしました。そこで、方眼を使って、拡大図をかく練習をしています。**図**の点Oを中心にして、２倍の拡大図をかきなさい。

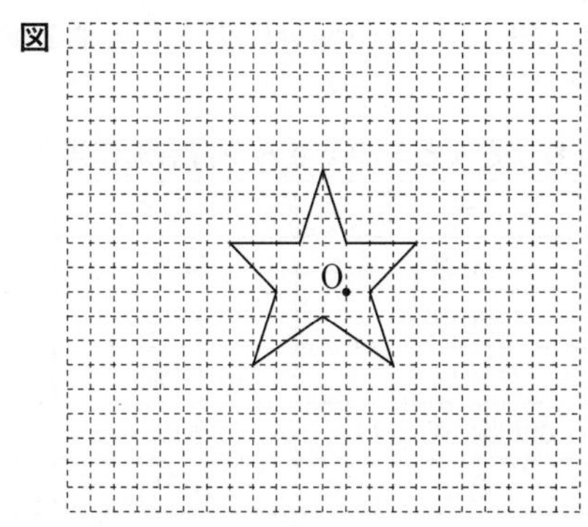

（問５）　案内係は、校内わくわく祭りの案内状をつくり、480枚(まい)印刷することにしました。印刷機Ａを使って印刷していましたが、４分間印刷したところで印刷機Ａが停止してしまいました。そのあと５分間はいろいろとためしてみましたが、全く印刷できないので残りの案内状は印刷機Ｂで印刷しました。

次のグラフは、印刷機Ａと印刷機Ｂのそれぞれの **［印刷の時間と枚数］** を表しています。もし、はじめから印刷機Ｂで480枚すべてを印刷したとすると、印刷にかかる時間は、実際に印刷にかかった時間より何分短くなるか、書きなさい。また、考え方を言葉や数、式を使って書きなさい。ただし、いろいろとためした５分間も実際に印刷にかかった時間にふくむこととします。

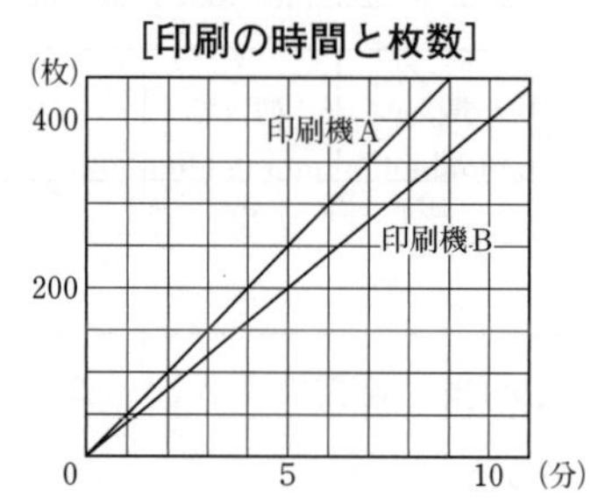

（問６）　的当て係は、的当ての準備を進めています。次の会話文を読んで、あとの①・②に答えなさい。

図

10点
20点
30点

しおり　　右の図のように円を円の中心から同じ間かくで区切り、得点を３種類にしましょう。

みつる　　それぞれの得点の部分の面積を比で表すと、どのようになるのですか。

しおり　　10点の部分の面積と20点の部分の面積の比は、［あ］：［い］になり、10点の部分の面積と30点の部分の面積の比は、［う］：［え］になります。

みつる　　それがいいと思います。では、的をつくっていきましょう。

①　しおりさんは、面積の比を簡(かん)単な整数の比で表しました。会話文の［あ］、［い］、［う］、［え］にあてはまる数をそれぞれ書きなさい。

②　しおりさんとみつるさんは、的をつくったあとで実際に的当てをしてみました。２人が同じ回数ずつ投げると、得点別に当てた回数の割合は次の表のようになり、合計得点はしおりさんよりみつるさんのほうが40点少ない結果になりました。しおりさんとみつるさんは、あと10回ずつ投げ、それまでの合計得点に得点をたしていくことにしました。しおりさんがそれまでと同じ割合で的に当てたとすると、みつるさんの合計得点がしおりさんの合計得点より多くなるためには、みつるさんは的の30点の部分に少なくとも10回中何回当てなければならないか、書きなさい。

［しおりさんとみつるさんが得点別に当てた回数の割合］

	しおり	みつる
30点	50％	20％
20点	20％	50％
10点	10％	20％
0点(当たらない)	20％	10％
合計	100％	100％

［メモ］

案	内容	○よい点　△問題点
長なわとび	一年生から六年生までがチーム（二十人）に分かれて、8の字とびをする。	○一体感を味わうことができる。 ○準備やかたづけが簡単にできる。 △とぶまでに待つ時間ができる。 △なわとびが苦手な人がいる。
折り紙遊び	動物・飛行機・花など、好きな折り紙コーナーへ行き、折り紙を折って遊ぶ。	○自分が折りたいものを折ることができる。 ○いろいろな人と活動する機会がある。 △くわしい折り方がわからない。 △折り紙を折ることが苦手な人がいる。

（条件）

・題と氏名を書かずに、本文から書き始めること。
・二段落構成で書くこと。
・一段落目には、選んだ案と選んだ理由について、［メモ］にあるよい点を生かして、自分の考えを書くこと。
・二段落目には、選んだ案の問題点を［メモ］から一つ選び、その問題点についての解決方法を考えて、書くこと。
・漢字を適切に使い、原こう用紙の正しい使い方に従って書くこと。
・一行二十字の原こう用紙に十三行から十五行までにおさめること。

（問１）【資料】の――部「発揮する」の主語はどれですか。ア～エの中から一つ選び、記号を書きなさい。
ア ごっこ遊びの中で　イ 子どもたちは　ウ 想像力を
エ 思う存分　発揮する。

（問２）【資料】の～～部「目からウロコ（目からうろこが落ちる）」とありますが、この慣用句の使い方として最も適切なものを、ア～エの中から一つ選び、記号を書きなさい。
ア 旅行先で忘れ物をして、目からうろこが落ちる思いだ。
イ サッカーの試合に勝って、目からうろこが落ちる思いだ。
ウ 友達から急に声をかけられ、目からうろこが落ちる思いだ。
エ 姉の新しいアイデアを聞き、目からうろこが落ちる思いだ。

（問３）［あ］に入る最も適切な言葉を、【資料】より、二字で書きぬきなさい。

（問４）［い］に入る最も適切な一文を、【資料】より見つけて、はじめとおわりの五字をそれぞれ書きなさい。（「、」や「。」も一字に数えます。）

（問５）［う］に入る最も適切な言葉を、【資料】より、十二字で書きぬきなさい。

（問６）══部「想像力豊かに楽しむこと」について、［え］に入る言葉を、「連想」、「ちく積」の二語を使って、「ことが、」につながるように、三十五字以上、四十字以内で書きなさい。（「、」や「。」も一字に数えます。）

（問７）【資料】の⑪～⑭の段落が果たしている役割について述べたものとして最も適切なものを、ア～エの中から一つ選び、記号を書きなさい。
ア ⑪は、⑩で示した内容について、事例を挙げている。
イ ⑫は、⑪で示した内容と、対比的な内容を示している。
ウ ⑬は、⑫で示した内容について、理由を述べている。
エ ⑭は、⑬で示した内容とは、違う話題を提示している。

（問８）【資料】に書かれている内容として最も適切なものを、ア～エの中から一つ選び、記号を書きなさい。
ア 子ども時代に読書をする習慣を身につけるためには、語彙力や読解力をちく積する必要がある。
イ 読書をすることで日常を見る目が変化し、新たなことにも興味をもち、知りたいという思いが強まる。
ウ 想像力が必要なのは、非現実の世界に遊ぶことができるファンタジーやミステリーを読むときに限られる。
エ 読書の魅力を味わうと、本が手元になくても、現実とは違った世界を生きることができる。

【課題４】　さくらさんたちの学校では、各学級の代表者が参加する代表委員会で、一年生から六年生までが仲良く楽しめるように、どのようなレクリエーションをするか話し合うことになりました。さくらさんの学級では、その代表委員会に向けた話し合いに、一人一人がレクリエーションの案を文章にまとめて、提案します。さくらさんは、「長なわとび」と「折り紙遊び」のどちらかを提案しようと【メモ】にまとめました。あなたがさくらさんなら、どちらの案を選び、どのように書きますか。次の条件に合わせて書きなさい。

まざまな知識や出来事や思いが連想され、頭の中にうかび上がってくる。これまでに記おくの中にちく積されているものが多いほど、想像力豊かに楽しむことができ、また多くの気づきを得ることができる。本を読むことで頭の中が活性化され、ただおもしろいというだけでなく、ものの見方・考え方に目からウロコの発見があったりする。

（榎本（えのもと）　博明（ひろあき）『読書をする子は○○がすごい』〈日本経済新聞出版〉より。一部省略等がある。）

※1　語彙力…言葉を理解したり使ったりする力
※2　敷居を低くしておく…ていこうを少なくしておく
※3　喚起…よび起こすこと

【話し合いの一部】

さくら　「読書週間」に向けて、学校のみんなが本をたくさん読もうと思えるように、読書のよさを考えて伝えていきましょう。

しおり　この【資料】の題名「読書をする子は○○がすごい」は、みんなへのメッセージとして使いたいですね。

こうじ　「○○」には、何を入れますか。

ももこ　私は、想像力がよいと思います。語彙力や読解力という言葉もありますが、想像力という言葉が何度も出てくるからです。

こうじ　想像力と読書には、どのような関係があるのですか。

しおり　それについては、空想に着目したらどうでしょう。筆者は、現実の世界は、さまざまな制約があるけれども、空想の世界では［あ］だと述べていると思います。

たけし　【資料】には、ごっこ遊びを例に、空想の世界では、自分以外の存在になりきって、想像力を思う存分発揮すると書かれていますね。

さくら　そして、【資料】では、ごっこ遊び以上に、空想の世界へ導いてくれるのが読書だと、「［い］」の一文では述べられています。

こうじ　なるほど。読書による空想の世界で、想像力を発揮して、楽しむことができるのですね。

しおり　【資料】には、読書の楽しみを味わった人は、想像力も鍛えられるとありました。

さくら　そうやって鍛えられた想像力は、筆者が子どもの頃に、いろいろな本を読むときにはたらいたのでしょうね。

ももこ　そうですね。それは、［う］という筆者の経験からも言えます。

たけし　そういえば、私は、随筆の「枕草子（まくらのそうし）」を読んだとき、自分が以前見た景色（けしき）から想像がふくらみ、「枕草子」の作者の感じ方や考え方になっとくし、おもしろいと感じました。

ももこ　筆者は、【資料】で、本を読むときに、［え］ことが、想像力豊かに楽しむことであると伝えていると思います。まさにたけしさんの読み方ですね。

しおり　つまり、たけしさんは、自分と「枕草子」を結びつけて読んだから、情景が思いうかんで、作者の感じ方や考え方に共感し、おもしろく感じたのですね。

こうじ　なるほど。想像力をはたらかせると、より読書が楽しめるということですね。これをみんなへのメッセージとしてはどうでしょう。

さくら　いいですね。読書のよさをみんなに伝えて、たくさんの本を読んでもらいましょう。

〈適性検査　検査Ⅰ〉　—課題1、課題3と合わせて55分—

【課題2】　さくらさんたちは、図書委員会で「読書週間」に向け、【資料】をもとに話し合っています。【資料】、【話し合いの一部】を読んで、あとの問いに答えなさい。（1～14は、段落の番号を表します。）

【資料】

1　※1語彙力や読解力のちく積がないと、いきなり本を読もうとしてもかなりの苦行になってしまう。だからこそ、子ども時代に読書をする習慣を身につけ、本を読むことへの※2敷居を低くしておくことが大事なのである。それによって心の世界をどこまでも広げていくことができる。

2　子どもは空想の世界をもつことで大きな自由を手に入れる。

3　現実の世界は、能力的に自分にはできないことがあったり、行きたくても遠くて行けないところがあったり、さまざまな制約がある。とくに子どもの場合は行動範囲に大きな制約がある。

4　でも、空想の世界では、やりたいことは何でもできるし、行きたいところはどこでも行ける。あこがれのヒーローになることもできる。

5　ままごとをしたり、怪獣ごっこをしたり、正義のヒーローのように闘ったり、ごっこ遊びの中で子どもたちは想像力を思う存分発揮する。子どもがマンガやアニメの主人公の真似をして遊んでいるのを見ていると、空想の世界で自分以外の存在になりきっているのがよくわかる。

6　でも、いくらごっこ遊びでも、現実の世界にとどまっている限り、非日常の味わいにも限界がある。たとえ気持ちの上でなりきっても、空を飛ぶことはできないし、親に内緒で冒険の旅に出ることもできない。

7　そうした限界を突き破り、空想の世界への扉を開いてくれるのが読書だ。本の中には、自分の日常とはまったく異なるワクワクする世界が広がっている。

8　冒険の旅に出て刺激的な日々を送ることができる。月や星を眺めるのが好きだった子がロケットに乗って宇宙を探検したり、昆虫や植物に興味をもっている子が森の中に入って珍しい昆虫や植物を見つけたりすることもできる。

9　書物を通して新たな世界を経験すると、日常を見る目にも変化が生じる。それまで考えなかったことを考えるようになる。それまで気にとめなかったことにも興味が湧いてくる。もっと知りたいという思いやもっと楽しみたいという思いが強まってくる。

10　そうした読書の魅力を味わった子は、読書によって日常とは別の世界を楽しむのが癖になる。本を読んでいる間は、現実とは違う時空を生きることができる。そうした楽しみに浸ることで、想像力が鍛えられるとともに、語彙力や読解力も高まっていく。

11　読書により非現実の世界に遊ぶことができるというと、ファンタジーやミステリーを思いうかべる人が多いのではないか。私自身の子どもの頃の読書体験を振り返ってみても、葉っぱの下にこびとが住んでいるコロボックルの物語や秘密の花園を探索する物語など、現実離れした物語に夢中になったのを思い出す。大人のミステリーのような現実味のあるものではなく、もっと呑気な探偵物語に夢中になったこともある。

12　そういった現実離れした物語の世界に引き込まれ、文字を追うのももどかしい思いで、想像力を全開にして読んだものだった。

13　だが、小説に限らず、評論や随筆、伝記などノンフィクションものを読むときも、文字を追いながらさまざまな出来事が思い起こされたり、自分の思いや考えが※3喚起されたりして、想像力や思考力がフル稼働することになる。

14　そのように本の世界に引き込まれ、夢中になって文字を追うとき、さ

香川県立高松北中学校

（編集部注：掲載にあたりレイアウトなどの一部改変を行っています。）

〈適性検査Ⅱ　※適性検査Ⅰは815ページから掲載しています。〉　—50分—

問題Ａ

1　次の図のような道があります。□から□に向かって、下に進みます。横への道があったら必ず曲がり、進む方向にしたがって、□内の数に⇒や⬅の計算をして□内に書きます。これについて、あとの問いに答えなさい。

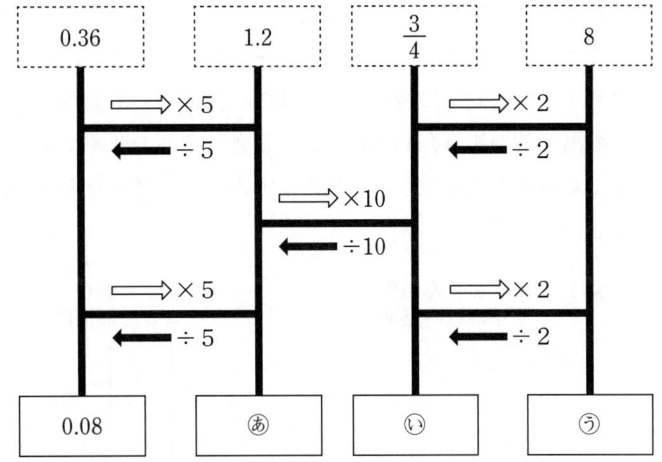

(1)　□(あ)□にあてはまる数を求めなさい。

(2)　□(あ)□　□(い)□　□(う)□にあてはまる数を小さい順に左から右にならぶように、記号(あ)～(う)を用いて書きなさい。

(3)　□(あ)□にあてはまる数は□(い)□にあてはまる数の何倍か求めなさい。また、その求め方も書きなさい。

2　立方体やサイコロに関する問題です。これについて、次の問いに答えなさい。

(1)　次の図１は、立方体の展開図（てんかいず）です。この展開図を組み立てたとき、★の面と平行な面はどれですか。図１中の(あ)～(お)から１つ選び、記号で答えなさい。

図１

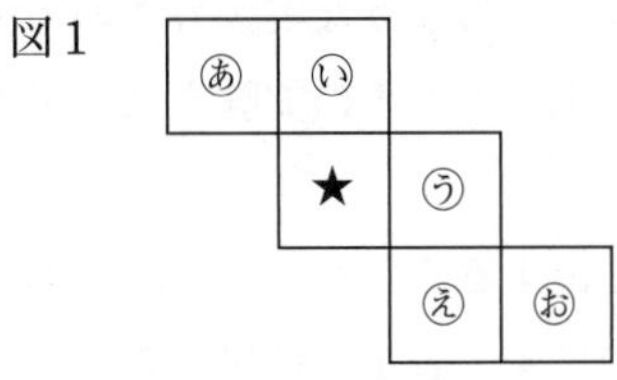

(2)　次の図２は、向かい合う２つの面に書かれた数の合計がつねに７になるサイコロを、机（つくえ）に４個積み上げたものです。一番上の面に書かれた数は６、机と接している面に書かれた数は４とするとき、４個のサイコロの面のうち、サイコロとサイコロが接している６つの面に書かれた数の合計を求めなさい。

図2

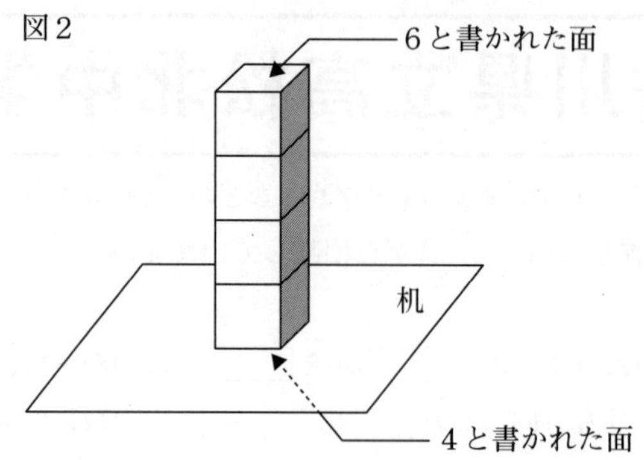

(3)　次の図3は、まさおさんとゆきこさんの2人が、厚紙でそれぞれオリジナルのサイコロを作ったときの展開図です。まさおさんは2と5の数を使い、ゆきこさんは3と6の数を使っています。この2つのサイコロを同時に投げて出た数の合計について調べました。

2つのサイコロの出た数の組み合わせを考えたとき、2つのサイコロの出た数を合計した数のうちもっとも出やすい数を答えなさい。また、そのように考えた理由を図や表、文章などを利用して説明しなさい。

図3　まさおさんが作ったサイコロの展開図

	5		
5	2	5	2
	5		

ゆきこさんが作ったサイコロの展開図

	3		
3	6	6	6
	3		

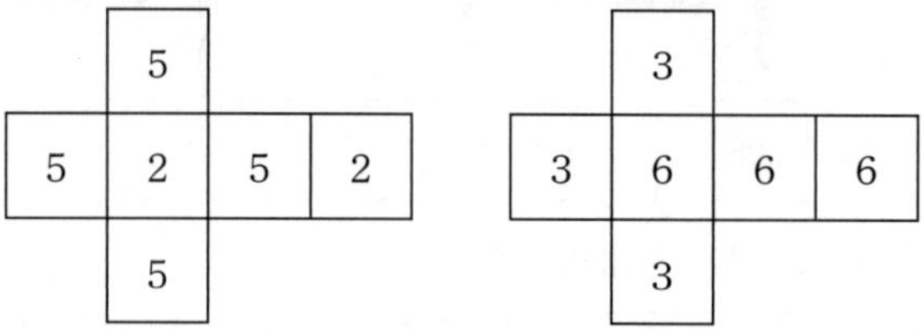

問題B

1　吉田(よしだ)さんは、理科の授業でふりこをつくりました。ふりこのつくり方によって、ふりこのふれ方(1往復するのにかかる時間)が変わることに気づきました。そこで、ふりこのふれ方が変わる理由を次の図1のふりこについて、ふりこにつけるおもりの重さ、ふりこの長さ、ふりこのふれはばの3つに注目して実験で調べることにしました。これについて、次の問いに答えなさい。

(1)　ふりこが1往復するのにかかる時間を調べるときにより正確な時間を調べるためには、どのような実験方法の工夫(くふう)をすればよいですか。時間を調べるときの実験方法の工夫を書きなさい。

図1

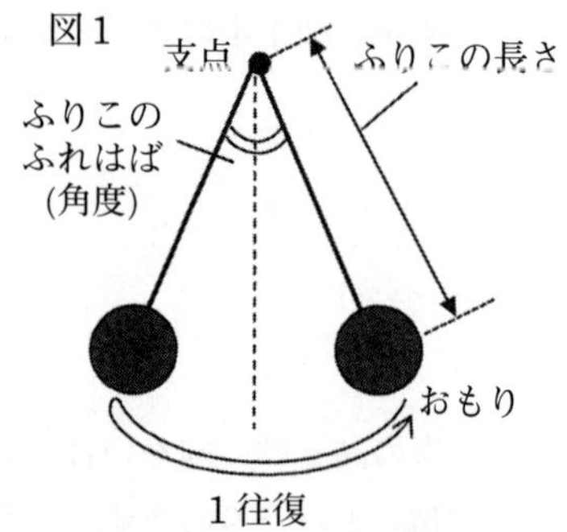

(2)　次の表1は、ふりこが1往復するのにかかる時間を調べたときの結果をまとめたものです。表1の結果から、ふりこが1往復するのにかかる時間についてわかることをまとめたあとの文の(ア)、(イ)、(ウ)に入る実験番号と、[エ]に入る言葉を書きなさい。

表１

実験番号	①	②	③	④	⑤	⑥	⑦
おもりの重さ	30ｇ	60ｇ	60ｇ	60ｇ	60ｇ	60ｇ	120ｇ
ふりこの長さ	50cm	30cm	30cm	30cm	40cm	50cm	50cm
ふりこのふれはば	40°	20°	30°	50°	50°	40°	40°
１往復にかかる時間	1.4秒	1.1秒	1.1秒	1.1秒	1.3秒	1.4秒	1.4秒

実験番号（ ア ）（ イ ）（ ウ ）の３つの実験を比べると、おもりの重さを変えても、ふりこが１往復するのにかかる時間は変わらないことがわかります。また、実験番号②③④の３つの実験を比べると、［　　エ　　］ことがわかります。

⑶　次の表２は、吉田さんが、ふりこの長さとふりこが１往復するのにかかる時間の関係をさらにくわしく調べるために実験をし、その結果をまとめようとしたものです。表２に示された結果からきまりを見つけ、表２中の(あ)に入ると考えられる数字を書きなさい。

表２

ふりこの長さ	5cm	10cm	20cm	40cm	80cm	160cm
１往復にかかる時間	0.45秒	0.64秒	0.90秒	1.28秒	(あ)秒	2.56秒

※　ふりこのふれはば45°　おもりの重さ40ｇで実験をした

2　なおさんは、休みの日に家の近くの公園でブランコに乗っています。図２のように、ブランコに立って乗ったときと、すわって乗ったときでは、ブランコが１往復するのにかかる時間がちがう気がしました。そこで、次の日に学校で先生に質問したところ、次のような実験を教えてもらいました。これについて、あとの問いに答えなさい。

図２

【実験】

図３のような、各段におもりを入れることのできる容器を準備し、２つのおもりを入れる場所をかえながら、図４のようなふりこをつくり、ふれはばを同じにして、ふりこが１往復するのにかかる時間を調べる。

図３

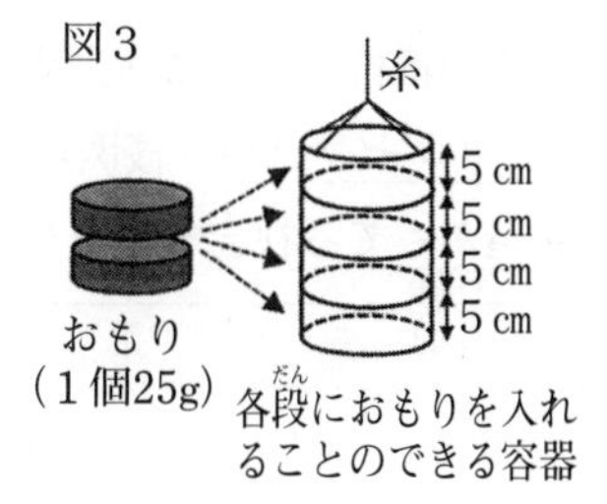

【実験結果】

実験番号	1	2	3
１往復にかかる時間	2.09秒	2.14秒	2.19秒
容器とおもりの状態 □ おもりが入っていない ■ おもりが入っている	■■□□	□■■□	□□■■

図４

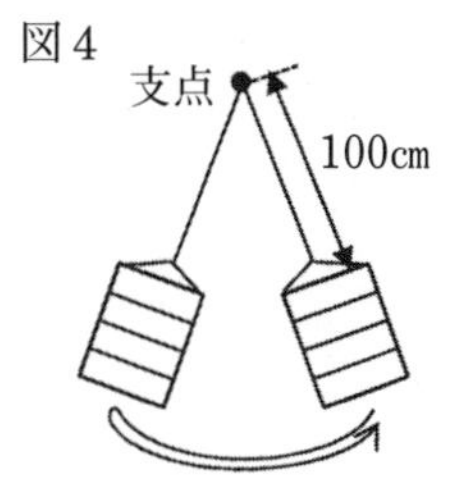

【実験結果からわかったこと】

糸の長さが同じでも、おもりを入れる場所によって、ふりこが１往復するのにかかる時間が変化する。

⑴　ブランコに立って乗ったときと、すわって乗ったときのうち、ブランコが１往復するのにかかる時間が短いと考えられるのはどちらか。また、そのように考えた理由を、実験結果をもとに書きなさい。

問題C

はなこさんは、ニュースで2022年に世界の総人口が80億人に達したことを知り、世界で使われている言語やこれからの世界で必要なことについて調べ、ノートにまとめました。次のはなこさんのノートを読んで、あとの問いに答えなさい。

はなこさんのノート

私は、世界の総人口が80億人に達したと知って、次のような疑問(ぎもん)をもって調べてみることにした。

【疑問１】

・現在、世界で一番多くの人に話されている言語は何か。

調べてみると、母国語※１や公用語※２としてだけではなく、①世界で一番多くの人に話されている言語は英語であり、約17億人が話している。このことから、世界全体では約(　ア　)％の人が英語を話していることがわかった。

※１　母国語…自分の生まれた国の言語
※２　公用語…国で使用が正式に認められている言語

【疑問２】

・日本で英語が使われ始めたのは、いつからか。

調べてみると、②江戸幕府(えどばくふ)が開かれた17世紀初めころからであることがわかった。明治時代になり、豊かで強い国にするために、政府によって欧米諸国(おうべいしょこく)から様々な制度や文化が取り入れられ、英語を学ぶ人もでてきた。このような社会の動きを③文明開化と呼んでいる。

【疑問３】

・世界の総人口80億人の平和や安全を守るためには、これからの世界では何が必要になるか。

私は、国際連合のはたらきが重要になると思う。なぜなら、国の枠(わく)にとらわれず紛争(ふんそう)の解決や平和維持(いじ)のために活動するからである。国際連合の中には様々な機関があり、その中でも私は④ユニセフという機関に興味をもった。ユニセフの活動は、⑤世界の子どもたちが、将来(しょうらい)に希望がもてる社会をめざしていることがわかった。

資料１　世界の国別人口（上位20か国）と主な公用語

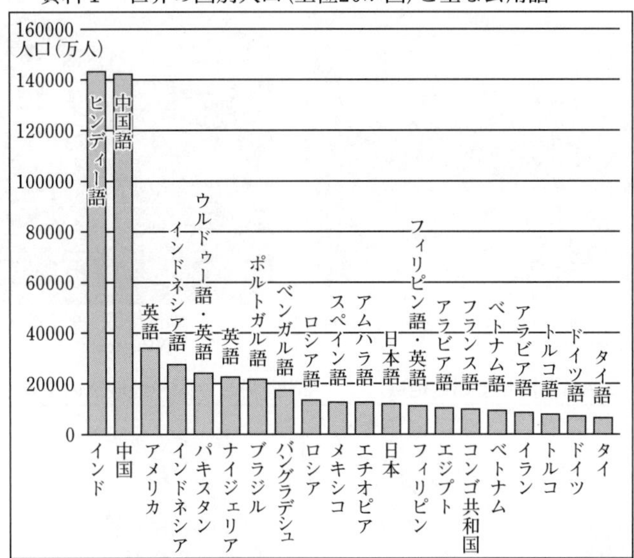

資料２

織田信長

豊臣秀吉

徳川家康

これらの人物の出身地と次の白地図に★で示した室町幕府との位置関係は、近江（現在の滋賀県）や伊勢（現在の三重県）のように幕府から近いことで影響を受けることも少なく、甲斐（現在の山梨県）や駿河（現在の静岡県）のように幕府から遠いことで、上洛（京都に入ること）が難しいわけでもない。また、海に面しており、平野も多いことから農作物も作りやすく、国の力もたくわえやすい。

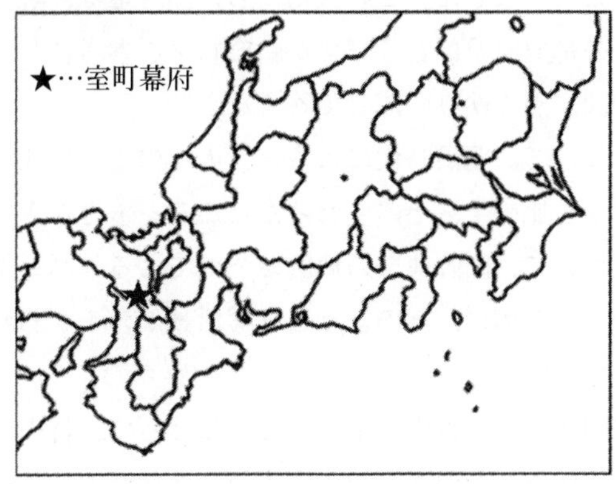

資料３　江戸時代の日本橋（東京）の様子

ColBase（https://colbase.nich.go.jp/collection_items/tnm/A-10594?locale=ja）

資料４　明治時代の日本橋（東京）の様子

画像提供：東京都江戸東京博物館/DNPartcom

資料５　ユニセフが支援(しえん)している地域(ちいき)

（ユニセフホームページにより作成）

資料７
ユニセフの活動の様子
（ワクチン接種）

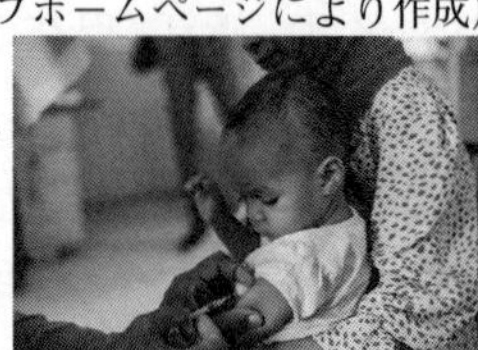

画像提供：（公財）日本ユニセフ協会

資料６　国や地域別の栄養不足の状況(じょうきょう)

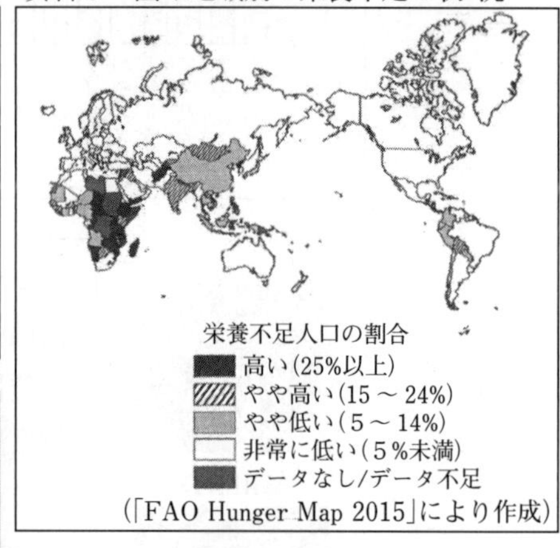

（「FAO Hunger Map 2015」により作成）

1　ノート中の（ ア ）に入る数字を書きなさい。ただし、小数第１位を四捨(しゃ)五入し、整数で書くこととする。

2　ノート中の下線部①に関連して、資料１を見ると人口の多い国が必ずしも英語を公用語としているわけではないことがわかります。それでも英語が世界で一番多くの人に話されているのはなぜだと考えますか。あなたの考えを書きなさい。

3　ノート中の下線部②に関連して、資料２の３名の人物たちは戦国時代を終わらせ、江戸幕府を開く過程で重要な役割を果たしました。この人物たちの出身地は、現在の都道府県では同じ都道府県の中にあります。その都道府県はどこですか。資料２を参考にして、この人物たちの出身地のある都道府県を、白地図に黒く塗(ぬ)りつぶして答えなさい。

4　ノート中の下線部③について、明治時代に入ると、人々の生活は江戸時代と比べて大きく変わりました。資料３と資料４を比べて、その変わったところを書きなさい。

5　ノート中の下線部④について、国際連合の機関の一つであるユニセフでは、どのような状況の国や地域で、どのような人のために、どのような支援活動がおこなわれていますか。資料５～７を参考にして考えて書きなさい。

6　ノート中の下線部⑤に関連して、世界の子どもたちにとって、将来に希望がもてる社会を実現するためにどのような取り組みが必要だと考えますか。あなたの考えを書きなさい。

〈適性検査Ⅰ〉　―40分―

◆　次の文章を読んで、あとの問いに答えなさい。

いままで体験したことのないことに挑戦するとき、まるでジャングルの奥地を探検するように、まだ見たことのない新しい世界に一歩足をふみ入れる、わくわくした気もちになりますね。でも、自分はそれをやりとげることができるだろうか、しんどいことやつらいこと、こわいことを自分の力で乗り越えていけるのだろうかと心配になります。

しかし、勇気をふりしぼって初めての冒険に挑戦した結果、しんどいこと、つらいこと、こわいことを乗り越えて、それをやりとげることができれば、達成感や充実感をたっぷり感じとることができるはずです。さらに、失敗するかも知れないという不安からにげないで、冒険に成功した自分を、ほめてあげたくなることでしょう。

「失敗は成功のもと」ということわざの通り、人間は失敗をくり返しながら成長する動物です。自分が期待していた通りに、ものごとをうまく進めることができなかった体験は、あなたにとってとても貴重なもの。これからの長い人生を生きぬいていくための栄養素として、達成感や充実感とともに、自分のなかにたっぷりとたくわえておくべきものです。

しかし、いまは、子どもも大人も、「失敗することは悪いこと」、「失敗はしてはいけないこと」と、さまざまな場面で教えこまれているような気がします。もちろん、ふざけた気もちや準備不足のまま、初めての冒険に挑戦して失敗してしまう体験は、あなたの成長につながりません。けれども、あなたがしっかりと準備して、真剣に挑戦したにもかかわらず、失敗してしまったとしても、その経験は、新しい冒険への挑戦を必ず成功にみちびいてくれます。

（菊田　文夫『みらいへの教科書　きみと・友だちと・よのなかと』〈Ｇａｋｋｅｎ〉による）

問一　――の部分に「人間は失敗をくり返しながら成長する動物です」とありますが、この筆者の考えに対して、あなたはどのように思いますか。そう思う理由をあなた自身の体験をふくめて、二五〇字以内で書きなさい。

問二　あなたが高松北中学校・高等学校の六年間を通して、挑戦したいことは何ですか。また、その挑戦を通して大きく成長するために、あなたはどのような学校生活を送りたいですか。二五〇字以内で書きなさい。

（書き方の注意）

・題名や氏名は書かないようにして、原こう用紙の一行目から書き始めなさい。

・作文の中に、氏名や小学校名は書かないようにしなさい。

愛媛県立今治東中等教育学校
愛媛県立松山西中等教育学校

（編集部注：掲載にあたりレイアウトなどの一部改変を行っています。）

〈適性検査問題〉　—60分—

1　次の文章は、さとるさんたちが、言葉の使い方について話し合っている場面の会話文です。この文章を読んで、(1)〜(3)の問いに答えてください。

さとる　この前、本を読んでいたら、「人生は旅だ。」と書いてあったのだけど、意味がよくわからなくて、お兄ちゃんに「ずっと旅行ばかりしている人がいるのかな。」って質問したんだ。すると、「人生は、いろいろな出来事が起こるところが旅と似ているから、『人生』を『旅』に例えているんだよ。」って教えてくれたんだ。

あきえ　「例える」というと、「まるで①青空のように」みたいな言い方をよくするけれど、②「まるで〜のように」という言葉を使わずに何かを別のものに例える言い方もあるのね。

さとる　そうみたい。そのときに、お兄ちゃんから問題を出されたよ。いっしょに考えてみてよ。

> 問題「田中さんは太陽だ。」
> 　　　田中さんはどのような人でしょうか。

あきえ　田中さんは太陽と似ているところがあるということよね。太陽は明るい光を放っていて、空を明るくするわ。それをもとに考えると、田中さんは明るい性格で、［　ア　］する人だと私（わたし）は思うわ。

さとる　なるほど。おもしろいね。

あきえ　「まるで〜のように」という言葉を使わずに、何かを別のものに例えて言い表すことができるのなら、詩を作るときに使ってみるといいかもしれないわね。

(1)　下線部①は、「青い空」という意味の言葉で、前の漢字が後ろの漢字を修しょくしてできている熟語（じゅくご）です。次の［　　］の中の漢字を組み合わせて、下線部①と同じ成り立ちの熟語を**二つ**書いてください。ただし、それぞれの漢字は一度しか使わないこととします。

白　量　駅　米　少

(2)　文中の［　ア　］に当てはまる言葉を書いてください。ただし、「太陽」という言葉は使わないこととします。

(3)　あきえさんは、「図書館」を題材に詩を作り、詩の中に、下線部②の方法を使った「図書館は［　イ　］だ。」という一文を入れることにしました。［　イ　］に当てはまる言葉を考えて、（※　　）に合うように書いてください。また、その言葉を選んだ理由を、（　　）に合うように書いてください。ただし、（※　　）には、同じ言葉が入ることとし、会話文の中に出てくる言葉は使わないこととします。

イ　　図書館は（※　　　　　）だ。

〔理由〕　図書館と（※　　　　　）の、（　　　　　　　　　　）ところが似ているから。

2　次の文章は、先生が、碁石の個数の求め方について、みさきさんたちに説明している場面の会話文です。この文章を読んで、(1)～(3)の問いに答えてください。

先　生　　**図１**のように、正方形の形に並べた白い碁石の周りに黒い碁石が並んでいるとき、黒い碁石は、全部で何個あるか考えてみましょう。どの碁石も重ならずに並んでいます。

みさき　　一番外側に、黒い碁石が縦横に７個ずつ並んでいて、白い碁石が９個あるから、７×７－９で、40個です。

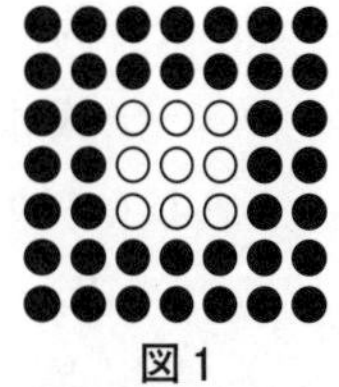

図１

先　生　　そうですね。それでは、黒い碁石の個数を求める別の方法はないかな。

ゆうき　　**図２**のように、わくで囲んで考えることもできます。１つのわくの中には黒い碁石が［ア］個あり、わくが［イ］つあるので、［ア］×［イ］で、やっぱり40個です。

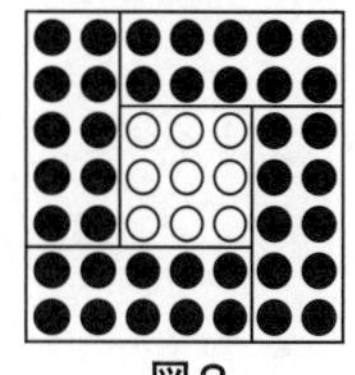

図２

先　生　　なるほど。いい方法ですね。それでは、**図３**のように、正方形の形に並べた白い碁石の周りに、黒い碁石を並べます。
　一番外側に、黒い碁石が縦横に20個ずつ並んでいる場合、黒い碁石は、全部で何個ありますか。

20個

20個

図３

みさき　　はい。黒い碁石は、全部で［ウ］個です。

先　生　　そのとおりです。

(1)　［ア］、［イ］にそれぞれ当てはまる数を書いてください。

(2)　［ウ］に当てはまる数を書いてください。

(3)　**図４**のように、正方形の形に並べた白い碁石の周りに、黒い碁石を並べたところ、一番外側に並んでいる黒い碁石の個数は104個でした。このとき、黒い碁石は、全部で何個あるか書いてください。

黒い碁石104個

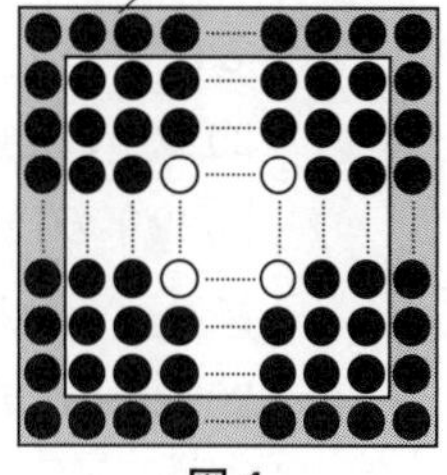

図４

3　次の文章は、みさとさんたちが、日本の自動販売機について話し合っている場面の会話文です。この文章を読んで、(1)～(3)の問いに答えてください。

【資料】2012年と2022年における日本の自動販売機の設置台数とそれぞれの機種の全体にしめる割合

2012年

機種	台数(台)	割合(%)
飲料販売機	2562500	50.3
自動サービス機	1252000	24.6
日用品雑貨販売機	858030	16.8
食品販売機	74100	1.5
券類販売機	42100	0.8
その他	304000	6.0
合計	5092730	100.0

2022年

機種	台数(台)	割合(%)
飲料販売機	2242700	56.4
自動サービス機	1292200	32.6
日用品雑貨販売機	201500	5.1
食品販売機	77700	2.0
券類販売機	63100	1.6
その他	92300	2.3
合計	3969500	100.0

注　自動サービス機とは、両がえ機、コインロッカー、ちゅう車場の自動支はらい機などのことを示している。また、日用品雑貨販売機とは、カード販売機、カプセルに入ったおもちゃの販売機、新聞販売機などのことを示している。

（日本自動販売システム機械工業会資料による）

みさと　日本は、人口や面積で考えると、外国と比べて自動販売機の数が多いという話を聞いて、自由研究で調べていたら、この**資料**を見つけたわ。**資料**を見ると、10年間で全体的には数が減っているけれど、たくさんの自動販売機があることがわかるわ。自動販売機はどういう場所に置かれているのかな。

しんじ　カプセルに入ったおもちゃの販売機は、ショッピングセンターにたくさん置いてあるし、駅に行ったとき、きっぷ販売機やコインロッカーが並(なら)んでいるのを見たこともあるよ。あと、飲料販売機は、住宅(じゅうたく)街の道路沿(ぞ)い、スポーツ施設や観光地など、［　あ　］場所にあることが多いよね。

あすか　そうね。この前おじいちゃんの家に遊びに行ったけれど、おじいちゃんの家の周りには家が少ないから、近くに自動販売機はなかったわ。

みさと　あと、最近では、先に食券を買う飲食店も増えているわね。

あすか　日本の技術がすぐれているから、日本には自動販売機が多いという話を聞いたことがあるわ。日本の飲料販売機には、１台で温かい飲料と冷たい飲料の両方を販売しているものがあるけど、このような飲料販売機では、<u>電気を使って飲料を冷やすときに出る熱を利用して、別の飲料を温めている</u>そうよ。

しんじ　すごいね。自動販売機には、ほかにも様々な技術が使われていそうだね。

(1)　**資料**から読み取れることを述べた文として適当なものを、次の**ア**～**エ**の中から一つ選び、その記号を書いてください。

ア　2022年の飲料販売機の台数と飲料販売機の台数の全体にしめる割合は、2012年と比べてともに多くなっている。

イ　2022年の自動サービス機の台数の全体にしめる割合は、2012年と比べて少なくなっている。

ウ　2022年の日用品雑貨販売機の台数の全体にしめる割合は、2012年と比べて、３分の１以下になっている。

エ　2022年の自動販売機の台数の合計は、2012年と比べて、７割以下になっている。

(2)　文中の［　あ　］に当てはまる言葉を、「人」という言葉を使って書いてください。

(3)　下線部の技術のすぐれている点は、どのようなところですか。「エネルギー」という言葉を使って書いてください。

④　次の文章は、まさおさんとゆかこさんが、古代の科学者アルキメデスについて話し合っている場面の会話文です。この文章を読んで、(1)～(3)の問いに答えてください。ただし、会話文中の王かんや金属のかたまりには、空どうはないものとします。

まさお　今から2300年ほど前に活やくしたアルキメデスという科学者の話を聞いたよ。

ゆかこ　アルキメデスというと、てこのはたらきや円周率の計算についての話を聞いたことがあるわ。

まさお　それらの話以外にも、金(きん)の王かんについての話が有名だよね。

ゆかこ　金だけでできているはずの王かんに、銀が混ぜられていないかを、王かんをこわさないで調べるように王様に命令されて、その方法を、おふろに入ったときにお湯があふれるのを見てひらめいたという話ね。でも、どのような方法なのかは知らないわ。

まさお　まず、**図１**のように、容器にぎりぎりまで水を入れておいて、その中に金属のかたまりを入れると、水があふれるよね。最初に容器に入れておいた水の体積が500㎤で、あふれた水の体積が58㎤としたら、金属のかたまりの体積は［　ア　］㎤となるよね。

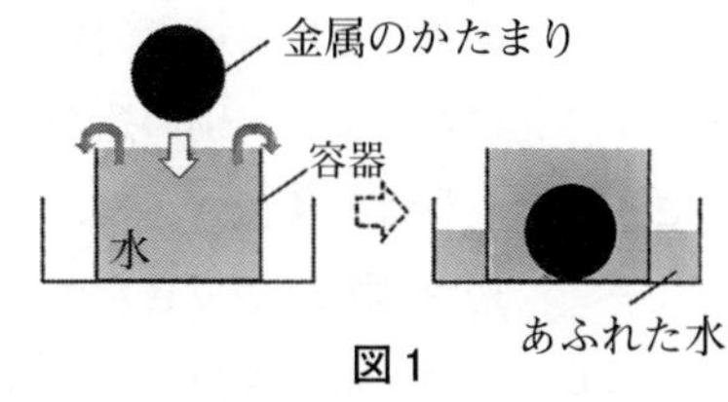

図１

また、いろいろな金属１㎤当たりの重さは、右の**表**のようになるけど、純(じゅん)すいな金属１㎤当たりの重さは、金属の種類でそれぞれ決まっていて、例えば、鉄ならば１㎤当たりの重さが7.9ｇ、銅ならば１㎤当たりの重さが9.0ｇなんだ。

表　金属１㎤当たりの重さ

金属の種類	重さ〔ｇ〕
鉄	7.9
銅	9.0
銀	10.5
金	19.3

これらのことを使って、アルキメデスは、王かんに銀が混ぜられていないかを調べたんだ。

ゆかこ　もう少し、くわしく教えて。

まさお　金だけでできている100ｇの金属のかたまり（**かたまりＡ**）と、金と銀を混ぜてできている100ｇの金属のかたまり（**かたまりＢ**）を用意して、**図２**のように、ぎりぎりまで水を入れた二つの容器の中に、金属のかたまりをそれぞれ入れたとすると、**かたまりＡ**を入れたときにあふれる水の体積と、**かたまりＢ**を入れたときにあふれる水の体積に、ちがいが出ることはわかるかな。

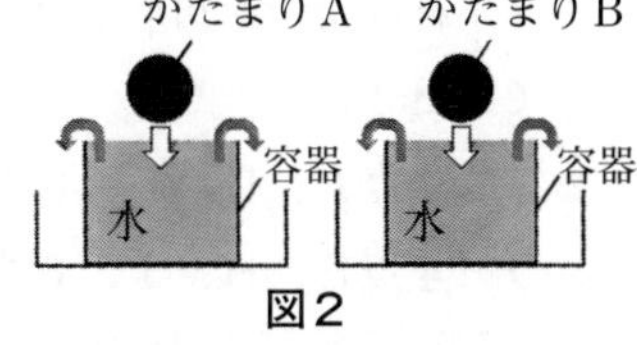

図２

ゆかこ　そうか。そうするとアルキメデスは、ぎりぎりまで水を入れた二つの容器、王かん、［　イ　］の金のかたまりを用意し、二つの容器の中に、王かんと金のかたまりをそれぞれ入れ、あふれた水の体積が［　ウ　］の方が多かったことから、金だけでできているはずの王かんに、銀が混ぜられていることを確かめたわけね。

⑴　文中の［　ア　］に当てはまる数を書いてください。

⑵　下線部について、銅だけでできている100ｇの金属のかたまりの体積は何㎤になるか書いてください。ただし、小数第２位を四捨五入(ししゃごにゅう)し、小数第１位まで求めることとします。

⑶　文中の［　イ　］に当てはまる言葉を、「王かん」という言葉を使って書いてください。また、文中の［　ウ　］に当てはまる言葉を、「王かん」「金のかたまり」のいずれかから選んで書いてください。

５　次の文章は、先生が、四角形を作る問題について、さくらさんたちに説明している場面の会話文です。この文章を読んで、⑴～⑷の問いに答えてください。

先　生　**図１**のように、１辺が２㎝の正方形を、１辺が１㎝の正方形４個に分けて、点Ａ～点Ｉまでの９つの点をとります。次に、４点を頂点(ちょうてん)とする四角形ができるように、９つの点の中から４つの点を選び、線で結びます。例えば、**図２**のように、①４点Ａ、Ｇ、Ｈ、Ｂを選び、それらの点を線で結んでできた四角形は、面積が２㎠の長方形となります。４つの点

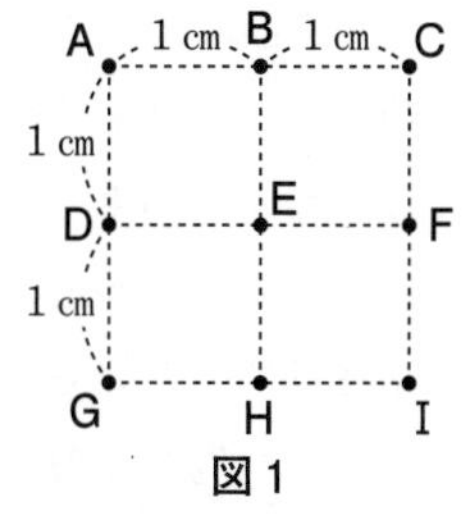

図１

の選び方によって、様々な四角形ができますので、面積が２㎠になるよう、別の選び方を考えてみましょう。

図２

さくら　　私(わたし)は、４点Ａ、Ｈ、Ｉ、Ｂを選んで、面積が２㎠の平行四辺形（**図３**）ができたわ。

ひろし　　ぼくは、４点［　あ　］を選んで、面積が２㎠の正方形ができたよ。

かえで　　私は、②<u>面積が２㎠だけど、長方形でも平行四辺形でも正方形でもない四角形</u>ができたわ。

先　生　　みなさん、いろいろな選び方ができましたね。４点を頂点とする四角形ができるように、９つの点の中から４つの点を選び、線で結ぶとき、面積が１㎠や４㎠となる四角形は、すぐに見つけられると思います。それでは、③<u>面積が１㎠、２㎠、４㎠のいずれにもならない四角形</u>ができる、４つの点の選び方を考えてみましょう。

図３

(1)　下線部①の四角形と<u>**合同ではない**</u>四角形を、次のア～エの中から１つ選び、その記号を書いてください。

ア　４点Ａ、Ｄ、Ｆ、Ｃを頂点とする四角形　　**イ**　４点Ｄ、Ｇ、Ｉ、Ｆを頂点とする四角形
ウ　４点Ｅ、Ｈ、Ｉ、Ｆを頂点とする四角形　　**エ**　４点Ｂ、Ｈ、Ｉ、Ｃを頂点とする四角形

(2)　［　あ　］に当てはまる４点を、Ａ～Ｉの記号の中から選び、その記号を書いてください。

(3)　下線部②について、長方形でも平行四辺形でも正方形でもない面積２㎠の四角形は、何個かあります。そのうち、いずれか１個の四角形を、**図２**や**図３**のかき方を参考にして右の図にかいてください。

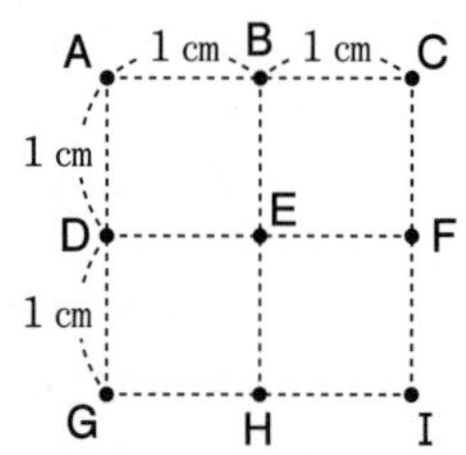

(4)　下線部③について、面積が１㎠、２㎠、４㎠のいずれにもならない四角形は、何個かあります。そのうち、いずれか１個の四角形を、**図２**や**図３**のかき方を参考にして右の図にかいてください。また、その四角形の面積を書いてください。

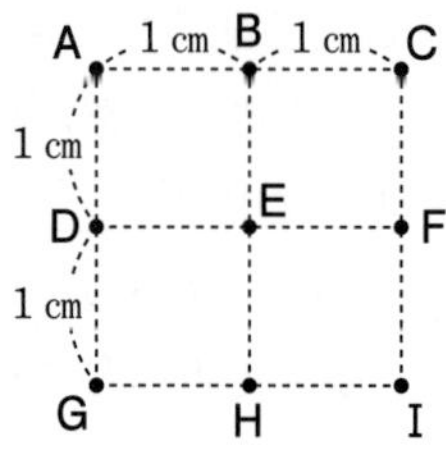

６　次の文章は、みらいさんたちが、夏休みの思い出について話している場面の会話文です。この文章を読んで、(1)～(4)の問いに答えてください。

みらい　　フェリーに乗って九州にわたり、①<u>大分県</u>にいるいとこに会ってきたよ。

ひなた　　列車で岡山県まで行ったよ。ＪＲ岡山駅前の広場に②<u>桃太郎(ももたろう)</u>の像があったよ。

かえで　　家族といっしょに、③<u>四国４県</u>を自動車で一周したよ。

あさひ　　お兄ちゃんが、兵庫県の甲子園(こうしえん)球場で開かれた、④<u>全国高等学校野球選手権(せんしゅけん)大会</u>に出場したので応えんに行ったよ。

(1)　**資料１**は、下線部①の自然条件についてまとめたものです。この自然条件により、下線部①には、ほぼ全域(ぜんいき)に［　あ　］が分布しており、多くの観光客を集めるための重要な資源(しげん)となっています。［　あ　］に当てはまる言葉を、次の**ア**～**エ**から一つ選び、その記号を書いてください。

【資料１】

大分県には、中央部に大地のさけ目があり、そこに沿(そ)って多くの火山があります。火山が多い地域は、地下水が豊富であるとともに、地下にたまっているマグマが、1000度に達するほどの高温になっています。高温のマグマによって熱せられた蒸気(じょうき)は、地熱発電に利用することができます。

(大分県ホームページほかによる)

ア　温泉(おんせん)　　**イ**　水族館　　**ウ**　スキー場　　**エ**　世界遺産(いさん)

(2)　下線部②の物語は、おばあさんが川で拾った桃から男の子が生まれて、やがてたくましく育ったのち、いぬ、さる、きじを連れて、鬼(おに)を退治(たいじ)したというものです。**資料２**、**資料３**を参考に、十二支(じゅうにし)の「とら」と「いぬ」が表す方角として適当なものを、**資料４**の**ア**～**シ**の中から、それぞれ一つずつ選び、その記号を書いてください。

【資料２】

十二支を北から順に右回りに並(なら)べたとき、「うし」と「とら」が表す方角を、「鬼の出入りする門」と書いて鬼門(きもん)と言い、この方角から災(わざわ)いがもたらされるという考え方があります。鬼退治をする桃太郎の仲間は、「とら」の反対の方角にいる「さる」からスタートして、そこから右回りに、「さる」「とり（きじ）」「いぬ」になったと言われています。

(国史大辞典ほかによる)

【資料４】

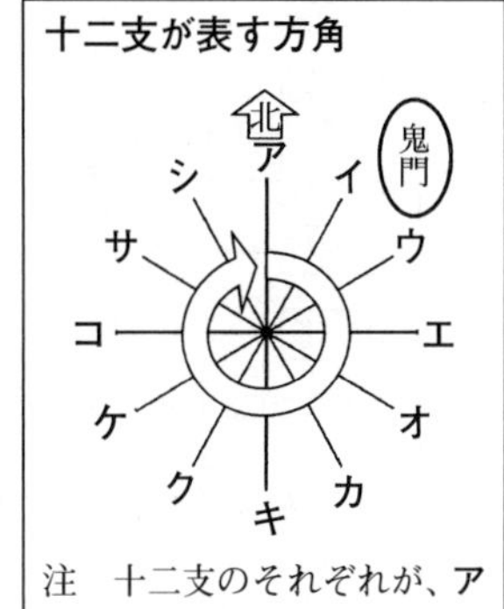

注　十二支のそれぞれが、ア～シのいずれかに入る。

【資料３】

日本の十二支は、ね（ねずみ）・うし・とら・う（うさぎ）・たつ（りゅう）・み（へび）・うま・ひつじ・さる・とり・いぬ・い（いのしし）の順番に並んだ動物をまとめた呼(よ)び方です。日本では、十二支をこの順番で、年や方角などに当てて用います。

(日本国語大辞典ほかによる)

(3)　**資料５**のような自動車のナンバープレートは、下線部③のほかにも日本の各地でつくられています。また、自動車は、日常的な交通手段(しゅだん)として利用されることが多く、さらに、県外への移動にも使われることがあります。これらのことから、**資料５**のような自動車のナンバープレートは、どのようなことを目的として導入されたと考えられますか。「地域」「全国」という<u>二つ</u>の言葉を使って、「ことを目的として導入された。」に続くように書いてください。

【資料5】

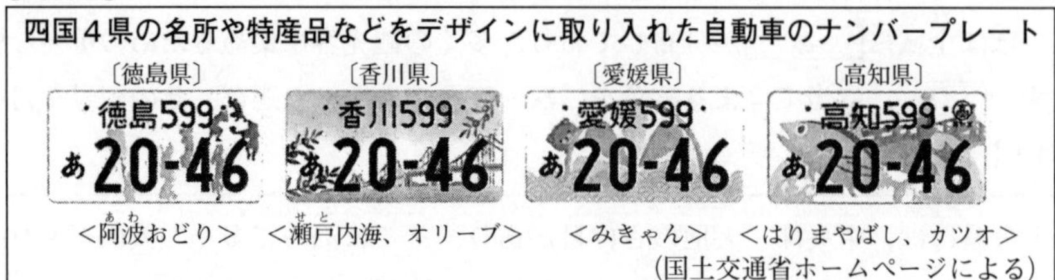

＜阿波おどり＞　＜瀬戸内海、オリーブ＞　＜みきゃん＞　＜はりまやばし、カツオ＞

（国土交通省ホームページによる）

(4)　下線部④は、暑い時期に開かれます。この大会では、選手がいい状態でプレーできるようにするため、どのような工夫が取り入れられていますか。**資料6**、**資料7**を参考に、それぞれの資料から考えられることを一つずつ書いてください。

【資料6】

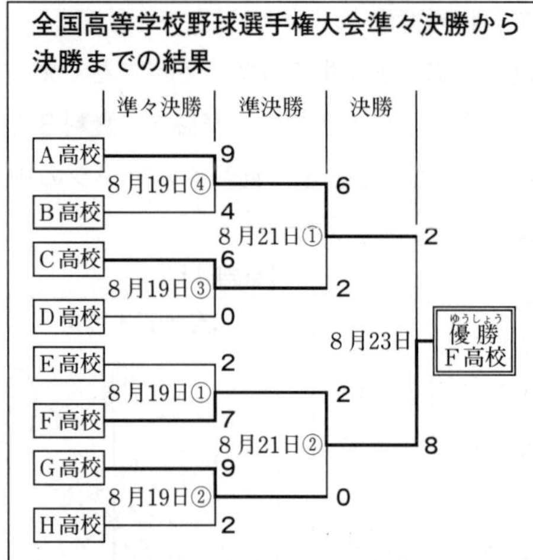

注1　2023年度の大会をもとに作成している。トーナメント表にある太字の数字は得点、太線は勝ち上がり、丸数字は試合順を、それぞれ示している。なお、トーナメント表の、1回戦から3回戦は省略している。

注2　3回戦は、8月16日と17日に行われた。また、18日、20日、22日は休養日のため試合がなかった。

（日本高等学校野球連盟ホームページほかによる）

【資料7】

2023年度における全国高等学校野球選手権大会の新たな取り組み

気温が高くなる昼間の試合をさけるために、試合を朝と夕方に分けて行うことについて見直しを進めてきたが、今年度の大会からの導入は見送った。一方で、試合のと中の5回終りょう後に、選手が休息をとることができるよう、「クーリングタイム」を新たな取り組みとして導入することを決めた。この取り組みにより、最大10分間の休息を取れるようにして、試合中に選手たちが体を冷やしたり、水分補給をしたりするための時間を確保できるようになった。

（2023年2月1日付け新聞記事による）

〈作文問題〉（編集部注：たて書きで出題されています。）　—50分—

◘　次の1、2の作文問題のうち、いずれか一つを選び、あとの**注意**にしたがって作文を書いてください。

1　「言葉がもつ力」について、具体的な体験をまじえながら、そのことを通して、考えたことを書いてください。

2　「自分の好きな季節」について、具体的な体験をまじえながら、そのことを通して、考えたことを書いてください。

〈注意〉　①　選んだ作文問題の番号を書くこと。

②　作文の題は、つけないこと。

③　段落は、内容に応じて設けること。

④　文章の長さは、四百字から六百字までとする。

高知県立安芸中学校
高知県立高知国際中学校
高知県立中村中学校

(編集部注：掲載にあたりレイアウトなどの一部改変を行っています。)

〈適性検査問題A ※1は838ページから掲載しています。〉 —1と合わせて45分—

2 さくらさんたちは、日本の郷土料理と食文化について、【日本の郷土料理(一部)】を見ながら先生と話し合いました。【日本の郷土料理(一部)】と【会話】を読んで、**問1～6**に答えなさい。

【日本の郷土料理(一部)】

県名	郷土料理名	主な材料
秋田県	きりたんぽなべ	米、とり肉、ごぼう、長ねぎ、せり
山形県	いもに	さといも、牛肉、こんにゃく、ねぎ
静岡県	がわ	かつお、玉ねぎ、きゅうり、青じそ、しょうが、梅干し、みそ
石川県	じぶに	とり肉、すだれふ、わさび、せり、しいたけ
宮崎県	冷やじる	きゅうり、青じそ、みょうが、麦飯、いりこ、とうふ

(農林水産省のウェブページより作成)

【会話】

先　生：今日は、日本の郷土料理について話をしましょう。郷土料理とは、地域の特産物を生かして、受けつがれてきた料理のことです。みなさんは、郷土料理というものを食べたことがありますか。

さくら：夏休みに、静岡県へ旅行に行って、「がわ」という料理を食べました。「がわ」は、かつおを使った冷やしみそしるでした。

あんな：静岡県の沖合は、①海流が流れていて、漁業がさかんであることを学習しました。静岡県はかつおの漁かく量が日本一で知られているのよ。

けんと：かつおって昔から静岡県でたくさんとられていたのかな。

先　生：奈良時代に平城京のあった場所では、現在の静岡県からかつおが運ばれてきたことを示す②木簡が発見されています。

けんと：かつおがたくさんとれたから「がわ」という郷土料理が生まれたんだね。

先　生：江戸時代には、③かつおは、かつおぶしに加工されるなどして江戸へ多く運ばれるようになりました。

いつき：郷土料理には、魚のほかに野菜が主な材料になっているものもあるよね。

先　生：たとえば、宮崎県には、④きゅうり、青じそ、みょうが、麦飯、いりこ、とうふを使った「冷やじる」という郷土料理があります。夏の暑い時期でも簡単においしく食べられることから農家の人たちが栄養をとるために食べていましたが、地域によってさまざまな具を入れて食べるようになり、宮崎県全体に広がっていきました。

さくら：宮崎県の気候、風土にあった食べ方だったのね。

いつき：ほかにも、⑤米を主な材料とする郷土料理もありますね。

先　生：米の生産がさかんな秋田県では、棒につけて焼いたごはんを使った「きりたんぽなべ」が食べつがれていますね。

いつき：日本のさまざまな地域で、その地域の特産物を生かした郷土料理が食べつがれていることがわかりました。

さくら：⑥私たちの地域の郷土料理についても調べてみたいです。

問１　【会話】中の下線部①に「海流」とありますが、【資料１】は、日本周辺の海流のようすを示した地図です。あ、いに当てはまる海流の組み合わせとして正しいものを、次の**ア〜エ**から**一つ**選び、その記号を書きなさい。

【資料１】

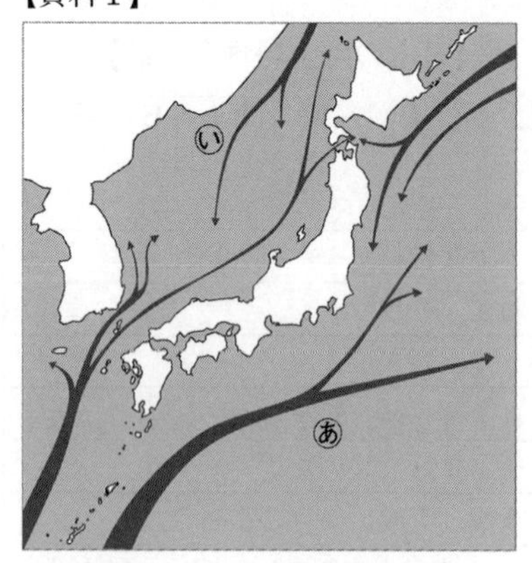

ア　あ－黒潮(日本海流)　い－リマン海流
イ　あ－黒潮(日本海流)　い－対馬海流
ウ　あ－親潮(千島海流)　い－リマン海流
エ　あ－親潮(千島海流)　い－対馬海流

問２　【会話】中の下線部②に「木簡」とありますが、【資料２】は、平城京のあった場所から発見された、荷札として用いられた木簡です。平城京があった場所から、このような木簡がたくさん発見される理由を書きなさい。

【資料２】

著作権保護のため
掲載していません。

問３　【会話】中の下線部③に「かつおは、かつおぶしに加工されるなどして江戸へ多く運ばれるようになりました」とありますが、江戸時代に多くの人やものが行き来した、江戸と主要な都市を結ぶ五つの道をまとめて何というか、書きなさい。

問４　【会話】中の下線部④に「きゅうり」とありますが、次の【資料３】は、ある地域におけるきゅうりのろ地さいばいとし設さいばいの種まき、なえの世話、収かくの時期を示したカレンダーです。ろ地さいばいと比べて、し設さいばいにはどのようなよさがあるか、書きなさい。

【資料３】

	4月	5月	6月	7月	8月	9月	10月	11月	12月	1月	2月	3月
ろ地さいばい	種まき	なえの世話	収かく									
し設さいばい	収かく					種まき	なえの世話	収かく				

(注)ろ地さいばい…太陽の光のもと、ハウスなどを使わずに育てること。

問５　【会話】中の下線部⑤に「米」とありますが、次の【資料４】は、1960年度から2020年度までの日本の米の生産量と米の消費量の変化を表したものです。【資料４】から読み取れることとして正しいものを、**ア～エ**から**一つ**選び、その記号を書きなさい。

【資料４】

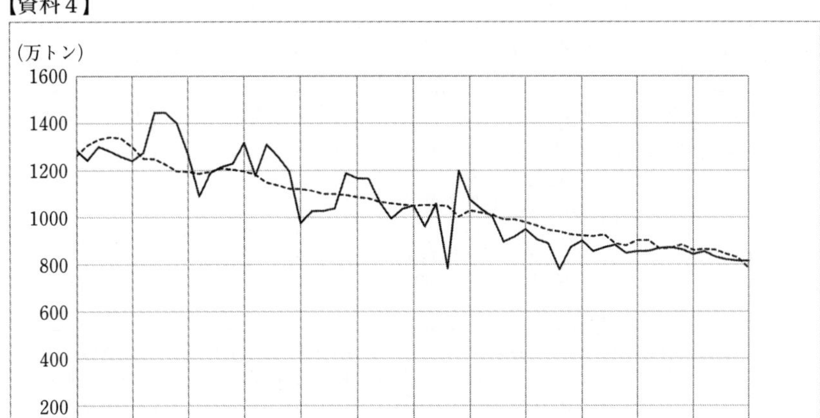

(農林水産省の資料による)

ア　1960年度から2020年度の間で、米の生産量が最も多かったのは1960年度である。

イ　1960年度から2020年度の間で、米の生産量は米の消費量に比べて、年度ごとの変化が大きい。

ウ　1960年度から2020年度の間で、米の生産量と米の消費量の差が200万トン以上あったことはない。

エ　2000年度から2020年度の間を見たとき、常に米の生産量が米の消費量を上回っている。

問６　【会話】中の下線部⑥に「私たちの地域の郷土料理についても調べてみたいです」とありますが、さくらさんは、2020年に日本の20才以上の人々を対象に行われた意識調査の資料を見つけました。【資料５】は、この調査の中で、「生まれ育った地域の郷土料理や伝統料理について知っていますか」の質問に対する回答を表したものであり、【資料６】は、さくらさんが地域の人に行った郷土料理に関するインタビューをまとめたものです。【資料５】と【資料６】をもとに、あなたは、郷土料理が広められ、受けつがれていくようにするためにどのような取り組みを行えばよいと思いますか。そのように考えた理由もふくめて書きなさい。

【資料５】「生まれ育った地域の郷土料理や伝統料理について知っていますか」の質問に対する回答結果(2020)

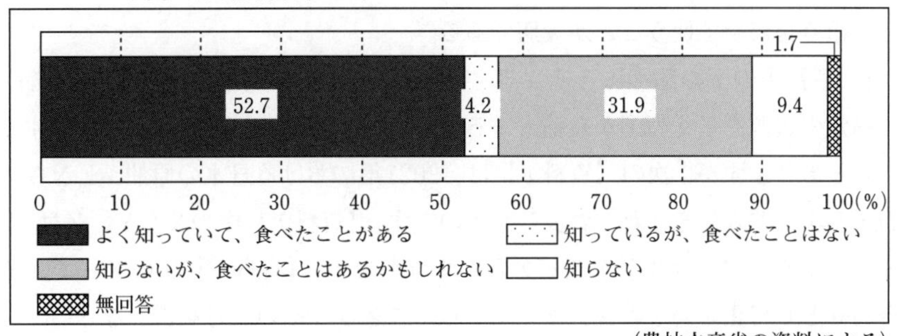

(農林水産省の資料による)

【資料6】インタビューをまとめたもの

	Aさん(75才)	Bさん(35才)	Cさん(12才)
よく食べる郷土料理	いなかずし、ぐるに、いたどりの油いため	さばの姿（すがた）ずし、かつおのたたき	食べたことがない
食べる回数	週に2、3回	2か月に1回程度	食べたことがない
郷土料理についてよいと思うこと	・身近にある食材で調理できる ・食材により季節を感じられる ・自分たちが暮（く）らす地域の気候や風土にあっている	・地元を知ることができる ・いっしょに食べることで人とつながることができる	・よくわからない
郷土料理についてのねがい	・たくさん作りすぎてしまうので、みんなで食べる機会があるとよい ・地元の食材のよさや郷土料理の調理法を伝えていきたい	・郷土料理を食べる機会が増えるとよい ・簡単に作ることができる調理法を知りたい	・地域にどのような郷土料理があるか知りたい ・地域の郷土料理を地域の人といっしょに作って食べてみたい

③　次の【文章】を読み、**問1～4**に答えなさい。

【文章】

問1　【文章】で述べられている内容と合っているものを、次の**ア～エ**から**一つ**選び、その記号を書きなさい。

ア　再生可能エネルギーは、安定して確保することができているため、海外からのエネルギー資源の輸入を減らすことができる。

イ　化石燃料の利用は、発電コストが高くなることが多いので、再生可能エネルギーを利用する手段だけを考えていくことが重要である。

ウ　環境（かんきょう）問題は、地球温暖化によって引き起こされるため、化石燃料の使用を減らすことですべての環境問題は解決できる。

エ　エネルギーは、まず安全性を確保したうえで、各エネルギー資源の長所と短所をふまえて組み合わせて使うことが大切である。

問2　【文章】中の下線部①に「そこで、特定の資源だけに頼るのではなく、普段からさまざまな種類の資源を多くの国から輸入することで、エネルギーを安定して確保することが大事です」とありますが、次の【資料1】は、2021年における日本の原油、LNG(液化天然ガス)、石炭の主な輸入先をそれぞれ表したものです。【資料1】中のX、Y、Zはアメリカ合衆国（がっしゅうこく）、オーストラリア、サウジアラビアのいずれかです。【資料1】中のX、Y、Zの国名の組み合わせとして正しいものを、**ア～エ**から**一つ**選び、その記号を書きなさい。

【資料１】

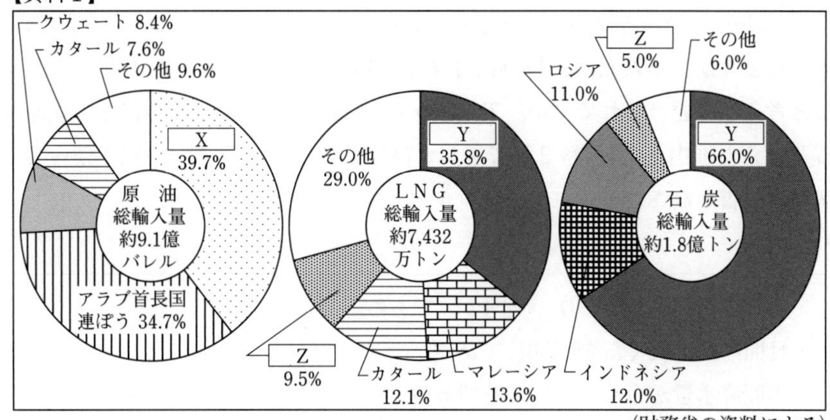

（財務省の資料による）

（注）バレル…原油や石油類の体積を表す単位。１バレルは約160リットル。

	X	Y	Z
ア	オーストラリア	アメリカ合衆国	サウジアラビア
イ	オーストラリア	サウジアラビア	アメリカ合衆国
ウ	サウジアラビア	アメリカ合衆国	オーストラリア
エ	サウジアラビア	オーストラリア	アメリカ合衆国

問３　【文章】中の下線部②に「再生可能エネルギー」とありますが、次の【表】は、自然を生かしたさまざまな発電方法の特ちょうをまとめたものです。【表】中のＡ～Ｄは、風力発電、太陽光発電、バイオマス発電、水力発電のいずれかを表しています。Ａは何か、書きなさい。

【表】

	特ちょう
A	・学校の屋上や住宅（じゅうたく）の屋根などでも発電ができるが、多くの電気をつくるには、広い土地が必要である。 ・災害時の非常用電源としても大きな役目を果たす。 ・晴れの日以外は発電量が少なく、夜間は発電ができない。
B	・動物や植物から生まれる資源を利用して発電をするため、はいき物の再利用や減少にもつながる。 ・季節や天候、昼夜を問わず安定した発電ができる。 ・資源が広い地域（ちいき）に分散しているので、収集（しゅうしゅう）・運ぱんなどにコストがかかる。
C	・陸上はもちろん海上でも発電可能で、夜間でも発電ができる。 ・天候などにえいきょうされやすく、安定した発電が難（むずか）しい。 ・設置によって景観をそこねたり、そう音が発生したりする等の問題がある。
D	・発電量を調整することができる。 ・降水量（こうすいりょう）が少ないと発電量が減る。 ・新たな発電し設の建設は、コストがかかる。

（資源エネルギー庁（ちょう）ほかの資料より作成）

問４　次の【資料２】は、高知県の特ちょうの一部をまとめたものです。【文章】中の下線部③に「『環境への負荷を減らす』、『安定して手に入れる』、『安く手に入れる』という３つの課題」とありますが、あなたが、【資料２】の高知県の特ちょうを生かすことにより解決につながると考える課題はどれですか。**ア〜ウ**から**一つ**選んでその記号を書き、課題の解決につながると考えた理由を、【資料２】で示した高知県の特ちょうを一つ以上使って、**80字**以上**100字**以内で書きなさい。

【資料２】

・森林率が83.8％であり、全国１位である。
・日照時間が長く、全国10位である。
・年間降水量が多く、全国２位である。
・山間部やみさきの周辺などでは、強い風がふいていることが多い。

（高知県の資料より作成）

ア　環境への負荷を減らす　　**イ**　安定して手に入れる　　**ウ**　安く手に入れる

〈適性検査問題Ｂ〉　—45分—

1　次の**問１・２**に答えなさい。

問１　はるかさんは、コミック（マンガ）をよく読みます。最近、テレビのニュースで、紙のコミックではなく、スマートフォン等を使って読む、電子コミックの利用者が増えており、紙のコミックと電子コミックを合わせたはん売金額も増えてきていることを知りました。そこで、はるかさんは、夏休みの自由研究として、紙のコミックと電子コミックのはん売金額を調べ、次の【表】にまとめました。ただし、はん売金額の数字は十億の位で四捨五入（ししゃごにゅう）しています。【表】を見て、⑴〜⑶に答えなさい。

【表】

	2017年	2018年	2019年	2020年
紙のコミックのはん売金額（億円）	2600	2400	2400	2700
電子コミックのはん売金額（億円）	1700	2000	2600	3400
はん売金額合計（億円）	4300	4400	5000	6100

（公益社団法人 全国出版協会 出版科学研究所発行「出版指標 年報」2023年版のデータによる）

⑴　2017年の紙のコミックのはん売金額は、2017年のはん売金額合計のおよそ何％にあたりますか。ただし、答えは小数第１位を四捨五入して整数で答えなさい。

⑵　2018年の紙のコミックのはん売金額と、2018年の電子コミックのはん売金額をできるだけ小さい整数の比で表しなさい。また、比の値（あたい）も求めなさい。

⑶　はるかさんは、自由研究で調べてわかったことを、クラスで発表する準備をしています。【表】をもとに、紙のコミックと電子コミックを合わせたはん売金額の変化を棒（ぼう）グラフで表した【スライド】を、同じ班（はん）のゆずきさんに見せながら二人が【会話】をしています。次の【スライド】と【会話】を見て、**問い**に答えなさい。

【スライド】

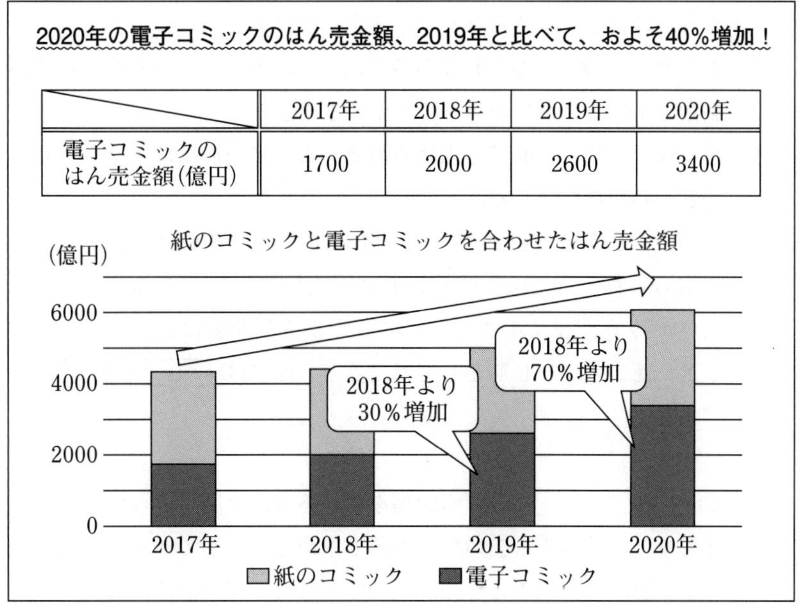

	2017年	2018年	2019年	2020年
電子コミックのはん売金額(億円)	1700	2000	2600	3400

【会話】

はるか：2019年の電子コミックのはん売金額は、2018年の電子コミックのはん売金額のおよそ30％増加となっているけれど、2020年になると、電子コミックのはん売金額は、2018年の電子コミックのはん売金額のおよそ70％増加しているんだよ。

ゆずき：それはおどろきだね。電子コミックを利用している人が急増しているんだね。

はるか：そうみたい。2020年の電子コミックのはん売金額は、2019年の電子コミックのはん売金額より、およそ40％増加していることになるね。

ゆずき：40％増加したと考えるのは正しくないと思うよ。70から30をひいて計算したと思うけれど、その考え方はまちがっているよ。

問い　【会話】中の下線部に「40％増加したと考えるのは正しくない」とありますが、考え方が正しくない理由を、言葉や式を使って説明しなさい。また、2020年の電子コミックのはん売金額は、2019年の電子コミックのはん売金額より、およそ何％増加していますか。ただし、答えは小数第１位を四捨五入して整数で答えなさい。

問２　なつきさんとあさひさんは、次の**ア**～**エ**で示された、点Oを中心とする半径４cmの円にぴったり入る４種類の正多角形について、正多角形のまわりの長さと面積の求め方を考えています。なつきさんとあさひさんの【会話】を読んで、⑴～⑷に答えなさい。

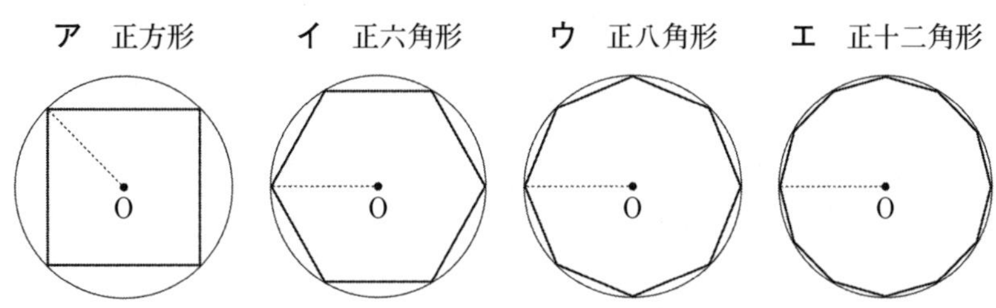

【会話】

なつき：まわりの長さが求められそうな正多角形はあるかな。

あさひ：あるよ。［A］のまわりの長さは、円の半径が４cmとわかっているから、４cmに整数をかけることで求めることができるよ。

なつき：なるほど。でも、面積を求められそうな正多角形はなさそうだね。正方形も一辺の長さがわからないしね。

あさひ：アの正方形を45度回転させて、「ひし形」と考えれば面積を求められそうだよ。45度回転させた図をかいてみるね。点Ｏから頂点（ちょうてん）までのきょりは４cmだから対角線は８cmでしょ。だから、ひし形として考えると、面積は［B］cm²になるよ。

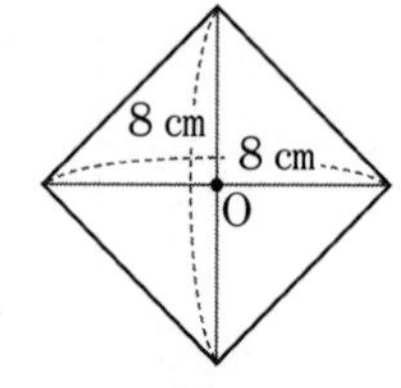

あさひさんがかいた図

なつき：そうだね。あっ、ひし形の面積を求める方法と同じように考えると、エの正十二角形の面積も求めることができそうだよ。思いついたことを図にかいてみるね。図のようにぬりつぶした四角形は、ひし形じゃないけれど、ひし形の面積を求めた方法と同じようにして、<u>ぬりつぶした四角形の面積を求めることができる</u>よ。

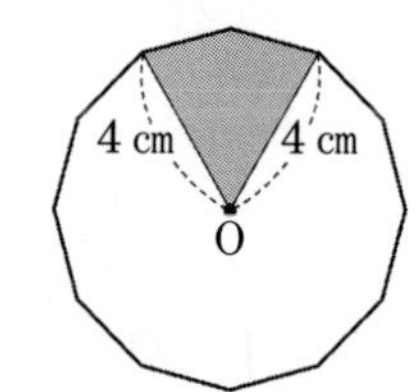

なつきさんがかいた図

あさひ：本当だね。だったら正十二角形全体の面積は、ぬりつぶした四角形の面積の［C］倍で求めることができるね。

(1)　【会話】中の［A］に入る正多角形を、ア～エから一つ選び、その記号を書きなさい。また、選んだ正多角形のまわりの長さも求めなさい。

(2)　【会話】中の［B］に入る数を答えなさい。

(3)　【会話】中の下線部に「ぬりつぶした四角形の面積を求めることができる」とありますが、ぬりつぶした四角形の面積は何cm²ですか。

(4)　【会話】中の［C］に入る数を答えなさい。

2　小学校6年生のそらさんとかいさんは、ごみの問題について話しています。次の【会話】を読んで、**問1～6**に答えなさい。

【会話】

そら：昨日、私の住んでいる地域は燃えるごみの日だったんだけれど、学校からの帰り道にあるごみ置き場に、「回収できません」と書かれたシールがはられたごみぶくろが残されていたよ。プラスチックごみがまざっていたから、回収されなかったんだろうね。

かい：私もそういうのを見たことがあるよ。なんだか残念な気持ちになるよね。でも、燃えるごみなのかプラスチックごみなのか、分別に迷うことがときどきあるよね。

そら：確かに、紙だけれど表面に光たくがあってプラスチックみたいに見えるものもあるし、①本物にそっくりだけれどプラスチックでできている造花もあるから、正しく分類するのは意外と難しいね。

かい：そっくりといえば、アルミかんとスチールかんもそっくりだよね。この前、②スチールかんが電気を通すかどうかを調べたんだけれど、電気を通さなかったんだよね。

そら：私も同じことをしたことがあるけれど、工夫しないと電気が通らないよね。

問1　下線部①に「本物にそっくりだけれどプラスチックでできている造花」とありますが、見た目がよく似ている、本物の植物の葉とプラスチックでできた葉を区別する方法として最も適切なものを、次の**ア～エ**から**一つ**選び、その記号を書きなさい。

ア　手でさわってみて、つるつるしているかざらざらしているかを調べる。

イ　はさみで切ってみて、切れるか切れないかを調べる。

ウ　しばらく置いてみて、しおれるかしおれないかを調べる。

エ　重さを量ってみて、どちらが軽いかを調べる。

問2　下線部②に「スチールかんが電気を通すかどうかを調べた」とありますが、かいさんは、豆電球、新品のかん電池、導線を右の図のようにつないで、スチールかんが電気を通すかどうかを調べました。豆電球は点灯しませんでしたが、ある工夫をすることで豆電球が点灯し、電流が流れることを確かめることができました。かいさんは、どのような工夫をしたのでしょうか。考えられることを書きなさい。

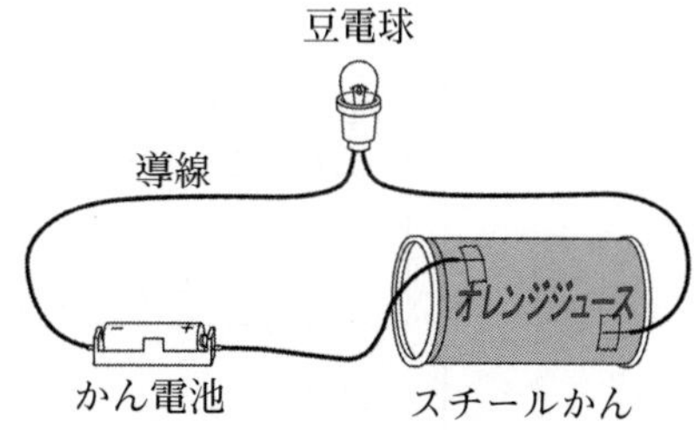

問3　かいさんは、アルミかんとスチールかんを分別しようと考え、電磁石を作ることにしました。新品のかん電池、スイッチ、簡易検流計、鉄心を入れて導線を50回巻いて作ったコイルを右の図のようにつないで電磁石を作り、スイッチを入れましたが、磁石の力が弱く、スチールかんを持ち上げることはできませんでした。どのようにすれば、電磁石の力を強くすることができますか。その方法を考えて**二つ**書きなさい。

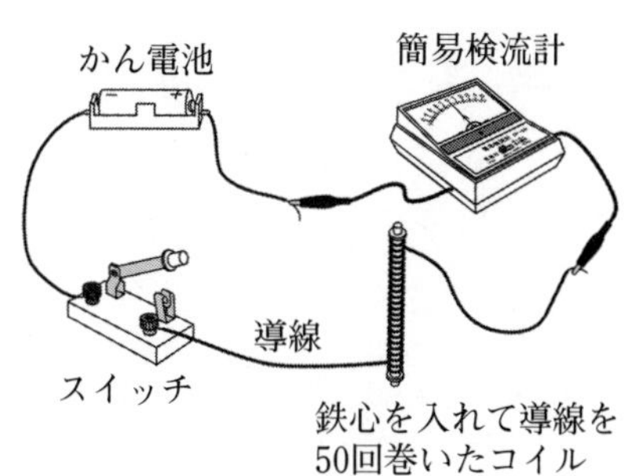

問４　かいさんは、アルミニウムと鉄がどのようにリサイクルされているかを調べ、次の【資料１】を見つけました。【資料１】を見て、**問い**に答えなさい。

【資料１】

１kgの金属をつくるのに必要なエネルギーの量

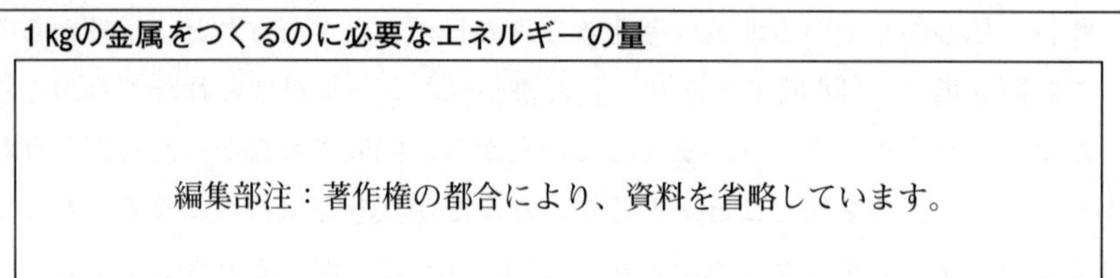

編集部注：著作権の都合により、資料を省略しています。

（注）　Ｊ(ジュール)：１Ｊはおよそ100ｇの物体を１ｍ持ち上げるのに必要なエネルギーの量、１kJ＝1000Ｊ。

回収された空きかんがリサイクルされるまで

アルミかん	スチールかん
アルミかん選別機で選別 ↓ プレス機でおしつぶす ↓ おしつぶしたアルミかんをくだく ↓ 非常に大きな磁石によって選別 ↓ 強風によって選別 ↓ シュレッダーでさらに細かく切断 ↓ 400～500℃で処理（しょり）して飲み残しやと料などを燃やす ↓ とかして再利用	非常に大きな磁石によって選別 ↓ プレス機でおしつぶす ↓ おしつぶしたスチールかんをそのままとかして再利用

（一般社団法人　日本鉄鋼連盟（れんめい）のウェブページによる）

問い　【資料１】をもとに考えると、鉄のリサイクルにはどのような利点と欠点がありますか。アルミニウムをリサイクルする場合と比かくして書きなさい。

問5　そらさんは、家庭から出るごみの量を調べたところ、プラスチックが非常に多いことに気づき、プラスチックについて調べることにしました。すると、一見同じプラスチックにもいろいろな種類があり、種類ごとに分別するとリサイクルしやすいことがわかりました。そこでそらさんは、身の回りでよくみられるプラスチックとその性質を調べて分別に役立てようと考え、次のように【表】にまとめました。

【表】

プラスチックの種類	1㎤あたりの重さ	熱に対する強さ(変形しだす温度)	室温でのやわらかさ	燃えやすさ
① ポリプロピレン	0.90 ～ 0.92 g	編集部注：著作権の都合により掲載不可。	かたい	燃えやすい
② ポリエチレン	0.91 ～ 0.97 g		やわらかい	燃えやすい
③ ポリスチレン	1.05 ～ 1.07 g		かたい	燃える
④ ポリ塩化ビニル	1.20 ～ 1.60 g		やわらかい	燃えにくい
⑤ ポリエチレンテレフタレート	1.37 ～ 1.40 g		かたい	燃えやすい

【表】中の5種類のプラスチックでできた、A、B、C、D、Eの小さな板があります。そらさんは、次の(1)～(4)の操作(そうさ)を組み合わせれば、それぞれの板がどのプラスチックでできているか、区別することができると考え、調べてみることにしました。このことについて、問いに答えなさい。

(1)　水(1㎤あたりの重さが1 g)に入れて、うくかどうかを調べる。

(2)　ふっとうしたお湯をかけて、変形するかどうかを調べる。

(3)　食塩を水にとかせるだけとかした液体(1㎤あたりの重さが1.2 g)に入れて、うくかどうかを調べる。

(4)　プラスチック板を折り曲げて、やわらかさを調べる。

問い　次の図は、そらさんが調べた結果をまとめたものです。A～Eは、どのプラスチックからできていると考えられますか。【表】中の①～⑤からそれぞれ選び、その記号を書きなさい。

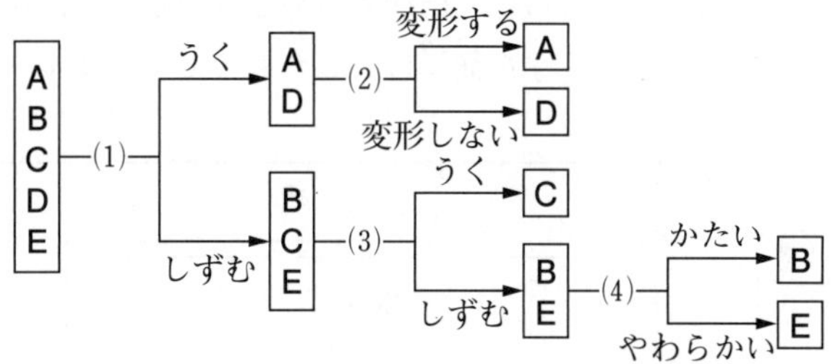

※物体を液体に入れると、物体1㎤あたりの重さが液体1㎤あたりの重さよりも軽い場合にはうき、重い場合にはしずみます。

問6　そらさんは、プラスチックについて調べていく中で、回収されなかったプラスチックが深刻な問題を引き起こしていることを知りました。そらさんが、プラスチックがかん境にあたえるえいきょうについて調べた、次の【資料2】を見て、**問い**に答えなさい。

【資料2】

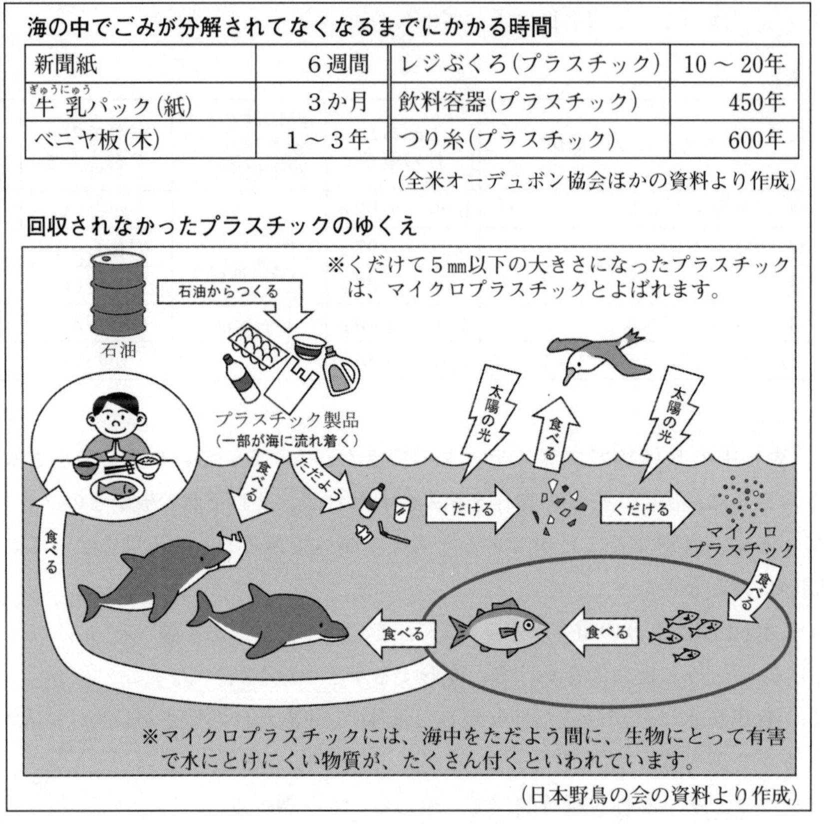

海の中でごみが分解されてなくなるまでにかかる時間

新聞紙	6週間	レジぶくろ(プラスチック)	10～20年
牛乳パック(紙)	3か月	飲料容器(プラスチック)	450年
ベニヤ板(木)	1～3年	つり糸(プラスチック)	600年

(全米オーデュボン協会ほかの資料より作成)

回収されなかったプラスチックのゆくえ

(日本野鳥の会の資料より作成)

問い　回収されなかったプラスチックは、生物に大きなえいきょうをあたえるといわれています。【資料2】をもとに、その理由として考えられることを書きなさい。

3　りくさんのクラスでは、毎年5月ごろに、田植え体験を行います。田植えをする田は長方形で、次の【図】は、真上から見た田のようすを簡単に表したものです。**問1～4**に答えなさい。

【図】

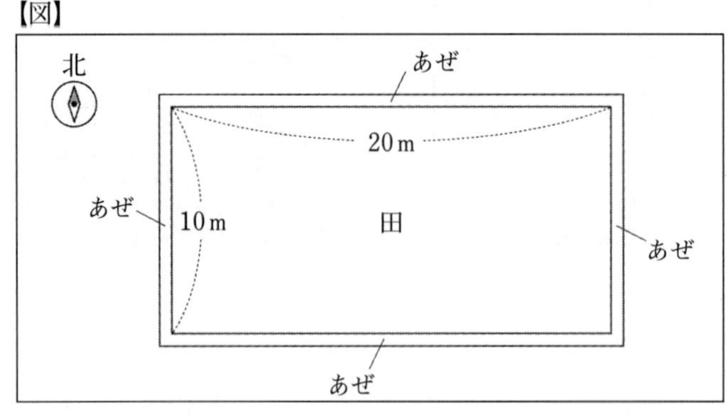

問1　りくさんは、春分の日に【図】に示された田を観察し、田の日当たりについて気づいたことを、次のように【ノート】にまとめました。

【ノート】

・田のそばには大きな木が生えており、木のかげが田にかかることで、田の一部に日光が当たらない場所ができる。
・日の出からしばらくの間は、木のかげが田にかかるが、太陽が高く上がるにつれ、だんだんとかげが動いて田にかげがかからなくなる。
・正午を過ぎてからは、日がしずむまで田全体によく日光が当たる。

りくさんの【ノート】から判断すると、大きな木はどこに生えていると考えられますか。次の**ア**～**エ**から**一つ**選び、その記号を書きなさい。

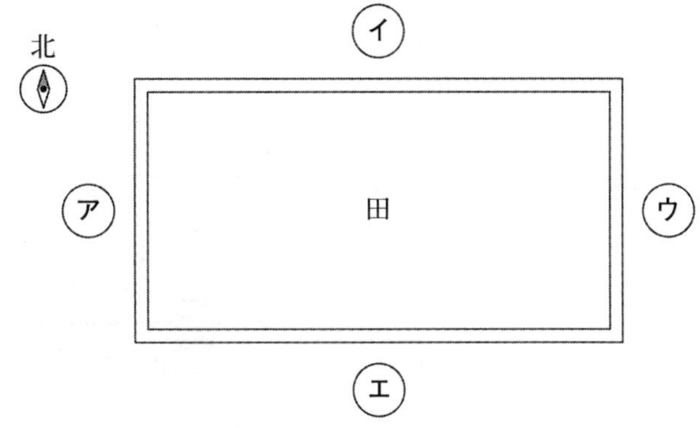

問２　りくさんたちは、【図】に示された田に、イネのなえ数本を１株(かぶ)として、次の【条件】でイネの株を植えます。このとき、田には、イネを何株植えることができますか。ただし、イネの株の太さは考えなくてよいものとします。

【条件】

右の図の・の位置に、イネの株を植えていく。
①イネの株は、あぜから25cmあけて植える。
②あぜにそって、イネの株がまっすぐに並(なら)ぶように植える。
③となりあうイネの株と株の間は、25cmずつあける。

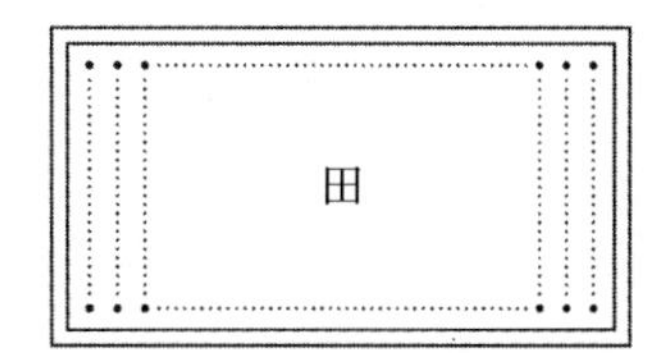

問３　りくさんは、農家の人から、田植え後はイネのなえを寒さから守り、雑草が生えるのを防ぐために、田の水の深さを田植え前より深くするという話を聞きました。【図】に示された田の田植え前の水の深さが１cmのとき、田植え後の田の水の深さを７cmにするには、田に水を何㎡取り入れる必要がありますか。ただし、水面からの水の蒸発(じょうはつ)など、水面の高さにえいきょうをあたえるその他の条件は考えないものとします。

問４　りくさんは、米などの重さを量るために、「さおばかり」という道具が昔使われていたことを知りました。そこで、りくさんは「さおばかり」をまねて、「はかり」を自分で作ってみることにしました。次の【資料】は、りくさんが作った「はかり」について説明したものです。⑴・⑵に答えなさい。ただし、糸の重さは考えないものとします。

【資料】

長さ60㎝の棒(ぼう)の中央に、次の図のようにひもをつけ、支点としました。この状態でひもを持って棒をつり下げたところ、棒は水平な状態で静止しました。次に、棒の左側には、支点から10㎝のところに、重さを量る物体をのせるため、25ｇの皿を糸でつり下げ、棒の右側には、50ｇのおもりをつるした糸を、棒にそって自由に動かせるようにつけました。

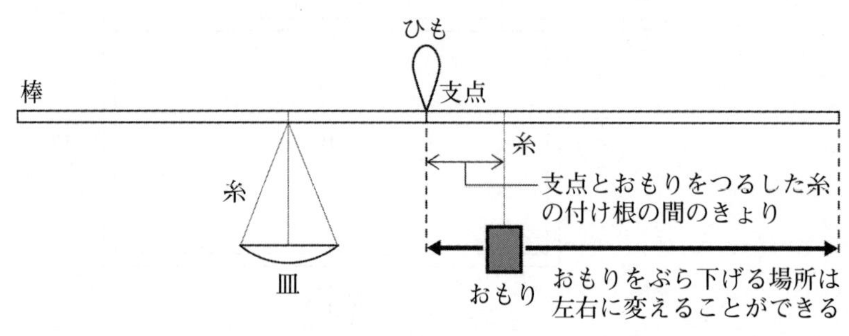

⑴　皿に何ものせていないとき、支点とおもりをつるした糸の付け根の間のきょりを何㎝にすると、棒は水平になってつり合いますか。

⑵　皿に米をのせてみると、支点とおもりをつるした糸の付け根の間のきょりが22㎝になったとき、棒が水平になってつり合いました。米の重さは何ｇですか。

たが「大切にしたいこと」は何ですか。具体的な理由もあわせて、三六〇字以上四四〇字以内で書きなさい。

〈高知県立高知国際中学校　作文問題〉　—45分—

問題

高知国際中学校は、「目指せ、□世界一」という新しい目標をかかげ、その目標に向かって学校全体で取り組みを始めることになりました。

あなたなら、□にどのような言葉を入れますか。当てはまる言葉を考え、次の三つの条件にしたがって書きなさい。

一　「目指せ、□世界一」と考えた理由を書くこと。
二　「目指せ、□世界一」という目標に向かって、あなたができることを書くこと。
三　字数は三六〇字から四四〇字とすること。ただし、題名や名前は書かずに、一行目から本文を書くこと。

〈高知県立中村中学校　作文問題〉　—45分—

問題

学校生活をはじめとするいろいろな場で、「おはよう」などのあいさつが大切なのはなぜだと思いますか。あなたの考えを書きなさい。また、中学校生活において、あなたがあいさつ以外で大切にしていきたいことを一つ取り上げ、その理由と、どのように実行していきたいのか、書きなさい。

その際、次の条件にしたがって書くこと。

（条件）
① 題名や名前を書かず、一行目から本文を書くこと。
② 字数は、三六〇字以上四四〇字以内とすること。
③ 二段落（だんらく）構成で書くこと。
④ 第一段落には、「おはよう」などのあいさつが大切なのはなぜだと思うか、体験や見聞きしたことをもとに、あなたの考えを書くこと。
⑤ 第二段落には、中学校生活において、あなたがあいさつ以外で大切にしていきたいことを一つ取り上げ、その理由と、どのように実行していきたいのかを書くこと。

〈適性検査問題A〉　　—2、3と合わせて45分—

1　次の文章を読み、後の**問1～5**に答えなさい。

著作権保護のため掲載していません。

問1　文章中の——線部1の「電」と同じ部首の漢字を、「電」以外に**二つ**書きなさい。

問2　文章中の a ・ b に当てはまる言葉として最も適切なものを、それぞれ次の**ア～エ**から**一つ**選び、その記号を書きなさい。

a　**ア**　さて　**イ**　ところが　**ウ**　または　**エ**　すると

b　**ア**　そこで　**イ**　すなわち　**ウ**　しかも　**エ**　なぜなら

問3　文章中の——線部2の「そういうもの」をまとめて言いかえている言葉を、文章中から**五字**以内でそのままぬき出して書きなさい。

問4　文章中の——線部3の「もちろん」が修飾（しゅうしょく）している言葉を、次の**ア～エ**から**一つ**選び、その記号を書きなさい。

ア　どこにも　**イ**　針を　**ウ**　工場は　**エ**　ありません

問5　文章中の——線部4にある「ふたりの志」について、次のように【ノート】にまとめました。次の【ノート】を読み、後の(1)・(2)に答えなさい。

【ノート】

◇医りょう機器メーカーの人
・注射をする必要がある多くのかん者にとって、 c がぬるとどんなにいいだろう。
・百けんもの工場をたずね歩いてでもさがしたい。

◇岡野工業の岡野さん
・医りょう機器メーカーの人の思いにこたえたい。
・ d にちょう戦したい。

→ 苦労があってもくふうを重ね、あきらめない心

(1)　【ノート】中の c ・ d に当てはまる言葉として適切なものを、文章中から c は**七字**、 d は**十四字**でそのままぬき出して書きなさい。

(2)　文章や【ノート】を読んで、志を高く持つことについて、あなたはどのように考えますか。そう考える理由もふくめて、あなたの考えを**八十字**以上**百字**以内で書きなさい。

〈高知県立安芸中学校　作文問題〉　　—45分—

問題

県立安芸中学校に入学すると、さまざまな小学校から集まってきた生徒とともに学校生活を送ることになります。

あなたをふくめた全ての生徒が、より良い学校生活を送るために、あな

福岡県立育徳館中学校
福岡県立嘉穂高等学校附属中学校
福岡県立輝翔館中等教育学校
福岡県立宗像中学校
福岡県立門司学園中学校

（編集部注：掲載にあたりレイアウトなどの一部改変を行っています。）

〈適性検査Ｉ〉　―40分―

1　山下さんの夏休み中のできごとです。

問１　山下さんの妹は、自由研究で、ストロー内の水面の上下で温度変化が分かるストロー温度計（**図１**）を作っています。［　　　］は、妹が作ったストロー温度計（**図２**）にストロー内の水面の位置を記録していたときの、山下さんと妹の会話の一部です。

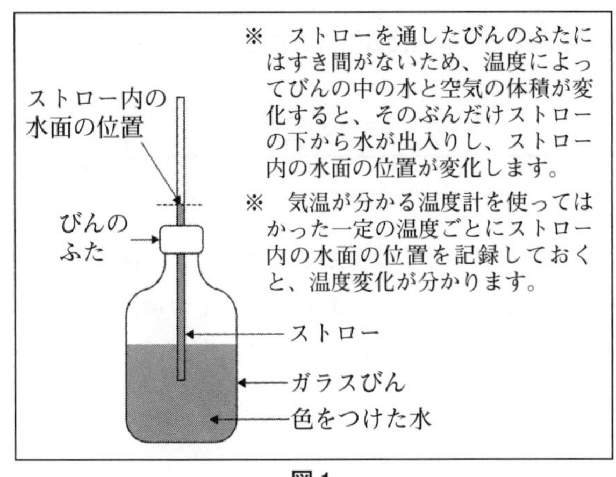

図１

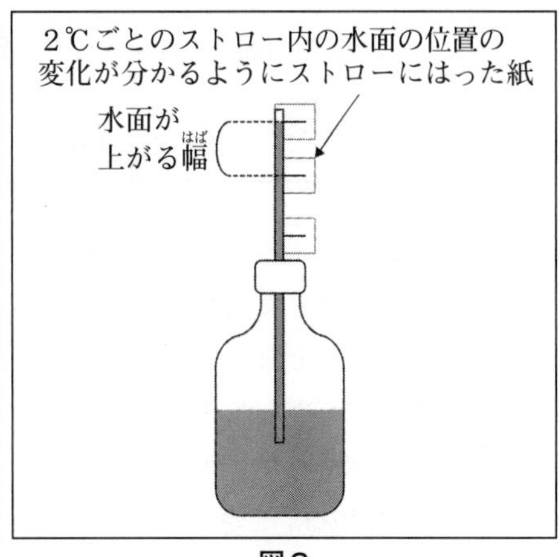

図２

妹：「ストローの上から水があふれそうだね。これだと、４℃ぶんの変化しか分からないね。もっと大きな温度変化が分かるストロー温度計にするには、どうすればいいのかな。」
山下：「あなたが作った温度計の、びんの中の水の量を増やすだけでいいよ。水の量を増やして、ストロー内の水面の位置を記録し直してごらん。」
妹：「どうして、その方法でできるのかな。」
山下：「<u>それはね、</u>［　　　］」

山下さんは会話の中の<u>**それはね、**</u>に続けて［　　　］で、びんの中の水の量を増やすことで、もっと大きな温度変化が分かるストロー温度計にできる理由を説明しました。あなたが山下さんだったら、どのように説明しますか。あたためられたときの水と空気の変化の違い（ちが）が、ストロー内の水面が上がる幅とどのように関係しているのかを明らかにしてかきましょう。

問2　山下さんと祖母は草が生えないように、地面をおおうシートにUピン杭(**図3**)を打っていました。途中でUピン杭を抜くために、棒を使ってUピン杭を少し引き上げようとした(**図4**)ところ、祖母が「もっと小さな力で引き上げる方法があるよ。」と教えてくれました。

〔Uピン杭〕

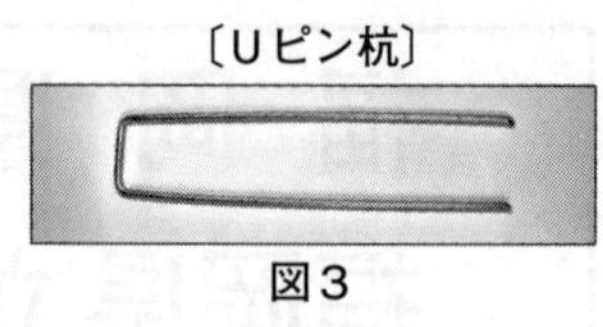

図3

〔Uピン杭を引き上げる様子〕　　**〔山下さんの方法〕**

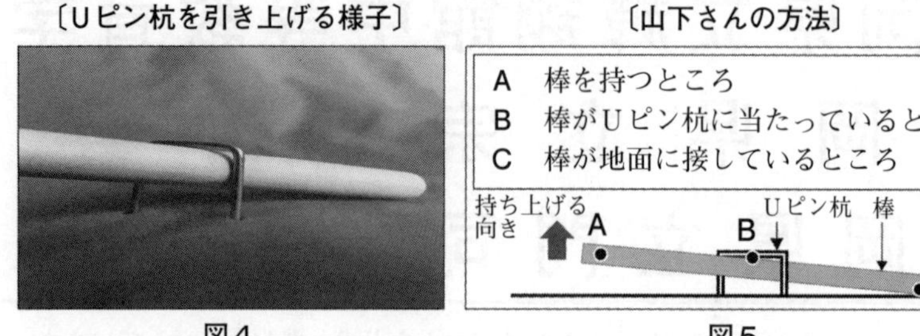

図4　　**図5**

山下さんは、次の**ア**～**エ**の方法を試してみました。

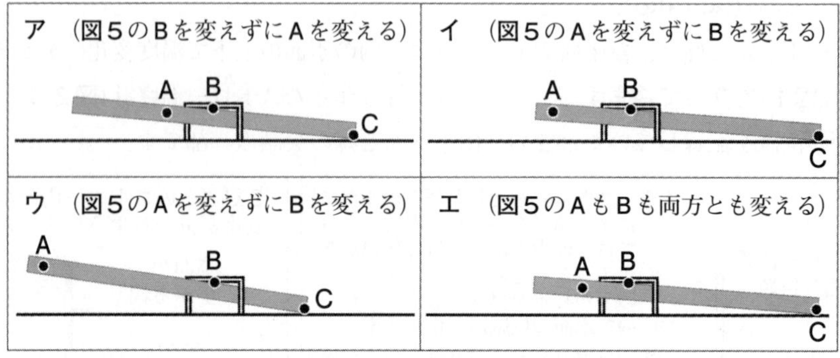

※　棒の長さはすべて同じものとします。

図5の中で支点の場所がどこか、**A**～**C**の中から1つ選んで記号をかき、**図5**の方法よりも小さな力で引き上げることができた方法はどれか、**ア**～**エ**の中から1つ選んで記号をかき、その方法を選んだ理由をかきましょう。そのとき、理由については、次の「　」の中のすべての言葉を必ず1回以上使ってかきましょう。

「　作用点　　きょり　」

2　森口さんの小学校では、地域のさまざまな場所を訪れて体験活動を行う「地域発見フィールドワーク」をします。

問1　森口さんたちの班は、フィールドワークの計画を立てることになりました。次の**〔資料1〕**は、先生から配られた案内図とフィールドワークの条件がかかれたプリントです。

〔資料1〕案内図とフィールドワークの条件

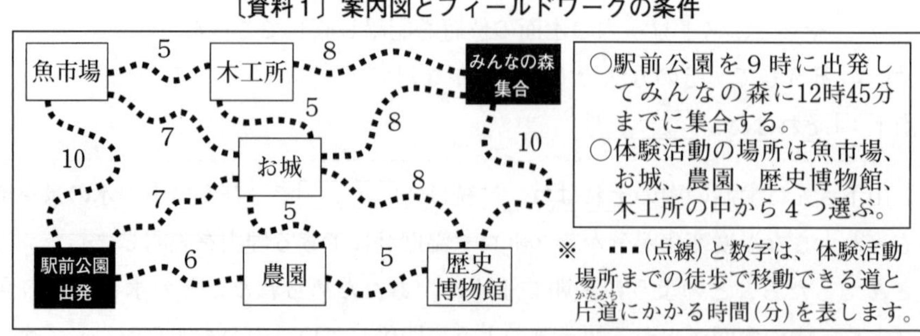

森口さんたちの班は、フィールドワークの計画について話し合っています。次の［　　］は、そのときの会話の一部です。

森口：「この前の話し合いでは、先生から配られた〔**体験活動カード**〕をもとに、木工所の寄木(よせぎ)体験とお城の忍者(にんじゃ)体験を必ずしようと決めたよね。」
川上：「みんなお城が好きだから、〔**体験活動カード**〕にかかれている忍者体験の時間とは別に、お城の中を見学する時間をとりたいね。」
田中：「お城の中も見学するなら、忍者体験の30分間と見学を合わせてお城で過ごす時間を決めよう。」
森口：「お城で過ごす時間が最も長くなるように、回る順番と場所を考えて計画書を作ろう。」

〔**体験活動カード**〕

魚市場	お城	農園	歴史博物館	木工所
時間　45分間	時間　30分間	時間　45分間	時間　40分間	時間　60分間
内容　せり体験	内容　忍者体験	内容　みかんがり	内容　勾玉(まがたま)づくり	内容　寄木体験

森口さんたちの班は、〔**資料１**〕をもとに計画を考えました。森口さんたちの班の【**地域発見フィールドワーク計画書**】を完成させましょう。

【**地域発見フィールドワーク計画書**】

回る順番	場所	場所で過ごす時間	次の場所への出発時刻(じこく)
	駅前公園		9：00
1		分間	：
2		分間	：
3		分間	：
4		分間	：
	みんなの森		

問２　森口さんたちの班は、木工所で寄木のコースターづくり〔**資料２**〕を体験しています。次の［　　］は、そのときの会話の一部です。

〔**資料２**〕**寄木のコースター**

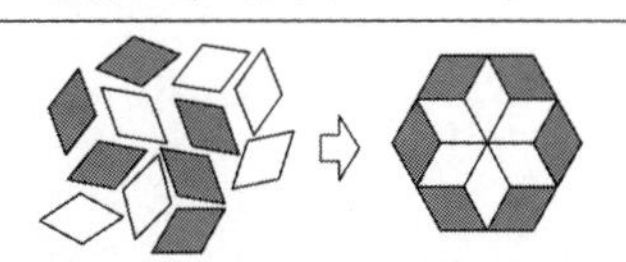

職人：「ここでは、**ア**～**エ**の三角形や四角形(**図１**)をしきつめて正六角形のコースターを作ります。」
森口：「私(わたし)は、**ア**の正三角形と**イ**のひし形の２種類で作ってみたいです。」
職人：「**ア**と**イ**の辺の長さはすべて等しく、**ア**を２まい並(なら)べると**イ**になります。それらをしきつめていくと正六角形になりますよ。」
森口：「**ア**を集めると小さな正六角形ができました。さらに**ア**と**イ**を使ってもっと大きな正六角形を作ることはできますか。」
職人：「はい。森口さんが作った正六角形をこの台紙の真ん中に置いて(**図２**)、その周りに**ア**と**イ**を［　　］まいずつしきつめてもできます。」
田中：「私は、**ウ**と**エ**の二等辺三角形だけを使ってコースターを作りたいな。おすすめはありますか。」

職人：「ウを18まい使うとできます(**図3**)。きれいに作るには、その18まいのうち８まいをエと入れかえて、線対称(たいしょう)であり点対称でもある図形にするといいですよ。」
田中：「ありがとうございます。その方法で、作ってみます。」

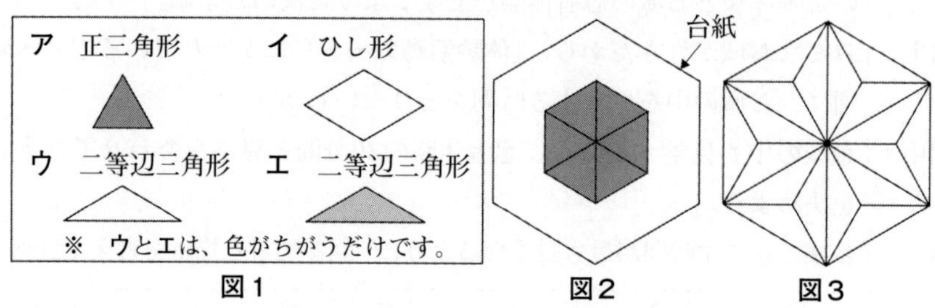

図1　**図2**　**図3**

⑴　会話の中の［　　　］に入る数をかきましょう。

⑵　次の［　　　］の図形に、エの二等辺三角形を使った部分に色をぬって、田中さんが作ろうとしている模様(もよう)を３つ作りましょう。ただし、回転すると同じものは１つとします。また、色をぬるときは、はみださないように注意しましょう。

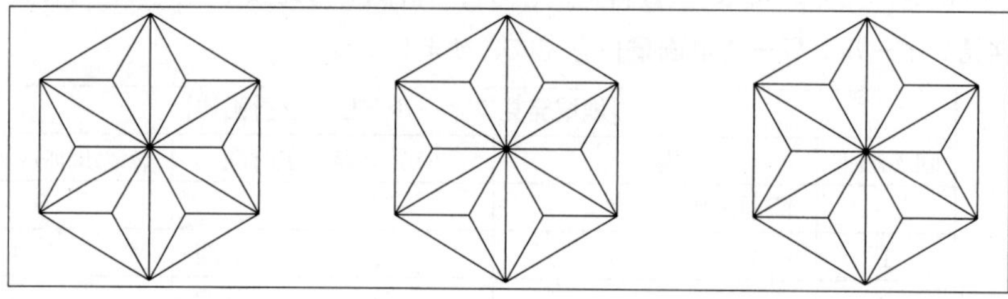

れば、二〇三〇年度には、百六十九万トンになり、目標は十分に達成できそうだよ。」

木山：「そのようにも考えられるけど、私は少し心配だな。グラフの見方にはいろいろあるから、最新の情報に着目して、二〇二〇年度から二〇二一年度の一年間で減った量をもとに考えてみると、目標が達成できないかもしれないよ。**それはね、**［　　］」

〔資料４〕家庭の食品ロスの量の推移と目標値

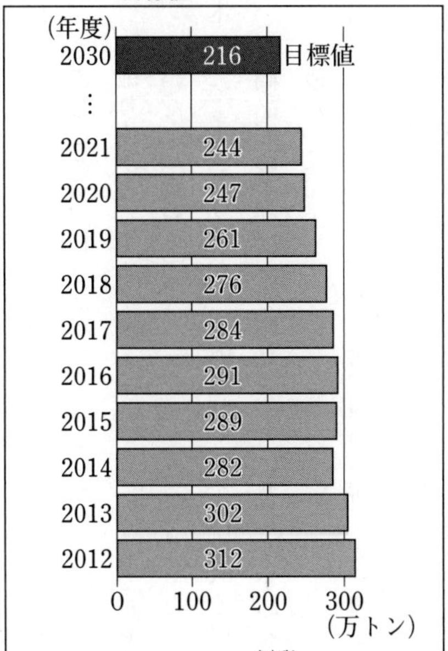

(年度)	(万トン)
2030	216 目標値
⋮	
2021	244
2020	247
2019	261
2018	276
2017	284
2016	291
2015	289
2014	282
2013	302
2012	312

参照：消費者庁「食品ロス削減(さくげん)関係参考資料」

木山さんは、会話の中の**それはね、**に続けて、［　　］で、目標値の二百十六万トン以下にならないかもしれないと考えた理由を、**〔資料４〕**をもとに説明しています。あなたが木山さんだったら、どのように説明しますか。**〔資料４〕**のどこに着目して考えたのかを明らかにしてかきましょう。

問２　木山さんたちは、これまでの学習を通して、これからは、自分たちができることから食品ロスを減らしていくことが大切であることに気づきました。そして、自分たちと食品との関わり方をふり返りました。

あなたは、なぜ食品ロスを減らしていくことが大切だと思いますか。また、あなたがこれから食品ロスを減らすために、どのような取り組みをやってみたいですか。

取り組みの具体例を挙げ、次の**【条件】**に合わせて、三百字から四百字でかきましょう。

【条件】

次の①②についてかくこと

①　これまでの学習から、なぜ食品ロスを減らしていくことが大切だと思うか

②　これから、食品ロスを減らすために、どのような取り組みをやってみたいか

そのとき、次の**【注意】**にしたがってかきましょう。

【注意】
◎　題や氏名はかかないで、たてがきでかきましょう。
◎　一マス目からかき始めましょう。
◎　段落(だんらく)は変えないでかきましょう。
◎　句読点やかぎかっこは、一字と数えましょう。
◎　文章を見直すときには、次の(例)のように、付け加えたり、けずったり、かき直したりしてもかまいません。

(例)

朝の会で、(私が)司会をしているとき、友達が~~やさしく~~意見を~~言って~~(だして)くれました。

〈適性検査Ⅱ・作文〉 —40分—

3 木山さんの学級では、総合的な学習の時間に「私たちのくらしと食生活」というテーマで、班に分かれて学習しています。

問1 木山さんたちの班は、食品ロスについて調べています。

(1) 木山さんたちの班では、食品ロスを減らすための具体的な取り組みについて、資料をもとに、話し合っています。次の［　］は、そのときの会話の一部です。

> 木山：「食品ロスとは、まだ食べられるのに捨てられる食品のことだと学習したよね。その食品ロスを減らすための取り組みとして、『てまえどり』というものがあるみたいだよ**〔資料1〕**。」
>
> 高木：「『てまえどり』とは、購入してすぐに食べる場合には、商品棚の手前にある商品を取ることをすすめる取り組みだって。」
>
> 木山：「そうなんだね。でも、商品棚の手前にある商品を取ることと、食品ロスを減らすことには、どのような関係があるのかな。」
>
> 先生：「**〔資料2〕**と**〔資料3〕**をもとに考えると、食品ロスを減らすために『てまえどり』をすすめる理由が分かりませんか。」
>
> 木山：「**そうか、**［　］」

〔資料1〕『てまえどり』を呼びかける広告

〔資料2〕賞味期限のあつかいについて

賞味期限とは、おいしく食べることができる期限のことである。賞味期限を過ぎた商品は、すぐに食べられなくなるわけではないが、捨てることにしているお店が多い。

品質がよい
品質の変化
安全に食べられる限界
製造日
賞味期限
製造日からの日数

参照：消費者庁「期限表示」

〔資料3〕商品の並べ方について

コンビニエンスストアなどでは、現在並べられている商品の後ろ（奥の方）に新しく仕入れた商品を並べる。特に、食品などを並べるときの基本となる。

新しく仕入れた商品を奥に追加
（奥）
奥の方が賞味期限までの期間が長い
商品
商品棚
（手前）
手前の方が賞味期限までの期間が短い

木山さんは、会話の中の**そうか、**に続けて［　］で、食品ロスを減らすために『てまえどり』をすすめる理由について**〔資料2〕**と**〔資料3〕**の二つの資料をもとにして説明しています。あなたが木山さんだったら、どのように説明しますか。

(2) 木山さんたちの班は、家庭の食品ロスの量の推移について、資料をもとに話し合っています。次の［　］は、そのときの会話の一部です。

> 井上：「日本では、家庭の食品ロスの量を、二〇三〇年度までに二〇〇〇年度の半分に減らすという目標を立てているそうだよ。二〇〇〇年度が四百三十三万トンだったから、目標値は、二百十六万トンだね。**〔資料4〕**を見ると、各家庭の努力によって、食品ロスはどんどん減少していることが分かるね。」
>
> 高木：「二〇一五年度から二〇二〇年度の五年間で四十万トン以上減っているから、同じペースで減っていくと考え

佐賀県立唐津東中学校
佐賀県立香楠中学校
佐賀県立武雄青陵中学校
佐賀県立致遠館中学校

（編集部注：掲載にあたりレイアウトなどの一部改変を行っています。）

〈適性検査Ⅰ〉　—45分—

1　としさんたちは、総合的な学習の時間で「ふるさとの歴史や文化を学ぶ」ことをテーマに、3人グループで地域（ちいき）の施設（しせつ）などを取材することになりました。次の**会話文**と【資料】を読んで、あとの(1)～(3)の問いに答えましょう。

会話文

としさん：今日はまず、前回立てた計画を見直そう。学習のテーマは、「ふるさとの歴史や文化を学ぶ」だよね。

あやさん：この【学校周辺の地図】にある有明遺跡（ありあけいせき）、郵便局（ゆうびんきょく）、清そう工場、はがくれ城に行く予定だったよね。

【学校周辺の地図】

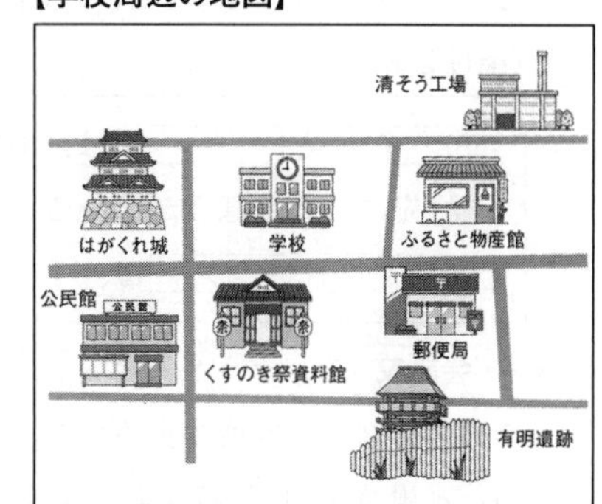

そうさん：4か所も取材するのは、大変かもしれないね。

> としさん：それと、郵便局と清そう工場は、［　ア　］から、見直したほうがいいと思うよ。

そうさん：そうだね。取材先は、もう一度考えることにしよう。

…………（【資料】のように、取材先と取材する順番が決定）…………

あやさん：取材をするには予約が必要だよね。電話で予約をするときに、どんなことを聞いたり、伝えたりする必要があるかな。

> そうさん：予約をするときは、取材に行く日や時間のほかに、［　イ　］や［　ウ　］も取材先に伝えたほうがいいよね。

としさん：そうだね。電話で予約をするときのメモを作って、あとで先生にも見てもらおう。

あやさん：取材したことは、プレゼンテーションソフトを使って発表するんだよね。カメラや学習用ＰＣは持っていけるよ。それから、取材に向けて、インタビューをするときの質問を考えておかないといけないよね。

> そうさん：実際にインタビューをするときは、話し方や聞き方などの態度も大事だし、相手から知りたい情報を引き出すために、［　エ　］ことも大切だと思うよ。

【資料】 取材先と取材する順番

〈見直す前〉

順番	取材先
1	有明遺跡
2	郵便局
3	清そう工場
4	はがくれ城

⇨

〈見直したあと〉

順番	取材先
1	有明遺跡
2	くすのき祭資料館
3	はがくれ城

(1) **会話文** で、としさんは、[　　]のように、「それと、郵便局と清そう工場は、[ア]から、見直したほうがいいと思うよ。」と言っています。あなたなら、どのように考えますか。次の**《条件１》**に合うように書きましょう。

《条件１》

・[ア]には、**会話文** や**【資料】**をもとに、取材先が、郵便局と清そう工場から、くすのき祭資料館に見直された理由を書くこと。
・[ア]は、「から」につながるように書くこと。

(2) **会話文** で、そうさんは、[　　]のように、「予約をするときは、取材に行く日や時間のほかに、[イ]や[ウ]も取材先に伝えたほうがいいよね。」と言っています。あなたなら、どのように考えますか。次の**《条件２》**に合うように書きましょう。

《条件２》

・[イ]と[ウ]には、取材の予約をするときに、取材に行く日や時間のほかに、取材先に伝えたほうがよいことを書くこと。
・[イ]と[ウ]は、１つずつ書くこと。

(3) **会話文** で、そうさんは、[　　]のように、「実際にインタビューをするときは、話し方や聞き方などの態度も大事だし、相手から知りたい情報を引き出すために、[エ]ことも大切だと思うよ。」と言っています。あなたなら、どのように考えますか。次の**《条件３》**に合うように書きましょう。

《条件３》

・[エ]には、実際にインタビューをするとき、相手から知りたい情報を引き出すためには、どのようなことに気をつけて質問するとよいかを書くこと。
・[エ]は、話し方や聞き方などの態度以外のことを書くこと。
・[エ]は、「こと」につながるように書くこと。

[2] ニュージーランドにある小学校の児童が、かおりさんたちの学校を訪問(ほうもん)することになりました。かおりさんたちは、交流会の内容について話し合っています。次の **会話文** と**【資料１】**、**【資料２】**を読んで、あとの(1)～(3)の問いに答えましょう。

会話文

かおりさん：昨日、外国語担当(たんとう)のマイク先生に**【交流会のプログラム案】**を見せたら、交流会プログラム３番の体験活動についてのアドバイス(**【資料１】**)をもらったよ。これを参

【交流会のプログラム案】

交流会プログラム
1．開会
2．学校しょうかい
3．体験活動
4．写真さつえい
5．閉会（へいかい）

考にして、体験活動の内容を決めよう。

こうたさん：そうだね。６年生が10人来るから、日本とニュージーランドの混合でチームをつくって、運動場でサッカーをしようよ。

かおりさん：サッカーをするのも楽しいと思うけど、サッカーだとマイク先生からのアドバイスに合わないよ。

ゆうかさん：それに、スポーツじゃなくてもいいんだよね。

かおりさん：教室は、机（つくえ）といすを別の場所に移動させると広く使えるから、おたがいの国の伝統的なおどりをおどるのはどうかな。

こうたさん：楽しそうだね。おたがいに教え合っていっしょにおどれるといいね。

ゆうかさん：そうだね。そうすると、みんなで楽しめる体験活動になるね。

かおりさん：それから、外国語の授業のときのように、積極的に英語でコミュニケーションをとることも大切だって、マイク先生が言っていたよ。

ゆうかさん：自分たちの英語がちゃんと伝わるか、やってみようよ。

かおりさん：うん。交流会プログラム２番の学校しょうかいも、英語で伝えられるようにがんばりたいね。

こうたさん：そうだね。どのようなことを話したらいいかな。

かおりさん：学校しょうかいで話す内容について、考えを整理するための図やふせん（**【資料２】**）を使いながら、みんなで考えてみよう。

こうたさん：うん。じゃあ、話す内容がより伝わるようにするためには、どうしたらいいかな。

かおりさん：話すときの声の大きさや表情などを意識することが大事だよね。

ゆうかさん：本番では、しょうかいの仕方もくふうするといいよね。例えば、英語で学校しょうかいをするときに、[　ア　]のはどうかな。そうすると、よりよく伝わる学校しょうかいになるんじゃないかな。

【資料１】 体験活動についてのアドバイス

① 日本とニュージーランドの、それぞれの独自の文化について学び合う活動がよい。
② 日本とニュージーランドの児童がコミュニケーションをとる必要がある活動がよい。
③ 運動場や体育館は使えないときがあるので、教室でできる活動がよい。
④ 体を動かす活動がよい。

【資料２】 考えを整理するための図やふせん

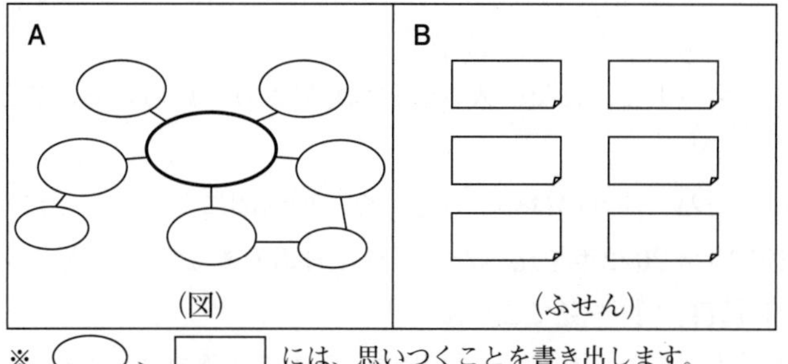

※ ◯、▭ には、思いつくことを書き出します。

(1) 会話文 で、かおりさんは、「サッカーをするのも楽しいと思うけど、サッカーだとマイク先生からのアドバイスに合わないよ。」と言っています。あなたは、どのアドバイスに合わないと考えますか。次の**《条件1》**に合うように書きましょう。

《条件1》

・サッカーをすることはマイク先生のどのアドバイスに合わないのか、**【資料1】**の①～④の中から2つ選び、その記号を書くこと。

(2) 会話文 で、かおりさんは、「学校しょうかいで話す内容について、考えを整理するための図やふせん(**【資料2】**)を使いながら、みんなで考えてみよう。」と言っています。あなたなら、**【資料2】**のAとBのどちらを使って考えますか。また、その理由は何ですか。次の**《条件2》**に合うように書きましょう。

《条件2》

・**【資料2】**から、AかBのどちらかを選び、その記号を書くこと。
・**【資料2】**から選んだ、考えを整理するための図またはふせんの特ちょうにふれながら、選んだ理由を書くこと。
・理由は、「から」につながるように書くこと。

(3) 会話文 で、ゆうかさんは、[　　　]のように、「本番では、しょうかいの仕方もくふうするといいよね。例えば、英語で学校しょうかいをするときに、[ア]のはどうかな。そうすると、よりよく伝わる学校しょうかいになるんじゃないかな。」と言っています。あなたなら、どのようなくふうをしますか。次の**《条件3》**に合うように書きましょう。

《条件3》

・[ア]には、英語で学校しょうかいをするときに、よりよく伝わるものにするためのくふうを書くこと。
・[ア]は、声の大ささや表情など、学校しょうかいをするときの態度以外のことを書くこと。
・[ア]は、「のはどうかな」につながるように書くこと。

[3] ゆきさんは、タブレット型端末(たんまつ)を使いながらお父さんと話をしています。次の 会話文 と**【資料1】**～**【資料4】**を読んで、あとの(1)～(3)の問いに答えましょう。

会話文

お父さん：最近、テレビを見るよりタブレット型端末をよく使っているね。どんなことをしているの。

ゆきさん：インターネットで、お気に入りの動画を見たり、いろいろなことを調べたりしているよ。

お父さん：そうなんだね。使うのはいいけど、今日の新聞にちょっと気になる記事がのっていたよ。2012年と2022年を比べた、平日1日あたりのテレビとインターネットの平均利用時間(**【資料1】**)を見てごらん。

ゆきさん：この資料を見ると、10代から60代に共通する変化の様子が分かるね。

お父さん：インターネットは生活を便利にしているけど、インターネットなどを利用した犯罪に関するグラフ(【資料２】)を見ると、さまざまなトラブルが起こっていることが分かるね。それに、青少年を取りまくインターネットトラブル(【資料３】)も気になるね。

ゆきさん：<u>これらの資料を参考に、小学生が安心してインターネットを使うためのルールを考えてみるね。</u>

お父さん：フィルターバブル現象についての記事(【資料４】)も読むといいよ。

ゆきさん：フィルターバブル現象は、*ＳＮＳや*プラットフォームに［　ア　］という機能があるから起こるんだね。フィルターバブルのような状態にならないように、はば広く情報を得るためには、［　イ　］ことも大切だね。

*ＳＮＳ：ソーシャルネットワーキングサービスのことで、友達や同じ趣味(しゅみ)の人同士などがインターネット上で交流できるサービスのこと

*プラットフォーム：けんさくサービスや、動画・音楽、オンライン予約サービスなど、人と人、人と企業(きぎょう)、企業と企業をインターネット上で結び付ける場のこと

【資料１】 平日１日あたりのテレビとインターネットの平均利用時間

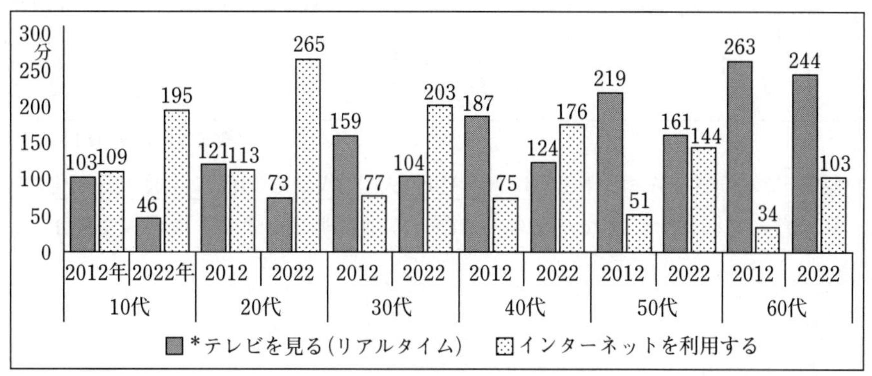

*テレビを見る(リアルタイム)：放送中の番組をテレビでその時見ること

(総務省令和４年情報通信白書　より)

【資料２】 インターネットなどを利用した犯罪に関するグラフ

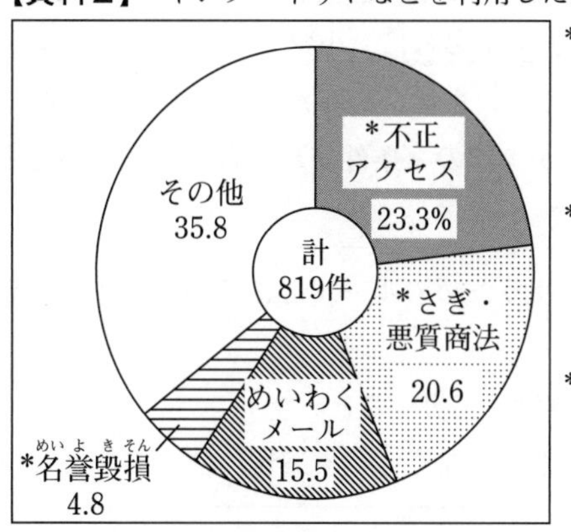

*不正アクセス：個人情報などを入手するために、他人のID・パスワードなどを悪用してネットワークに、しん入すること

*さぎ・悪質商法：他人をだましてお金や物をうばったり、高額な商品などを無理に買わせたりすること

*名誉毀損：人のほこりをきずつけること

(令和５年第３次佐賀県防犯あんしん計画　より)

【資料3】　青少年を取りまくインターネットトラブル

① スマートフォンが気になるあまり、日常生活に支障が出てしまう
② *自画撮り画像や、安易な気持ちで送った悪ふざけ画像
③ ゲームで高額の課金、オンラインショッピングサイトでの詐欺被害などお金に係わるトラブル

*自画撮り：カメラ機能付きのけい帯電話やスマートフォンなどで、自分自身をさつえいすること

(内閣府ウェブサイト　より)

【資料4】　フィルターバブル現象についての記事

ＳＮＳやプラットフォームなどの多くは、私たちがどのようにサービスを利用しているかなどを分析・学習することによって、私たちが興味のある情報を自動的に選んで表示してくれます。たくさんの情報にあふれている現代社会においては、このような機能はとても便利です。

一方で、こうした機能によって「興味がないはず」と判断された情報は、自動的にはじかれてしまうため、実際に受け取れた情報がどれだけ偏ったものなのか、私たちは正確に知ることができません。

このように、自分の考え方や価値観のバブル(泡)に包まれたかのように、好みの情報に囲まれ、好みではない情報に接しづらくなる状態のことを「フィルターバブル」といいます。

(総務省情報通信白書 for Kids　より)

(1)　**会話文**で、ゆきさんは、「この資料を見ると、10代から60代に共通する変化の様子が分かるね。」と言っています。あなたなら、どのように説明しますか。次の**《条件1》**に合うように書きましょう。

《条件1》

・**【資料1】**の2012年と2022年を比べること。
・**【資料1】**をもとに、10代から60代に共通してみられる、平日１日あたりのテレビとインターネットの平均利用時間のそれぞれの変化について書くこと。

(2)　**会話文**で、ゆきさんは、「これらの資料を参考に、小学生が安心してインターネットを使うためのルールを考えてみるね。」と言っています。あなたなら、どのようなルールが必要だと考えますか。また、その理由は何ですか。次の**《条件2》**に合うように書きましょう。

《条件2》

・小学生が安心してインターネットを使うためのルールと、そのルールが必要だと考える理由を書くこと。
・**【資料2】**と**【資料3】**の内容を関連付けて書くこと。
・ルールと理由は、それぞれ１文で書き、つなぐ言葉を適切に使って2文で書くこと。

(3)　**会話文**で、ゆきさんは、［　　　］のように、「フィルターバブル現象は、ＳＮＳやプラットフォームに［　ア　］という機能があるから起こるんだね。フィルターバブルのような状態にならないように、はば広く情報を得るためには、［　イ　］ことも大切だね。」と言っています。あなたなら、どのように考えますか。次の**《条件3》**に合うように書きましょう。

《条件３》

- ［　ア　］には、フィルターバブル現象が起こるＳＮＳやプラットフォームの機能を書くこと。
- ［　ア　］は、【資料４】の言葉を使って、「という機能」につながるように書くこと。
- ［　ア　］は、20～30字で書くこと。
- ［　イ　］には、フィルターバブルのような状態にならないように、はば広く情報を得るために、あなたが大切だと考える具体的な行動を書くこと。
- ［　イ　］は、「こと」につながるように書くこと。
- ［　イ　］は、15～20字で書くこと。

〈適性検査Ⅱ〉　　—45分—

1　さくらさんは、あおいさんと明日のクラス対こう球技大会について話をしています。［会話文１］を読んで(1)の問いに、［会話文２］を読んで(2)の問いに、［会話文３］を読んで(3)の問いに答えましょう。

［会話文１］

さくらさん：先生から保護者が**応えんできる場所**をクラスごとに分けてほしいとたのまれたんだ。先生が**【運動場の図】**を方眼紙にかいてくれたよ。

あおいさん：この**【運動場の図】**の色がついている部分（■の部分）が、保護者が**応えんできる場所**だね。でも、運動場には**木**があって、すべてのクラスの応えん場所を同じ形にすることができないから、難（むずか）しそうだね。

【運動場の図】

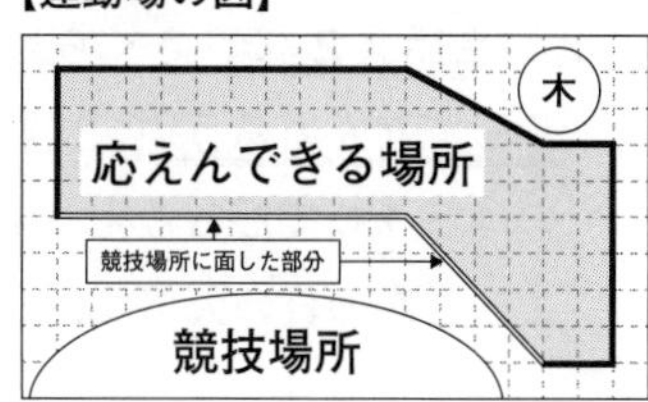

さくらさん：そうだね。**【運動場の図】**の**競技場所に面した部分**（══）がすべてのクラスの応えん場所にふくまれるようにしてほしいとも言われたよ。

あおいさん：そうなんだね。ところで、各クラスの応えんに来る保護者の人数は何人なの。

さくらさん：１組は18人、２組は15人、３組は21人だよ。

あおいさん：じゃあ、その人数に応じた広さになるように、３つに分けてみようか。

(1)　［会話文１］で、あおいさんは、「その人数に応じた広さになるように、３つに分けてみようか。」と言っています。あなたなら、**応えんできる場所**をどのように分けますか。次の**《条件》**に合うようにかきましょう。

《条件》

- 考えられる分け方のうち、１つをかくこと。
- **【運動場の図】**の**応えんできる場所**はすべて、いずれかのクラスの応えん場所にすること。
- **【運動場の図】**の**応えんできる場所**（■の部分）には、各クラスの応えんに来る保護者の人数に応じた広さになるように、点線をなぞって線をかくこと。
- **【運動場の図】**の**競技場所に面した部分**（══）がすべてのクラスの応えん場所にふくまれるようにすること。ただし、各クラスの応えんに来る保護者の人数に応じた長さでなくてよい。
・各クラスの応えん場所に、１組は①、２組は②、３組は③のように書くこと。

【運動場の図】

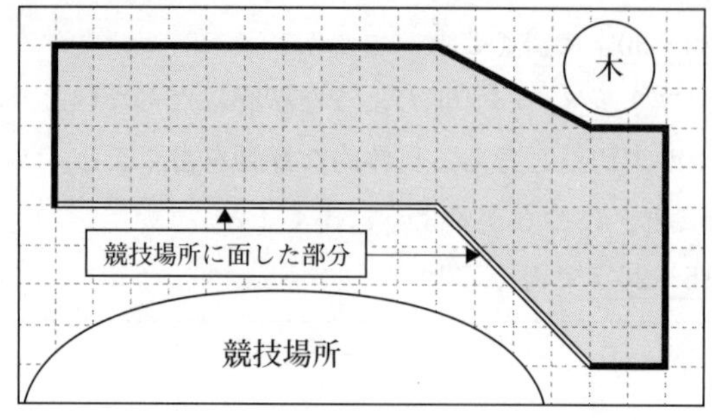

会話文２

……………（その日の夕方）……………

さくらさん：みんな明日の球技大会を楽しみにしているから晴れるといいね。

あおいさん：そうだね。今、夕焼けが見えているから、明日は晴れると思うよ。

さくらさん：そういえば、この前、おばあちゃんも同じようなことを言っていたな。でも、夕焼けが見えた日の次の日は晴れると予想できるのは、どうしてなんだろう。

(2)　**会話文２** で、さくらさんは、「夕焼けが見えた日の次の日は晴れると予想できるのは、どうしてなんだろう。」と言っています。夕焼けが見えた日の次の日の天気が晴れと予想できるのはどうしてだと考えますか。日本における天気の変化の特ちょうをもとに、夕焼けが見えることと次の日の天気は、どのように関係しているかが分かるように、言葉で説明しましょう。

会話文３

……………（家に帰ったあと）……………

お母さん：明日は暑くなりそうよ。こまめに水分補給(ほきゅう)してね。

さくらさん：スポーツドリンクは自分で作ることができるって聞いたけど、どうやって作ったらいいのかな。

お母さん：そういえば、この本に手作りスポーツドリンクの材料と分量(**【表】**)が書いてあるよ。

【表】　手作りスポーツドリンクの材料と分量

材料	水	砂糖(さとう)	塩
分量(g)	200	8	0.8

さくらさん：この**【表】**のとおり作ってみよう。

……………（スポーツドリンク作成中）……………

さくらさん：お母さん、大変。用意した水の中に砂糖と塩をまちがえて、反対の量を入れてしまったわ。

お母さん：だいじょうぶよ、水と砂糖を増やせばいいじゃない。

さくらさん：そうか、それなら水と砂糖と塩の分量が、この**【表】**に書いてある割合(わりあい)になるように考えてみるね。

(3)　**会話文３** で、さくらさんは、「水と砂糖と塩の分量が、この【表】に書いてある割合になるように考えてみるね。」と言っています。水と砂糖と塩の分量が【表】に書いてある割合になるようにするためには、水と砂糖をそれぞれ何ｇ増やせばよいですか。数と言葉で説明しましょう。説明の中に式を使ってもかまいません。

2　ゆきさんは、家族と昨日の花火大会について話をしています。**会話文１** を読んで(1)の問いに、**会話文２** を読んで(2)の問いに答えましょう。

会話文１

ゆきさん：昨日の花火大会で見た花火は、打ち上げられた花火が開き始めて、しばらくしてから音が聞こえてきたけど、どうしてかな。

お母さん：音の速さは光の速さよりおそいからだよ。

お父さん：スマートフォンで花火が開く様子をさつえいしていたから、見てごらん。

ゆきさん：動画を見ると、花火が開き始めてから２秒後に音が聞こえるね。ところで、音の速さはどれくらいなの。

お兄さん：音の速さは、秒速約340ｍだよ。

ゆきさん：そうなんだね。じゃあ、スマートフォンでさつえいした場所から、この花火までのきょりは何ｍかが分かるね。この花火が開いたときの実際の大きさっていったいどのくらいなんだろう。

…………………………　(お父さんがスマートフォンの画面を見せながら)　…………………………

お父さん：これ(**【太陽と月が同じ大きさに見える理由】**)と同じように考えたら分かると思うよ。

【太陽と月が同じ大きさに見える理由】

太陽の大きさは、月の大きさの約400倍ある。しかし、地球から太陽までのきょりは、地球から月までのきょりの約400倍あるので、地球から見ると大きな太陽でも月と同じ大きさに見える。

ゆきさん：そうか、太陽の大きさをさつえいした花火の大きさに置きかえて、月の大きさを卓球(たっきゅう)のボールの大きさに置きかえて考えるといいね。

お父さん：さつえいした花火と同じ大きさになるように、卓球のボールをスマートフォンでさつえいしてみてごらん。

ゆきさん：スマートフォンから卓球のボールまでのきょりを20㎝にする(**【図１】**)と、さつえいした花火と同じ大きさになったよ(**【図２】**)。卓球のボールの大きさは直径４㎝だから、さつえいした花火のだいたいの大きさが分かるね。

【図１】

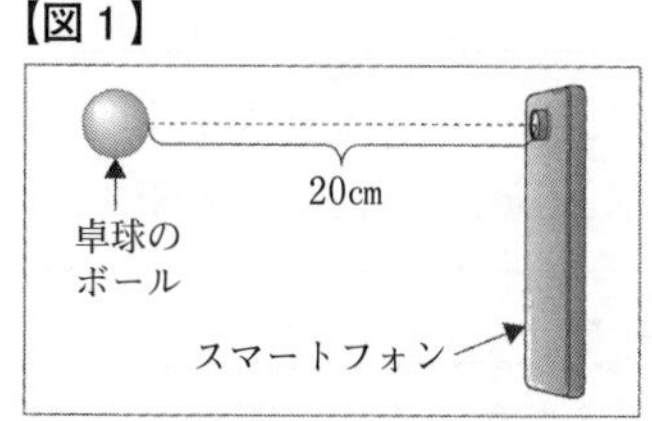

【図２】

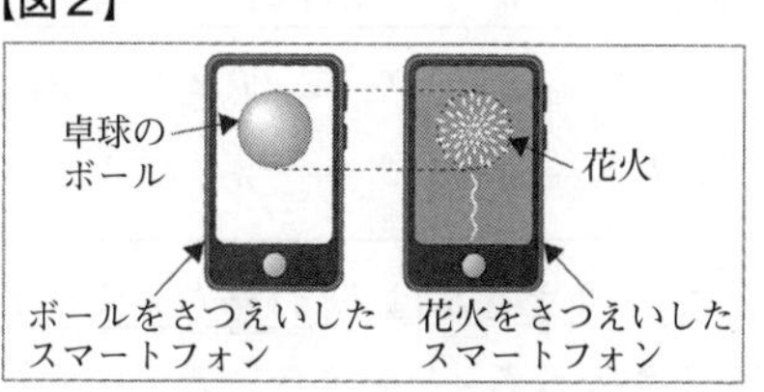

(1)　**会話文１** で、ゆきさんは、「さつえいした花火のだいたいの大きさが分かるね。」と言っています。さつえいした花火の実際の大きさは、直径約何ｍですか。数と言葉で説明しましょう。

説明の中に式を使ってもかまいません。また、さつえいした花火の実際の大きさを、四捨五入（ししゃごにゅう）して上から２けたのがい数で書きましょう。

会話文２

ゆきさん：そういえば、昨日は花火大会の会場でわたあめをくれてありがとう。

お兄さん：どういたしまして。実は、わたあめを買ったお店は、わたあめを買うとミニゲームができて、そのゲームで予想が当たったから、わたあめをもう１つもらえたんだよ。

ゆきさん：そうなんだ。どんなゲームだったの。

お兄さん：お店の人と３回じゃんけんをして、コマを進めるんだけど、じゃんけんをする前に、コマが**【ミニゲームのマス目】**のどこのマスにとう着するか予想するゲームだよ(**【ミニゲームの説明】**)。

ゆきさん：お兄ちゃんは、どのマスを予想したの。

お兄さん：☆のマスを予想し、☆のマスにとう着したから、わたあめをもう１つもらえたんだよ。

【ミニゲームのマス目】

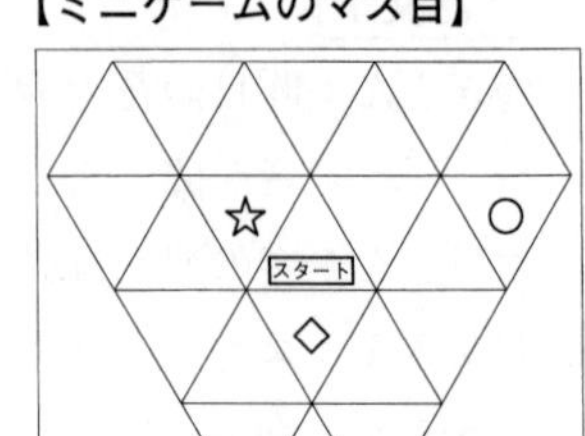

ゆきさん：すごいね。お店の人はじゃんけんで何を出したの。

お兄さん：お店の人は**１回目**に「**グー**」を、**２回目**に「**チョキ**」を、**３回目**に「**パー**」を出したよ。

ゆきさん：そうなんだ。お兄ちゃんがじゃんけんで何を出したか考えてみるね。

【ミニゲームの説明】

・コマは、はじめ**【ミニゲームのマス目】**の スタート のところにある。
・お店の人とじゃんけんを３回する。
・お店の人とじゃんけんをする前に、コマがとう着するマスを１つ予想し、予想が当たれば、わたあめがもう１つもらえる。
・じゃんけんは、「**グー**」は「**チョキ**」に“勝ち”、「**チョキ**」は「**パー**」に“勝ち”、「**パー**」は「**グー**」に“勝ち”、同じものを出したときは“あいこ”になる。
・コマがある位置のマスの形とじゃんけんの結果によって、コマは**≪コマの進み方≫**のように進む。

≪コマの進み方≫

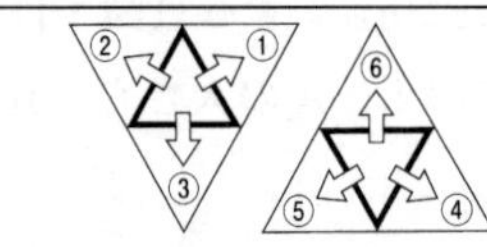

“勝ち”なら、①または④の向きに１マス進む
“負け”なら、②または⑤の向きに１マス進む
“あいこ”なら、③または⑥の向きに１マス進む

※△や▽は、コマがある位置

例えば、“勝ち” → “勝ち” → “勝ち” の場合、○のマスにとう着する。
例えば、“勝ち” → “負け” → “あいこ” の場合、◇のマスにとう着する。

(2)　**会話文２**で、ゆきさんは、「お兄ちゃんがじゃんけんで何を出したか考えてみるね。」と言っています。あなたなら、どのように考えますか。**【ミニゲームの説明】**を参考にして、次の**《条件》**に合うように書きましょう。

《条件》

・考えられる組み合わせのうち、１つを書くこと。
・**１回目**、**２回目**、**３回目**には、「**グー**」「**チョキ**」「**パー**」の中から選び、それぞれ１つ書くこと。このとき、同じものをくり返し選んでもよい。

3　６月のある日の朝、そらさんは、お兄さんとはがくれ市にあるサンライズ運動公園に来ています。**会話文１**を読んで(1)の問いに、**会話文２**を読んで(2)の問いに、**会話文３**を読んで(3)の問いに答えましょう。

会話文１

そらさん：１周700ｍと１周1500ｍの【**ランニングコース**】があるね。私（わたし）は、１周700ｍのコースを走ろうと思うけど、お兄ちゃんは、どっちのコースを走ろうと思っているの。

【ランニングコース】

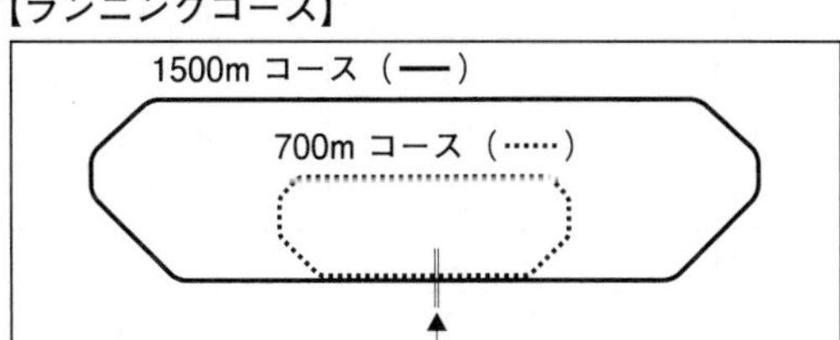

お兄さん：１周1500ｍのコースを走ろうと思っているよ。

そらさん：私とは別のコースだね。別のコースを走っても、１周したときにお兄ちゃんといっしょにゴールすることができたらいいな。

お兄さん：ぼくは、１㎞を４分の速さで走るつもりだよ。

そらさん：私は、１㎞を10分の速さで走るよ。1周したときにいっしょにゴールするためには、どうしたらいいか考えてみるね。

(1)　**会話文１**で、そらさんは、「1周したときにいっしょにゴールするためには、どうしたらいいか考えてみるね。」と言っています。あなたなら、どのように考えますか。次の《**条件１**》に合うように、数と言葉で説明しましょう。説明の中に式を使ってもかまいません。

《**条件１**》

・そらさんは１㎞を10分の速さで、700ｍのコースを走る。ただし、スタートしてからゴールするまで常に同じ速さで走るものとして考えること。
・お兄さんは１㎞を４分の速さで、1500ｍのコースを走る。ただし、スタートしてからゴールするまで常に同じ速さで走るものとして考えること。
・１周したときにそらさんとお兄さんがいっしょにゴールするために、２人のうち、どちらが先にスタートし、もう１人は何秒後にスタートすればよいかが分かるように書くこと。

会話文２

…………（走り終わったあと）…………

そらさん：そういえば、朝、明るくなるのが早くなったね。

お兄さん：日の出の時刻（じこく）は、１年のうちで６月の今ごろが１番早いんだよ。

そらさん：そうなんだね。10月に、このサンライズ運動公園でスポーツの全国大会が行われるみたいだけど、10月の日の出の時刻は、どれくらいなのかな。

お兄さん：はがくれ市の毎月１日と15日の日の出の時刻が書いてある【表】が、家にあったと思うよ。

…………………………（家に帰ったあと、お兄さんが【表】を持ってくる）…………………………

お兄さん：ほら、これだよ。

【表】

	1日	15日
月	6：07	5：49
月	5：31	5：19
月	5：11	5：09
月	5：13	5：21
月	5：32	5：42
月	5：53	6：02
月	6：13	6：23
月	6：37	6：50
月	7：04	7：15
月	7：22	7：23
月	7：15	7：04
月	6：47	6：29

そらさん：この【表】は上から順に、例えば、１月、２月、３月、……のように並(なら)んでいるんだよね。

お兄さん：そうだよ。でも、破れてしまっていて１番上が何月かは分からないね。これでは、10月の日の出の時刻も分からないよね。

> そらさん：えっと、分かるかも。10月１日の日の出の時刻は［ア］だね。
> この【表】を見ると、［イ］。

(2)　**会話文２**で、そらさんは、10月１日の日の出の時刻について、［　　］のように言っています。あなたなら、どのように考えますか。次の《条件２》に合うように書きましょう。

《条件２》

- ［ア］には、【表】にある時刻の中から、10月１日の日の出の時刻を選んで書くこと。
- ［イ］には、［ア］の時刻を選んだ理由を書くこと。

会話文３

そらさん：10月に行われるスポーツの全国大会には、たくさんの人が来るんだよね。

お兄さん：そうだよ。スポーツの全国大会の開会式が行われる10月５日に向けて、ヒマワリを育てるボランティアをぼ集していたから、そらもやってみたら。

そらさん：いいね。でも、ヒマワリの花は７月や８月にさいているイメージがあるけど、10月５日にヒマワリの花がさいているようにすることはできるのかな。

お兄さん：くふうすれば、できるみたいだよ。

そらさん：そうなんだね。いろいろな情報を集めて、自分でも考えてみるよ。

……………………　(集めた情報と考えたことを【ノート】にまとめる)　……………………

【ノート】

《ヒマワリに関する情報》

・発芽に適した温度：20℃～25℃

・種をまいてから発芽するまでの日数：10日

・発芽してから花がさき始めるまでの日数：60日

・花がさいている期間：７日間

《はがくれ市の平均気温》

	平均気温(℃)
6月	23.5
7月	27.2
8月	28.2
9月	24.5
10月	20.1

《６月から10月までのカレンダー》

6月

日	月	火	水	木	金	土
						1
2	3	4	5	6	7	8
9	10	11	12	13	14	15
16	17	18	19	20	21	22
23/30	24	25	26	27	28	29

7月

日	月	火	水	木	金	土
	1	2	3	4	5	6
7	8	9	10	11	12	13
14	15	16	17	18	19	20
21	22	23	24	25	26	27
28	29	30	31			

8月

日	月	火	水	木	金	土
				1	2	3
4	5	6	7	8	9	10
11	12	13	14	15	16	17
18	19	20	21	22	23	24
25	26	27	28	29	30	31

9月

日	月	火	水	木	金	土
1	2	3	4	5	6	7
8	9	10	11	12	13	14
15	16	17	18	19	20	21
22	23	24	25	26	27	28
29	30					

10月

日	月	火	水	木	金	土
		1	2	3	4	5
6	7	8	9	10	11	12
13	14	15	16	17	18	19
20	21	22	23	24	25	26
27	28	29	30	31		

ヒマワリの種を７月［　ウ　］日にまけば、10月５日に花がさいているようにすることができる。平均気温がヒマワリの発芽に適した温度ではない月であっても、発芽させるために、［　エ　］。

(3)　**会話文３**で、そらさんは、集めた情報をもとに、10月５日にヒマワリの花がさいているようにするための方法を考え、【ノート】の［　　］のようにまとめています。あなたなら、どのように考えますか。次の《**条件３**》に合うように書きましょう。

《**条件３**》

・［　ウ　］には、考えられる日にちのうち、１つを書くこと。

・［　ウ　］は、【ノート】にある《ヒマワリに関する情報》のとおりに成長するものとして考えること。

・種をまいた日、発芽した日、花がさき始めた日は、それぞれ1日目として考えること。

・［　エ　］には、平均気温がヒマワリの発芽に適した温度ではない月であっても、発芽させるための方法を書くこと。

長崎県立諫早高等学校附属中学校
長崎県立佐世保北中学校
長崎県立長崎東中学校

（編集部注：掲載にあたりレイアウトなどの一部改変を行っています。）

〈適性検査問題〉　—60分—

1　ひかるさんたちは、A町公民館で行われる地域(ちいき)安全学習会について、実行委員の原さんに話を聞いています。

ひかる「わたしたちの町の地域安全学習会は、いつから行われているのですか。」

原さん「５年前から毎年９月に行っています。」

かれん「参加する人は年々増えているのですか。」

原さん「第１回から第４回までは順調に増えて、第２回は第１回の参加人数よりも３人増え、第３回は第２回よりも３人増えました。第４回は第３回よりもさらに５人増えています。」

ひかる「第５回はどうだったのですか。」

原さん「第５回は第１回と同じ参加人数で［　　　］人でした。この５年間の参加人数の平均は20人です。」

問題１　［　　　］にあてはまる数を答えなさい。

ひかるさんは、第６回地域安全学習会の参加を呼(よ)びかけるポスターをつくることになり、**下書き１**と**下書き２**を見比べながら友達と話をしています。

ひかる「**下書き１**から**下書き２**に書き直してみたよ。」

下書き１

第６回地域安全学習会のお知らせ

川の写真やハザードマップを見ながら大雨の時にきけんな場所や、ひなんできる場所をいっしょに確にんしましょう。

大人も子どももどなたでも参加できます。

たくさんの方の参加をお待ちしています。

日時は９月２日（土）の午前９時～正午までです。場所はA町公民館です。参加費はかかりません。８月26日（土）までに申しこんでください。

地域安全学習会
実行委員会

→

下書き２

第６回地域安全学習会のお知らせ

川の写真やハザードマップを見ながら大雨の時にきけんな場所や、ひなんできる場所をいっしょに確にんしましょう。

大人も子どももどなたでも参加できます。

たくさんの方の参加をお待ちしています。

●日　時：９月２日（土）
　　　　午前９時～正午
●場　所：A町公民館
●参加費：無料
●申しこみ：８月26日（土）まで

地域安全学習会
実行委員会

たつや「**下書き２**は**下書き１**より目立つし、情報がわかりやすくなったね。」

ひかる「［　　　ア　　　］ことと
［　　　イ　　　］ことが
よかったのかな。」

かれん「そうだね。書写の時間などで学習したことだね。第６回地域安全学習会には、たくさんの人が参加してくれるといいね。」

問題２　［　ア　］、［　イ　］にはそれぞれどのような言葉が入るでしょうか。**下書き１**と**下書き２**を比べてわかったことについて、あなたの考えを書きなさい。

ひかるさんたちは、第６回地域安全学習会に参加し、川の様子がわかる**写真**や**資料**を見ながら話をしています。

写真

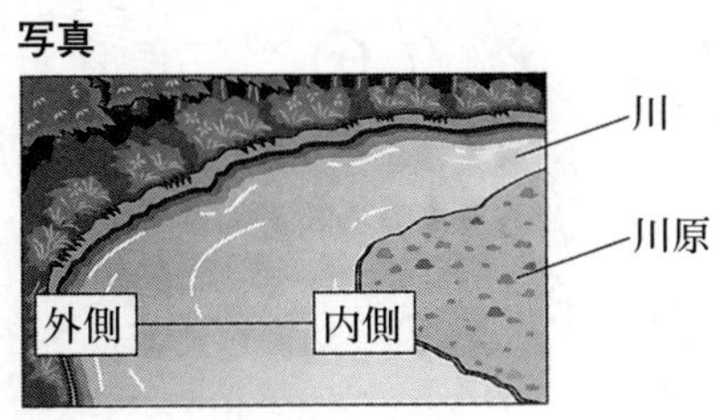

ひかる　「川の**外側**と**内側**では、流れる水の速さがちがうと学んだよね。」

かれん　「そうだね。この川は大きく曲がっているから、水が流れる速さのちがいは大きいと思うよ。」

たつや　「速さのちがいから、見えていない川底の形も予想できるね。川底の形を表した４枚の**資料**を使って考えてみよう。」

資料

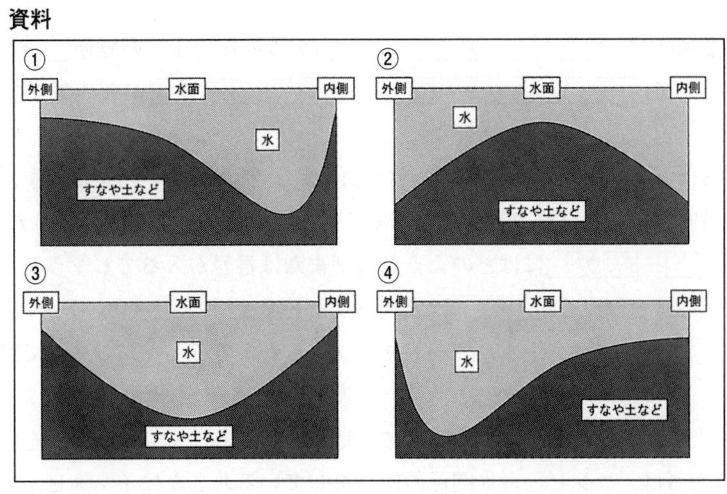

かれん　「理科の時間に学習した流れる水のはたらきから考えると**写真**の川の川底の形は、**資料**［　ア　］と予想できるね。」

ひかる　「そういえば、**写真**に写っている**川原**はどうして**内側**にだけできているのかな。」

かれん　「それは、［　　　　イ　　　　］からと考えられるね。」

ひかる　「これも流れる水の速さが関係しているね。」

問題３　［　ア　］にあてはまる番号を**資料**の①～④から**一つ**選んで書きなさい。

問題４　［　イ　］にはどのような言葉が入るでしょうか。あなたの考えを書きなさい。

ひかるさんたちは、次に自分たちの町の**洪水**（こうずい）**ハザードマップ**を見て話し合っています。

たつや　「大雨によって川がはんらんして多くの被害（ひがい）が発生しているとニュースで見たことがあるよ。災害はいつ、わたしたちの身の回りで起きてもおかしくないね。災害から身を守るためには何に注意すればいいのかな。」

かれん　「まずは、災害の状きょうに応じてどこに避難(ひなん)するかを日ごろから考えておくことが大切だね。わたしたちの町の**洪水ハザードマップ**で確認(かくにん)してみよう。」

洪水ハザードマップ

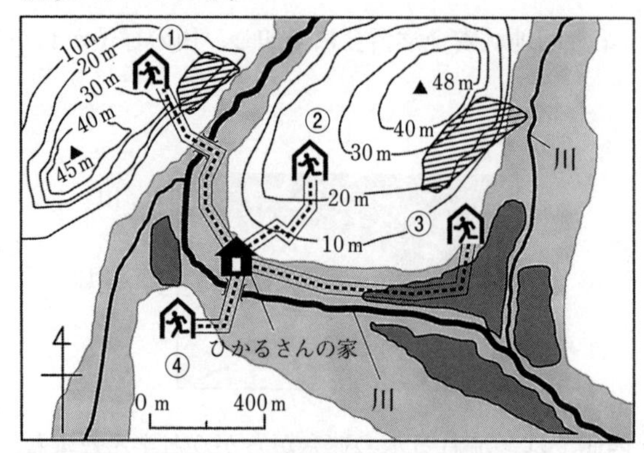

ひかる　「**洪水ハザードマップ**から考えると、わたしの家は**避難所④**が一番近いから、避難が必要な時にはそこに避難したらいいよね。」

かれん　「**避難所④**は［　　ア　　］から危ないよ。**避難所**［　イ　］が他の避難所と比べて［　　　ウ　　　］から一番安全に避難できると思うよ。」

ひかる　「なるほど。避難所までのきょりだけではなく、他のいろいろな情報をよく確認した上で、一番安全な避難経路で行くことができる避難所を考えておくことが大切だね。」

問題５　［　ア　］～［　ウ　］にはどのような言葉または番号が入るでしょうか。あなたの考えを書きなさい。ただし、［　イ　］は**洪水ハザードマップ**の①～④から**一つ**選んで書きなさい。また、［　ウ　］には、**洪水ハザードマップ**からわかることを**二つ**入れて書きなさい。

2　つばささんたちは、総合的な学習の時間に、地域で働く方にインタビューをします。

つばささんたちは、コンピュータ関係の仕事をしている北さんにインタビューする内容を考えています。

つばさ　「どんな質問をしようか。」

みさき　「わたしは、『仕事はどのような感じですか。』と質問しようと思うよ。」

ひろき　「ちょっと待って。それだと北さんは答えにくいから、工夫(くふう)したほうがいいのではないかな。」

みさき　「そうだね。それでは、『仕事をされてきた中で、一番うれしかったことは何ですか。』という質問ならどうかな。」

つばさ　「いいと思うよ。答えやすくなったね。」

問題１　ひろきさんは、「北さんは答えにくいから、工夫したほうがいいのではないかな。」と言っています。答えにくい理由と、みさきさんはどのように工夫すればよいかについて、あなたの考えを書きなさい。

つばささんたちは、北さんの話の内容をメモにとりながらそれぞれが考えていた質問をしました。

北さん　「みなさん、そろそろ終わりの時間ですが、他に質問はありませんか。」
つばさ　「聞きのがしたことがあるので、教えていただけませんか。」
北さん　「どうぞ。」
つばさ　「［　　　　　　　　　　　　］。」
北さん　「『すいすい漢字マスター』です。みなさんが使っているタブレットにも、入っていると思いますよ。」

つばささんのメモ

うれしかったこと
・自分の仕事がみんなによろこんでもらえた
・学習ソフト「　　　　　　」をつくった
→ ？　あとできく

大変なこと
・みんなのいけんをまとめて仕事をすすめる
・つねにあたらしい知しきがひつよう

（北さんのかんそう）
・みんながねっしんに質問してくれた
・仕事をするいぎへのかんしんのたかさにとてもかんしんした

問題２　［　　　］にはどのような言葉が入るでしょうか。**つばささんのメモ**を参考にして、あなたの考えを書きなさい。

問題３　**つばささんのメモ**にある「いぎへのかんしんのたかさにとてもかんしんした」の部分を、漢字を使って適切に書きなさい。

つばささんたちはインタビューの後、北さんが作ったゲームをそれぞれのタブレットで遊んでみることにしました。

ゲームのスタート画面

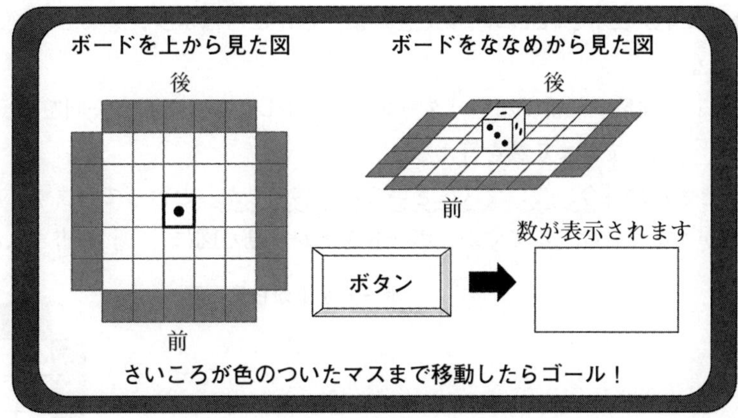

つばさ　「**ゲームのスタート画面**には**ボードを上から見た図**と、**ボードをななめから見た図**があるね。ボードの中心にさいころが置いてあるよ。」
みさき　「**ボタン**をおすと、矢印の先に１から６のうち、いずれかの数が表示されるのだね。どういうゲームなのか、**ルール**を確認してみよう。」

ルール

・さいころの向かい合う面の目の数の和は７とする。
・１マスの大きさはさいころの面と同じ大きさとする。
・**ボタン**をおして表示された数によって、さいころがたおれて移動する。
　さいころの移動は**【移動のしかた】**のとおりとする。

【移動のしかた】
○表示された数と同じさいころの目が上下の面にあるとき、さいころは移動しない。
○表示された数と同じさいころの目が側面にあるとき、その側面がマスとぴったり重なるようにとなりのマスにたおれて移動する。

つばさ「わたしの**タブレットの画面**を見て**【移動のしかた】**をいっしょに確認しよう。最初に**ボタン**をおして１が表示されたよ。１の目は上の面なので移動しないね。次に**ボタン**をおすと６が表示されたよ。６の目は下の面なので、このときも移動しないね。」

みさき「次は**ボタン**をおして２が表示されたね。このときは、さいころの２の目の面がとなりのマスにぴったり重なるように移動したね。」

つばささんのタブレットの画面

つばさ「それでは、**ゲームのスタート画面**にもどすね。それぞれでやってみよう。」

みさき「わたしは**ボタン**をおした回数が［　　］回でゴールしたよ。」

つばさ「すごい、それは回数が一番少ないパターンだね。」

ひろき「わたしは**ボタン**をおして表示された数が４→３→５→１の順なので、今、このマスにさいころが移動したよ。まだゴールできないな。」

つばさ「わたしは**ボタン**をおして最初に５が表示されたよ。その後さらに**ボタン**を４回おして、最後に４が表示されてゴールできたよ。さいころは**ボタン**をおした後、毎回移動していたな。」

ひろき「わたしも回数が一番少ないパターンでゴールしたいな。もう一回遊ぼうよ。」

問題４　［　　］にあてはまる数を答えなさい。

問題５　ひろきさんは「今、このマスにさいころが移動した」と言っています。ひろきさんのさいころがあるマスはどこですか。**ボードを上から見た図**に「○」を書き入れなさい。

ボードを上から見た図

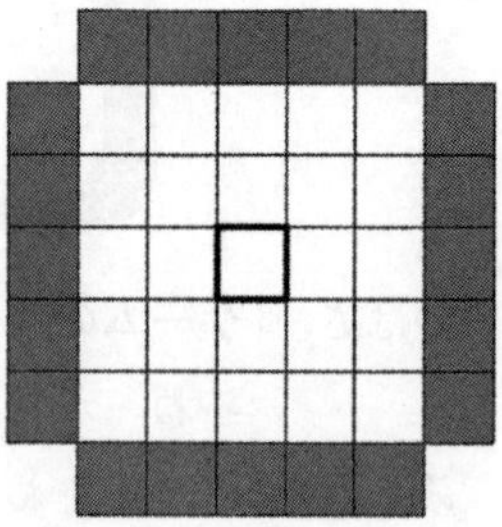

問題６　つばささんがゴールしたとき、次の**ボードを上から見た図**の「★」のマスにさいころがありました。つばささんのタブレットの画面にはどのような順で数が表示されたと考えられますか。考えられる順番を、「５→」に続けて**二つ**書きなさい。

５→(　　)→(　　)→(　　)→４

５→(　　)→(　　)→(　　)→４

ボードを上から見た図

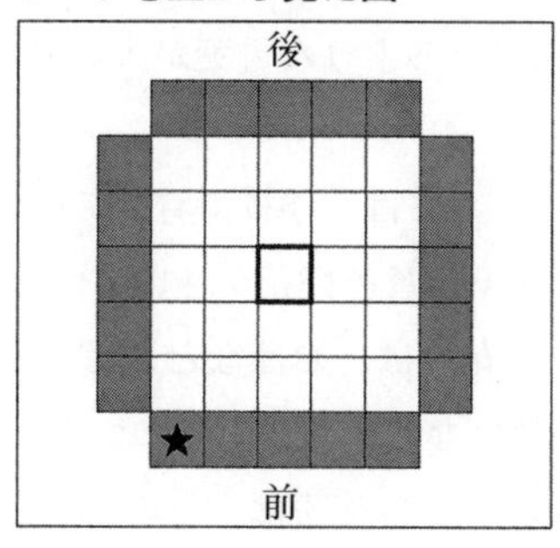

※ 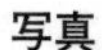 はスタート地点

③　ようこさんとおさむさんは、科学クラブの活動をしています。

ようこさんたちは晴れた日の昼ごろに、長崎駅の新幹線ホームをさつえいしてきました。その時の**写真**を見ながら話をしています。

写真

ようこ「新幹線ホームは、ずいぶん明るかったね。」

おさむ「点灯している照明が少なくて、大きな屋根でおおわれているのに不思議だね。」

先　生「よく気づきましたね。ホームを明るくするために、屋根にはとてもうすくてじょうぶな白いまくを使っているのですよ。どうしてかわかりますか。」

おさむ「使われているまくは、[　　　　　　　　　　]という効果が高いから、晴れた日のホームは明るいのだと思います。」

先　生「そのとおりです。このような屋根がいろいろな所で活用されています。」

問題１　[　　　]にはどのような言葉が入るでしょうか。あなたの考えを書きなさい。

次に、長崎県を走行している新幹線の車両について話をしています。

おさむ「新幹線の車両は、電気のはたらきで動いているのだよね。」

ようこ「電気はどのように流れているのかな。」

先　生「**新幹線の電気の通り道**を簡単(かんたん)な**図**にしました。**変電所**から送られた電気は、**電線**や**モーター**、**レール**などを通っています。そして電気のはたらきで**モーター**を回して走行しているのです。」

図　新幹線の電気の通り道

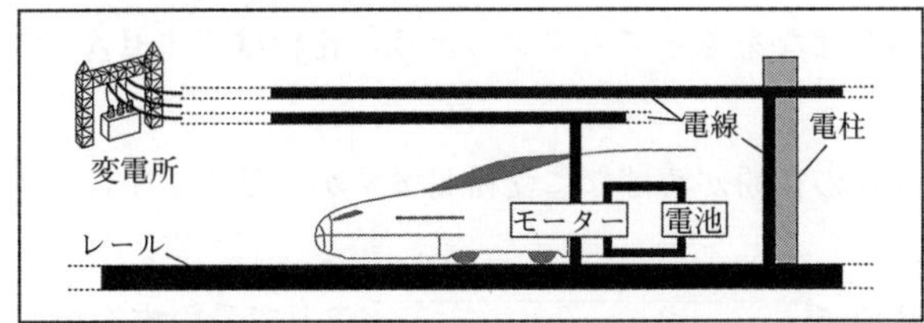

おさむ「車両の外から電気が流れてくることを初めて知りました。」

ようこ「これだと車両にのせてある**電池**は必要ないと思います。」

先　生　「そうですね。通常、**電池**ははたらいていません。なぜ車両に**電池**がのせられていると思いますか。」

おさむ　「**図**をもとに考えると、［　　　　　　　　　　　　　　］ためでしょうか。」

先　生　「よくわかりましたね。これは世界でも最先端（さいせんたん）の試みなのです。」

問題２　［　　　］にはどのような言葉が入るでしょうか。あなたの考えを書きなさい。

別の日にようこさんたちは、学校で育てている植物について話をしています。

ようこ　「畑にカボチャの黄色い花がさいているね。」

おさむ　「カボチャの花には、おばなとめばながあって、おばなの花粉がめばなのめしべの先につくと実ができるよ。」

ようこ　「先生、カボチャの花粉は、どのような形をしているのか調べてみたいです。」

先　生　「それでは、**けんび鏡**で観察してみましょう。」

けんび鏡

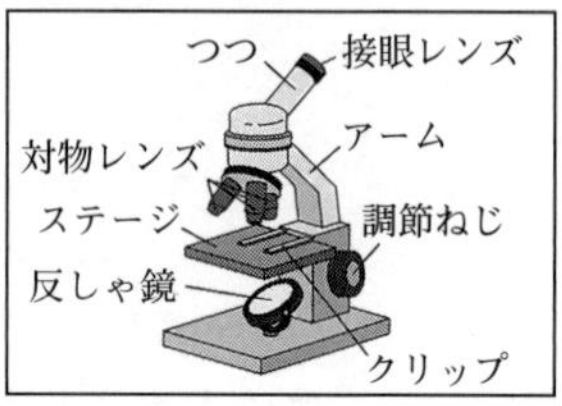

つつ
接眼レンズ
アーム
対物レンズ
調節ねじ
ステージ
反しゃ鏡
クリップ

おさむ　「あれ。操作（そうさ）をまちがえたかな。暗いし、花粉が小さくてよく見えないな。」

ようこ　「わたしの観察した花粉を見て。明るくて表面の様子もくわしく見えるよ。」

おさむ　「ようこさんのようにするには、［　　　ア　　　］ことと［　　　イ　　　］ことが必要なのかな。」

ようこ　「そうね。さらに調節ねじを回して、はっきり見えたところで止めるといいよ。」

問題３　次の**図１**と**図２**は、おさむさんとようこさんが観察した様子です。**図１**、**図２**をもとに、明るくて表面の様子もくわしく見えるように、［　ア　］と［　イ　］に入る適切な**けんび鏡**の操作方法について、**けんび鏡**の各部分の名前をそれぞれ**一つ**ずつ使って書きなさい。

図１　おさむさんが観察した様子　　　**図２　ようこさんが観察した様子**

次にようこさんたちは、**マツ**について話をしています。

マツ

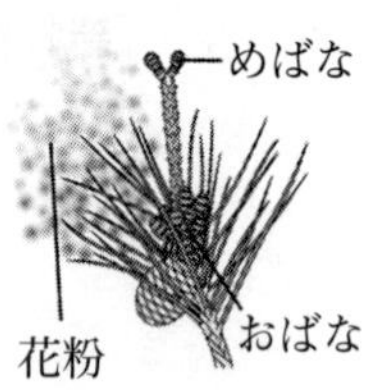

めばな
花粉
おばな

先　生　「これが**マツ**の花のおばなとめばなですよ。少しふってみましょう。」

ようこ　「おばなから、けむりみたいなものが広がりました。」

先　生　「このけむりみたいなものは、**マツ**の花粉ですよ。」

ようこ　「カボチャのおばなをふっても**マツ**のように花粉は出ませんでした。」

先　生　「**マツ**もおばなの花粉がめばなに受粉しますが、どうしてこのようなちがいがあると思いますか。」

おさむ　「**マツ**は、花粉が［　　　　　　　　　　］ことで受粉するからだと思います。」

先　生　「そうですね。それぞれの受粉の方法から考えることができましたね。」

問題４　［　　　］にはどのような言葉が入るでしょうか。あなたの考えを書きなさい。

4　なおこさんとお姉さんは、長崎県外から遊びに来ている親せきのあやこさんと出かけています。

なおこ　「今日は風が気持ちいいね。」

あやこ　「さわやかな天気だね。向こうに大きな風車が見えるよ。」

お姉さん「あれは風力発電の風車だよ。長崎県では、自然の力を利用した発電にも取り組んでいるよ。このような発電方法は、長崎県に限らず日本各地にあるみたいだね。」

なおこ　「自然の力を利用する発電方法に取り組む理由は、持続可能な社会づくりのためだと学習したよ。」

あやこ　「他にも何か理由があるのかな。」

なおこ　「日本には、天然ガスや石油などの□からだと思うよ。」

問題１　□にはどのような言葉が入るでしょうか。あなたの考えを書きなさい。

あやこ　「長崎県は海がきれいだね。向こうに見える島の海岸はとても入り組んでいるね。」

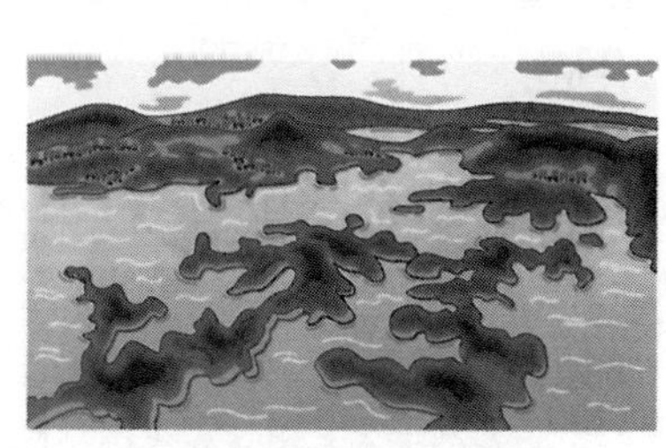

なおこ　「そうだね。長崎にはたくさんの島があって、島の形もさまざまだよ。」

お姉さん「わたしが長崎県のホームページで調べたら、長崎県の海岸線の長さは島もふくめて約4166kmあって、全国の海岸線の長さの約12％にあたるそうよ。」

あやこ　「そうすると、日本全国の海岸線の長さは、約□kmになるね。」

問題２　□にあてはまる数を、**小数第１位**を**四捨五入**(ししゃごにゅう)して**整数**で答えなさい。

なおこさんたちは、伝統的なハタと呼ばれる凧(たこ)を作っている森さんを訪問(ほうもん)して、色つけ体験をすることにしました。

森さん　「今日は二つのハタに色つけ体験をしてもらいます。では、今配った**一つ目のハタ**に、筆と絵の具で色をつけていきましょう。下地の白い紙に赤と青を色つけして、３色の縞模様(しまもよう)に仕上げましょう。」

なおこ　「どこにどの色をつければいいですか。」

一つ目のハタ

森さん　「初めて体験する人には、真ん中には色をつけずに白のままにすることをおすすめしています。」

あやこ　「それはなぜですか。」

森さん　「真ん中を白のままにすると、真ん中以外の色つけがしやすくなり、きれいに仕上がる人が多いからですよ。」

なおこ　「わたしは真ん中を白のままにして作ってみよう。」

あやこ　「三人とも真ん中を白にすると、必ず同じ縞模様ができてしまうよね。」

お姉さん「それでは、二人は真ん中を白にして、わたしは左上を白にして作ってみましょうか。」

問題３　森さんは「真ん中を白のままにすると、真ん中以外の色つけがしやすくなり、きれいに仕上がる」と言っています。なぜ真ん中を白のままにすると、真ん中以外の色つけがしやすくなり、きれいに仕上がるのでしょうか。その理由について、あなたの考えを書きなさい。

問題４ あやこさんは「三人とも真ん中を白にすると、必ず同じ縞模様ができてしまう」と言っています。なぜ三人とも真ん中を白にすると、必ず同じ縞模様ができてしまうのでしょうか。その理由について、あなたの考えを書きなさい。

なおこ 「**一つ目のハタ**は上手にできて楽しかったな。」
森さん 「みなさんきれいにできましたね。二つ目のハタは、みなさんで模様を考えて３色でぬり分けてみませんか。」
お姉さん 「**一つ目のハタ**は、３色の縞模様の広さがちがっていたね。」
あやこ 「次は、色分けした部分のそれぞれの面積が同じになるようにしたいな。」
なおこ 「この**図案**のようにすると色分けした部分が同じ面積になるよね。」
あやこ 「どうしてそうなるのかな。」
なおこ 「［　　　　　　　　　　］」
あやこ 「なるほど。その模様でぬり分けてみるね。」

図案

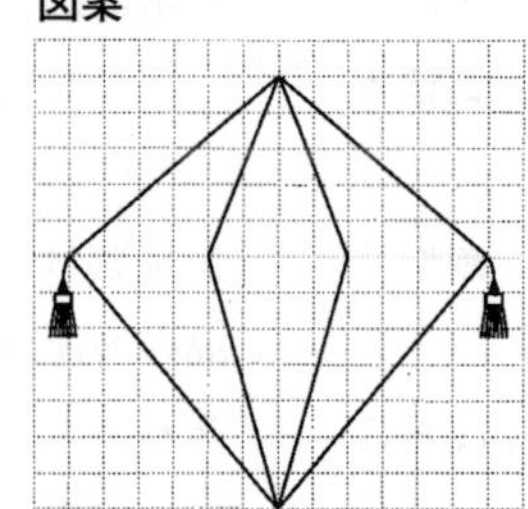

問題５ ［　　　］にはどのような説明が入るでしょうか。**図案**に説明に必要な直線をひき、あなたの考えを書きなさい。**図案**に説明のための文字や数字を書き入れてもかまいません。ただし、**図案**の点線(---------)は、ハタの模様の大きさをわかりやすくするために、等しい間かくでひいたものであり、模様ではありません。

〈作文問題〉(編集部注：たて書きで出題されています。) —45分—

問題

「だれもが笑顔(えがお)で過ごせる学級や学校」にするために、友人や先生などと協力してできる(ひとりではできない)ことを提案しなさい。

ただし、次の**【条件】**にしたがって、**五百字以上六百字以内**で書きなさい。

【条件】

一、協力してできる(ひとりではできない)提案であること。

二、次の**三つ**の内容について説明すること。

・提案する理由　・提案の長所　・提案の困難(こんなん)な点

【注意】

一、題名や名前は書かないこと。

二、原こう用紙の一行目から書き始めること。

三、必要に応じて、段落(だんらく)に分けて書くこと。

熊本県立宇土中学校
熊本県立玉名高等学校附属中学校
熊本県立八代中学校

（編集部注：掲載にあたりレイアウトなどの一部改変を行っています。）

〈適性検査問題Ⅰ　※2は876ページから掲載しています。〉　—2と合わせて50分—

1　放送による問題（省略）

3　あきさんとけんさんは、熊本県の特産品や日本の農業について学習したことを話しています。次の会話文を読んで、あとの問いに答えなさい。

あき「夏休みに道の駅に行ったら、すいかがはん売されていたよ。」

けん「熊本県は日本　のすいかの産地だよ。」

あき「熊本県以外には、どんな県がたくさんすいかを出荷（しゅっか）しているのかな。」

けん「すいかの産地について調べてみよう。」

二人は、東京と大阪の市場に集まるすいかの産地について調べ、**資料１**と**資料２**を見つけました。

資料１　東京都中央卸（おろしうり）売市場に集まるすいかの月別産地（令和４年４月～９月）（東京都中央卸売市場計）

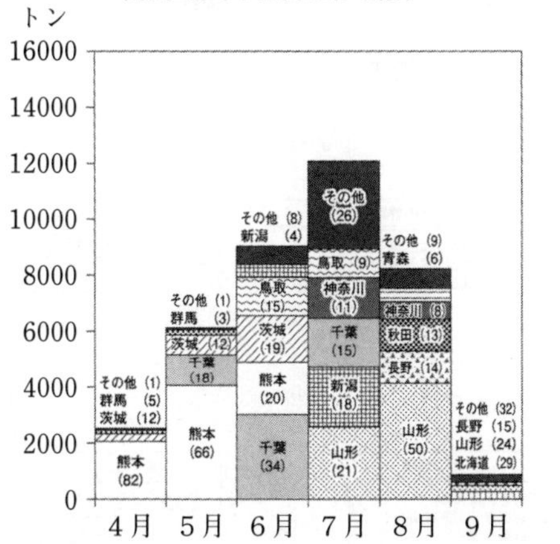

※（　）内は、その月に対する道県の割合（％）を表す。
（農畜産業振興機構資料より作成）

資料２　大阪中央卸売市場に集まるすいかの月別産地（令和４年４月～９月）（大阪中央卸売市場計）

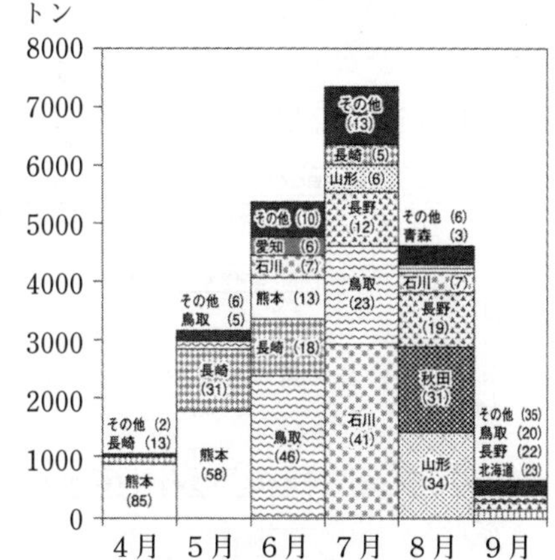

※（　）内は、その月に対する道県の割合（％）を表す。
（農畜産業振興機構資料より作成）

問題１

(1)　**資料１**と**資料２**について、熊本県から東京と大阪の市場への出荷量が一番多いのはどちらも同じ月です。出荷量が一番多いのは何月か答えなさい。

(2)　**資料１**と**資料２**について、熊本県からの４月の出荷量は、東京の市場と大阪の市場のどちらが多いですか。また、およその出荷量をもとに、選んだ理由を書きなさい。

二人は、東京と大阪の市場に集まるすいかの量が一番多い７月に、何か特ちょうがないかと考えました。

(3)　**資料１**と**資料２**について、７月の出荷量が東京と大阪のどちらの市場でも上位の５県にふくまれている県をすべて答えなさい。また、それらの県に共通する出荷の特ちょうについて、それらの県の東京都、大阪府との位置関係と出荷量を関連付けて書きなさい。さらに、生産者がそのような出荷を行うのはなぜか、あなたの考えを書きなさい。

あき「熊本県はすいかをはじめ農業がさかんだよね。」
けん「そうだね。そういえば、この前、家の近所で稲かりをしていたよ。」
あき「米づくりについて学習したけど、米づくりにはさまざまな課題があったね。」
けん「農家の人たちは、にない手不足の課題を補うために新しい取り組みを考えているよね。米づくりについて調べてみよう。」

二人は、米づくりについて調べ、**資料３**、**資料４**、**資料５**を見つけました。

資料３　種もみのじかまきのようす

（農林水産省資料）

資料４　10ａあたりの作業別労働時間（個別経営）（2021年）

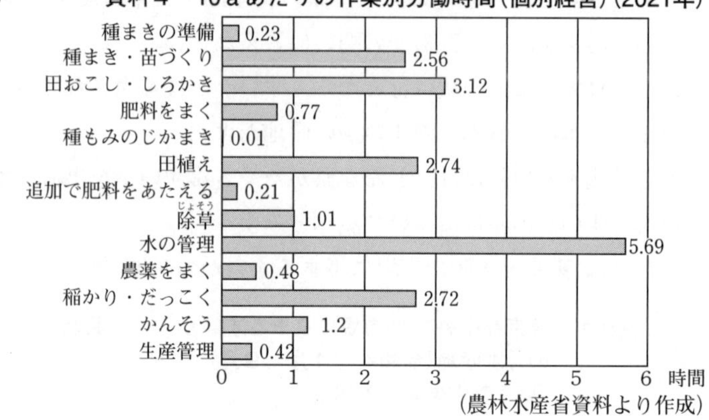

（農林水産省資料より作成）

資料５　米づくりカレンダーの例

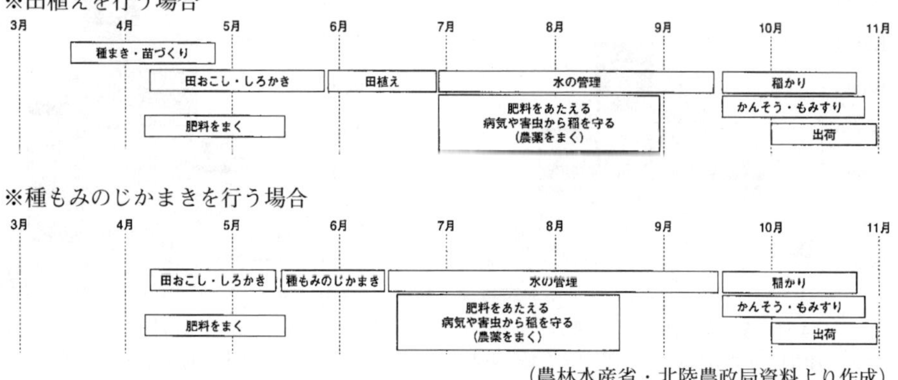

（農林水産省・北陸農政局資料より作成）

問題２

(1)　新しい取り組みの一つとして**資料３**の種もみのじかまきがあります。種もみのじかまきを行うことでの良い点は何か、**資料４**と**資料５**から分かることをふまえて書きなさい。

(2)　**図１**は、けんさんの家の近くの田と畑、果樹園の地図です。二人は、農業機械の自動運転に興味を持ち、**図１**の田の周りの草かりを無人で行うため、**図３**のプログラムを完成させます。自動草かり機は⍝で表し、**図１**の位置から草かりを始めます。**図１**の田の周りの草かり（１周）ができるように、**図３**の①～⑥に入る命令を、次の**ア**～**ケ**からそれぞれ一つ選び、記号で答えなさい。ただし、自動草かり機は**図１**の田の周りを進み、命令を実行した場合の動きについては、**図２**を参考にしなさい。また、**ア**～**ケ**を２回以上使用してもよいものとします。

ア　左に90度回転する　　**イ**　右に90度回転する　　**ウ**　180度回転する

エ　20ｍ前に進む　　**オ**　40ｍ前に進む　　**カ**　60ｍ前に進む

キ　100ｍ前に進む　　**ク**　１回　　**ケ**　２回

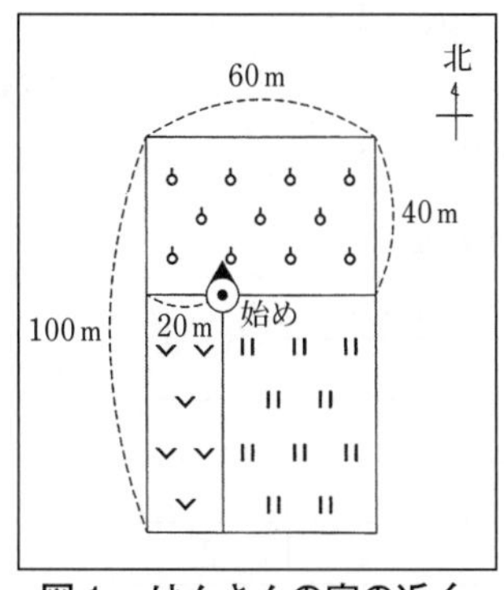

図１　けんさんの家の近くの地図

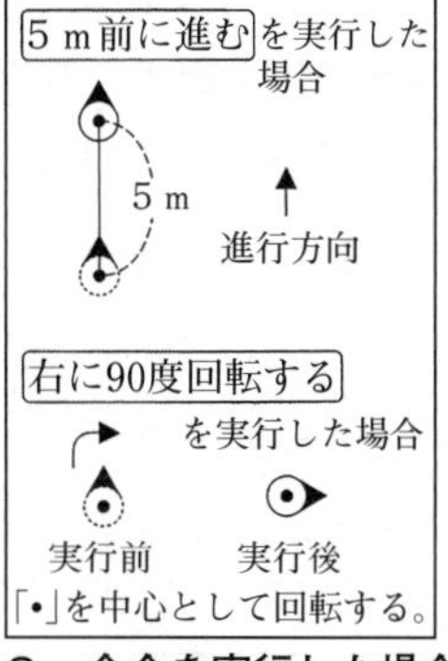

図２　命令を実行した場合の動き

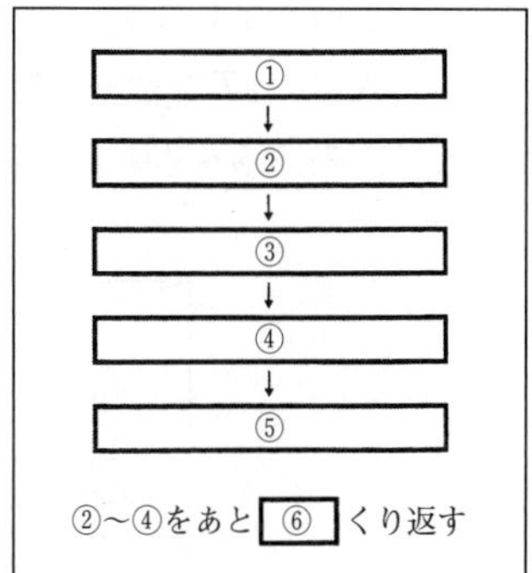

図３　二人が考えたプログラム

〈適性検査問題Ⅱ〉　　—50分—

1　次の各場面におけるそれぞれの問題に答えなさい。

問題１　ゆうかさんは図書委員会で図書室の本の貸出冊数(さっすう)について話し合っています。まず、熊本県の小学生や中学生の読書活動について調べることになり、次の**資料１**を見つけました。**資料１**は熊本県の小学校と中学校からそれぞれ11校を選び、各学年１学級の児童・生徒を対象に調査した結果です。

(1)　ゆうかさんは、**資料１**から分かることとして、次の①～④を考えました。①～④のそれぞれについて、正しければ「○」、正しくなければ「×」、正しいとも正しくないともいえなければ「△」を書きなさい。

資料１　令和３年度　子どもの読書活動アンケート　本を１か月に読む量

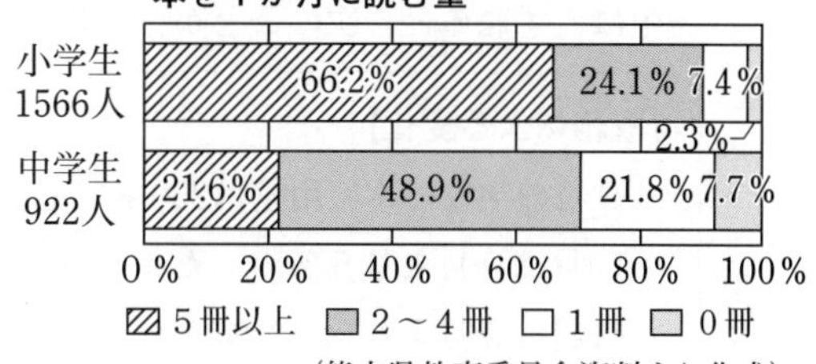

(熊本県教育委員会資料より作成)

①　小学生で１か月に本を５冊以上読んでいる人数は、小学生全体の半分より少ない。

②　中学生で１か月に本を２冊読んでいる人数の割合(わりあい)は、16.3％である。

③　１か月に本を１冊も読まない人数は、小学生より中学生の方が多い。

④　１か月に本を２～４冊読んでいる人数は、中学生が小学生の約２倍である。

次に、ゆうかさんたちは、自分の学校の状きょうについて調べようと考え、５年生95人にアンケート調査を行いました。結果を集計すると、次のようになりました。

【アンケート調査の結果】

読書が好きですか。	はい…84人	いいえ…11人
10月に図書室で５冊以上本を借りましたか。	はい…41人	いいえ…54人

二人は、**【アンケート調査の結果】**と調査用紙を見ながら話し合っています。

ゆうか「読書が好きだと答えている人は84人もいるね。」

れいじ「でも、10月に図書室で５冊以上本を借りた人は、41人しかいないよ。半分以上の人が10月に図書室で借りた本は５冊未満ということだね。」

ゆうか「『読書が好きですか』には、『いいえ』と答えているけど、『10月に図書室で５冊以上本を借りましたか』に『はい』と答えている人は、６人いるね。」

⑵　二人は、**【アンケート調査の結果】**を**表１**に整理し直しました。**【アンケート調査の結果】**と二人の会話をもとに、**表１**の空らんに当てはまる数字を書き、**表１**を完成させなさい。

表１　アンケート調査の結果　　　　（人）

		読書が好きか		合　計
		はい	いいえ	
10月に図書室で５冊以上本を借りたか	はい			
	いいえ			
合　計				95

問題２　さくらさんは環境（かんきょう）委員会の取組で、毎日行うはみがきの時間の節水を呼（よ）びかけることにしました。そこで、節水を呼びかける前に全校児童380人に、うがいのときに水を流したままにしているかについてアンケート調査を行いました。その結果95人がうがいのときに水を流したままにしていることが分かりました。

⑴　うがいのときに水を流したままにしている人は、全校児童の何％か求めなさい。

アンケートの結果から、できるだけ多くの人に節水に取り組んでほしいと考え、10月から環境委員会で呼びかけを始めました。そして、取組による学校の水使用量の変化について、先生にたずねると、次のことが分かりました。

> **【取組による変化】**
> ９月の学校の水使用量は250㎥であった。
> 10月は９月より５％減った。
> 11月は９月より14.5％減った。

⑵　11月の学校の水使用量は、10月の学校の水使用量と比べると何％減ったか求めなさい。また、言葉や式を使って求め方も書きなさい。

問題３　あきおさんのクラスでは、縦（たて）24㎝、横45㎝、高さ30㎝の直方体の形をした水そうでメダカの飼育をしています。水そうには、石が入っています。あきおさんは、水そうの水がにごってきたので、水そうに入っている水の半分を入れかえようと考え、メダカを別にしたところ、水面の高さは26㎝でした。水そうの底面の頂点をそれぞれ**Ａ**、**Ｂ**、**Ｃ**、**Ｄ**とします(**図１**)。**図１**の水そうを**図２**のような状態までかたむけて水を捨（す）て、水そうを**図３**の状態にもどしました。ただし、水そうのガラスの厚さは考えないものとし、水そうをかたむけるときは、辺**ＢＣ**が台からはなれないものとします。

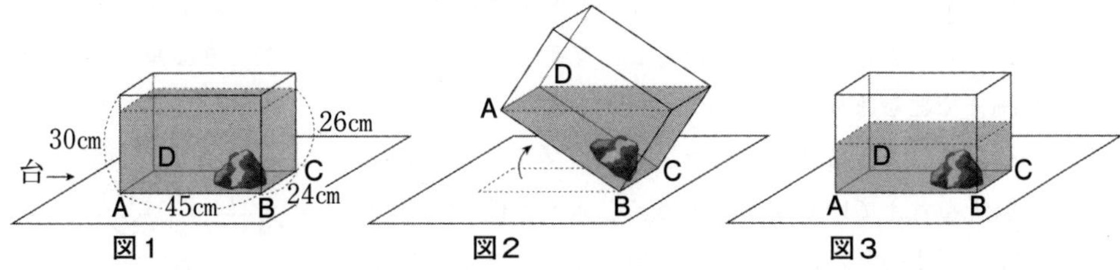

⑴　**図３**の水面の高さは何㎝になるか求めなさい。

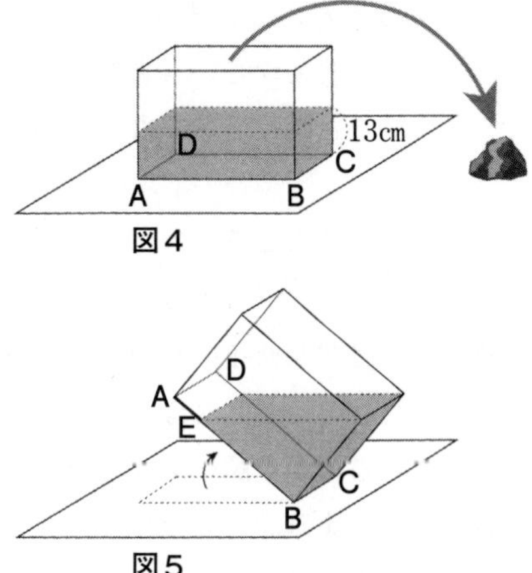

図３の石を取り出したところ、水面の高さは13㎝になりました(**図４**)。

⑵　石の体積は何㎤か求めなさい。

⑶　**図５**は、**図４**の水そうをかたむけて水を捨て、水そうに入っている水の量を最初(**図１**)の水の量の半分にしたものです。このときの辺**ＡＢ**上の水面の位置を**Ｅ**とするとき、**ＡＥ**の長さは何㎝か求めなさい。また、言葉や式などを使って求め方もかきなさい。

② けんとさんとなつみさんは、さいばい委員会で３月に行われる卒業式の会場にかざる花を育てようと計画を立てています。

けんと「熊本県の花は『リンドウ』だね。」

なつみ「『リンドウ』は、深い青色の花だよね。」

けんと「そうだね。『リンドウ』は３月ごろから新芽を出して、９月から11月の間に花がさくみたいだよ。」

なつみ「３月の卒業式には、さいている花をかざりたいね。」

けんと「３月の卒業式には、『リンドウ』をかざるのは難(むずか)しいね。理由は、□からだよ。」

なつみ「確かにそうだね。他の植物も調べてみよう。」

問題１

⑴　二人の会話の□に入るふさわしい内容を書きなさい。

二人は、「リンドウ」以外の植物も調べて、表にまとめました(**表１**)。

表１　種まき時期と花がさく時期、草たけ(植物の高さ)

	植物	種まき時期	花がさく時期	草たけ(植物の高さ)
ア	クローバー	９月～11月	４月～６月	20㎝～40㎝
イ	パンジー	７月～10月	２月～５月	10㎝～30㎝
ウ	マリーゴールド	４月～６月	６月～11月	20㎝～100㎝
エ	アブラナ	９月～11月	12月～５月	80㎝～150㎝
オ	マツバボタン	４月～６月	６月～10月	10㎝～20㎝
カ	ノースポール	８月～11月	３月～６月	15㎝～30㎝

⑵　二人は**表１**をもとに、卒業式にかざる花を考えています。卒業式にかざる花として、９月

に種をまき、プランターで育てることができる植物はどれですか。**表１のア〜カ**からすべて選び、記号で答えなさい。ただし、プランターで育てることができる草たけ(植物の高さ)は30㎝までとします。

⑶　卒業式にかざる花を決めた二人は、プランターを置く場所を考えています。**図１**は、二人の学校の配置図です。**図１**のどこにプランターを置くとよりよく成長すると考えられますか。**図１のＡ〜Ｅ**から二つ選び、記号で答えなさい。また、選んだ理由を、１日の太陽の動きと関連付けて書きなさい。

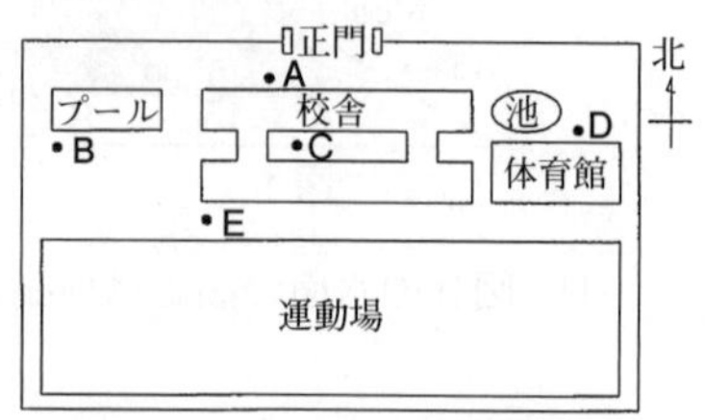

図１　二人の学校の配置図

６月の初めのころ、けんとさんは、アジサイの花には青色と赤色があることに気づいたので調べてみると、アジサイは、土が酸性かアルカリ性かによって花の色が変わること、さらに土が酸性の場合はアジサイの花の色が青色になることがわかりました。

そこで、けんとさんは、酸性の液体肥料を加えるとアジサイの花の色が青色になるのかを調べようと思いました。まず、学校にある液体肥料が酸性であるかを確認するために、リトマス紙を使って調べました。

けんとさんは、**図２**のようにリトマス紙を使っていたので、それを見たなつみさんが、**【リトマス紙の使い方】**について、次のように教えてくれました。

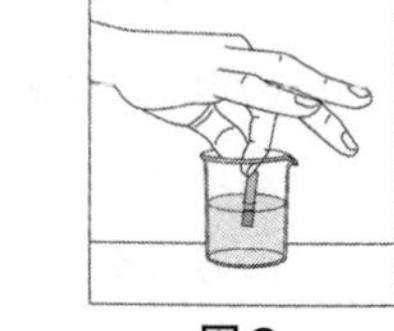
図２

【リトマス紙の使い方】
①　リトマス紙を直接手でさわらず、［　(ア)　］で取り出す。
②　リトマス紙を直接水よう液にはつけず、ガラス棒(ぼう)(かくはん棒)を使って水よう液をリトマス紙につける。
③　使ったガラス棒(かくはん棒)で他の水よう液を調べることもあるので、ガラス棒(かくはん棒)を［　(イ)　］。

問題２

⑴　**【リトマス紙の使い方】**の［　(ア)　］と［　(イ)　］に入る最も適当な言葉や内容をそれぞれ書きなさい。

けんとさんは、なつみさんから聞いた**【リトマス紙の使い方】**で、液体肥料が酸性であるのかを調べました。

⑵　液体肥料が酸性であるのかを調べるためには、何色リトマス紙を使用しますか。また、使用したリトマス紙が何色に変化すれば酸性であると言えますか。

けんとさんと話をしていたなつみさんも、家にあるアジサイの花を青色にしたいと思い、酸性の性質を持つミョウバンの水よう液をあたえようと考えました。

なつみさんは、100mLの水にミョウバン25ｇを入れて混ぜたのですが、とけ残ったミョウバンがたくさん出てしまいました。

⑶　とけ残ったミョウバンをすべてとかすために、なつみさんにアドバイスをします。どのよ

うなアドバイスをしますか。次の①～③の(　)の中から適当なものをそれぞれ一つずつ選び、記号で答えなさい。

> **【アドバイス】**
> 　ミョウバンは水の温度が低いと、とける量が①(**ア**　多い　　**イ**　少ない)から、水の温度を②(**ア**　高く　　**イ**　低く)した方がいいよ。もしくは、水の量を多くして、水の量に対するミョウバンの量の割合(わりあい)を③(**ア**　大きく　　**イ**　小さく)した方がいいよ。

　家のアジサイにミョウバンの水よう液を使ったなつみさんは、さいばい委員会で育てているアジサイにもミョウバンの水よう液を使ってみようと考え、先生に相談し、学校の理科室にある水よう液を使うことにしました。理科室には、試験管の中に、授業で使う「ミョウバンの水よう液」、「うすい塩酸」、「炭酸水」、「うすいアンモニア水」、「食塩水」、「石灰水」が準備されていましたが、ラベルがつけられていませんでした。

　そこで、なつみさんは先生といっしょに、**図3**のように、Ⓐ、Ⓑ、Ⓒ、Ⓓの４回の実験や観察をもとに六つの水よう液を区別しました。

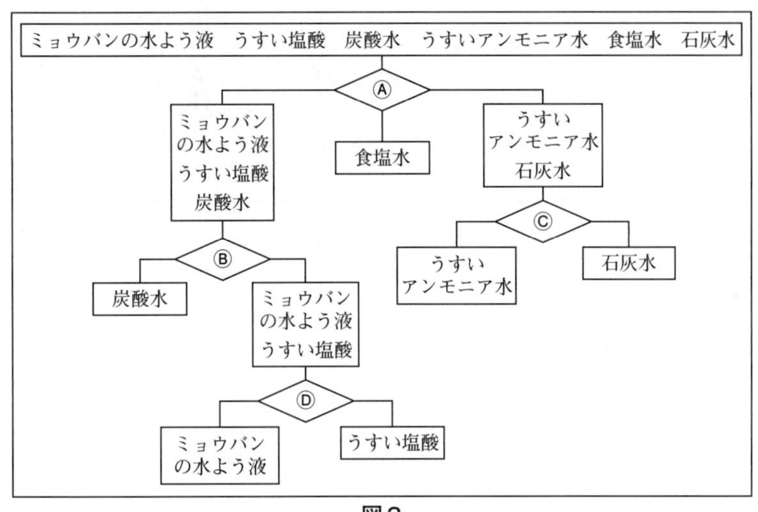

図3

　なつみさんは、まず、六つの水よう液が酸性、中性、アルカリ性のどれであるのかを調べるために、Ⓐでは次のような実験をもとに区別しました。

> **【なつみさんの実験および区別方法】**
> 　Ⓐでは、BTB液を加えて区別する。
> 　BTB液を加えて黄色を示すのは、ミョウバンの水よう液とうすい塩酸、炭酸水、緑色を示すのは、食塩水、青色を示すのは、うすいアンモニア水と石灰水である。

※BTB液とは、水よう液が酸性、中性、アルカリ性のどれであるのかを調べることができる液体のこと。

(4)　次になつみさんは、Ⓑでは見た目で炭酸水と他の二つの水よう液を区別しました。他の二つの水よう液にはない、炭酸水だけの見た目の特ちょうを書きなさい。

(5)　なつみさんは、Ⓒ、Ⓓでどのような実験や観察を行い、水よう液を区別したでしょうか。**【なつみさんの実験および区別方法】**のⒶを参考に、Ⓒ、Ⓓのそれぞれについて説明しなさい。

また、太陽の光に当たることで養分を作り、成長している。

一方モヤシは、

問題４ **【文章】**を読んで、これまで植物を育てたり観察したりしたことをもとに、あなたが考えたことを書きなさい。（あとの**〈条件〉**にしたがって書くこと。）

〈条件〉
○**【文章】**の内容にふれながら書くこと。
○植物を育てたり観察したりした経験をふまえて具体的に書くこと。
○百六十字以上、百八十字以内で書くこと。
○段落は変えないこと。

モヤシの原料となるマメ科の植物は、たんぱく質を発芽のためのエネルギー源としている。（中略）

さらにマメ科の植物の芽生えには、ある特徴がある。

植物の種子には、植物の基になる胚と呼ばれる赤ちゃんの部分と、胚の栄養分となる胚乳という赤ちゃんのミルクに相当(注)する部分がある。たとえばイネの種子である米では、玄米に胚芽と呼ばれる部分がついている。これが植物の芽生えとなる胚である。そして、胚芽を取り除いた白米はイネの種子の胚乳の部分である。つまり、通常私たちはイネの種子のエネルギータンク(注)だけを食べているのである。

このように、植物の種子には胚と胚乳があるのが一般的である。ところが、マメ科の種子には胚乳がない。

豆が大きく観察しやすい大豆のモヤシを観察してみることにしよう。モヤシの双葉は、マメの部分が二つに分かれている。たとえば、枝豆や空豆、落花生なども、豆が二つに分かれる。

マメ科植物の種子の二つに分かれた部分は、双葉になる部分である。マメ科の種子の中には胚乳がなく、双葉がぎっしりと詰まっている。そしてマメ科植物は、この厚みのある双葉の中に、発芽のための栄養分をためているのである。

米のように一般的な植物の種子は胚乳が大部分で、植物の芽になる胚の部分は、ほんの少しである。しかし、少しでも芽生えの部分が大きいほうが、他の芽生えとの競争に有利である。そのため、マメ科の種子は、エネルギータンクを体内に内蔵することで、限られた種子の中のスペースを有効に活用して、体を大きくしているのである。

マメ科植物は、生きるためのエネルギーを[B]ソナえている。

そしてモヤシは、まさにそのエネルギーを使って成長している姿なのである。

（稲垣栄洋『ナマケモノは、なぜ怠けるのか？　生き物の個性と進化のふしぎ』〈筑摩書房〉による。一部省略がある。）

（注）○湾曲＝弓なりに曲がっていること。
○光合成＝太陽の光エネルギーを利用して、二酸化炭素と水から栄養をつくること。
○軽油＝石油の原油からとれる油の一種。
○相当＝あてはまる。
○タンク＝水やガス、石油などをたくわえておく、大きな入れもの。

問題1　〰線部A「ヤサイ」、〰線部B「ソナ」をそれぞれ漢字に直して書きなさい。

問題2　――線部①「大切な双葉を守る」とありますが、双葉のどのようなようすのことを筆者は述べていますか。「双葉」という言葉を使って、「形」という言葉につながるように、二つ書きなさい。

問題3　――線部②「モヤシは光を浴びて光合成ができるわけでもないし、根っこから与えられるのは水だけである」とありますが、はるきさんは、イネとモヤシのちがいについて、次のようにまとめました。**【イネとモヤシのちがい】**の□に入るふさわしい内容を、マメ科の植物の芽生えの特ちょうにふれながら、イネについてまとめた部分の文章を参考に、六十字以上、八十字以内で書きなさい。

【イネとモヤシのちがい】

イネは、種子の中にある胚乳をエネルギータンクとしている。

〈適性検査問題Ⅰ〉 —1、3と合わせて50分—

2 はるきさんは生き物や植物に興味があり、図書だよりにしょうかいしてあったおすすめの本の「ナマケモノは、なぜ怠けるのか？ 生き物の個性と進化のふしぎ」という【本】を読みました。

次の【文章】は【本】の一部で、はるきさんが印象に残った「モヤシ」について書かれた部分です。よく読んであとの問いに答えなさい。

【文章】

モヤシの姿は植物の強い生命力にあふれている。

植物の双葉の芽生えを思い浮かべると、短い茎に双葉を広げている。ところが、どうだろう。モヤシは双葉を広げることなく、いきなり茎を長く伸ばしている。

これは、植物の芽生えとしては、なんとも不自然な形である。

モヤシは光を当てずに育てられる。そのため、モヤシ自身は、まだ地上にたどりつかず、土の中を伸びているつもりでいる。

つまり、モヤシは土の中を成長する姿なのである。

土の中にいるつもりなので、モヤシは双葉を広げることはない。双葉を閉じて守りながら、成長を続けていくのである。

そして、地上にたどりつくために、茎を伸ばさなければならない。

太陽の光の下で育つ芽生えは、茎を長く伸ばす必要はない。しかし、地上に出て光を浴びるまでは、すべての成長に優先して茎を伸ばす必要がある。

モヤシの茎が長いのはそのためなのである。

しかも、モヤシは頭を下げるように、双葉の部分を垂らした形をしている。

モヤシは土の中の成長の姿である。まっすぐに伸びると、大切な双葉が土や石で傷ついてしまう。そのためモヤシは、①大切な双葉を守るように(注)湾曲させた茎で土を押し上げるように成長していくのである。

（中略）

モヤシは、今、まさに成長している植物である。

モヤシは傷みやすいAヤサイとして知られている。それは、モヤシが成長し続けているからだ。根っこを切られ、袋に詰められて、冷蔵庫の中に入れられても、モヤシは光を求めて成長することをやめない。モヤシが傷むのは、冷蔵庫の中でも、成長し続けるからなのである。

モヤシは、植物が力強く成長する姿なのである。

しかし、②モヤシは光を浴びて(注)光合成ができるわけでもないし、根っこから与えられるのは水だけである。

この小さな植物の、どこにそれだけの栄養があるのだろう。

モヤシの成長のエネルギーは、種子の中にあるものがすべてである。

モヤシだけではない。植物の種子の中には発芽のためのエネルギーが詰まっている。

たとえば、私たちが食べる米は、イネの種子である。イネの種子の主な成分は、でんぷんである。でんぷんは生物が生命活動を行なう上でエネルギーとなる基本的な栄養分である。だからお米は、私たち人間にとっても重要な栄養源となるのだ。

これに対して、ガソリンで動くガソリン車と(注)軽油で動くディーゼル車があるように、でんぷん以外のものをエネルギー源として使う種子もある。

たとえば、ヒマワリやナタネは、脂肪を主なエネルギー源としている。ヒマワリやナタネから豊富な油が取れるのはそのためである。

大分県立大分豊府中学校

（編集部注：掲載にあたりレイアウトなどの一部改変を行っています。）

〈適性検査Ⅰ〉　—50分—

1　放送による問題（省略）

2　さおりさんは、平和について自分にも何かできることはないかと考えています。そこで、友だちと平和資料館に行って、館長の町田さんに話を聞きました。

【平和資料館の館長　町田さんの話】

「平和」や「戦争」など、みなさんは、日ごろあまり意識しないのではないでしょうか。しかし79年前、この大分の地にもたくさんの爆弾（ばくだん）が落ちました。今も世界各地で戦争が起きています。

私（わたし）からみなさんに伝えたい「私たちが平和のためにできること」は３つあります。

ア　まず「知ること」です。戦争についての本を読んだり、再現ドラマを見たりして戦争について知りましょう。資料館に行って実際に戦争に関するものを見てもよいですし、戦争について知っている人に直接、話を聞いてもよいでしょう。知らなければ戦争のおそろしさはわかりません。

イ　また「話すこと」も大切です。知ったことや学んだことをそのままにせずに、学校やおうちで友だちや家族と話をしましょう。平和の大切さや戦争のおそろしさなどを人と話すことで、改めて気付くことがあります。そして「戦争は二度としない」という強い気持ちをもつことができます。

ウ　そして「考えること」です。なぜ戦争が起きたか、どうしたら平和になるのかなど自分なりに考えてみましょう。いそがしい毎日の中では、戦争や平和について意識して考えていないと、すぐに他人事のようになってしまいます。また、考えることで自分の行動を変えることができます。

平和資料館から出たあと、さおりさんたちは次のような話をしました。

【平和資料館から出たあとの会話】

さおり　町田さんの話を聞いて、私は「考えること」が大切だと思ったよ。自分のことばかり考えて相手の気持ちを考えないから、争いが起きるんだよね。それは国どうしでも友だちどうしでも同じだと思うよ。

み　か　私は「知ること」が大事だと思った。そういえば前におばあちゃんから戦争の話を聞いたことがある。私のまちにも何度も爆弾が落ちたらしい。みんなで川に飛びこんだり山へにげたりしたって聞いて、戦争ってこわいなって思ったよ。

とうま　「話すこと」もやっぱり大事だよね。自分ひとりだけで考えたり、知ったりしても周りに広がっていかないし、多くの人と話すことが、平和な世の中につながることになると思う。

(1)「平和のために自分ができること」として、あなたの意見を次の**条件**にしたがって書きなさい。

条件

＊　110字以上140字以内で書くこと。（句読点等の記号は１マスとする。）

＊　１マス目から書き始め、段落は作らないこと。

＊　最初に**【平和資料館の館長　町田さんの話】**の**ア**〜**ウ**の中の「知ること」「話すこと」「考えること」の言葉から大切だと思うことを１つ選んで書き、そのあと、選んだ理由を町田さんの話の内容にふれながら書くこと。

＊　次に、これから自分がどう行動していきたいかを、自分が選んだ**ア**〜**ウ**に関連させて、具体的に書くこと。

(2) さおりさんは、大分の戦争遺跡を見て歩くイベントに参加しました。次は、その時のことをクラスの人に伝えるために新聞にしたものです。

平和新聞

令和５年
大分小学校
６年２組
小山さおり

大分の戦争遺跡を知っていますか？

戦争遺跡を見てきました！

みなさんは、戦争遺跡を知っていますか？

戦争遺跡とは、戦争中に使った建物や戦争の被害にあったものを残したものです。

私は、「掩体壕（えんたいごう）」という戦争遺跡を見に行きました。

掩体壕は、戦争中に軍の飛行機をかくすために作られたものです。半円の形をしたコンクリートでできていて、中は飛行機が入る穴が空いています。今は、周りは緑にＡかこまれた、広々としたのどかな公園になっています。

こんな場所でも、戦争遺跡があることにおどろきました。そして、平和について考えることができました。

私は、今回の戦争遺跡の見学で感じたことがあります。それは、実際にＢ目で見ることが大切です。

みなさんも、ぜひ戦争遺跡に足を運んでみてください。

【戦争遺跡について】

ここだけでなく、大分には、他にもたくさん戦争遺跡があるそうです。しかし、戦争遺跡は、時間が経つにつれてどんどん古くなって、Ｃしゅうふくが必要になるなど保存が難しくなってきているものも多いそうです。私はＤ大分の戦争遺跡を守っていくべきだと考えました。

さおりさんは、作成した平和新聞を班で見てもらいました。そして、班の友だちから次のような意見をもらい、一部を書き直すことにしました。

みか　大分にも戦争遺跡があることを初めて知ったよ。興味深いね。

さおり　ありがとう。この新聞で何か変えた方がいいところはあるかな。

とうま　波線部A「かこまれた」、C「しゅうふく」は、習った漢字だから、漢字にした方がいいのかもしれない。

み　か　確かに。あと、波線部Bの文は何か変じゃないかな。

さおり　あ、本当だね。「目で見ることの［　　　］」に変えておくね。

み　か　写真は他にもあるのかな。

さおり　この新聞にのせた写真ともう一枚（まい）、【写真あ】があるよ。どちらを使おうかと迷ったのだけど、どちらがよいかな。

とうま　a<u>この新聞にのせるなら、【写真あ】の方がよいと思う</u>。

さおり　そうだね。あと、波線部Dだけど、もっと「大分の戦争遺跡を守らなければならない」と強くみんなに思ってもらえるようにするためには、どうしたらいいだろう。

み　か　b<u>さおりさんの気持ちが伝わるような文を、もう少し付け加えたらいいかもしれないね</u>。

さおり　ありがとう。書き直してみるね。

【写真あ】

① 波線部A「かこまれた」（送り仮名もふくむ）、C「しゅうふく」を漢字に直しなさい。

② 波線部Bを、会話文中の［　　　］に入るように、正しく書き直しなさい。

③ 下線部aについて、とうまさんが【写真あ】を選んだ理由を、考えて書きなさい。

④ 下線部bについて、どのような内容の文を付け加えればよいと思いますか。次のア～エの中から最も適当なものを1つ選び、記号で答えなさい。

ア　古くなった戦争遺跡の保存と管理には、たくさんのお金がかかること。

イ　戦争遺跡の説明がわかるように、近くに資料館なども作るとよいこと。

ウ　戦争遺跡を守ることで、戦争のことを忘（わす）れずに、考えていくことができること。

エ　戦争遺跡は大分以外にもあり、原爆（げんばく）ドームなどの有名なものもあるということ。

3　先生とさおりさん、とうまさんは日本の人口の変化について話をしています。

先　生　調査開始以来初めて全都道府県で人口が減少したというニュースがありましたね。【資料1】からは、人口割合の変化が読み取れますよ。

さおり　【資料1】のように人口割合が変わっていることで、どんな問題が起きるのかな。

とうま　そうだなあ。お店にご飯を食べに行った時にロボットが食事を持ってきたことは何か関係があるのかな。

さおり　【資料1】を見ると、1990年以降（いこう）、15～64歳（さい）人口の割合が減っていることがわかるから、とう

【資料1】年齢層（ねんれいそう）別人口割合の推移（すいい）

（「日本国勢図会 2023/24」をもとに作成）

まさんの行ったお店は、［　A　］ことを目的としているのかもしれないね。

先　生　ロボットなどの進んだ技術を使って、さまざまな問題を解決しようとしているスマートシティというものがあるようですよ。

さおり　私たちのまちにも問題があると思うので、スマートシティについて調べてみたいと思います。

【さおりさんのメモの一部】

＜スマートシティとは＞

ＩｏＴ(モノのインターネット)やＡＩ(人工知能)などの技術を使って、都市の中で起こる様々な問題を解決したり、人々が快適に暮らせるようにしたりする都市のこと。

＜可能になること＞

交通【スマート交通】 ・位置情報データで交通渋滞を減らす ・自動運転で安全性を高める	医療【スマート医療】 ・病院から遠くても医療を受けられる ・離れた家族の健康を見守る
産業【スマート産業】 ・ロボットやドローンによって労働力を確保する ・人に代わって、ものの生産や配達などを行う	防災【スマート防災】 ・地形や気象のデータをもとに最適な対策を決める ・適切な避難行動と災害対応ができるように備える

＜気付いたこと＞

・個人情報を使って、様々なサービスをいつでもどこからでも受けることが可能となる。
・私たちの生活を便利にしたり豊かにしたりできる。
・技術を開発する場合には多額の費用がかかる。
・１つの機器が故障すると都市全体への影響が大きい。
・［　B　］という心配があり、悪用されれば、私たちがもっている基本的人権が守られない。

＜イメージ図＞

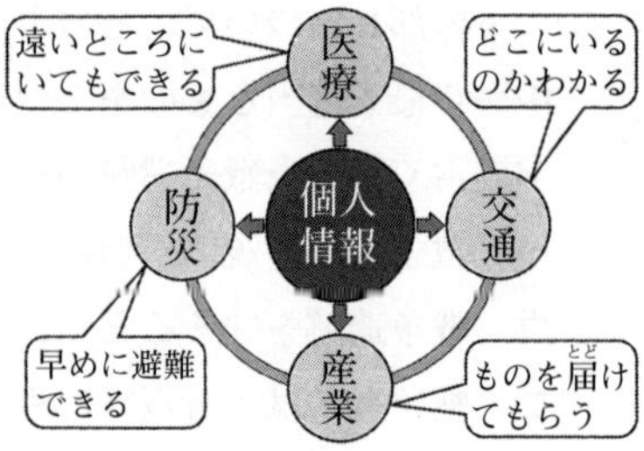

個人情報
医療
交通
産業
防災
遠いところにいてもできる
どこにいるのかわかる
ものを届けてもらう
早めに避難できる

(1)　［　A　］、［　B　］に当てはまる適当な言葉を、次の［条件］にしたがってそれぞれ書きなさい。

条件

＊　［　A　］には、**【資料１】**を参考に考え、**【さおりさんのメモの一部】**から言葉を８字でぬき出して書くこと。

＊　［　B　］には、**【さおりさんのメモの一部】**の**＜イメージ図＞**を参考にして適当な言葉を書くこと。

(2)　会話文中の下線部について、次の**【資料２】**から、さおりさんのまちはどのような問題を抱えていると考えられますか。適当なものを、あとの**ア**～**エ**の中から**２つ**選び、記号で答えなさい。

【資料２】さおりさんのまちの状きょうと全国との比かく

項目	さおりさんのまち	全国
人口に占める高齢者の割合	68.6％	29.1％
高齢者の１日あたりの平均労働時間	5.3時間	6.8時間
人口に占める高齢者の自動車運転免許の保有率	18.5％	23.8％
高齢者一人世帯の割合	24.6％	12.1％

（「日本国勢図会 2023/24」、連合ウェブサイト、警察庁ウェブサイトをもとに作成）

ア　全国と比べると、高齢化の進行は急であり、家族と暮らしている高齢者の割合が全国よりも高いと考えられる。

イ　全国と比べると、高齢者の自動車運転免許の保有率が低いことから、公共交通機関が整備されていないと生活が不便となることが考えられる。

ウ　全国と比べると、高齢者の一人暮らしの割合が高いので、災害時に高齢者を避難させることに課題があると考えられる。

エ　全国と比べると、高齢者の１日あたりの平均労働時間が短く、となりまちの職場まで働きに出ている高齢者が多いことが考えられる。

⑶　次の**【資料３】**は、さおりさんのまちで高齢者にアンケート調査をした結果をまとめたものです。この結果をふまえて、さおりさんが考えた理想のスマートシティとして**適当でないもの**を、**【さおりさんのメモの一部】**や**【資料３】**をもとに、あとの**ア**～**エ**の中から１つ選び、記号で答えなさい。

【資料３】高齢者の一人暮らしで不安に思うこと（複数回答可）（上位３項目）

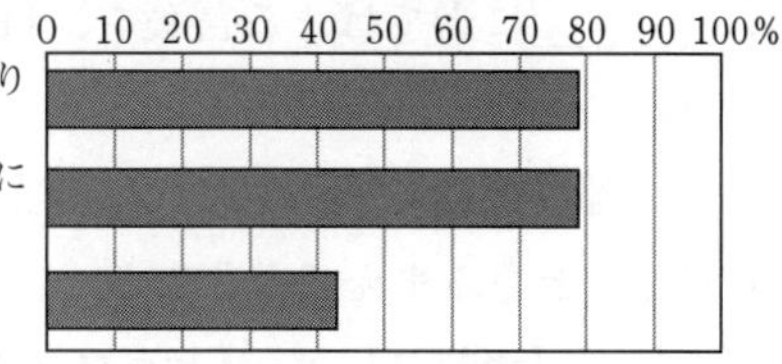

病気になったり、災害や事故にあったりしたときのこと

からだが不自由になり、かい護が必要になったときのこと

買い物などの日常生活のこと

ア　自動運転技術を取り入れて、公共交通サービスを充実させ高齢者の交通手段を確保する。

イ　高齢者が自宅にいながら、遠く離れた病院の先生の医療を受しんできる。

ウ　日常で必要な物をインターネットでこう入し、ドローンですぐに配達できる。

エ　災害発生時に災害専用ホームページを新たに開設し、避難経路についての指示を行う。

４　とうまさんとさおりさんは、縄文時代と弥生時代の生活について話をしています。

さおり　歴史博物館でもらったパンフレットにのっている**【資料１】**を見ると、縄文時代の季節ごとの食べ物と暮らしがわかるね。

とうま　うん、縄文時代はイノシシをとったり、マグロをとったりして、ごちそうだったんだね。

さおり　でも、［　　　　　　］から安定して暮らせなかったんじゃないかな。

【資料１】
縄文時代の季節ごとの食べ物と暮らし

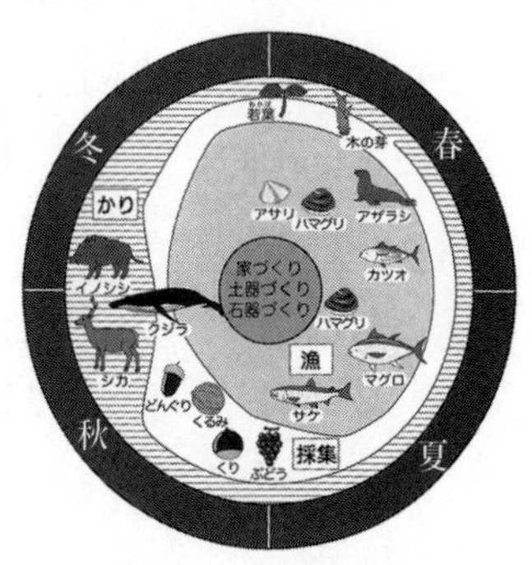

▤かり　□採集　▨漁

とうま　お米は食べていなかったのかな。

さおり　米作りは弥生時代に本格的に始まったみたいだよ。

とうま　そうだったね。歴史博物館の館長さんが「米作りによって、縄文時代よりも人口が増えた」と言っていたね。

さおり　米作りによって、他にも変化したことがあるかもしれないね。

とうま　これまで勉強したことを図にあらわしてみるよ。米作りという言葉をスタートにして関係する言葉を線でつないでみれば何かわかるかもしれない。

【とうまさんの図】

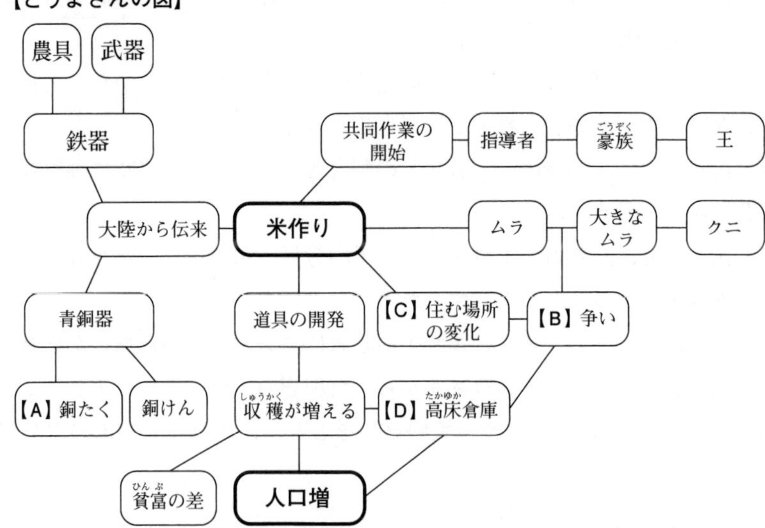

(1)　会話文中の［　　　　］に当てはまる言葉を、**【資料１】**にある、**かり**、**採集**、**漁**のいずれかを使って書きなさい。

(2)　会話文中の下線部について、弥生時代に縄文時代よりも人口が増えた理由を、**【とうまさんの図】**からわかることをふまえて書きなさい。

(3)　次の**【資料２】**と**【資料３】**は、**【とうまさんの図】**の**【A】**について、調べたときの資料をまとめたものです。銅たくはどのようなときに使われたと考えられますか。**【資料２】**と**【資料３】**から読み取れることをもとに、関連付けて書きなさい。

【資料２】銅たくを使っている様子（想像図）

（「NPO法人守山弥生遺跡研究会」ウェブサイトをもとに作成）

【資料３】　銅たくと銅たくにえがかれた絵

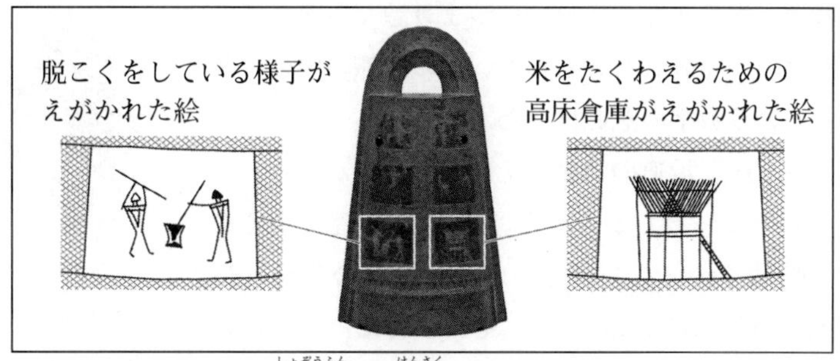

（国立文化財機構所蔵品統合検索システム（https://colbase.nich.go.jp/collection_items/tnm/J-37433?locale=ja）をもとに作成）

(4)　**【とうまさんの図】**の【**B**】について、ムラどうしで争いが起きた理由を【**C**】、【**D**】と関連付けて書きなさい。

〈適性検査Ⅱ〉　　—50分—

1　さとしさんは、家族で行ったドライブのときの写真を整理していました。その中にある写真を見て、ふと疑問をもったさとしさんは、お父さんにたずねてみることにしました。

【写真１】

さとし　　ねぇ、お父さん。**【写真１】**に写ってる標識は、カーブがあるから気をつけなさいっていう標識だよね。

お父さん　うん、そうだよ。スピードを出しすぎていると、カーブは危険だからね。

さとし　　この下に書いてある、「R＝500」って何なの。

お父さん　これはね、曲がっている部分が円の一部だと考えたときの、円の半径なんだよ。

さとし　　じゃあ、「R＝500」は、半径500［　A　］の円の一部ってことだね。

お父さん　そうだよ。つまり、この数字が［　B　］、カーブは［　C　］なって危険度が増すってことになるよね。

さとし　　そっかぁ、なるほど。

(1)　会話文中の［　A　］に当てはまる単位を書きなさい。

(2)　会話文中の［　B　］と［　C　］に当てはまる言葉の組み合わせとして正しいものを、次のア～エから１つ選び、記号で答えなさい。

	B	C
ア	大きければ大きいほど	きつく
イ	大きければ大きいほど	ゆるやかに
ウ	小さければ小さいほど	きつく
エ	小さければ小さいほど	ゆるやかに

(3)　さとしさんとお父さんの会話が続きます。以下の会話文中の［　D　］と［　E　］に当てはまる数を書きなさい。

さとし　　じゃあ、【写真２】の標識は何なの。

【写真２】

お父さん　それは、坂のかたむき具合…つまり急な坂か、ゆるやかな坂かを表しているんだ。その標識の中の「７％」という数字の意味は、わかるかな。

さとし　　ええっと…、坂道の角度が７度ってことかな。

お父さん　それがちょっとちがうんだ。【図１】を見てごらん。この図はイメージだけど、かたむき具合７％とは、100ｍの横の移動に対して、その７％にあたる７ｍだけ高さが上がるっていうことを表しているんだよ。

【図１】

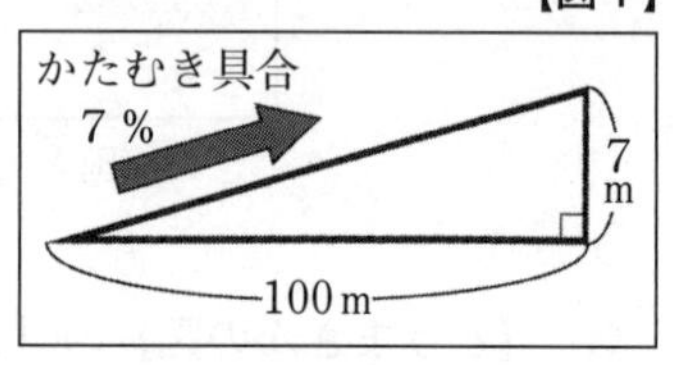

さとし　　へぇ。角度じゃないんだね。

お父さん　うん。角度とはちがうんだ。例えば、この坂のかたむき具合で、横の移動が300ｍだったとすると、高さは何ｍ上がることになるかわかるかい。

さとし　　えっと…。そっか、高さは［　D　］ｍ上がるね。こうやって、坂のかたむき具合を表してるんだね。でもこのときの【図１】の坂の角度って、いったい何度ぐらいなのかな…。

お父さん　坂の角度を知るためには、【表】を使うんだ。見てごらん。この【表】では、角度とかたむき具合の関係を表してるんだよ。

さとし　　えっ、そうなの。じゃあ、標識の「７％」は、かたむき具合が「７％」っていうことだから…。【表】にはちょうど「７％」はないけど、角度は約［　E　］度っていうことかぁ。

お父さん　そういうことだね。

さとし　　なるほど。この【表】はすごいね。

お父さん　【表】をうまく使うと、角度とその横のきょりがわかれば、そのときの高さを求めることもできるんだよ。だからこれを利用して、実際の山の高さをある程度正確に求めることだってできるんだ。

【表】

角度	かたむき具合
０度	0.00％
１度	1.75％
２度	3.49％
３度	5.24％
４度	6.99％
５度	8.75％
６度	10.51％
７度	12.28％
８度	14.05％
９度	15.84％
10度	17.63％
11度	19.44％
12度	21.26％
13度	23.09％
14度	24.93％
15度	26.79％
16度	28.67％
17度	30.57％
18度	32.49％
19度	34.43％
20度	36.40％
21度	38.39％
22度	40.40％
23度	42.45％
24度	44.52％
25度	46.63％
26度	48.77％
27度	50.95％
28度	53.17％
29度	55.43％
30度	57.74％

次の週末、さとしさんはお父さんといっしょに、近くの山の高さを調べてみることにしました。そのために、お父さんは【図２】のような道具を作ってくれました。これは、50cmほどの棒に、分度器とひもの付いたおもりを取り付けたもので、このひもは常に地面に対して垂直になっています。

さとしさんは【写真３】のＰの場所に立って、山の頂上を見上げます。そこで【図２】の道具を使って、視線と棒の角度を合わせたところ、ひもは分度器のちょうど74度の目盛りに重なっていました。

【図２】　【写真３】

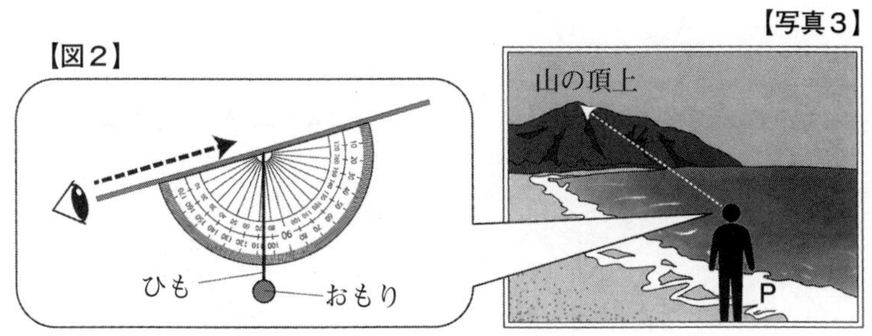

次にお父さんは、今さとしさんがいる場所から、山の頂上の真下までのきょりをスマートフォンの地図アプリを使って調べました。すると、そのきょりは約2.36kmでした。

(4)　ここまでの情報を使って、山の高さを求めます。次の問いに答えなさい。

①　次の図の中の、［F］～［H］に当てはまる数を書きなさい。

②　山の高さ［I］を求めなさい。また、どのようにして求めたか、式や言葉で説明しなさい。ただし、さとしさんの身長は考えないものとし、答えは、小数第一位を四捨五入して、整数にすること。

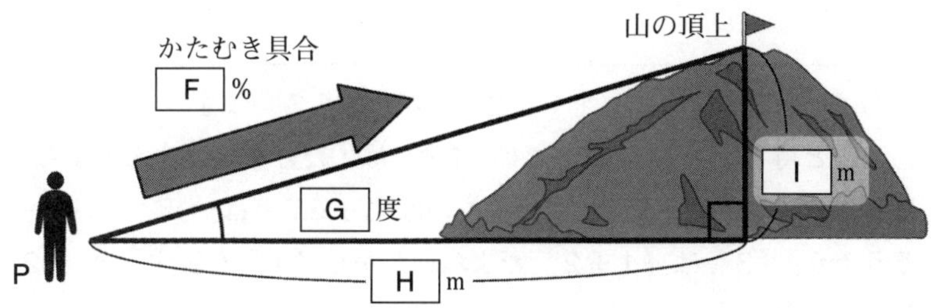

2　さとしさんとのりこさんは、じゃんけんで勝負をしようということになりました。２人で25回のじゃんけん勝負をして、多く勝った方を勝ちとします。

のりこ　勝った回数を正確に記録するために、紙とえんぴつを準備しよう。

さとし　いや、その必要はないよ。右手でじゃんけんをするなら、左手だけで『５』よりずっと大きい数まで数えることができるよ。今からその方法を説明するね。

さとしさんの説明した内容は次の通りでした。

まず、親指から小指まで、順番に㋐から㋔までの記号をつけます。

今回は、左手を使って説明しますが、右手でも同じように考えることができます。

指の曲げのばしによって、『1』から順番に数の表し方を説明します。

『1』は㋐をのばします。

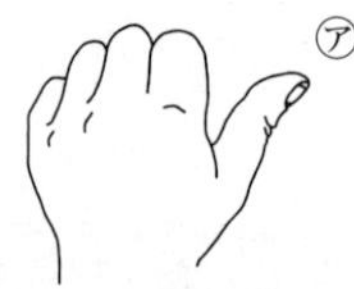

『2』は㋑をのばします。

『3』は㋐と㋑をのばします。

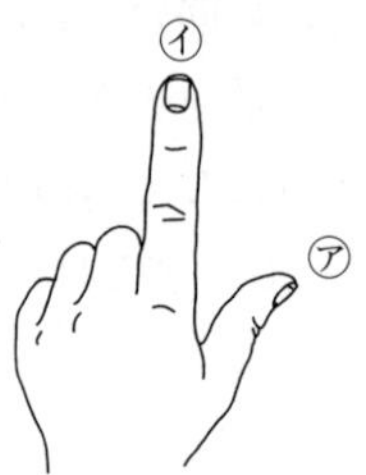

『4』は㋒をのばします。

『5』は㋐と㋒をのばします。

のりこさんは、指の曲げのばしをくり返しながら考えています。

のりこ　ちょっと待って。『1』は㋐だけ、『2』は㋑だけをのばすんだよね。それなのに『3』は㋒をのばすのではなく、㋐と㋑をのばすってことは…。

さとし　そうそう。『3』は『1＋2』だよね。だから『1』を表す㋐と、『2』を表す㋑をのばしているよ。

のりこ　ええっ。『3』は『1＋2』で表すのね。そして、『4』は㋒だけをのばしてるね…。

さとし　そうだよ。『4』は、㋐と㋑の２本では表せないから、その次の㋒を『4』と決めるんだ。

のりこ　ああ、そっか。だから『5』は㋐と㋒をのばして『[A]＋[B]』ってことね。

さとし　じゃあ、『6』はどの指をのばせばいいか、わかるかな。

のりこ　えっと…。あ、わかった。『6』は『[C]＋[D]』で表せるから[E]と[F]をのばせばいいのよね。

さとし　正解。もうわかったね。

(1)　会話文中の[A]～[D]に当てはまる数字を書きなさい。

(2)　会話文中の[E]、[F]に当てはまる指を記号で答えなさい。

(3)　図のように、㋓だけをのばしたときに表す数字を書きなさい。また、なぜそうなるのか、説明しなさい。

(4)　この方法を使って、片手だけで数えることのできる最大の数を書きなさい。

(5)　このあと２人は、右手でじゃんけん勝負を25回行い、勝った回数を左手の指の曲げのばしによって数えていきました。その結果、さとしさんは14勝、のりこさんは11勝でした。

　さとしさんの『**14**』と、のりこさんの『**11**』を左手で表すとき、それぞれどの指をのばせばよいか、のばす指を記号ですべて答えなさい。

3　さとしさんは、家で育てているアサガオについて、お母さんと話しています。

さとし　　花がさいていないアサガオがあるね。そういえば、このアサガオだけ、一晩中街灯の光が当たる場所にあるな。

お母さん　そうか、夜の間ずっと光が当たっていることが関係しているかもしれないね。

さとし　　図書館でアサガオについて調べてみよう。

> **【図書館で調べてわかったこと】**
> ・暗くしないとアサガオの花はさきません。
> ・アサガオのつぼみは切り取っても、水にさして、暗くしておくと、花はさきます。
> ・A<u>アサガオの花がさく時刻は、時期によって異なります</u>。

さとし　　暗くしないとアサガオの花はさかないって本に書いてあったよ。

お母さん　それで、うちのアサガオの花はさかないのか。

さとし　　じゃあ、確かめてみよう。でも、どれくらいの時間暗くしたらいいのだろう。

お母さん　それなら、実際に暗くする時間の長さを変えてみて、調べてみるといいね。

さとし　　図書館で調べた、つぼみを切り取る方法でやってみよう。

【実験１】

＜実験方法＞

①　アサガオのつぼみのくきを３㎝残して切り取る。

②　**【図１】**のように、切り取ったつぼみのくきがつかるように、水で満たした容器に入れたものを５つ準備する。

③　**【図２】**のように、切り取ったつぼみはライトで光を当て、明るくする。

④　午後６時になったら、次の**イ**～**オ**は、**【図３】**のように、段ボール箱をかぶせて暗くする。

⑤　次の**ア**～**オ**のように、**ア**はそのままライトの光を当て続け、**イ**は午前０時、**ウ**は午前２時、**エ**は午前４時に段ボー

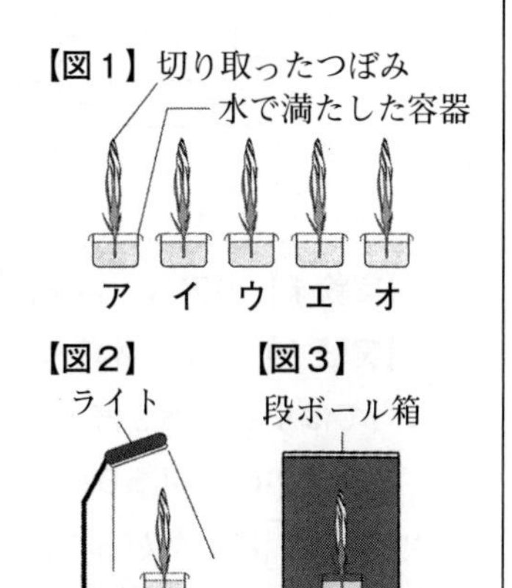

ル箱を取り、ライトの光を当てる。**オ**はかぶせたままにしておく。

⑥　花がさいた時刻を記録する。

＜実験結果＞

	段ボール箱をかぶせる時刻	段ボール箱を取る時刻	結果
ア	かぶせない		花がさかなかった
イ	午後６時	午前０時	午前４時に花がさいた
ウ	午後６時	午前２時	午前４時に花がさいた
エ	午後６時	午前４時	午前４時に花がさいた
オ	午後６時		午前４時に花がさいた

午後6 7 8 9 10 11 午前0 1 2 3 4 5 6(時)

■暗い　□明るい　○花がさいた

さとし　**＜実験結果＞**から考えてみると、アサガオの花がさくことと、［　　　］は関係ないと言えそうだね。

お母さん　でも、**イ**～**オ**は全て午前４時にさいているから、何かきまりがありそうだよ。

さとし　そうだね。B<u>アサガオの花がさくことと、暗くし始めてからの時間との間には、何か関係がありそうだね</u>。今度は、暗くし始める時刻をいろいろと変えて、実験してみるよ。

【実験２】

＜実験方法＞

①　**【図４】**のように、アサガオのくきを３㎝残して切り取り、水で満たした容器に入れたものを３つ準備し、**【実験１】**と同じようにライトで光を当てる。

【図４】

カ　キ　ク

②　次の**カ**は午後１時、**キ**は午後３時、**ク**は午後５時に段ボール箱をかぶせ、全て午前５時まで暗くする。

③　花がさいた時刻を記録する。

＜実験結果＞

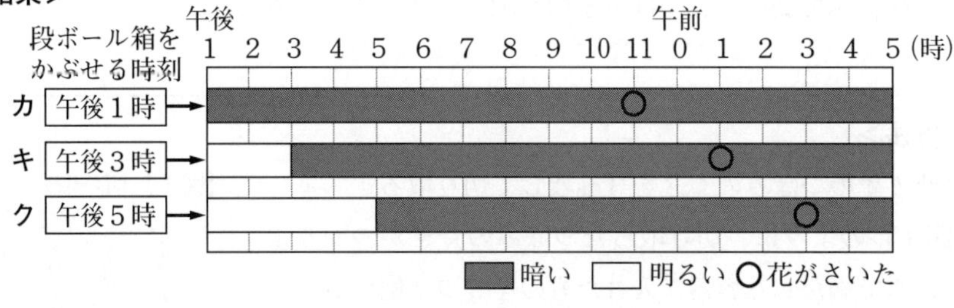

(1)　**【実験１】**の**ア**は、何を確かめるために行った実験か、書きなさい。

(2)　**【実験１】**の**イ**～**オ**の**＜実験結果＞**から、どのようなことが言えるか、会話文中の［　　　］に当てはまる言葉を書きなさい。

(3)　会話文中の下線部**B**について、**【実験２】**の**＜実験結果＞**から、どのようなことが言えますか。次の**［条件］**にしたがって書きなさい。

条件

＊「アサガオの花は、」に続く１文で書くこと。

＊「時間」という言葉と具体的な数字を使って書くこと。

⑷ **【図書館で調べてわかったこと】**の下線部Aについて、７月と９月の花がさく時刻を比べると、どちらの方が、花がさく時刻が早いですか。**【実験１】**と**【実験２】**の結果をふまえて、花がさく時刻が早い月と、そのように考えた理由を書きなさい。

4 さとしさんは、ニュースで見たホーバークラフトについて、のりこさんと話しています。

さとし　大分空港と大分市をつなぐホーバークラフトが復活するそうだね。

新しく建造されたホーバークラフト

のりこ　どんな乗り物なのかな。

さとし　海の上でも、陸の上でも進むことができるそうだよ。船体は少しういた状態で前に進むそうだね。

のりこ　でも、どうやって、海の上や陸の上を進むことができるのかな。

さとし　インターネットで調べてみたら、**【図１】**のように、船体の下に、ゴム製の「スカート」と呼ばれる部分があるんだって。
そして、プロペラとファンがついていて、A<u>船体がういて前へ進むのに重要な役割</u>をしているみたいだね。

【図１】(横から見た図)

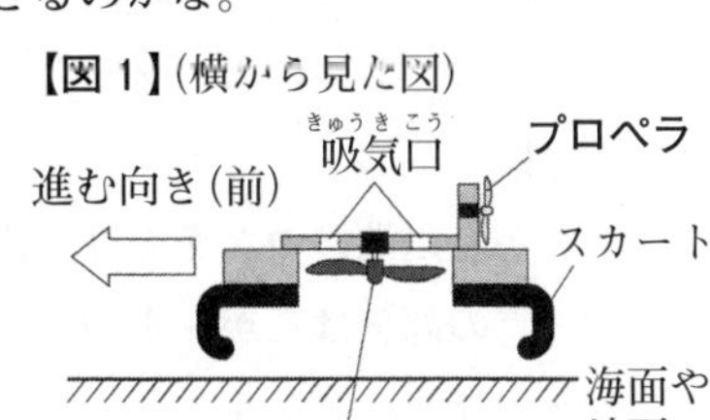

(イラスト及び図は大分県交通政策課ウェブサイトをもとに作成)

⑴ 会話文中の下線部Aについて、ホーバークラフトの船体がういた状態で前に進むために、**【図１】**にある**プロペラ**と**ファン**が、それぞれどのような役割をしているか、書きなさい。

さとしさんとのりこさんは、**【手作りホーバークラフトの作り方】**の**【図２】**のような手作りホーバークラフトを作ることにしました。

【手作りホーバークラフトの作り方】

＜使う材料＞

・モーター２個　　・プロペラ２つ(注１)
・単三かん電池２本　　・電池ボックス２個
・ビニールぶくろ１枚　　・導線
・両面テープ　　・セロハンテープ
・スチレンボード(注２)

(注１)…１つはファンの役割をする　(注２)…発ぽうスチロールを紙ではさんだ板

【図２】

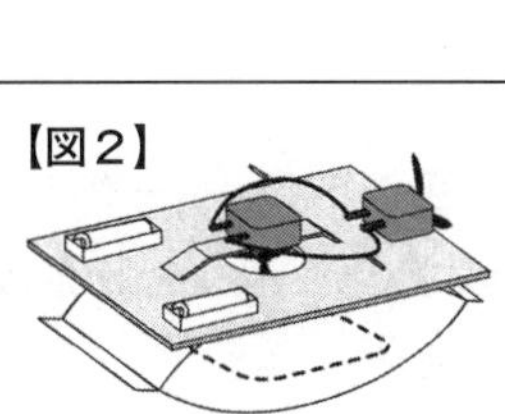

(導線の一部は省略)

＜作り方＞

① **【図３】**のように、穴をあけたスチレンボードの上に、プロペラを取り付けたモーター、かん電池と電池ボックスを取り付け、導線でつなぐ。

② **【図４】**のように、セロハンテープで口を閉じたビニールぶくろのスチレンボード側とゆか側、それぞれに穴をあける。

③　【図５】のように、穴をあけたビニールぶくろを、スチレンボードの下に両面テープではり付ける。

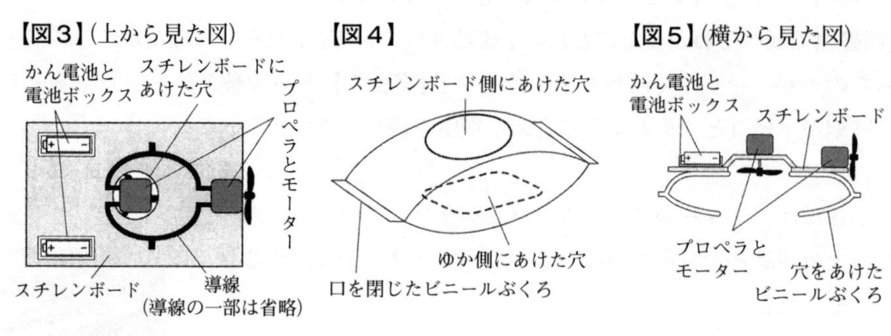

(イラスト及び図はJAXAウェブサイトをもとに作成)

(2)　【図６】の㋐から始め、㋑で終わる回路を作るとすると、どのように導線をつなげていけばよいか、次の **条件** にしたがって、記号㋒～㋕の全てを使って、電流が流れる順に書きなさい。ただし、２つのモーターどうしは、すでに導線でつなげているものとします。

条件

＊　かん電池のつなぎ方は、直列つなぎとする。

＊　㋒の部分は、かん電池の＋(プラス)極とつなぎ、㋕の部分は、かん電池の－(マイナス)極とつなぐこととする。

【図６】(上から見た図)

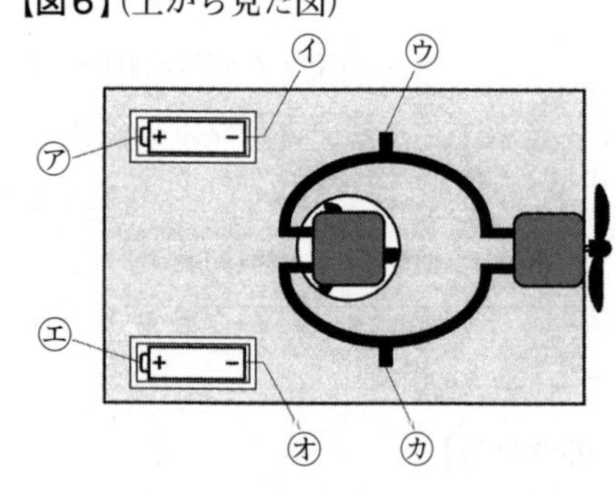

手作りホーバークラフトを作り、ゆかの上で走らせてみると、プロペラとモーターは２つとも回ったが、少ししか進みませんでした。このことについて、さとしさんとのりこさんが話をしています。

(導線の一部は省略)

のりこ　何をどう改良すればいいのかな。何が関係しているのだと思う。

さとし　そうだね。ビニールぶくろのゆか側にあけた穴の大きさが関係しているのではないかな。たぶん、B<u>適切な穴の大きさがあるのではないかな。</u>

のりこ　実験をして確かめてみよう。

(3)　さとしさんは、会話文中の下線部Bのように予想しました。さとしさんはどのように考えて、下線部Bのような予想を立てたのか、説明しなさい。

宮崎県立五ヶ瀬中等教育学校
宮崎県立都城泉ヶ丘高等学校附属中学校
宮崎県立宮崎西高等学校附属中学校

（編集部注：掲載にあたりレイアウトなどの一部改変を行っています。また、実際の適性検査では、写真や図版の一部はカラー印刷で出題されました。）

〈適性検査Ⅰ〉　―50分―

課題1

かなこさんは、同じ大きさの黒と白の立方体を使って、**写真**のような飾り（かざ）りを作ることにしました。飾りは、黒と白の立方体がすべて交互（こうご）に組み合わさっており、大きな立方体の形をしています。

かなこさんは、実際に、**図1**と**図2**の飾りを作り、ひろしさんと話をしています。

写真
（立方体を組み合わせて作った飾り）

図1

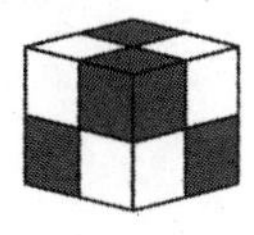

図2

※どちらの飾りにも表面や中身にすき間はなく、黒と白の立方体がぴったりとくっついています。

会話1

ひろし：　とてもきれいな飾りができたね。**図1**の飾りには、黒の立方体が（ ア ）個、白の立方体が（ イ ）個使われているね。

かなこ：　そうだよ。**図2**の飾りは、全部で（ ウ ）個の立方体を組み合わせて作ったんだ。黒と白の立方体の数は同じかなと思ったけれど、（ エ ）の立方体のほうが、（ オ ）個多かったよ。

問い1　**会話1**の（ ア ）、（ イ ）、（ ウ ）、（ オ ）にあてはまる数を答えてください。また、（ エ ）にあてはまる色を答えてください。

次に、ひろしさんは、形やデザインを変えた飾りを作りたいと考え、２種類の飾りを作ることにしました。１つは、**図1**と同じ飾りで直線をひいたもの（**図3**）、もう１つは、外から中が見えるとう明な立方体を組み合わせた飾り（**図5**）です。

図3

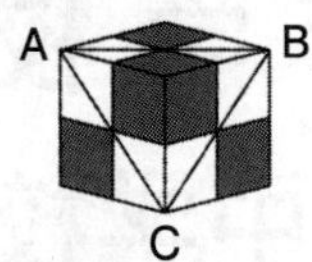

※**図1**と同じ飾りで、３つの頂点(ちょうてん)をＡ、Ｂ、Ｃとして、それぞれ直線をひいたものです。

図4（立方体をＤＥからＦの方向に切った場合）

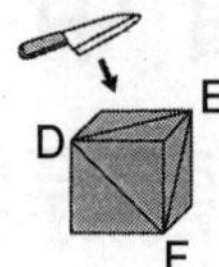

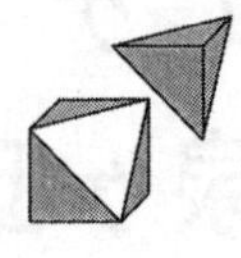

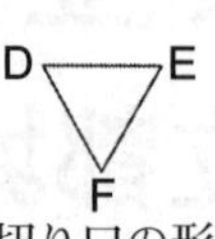

切り口の形

※ＤＥとは、頂点Ｄと頂点Ｅを結ぶ直線のことです。

図5

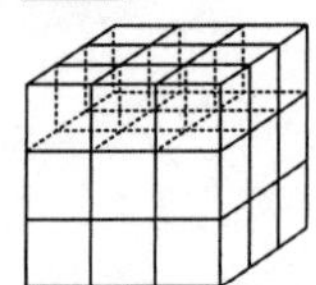

※同じ大きさの小さい立方体を、たて、横、高さにそれぞれ3個ずつ組み合わせたもので、すべての小さい立方体の中に、色のついたボールを入れることができます。

図6（ボールを入れた飾りを３つの方向から見た図）

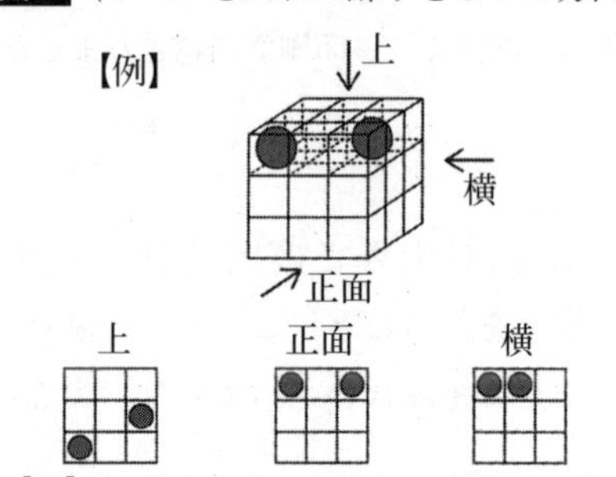

※【例】は、飾りの上から数えて１段目にボールを２個入れた図を表しています。

２人は、ひろしさんが作った飾りについて、話をしています。

会話２

かなこ：　２種類の飾りを作ったんだね。**図３**は、どうやって形を変えるの。

ひろし：　**図４**のように、直線に沿(そ)って切ってみようと思うんだ。

かなこ：　切り口はどのようになるだろう。さっそく切ってみようよ。

ひろし：　すごい。①黒と白の模様(もよう)ができたよ。

かなこ：　**図５**の飾りにも、同じ大きさのボールを、いくつか入れてみたんだね。

ひろし：　②上、正面、横の３つの方向から見ると、見え方がちがうよ。

かなこ：　私もひろしさんみたいに、オリジナルの飾りを作ってみよう。

問い２　**会話２**の下線部①について、**図３**を**図４**と同じようにＡＢからＣの方向に切ると、切り口はどのようになりますか。次の**ア**～**エ**の中から１つ選び、記号で答えてください。

ただし、黒と白の立方体は、表面と同じ色が立方体の中までついているものとします。

ア

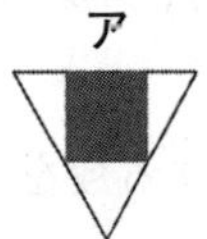

イ

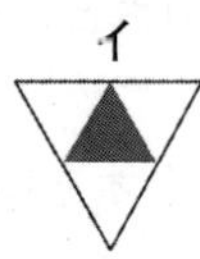

ウ

エ

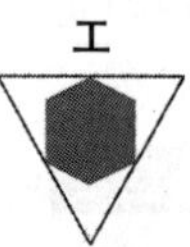

問い３　**会話２**の下線部②について、ひろしさんがボールを入れた飾りを、**図６**のように、上、正面、横から見た図で表すと、次のようになりました。飾りの上から数えて１段目から３段目に入っているボールの数を、それぞれ答えてください。

上

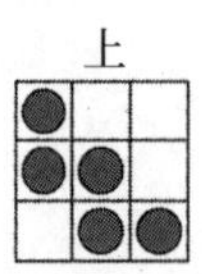

正面

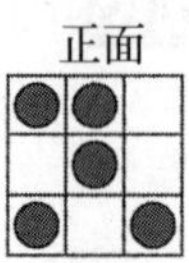

横

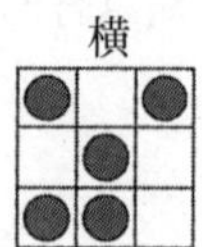

課題２

６年１組の図書係のさとしさんとひかりさんは、学級全員に読書に関するアンケートをとり、夏休みに読んだ本の冊数をまとめることにしました。**資料**は、学級を15人ずつの班（Ａ班とＢ班）に分けて整理したものです。２人は、**資料**をもとに、Ａ班とＢ班のどちらの班が、本をよく読んだといえるか、考えています。

資料

１組	読んだ本の冊数															合計	平均値
Ａ班	2	3	5	5	5	5	5	7	8	8	9	9	10	10	11	102	6.8
Ｂ班	3	3	4	4	5	5	6	6	6	6	6	8	11	13	16	102	6.8

※資料は読んだ冊数が少ない方から順に並んでいます。また、資料の中の数を値といいます。

会話１

さとし：　図書係では、夏休みに本をよく読んだ班に賞状をおくることにしたよ。

ひかり：　いい考えだね。**資料**にまとめてみると、Ａ班もＢ班も合計と平均値が同じ値になったね。

さとし：　そうなんだ。合計どうしを比べたり、平均値どうしを比べたりする方法では、どちらの班が本をよく読んだといえるか、判断できないね。

ひかり：　それなら、別の方法で比べてみようよ。

さとし：　そうだね。<u>別の方法を考えて、どちらの班が本をよく読んだといえるか、判断してみよう。</u>

問い１　**会話１**の下線部について、あなたならどのような方法を考えますか。**資料**をもとに、次の**【条件】**にしたがって、あなたの考えを答えてください。

【条件】

解答は、［方法］→［説明］の順に記入してください。

(1)　［方法］には、Ａ班とＢ班を比べる方法を１つ書いてください。

(2)　［説明］には、(1)の方法で比べた場合、Ａ班とＢ班のどちらの班が、本をよく読んだといえるかを書いてください。また、そのように判断した理由も書いてください。

６年２組の図書係のかずきさんとさちこさんは、１組と同じようにアンケートをとり、夏休みに読んだ本の冊数を調べました。２人は、調べた結果を**図書だより**にまとめています。

図書だより（一部）

「読書に関するアンケート」の結果を報告します。

［アンケート結果］

○調査人数　学級全員30人

（Ａ班16人、Ｂ班14人）

○学級全員が読んだ本の冊数　189冊

平均値は、Ａ班が7.0冊 Ｂ班が5.5冊 でした。

【グラフの見方】
１冊読んだ人が１人、２冊読んだ人が３人いることを表しています。

［グラフ］（アンケート結果より）

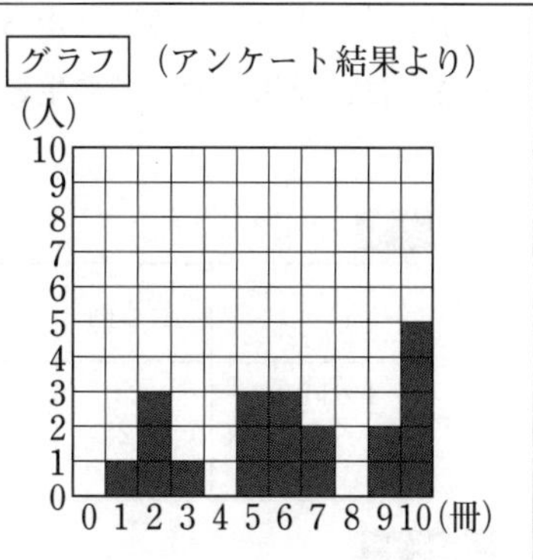

会話２

かずき：　アンケート結果をもとに、グラフを作ってみたよ。

さちこ：　読んだ本が０冊という人はいなかったね。①4冊と８冊のところを書き加えれば、グラフができあがるね。

かずき：　となりの３組の結果も気になるね。２組の全体の平均値より高いのかな。

さちこ：　結果が楽しみだね。アンケートを整理しながら、②平均値について、どのようなことがいえるか、考えてみたよ。

問い２　**会話２**の下線部①について、４冊と８冊のところを書き加えて、グラフを完成させてください。

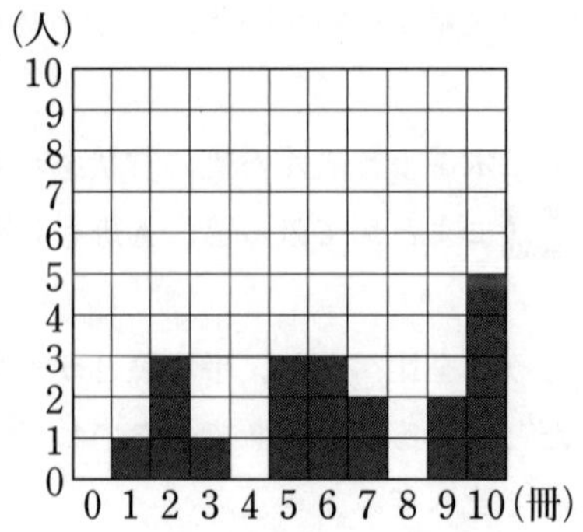

問い３　**会話２**の下線部②について、さちこさんは、学級の平均値について、**ア**～**エ**の考えをもちました。それぞれの考えが正しいかどうかを判断し、正しい場合は○、正しくない場合は×を書いてください。

ア　６年３組が30人のとき、学級全体の平均値と読んだ冊数が同じになる人が、必ず１人はいる。

イ　６年３組が30人のとき、それぞれが読んだ冊数と学級全体の平均値が、すべて同じになる場合がある。

ウ　６年２組の全体の平均値は、Ａ班とＢ班の平均値の和を２で割った値になる。

エ　どの学級でも、学級全体の平均値より高い人と低い人の人数は、同じになる。

課題３

たけるさんは、体育の時間にグラウンドを走ったときに、心臓（しんぞう）がドキドキしてみゃくはくが速くなっているのを感じました。そこで、走るとみゃくはくがどう変化するか調べてみることにしました。走る前、走っている間、走った後のみゃくはくは、次の**表１**のような結果になりました。たけるさんは、結果について先生と会話をしました。次の**会話１**、**会話２**は、そのときの様子です。

表１

	走る前	走っている間	走り終えた直後	走った後10分後	走った後20分後	走った後30分後	走った後40分後
1分間のみゃくはく数(回)	72	120	115	95	80	72	72

会話１

先　生：　走る前、走っている間、走った後のみゃくはくの変化で、どんなことに気づきましたか。

たける：　運動するとみゃくはく数が急に増えます。運動した後、時間がたつにつれてしだいに少なくなってきて、30分たつと、運動する前と同じみゃくはく数にもどっています。

先　生：　よく気がついたね。みゃくはくは、どの内臓のどのはたらきと関係があるかな。

たける：　心臓のはく動がみゃくはくとして表れます。

先　生：　では、運動しているとき、心臓のはく動が多くなるのは何のためだろう。血液のはたらきを思い出して、説明してごらん。

問い１　運動しているとき、心臓のはく動が多くなるのは何のためか、血液のはたらきと結び付けて、説明してください。

会話２

先　生：　植物も動物と同じ生き物ですね。植物は、私たちと同じように呼吸をしていると思いますか。

たける：　いいえ、思いません。植物は、光が当たっているとき、二酸化炭素を取り入れて、酸素を出しています。呼吸とは逆です。

先　生：　「光が当たっているとき」といいましたね。では、光が少ししか当たらないときや、光がまったく当たらないときはどうだろう。

たける：　調べてみます。

たけるさんは、植木鉢に植えた植物を使って、酸素と二酸化炭素の出入りを調べる実験を行いました。**実験の目的**と**実験の方法**は、次のとおりです。ただし、空気は、袋から出入りしないものとします。

実験の目的

植物が二酸化炭素を吸収して、酸素を出すはたらきは、光の強さによって変わるかを調べる。

実験の方法

①　**図**A～Cのように、葉の枚数や大きさがほぼ同じ植物を用意し、ポリエチレンの袋で包んで、袋の中にストローで息を吹き込みました。

②　気体検知管を使って、袋の中の空気の酸素と二酸化炭素の割合を調べました。

③　１時間後に②と同じ操作を行いました。

④　調べた結果を**表２**にまとめました。

図

A　日の当たる場所に置いたとき

B　日かげに置いたとき

C　光が当たらないようにしたとき

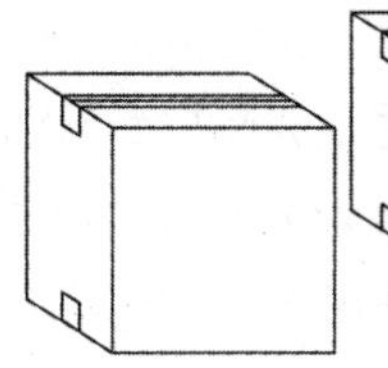

箱の中の様子

表2

	A　日の当たる場所に置いたとき		B　日かげに置いたとき		C　光が当たらないようにしたとき	
時刻	酸素	二酸化炭素	酸素	二酸化炭素	酸素	二酸化炭素
13時 実験開始	約18％	約４％	約18％	約４％	約18％	約４％
14時	約20％	約２％	約19％	約３％	約17％	約５％

問い２　植物を日の当たる場所に置いたときと日かげに置いたときの結果から、どのようなことがいえますか。**実験の目的**をふまえて答えてください。

問い３　**表２**から、植物は呼吸をしているといえますか。その理由も答えてください。

課題４

かおるさんは、図書館で借りた本の中に、「私に支点をあたえよ。そうすれば地球も動かしてみせる。」という歴史上の人物の言葉を見つけて、てこに興味をもちました。次の**会話１**、**会話２**は、かおるさんとしげるさんの会話の様子です。

会話１

かおる：　てこってすごいんだね。「支点さえあれば地球でも動かすことができる。」と本に書いてあったよ。

しげる：　地球を動かす実験なんてここではできないから、単純な実験用のてこを使って、てこの実験をしてみよう。

かおる：　てこがつりあっているとき、どんなきまりがあるのかな。

しげる：　おもりの重さと支点からのきょりをかけ算したときの答えが、支点の右と左で同じときにつりあうようになっているよ。

かおるさんとしげるさんは、**図１**のような実験用てこを使って、力の大きさをおもりの重さで表し、どんなときにつりあうか調べてみました。**資料**を参考にあとの問いに答えてください。

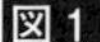

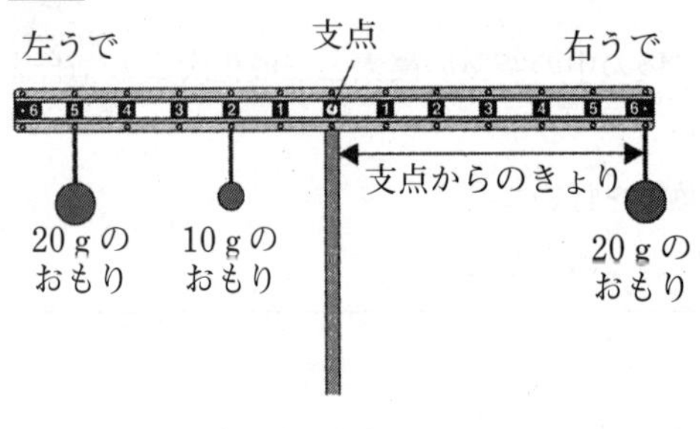

資料

てこのうでをかたむけるはたらきは、「おもりの重さ×支点からのきょり」で表すことができる。このはたらきが左右で等しいとき、てこは水平につりあう。

図１の場合は、

左うで　10×２＋20×５＝120

右うで　20×６＝120

問い１　左うでのめもり３に30ｇのおもりをつるし、さらに左うでのめもり６に20ｇのおもりをつるして、てこが水平につりあうのは、右うでのめもり３とめもり５に10ｇのおもりをそれぞれ何個ずつつるしたときでしょうか。つるすおもりの数が少なくてすむ場合について答えてください。ただし、めもり３とめもり５の片方だけにおもりをつるしてもよいものとします。

会話2

しげる：　この実験用てこの片方(かたほう)につるすおもりを、ばねにしてみたらどうなるかな。

かおる：　おもしろそうだね。ここに３本のばねがあるよ。まずは、それぞれのばねののび方を調べてみよう。

かおるさんとしげるさんは、**図２**のようにＡ、Ｂ、Ｃの３本のばねにいろいろな重さのおもりをつり下げ、ばねの長さをはかりました。

図３は、３本のばねにつり下げたおもりの重さと、ばねの長さの関係をグラフに表したものです。

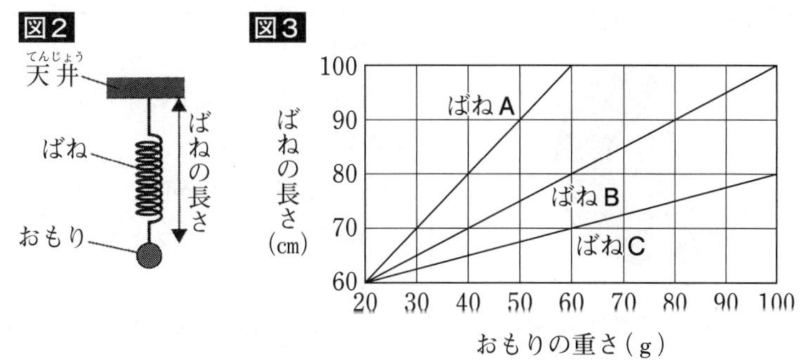

問い２　何もつるさないときのばねＡの長さは何cmになるか、答えてください。

かおるさんとしげるさんは、**図４**のように、実験用てことゆかまでの高さを75cmにして、右うでのめもり３のところに100ｇのおもりをつるし、左うでのめもり６のところにゆかに固定したばねを取り付けました。

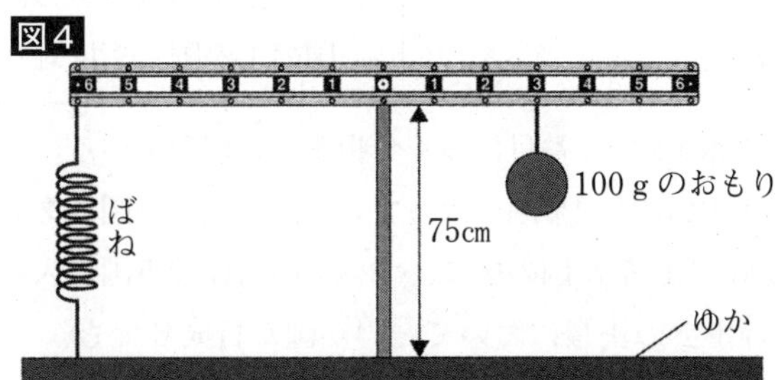

問い３　３本のばねのうちの１本が、ちょうどてことゆかまでの高さと同じ75cmの長さになったときに、てこは水平につりあいました。Ａ、Ｂ、Ｃのうち、どのばねを使ったのでしょうか。また、そう考えた理由を説明してください。ただし、ばねの重さは考えないものとします。

課題５

ひとみさんのグループでは、自分が興味のある都道府県について調べ学習を行い、考えたことなどをグループで話し合いました。

会話１

ひとみ：　私(わたし)は広島県について調べました。広島県には、中国地方の都市の中で一番人口の多い広島市があります。

たかし：　広島市では2023年、Ｇ７サミットが開催(かいさい)されていたね。Ｇ７の国は日本、アメリカ、カナダ、イギリス、フランス、イタリア、ドイツだね。

しんご：　Ｇ７の国はすべて※国際連合に加盟しているよ。国際連合はどのような組織なのかな。

※国際連合：1945年に世界の平和と安全を守るために設立された組織。加盟している国は、193か国(2023年現在)である。

問い１　ひとみさんは、しんごさんの疑問に対して、**資料１、２**を見つけました。**資料１、２**から**読み取ることができない**内容を、後のア～エから１つ選び、記号で答えてください。

資料１　**国際連合における※分担金の割合(2020年)**

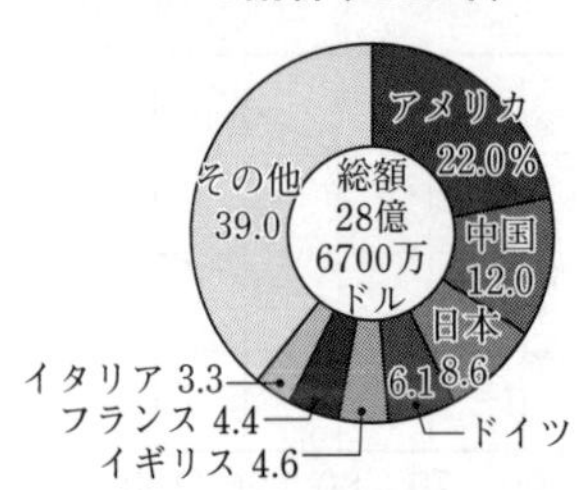

※分担金：加盟国が国際連合の活動のために出しているお金。

資料２　**国際連合「安全保障理事会」について**

【目的】
　世界の平和と安全の維持
【構成】
○　常任理事国５か国
　(中国、ロシア、フランス、イギリス、アメリカ)
　・　国際連合が発足してから変更はない。
○　非常任理事国10か国
　・　非常任理事国は任期が２年で、全加盟国の投票によって選ばれ、毎年半数が改選される。
【理事会の取り決め】
○　安全保障理事会の決議において、常任理事国の１か国でも反対した場合、成立しない。

ア　日本は加盟国の中で３番目に多く分担金を負担している。
イ　Ｇ７の国の中で常任理事国に入っている国は、３か国である。
ウ　分担金の割合上位７か国の中に、すべての常任理事国が入っている。
エ　安全保障理事会の決議において、14か国が賛成しても、フランスが反対すれば成立しない。

会話２

しんご：　私は山口県を調べました。一番西には、下関市があります。
ひとみ：　壇ノ浦の戦いで有名なところだよね。
たかし：　そういえばこの前、社会科の授業で「下関」という名前のついた条約が出てきたよね。
しんご：　明治時代に起きた日清戦争の後で結ばれた条約だったはずだよ。その戦争のことなど、先生に聞いてみよう。

問い２　しんごさんは、日清戦争のことについて先生に聞いたところ、**資料３、４**をもらいました。**しんごさんが考えたこと**の［　Ａ　］と［　Ｂ　］にあてはまる内容を、**資料３、４**をもとに答えてください。

資料3 日清戦争について

戦った国	清(今の中国)
戦争の起こった年	1894年
戦争の結果	日本が勝利
日本の戦死者	約１万４千人
日本が使った戦争の費用(当時の価値)	約２億３千万円
講和条約の名前	下関条約
条約の内容(主なもの)	・清が日本に賠償金を支払う。(当時の価値で約３億１千万円) ・清が日本に遼東半島、台湾、澎湖諸島をゆずる。

資料4 日露戦争について

戦った国	ロシア
戦争の起こった年	1904年
戦争の結果	日本が勝利
日本の戦死者	約８万４千人
日本が使った戦争の費用(当時の価値)	約18億３千万円
講和条約の名前	ポーツマス条約
条約の内容(主なもの)	・賠償金はなし。 ・ロシアが日本に樺太の南半分をゆずる。

条約の内容に国民が不満をもった。

しんごさんが考えたこと

どちらの戦争も日本が勝ったけど、日露戦争は日清戦争と比べて［　A　］にもかかわらず、ポーツマス条約の内容が下関条約と比べて［　B　］など、利益が少なかったことから、国民は不満をもったのではないかな。

会話3

たかし：　私は、下関市からすぐに行ける福岡県について調べました。

ひとみ：　地図を見ると、北九州と福岡に空港があるよ。

問い３　たかしさんは、福岡県の空港についてまとめた**資料5**から、ある疑問をもち、**資料6**から、その疑問に対する答えを予想しました。［　A　］と［　B　］にあてはまる内容を、**資料5、6**をもとに答えてください。

資料5 福岡空港と北九州空港の比較

	福岡空港	北九州空港
①　１日の乗降客数	58,542人	3,610人
②　国内線の就航路線	27路線	１路線
③　国際線の就航路線	18路線	１路線
④　営業時間(法律上ではなく実際の時間)	７時～22時	24時間営業

※①は2017年、②・③は2023年10月現在
(「日本と世界の統計データ」他より作成)

資料6 空港の立地場所

たかしさんの疑問

福岡空港は北九州空港に比べて乗降客数や就航路線が多いのに、なぜ［　A　］のだろうか。

疑問に対する予想

人が多く住んでいるところに立地しており、［　B　］に配慮しているからではないか。

課題６

たまきさんは、夏休みに家族旅行で京都と大阪に行きました。京都は平安京という都が置かれてから栄えたことを知り、平安時代の人々の生活について先生と話をしました。

会話１

先　生：　**資料１** は、平安時代、ある地域に住んでいる人たちの※「戸籍」をグラフで表したものです。何か気づいたことがありますか。

たまき：　女性の割合が非常に高いです。

先　生：　そうですね。しかし、この戸籍は本当の情報ではありません。その理由は、**資料２** を見れば分かると思います。どうでしょうか。

たまき：　なるほど。［　　　　］ために、戸籍には女性として申告していたのですね。

※「戸籍」：朝廷がどこにだれが住んでいるかを把握し、税や兵士を集めるための記録で、それぞれの地域から申告されたもの。

資料１ ある地域の戸籍をもとに作成したグラフ

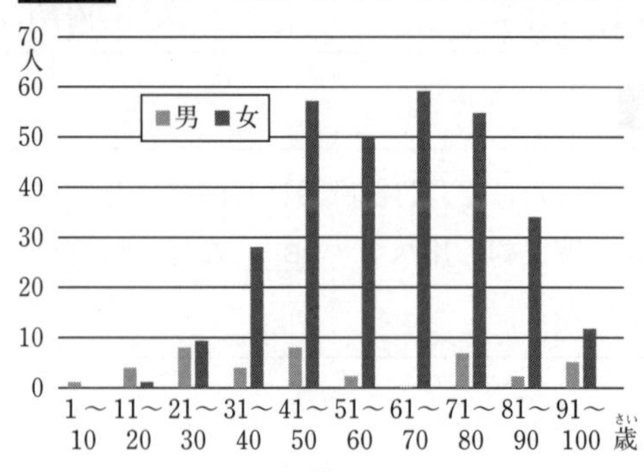

（竹内理三『平安遺文』〈東京堂出版〉より作成）

資料２ 律令制で定められた「税」

対　象	種別	税の名	内　容	負担の範囲
6歳以上の男女	品物	租	口分田の面積に応じて(稲の収穫の約3％)	口分田は、戸籍にもとづきあたえられる
※成人男性		調	特産物(絹・糸・布製品)	都まで運んで納める(食料は自分で負担)
		庸	麻布(労役の代わり)	
	労役	雑徭	年60日以内	池・堤などの土木工事
成人男性3～4人に1人	兵役	軍団	年36日以内	食料・武具は自分で負担(調・庸などを免除)
		衛士	都で1年間	
		防人	九州北部で3年間	

※成人男性：21歳～60歳までを表している。

問い１　**会話１** の［　　　　］にあてはまる内容を、**資料２** をもとに答えてください。

問い２　たまきさんは、大阪に行った際に、ある古墳を見学しました。次の **説明** を読んで、たまきさんが通った **略地図** のルートとして適切なものを、後の**ア**～**カ**から１つ選び、記号で答えてください。

説明

○　たまきさんが駅をおりてしばらく歩くと交番があり、道を聞くと「まず南に行って、病院のところで西に行くと消防署があるので、そこで聞きなさい。」といわれた。

○　次に消防署まで行くと「南に行くと図書館がある。そこから西に向かって行くと右手に神社があり、そのまま行くと交番があるのでそこで聞きなさい。」といわれた。

○　次に交番では、「南東に行くと消防署があるから、そこを南西に曲がれば博物館がある。」といわれ、そのとおりに行くと博物館があり、すぐそばの古墳を見学した。

ア　A駅→**1**のルート
イ　A駅→**2**のルート
ウ　A駅→**3**のルート
エ　B駅→①のルート
オ　B駅→②のルート
カ　B駅→③のルート

略地図

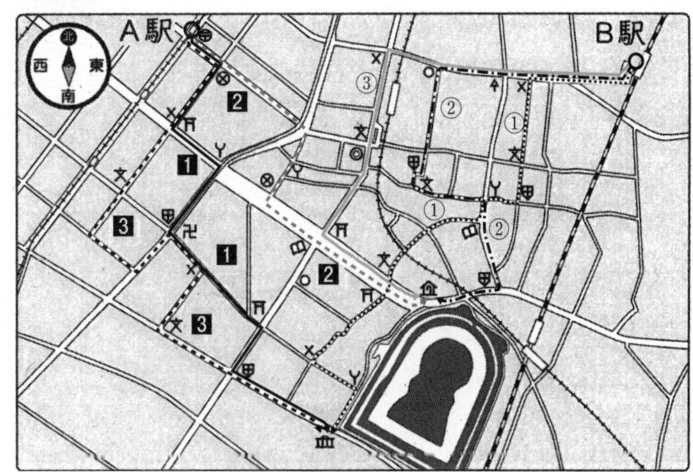

たまきさんは、大阪を訪れた際のできごとについて**資料３、４、５**を見つけ、その資料をもとに友達と話しました。

会話２

たまき：　大阪では右のようなマークが貼ってある※「ハラール認証店」とよばれるお店を見つけたよ。
かいと：　なぜこのようなお店があるのだろう。
もとき：　**資料３**から［　A　］ということがわかるね。
あゆみ：　本当だ。**資料４、５**から［　B　］ためではないかな。

画像提供：日本ハラール協会
※ハラール認証店：イスラム教徒の人々のための「ハラールフード」を提供しているお店。

資料３　マレーシア・インドネシアの訪日観光客数の推移

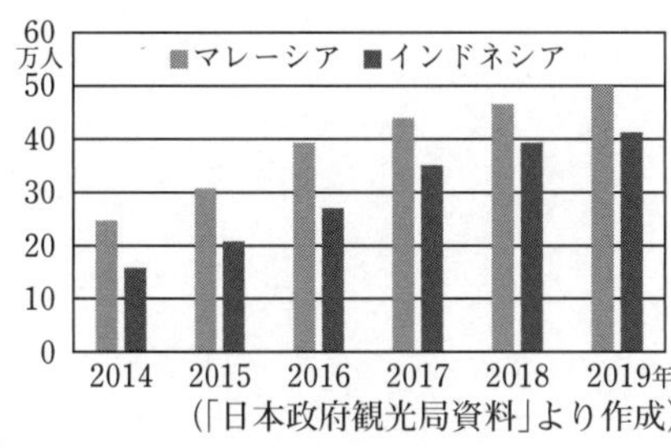

（「日本政府観光局資料」より作成）

資料４　マレーシア・インドネシアの宗教人口の割合

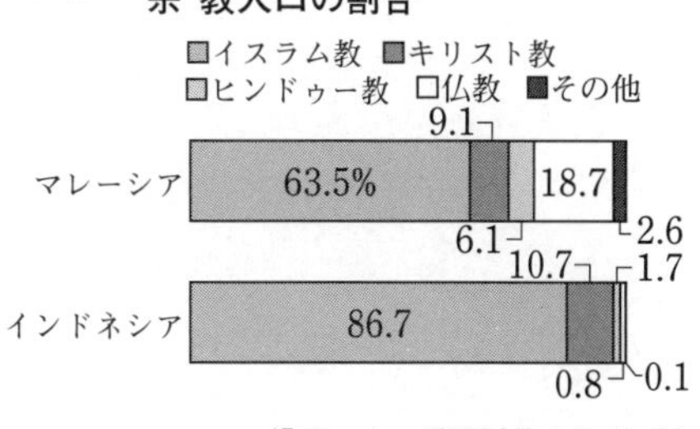

（「ジェトロ資料」他より作成）

資料５　イスラム教徒の食事について

豚やアルコール（料理酒、みりんなどを含む）、宗教上の適切な処理が施されていない肉を食べてはならない。食材だけでなく、料理をする場所や工程などにも細心の注意を払う。

問い３　**会話２**の［　A　］にあてはまる内容を、**資料３**をもとに答えてください。また、［　B　］にあてはまる内容については、**資料４、５**を関連づけて、**「食事」**という語句を使って答えてください。

切にしたい考え方について、自分の体験や具体例を示しながら書いてください。

③　三百字以上、四百字以内で書いてください。

〈作文〉　　—40分—

◆ 【資料A】、【資料B】を読んで、後の問いに答えてください。

※がついている言葉は、後に説明があります。

【資料A】

「自分の頭で考える」際には、「腑に落ちる」という感覚が一つのバロメーター※になります。本当に自分でよく考えて納得できたとき、私たちは「腑に落ちる」という感覚を抱きます。この感覚は大変重要です。

ところが、「腑に落ちる」ことも、また少々軽視されているところがあります。たとえば、何か分からないテーマや事柄があったとして、それについて誰かが説明していたら、その説明を聞いただけで、もう分かったつもりになっている、といったことはないでしょうか。

とくに最近は安直に「答え」をほしがる傾向があり、それに応じてきれいに整えられた「答え」や、一見「答え」のように見える情報が、ネット空間※などにはあふれています。ランキング情報やベストセラー情報などは、その最たる例です。あるいは情報がコンパクトにまとめられたテレビ番組もたくさんあります。多くの人が、まるでコンビニへ買い物にでも行くかのように「答え」の情報に群がり、分かった気になっています。

誰かの話をちょっと聞いただけで「分かった」と思うのは安易な解決法です。立派そうな人の本を読んで「なるほど、その通りだな」と思い、翌日に反対の意見を持つ人の本を読んで「もっともだな」と思ったのでは、意味がありません。自分の頭で考えて、本当に「そうだ、その通りだ」と腹の底から思えるかどうか(腹落ちするかどうか)が大切なのです。

私自身は、人の話を聞いてすぐに「分かった」と思うことはほとんどありません。心の底から「分かった」と思えない間は、「そういう考え方もあるのだな」という状態で保留扱いにしておきます。否定もしません。結論を急いで「分かった」と思おうとするのは間違いのもとです。「腑に落ちる」まで自分の頭で考え抜いているかどうか、私たちはもう少し慎重になったほうがいいと思います。

（出口　治明『人生を面白くする本物の教養』〈幻冬舎〉による）

※　バロメーター……物事をすい測したり判断したりする基準や目安。

※　ネット空間……不特定多数の人が利用するインターネット上の空間。

【資料B】

編集部注：著作権上の都合により、文章を省略しています。

（行宗　蒼一『勉強っていやいやするもの?』〈大日本図書〉による）

問い一　【資料A】に、「結論を急いで『分かった』と思おうとするのは間違いのもとです」とありますが、筆者がどのような考えからこう述べているのか説明してください。

問い二　【資料B】に、「ピカソ=天才画家という世間の評価に屈しているんじゃないか」とありますが、「世間の評価に屈する」とはどういうことなのか説明してください。

問い三　【資料A】、【資料B】に共通している筆者の考えに対するあなたの考えを、次の(条件)にしたがって書いてください。

(条件)

①　はじめに、【資料A】、【資料B】に共通している筆者の考えをまとめて書いてください。

②　次に、①で書いた筆者の考えをふまえたうえで、あなたが大

鹿児島県立楠隼中学校

（編集部注：掲載にあたりレイアウトなどの一部改変を行っています。実際の適性検査では、写真や図版の一部はカラー印刷で出題されました。）

〈適性検査Ⅱ　※適性検査Ⅰは913ページから掲載しています。〉　　—45分—

1　隼太さんと楠乃さんは、隼太さんが取り寄せた学校のパンフレットについて話しました。**【会話】**を読んで、**問１〜問４**に答えましょう。

【会話】

隼太：先日、楠隼中学校のパンフレットを取り寄せてみたんだ。「総合的な学習の時間」に、宇宙やⓐロケットのことについて学ぶ「シリーズ宇宙学」がとても興味深かったよ。

楠乃：隼太さんは宇宙のことが大好きだものね。

隼太：肝付町には、ロケットの発射場があって、学校からロケットが飛んでいく様子が見えるんだよ。ただ、ロケットの発射はⓑ風の強さなど、気象の条件に左右され、打上げが延期になることもあるらしいよ。

楠乃：学校からロケットが飛んでいく様子が見えるってすごいな。他に何か面白そうなことはある？

隼太：そうそう、楠隼中学校では、ⓒ中国語会話を学ぶ時間もあるんだ。

楠乃：そうなんだ、英語だけでなく中国語も学習するんだ。２か国語も学ぶのは楽しそうだね。

隼太：中国語は２・３年生で学習するんだ。英語に加え中国語も学んだら世界への視野が広がるだろうな。

楠乃：楠隼中学校はいろいろなことをしているんだね。他にはどのようなことをしているの？

隼太：他には、「楠隼ダイアリー」という独自のⓓ日記帳に日々の記録を書いて、生活・学習の自己管理をしているみたいだよ。わたしも、楠隼中学校でたくさんの思い出を作りたいな。

問１　下線部ⓐについて、次の問いに答えましょう。

(1)　ロケットが大好きな隼太さんは、写真のような実物の300分の１の大きさの模型を買いました。この模型の白いロケットの高さは８㎝です。実物のロケットの高さは何ｍか計算をして求めましょう。

(2)　ロケットを打ち上げるには、新型ロケットを開発するための費用（開発費）と１回あたりの打上げ費用が必要です。

次の表は、Ａ社、Ｂ社、Ｃ社それぞれの費用についてまとめたものです。新型ロケットの打上げ回数を５回とするとき、開発費を含めて５回の打上げに必要な費用が最も少なくなるのはＡ社、Ｂ社、Ｃ社のうちどの会社か答えましょう。また、選んだ理由を具体的な数字を用いて説明しましょう。ただし、開発費が必要となるのは１回のみとします。

	A社	B社	C社
新型ロケットを開発するための費用(開発費)	160億円	200億円	480億円
1回あたりの打上げ費用	100億円	80億円	50億円

問2　下線部ⓑについて、「風鈴（ふうりん）」は、風によって音が鳴るような仕組みになっています。図**A**、**B** 2つの風鈴に同じ向きから同じ強さの風が当たったとき、**A**の風鈴はあまり音が鳴らず、**B**の風鈴は音がよく鳴りました。音の鳴り方に違いが出る仕組みについて答えましょう。ただし、2つの風鈴は、短冊（たんざく）の大きさ以外はすべて同じ条件です。

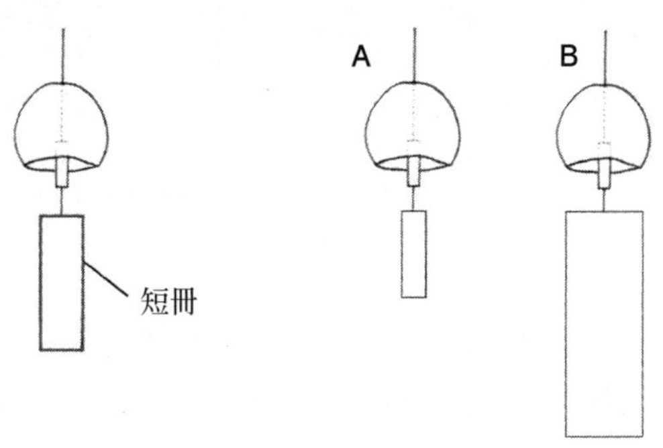

問3　下線部ⓒについて、**資料1**は中国で生産している主な穀物（こくもつ）である米、小麦、トウモロコシのそれぞれの生産分布を、**資料2**は**資料1**の3都市の雨温図を、**資料3**は稲作の盛（さか）んなインドのコルカタの雨温図を示しています。**資料1**のうち、米の生産分布を示しているのはどれですか。**資料1**の**ア**～**ウ**から1つ選んで、記号を書きましょう。また、その理由を**資料3**の雨温図をもとに説明しましょう。

資料1　中国の主な穀物の生産分布

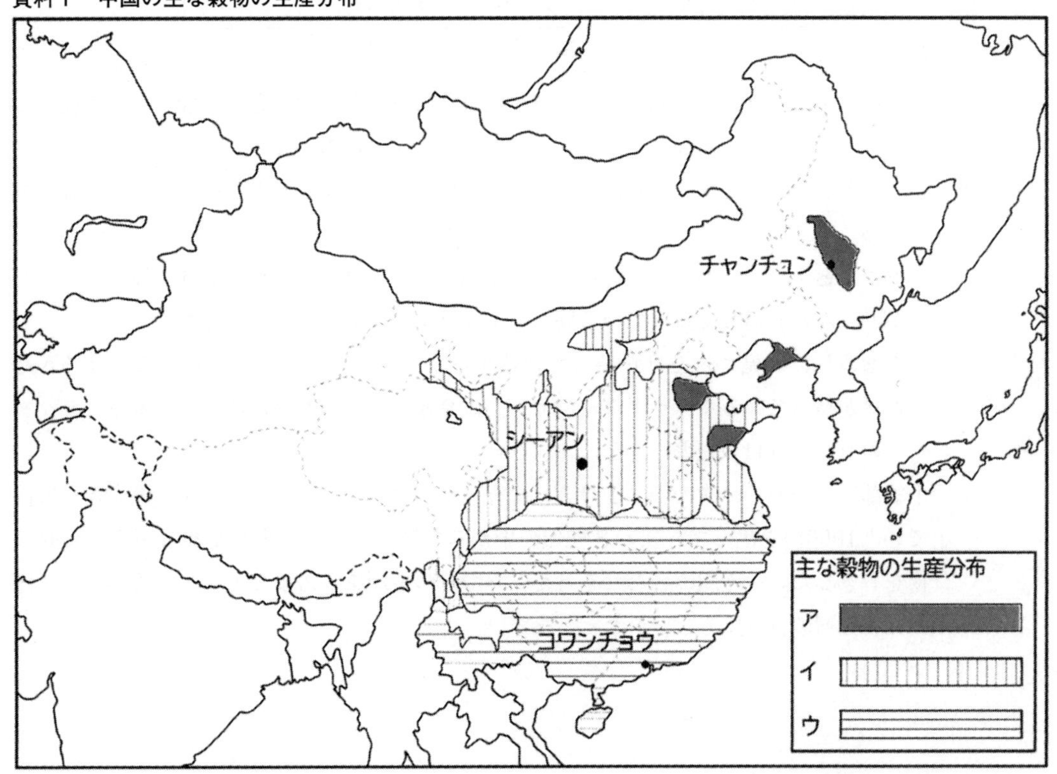

（「中国地理図集」などをもとに作成）

資料２　３都市の雨温図（1991～2020年の平均値）

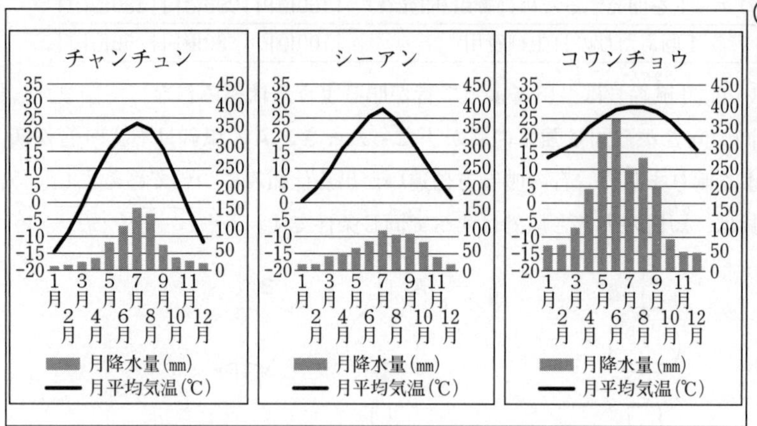

資料３
コルカタの雨温図
（1991～2020年の平均値）

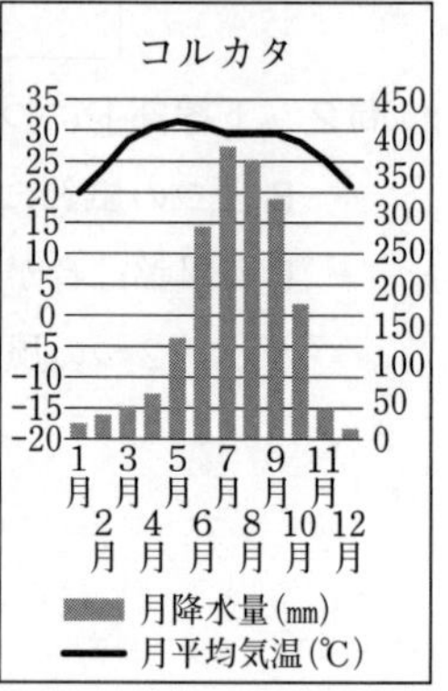

（気象庁データをもとに作成）

問４　下線部ⓓについて、隼太さんの冬休みの日記と、隼太さんと隼太さんの兄、楠乃さんの３人の会話文です。【日記】と【会話】を読んであとの問いに答えましょう。

【日記】

1月3日	兄と初売りに行った。たくさんの物が売られていて何を買うか迷ったが、①わたしは文房具（ぶんぼうぐ）を買った。よい買物ができたと思う。兄は、キャラクターのカードを買っていた。
1月4日	今日は楠乃さんが遊びに来たので、兄とわたしと楠乃さんの３人で遊んだ。３人ともキャラクターのカードを持っていたので、見せ合ったり、カードバトルをしたりした。楽しかった。②中には、３人が共通して持っている同じキャラクターのカードもあった。

【会話】

隼太：このキャラクターは、わたしのお気に入りなんだけど、お兄さんも楠乃さんも持っているんだね。他にも同じキャラクターのカードがあるのかな？

楠乃：そうね。わたしと隼太さんが共通して持っている同じキャラクターのカードは６枚あるね。

兄：わたしと隼太さんが共通して持っている同じキャラクターのカードは７枚、わたしと楠乃さんが共通して持っている同じキャラクターのカードは５枚だね。

隼太：ちなみに、お兄さんだけが持っているキャラクターのカードは13枚だよ。楠乃さんだけが持っているキャラクターのカードは９枚、わたしだけが持っているキャラクターのカードは11枚だね。

(1)　下線部①について、次の表は１月３日に行った初売りの品物の一部です。隼太さんは持っていた1000円を出して、次の３種類の中から、最もおつりが少なくなる組み合わせで買物をしました。その組み合わせを考え、おつりの金額を答えましょう。ただし、同じ種類の品物を複数買ってもよいこととします。

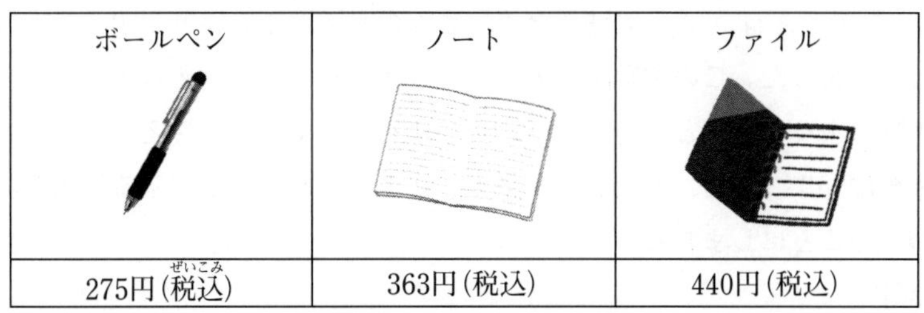

ボールペン	ノート	ファイル
275円（税込）	363円（税込）	440円（税込）

⑵　下線部②について、３人が持っているキャラクターのカードを、すべて合わせると60枚です。隼太さんは、３人が共通して持っている同じキャラクターのカードを何枚持っていますか。**【会話】**をもとに、式や図、言葉などを使って説明しましょう。

2　楠乃さんと隼太さんは夏の思い出について話しました。**【会話】**を読んで、**問１**～**問４**に答えましょう。

【会話】

楠乃：今年の夏も本当に暑かったよね。わたしは今年、自由研究でⓐ水溶液の実験をしたんだ。隼太さんの１番の夏の思い出は何かな？

隼太：家族でキャンプをしたことかな。キャンプ場では、走ったりボール遊びをしたりしてⓑ体を動かして遊んだし、夜は、星がとてもきれいで、ⓒ夏の大三角やたくさんの星座を観察できたんだ。楠乃さんの思い出は何かな？

楠乃：社会の宿題で、課題レポートのグループで集まってⓓ選挙について調べたことかな。

問１　下線部ⓐについて、楠乃さんと隼太さんは、水の温度と物がとける量に着目して実験することにしました。温度の違う水100mLにミョウバンを計量スプーンですり切り１ぱいずつ入れて、何ばいまでとけるか調べました。次の表は、その結果をまとめたものです。あとの問いに答えましょう。

水（100mL）の温度ととけたミョウバンの量

水の温度（℃）	20	40	60
とけたミョウバンの量	すり切り４はい	すり切り８はい	すり切り22はい

⑴　20℃の水を100mL入れた３つのビーカーを用意しました。同じ計量スプーンを使って、ミョウバンをすり切り３はい入れ、じゅうぶんにかき混ぜたあと、ろ過した液をA、ミョウバンをすり切り５はい入れ、じゅうぶんにかき混ぜたあと、ろ過した液をB、ミョウバンをすり切り７はい入れ、じゅうぶんにかき混ぜたあと、ろ過した液をCとします。このとき、A、B、Cのこさは、どのような関係になっていますか。次の**ア**～**エ**から１つ選んで、記号を書きましょう。

AよりもBの方がこい場合には、「A＜B」、AとBのこさが同じ場合には「A＝B」とします。

ア　A＝B、B＝C　　**イ**　A＜B、B＝C

ウ　A＝B、B＜C　　**エ**　A＜B、B＜C

⑵　隼太さんは「水の温度を上げて、さらに水の量も増やすことでより多くのミョウバンを水にとかすことができる」と考えました。この考えが正しいことを示すため、20℃の水を50mL入れたビーカー（E）と、60℃の水を100mL入れたビーカー（F）を用意し、ミョウバンをとかしました。その結果、（F）の方が、より多くのミョウバンがとけました。しか

し、楠乃さんは、「この方法だと隼太さんの考えが正しいと説明する実験になっていない。」と言いました。この実験は隼太さんの考えが正しいといえる実験になっていません。この実験のよくない点と、どのような実験を行えばよいかを答えましょう。

問2　下線部ⓑについて、楠乃さんと隼太さんは、人のうでが曲がる仕組みについて模型を使って調べることにしました。

【会話】

楠乃：うでを曲げたりのばしたりするとき、骨(ほね)のまわりについている筋肉(きんにく)が骨を動かしているんだよね。

隼太：それでは、筋肉は骨にどのようについているのかモデルをつくって調べよう。

楠乃：なるほど。棒(ぼう)を骨、毛糸を筋肉、クリップを骨と筋肉のつなぎ目に見立てて考えてみるといいね。

隼太：わたしは、このように筋肉がついていると思うよ。

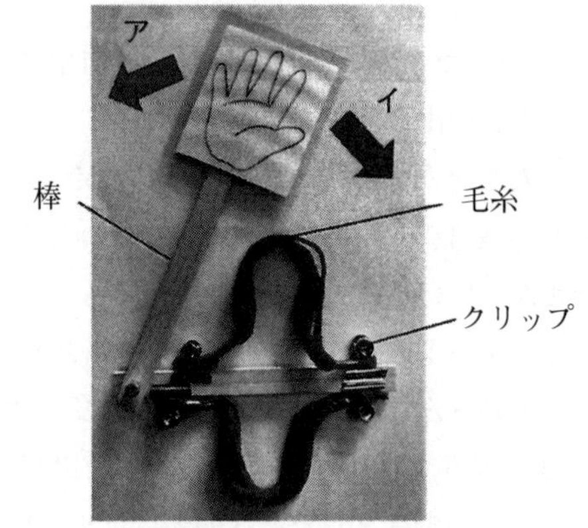

隼太：あれ、これでは毛糸を引っ張っても、棒は**ア**の方にも**イ**の方にも動かないね。

楠乃：それでは、わたしは、<u>このようにクリップをつけてみるね。</u>

隼太：すごい。楠乃さんがつけたクリップの位置で毛糸を引っ張ると棒が動いたよ。ということは、筋肉はこのように骨についているはずだね。

(1)　下線部について、どのようにクリップをつけると、筋肉が骨を動かしていることが分かるのでしょうか。右の図に、筋肉のつき方が分かるようにクリップの位置を4か所「×」でかき入れ、毛糸を実線(ー)で表しましょう。また、骨を動かすために筋肉はどのようについているか「筋肉は」に続けて書きましょう。

(2)　次に隼太さんたちは、筋肉が縮(ちぢ)んだりゆるんだりすることによって、うでを動かしていることを調べ、これは体じゅうの様々な筋肉も同じであることに気づきました。「ひざを曲げる」ときに縮む筋肉は、次の**ア**、**イ**のどちらの部分の筋肉ですか。また、「つま先をあげる」ときに縮む筋肉は、次の**ウ**、**エ**のどちらの部分の筋肉ですか。それぞれ記号を書きましょう。

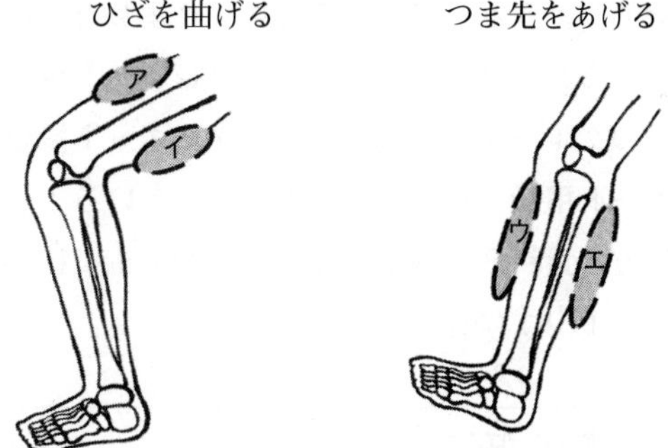

問３　下線部ⓒについて、次の絵は、隼太さんが日記にかいていたものです。

隼太さんは、星座早見を見て、夏の大三角と冬の大三角があることに気づきました。隼太さんは、星座早見にかかれている夏の大三角と、冬の大三角についてどちらの面積が大きいか気になり、調べることにしました。**図１**、**図２**は、星座早見からかき写した、夏の大三角と合同な三角形**アイウ**と、冬の大三角と合同な三角形**エオカ**です。三角形**アイウ**の面積と三角形**エオカ**の面積について説明しているものとして、最も適当なものをあとの①～⑤から１つ選んで、番号を書きましょう。また、選んだ理由を式や図、言葉などを使って説明しましょう。ただし、定規・ものさし・コンパスを使用してもかまいません。

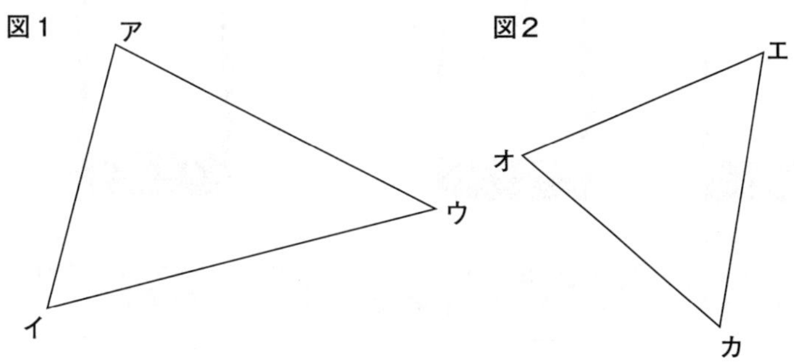

（編集部注：**図１**、**図２**は60％に縮小しています。）

①　三角形**アイウ**の面積は、三角形**エオカ**の面積の約２倍である。

②　三角形**アイウ**の面積は、三角形**エオカ**の面積の約1.5倍である。

③　三角形**アイウ**の面積は、三角形**エオカ**の面積の約0.8倍である。

④　三角形**アイウ**の面積は、三角形**エオカ**の面積の約0.5倍である。

⑤　三角形**アイウ**の面積は、三角形**エオカ**の面積とほぼ同じである。

問４　下線部ⓓについて、楠乃さんは社会科のグループ活動の課題として選挙について調べました。すると、現在投票率の低下が課題であり、K市ではインターネットによる投票をすることでその課題を解消しようとしていることを知りました。楠乃さんはグループで協力してレポート用紙にまとめることになりました。次の**レポート用紙**はその作成途中のものです。あなたは、楠乃さんのグループの一員で、インターネット投票のよさと課題を書くことを担当しています。**レポート用紙**、**資料1**のK市が考えているインターネット投票の流れ、**資料2**の現在の投票の仕方、**資料3**の選挙の4つの原則をもとに、インターネット投票のよさと課題を考え、それぞれ1つずつ答えましょう。

レポート用紙

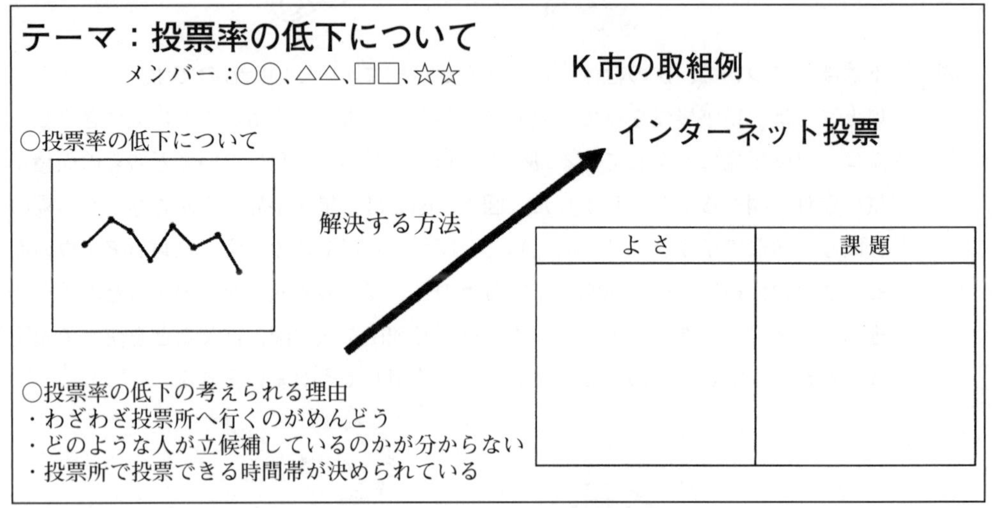

資料1　K市が考えているインターネット投票の流れ

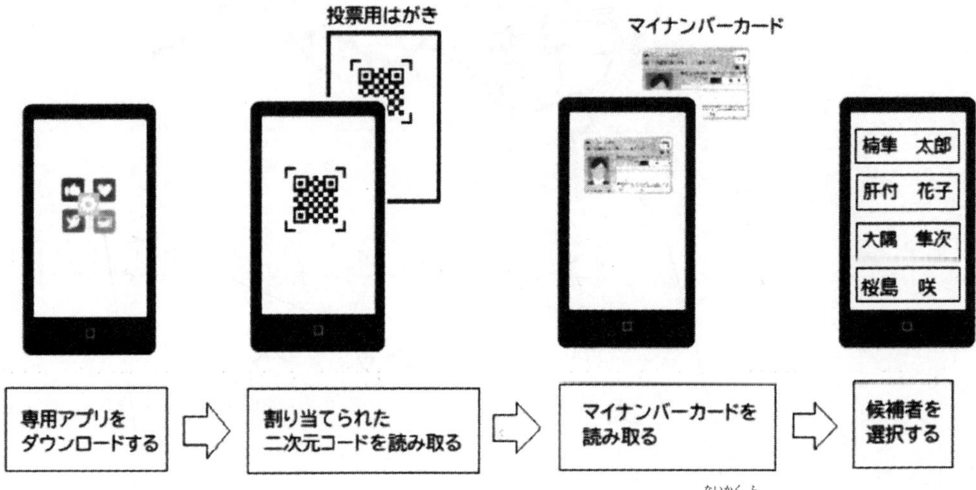

(内閣府作成資料をもとに作成)

＊アプリ…アプリケーションの略。スマートフォン、タブレットなどで使用するソフトウェアの名称を示す。

＊マイナンバーカード…個人番号(マイナンバー)が記された顔写真付きのカード。カードの表面には氏名、住所、生年月日、性別などが表示され、身分証明書などに利用できる。

資料２　現在の投票の仕方

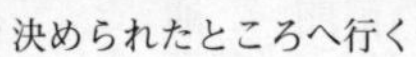
決められたところへ行く

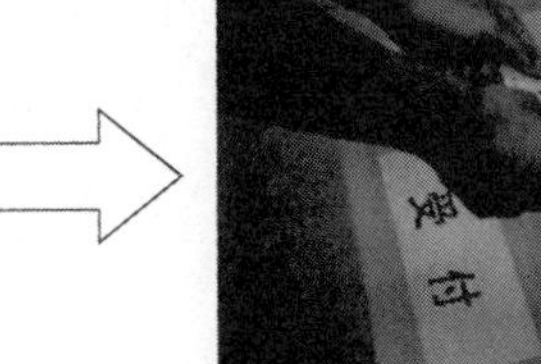

受付を行い、投票用紙をもらう

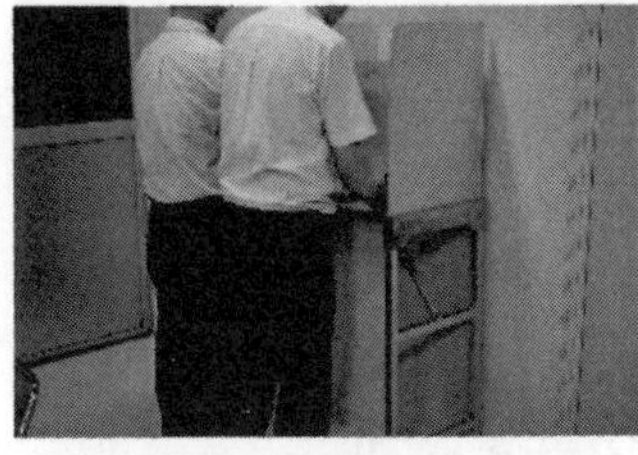
記さい台にて投票用紙を記入する

投票箱に投票用紙を入れる

（総務省ホームページをもとに作成）

資料３　選挙の４つの原則

普通選挙	満18才以上の全ての国民に選挙権（投票権）が与えられる
平等選挙	一人一票の選挙権（投票権）がある
直接選挙	選挙権（投票権）をもった人が議員を直接選ぶ
秘密選挙	だれに投票したか分からないように無記名で投票を行う

です。主に〝浅瀬〟で遊んでいるばかりなら、その流れに歯止めをかけ、意図的に深みへ行ってみるような意識改革が必要ではないでしょうか。

（齋藤　孝『「深みのある人」がやっていること』〈朝日新聞出版〉による）

〔注〕
＊1　畏怖……おそれおののくこと。
＊2　造詣……学問・芸術などのある分野についての、深くすぐれている知識や理解。
＊3　トリビア……平凡でささいなこと（知識）。
＊4　LINE……無料通話やチャットができるアプリケーション。
＊5　YouTube……撮影したビデオ映像や、作成した動画ファイルなどをネット上に公開できる動画投稿・共有サイト。
＊6　TikTok……15秒～1分程度の短い動画を作成・投稿できるアプリケーション。
＊7　SNS……人と人とを様々なつながりで結びつけ、交流をはかるウェブサービス。
＊8　井上選手……プロボクサーの井上尚弥選手。
＊9　玉石混交……すぐれたものと劣ったものが入りまじっていること。
＊10　探究……ものごとの真の姿をさぐり明らかにしようとすること。

問1　空欄 Ⅰ ～ Ⅲ に当てはまる最も適当な言葉を、**ア**～**オ**からそれぞれ記号で選び答えましょう。

ア　あるいは　**イ**　つまり　**ウ**　例えば
エ　なぜなら　**オ**　ところが

問2　――線部①「『タイパ（タイム・パフォーマンス）』」とありますが、筆者はタイパについてどのようにとらえていますか。七十字以上、八十字以内で書きましょう。

問3　――線部②「ネットは私たちの使い方しだいで毒にも薬にもなる」とありますが、どのようなことですか。本文をもとに「ネットは私たちの使い方しだいで、」に続くかたちで、七十字以上、八十字以内で書きましょう。

問4　次は、本文を読んだ後の**aさん**～**eさん**の行動です。本文の要旨をふまえた行動として、最も適当なものを**A**～**E**から記号で選び答えましょう。

A　**aさん**：ネットで興味をもった昆虫を、実際につかまえて、図鑑と照らし合わせて調べた。
B　**bさん**：夏休みの自由研究で、一つのwebページの内容を、自分なりにまとめて提出した。
C　**cさん**：一つの本のあらすじ動画を複数見比べ、読書感想文を書いてクラスで発表した。
D　**dさん**：「成績が必ず上がる」という参考書があることを知り、ひとまず買って、勉強した。
E　**eさん**：分かりやすい英語の解説動画を見て、辞書を使わずに、英語で文章を作った。

問5　次の**条件1**～**条件5**に従ってあなたの感じたことや考えたことを書きましょう。

条件1　二段落構成とします。
条件2　第一段落では、本文の内容から感じたことや考えたことをまとめて一文で書き、第二段落では、それを今後のあなたの考え方や行動にどのように生かしていきたいか、これまでの自分の考え方や行動をふまえて書きましょう。
条件3　字数は四百字以内とします。
条件4　書き出しや段落を変えたときの空欄、句読点や記号なども字数に数えます。
条件5　題や名前を書かずに、一行目から書きましょう。

〈適性検査Ⅰ〉 —45分—

◆ 次の文章を読んで、問1～問5に答えましょう。なお、＊がある言葉には、後に〔注〕があります。

私が「深み」を強調するのは、昨今の風潮に対する危機感でもあります。浅いもの、軽いものが求められ、「深み」のあるものは無視されたり、排除されたりする傾向が強いのではないでしょうか。

[Ⅰ]「〇〇が健康にいい」という情報が広まると、翌日のスーパーからその商品が一気に消えたりする。別にそればかり食べていればいいわけではないし、むしろ食べ過ぎれば弊害があるかもしれないのに、そこまでは考えない。とにかく表層的な情報に流されやすい気がします。

一方で、私たちは「深み」に対する憧れや畏怖（＊1）もあると思います。例えば茶道やボクシングに造詣（＊2）の深い人がいれば、自分の好みは別として一目置くでしょう。その人が熱く語ったり、こちらの質問に即座に答えてくれたり、トリビア（＊3）的な知識を教えてくれたりしたら、素直にかっこよく見えるはずです。自分も何かについて熱く語れるような「深い人間」になりたいと、心のどこかで思っているのではないでしょうか。

[Ⅱ]現実には、次々と入ってくる情報の処理に忙殺されて、つい「深み」のことを忘れてしまう。これは、ネットの利用と無縁ではないでしょう。例えばＬＩＮＥ（＊4）でのコミュニケーションは、徹底的に軽さが求められます。できるだけ短い言葉で、メッセージだけ伝え合う。そのやり取りに時間を取られると、必然的にものごとを深く考えたり学んだりする機会は減ります。

[Ⅲ]、かつて軽薄の象徴とされたテレビも、いつしか視聴者をＹｏｕＴｕｂｅ（＊5）に奪われるようになりました。またそのＹｏｕＴｕｂｅでさえ、昨今は10分前後の再生時間でも「長い」と敬遠され、最大1分のＴｉｋＴｏｋ（＊6）に人気が集まっているようです。

こうした軽さを求める風潮を象徴する言葉が、最近よく聞く①<u>「タイパ（タイム・パフォーマンス）」</u>です。要するに、いかに短時間で効率よく知識や情報を吸収できるかを重視すること。映画やドラマを早送りで見るとか、小説の大作をあらすじだけ知って読んだ気になるというのも、その一例です。ＴｉｋＴｏｋも、タイパの理にかなっているわけです。

たしかに1分なら、いつでも気軽に見られます。しかしその気軽さから、次々と見続けてしまう。結局、膨大な時間を費やしてしまうわけです。ではどういう「パフォーマンス」を得られるかといえば、おそらくは何もない。暇つぶしになるだけです。以前、ＴｉｋＴｏｋのコメント欄に「一番タイパがいいと思っていたが、実は一番ムダだった」という投稿がありました。

結局、短時間で得られること、簡単にわかることは、すぐに忘れてしまうものです。その時間をじっくり見たり読んだりすることに使っていれば、もっと大きなリターンを得られたかもしれない。その機会を逃しているという意味では、「タイパ」の追求は〝損失〟にも直結します。

もちろん、ネットやＳＮＳ（＊7）が悪いと言っているわけではありません。むしろネットの浸透により、今まで知り得なかった広くて深い世界を知る機会は格段に増えました。井上選手（＊8）の解説ＹｏｕＴｕｂｅのように、私も活用しています。玉石混交（＊9）ではあるものの、探究（＊10）すればするほど知識や情報に出会えるのがネットのいいところです。それをきっかけにして、現場に行ってみようとか、関連する本を読んでみようとか、もっと深く知りたいという意欲が湧いてくるかもしれません。

つまり、②<u>ネットは私たちの使い方しだいで毒にも薬にもなるということ</u>

鹿児島市立鹿児島玉龍中学校

（編集部注：掲載にあたりレイアウトなどの一部改変を行っています。）

〈適性検査Ⅱ　※適性検査Ⅰは924ページから掲載しています。〉　—45分—

Ⅰ　玉美(たまみ)さん、龍太(りゅうた)さん、先生が鹿児島(かごしま)県についての調べ学習をしています。

玉美：去年は鹿児島県で大きなイベントがたくさんあったね。

龍太：夏の「かごしま総文2023」や秋の「かごしま国体」・「かごしま大会」とかだね。かごしま国体では、鹿児島市でも陸上競技や水泳、柔(じゅう)道や卓(たっ)球、バレーボールなどが行われて、たくさんの人が鹿児島県を訪(おとず)れたね。

玉美：鹿児島県と熊本(くまもと)県、宮崎(みやざき)県、佐賀(さが)県の観光客数の移り変わりに関するこんなデータがあるよ。

【資料１】　鹿児島県・熊本県・宮崎県・佐賀県の観光客数の移り変わり

	2019年(令和元年)	2020年(令和２年)	2021年(令和３年)
鹿児島県	2120万人	1643万人	1935万人
熊本県	4889万人	3305万人	3244万人
宮崎県	1588万人	1020万人	1013万人
佐賀県	3393万人	2115万人	2086万人

(各県観光統計より作成)※数字は千の位を四捨五入して表記

龍太：2019年(令和元年)と2020年(令和２年)を比べるとどの県も2020年(令和２年)に観光客数が［　①　］いるね。

玉美：2020年(令和２年)に開催(さい)予定だったかごしま国体が、2023年(令和５年)に特別国民体育大会として開催されることになったのも、2019年(令和元年)から2020年(令和２年)に観光客数が［　①　］いることと関係があるみたい。②**どんな理由があったのかな。**

問１　［　①　］に入る適切な言葉を答えなさい。

問２　以下の文章は、下線部②の理由について述べている。空欄(らん)に入る適切な言葉を答えなさい。
（　　　　　　　　　　）が影響(えいきょう)したから。

龍太：鹿児島県での国民体育大会の開催は、今回が２回目だよね。

玉美：前回は1972年(昭和47年)に第27回国民体育大会(太陽国体)として開催されているよ。ということは、51年ぶりに鹿児島で開催されたんだね。この51年で鹿児島県の様子もいろいろと変わったんだろうね。人口など今との違(ちが)いがあるのかな。

先生：③**【資料２】を見てごらん。鹿児島県の人口を過去と比べてみると、ずいぶん変わってきているのが分かるね。**

玉美：65歳(さい)以上や15歳未満など、年齢(れい)によって分けて割(わり)合の変化を読み取ると、鹿児島県の人口の移り変わりが分かるね。

龍太：④**【資料２】【資料３】【資料４】から、鹿児島県の人口に関する特徴(ちょう)が見えてくるね。**

【資料２】鹿児島県の人口及び世帯数の移り変わり

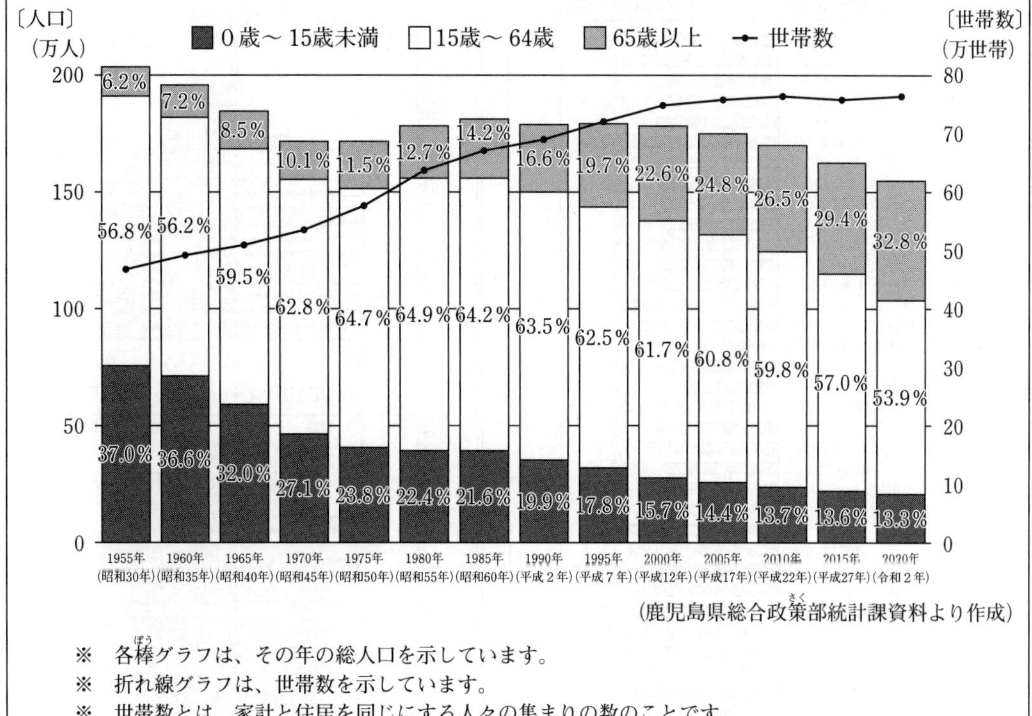

（鹿児島県総合政策部統計課資料より作成）

※　各棒グラフは、その年の総人口を示しています。
※　折れ線グラフは、世帯数を示しています。
※　世帯数とは、家計と住居を同じにする人々の集まりの数のことです。
※　棒グラフの中が３つに分かれているのは、各年の総人口に対する０歳～ 15歳未満、15歳～ 64歳、65歳以上の人口の割合を示しています。

【資料３】2016年（平成28年）

高齢者世帯における単身世帯の割合

全国平均	13.1%
北海道（ほっかいどう）	14.6%
青森（あおもり）	12.1%
岩手（いわて）	11.3%
宮城（みやぎ）	11.4%
秋田（あきた）	13.6%
山形（やまがた）	9.9%
福島（ふくしま）	11.2%
茨城（いばらき）	10.8%
栃木（とちぎ）	10.8%
群馬（ぐんま）	10.9%
埼玉（さいたま）	11.2%
千葉（ちば）	11.0%
東京（とうきょう）	14.9%
神奈川（かながわ）	12.8%
新潟（にいがた）	10.3%
富山（とやま）	10.0%
石川（いしかわ）	12.2%
福井（ふくい）	10.7%
山梨（やまなし）	11.2%
長野（ながの）	12.3%
岐阜（ぎふ）	10.5%
静岡（しずおか）	11.1%
愛知（あいち）	10.1%
三重（みえ）	14.8%
滋賀（しが）	9.9%
京都（きょうと）	14.8%
大阪（おおさか）	15.8%
兵庫（ひょうご）	13.3%
奈良（なら）	12.5%
和歌山（わかやま）	17.8%
鳥取（とっとり）	11.6%
島根（しまね）	13.4%
岡山（おかやま）	13.6%
広島（ひろしま）	14.3%
山口（やまぐち）	15.5%
徳島（とくしま）	14.0%
香川（かがわ）	12.0%
愛媛（えひめ）	14.9%
高知（こうち）	19.6%
福岡（ふくおか）	15.0%
佐賀（さが）	11.9%
長崎（ながさき）	15.1%
熊本（くまもと）	地しんのため調査なし
大分（おおいた）	13.1%
宮崎（みやざき）	14.3%
鹿児島（かごしま）	19.9%
沖縄（おきなわ）	11.9%

0.0%　5.0%　10.0%　15.0%　20.0%　25.0%

（厚生労働省「国民生活基礎調査の概況」より作成）

※高齢者世帯とは、65歳以上の者のみでくらしている世帯のことです。（一部省略）

※単身世帯とは一人くらしをしている世帯のことです。

【資料４】鹿児島県人口ピラミッド

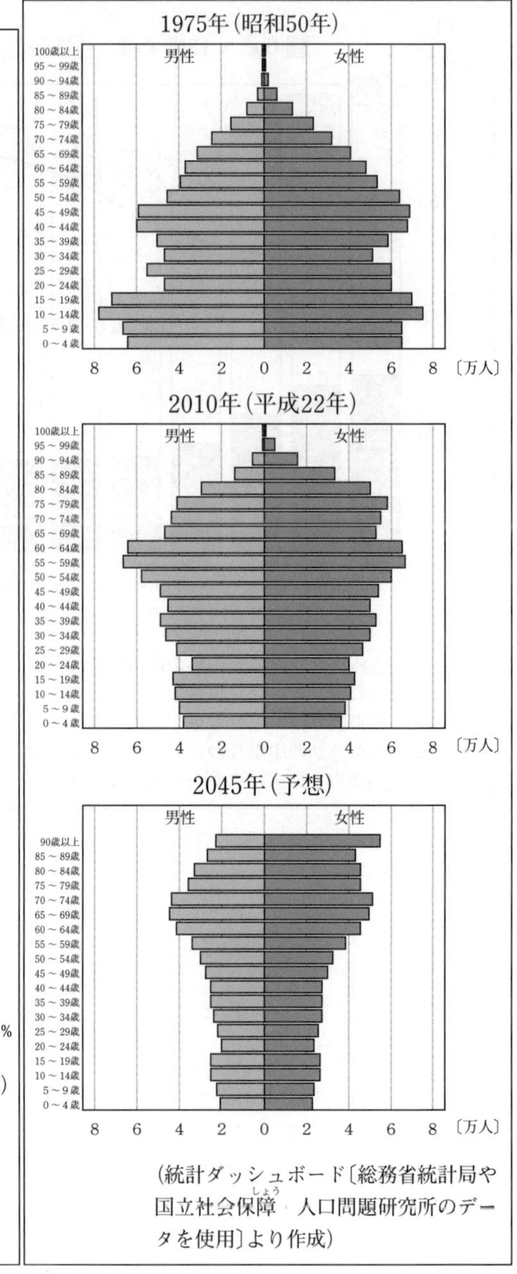

（統計ダッシュボード〔総務省統計局や国立社会保障・人口問題研究所のデータを使用〕より作成）

問３　下線部③について、次のア～オは、**【資料２】**から読み取れる1955年（昭和30年）から2020年（令和２年）までの人口や世帯数の変化について述べています。ア～オの事柄が起こった順番になるように、左から右へ記号を並べかえなさい。

ア　０歳から64歳までの人口の割合が、初めて80％を下回る。

イ　各年の人口の中での65歳以上の人口の割合が、初めて０歳から15歳未満の人口の割合を上回る。

ウ　世帯数が初めて60万世帯より多くなる。

エ　０歳から15歳未満の人口の割合が、初めて30％を下回る。

オ　総人口が一番少なくなる。

問４　下線部④について**【資料２】【資料３】【資料４】**から読み取れることとして、次の**ア～オ**の内容で正しいものには○、正しくないものには×をつけなさい。また、**【資料２】【資料３】【資料４】**のどの資料をもとに考えたのか、使用した資料の数字を〔　　〕に書きなさい。

記号	内容	○か×	使用した資料の数字
ア	2016年(平成28年)の鹿児島県の高齢(れい)者世帯における単身世帯の割合は、高知県より低く、全国で２番目に高い。		資料〔　　〕
イ	鹿児島県の2045年における90歳以上の人口は女性より男性の方が多い。		資料〔　　〕
ウ	1985年(昭和60年)から2010年(平成22年)にかけて、鹿児島県の人口は減少傾向(けいこう)であるが、世帯数は年々増加傾向である。		資料〔　　〕
エ	2016年(平成28年)の四国地方の県で、高齢者世帯における単身世帯の割合が全国平均より高いのは、２つの県である。		資料〔　　〕
オ	鹿児島県の1975年(昭和50年)と2045年の人口を比べると、2045年の方が20歳未満の人口が少ない。		資料〔　　〕

Ⅱ　玉美さんは、図画工作の時間に、たて24㎝、横28㎝の板１枚(まい)を使って、右のようなペン立てを作りました。

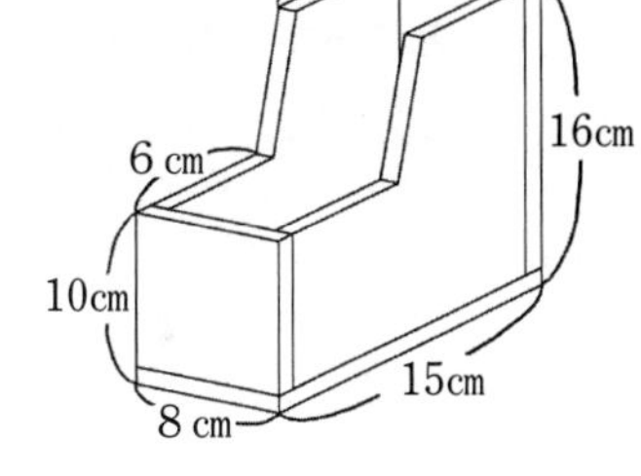

龍太：いいペン立てができたね。板１枚だけでよく作ることができたね。

玉美：板を切る前に、このペン立てを作るのに必要な形が全部用意できるか、板に線を引いて確かめてから作ったらうまくできたよ。板は少しあまったよ。

龍太：すごい。難(むずか)しかったでしょう。

玉美：うん。板の厚さが１㎝あったから、それを考えながら線を引くのが難しかったよ。

問５　玉美さんは、どのように線を引いたでしょうか。次の方眼用紙に定規を使って線を引きなさい。次の方眼用紙は玉美さんが使った板と同じ大きさとします。また、マスの一辺は１㎝とします。

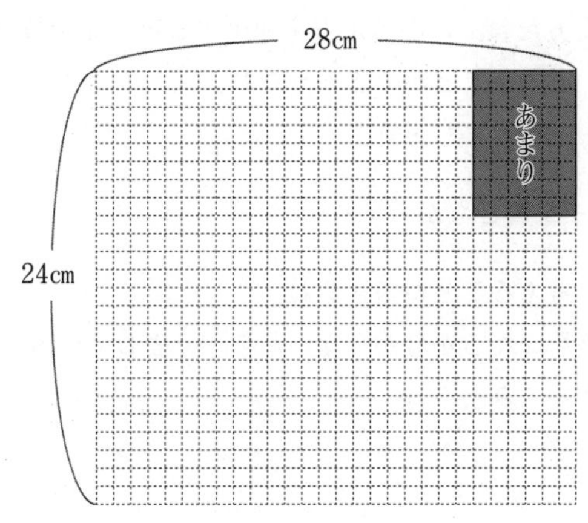

Ⅲ　玉美さんと龍太さんが、数に関する会話をしています。

龍太：完全数という数を知ってる？

玉美：いや、聞いたことないよ。

龍太：６の約数は１、２、３、６の４つで、６以外の約数を足してみると、６になるよね。

玉美：１＋２＋３＝６だから、確かにそうだね。

龍太：こんなふうに、その数自身を除(のぞ)く約数の和がその数自身に等しい整数を完全数というみたいだよ。

玉美：なんとなく分かったような気がするんだけど…、今言った“その数自身”って具体的にはどういうこと？

龍太：さっきの例で言えば、“６”のことだよ。
ちなみに“28”や“496”も完全数なんだって。

玉美：なるほど、完全数と呼(よ)ばれる数は１つだけじゃないんだね。
だから“その数自身”という表現をするんだね。

問６　28が完全数であることを、言葉や式を使って説明しなさい。

龍太：完全数には他にもおもしろい特徴(ちょう)があって、１から順に並(なら)んだ整数の和で表すこともできるみたいだよ。

玉美：確かに28＝１＋２＋３＋４＋５＋６＋７となるね。
ところで、順に並んだ整数の和は、数の並びを逆にして書き並べることで、簡(かん)単に求めることができるって知ってた？

1	＋	2	＋	3	＋	4	＋	5	＋	6	＋	7
7	＋	6	＋	5	＋	4	＋	3	＋	2	＋	1

こんなふうに、それぞれの点線で囲まれた上の数と下の数の和が［　ア　］になることに気づくと、

［　ア　］×［　イ　］÷［　ウ　］＝28

と計算で求めることができるんだよ。

龍太：おもしろい考え方だね。この考え方を利用すると、完全数の496が１からいくつまでの整数の和になるか考えることができそうだね。

玉美：うん。一緒(しょ)にやってみましょう。

…(次のメモを書きながら)…

龍太：こんなふうに、考えることができるね。

玉美：いくつまでの整数になるか分からないから□で表しているんだね。

龍太：この後の式を作ってみよう。

玉美：よし、がんばるぞ。

２人のメモ

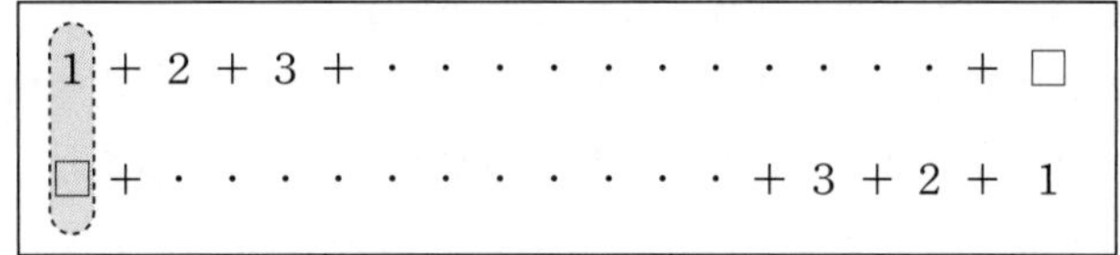

…（２人は考えている）…

龍太：できた！　完全数496は、１から［　エ　］までの整数の和になるよ。

玉美：本当だ。やったね。完全数について教えてくれてありがとう。

問７　［　ア　］～［　ウ　］の中に入る数を答えなさい。

問８　［　エ　］の中に入る数を答えなさい。また、どのようにして考えたのか、その考え方を自分の言葉や式を使って説明しなさい。

Ⅳ　玉美さんと龍太さんが、ふりこ時計の前で会話をしています。

玉美：ふりこ時計は、ふりこがつねに一定の時間で往復する性質を利用していることを学習したよね。

龍太：どんなふりこでも同じ時間になるのかな。

玉美：いろいろなふりこを作って、ふりこの往復する時間をはかってみれば確かめることができるね。

玉美さんは、糸の長さやおもりの重さ（個数）が異（こと）なるふりこを**【図１】**のように作り、ふれはばを変えて、ふりこＡ～Ｇが10往復するのにかかった時間をはかりました。その結果を**【表１】**にまとめ、先生と龍太さんに見せました。

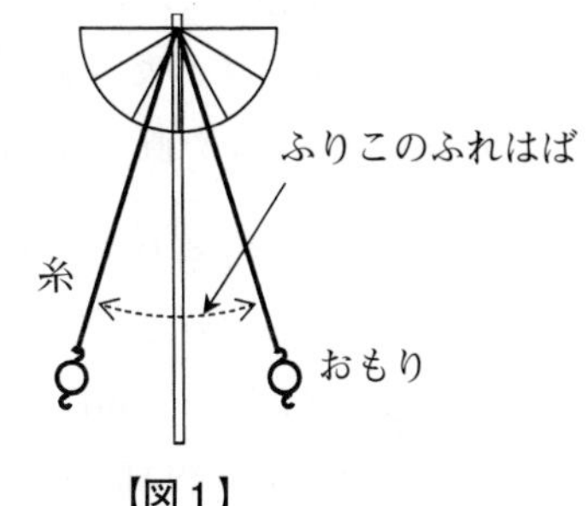

【図１】

【表１】ふりこが10往復するのにかかった時間

ふりこ	糸の長さ	おもりの重さ	ふりこのふれはば	10往復するのにかかった時間
A	25cm	10グラム	30°	10.1秒
B	25cm	20グラム	20°	10.2秒
C	25cm	30グラム	20°	10.1秒
D	50cm	10グラム	10°	14.3秒
E	50cm	20グラム	20°	14.3秒
F	50cm	20グラム	30°	14.2秒
G	75cm	20グラム	20°	17.3秒

龍太：結果を見ると、10往復するのにかかった時間が同じぐらいのふりこがあるね。

先生：10往復で0.1秒ぐらいの差は、はかった時間に比べてとても小さいので、その違（ちが）いは考えないで同じ時間だと考えていいですよ。

龍太：そう考えると、(①)のふりこと(②)のふりこを比べれば、ふりこが往復するのにかかる時間がふりこの重さと関係がないことが分かるね。

玉美：そうだね。同じように(③)のふりこと(④)のふりこを比べれば、ふりこが往復するのにかかる時間がふりこのふれはばと関係がないことも分かるね。

問９　(①)～(④)に当てはまるふりこを、A～Gからそれぞれ選びなさい。

先生：この結果からどういうことが分かると思いますか。

玉美：ふりこが往復するのにかかる時間は、ふりこの重さやふれはばによっては変わらず、糸の長さだけで決まるというまとめになりそうですね。

龍太：ちょっと待って。実は私(わたし)もふりこを作って時間をはかってみたので、その結果も見てください。

【表２】龍太さんが作ったふりこが10往復するのにかかった時間

	糸の長さ	おもりの重さ	ふりこのふれはば	10往復するのにかかった時間
龍太	50cm	30グラム	30°	15.7秒

龍太：私が作ったふりこは、玉美さんが作ったD、E、Fのふりこと糸の長さが同じなのに、10往復するのにかかった時間は大きく違(ちが)います。

先生：どういう方法ではかったのか、もう一度確かめてみる必要がありそうですね。

龍太さんが作ったふりこを確かめてみると、玉美さんが作ったふりことおもりのつるし方が違うことが分かりました。龍太さんは、おもりのつるし方を変えて、もう一度、10往復するのにかかる時間をはかり直しました。

龍太：ふりこのおもりのつるし方を変えて、10往復するのにかかる時間をはかり直してみたら、結果が14.2秒になったよ。

玉美：DやFのふりこが往復する時間と同じぐらいになったね。ということは、ふりこが往復するのにかかる時間は、ふりこの重さやふれはばによっては変わらず、糸の長さだけで決まるというまとめでよさそうだね。

問10　龍太さんのふりこについて、おもりのつるし方を変える前のおもりのつるし方として考えられるものを、次の**ア**、**イ**から選びなさい。

また、おもりのつるし方を変える前に10往復するのにかかった時間が長かった理由を説明しなさい。

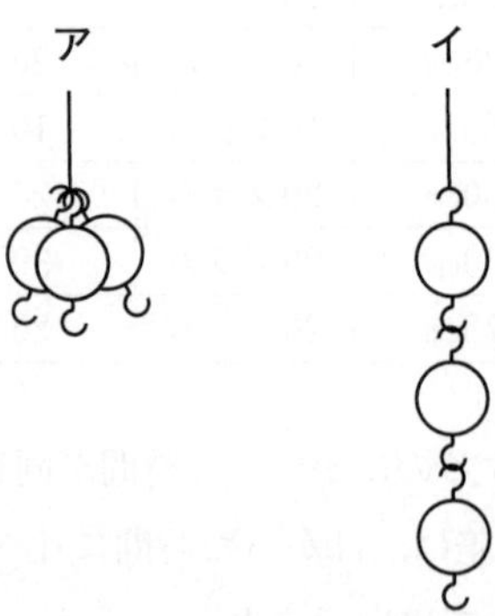

敵となる人こそは己が師匠ぞと　（てきとなるひとこそはおのがしようぞと）
思ひかへして　身をもたしなめ※　（おもいかえして　みをもたしなめ）

〔意味〕
自分の敵となる人は憎むべき人であろうが、よく考えてみると、自分に油断をさせず、刺激を与え、自分を磨いてくれている。敵こそは自分の師匠であると思いなおして、我が身をつつしみたまえ。

（鹿児島県「語り継ぐかごしまの教え集」による）

玉美　敵となる人って…どういうこと？

龍太　このあとの解説にこう書いてあるんだ。「敵となる人は、十分警戒しなければならない相手であろう。しかし、どのような人でも学ぶべき面があるものであるから、心にゆとりをもって学ぶべき点をよく見極めて自分に取り入れ、また手本としても自分の生き方を改め向上してゆくことが大切である。」

玉美　敵ですらお手本や目標にするということなのね。現代の私たちなら、勉強やスポーツで競い合う相手ととらえ直してもいいかな。私ならどんなスピーチにするかなあ。

問四　あなたなら、「敵となる人こそは…」の歌をもとにどのようなスピーチをしますか。次の**〈条件〉**にしたがって、あなた自身の経験をふまえて、一分間スピーチ発表原稿を作りなさい。

〈条件〉

① 自分にとってお手本・目標と思える人のことを書くこと。

② あなた自身の経験をふまえてこれから心がけていきたいことを書くこと。

③ 題名と名前は書かずに、原稿用紙の使い方にしたがって、一行二十字の原稿用紙に八行以上十行以内で書くこと。

※日新公いろは歌…南薩摩を治めた島津日新公が人生の教えを四十七首の和歌にまとめたもの。第一首「いにしへの道を聞きても唱へても　わが行ひにせずばかひなし（昔の立派な教えを聞いたり口で唱えたりしても、実行しなければ何の役にも立たない）」が有名。

※たしなめ…反省をうながす。

①　オノマトペ　　～本文から分かること～

「ふ」や「わ」など一つ一つの文字に対する音の印象について、（　ア　）をもっている。

「ふ」…ふわふわ、ふにゃふにゃ　→（　イ　）を表現するときに使われる音

②　オノマトペ　　～本文をもとに考えたこと～

「ふ／(ぷ)」…ぷにぷに、ぷよぷよ　→やわらかさ

「び／(ぴ)」…びしゃびしゃ、ぴちゃぴちゃ　→ぬれた感じ

「べ／(ぺ)」…べたべた、ぺちゃぺちゃ　→ぬれた感じ

「か／(が)」…かちかち、がちがち　→かたい感じ

「こ／(ご)」…（　ウ　）、（　エ　）　→かたい感じ

①と②を表にまとめると…

やわらかさ	ぬれた感じ	かたさ
・ふわふわ	・びしゃびしゃ	・かちかち
・ふにゃふにゃ	・ぴちゃぴちゃ	・がちがち
・ぷにぷに	・べたべた	・（　ウ　）
・ぷよぷよ	・ぺちゃぺちゃ	・（　エ　）

問三　次の玉美さんと龍太さんの会話を読んで、あとの**〔問い〕**に答えなさい。

龍太　この文章にあるように、AIが人間の感覚や感性まで判断できるようになっているなら、いずれAIが人間の仕事をうばってしまうから共存なんてできない気がするなあ。

玉美　筆者はAIを活用することで私たち人間が新しいイメージを広げ、自身の感性をみがくことができるのではないかと言っているよ。

龍太　なるほど。言葉に関すること、小説や歌詞、マンガなどに新しい表現が広がる可能性があると書いているね。

玉美　うん。言葉以外の分野でも活用されているよね。例えば映像や動画、バーチャル空間とか、他にもスポーツでも使っているし、文章の最初に書かれている自動運転も新しい世界が広がっているところだよね。様々な分野でAIを上手に活用することができると思うな。

龍太　人間とAIが共存する世界かあ。どんなふうにAIを活用していったらいいのかなあ。

〔問い〕　②人間とAIが共存する新しい世界をつくっていくために、あなたは、今後AIをどのように活用していきたいと考えますか。あなたの考えを書きなさい。

【課題2】　玉美さんと龍太さんが、一分間スピーチの発表原稿について話をしています。

玉美　一分間スピーチの原稿できたの？

龍太　まだだけど、この「※日新公いろは歌」の「敵となる人こそは己が師匠ぞ」という歌で何か話せないかなと思っているんだ。

とができます。例えば、「ふ」や「わ」など、一つ一つの文字に対する音の印象について、言葉をこえた感覚をもっています。また、「ふ」が「ふわふわ」や「ふにゃふにゃ」などのやわらかさを表現するときによく使われる音であることを、経験的に理解しています。

8 このような、言葉を音にした印象を、感覚的に理解する人間の特性を生かし、文字を一つ一つデータ化することにしました。そして、それぞれのオノマトペについて、「明るい⇕暗い」、「温かい⇕冷たい」、「厚い⇕うすい」などの印象を四十三項目挙げて評価することで、オノマトペを数値化することに成功しました。（略）

9 ＡＩを生かしたこのシステムを使うことによって、人々の感性にうったえることのできるオノマトペを、確かめたり作ったりすることが可能になりました。今後の実用化に向けて、このＡＩを使ったシステムは、さまざまなことに役立っていくのではないかと考えています。例えば、新商品の名前や広告コピーなどが、人の感覚に合うようにできているかどうかを確かめることができます。また、小説や歌詞、マンガなどに使うための新たな表現を生み出すこともできるでしょう。

10 ＡＩを利用したオノマトペ生成システムから、私たちはふだん無意識に使っている言葉について、どのようなときに、どう使っているのかを自覚することができます。それによって、適した言葉の使い方を見いだしたり、日本語の良さやおもしろさを再発見したりすることもあるでしょう。

11 私たち人間は、言葉と向き合うことで、新しいイメージを広げ、自身の感性をみがくことができます。この人間独自のものである感性を、人工知能が作った言葉から受け取ってみるのも、おもしろいと思いませんか。今後も人間しかできないといわれていたさまざまなことに、ＡＩの最新技術を取り入れることで、②人間とＡＩが共存する新しい世界が開かれていくことでしょう。

（坂本真樹『ＡＩで言葉と向き合う』〈学校図書〉による）

※問題の都合上、一部省略しています。

問一　玉美さんは、この文章の——線部①をノートにまとめようとしています。正しくまとめているものをすべて選び、記号で答えなさい。

ア　ＡＩはあらかじめ入力された情報をもとに類似する事例を認識したり論理的に判断したりしている。

イ　ＡＩは論理的に判断するためのプログラムであり、人の知能の働きよりもたいへんすぐれている。

ウ　事例を挙げ論理的に判断するためには、人の知能の働きを人工的に実現するＡＩを使うべきである。

エ　類似する事例を認識したり、論理的に判断したりするためのプログラムとしてＡＩは作られている。

オ　論理的に判断するためのデータをあらかじめ入力することに、人々は多くの時間を費やしてきた。

問二　次は龍太さんが7段落についてまとめたものです。（**ア**）・（**イ**）・（**ウ**）・（**エ**）に適当な言葉を答えなさい。ただし、（**ア**）・（**イ**）は当てはまる言葉を7段落から抜き出して書き、（**ウ**）・（**エ**）は当てはまる適当なオノマトペを二つ考えて書きなさい。

〈適性検査Ⅰ〉 —45分—

【課題1】 鹿児島市に住んでいる小学校六年生の玉美さんと龍太さんが話をしています。【資料1】を読んで後の問いに答えなさい。

龍太　AIが人の感性とか感覚を学習するようになっているんだってね。使えば使うほど、その人の好みを学習していくそうだよ。

玉美　ロボットに人の感覚が分かるの？　どんな情報から判断しているのかな？

龍太　それで気になって、AIと人間の感覚について書いてある文章を読んでみたんだ。

【資料1】

1 人が運転しなくても、自動車が自分で考えて目的地まで連れて行ってくれる。何十年も前は夢として考えられていた「自動車が本当の『自動』車になる」といったことも、すでに実用化の段階にまで来ているようです。これまで人がしていたことを機械が自動的にできるようになったのは、コンピュータの高度なプログラムである、AI（人工知能）が開発されたことによります。

2 ①AIとは、人の知能の働きを人工的に実現しようとしたもののことをいいます。それは、ある情報を、あらかじめコンピュータにデータとして入力し、そのデータをもとに、類似する事例を認識したり、論理的に判断したりするためのプログラムとして作られています。

3 では、「感覚」という人の知能の働きについても、AIが実現することは可能なのでしょうか。感覚に着目して、人の知能と人工知能の関係をさぐりながら、その過程を見ていきましょう。

4 みなさんは、人前で話したり、歌やダンスなどを発表したりするとき、「緊張してむねがどきどきした。」と言ったことがあるでしょう。このときの「どきどき」のような、音や物事の様子を表した言葉のことを、「オノマトペ」といいます。オノマトペには「ざわざわ」など耳で聞いたことを表す言葉、「さらさら」や「ざらざら」などものの手ざわりを表す言葉、「つうん」など鼻でかいだにおいを表す言葉、「こってり」など食べたときの食感や味を表す言葉などがあり、私たちはオノマトペを使って、自分の感覚を伝えることができます。（略）

5 このように、人は、声に出すことで聞こえる音と意味との関係を細かに感じながら、音、見た目、手ざわり、においや味などの感覚を、オノマトペを使って推測したり、表現したりしているのです。そしてそれは、人が身体を通して外の世界とつながっているからできることです。しかし、AIには身体がありません。AIは、人のような感覚を経験することができませんし、それらを知識として獲得することもできません。ですから、人が身体を通して得る感覚を、AIが知識として獲得するためには、それらを何らかの形でコンピュータに入力する必要があるのです。

6 では、人間の身体を通した感覚を、どのように知識として人工知能に取り込み、それをオノマトペのような言葉として使えるようにしていくのでしょうか。

7 私はまず、人の感覚を表すオノマトペを、数値化するシステムを作ることにしました。そのシステムについて、少しふれてみましょう。言葉はふつう、考えや気持ち、そのものの名前や意味を表すものですが、状況によってさまざまな伝わり方をすることがあります。そのため、言葉そのものに基準を決めて数値化するのには向いていません。一方、オノマトペはその音のもつ意味を一つ一つ分析した研究データがあるので、ある程度、だれにでも分かりやすいように数値で示すこ

沖縄県立開邦中学校
沖縄県立球陽中学校
沖縄県立名護高等学校附属桜中学校
沖縄県立与勝緑が丘中学校

（編集部注：掲載にあたりレイアウトなどの一部改変を行っています。）

〈適性検査Ⅰ　※1、2は940ページから掲載しています。〉　―1、2と合わせて50分―

3　花奈（かな）さんと大地（だいち）さんは、日本の産業についての学習をふり返っています。その時の会話の一部が、次の内容です。会話を読んで、各問いに答えなさい。

【花奈さんと大地さんの会話の一部】

♠花奈「日本列島は南北に長いから、地域（ちいき）によって①さまざまな気候の特徴（とくちょう）が見られるんだよね。」

◆大地「そうだね。気候のちがいは日本の周りを流れる海流も影響（えいきょう）しているんだけれど、海流は水産業のところで学習したね。」

♠花奈「水産業の単元では、②育てる漁業について興味を持ったよ。」

◆大地「これからは持続可能な水産業をめざすことが大切だね。」

♠花奈「工業の単元でも、持続可能な社会をめざす大切さについて学習したね。」

◆大地「それぞれの③工業地帯・工業地域がどのような取り組みをしているのかについて調べてみたいね。」

♠花奈「そうだね。農業・水産業・工業の単元を学習したけれど、それぞれの課題についても学習したね。大地さんは何について興味を持ったの。」

◆大地「僕（ぼく）は日本の食料生産について興味を持ったよ。④日本は食料の多くを輸入にたよっているという現状があるから、それについて調べてみたいな。」

♠花奈「地元でとれた食材を地元で使う［　⑤　］など、日本の食料自給率を上げる取り組みを行う必要があるよね。」

1　会話文中の下線①について、花奈さんは日本各地の気候について調べ、【資料1】を作成しました。【資料1】が示す気候が見られる場所はどこですか。地図中のア～エから1つ選び、記号で答えなさい。

【資料1】

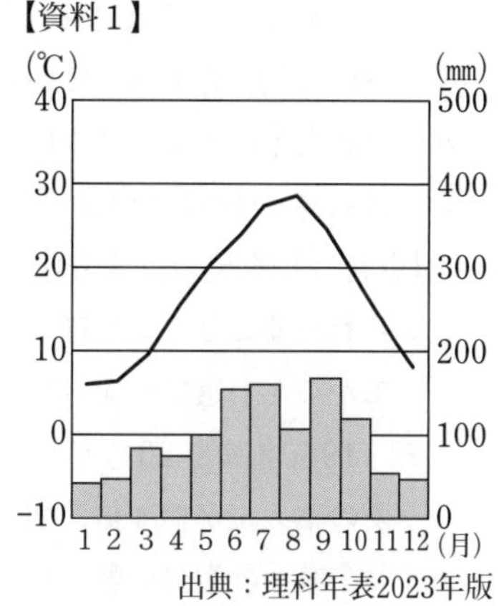

出典：理科年表2023年版

2　会話文中の下線②について、育てる漁業の１つにさいばい漁業があります。さいばい漁業とはどのような漁業ですか。次の２つの語句を使って説明しなさい。

語句　| たまご　放流 |

3　会話文中の下線③について、大地さんは日本の工業地帯・工業地域について調べ、【資料２】を見つけました。【資料２】からわかることとして適当なものを**ア**～**エ**から１つ選び、記号で答えなさい。

ア　４つの工業地帯の工業出荷額は、すべて20兆円を上回っている。

イ　工業地帯・工業地域の中で、重化学工業の割合が最も小さいのは、北九州工業地帯である。

ウ　全体にしめる金属の割合が大きければ大きいほど、工業出荷額も大きい。

エ　工業地帯・工業地域の中で、化学が機械の割合を上回っているのは、京葉工業地域のみである。

【資料２】 日本の工業地帯・工業地域の工業出荷額（2020年）

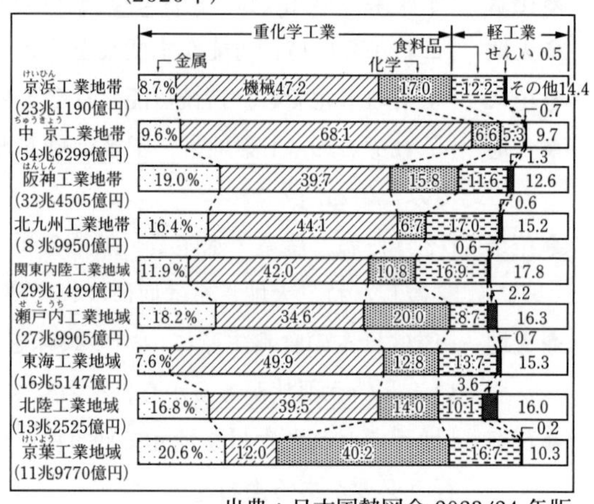

出典：日本国勢図会 2023/24 年版

4　会話文中の下線④について、大地さんは日本の食料の現状について調べ、【資料３】を見つけました。【資料３】からわかることとして適当なものを**ア**～**エ**から１つ選び、記号で答えなさい。

ア　1960年から2017年にかけて、小麦の輸入量が約４倍に増加した。

イ　牛乳・乳製品の輸入量が300万tを初めて上回ったのは、2000年以降である。

【資料３】　食料品別輸入量の変化

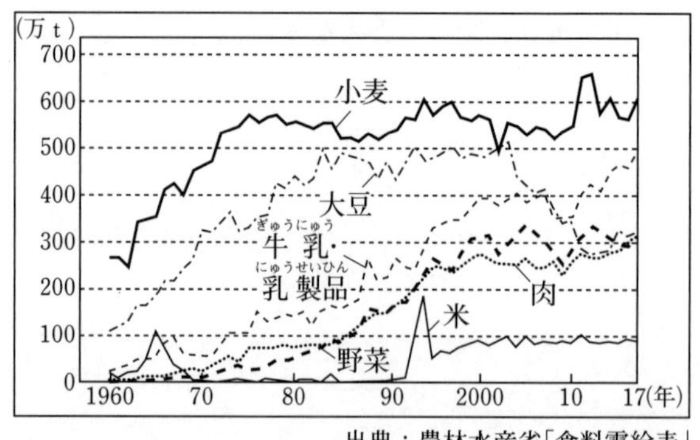

出典：農林水産省「食料需給表」

ウ　2017年の大豆の輸入量は、同じ年度の米の輸入量の３倍以上である。

エ　1960年から2017年にかけて、野菜の輸入量は常に肉の輸入量を下回っている。

5　会話文中の［　⑤　］にあてはまる語句を、漢字４字で答えなさい。

4　桜子(さくらこ)さんは、社会科の授業で「日本で活躍(かつやく)した人物」をテーマに日本の歴史を調べて、歴史年表を作成しました。次の年表は、その一部です。桜子さんが作成した歴史年表をもとに、各問いに答えなさい。

【桜子さんが作成した歴史年表の一部】

時代	調べたこと
奈良時代	聖武(しょうむ)天皇が東大寺に大仏をつくる命令を出す……………………… A
平安(へいあん)時代	藤原道長(ふじわらのみちなが)が天皇に代わって政治を行う力をもつ…………………… B
鎌倉(かまくら)時代	源頼朝(みなもとのよりとも)が征夷大将軍(せいいたいしょうぐん)に任命される……………………………… C
室町(むろまち)時代	足利義満(あしかがよしみつ)が明(みん)と貿易を始める… D
安土桃山(あづちももやま)時代	豊臣秀吉(とよとみひでよし)が天下統一をなしとげる…………………………………… E
江戸(えど)時代	徳川家康(とくがわいえやす)が江戸幕府(ばくふ)を開く…… F ペリーが日本に来航する……… G

1　年表中のAについて、聖武天皇が仏教の力で国を守るために、全国に建てることを命じた寺を何というか、答えなさい。

2　年表中のDについて、足利義満が活躍(かつやく)した室町時代の文化について説明した文として適当なものを、ア～エから１つ選び、記号で答えなさい。

ア　日本に正しい仏教を広めるために鑑真(がんじん)が来日し、唐招提寺(とうしょうだいじ)を建てた。

イ　漢字からかな文字がつくられ、紫式部(むらさきしきぶ)が「源氏物語(げんじものがたり)」を、清少納言(せいしょうなごん)が「枕草子(まくらのそうし)」を書いた。

ウ　本居宣長(もとおりのりなが)が「古事記伝(こじきでん)」を書き、日本の古くからの考え方を研究する国学を発展させた。

エ　雪舟(せっしゅう)が中国に渡(わた)って水墨画(すいぼくが)（すみ絵）を学び、水墨画（すみ絵）を芸術として大成した。

3　年表中のFについて、桜子さんは江戸幕府がどのようにして大名を支配していたのかについて興味をもち、調べていると、【資料１】を見つけました。それぞれの大名は、江戸幕府にとって都合のよい場所に配置されましたが、その配置の特徴(とくちょう)を、【資料１】を参考に、次の３つの語句を使って、説明しなさい。

語句	親藩・譜代　　外様　　江戸

【資料１】　江戸時代の大名の配置

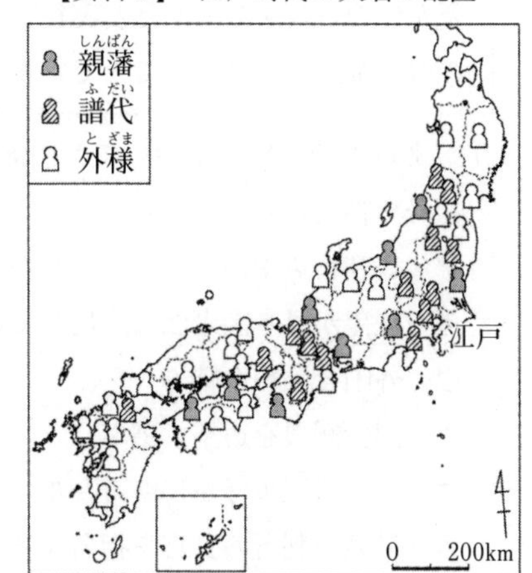

4　年表中のGについて、ペリーはどこの国の使節として日本に来航しましたか。次の地図中のア～エから１つ選び、記号で答えなさい。

【地図】

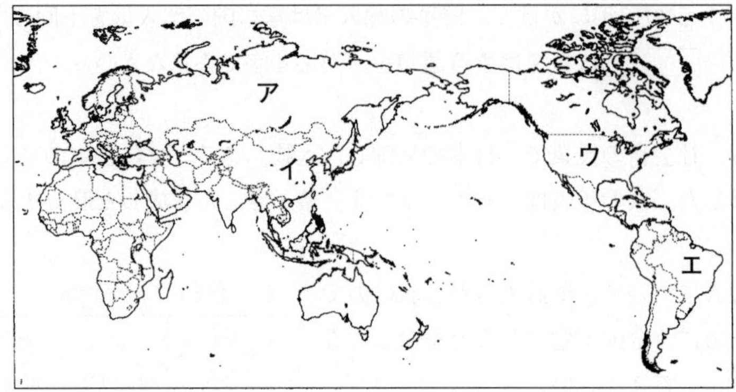

5　桜子さんは、日本で活躍した人物について調べていると、【資料２】を見つけました。【資料２】の内容を年表に追加するとき、追加する場所として適当なものを、あとの**ア**～**ク**から１つ選び、記号で答えなさい。

【資料２】

北条時宗(ほうじょうときむね)が御家人たちを集めて、元(げん)の大軍と戦った。

ア　Aの前　　**イ**　AとBの間　　**ウ**　BとCの間　　**エ**　CとDの間
オ　DとEの間　　**カ**　EとFの間　　**キ**　FとGの間　　**ク**　Gの後

5　次の文章を読み、あとの問いに答えなさい。

> 日本では、国の権力(けんりょく)を立法権・行政権・司法権の３つに分けるしくみがとられています。
> 立法権をもっている国会、①行政権をもっている内閣(ないかく)、司法権をもっている裁判所(さいばんしょ)は、おたがいの役割(やくわり)をしっかりと実行できているかを確認(かくにん)しています。そうすることで、民主主義の政治を進めることができています。

1　文章中の下線①について、内閣が行う仕事として適当なものを、次の**ア**～**キ**から３つ選び、記号で答えなさい。

ア　裁判官をやめさせるかどうかの裁判を行う
イ　法律が日本国憲法に違反(いはん)していないかを調べる
ウ　外国と条約を結ぶ
エ　国会議員を選挙で選ぶ
オ　天皇の国事行為(こくじこうい)に助言と承認(しょうにん)を与(あた)える
カ　最高裁判所の長官を指名する
キ　内閣総理大臣を指名する

6　健太(けんた)さんが日本の人々(ひとびと)の暮らしの歴史について調べていると、【資料１】と【資料２】を見つけました。さらに調べていると、【資料３】を見つけました。【資料３】の文中の**貧富の差**と**争い**が縄文(じょうもん)時代から弥生(やよい)時代にかけて変化した理由を、【資料１】から【資料３】を参考に、「米づくり」という語句を使って説明しなさい。

【資料１】縄文時代の集落(想像図)

【資料２】弥生時代の集落(想像図)

【資料３】縄文時代と弥生時代の人々の生活の比較

縄文時代	縄文時代の人々は竪穴住居に住み、狩りや漁をしたり、木の実などを採集したりして暮らしていた。人々の間には**貧富の差**はなく、**争い**はなかったと考えられている。
弥生時代	弥生時代の人々も竪穴住居に住み、狩りや漁をしたり、木の実などを採集したりして暮らしていた。それに加え、米づくりなどの農業も行っていた。人々の間には**貧富の差**が生まれ、**争い**が起こるようになったと考えられている。

〈適性検査Ⅱ〉　—50分—

1　次の各問いに答えなさい。

⑴　12□(35－17)÷６の計算の答えが１けたの整数になるように、□の中に入る記号として最も適当なものを**ア**～**エ**から一つ選び、記号で答えなさい。

ア　＋　**イ**　－　**ウ**　×　**エ**　÷

⑵　公園の面積の$\frac{5}{8}$が広場になっていて、広場の面積の$\frac{3}{4}$にあたる1200㎡の部分でボール遊びができます。この公園全体の面積は何㎡ですか。

⑶　次のことがらのうち、２つの数量xとyについて、yがxに比例するものを**ア**～**オ**からすべて選び、記号で答えなさい。

ア　ひし形の１辺の長さx㎝とまわりの長さy㎝

イ　底辺がx㎝、高さが10㎝の三角形の面積y㎠

ウ　身長がx㎝の人の体重$y$kg

エ　同じ重さのコピー用紙x枚の重さがy g

オ　100L入る空の水そうに、毎分xLずつ水を入れるとき、いっぱいになるまでにかかる時間y分

⑷　１mの針金を使って、縦と横の長さの比が３：７の長方形をつくります。このとき、縦の長さは何㎝ですか。

⑸　ある学校の昨年度の児童数は380人でした。今年度の児童数は昨年度に比べ５％増加しました。今年度の児童数を求めなさい。

⑹　右の図の三角形ＡＤＥは、三角形ＡＢＣの３倍の拡大図です。辺ＡＣの長さを求めなさい。

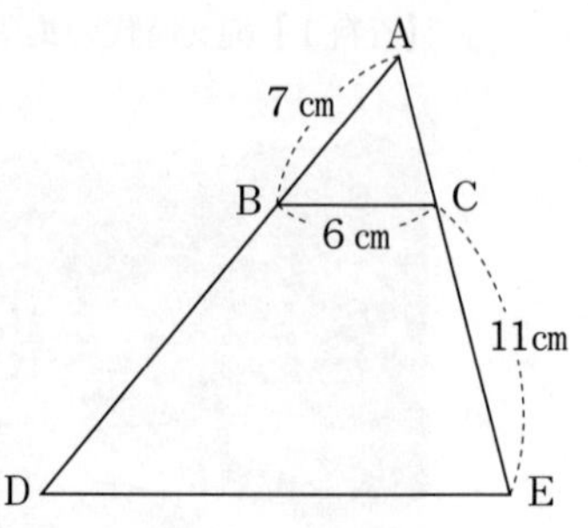

⑺　右の図のような直方体の形をした容器に、水がいっぱいに入っています。辺ＣＤを軸(じく)にして容器をかたむけ、水面が四角形ＡＢＥＦになるまで水を流すとき、流れる水の量は何Lですか。
　ただし、容器の厚さは考えないものとします。

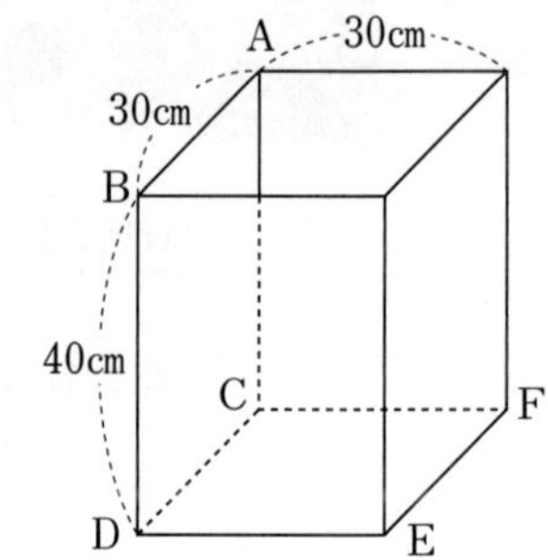

⑻　次の**表**は、学級委員10人が、この１か月間に図書室で借りた本の冊数をまとめたものです。最頻値(さいひんち)が６冊で、いちばん少なかった人が１冊、いちばん多かった人が９冊のとき、**表**の［ア］にあてはまる数として考えられる数をすべて答えなさい。ただし、最頻値は６冊のみとします。

表

学級委員の番号	①	②	③	④	⑤	⑥	⑦	⑧	⑨	⑩
借りた本の数(冊)	4	3	6	9	5	1	6	8	2	［ア］

2　太郎(たろう)さんは、家から見えた花火の音がおくれて聞こえたことに興味を持ち、音の伝わる速さについて調べました。次の各問いに答えなさい。

⑴　空気中を伝わる音の速さは、気温によって変わることがわかりました。太郎さんは、その変わり方を次のように**表**にまとめました。

表

気温(℃)	0	5	10	15	20	25	30
秒速(m)	331	334	337	340	343	346	349

次の①、②の各問いに答えなさい。

①　太郎さんは、**表**から気温の変わり方と空気中を伝わる音の速さの変わり方の関係について考え、気温がx℃のときの音の速さを秒速y mとして、xとyの関係を式に表しました。

太郎さんが考えた式　$331+\square\times x=y$

太郎さんが考えた式の□に入る数がいくつになるか答え、その求め方を説明しなさい。

②　ある日、太郎さんの部屋の窓からかみなりの光が見え、それから８秒後にかみなりが落ちる音がしました。このときの気温を調べると27.5℃でした。かみなりは、太郎さんの部屋から何mはなれた場所に落ちましたか。ただし、①の**太郎さんが考えた式**をもとに考えるものとし、光の速さは考えないものとします。

⑵　太郎さんは、水中を伝わる音の速さについても調べたところ、水中を伝わる音の速さは、およそ秒速1500ｍであることがわかりました。

このことから、船の底から出した音が海底ではねかえり、船に聞こえるまでの時間を測って海底までの深さを調べることができることを知りました。

船の底から出した音が海底ではねかえり、7.2秒たって船に聞こえたとき、この場所の船の底から海底までの深さは何ｍですか。ただし、水中を伝わる音の速さは、どの気温でも一定であり、船の底から海底まで障害物はないものとします。

3　花子さんは、半径10㎝の円の中に正八角形ＡＢＣＤＥＦＧＨをかき、その図形について考えています。次の各問いに答えなさい。

⑴　花子さんは、正八角形ＡＢＣＤＥＦＧＨの各頂点を直線で結び、右の**図１**のような図形をかきました。**図１**の㋐の角度は何度ですか。

図１

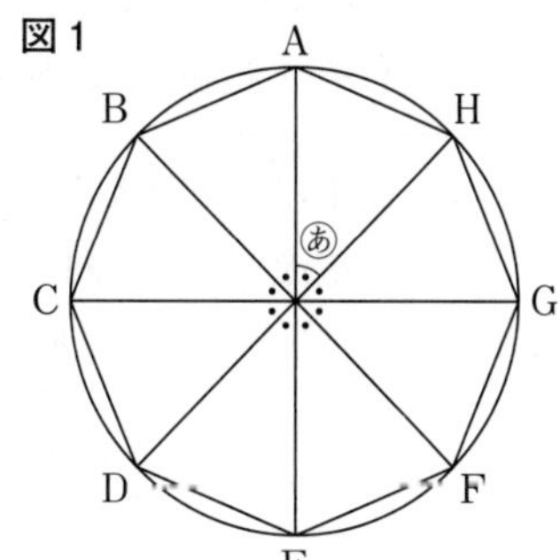

⑵　花子さんは、正八角形ＡＢＣＤＥＦＧＨの対角線について、考えます。次の①～③の各問いに答えなさい。

①　右の**図２**は、正八角形ＡＢＣＤＥＦＧＨの中に対角線をひく途中（とちゅう）を表しています。このことから、正八角形の対角線の本数は、５×８÷２で求めることができます。この式で、対角線の本数を求めることができる理由を説明しなさい。

図２

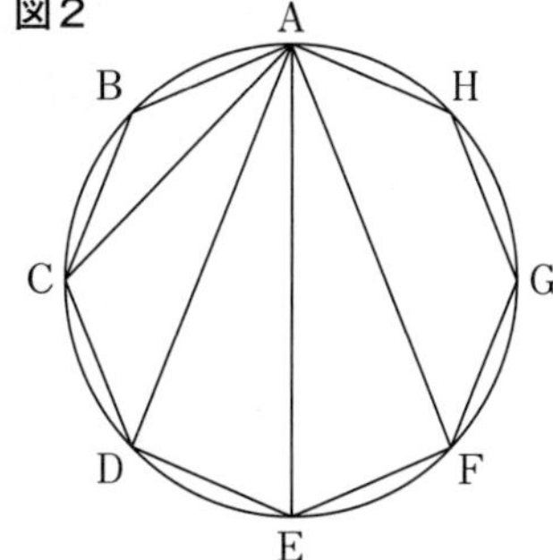

②　右の**図３**のような対角線４本でできる四角形ＡＣＥＧの面積を求めなさい。

図３

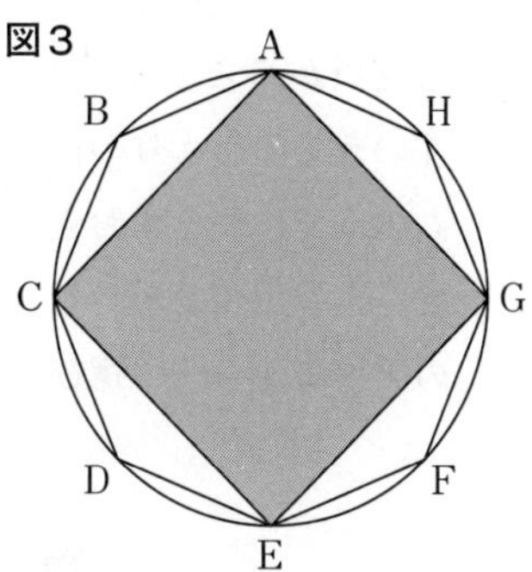

③　右の**図４**のような正八角形の１辺と対角線２本でできる三角形ＣＤＦの面積を求めなさい。

図４

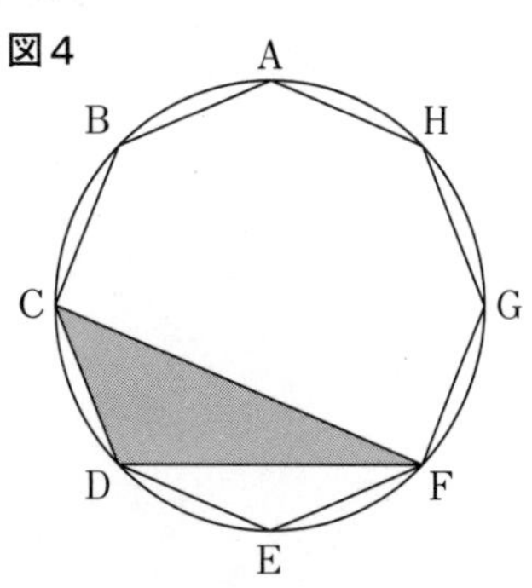

4　次の各問いに答えなさい。

(1)　かん電池１個とモーター１個、スイッチ、簡易(かんい)検流計を図１のようにつなぎました。次の①、②の各問いに答えなさい。

①　次の文は、簡易検流計について説明したものです。（ ア ）、（ イ ）にあてはまる語句をそれぞれ答えなさい。

> 簡易検流計では、電流の流れる（ ア ）や（ イ ）を調べることができる。

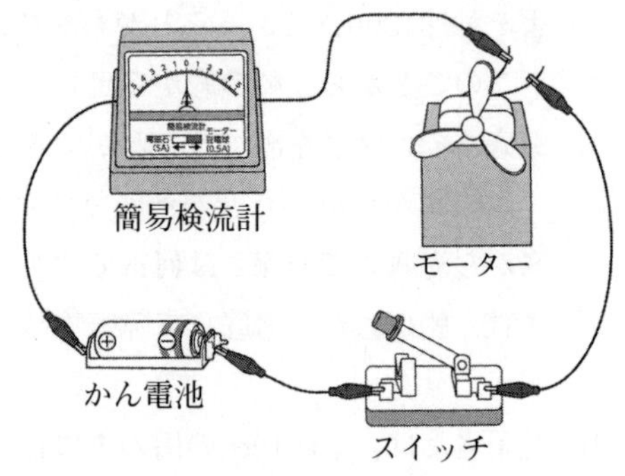

図１　簡易検流計をつないだ回路

②　図１の回路のスイッチを入れると、簡易検流計のはりが図２のようにふれました。このとき、電流の流れる向きは㋐、㋑のどちらの向きであるか答えなさい。

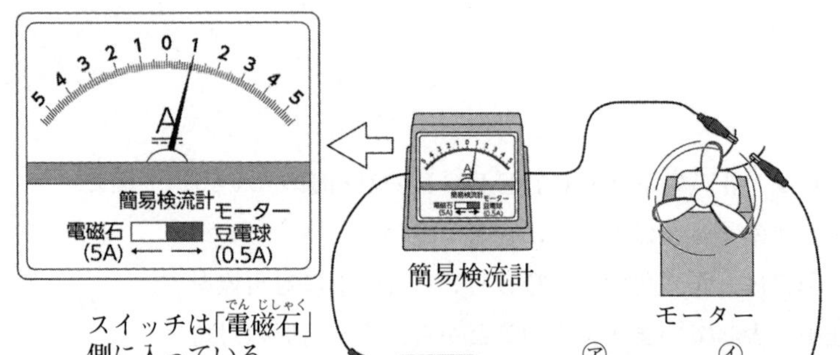

図２　回路のスイッチを入れたときのようす

(2)　図３は、実験用てこの左右のうでに60 gのおもりをつるしたところです。どちらのおもりも支点からきょりが１の位置につるされていて、実験用てこはつり合っていました。ここで、左のうでのおもりの位置と重さは変えずに、右のうでのおもりの重さと位置を変えていきます。右のうでにつるすおもりを支点からのきょりが２の位置、３の位置、…と右へ動かしていくとき、実験用てこがつり合うためには、右のうでのおもりの重さはどうすればよいですか、あとのア～エから一つ選び、記号で答えなさい。

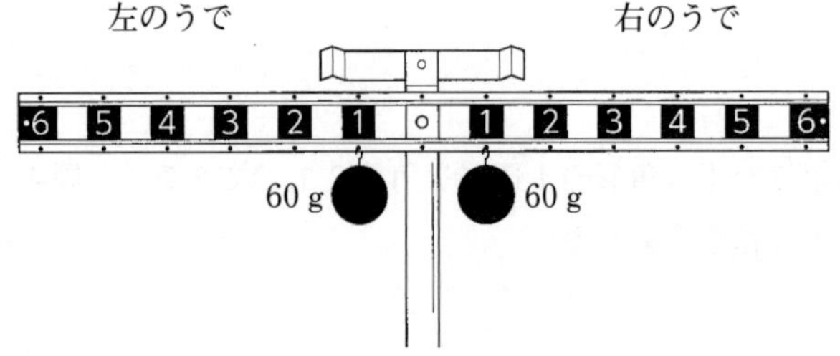

図３　実験用てこがつり合っているようす

ア　70 g、80 g、…と10 gずつ増やしていく。

イ　50 g、40 g、…と10 gずつ減らしていく。

ウ　2倍、3倍、…と増やしていく。

エ　$\frac{1}{2}$倍、$\frac{1}{3}$倍、…と減らしていく。

(3)　ぼう磁石と2本のくぎ㋐、㋑を用意し、**図4**のように2本のくぎをぼう磁石にぶら下げました。しばらくしてから、㋐のくぎを手で持ってぼう磁石を㋐のくぎからはなすと、㋑のくぎは㋐のくぎにぶら下がったままはなれず、落ちませんでした。次の①、②の各問いに答えなさい。

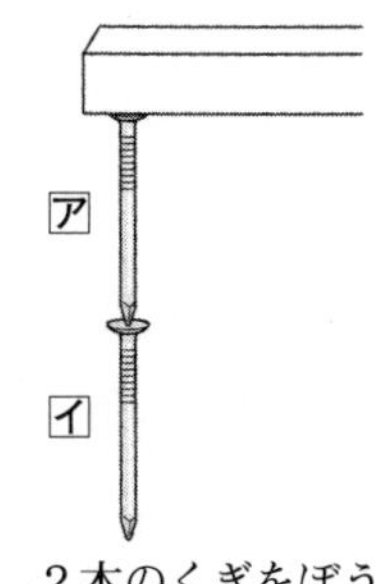

図4　2本のくぎをぼう磁石にぶら下げたときのようす

①　㋐のくぎと㋑のくぎをはなし、㋐のくぎの頭(平らな方)を方位磁針に近づけたところ、**図5**のように方位磁針のN極が㋐のくぎの頭に引きつけられました。㋐のくぎの頭は何極ですか、N極またはS極で答えなさい。

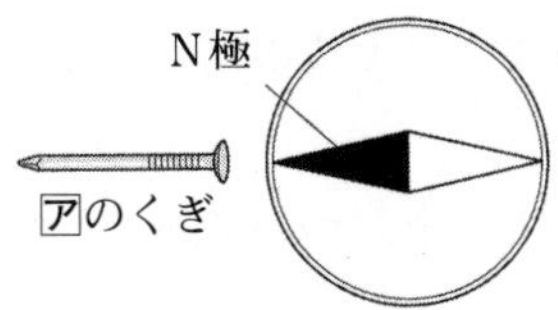

図5　㋐のくぎの頭を方位磁針に近づけたときのようす

②　㋐のくぎと㋑のくぎをはなし、㋑のくぎが磁石になっていることを確かめるため、㋑のくぎの先(とがっている方)を方位磁針に近づけたところ、方位磁針の針が動きました。このときの方位磁針の針のようすを図で表しなさい。ただし、方位磁針の針は、右の例のように表すものとし、方位磁針のN極を黒くぬりつぶすこととします。

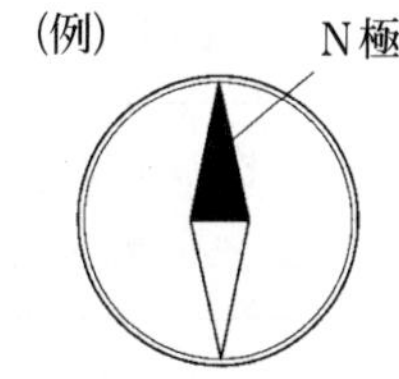

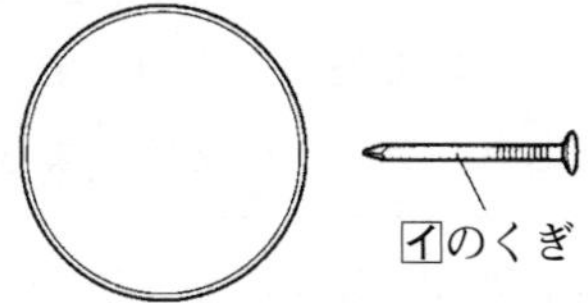

5　次の各問いに答えなさい。

(1)　次の図のように、うすいでんぷんの液を同じ量だけ試験管㋐と㋑に入れ、㋐には水、㋑にはだ液を同じ量ずつ加え、40℃ぐらいの湯で10分間あたためました。その後、2本の試験管を湯からとり出し、うすいヨウ素液を加えて色の変化を調べたところ、試験管㋐だけ色が変化しました。

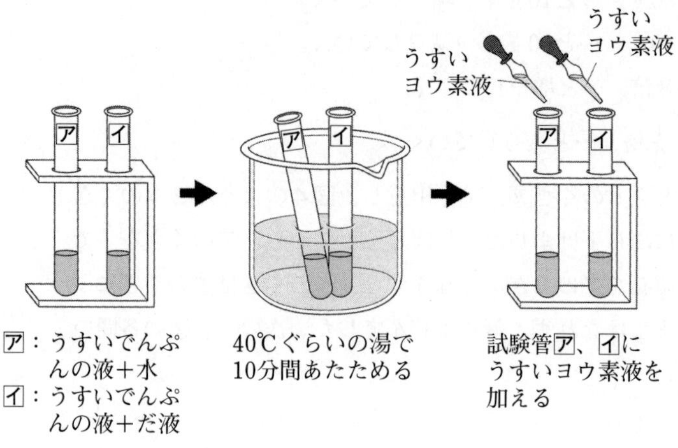

実験の手順をまとめたようす

次の①、②の各問いに答えなさい。

① うすいヨウ素液を加えたとき、試験管アの液は何色になりますか。

② この実験から、だ液にはでんぷんを別のものに変えるはたらきがあると言えますか。「言える」か「言えない」で答え、その理由も説明しなさい。

(2) 生命のたんじょうについて、次の①、②の各問いに答えなさい。

① メダカのめすが産んだたまごが、おすの出した何と結びつくと、たまごは成長を始めますか、答えなさい。

② 次の文は、人の生命のたんじょうについて述べたものです。(　　)にあてはまる語句を答えなさい。

女性の体内でつくられた卵(卵子)が受精してできた受精卵は、女性の体内にある(　　)の中で成長し、子どもとして産まれてくる。

(3) 次の文は、インゲンマメの種子が発芽する条件を調べる実験を行い、その結果をもとに、インゲンマメの種子が発芽する条件をまとめたものです。(　　)にあてはまる語句を答えなさい。

インゲンマメの種子が発芽するためには、水、(　　)、空気が必要である。

(4) 次の文は、こん虫のからだについて述べたものです。(ア)、(イ)にあてはまる語句や数をそれぞれ答えなさい。ただし、(ア)にはあてはまる体の部分を**すべて**書きなさい。

こん虫の成虫のからだは(ア)の３つに分かれていて、あしは(イ)本ある。

6　次の各問いに答えなさい。

(1)　**図1**のような装置(そうち)を使って一定の火の強さで水を熱し、1分ごとに水の温度とようすを調べました。次のグラフは、1分ごとの水の温度をまとめたものです。

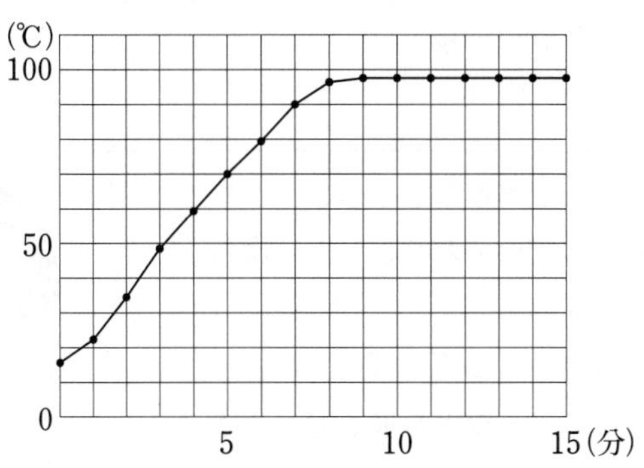

グラフ　水を熱したときの温度

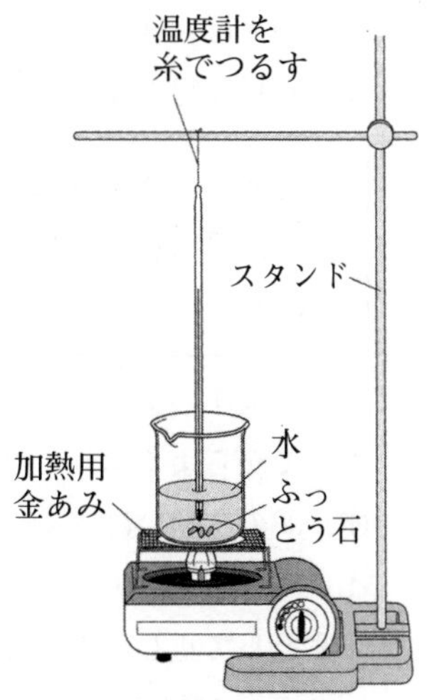

図1　水を熱する装置

次の①〜③の各問いに答えなさい。

①　**グラフ**から、5分後の水の温度はおよそ何℃になりますか。整数で答えなさい。

②　水を熱し続けていると、水の中から大きなあわが出始めました。このあわは何ですか、答えなさい。

③　さらに水を熱し続けて水の温度が100℃ぐらいになったとき、水の温度は上がらなくなり、水の中からさかんに大きなあわが出ていました。この状態のことを何といいますか、答えなさい。

(2)　**図2**のように、水を入れたビーカーのはしにおがくずをしずめ、しずめたおがくずのすぐ下を熱して、あたためられた水の動きを観察する実験をしました。次の①、②の各問いに答えなさい。

①　おがくずは、**図2**の**ア**〜**ウ**のどの方向に動きますか。最も適当なものを一つ選び、記号で答えなさい。

②　次の文は、水のあたたまり方について説明したものです。(　　　　　)にあてはまる文を「あたためられた水」という言葉を使ってかん単に書きなさい。

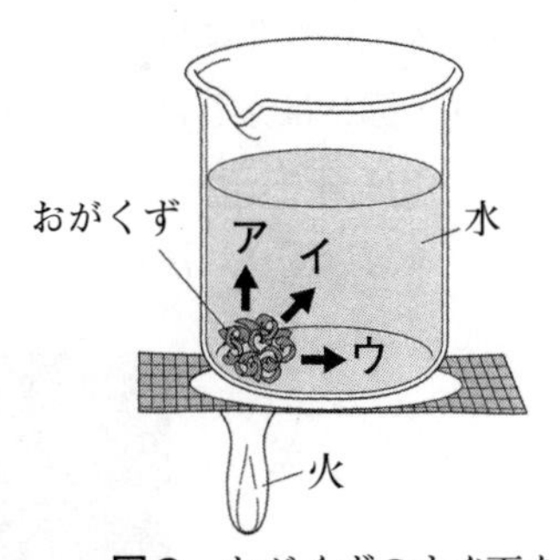

図2　おがくずのすぐ下を熱したときのようす

水を熱すると、(　　　　　　　　　　　　　　　　　　　　　　　　)。 このように水は動きながら全体があたたまっていく。

(3)　もののとけ方について説明した文として、**あやまっているもの**を、次の**ア**〜**エ**から一つ選び、記号で答えなさい。

ア　決まった体積にとけるものの量は、ものの種類に関係なく同じである。

イ　食塩を水にとかした水よう液の重さは、食塩の重さと水の重さの和になる。

ウ　ミョウバンをとかす水の体積を増やすと、とけるミョウバンの量も増える。

エ　ミョウバンをとかす水の温度を高くすると、とけるミョウバンの量も増える。

7　次の各問いに答えなさい。

(1)　次の文は、地面の温度のはかり方について述べたものです。(　　　　　)にあてはまる文をかん単に書きなさい。

地面をあさくほって、温度計のえきだめをさしこみ、えきだめに土をうすくかぶせる。次に、温度計におおいをかぶせて、温度計に直接(　　　　　　　　　　　　　　)ようにする。

(2)　右の図１のように、空きびんに砂とどろを水とともに入れ、ふたをしてからよくふり、つくえの上に静かに置いておきました。次の①、②の各問いに答えなさい。

図１　びんをふるようす

①　空きびんの中の砂とどろがすべて水の中にしずんだときのようすとして正しいものはどれですか。次のア～ウから最も適当なものを一つ選び、記号で答えなさい。

②　流れる水が、運ばれてきた砂やどろなどを水中に積もらせるはたらきを何といいますか、答えなさい。

(3)　天気の変化について、次の①、②の各問いに答えなさい。

①　**図２**はある日の気象衛星による雲画像、**図３**は**図２**の翌日の雲の画像です。**図３**の日の福岡は雨でした。雲のようすから、**図３**の翌日の東京では雨になると考えられます。その理由を雲の動きに注目して、かん単に書きなさい。

図２　ある日の雲の画像

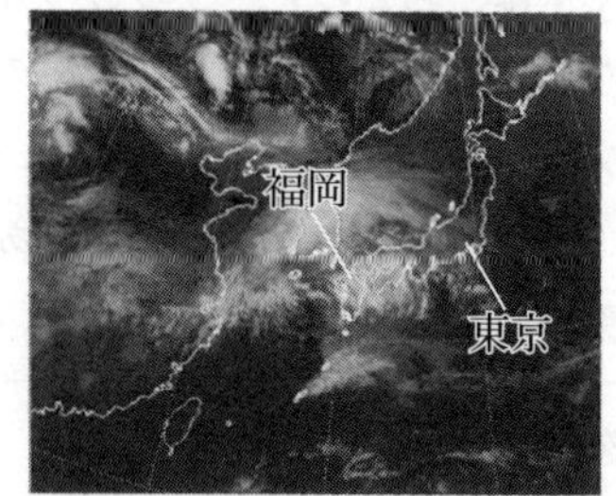

図３　図２の翌日の雲の画像

(気象庁提供)

②　台風が近づいたときの災害を説明した文として、**あやまっているもの**を、次の**ア～エ**から一つ選び、記号で答えなさい。

ア　川がはんらんして、こう水が発生することがある。

イ　強い風がふき続けて、農作物が落ちたり、傷んだりすることがある。

ウ　山に大雨がふり続いて、土しゃくずれが起こることがある。

エ　津波が発生して、海岸付近などの建物や車などをおし流すことがある。

四字熟語　→　□材□所

ア 良　**イ** 適　**ウ** 好　**エ** 合

3 文章中の[Ⅰ]に入る言葉を、次から一つ選び、記号で答えなさい。

ア あえて　**イ** やはり　**ウ** もはや　**エ** よもや

4 次の表は、文章中に書かれている「モモンガ」と「サッカー」の例についてまとめたものです。[a]と[c]に入る言葉を、文章中から抜き出しなさい。また、[b]に入る言葉を文章中の言葉を参考に考え、十五字以内で書きなさい。

モモンガ	[a]が苦手	〔どちらも〕苦手なことだけで[b]ため、得意なものを見つけられた
サッカー	リフティングが苦手	

↓

空を飛べる能力
[c]能力

5 文章の内容にあてはまるものを、次から一つ選び、記号で書きなさい。

ア 生物の世界は厳しいので、強い者が生き残り繁栄するのは当然のことである。

イ 敗者でも、勝者の戦い方をまねできる者だけが生き残ることができた。

ウ 淡水魚や恐竜は、強い者から逃れるために工夫をして繁栄することができた。

エ 哺乳類は、強者から逃れるための能力を発達させることで進化していった。

6 文章中の～～線B「負けることは、『考えること』です。そして、『変わること』につながるのです」とあるが、負けることや失敗することで「考え」、「変わること」を、次の条件に従って書きなさい。なお読み返して文章を直したいときは、二重線で消したり、行間に書き加えてもかまいません。

〈条件〉

(1) 筆者の意見や内容をふまえて書くこと。

(2) 題名や氏名は書かず、二段落で書くこと。

(3) 第一段落には、「負けることや失敗することで考え、変わったこと」についての自分の体験を具体的に書くこと。

(4) 第二段落には、そのことについての自分の考えを書きなさい。

(5) 六〇字以上一〇〇字以内の文章にすること。

注意点　**6**を解答する際、次のことに注意すること。

① 原稿(げんこう)用紙の適切な使い方をすること。

② 漢字や仮名遣(かなづか)い、句読点などは適切に用い、文法的なきまりを守って書くこと。

③ 数字や記号を使う場合は、次のように書いてもよい。

(例)　平成30年　2021年　30件　4月　?!

できます。木に登ることをあきらめてしまっては、空を飛べることに気がつかなかったかもしれません。

人間でも同じです。

サッカーには、ボールを地面に落とさないように足でコントロールするリフティングという基礎練習があります。しかし、プロのサッカー選手でもリフティングが苦手だったという人もいます。リフティングだけで苦手と判断しサッカーをやめていたら、強力なシュートを打つ能力は開花しなかったかもしれません。

小学校では、算数は計算問題が主です。しかし、中学や高校で習う数学は、難しいパズルを解くような面白さもあります。大学に行って数学を勉強すると、抽象的だったり、この世に存在しえないような世界を、数学で表現し始めます。［ Ⅰ ］哲学のようです。計算問題が面倒くさいというだけで、「苦手」と決めつけてしまうと、数学の本当の面白さに出会うことはないかもしれません。

勉強は得意なことを探すことでもあります。苦手なことを無理してやる必要はありません。最後は、A得意なところで勝負すればいいのです。しかし、得意なことを探すためには、すぐに苦手と決めて捨ててしまわないことが大切なのです。

勝者は戦い方を変えません。その戦い方で勝ったのですから、戦い方を変えないほうが良いのです。負けたほうは、戦い方を変えます。そして、工夫に工夫を重ねます。B負けることは、「考えること」です。そして、「変わること」につながるのです。

負け続けるということは、変わり続けることでもあります。生物の進化を見ても、そうです。劇的な変化は、常に敗者によってもたらされてきました。

古代の海では、魚類の間で激しい生存競争が繰り広げられたとき、戦いに敗れた敗者たちは、他の魚たちのいない川という環境に逃げ延びました。もちろん、他の魚たちが川にいなかったのには理由があります。海水で進化をした魚たちにとって、塩分濃度の低い川は棲めるような環境ではなかったのです。しかし、敗者たちはその逆境を乗り越えて、川に暮らす淡水魚へと進化をしました。

しかし、川に暮らす魚が増えてくると、そこでも激しい生存競争が行われます。戦いに敗れた敗者たちは、水たまりのような浅瀬へと追いやられていきました。そして、敗者たちは進化をします。

ついに陸上へと進出し、両生類へと進化をするのです。

懸命に体重を支え、力強く手足を動かし陸地に上がっていく想像図は、未知のフロンティアを目指す闘志にみなぎっています。

しかし最初に上陸を果たした両生類は、けっして勇気あるヒーローではありません。追い立てられ、傷つき、負け続け、それでも「ナンバー1になれるオンリー1のポジション」を探した末にたどりついた場所なのです。

やがて恐竜が繁栄する時代になったとき、小さく弱い生き物は、恐竜の目を逃れて、暗い夜を主な行動時間にしていました。と同時に、恐竜から逃れるために、聴覚や嗅覚などの感覚器官と、それを司る脳を発達させて、敏速な運動能力を手に入れました。そして、子孫を守るために卵ではなく赤ちゃんを産んで育児するようになりました。それが、現在、地球上に繁栄している哺乳類となるのです。

（稲垣栄洋『はずれ者が進化をつくる』〈筑摩書房〉より一部抜粋及び改変）

1　文章中の〰〰線「見事」「逆境」をひらがなに直しなさい。

2　文章中の〰〰線Aを、次の四字熟語で表しました。二つの空らんに入る同じ漢字を、あとから一つ選び、記号で答えなさい。

麻耶は投げつけるように言いのこし、教室から出ていってしまった。

（まはら三桃『つる子さんからの奨学金』〈偕成社〉より一部抜粋及び改変）

1 文章中の～～線の「ヨク」「セスジ」を正しい漢字に直しなさい。

2 文章中の［Ⅰ］に入る言葉を、次から一つ選び、記号で答えなさい。

ア やったらできるようになるかも　**イ** やれる子になればいいのに

ウ やってもあなたはできないのよ　**エ** やっぱりやればできるのよ

3 下記のメモは、わかばの心情と、言動や出来事との関連をメモにまとめたものです。メモをみてあとの問いに答えなさい。

(1) ［a］に体の一部を表す漢字一字を入れ、「自分の悪いところを指摘されてつらい」という意味の慣用句になるようにしなさい。

(2) 下のメモの①～⑤は文章に書かれている順にまとめられています。**ア**から**カ**のうち、時間の経過順にならびかえたとき**ア**よりも前にあたる出来事に関するものをすべて答えなさい。

(3) ［b］に入る内容を、文章の内容を参考に「運動だけでなく、勉強でも～が大切だと気づいた」に入る形で、二五字以上三〇字以内で書きなさい。

メモ

言動や出来事	わかばの心情
①中間テストの結果をほめられる	**ア** うれしさと気恥ずかしさ
②「いままでよくのないふりをして自分を守ってた」という指摘	**イ** ［a］が痛い
③運動だけでなく、勉強でも［b］が大切だと気づいた	**ウ** 納得
④中間テストの結果が良かった	**エ** うれしさと後悔
⑤麻耶を傷つけた	**オ** 調子に乗る
	カ 気まずさ

(4) 麻耶を傷つけた について、わかばに傷つけるつもりがなかったことがわかる三字の言葉を、文章中から抜き出しなさい。

4 この文章に登場する「わかば」について、次の条件に従って文章を書きなさい。なお読み返して文章を直したいときは、二重線で消したり、行間に書き加えたりしてもかまいません。

〈条件〉

(1) 題名や氏名は書かず、二段落で本文から書き始めること。

(2) わかばについて、次の①②の二点について書くこと。

① 第一段落に、わかばがどういう人物なのか、文章中の行動や心情を表す表現にふれながら書くこと。

② 第二段落に、①をふまえ、わかばの行動や言動に対するあなたの考えを具体的に書くこと。

(3) 一〇〇字以上一四〇字以内の文章にすること。

注意点　**4**を解答する際、次のことに注意すること。

① 原稿用紙の適切な使い方をすること。

② 漢字や仮名遣い、句読点などは適切に用い、文法的なきまりを守って書くこと。

③ 数字や記号を使う場合は、次のように書いてもよい。

（例）　平成30年　2021年　30件　4月　?!

［2］ 次の文章を読んであとの問いに答えなさい。

リスは、木をすばやく駆け上がります。しかし、リスの仲間のモモンガは、リスに比べると木登りが上手とは言えません。ゆっくりゆっくりと上がっていきます。しかし、モモンガは、木の上から見事に滑空することが

〈適性検査Ⅰ〉　—3～6と合わせて50分—

1　次の文章を読んであとの問いに答えなさい。

> 中学2年生のわかばは、バレーボールの部活動に打ち込みながら、成績を上げるために進学塾に通い、友人の麻耶を目標にがんばっている。ある日、テストの結果が良く60番近く順位を上げたわかばは、返ってきた結果について母のすみれ、父の雅人と話をしている。

「　Ⅰ　。」

すみれは確信めいた言い方をした。

「いままでわかばはヨクがなかっただけなのよ。本当はできるの。」

したり顔で言う。

「そう、なのかな？」

気恥ずかしくもあったが、素直にうれしかった。わかばはちょっとセスジを伸ばしたが、すみれはすかさず釘をさした。

「いままでは臆病だったっていうか。まぁ、せいいっぱいやってもできないとみじめだからね。よくのないふりをして自分を守ってたのかもね。」

「それはひどいんですけど。」

抗議をしつつ、心の底がちくんとしたのは、言われたことがかならずしもまちがっていないからだろうか。

「でもこのごろ、やる気が表に出てきてたもの。攻めてる感じ。」

攻めろ。

たしかに、その単語は最近よくきく言葉ではある。部活で言われるし、自分でも言いきかせている。もっとも部活では、いざとなったらひるんでしまって、強打で攻めきれないところもあるけれど、チャンスボールはねらうようになった。そんな姿勢が勉強のほうにも生きてきているのだろうか。

「自信がついたんじゃないか。自信は攻める勇気になるからな。」

「そうなのかぁ。」

「自信を持って打つ」ことは大切だ。一瞬の迷いや弱気が、体をにぶらせるのは、経験上わかばも知っている。

「もっともっと伸びるわよ。遠慮なんかしなくていいんだからね。」

「う、うん。」

両親がよろこんでくれたことはうれしくはあったが、同時にわかばの胸にはふと、苦いものもこみあげた。

わかばの胸にこみあげた苦いものは、数時間前の記憶だ。中間テストの結果を返してもらったわかばは、すぐに麻耶の所に行った。あがった成績をみとめてほしかったのだ。

「麻耶ちゃん、どうだった？」

はねるように走っていって、明るい声でたずねると、麻耶は顔をすこしひきつらせた。

そこでやめておけばよかったのだ。なのに、麻耶のようすが変わったのに気づいたにもかかわらず、わかばは無邪気に自分の成績カードを見せてしまった。

「ほら、見て。麻耶ちゃんに追いついたんじゃないかな。」

カードにすばやく目を走らせた麻耶は、顔をひきつらせたまま、まっ赤になった。

「麻耶ちゃん？」

動揺したわかばに、

「……よかったね。」

MEMO

MEMO

MEMO

2025年度受検用

公立中高一貫校適性検査問題集　全国版

2024年7月10日　初版第1刷発行

ISBN978-4-8403-0862-5

企画編集・みくに出版編集部
発行・株式会社　みくに出版
〒150-0021　東京都渋谷区恵比寿西2－3－14
TEL 03 (3770) 6930
FAX 03 (3770) 6931
http://www.mikuni-webshop.com

この印刷物(本体)は地産地消・
輸送マイレージに配慮した
「ライスインキ」を使用しています。

共立女子中学高等学校

2025年度入試

日程	12 / 1 帰国生	2 / 1	2 / 2	2 / 3 午後	
試験科目	国語+算数	４科型	４科型	英語＋算数	合科型＋算数

〒101-8433 東京都千代田区一ツ橋 2-2-1　TEL：03-3237-2744　FAX：03-3237-2782

西武台ＴＶに
学校説明動画を続々アップ！

「西武台 TV」という Youtube チャンネルを開設し、本校の教育に関する動画をアップしております。動画の種類は教育コンセプト、英語教育、スクールライフ、受験生応援動画など多岐に渡ります。「西武台 TV」をチェックして、本校の教育方針や生徒の雰囲気を感じて下さい！

地球サイズの
たくましい人間力。

独自のメソッドで
飛躍的な成績向上を実現している
「西武台式英語」をはじめ、
13年目を迎えてより高度化した
アクティブ・ラーニング、
さらにディベートへの取り組みなど、
「新しい学び」を中心に、
本校の特徴や魅力、成果について
ご案内いたします。

第１回オープンスクール	7/6 土
イングリッシュチャレンジ	7/23 火～7/24 水
第２回オープンスクール	8/24 土
武　陽　祭	9/7 土・9/8 日
第２回オンライン学校説明会	9/14 土
第３回学校説明会	10/12 土
第４回学校説明会	11/2 土
入試模擬体験会	11/24 日
入試直前情報説明会	12/14 土

◆開催日時や詳しい内容は本校 WEB サイトでご確認ください。

お問い合わせ:TEL.048-424-5781 西武台新座 検索
〒352-8508 埼玉県新座市中野2-9-1
学校法人 武陽学園 西武台新座中学校・西武台高等学校

西武台新座中学校

栄冠 **2025** 年度受検用

公立中高一貫校 適性検査問題集 全国版

解答例

本解答に関する責任は小社に帰属します。
検査の性質上、正解が特定されない場合があります。

※この冊子は取りはずして使うことができます。

みくに出版

もくじ

私立 適性検査型入試問題

公立 適性検査問題

私立 適性検査型入試問題

西武台新座中学校

〈問題は６ページ〉

〈適性検査Ⅰ〉

1 〔問題１〕相手に対するやさしい気持ちの深さ 〔問題２〕ただ戦略的にやさしさを演じているだけで心が伴っていない振る舞いが大流行し、それらがやさしいとみなされている時代。〔問題３〕(略)

〈適性検査Ⅱ〉

1 〔問題１〕1050ｍ 〔問題２〕13秒 〔問題３〕ア 450(ｍ) 55秒 〔問題４〕105秒

2 〔問題１〕日本国内の自動車生産台数は、1990年をピークに減少している。一方で、日本の自動車メーカーの海外生産台数は1985年以降生産台数をのばし、2010年には国内生産台数を上回っている。また、世界の自動車生産において、日本は1990年には約30％をしめるまでに割合をのばしたが、現在は約10％ほどの生産にとどまっている。〔問題２〕(図６)カーシェアリングは、自分で自動車を買わなくてよいので、維持費などの費用を大はばに節約でき、若者が自動車に乗るための一つの手立てとなる。(図７)自動車の自動運転技術が開発されれば、若い人だけでなく感覚がにぶくなるお年寄りでも安全に車を運転することができるようになり、交通事故件数の減少が期待できる。

3 〔問題１〕約9.1％ 〔問題２〕(1)５㎝ (2)Ｕ字型をした管の左側には水があり、右側には食塩水があるので、半透膜を通じて、濃さをなるべく等しくするため、水のつぶが左側から右側に移動したから。〔問題３〕赤血球の中の方が、水よりも濃いので、水のつぶが細胞膜を通って赤血球の中に入り、赤血球がふくらむ。

公立 適性検査問題

札幌市立札幌開成中等教育学校

〈問題は22ページ〉

〈適性検査Ⅰ〉

1 (1)8 (2)(１番)Ｃ (２番)Ｅ (３番)Ａ (４番)Ｄ (５番)Ｂ (3)7 (4)ウ11 エ55 (5)ＥＣＩＤＦＪＧＨＡＢ(ＣとＦは順不同)

2 (1)6 (2)8 (3)22 (4)17 (5)ＧＡＢＣＤＥＧＦ、ＧＥＤＣＢＡＦ、ＧＥＤＣＢＡＧＦ(３つのルートのうち、２つを解答。)

〈適性検査Ⅱ〉

1 (1)(プレゼント企画)表１を見ると、10月の来館者数は400人だけど、表２の１か月に読まれた本の冊数が０冊の人は100人いるため、80人は図書館に来たけれど本を読んでいないことから、プレゼントをもらいに来ただけの人が多いと考えられるため、この企画はあまりうまくいかなかったと思う。(本紹介ポスター作成)表１を見ると、読まれた本の合計冊数は９月から10月にかけて、300冊程度増加した。また、表３より、10月以降、本紹介ポスターで紹介した文学ジャンルの本が300冊程度多く読まれていることから、本紹介ポスター作成はうまくいったと思う。(2)今年度の課題は、文学ジャンル以外の本があまり読まれなかったため、次年度は、人気ジャンル以外の本の楽しさも知ってもらうことを目標として提案します。この目標を達成するために、人気のないジャンルの本の面白いところをアピールするポップや帯紙の作成が効果的だと思います。理由は、人気のないジャンルの本も、魅力が伝われば手に取って読んでみることにつながり、楽しさを知るきっかけになると思うからです。(193字)

2 [例]修学旅行で訪問した際には、私たちのために分かりやすいプレゼンテーションをしてくれたり、質問に的確に答えてくれたりして、ありがとうございました。黒田さんの説明を聞き、知らないことをたくさん知ることができて、私はとても嬉しくなりました。きっと、黒田さんは、私たちに、もっと博物館に興味をもって、これからも学んでいってほしいという思いがあったのではないかと思います。私は、英語や国語の学習は好きですが、他の教科にはそこまで興味はありませんでした。ですが、今回の博物館の見学で、黒田さんの話を聞き、知ることの面白さや興味を広げることの大切さに気付くことができたので、これからは様々な分野のことにもっと興味をもって学んでいこうと思います。(314字)

【配点】

〈適性検査Ⅰ〉100点満点

1 (1)10点 (2)10点(完全解答) (3)10点 (4)10点(完全解答) (5)10点(完全解答)

2 (1)５点 (2)５点 (3)10点 (4)10点 (5)各10点

〈適性検査Ⅱ〉100点満点

1 (1)各10点(問題用紙に示された採点の基準による) (2)30点(問題用紙に示された採点の基準による)

2　50点(問題用紙に示された採点の基準による)

青森県立三本木高等学校附属中学校

〈問題は29ページ〉

〈適性検査Ⅰ〉

1　(略)

2　(1)A減って　B90　C110　D0.2　(2)(お母さん)リユース　(たろう)リデュース　(お父さん)リサイクル　(3)日本は、中国やインドに比べて、使い捨てプラスチックの年間総はいき量は少ないが、1人あたりの使い捨てプラスチックの年間はいき量は多い。(4)手前に並んでいる賞味期限の近い商品もおいしく食べたり飲んだりできるので、すぐ食べるのであれば手前から順番に買うことで、賞味期限切れで捨てられる商品を減らすことになること。

3　(1)(ならべかえ)③→②→④→①　(位置)①A　②H　③F　④G　(2)⑤たて穴　(理由)米や米づくりに使う道具などをめぐる争いからむらを守るため。(3)・イベントが開かれる正確な期間が分かる。・レストランオープンなどの新着ニュースを知ることができる。(4)ア地域のどんなところに興味をもって検さくしているかなどの情報を分せきすることで、観光協会として新たな地域のよさに気づき、新しいイベントを作り提供することに活用している。イ店や観光地の人たちは、インターネットサイトのどんな情報に興味をもって検さくしているか調べ分せきし、関心の高い食材を利用した新しいおみやげを開発したり人気スポットをアピールする宣伝を考えたりすることに活用している。ウ交通機関の人たちは、旅行者が、いつ、どこを訪れたか、どんな交通手段を使ったかなどの情報を分せきすることで、バスを利用しやすいように発着時刻を変更したり運行本数を変えたりすることに活用している。エ宿泊場所の人たちは、旅行者のグループや人数、どんな観光地などに興味をもって検さくしているかといった情報を分せきすることで、新しい宿泊プランや食事プランを作ったり販売するおみやげを選んだりすることに活用している。

4　(1)準、計　(2)アだから、　イしかし、　(3)だろう　(4)私たちは放送室で給食を食べるみなさんの顔を(で と 給 の間に「、」を挿入)思いうかべながら放送しています。(5)みなさんに楽しんでもらいたいと考え、委員会の時間にたくさん練習をしています。楽しんでもらえると思いますので、期待して聞いてください。(6)ウ全員が楽しかったと答え、多くの人が来年度も続けたほうがよいと答えている　エ早口で放送の声が聞き取りにくいことがあったこと　オ学年別の問題を用意する　(7)私が改善の必要があると思うことは、「一週間で二日とも同じ曲が放送された」ということだ。二日とも同じ曲が放送されると、あきる人も出て楽しい時間でなくなると思う。

そこで、私は、事前に放送委員会がリクエスト曲を集め、その中から放送する曲を決めて、計画的に放送することを提案したい。

この提案が実現することで、かたよって放送されることを防ぐことができると思う。そして、いろいろな曲を聞くことで、みんなはあきることなく楽しい時間を過ごすことができると思う。

〈適性検査Ⅱ〉

1　(1)(求め方)80÷64=1.25　98÷70=1.4　1.4−1.25=0.15　(答え)ともこさんの家の畑が0.15kg多い　(2)中央値の86kgよりも多いので、とれた量が多いほうといえる。(3)(求め方)3+7+5=15　$\frac{1}{4}+\frac{1}{2}=\frac{3}{4}$　$1-\frac{3}{4}=\frac{1}{4}$　$15\div\frac{1}{4}=60$　(家を出てからおじさんの家に着くまでにかかる最短の時間)60分間

2　(1)ア6

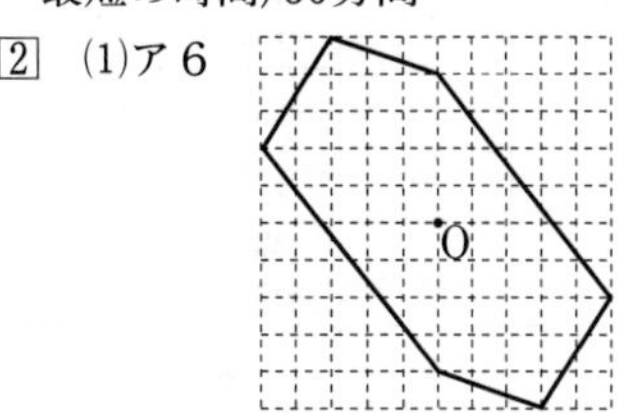

(2)(求め方)5×5×3.14=78.5　10×10÷2=50　78.5−50=28.5　10×10=100　100−78.5=21.5　28.5−21.5=7　(色がついた部分の面積の差)7㎠

3　(1)①トノサマバッタ　②アキアカネ　③たまごからかえったよう虫のえさとなる生き物がいるから　(2)④成虫　⑤よう虫　⑥さなぎ　(3)(かれる植物)B、C、E　(かれない植物)A、D　(4)⑦種子　⑧芽　(5)・寒い風にできるだけ当たらないようにするため。・日光をできるだけ多く受けるようにするため。

4　(1)A水平　B少なめに　Cスポイトでつぎたす　Dへこんだ　(2)E水にとける量が多い　F水にとける量には限りがある　(3)アルコールランプでビーカーを温めると、水の温度が速く上がり、水の温度を一定に保つことがむずかしいから。(4)(グラフ1)水の温度を上げると、砂糖はとける量が増えるが、食塩は変わらない。(グラフ2)水の体積を増やすと、砂糖も食塩もとける量が増える。(5)・(方法)それぞれの水の重さを量る。(結果)重い方が食塩をとかした水、軽い方が砂糖をとかした水である。・(方法)それぞれの水に食塩を

とかす。（結果）とけ切った方が砂糖をとかした水、とけ残りが出た方が食塩をとかした水である。

岩手県立一関第一高等学校附属中学校

〈問題は41ページ〉

〈適性検査Ⅰ〉

1 問題１（円の中心の位置）[例]円を半分に重なるように折ってできた２本の線が交わった点。（理由）[例]円が重なるように折ったときにできる線は直径であり、円の中心は直径上にあるので、２本の直径が交わった点が円の中心になるから。問題２⑴１：７ ⑵300ｍ ⑶35325㎡ 問題３（共通点）[例]人もメダカも受精らんから少しずつ体の形ができてくること。（ちがい）[例]メダカはたまごの中にある養分や、たまごからかえったあとは養分の入ったふくろの中の養分で育つが、ヒトは母親からへそのおを通して養分を受け取り育つこと。 問題４イ

2 問題１[例]

日にち	時間帯	校庭	体育館
３日前（水）	朝	１−２	１−１
		２−１	
	昼休み	２−２	３−１
		３−２	
２日前（木）	朝	１−１	１−２
		２−１	
	昼休み	【会場準備】	２−２
		【会場準備】	
１日前（金）	朝	１−１	２−１
		２−２	
	昼休み	１−２	３−２
		３−１	

問題２⑴24、30、36、42、48 ⑵40回 問題３（記号）ウ （理由）[例]空気はおしちぢめられたあと、もとにもどろうとする力がはたらくが、水はおしちぢめることができないので、ボールをはずませようとしたとき、体積が変わらず、もとにもどろうとする力がはたらかないから。

〈適性検査Ⅱ〉

1 問題１（選んだグラフの記号）[例]イとエ （伝えたい内容）[例]春休み期間の３、４月に生乳の生産量が多いことと、生乳の用途別消費量で牛乳が半数を占めていることをもとに、春休み中に牛乳を飲むように呼びかける。 問題２（牛乳）ア（バター）イ （アイスクリーム）ウ 問題３⑴ア○ イ× ウ× エ× ⑵①生産 ②加工 ⑶[例]自らが育てた木材を切り出し、その木材からいすなどの家具をつくり、道の駅で販売する。

2 問題１ア○ イ× ウ× エ× オ○
問題２⑴イ ⑵・[例]輸送時の二酸化炭素の排出量が少ない。・[例]渋滞がないため、決められた時刻に運ぶことができる。

3 問題１⑴[例]うお座の人は、音楽が好きで、音楽で得意なことがある。
⑵[例] My birthday is May 19.
問題２⑴[例]資料６から、在住外国人の多くが、困っていること、手伝ってほしいこととして「病気やけがなどの医療」と回答していることが分かります。また、資料７から、約半数近くの在住外国人は、病院で症状を日本語で説明できないということが分かります。（そこで、国際交流協会では、通院するときに在住外国人が困らないように、医療通訳ボランティアの活動を行っています。）
⑵[例]紙面だけではなく、ＳＮＳでも発信する。

〈適性検査Ⅲ（作文）〉（略）

【配点】

〈適性検査Ⅰ〉100点満点

1 問題１…10点 問題２⑴７点 ⑵７点 ⑶８点
問題３…10点 問題４…８点

2 問題１…16点 問題２⑴10点 ⑵８点
問題３…16点

〈適性検査Ⅱ〉100点満点

1 問題１…15点 問題２…７点
問題３⑴８点 ⑵４点 ⑶６点

2 問題１…15点 問題２⑴５点 ⑵10点

3 問題１⑴７点 ⑵５点
問題２⑴10点 ⑵８点

〈適性検査Ⅲ〉30点満点

1 問題…30点

宮城県仙台二華中学校
宮城県古川黎明中学校

〈問題は62ページ〉

〈宮城県仙台二華中学校 総合問題（筆記及び外国語（英語）のリスニング）〉

1 （略）

2 １⑴ウ ⑵[例]川に流す油や洗剤の量を減らすことで、川の水を汚さずにすむから。⑶37800（㎡） ⑷[例]化石燃料を使って発電すると、地球温暖化の原因となる二酸化炭素が排出されるが、再生可能エネルギーを使って発電すると、二酸化炭素が排出されないから。 ２⑴ア9.3㎜ イうＡ えＣ ⑵ア③ イ[例]川の水の流れをおそくし、しん食したり運ぱんしたりするはたらきを小さくする

3 １⑴ウ ⑵40（㎝） ⑶イ ⑷イ ⑸え$\frac{4}{9}$（倍） お$\frac{9}{2}$（倍） ２⑴エ ⑵[例]百姓に確実に年貢を納めさせるために、共同責任を負わせたり、商品

作物の栽培を制限したりしていた。 3(1)か7(部屋) き8(部屋) く60(番目) (2)210 (3)176、200、201

〈作文〉(略)

〈宮城県古川黎明中学校 総合問題(筆記及び外国語(英語)のリスニング)〉

1、2 仙台二華中学校 1、2参照(→P.6)

3 1(1)B→A→C (2)64% (3)50メートル (4)1.5倍 (5)ア0℃ イえ ウ[例]水はこおると体積が大きくなるので、水道管に残った水がこおって、水道管がこわれてしまうのを防ぐため。 2(1)エ (2)[例]おおい堂が光堂を雨や雪、風などから保護していた (3)[例]朝廷は、朝廷に従わない人たちを従わせたり、反乱をおさえたりするために軍を派遣し、戦いや支配のために胆沢城や志波城を築いて、北に支配領域を広げていった。

〈作文〉(略)

【配点】

〈仙台二華中学校 総合問題〉100点満点

1 8点

2 1(1)4点 (2)6点 (3)5点 (4)7点
2(1)ア5点 イ4点 (2)ア4点 イ7点

3 1(1)~(4)各3点 (5)え3点 お6点
2(1)3点 (2)6点
3(1)か3点 き3点 く4点 (2)4点 (3)6点

〈仙台二華中学校 作文〉25点満点

〈古川黎明中学校 総合問題〉100点満点

1 8点

2 1(1)4点 (2)6点 (3)5点 (4)7点
2(1)ア5点 イ4点 (2)ア4点 イ7点

3 1(1)4点 (2)4点 (3)5点 (4)5点
(5)ア・イ各4点 ウ7点
2(1)4点 (2)6点 (3)7点

〈古川黎明中学校 作文〉25点満点

仙台市立仙台青陵中等教育学校

〈問題は76ページ〉

〈総合問題Ⅰ〉

1 (略)

2 1(1)い (2)(a)1400 (b)4 2(1)A (2)(位置)E (方位)南 (3)ア⑤ イ③ ウ① エ⑥

3 1(1)あ、う、お (2)う 2[例]反乱や病気、自然災害などで苦しんでいる人々の不安を仏教の力で治めようとしたから。 3…18時間45分 4(変化)[例]再生可能エネルギーや原子力の割合が増加(石油、石炭、天然ガス(化石燃料)の割合が減少)している。 (効果)[例]地球温暖化の原因の1つと考えられる二酸化炭素が減少するという効果がある。

〈総合問題Ⅱ〉

1 1(自然の家)C (駅)B 2(1)[例](水の量は)変化しない。 (2)a=c+d−b 3(1)(先生:さとしさん:りかさん)3:1:2 (2)(順番)先生→りかさん→さとしさん (時間)71分

2 1[例]コイルの巻き数が少なくなり、電磁石の力が弱くなったから。 2…80g 3(1)う、お (2)2.4倍

3 1…11時15分 2(1)181.14L (2)72.5%
3(1)(A区画:B区画:通路)4:8:3 (2)(縦(南北))15本 (横(東西))63本

〈作文〉(略)

【配点】

〈総合問題Ⅰ〉60点満点

1 17点

2 1(1)4点 (2)5点 2(1)4点 (2)5点 (3)4点

3 1(1)4点 (2)3点 2…4点 3…4点
4…各3点

〈総合問題Ⅱ〉60点満点

1 1…各4点 2(1)3点 (2)4点
3(1)3点 (2)(順番)3点 (時間)4点

2 1…4点 2…4点 3(1)3点 (2)3点

3 1…3点 2(1)3点 (2)4点
3(1)3点 (2)各4点

〈作文〉30点

秋田県立秋田南高等学校中等部
秋田県立大館国際情報学院中学校
秋田県立横手清陵学院中学校

〈問題は87ページ〉

〈適性検査〉

1、2 (略)

3 (1)起(こした) (2)ずっと動かない(様子)
(3)[例]身の回りの自然の様子が昔と変わってしまったことに対する残念な気持ち。 (4)エ
(5)[例]自分から考えようとすれば、いろいろなことを発見できるということ。

4 (1)①あ[例]選挙 い[例]18 ②[例]聖武天皇 ③[例]政治について権限をもたない (2)①食料品工業 ②エ ③[例]原料を輸入にたよっている

5 (1)(式)[例]40−1.3×28 (答え)3.6m (2)(求め方)[例]小麦粉が2100gあるので、2100÷140=15 砂糖が700gあるので、700÷50=14 バターが1200gあるので、1200÷80=15 たまごが20個あるので、20÷1=20 よって、準備した砂糖をすべて使って作るクッキーの個数が最大となる。作ることのできるクッキーの個数は14

×20＝280　280個　(答え)280個　(3)正しくない　(理由)[例]円柱の入れ物を４つまとめるのに必要なテープの長さを求めると、６×４＝24　6×3.14÷４×４＝18.84　18.84＋24＋３＝45.84　よって45.84cm　６年生は28人いるので28÷４＝７から、円柱の入れ物のまとまりは７つになる。全体に必要なテープの長さは、45.84×７＝320.88　320.88cm＝3.2088ｍ　よって、３ｍでは足りないので正しくない。

6　(1)[例]

(2)イ、ウ　(3)①Ｘ酸素　Ｙ一部　Ｚ二酸化炭素　②[例]空気中の酸素を送るため　(4)①ア、イ、エ　②ア

〈作文〉(略)

【配点】

〈適性検査〉100点満点

1　11点
2　９点
3　(1)３点　(2)４点　(3)４点　(4)４点　(5)５点
4　(1)①あ・い各２点　②３点　③３点　(2)①３点　②３点　③４点
5　(1)６点　(2)７点　(3)７点
6　(1)４点　(2)３点　(3)①３点　②４点　(4)①３点　②３点

〈作文〉30点満点

山形県立致道館中学校　山形県立東桜学館中学校

〈問題は93ページ〉

〈適性検査〉

1　１(略)　２…35％　３(1)Ａ二酸化炭素　Ｂ酸素　(2)[例]人は肺で、メダカはえらで呼吸をしている。　４ウ　５(1)Ａ24　Ｂ18　(2)イ

2　１(1)エ　(2)時速34km　２(1)Ａエ　Ｂイ　(2)[例]かえったよう虫がさなぎになって　３…30ｍ　４イ　５(1)[例]河口からのきょりが短く、高いところから流れている。　(2)ア

3　１(1)Ａア　Ｂウ　Ｃア　Ｄイ　(2)(１つ目の実験方法)石灰水を入れる。　(結果)[例]炭酸水は白くにごり、うすい塩酸は色の変化がない。　(２つ目の実験方法)スチールウールを入れる。　(結果)[例]炭酸水では反応がなく、うすい塩酸ではあわがついてとける。　２(100円皿)37皿　(200円皿)８皿　３…9.2cm　４(1)イ　(2)エ　５(1)47.52㎠　(2)576枚

〈作文〉(略)

【配点】

〈適性検査〉100点満点

1　１(1)３点　(2)３点　(3)４点　２…３点　３(1)(両方できて)３点　(2)４点　４…４点　５(1)(両方できて)４点　(2)４点
2　１(1)３点　(2)４点　２(1)(両方できて)４点　(2)４点　３…５点　４…４点　５(1)５点　(2)４点
3　１(1)(すべてできて)４点　(2)６点　２…(両方できて)４点　３…５点　４(1)４点　(2)４点　５(1)４点　(2)４点

〈作文〉35点満点

福島県立会津学鳳中学校　福島県立ふたば未来学園中学校

〈問題は103ページ〉

〈適性検査１〉

1　(1)①ウ　②江戸に着くまでに多くの日数がかかるとともに、江戸での生活などにも多くの費用が必要であり、**負担**が大きい制度であった。　(2)①エ→ア→イ→ウ　②エ・オ　③林業で働く人の数が減っているため、森林資源を十分に活用することができていないこと。　(3)①Ａウ　Ｂイ　Ｃア　Ｄエ　②運転再開のための費用を国や県、地元自治体と分担したことにより、鉄道会社の負担が軽くなったことに加えて、鉄道会社が鉄道の運行に専念できるようになったため。

2　(1)①ウ　②46％　(2)①同じカップを９個、同じプリンを４個増やす。　②62ｍ　③36箱　(3)①あイ　いオ　②５分55秒　③(答え)22人　(求め方)１回目のアンケートで「人や社会の役に立つため」と答えた人数の割合を求めると、式　15÷50＝0.3　30％になる。２回目のアンケートで「人や社会の役に立つため」と答えた人数の割合が14％高くなっているので、その割合を求めると、式　30＋14＝44　44％になる。２回目のアンケートで「人や社会の役に立つため」と答えた人数を求めると、式　50×0.44＝22　答え22人

3　(1)①直列につなぐと、電気の通り道が１つなので、片方の豆電球を外すと電気の通り道がとぎれてしまうが、並列につなぐと、片方の豆電球を外しても電気の通り道がもう１つあるから。

② 　<電気自動車を上から見た図>

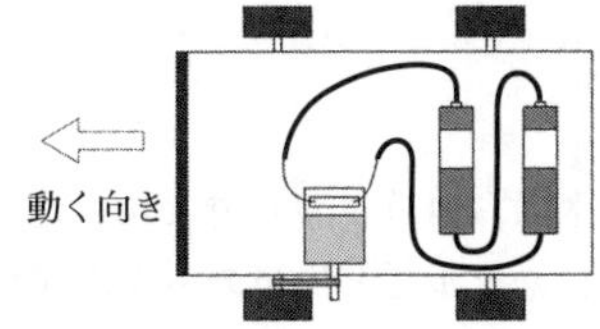

⑵①エ　②イ　③ウ　⑶①燃やすごみの量を減らせば、燃やすときに出る二酸化炭素の量を減らすことができるから。　②日光にあたると、空気中の**二酸化炭素**を取り入れ、空気中に酸素を出すというはたらき。

〈適性検査２〉

1　（略）

2　⑴十分な睡眠により、成長ホルモンが出ることで骨や筋肉が発達するから。(33字)　⑵(行動)寝る直前に強い光を浴びること　(変化)脳の中で睡眠をうながすメラトニンが出にくくなる。(24字)　⑶・部屋をできるだけ暗くすること　・寝室の中を快適な温度と湿度に保つこと　⑷(段落番号)5 (理由)資料Aにある、夕食や入浴、寝る時間を一定にするということは、5の「決まった時間に決まった行動をとること」と同様だから。　⑸資料Bから、たいきさんは九時間以上の睡眠が必要になるが、資料Cから睡眠時間は週のうちの三日が九時間に満たないので、不足していると言えるため。(70字)

3　（略）

茨城県立勝田中等教育学校
茨城県立古河中等教育学校
茨城県立並木中等教育学校
茨城県立太田第一高等学校附属中学校
茨城県立鹿島高等学校附属中学校
茨城県立下館第一高等学校附属中学校
茨城県立下妻第一高等学校附属中学校
茨城県立土浦第一高等学校附属中学校
茨城県立日立第一高等学校附属中学校
茨城県立鉾田第一高等学校附属中学校
茨城県立水海道第一高等学校附属中学校
茨城県立水戸第一高等学校附属中学校
茨城県立竜ヶ崎第一高等学校附属中学校

〈問題は114ページ〉

〈適性検査Ⅰ〉

1　問題１(式)3200×(１－0.1)　(値段)2880(円)　問題２…1.8(L)　問題３(記号)イ　(説明)おじいさんの家の水そうに小石と水草を入れると水そうの底から水面までの高さが１cm高くなるので、その分の水の量を求めると、30×60×１＝1800で、1800(㎤)　あおいさんは、Aの水そうに入れる小石と水草をちょうど半分にするので、その分の水の量を求めると、1800÷２＝900で、900(㎤)

2　問題１①ア　②イ　③エ　問題２④５(倍)　⑤2.2(倍)

3　問題１ア○　イ×　ウ×　エ○　問題２(記号)ア　(理由)葉やその周りの熱をうばう(12字)　問題３ア、ウ、エ(順不同)　問題４…39(%)

4　問題１以外の条件を同じにするため。(14字)　問題２ア×　イ×　ウ○　エ×　オ○　問題３①エ　②ウ　③ア　問題４(時速)0.1152(km)

〈適性検査Ⅱ〉

1　問題１ア　問題２(野菜)ピーマン　(記号)イ　問題３イ　問題４⑴エ　⑵ウ

2　問題１C→F→A　問題２ア○　イ×　ウ×　エ×　問題３(記号)ア　①北海道の年間旅客数と合わない。(15字)　②北海道の他の空港の旅客数がふくまれる。(19字)

3　問題１⑴①×　②○　③○　④○　⑤×　⑵A役割　B社会の役に立つ　問題２⑴C好き　D知識、E能力(D・E順不同)　⑵ア、オ(順不同)

4　問題１ウ、オ(順不同)　問題２エ　問題３土手をふんで固める(９字)　問題４祖父のやさしさを伝えるために、やわらかい印象をあたえる「ほほえみ」を使いたい(38字)

【配点】

〈適性検査Ⅰ〉100点満点

1　問題１(式)４点　(値段)４点　問題２…６点
問題３(記号)４点　(説明)７点

2　問題１①～③各４点　問題２④６点　⑤７点

3　問題１…５点(完答)
問題２(記号)３点　(理由)５点
問題３…５点(完答)　問題４…７点

4　問題１…８点　問題２…５点(完答)
問題３…５点(完答)　問題４…７点

〈適性検査Ⅱ〉100点満点

1　問題１…５点　問題２…５点(完答)
問題３…５点　問題４⑴・⑵各５点

2　問題１…５点(完答)　問題２…５点(完答)
問題３(記号)５点　①・②各５点

3　問題１⑴６点(完答)　⑵A２点　B４点
問題２⑴C２点　D・E４点(完答)
⑵６点(完答)

4　問題１…６点(完答)　問題２…４点
問題３…６点　問題４…10点

栃木県立宇都宮東高等学校附属中学校
栃木県立佐野高等学校附属中学校
栃木県立矢板東高等学校附属中学校

〈問題は137ページ〉

〈適性検査〉

1　[問1]ウ　[問2]Aイ　Bク　Cウ　Dア

2　[問1]①[例]鳴き声(声)　②[例]つばめが夏に子育てをする　③帰　[問2]イ

3　[問1]ウ　[問2]①300(mL)　②250(mL)　③50(mL)

4　[問1]エ　[問2]80枚　(求め方)みさきさんの円の並べ方では、円を縦に3段横に5列並べられることになる。よって、1枚のステッカー用紙から作ることができるステッカーの数は、3×5＝15(枚)　参加者の人数は、400＋300＋5×50＋2×100＝1150(人)　どの種目も、ステッカーを10枚ずつ多く作るので、全部で、1150＋10×4＝1190(枚)　したがって、1190÷15＝79　あまり5　となるので、ステッカー用紙は80枚必要となる。

5　[問1]3(位)

[問2]

①	■	○	
②	×	×	○
③	×	○	
④	×	×	×

⑤	×	×	○
⑥	×	○	
⑦	○		

〈作文〉(略)

【配点】

〈適性検査〉100点満点

1　[問1]4点　[問2]16点

2　[問1]12点　[問2]6点

3　[問1]4点　[問2]18点

4　[問1]6点　[問2]14点

5　[問1]6点　[問2]14点

群馬県立中央中等教育学校
伊勢崎市立四ツ葉学園中等教育学校
太田市立太田中学校

〈問題は149ページ〉

〈適性検査Ⅰ〉

【問題1】 (1)[例]1か月間で5回以上図書室に行く人のわり合　(2)5日間　(理由)[例]1日に18さつてん示するので、20日間では、18×20＝360で、360さつ分てん示できる。しょうかいする本は72さつなので、360÷72＝5から、1さつあたり5日間てん示できる。

(3)①

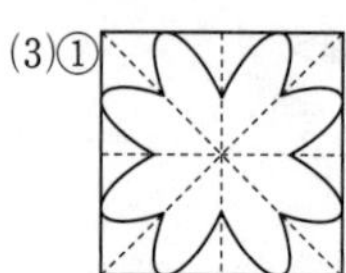

②[例]2～6年生は、自分が読んでよかった本のしょうかいを、ジャンルごとに色のちがう花型のカードに書いてください。花型カードは木の絵の近くにあります。書けたら昼休みに図書委員にわたしてください。みんなで花がいっぱいさいた木を作りましょう。 (4)[例]ジャンルビンゴという活動を考えました。ビンゴカードのます目にジャンル名を書いたものを用意し、各ジャンルの本の貸し出しがあるたびに、ます目にスタンプをおします。列がそろったら、記念品をわたします。

【問題2】 (1)[例]準備は大変だけれど、はん全員で協力でき、来てくれた家族に喜んでもらえる　(2)[例]グループの人に、音楽に合わせてとんでいる様子を、動画さつえいしてもらう。 (3)国語(班)(理由)[例]発表に使える時間は、5時間目が40分、6時間目が22分である。国語はんと音楽はんの発表は、5時間目と6時間目に分けるので、5時間目に体育はんと音楽はん、6時間目に国語はんの発表を行えばよい。だから、4番目は国語はんになる。 (4)13m30cm　(5)[例]今日のために、発表内容や練習計画を考えて準備してきました。今日は、3つのはんに分かれて、学んだことを発表します。わたしたちが協力して取り組むすがたを見てもらえたらうれしいです。

〈群馬県立中央中等教育学校　適性検査Ⅱ〉(略)

〈太田市立太田中学校　作文〉(略)

埼玉県立伊奈学園中学校

〈問題は161ページ〉

〈作文Ⅰ〉

1　(略)

2　問1ユーラシア　問2[例]気温はあまり変わらないが、降水量は秋田市のほうが多い。 問3[例]値段の安い外国製品が売れるようになり　問4[例]朝鮮半島をめぐって日本と清が対立しています。その様子をロシアが見ています。 問5[例]選挙で選ばれた国会議員によって、国会議員の中から指名される。

3　問一ア[例]無茶ぶりである　イ[例]方法を考える　問二[例]思いついた方法を形にしたい　問三[例]ママのことを思いながらシロツメクサの花を持てるだけ摘んでくることならできそうだと、張り切っている　問四[例]よつばの代わりにこんなにいいお守りをママにわたせそうなことに安心

④ （略）

〈作文Ⅱ〉

① 問１…60㎝ （求め方）[例]まず、写真の縮尺を求めます。ひかるさんの身長が140㎝で、写真にものさしをあてると７㎝になっていることから、$7 \div 140 = \frac{1}{20}$で、$\frac{1}{20}$です。次に、写真の表彰台の２位の高さは、ものさしをあてると３㎝になっていることから、３×20＝60で、60㎝とわかります。 問２…７枚 （残り）なし 問３⑴[例]例えば、図５の中には、左の色が赤、中央の色が赤、右の色が赤となっているものがあります。これは、１つの色を何回も使うことを考えているので、誤っています。 ⑵６種類 （考え）

赤＜黄－緑、緑－黄
黄＜赤－緑、緑－赤
緑＜赤－黄、黄－赤

② 問１断層 問２[例]火山のふん火による火山灰が積もることでできる。 問３[例]川の曲がっているところの外側の方が、けずるはたらきが大きい。

③ 問１水よう液 問２②16 ③18 問３[例]ミョウバンは水の温度が上がれば上がるほど、とける量のふえ方が大きくなっていくが、食塩は温度が上がっても少ししか増えない。 問４（記号）イ（理由）[例]グラフ１を見ると、ミョウバンは60℃の水100ｍLに約60ｇとける。グラフ２より、ものがとける量は水の量に比例しているので、60℃の水10mLにとけるミョウバンの量は約６ｇである。よって、それを表しているグラフはイであるため。

④ 問１…$4 \times x = 12$ 問２ A×Q＋R＝P
問３[例]CはAの倍数です。また、AはCの約数です。 問４⑴１、２、３、４、６、12 ⑵（48の約数）１、２、３、４、６、８、12、16、24、48 （求め方）[例]48をメモ２のような式で表すと、次のようにできます。

１×（２×２×２×２×３）＝48 …約数１、48
２×（２×２×２×３）＝48 …約数２、24
（２×２）×（２×２×３）＝48 …約数４、12
（２×２×２）×（２×３）＝48 …約数８、６
（２×２×２×２）×３＝48 …約数16、３

以上から、約数は１、２、３、４、６、８、12、16、24、48です。

【配点】

〈作文Ⅰ〉50点満点

① 10点

② 問１…２点 問２…２点 問３…４点
問４…４点 問５…４点

③ 問１…４点 問２…３点 問３…３点
問４…４点

④ 10点

〈作文Ⅱ〉50点満点

① 問１…４点 問２…３点 問３⑴３点 ⑵４点

② 問１…２点 問２…３点 問３…４点

③ 問１…２点 問２…３点 問３…４点
問４…４点

④ 問１…３点 問２…３点 問３…２点
問４⑴２点 ⑵４点

さいたま市立浦和中学校

〈問題は174ページ〉

〈適性検査Ⅰ〉

① 問１Ａ何もない Ｂ自分をまるごと信じ、認めてもらえたことに感極まった 問２ウ 問３自分が好きなことを、ほかにも好きになってもらいたい 問４Ｄウ Ｅエ

② 問１Ａ手段 Ｂ指 Ｃ月 問２①エ ②イ
問３⑴Ｄ水そのもののイメージ Ｅ…waterという文字列 Ｆ…waterという言葉 ⑵指し示している意味をイメージできず、意思伝達の手段として一般的に機能できない記号 問４ア、オ

③ 問１Ａ62 Ｂ70 Ｃ林地残材 問２エ
問３エ 問４ア

④ 問１イ 問２イ 問３ウ

⑤ 問１ウ 問２Ａア Ｂカ 問３イ

〈適性検査Ⅱ〉

① 問１…４人 問２午前９時58分 問３…10000円 問４

太郎	父	母	祖父	祖母	姉	兄	弟
Ｃ８	Ｂ５	Ｃ９	Ｂ７	Ｂ６	Ｃ５	Ｃ７	Ｃ６

② 問１

問２

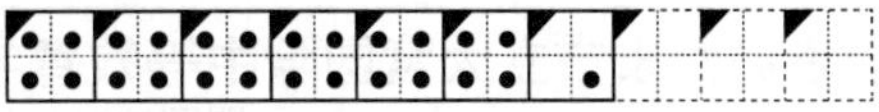

問３⑴28 ⑵47 問４…26

③ 問１午前10時11分50秒 問２エ、オ 問３熱のはたらきに変わった

④ 問１水てきが水じょう気に変化する 問２ウ
問３⑴17.7（℃） ⑵エ

⑤ 問１①Ａ ②Ｃ ③× 問２①ク ②ク
問３ウ

〈適性検査Ⅲ〉

① [例]火災の被害を減らすための取り組みについて発表します。まず資料１をごらんください。埼玉県では住宅用火災警報器の設置率が79.4％と、全国平均よりも低いことが問題だと考えられます。そこで住宅用火災警報器を設置すると、資料２にあるように、住宅火災での死者が減らせる、焼け

てしまう面積が少なくなるという２つの効果があると考えられます。ほかにも、火災の被害を減らす、特にいのちを守ることについて、資料３に対策があります。このうち、私は、避難しやすくするために部屋を毎日きれいにするとともに、地域ぐるみで対策するための防火訓練にも参加しました。このように、一人一人の取り組みで火災の被害を減らすことができます。

2　資料２より、種まきをする時期が９月であるものを選ぶと、キンセンカとデージーとパンジーの３つとなります。内側から順に、キンセンカ、デージー、パンジーの順に種をまきます。すると、キンセンカは半径30㎝の円周上に14つぶ、デージーは半径55㎝の円周上に51つぶ、パンジーは半径75㎝の円周上に62つぶまくことになります。資料３より、キンセンカはA店で１ふくろ、デージーはB店で１ふくろ、パンジーはA店で２ふくろ買えばたります。このとき、費用は全部で990円となります。

3　日本は食料の多くを輸入にたより、たとえば小麦は約83％、果物は約61％を外国から輸入しています。その結果、日本のフード・マイレージは、イギリスとくらべて約4.8倍にもなっています。埼玉県小川町で豆腐を作るときのフード・マイレージとCO_2排出量を見てみると、地元の小川町産大豆を使うと、それぞれ3.4トン・キロメートルと0.6kgになるのに対し、アメリカ産の輸入大豆を使うと、19968.4トン・キロメートルと245.9kgにもなります。つまり、地元産の食料を使えば、二酸化炭素の排出量を大きく減らすことができます。それはまた現在問題になっている地球温暖化を抑制することにもつながります。

さいたま市立大宮国際中等教育学校

〈問題は214ページ〉

〈適性検査A〉

1　（略）

2　問１お店D　問２…20通り　問３（選んだお店）お店B　（選んだお菓子）キャンディ　（合計金額）20300円　問４…25（％）　問５（正直者）バンパイア　（誰の後ろから脱出できるか）ドラゴン

3　問１イ　問２⑴（X）138　（説明）実験①のビーカー㋓の結果より、10℃、100mLの水にはしょう酸カリウムは、40－18＝22（g）までとけることがわかる。ビーカー㋔は同じ10℃、100mLの水なので、22gとけていることになる。よって、ろ紙に残ったつぶの重さは、160－22＝138（g）になる。⑵エ　問３ア

4　問１エ　問２⑴エ　⑵450人　問３ウ　問４イ

5　問１ウ　問２ウ　問３エ　問４ウ

〈適性検査B〉

1　問１キ　問２エ　問３Aア　Bウ　Cイ・ウ　問４D⑥　E１週間の労働時間が40時間をこえる（17字）　F①　G労働者の応募条件が男女で異なっている（18字）

2　問１⑰　問２イ　問３…363Hz　問４…1.06倍　問５…900g

3　問１A意見　B合意　C科学　D得やすい　問２ウ　問３⑴Eウ　Fカ　Gア　⑵ウ　問４エ　問５みんなが当たり前に思っているパラダイムに対して疑いを持つということによって、科学は進歩してきた。（48字）

〈適性検査C〉

1　資料１の「自分自身に満足している」というアンケートを見ると、「そう思う」と答えている日本の若者が45％程度なのに対して、外国の若者は70％以上が「そう思う」と答えており、アメリカやドイツは85％を超えていることがわかります。また、資料４の「うまくいくかわからないことにも意欲的に取り組む」というアンケートにも、日本と外国で同じような数値の差が見られます。ここから、「うまくいくかどうか自信を持てないようなことにも意欲的に取り組む」ことが、自分自身への満足を高めることにつながるのではないかと考えます。わたしは、苦手な科目の勉強などにも積極的に取り組んで、自分自身に満足する気持ちを高めたいと思います。（300字）

2　資料１「全国とさいたま市の空き家の戸数と空き家率の変化」のグラフからは、10年間で全国が0.5％増加しているのに対し、さいたま市は1.4％減少していることがわかります。これは、出生数を含めたさいたま市の人口の増加に関係していると思われます。また、資料２「空き家についての心配事」のグラフからは、約60％の人が「古くなって破損する」、約32％の人が「放火などの犯罪の対象になる」をあげていることがわかります。資料３の「空き家の活用事例」にある「宿泊施設」として活用すれば、家屋の修繕やリフォームによって破損を防ぐことになるとともに、運営者や利用者による監視の目が増え、犯罪の抑止にもつながると思います。（300字）

3　「ペットボトルの使用を減らそう」という発表で使う資料について、資料２は、2004年度から2021年度にかけてペットボトルの出荷本数は約1.6倍になっていますが、ペットボトルを作るときに出る二酸化炭素の量は「同じくらい大きくなって」おらず、あまり変わらずに抑えられている

ことがわかるので、ふさわしくないと思います。資料３は、ペットボトルが分解されるまで400年もかかることがわかるので、ふさわしいと思います。資料４は、2005年から2020年にかけてのペットボトルの回収率が61.7％から97.0％へと変化してきて、ほとんどのペットボトルが回収されていることがわかるので、ふさわしくないと思います。(298字)

千葉県立千葉中学校
千葉県立東葛飾中学校

〈問題は247ページ〉

〈適性検査１－１〉

1 (1)ウ (2)い51.2(万トン) う25.5(万トン) (3)エ (4)大量 (5)はい出された二酸化炭素量を合計 (6)つくる(立場だけでなく)つかう(立場) (7)食べるトウモロコシ等の生産 (8)外国の水 (9)①地いき ②さE、G しA、C、D、H (10)資料10中の、Cのグラフのように１つのマイバッグを多く使うことで、常にレジぶくろを使用するDのグラフの場合に比べて、二酸化炭素のさく減につながる。しかし、AやBのグラフのような使い方では、二酸化炭素のさく減にはつながらない。ゆうさんのマイバッグの使い方は、Aのグラフよりも買いかえるまでの買い物回数が少ないため、二酸化炭素のさく減につながらない。

2 (1)あ…かかる運ちんが安い い…動物園に早く着く (2)ア (3)ア○ イ△ ウ× エ△ (4)自分で自動車を運転 (5)か…決められた き…予約された (6)ウ、オ (7)け…早くとう着 こ…交通量 (8)①A地区 ②グリーンスローモビリティを導入する(ことで、)道のはばがせまい駅周辺でも、観光客を乗せて走行する(ことができる。) ③(それにより)駅前以外の観光名所にも観光客がおとずれる(という改善にもつながる。)

〈適性検査１－２〉

1 (1)①アD イC ウA エE オB ②(上から一番目の層)10.5ｇ (上から二番目の層)10.7ｇ ③3362mL (2)①高く ②1.3 ③い ④(水は、温度の変化が一定であっても、)体積の変化が一定ではない(と考えられる。) (3)①しずむ ②水で満たしたコップの重さを電子てんびんではかる。水で満たしたコップの中に小ビンをしずめる。コップから小ビンを取り出し、コップの重さをはかる。コップからあふれ出た分の水の重さを計算して求める。コップに入っている水の温度を温度計ではかる。コップからあふれ出た分の水の重さと水の温度から図６を使って小ビンの体積を計算して求める。 ③(必要なビーズの重さ)3.98(ｇ) (合計が最も少ない個数になるとき)Ｆ６個、Ｇ１個、Ｈ３個 ④21℃のときに、必要なビーズの重さは3.97ｇであり、用意したビーズでは、3.97ｇの重さの組合せを作ることができないため。

2 (1)①う ②イ36 ウ120 エ72 オ40 カ112 (2)①キ$\frac{1}{2}$ ク$\frac{1}{10}$ ケ$\frac{1}{12}$ コ$\frac{1}{60}$ サ５ シ$\frac{1}{5}$ ス10 セ９ ソ$\frac{1}{45}$ タ９(キとク、ケとコは順不同) ②まず、２まいの紙をそれぞれ６等分すると、$\frac{1}{6}$の紙が12まいできます。次に、それを１まいずつに分けます。そして、このうち３まいをさらにそれぞれ３等分すると、$\frac{1}{18}$の紙が９まいできます。このことから、わたしは$\frac{2}{9}=\frac{1}{6}+\frac{1}{18}$と単位分数の和で表しました。 (3)ツ29 テ15 ト６ ナ21 ニ20

〈適性検査２－１〉

1 (1)①ア30(度) イ225(度) ウ３(秒後) エ39(秒後) ②オ３＋36×(x－１)(秒後) カ15＋24×(y－１)(秒後) ③キ39(秒後) ク111(秒後) (2)①ケ140(cm) コ65(cm) サ135(cm) ②

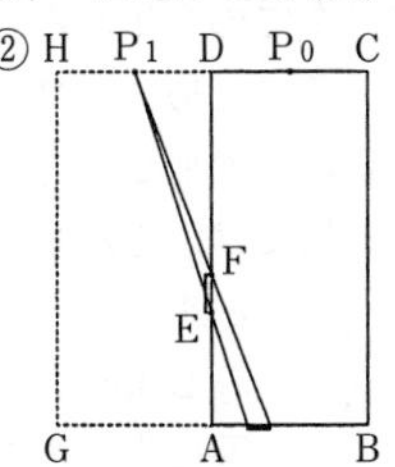

(3)

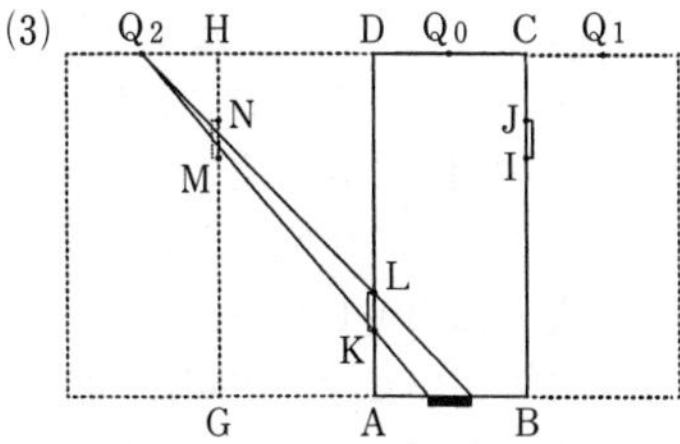

(4)①セ２(ｍ) ソ1.25(ｍ) タ12.5(秒後) ②(鏡えが移動した長さ)２ｍ (直線ＡＳの長さ)３ｍ

2 (1)① T1 T2 T3

②0.5(台)

③

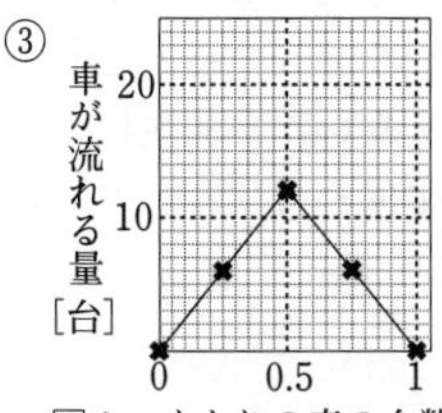

(2)①(時速)56(km) ②オ(分速)2875(ｍ) カ８(分) キ36(秒) ③15050(ｍ)

(3)

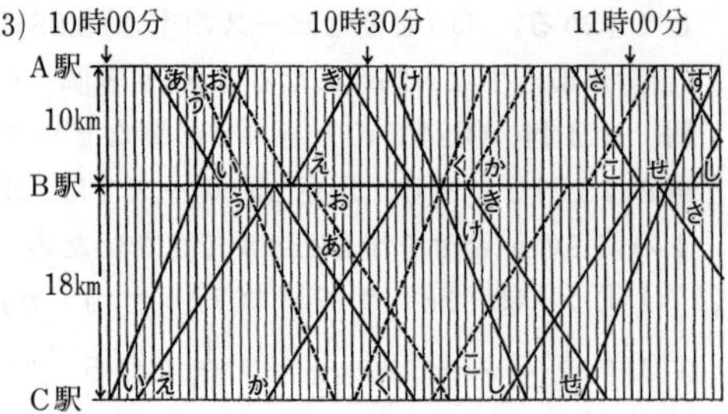

〈適性検査二－二〉

□一 (略)

□二 (1)①ゴールにたどり着く ②通った道すじを教えられない(13字) ③答え ④解き方がわかっている(10字) (2)①目印を確にんする ②周辺の地理 (3)(テーマ)ア わたしは、カレーライスを自分で作ってみて、食べたときにはわからなかった材料を使うことで、おいしく作れることを知りました。にんにくやヨーグルトなどをかくし味として入れたら、おいしくできました。

□三 (1)①イ ②オ ③ア ④エ ⑤育てていく(①と②は順不同) (2)①心の中にある ②何度も他の言葉で言いかえた(13字) ③他者の中に (3)関わり (4)わたしは、チームのメンバーに、歌しに取り入れる内容について、全ての学年から意見を集めることを提案します。そのために、高学年には、クラスの代表に話し合いに参加してもらいます。低学年は、話し合いの場では、きん張してしまうと思うので、チームで手分けして、直接、クラスに聞きに行き、インタビューしようと思います。この取り組みによって、実際に生の声を聞くことができるので、みんなの考えをより深く理解できます。だから、なぜその歌しにしたのかを質問されたときに、説明ができます。

歌しを作っていると中で、中庭にある大きな木のすばらしさや、花だんの美しさをどのように伝えるのか、苦労すると思います。実際に中庭を見た人にしか伝わらないと思うからです。対さくとして、チーム以外の友達に、協力をお願いします。その友達に作成中の歌しを見せて、歌しでは伝わりきらない中庭の様子やその他にも伝わりきらないと思う点を挙げてもらいます。その部分を、学校のタブレットを使って、写真にとって来てもらいます。それを「学校の歌」を発表するときに、スクリーンにうつしてもらえないか、先生にたのみます。そうすれば、歌しで伝わりにくいところが、伝わりやすくなるはずです。

【配点】

〈適性検査1－1〉100点満点

1 (1)2点 (2)い・う各4点 (3)2点 (4)4点 (5)4点 (6)4点(完答) (7)4点 (8)4点 (9)①4点 ②4点(完答) (10)10点

2 (1)あ・い各4点 (2)2点 (3)4点(完答) (4)6点 (5)か・き各4点 (6)4点(完答) (7)け・こ各4点 (8)10点

〈適性検査1－2〉100点満点

1 (1)①4点(完答) ②各2点 ③4点 (2)①～④各4点 (3)①4点 ②6点 ③各3点 ④6点

2 (1)①3点 ②イ～エ各3点 オ・カ3点(完答) (2)①キ・ク3点(完答) ケ・コ3点(完答) サ～ス3点(完答) セ～タ3点(完答) ②8点 (3)ツ～ニ各3点

〈適性検査2－1〉100点満点

1 (1)①ア～エ各3点 ②オ・カ各4点 ③キ・ク各5点 (2)①ケ～サ各2点 ②4点 (3)4点 (4)①セ～タ各3点 ②7点(完答)

2 (1)①4点 ②3点 ③5点 (2)①2点 ②オ～キ各4点 ③4点 (3)10点

〈適性検査二－二〉100点満点

□一 18点

□二 (1)①～④各4点 (2)①・②各4点 (3)8点

□三 (1)①～④8点(完答) ⑤4点 (2)①4点 ②6点 ③4点 (3)4点 (4)20点

千葉市立稲毛国際中等教育学校

〈問題は280ページ〉

〈適性検査Ⅰ〉

1 問一[例]ライオンがインパラをねらっている 問二視点 問三A狩りが成功しますように B早く気づいてくれ 問四[例]立場が異なれば、情報のとらえ方も異なるということ。 問五イ 問六イ 問七ア

2 問1エ 問2(1)aイ bカ (2)エ 問3ウ 問4(それは)車いすの足元がぶつからず、洗面台に近づきやすくなる(ためだと思います。) 問5ウ 問6オ

〈適性検査Ⅱ〉

1 問1(1)①25分間 ②ウ

(2)①

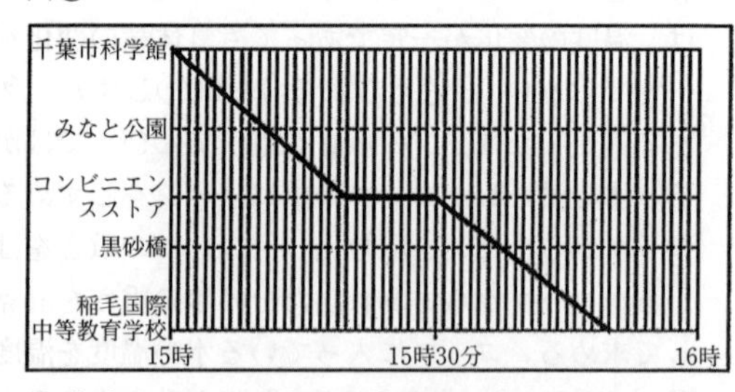

②時速11.1km 問2(1)①180 ②80回転 (2)カ

問３⑴①3042㎡　②8788㎡　⑵ウ

②　問１⑴Ｃ　⑵エ　⑶ア　問２⑴ａア　ｂウ　⑵ｃ１　ｄ４　ｅ0.5　問３⑴①ア、ウ　②Ｂ　⑵イ　⑶67倍

〈適性検査Ⅲ〉

①　(略)

②　問一(今できること)今世界で起きている飢餓や紛争について調べ自分なりの考えをもつこと。(将来できること)ボランティア活動に参加したり、食べ物や飲み物を寄付したりすること。問二(略)

東京都立中高一貫校共同作成問題

〈問題は301ページ〉

〈共同作成問題　適性検査Ⅰ〉

①　〔問題１〕(文章１)自分の気持ちを保つ(という効果。)　(文章２)わずかなくふうでうまくいくことに気づく(という効果。)　〔問題２〕あのきれ～ように。〔問題３〕(略)

〈共同作成問題　適性検査Ⅱ〉

①　〔問題１〕(太郎さんの作業)かく→切る→切る→切る→切る→切る→切る　(花子さんの作業)かく→かく→かく→かく→かく　(６枚のマグネットシートを切り終えるのにかかる時間)40分　〔問題２〕(得点板の数字を456から987にするのにかかる最短の時間)16秒

4→6	一の位と百の位のボードを入れかえる。
6→9	６のボードを180度回す。
5→8	５にマグネットを２個つける。
4→7	４にマグネットを１個つけて２個取る。

②　〔問題１〕ＡからＣ　(説明)航空機と鉄道の利用わり合は、ＡからＢはほぼ同じであるのに対して、ＡからＣは航空機の方が高い。その理由としては、ＡからＣの航空機と鉄道の料金は、ほぼ変わらないが、航空機の所要時間が約半分だからと考えられる。〔問題２〕(「ふれあいタクシー」の取り組みが必要になった理由)人口が減少し、路線バスの本数が減少したＥ町が、移動することにこまっている人を対象とした交通手だんを用意するため。(「ふれあいタクシー」導入の効果)75さい以上の人の多くが、利用者証を得て、「ふれあいタクシー」を利用して買い物や病院へ行くことができるようになった。

③　〔問題１〕750ｇの金属をのせて調べたときも1000ｇの金属をのせて調べたときも、おもりの数は手順６の板のときが最大であった。そして、手順６の板のみぞの方向に対して糸の引く方向はすい直であり、キャップのみぞの方向に対して手で回す方向もすい直であるから。〔問題２〕(組み合わせ)２号と５号　(理由)実験２では同じでなかった条件のうち実験３では同じにした条件は、重さである。１号と３号のすべり下りる時間が同じなのに、１号と６号のすべり下りる時間は同じではなかった。だから、すべり下りる時間が同じになるのは、一番下の板の素材が同じ場合だと考えられるから。

東京都立桜修館中等教育学校

〈問題は314ページ〉

〈適性検査Ⅰ〉

◘　(略)

〈適性検査Ⅱ〉

①　〔問題１〕たたみの短い辺と長い辺の長さの比は１：２なので、長い辺の長さは92.5×２＝185㎝
たたみ１まい分の面積は92.5×185＝17112.5㎠
たたみ６まい分の面積は17112.5×６＝102675㎠
１㎡＝10000㎠なので、102675÷10000＝10.2675㎡　たたみをしけるスペースは$9\times7\times\frac{1}{3}=21$㎡　たたみ６まい分の面積は、たたみをしけるスペースよりも小さいことが分かるから。

〔問題２〕

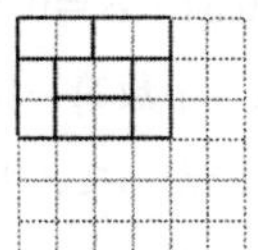

〔問題３〕(対戦表)

	おさむ	さくら	みやこ	ひとし	合計ポイント
おさむ		0	1	4	5
さくら	2		2	1	5
みやこ	0	0		4	4
ひとし	0	0	0		0

(集計表)

おさむさんの集計表

	さくら	みやこ	ひとし	合計
残り札数	×	5	17	22

さくらさんの集計表

	おさむ	みやこ	ひとし	合計
残り札数	8	7	5	20

②　共同作成問題　適性検査Ⅱ　②参照(→P.15)

③　共同作成問題　適性検査Ⅱ　③参照(→P.15)

【配点】

〈適性検査Ⅰ〉100点満点

〈適性検査Ⅱ〉100点満点

①　〔問題１〕14点　〔問題２〕６点　〔問題３〕20点

②　〔問題１〕15点　〔問題２〕15点

③　〔問題１〕12点　〔問題２〕18点

東京都立大泉高等学校附属中学校

〈問題は321ページ〉

〈適性検査Ⅰ〉

1　共同作成問題　適性検査Ⅰ参照(→P.15)

〈適性検査Ⅱ〉

1　共同作成問題　適性検査Ⅱ　1参照(→P.15)

2　共同作成問題　適性検査Ⅱ　2参照(→P.15)

3　共同作成問題　適性検査Ⅱ　3参照(→P.15)

〈適性検査Ⅲ〉

1　〔問題1〕(自分で決めた時間)1分間　(答え)1280回転　〔問題2〕(回転)する　(理由)実験2より、発電する板の全体に紙が置かれて、太陽光が当たらない発電する板が1まいでもあるとプロペラは回転しない。実験2実験3より接続点から接続点までの全ての発電する板のそれぞれ半分に太陽光が当たればプロペラは回転する。よって①④⑤に紙が置かれているとき、全ての発電する板において、半分以上に太陽光が当たっているので回転すると考えられる。〔問題3〕(電流の大きさ)36mA　(考え方)2まい目から3まい目に紙の重さを重くしたときに必要な電流の大きさが8mA増えていた。よって、0.34gの分だけ重さが増えたときに必要な電流がどれくらい増えるのか比の考えを使って考える。0.54：8＝0.34：□　□＝$\frac{8\times0.34}{0.54}$　□＝5.03mA　小数第一位を四しゃ五入して5mAとなる。したがって、31mA＋5mAより36mAとなる。

2　〔問題1〕(25－20)÷0.1　(残りの巻き数)50　〔問題2〕25×25×3.14－20×20×3.14　(残りの長さ)7065mm　〔問題3〕(縦)36cm　(横)36cm　(高さ)44cm

【配点】

〈適性検査Ⅰ〉100点満点

1　〔問題1〕20点　〔問題2〕20点　〔問題3〕60点

〈適性検査Ⅱ〉100点満点

1　〔問題1〕20点　〔問題2〕20点

2　〔問題1〕15点　〔問題2〕15点

3　〔問題1〕12点　〔問題2〕18点

〈適性検査Ⅲ〉100点満点

1　〔問題1〕10点　〔問題2〕20点　〔問題3〕20点

2　〔問題1〕10点　〔問題2〕20点　〔問題3〕20点

東京都立小石川中等教育学校

〈問題は327ページ〉

〈適性検査Ⅰ〉

1　共同作成問題　適性検査Ⅰ参照(→P.15)

〈適性検査Ⅱ〉

1　共同作成問題　適性検査Ⅱ　1参照(→P.15)

2　〔問題1〕(1)

	2010年		2020年	
世界全体	98.8	1.2減少	97.6	2.4減少
アジア	104.0	4.0増加	106.0	6.0増加
アフリカ	95.2	4.8減少	89.7	10.3減少
ヨーロッパ	101.2	1.2増加	101.5	1.5増加
北アメリカ	100.3	0.3増加	100.1	0.1増加
南アメリカ	94.3	5.7減少	91.5	8.5減少
オセアニア	98.7	1.3減少	101.0	1.0増加

(2)(略)　(3)(選んだ地域)アフリカ　森林面積が減少しているのは、一人当たりの国民総所得が増えているので、産業が発達して木材の利用量が増えているからだろう。また、人口も増えているので、一人当たりの利用量が変わらない場合でも、全体の利用量が増えているからだろう。〔問題2〕(略)

3　共同作成問題　適性検査Ⅱ　3参照(→P.15)

〈適性検査Ⅲ〉

1　〔問題1〕(1)(選んだ図)図1と図2　図1と図2を比べると、同じような波の形をしているが、よく見ると山の部分や谷の部分にちがいが見られる。人はこのちがいを聞き分けてだれが話をしているかを区別している。(2)(選んだ図)図2と図3　同じ人でも、直接の声と電話の声では、オシロスコープで見るとその波の形がちがうため、聞き間ちがえると考えられる。〔問題2〕(1)自分の声を他のアマガエルとずらして鳴くことで、メスにそれぞれの鳴き声を区別して聞いてもらうためではないか。(2)近くのオスが鳴いた後に鳴いていると考えられる。図5の波の形から、それぞれのアマガエルの鳴き始め時こくが少しずつずれているため。(3)田んぼに生息しているそれぞれのアマガエルの鳴き声に反応して光るそうちを置き、そのアマガエルが鳴いた時に光るようにして、それぞれのアマガエルの鳴いているタイミングを見えるようにして比べる。〔問題3〕みんなが鳴く時と、みんなが鳴かない時がある。いつも鳴いていると天てきにおそわれるかもしれないから。

〔問題4〕人が乗っていないときには運転を止めるエスカレーター。使わないときに止めることで電気を節約することができるから。

2　〔問題1〕(1)

メンバー	Aさん	Bさん	Cさん	Dさん	Eさん
プレゼント	②	①	⑤	③	④

(2)⑧のプレゼントと⑩のプレゼントに注目すると、この二つのプレゼントをほしいと思っているメン

バーがＳさんしかいない。これらのプレゼントをことなる二人にわたすことができないと、メンバーとプレゼントをどのような組み合わせにしても、自分のほしいプレゼントがもらえないメンバーがいることになる。

〔問題２〕

グループ1	Aさん	Bさん	Cさん	Dさん	Eさん
グループ2	Rさん	Qさん	Pさん	Sさん	Tさん

〔問題３〕(ゆうきさんがタッチする人数) ５人　(理由)タッチする人数が９人である人がタッチできる人は、次の３人をのぞく９人である。　・自分自身　・自分とダンスがペアになった人　・タッチする人数が０人である人　この９人は、タッチする人数が10人である人、タッチする人数が９人である人と必ずタッチするので、２人以上とタッチすることになる。しかし、タッチした人数が全員ちがうようにするためには、タッチする人数が１人の人がいなければならないから、その人は、この９人以外である。だから、タッチする人数が９人の人とダンスがペアだった人は、タッチする人数が１人の人ということになる。同じように考えて、タッチする人数が８人である人とダンスがペアだった人はタッチする人数が２人である人、タッチする人数が７人である人とダンスがペアだった人はタッチする人数が３人である人、タッチする人数が６人である人とダンスがペアだった人はタッチする人数が４人である人ということになる。
ゆうきさんのダンスのペアはいないので、ゆうきさんがタッチする人数は５人である。

【配点】

〈適性検査Ⅰ〉100点満点

1　〔問題１〕20点　〔問題２〕20点　〔問題３〕60点

〈適性検査Ⅱ〉100点満点

1　〔問題１〕15点　〔問題２〕15点

2　〔問題１〕26点　〔問題２〕14点

3　〔問題１〕12点　〔問題２〕18点

〈適性検査Ⅲ〉100点満点

1　〔問題１〕15点　〔問題２〕25点
〔問題３〕10点　〔問題４〕10点

2　〔問題１〕15点　〔問題２〕10点　〔問題３〕15点

東京都立立川国際中等教育学校

〈問題は341ページ〉

〈適性検査Ⅰ〉

1　〔問題１〕無数のユーザーの検索や閲覧、買ったものを把握したデータベースを使えば、人間の好みのパターンを学習し、その人間の行動を予測できるという考え方。〔問題２〕世界は偶然の連続であると前提しないと説明できない現象があると見ること。〔問題３〕人間は単なるモノではなく生命であるから、予見不可能な創造的進化を遂げ、ＳＮＳを支配する最適化のアルゴリズムに征服されることはないと、筆者は述べている。よって、人との出会いや体験の一回一回は、それぞれ異なるといえる。

筆者の考えをもとにして、私は人と先入観や偏見を持たずに接したいと思う。学校生活においては、さまざまな考えを持った人と日々接していかなくてはならない。たとえば、授業のグループでの議論においては、時には対立するかもしれない。だが、そういった時に、相手はどうせ意地を張っているだけだと先入観を持ったり、頑固者だという偏見を持っていたりすると、対立したまま平行線をたどってしまう。そこで筆者の人間観を思い起こせば、人はたとえ今意見が対立していても、明日はどうなるかわからないと気楽に構えることができる。先入観や偏見は、人との関わりにおいて阻害要因となる。一回一回の体験は異なるという発想を持っていると、学校生活における人との関わりを、前向きにとらえていけそうだ。

〈適性検査Ⅱ〉

1　共同作成問題　適性検査Ⅱ　1参照(→P.15)

2　共同作成問題　適性検査Ⅱ　2参照(→P.15)

3　共同作成問題　適性検査Ⅱ　3参照(→P.15)

東京都立白鷗高等学校附属中学校

〈問題は342ページ〉

〈適性検査Ⅰ〉

共同作成問題　適性検査Ⅰ参照(→P.15)

〈適性検査Ⅱ〉

1　共同作成問題　適性検査Ⅱ　1参照(→P.15)

2　共同作成問題　適性検査Ⅱ　2参照(→P.15)

3　共同作成問題　適性検査Ⅱ　3参照(→P.15)

〈適性検査Ⅲ〉

1　〔問題１〕①７　②６　③12　④10
〔問題２〕(混んでいたシート) Ｂ　(理由)部屋１、２ともに同じ面積なので、シートの大きさを求めてから比べる。シートＡの面積は　３×３×3.14＝28.26　つまり28.26㎡となる。シートＢの面積は　６×４＝24　つまり24㎡となる。ここで、シートにすわっていた人について、一人あたりのシートの面積を求める。シートＡでは　28.26÷24＝1.1775　つまり一人あたりのシートの面積は小数第三位を四しゃ五入して約1.18㎡となる。シートＢでは　24÷21＝1.14285…　つまり一人あたりのシートの面積は小数第三位を四しゃ五入して約1.14㎡となる。したがって、シートＢの方が、一人あたりのシートの面積が小さいことが分かる。よって、混んでいたシートはBである。

〔問題３〕昨年度の１・２年生の合計の人数は　40×８＝320　つまり320人となる。今年度の１・２年生の合計の人数は　40×９＝360　つまり360人となる。昨年度の１・２年生の参加者は216人なので、昨年度の１・２年生の合計の人数に対する昨年度の参加者のわり合を求めると、216÷320×100＝67.5　つまり67.5％となる。今年度の１・２年生の合計の人数は360人なので、今年度は360人の67.5％をこえる参加者数を目標とする。360×0.675＝243　つまり、243人をこえればよい。

② 〔問題１〕

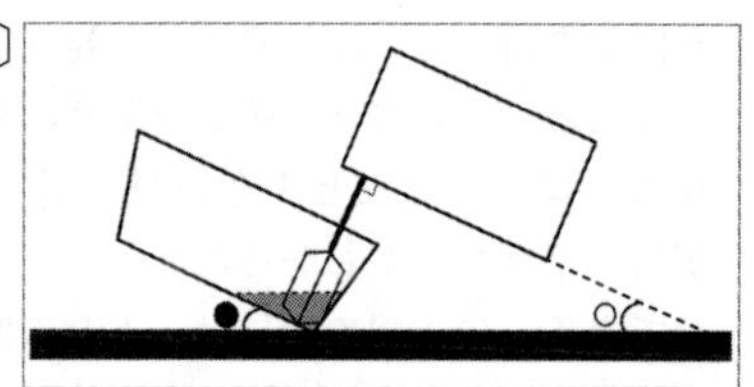

〔問題２〕

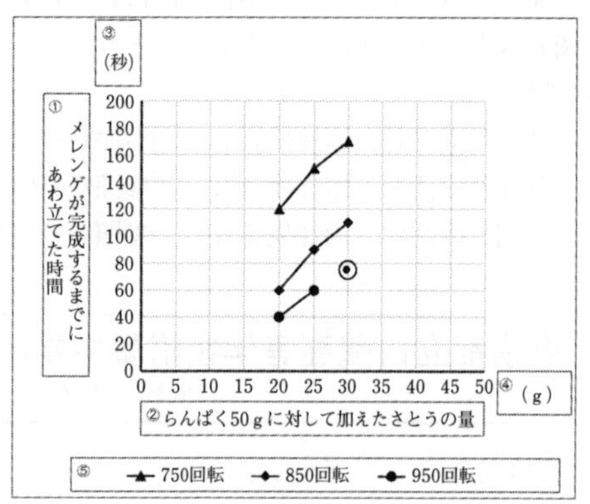

【配点】

〈適性検査Ⅰ〉100点満点

① 〔問題１〕20点　〔問題２〕20点　〔問題３〕60点

〈適性検査Ⅱ〉100点満点

① 〔問題１〕20点　〔問題２〕20点

② 〔問題１〕15点　〔問題２〕15点

③ 〔問題１〕12点　〔問題２〕18点

〈適性検査Ⅲ〉100点満点

① 〔問題１〕20点　〔問題２〕20点　〔問題３〕15点

② 〔問題１〕15点　〔問題２〕30点

東京都立富士高等学校附属中学校

〈問題は350ページ〉

〈適性検査Ⅰ〉

① 共同作成問題　適性検査Ⅰ参照（→P.15）

〈適性検査Ⅱ〉

① 共同作成問題　適性検査Ⅱ　①参照（→P.15）

② 共同作成問題　適性検査Ⅱ　②参照（→P.15）

③ 共同作成問題　適性検査Ⅱ　③参照（→P.15）

〈適性検査Ⅲ〉

① 〔問題１〕３月14日　〔問題２〕（得られる点数の合計が158点以上となる道順）

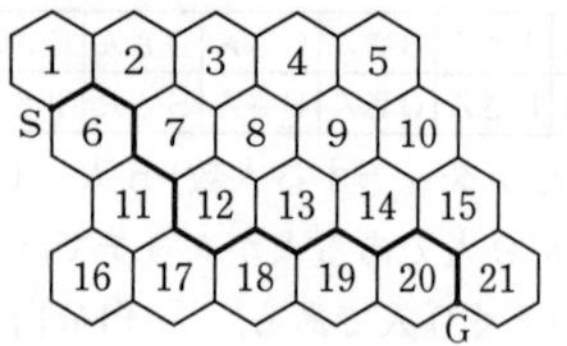

（得られる点数の合計）173点

〔問題３〕

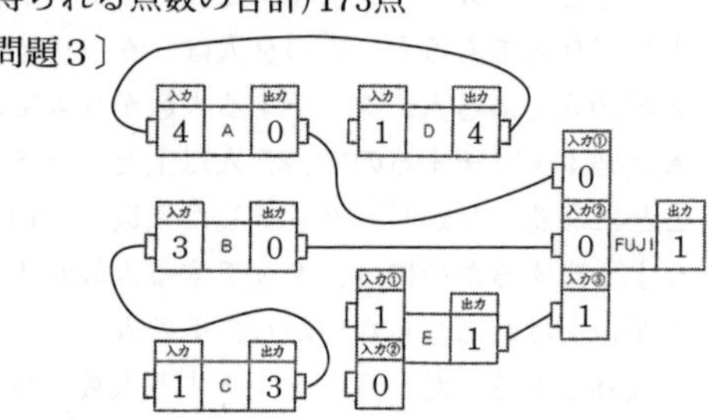

② 〔問題１〕②→②→①　〔問題２〕（平行四辺形の合計）54個

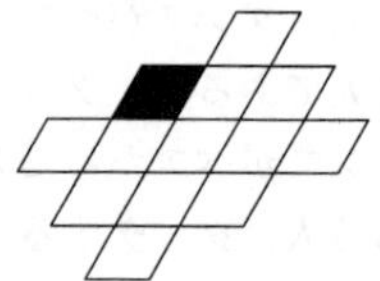

〔問題３〕（立方体の回転）回転オ　（ノリコさんが行った移動の組み合わせ）移動「じ②」→移動「じ④」

【配点】

〈適性検査Ⅰ〉100点満点

① 〔問題１〕20点　〔問題２〕20点　〔問題３〕60点

〈適性検査Ⅱ〉100点満点

① 〔問題１〕20点　〔問題２〕20点

② 〔問題１〕15点　〔問題２〕15点

③ 〔問題１〕12点　〔問題２〕18点

〈適性検査Ⅲ〉100点満点

① 〔問題１〕15点　〔問題２〕15点　〔問題３〕20点

② 〔問題１〕15点　〔問題２〕20点　〔問題３〕15点

東京都立三鷹中等教育学校

〈問題は359ページ〉

〈適性検査Ⅰ〉

① 〔問題１〕実際の風を感じて、自分の感覚をもとに「風」について自分なりに考えて表現したから。

〔問題２〕あずきがこうじの力を借りてあまさやうまみが増して美味しいあんこになるように、人間も自分の特性をいかせば、自信となって生きていける（というメッセージをお客さんに伝えるため。）

〔問題３〕（略）

〈適性検査Ⅱ〉

1 〔問題1〕

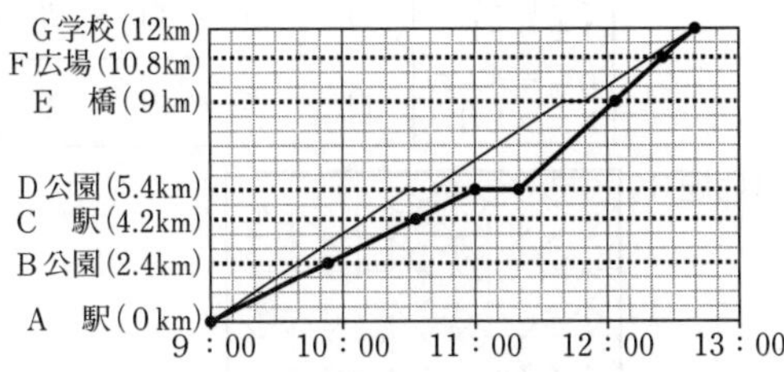

〔問題2〕(メダルを100個以上作ることが)できない (説明)切り取った折り紙をすべてつなげたときの長さは、(15－0.5)×8×16＋0.5＝1856.5(cm) メダルを100個作るために必要な長さは、(6×3.14＋0.5)×100＝1934(cm) したがって、切り取った折り紙をすべてつなげたときの長さより、メダルを100個作るために必要な長さのほうが長いから、16まいの折り紙ではメダルを100個作ることはできない。

〔問題3〕

表1	企画1 得点	企画2 得点	企画3 得点	得点の合計	総合順位
Aチーム	1	4	5	10	2位
Bチーム	4	5	0	9	3位
Cチーム	3	4	4	11	1位

表2	企画1 1時間あたりに進んだ道のり	得点	企画2 クイズの正答数	得点	企画3 見つけた鳥の種類の数	得点	得点の合計	総合順位
Aチーム	3.2km	0.8	8問	0.8	8種類	1	2.6	1位
Bチーム	4km	1	10問	1	0種類	0	2	3位
Cチーム	3.6km	0.9	7問	0.7	4種類	0.5	2.1	2位

(あなたが選ぶ決め方)みつこさんの案 (理由)他のチームの結果に関わらず、自分たちのチームの得点が決まるから。

2 共同作成問題 適性検査Ⅱ 2参照(→P.15)

3 共同作成問題 適性検査Ⅱ 3参照(→P.15)

【配点】

〈適性検査Ⅰ〉100点満点

1 〔問題1〕20点 〔問題2〕30点 〔問題3〕50点

〈適性検査Ⅱ〉100点満点

1 〔問題1〕10点 〔問題2〕15点 〔問題3〕15点

2 〔問題1〕15点 〔問題2〕15点

3 〔問題1〕12点 〔問題2〕18点

東京都立南多摩中等教育学校

〈問題は371ページ〉

〈適性検査Ⅰ〉

1 〔問題1〕観測的な証こや数学的な証明により、地動説の正しさを証明することに生かされた。(38文字) 〔問題2〕公園の池のそばにいて美しい花を見つけ、感動し、花に近づくというように、一人しょうの視点で世界をながめ、感情をいだき、行動できるということ。(69文字) 〔問題3〕(略)

〈適性検査Ⅱ〉

1 共同作成問題 適性検査Ⅱ 1参照(→P.15)

2 共同作成問題 適性検査Ⅱ 2参照(→P.15)

3 共同作成問題 適性検査Ⅱ 3参照(→P.15)

【配点】

〈適性検査Ⅰ〉100点満点

1 〔問題1〕20点 〔問題2〕20点 〔問題3〕60点

〈適性検査Ⅱ〉100点満点

1 〔問題1〕15点 〔問題2〕15点

2 〔問題1〕15点 〔問題2〕15点

3 〔問題1〕18点 〔問題2〕22点

東京都立武蔵高等学校附属中学校

〈問題は372ページ〉

〈適性検査Ⅰ〉

共同作成問題 適性検査Ⅰ参照(→P.15)

〈適性検査Ⅱ〉

1 共同作成問題 適性検査Ⅱ 1参照(→P.15)

2 〔問題1〕(選んだ地域)山城(やましろ) (説明)やましろでは、1185年から1202年と1221年から1235年で比べると、米や布などの表し方が23件から5件へと減り、ぜにでの表し方が7件から60件に増えており、ぜにで土地の価ちを表すやり方が増えている。〔問題2〕(選んだ組み合わせ)慶長小判(けいちょうこばん)と元禄小判(げんろくこばん) (説明)けい長小判は、金が約3.9もんめふくまれていたが、元ろく小判では約2.7もんめに減っている。しかし、小判全体の重さは変わらないことから小判の価ちが下がったと考えられる。〔問題3〕1890年ごろから産業かく命が本格的に日本でも始まり、工場や会社が多く生まれ、これらの工場や会社が機械を取り入れたり、新しい工場を建設したりすることでお金が多く必要となったため、1893年に銀行の設立を容易にする銀行条例が出され、新しい銀行が急げきに増えた。

3 共同作成問題 適性検査Ⅱ 3参照(→P.15)

〈適性検査Ⅲ〉

1 〔問題1〕(選んだ頂点(ちょうてん))B

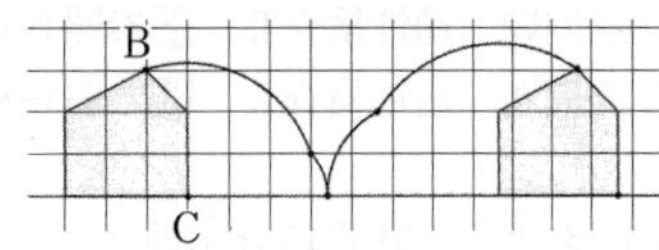

〔問題2〕人数に注目すると、1、2、4、…と増えていくので、1つ前の数字の2倍になることをルールとする。(128番目の人のかさ)閉(と)じる 〔問題3〕図10の小さい円の半径を12cmとして、小さい円の中心をつないでできる正五角形の一辺の長さは、12×2＝24cm。五つの小さい円のそれぞ

れの中心をすべて通る円の半径は、30－12＝18cm。また、その円周の長さは、18×２×3.14＝113.04cm。円周を５等分すると、113.04÷５＝22.608cm。これは正五角形の一辺の長さ24cmより小さくなってしまっているので、つじつまが合わない。

2 〔問題１〕(濃縮還元果汁)果実のままより水を少なくした分、軽くて運びやすい。(ストレート果汁)果実をしぼるだけなので、製造の手順が少ない。〔問題２〕さとう水の表面には、水のつぶと、さとうのつぶがならぶことになる。水は水面からじょう発できるが、さとう水はさとうのつぶが水面にならんでいる場所では、水がじょう発するのをじゃまするから、水だけよりじょう発しにくくなる。〔問題３〕実験１より、こおるのは水は速く、水に混ざりものがあるジュースはおそい。冷とう庫の冷気は容器の外側から伝わるので、実験２の食べにを入れた水は、水の部分だけが先にこおり始めて、容器内の外側の近くに水の氷ができる。食べにがとけている部分はこおるまで時間がかかるので、真ん中付近に集まってこおることになり、色が分かれる。

【配点】

〈適性検査Ⅰ〉100点満点

1 〔問題１〕20点　〔問題２〕20点　〔問題３〕60点

〈適性検査Ⅱ〉100点満点

1 〔問題１〕15点　〔問題２〕15点

2 〔問題１〕15点　〔問題２〕15点　〔問題３〕10点

3 〔問題１〕12点　〔問題２〕18点

〈適性検査Ⅲ〉100点満点

1 〔問題１〕10点　〔問題２〕15点　〔問題３〕25点

2 〔問題１〕20点　〔問題２〕10点　〔問題３〕20点

東京都立両国高等学校附属中学校

〈問題は383ページ〉

〈適性検査Ⅰ〉

共同作成問題　適性検査Ⅰ参照(→P.15)

〈適性検査Ⅱ〉

1 共同作成問題　適性検査Ⅱ　1参照(→P.15)

2 共同作成問題　適性検査Ⅱ　2参照(→P.15)

3 共同作成問題　適性検査Ⅱ　3参照(→P.15)

〈適性検査Ⅲ〉

1 〔問題１〕およそ２時間45分36秒
〔問題２〕(小盛)３人　(並盛)32人　(大盛)５人
〔問題３〕(１万円札)１枚　(５千円札)10枚　(千円札)72枚　(500円玉)８枚　(100円玉)97枚　(50円玉)48枚　(10円玉)90枚

2 〔問題１〕３月１日、３月２日

〔問題２〕

りょうさんの１セット目	黒・白・赤・赤
みさきさんの１セット目	白・白・白・青
りょうさんの２セット目	白・赤・赤・赤

〔問題３〕

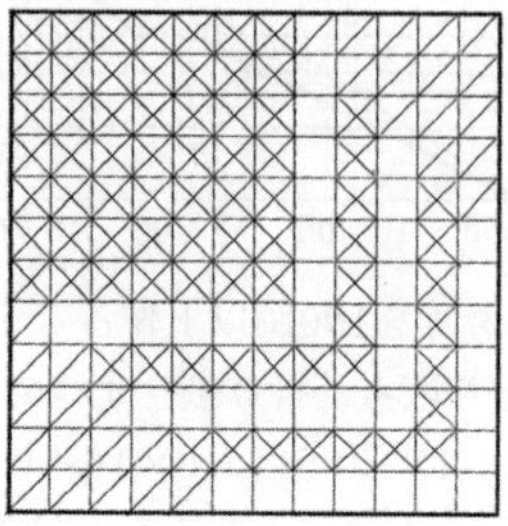

【配点】

〈適性検査Ⅰ〉100点満点

1 〔問題１〕20点　〔問題２〕20点　〔問題３〕60点

〈適性検査Ⅱ〉100点満点

1 〔問題１〕15点　〔問題２〕15点

2 〔問題１〕20点　〔問題２〕20点

3 〔問題１〕12点　〔問題２〕18点

〈適性検査Ⅲ〉100点満点

1 〔問題１〕15点　〔問題２〕15点　〔問題３〕20点

2 〔問題１〕20点　〔問題２〕15点　〔問題３〕15点

千代田区立九段中等教育学校

〈問題は389ページ〉

〈適性検査１〉

一 **問１** 海を脱ぐ　**問２** (どうかして)知りたい(。)　**問３** (1)作者　(2)(他人の判断が可能になるように表現しなければ)詩の作者(と)読者との間に共感が成り立たない(から。)　**問４** [例]大好きなピアノ曲を弾いてみても私の技術では音楽的にならなかった。そこで先生と相談して長期的なレッスンの計画を立てた。

二 **問１** (一方は発言して、もう一方は)黙って聞いている(という会話の方法。)　**問２** (選んだ番号)(1)　(その番号を選んだ理由)(一方の主張に対し、)関連した問いかけに答えてもらうことで相手の主張を確かめている(から。)　**問３** [例]自己と自己の重なりをつくるとは、相手と一緒に会話をつくる共話で話すことを意識することで、自分と相手との心理的な距離を縮めることだ。

友達と映画の話をしたとき、会話が盛り上がり二人とも思ってもいなかった考察ができたことがある。

そこで大きな役割を果たしたのは、相手の言葉を引き取って「こういうこと？」と聞きあったり、表情で感情を表したり、納得したときに手を打ったりと、いつもより大きく反応したことだと思う。
〈適性検査２〉

1 **問1** (立体㋑)頂点：16個　辺：24個　面：10個　(立体㋒)頂点：16個　辺：24個　面：10個　(立体㋓)頂点：15個　辺：23個　面：10個

問2 (面ＡＢＣＤＥを底面としたとき)　表[例]

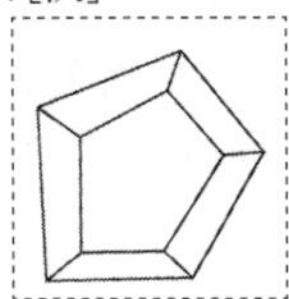

(面ＣＨＩＤを底面としたとき)　表[例]

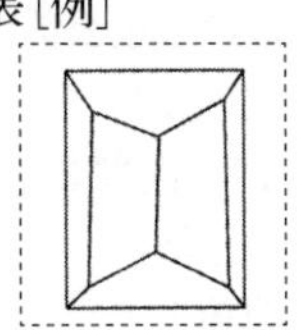

問3 (頂点)個数…12　理由…[例] １回切頂するごとに、頂点は２個ずつ増える。４＋２×４＝12(個)　(辺)個数…18　理由…[例] １回切頂するごとに、辺は３個ずつ増える。６＋３×４＝18(個)　(面)個数…８　理由…[例] １回切頂するごとに、面は１個増える。４＋１×４＝８(個)

問4 [例] １つの頂点に５個の面が集まっているので、どのように切断しても、少なくとも５個の面を切断することになるので、四角形や三角形になることはない。

2 **問1** アＢ　イＤ　ウ①　**問2** エ２　オ４　カじゅうまえ公園　**問3** じゅうまえ市では、資料９にあるように、1995年に鉄道がのび、市域も広がったことで、資料10にあるように、日本人の転入者が大きく増えました。資料11から、住みやすいまちづくりの活動は市民の間にも広がっていることがわかるので、じゅうまえ市の人口はこれからも増えていくと考えられます。

3 **問1** ア10　イ15　**問2** ⑴塩とレモンがふれ合う面積が大きくなるから。⑵レモンを切るときに、細かく切る。**問3** ⑴(液体)せっけん水　(理由)せっけん水はアルカリ性だから。
⑵息にふくまれる二酸化炭素がのりにとけ、のりにふくまれるアルカリ性の成分と中和したから。

〈適性検査３〉

1 **問1** [例]左の式…６＋３＋６＋２＋７＋４＝28　28÷９＝３あまり１　４＋６＋７＋９＋２＋９＝37　37÷９＝４あまり１　１＋１＝２
右の式…１＋０＋９＋４＋２＋０＋３＝19　19÷９＝２あまり１→１　よって、左の式のあまりと右の式のあまりが異なるので、誤りである。

問2 (１つめ)[例]□＝１　△＝３　(２つめ)[例]□＝４　△＝２　(３つめ)[例]□＝７　△＝１

問3 ⑴[例]

1̸	0	1̸	0	1	1	0	1		1

⑵15通り

2 **問1** ③　**問2** ウ高山の商人が整備された街道を利用して商売をした　エ出世魚と呼ばれる縁起のよい魚　**問3** オ④　カ①　キ地元の魚を使ったレシピを配布する。ク大豆について学習する。

3 **問1** ⑴ア低い　イ日光の当たる時間　ウあたえる水　⑵44日以上　**問2** ⑴(糖度の高い品種)品種Ａ　(理由)糖度の平均を求めると、品種Ａは6.34％、品種Ｂは5.37％だから。⑵ア同じ体積あたりの重さ　イ高い　**問3** ⑴みつがない
⑵トマトの花は下向きに開花し、おしべの下にめしべの先があり、クロマルハナバチがおしべのふくろにかみついて花をゆらすことで、花粉が下の方へ落ちていくから。

神奈川県立相模原中等教育学校
神奈川県立平塚中等教育学校

〈問題は422ページ〉

〈適性検査Ⅰ〉

問1　⑴②、③、④　⑵512ｍちょうどである。
問2　⑴ア⑥　イ⑤　⑵ア①　イ⑤
問3　⑴④　⑵ア②　イ④
問4　⑴ア③　イ⑦　⑵②
問5　わたしは、クイズ大会を提案します。提案するクイズ大会は、他学年の児童とチームを作って参加し、チームで相談してからクイズに答えることにより、交流を楽しむ大会です。

〈適性検査Ⅱ〉

問1　⑴②、④、⑤　⑵ヘボン式のローマ字表記は、英語の表記に近い表記です。また、つづりから日本語の発音が導き出せるように工夫したことで、英語話者にとって、実際の音を正確に推測しやすい表記となっています。
問2　⑴ア①　イ②　⑵ア②　イ③
問3　⑴④　⑵ア⑤　イ③
問4　⑴ア③　イ④　⑵ア⑤　イ②

【配点】

〈適性検査Ⅰ〉300点満点

問1　⑴20点　⑵20点
問2　⑴ア10点　イ20点　⑵ア20点　イ20点
問3　⑴20点　⑵ア20点　イ30点
問4　⑴ア20点　イ30点　⑵30点
問5　40点

〈適性検査Ⅱ〉300点満点

問1　⑴30点　⑵40点
問2　⑴ア20点　イ20点　⑵ア20点　イ20点
問3　⑴20点　⑵ア20点　イ30点
問4　⑴ア20点　イ20点　⑵ア20点　イ20点

川崎市立川崎高等学校附属中学校

〈問題は437ページ〉

〈適性検査Ⅰ〉

問題１　(1)ア・イ・ウ・エ　(2)イ　(3)ウ　(4)戦争のひ害をさけるため　(5)うめ立て地　(6)ア　(7)エ　(8)ア・エ　(9)エ

問題２　(1)イ　(2)カ　(3)大きな力が加わって、大地が押し上げられた　(4)ウ　(5)水は氷になると体積が増えるから　(6)(く)360÷24　(け)15　(こ)30　(7)８月31日　(8)

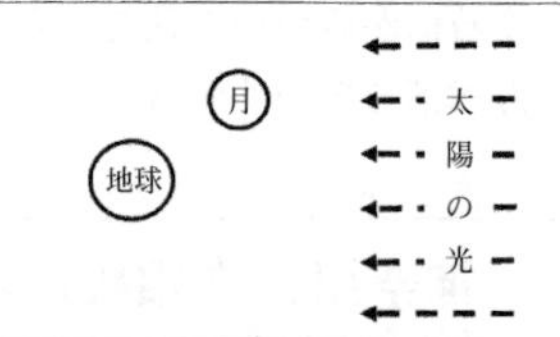

問題３　(1)14.28　(2)$a\times\frac{4}{3}+a\times\frac{2}{3}\times3.14\div2$　(3)13.5　(4)(え)４　(お)４　(か)直角二等辺三角形　(き)32　(5)30.28　(6)(け)エ　(こ)オ　(さ)イ　(7)(し)ア　(す)キ　(せ)ウ　(そ)ク

〈適性検査Ⅱ〉

問題１　(1)おもく　(2)学校へ行かなくてはいけないのか　(3)(白)さびしさ　(ピンク)あたたかさ　(4)２　(5)幸せ　(6)４　(7)３　(8)あ…明かり　い…赤いぼんぼり　う…命のぬくもり　(9)５・７・５　(10)６

問題２　(略)

【配点】

〈適性検査Ⅰ〉270点満点

問題１　(1)15点　(2)９点　(3)９点　(4)９点　(5)９点　(6)９点　(7)９点　(8)12点　(9)９点

問題２　(1)10点　(2)10点　(3)10点　(4)10点　(5)10点　(6)15点　(7)10点　(8)15点

問題３　(1)10点　(2)10点　(3)15点　(4)(え)・(お)５点　(か)10点　(き)５点　(5)15点　(6)10点　(7)(し)・(す)５点　(せ)・(そ)５点

〈適性検査Ⅱ〉180点満点

問題１　(1)６点　(2)10点　(3)各７点　(4)６点　(5)６点　(6)６点　(7)６点　(8)あ～う各７点　(9)５点　(10)10点

問題２　90点

横浜市立南高等学校附属中学校

〈問題は458ページ〉

〈適性検査Ⅰ〉

1　問題１…１　問題２…１　問題３(672年)５(1868年)４　問題４…４　問題５…２　問題６(その国の言葉を調べるときには)その国の文化、習慣や気候を学ぶこと(が大切です。)

2　問題１…３　問題２(略)

〈適性検査Ⅱ〉

1　問題１イ　問題２あ４　い120　問題３(条件１)ウ　(条件２)カ　問題４う…わくの歯数と歯車の歯数の最小公倍数　え…歯車の歯数

2　問題１①イ　②ア　③イ　問題２あ2941　い1912　問題３ア、エ　問題４(高い)Ｄ→Ａ→Ｂ→Ｃ(低い)

3　問題１ア、ウ、エ　問題２二百五十六　問題３(108, 39, 53)　問題４(1)あＣ７　い89　う150　(2)ＡＢＣ７８９

4　問題１あ…石灰水　い…白くにごる　問題２ウ　問題３ア　問題４水につかっている炭素棒の面積

【配点】

〈適性検査Ⅰ〉100点満点

1　問題１・２…12点　問題３…10点
問題４・５…12点　問題６…６点

2　問題１…10点　問題２…50点

〈適性検査Ⅱ〉100点満点

1　問題１…３点　問題２…あ・い各４点
問題３…各５点　問題４…７点(完答)

2　問題１…５点(完答)　問題２…あ・い各３点
問題３…５点　問題４…６点

3　問題１…３点　問題２…４点　問題３…５点
問題４(1)あ・い各３点　う５点　(2)７点

4　問題１…４点(完答)　問題２…５点
問題３…５点　問題４…６点

横浜市立横浜サイエンスフロンティア高等学校附属中学校

〈問題は483ページ〉

〈適性検査Ⅰ〉

横浜市立南高等学校附属中学校　適性検査Ⅰ参照(→P.22)

〈適性検査Ⅱ〉

1　問題１…4716686㎢　問題２…0.92ｇ
問題３…37240kg　問題４あ1030　い…つぶれて
問題５…３時間12分　問題６…３、６、８
問題７う５　え２

2　問題１…５　問題２…210.42㎠
問題３

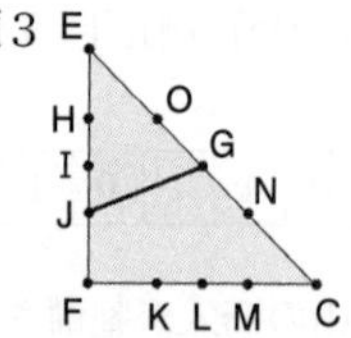

問題4あ3：5　い1：4　問題5(う)11　(え)12

【配点】

〈適性検査Ⅰ〉100点満点

1　問題1・2…12点　問題3…10点
　問題4・5…12点　問題6…6点

2　問題1…10点　問題2…50点

〈適性検査Ⅱ〉100点満点

1　問題1…5点　問題2…10点　問題3…10点
　問題4…5点　問題5…10点　問題6…5点
　問題7…5点

2　問題1…5点　問題2…5点　問題3…10点
　問題4…15点　問題5…15点

新潟県立柏崎翔洋中等教育学校
新潟県立佐渡中等教育学校
新潟県立津南中等教育学校
新潟県立燕中等教育学校
新潟県立直江津中等教育学校
新潟県立村上中等教育学校

〈問題は495ページ〉

〈作文〉

1　(1)およそ7.2倍　(2)およそ1.1台

2　(1)およそ74.1％　(2)全国の「ほぼ毎日」と「週3回以上」を合わせた人数の、合計人数に対する割合は62.6％で、新潟県より低い。

3　(1)インターネットを利用したウェブ会議サービスは、新型コロナウイルス感染症が流行した2020年に、その利用者が世界中で大きく増えた。(2)(符号)①　(選んだ理由)だれもが参加できるわけではないイベントやコンサート、また行くことが難しい秘境や宇宙などにも、みんなが参加したり、行ったりした気分になれるから。(符号)②(選んだ理由)ネットを通じて、だれもが、その気さえあれば世界のさまざまな外国の人々とコミュニケーションできるようになるから。(符号)③(選んだ理由)日本だけでなく世界中で行われている教育プログラムに参加できれば、学ぶ意欲のある人たちの可能性が大きく広がるから。

◘　教育用コンピュータを積極的に活用して、従来のわくにとらわれない学習にチャレンジしたい。たとえば、資料4にあるような「ウェブ会議サービス」を活用して、英語を話す国の人たちと対話する機会を作ってみたい。多様な価値観に触れることは、将来どんな分野に進んだとしても役に立つだろうし、実践的な英会話のレッスンにもなるだろう。さらに資料6②にあるような翻訳機能が実現すれば、英語圏以外の人たちとも交流が持てるので、学ぶテーマに合わせて最適な対話相手を選ぶこともできそうだ。

　また、私には世界中の海に潜るという夢がある。その実現はまだ先の話になるが、資料6①にあるような体験サービスがあるのなら利用したい。中学校生活は楽しいことばかりではないと思う。つらいときに、そんなサービスで気分転換したり、自分の夢を思い出したりすることができれば、苦難を乗り越える力が得られると思うからだ。

新潟市立高志中等教育学校

〈問題は498ページ〉

〈適性検査1〉

1　問1A・C　問2好きなように使ってよい休み時間にもパズルを解き続けたため、報酬を与えられなかった大学生のほうが、より意欲的に取り組んだといえる。　問3(引用した文章)内的モチベーションというのは「楽しいから」とか「好きだから」という行為そのものが報酬となること　(考えたこと)何かがもらえるからやる、という考え方には限界があると感じる。いつでも自分の欲しいものが与えられるとは限らないだろう。反対に、好きなことをしたいのにモチベーションがない、という人はなかなかいない。「好きなこと」はそのものがモチベーションになるからだ。中学生になったら、さまざまな新しいことがらに出会うと思うが、苦手なことも見方を変えて、自分が好きになれるところを見つけて取り組み、成長していきたい。

2　問1ア2050　イ減少　ウ家庭　エ運輸　オ電気　問2北極・南極の氷の融解で、世界の海面水位が平均で0.5～1メートル上昇する予測があり、海抜0メートル地帯が多い新潟市では、多くの地域で水没する可能性がある。(77字)　問3(活用した資料番号)2・4・5・6　(レポート)資料2と資料6から、二酸化炭素はとくに電気の消費で多く排出されることがわかります。資料4や資料5でも、新潟市は全国と比べて、家庭での二酸化炭素の排出量が多くなっています。そこで、私は、とくに家での冷暖房の使用を少なくするようにしたいと思います。そのために、家族がなるべくリビングで過ごすようにしたり、衣類の着脱によって寒暖への対処をしたりしていきたいと思います。(181字)

〈適性検査2〉

1　問1…0℃　問2あたたかい空気は冷たい空気と比べて軽いため、上にたまってしまう。部屋全体をはやく暖めるためには風向きを下にして、あたたかい空気と冷たい空気が混ざるようにした方がよいから。　問3冷たい飲み物の温度を温度計ではかる。次に、計量カップを使って冷たい飲み物を一定量はかり取り、保冷コップと保冷ではないコップのそれぞれに入れ、ストップウォッチを使って一定時間おく。同じ時間おいたあと、それぞれの温度をはかり、実験前と実験後の温度の違いを比べる。

2　問1（求め方）2400÷300＝8（分）…じろうさんの家からお祭り会場までにかかった時間　2時50分－8分＝2時42分　（答え）午後2時42分　問2（すべてのお店の組み合わせ）アイイ、アウ、アエ、イイイイイ、イイイウ、イイイエ、イウウ、イウエ、イエエ　（すべての組み合わせの数）9通り　問3催し物A、B、Cの「大変満足した。」「少し満足した。」の合計人数のアンケートに答えた人数に対する割合を求めると次のようになる。A：(15＋27)÷60＝0.7　B：(8＋18)÷40＝0.65　C：(13＋27)÷50＝0.8　よって、みんなが最も満足した催し物は催し物Cだと考える。

石川県立金沢錦丘中学校

〈問題は506ページ〉

〈総合適性検査Ⅰ〉

1　問題1印刷、kokka　問題2ア　問題3エ　問題4Ⅰちゅう象化されたもので出来事すべてを表しているわけでなく、それだけで相手の感情はわからない（45字）　Ⅱ時間的な要素が加わり、相手の言葉を受けたしゅん間に自分のむねに生じた感情とちがうものになる（45字）　問題5う　問題6ウ　問題7前後のつながりを意識（10字）　問題8（略）

2　問題1(1)2.1倍　(2)17％　問題2(1)94　(2)イ、エ（順不同）　問題3（求め方）1年生が勝った回数と、1年生と6年生の得点の関係を表にすると、

1年生が勝った回数	0	1	2	3	4	5	6	7	8	9	10
1年生の得点	0	3	6	9	12	15	18	21	24	27	30
6年生の得点	20	18	16	14	12	10	8	6	4	2	0

となる。よって、6年生と1年生の合計得点が同じになるのは、1年生が4回勝ったときである。また、6年生が勝った回数は、10－4＝6で、6回である。（答え）（6年生）6回、（1年生）4回　問題4(1)23.55m　(2)（答え）できない　（理由）竹馬のコースは、直径12mの円を使って作るので、正方形の一辺は、12m以上の長さが必要である。また、体育館の縦30mが、縮図では6cmで示されているので、3000÷6＝500で、縮図の長さを500倍すると、実際の長さになる。よって、実際の正方形の一辺の長さは、2.3×500＝1150で、11.5mであり、竹馬のコースを作るのに必要な12mより短いから。　問題5（求め方）1日目に作った数は、必要な数の$\frac{3}{8}$なので、残りは$1-\frac{3}{8}=\frac{5}{8}$　2日目に作った数は、1日目の残りの6割なので、$\frac{5}{8}\times\frac{6}{10}=\frac{3}{8}$　3日目に作った数は、1日目の残りの4割なので、$\frac{5}{8}\times\frac{4}{10}=\frac{2}{8}$　3日目に作った数は、1日目より5個少ないので、必要な数の$\frac{3}{8}$から、必要な数の$\frac{2}{8}$を引いた差は5に等しい。よって、必要な数の$\frac{1}{8}$が5と等しいから、必要な数は、$5\div\frac{1}{8}=40$　（答え）40本

3　問題1（石川県）イ　（静岡県）ウ　問題2Ⅰ40才～64才　Ⅱ輸入量　問題3とってもよい期間を制限したり、小さいカニをとらないようにしたりするきまりによって、カニのとりすぎを防ぎ、これからもカニ漁を続けることができるようにするため。　問題4(1)徳川家康　(2)ア　(3)関ケ原の戦いの後に家来になった外様大名を江戸から遠いところに配置し、参勤交代によって多くの費用を負担させることで、大名の力をおさえることができたから。　問題5(1)最高　(2)イ

4　問題1①ちっ素　②酸素　問題2①イ　②ウ　③ア　④エ　問題3（顕微鏡の倍率＝）接眼レンズの倍率（×）対物レンズの倍率（順不同）　問題4葉がついた植物だけだと、袋にたまった水が葉から出たものか分からないから。　問題5・①S　②引きつけられる　・①N　②反発する　問題6（答え）北を指していない　（理由）午後3時ごろ、太陽は南西の空にあると考えられるが、この方位磁針の針の向きだと、太陽は北東の空にあることになるから。　問題7・他の星は時間がたつと動くが、北極星は時間がたってもほとんど動かず、北の空にあるから。　・他の星とちがって、北極星は時間がたっても見える位置は変わらず、ほぼ真北にあるから。

【配点】

〈総合適性検査Ⅰ・Ⅱ〉150点満点

1　問題1…各2点　問題2…2点
問題3…2点　問題4Ⅰ・Ⅱ各6点
問題5…3点　問題6…3点
問題7…6点　問題8…8点

2　問題1(1)・(2)各4点　問題2(1)・(2)各4点
問題3…9点　問題4(1)6点　(2)9点
問題5…10点

3　問題1…3点　問題2Ⅰ・Ⅱ各3点
問題3…6点　問題4(1)・(2)各2点　(3)6点

問題5⑴2点　⑵3点

4　問題1①・②各3点　問題2…3点
問題3…3点　問題4…5点　問題5…5点
問題6…5点　問題7…3点

福井県立高志中学校

〈問題は516ページ〉

〈適性検査Ⅰ〉

一　㈠なった　㈡既存のものが結合することで、新しいものが誕生するという考え方　㈢エ　㈣(略)　㈤ア　㈥Ⅰ(略)　Ⅱ(略)　Ⅲ(略)

二　㈠(略)　㈡イ　㈢エ　㈣(略)　㈤(文章1)(略)　(文章2)(略)

三　㈠ア　㈡(略)　㈢ウ　㈣(略)　㈤(アドバイス)(略)　(理由)(略)

〈適性検査Ⅱ〉

1　⑴

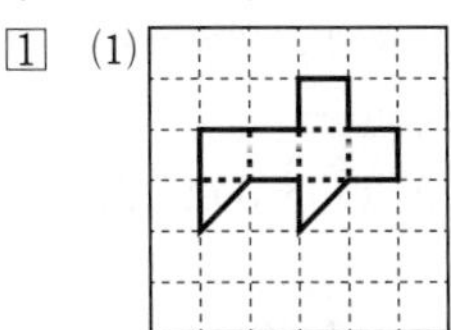

⑵56.25度　⑶(答え)45分　(求め方)(略)

2　⑴11秒　⑵(答え)8360、8580円　(求め方)(略)
⑶6

3　⑴

【図2】
1段目 3 3 15 6
2段目 6 18 21
3段目 24 39
4段目 63

【図3】
1段目 4 14 8
2段目 18 22
3段目 40

⑵131　⑶61　⑷(青色)0個　(赤色)0個　(黄色)4個

4　⑴

初めのおはじきの個数	2	3	4	5	6	7
おはじきを取った回数	×	2	×	2	3	2

⑵3、5、7、9、11、13、15個　⑶2、4、8、16、28個

〈適性検査Ⅲ〉

1　⑴①小さく　②大きく　⑵(球)イ　(円柱)シ　(三角すい)キ　⑶(1往復する時間)ア　(理由)(略)　⑷10㎝

2　⑴ア、イ、ウ　⑵(略)　⑶Aイ　Cウ　⑷イ　⑸(略)

3　⑴(光)言えない　(結果)イとウ　(温度)言える　(結果)ウとエ　⑵水、空気、温度　⑶(方法)(略)　(結果)ヨウ素液の色は変化しない。

⑷

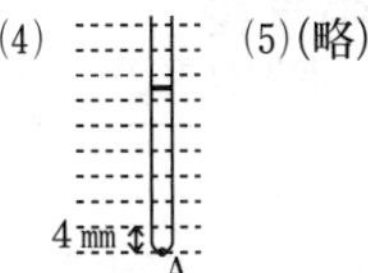

⑸(略)

【配点】

〈適性検査Ⅰ〉100点満点

一　㈠4点　㈡8点　㈢4点　㈣8点
㈤4点　㈥各4点

二　㈠8点　㈡4点　㈢4点　㈣6点　㈤各6点

三　㈠4点　㈡6点　㈢4点　㈣8点　㈤8点

〈適性検査Ⅱ〉100点満点

1　⑴7点　⑵7点　⑶10点

2　⑴7点　⑵7点　⑶7点

3　⑴6点　⑵7点　⑶7点　⑷10点

4　⑴5点　⑵10点　⑶10点

〈適性検査Ⅲ〉100点満点

1　⑴6点　⑵9点
⑶(時間)5点　(理由)6点　⑷6点

2　⑴6点　⑵5点　⑶A・C各3点　⑷4点
⑸5点

3　⑴(光)6点　(温度)6点　⑵6点
⑶(方法)6点　(結果)6点　⑷6点　⑸6点

長野県諏訪清陵高等学校附属中学校
長野県屋代高等学校附属中学校

〈問題は534ページ〉

〈適性検査Ⅰ〉

【問1】　⑴①あ七　い7　②う…願い　え…あさの葉　お…うろこ(え・おは順不同)　③[例]七宝の「丸く協力し合えるように」という願いは、今回の会議のような話し合いで大切なことだから。　④[例]基本となる同じ形をくり返して配置しているという共通点　⑵①かバッグ　き…時計　(別解)木製の時計　②[例]あさの葉には成長への願いがこめられていて、自分の成長を願ってくれるおばあちゃんの思いをうれしく思ったから。　③[例]相手に喜んでもらいたいという思い

【問2】　⑴①あウ　いキ　うカ　②[例]鹿の数が増えたのなら、農業のひ害額も増えるはずである、と考えたから。　⑵①1　②お[例]増やしているか[例]のばしている　③[例]・耕作放き地の草木をかる　・いたんだ野菜を畑に残さない(順不同)　⑶(具体的な活動)[例]地いきの農家の方に、畑に野菜を放置しないようにお願いするチラシを作って配る。(その活動で期待できること)[例]チラシを見て、えさ場を作らないようにする農家の方が増えれば、鹿が人里に近づきにくいかん境になり、鹿の食害が減り、人間と鹿のすみ分けが期待できる。

【問3】　⑴あア　いカ(順不同)　⑵①う…調べて分かったこと　(別解)調べること、分かったこと　え…はり方　②か…かきね　き…たな　く…針金

の役わり　(別解)役わり　③[例]「地いきの新しい取り組み」についてふれられていない　(3)①[例]特別区いき内の原料のみを使い、2000L以上つくることが条件。②[例]地いきがワインの特別区いきに認定されている

【問4】(1)あ…足の速い人と足の遅い人　(別解)足の遅い人　い…重要　(2)色々な人がいれば、それだけ色々な意見が出るし、色々なアイデアが生まれる(から。)　(3)エ　(4)[例]わたしが改ぜんすることができた体験は、総合的な学習の時間の発表です。説明だけでは伝わりにくかった発表をよりよいものにするため、相談して、写真を使うことにしました。より伝わりやすい発表にすることができました。

この体験から、困ったときには仲間と相談し、よりよいアイデアを伝えるなど、助け合って解決していくことの大切さを学びました。中学に入ってもこの体験を生かしていきたいです。(196字)

〈適性検査Ⅱ〉

【問1】(1)①72％　②[例]中につやつやした白いかたまりがある　③い3　う13　え…小さい種子　お…大きい種子　(2)①ウ　②[例]葉に日光が当たると、種子が育ちやすいか調べる実験

【問2】(1)①6　②いD　う3　え2　(2)①(1辺の長さ)10cm　(麦わらの本数)3本　②(方法1)お4　か3　(方法2)き8　く1　(方法3)け6　こ2(方法1～3はそれぞれが組になっていれば順不同)

(3)　[例]

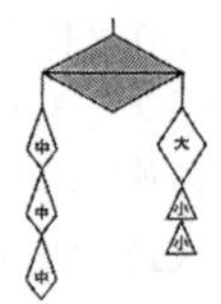

【問3】(1)①あゴム　いプロペラ　(別解)羽根　う…風　②[例]不確かさをなるべくなくし、より正確な実験結果を得るため　(2)①え…条件　お…長方形　か2　き60　く…羽根の形　(別解)形　け長方形　②ⅰ)こ・さA・C　し・すB・D　ⅱ)せ・そC・E　た・ちD・F　ⅲ)つ・てA・B　と・なC・D　に・ぬE・F(ⅰ)～ⅲ)は、それぞれが組になっていれば順不同)　③(下底の長さ)3.5cm　(高さ)5cm

(3)(絵)　[例]

(仕組み)[例]ほの部分に風を受けることで進む
(工夫)[例]風の力を強くする

【問4】(1)①[例](4×5)×2＋(4×15)　②175　③[例]㋐のケーキにだけある、クリームがぬられた側面の面積　④20　(2)①[例](7.5×2)×3.14÷3　②[例]対応する2つの点を結ぶ直線を2本ひいたときの交わった点(をみつける。)　(3)①え225　お3　か…高さ　き7.5　②5×7.5÷2　15×7.5÷2

③

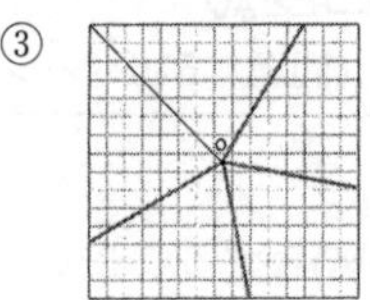

(説明)[例]正方形の辺を12cmごとに点をとり、とった点と点Oを結ぶ

【配点】

〈適性検査Ⅰ〉100点満点

【問1】(1)①あ・い2点(完答)　②う2点
え・お2点(完答)　③3点　④3点
(2)①か・き3点(完答)　②4点　③3点

【問2】(1)①あ～う各2点　②4点
(2)①2点　②お・か各2点　③3点(完答)
(3)7点

【問3】(1)あ・い各2点　(2)①う・え各3点
②か・き2点(完答)　く2点　③4点
(3)①4点　②4点

【問4】(1)あ・い各3点　(2)4点　(3)3点　(4)13点

〈適性検査Ⅱ〉100点満点

【問1】(1)①2点　②3点　③い・う2点(完答)
え・お各2点　(2)①3点　②3点

【問2】(1)①2点　②い2点　う・え2点(完答)
(2)①3点　②おか・きく・けこ各3点
(3)5点

【問3】(1)①あ～う3点(完答)　②3点
(2)①え2点　お～き2点(完答)
く・け各2点
②こさ・しす3点(完答)
せそ・たち3点(完答)
つて・とな・にぬ3点(完答)
③3点(完答)
(3)4点(完答)

【問4】(1)①2点　②2点　③3点　④2点
(2)①2点　②3点
(3)①え・お2点(完答)　か・き各3点
②3点(完答)　③図2点　説明3点

長野市立長野中学校

〈問題は552ページ〉

〈適性検査〉

【問1】(1)①い　②[例]電流が流れているときだけ

じ石になる　(2)い→う→あ　(3)[例]①電磁石をクリップに近づける方法が違うこと　②かん電池の数が違うこと

【問2】　(1)1.6　(2)え　(3)20円　(4)(答え)17000 (説明)[例]・図2の点線の直線を延長して、6月30日の電気料金を読み取る。　・図2より、10日で5000円電気料金が上がっているから、30日では15000円上がると分かる。基本料金の2000円とあわせて、17000円となる。　(5)(答え)16500円 (説明)[例]図3より、9時から18時の1日に対する電気使用の割合は、5＋5＋20＝30(%)となる。図3では、1ヶ月の電気使用量は500kWhなので、9時から18時の電気使用量は500×0.30＝150(kWh)　また、この時間帯以外の電気使用量は500－150＝350(kWh)　したがって、A料金では、1kWhあたり50円かかるから、150×50＝7500(円)　また、B料金では、1kWhあたり20円かかるから、350×20＝7000(円)　基本料金を合わせて、図3の使用状況の場合の1ヶ月の料金は、2000＋7500＋7000＝16500(円)　(6)オ 3　カ12(完答)

【問3】　(1)あ　(2)(番号) 2　(年代)15歳～19歳 (予想)(略)　(3)(略)　(4)(略)

〈作文〉

問一　㈠①景色　②不便　㈡[例]・長野のレストランで出会った地元の方々が、気さくに声をかけてくれたから。(35字)　・野菜がうまく作れず困っていたら、地元の方がアドバイスをくれたから。(33字)　㈢[例]実際に住んで困ったことはありますか。

問二　㈠(略)　㈡(略)　㈢(略)

【配点】

〈適性検査〉100点満点

【問1】(1)①6点　②6点　(2)6点　(3)12点

【問2】(1)5点　(2)4点　(3)2点　(4)8点　(5)15点　(6)6点

【問3】(1)5点　(2)(番号・年代)5点　(予想)5点　(3)各5点　(4)5点

〈作文〉50点満点

問一㈠①・②各2点　㈡各5点　㈢6点

問二㈠5点　㈡10点　㈢15点

静岡県立清水南高等学校中等部
静岡県立浜松西高等学校中等部
沼津市立沼津高等学校中等部

〈問題は560ページ〉

〈総合適性検査問題Ⅰ〉

Ⅰ　(略)

Ⅱ　問題1午前9時50分、午前10時10分　問題2 [例]She can cook well. 等　問題3(1)イ　(2)ア (3)(略)　問題4(記号の名前)フラット　(けんばんの記号)イ　問題5(1)午前11時2分　(2)①7 ②6　③3　④7　問題6③、⑥　問題7(記号) ア　(理由)(略)　問題8(略)　問題9(1)[例]農業従事者の数が年々減ってきており、高れい化も進んできていること。等　(2)(略)　問題10(求め方) (略)　(小学生1人分)4600円　(中高生1人分) 5800円

〈総合適性検査問題Ⅱ〉

Ⅲ　問題1会→械　写→移　問題2(できる対策) (略)　(理由)(略)　問題3…1850円　問題4(1)電磁石Bと電磁石D　(2)(記号)電磁石D　(理由) (略)　問題5ウ　問題6(求め方)(略)　(答え)2時間20分　問題7(1)(略)　(2)エ　問題8(候補地の記号)C　(都道府県名)長野県　(合計)78600円

Ⅳ　問題1(1)ウ　(2)①[例]食べる 等　②[例]食べられる 等　食物連さ　問題2ア　問題3(求め方) (略)　(答え)$\frac{19}{45}$L　問題4(お父さん)エ　(お母さん)ア　(お姉さん)イ　問題5(1)基本的人権の尊重　(2)[例]問題についてよりしんちょうに議論するため。等　問題6(略)　問題7(きょうこさん) ウ　(お姉さん)エ　問題8(1)400㎠　(2)(求め方) (略)　(答え)3.4㎝

〈静岡県立清水南高等学校中等部　作文問題〉(略)

〈静岡県立浜松西高等学校中等部　作文問題〉(略)

〈沼津市立沼津高等学校中等部　作文問題〉

◘　【問題一】①登場　②みごと　③ほんね　④燃(えて)　⑤意外　【問題二】(a)エ　(b)ア 【問題三】相手　【問題四】(略)

【配点】

〈総合適性検査問題Ⅰ〉55点満点

Ⅰ　12点

Ⅱ　問題1…2点　問題2…3点
問題3(1)・(2)各2点　(3)3点　問題4…各2点
問題5(1)3点　(2)①～④各1点
問題6…2点　問題7…4点　問題8…4点
問題9(1)2点　(2)4点　問題10…4点

〈総合適性検査問題Ⅱ〉65点満点

Ⅲ　問題1…各2点　問題2…各2点
問題3…3点　問題4(1)2点　(2)4点
問題5…2点　問題6…3点
問題7(1)4点　(2)2点　問題8…4点

Ⅳ　問題1(1)2点　(2)4点　問題2…2点
問題3…3点　問題4…各1点
問題5(1)2点　(2)4点　問題6…4点

問題７…２点　問題８(1)３点　(2)４点

滋賀県立河瀬中学校
滋賀県立水口東中学校
滋賀県立守山中学校

〈問題は583ページ〉

〈適性検査〉

1　1(1)11㎡　(2)691.4㎝　(3)40株以上50株未満　2(1)かたむきがちがうと流れる水の速さも変わってしまう。水の量によるちがいを調べたい場合は、水の量以外の条件を同じにしないと正しく比較できないから。　(2)表から、たおれたぼうの数を見ると、外側も内側も、流す水の量が多い場合の方が多くなっているので、水の量が多い方がしん食のはたらきが大きいといえる。また、みぞの下流のようすから、水の量が多い場合の方が土が多くつもったことから、水の量が多いほど運ぱんのはたらきが大きくなるといえる。　3(1)30㎝、63まい　(2)(説明)ＡＣとＤＦは平行なので、角ＢＣＡと角ＥＦＤは等しい。三角形ＡＢＣと三角形ＤＥＦは２つの角の大きさが等しく、相似とわかる。ＤＥ＝$210\times\frac{10}{2}$＝1050(㎝)→10.5ｍ　(答え)10.5ｍ　4(手順①)(表１より、)食塩とミョウバンのとける量は水の量に正比例している。食塩もミョウバンも７はいずつ水にとかしたので、水溶液を熱して水を蒸発させて水の量を少なくすると、とけている物質がとけきれずに出てくることになるので、水と２つの水溶液を区別することができる。(手順②)(表２より、)水の量が同じとき、食塩は温度が変わってもとける量が７はいのまま変わらないが、ミョウバンは温度が低くなるととける量が少なくなる。温度によりとける量にちがいがあることを利用すれば、温度を下げた場合にミョウバンだけがとけ切れなくなったつぶが出てくるので２つの水溶液を区別できる。

2　1(1)エ　(2)15～64才の人口とその割合の減少も予想されるので、人の働きを機械で置きかえていく必要があるから。　2(1)滋賀県の人口と世帯数は、1975年には99万人と25万世帯だったのが、2020年には140万人と57万世帯でした。「人口÷世帯数」という式で１世帯あたりの人数を求めると、1975年は約４人、2020年は約2.5人になります。(2)公助　3(1)(滋賀県→)カ→ク→イ→ウ(→東京都)　(2)ウ　(3)滋賀県の生産者が、その魅力を東京のお客さんに直接伝えたり、またお客さんからの声を直接聞いたりすることで、自分たちのつくる特産品の新たな魅力に気づかされたり、新たな特産品の開発のヒントを得たりすることができるという点で大切である。

〈作文〉

1　一…日本語が下手だった筆者が、「渋谷、駅、どこ？」と尋ねたとき、道案内する相手が説明をせず、「僕も渋谷駅に行こうとしてた」と嘘をつき、渋谷駅まで一緒に歩いてくれた上、電車の乗り場まで案内してくれたという出来事。

二…私は食事をとるときに、食材を作ったりとったりした人や、それを加工して料理を作る人のことを考え、感謝する際に幸せを感じます。一つひとつの料理には、その材料を作ったりとったりする人の努力がこめられているし、料理を作る人の工夫が感じられ、さまざまな人とのつながりを見いだせるからです。

2　一…私は、プラスチックごみをよく洗い、しっかり分別して出すことが持続可能な社会の実現につながると考える。よく洗い、しっかり分別すると、マテリアルリサイクルの割合が増え、その分、二酸化炭素が発生するサーマルリサイクルや、多くのエネルギーを要するケミカルリサイクルの割合が減るからだ。

二(目標の番号)４　びわ湖の湖底ごみの約四分の三はプラスチックごみです。水辺や湖底の美しさを保つにはプラスチックごみを減らす取り組みが欠かせません。例えば、お弁当を買ったとき、使い捨てのスプーンやフォークを使わず、木でできた箸を使うようにするだけでも、プラスチックごみを減らすことはできます。(みんなで、びわ湖のプラスチックごみを減らしましょう。)　[別解]　(目標の番号)１　今、びわ湖におけるごみの七割以上がプラスチックごみです。プラスチックごみが放置されたままだとびわ湖そのものが汚れます。そうすると私たちの生活に不可欠な水の清らかさも失われてしまいます。そこで、プラスチックごみの回収はもちろん、プラスチックでできたものの使用を減らすことが大切です。(みんなで、びわ湖のプラスチックごみを減らしましょう。)

京都府立園部高等学校附属中学校
京都府立南陽高等学校附属中学校
京都府立福知山高等学校附属中学校
京都府立洛北高等学校附属中学校

〈問題は593ページ〉

〈適性をみる検査Ⅰ〉

一　(1)エ　(2)(はやにえが冬の保存食であるなら、)１月より２月にもっと多く消費されてもよいのではないか(という疑問。)　(3)ウ　(4)イ　(5)イ、オ

三 (1)ア、エ (2)ウ (3)エ (4)あ…さまざまな い イ う多様な生物 (5)環境配慮から牛乳を植物性ミルクに替える選択が、地下水の汲み上げによる地盤沈下を加速している(と筆者は述べている。)

三 この問いで示されたような学習を進めていくために大切なことは、正しい情報源を用いることと、多くの人とともに考えを深めたりまとめたりすることだと私は考える。

私はかつて毒きのこについて調べたことがある。その際初めはインターネットの情報に頼ってまとめていたが、複数のサイトで異なることが書かれていたため、最終的には図書館の本で調べて誤りを正した。ネットの情報には、うそや情報源のはっきりしないものがある。したがって、安易に信じることは危険だと痛感した。

また、考えを深めたりまとめたりする際、自分の考えや親の考えだけを頼りにしていては、かたよりのある考えになってしまい、客観性が失われる。そのため、多くの人と議論を交わして考えを深めるとともに、まとめるときにも多くの人の意見を参考にしつつまとめることが不可欠ではなかろうか。

このように、正しい情報源を用いつつ、多くの人とともに考えを深め、まとめていくと、新たな課題の発見の精度や客観性も高まり、より実りある学習サイクルを築けると私は考える。

[別解]

課題を発見した後の「課題の解決に必要な情報を集める」ことと「課題の解決に向けて考えを深めたりまとめたりする」ことのバランスをとることが大切だと、私は考える。どちらかにかける労力が傾きすぎたら、学習の効果が十分に得られないと思うからだ。

昨年の陸上競技大会の際、自分が参加するハードル走について自分なりに学習して練習に臨もうとした。事前に図書館に行き、ハードルのとび方について詳しく書かれている本や、有名なハードル選手のインタビュー記事などを読み、ハードルをいかに上手にとぶかの情報を仕入れたのだ。しかし、いざ実践の練習になったとき、集めた情報が多すぎて、うまく整理して使うことができなかった。

このように、一つのことに偏りすぎず、情報を集めることとその情報を使って深めたりまとめたりすることをバランスよく行っていくことが自身の成長につながると思った。今後は、全体を見通したうえで、各プロセスのバランスにも気をつけていきたい。

〈適性をみる検査Ⅱ〉

1 (1)Ⅰしょくりょうじきゅうりつ Ⅱア (2)Ⅰがいむ(省) Ⅱ収穫時期の冬が6か月ずれた2国から輸入(19字) (3)(Aの農具の名前)せんばこき (Aの主な使用時期)エ (Bの主な使用時期)ア

(4)Ⅰウ Ⅱ 北極側から見た地図 南極側から見た地図

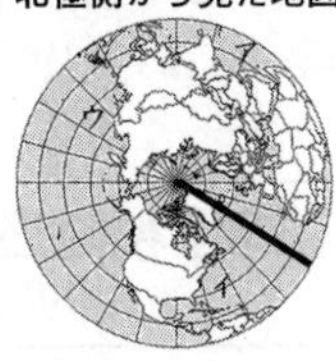

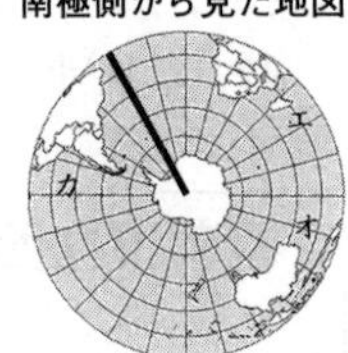

(5)Ⅰユーラシア大陸 Ⅱア、エ Ⅲ①、②

2 (1)③ (2)① (3)Ⅰメスシリンダー Ⅱイ Ⅲ① Ⅳ② (4)①、④ (5)Ⅰ ネズミ → キツネ ↑ 植物 → バッタ

Ⅱ植物 Ⅲキツネが減ると、キツネが食べていたネズミは食べられることが減るので数が増える。ネズミの数が増えると、ネズミが食べる植物の量も増える。結果としてバッタが食べる植物の量が少なくなるのでバッタの数が減ると考えられる。

3 (1)エ→ア→ウ→イ (2)Ⅰエ Ⅱウ、オ (3)Ⅰ①ア ②カ Ⅱイ、エ、オ Ⅲ7.1%上昇 (4)Ⅰ風力、地熱 Ⅱエ (5)A①より明るく明かりがついた B明かりがつかなかった C③と同じ向きに、③より速く回転した (6)Ⅰ葉の大きさと枚数を同じにする。 Ⅱじょうさん Ⅲウ

〈適性をみる検査Ⅲ〉

1 (1)(体積)A、B (重さ)D、F (2)ア7.87 イ0.95 ウ0.92 (3)実験2で木材を入れると水面の高さが0.8㎝高くなったことから、この増えた分の水の体積は、8×8×0.8=51.2(㎤)になり、この体積が木材の水面より下の部分と等しい。水の密度は、1㎤あたり1gであることから、木材に働いている浮力は、51.2gになる。実験2で木材は浮いていることから、木材すべての重さを浮力で支えていることになるので、木材の重さは51.2gになる。木材の体積は、5×5×5=125(㎤)なので、比重は、51.2÷125=0.4096、四捨五入して、0.41となる。表より、この木材の種類はヒノキと考えられる。

2 (1)a、b、d (2)ア80 イ10 ウ45 エ120 オ6 カ10 キ3 ク5 (3)ケ202 コ117

3 (1)25.12㎝ (2) (3)

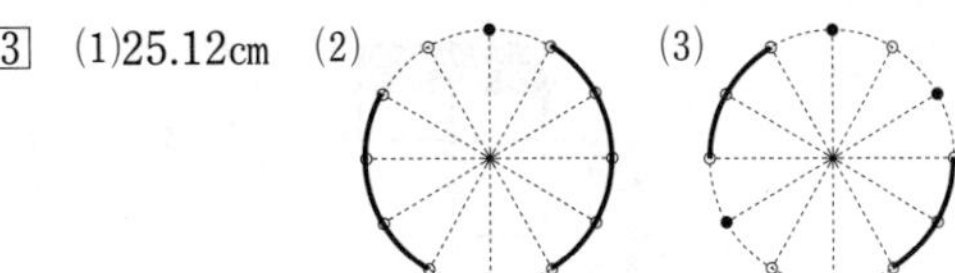

(4)

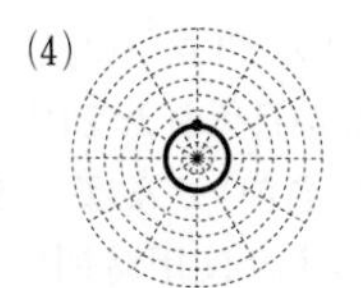
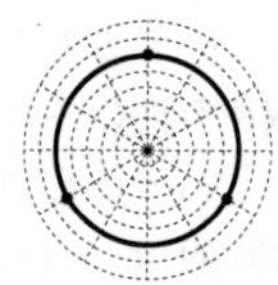

4 (1)ア2　イ13　(2)(1月27日)D　(6月27日)D (12月27日)E　(3)4、9、25　(4)ウ2　エ23

京都市立西京高等学校附属中学校

〈問題は617ページ〉

〈適性をみる検査Ⅰ〉

◘　問1エ　問2エ　問3ア　問4(1)脱帽しています　(2)・いろんな地域で動植物の地道な観察が行われ、それを何年にもわたって続けていること。・観察の報告をフィンガープリントにし、地球温暖化の歴史を読み取る研究者の粘り強さ。　問5ア、エ　問6・世の中の事柄に幅広い見方ができるようになる(可能性)　・考えたことがない新鮮なイメージが思い浮かぶ(可能性)　問7エ　問8 a クマゼミの生息地が北上していることや、ツクツクボウシの鳴く時期が遅くなっている　b 地球温暖化　問9(段落番号)8　(内容)生物の分布に大きな変化が生じていることから、地球温暖化の証拠を得られた。　問10 a 自然のみならず社会や人間の世界の真実まで認識する力　b 科学の営み　c 生き方　d 互いに尊重　問11将来経験するであろう社会的・人間的な事柄に対して、原因や理由への仮説を立て、それが事実であるかどうかをさまざまな証拠によって見分け、背景にある確かな「真実」を発見して解決に導こうとする姿勢を持てるようになることを期待していると考えた。

何か問題が起きた場合、一面的な見方や、自分の主観にかたよった見方では、最善の解決は難しくなると思うので、科学的な観点から物事を見る目を身に付けることは大切だと思った。(200字)

〈適性をみる検査Ⅱ〉

【問題1】 (1)8500(円)　(2)2024　(3)20.52㎠　(4)ウ　(5)イ、ウ

【問題2】 (1)分速80m　(2)京太さん　分速150m　(3)420m　(4)7分12秒　(5)家から3300m

【問題3】 (1)4　(2)33　(3)③0022　④22　(4)EERNR　(5)55番目

【問題4】 (1)

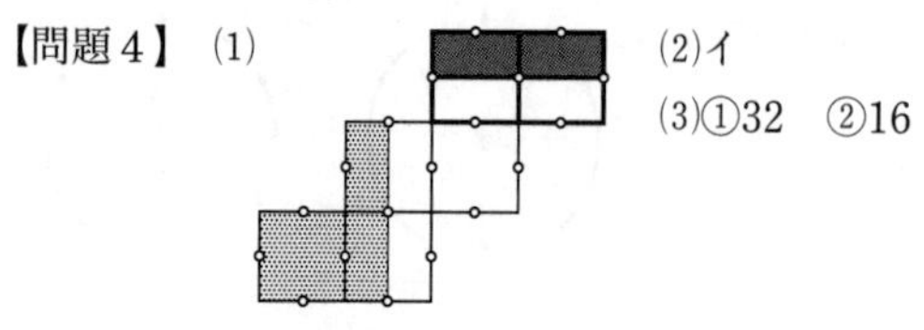

(2)イ　(3)①32　②16　(4)イ、ウ、オ、カ　(5)7・6・6・5・4・4、7・6・5・5・5・4、7・5・5・5・5・5

【問題5】 (1)①→④→③　(2)エ　(3)[例]②→①→④→③→②→③　(4)ウ、オ　(5)鬼ロボットはC地点に7秒後に到着するため、小鬼ロボットはその前に捕まえなくてはならないが、小鬼ロボットを捕まえるのに、最短で7秒かかるから。

〈適性をみる検査Ⅲ〉

【問題1】 (1)ウ　(2)ア　(3)ウ　(4)①イ　②(特徴)においがある。(注意するべきこと)手であおいでにおいをかぐ。　(5)イ

【問題2】 (1)①イ　②ア$\frac{1}{2}$(倍)　イ2(倍)　③$\frac{2}{3}$倍　④$\frac{4}{3}$倍　(2)(Cのかざりの重さ)140g　(輪ゴムののびた長さ)5.25㎝

【問題3】 (1)イ　(2)イ　(3)(体を小型化すると)同じ体重当たりで比べたときの表面積が広くなり、熱がにげやすくなるから。　(4)エ　(5)エ

【問題4】 (1)①ア、オ　②燃料　③野菜を長期間保存する冷蔵庫　(2)①(グラフ)ウ　(説明)コ　②ア、エ、オ　③エ　(3)①イ　②肥料にする　(4)①エ　②(X)働き手　(Y)15～64歳　③メタバース　(5)①エ　②エ、オ　(6)①イ　②ア　③ア　(7)①無病息災や豊作・大漁(10字)　②地域の人々を結びつける(11字)

大阪府立富田林中学校

〈問題は642ページ〉

〈適性検査Ⅰ　国語的問題〉　水都国際中学校　適性検査Ⅰ(国語的問題)参照(→P.31)

〈適性検査Ⅰ　英語的問題〉　(略)

〈適性検査Ⅱ　算数的問題〉　水都国際中学校　適性検査Ⅱ(算数的問題)参照(→P.32)

〈適性検査Ⅲ　社会・理科的問題〉

1　(1)①イ、エ、オ　②奈良県　③(i)ア　(ii)最高　(iii)エ→ア→イ→ウ　④前方後円墳　⑤ウ、オ　(2)約380000km　(3)(はたらき)消化　(口→食道→)エ→カ→オ(→こう門)　(4)①イ、エ　②(i)(ヘチマの花は、アサガオの花と異なり、)一つの花におしべとめしべがないから。　(ii)(数字)1　(ヘチマの場合の方法)め花のつぼみを二つ選び、それぞれのつぼみに図5のように袋をかぶせる。
(5)①(i)(二酸化炭素をとり入れるとき)ア　(二酸化炭素を出すとき)ウ　(ii)二酸化炭素の吸収量が多い若齢段階の人工林の割合　②ウ、オ　③ア　④(最も高い地点)R　(最も低い地点)P

2　(1)①ア　②ウ　③エ　④国会　(2)①イ、エ　②スマートフォンやタブレットの利用者が増え、情報通信機器を使ってニュース記事を読む人が増えたことにより、紙の新聞でニュース記事を読む

人が減った(ことが理由だと考えられる。)

3 (1)①ウ ②ⓐイ ⓑウ ③ⓐイ ⓑ先に食塩のとけ残りが出る (2)①1.8秒 ②イ、オ ③(最も短いもの)ウ (最も長いもの)イ

〈作文〉 (略)

【配点】

〈適性検査Ⅰ 国語的問題〉100点満点

一～三 水都国際中学校 適性検査Ⅰ(国語的問題)参照

〈適性検査Ⅰ 英語的問題〉20点満点

〈適性検査Ⅱ 算数的問題〉100点満点

1～4 水都国際中学校 適性検査Ⅱ(算数的問題)参照

〈適性検査Ⅲ 社会・理科的問題〉100点満点

1 (1)①4点(完答) ②4点 ③(ⅰ)4点 (ⅱ)3点 (ⅲ)4点 ④4点 ⑤4点(完答) (2)4点 (3)3点(完答) (4)①3点(完答) ②(ⅰ)2点 (ⅱ)3点 (5)①(ⅰ)3点(完答) (ⅱ)5点 ②3点(完答) ③3点 ④3点(完答)

2 (1)①4点 ②3点 ③4点 ④4点 (2)①4点(完答) ②4点

3 (1)①3点 ②3点(完答) ③3点(完答) (2)①3点 ②3点(完答) ③3点(完答)

〈作文〉60点満点

大阪府立咲くやこの花中学校

〈問題は653ページ〉

〈適性検査Ⅰ 国語・算数的問題〉

1 (1)a 群(れ) b 研究 c 金属 (2)ウ (3)ムクドリと (4)エ (5)〔い〕 (6)Aいろいろな鳥がいる驚きと、その鳥を見つけることができる喜び B種によって色や形が違うことや、しぐさや行動が違うこと

2 (1)①200 g ②(記号)ウ (式)$y=\frac{4}{5}\times x$ (2)①(ⅰ)251.2cm² (ⅱ)24.4cm² ②0.57倍 (3)①9通り ②ⓒ40 ⓓ20

〈作文(自己表現)〉 (略)

〈適性検査Ⅱ ものづくり(理工)分野〉

1 (1)20 (2)66個 (3)30枚 (4)12通り

2 (1)①(求め方)真ん中の数は、75÷3＝25となり、25は5×5の答えなので、左の数は5×4＝20、右の数は5×6＝30となる。(左の数)20 (真ん中の数)25 (右の数)30 ②11通り (2)ア24 イ27 ウ32 エ36 (3)49

3 (1)ア12.56 イ9.86 (2)①ⓐ正六角形の個数。ⓘ2本の辺がぴったりあっているところの数。②261

4 (1)①720cm ②$\frac{5}{4}$倍 (2)(求め方)36×1000÷60÷60＝10であるので、時速36kmは秒速10m。点Lから点Mまでは秒速10mで4.5秒かかるので、辺LMの長さは、10×4.5＝45(m) KNの長さとKOの長さの比は、BCの長さとLMの長さの比と等しいので、0.75：(KOの長さ)＝1.8：45 KOの長さは、45×(0.75÷1.8)＝18.75(m) よってNOの長さは18.75－0.75＝18(m) (答え)18m

〈適性検査Ⅱ 芸術(美術・デザイン)分野〉

1 (略)

2 (略)

〈適性検査Ⅱ 言語分野〉

1 (略)

2 (略)

【配点】

〈適性検査Ⅰ 国語・算数的問題〉50点満点

1 (1)a～c各2点 (2)2点 (3)3点 (4)3点 (5)3点 (6)A・B各4点

2 (1)①3点 ②4点 (2)(ⅰ)・(ⅱ)各3点 ②4点 (3)①4点 ②ⓒ・ⓓ4点(完答)

〈作文 自己表現〉20点満点

〈適性検査Ⅱ ものづくり(理工)分野〉80点満点

1 (1)5点 (2)5点 (3)5点 (4)5点

2 (1)①・②各5点 (2)5点(完答) (3)5点

3 (1)ア・イ各3点 (2)①ⓐ・ⓘ各3点 ②6点

4 (1)①・②各6点 (2)10点

〈適性検査Ⅱ 芸術(美術・デザイン)分野〉80点満点

1 40点満点

2 40点満点

〈適性検査Ⅱ 言語分野〉80点満点

1 40点満点

2 40点満点

大阪府立水都国際中学校

〈問題は666ページ〉

〈適性検査Ⅰ 国語的問題〉

一 咲くやこの花中学校 適性検査Ⅰ1参照(→P.31)

二 (1)イ (2)あ…自分の「やりたいこと」 い…人それぞれに違う (3)エ (4)「既知」のことがらの新しい組み合わせ (5)イ、オ

三 (1)ア (2)イ (3)世代によって (4)「すごい速い」という言い方を「使うことがある」と回答した人の割合が最も低く、「すごい速い」という言い方をほかの人が使うことが「気になる」と回答した人の割

合が最も高い ⑸「すごい速い」という言い方を「使うことがある」と回答する人が増加する(流れ。) ⑹変化することです

〈適性検査Ⅰ　英語的問題〉 (略)

〈適性検査Ⅱ　算数的問題〉

1 ⑴20 ⑵10.2個 ⑶13.5㎠ ⑷66個 ⑸30枚 ⑹12通り

2 ⑴①Ⅰ…10　Ⅱ…5　②ウ　(理由)科学の本の冊数の割合は11月と12月とで同じであるが、貸し出されたすべての本の冊数は12月の方が多いため。
③198冊 ⑵①6 ②ク ③ⓐエ ⓑオ ⓒカ

3 ⑴8と12 ⑵(求め方)真ん中の数は、75÷3＝25となり、25は5×5の答えなので、左の数は5×4＝20、右の数は5×6＝30となる。(左の数)20 (真ん中の数)25 (右の数)30 ⑶ア24 イ27 ウ32 エ36 ⑷49

4 ⑴230ｍ ⑵分速60ｍ ⑶12分25秒後 ⑷720ｍ

〈適性検査Ⅲ〉 (略)

【配点】

〈適性検査Ⅰ　国語的問題〉100点満点

㊀ ⑴ａ～ｃ各3点 ⑵3点 ⑶5点
⑷4点 ⑸4点 ⑹Ａ・Ｂ各6点

㊁ ⑴4点 ⑵あ・い各5点 ⑶4点 ⑷6点
⑸6点(完答)

㊂ ⑴4点 ⑵4点 ⑶5点 ⑷10点 ⑸6点
⑹4点

〈適性検査Ⅰ　英語的問題〉20点満点

〈適性検査Ⅱ　算数的問題〉100点満点

1 ⑴5点 ⑵5点 ⑶5点 ⑷5点 ⑸5点
⑹5点

2 ⑴①Ⅰ・Ⅱ5点(完答) ②・③各5点
⑵①・②各5点 ③5点(完答)

3 ⑴5点(完答) ⑵5点 ⑶ア～エ5点(完答)
⑷5点

4 ⑴5点 ⑵5点 ⑶5点 ⑷5点

〈適性検査Ⅲ〉60点満点

兵庫県立大学附属中学校

〈問題は676ページ〉

〈適性検査Ⅰ　算数分野〉

【問題1】 ⑴(式)8.02＋12.3×7.2－9.19＝8.02＋88.56－9.19＝87.39 (答え)87.39 ⑵(式や考え方)[例]365÷7＝52あまり1→1年たつと曜日は1つ(うるう年は2つ)進む (2023年)水→(2024年・うるう年)金→(2025年)土→(2026年)日 (答え)2026年 ⑶(式や考え方)[例]54000÷60＝900(ｍ/分)…車の分速 (200×14)÷(900－200)＝4(分後) 8時＋14分＋4分＝8時18分 (答え)8時18分

【問題2】 ⑴(式)[例]5Ｌ＝5000㎤ 5000×12＝60000(㎤)…入る水の量 60×60×15＝54000(㎤) (60000－54000)÷(60×20)＝5 15＋5＝20(㎝) (答え)20㎝ ⑵㋑② ㋓①

【問題3】 ⑴ＡＤ：ＤＥ＝7：8 ⑵ア15.75㎠ イ18㎠

〈適性検査Ⅰ　理科分野〉

【問題1】 ⑴

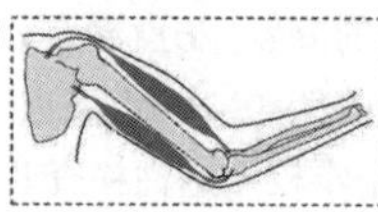

⑵ばねのような、のびたり縮んだりする性質をもつ素材。 ⑶ちょうつがい ⑷ひじを支点、手を作用点としたとき、支点から作用点までのきょりが短い方が、作用点にはたらく力の大きさが大きくなるから。

【問題2】 (説明)くきの、太陽と反対側の部分の成長が活発になってのびると、花やつぼみが太陽の方を向くと考えられる。

【問題3】 ⑴誤差を少なくするため。 ⑵ふりこが往復する時間に、おもりの重さと引き上げた角度は関係なく、糸の長さが長い方が、ふりこが往復する時間が長くなる。 ⑶①ウ ②長くなる。
⑷立つ方が座るよりも重心が高くなるため、支点から重心までの長さが短くなり、ふりこの長さが短くなるから。

〈適性検査Ⅱ　国語分野〉 (略)

〈適性検査Ⅱ　社会分野〉

【問題1】 ⑴(県名)宮崎(県) (地図)6 ⑵冬でも温暖で日照時間が長い気候を生かして、ビニールハウスを使った促成栽培を行っている。 ⑶①(県名)佐賀(県) (地図)3 ②(遺跡名)吉野ヶ里(遺跡) (理由)近隣の村々との戦いで自分たちの集落を守るため。 ③豊臣秀吉 ④2 ⑷大久保利通

【問題2】 ⑴(小売価格は)上がり(、買いたい量は)減る(。) ⑵製造業者の人件費や宣伝広告費、おろしうり業者や小売業者の経費をそれぞれ減らす。業者の利益を減らさずに小売価格と品質を維持するためには、これしか方法がないから。

奈良県立国際中学校

〈問題は683ページ〉

〈適性検査１〉

1　(一)①価値　②貴族　③芸術　⑤状態　(二)１おぎな　２㋐完全　㋑完了・完結・完読など　(三)そまつな小屋　(四)ア　(五)エ　(六)ウ　(七)人間は何もない場所に身を置くと、そこに存在しないものが次々と思い浮かぶ。それを利用したものがアイソレーションタンクだ。

本文中の短歌も俳句も、作者は何もない場所に身を置いたからこそ、そこには存在しない「桜」・「紅葉」や「月」が想像できたのではないだろうか。短歌では「そまつな小屋」が、俳句では「水に浮かぶ舟」が、作者にとってのアイソレーションタンクのようなものだったと思う。

2　(1)ウ　(2)(制度)参勤交代　(人物)徳川家光　(3)①イ　②[例]季節風のえいきょうで、冬は雨が少なく夏はむし暑い。(4)イ　(5)[例]朝鮮をめぐる、日本と中国(清)とロシアの対立を表している。(6)①(絵画)[例]文字を読まなくても、災害のようすを、伝えることができる。(石碑)[例]石に字を書くことで、その場所に、長く記録することができる。②[例]地震に備えて、家具を固定したり、飲み水を用意したりする。また、家族でひ難場所を確認しておくことができる。

〈適性検査２〉

1　(1)午後１時29分　(2)①100個　②486㎠

2　(1)イ、オ　(2)(平均)104人　(求め方)[例]し設Ａとし設Ｂの利用者数の平均は190÷２＝95(人)　また、し設Ｃとし設Ｄとし設Ｅの利用者数の平均は、し設Ａ～し設Ｅの利用者数の平均より６人多いので、６×３＝18　18÷２＝９　つまり、し設Ａとし設Ｂの利用者数の平均は、し設Ａ～し設Ｅの利用者数の平均より９人少ない。よって、95＋９＝104(人)

3　(1)[例]体積が大きくなる。(2)(実験方法)[例]ビーカーに水を入れてから氷をうかべ、ビニルテープで水面の位置に印を付ける。氷がすべてとけた後、再度水面の位置を調べる。(結果)[例]水面の位置は変化しなかった。(3)[例]雨水は、もともと海の水が蒸発して水蒸気となり、上空に運ばれてできたものだから。(4)[例]淡水である氷河がとけて海水中に流れ込むこと。

4　(1)イ、エ、オ、ク　(2)アカウミガメ　(3)イ　(4)[例]図２よりアオウミガメはアカウミガメより浅いところでエサをつかまえていることがわかる。表２からアオウミガメは、ういているプラスチックに出会いやすいことがわかる。これらのことから、アオウミガメはういているプラスチックをエサとまちがえて食べてしまうと考えられる。

【配点】

〈適性検査１〉100点満点

1　(一)各２点　(二)１…２点　２㋐・㋑各１点　(三)４点　(四)４点　(五)５点　(六)５点　(七)20点

2　(1)３点　(2)(制度)４点　(人物)４点　(3)①４点　②６点　(4)３点　(5)６点　(6)①(絵画)６点　(石碑)６点　②８点

〈適性検査２〉100点満点

1　(1)10点　(2)①・②各10点

2　(1)10点　(2)(平均)４点　(求め方)６点

3　(1)３点　(2)(実験方法)５点　(結果)５点　(3)６点　(4)６点

4　(1)７点　(2)５点　(3)５点　(4)８点

奈良県立青翔中学校

〈問題は695ページ〉

〈適性検査１〉

一　(一)(八戸)ウ　(休屋)イ　(二)(時代)縄文時代　(記号)ア　(三)ウ　(四)ウ→ア→イ　(五)オ

二　(一)イ　(二)イ・ウ　(三)ウ・エ　(四)Ⅰ酸素を得る　Ⅱ浮力を得る　(五)Ⅲ目的意識　Ⅳ試行錯誤　(六)首が長いキリンは、首が短いキリンに比べて、高い位置にある植物の葉を食べることができたり敵が来たことに早く気づけたりするので、生き残りやすかったと考えられます。

今後は地球の温暖化が進み、砂漠のような厳しい自然環境の地域が広がると思うので、ラクダのように背中にコブを作って水や栄養をたくわえられるという特徴をもつ個体が生き残っていくのではないかと私は考えます。

〈適性検査２〉

1　(1)Ａ(千の位)１　(百の位)２　Ｂ(千の位)２　(百の位)０　Ｃ(千の位)５　(百の位)６　(2)Ｄ30×７　Ｅ３×30　Ｆ３×７　(3)Ｇよこの長さ　Ｈたての長さ　(4)ア　(5)421971

2　(1)24㎝　(2)ケーキの大きさが４号から６号になると、半径が３㎝大きくなるので、円の面積の差は９×９×3.14－６×６×3.14＝141.3(㎠)となる。したがって、高さはどちらも６㎝なので体積は、141.3×６＝847.8(㎤)大きくなる。　(3)2700㎤

3　(1)ウ　(2)イ　(3)①Ａ３　Ｂ13　Ｃ５　Ｄ34　Ｅ12　Ｆ69　②(回転)かける　(記号)エ　③(位置)右　(記号)ア

4　(1)ウ　(2)[例]エタノールの入ったビーカーを直接火で熱している点。(3)[例]当日の朝の時点では、

葉にでんぷんが存在しないことを明らかにする必要があるため。 (4)[例]葉の色が緑色である
(5)(実験方法)[例]2本の試験管を用意し、片方にオオカナダモの葉と黄色のBTB溶液を、もう片方には黄色のBTB溶液のみを入れてしばらく観察する。(結果)[例]オオカナダモの葉を入れた試験管のみBTB溶液が黄色から青色に変化する。

5 (1)ア・ウ・エ (2)[例]ビニールシートにできた水たまりが虫めがねの役割をはたして太陽の光を集めたから。 (3)①(光の明るさ)[例]だんだん明るくなる。(紙の温度)[例]だんだん上がっていく。
②125cm ③[例]虫めがねを紙があるほうからのぞきこむ。

【配点】
〈適性検査1〉100点満点
一 (一)各7点 (二)各7点 (三)7点 (四)8点 (五)7点
二 (一)4点 (二)4点 (三)6点 (四)Ⅰ・Ⅱ各4点
(五)Ⅲ・Ⅳ各4点 (六)20点
〈適性検査2〉150点満点
1 (1)A～C各3点 (2)D～F各2点
(3)G・H各3点 (4)2点 (5)4点
2 (1)6点 (2)8点 (3)8点
3 (1)4点 (2)4点 (3)①A～F各1点 ②6点
③6点
4 (1)5点 (2)7点 (3)8点 (4)8点
(5)(実験方法)6点 (結果)4点
5 (1)5点 (2)8点 (3)①各4点 ②8点 ③8点

奈良市立一条高等学校附属中学校

〈問題は708ページ〉

〈適性検査Ⅰ〉
一 問一Ⓐ過程 Ⓑ実際 問二ア 問三エ 問四イ
問五(一)a考える b ありきたりの「常識」に飲みこまれない (二)ウ 問六(題名)A友達をたくさんつくる B丁寧な言葉で話せる力 C相手を思いやる心 (作文)私の友人は多くの友達がいる。その友人は、誰に対しても丁寧な言葉で話すとともに、常に相手を思いやる心を持っている。そのため私もその友人といると温かい気持ちになる。
　一条高等学校附属中学校に入学できれば、私も丁寧な言葉で話すこと、相手を思いやることを意識して、多くの友達をつくりたい。
二 問一(一)a イ b 藤原 (二)ア (三)本居宣長
問二イ 問三エ
三 問一ア・ウ 問二ユネスコ 問三中国やインドの技術産品や日本の銀、モルッカ諸島のこしょう
問四a 隋 b 天皇中心の新しい国づくりをする
〈適性検査Ⅱ〉
1 問1時速48km 問2(1)(説明)[例]10枚つづりの乗り物券を1つと、1枚券を8枚買う。(料金)1960円 (2)7通り 問3(1)18分 (2)6分45秒後
問4…12人
2 問1①イ ②ウ 問2A◎ B○ C○
問3イ、オ、カ
問4(1)

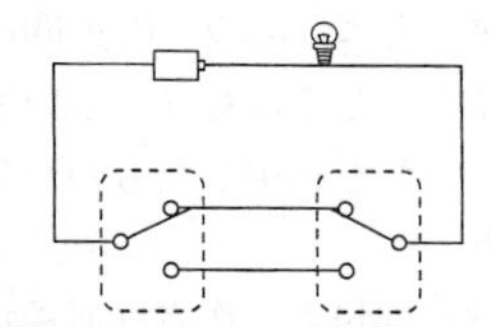

(2)[例]電池の向きを逆にすると、LEDに電流が流れない。
3 問1[例]クモはねばねばしないタテ糸などを移動するから。 問2消化 問3(1)ウ (2)ア

【配点】
〈適性検査Ⅰ〉100点満点
一 問一Ⓐ・Ⓑ各2点 問二…4点
問三…4点 問四…4点
問五(一)a・b各5点 (二)5点
問六(題名)3点 (作文)12点
二 問一(一)a・b各3点 (二)・(三)各5点
問二…6点 問三…6点
三 問一…6点(完答) 問二…6点 問三…6点
問四a 3点 b 5点
〈適性検査Ⅱ〉100点満点
1 問1…7点
問2(1)(説明)4点 (料金)3点 (2)7点
問3(1)7点 (2)7点 問4…7点
2 問1…6点(完答) 問2…6点(完答)
問3…6点(完答) 問4(1)6点 (2)6点
3 問1…7点 問2…7点 問3(1)・(2)各7点

和歌山県立向陽中学校
和歌山県立古佐田丘中学校
和歌山県立田辺中学校
和歌山県立桐蔭中学校
和歌山県立日高高等学校附属中学校

〈問題は721ページ〉

〈適性検査Ⅰ〉
研究1 課題1[例]「昨日」という言葉が「買った」と「食べました」のどちらをくわしくしているのかが、はっきりしないということが原因です。
課題2簡単、親切 課題3[例]Aで一文だったものがBで三文に区切られているように、文は短くしたほうがいいということ。
研究2 課題1[例]あきらさんの黒石は、180×

$\frac{7}{12}$=105　105個　みどりさんの黒石は、180×$\frac{5}{12}$=75　75個　2人の黒石の個数の差は、105−75=30　30個になる。みどりさんの黒石は、あきらさんの黒石より30個少ないから、まずは、みどりさんに白石を30個配って2人の石の個数を同じにする。残りの白石は、150−30=120　120個で、その120個を2人で等しく分けると、120÷2=60　60個　60個の白石をそれぞれ2人に配る。あきらさんの白石は、60個　みどりさんの白石は、30+60=90　90個　(答え)あきらさんの黒石105個、白石60個　みどりさんの黒石75個、白石90個

課題2(表)

周の数(周)	1	2	3	4	5
いちばん外側の周に並んだ石の個数(個)	12	20	28	36	44

(説明)[例]いちばん外側の周に並んだ石の色は、周の数が奇数のときに黒、偶数のときに白となるので、周の数が偶数であるときのいちばん外側の周に並んだ白石の個数を考える。表から、2周目は20個、4周目は36個である。1周増えるごとに石が8個増えるから、6周目は、44+8=52　52個　8周目は、52+8+8=68　68個　10周目は、68+8+8=84　84個となる。白石の個数は、20+36+52+68+84=260　260個　はじめの形の2個をたして　262個　(答え)10周目の形をつくるのに、白石は全部で262個必要

研究3　課題1(1)ユーラシア(大陸)、オーストラリア(大陸)

(2)

(図2)	①	②	③	④
記号	イ	エ	ア	ウ

課題2[例]大日本帝国憲法では、天皇が主権をもち、日本国憲法では、国民が主権をもつ。

課題3[例](大隈重信)国会の開設に備え、立憲改進党をつくった。(小村寿太郎)条約改正に成功し、関税自主権を回復させた。

研究4　課題1[例]体積が小さくなった空気は、もとの体積にもどろうとする性質。課題2(記号)㋑　(理由)[例]モンシロチョウは、キャベツの葉にたまごを産むために飛んでくるから。

課題3[例]紅茶に砂糖をとかす前に、砂糖、紅茶が入った容器、スプーンの全体の重さをはかる。砂糖や紅茶をこぼさないように、スプーンで混ぜて砂糖をとかす。砂糖をとかした紅茶が入った容器とスプーンの重さをはかって、紅茶に砂糖をとかす前と、とかした後の全体の重さを比べる。

〈適性検査Ⅱ〉

研究1　課題1[例]小型コインロッカー1個分の高さは、165÷5=33　33cm　中型コインロッカー1個分の高さは、165÷3=55　55cmだから、大型コインロッカー1個分の高さは、165−33−55=77　77cmである。大型コインロッカー1個分の高さは、小型コインロッカー1個分の高さの何倍かを考える。77÷33=$\frac{7}{3}$　$\frac{7}{3}$倍　小型コインロッカーと大型コインロッカーの底面積は等しいので、コインロッカーの体積は、コインロッカーの高さに比例する。だから、大型コインロッカー1個分の体積は、小型コインロッカー1個分の体積の$\frac{7}{3}$倍になる。(答え)$\frac{7}{3}$倍　課題2[例]大型コインロッカーの7日間の利用料金の合計は、600×27=16200　16200円　小型コインロッカーの7日間の利用回数は、(資料)から、1×3+2×3+3×3+5×4+6×2=50　50回である。小型コインロッカーの7日間の利用料金の合計は、300×50=15000　15000円　小型、中型、大型を合わせたコインロッカーの7日間の利用料金の合計が、50000円だから、中型コインロッカーの7日間の利用料金の合計は、50000−16200−15000=18800　18800円である。中型コインロッカーの1回の利用料金は、400円だから、利用回数は、18800÷400=47　47回　(答え)47回

研究2　課題1[例]画用紙でつくったつつに口をつけて声を出すと、画用紙のつつがふるえる。そのふるえが紙コップに伝わり、紙コップがふるえることで、紙コップの上にのせた人形がとびはねる。

課題2(A地点の正午の天気)

日付	5月7日	5月8日	5月9日
天気	雨	くもり	晴れ

(理由)[例]5月7日は、アメダスの降水量情報から、雨だとわかる。8日と9日は、アメダスの降水量情報から、晴れかくもりだと考えられる。8日と9日の気温の変化を比べると、変化が小さい8日がくもり、変化が大きい9日は晴れだと考えられるから。課題3(記号)(高い)㋑→㋐→㋓→㋒(低い)　(理由)[例]地層は、横にも、おくにも広がっていて、同じ模様の層は、つながっている層であるため、㋐から㋓の同じ模様の層は、海面からの土地の高さが同じであると考えられる。よって、同じ模様の層を横にそろえて考えると、地表の、海面からの土地の高さが高い順に、㋑㋐㋓㋒となるから。

研究3　課題1[例]ロープウェイのおよその速さは、1440÷8=180　分速180m　ケーブルカーのおよその速さは、900÷5=180　分速180m　どちらもおよそ分速180mの速さだが、ロープウェイは、時間を多く見積もっているので、およその速さより実際の速さのほうが速い。ケーブルカ

ーは、片道の移動きょりを多く見積もっているので、およその速さより実際の速さのほうがおそい。だから、ロープウェイとケーブルカーの実際の速さは、ロープウェイのほうが速い。 課題２[例] 四角形ＩＪＫＬは、頂点Ｊと頂点Ｌを結んでできる直線で、三角形ＩＪＬと三角形ＫＪＬに分けられる。まず、三角形ＩＪＬの面積を考える。四角形ＡＪＬＥは平行四辺形だから、ＡＥとＪＬの長さは同じで$\frac{1}{2}$m 頂点Ｉは、平行四辺形ＡＪＬＥの対角線の交点で対称の中心だから、三角形ＩＪＬの底辺をＪＬとしたときの高さは$\frac{1}{4}$mとわかる。三角形ＩＪＬの面積は、底辺$\frac{1}{2}$m、高さ$\frac{1}{4}$mの三角形なので、$\frac{1}{2}\times\frac{1}{4}\div 2=\frac{1}{16}$ $\frac{1}{16}$㎡ 同じように、三角形ＫＪＬの面積も$\frac{1}{16}$㎡と求められる。だから、四角形ＩＪＫＬの面積は、$\frac{1}{16}\times 2=\frac{1}{8}$ $\frac{1}{8}$㎡ (答え)四角形ＩＪＫＬの面積は$\frac{1}{8}$㎡

〈作文〉(略)

岡山県立岡山大安寺中等教育学校
岡山県立岡山操山中学校
岡山県立倉敷天城中学校
岡山県立津山中学校

〈問題は733ページ〉

〈適性検査Ⅰ〉

課題１ ⑴(スイッチの数)３個 (組み合わせ)エオカ(アオカ も可) ⑵電球Ａは電球Ｂの$\frac{3}{4}$倍電気代がかかる。(0.75倍 も可)

(新しい点灯計画)

[例１]

電球の種類＼点灯時間帯	17～18時	18～19時	19～20時	20～21時	21～22時	22～23時	合計点灯時間
電球Ａ		○		○		○	３時間
電球Ｂ	○	○	○	○	○	○	６時間
電球Ｃ	○			○	○		３時間

[例２]

電球の種類＼点灯時間帯	17～18時	18～19時	19～20時	20～21時	21～22時	22～23時	合計点灯時間
電球Ａ	○	○	○	○		○	５時間
電球Ｂ		○		○			２時間
電球Ｃ	○	○		○	○	○	５時間

課題２ ⑴ものは温度が高くなると体積が大きくなり、温度が低くなると体積が小さくなる。 ⑵雨がしみ込むときに小さいつぶは水と一緒に流され、大きいつぶが残される ⑶・Ⓒの葉に対して、でんぷんがないことを調べる。 ・Ⓕの葉に対して、でんぷんがないことを調べる。

課題３ ⑴90円で売ればよい

⑵(図３) (記号)ウ

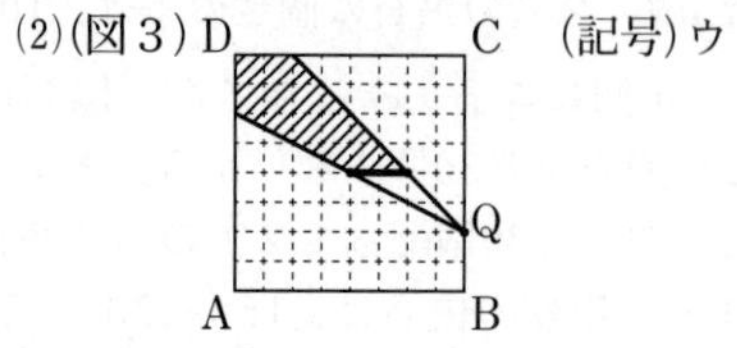

(説明)[例１]図２から、点Ｐの位置から見えなくなるゆかのはん囲㋐は台形となり、㋐の面積は(２＋４)×４÷２＝12㎡となる。点Ｑの位置から見えなくなるゆかのはん囲㋑は、図３のように三角形と平行四辺形を合わせた図形となり、㋑の面積は２×４÷２＋２×４＝12㎡となる。よって、㋐と㋑の面積は等しい。

〈参考〉

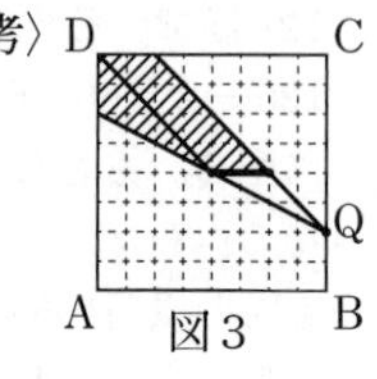

図３

[例２]図２から、点Ｐの位置から見えなくなるゆかのはん囲㋐は台形となり、㋐の面積は(２＋４)×４÷２＝12㎡となる。点Ｑの位置から見えなくなるゆかのはん囲㋑は、図３のように底辺と高さの長さが等しい３つの三角形を合わせた図形となり、㋑の面積は(２×４÷２)×３＝12㎡となる。よって、㋐と㋑の面積は等しい。

〈参考〉

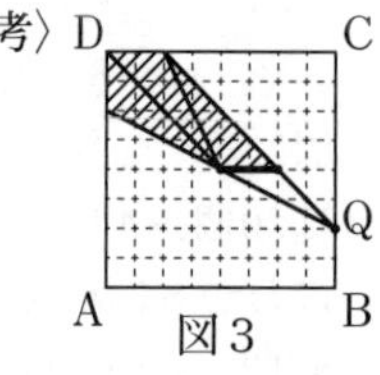

図３

〈適性検査Ⅱ〉

課題１ ⑴(「虫」で終わるもの)飛んで火にいる夏の虫、泣き虫、腹の虫 等 (「虫」から始まるもの)虫がいい、虫の知らせ、虫の居所が悪い 等(順不同可) ⑵考えすぎてしまういまの若い人(14字) ⑶Ｂまずは仕事をやってみて、続けてみること(19字) Ｃ始めから自分の中にあって、それが何か理解した上で生かすもの(29字) Ｄ仕事や出会いによって変化し、あわてて探し求めなくても自然とにじみ出る(34字)

課題２ (私は[Ａ]を選びました。なぜなら、)私はだれにでも友達と話すような話し方をしてしまうからです。例えば、授業で校長先生にインタビューしたとき、「校長先生、何が好きなん。」と言ったことがありました。担任の先生に「好きですか、でしょ。」と注意されたので、「校長先生は何が好きですか。」と言い直しました。これからは、目上の人と話をするときや授業中の発言では、「です」や「ます」をつけるなど、相手の立場や状きょうを考えた言葉を使うようにします。(199字)

課題３ ⑴(地図中のアから)南に向かって約300ｍ進むと神社があるので、その交差点を西に曲がって約100ｍ進むと目的地の図書館に着く。⑵（資料１から読み取ったこと）森林におおわれている割合が大きいほど生息している絶めつ危ぐ魚種の数が多いことが分かる。（資料２から読み取ったこと）森林の多い山は森林の少ない山にくらべて、川や海の生き物が必要とする栄養が多く流れ出して、多くの種類の魚がいることが分かる。（森林が漁業にあたえるえいきょう）森林の働きによって、多くの種類の魚が生息することができるようになり、漁かく量の増加にえいきょうをあたえている。⑶林業で働く人の減少と高れい化の課題を解決するために、森林かん境税を林業に必要な機械を買うための補助金として使うことによって、少ない人数や高れい者でも森林の手入れがしやすくなる。

岡山市立岡山後楽館中学校

〈問題は743ページ〉

〈課題作文〉

1 （略）

2 ⑴ウ、オ ⑵（略） ⑶１ ⑷24個 ⑸①㋐39 ㋑20 ②

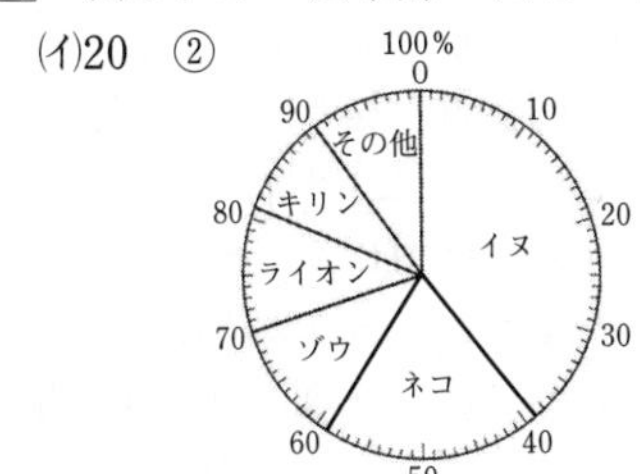

⑹14÷２＝７ ７＝１＋６＝２＋５＝３＋４ １×６＝６ ２×５＝10 ３×４＝12 （答え）12㎠

広島県立三次中学校

〈問題は745ページ〉

〈適性検査１〉

1 （選んだ３つの夏野菜の記号）②③④ （５人分の材料費の合計金額）863円 （合計金額の求め方）$159+26\times\frac{1}{2}+38+214\times\frac{1}{2}=317$（円）…必ず使う材料の分 800－317＝483（円）以上、900－317＝583（円）未満の組をさがす。例えば、パプリカ$106\times\frac{1}{2}=53$（円）、オクラ$105\times\frac{8}{5}=168$（円）、ナス65×５＝325（円）の場合、317＋53＋168＋325＝863（円）が合計金額となる。［別解］（求め方は略）①③④、897円 ①④⑥、835円 ②④⑥、801円 ③④⑤、874円 ④⑤⑥、812円

2 １［例］ ２［例］

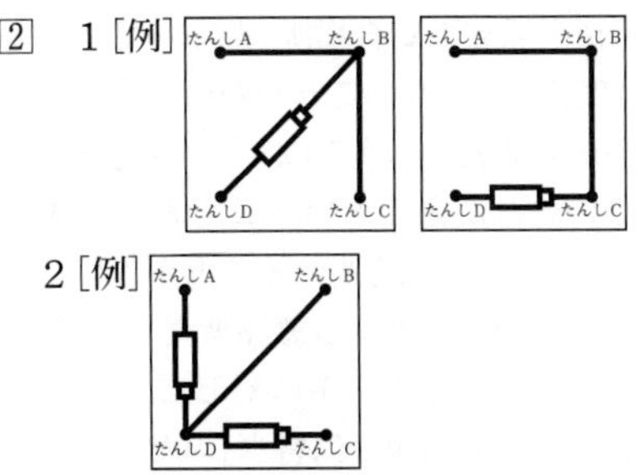

3 （健太さんの部屋に家具を配置した図）

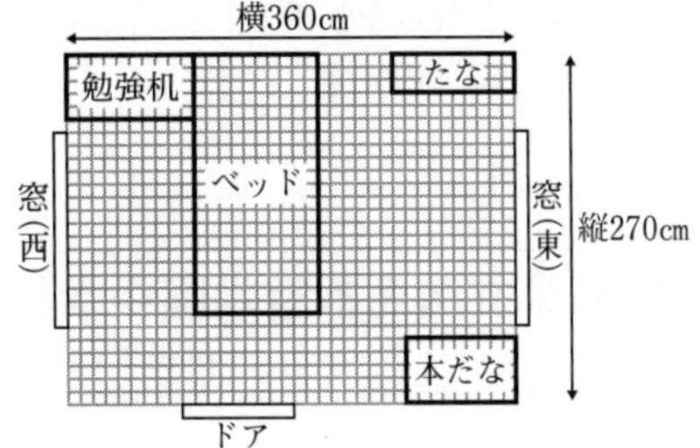

（ロボットそうじ機がそうじする面積の求め方）270×360＝97200（㎠）…部屋全体の面積 200×100＋50×100＋50×90＋30×100＝32500（㎠）…家具の面積の合計 （40×40－20×20×3.14）÷４×８＝688（㎠）…すみの面積の合計 97200－（32500＋688）＝65388（㎠）…答え

〈適性検査２〉

1 １…資料１に見られるように、日本は四方を海に囲まれた海洋国家なので、漁業がとてもさかんで、全国各地の沿岸に水あげ量の多い漁港があります。しかし、資料２を見ると、日本の全体としての漁かく量は、1985年からずっと減ってきていることがわかります。その理由としては、資料３から、漁業の担い手の高齢化も原因の１つになっているのではないかと考えられます。これからの日本の漁業は、より多くの若い人たちが、希望をもって漁業の仕事に就けるような環境づくりが大切だと思います。 ２（対象者）保護者 （内容）あなたの家では、ふだん魚介類と肉類のどちらを多く食材として使いますか。また、それはなぜですか。 （理由）まず、自分が通っている学校の児童の各家庭における食生活のようすをたずねて、魚介類の消費の現状をつかみます。肉との比較にしたのは、同じようにたんぱく質を多くふくむ食品なので、回答者も答えやすいと思ったからです。そして、理由もたずねることで、魚介類の消費の現状について、そもそも好き嫌いなのか、その価格にあるのか、調理の手間にあるのか、などの原因もさぐりたいと思いました。

2 「私たちが家庭での防災対策として知っていること」という児童全体のアンケートを見ると、「特になし」という回答が半数近くをしめており、「地

域の避難場所と家族の集合場所」を知っているという回答は33.3％しかないことがわかる。これでは何か災害が起きた場合、70％近くの児童が家族と会えない恐れがあるということだ。まずは、家庭内で話し合って意識を高めることが大切である。「地域の防災意識に関する意識調査の結果」からは、70％以上が情報の入手に対して意識を向けているものの、「食料及び飲料水」のたくわえや「防災訓練」への参加など、災害に対する準備は不足している。これらを強調し、災害への準備の大切さを訴えたい。(300字)

3 (略)

広島県立広島叡智学園中学校

〈問題は753ページ〉

〈適性検査A〉

1 (問1)・(改善する項目)ブラックバスを調査する時間 (どのように改善するか)午前7～9時の2時間にする。(理由)夏の昼間は水温の低いところでじっとしているので、活発に動き回る時間帯に変更するため。・(改善する項目)アメリカザリガニの調査時期 (どのように改善するか)2回目の調査を5月末に行う。(理由)6～9月に卵を産むため、1回目から2回目までの間に生き物の数が大きく変化する可能性があるから。

(問2)(選んだ生き物)ブラックバス (生き物のおよその数)およそ80ひき (理由)標識再捕獲法で調査をする生き物は、生息地域を動き回る生き物であることが注意点として挙げられている。このことから、生き物がその場所にまんべんなく生息していると考えると、どの場所でつかまえても、つかまえた数に対する目印があるものの数の比は同じになる。よって、1回目につかまえたブラックバスの数である12は、場所全体の生き物の数のうち、目印があるものの数であると考えられるので、2回目につかまえた数のうち、目印があるものの割合が$\frac{2}{14}$であることから、場所全体の数は、$12\div\frac{2}{14}=12\times\frac{14}{2}=\frac{12\times14}{2}$となり、生き物の数を求める式で調査した場所全体のおよその数を求めることができる。

2 (問1)ア2におもり1個、4におもり1個、6におもり2個 イ$4\times30+3\times20$ ウ$2\times10+4\times10+6\times20$

(問2)

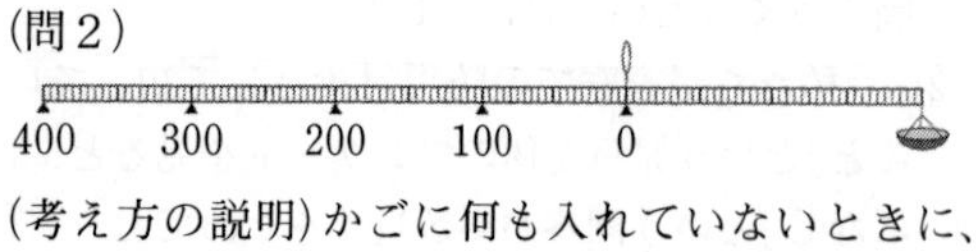

400 300 200 100 0

(考え方の説明)かごに何も入れていないときに、かごの重さと棒の重さがつり合う位置に持ち手をつける。かごの重さ：おもりの重さ＝60：120＝1：2なので、かごを右端につけて、そこから棒の重心である、$120\times\frac{1}{2}=60$(cm)の位置までの長さを2：1に分けるところに持ち手をつける。よって、持ち手は、棒の右端から、$60\times\frac{2}{2+1}=40$(cm)の位置につける。持ち手の位置を0gの目盛りとし、持ち手の位置から右に40cmの位置にあるかごに100gのものを入れたときに、200gのおもりがつり合うように、持ち手の位置から左に20cmの位置に100gの目盛りをつける。かごに入れるものの重さが100g増えるごとに、200gのおもりの位置を左に20cmずつ移動させることで竿ばかりがつり合うように、持ち手の位置から左に40cmのところに200g、60cmのところに300g、80cmのところに400gの目盛りをつける。

〈適性検査B〉

1 (問1)どちらの詩も、冒頭の一行が投げかけの文になっています。しかし、【1】の方は他者へ投げかけているのに対して、【2】の方は、投げかけに対し作者自身が答える形になっています。その投げかけの文は、【1】では、他者に対する怒りの気持ちが表れていますが、【2】では、作者自身が投げかけに答えて、詩を展開しているという効果の違いがあります。また、どちらの詩も対句を使っています。【1】の詩では、「石油と水」「車と足」などが比べられていますが、作者の視点からすると「良いもの、悪いもの」がはっきりしています。一方【2】は、「こころ」と「こころづかい」などを比べています。これは「見える」「見えない」という点においては対比の関係にありますが、しかし、どちらも大切なものだという作者の思いが読み取れます。(問2)【1】の文章からは、筆者の強い危機感を感じました。それは、地球の環境に対する危機です。環境問題を解決するための道は限られていて、人類が率先して生き方を変え時代を戻さない限り解決しないため、人類は謙虚につつましく生きるべきだという筆者のメッセージを受け取りました。また、【2】では、見えない思いも積極的な行為をすることで見えるようになるということが述べられています。そうすることで、見えない「心」や「思い」もはっきりと他者に届き、美しさが生まれるのです。そのように、見えない思いを伝えることの大切さをメッセージとして受け取りました。

私は、【2】のメッセージから、心の中で思っているだけでなく、行為によって他者に伝えることは大切だと考えました。昨年、仲の良い友達とささいなことで言い争いになり、それがケンカにまで発展してしまったことがありました。自分の余計な一言がケンカの原因でもあったため、申し訳ない気持ちがあったのですが、なかなかその気持ちを表すことができませんでした。しかし、勇気をふりしぼり、言葉に出して「ごめん」と言い、頭を下げたことで、友人もすぐに許してくれました。

こうした経験から、作者の考えに共感し、「心」や「思い」を行動で示すことは人が人として生きる上で大切なことなのだと思いました。

2 (【政策に関する考え方】の番号)① (関連付けた資料の番号)2、3、6 (具体的な提案)大崎上島町は、資料2と資料3から、1985年から2020年までの35年間で、人口がおよそ半分になっている一方、65歳以上の高齢者の割合は、1985年の19.8%から、2019年には47.6%と、町民の半分近くにもなっています。私は、ここをより魅力のある町にするには、若い人が島に残る、あるいは若い人が島に集まる(一度島を出た人がもどることもふくめて)ようにすることが大切なのではないかと思います。

若い人が島に残る、あるいはもどるようにするには、小中学校のうちから、島の魅力を自分のことばで説明できるような学習の機会を設ける必要があります。それには、資料6にある島根県海士町の取り組みが参考になると思います。その取り組みを大崎上島町で生かすとは、たとえば、中学生のうちから、教科書による学びだけではなく、大崎上島町のマップにもある、かんきつ類やブルーベリーなどの農作物の栽培や、周辺の沿岸海域での漁業などに参加させてもらったり、それらを使った料理のレシピを考えたりして、実践的なまちづくりや商品開発などを学ぶことです。

このような学びを通じて、自分の生まれ育った島の魅力に自分で気がつくようになれば、一度は島の外に出て進学したり、就職したりしても、そこでの学びや経験を島でのまちづくりに生かそうという気持ちをもつのではないでしょうか。そのようにして島の出身の若い人が自分の島の魅力に目覚めれば、それが島の外に出たときの自分の周囲や、SNSなどを使ったより多くの人への島の魅力の発信につながり、新たな若い仲間が島に集まるのではないでしょうか。そうすれば、島の魅力もきっともっと高まると思います。

広島市立広島中等教育学校

〈問題は764ページ〉

〈適性検査1〉

1 〔問1〕ア 〔問2〕その人に寄り添い、本人が答えを見つけられるように導く考え。(29字)

〔問3〕イ 〔問4〕確かに時間を節約したり、用事などを手早く片付けるために、効率を求めて「タイパ」を上げたり、AIにたよったりすることはあるかもしれない。しかし、そうして作り出した時間によって何を行うというのだろう。ある学者は、「人間はものごとの効率化によって節約してできた時間を、さらに効率的に使おうとするものである」と述べている。つまり、効率を上げること自体が目的になってしまうという指摘である。それが自分もふくめて「イマドキの若者」にあてはまるのではないだろうか。「学習や趣味、スポーツ」などは、得られた結果ではなく、知識や技術を身に着ける過程も大切ではないかと思う。効率を上げることばかりに目が向くのは考え物だ。(300字)

2 (略)

〈適性検査2〉

1 〔問1〕8(倍) 〔問2〕イ60(㎠) ウ480(㎠) エ27(倍) オ1.728(倍) カ$\frac{216}{125}$(倍)

〔問3〕お得なのはビッグサイズの方 (理由)7:8.75=4:5……長さの比 (4×4×4):(5×5×5)=㊹:⑫⑤……体積の比 ①の値段は、普通サイズが160÷64=2.5(円)、ビッグサイズが300÷125=2.4(円)なので、値段が安いビッグサイズの方が得といえる。

2 〔問1〕あ68 い9600 う30200 え200

〔問2〕A中学生 B大人 〔問3〕38人

〔問4〕小学生以下と大人の人数の和は108人となる。このときの小学生以下の人数は、(500×108−31100)÷(500−200)=76$\frac{1}{3}$(人)となり、整数にならない。人数は整数でなければならない

3 〔問1〕水温が低い 〔問2〕実験3と実験4

〔問3〕イ…レタス ウ…ダイズ エ…光

〔問4〕肥料を加えずに土だけで育てた場合を基準にして、野菜肥料を加えた場合や果物肥料を加えた場合を比べることで、それぞれに肥料としての効果があるかどうかを調べられるから。

4 〔問1〕①17 ②16 ③14960 ④935

〔問2〕救急車はいちとさんの目の前の位置を出発するのと同時にサイレンを鳴らし始めるので、最初のサイレンの音がいちとさんに伝わるのは10時ちょうどになる。その後、救急車が秒速20mで進み、340m離れた地点を通過する瞬間までサイレンを鳴らすことと、340m離れた地点で鳴らしたサイレンの音がいちとさんに届くまでに1秒かかることから、救急車が最後に出したサイレンの音がいちとさんに伝わるのは、10時ちょうど

から、340÷20＋1＝18(秒後)となる。よって、いちとさんがサイレンの音を聞く時間は18秒間となる。(答え)18秒間　〔問3〕831Hz

福山市立福山中学校

〈問題は777ページ〉

〈適性検査　検査1〉

◆　問題1(設定した空の貯金箱の重さ)[例]200グラム　(50円硬貨の枚数)[例]25枚　(100円硬貨の枚数)[例]25枚　(合計金額)[例]3750円　(理由)[例]420－200＝220(g)…お金の重さの合計 50円玉がA枚、100円玉がB枚入っているとする。4×A＋4.8×B＝220　両辺を$\frac{5}{4}$倍すると5×A＋6×B＝275　これを満たすA、Bの組は次の通り。

A	55	49	43	37	31	25	19	13	7	1
B	0	5	10	15	20	25	30	35	40	45

このうち、合計金額が3500円を超えるものとして、例えばA＝25、B＝25 (50×25＋100×25＝3750(円))がある。　問題2(条件)紙コップ・細い針金・2m　(理由)空気のふるえの大きさの平均が、実験1の「紙コップ・太いタコ糸・3m」で作った糸電話の2倍以上になるのは、コップの種類を紙コップまたはプラスチックコップにしたときである。さらに、コップの種類を紙コップにした場合、糸の種類を細い針金または細いタコ糸にしたときに、空気のふるえの大きさの平均が大きくなり、このとき、糸の長さは4mよりも2mの方が、空気のふるえの大きさの平均が大きくなるから。

問題3[例]　(理由)[例]今使っている箱の体積は、30×45×25＝33750(㎤)なので、これより大きくする。例えば左のように切ると、体積は40×40×30＝48000(㎤)となり、今使っている箱より大きくなる。

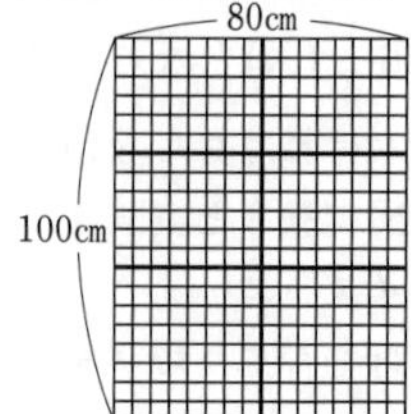

問題4[例1](選んだ資料)3　(資料からわかること)日本では、衣料品の98%を外国から輸入している。(関連づけてわかること)日本の国民が身につける衣料品だけでなく、その生産に必要な水も、外国から輸入していることになる。

[例2](選んだ資料)4　(資料からわかること)日本では、不要になった衣料品の約4分の3が焼きゃく等によって廃棄されている。(関連づけてわかること)廃棄される衣料品に使われた水も、再利用されることなく、廃棄されていることになる。

[例3](選んだ資料)5　(資料からわかること)日本では、1人が1年で保有している衣料品の約25枚を着用していない。(関連づけてわかること)1人あたりが保有している衣料品のうちの約25枚を着用しないことで、それらを作るのに必要とされた水も有効に利用されていないことになる。

問題5・[例](A⇒)D⇒H⇒I⇒J⇒F⇒B⇒F⇒J⇒G(⇒J)　・[例](A⇒)D⇒E⇒B⇒F⇒J⇒G(⇒J)

〈適性検査　検査2〉

◆　問題1①お互いの違いから学べることを見つけるとともに、リスペクトし合うことでそれぞれの自己肯定感を高め合い、成長していける

②[例]中学校生活で本当のよい友人関係を築くために、私は積極的にコミュニケーションをとり、優しさと思いやりを大切にするよう心がけたいと考えます。

たとえば、チームプレイが必要な部活動で自分から話しかけ、困ったことがあったら一緒に考えたり手助けしたりできるようになりたいと思います。また、休み時間などに新しい友達と話してみたり遊んだりすることで友人関係を広げ、深めていくつもりです。その中で、相手の気持ちや考えを尊重し、お互いを理解し合うことが大切だと考えています。

これらのことを通じて、中学校生活で自他ともに成長できる深い友人関係を築いていきたいと思います。

問題2(記号)A　(記事)「災害に強いまち福山」

福山市では「災害に強いまち」づくりとして、河川の樹木を伐採したり、土砂を撤去したりして、水路の水の通りをよくし、また、浸水が発生した際に、あふれた水を川へ流すための排水ポンプ車の配備や、市内各所の排水ポンプ場の整備も行いました。さらに、大雨の際に二十五mプール約三杯分にあたる雨水を貯めることができる貯水施設も完成しました。一方、災害時にも、マンホールの上に便座やパネルを設けて用を足せるようにしたマンホールトイレの整備にも取り組み、現在、市内に全部で六十八基が整備されています。(240字)

山口県立下関中等教育学校
山口県立高森みどり中学校

〈問題は786ページ〉

〈記述式の課題1〉

問題1　(1)エ　(2)①ウ　②B成果が出る(すばらしいことができる)　Cあきらめないで努力をし続ける　(3)イ　(4)ウ　(5)夢をかなえるには、知識を得たり、休まずに練習を重ねて技術をみがく努力をしたりすることだけでなく、やってみた後に

上手くいかなかったことや失敗したことを反省し、次に生かしていくようにすることも心がけたい。(100字)

問題2　(1)①ウ　②相手国で自然災害などがあると、輸入量が不足してしまう　③B米　C野菜　D肉類　④イ　(2)①・働く人数が減っている。・働く人の高齢化が進行している。②(パン)カ　(にんじん)イ　(とり肉)キ　③日本国内だけでなく、世界の国々の中にも、毎日の食べ物を十分に得られない人たちがいる。私たちが食品ロスを発生させてしまうと、もしかしたら、その人たちの食事に回すことができたかもしれない農作物や畜産物などをむだにしたことになってしまうという問題がある。食品ロスを減らすために、私は、家庭や学校の給食などで毎日提供される料理の自分の分を、できるだけ残さず食べるようにしたいと思っている。(190字)

〈記述式の課題2〉

問題1　(1)(小学生)5人　(大人)4人　(2)①24通り　②(求め方)[例]1.8×3.6÷4＝1.62(㎡)…たたみ1枚分　3.6×4.5÷1.62＝10(枚分)　(答え)たたみ10枚分　(3)(マイクロバス)3回　(ワゴン車)4回　(4)343㎤　(5)①75個　②(求め方)[例]12kg＝12000g　150×(12000÷100)－50×(12÷1)＝17400(円)…Aの代金　180×(12000÷100)×(1－0.2)＝17280(円)…Bの代金　よって、スーパーマーケットBの方が安い。(答え)スーパーマーケットB　(6)ア24　イ26

問題2　(1)①【豆電球の断面図】

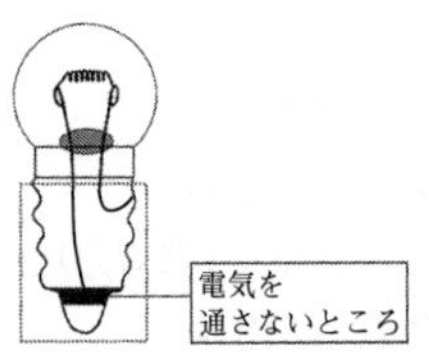

②ア、エ、オ　③豆電球型発光ダイオードは、ほとんど発熱しないので、電気のエネルギーのほとんどを、熱に変えることなく、効率よく光に変えることができるから。(2)①水蒸気　②水蒸気が冷やされて、液体の水になった。③試験管で気化した水は、すべて液化してビーカーの中にたまった。(3)①晴れ　②ア→ウ→イ(→図4)　(理由)西風がふくことで、雲のかたまりが西から東へ移動していくから。

徳島県立城ノ内中等教育学校
徳島県立川島中学校
徳島県立富岡東中学校

〈問題は795ページ〉

〈適性検査　検査Ⅰ〉

【課題1】(略)

【課題2】(問1)イ　(問2)エ　(問3)自由　(問4)(はじめの5字)そうした限　(おわりの5字)が読書だ。(問5)想像力を全開にして読んだ　(問6)[例]これまでに記おくの中にちく積されているさまざまな知識や出来事や思いが連想される(ことが、)(39字)　(問7)ア　(問8)イ

【課題3】(問1)ア　(問2)エ　(問3)いねからもみをとる場面　(問4)(グラフ)B　(船で輸送する長所)[例]半導体等電子部品などの小さくて軽いものを運んでいる航空機に対して、船は、乗用車などの重い荷物を一度に多く運ぶことができる。(問5)原料や製品を船で運びやすいから。(問6)税金を納(おさ)める義務　子どもに教育を受けさせる義務　(問7)ウ→ア→エ→イ　(問8)[例]生産額や従(じゅう)業員数が減ってきていることから、社会のニーズを見通した、新たな「ものづくり」をして、その製品を消費者に買ってもらうことで、生産額を増やすとともに、伝統的な技術を受けつぐあとつぎの確保につなげていきたいという思い。

【課題4】[例]私は、長なわとびがよいと思います。なぜなら、一体感を味わうことができるからです。同じチームの仲間が、かけ声をかけて協力したり、いっしょに回数を数えたりして一体感が生まれ、仲良く楽しめます。さらに、長なわとびは、なわ一本でできるので、準備が簡単で、気軽に取り組むことができます。

中には、長なわとびが苦手な人もいると思います。そこで、苦手な人も楽しんで参加できるように、ルールをくふうしたらよいと思います。例えば、とぶのが苦手な人は、なわをとばないで下をくぐってもよいとすれば、安心して参加することができます。だれもが参加しやすいルールにすると、みんなで仲良く楽しむことができると思います。

〈適性検査　検査Ⅱ〉

【課題1】(問1)10.5倍　(問2)①12㎠　②サラダ油の量を5mL増やせばよかった。(問3)①8150以上8249以下　②0.6本　(問4)24才

【課題2】(問1)脈はく　(問2)あ…イ　い…心臓(ぞう)から肺(はい)に送られた血液は、肺で二酸化炭素を出し、酸素を受け取る　(問3)ウ　(問4)6912　(問5)2つ以上の条件を同時に変えると、どの条件が結

果に関係しているかわからなくなる　(問６) ４
(問７) (記号) イ　１本目のくぎから真下に10㎝
(問８) メトロノームのおもりを上に移動させる。
(理由) [実験結果] から、ふりこの長さが長いほどふりこの１往復する時間は長くなっていることがわかる。おもりを上に動かすと支える点からの長さが長くなり、１往復する時間は長くなるから。

【課題３】 (問１) 正しくない　(理由) １・２・３年生で的当てと書いた人数は200×0.22＝44で、44人　４・５・６年生で的当てと書いた人数は240×0.2＝48で、48人になり、１・２・３年生で的当てと書いた人数より４・５・６年生で的当てと書いた人数のほうが多いから。　(問２) ２㎝
(問３) 33分36秒
(問４)

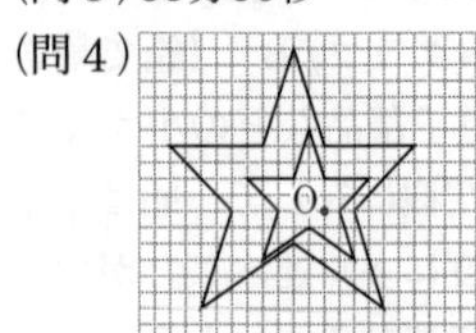

(問５) ４分　(考え方) グラフより、１分間に印刷できる枚(まい)数は、印刷機Ａが50枚、印刷機Ｂが40枚である。実際に印刷にかかった時間は、印刷機Ａで４分間印刷した枚数が50×４＝200で、200枚だから、残りの枚数を印刷機Ｂで印刷するには(480－200)÷40＝７で、７分かかり、とちゅうでいろいろとためした５分間もあわせると、４＋５＋７＝16で、16分となる。はじめから印刷機Ｂを使うと印刷にかかる時間は480÷40＝12で、12分だから16－12＝４　よって、４分短くなる。
(問６) ①あ５　い３　う５　え１　②５回

香川県立高松北中学校

〈問題は809ページ〉

〈適性検査Ⅰ〉 (略)
〈適性検査Ⅱ〉
問題Ａ　１(1)1.2　(2)Ⓘ→Ⓐ→Ⓤ　(3)1.6倍　(求め方)
[例] Ⓐにあてはまる数は1.2、Ⓘにあてはまる数は$\frac{3}{4}$だから、$1.2\div\frac{3}{4}=\frac{6}{5}\div\frac{3}{4}=\frac{6}{5}\times\frac{4}{3}=\frac{8}{5}=1.6$
２(1)Ⓞの面　(2)18
(3)８　(理由) [例]

ゆきこさんが作ったサイコロ（横）／まさおさんが作ったサイコロ（縦）

	3	3	3	6	6	6
2	5	5	5	8	8	8
2	5	5	5	8	8	8
5	8	8	8	11	11	11
5	8	8	8	11	11	11
5	8	8	8	11	11	11
5	8	8	8	11	11	11

表から、合計が５になるのは、６とおり　８になるのは、18とおり　11になるのは、12とおりとなり、８が出やすいことが分かる。
問題Ｂ　１(1)[例]・複数回実験を行い、その平均を求める。・複数回往復するのにかかる時間を測定し、そこから１往復にかかる時間を求める。などから１つ　(2)ア①　イ⑥　ウ⑦　エ[例]ふりこのふれはばを変えても、ふりこが１往復するのにかかる時間は変わらない　(3)1.80(秒)
２(1)ブランコに立って乗ったとき　(理由) [例] 実験結果から、同じ重さでも、おもりが上の方にあるほど１往復にかかる時間が短いので、ブランコに立って乗ったときは、おもりが上の方にあるときと同じような状態になるから。
問題Ｃ　１ (約) 21 (％)　２ [例] 多くの国や地域で英語が学ばれたり、使われたりしているから。
３

４ [例]・洋風の家が建つようになった。・馬車が使われるようになった。など　５ [例] 貧しい国や地域で栄養不足の子どもたちのためにワクチン接種などの命を救う活動をしている。
６ [例]・経済格差をなくすために支援をしていく。・発展途上国の子どもが教育を受けられる学校を用意する。など

【配点】
〈適性検査Ⅰ〉非公表
〈適性検査Ⅱ〉60点満点
問題Ａ　１(1)２点　(2)２点
(3)(答え) ２点　(求め方) ２点
２(1)３点　(2)３点
(3)(答え) ２点　(理由) ４点
問題Ｂ　１(1)３点　(2)ア～ウ３点　エ４点　(3)４点
２(1)(答え) ２点　(理由) ４点
問題Ｃ　１…２点　２…３点　３…３点　４…４点
５…４点　６…４点

愛媛県立今治東中等教育学校
愛媛県立松山西中等教育学校

〈問題は816ページ〉

〈適性検査問題〉
1　(1)白米、少量　(2)周りにいる人を明るく　(3)イ (図書館は) 遊園地 (だ。)　〔理由〕(図書館と) 遊園地 (の、) 多くの種類のものがあって、楽しめる (と

ころが似ているから。)

2 (1)ア10 イ4 (2)144 (3)288個

3 (1)ウ (2)人がたくさん集まる (3)エネルギーを無だなく使える。

4 (1)58 (2)11.1㎠ (3)イ王かんと同じ重さ ウ王かん

5 (1)ウ (2)B、D、H、F

(3) 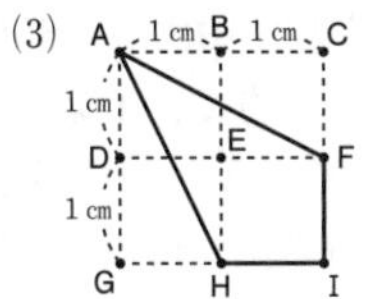

(4)(四角形) 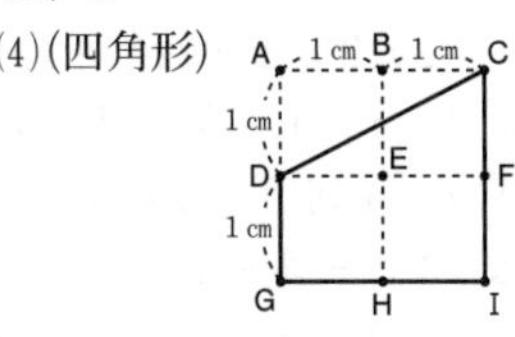

(面積) 3㎠

6 (1)ア (2)(とら)ウ (いぬ)サ (3)地域の名所や特産品などを全国に広める(ことを目的として導入された。) (4)(資料6)休養日を取り入れてゆとりのある日程にすること。(資料7)クーリングタイムを取り入れて試合中に休息をとること。

〈作文問題〉(略)

高知県立安芸中学校
高知県立高知国際中学校
高知県立中村中学校

〈問題は823ページ〉

〈適性検査問題A〉

1 問1[例]雪・雲・雨 問2 aイ bウ 問3日用品 問4エ 問5(1)c痛くない注射針 dほかの人ができないということ (2)[例]私は、志を高く持つことはとても意味のあることだと思う。自分のためだけではなく、自分以外の他の人のために、今よりさらによくなることを目指して取り組むことは、社会全体の役に立つことになると思うからだ。

2 問1ア 問2[例]全国各地から、都である平城京に税として納められる特産物の荷札として使われていたから。 問3五街道 問4[例]ろ地さいばいと比べて、し設さいばいは、長い期間、収かくすることができる。 問5イ 問6[例]郷土料理やその作り方を知らない人がいるので、実際に食べてもらったり、作り方を学んだりするイベントを開く。そうすることにより、郷土料理の作り方が受けつがれ、その良さなども伝えられる。

3 問1エ 問2エ 問3太陽光発電 問4[例](選んだ課題)ア (理由)高知県は日照時間が長く降水量も多いため、再生可能エネルギー資源を利用しやすい地域である。それらを利用すると、化石燃料を消費せずに発電することができ、かん境に対する負かを減らすことができると思うからだ。

〈適性検査問題B〉

1 問1(1)およそ60% (2)(比)6:5 (比の値)$\frac{6}{5}$ (3)(理由)[例]2019年を基準として考えないといけないが、はるかさんは2018年を基準として考えているから。 およそ31%増加 問2(1)(記号)イ (長さ)24cm (2)32(㎠) (3)8㎠ (4)6(倍)

2 問1ウ 問2[例]かんの表面を紙やすりでけずり、導線が鉄に直接ふれるようにして調べた。 問3・[例]コイルの巻き数を増やす。 ・[例]かん電池を増やして電流を強くする。 問4[例]アルミニウムに比べ、鉄のリサイクルによって節約できるエネルギーの量は少ないが、リサイクルするのに手間がかからず、リサイクルしやすい。 問5 A② B⑤ C③ D① E④ 問6[例]プラスチックは分解されるのに非常に長い時間がかかり、食物連さによっていろいろな動物の体内に取りこまれるので、長い期間多くの動物がえいきょうを受けると考えられるから。

3 問1ウ 問2…3081株 問3…12㎡
問4(1)5cm (2)85g

〈高知県立安芸中学校 作文問題〉(略)

〈高知県立高知国際中学校 作文問題〉(略)

〈高知県立中村中学校 作文問題〉(略)

福岡県立育徳館中学校
福岡県立嘉穂高等学校附属中学校
福岡県立輝翔館中等教育学校
福岡県立宗像中学校
福岡県立門司学園中学校

〈問題は839ページ〉

〈適性検査I〉

1 問1(それはね、)びんの中の水の量を増やすと、びんの中の空気の体積が減るよ。あたためられたときの体積の変化は、水よりも空気の方が大きいから、びんの中の空気の量が減ると、温度変化による体積の変化が小さくなって、ストロー内の水面が上がる幅が小さくなるからだよ。 問2(支点)C (方法)ウ (理由)図5よりも支点から作用点までのきょりが短いので、図5よりも作用点に働く力が大きくなるから。

2 問1

【地域発見フィールドワーク計画書】

回る順番	場所	場所で過ごす時間	次の場所への出発時刻
	駅前公園		9:00
1	農園	45 分間	9:51
2	歴史博物館	40 分間	10:36
3	お城	48 分間	11:32
4	木工所	60 分間	12:37
	みんなの森		

問2(1)6(まいずつ)

(2)[例]

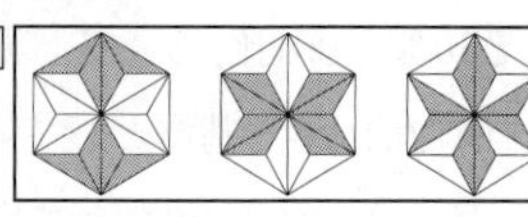

〈適性検査Ⅱ・作文〉

3 問1(1)(そうか、)お店では、手前に並べられた賞味期限が早い商品から取るようにして、賞味期限がきてお店で捨てることになる商品を減らすということですね。 (2)(それはね、)二〇二〇年度から二〇二一年度の一年間で減った量は3万トンだから、その後毎年同じペースで減っていくと考えれば、二〇三〇年度には二一七万トンになって、目標値に一万トン届かないことになるよ。

問2[例]食品ロスが出るということは、その食品を作るために使われた原料や水もごみとして捨ててしまうだけでなく、食品の生産に関わる人たちの手間などもむだにしてしまうことになると思います。また、捨てられた食品は可燃ごみとして処分されるので、余分な二酸化炭素を排出することにもつながってしまいます。さらに、世界では人口が増え続けていることから、食料問題はますます深刻になっていくと考えられ、食料をむだにしない方法を考える必要があります。こうしたことから、私は食品ロスを減らしていくことが大切だと思います。私は、食品ロスを減らすために、コンビニエンスストアなどで食品を買う時には「てまえどり」をしたり、おかしの買い置きをする時には、賞味期限に注意して、食べきれない量を買わないようにしたりすることで、賞味期限がきて捨てられてしまう食品を減らすようにしようと思います。(374字)

佐賀県立唐津東中学校
佐賀県立香楠中学校
佐賀県立武雄青陵中学校
佐賀県立致遠館中学校

〈問題は845ページ〉

〈適性検査Ⅰ〉

1 (1)[例]どこにでもあって、「ふるさとの歴史や文化を学ぶ」という学習テーマには合わない(から) (2)[例]イ取材の目的 ウ取材したことのまとめ方や使い方(順不同) (3)[例]相手がこれまでに取り組んできた活動に関連づけて、追加でくわしく質問をする(こと)

2 (1)①、③ (2)[例]・(記号)A (理由)あらかじめしょうかいする構成を決め、まずしょうかいするテーマを中心のだ円に置き、それから関連した具体的な内容をつなげて別のだ円に入れることで、全体をわかりやすく組み立てられる(から)

・(記号)B (理由)ふせんなら、最初にしょうかいしたい点をたくさん挙げることができ、その後にしょうかいする内容や構成を整理するのに動かしやすい(から) (3)[例]発表する文を英語で書いたスライドを映したり、映像を流したりする(のはどうかな)

3 (1)2012年と2022年を比べると、10代から60代まで、テレビを見る時間が減る一方で、インターネットを利用する時間が増えている。 (2)小学生はインターネットを通して自分の個人情報を発信しないというルールが必要だと思う。なぜなら、自分のIDやパスワードがぬすまれると、不正アクセスされて、覚えのないゲームの課金などをされたりしてしまうからだ。 (3)ア私たちの利用の仕方を分析して、情報を自動的に選んで表示する(という機能)(29字) イ自分とは好みが異なる人の見方も調べてみる(こと)(20字)

〈適性検査Ⅱ〉

1 (1)[例]

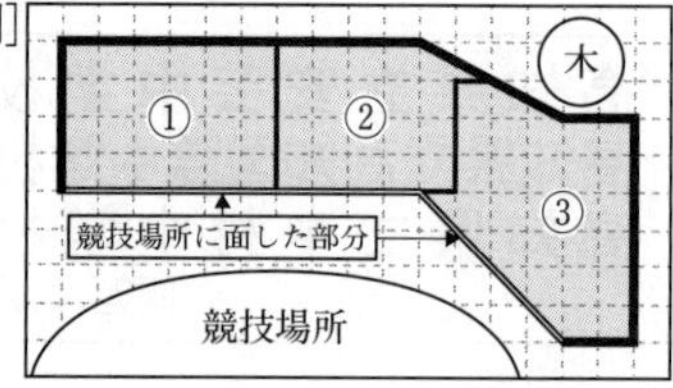

(2)日本の上空では1年を通して偏西風がふいているため、天気が西から東へと変化する特ちょうがある。夕焼けが見えたということは、西側に雲がないことであるため、次の日は晴れるといえるから。 (3)(説明)水200gに対して、誤って塩を8g入れてしまったことになる。この塩の量は表の10倍なので、水の量も10倍の2000gにすれば、水と塩の分量の割合は表と同じになる。よって、水をあと、2000−200=1800(g)増やせばよい。また、砂糖も表の10倍の80g入れればよい。すでに砂糖を0.8g入れているので、あと、80−0.8=79.2(g)増やせばよい。 (答え)水を1800g、砂糖を79.2g増やせばよい。

2 (1)(説明)[例]340×2=680(m)…花火までのきょり 20cm=0.2m 680÷0.2=3400(倍)より、花火までのきょりは卓球のボールまでのきょりの3400倍。4×3400=13600(cm)→136m (答え)直径約136m (2)[例](1回目)パー (2回目)パー (3回目)グー

3 (1)[例]$10\times\frac{700}{1000}=7$(分)…そらさんが1周するのにかかる時間 $4\times\frac{1500}{1000}=6$(分)…お兄さんが1周するのにかかる時間 したがって、そらさんが先にスタートし、お兄さんはその60秒後

にスタートすればよい。⑵ア６：13　イ表中の時刻でもっとも早い５：09が夏至にもっとも近い６月15日であると考えられるからだよ
⑶ウ［例］（７月）21（日）　エ［例］空調が使える室内に置くなど、温度を20～25℃に保つようにする

【配点】
〈適性検査Ⅰ〉50点満点
1　⑴５点　⑵４点　⑶６点
2　⑴４点　⑵６点　⑶６点
3　⑴４点　⑵７点　⑶８点
〈適性検査Ⅱ〉50点満点
1　⑴６点　⑵４点　⑶８点
2　⑴８点　⑵５点
3　⑴８点　⑵５点　⑶６点

長崎県立諫早高等学校附属中学校
長崎県立佐世保北中学校
長崎県立長崎東中学校

〈問題は858ページ〉

〈適性検査問題〉
1　問題１…16（人）　問題２ア題字を大きくした　イ日時などの情報をかじょう書きにした　問題３　④　問題４内側は流れがゆるやかで、運ぱんされてきたすなや土などがたい積する　問題５ア川をわたることになる　イ②　ウ土砂災害警戒区域の近くや浸水する可能性がある避難経路を通らない
2　問題１あいまいな質問は答えにくいので、具体的に答えられる質問にする　問題２北さんが作られた学習ソフトの名前を、もう一度教えてください　問題３意義への関心の高さにとても感心した　問題４…３（回）　問題５

後

前

問題６…５→（1）→（3）→（6）→４
５→（3）→（2）→（1）→４
3　問題１太陽の光を取りこむ　問題２停電しても走行できるようにする　問題３ア反しゃ鏡の向きを変える　イ対物レンズを高い倍率のものにかえる　問題４風によって運ばれる
4　問題１資げんが少ない　問題２…34717（km）　問題３赤と青がとなり合わないようにすることで、となりの色どうしが混ざらず色つけできるから。問題４真ん中を白にすると、左上から順に赤、白、青か、青、白、赤の２種類の縞模様しかできないので、三人のうち二人は必ず同じ縞模様になってしまうから。 問題５（説明）三角形は、底辺の長さと高さが等しければ、面積も等しくなる。図のように直線をひくと、底辺の長さと高さの等しい三角形①、②、③の面積は等しくなる。同じように、三角形④、⑤、⑥の面積も等しくなるので、三角形①と④、②と⑤、③と⑥を合わせた面積は等しくなる。だから、色分けした部分のそれぞれの面積が同じになる。

①②③
④⑤⑥

〈作文問題〉（略）

【配点】
〈適性検査問題〉130点満点
1　問題１…６点　問題２ア・イ各４点
問題３…３点　問題４…６点
問題５ア５点　イ３点　ウ６点
2　問題１…５点　問題２…５点　問題３…６点
問題４…４点　問題５…７点　問題６…10点
3　問題１…５点　問題２…６点
問題３ア・イ各４点　問題４…６点
4　問題１…４点　問題２…７点　問題３…４点
問題４…６点　問題５…10点

熊本県立宇土中学校
熊本県立玉名高等学校附属中学校
熊本県立八代中学校

〈問題は867ページ〉

〈適性検査問題Ⅰ〉
1　（略）
2　問題１Ａ野菜　Ｂ備　問題２・双葉を閉じている（形）　・双葉の部分を垂らした（形）
問題３［例］胚乳がなく、種子の中につまった双葉をエネルギータンクとしている。また、それを体内に内蔵して、そのエネルギーを使って成長している。（64字）　問題４（略）
3　問題１⑴５月　⑵東京　（理由）熊本県からの４月の出荷量は、東京が約2000トン、大阪が約1000トンだから。 ⑶（県名）鳥取県、山形県　（出荷の特ちょう）それらの県から近い市場により多く出荷している。 （理由）［例］・輸送費が安いから。 ・より新鮮なすいかを届けることができるから。 問題２⑴種まき・苗づくりと田植えには多くの労働時間が必要だが、種もみのじかまきを行うことで、これらのことが一度に行え、さらに種もみのじかまきの労働時間が短い。このことから、種もみのじかまきを行うことで、労働時間の短縮（作業の効率化）ができることが良い点である。

⑵①イ　②オ　③イ　④カ　⑤イ　⑥ク　（別解）
①ウ　②カ　③ア　④オ　⑤ア　⑥ク

〈適性検査問題Ⅱ〉

1　問題1⑴①×　②△　③○　④×

⑵　表1　アンケート調査の結果　（人）

		読書が好きか		合 計
		はい	いいえ	
10月に図書室で5冊以上本を借りたか	はい	35	6	41
	いいえ	49	5	54
合　計		84	11	95

問題2⑴25％　⑵10％減った　（求め方）10月の学校の水使用量は250×0.95＝237.5　より　237.5㎥　11月の学校の水使用量は250×0.855＝213.75　より　213.75㎥　10月から11月の水使用量は237.5−213.75＝23.75　より　23.75㎥　減っている。これより23.75÷237.5＝0.1なので、10月と比べると11月は10％減っている。

問題3⑴15㎝　⑵2160㎤　⑶9㎝　（求め方）石の体積は2160㎤なので、図1の水の体積は45×24×26−2160＝25920　より　25920㎤　これより、図5の水の体積は12960㎤であればよい。図5の水は三角柱になっているので、（辺BEの長さ）×30÷2×24が12960になるとよい。辺BEの長さは12960÷360＝36　より36㎝なので、45−36＝9　したがって、AEの長さは9㎝である。

2　問題1⑴リンドウは、9月から11月の間に花がさく　⑵イ、カ　⑶（記号）B、E　（理由）太陽は東からのぼり、南を通って西にしずむため、建物の南側にある場所は日当たりが良いから。

問題2⑴㋐ピンセット　㋑水で洗う　⑵青色リトマス紙　赤色に変化する　⑶①イ　②ア　③イ　⑷あわが出ている。⑸・Ⓒでは、においで区別する。においがするものがうすいアンモニア水である。（別解1）二酸化炭素を入れて区別する。二酸化炭素を入れて白くにごるものが石灰水である。（別解2）熱して（水を蒸発させて）区別する。熱して（水を蒸発させて）白い固体が残ったものが石灰水である。・Ⓓでは、熱して（水を蒸発させて）区別する。熱して（水を蒸発させて）つぶが出てきたものがミョウバンの水よう液である。（別解1）においで区別する。においがするものがうすい塩酸である。（別解2）金属（鉄やアルミニウムなど）を入れて区別する。金属（鉄やアルミニウムなど）を入れてあわが出てきたものがうすい塩酸である。（別解3）温度を下げて区別する。温度を下げてつぶが出てきたものがミョウバンの水よう液である。

【配点】

〈適性検査問題Ⅰ〉80点満点

1　10点

2　問題1A・B各2点　問題2各3点
問題3…10点　問題4…15点

3　問題1⑴3点　⑵7点
⑶（県名）2点　（出荷の特ちょう）4点
（理由）5点
問題2⑴10点　⑵4点（完答）

〈適性検査問題Ⅱ〉80点満点

1　問題1⑴①〜④各1点　⑵6点
問題2⑴5点　⑵8点
問題3⑴4点　⑵5点　⑶8点

2　問題1⑴3点　⑵4点（完答）　⑶6点
問題2⑴㋐・㋑各3点　⑵3点（完答）
⑶6点（①②完答3点）　⑷2点　⑸各5点

大分県立大分豊府中学校

〈問題は877ページ〉

〈適性検査Ⅰ〉

1　（略）

2　⑴わたしは「知ること」が大切だと思います。なぜなら、町田さんの言うように知らなければ、戦争の本当のおそろしさはわからないからです。わたしも戦争について知らないことが多く、よくわかっていません。これをよい機会として、戦争に関する本を読み、正しく理解したいと思います。
⑵①A囲まれた　C修復　②（目で見ることの）大切さです。　③半円のえんたいごうの形や、周りの緑に囲まれた広々とした様子がわかるから。
④ウ

3　⑴A労働力を確保する　B個人情報が流出してしまう　⑵イ、ウ（完答）　⑶エ

4　⑴かりをしても食べ物が手に入らないことがある　⑵米作りの道具が開発されて収かくが増えたり、高ゆか倉庫で米をたくわえたりすることによって、安定して食料が得られるようになったから。
⑶米の収かくが増えることをいのるとき。　⑷米作りに適した土地や他のムラがたくわえた米を手に入れようとしたから。

〈適性検査Ⅱ〉

1　⑴m　⑵ウ　⑶D21（m）　E4（度）　⑷①F28.67（％）　G16（度）　H2360（m）　②677（m）
（説明）横のきょりが100mのときに、高さは28.67mだから、横のきょりが2360mになったときの高さは、$28.67\times\frac{2360}{100}=676.612$　小数第一位を四しゃ五入すると、677（m）

2　⑴A1　B4　C2　D4　⑵E㋑　F㋒
⑶（数字）8　（説明）㋐、㋑、㋒がそれぞれ『1』『2』

『4』を表すので、それらすべてをのばして『1＋2＋4＝7』であるから、その次の㊤は、『8』を表す。 (4)31　(5)(さとしさん)㋑、㋒、㊤　(のりこさん)㋐、㋑、㊤

3　(1)アサガオの花は、暗くしないとさかないことを確かめるために行った実験。 (2)暗くする時間の長さ　(3)(アサガオの花は、)暗くし始めてから10時間でさく。 (4)9月　(理由)アサガオの花は、暗くし始めてから10時間でさくので、7月よりも暗くなる時こくが早い9月の方が、早くさくと考えたから。

4　(1)ファンは、空気を送ることで船体をうき上がらせる役わりがあり、プロペラは、空気を後ろ向きに押し出し、船体を前に進める役わりがある。 (2)(㋐→)㋒→㋕→㋔→㊤(→㋑)　(別解)㋔→㊤→㋒→㋕　(3)あなの大きさが大きすぎると、空気の出る量が多くなり、あなの大きさが小さすぎると、空気の出る量が少なくなるので、うき上がらせる力が弱くなると考えたから。

宮崎県立五ヶ瀬中等教育学校
宮崎県立都城泉ヶ丘高等学校附属中学校
宮崎県立宮崎西高等学校附属中学校

〈問題は891ページ〉

〈適性検査Ⅰ〉

課題1　問い1ア4(個)　イ4(個)　ウ27(個)　エ黒　オ1(個)　問い2イ　問い3(1段目)2個　(2段目)1個　(3段目)2個

課題2　問い1(方法)[例]中央値で比べる　(説明)[例]A班の中央値は7、B班の中央値は6である。よって、A班の方が本をよく読んだといえる。 問い2

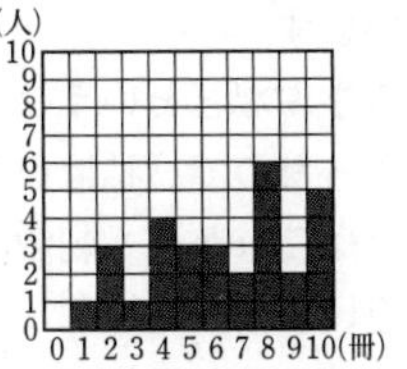

問い3ア×　イ○　ウ×　エ×

課題3　問い1酸素を運ぶはたらきを持つ赤血球を、平常時よりも多く全身に送り出すため。 問い2光の強さが強いほど光合成量が多く、多くの酸素を出す。 問い3光が当たらないようにしたときに、酸素が減り、二酸化炭素が増えているので、呼吸しているといえる。

課題4　問い1右うでの3に10gのおもりを2個、右うでの5に10gのおもりを3個つるす。
問い2…40(cm)　問い3(ばね)B　(理由)6×□=3×100…図4のてこのつり合い　□=50(g)…ばねにかかる力　図3のグラフより、50gの力がかかったときに75cmになるばねは、Bだとわかる。

課題5　問い1ウ　問い2A戦死者が多かった　B賠償金がなかった　問い3A営業時間が限られている　B空港周辺の住民への騒音

課題6　問い1男性は女性に比べて、税や兵役の負担が大きかった　問い2エ　問い3Aマレーシアとインドネシアからの訪日観光客が増えている　Bイスラム教の信者である旅行者が旅先で安心して食事を楽しめるようにする

〈作文〉

◘　問い一…「腑に落ちる」まで自分の頭で考え抜くことが大切だという考え。 問い二…自分の頭で考えず、ピカソが天才画家だという世間の考えに従って価値があると思ってしまうこと。
問い三[例1]資料Aと資料Bに共通している筆者の考えは、誰かの意見に流されずに、自分自身の感覚を大事にするということである。

わたしは、自分自身で実際に体験して、感じたり考えたりしたことを大事にしていきたいと思っている。例えば、今は、旅行をするにしても、ガイドブックを読んだり、インターネットで調べたりして、旅行先について事前にたくさんの情報が得られる。便利といえば便利かもしれない。しかし、事前に得た情報にしばられると、現地を訪れることが、たんに事前に得た情報を確認するだけの旅になりかねない。自分自身で現地のさまざまなものにふれ、現地のさまざまな人たちとふれ合うことを通じて、新しい発見が生まれる。それこそが、旅行の楽しみだと思う。

自分自身の体験を通じて何かを感じたり考えたりして、新しい発見をすることは、自分自身の成長につながり、ひいては自分の人生を豊かにしてくれるとわたしは考えている。

[例2]資料Aと資料Bに共通する考えは、ほかの人の考えや世間の評価に流されるのではなく、自分の頭で納得できるまで考えぬいたり、自分の感性で判断したりすることが大切だということだ。

それはその通りだと思うのだが、しかし世の中にある考えや評価とまったくちがうことを考えなければいけないわけではない。例えば私はオーケストラのコンサートに行くとき、演奏される曲についてあらかじめ他の楽団の演奏を聞き、その曲についての解説も読んでおく。それによって、実際に自分が聞いた演奏のいいところや違和感をほりさげて、なぜだろうと考え、世の中の考えや評価と同じでもちがっていても、自分の考えや評価といえる内容を理由とともにはっきりさせること

ができるからだ。だから、私は自分の考えを深めるためのきっかけとして、すでにあるものや考えと比べることも大事にしたい。

鹿児島県立楠隼中学校

〈問題は904ページ〉

〈適性検査Ⅰ〉

◆ 問１Ⅰウ　Ⅱオ　Ⅲア　問２[例]タイパとは、知識や情報を短時間で効率よく吸収することを重視することであるが、短時間で得られることや簡単にわかることは、すぐに忘れてしまうものである。(74字)　問３[例](ネットは私たちの使い方しだいで、)私たちに、ものごとを深く考える機会を失わせてしまう可能性と、新たな知識や情報と出会わせ、もっと深く知りたいという意欲を湧かせる可能性をあわせもつこと。(75字)　問４Ａ　問５(略)

〈適性検査Ⅱ〉

1 問１⑴24ｍ　⑵(選んだ会社)Ｂ社　(選んだ理由)５回打ち上げたときにかかる総合的な費用は、Ａ社が660億、Ｂ社が600億、Ｃ社が730億でＢ社がもっとも少ないから。　問２Ｂの風鈴の方がＡの風鈴より短冊の大きさが大きいため、より多くの風が当たり、音がよく鳴る。　問３(記号)ウ　(理由)コワンチョウは、コルカタの雨温図と同様に、年間降水量が多く、年間を通して温暖な気候と判断できるから。　問４⑴10円　⑵兄、隼太さん、楠乃さんがそれぞれ自分だけが持っているカードの合計が13＋11＋９＝33(枚)　３人のカードをすべて合わせると60枚なので、２人以上が共通して持っているカードは60－33＝27(枚)　兄と隼太さんが共通して持っているカードの合計は７×２＝14(枚)　兄と楠乃さんが共通して持っているカードの合計は　５×２＝10(枚)　隼太さんと楠乃さんが共通して持っているカードの合計は　６×２＝12(枚)　すべて合わせると36枚になり、27枚より９枚多い。よって、隼太さんが持つ、３人が共通して持っている同じカードの枚数は、９÷３＝３(枚)である。(図や表をかいて求めてもよい。)　(答え)３枚

2 問１⑴イ　⑵(実験のよくない点)水の量と温度の２つの条件を変えて、実験を行っている点。(行う実験)水の量だけを変えて、ミョウバンがとける量を調べる実験。

問２⑴ 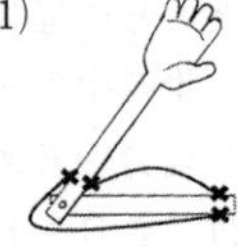 (筋肉は)関節をまたいでついている。

⑵(ひざを曲げる)イ　(つま先をあげる)ウ

問３(番号)②　(説明)三角形アイウの底辺をイウとすると底辺が7.8㎝、高さが4.5㎝である。三角形エオカの底辺をオカとすると、底辺が5.1㎝、高さが4.5㎝である。高さが同じなので、底辺の長さを比べればよい。したがって7.8÷5.1＝1.529…となり、約1.5倍である。　問４(よさ)・いつでも投票ができる。・どこでも投票ができる。(課題)・マイナンバーカードさえあれば、別の人が投票してしまうかもしれない。・指示によって意図的に投票が行われるかもしれない。・投票するしゅん間が周りに見られてしまうかもしれない。

鹿児島市立鹿児島玉龍中学校

〈問題は914ページ〉

〈適性検査Ⅰ〉

【課題１】　問一ア・エ　問二ア言葉をこえた感覚　イやわらかさ　ウ・エ[例]こりこり・ごつごつ(順不同)　問三[例]困ったり悩んだりしたときにＡＩに相談し、自分では思いつかないことを教えてもらったり気持ちを軽くする方法を知ったりすることで、自分の考えや思いを変えていく助けになると考える。もちろん情報が正しいか検証することは大切にしながら、自己の成長につながるようにＡＩを活用していきたい。

【課題２】　問四[例]私にとって「敵となる人」は、同じ野球チームでレギュラー争いをしているライバルです。彼は、守備が下手でした。しかし、コーチはもちろんのこと、ライバルの私からも守備の技術をどんよくに吸収しました。今では、かなりうまくなっています。

ライバルから学ぶなどということは、自分にはできないことだったので、私は自分の幼さを痛感しました。彼とはこれからも刺激し合って成長していきたいと思います。

〈適性検査Ⅱ〉

Ⅰ 問１減って　問２新型コロナウイルス感染症の流行　問３エ→ウ→イ→ア→オ

問４

記号	○か×	使用した資料の数字
ア	×	資料〔３〕
イ	×	資料〔４〕
ウ	○	資料〔２〕
エ	×	資料〔３〕
オ	○	資料〔４〕

Ⅱ　問５[例]

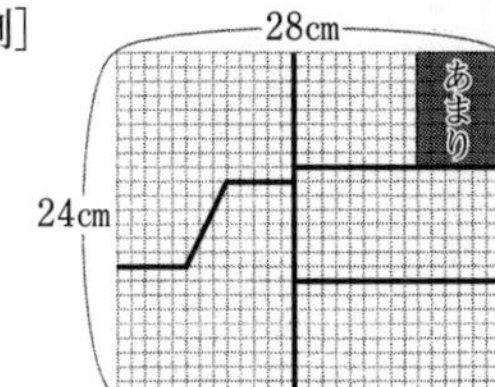

Ⅲ　問６[例]28の約数は、１、２、４、７、14、28。28を除く約数の和は、１＋２＋４＋７＋14＝28。よって、28は完全数とわかる。 問７ア８　イ７　ウ２　問８…31　(考え方)[例](１＋□)×□÷２＝496となる。よって、(１＋□)×□＝496×２＝992。連続する２つの整数の積が992となる２数をさがすと、992＝32×31が見つかる。よって、□＝31とわかる。

Ⅳ　問９①B　②C　③E　④F(①②順不同、③④順不同)　問10(おもりのつるし方を変える前)イ (理由)おもりをたてにつなぐことによって、おもりの重心が下がるため、ふりこの糸の長さが50cmよりも長いふりこと同じになってしまうから。

沖縄県立開邦中学校
沖縄県立球陽中学校
沖縄県立名護高等学校附属桜中学校
沖縄県立与勝緑が丘中学校

〈問題は925ページ〉

〈適性検査Ⅰ〉

1　１欲、背筋　２エ　３(1)耳　(2)オ・カ　(3)(運動だけでなく、勉強でも)迷ったり弱気になったりすることなく、強く自信を持つこと(が大切だと気づいた)　(4)無邪気　４　わかばは、部活も勉強も自信が持てるまでがんばれる努力家の面と、悪気なく麻耶を傷つけることを言ってしまうなど、自分の気持ちに正直な面のある人間なのだと思います。

自分の気持ちに正直なのはいいことですが、わかばのように人を傷つけてしまうこともあるので気をつけて行動するべきです。

2　１みごと、ぎゃっきょう　２イ　３ウ　４ａ木登り　ｂ決めつけず、あきらめなかった　ｃ強力なシュートを打つ　５エ　６　成績が上がらなくなったとき、休けいをはさみながら勉強することで解決しました。

ただやみくもに時間をかけるだけでなく、考え方ややり方を変えることも大事だと思いました。

3　１ウ　２人の手で魚や貝のたまごをかえし、川や海に放流して、成長したものを取る漁業。

３エ　４ウ　５地産地消

4　１国分寺　２エ　３親藩・譜代は江戸に近い場所に配置され、外様は江戸から遠い場所に配置された。　４ウ　５エ

5　１ウ、オ、カ

6　弥生時代には米づくりが広まり、米のたくわえの差などで貧富の差が生まれ、食料や土地などをめぐって、争いが起こるようになったから。

〈適性検査Ⅱ〉

1　(1)イ　(2)2560㎡　(3)ア、イ、エ(順不同)　(4)15cm　(5)399人　(6)5.5$\left(\frac{11}{2}\right)$cm　(7)18L　(8)６、７(順不同)

2　(1)①(□に入る数)0.6　(説明)表から、気温が５℃上がるごとに音の伝わる速さは秒速３ｍずつ速くなることがわかる。よって、３÷５＝0.6より、気温が１℃上がるごとに音の伝わる速さは秒速0.6ｍずつ速くなるから、□に入る数は0.6である。 ②2780ｍ　(2)5400ｍ

3　(1)45度　(2)①正八角形の１つの頂点からひける対角線の本数は、８－３＝５(本)　それぞれの頂点から同じように５本ずつひけるから、５×８＝40(本)　ただし、それぞれの対角線について２回ずつ数えているから、１つの式に表すと、５×８÷２になる。 ②200㎠　③50㎠

4　(1)①ア向き(方向)　イ大きさ(強さ)　②㋐　(2)エ　(3)①Ｓ極　②

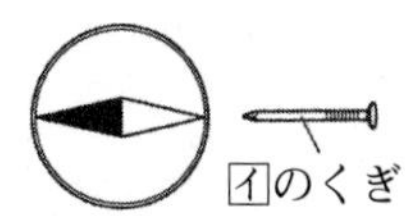

5　(1)①(こい)青むらさき色　②(だ液のはたらき)言える　(理由)[例]試験管アではでんぷんが残っていたが、だ液を入れた試験管イではでんぷんがなくなっていたから。(同意可)　(2)①精子(ひらがな可)　②子宮(ひらがな可)　(3)適当な温度(適した温度、適温)(同意可)　(4)ア頭、胸、腹(順不同・ひらがな可)　イ６

6　(1)①70℃(68～72は可、整数以外不可)　②水じょう気(水蒸気・気体の水)　③ふっとう(沸騰・沸とう)(蒸発は不可)　(2)①ア　②[例]あたためられた水は上の方に移動する(「あたためられた水」の語句がないものは不可)　(3)ア

7　(1)日光が当たらない(同意可／「光」だけは不可)　(2)①ウ　②たい積　(3)①雲が西から東へ移動するから。(東京の方向への雲の移動が書かれている)　②エ

〈適性検査Ⅰ〉100点満点

1　１各２点　２…２点
３(1)２点　(2)２点　(3)５点　(4)２点
４…８点

2　１各２点　２…２点　３…２点
４ａ２点　ｂ３点　ｃ２点

5…2点　6…8点

[3]　1～5各4点

[4]　1～5各4点

[5]　1…4点

[6]　6点

〈適性検査Ⅱ〉100点満点

[1]　(1)～(8)各3点((3)・(8)は完答)

[2]　(1)①(答え)2点　(説明)3点　②3点
　(2)3点

[3]　(1)3点　(2)①5点　②3点　③4点

[4]　(1)①ア・イ各2点　②2点
　(2)2点　(3)①・②各2点

[5]　(1)①2点　②(答え)1点　(理由)3点
　(2)①・②各2点　(3)2点
　(4)ア2点(完答)　イ2点

[6]　(1)①～③各2点　(2)①1点　②2点
　(3)2点

[7]　(1)2点　(2)①・②各2点　(3)①3点　②2点

問題及び解答には誤りのないよう留意しておりますが、変更・訂正が発生した場合は小社ホームページ上に掲載しております。

株式会社みくに出版　http://www.mikuni-webshop.com

2024. 7.10